Ausgewählte kleine Schriften zur römischen Antike (1974-2024)

ARCHAEOPRESS ROMAN ARCHAEOLOGY 118

Ausgewählte kleine Schriften zur römischen Antike (1974-2024)

Günther E. Thüry

ARCHAEOPRESS ARCHAEOLOGY

ARCHAEOPRESS PUBLISHING LTD
Summertown Pavilion
18-24 Middle Way
Summertown
Oxford OX2 7LG

www.archaeopress.com

ISBN 978-1-80327-793-6
ISBN 978-1-80327-794-3 (e-Pdf)

Titelbild; hinteres Einbandbild: Pförring (Oberbayern). Römischer Teller mit Graffito auf Stand- und Innenboden (vgl. die Arbeit Nr. 16 dieses Bandes).

This book is available direct from Archaeopress or from our website www.archaeopress.com

Inhaltsverzeichnis

Ausgewählte Arbeiten

I. Alte Geschichte; römische Provinzialarchäologie; Altertumswissenschaft allgemein

II. Klassische Philologie und römische Musikgeschichte

(Dazu auch die Beiträge 3, 25 f., 28 f., 31, 34, 37–39, 41 f. und 50 dieses Bandes)

III. Epigraphik

(Dazu auch die Beiträge 7, 30 und 44–46 dieses Bandes)

IV. Numismatik

V. Archäobotanik, Archäozoologie und Ernährungsgeschichte

(Dazu auch die Beiträge 1, 3 f., 8 f., 14 f., 17, 23 und 48 f. dieses Bandes)

VI. Sexualgeschichte

(Dazu auch die Beiträge 4, 10, 12 f., 18, 20–22, 24, 29 und 30/Abschn. 1 dieses Bandes)

VII. Hygiene- und Medizingeschichte

(Dazu auch die Beiträge 3, 8, 14 und 45 dieses Bandes)

Abbildungsverzeichnis und Bildnachweis

Abbildungen:

Titelbild; hinteres Einbandbild: Pförring (Oberbayern). Römischer Teller mit Graffito auf Stand- und Innenboden.

Bildnachweis:

Titelbild; Abb. 10–14; 67; 70; 71,1 und 2; 72,1 und 2; 73,2; hinteres Einbandbild: Archäologische Staatssammlung München (S. Friedrich).

Abb. 1; 73,1: Entwurf Verf.; Ausführung M. Schaub.

Abb. 2; 15; 16; 21; 22; 29–33; 51; 58; 64; 95–97; 106; 109; 116; 138: Verf.

Abb. 3: Wikimedia, gemeinfrei (Aufnahme: Panirjdde/Classical Numismatic Group, Inc.; http://www.cngcoins.com). CC BY-SA 3.0.

Abb. 4–7; 20; 56; 80; 88; 107–108; 110; 112; 118; 120–121; 124; 127; 140–141; 147: Mag. Dr. H. Autengruber-Thüry.

Abb. 8; 9: Zeitschrift für Bücherfreunde 8, 1904–1905, 314 f.

Abb. 17–19: Römisches Österreich 11/12, 1983/84, 43–45.

Abb. 23: Westdeutsche Zeitschrift für Geschichte und Kunst 4, 1885, Taf. XI 5.

Abb. 24: Landesmuseum Mainz (U. Rudischer).

Abb. 25: Musée d'Art et d'Histoire Genf.

Abb. 26: Revue des études anciennes 27, 1925, 305.

Abb. 27: W. Busch, Der hohle Zahn und andere Bilder-Geschichten (München o. J. [aber um 1910]), unpaginiert.

Abb. 28: Bayerische Vorgeschichtsblätter 24, 1959, 9.

Abb. 34: O. M. Dalton, Catalogue of Early Christian Antiquities and Objects from the Christian East in the Department of British and Mediaeval Antiquities and Ethnography of the British Museum (London 1901) 71.

Abb. 35: British Museum London.

Abb. 36–41: Archäologische Staatssammlung München.

Abb. 42: Archaeologiai Értesitö 111, 1984, 223.

Abb. 43; 129–130; 135: Musée de l'Arles antique, Arles.

Abb. 44; 131–132; 134: P. Wuilleumier – A. Audin, Les médaillons d'applique gallo-romains de la vallée du Rhône. Annales de l'Université de Lyon, Sér. 3, Lettres, Fasc. 22 (Paris 1952) 57 f. und 136.

Abb. 45: Archäologisches Korrespondenzblatt 30, 2000, 118.

Abb. 46–49: Berichte zur Runenforschung 1, 1939, Taf. XX.

Abb. 50: CIL IV Taf. XLII 9.

Abb. 52; 53: Römisch-germanisches Korrespondenzblatt 4, 1911, 23.

Abb. 54: Mille fiori. Festschrift für Ludwig Berger (Augst 1998) 149 Abb. 1 A 7 .

Abb. 55: Jahresberichte aus Augst und Kaiseraugst 1, 1980, 98 (Zeichnung A. Reichmuth).

Abb. 57: Bulletin de la Société Nationale des Antiquaires de France 1872, Taf. 2,2.

Abb. 59: J. von Hefner, Die römischen Denkmäler Salzburgs und seines weiteren Gebietes. Denkschriften der phil.-hist. Cl. der kais. Akademie der Wissenschaften 1, 1850, Abt. 2, Taf. 2.12.

Abb. 60: CIL III 5590.

Abb. 61: Nationalmuseum Luxemburg (A. Biwer).

Abb. 62: Württembergisches Landesmuseum Stuttgart (H. Zwietasch/P. Frankenstein).

Abb. 63: Stadtmuseum Neuötting.

Abb. 65: Festschrift für Artur Betz. Archäologisch-epigraphische Studien 1 (Wien 1985), Taf. 12, 3.

Abb. 66: Stadtarchäologie Wien.

Abb. 68; 69; 92: Stadtmuseum Wels.

Abb. 70: Archäologische Staatssammlung München, Ortsakte Marzoll.

Abb. 74: Wikimedia, gemeinfrei (Aufnahme: Fer.filol).

Abb. 75: J.-M. Croisille, Les natures mortes campaniennes. Collection Latomus 76 (Brüssel – Berchem 1965), Taf. 112.

Abb. 76; 77: Le pitture antiche d'Ercolano e contorni incise con qualche spiegazone 2 (Neapel 1760) 43.

Abb. 78–79: Aufnahme Verf.; Publikationserlaubnis: Soprintendenza speciale per i beni archeologici di Napoli e Pompei, Neapel (Prot. Nr. 25112).

Abb. 81; 82: Aufnahme Mag. Dr. H. Autengruber-Thüry; Publikationserlaubnis: Soprintendenza speciale per i beni archeologici di Napoli e Pompei, Neapel (Prot. Nr. 25112).

Abb. 83: Le pitture antiche d'Ercolano e contorni incise con qualche spiegazone 4 (Neapel 1765) 87.

Abb. 84: Le pitture antiche d'Ercolano e contorni incise con qualche spiegazone 2 (Neapel 1760) 7.

Abb. 85: Aufnahme und Publikationserlaubnis der Soprintendenza speciale per i beni archeologici di Napoli e Pompei, Neapel (Prot. Nr. 25112).

Abb. 86: Nach: Pompei. Pitture e mosaici 11 (Rom 1995) 572.

Abb. 87; 99–101; 143: M. Schaub.

Abb. 89: Rivista di Studi Pompeiani 1, 1987, 26 Abb. 22.

Abb. 90: Rivista di Studi Pompeiani 1, 1987, 26 Abb. 23.

Abb. 91: Rivista di Studi Pompeiani 1, 1987, 27 Abb. 24.

Abb. 93; 94: Kantonsarchäologie Aargau, Brugg.

Abb. 98: Jahresberichte aus Augst und Kaiseraugst 25, 2004, 155 Abb. 17.

Abb. 102: S. Hurst (USDA-NRCS PLANTS Database, not copyrighted image).

Abb. 103: Dr. J. Walter.

Abb. 104: Archäologie der Schweiz 14, 1991, 251.

Abb. 105: Fundberichte aus Österreich 40, 2001, 679.

Abb. 111: O. Mazal, Der Wiener Dioskurides 2 (Graz 1999) 319v.

Abb. 113: Wikimedia, gemeinfrei.

Abb. 114: Wikimedia, gemeinfrei.

Abb. 115: Ch. Dubois, Pouzzoles antique (Paris 1907) 224.

Abb. 117: K. Wasmuht.

Abb. 119: Wikimedia, gemeinfrei (Aufnahme Denghiù).

Abb. 122: Corning Museum of Glass. Corning (New York); https://www.CMoG.org/artwork/populonia-bottle?image=2.

Abb. 123: Verändert nach Journal of the Marine Biological Association of the United Kingdom NF 4, 1895, Taf. 1.

Abb. 125–127: Amt der Niederösterreichischen Landesregierung, Archäologischer Park Carnuntum.

Abb. 128: Dr. F. Moosleitner †.

Abb. 133: J. Marcadé, Roma amor (Genf usw. 1961) 84 Abb. A.

Abb. 136: LVR-LandesMuseum Bonn.

Abb. 137: F. Fiedler, Denkmäler von Castra Vetera und Colonia Traiana in Ph. Houben's Antiquarium zu Xanten (Xanten 1839), Titelblatt.

Abb. 138; 139; 144: [F.] Fiedler, Antike erotische Bildwerke in Houbens römischem Antiquarium zu Xanten (Xanten 1839), Taf. 1 und 5.

Abb. 142: Kunsthistorisches Museum Wien.

Abb. 145: W. Knickrehm.

Abb. 146: 57. Bericht der Römisch-Germanischen Kommission 1976, Taf. 34.267.

Vorwort

"Alle, die den Wissenschaften obliegen, bauen nur an einem Hause. Wir tragen alle auf verschiedenen Wegen die Materialien hiezu bey. Unsere Vorfahren bahnten uns die Wege, und zündeten uns das Licht an, mit ihrer Arbeit. Wir verzehren in unsern Studierstunden ihre Lichter, und zünden unsern Nachkommen neue an. Wir tretten ihnen die Wege, daß sie wiederum leichter wandern können. Die Verirrungen der Vorhergegangenen sind oft Erleuchtungen der Nachkommen."
Joseph Fuchs, Alte Geschichte von Mainz, Bd. 1 (Mainz 1771)

Für einen Wissenschaftler, der das siebzigste Lebensjahr überschritten hat, wird es Zeit, dass er – sozusagen – sein Arbeitszimmer aufräumt und sich darüber klar wird, worüber er allenfalls noch schreiben möchte. Andererseits sollte er aber auch überlegen, ob er dafür gesorgt hat, dass die Ergebnisse, zu denen er bei seiner Arbeit im Lauf der Zeit gelangt ist, in einer Weise bekannt gemacht wurden, die darauf hoffen lässt, dass sie in Diskussion und Forschung wirklich Eingang finden können. Die Sorge darum gab für mich den Ausschlag, in diesem Sammelband ausgewählte kleine Schriften aus den Jahren 1974 bis 2024 zusammenzustellen.

Dass der Band realisiert werden konnte, ist dem Interesse des Verlegers Dr. David Davison zu verdanken; und ebenso meiner Frau, Mag. Dr. Heidelinde Autengruber-Thüry, ohne deren Ermunterung und Hilfe das Manuskript vielleicht nicht entstanden wäre.

Ich widme das Buch in dankbarem Andenken meinen verstorbenen Weggefährten und Freunden, die im Lauf von Jahren und Jahrzenten meine Arbeiten zu diesen und zu anderen Themen verfolgt und gefördert haben. Besonders möchte ich hier meine Großeltern, Eltern und meinen Bruder nennen; und außerdem Dr. Hans-Günter Attendorn; Dr. Erich Bayer; Prof. Ursula Diesner; Ing. Hans Estl; Prof. Dr. h. c. mult. Dipl-Ing. Martin Hell; Felix Holzermayr; Dr. Franz E. Koenig; Dr. Nanni Lang; Dr. Hans Lieb; Prof. Dr. Thomas Meyer; SR Dr. Fritz Moosleitner; Prof. Dr. Rudolf Noll; Lotte und Heinz Nowak; Carl Ostermayer; Dr. Alfons Regnauer; Dr. Günther Reibhorn; Dr. Christine Salazar; StD Peter Schild; Prof. Dr. Elisabeth Schmid; Fritz Schmitt; Helmuth Soraruf; Aimée und Dr. Hans-Rudolf Stampfli; Prof. Dr. Dr. h. c. Friedrich Strauch; Prof. Dr. Hannsjörg Ubl; Mag. Wilma Widhalm; Prof. Dr. Walter Wimmel; und Dr. Alfred Zeller.

Göttlesbrunn (Niederösterreich),
im Februar 2024

Günther E. Thüry.

Schriftenverzeichnis G. E. Thüry 1967–2024

(Stand: 1.7.2024)

Die in diesem Band aufgenommenen Arbeiten sind durch einen Asteriskus vor der laufenden Nummer gekennzeichnet.

A 1–23: Bücher und selbstständige Schriften

1977

A 1. Ein spätrömischer Münzfund vom Westtor des Kastells Kaiseraugst.
Maschinschriftliche Lizentiatsarbeit der Universität Basel 1977.

1988

A 2. Vom Leben und vom Staat der Römer (Paderborn 1988).

1992

A 3. *(Filmbeiheft:)* Rom – Weltstadt der Antike.
Herausgegeben vom FWU, Institut für Film und Bild (Geiselgasteig/München. 1992 als Begleitheft zu 16 mm-Film/1998 als Begleitheft zu Videofilm/2008 als Begleitheft zu DVD).

1995

A 4. Die Wurzeln unserer Umweltkrise und die griechisch-römische Antike (Salzburg 1995).

1997

A 5. *Herausgeber M. KIEHN, Mitautor Johannes WALTER:* Condimenta. Gewürzpflanzen in Koch- und Backrezepten aus der römischen Antike (Erstauflage Wien 1997; letzte – vierte – Auflage Herrsching 2001).

1998

A 6. *(Filmbeiheft:)* Die Sumerer.
Herausgegeben vom FWU, Institut für Film und Bild (Grünwald 1998; Begleitheft zu Videofilm).

2001

A 7. Müll und Marmorsäulen. Siedlungshygiene in der römischen Antike (Mainz 2001).

2003

A 8. Vita Carnuntina. Von der Wiege bis zur Bahre: Stationen eines Römerlebens. Begleitbuch und Katalog der gleichnamigen Ausstellung des Archäologischen Parks Carnuntum 2003. Carnuntiner Parkhefte 1 (Herrsching 2003).

2007

A 9. Kulinarisches aus dem römischen Alpenvorland. Linzer archäologische Forschungen, Sonderheft 39 (Linz 2007).

2009

A 10. Amor am Nordrand der Alpen. Sexualität und Erotik in der römischen Antike. Documents du Musée romain d'Avenches 17 (Avenches 2009).

A 11. Amor au nord des Alpes. Sexualité et érotisme dans l'Antiquité romaine. Documents du Musée romain d'Avenches 18 (Avenches 2009).

A 12. Zur Stadtgeschichte des römischen Salzburg.
Ungedruckte Dissertation der Universität Basel 2009.

2010

A 13. Amor zwischen Lech und Leitha. Liebe im römischen Ostalpenraum. Mitteilungen aus dem Stadtmuseum Wels 123 (Wels 2010).

2012

A 14. Heimatbuch Ainring: Archäologie – von der Steinzeit bis ins Mittelalter (Ainring 2012).

2013

A 15. Das römische Salzburg. Die antike Stadt und ihre Geschichte. Salzburg Studien 14 (Salzburg 2013).

2014

A 16. Die Stadtgeschichte des römischen Salzburg. Befunde und Funde bis 1987. British Archaeological Reports, International Series 2600 (Oxford 2014).
(Überarbeitete Druckfassung der Dissertation Nr. A 12).

2015

A 17. Liebe in den Zeiten der Römer. Archäologie der Liebe in der römischen Provinz (Mainz 2015. – Auch als E-Buch Mainz 2016).

2016

A 18. Die antike Münze als Fundgegenstand. Kategorien numismatischer Funde und ihre Interpretation (Oxford 2016. – Auch als E-Buch Oxford 2016).

2017

A 19. Der metallene Spiegel. Die Forschungsgeschichte der antiken Numismatik (Wien 2017).

A 20. *Mit Johannes WALTER:* Gewürze aus dem alten Rom. Das Geheimnis der römischen Küche (Mainz 2017. – Auch als E-Buch Mainz 2018).

2020

A 21. *(Herausgabe:)* Domi militiaeque. Militär- und andere Altertümer. Festschrift für Hannsjörg Ubl zum 85. Geburtstag (Oxford 2020. – Auch als E-Buch Oxford 2020).

2022

A 22. Römer, Mythen, Vorurteile. Das alte Rom und die Macht (Darmstadt 2022. – Gleichzeitig als Sonderheft der Zeitschrift Antike Welt erschienen. Außerdem auch als E-Buch Darmstadt 2022).

2024

A 23. Der vorliegende Band.

B 1–321: Aufsätze und Rezensionen

1967

B 1. Der Quadrifrons von Iuvavum.
Mitteilungen der Gesellschaft für Salzburger Landeskunde 107, 1967, 67 ff.

1972

B 2. Ein römischer Münzschatzfund vom Untersberg bei Salzburg.
Mitteilungen der Österreichischen Numismatischen Gesellschaft NF 17, 1972, 115 ff.
B 3. Ein Zeugnis aus Müllns Römerzeit.
Demokratisches Volksblatt (Salzburg) vom 8.4.1972.
B 4. Mülln in der Antike – Ein Vorort des römischen Salzburg.
Salzburger Tagblatt vom 11.8.1972.
B 5. Von der Akropolis nach Salzburg – Abenteuer eines altgriechischen Grabsteins.
Salzburger Tagblatt vom 27.11.1972.

1973

B 6. Zum römischen Inschriftfragment von Seekirchen.
Mitteilungen der Gesellschaft für Salzburger Landeskunde 112–113, 1972–73, 241 ff.
B 7. Ein römischer „Alphabetzauber" in Tittmoning.
Das Salzfaß (Heimatkundliche Zeitschrift des Historischen Vereins Rupertiwinkel) NF 7, 1973, 115 f.
B 8. *(Fundbericht:)* Salzburg-Nonntal.
Fundberichte aus Österreich 12, 1973, 117.
B 9. *(Rezension:)* Hermann Harrauer, A Bibliography to the Corpus Tibullianum. Hildesheim, Gerstenberg. 1971.
Anzeiger für die Altertumswissenschaft (Innsbruck) 26, 1973, 112 f.
B 10. Ludwig I. und der Römerschatz vom Untersberg-Veitlbruch.
Heimatblätter (Beilage des Reichenhaller Tagblatt und des Freilassinger Anzeiger) 41, 1973, Nr. 2.
B 11. Felix Dahn rühmte Salzburgs Frauen.
Salzburger Tagblatt vom 7.2.1973 *(Titel durch Redaktion verändert)*.
B 12. Sie kannten noch kein Müllproblem – Abfallbeseitigung im römischen Salzburg.
Salzburger Tagblatt vom 21.4.1973.

B 13. Römisches rund um den Nonnberg.
Salzburger Tagblatt vom 1.12.1973.

1974

B 14. Epigraphische Kleinigkeiten aus Iuvavum-Salzburg.
Römisches Österreich 2, 1974, 83 ff.
*B 15. Verschleppte attische Inschrift in Salzburg (IG III² 1955).
Zeitschrift für Papyrologie und Epigraphik 13, 1974, 95 f.

1975

B 16. *(Fundbericht:)* Schörzingen (Lkr. Rottweil).
Fundberichte aus Baden-Württemberg 2, 1975, 305.
B 17. Römische Funde vom Kapuzinerberg.
Salzburger Tagblatt vom 10.1.1975.
B 18. Schon Venus kannte den BH – Aus der Geschichte eines Kleidungsstücks.
Illustrierte Wochenzeitung (Stuttgart) vom 24.5.1975.

1976

B 19. *(Erläuterungstext zum Titelbild: Fundmünze aus Kaiseraugst; Prägung des Antoninus Pius für Mark Aurel).*
a) Deutsch: Kernkraftwerk Kaiseraugst AG, 3. Geschäftsbericht 1976, 4.
b) Französisch: Energie Nucléaire de Kaiseraugst SA, 3ᵉ Rapport d'exercice 1976, 4.
B 20. Schon Venus kannte den BH. *(Wiederabdruck von Nr. B 18).*
Neue Zürcher Zeitung vom 24./25.7.1976.

1977

*B 21. Zur Infektkette der Pest in hellenistisch-römischer Zeit.
In: Festschrift 75 Jahre Anthropologische Staatssammlung München, 1902–1977 (München 1977) 275 ff.
*B 22. Froschschenkel – eine latène- und römerzeitliche Delikatesse.
In: Festschrift Elisabeth Schmid. Regio Basiliensis 18/1 (Basel 1977) 237 ff.
B 23. Münzliste.
In: T. TOMASEVIC, Ein Glasschmelzofen in den Äußeren Reben, Kaiseraugst AG. Festschrift Elisabeth Schmid. Regio Basiliensis 18/1 (Basel 1977) 251 f.

1978

B 24. Zum Verkauf römischer Grabfunde vom Bürglstein an König Ludwig I. von Bayern.
Mitteilungen der Gesellschaft für Salzburger Landeskunde 118, 1978, 185 ff.
B 25. *(Herausgabe von und Beiträge zu:)* M. HELL †, Funde aus den römischen Gebäuden bei Fischtaging und Halberstätten, Gde. Seekirchen Land. Aus dem Nachlaß bearbeitet von Günther E. Thüry.
Salzburger Museum Carolino Augusteum, Jahresschrift 23–24, 1977–78, 151 f.

1979

B 26. *Mit Rudolf MOOSBRUGGER-LEU:* Der Zinnsarg aus der Predigerkirche.

In: Archäologische Bodenforschung des Kantons Basel-Stadt, Jahresbericht 1978. Basler Zeitschrift für Geschichte und Altertumskunde 79, 1979, 336 ff. (Beitrag Thüry: 338 f.).

B 27. *(Fundbericht:)* Petronell.

Fundberichte aus Österreich 18, 1979, 462.

B 28. *(Literaturanzeige:)* Thüry, G. E., ... Zur Infektkette der Pest ... *(hier Nr. B 21).*

Zentralblatt für Bakteriologie, Parasitenkunde, Infektionskrankheiten und Hygiene. Erste Abteilung Referate 265, 1979, 291.

B 29. Lang bekannt und kaum gewürdigt – Ein Römerstein aus Fridolfing.

Südostbayerische Rundschau (Traunstein) vom 9./10.7.1979.

B 30. Auch an der Salzach aßen Römer Austern.

Südostbayerische Rundschau (Traunstein) vom 14./15.8.1979.

1980

B 31. „Amo te sucure." Bemerkungen zu einer Augster Fibelinschrift.

Jahresberichte aus Augst und Kaiseraugst 1, 1980, 97 f.

B 32. Antoninian in Basler Barocksarg.

Schweizer Münzblätter 30, 1980, 51.

B 33. *(Numismatischer Beitrag zu:)* Chr. Ph. MATT, Der Grosse Chastel bei Bad Lostorf: Eine spätrömische Höhenstation im Solothurner Jura. Maschinschriftliche Lizentiatsarbeit Basel 1980, 19 ff.

B 34. Antike Textzeugnisse über kleinwüchsige Rinder im Alpengebiet und im freien Germanien.

Anhang zu: H. R. STAMPFLI, Die Tierfunde. In: H.-M. von KAENEL – M. PFANNER, Hgg., Tschugg – Römischer Gutshof (Bern 1980) 102 ff.

1982

B 35. Gehäuse zweier Purpurschnecken (Murex trunculus L.). In: Die römische Villa Loig bei Salzburg.

Salzburger Museum Carolino Augusteum, Jahresschrift 27–28, 1981–82, 93 f.

B 36. Fabricius und der Oppenheimer Mammutfund.

In: H. R. STAMPFLI, Die Geschenke des Wilhelm Fabry an die Berner Bibliothek. Jahrbuch des Bernischen Historischen Museums 61–62, 1981–82, 69 ff.

B 37. Ein Römerstein aus Fridolfing.

Das Salzfaß (Heimatkundliche Zeitschrift des Historischen Vereins Rupertiwinkel) NF 16, 1982, 164 ff.

1984

B 38. a) Das Nymphenheiligtum und die Baureste bei Allmoning.

b) Drei Ritzinschriften und ein Schreibgriffel aus Raum 7.

c) Die Austernschalen aus Raum 6b.

In: E. KELLER, Hg., Tittmoning in römischer Zeit. Führer zu archäologischen Denkmälern in Bayern, Oberbayern 1 (Tittmoning 1984) 28 ff. und 37 ff.

B 39. Zur Herkunft des römischen Austernimports in der Schweiz.

Archäologie der Schweiz 7, 1984, 100 ff.

B 40. Zwei Fundnachrichten der Barockzeit (römische Münzen aus der Gegend von Bern und aus Ursins VD).

Schweizer Münzblätter 34, 1984, 19 f.

B 41. (Rezension:) Walter Wimmel, Tibull und Delia. Erster Teil. Tibulls Elegie 1,1. Wiesbaden, Steiner. 1976.

Anzeiger für die Altertumswissenschaft (Innsbruck) 37, 1984, 241 ff.

B 42. *(Literaturanzeige:)* G. E. Thüry, Zur Herkunft ... *(hier Nr. B 39).*

Résumés d'archéologie suisse 4, 1984, 37.

B 43. Schweigende Steine. *(Betrifft die Megalithen von Carnac).*

ärztliches journal – Reise & Kultur (Werne), Oktober 1984, 178 ff.

1985

B 44. *Mit Friedrich STRAUCH:* Austernfunde aus römischen Gebäuderesten in Tittmoning, Ldkr. Traunstein.

Bayerische Vorgeschichtsblätter 50, 1985, 341 ff.

B 45. Das alte Rom bei Regen: Kein Schirm für Cicero.

Journal für Geschichte (Weinheim), Jg. 1985, Heft 1, 52 ff.

B 46. Der Guß aus dem Fenster.

ärztliches journal – Reise und Kultur (Werne), Mai 1985, 184.

1986

B 47. *(Beiträge zu:)* J. LEPIKSAAR, Tierreste in einer römischen Amphore aus Salzburg (Mozartplatz 4).

Bayerische Vorgeschichtsblätter 51, 1986, 170 ff. und 175 f.

B 48. Forschungen an Tierfunden aus dem römischen Salzburg.

Salzburger Museumsblätter 47, 1986, 25 f.

B 49. *(Beiträge zu:)* H. R. STAMPFLI, Amanz Gressly, 1814–1865. Lebensbild eines außerordentlichen Menschen.

Mitteilungen der Naturforschenden Gesellschaft des Kantons Solothurn 32, 1986, 118 ff.; 122 f.; 126 f.

B 50. Die Römerstraße von Freilassing. Freilassings römische Straßenreste wären Hinweistafel wert.

Südostbayerische Rundschau (Traunstein) vom 27./28.5.1986.

B 51. Mitteleuropas älteste Fischkonserve. Ein ungewöhnlicher Fund aus dem römischen Salzburg.

Südostbayerische Rundschau (Traunstein) vom 27./28.10.1986.

1987

B 52. Ein Pionier der Antiken Numismatik: Johann Jakob Gessner (1707–1787).

Schweizer Münzblätter 37, 1987, 66 ff.

B 53. Ein Pfarrer und Lehrer erforschte antike Münzen. Zur Erinnerung an Johann Jakob Gessner (1707–1787), den einst berühmten Zürcher Numismatiker.

Turicum 18, 1987, Winterheft, 72 ff.

B 54. Eckhel-Gedenkjahr 1987.

Money Trend 19, 1987, Heft 12, 44 f.

B 55. Kochkunst in der Römerzeit – Bohnentopf à la Vitellius.

Journal für Geschichte (Weinheim), Jg. 1987, Heft 2, 46 ff.

B 56. Backen wie im alten Rom: Käsekuchen à la Cato.

historicum (Salzburg) 7, 1987, 25 f.

B 57. Würzige Fischsauce aus dem ersten Jahrhundert. Ein überraschender Römerfund in Salzburg.

Die Presse (Wien) vom 21./22.3.1987, Wochendbeilage.

1988

B 58. Zeugnisse der Bärenjagd im römischen Salzburg. Mit einem Anhang von Hans Rudolf STAMPFLI.

Salzburger Museumsblätter 49, 1988, 4 f.

B 59. Reste römischer Münzgußformen in deutschem Privatbesitz.

Schweizer Münzblätter 38, 1988, 52 f.

B 60. Ein „porcellum monstrosum" im Besitz des Ludwig Tscharandi.

In: H. R. STAMPFLI, Geschichte der wissenschaftlichen Sammlungen in Solothurn. Mitteilungen der Naturforschenden Gesellschaft des Kantons Solothurn 33, 1988, 14 ff.

1989

B 61. Erzbischof Arno und die Geschichte des Regenschirms.

Salzburger Museumsblätter 50, 1989, 28.

B 62. Heimatpfleger Ostermayer trat zurück.

Trostberger Tagblatt vom 27./28.9.1989 (vgl. auch Traunsteiner Wochenblatt vom 21.9.1989; dort aber Abdruck mit redaktionellen Eingriffen).

1990

*B 63. Römische Austernfunde in der Schweiz, im rechtsrheinischen Süddeutschland und in Österreich.

In: Festschrift für Hans R. Stampfli (Basel 1990) 285 ff.

B 64. Austern im Salzburg des 16. Jahrhunderts.

Salzburger Museum Carolino Augusteum, Jahresschrift 35/36, 1989/90, 136 ff.

B 65. Geburtstagsgrüße für Carl Ostermayer (Bedaium).

Salzburger Museumsblätter 51, 1990, 19 (mit redaktionellen Eingriffen in Titel und Text).

B 66. (Literaturanzeige:) Hänggi, R., 1986. Zurzach AG/Tenedo ... Archäologie der Schweiz. 9: 149–159; Hänggi, R., Zumstein, A. and Y. Endriss. 1989. Augusta Rauricorum, Insula 22 ... Jahresberichte aus Augst und Kaiseraugst. 10: 29–72. (Betrifft Funde römerzeitlicher Humanparasiten).

Paleopathology Newsletter 72, 1990, 11 f.

B 67. (Literaturanzeige:) G. E. Thüry, Römische Austernfunde ... (hier Nr. B 63).

Résumés d'archéologie suisse 10, 1990, 74.

1991

*B 68. Erotisches in römischen Fibelinschriften. Zur Deutung dreier Texte auf Fibelfunden aus Niederösterreich.

Specimina nova dissertationum (Pécs) 7, 1991, Pars prima, 93 ff.

B 69. (Literaturanzeige:) G. E. Thüry, Erotisches in römischen Fibelinschriften ... (hier Nr. B 68).

Résumes d'archéologie suisse 11, 1991, 64.

1992

B 70. Chronologische und numismatische Bemerkungen zu den Germaneneinfällen von „357".

Bayerische Vorgeschichtsblätter 57, 1992, 305 ff.

B 71. Sex im römischen Salzburg.

das kunstwerk des monats (Salzburg), Feber 1992.

1993

*B 72. Zur Größe der Alpenrinder im 6. Jahrhundert nach Christus. Eine Stelle des Cassiodor (Variae 3,50) als archäozoologische Quelle.

In: Festschrift für Hanns-Hermann Müller. Zeitschrift für Archäologie 27, 1993, 201 ff.

B 73. Umwelt/Natur – Antike.

In: P. DINZELBACHER, Hg., Europäische Mentalitätsgeschichte in Einzeldarstellungen. Kröners Taschenausgabe 469 (Stuttgart 1993) 556 ff.

B 74. Auch Roms Kaiser aß gern Bohnen.

Mitteilungen aus dem Stadtmuseum Wels 1993, Heft 5 (unpaginiert).

1994

*B 75. Flohjagd mit der Lampe? Eine fehlgedeutete Kleininschrift auf einem römischen Tonlämpchen.

Archäologie der Schweiz 17, 1994, 120 ff.

*B 76. Mehrdeutige erotische Kleininschriften.

Bayerische Vorgeschichtsblätter 59, 1994, 85 ff.

B 77. a) Austernfunde in Kastell und Vicus.
     b) (Beiträge zum Katalog)

In: R. HÄNGGI – C. DOSWALD – K. ROTH-RUBI, Die frühen römischen Kastelle und der Kastell-Vicus von Tenedo-Zurzach. Veröffentlichungen der Gesellschaft Pro Vindonissa, Band 11. Zwei Teilbände (Brugg 1994). Textband, 411; Katalog- und Tafelband, 550 und 564.

B 78. „HIC HABITAT ..." Wohnte am Mozartplatz das Glück? Das römische Mosaik mit der „Haussegens-Inschrift".

das kunstwerk des monats (Salzburg), November 1994.

B 79. (Literaturanzeige:) G. E. Thüry, Flohjagd mit der Lampe? ... (hier Nr. B 75).

Résumés d'archéologie suisse 14, 1994, 66.

B 80. *(Fundbericht:)* Seeon-Seebruck (Lkr. Traunstein).
Bayerische Vorgeschichtsblätter, Beiheft 7 (München 1994) 166.

1995

*B 81. Zur Deutung einer römischen Faßinschrift aus Regensburg.
Bayerische Vorgeschichtsblätter 60, 1995, 301 f.

1996

*B 82. Ein eingeritzter römischer Brief auf einem Soldatenteller aus Pförring, Ldkr. Eichstätt.
Bayerische Vorgeschichtsblätter 61, 1996, 175 ff.

B 83. War Tibull in Gallien?
Tyche 11, 1996, 227 f.

*B 84. Bauern, Gift und Parasiten. Zur Hygiene römischer Landwirtschaftsprodukte.
Historicum (Linz), Frühlingsnummer 1996, 34 ff.

B 85. „Beschriften ließ den Stein ...“ Inschriftlich bekannte Persönlichkeiten der römischen Landbevölkerung an der unteren Salzach.
In: Archäologie beiderseits der Salzach. Bodenfunde aus dem Flachgau und Rupertiwinkel (Salzburg 1996) 104 ff.

1997

B 86. Auster.
In: Der Neue Pauly. Enzyklopädie der Antike. Band 2 (Stuttgart – Weimar 1997) 340 f.

B 87. Meeresfrüchte in Lauriacum, Teil 1: Purpurschnecken an der Enns.
Mitteilungen des Museumvereines Lauriacum-Enns NF 35, 1997, 22 ff.

*B 88. Ein phallischer Mörserstößel aus Carnuntum.
Carnuntum Jahrbuch 1997, 99 ff.

B 89. Die Rätsel des Baal. Zur römischen Stierfigur vom Giselakai in Salzburg.
Das Kunstwerk des Monats (Salzburg), Blatt 106, Februar 1997.

B 90. *(Rezension:)* Numismatische Literatur 1500–1864. Die Entwicklung der Methoden einer Wissenschaft ..., hgg. von Peter Berghaus. Wolfenbütteler Forschungen, Band 64. Wiesbaden: Kommission Harrassowitz, 1995.
Schweizer Münzblätter 47, 1997, 79 ff.

B 91. Ein neues Buch zur römischen Küche.
Circulare. Unabhängiges Organ der klassischen Philologen in Österreich (Wien) 18, 1997, 28 f.

B 92. Offener Brief zur Frage einer Neuordnung der Salzburger Museen.
Salzburger Museumsblätter 58, 1997, Nr.3/4, 2.

B 93. Zum Museumskonzept.
Salzburger Fenster vom 5.3.1997, 2 *(Teilabdruck von Nr. B 92).*

1998

B 94. Floh.
In: Der Neue Pauly. Enzyklopädie der Antike. Band 4 (Stuttgart – Weimar 1998) 560 f.

*B 95. Wasser im Wein. Zur Deutung einer Spruchbecherinschrift aus Szentendre (Ungarn).
In: Mille Fiori. Festschrift für Ludwig Berger. Forschungen in Augst 25 (Augst 1998) 207 ff.

B 96. Meeresfrüchte in Lauriacum, Teil 2: Austernkonsum im römischen Enns?
Mitteilungen des Museumvereines Lauriacum-Enns NF 36, 1998, 21 ff.

B 97. Altes Geld und Neues Jahr. Salzburger Museum besitzt Roms älteste Münzen.
Das Kunstwerk des Monats (Salzburg), Blatt 117, Jänner 1998.

B 98. *(Rezension:)* Wissenschaftsgeschichte der Numismatik (Beiträge zum 17. Deutschen Numismatikertag 3.–5. März 1995 in Hannover), hgg. von Rainer Albert und Reiner Cunz. Schriftenreihe der Numismatischen Gesellschaft Speyer, Band 36. Speyer: Numismatische Gesellschaft Speyer 1995.
Schweizer Münzblätter 48, 1998, 82 f.

1999

B 99. Charon und die Funktionen der Münzen in römischen Gräbern der Kaiserzeit.
In: O. F. DUBUIS u. a., Hgg., Trouvailles monétaires de tombes. Actes du deuxième colloque international du Groupe suisse pour l'étude des trouvailles monétaires (Neuchâtel, 3–4 mars 1995). Études de numismatique et d'histoire monétaire 2 (Lausanne 1999) 17 ff.

B 100. *(Archäozoologischer Beitrag zu:)* W. BROGLI – J. SCHIBLER, Zwölf Gruben aus der Späthallstatt – Frühlatènezeit in Möhlin.
Jahrbuch der Schweizerischen Gesellschaft für Ur- und Frühgeschichte 82, 1999, 115.

B 101. Epigraphische Notizen aus dem römischen Salzburg.
In: Votis XX solutis. Jubiläumsschrift der Archäologischen Gesellschaft Steiermark. Archäologische Gesellschaft Steiermark, Nachrichtenblatt, Jg. 1999, 295 ff.

B 102. Zerstörung einer Römerstraße. *(Betrifft: Römerstraße in Freilassing).*
Antike Welt 30, 1999, 398.

2000

B 103. Warum und wo verbirgt man einen Münzschatz? Die antike Literatur als numismatisch nicht verwertete Quelle.
In: XII. Internationaler Numismatischer Kongreß Berlin 1997, Akten Band 1 (Berlin 2000) 142 ff.

B 104. Die Attraktion der nahen Stadt. Was römische Seebrucker nach Iuvavum-Salzburg zog.
Bedaium Römermuseum Seebruck, Jahrbuch 4, [2000], 83 ff.

*B 105. Römische Küche und Kultur und der Begriff der „multikulturellen Gesellschaft".

Circulare. Unabhängiges Organ der klassischen Philologen in Österreich (Wien), Jg. 2000, Nr. 2, 4 f.

B 106. *(Epigraphische Beiträge zu:)* M. JUNKELMANN, Römische Helme.

Sammlung Axel Guttmann, Band 8 (Mainz 2000), pass.

2001

B 107. *Mit Hans-Günter ATTENDORN †, Gerhard HELLE und Friedrich STRAUCH:* Provenienzuntersuchungen an römischen Fundaustern aus der Zone nordwärts der Alpen.

Römisches Österreich 23/24, 2000/2001, 7 ff.

B 108. Ratte.

In: Der Neue Pauly. Enzyklopädie der Antike. Band 10 (Stuttgart – Weimar 2001) 785 f.

*B 109. Die Palme für die „domina". Masochismus in der römischen Antike.

Antike Welt 32, 2001, 571 ff.

B 110. Zur Erinnerung an Felix Holzermayr.

Antike Welt 32, 2001, 666 f.

B 111. *Mit Hans Rudolf STAMPFLI †:* Zur Archäozoologie des römischen Salzburg.

Salzburg Archiv 27, 2001, 65 ff.

B 112. Sie „entbehrten nicht der Feste." Das römische „Gastmahlmosaik" vom Salzburger Waagplatz.

Das kunstwerk des monats (Salzburg), Blatt 163, November 2001.

2002

B 113. Hygiene – Krankheit – (römische) Geschichte.

Circulare. Unabhängiges Organ der klassischen Philologen in Österreich (Wien), Jg. 2002, Nr. 2, 2 f.

B 114. Neues zum Mosaik vom Salzburger Waagplatz.

Diomedes (Salzburg), NF 2, 2002, 75 ff.

2003

*B 115. Sirenen auf Appliken der Rhônekeramik?

Rei cretariae Romanae fautorum acta 38, 2003, 349 f.

B 116. „Pignus amoris". Zu einer neuen erotischen Geschenkinschrift.

Römisches Österreich 26, 2003, 11 f.

B 117. Település-higiénia a római korban (Siedlungshygiene in der Römerzeit. Ungarisch).

Ókor (Budapest) 2, 2003, Heft 2–3, 3 ff.

B 118. *(Interview:)* „Trag deinen Dreck weit fort, sonst hast du Ärger."

Latein und Griechisch in Berlin und Brandenburg 47, 2003, Heft 1, 2 ff. (unter verändertem Titel auch in: kleine zeitung. Zeitung in der Schule mit der Frankfurter Allgemeinen Zeitung für Deutschland, Nr. 1 vom März 2003).

B 119. Der Müll und die römische Stadt.

In: Müll. Facetten von der Steinzeit bis zum Gelben Sack. Schriftenreihe des Landesmuseum für Natur und Mensch [Oldenburg], Heft 27 (Mainz 2003) 67 ff.

B 120. *(Mitarbeit an:)* F. HUMER, Hg., Das römische Stadtviertel im Freilichtmuseum Petronell (Petronell 2003) 29 ff.

B 121. Das Dolce Vita des Trompeters. Vom Leben und vom Weiterleben der antiken Carnuntiner.

Circulare. Unabhängiges Organ der klassischen Philologen in Österreich (Wien), Jg. 2003, Nr. 2, 12 f.

B 122. Rom und Europa.

Circulare. Unabhängiges Organ der klassischen Philologen in Österreich (Wien), Jg. 2003, Nr. 4, 3 ff.

B 123. Die Römerstraße vor der Haustür.

Teil 1: Ainringer Gemeindezeitung 2003, Nr. 3, 10; Teil 2: ebd. Nr. 4, 8.

2004

B 124. Flea.

In: Brill's New Pauly, Band 5 (Leiden – Boston 2004) 465 f.

B 125. Ernährung in der römischen Antike. Der Stand des Wissens und die „kulinarische Rekonstruktion".

Gymnasium 111, 2004, 25 ff.

*B 126. Römer sucht Römerin. Liebeswerbung in römischen Kleininschriften.

Pegasus-Onlinezeitschrift. Wissenschaftliches Periodikum zur Didaktik und Methodik der Fächer Latein und Griechisch 4/1, 2004, 54 ff. (www.pegasus-onlinezeitschrift.de/erga_1_2004_thuery.html).

* B 127. Warenwelt und Subsistenz. Zur Konsumgeschichte der Prinzipatszeit.

Historicum (Linz), Frühlingsnummer 2004, 30 ff.

B 128. Die kulinarischen Stilleben des Mosaiks vom Waagplatz in Salzburg.

Bayerische Vorgeschichtsblätter 69, 2004, 19 ff.

*B 129. Venus und der „reine Wein". Zum pompejanischen Graffito CIL IV 2776.

In: Orbis antiquus. Studia in honorem Ioannis Pisonis. Bibliotheca musei Napocensis 21 (Cluj-Napoca 2004) 164 ff.

*B 130. „AVI VADO". Zur Inschrift auf einem spätantiken Reitersporn aus Nida-Heddernheim.

Archäologisches Korrespondenzblatt 34, 2004, 253 f.

*B 131. Oberösterreichs „ältester Brief". Zur spätantiken Ziegelinschrift von Wilhering.

In: Festschrift Gerhard Winkler. Jahrbuch des Oberösterreichischen Musealvereines I (Abhandlungen) 149, 2004, 255 ff.

B 132. Römischer Kochkurs (Oktober 2004).

Latein und Griechisch in Berlin und Brandenburg 48, 2004, Heft 4, 110 ff.

B 133. *(Interview:)* „Gute Götter, wie viele Menschen hält ein Bauch in Trab!" (Seneca). Interview mit Günther E. Thüry über das anhaltend starke Interesse an der römischen Küche.

Latein und Griechisch in Berlin und Brandenburg 48, 2004, Heft 4, 106 ff.

B 134. Buchs und Rosen. Ein Garten für das römische Carnuntum.

topiaria helvetica (Schweizerische Gesellschaft für Gartenkultur, Jahrbuch), Jg. 2004, 6 ff.

B 135. Müll, Magie und Medizin. Die „bedrohte Gesundheit der Römer". Sonderausstellung im Museum in der Fronfeste in Neumarkt a.W.

Salzburger Museumsblätter 65, 2004, Nr. 5, 4 *(Titel durch redaktionellen Eingriff verändert).*

B 136. Kranksein bei den alten Römern: Was ist daran aktuell?

Circulare. Unabhängiges Organ der klassischen Philologen in Österreich (Wien), Jg. 2004, Nr. 2, 16.

B 137. *(Rezension:)* Gudrun Gerlach, Zu Tisch bei den alten Römern. Eine Kulturgeschichte des Essens und Trinkens. Sonderheft 2001 der Zeitschrift „Archäologie in Deutschland". Konrad Theiss Verlag, Stuttgart 2001.

Antike Welt 35, 2004, Heft 2, 108 f.

B 138. Ein Sklave namens Placidus; oder: drei alte Römer aus Feldkirchen.

Ainringer Gemeindezeitung 2004, Nr. 6, 10.

B 139. Sargdeckel – Grabstein – Meilenstein: die Römersteine unserer Gemeinde.

Ainringer Gemeindezeitung 2004, Nr. 7, 7.

[B 140. Besuchen Sie das „Airportcenter"! Ein Nachruf auf das Himmelreich.

Salzburger Museumsblätter 65, 2004, Nr. 7/8, 7 *(betrifft nicht die Altertumswissenschaften. Thema ist die moderne Landschaftszerstörung]).*

2005

B 141. Süße Sachen – Eine römische Kuchenform aus Winden am See.

In: Scherben bringen Glück. Festschrift für Fritz Moosleitner (Salzburg 2005) 139 f.

B 142. Mit Markus SCHAUB: Fossilien in der Römerzeit. Ein neuer Fund aus Augusta Raurica und seine Deutung.

Jahresberichte aus Augst und Kaiseraugst 26, 2005, 145 ff.

B 143. Rosen für Carnuntum. Nach antikem Vorbild werden in der Carnuntiner Zivilstadt Gärten angelegt.

Antike Welt 36, 2005, Heft 3, 17 ff.

B 144. *Mit Markus SCHAUB:* Fossilienfund in Römerhaus.

Antike Welt 36, 2005, Heft 4, 6.

B 145. Quod non fecerunt barbari. Kärntner Landesregierung zerstört Klagenfurter Lapidarium.

Circulare. Unabhängiges Organ der klassischen Philologen und Altertumswissenschafter in Österreich (Wien), Jg. 2005, Nr. 3, 13.

B 146. Wie verlief ein Römerleben? Normalbiographie und Altersstufen vor 2000 Jahren.

Salzburger Museumsblätter 66, 2005, Nr. 6, 2.

B 147. Unser Rathaus – ein Museum.

Ainringer Gemeindezeitung 2005, Nr. 11, 8.

B 148. Austern aus der Römerzeit ausgestellt. Das Tittmoninger Heimathaus ist ab 1. Mai wieder geöffnet.

Südostbayerische Rundschau (Tittmoning) vom 29.4.2005.

B 149. *(Interview:)* „Gute Götter, wie viele Menschen hält ein Bauch in Trab!" Gespräch mit Günther E. Thüry. *(Wiederabdruck von Nr. B 133).*

kleine zeitung. Zeitung in der Schule mit der Frankfurter Allgemeinen Zeitung für Deutschland, Nr. 1 vom März 2005.

2006

B 150. a) Vom Verhältnis der Römer zu Bächen, Flüssen und Seen.
b) Die Süßwasserfauna im Urteil der Römer. Teil 1: ökologisch-medizinische Aspekte.
c) Binnenfischer – ein römisches Berufsbild.
d) Die Süßwasserfauna im Urteil der Römer. Teil 2: kulinarische Aspekte.

In: H. HÜSTER PLOGMANN, Hg., Fisch und Fischer aus zwei Jahrtausenden. Eine fischereiwirtschaftliche Zeitreise durch die Nordwestschweiz. Forschungen in Augst 39 (Basel 2006) 11 ff.; 45 ff.; 91 ff.; 179 ff.

B 151. Bauopfer – Pilgeropfer – Passageopfer: drei Kategorien numismatischer Weihefunde.

Money Trend 38, 2006, Heft 10, 134 ff.

B 152. „Erbärmlichst lebende Menschen"? Vom Pannonienbild der Südländer und von Ernährung und Lebensqualität im frühen Carnuntum.

In: F. HUMER, Hg., Legionsadler und Druidenstab. Vom Legionslager zur Donaumetropole. Textband (Petronell 2006) 337 ff.

B 153. Medizin in Carnuntum.

In: K. MÜNDL, Hg., Weltstadt im Land der Barbaren. 2000 Jahre Carnuntum (Wien 2006) 145 ff.

*B 154. Feder- oder daunengefüllte Textilien aus dem Gebiet des römischen Salzburg. Zum Grabdenkmal mit der Inschrift CIL III 5590.

In: Akten des 10. Österreichischen Althistorikertages 2004. Diomedes, Sonderband (Wien 2006) 137 ff.

B 155. a) Die römische Saalachbrücke.
b) Auf der römischen Straße.

In: Der Lieferinger Kultur-Wanderweg (Salzburg 2006) 227 ff.

B 156. Was die Barbaren nicht taten. *(Betrifft die Zerstörung des Klagenfurter Lapidariums).*

Antike Welt 37, 2006, Heft 3, 4 f.

B 157. Knödel für Crispus. Römische Küche im Museum Neumarkt.

Salzburger Museumsblätter 67, 2006, Nr. 7/8, 5.

B 158. „Ainrings gesammelte Funde". 14.10.–19.11.2006: Archäologieausstellung im Rathaus.

Ainringer Gemeindezeitung 2006, Nr. 16, 11.

B 159. *(Beitrag zu:)* H. UBL, Was trug der römische Soldat unter dem Panzer?

In: Gedenkschrift für Jochen Garbsch. Bayerische Vorgeschichtsblätter 71, 2006, 270.

B 160. *(Rezension:)* Hans-Markus von Kaenel – Maria R.-Alföldi – Ulrike Peter – Holger Komnick, Hgg., Geldgeschichte vs. Numismatik. Theodor Mommsen und die antike Münze ... (Berlin 2004; Akademie Verlag).

Schweizer Numismatische Rundschau 85, 2006, 237 ff.

B 161. *(Literaturanzeige:)* G. E. Thüry, Vom Verhältnis der Römer zu Bächen, Flüssen und Seen *(hier Nr. B 150 a).*

Résumés d'archéologie suisse 2006, 33.

2007

B 162. Oyster.

In: Brill's New Pauly, Band 10 (Leiden – Boston 2007) 314.

*B 163. Careum und cuminum – Kümmel in der römischen Antike.

In: M. FANSA – G. KATZER – J. FANSA, Hgg., Chili, Teufelsdreck und Safran. Zur Kulturgeschichte der Gewürze (Oldenburg 2007) 114 ff.

*B 164. Die Rolle von Süßwasserfisch in der römischen Küche. Das Zeugnis der antiken Literatur.

In: H. HÜSTER PLOGMANN, Hg., The Role of Fish in Ancient Time. Proceedings of the 13th Meeting of the ICAZ Fish Remains Working Group Basel/Augst 2005 (Rahden 2007) 113 ff.

B 165. Soldaten am Kreuz.

Money Trend 39, 2007, Heft 12, 134 ff.

B 166. *Aus Texten G. E. Thürys zusammengestellt und bearbeitet von Erwin Maria RUPRECHTSBERGER:* Kulinarisches aus dem römischen Alpenvorland. Eine Ausstellung des Linzer Stadtmuseums Nordico.

In: Forum OÖ Geschichte. Virtuelles Museum Oberösterreich. Archive (www.ooegeschichte.at).

B 167. *Mit Hans ESCHLBERGER:* Die Geschichte der Gemeinde Ainring. [Abschnitte zur Ur- und Frühgeschichte.]

Homepage der Gemeinde Ainring (www.ainring.de/ueberblick/zahlen-fakten.htm).

2008

B 168. Rat.

In: Brill's New Pauly, Band 12 (Leiden – Boston 2008) 397.

B 169. Natur /Umwelt – Antike.

In: P. DINZELBACHER, Hg., wie oben Nr. B 73 (leicht erweiterte Zweitauflage. Stuttgart 2008) 641 ff.

*B 170. Gärten und Gartenpflanzen der Austria Romana.

In: P. SCHERRER, Hg., Domus – Das Haus in den Städten der römischen Donauprovinzen. Sonderschriften des Österreichischen Archäologischen Institutes 44 (Wien 2008) 173 ff.

*B 171. Die erotischen Inschriften des instrumentum domesticum: ein Überblick.

In: M. HAINZMANN – R. WEDENIG, Hgg., Instrumenta inscripta Latina II. Akten des 2. Internationalen Kolloquiums Klagenfurt 2005 (Klagenfurt 2008) 295 ff.

2009

B 172. *(Mitarbeit an:)* F. HUMER, Hg., Ein römisches Wohnhaus der Spätantike in Carnuntum (Petronell 2009) 78 ff. und 109 ff.

B 173. Römische Straßenreste an der Saalach. *(Leicht veränderter Wiederabdruck von Nr. B 123).*

Jahrbuch Bedaium Römermuseum Seebruck 5, 2009, 99 ff.

B 174. Münzen. In: U. HAMPEL, Neue Grabungen im Bereich von zwei römischen Gutshöfen in der Stadt Salzburg.

Fundberichte aus Österreich 48, 2009, 69 f.

B 175. *(Rezension:)* Werner Krenkel, Naturalia non turpia. Spudasmata 113 (Hildesheim - Zürich – New York 2006).

Anzeiger für die Altertumswissenschaft (Innsbruck) 62, 2009, 228 f.

2010

B 176. Neues zur Epigraphik des römischen Salzburg.

Diomedes NF 5, 2010, 83 ff.

*B 177. Sexualität und körperliche Gewalt im römischen Alltag.

In: J. FISCHER – M. ULZ, Hgg., Unfreiheit und Sexualität von der Antike bis zur Gegenwart (Hildesheim – Zürich – New York 2010) 83 ff.

B 178. Austernfunde aus der Grube G 59.

In: S. BENGUEREL – V. ENGELER-OHNEMUS, Zum Lagerausbau im Nordwesten von Vindonissa. Veröffentlichungen der Gesellschaft Pro Vindonissa 21 (Brugg 2010) 47 ff.

B 179. Careum und cuminum – Kümmel in der römischen Antike. *(Wiederabdruck von Nr. B 163; aber mit redaktionellen Eingriffen).*

In: F. HOLL, Hg., Gewürze – sinnlicher Genuß. Lebendige Geschichte. Begleitbuch zur Sonderausstellung im Ausstellungszentrum Lokschuppen Rosenheim 2010, 80 ff.

B 180. a) Ein „Motor" der Ernährungsgeschichte: die „kulinarische Akkulturation".
b) Feuerstellen und Kochherde.
c) Ein Hauch von See im Binnenland: Importe von Austern.

In: J. MEURERS-BALKE – T. KASZAB-OLSCHEWSKI, Hgg., Grenzenlose Gaumenfreuden. Römische Küche in einer germanischen Provinz (Mainz 2010) 11 f., 41 f. und 124 f.

B 181. Von Köchen, Christen und der Politik. Ein Motto und seine Geschichte.

Antike Welt 41, 2010, Heft 6, 38 f.

2011

*B 182. Das römische Latrinenwesen im Spiegel der literarischen Zeugnisse.

In: G. C. M. JANSEN – A. O. KOLOSKI-OSTROW – E. M. MOORMANN, Hgg., Roman Toilets. Their Archaeology and Cultural History. Babesch

Supplement 19 (Leuven – Paris –Walpole, MA 2011) 43 ff. und 49.

B 183. Ein römischer Goldfingerring aus dem Raum Enns (Oberösterreich).

Instrumentum 33, 2011, 28.

B 184. Ein Ring mit Liebesinschrift aus dem römischen Wels.

Archäologie Österreichs 22/2, 2011, 14 f.

B 185. Iuvavum, das römische Salzburg – die „Vier-Berge-Stadt".

In: Chr. F. UHLIR, Hg., Salzburger Stadtberge (Borsdorf 2011) 111 ff.

B 186. Edward Whymper und die römischen Münzen vom Theodulpass.

Schweizer Münzblätter 61, 2011, 103 ff.

B 187. Der Coburger Gelehrte Friedrich Karl Forberg (1770–1848) und die Erforschung der antiken Sexualgeschichte.

Jahrbuch der Coburger Landesstiftung 55, 2010/2011, 71 ff.

2012

B 188. Zum Relief des römischen Stadtbodens in Iuvavum rechts der Salzach.

In: N. HOFER – P. HÖGLINGER, Hgg., Salzburg, Makartplatz 6. Römisches Gewerbe – Stadtpalais -- Bankhaus Spängler. Fundberichte aus Österreich, Materialhefte, Reihe A, Sonderheft 20 (Horn 2012) 34 ff.

B 189. Mit Hans ESCHLBERGER und Max WIESER: Wissenswertes über unsere Geschichte. [Abschnitte zur Vor- und Frühgeschichte.] (Abdruck von Nr. B 167).

In: Bürgerinformation Gemeinde Ainring (Mering 11. Auflage 2012) 6 f.

B 190. Das neue „Heimatbuch Ainring: Archäologie".

Wir in Ainring. Unsere Gemeindezeitung 2012, Nr. 41, 20.

*B 191. Zu Gelddarstellungen auf Wandbildern der Vesuvregion.

Numismatische Zeitschrift 119, 2012, 59 ff.

B 192. Neues von Edward Whymper und den Münzen vom Theodul: Notizen aus Whympers Tagebüchern.

Schweizer Münzblätter 62, 2012, S. 69 ff.

B 193. Pálmaág a dominának. Mazochizmus a római korban. (Ungarische Übersetzung von Nr. B 109).

Ókor (Budapest) 11, 2012, Heft 3, 72 ff.

B 194. (Rezension:) Alan M. Stahl, Hg., The Rebirth of Antiquity. Numismatics, Archaeology, and Classical Studies in the Culture of the Renaissance ... Princeton, New Jersey 2009. Princeton University Library ...

Schweizerische Numismatische Rundschau 91, 2012, 333 ff.

2013

B 195. Die gesteinigte Venus. Die Erforschung der antiken Erotik von der Renaissance bis zur Sexuellen Revolution.

In: P. MAURITSCH, Hg., Aspekte antiker Prostitution. Vorträge gehalten im Rahmen des Symposions Hetären.Gespräche 2009. Nummi et litterae 4 (Graz 2013) 11 ff.

B 196. SPES AMORE. Eine neue Inschriftfibel aus dem römischen Wels.

In: Calamus. Festschrift für Herbert Graßl zum 65. Geburtstag. Philippika, Marburger altertumskundliche Abhandlungen 57 (Wiesbaden 2013) 549 ff.

B 197. Noch einmal zu den „coups de foudre gallo-romains".

Instrumentum 37, 2013, 22.

B 198. Neues zum Fundort des Achtkantschwertes von „Hausmoning, Gemeinde Ainring".

Bayerische Vorgeschichtsblätter 78, 2013, 159 ff.

B 199. Der Römerschatz des Juweliers. Ein römischer Münzfund jenseits des Limes.

Money Trend 45, 2013, Heft 3, 150 f.

B 200. Der metallene Spiegel – Aus der Geschichte der antiken Numismatik. Teil 1: Wer erfand die Numismatik?

Money Trend 45, 2013, Heft 10, 150 ff.

B 201. Der metallene Spiegel – Aus der Geschichte der antiken Numismatik. Teil 2: Kulturvermächtnis und Judaslohn – Antike Münzen zwischen Frühmittelalter und Renaissance.

Money Trend 45, 2013, Heft 11, 150 ff.

*B 202. (Rezension:) Alex R. Furger, Maya Wartmann und Emilie Riha, Die römischen Siegelkapseln aus Augusta Raurica. Forschungen in Augst 44 (Augusta Raurica, Augst 2009).

Bayerische Vorgeschichtsblätter 78, 2013, 296 ff.

2014

*B 203. „Provinzialrömische Kultur" – was ist das? Aspekte des Phänomens in Noricum und Westpannonien.

In: Ein kräftiges Halali aus der Römerzeit! Norbert Heger zum 75. Geburtstag. ArchaeoPlus, Schriften zur Archäologie und Archäometrie der Paris Lodron-Universität Salzburg 7 (Salzburg 2014) 273 ff.

B 204. Eine Stadt sucht ihr forum. Zur Lage von Hauptplatz und Basilika des römischen Salzburg.

In: Colloquium Iuvavum 2012. Das municipium Claudium Iuvavum und sein Umland. Archäologie in Salzburg 8. Jahresschrift des Salzburg Museum 56, 2014, 307 ff.

B 205. Neues und Altes zu Bodenfunden aus den Gemeinden Ainring und Anger.

Das Salzfaß (Heimatkundliche Zeitschrift des Historischen Vereins Rupertiwinkel) NF 48, 2014, Heft 2, 135 ff.

B 206. Der metallene Spiegel – Aus der Geschichte der antiken Numismatik. Teil 3: Rückbesinnung als Neubeginn – Antike Numismatik um 1500.

Money Trend 46, 2014, Heft 1, 140 ff.

B 207. Der metallene Spiegel – Aus der Geschichte der antiken Numismatik. Teil 4: Budés und Fulvios Erben. Anfänge der Numismatik an Donau, Elbe und Rhein.
Money Trend 46, 2014, Heft 3, 150 ff.

B 208. Der metallene Spiegel – Aus der Geschichte der antiken Numismatik. Teil 5: „O Jahrhundert! O Wissenschaft!" Neue Wege der Forschung.
Money Trend 46, 2014, Heft 4, 182 ff.

B 209. Der metallene Spiegel – Aus der Geschichte der antiken Numismatik. Teil 6: Jacopo da Strada und Wolfgang Lazius. Ein numismatisches Duell.
Money Trend 46, 2014, Heft 6, 200 ff.

B 210. Der metallene Spiegel – Aus der Geschichte der antiken Numismatik. Teil 7: Hubert Goltzius und Sebastiano Erizzo: Der Maler und der Novellist.
Money Trend 46, 2014, Heft 7–8, 196 ff.

B 211. Der metallene Spiegel – Aus der Geschichte der antiken Numismatik. Teil 8: Die Geburt der Sammelwerke.
Money Trend 46, 2014, Heft 9, 218 ff.

B 212. Der metallene Spiegel – Aus der Geschichte der antiken Numismatik. Teil 9: Numismatik um 1600.
Money Trend 46, 2014, Heft 10, 224 ff.

B 213. Der metallene Spiegel – Aus der Geschichte der antiken Numismatik. Teil 10: Numismatik in der Renaissance – Das 16. Jahrhundert im Überblick.
Money Trend 46, 2014, Heft 11, 218 ff.

*B 214. (Rezension:) P. Kuhlmann, H. Schneider, (Hrsg.), Geschichte der Altertumswissenschaften. Biographisches Lexikon. Der Neue Pauly, Supplemente 6.
Janus 35, 2014, 84 f.

2015

*B 215. Ein Dichterzitat aus dem römischen Wien und die Frage der Bildungszeugnisse auf Ziegeln.
In: M. SCHOLZ – M. HORSTER, Hgg., Lesen und Schreiben in den römischen Provinzen. Schriftliche Kommunikation im Alltagsleben (Mainz 2015) 179 ff.

B 216. a) Theodulhütte und Passhöhe: römische Fundmünzen und Opferplatz.
      b) Katalog.
In: S. PROVIDOLI – PH. CURDY – P. ELSIG, Hgg., 400 Jahre im Gletschereis. Der Theodulpass bei Zermatt und sein „Söldner". Reihe des Geschichtsmuseums Wallis 13 (Baden/Aargau 2015) 59 ff. (Text) und 179 ff. (Katalog).

B 217. Der metallene Spiegel – Aus der Geschichte der antiken Numismatik. Teil 11: Waffenlärm vertreibt die Musen. Frühbarocke Numismatik im Deutschen Reich, in Frankreich und in Spanien.
Money Trend 47, 2015, Heft 1, 210 ff.

B 218. Der metallene Spiegel – Aus der Geschichte der antiken Numismatik. Teil 12: Ezechiel von Spanheim (1629–1710): ein Vater der angewandten Numismatik.
Money Trend 47, 2015, Heft 2, 228 ff.

B 219. Der metallene Spiegel – Aus der Geschichte der antiken Numismatik. Teil 13: Münzen für den Sonnenkönig.
Money Trend 47, 2015, Heft 4, 182 ff.

B 220. Der metallene Spiegel – Aus der Geschichte der antiken Numismatik. Teil 14: Im Schatten des Sonnenkönigs – Tragische Numismatikerschicksale im barocken Frankreich.
Money Trend 47, 2015, Heft 6, 166 ff.

B 221. Der metallene Spiegel – Aus der Geschichte der antiken Numismatik. Teil 15: Wie wichtig ist die Numismatik? Jean Hardouin und die Verschwörung der Fälscher.
Money Trend 47, 2015, Heft 7–8, 168 ff.

B 222. Tod am Gletscherpass. Renaissancemünzen vom Theodulgletscher im Kanton Wallis.
Money Trend 47, 2015, Heft 7–8, 12.

B 223. Der metallene Spiegel – Aus der Geschichte der antiken Numismatik. Teil 16: Von Camden bis Addison. Antike Numismatik im barocken England.
Money Trend 47, 2015, Heft 9, 130 ff.

B 224. Der metallene Spiegel – Aus der Geschichte der antiken Numismatik. Teil 17: Leidenschaft der Könige – Leidenschaft der Narren? Ein Rückblick auf das 17. Jahrhundert.
Money Trend 47, 2015, Heft 11, 146 ff.

B 225. Der metallene Spiegel – Aus der Geschichte der antiken Numismatik. Teil 18: Zeit der Ernte – Die Jahrzehnte nach 1700.
Money Trend 47, 2015, Heft 12, 176 ff.

B 226. (Rezension:) F. Schmidt-Dick, Typenatlas der römischen Reichsprägung von Augustus bis Aemilianus. Zweiter Band (Wien 2011).
Schweizerische Numismatische Rundschau 94, 2015, 237 ff.

2016

*B 227. Theomnest über eine Alpenüberquerung im Jahr 313 n. Chr. Ein unbeachteter Text zur Geschichte des römischen Ostalpenraums.
Bayerische Vorgeschichtsblätter 81, 2016, 175 ff.

B 228. Ringfunde mit Liebesinschriften aus dem römischen Wels.
Bayerische Vorgeschichtsblätter 81, 2016, 171 ff.

B 229. Voltaire und Carnuntum.
Acta Carnuntina 6, 2016, Heft 2, 28 f.

B 230. Archäologe – Aufklärer – Saloncasanova: Pierre François Hugues „d'Hancarville" (1727–1805).
In: J. KLOPF – M. GABRIEL – M. FRASS, Hgg., Trickster – Troll – Trug. Salzburger Kulturwissenschaftliche Dialoge 4 (Salzburg 2016) 209 ff.

B 231. Salzburg – Römerstadt am Alpenrand.
Archäologie in Deutschland 2016, Heft 2, 58 ff.

B 232. Numismatische Schriften Heinz Nowak (8.8.1940–16.12.2015). Anhang zu: K. VONDROVEC, Heinz Nowak †.
Mitteilungen der Österreichischen Numismatischen Gesellschaft 56, 2016, Heft 1, 4 ff.

B 233. Der metallene Spiegel – Aus der Geschichte der antiken Numismatik. Teil 19: Römer an der Ostsee? Karthager auf den Azoren? Das 18. Jahrhundert auf den Spuren gefundener Münzen.
Money Trend 48, 2016, Heft 1, 148 ff.

B 234. Der metallene Spiegel – Aus der Geschichte der antiken Numismatik. Teil 20: Das Alterswerk des Marineintendanten. Joseph Pellerin und die Numismatik.
Money Trend 48, 2016, Heft 2, 154 ff.

B 235. Der metallene Spiegel – Aus der Geschichte der antiken Numismatik. Teil 21: Ein Leben wie im Märchenbuch – Valentin Duval und das numismatische Wien um 1750.
Money Trend 48, 2016, Heft 3, 134 ff.

B 236. Der metallene Spiegel – Aus der Geschichte der antiken Numismatik. Teil 22: Joseph Hilarius von Eckhel und die „Doctrina numorum".
Money Trend 48, 2016, Heft 4, 118 ff.

B 237. Der metallene Spiegel – Aus der Geschichte der antiken Numismatik. Teil 23: Die napoleonische Ära.
Money Trend 48, 2016, Heft 5, 122 ff.

B 238. Der metallene Spiegel – Aus der Geschichte der antiken Numismatik. Teil 24: Vom Spätbarock zum Biedermeier – Ein Rückblick und ein Ausblick.
Money Trend 48, 2016, Heft 6, 98 ff.

B 239. Der metallene Spiegel – Aus der Geschichte der antiken Numismatik. Teil 25: Forschungsgeschichte und Forschungsgegenwart.
Money Trend 48, 2016, Heft 7–8, 140 ff.

B 240. Die falschen Münzen des falschen Barons. Fiktive Spintrien in den Schriften des P. F. Hugues, genannt „d'Hancarville" (1727–1805).
Money Trend 48, 2016, Heft 10, 172 ff.

2017
*B 241. Ein Fund von Rhônekeramik aus Xanten.
Xantener Berichte 30, 2017, 155 ff.

*B 242. Nach Dienstschluss dolce vita? Oder: Was hat ein Soldat vom Leben?
In: F. BEUTLER u. a., Hgg., Der Adler Roms. Carnuntum und die Armee der Caesaren (o. O. [aber St. Pölten] 2017; Zweitauflage 2019) 118 ff.

B 243. a) Die Liebe und das Militär.
b) *Mit Christa FARKA:* Medizinische Versorgung und Hygiene *[Beitrag durch die Mitautorin umgestaltet].*
c) *Mit Christa FARKA:* Sold *[Beitrag durch die Mitautorin erweitert und verändert].*
In: F. BEUTLER u. a., Hgg., Der Adler Roms. Carnuntum und die Armee der Caesaren (o. O. [aber St. Pölten] 2017; Zweitauflage 2019) 358 ff., 376 und 414.

B 244. Götter, Geld und die Gelehrten. Fundmünzen als Quellen zur antiken Religion. Teil 1: Münzen im ewigen Schnee – Römerfunde am Matterhorn.
Money Trend 49, 2017, Heft 3, 128 ff.

B 245. Götter, Geld und die Gelehrten. Fundmünzen als Quellen zur antiken Religion. Teil 2: Der Glaube zählt – und nicht das Geld. Münzfunde vom Julierpass und vom Großen Sankt Bernhard.
Money Trend 49, 2017, Heft 4, 126 ff.

B 246. Götter, Geld und die Gelehrten. Fundmünzen als Quellen zur antiken Religion. Teil 3: Römermünzen am Großglockner. Passfunde der Ostalpen.
Money Trend 49, 2017, Heft 5, 172 ff.

B 247. Götter, Geld und die Gelehrten. Fundmünzen als Quellen zur antiken Religion. Teil 4: Münzen von Pässen – Ein Resümee.
Money Trend 49, 2017, Heft 6, 140 ff.

B 248. Götter, Geld und die Gelehrten. Fundmünzen als Quellen zur antiken Religion. Teil 5: „Münzenfischen" im Fluss. Passagefunde an Gewässerübergängen.
Money Trend 49, 2017, Heft 9, 148 ff.

B 249. Götter, Geld und die Gelehrten. Fundmünzen als Quellen zur antiken Religion. Teil 6: Das klare Wasser des Clitumnus. Pilgeropfer in Gewässern.
Money Trend 49, 2017, Heft 11, 140 ff.

B 250. Zum Gedenken an Heinz Nowak (1940–2015).
Römisches Österreich 40, 2017, V ff.

2018
B 251. Ein kaiserzeitlicher Aulos mit griechischer Weihinschrift.
Bonner Jahrbücher 218, 2018, 149 ff.

B 252. Carnuntum und die Medizin.
In: R. BREITWIESER u. a., Hgg., Medizin und Militär – Soldiers and Surgeons. Akten des IV. internationalen Kolloquiums 2015 (o. O [aber St. Pölten] 2018) 72 ff.

B 253. Was wuchs bei uns in römischen Gärten?
In: Garten – Lust. Last. Leidenschaft (St. Pölten 2018) 18 ff.

B 254. Römische Straßenreste an der Saalach. *(Wiederabdruck von Nr. B 173).*
In: E. NOPPINGER – Chr. KREITMAIR, Hgg., Archäologischer Rundweg durch die Gemeinde Seeon-Seebruck. 30 Jahre Roemermuseum Bedaium 15.10.2018 (Seebruck 2018) 201 ff.

*B 255. Zur Deutung der Beschläge mit Vulvadarstellung.
In: M. SCHAUB, Archäologie vor Ort vermittelt: Die Publikumsgrabung 2017.058 in Augusta Raurica. Jahresberichte aus Augst und Kaiseraugst 39, 2018, 117 ff.

B 256. Zwei neue Ringinschriften aus dem nördlichen Noricum.
Bayerische Vorgeschichtsblätter 83, 2018, 75 f.

B 257. Sigmund Freud und Carnuntum.
Acta Carnuntina 8, 2018, Heft 2, 22 ff.

B 258. Bomben auf Pompeji. Die antike Stadt im Zweiten Weltkrieg.
Antike Welt 49, 2018, Heft 4, 66 ff.

B 259. Das Wunder von Monte Cassino. Eine dramatische Rettungsaktion archäologischer Sammlungsbestände im Zweiten Weltkrieg.
Antike Welt 49, 2018, Heft 6, 74 ff.

B 260. *(Beitrag über papyrologisch belegte Gefäßnamen in:)* A. R. FURGER, Antike Schmelztiegel. Archäologie und Archäometrie der Funde aus Augusta Raurica. Beiträge zur Technikgeschichte 1 (Basel – Frankfurt 2018) 239.

B 261. Götter, Geld und die Gelehrten. Fundmünzen als Quellen zur antiken Religion. Teil 7: Münzopfer in Höhlen.
Money Trend 50, 2018, Heft 1, 138 ff.

B 262. Götter, Geld und die Gelehrten. Fundmünzen als Quellen zur antiken Religion. Teil 8: Münzen werfen für die Götter – Wurfopfer in Heiligtümern.
Money Trend 50, 2018, Heft 2, 142 ff.

B 263. Götter, Geld und die Gelehrten. Fundmünzen als Quellen zur antiken Religion. Teil 9: Tisch, Altar und Opferstock. Vom „Opfermobiliar" der Tempel.
Money Trend 50, 2018, Heft 3, 140 ff.

B 264. Götter, Geld und die Gelehrten. Fundmünzen als Quellen zur antiken Religion. Teil 10: Den Göttern vorbehalten. Oder: Was geschah mit Opfermünzen?
Money Trend 50, 2018, Heft 4, 86 ff.

B 265. Götter, Geld und die Gelehrten. Fundmünzen als Quellen zur antiken Religion. Teil 11: Hausheiligtum und Bauopfer.
Money Trend 50, 2018, Heft 5, 80 ff.

B 266. Götter, Geld und die Gelehrten. Fundmünzen als Quellen zur antiken Religion. Teil 12: Münzbilder an der Zimmerwand. Ein thematischer „Seitensprung".
Money Trend 50, 2018, Heft 6, 82 ff.

B 267. Götter, Geld und die Gelehrten. Fundmünzen als Quellen zur antiken Religion. Teil 13: Münzen am Schiffsmast: Opfer oder Amulett?
Money Trend 50, 2018, Heft 7–8, 82 ff.

B 268. Götter, Geld und die Gelehrten. Fundmünzen als Quellen zur antiken Religion. Teil 14: Münzen für den Totenfährmann.
Money Trend 50, 2018, Heft 9, 84 ff.

B 269. Götter, Geld und die Gelehrten. Fundmünzen als Quellen zur antiken Religion. Teil 15: Nicht alles nur für Charon. Geld auch für die Toten.
Money Trend 50, 2018, Heft 10, 86 ff.

B 270. Götter, Geld und die Gelehrten. Fundmünzen als Quellen zur antiken Religion. Teil 16: Warum schenkt man Göttern Geld? Eine Schlussbetrachtung.
Money Trend 50, 2018, Heft 12, 86 ff.

2019

*B 271. Lavendel und Oleander in der griechisch-römischen Antike.
Carnuntum Jahrbuch 2019, 59 ff.

*B 272. C. Sergius Orata und die Erfindung des Austernparks.
In: M. FRASS – J. KLOPF – M. GABRIEL, Hgg., Erfinder – Erforscher – Erneuerer. Salzburger Kulturwissenschaftliche Dialoge 5 (Salzburg 2019) 45 ff.

B 273. Als Mittelfranken römisch kochte. Römische Regionalküche zwischen Romanisierung und einheimischer Tradition.

In: A. M. KLUXEN – J. KRIEGER, Hgg., Festtagsschmaus und Einheitsbrei. Ernährung in Franken von der Antike bis zur Gegenwart. Geschichte und Kultur in Mittelfranken 7 (Baden-Baden 2019) 13 ff.

*B 274. Bemerkungen zu einer Alphabetinschrift aus Weißenburg (Mittelfranken).
Bayerische Vorgeschichtsblätter 84, 2019, 243 ff.

B 275. Eine römische Grabinschrift vom Kuchler Georgenberg.
In: F. LANG, Hg., Castellum Cucullis. Der Georgenberg bei Kuchl in römischer Zeit, Bd. 1. Archäologie in Salzburg 11 (Salzburg 2019) 167.

*B 276. Römische Musik am Limes.
In: F. LEITMEIR – D. SHEHATA – O. WIENER, Hgg., MUS-IC-ON! Klang der Antike. Begleitband zur Ausstellung im Martin von Wagner Museum der Universität Würzburg 10. Dezember 2019 bis 12. Juli 2020 (Würzburg 2019) 175 ff.

*B 277. Iactatio und iactura: Inkorrekte Begriffe für das römische Münzopfer.
Schweizer Münzblätter 69, 2019, 103 ff.

B 278. Ein Zeugnis über Handel mit Fundmünzen aus Augusta Raurica um das Jahr 1600.
Jahresberichte aus Augst und Kaiseraugst 40, 2019, 319 f.

B 279. Verlieren und Wiederfinden von Münzen in der römischen Antike.
In: S. FREY-KUPPER – C. STANNARD – N. WOLFE-JACOT, Hgg., Contextes et contextualisation des trouvailles monétaires. Actes du sixième colloque international du groupe suisse pour l'étude des trouvailles monétaires (Genève, 5–7 mars 2010). Études de numismatique et d'histoire monétaire 8 (Lausanne 2019) 231 ff.

B 280. Ein Rätsel der Numismatik? Wann und wie die Römer Münzen verloren. Teil 1: Wen lassen Fundmünzen kalt?
Money Trend 51, 2019, Heft 3, 88 ff.

B 281. Ein Rätsel der Numismatik? Wann und wie die Römer Münzen verloren. Teil 2: Von Lehmböden, Straßenpflaster und Portemonnaies.
Money Trend 51, 2019, Heft 4, 84 ff.

B 282. Ein Rätsel der Numismatik? Wann und wie die Römer Münzen verloren. Teil 3: Geld im Haus und "auf der Straße".
Money Trend 51, 2019, Heft 6, 84 ff.

B 283. Ein Rätsel der Numismatik? Wann und wie die Römer Münzen verloren. Teil 4: Münzen im Müll.
Money Trend 51, 2019, Heft 9, 82 ff.

B 284. Ein Rätsel der Numismatik? Wann und wie die Römer Münzen verloren. Teil 5: "Wut über verlorene Groschen"? Von Verlustschmerz, Habgier und Hemmung.
Money Trend 51, 2019, Heft 11, 88 ff.

2020

B 285. Ein gallischer Spinnwirtel mit Liebesinschrift aus Carnuntum.

In: G. E. Thüry, Hg., Domi militiaeque. Militär- und andere Altertümer. Festschrift für Hannsjörg Ubl zum 85. Geburtstag (Oxford 2020) 165 ff.

B 286. In Lauriacum zur *cena*. Küche und Ernährung im römischen Enns.
Museumverein Lauriacum Enns, Mitteilungen und Berichte 2020, 45 ff.

B 287. Der Ainringer im Hades. "Interview" mit einem Bewohner des römischen Feldkirchen.
In: Th. DÖRING – B. JANOSCHKA – T. WEICHOLD, Geschichte und Geschichten. Heimatbuch Ainring (Ainring 2020) 191 ff.

B 288. Ein Rätsel der Numismatik? Wann und wie die Römer Münzen verloren. Teil 6: Zerstreute und verschleppte Funde.
Money Trend 52, 2020, Heft 2, 88 ff.

B 289. Ein Rätsel der Numismatik? Wann und wie die Römer Münzen verloren. Teil 7: Die so genannten Einzelfunde: Wie kommen sie zustande? Ein Resümee der Ergebnisse.
Money Trend 52, 2020, Heft 4, 82 ff.

2021

*B 290. Im Trüben fischen. Juvenal 5,103–106 über Fischfang in abwasserbelasteten Gewässern.
Gymnasium 128, 2021, 203 ff.

*B 291. Zu weite Sprünge für den König. Florus 1,38,10 und der Mythos vom "Königssprung" der Teutonen.
Gymnasium 128, 2021, 355 ff.

B 292. (*Beiträge zu:*) H. AUTENGRUBER-THÜRY, Hunde in der römischen Antike: Rassen/Typen – Zucht – Haltung und Verwendung (Oxford 2021) 127 und 268 ff.

*B 293. Eine Bitte um ein gnädiges Schicksal. Ein Fingerring mit Weihinschrift aus Wels.
Bayerische Vorgeschichtsblätter 86, 2021, 127 ff.

B 294. Zur Frage einer römischen Eisengewinnung im Rupertiwinkel. Gedanken zur Inschrift CIL III 5593 aus Teisendorf (Ldkr. Berchtesgadener Land).
Bayerische Vorgeschichtsblätter 86, 2021, 131 ff.

B 295. Eine griechische Inschrift aus dem Besitz des Carnuntina-Sammlers Eduard Lacom (1876–1937).
Acta Carnuntina 11/2, 2021, 14 ff.

*B 296. Die Münze im Lampenspiegel. Zu Vorkommen und Bedeutung des Phänomens bei römischen Grab- und Weihefunden.
Archäologisches Korrespondenzblatt 51, 2021, 397 ff.

B 297. Zwei Münzschatzfunde des 5. Jahrhunderts aus dem burgenländisch-ungarischen Grenzgebiet.
In: Carnuntiner Wege. Festschrift für Manfred Kandler zum 80. Geburtstag. Römisches Österreich 44, 2021, 69 ff.

2022

*B 298. Die römische Versinschrift aus Bad Reichenhall-Marzoll (Oberbayern) mit Erwähnung der Musenquelle Pirene.
Bayerische Vorgeschichtsblätter 87, 2022, 25 ff.

*B 299. Bettgeflüster in der römischen Provinz. Der Wortschatz des erotischen Lateins in Fibelinschriften.
Gymnasium 129, 2022, 143 ff.

B 300. „MASCLINO MASCLI MERCVR(iali?)" Ein Bleietikett von der norischen Donau.
Zeitschrift für Papyrologie und Epigraphik 224, 2022, 307 ff.

B 301. Liebesgeschichten aus dem römischen Bayern.
Bayerische Archäologie 2022/1, 38 ff.

B 302. Drei Münzschatzfunde und ein Fundamentdepot aus dem römischen Wels und aus Winhöring (Oberbayern).
Römisches Österreich 45, 2022, 207 ff.

B 303. (*Rezension:*) Jerome Mairat – Andrew Wilson – Chris Howgego, Hgg., Coin Hoards and Hoarding in the Roman World. Oxford – New York 2022.
Plekos (Elektronische Zeitschrift für Rezensionen und Berichte zur Erforschung der Spätantike) 24, 2022, 391 ff.

B 304. Im Gedenken an Univ.-Prof. Dr. Hannsjörg Ubl.
Römisches Österreich 45, 2022, 5 ff.

B 305. Zum Gedenken an Univ.-Prof. Dr. Hannsjörg Ubl (1935–2021), den Ausgräber und Erforscher von Lauriacum.
Mitteilungen des Museumvereins Lauriacum-Enns, NF 60, 2022, 44 ff.

2023

B 306. Türen öffnen für ein Rendezvous. Tibull 1,2,18, Achilleus Tatios und das römische Türschloss.
Gymnasium 130, 2023, 51 ff.

B 307. Neues zum römischen Zaubertäfelchen von Peiting, Lkr. Weilheim-Schongau (Oberbayern).
Bayerische Vorgeschichtsblätter 88, 2023, 167 ff.

B 308. Ein Votivspiegel mit griechischer Gebetinschrift.
Instrumentum 58, 2023, 32 f.

B 309. Der Ring aus Reinheim: Symbol ehelicher Treue oder Festedition?
In: M. MEYR – Chr. FLÜGEL, Das Motiv der dextrarum iunctio – Der Handschlag als privater Treuebeweis und imperiales Narrativ. In: S. MATESIC, Hg., Limites et ripae 1. Forschungen zu den Grenzen des Römischen Reiches in Deutschland. 9. Kolloquium der deutschen Limeskommission. Beiträge zum Welterbe Limes 11 (Darmstadt 2023) 106.

B 310. *Mit Anna KAISER:* Schriftlichkeit und Bildung – Fortunas „goldene Gabe".
In: A. KAISER – R. PLOYER – R. WOLLER, Hgg., Leben am Donaulimes. Archäologie in Deutschland, Sonderheft 27 (Darmstadt 2023) 62 ff.

B 311. Vier epigraphische Rätsel vom Zollfeld.
In: U. LOHNER-URBAN – W. SPICKERMANN – E. TRINKL, Hgg., Itineraria I. Entlang der Donau. Festschrift für Peter Scherrer zum 65. Geburtstag. Keryx 10 (Graz 2023) 139 ff.

B 312. 50 Jahre Numismatik in Publikationen der Österreichischen Gesellschaft für Archäologie.

Römisches Österreich 46, 2023, 15 ff.

B 313. *(Beiträge zu:)* RUDOLF SCHACHL, Zu römischen Brot- und Nutzpflanzenfunden aus Carnuntum.

Römisches Österreich 46, 2023, 241 ff.

2024 und Vorbereitung für die Folgezeit

B 314. Die Liebesinschriften auf römischen Fibeln. Ihre Verbreitung und ihr Beitrag zur Kenntnis des erotischen Lateins und der römischen Kulturgeschichte.

In: Akten des Kongresses Instrumenta inscripta Latina IX (Graz 2022). Keryx 6 (Graz 2024). Im Druck.

B 315. Ein Dichter auf der Suche nach sich selbst. Lebenswahl und Identität bei Tibull.

In: Arbeit und Identität in der Antike. Akten des 3. Salzburger Frühlingssymposiums 2022. Diomedes, Sonderband (Wien 2024). Im Druck.

B 316. „Oft hielt sich ein Passant die Nase zu" (CIG IV 8655). Vom Gestank in römischen Städten.

In: A. CORTESE – J. ZIMMERMANN – M. ZIMMERMANN, Hgg., Die stinkende Stadt. Olfaktorische Perspektiven auf urbane Räume der Vormoderne (Baden-Baden 2024). Im Druck.

B 317. At nobis, Pax alma, veni. Die Gestalt der Pax bei Tibull 1,10,67 f. und in der römischen Kunst und Münzprägung.

Gymnasium 131, 2024. Im Druck.

B 318. Inschriften als Zeugnisse für Schriftlichkeit und Bildung.

In Vorbereitung.

B 319. Patriarchat und sexuelle Revolution. Waren römische Männer Machos?

Cursor. Zeitschrift für Freunde der lateinischen Sprache und europäischen Kultur (Leonding/ Oberösterreich) 20, 2024. Im Druck.

B 320. Essgenuss, Kritik und Sünde. Feinschmecker und Moralisten im alten Rom.

Cursor. Zeitschrift für Freunde der lateinischen Sprache und europäischen Kultur (Leonding/ Oberösterreich) 20, 2024. Im Druck.

B 321. *(Herausgabe von und bibliographischer Anhang zu:)* H. UBL †, Das Ordnungssystem der *Notitia dignitatum* für die Listen der Limitantruppen am Beispiel der norisch-pannonischen Donaudukate. Mit einem Blick auf die Militärschematismen der österreichisch-ungarischen Monarchie.

In: Akten der Notitia-dignitatum-Tagung Freiburg 2019. Druck in Vorbereitung.

B 322. *(Herausgabe von und Nachwort zu:)* H. UBL +, Epigraphisches aus Carnuntum.

In Vorbereitung.

Ausgewählte Arbeiten

Vorbemerkungen: Anmerkungen der hier abgedruckten Arbeiten werden als Fußnoten wiedergegeben. Endnoten werden in Fußnoten umgewandelt. Wo die Originalarbeiten Literaturangaben auf Anmerkungen und eine Literaturliste aufteilen, wird das beibehalten. Die Zitierweise in Texten wie in Anmerkungen, Literaturlisten und Katalogen sowie die in Bildlegenden enthaltenen Angaben sind aber weitgehend vereinheitlicht. Gelegentlich werden ungenaue oder fehlerhafte Zitate berichtigt.

In einzelnen Fällen hat der Verf. eine unklare oder fehlerhafte Formulierung einer Originalarbeit entfernt oder verändert, von einer Redaktion nicht berücksichtigte Korrekturzusätze eingefügt oder Textänderungen, die auf redaktionelle Eingriffe und Zusätze zurückgingen, rückgängig gemacht.

Einigen der Arbeiten werden auch neue Abbildungen beigegeben. Die Abbildungen dieses Bandes sind durchlaufend numeriert.

Gerne ist der Verf. der Bitte des Verlegers nachgekommen, die wieder abgedruckten Texte hier und da durch ein Nachwort zu ergänzen, das Nachträge enthält bzw. skizziert, welche weitere Entwicklung die Auseinandersetzung mit dem jeweiligen Thema seit Erscheinen der Veröffentlichung genommen hat.

Abkürzungen von Lexika, Reihenwerken und Sammelliteratur:

AE: Année épigraphique

ANRW: Aufstieg und Niedergang der römischen Welt

BAR: British Archaeological Reports

CIG: Corpus inscriptionum Graecarum

CIL: Corpus inscriptionum Latinarum

CLE: Carmina Latina epigraphica

Daremberg – Saglio: C. Daremberg – E. Saglio, Dictionnaire des antiquités grecques et romaines

IG: Inscriptiones Graecae

ILLPRON: Inscriptionum lapidariarum Latinarum provinciae Norici indices

ILS: Inscriptiones Latinae selectae

LIMC: Lexicon iconographicum mythologiae classicae

OLD: Oxford Latin Dictionary (wenn nicht anders vermerkt: Oxford 2. Aufl., Ausgabe 2016)

RAC: Reallexikon für Antike und Christentum

RE: Paulys Real-Encyclopädie der classischen Altertumswissenschaft

RGA: Reallexikon der Germanischen Altertumskunde

RIB: The Roman Inscriptions of Britain

RIC: The Roman Imperial Coinage

ThGl: Thesaurus Graecae linguae

ThlL: Thesaurus linguae Latinae

I. Alte Geschichte; römische Provinzialarchäologie;

Altertumswissenschaft allgemein

1.

Warenwelt und Subsistenz
Zur Konsumgeschichte der Prinzipatszeit

(Aus: Historicum [Linz], Frühlingsnummer 2004, 30 ff.)

Die antike Konsumgeschichte ist bisher nie ausdrücklicher Gegenstand der altertumswissenschaftlichen Forschung gewesen.[1] Wenn wir hier einmal versuchen wollen, für den Teilzeitraum des Prinzipats wenigstens einige ihrer Grundlinien in raschem Umriss nachzuzeichnen, so hat das etwas von einer ersten Geländeerkundung an sich. Es ist zu hoffen, dass die künftige Forschung das Terrain gründlicher erschließen wird.

Warenwelt und Distribution

In der römischen Antike muss ein sehr großer Anteil der Warenwelt auf solche Handelsgüter entfallen sein, die gleich an ihrem Erzeugungsort oder doch innerhalb ihres näheren Erzeugungsgebietes vermarktet wurden. So belieferten – davon wird noch ausführlicher die Rede sein – Bauernhöfe und Landgüter die nahegelegenen Städte und *vici* mit ländlichen Produkten; und ebenso müssen Handwerker ihre Waren in ihrer eigenen Heimatgemeinde abgesetzt haben. Aber neben dieser lokalen Güterversorgung gab es einen weiter ausgreifenden Regional- und außerdem auch schon einen beachtlichen Fernhandel. Er verband die Provinzen des Römischen Reiches miteinander und führte sogar – Hunderte, ja Tausende von Kilometern weit über die Reichsgrenzen hinaus – bis an die Ostsee und nach Indien.[2]

In der althistorischen Forschung der letzten Jahrzehnte hat die sogenannte „minimalistische" Richtung (vertreten unter anderem durch Moses I. Finley) die Bedeutung des römischen Handels für nur gering, für „marginal" erklärt.[3] Diese vielbeachtete These stellt jedoch ein warnendes Beispiel dafür dar, dass der Arbeit des Altertumswissenschaftlers stets eine Betrachtung aller Kategorien vorhandener Quellen zugrundeliegen muss. Das Gedankengebäude der „Minimalisten" wurde hingegen in Unkenntnis des Quellenmaterials und Forschungsstands auf dem Gebiet der archäologischen Disziplinen (wie der Provinzialarchäologie, Archäobotanik oder Archäozoologie) errichtet. Die von diesen Wissenschaften bearbeiteten Funde zeigen in ganz unmissverständlicher Weise, dass der minimalistische Ansatz nicht berechtigt ist. Wer sich über den heutigen archäologischen Forschungsstand informiert, der kann nur davon beeindruckt sein, was an Handelsgütern auf den Straßen und Gewässern des Römischen Reiches unterwegs war. Versuchen wir im Folgenden, einen gewissen Eindruck davon zu vermitteln; und konzentrieren wir uns dabei auf das konkrete Beispiel der Verhältnisse in der Zone nordwärts der Alpen und auf die Zusammensetzung nur einmal der Warenströme, die über größere bis große Distanzen verhandelt wurden. Schon bei dieser ausschnitthaften Betrachtung der Frage lässt sich gleichermaßen die Leistungsfähigkeit des überörtlichen und überregionalen römischen Handels und die Breite des damaligen Warenangebotes zeigen.[4]

Ein in großen Massen transportiertes Handelsgut war da zum Beispiel das feinere Tafelgeschirr aus Ton. Die

---

[1] Auch die Untersuchung der modernen Konsumgeschichte steht ja noch an den Anfängen. Vgl. dazu etwa H. Siegrist – H. Kaelble – J. Kokka, Hgg., Europäische Konsumgeschichte (Frankfurt/M. – New York 1997).

[2] Zum grenzüberschreitenden römischen Fernhandel ist immer noch Mortimer Wheelers klassisches Buch: Der Fernhandel des römischen Reiches in Europa, Afrika und Asien (München – Wien 1965) zu vergleichen.

[3] Zu den minimalistischen Thesen in der Forschungsgeschichte H.-J. Drexhage – H. Konen – K. Ruffing, Die Wirtschaft des Römischen Reiches (1.–3. Jahrhundert). Eine Einführung (Berlin 2002) 19 ff.; M. Tschirner, Moses I. Finley. Studien zu Leben, Werk und Rezeption (Dissertation Marburg 1994).

[4] Reichsweit nötig wären eingehende und dem Forschungsstand entsprechende Untersuchungen zum Umfang des überörtlichen römischen Handels (ungenügend sind dazu die Regionalkapitel bei F. Vittinghoff, Hg., Europäische Wirtschafts- und Sozialgeschichte in der römischen Kaiserzeit. Handbuch der europäischen Wirtschafts- und Sozialgeschichte 1 [Stuttgart 1990]). Wertvolle ältere Studien: Tenney Frank, Hg., An Economic Survey of Ancient Rome, 6 Bde. (Baltimore 1933–1940; dort ist übrigens die Zone nordwärts der Alpen und entlang der Donau nicht berücksichtigt); L. C. West, Imperial Roman Spain. The Objects of Trade (Oxford 1929); ders., Roman Britain. The Objects of Trade (Oxford 1931); ders., Roman Gaul, The Objects of Trade (Oxford 1935). – Vgl. speziell für den überörtlichen Handel der „Voralpenländer" im weitesten Sinn D. Baatz – F.-R. Herrmann, Hgg., Die Römer in Hessen (Stuttgart 1982) 93 ff. (D. Baatz); H. Cüppers, Hg., Die Römer in Rheinland-Pfalz (Stuttgart 1990) 258 ff. (O. Roller); W. Czysz u. a., Die Römer in Bayern (Stuttgart 1995) 238 ff. (W. Czysz); W. Drack – R. Fellmann, Hgg., Die Römer in der Schweiz (Stuttgart 1988) 167 ff. (R. Fellmann); Ph. Filtzinger u. a., Hgg., Die Römer in Baden-Württemberg (Stuttgart 3. Aufl. 1986) 150 ff. (D. Planck); H. Freis, Das Saarland zur Römerzeit (Saarbrücken 1991) 38 ff.; J.-J. Hatt, L'Alsace celtique et romaine (Wettolsheim 1978) 87 ff.; H. G. Horn, Hg., Die Römer in Nordrhein-Westfalen (Stuttgart 1987) 154 ff. (H. G. Horn); A. Mócsy, Pannonia. RE Suppl. 9 (Stuttgart 1962) 667 ff.; E. Polaschek, Noricum. RE 17 (Stuttgart 1937) 1037 ff.

allgegenwärtige Rolle, die im modernen Haushalt das Porzellan spielt, hatte in der römischen Antike das bekannte rote Tongeschirr, das die Archäologie des 19. Jahrhunderts (und nicht etwa schon die Antike) auf den Namen „(Terra) Sigillata" getauft hat. Im wesentlichen in wenigen Töpferzentren Europas und Nordafrikas hergestellt – in Europa lagen sie in Italien, in Frankreich, im Rheingebiet und im bayerischen Inntal –, ist es nach Ausweis der Funde in die Haushalte buchstäblich noch des letzten damals bewohnten Winkels gelangt. Für zumindest viele Menschen sicherlich nur ein „Feiertagsgeschirr", war es doch nicht eigentlich ein Luxusgut. Während das überlieferte Tageseinkommen einfacher Arbeiter beziehungsweise einfacher Soldaten in der früheren und mittleren Kaiserzeit bei acht bis sechzehn Assen lag, zeigen inschriftlich erhaltene Preisangaben, dass Sigillatagefäße um Summen von etwa zwölf bis zwanzig Assen zu bekommen waren.[5]

Die Nachfrage nach dieser römischen Feinkeramik muss gewaltig gewesen sein. In der Tat wissen wir durch Inschriftenfunde aus der Töpferei von La Graufesenque in Südfrankreich, dass sich der jährliche Ausstoß der gesamten römischen Sigillataproduktion im Bereich zumindest einiger hunderttausend, vielleicht aber auch einiger Millionen Stück bewegte.[6] Diese Texte – Bruchstücke betriebsinterner Statistik beziehungsweise betriebsinterner Abrechnungsunterlagen – belegen nämlich, dass allein eine einzige Brennofenladung rund 30.000 Gefäße erzeugte. Leider lässt sich nicht abschätzen, wie viele Brennofenladungen in den verschiedenen gleichzeitig bestehenden Sigillataerzeugungsstätten pro Jahr durchschnittlich zustandekamen.

Jedenfalls bleibt festzuhalten: zumindest hunderttausende Sigillatagefäße wurden in den Töpfereien jährlich verpackt und auf die Reise geschickt; und Gefäßkeramik anderer Gattungen (wie beispielsweise Trierer Spruchbecher oder rätische Ware) kam noch hinzu. Dabei war ja das Verpacken so zerbrechlicher Güter bei den damaligen Transportverhältnissen heikel. Funde lassen erkennen, dass dafür – vielleicht neben anderen Versandmethoden – geflochtene Körbe eingesetzt und dass sie innen mit Laub ausgefüttert wurden.[7]

Das Problem eines möglichst bruchsicheren Transports stellte sich natürlich auch bei andersartigen Keramikprodukten: so im Handel mit Terrakottafiguren, die vor allem in Italien, in Mittelgallien und am Rhein erzeugt wurden;[8] oder im regionalen und gelegentlich auch einmal überregionalen Handel mit Baukeramik, das heißt mit Ziegeln;[9] oder beim Vertrieb von Öllämpchen aus Ton.[10] In dieser Handelssparte war Oberitalien zu Beginn Marktführer; später konnten sich einheimische Erzeugnisse – die teilweise auch über größere Strecken verhandelt wurden – immer mehr durchsetzen.

Einen besonderen Fall stellen neben allen diesen Transporten leichter Kleinkeramik die großen und schweren Amphoren dar. Sie waren nicht eigentlich selbst ein Handelsgut, sondern dienten nur als Keramikcontainer des antiken Handels mit Schütt- und mit Flüssiggütern. Die unterschiedlichen Formen dieser antiken Einwegbehälter sind jeweils für bestimmte Herkunftsgebiete und für bestimmte Nutzungsarten charakteristisch. Die Liste der Formen, die im Raum nordwärts der Alpen auftreten, ist lang:[11] sie umfasst spezielle Weinamphoren aus dem östlichen Mittelmeerraum, Nordafrika, Italien, Spanien und Südfrankreich; spezielle Amphoren für Olivenöl aus Italien, Spanien und Nordafrika; Amphoren nur für den Transport eingelegter Oliven aus Italien, Spanien und Nordafrika; Amphoren speziell für Dattel- und Feigenimporte aus der Levante; Amphoren mit Fischsaucen beziehungsweise Fischkonserven aus Italien, Spanien und Frankreich; und nicht zuletzt einheimische Container, die wohl für Weine eigener Produktion und für Biere verwendet wurden. Nach Untersuchungen im Rheingebiet, wo bisher rund 10.000 Amphoren aus den beiden Römerstädten Mainz und Augst detailliert veröffentlicht wurden, sind dabei die Ölbehälter mit an die 40 Prozent der Gesamtamphorenzahl die häufigsten; ihnen folgen die Weinbehälter mit um die 30 Prozent.[12] Auch wenn ein Quantifizieren schwerfällt, zeigen doch die bisher bekannten Fundzahlen, dass in der Zone nordwärts der Alpen alljährlich wohl Tausende weitgereister, schwergewichtiger Amphoren angekommen sind. Was

---

[5] Als Tageseinkommen eines Arbeiters ist im Matthäusevangelium 20,1 f. 1 Denar = 16 Asse belegt. Der (Brutto-)Tagessold des einfachen Legionssoldaten vor Domitian betrug fast zehn, der des einfachen Auxiliarsoldaten über acht Asse; nach Domitian stieg die Soldhöhe auf 13 beziehungsweise knapp 11 Asse (M. A. Speidel, Roman Army Pay Scales, The Journal of Roman Studies 82, 1992, 106). – Sigillatapreise: W. K. Kovacsovics, As XII – eine Preisangabe auf einem Sigillatateller aus Salzburg, Germania 65, 1987, 222 ff. (glatte Sigillata); R. Noll, Eine Sigillataschüssel mit Eigentumsvermerk und Preisangabe aus Flavia Solva, Germania 50, 1972, 148 ff. (Bilderschüssel um 20 Asse).
[6] Die Texte bei R. Marichal, Les graffites de La Graufesenque, 47e supplément à Gallia (Paris 1988).
[7] Unpublizierte Beobachtungen in einem römischen Keramik-Warenlager, das 1937 unter dem Festspielhaus in Salzburg ausgegraben wurde; Manuskript des Ausgräbers F. Narobe im Besitz des Salzburger Museums Carolino Augusteum. Danach waren die Körbe „aus Haselnussruten" und das Laub „meist Haselnuss und Ahorn".
[8] Dazu etwa H. Lange, Römische Terrakotten aus Salzburg (Salzburg 1990).
[9] Ein Beispiel bei Freis, Saarland (Anm. 4) 48.
[10] Neuere Monographien für unseren Raum: E. Alram-Stern, Die römischen Lampen aus Carnuntum. Der römische Limes in Österreich 35, 1989; A. Leibundgut, Die römischen Lampen aus der Schweiz (Bern 1977).
[11] Vgl. zuletzt U. Ehmig, Die römischen Amphoren aus Mainz, 2 Bde. (Möhnesee 2003). Einen knappen Überblick gibt auch S. Martin-Kilcher, Verbreitungskarten römischer Amphoren und Absatzgebiete importierter Lebensmittel, Münstersche Beiträge zur antiken Handelsgeschichte 13/2, 1994, 95 ff.
[12] Ehmig (Anm. 11), Bd.1, 36.

aber die in den Amphoren versandten Güter betrifft, ist zu bedenken, dass der Handel mit ihnen nicht etwa allein an die Keramikcontainer gebunden war. Eine alternative Versandform stand nämlich in Gestalt des schon damals sehr beliebten Holzfasses zur Verfügung. Mindestens einen Teil der Güter, die in Amphoren transportiert wurden, hat man auch Fässern anvertraut. Von ihnen blieben freilich nur wenige Holzreste und eine gewisse Anzahl der zugehörigen Zapfhähne aus Bronze erhalten.[13]

Doch von Holzgegenständen wie von Lebensmitteln soll eigentlich erst später die Rede sein. Wir gehen von der Keramik und den Amphoren zu den Metallobjekten als dem nächsten Element der römischen Warenwelt über. Hier ist natürlich zwischen Rohstofftransporten, die Metall etwa in Barrenform zur Weiterverarbeitung anliefern sollten (solche Barren sind mitunter gefunden worden[14]) und dem Handel mit Metallwaren zu unterscheiden. Über die Bedeutung der Metallwaren als einer Sparte des überörtlichen Handels lässt sich leider nur sehr unvollkommen urteilen, da sich bei Metallobjekten oft die Herkunftsfrage der Beurteilung entzieht. In vielen Fällen lässt sich darüber gar nichts und in anderen nur so viel sagen, dass hier eine so und so weite Verbreitung von Waren vorliegt, deren Produktionsorte vorläufig nicht bekannt sind. Andererseits gibt es aber auch viele eindeutige Fälle von Import; darunter vor allem die im 1. nachchristlichen Jahrhundert marktbeherrschenden italischen und die sie später in dieser Rolle ablösenden gallischen Gefäße aus Bronze.[15] Ebenso ist fallweise überörtlicher Handel mit Metallprodukten aus der Voralpenzone selbst anzunehmen.[16] Beziehen wir den Alpenraum mit ein, so besitzen wir darüber auch Zahlenangaben. Sie beziehen sich auf Gegenstände aus dem in der Antike berühmten norischen Stahl, dem *ferrum Noricum*. Diese norischen Stahlwaren müssen, trotz ihres Gewichts, in großen Mengen verhandelt worden sein; zufällig erhaltene Notizen über Verkaufszahlen, die wir Inschriften des Kärntner Magdalensbergs verdanken, erwähnen so allein Verkäufe von insgesamt über 20.000 *anuli*, also kleinen Stahlringen.[17] Dabei bestand ein Teil des *ferrum-Noricum*-Absatzes (der vermutlich nicht

nur Fertigwaren, sondern auch Rohmetall betraf) aus Exporten in andere Reichsgegenden.[18]

Ein importierter Rohstoff war dagegen – im Alpenraum wie im Voralpenland – das Glas. Abgesehen von Fertigprodukten, wurde nach dem Ergebnis naturwissenschaftlicher Untersuchungen auch Rohglas aus dem östlichen Mittelmeergebiet eingeführt und in unserem Gebiet verarbeitet.[19] Hatte der Glashandel mit ähnlichen Transportrisken zu kämpfen wie der mit Keramik – eher waren sie sogar noch größer –, so stand der Import von Steinmaterial vor einem ganz anderen Problem. Dass es überhaupt einen nennenswerten Steinhandel gab, kann angesichts der Transportgewichte und der antiken Beförderungsmöglichkeiten erstaunen. Nach Auskunft der Geologen ist aber dennoch kein Zweifel darüber möglich, dass sich Bauherrn und andere Interessenten auch Steinmaterialien aus fernen Gegenden ins Land kommen ließen. Wie die Funde zeigen, gab es selbst dabei ein breites Angebot. Es reichte von weit donauabwärts verhandeltem Kalkstein aus dem Fränkischen Jura bis hin zu Cipollinmarmor aus Euböa und zu Marmor von Skyros.[20] Eine eben in Arbeit befindliche Gesteinsuntersuchung an einem Fund aus Oberösterreich, aus Lauriacum-Enns, scheint sogar zu besagen, dass selbst Grabsteine aus einem so exotischen Material wie Marmor aus Thasos hergestellt werden konnten.[21]

Schließen wir hier noch eine kurze Erwähnung der Lavez- oder Topfsteingefäße aus den Schweizer Alpen an, deren Absatzgebiet bis ins Voralpenland gereicht hat;[22] und ebenso – als Appendix an das Thema der eigentlichen Steine – ein Wort über den Steinschmuck aller Art, der natürlich ebenfalls Gegenstand des Handels und des Fernhandels war.[23] Er ist bisher freilich weithin ein Stiefkind der Archäologie geblieben.

Noch vor wenigen Jahrzehnten wäre an dieser Stelle auch schon fast der Punkt erreicht gewesen, an dem eine Liste der überörtlichen Handelsgüter geendet hätte. Was noch hinzukam, waren nur spärliche Bemerkungen über einzelne pflanzliche und tierische Produkte und über den inschriftlich

---

[13] Über Holzfässer grundsätzlich F. Laubenheimer, Le temps des amphores en Gaule (Paris 1990) 147 ff. Eine kombinierte Verbreitungskarte von Fässern und Zapfhähnen bietet J. Garbsch, Zu neuen römischen Funden aus Bayern, Bayerische Vorgeschichtsblätter 40, 1975, 94 ff.

[14] Beispiele: Drack – Fellmann, Römer (Anm. 4) 185 ff. (R. Fellmann). Für den inneralpinen Raum vgl. auch H. Dolenz, Eisenfunde aus der Stadt auf dem Magdalensberg (Klagenfurt 1998) 231 ff.

[15] Zu Bronzegefäßen zum Beispiel H. Sedlmayer, Die römischen Bronzegefäße in Noricum (Montagnac 1999).

[16] Ein Teil der neuerdings von Ludwig Berger zusammengestellten Thekenbeschläge wird so zum Beispiel Handelsware gewesen sein: L. Berger, Durchbrochene Messerfutteral-Beschläge (Thekenbeschläge) aus Augusta Raurica (Augst 2002).

[17] R. Egger, Die Stadt auf dem Magdalensberg – ein Großhandelsplatz (Wien 1961) 30; Dolenz, Eisenfunde (Anm. 14) 236 f.

[18] Egger, Stadt (Anm. 17) 27.

[19] Beispiele für Import von Fertigprodukten: Polaschek, Noricum (Anm. 4) 1040; Import von Rohglas: M.-D. Nenna – M. Vichy – M. Picon, L'atelier de verrier de Lyon, du 1er siècle après J.-C., et l'origine des verres „romains", Revue d'Archéométrie 2, 1997, 81 ff.

[20] Alle diese Provenienzen sind Bestimmungsergebnisse aus Carnuntum; siehe A. Kieslinger, in: E. Schwarzenberg, Palastruine 1956, Carnuntum Jahrbuch 1956, 72.

[21] Freundliche Mitteilung Ass.-Prof. Dr. W. Vetters, Salzburg.

[22] Czysz, Römer (Anm. 4) 265; Drack – Fellmann, Römer (Anm. 4) 182 und 184 (R. Fellmann).

[23] Außerhalb des eigentlichen Reichs der Steine sei hier konkret nur an den Bernsteinhandel erinnert; vgl. etwa M. Buora – J. Gömöri, Römische Bernsteinfunde aus Aquileia und Scarbantia ..., Sopron o. J.; Mócsy, Pannonia (Anm. 4) 683.

erwähnten Sklavenhandel[24] gewesen. Erst die neuere archäobiologische Forschung hat systematisch die ganze Palette der verhandelten Tiere und Pflanzen sowie der tierischen und pflanzlichen Rohstoffe und der daraus hergestellten Gegenstände zu erforschen begonnen. Dennoch ist vieles weiterhin ungeklärt: so (auch wenn wir darüber das eine oder andere wissen) der Umfang des überörtlichen Handels zum Beispiel mit Saatgut und mit lebenden Pflanzen und Tieren;[25] mit Bein und Elfenbeinprodukten; mit Textilien und wohl mit Fellen und mit Leder; vielleicht mit Korb- und Seilerwaren; mit Hölzern, Kork, Harz/Teer/Pech und Holzgegenständen; mit Weihrauch, Medikamenten und Kosmetika; oder mit Papyrus, Pergament und Büchern.

Besser sind unsere Kenntnisse dagegen auf dem Gebiet der pflanzlichen und der tierischen Lebensmittel. Einige von ihnen wurden ja schon als Inhalte von Amphoren erwähnt. Was die pflanzlichen Nahrungsmittel angeht, trifft das auf den Wein, das Bier, das Olivenöl und auf drei Arten von Früchten zu: auf Oliven, Feigen und Datteln. Wie diese drei Amphorenkonserven Importe aus dem Süden waren, so auch mindestens ein rundes Dutzend anderer nördlich der Alpen nachgewiesener und kulinarisch genutzter Pflanzenarten: der Granatapfel; die Kaper; die Kichererbse; der Kreuzkümmel; die Linsenwicke; der Pfeffer; die Pinie; die Pistazie; der Reis; der Echte Thymian; und die Zuckermelone.[26] Eine Außenseiterrolle spielte dabei der Pfeffer; denn er hatte ja einen sehr viel längeren Reiseweg zurückzulegen als die anderen aufgezählten Pflanzen. Dieses nach literarischer Überlieferung beliebteste Gewürz der gehobenen römischen Küche gedieh nur in Indien – und das heißt: seine Heimat lag rund 10.000 Kilometer vom Nordrand der Alpen entfernt. Trotzdem ist der Pfeffer bei uns mehrfach belegt. Römerzeitliche Pfefferreste fanden sich bisher im westfälischen Bergkamen-Oberaden, im bayerischen Straubing und neuerdings im elsässischen Biesheim. Dazu kommt aber auch eine inschriftliche Erwähnung auf einem bleiernen Warenetikett aus Trier, aus dem Bett der Mosel; nach Aussage des Textes war es einst an einer Zweieinhalbkilopackung von NOVELV PIPER, von „frischem Pfeffer", befestigt.[27] Für frischen Pfeffer ist das eine schon bemerkenswerte Packungsgröße.

Wie bei den Lebensmitteln aus dem Pflanzenreich hat es auch bei denen aus dem Tierreich einen florierenden Handel mit Südimporten gegeben. Dabei bezieht sich alles, was wir bisher an solchen Nahrungsmittelimporten beobachten können, ausschließlich auf Meerestiere. Diese Einfuhren beginnen, kaum dass die Gebiete nördlich der Alpen zum Römischen Reich gehören; und die Funde zeigen deutlich, dass sich auch dort ein ausgedehnter Absatzmarkt für mediterrane Meeresprodukte entwickelt. Wie erwähnt, wurde er aus Italien, Frankreich und Spanien mit Amphoren beliefert, die Fischkonserven und die in der gehobenen römischen Küche des Südens unentbehrlichen Fischsaucen enthielten. Dass außer den Fischprodukten aber auch Austern beliebt waren (frische und womöglich konservierte), beweisen die etwa neunzig Fundorte von Gehäuseresten dieser Meeresmuschel, die im rechtsrheinischen Süddeutschland, in der Schweiz und in Österreich bekannt geworden sind. Viele dieser Orte weisen überdies mehrere Fundpunkte auf; und in einigen Fällen beeindruckt die Zahl der erhaltenen Exemplare. Bei den Austernfunden aus einem Müllhaufen im schweizerischen Vindonissa-Windisch (es ist die berühmte große Deponie des dortigen Legionslagers, der sogenannte „Schutthügel" von Vindonissa) liegt sie bei rund eintausendzweihundert Stück.[28]

Wie die Importaustern des Alpenvorlandes – soweit naturwissenschaftliche Provenienzuntersuchungen vorliegen – aus südlichen Gewässern herrühren,[29] so ist der Süden die Heimat auch einer anderen Fundgruppe essbarer Meerestiere: nämlich der Purpurschnecken.[30] Die Fundzahlen der Purpurschnecken und ihre Verbreitung nördlich der Alpen wirken im Vergleich zur Auster aber sehr bescheiden. Noch deutlicher fällt dieser Unterschied bei einigen weiteren Arten importierter Meeresfrüchte – wie den Herz- und den Samtmuscheln – aus.[31] Bemerkenswert ist aber, dass selbst auf diesem Gebiet des Lebensmittelmarktes eine solche Breite des Angebots bestand.

---

[24] Zum Sklavenhandel Drack – Fellmann, Römer (Anm. 4) 184 (R. Fellmann); Mócsy, Pannonia (Anm. 4) 683.

[25] Hier stellt sich auch die Frage, wie häufig solche Pflanzen und Tiere, die in römischer Zeit bei uns eingebürgert (oder möglicherweise eingebürgert) wurden, hier dennoch importiert worden sind.

[26] Zu diesen Südimporten zum Beispiel S. Jacomet, Granatäpfel aus Vindonissa, Archäologie der Schweiz 28/1, 2002, 14 ff.; K-H. Knörzer – R. Gerlach, Geschichte der Nahrungs- und Nutzpflanzen im Rheinland, in: H. Koschik, Hg., PflanzenSpuren. Archäobotanik im Rheinland: Agrarlandschaft und Nutzpflanzen im Wandel der Zeiten (Köln 1999) 93 ff.; H.-P. Stika, Römerzeitliche Pflanzenreste aus Baden-Württemberg (Stuttgart 1996); G. E. Thüry – J. Walter, Condimenta. Gewürzpflanzen in Koch- und Backrezepten aus der römischen Antike (Herrsching 4. Aufl. 2001) pass. – Zum Pfeffer auch Anm. 27.

[27] Pfeffer in römischen Kochrezepten und in den Funden: Thüry –

Walter, Condimenta (Anm. 26) 36 und 65 ff. Neufund aus Biesheim: freundlicher Hinweis Prof. Dr. J. Schibler (Basel). Das Warenetikett aus der Mosel bei L. Schwinden, Handel mit Pfeffer und anderen Gewürzen im römischen Trier, Kurtrierisches Jahrbuch 23, 1983, Funde und Ausgrabungen 20 ff.

[28] Zu Verbreitung und Fundhäufigkeit der Auster G. E. Thüry, Römische Austernfunde in der Schweiz, im rechtsrheinischen Süddeutschland und in Österreich, in: Festschrift für Hans R. Stampfli (Basel 1990) 285 ff.; ders., Meeresfrüchte in Lauriacum, Teil 2: Austernkonsum im römischen Enns?, Mitteilungen des Museumvereines Lauriacum-Enns 36, 1998, 21 ff. – Zu den Funden aus dem Schutthügel von Vindonissa H.-G. Attendorn – G. Helle – F. Strauch – G. E. Thüry, Provenienzuntersuchungen an römischen Fundaustern aus der Zone nordwärts der Alpen, Römisches Österreich 23/24, 2000–2001, 7 ff. pass.

[29] Attendorn – Helle – Strauch – Thüry, Provenienzuntersuchungen (Anm. 28).

[30] G. E. Thüry, Meeresfrüchte in Lauriacum, Teil 1: Purpurschnecken an der Enns, Mitteilungen des Museumvereines Lauriacum-Enns 35, 1997, 22 ff. (mit Nachtrag in: Thüry, Austernkonsum [Anm. 28] 26).

[31] Arbeiten darüber fehlen bisher.

Wer unsere Liste der Handelsgüter, die wir damit abschließen, auf sich wirken lässt, der wird wohl überhaupt diese Breite des Angebots als einen dominierenden Eindruck empfinden. Er wird das Volumen des Handels, der sie gewährleistete, nicht unterschätzen und der These der Minimalisten, ihm sei nur „marginaler" Charakter zugekommen, kaum folgen wollen. Könnten wir dem Thema der Leistungen des überörtlichen römischen Handels hier ausführlicher nachgehen, ließe sich das entworfene Bild auch noch durch weitere Quellen und Tatsachen absichern: durch die technischen Details des römischen Landtransports, der viel effizienter war als lange angenommen;[32] durch die Inschriften und Reliefs, die Kaufleute erwähnen und die sie oder ihr Personal bei der Arbeit zeigen;[33] durch die Zeugnisse über ein Vorhandensein spezieller Fachhändler in weit über einhundert verschiedenen Fachhandelssparten;[34] durch die bleiernen Warenetiketten, auf die wir nur in einem Einzelfall eingegangen sind;[35] und vor allem durch eine Fundgattung, deren Vorhandensein und Bedeutung der Forschung erst in den letzten Jahren so recht zum Bewusstsein kommt: nämlich durch die Fundgattung der zu Tausenden vorliegenden bleiernen Plomben, mit denen antike Gütersendungen verschlossen waren.[36]

Die Nachfrage

Statt also diesen Themen weiter nachzugehen, wollen wir uns nun auf die Konsumenten konzentrieren, die sich in der doch auch schon großen und bunten Warenwelt des antiken Marktes bewegten. Nach minimalistischer Ansicht hätten diese Konsumenten ein nur dünnes Stratum des damaligen Bevölkerungsaufbaus gebildet. Einerseits sei die Masse damals zu arm gewesen, um Zugang zum Markt zu finden; und andererseits habe in den Kreisen der Bauern und der Landbesitzer der Umfang der damaligen ländlichen Selbstversorgungswirtschaft keine nennenswerte Nachfrage nach Handelsgütern aufkommen lassen.

Eine genauere Betrachtung wird jedoch auch diese Thesen nicht bestätigen. So hat zwar für die Landbevölkerung eine große Rolle gespielt, dass sie sich selbst ernähren konnte und dass darüber hinaus Kleinbauern wenig zu vermarkten und zu verdienen hatten, während große Villenbetriebe auch viele der dort benötigten Gebrauchsgüter selbst produzierten.[37] Wer aber die römischen Landwirtschaftsautoren Cato, Varro und Columella liest, der sieht, dass (mit einer Formulierung bei Varro, *Res rusticae* 1,16,3) „viele" große Landgüter – trotz dieser Tendenz – umfangreiche Einkaufslisten hatten und dass „nicht wenige" marktorientiert arbeiteten. Was den Konsum angeht, finden sich bei Cato sogar Empfehlungen, welche Stadt und welcher Produzent für den Einkauf dieser und jener in den *villae* benötigten Güter am meisten zu empfehlen sei (Cato, *De agri cultura* 135). Die Kleinbauern konnten mit der Produktionspalette und mit der Finanzkraft der *villae* zwar nicht entfernt mithalten; aber auch sie zogen (zum Teil in Begleitung eines Lasttiers – siehe die 50. Rede des Libanios) in die nächste Stadt und besuchten den Markt. Selbst vom so bescheiden lebenden Helden des pseudovergilischen Bauerngedichtes *Moretum* heißt es schließlich: „An jeglichem Markttag / trug zum Verkauf in die Stadt er auf eigener Schulter die Bündel. / Kehrt er dann heim, war der Nacken ihm leicht, schwer trug er am Gelde" (*Moretum* 78–80 in der Übersetzung Richard Heinzes). So spätabends die Stadt zu verlassen und über das Pflaster römischer Landstraßen heimzustolpern (dieses Bild des heimkehrenden Landbewohners entwirft Tibull 1,7,61 f.) war das an Markttagen übliche Bauernschicksal.

Damit wird denn auch ein wichtiger Weg klar, auf dem der damalige Münzumlauf die ländlichen Gebiete erreicht hat. Der gelegentlich erwogene geringe Monetarisierungsgrad des ländlichen Raumes hat sich bisher nicht wirklich nachweisen lassen. Wie Philostrat sagt, „braucht man auch in der Landwirtschaft Geld" (Philostrat, *Heroikos* 1,6); übrigens nicht nur zum Konsum, sondern ebenso etwa zu Steuerzwecken.[38]

---

[32] Vgl. dazu G. Raepsaet, Attelages et techniques de transports dans le monde gréco-romain (Brüssel 2002), pass.

[33] Davon sammelt die Inschriften für einen Teil unseres Raumes W. Kuhoff, Der Handel im römischen Süddeutschland, Münstersche Beiträge zur antiken Handelsgeschichte 3/1, 1984, 95 ff. – In größerem Überblick O. Schlippschuh, Die Händler im römischen Kaiserreich in Gallien, Germanien und den Donauprovinzen Rätien, Noricum und Pannonien (Amsterdam 1974).

[34] Die Liste der überlieferten Spartenbezeichnungen bei M. Wissemann, Die Spezialisierung des römischen Handels, Münstersche Beiträge zur antiken Handelsgeschichte 3/1, 1984, 116 ff. – Dabei ist aber zu bedenken, dass es außer spezialisierten Händlern auch solche „mit einem breiten Sortiment von Handelswaren" gab (G. Jacobsen, Primitiver Austausch oder freier Markt? [St. Katharinen 1995] 171).

[35] Dazu außer der Literaturangabe in Anm. 27 zum Beispiel R. Egger, Fünf Bleietiketten und eine Gussform. Die neuesten Magdalensbergfunde, Anzeiger der Österreichischen Akademie der Wissenschaften, phil.-hist. Kl. 104, 1967, 195 ff.; E. Römer-Martijnse, Römerzeitliche Bleietiketten aus Kalsdorf, Steiermark (Wien 1990); L. Schwinden, Asparagus – römischer Spargel. Ein neues Bleietikett mit Graffiti aus Trier, Kurtrierisches Jahrbuch 34, 1994, Funde und Ausgrabungen 25 ff.

[36] Allein aus der Mosel in Trier wurden 2500 solche Plomben geborgen: M. Luik, Römische Wirtschaftsmetropole Trier, Trierer Zeitschrift 64, 2001, 272 f.

[37] Zur Frage der ländlichen Selbstversorgung zum Beispiel J. H. D'Arms, Commerce and Social Standing in Ancient Rome (Cambridge/ Mass. – London 1981) 82 ff.; H. Schneider, Das Imperium Romanum. Subsistenzproduktion – Redistribution – Markt, in: Imperium Romanum. Festschrift für Karl Christ (Stuttgart 1998) 659 ff.

[38] Zur Debatte über die ländliche Monetarisierung Chr. Howgego, The Supply and Use of Money in the Roman World 200 B.C. to A.D. 300, The Journal of Roman Studies 82, 1992, 20 ff.; L. de Light, Demand, Supply, Distribution: The Roman Peasantry between Town and Countryside: Rural Monetization and Peasant Demand, Münstersche Beiträge zur antiken Handelsgeschichte 9/2, 1990, 33 ff. (dort 36 f. auch über die Marktgänge der Bauern und 43 ff. über die Gegenstände ihres Kaufinteresses). – Die geldlose Lebensführung einzelner Landbewohner, die Dion Chrysostomos in der *Euböischen Rede* und Philostrat im *Heroikos* beschreiben, ist nicht als Tatsachenbericht zu nehmen; sie ist eine literarische Fiktion, die bestimmte Personen und Milieus charakterisieren soll (beachte auch in Dios Rede den gewissen

Wie der Grad der ländlichen Selbstversorgung den Zugang zum Markt nicht ausschloss, so ist auch die Behauptung nicht stichhältig, die weitaus meisten Menschen seien zu arm gewesen, um dort als Konsumenten in Erscheinung zu treten. Die Spitze der Vermögens- und Einkommenspyramide war zwar – nicht anders als heute – tatsächlich sehr dünn. Während wir für das Römische Reich eine Gesamtbevölkerung von bis zu hundert Millionen Menschen vermuten können, gehörten zur reichen Oberschicht (das heißt zu den Senatoren, Rittern und Dekurionen) – einschließlich ihrer Familien – etwa eine Million freie Personen.[39] Aber auch die wirtschaftliche Leistungskraft der tieferen Stockwerke der Pyramide darf nicht unterschätzt werden. Dort bildeten die aktiven Soldaten und die Veteranen eine zahlungskräftige Schicht, die in der Prinzipatszeit – mit Familienangehörigen – bis zu drei Millionen freie Personen umfasst haben mag (wobei nur das Heer und noch nicht die Flottensoldaten und deren Angehörigen berücksichtigt sind).[40] Nicht zu vergessen ist auch, dass ein Teil der Sklaven und Freigelassenen des bisher umrissenen Personenkreises – mitsamt den zugehörigen Familien – an dessen guten Vermögensverhältnissen teilhatte.[41] Und keinesfalls zu vernachlässigen ist – auch wenn hier jede statistische Basis fehlt – die Zahl der besser verdienenden Handel- und Gewerbetreibenden (einschließlich der Heil- und Lehrberufe), der besser situierten Landwirte und der durch Erbe vermögend gewordenen Familien.

Natürlich bleibt davon unberührt, dass die Mehrheit der römischen Reichsbevölkerung in finanziell bescheidenen Verhältnissen lebte. Aber die Bedeutung dieser Tatsache für den Konsum hat die minimalistische Forschungsrichtung falsch eingeschätzt. Auch weniger liquide Haushalte (um von den Allerärmsten nicht zu reden) hatten ihre Ausgaben; und sie leisteten sich darüber hinaus gelegentlich (man denke nur an

besondere Feste, wie etwa Hochzeiten) den Luxus einer besseren Tafel und einer teureren Anschaffung. Ebenso brauchten auch Ärmere gelegentlich Ersatz für Gebrauchsgüter, wie neue Kleidung. Sofern sie das Gewünschte nicht durch Eigenleistung oder Beziehungen beschaffen konnten, mussten also auch sie von Zeit zu Zeit teurere Konsumgüter erwerben. Sie werden ihre Mittel sparsam eingeteilt und versucht haben, für einen beabsichtigten Kauf über eine gewisse Zeit hinweg immer wieder etwas Geld zurückzulegen oder sich auch einmal Geld zu leihen. Als Konsumenten fielen sie aber dennoch ins Gewicht. Dafür sorgte schon allein ihre große Zahl.[42]

Von einem damals nur schwachen Konsum kann also keine Rede sein. Im Prinzipat waren ja auch die politischen Rahmenbedingungen der Konsumentwicklung günstig: es herrschte lange Frieden; das seit der Mitte des 1. vorchristlichen Jahrhunderts stark vergrößerte Römische Reich wuchs rasch zu einem einheitlichen, verkehrsmäßig gut erschlossenen Wirtschaftsraum mit gleicher Währung zusammen; eine zunehmende Zahl florierender städtischer Zentren entstand; und die Garnisonen der in den Provinzen stationierten Truppen wirkten dort sozusagen als Ballungszentren von Kaufkraft und damit als Motoren der jeweiligen regionalen Entwicklung. Die römische Wirtschaft des Südens erschloss in den neuentstandenen Nordprovinzen neue Absatzmärkte; und die Wirtschaft der neuen Provinzen erweiterte das Warenangebot auf dem mediterranen Markt. In einem Klima wirtschaftlicher Prosperität muss die Warenwelt auch für die Ärmeren zum Auslöser und Maßstab materieller Wünsche und Träume geworden sein. Kein Zweifel: schon Menschen der römischen Antike wollten am Wohlstand teilhaben, definierten oft womöglich sogar das Glück so, wollten sich dadurch selbst beweisen und wollten anderen durch das Ausmaß ihres Konsums ihren sozialen Status signalisieren. Dieses Denken ist es auch, das Aufsteiger nach der Art eines Trimalchio erzeugt und dem Petrons *Satyrica* ein so wunderbares literarisches Denkmal – um nicht zu sagen: einen so wunderbar passenden literarischen Denkzettel – gewidmet haben.

Zu dieser Mentalität gehört aber ebenso, dass die Normalverdiener den Luxus der Vermögenden mit ihren bescheideneren Mitteln zu imitieren versuchten. Das ist der Hintergrund dafür, dass zur römischen Warenwelt bei Tafelgeschirr und Schmuckgegenständen auch Produkte gehörten, die Form beziehungsweise Material sehr viel teurerer Waren nachahmten. So schenkte der „kleine Mann" seiner Angebeteten Ringe und Fibeln

---

Widerspruch zwischen der Stelle Kap. 21 ff. über Geldlosigkeit und Kap. 72 über Geldgebrauch zum Kauf eines Opfertiers).

[39] Diese Schätzung geht von der Überlegung aus, dass den rund 200.000 Dekurionen, Rittern und Senatoren im Schnitt jeweils drei weitere Familienangehörige zugeordnet werden können (zur Zahl der Dekurionen, Ritter und Senatoren vgl. G. Alföldy, Römische Sozialgeschichte [Wiesbaden 3. Aufl. 1984] 101 ff. und 124).

[40] Auch für diese Schätzung wurden den etwa 400.000 aktiven Soldaten und vielleicht 300.000 gleichzeitig lebenden Veteranen jeweils drei weitere Familienangehörige zugeordnet (zur Stärke der Armee vgl. M. Junkelmann, Die Legionen des Augustus [Mainz 1986] 92). – Über die Finanzverhältnisse der Soldaten und Veteranen und über ihre Rolle in der Wirtschaft L. Wierschowski, Heer und Wirtschaft. Das römische Heer der Prinzipatszeit als Wirtschaftsfaktor (Dissertation Bonn 1984). – Der ganze Fragenkomplex der Grundversorgung des Militärs durch die staatliche *annona* und der deshalb vorgenommenen Soldabzüge soll in diesem Rahmen unbehandelt bleiben (vgl. dazu J. Remesal Rodríguez, Heeresversorgung und die wirtschaftlichen Beziehungen zwischen der Baetica und Germanien [Stuttgart 1997]). Hier kommt es nur auf die Tatsache an, dass den Soldaten Mittel auch für einen Konsum über den Rahmen der *annona* hinaus zur Verfügung standen.

[41] Zu Sklaven mit guten eigenen Einkunfts- und Vermögensverhältnissen grundsätzlich K. R. Bradley, Slaves and Masters in the Roman Empire (Brüssel 1984) 107 ff.

[42] Zum Phänomen „aggregate demand" der unteren wie der mittleren Bevölkerungsschichten vgl. auch K. Hopkins, Economic Growth and Towns in Classical Antiquity, in: Ph. Abrams – E. A. Wrigley, Hgg., Towns in Societies (Cambridge u. a. 1978) 49 f. und 54 f.

mit falschen Steinen und hauchdünner Vergoldung oder Versilberung (oder sogar Verzinnung) und kaufte versilberte Imitate oder auch nur Bronze-, Keramik-, Glas- und Holzkopien von silbernem Essgeschirr. Auch solche Surrogate für Luxusgüter waren übrigens ein Gegenstand des überörtlichen Handels.[43]

Dass aber die römische Warenwelt auch in den Nordprovinzen so sehr Fuß fassen konnte, ist eine Tatsache von nicht nur wirtschaftsgeschichtlicher Bedeutung. Viel schwerer wiegt, dass die Übernahme mediterraner Produkte und des mit ihrem Gebrauch verbundenen Lebensstils die einheimische Gesellschaft und ihren Alltag grundlegend verändert hat. Das Eindringen der römischen Warenwelt im Norden ist einer der Aspekte der Akkulturation, der Romanisierung unserer Gebiete. Die kulturelle Integration, die schließlich zur Entstehung eines Reiches römischer Bürger führte, hat sich auch auf dem prosaischen Weg des Einkaufsbummels oder des Wohnens oder Essens nach mediterraner Art vollzogen.

Handelsmarken und Konsumzwang

Doch kehren wir noch einmal zu den Triebfedern für die Akzeptanz des Konsumdenkens und der Warenwelt beim damaligen Menschen zurück! Hier drängt sich noch die Frage auf, ob nicht schon die römische Wirtschaft versucht hat, durch Werbemaßnahmen auf die Kauflust Einfluss zu nehmen. Wie die folgenden Beispiele zeigen, ist das in der Tat der Fall.[44] Da riefen Straßenverkäufer ihre Ware aus (beispielsweise mit dem inschriftlich überlieferten Satz: MALA / MVLIERE[S] / MVLIERE[S] / MEAE ! – „Äpfel, die Damen, meine Damen!"[45]); da tritt auf Glasgefäßen des römischen Reichsostens eine Weinrebe als Markenzeichen auf, begleitet von der Umschrift: MNHSTH HO AGORAZON – was sich frei

übersetzen ließe als: „Achten Sie beim Einkauf auf dieses Zeichen!";[46] da begegnet uns der interessante Fall von Sigillatagefäßen, die statt des sonst üblichen Herstellerstempels einen eingestempelten Werbetext für eine Augensalbe tragen – so, als wären es moderne Werbegeschenke eines Pharmazieuntemehmens;[47] da hoben Lebensmittelfabrikanten die Qualität ihrer Ware auf Amphoreninschriften durch Epitheta wie *excellens*, *optimus* oder *primus* hervor, ganz entsprechend unserer Wendung: „prima Qualität";[48] oder da nennt sich das vor allem aus Bohnenmehl zubereitete medizinisch-kosmetische Produkt *lomentum* auf einer Gefäßinschrift aus Pompeji LOMEN(TVM) VERAX, das heißt wohl: „echtes lomentum".[49]

Eine Werbemaßnahme ist aber auch die ganze antike Sitte des Abstempelns von Produkten mit einem Herstellerstempel. Der eingestempelte Herstellername sollte zu einem Qualitätsbegriff werden. So kannte man zwar schon das Phänomen des Markenzeichens; was es jedoch noch nicht gab, das war ein rechtlicher Schutz gegen eine Nachahmung der Marke und der Ware. Wer wollte, der durfte fremde Produkte imitieren oder modifizieren und konnte sie sogar mit dem Herstellerstempel des Originals versehen. Es war legal, wenn etwa eine Werkstatt im bayerischen Pocking die Messerfutteralbeschläge des Herstellers Gemellianus aus der römischen Schweiz mitsamt dessen Namenszug nachbildete oder wenn italische Tonlampen im Norden mitsamt der Firmensignatur der Originale kopiert worden sind.[50] Gewisse Sigillaten, die in Gallien hergestellt wurden, aber italische Produkte aus Arezzo nachahmten, trieben die Markenpiraterie sogar so weit, dass uns ihr Stempel versichert, sie seien ein ARRET(INVM) / VERV- was sich modern übersetzen ließe mit: sie seien „original Arezzo".[51]

Reparieren – Rezyklieren – Entsorgen

Eine weitere in unserem Zusammenhang interessante Frage ist auch die, wie bereitwillig beschädigte Gebrauchsgüter weggeworfen und ersetzt und wie häufig sie noch einmal repariert wurden. Im Fundmaterial scheint hier bemerkenswert, wie oft doch Bronzegefäße – ihrem hohen Wert entsprechend

---

[43] Zu Schmuck aus billigeren Materialien zum Beispiel S. Martin-Kilcher, Ab Aquis venio – zu römischen Fibeln mit punzierter Inschrift, in: Mille fiori. Festschrift für Ludwig Berger, Forschungen in Augst 25 (Augst 1998) 147 f. – Silberimitationen bei Gefäßen: zum Beispiel Th. Fischer, Ein silberplattierter Bronzeteller aus Carnuntum, Carnuntum Jahrbuch 1987, 9 ff.; N. Franken, Imitationen römischer Silbertabletts in Ton, in: H.-H. von Prittwitz und Gaffron – H. Mielsch, Hgg., Das Haus lacht vor Silber. Die Prunkplatte von Bizerta und das römische Tafelgeschirr (Köln 1997) 31 ff. Vgl. auch den Graffitobrief aus dem bayerischen Pförring, der einen Auftrag zur Herstellung von elf imitierten Silberschüsseln enthält: G. E. Thüry, Ein eingeritzter römischer Brief auf einem Soldatenteller aus Pförring, Ldkr. Eichstätt, Bayerische Vorgeschichtsblätter 61, 1996, 175 ff. – Auch solche Waren als Gegenstände des überörtlichen Handels: dazu zum Beispiel Martin-Kilcher, Ab Aquis, 150 und Abb. 3, 151.

[44] Zur antiken Handelsreklame – außer den Zitaten der folgenden Anmerkungen – G. Raskin, Handelsreclame en soortgelijke praktijken bij Grieken en Romeinen. Katholieke Universiteit te Leuven, Philologische Studien, Teksten en Verhandelingen 13–15, 1936; P. Kruschwitz, Römische Werbeinschriften, Gymnasium 106, 1999, 231 ff. Nicht weiterführend ist H. Buchli, 6000 Jahre Werbung 1 (Berlin 1962). – Vgl. auch F. Kudlien, Die Rolle der Konkurrenz im antiken Geschäftsleben, Münstersche Beiträge zur antiken Handelsgeschichte 13/1, 1994, 1 ff.

[45] CIL XII 4524 (Narbonne) = E. Espérandieu, Recueil général des bas-reliefs de la Gaule romaine 1 (Paris 1907), n. 616.

[46] [H.] W[ilsdor]f, Reklame. Lexikon der Antike (Leipzig 10. Aufl. 1990) 490 (mit Abb.).

[47] G. C. Boon, Potters, Oculists and Eye-Troubles, Britannia 14, 1983, 1 ff. (mit anderem Erklärungsversuch).

[48] P. Bordowski, Tituli picti und die antike Werbesprache für Fischprodukte, Münstersche Beiträge zur antiken Handelsgeschichte 22/2, 2003, 18 ff.

[49] CIL IV 10282. – Anders dazu U. Ehmig, Das einzig Wahre – lomentum verax, Münstersche Beiträge zur antiken Handelsgeschichte 18/2, 1999, 45 ff.

[50] Gemellianus und die Werkstatt von Pocking: zuletzt Berger, Messerfutteral-Beschläge (Anm. 16) 39 und 83. – Imitierte Firmalampen: zum Beispiel Alram-Stern, Lampen (Anm. 10) 40 f. und 324.

[51] A. Oxé, Corpus vasorum Arretinorum (Bonn 1968), n. 132.

– repariert worden sind (wobei ein Teil dieser Reparaturen sehr unbeholfen ausfiel).[52] Mit dem höheren Wert hat auch zu tun, wenn bei der Keramik vor allem die Sigillata geflickt wurde (und zwar mit Blei-, Bronze- oder Eisenflicken). Dieses Phänomen ist aber verhältnismäßig selten nachweisbar. Eine Schätzung für die Verhältnisse im römischen Augst bei Basel läuft darauf hinaus, dass „kaum jedes 1.000. Gefäß bei Beschädigung dem Geschirrflicker übergeben" wurde. Dabei scheint es, dass die Reparaturhäufigkeit zurückging, sobald sich die Transportwege der Sigillata durch neue Manufakturgründungen verkürzten und vereinfachten.[53] Die in jedem Fall geringe Reparaturquote erklärt sich natürlich dadurch, dass sich die Konsumenten relativ leicht zum Kauf neuer Sigillatagefäße entschlossen.

War aber das Ende der eigentlichen Lebensdauer eines Gebrauchsgegenstands erreicht, so stellte sich – damals wie heute – die Frage, ob er womöglich rezykliert werden sollte. Ein Teil der ausgedienten Metallgegenstände – um hier nur einige Gruppen von Altwaren herauszugreifen – ist beispielsweise eingesammelt und wieder eingeschmolzen worden;[54] alte Keramikobjekte wurden einer Vielzahl von Wiederverwendungen zugeführt (etwa als Behälter für sterbliche Überreste, als Planier- und Baumaterial oder als Beschreibstoff);[55] oder Markt- und sonstige Bioabfälle dienten der Düngung.[56]

Andererseits wurden aber unvorstellbare Mengen ausgedienter Gegenstände als Müll entsorgt – und das heißt in der Antike: deponiert oder in Gewässer geworfen –, obwohl sie „mit kleinem Arbeitsaufwand" hätten „repariert oder weiterverwendet werden" können (so Formulierungen Christin Osterwalders angesichts der Zusammensetzung der großen Lagerdeponie von Vindonissa-Windisch im Kanton Aargau).[57] Der Müll verteilte sich allenthalben über das Gelände römischer Zivilsiedlungen und Militärlager und häufte sich stellenweise zu Bergen, die an Verbauungsrändern auch mehr oder weniger durchgehende Wälle bildeten. Obwohl ein großer Teil des damaligen Müllmaterials spurlos verschwunden beziehungsweise verrottet ist (bei organischen Abfällen der Urgeschichte hat Hans Rudolf Stampfli die Erhaltungsquote auf nur ein Prozent geschätzt[58]), stößt die Archäologie auf Schritt und Tritt auf diese Art von Zeugnissen des antiken Konsums und Wegwerfverhaltens. Besonders eindrucksvolle Beispiele sind der bis zu fast 14 Meter hohe Müllgürtel um die römische Großstadt Carthago; oder die bis zu 26 Meter hohen Müllberge des römischen Ägypten; oder die schon mehrfach erwähnte Deponie des Legionslagers im schweizerischen Vindonissa, die nur rund ein dreiviertel Jahrhundert zu ihrer Entstehung brauchte und ein Volumen von mindestens 50.000 Kubikmetern umfasst (was der Ladung von über 1.200 großen Lastkraftwagen ohne Anhänger entspräche). Noch bekannter ist natürlich der Monte Testaccio in Rom, der aber einen Sonderfall darstellt: während sich antiker Müll sonst in der Regel aus den verschiedensten Fraktionen zusammensetzt (vor allem aus Keramik und Bauschutt, aber auch aus Glas, Metall und Organischem), bilden den 49 Meter hohen Monte Testaccio fast ausschließlich ausgediente Amphoren aus einem nahegelegenen Frachthafen. Er bedeckt so eine Fläche von 22.000 Quadratmetern und misst im Umriss einen dreiviertel Kilometer.

Wie speziell im Müll, spiegelt sich der antike Konsum aber überhaupt in den Funddichten römischer Kulturschichten wider. In Untersuchungen im schweizerischen Augst wurde so errechnet, dass auch außerhalb eigentlicher Deponien die Dichte der Knochenfunde bis zu fünf Kilogramm pro Kubikmeter Schicht und die der Keramikfunde bis zu acht Kilogramm und mehr betrug.[59] Diese Zahlen, die weit über prähistorischen Vergleichswerten liegen, kamen gleichermaßen durch Abfallbeseitigung wie durch Rezyklieren (Planiermaterial) und durch Verluste noch gebrauchsfähiger Objekte zustande.

Antike Konsumkritik

Gewiss: die Antike war noch weit entfernt von der Konsumgesellschaft, der Industriokratie und der ständigen Werbeüberflutung unserer Gegenwart. Aber wir sahen doch, dass sie das Konsumdenken, die Wegwerfmentalität, die Reklame und eine Imagepflege von Produkten, die eine ferne Vorstufe unseres Markenwesens darstellte, durchaus schon gekannt hat. Und was sie ebenfalls bereits kannte, waren Stimmen entschiedener Konsumkritik. Viele römische Intellektuelle – Gelehrte, Dichter und kynisch-stoische Prediger – folgten der Aussage des von Horaz klassisch

---

[52] Vgl. zum Beispiel Sedlmayer (Anm. 15) 8 f.

[53] Zu geflickter römischer Keramik S. und M. Martin, Geflicktes Geschirr aus dem römischen Augst, in: Festschrift Elisabeth Schmid (Basel 1977) 148 ff. (das Zitat von 152).

[54] Dadurch erklären sich die mitunter gefundenen Altmetallhorte (Beispiele: R. Laur-Belart – L. Berger, Führer durch Augusta Raurica [Basel 5. Aufl. 1988] 139; E. Keller, Tittmoning in römischer Zeit [Tittmoning 1984] 58 ff.). – Vgl. auch den bei Wierschowski, Heer (Anm. 40) 132 erwähnten Befund aus Xanten.

[55] G. E. Thüry, Müll und Marmorsäulen. Siedlungshygiene in der römischen Antike (Mainz 2001) 56 ff.

[56] Ebenda, 7 f. und 56.

[57] Das Zitat aus: Chr. Osterwalder, Die ersten Schweizer (Bern – München 1977) 260.– Zu den folgenden Bemerkungen über römischen Müll vgl. Thüry, Müll (Anm. 55), pass. (zum antiken Müllaufkommen teilweise unrichtig K.-W. Weeber, Müll. Der Neue Pauly 8 [Stuttgart – Weimar 2000] 435).

[58] H. R. Stampfli, Die Tierknochen von Egolzwil 5, in: R. Wyss, Das jungsteinzeitliche Jäger-Bauerndorf von Egolzwil 5 im Wauwilermoos (Zürich 1976) 132 ff. und 137 f.

[59] A. R. Furger, Die Grabungen von 1986/1987 an der Nordwestecke des Augster Theaters, Jahresberichte aus Augst und Kaiseraugst 9, 1988, 119.

formulierten Mottos (oder empfahlen diese Einstellung doch zumindest): *vivitur parvo bene* – „es lebt sich mit geringer Habe gut" (Horaz, *Carmina* 2,16,13. Vgl. auch die ähnlichen Formulierungen bei Tibull 1,1,25 und bei Seneca, *Epistulae* 60,3; 110,18; 123,3). Diesen antiken Querdenkern und Aussteigern ging es also um das Ideal eines einfachen, nicht von Geld und Konsum beherrschten Lebens. Von ihm erwartete man, dass es den Menschen (man lese dazu Dion Chrysostomos' *Euböische Rede*) moralisch gut und zugleich auch glücklich mache.

Wenn wir nun aber nach den Quellen suchen, aus denen sich das Ideal vom einfachen Leben speiste, dann reicht es nicht aus, die Inspiration seiner Anhänger allein auf ihre eigene Lebenswahl und auf ihren persönlichen zeitkritischen Eifer zurückzuführen. Das Ideal vom einfachen Leben findet sich vielmehr schon in der älteren griechischen Literatur und Philosophie; die kynisch-stoischen Askeseprediger der Kaiserzeit führten dieses Erbe nur weiter.[60] Aber nicht allein in griechischer Tradition stand der Konsumtadel, sondern ebenso in der Tradition der bereits in republikanischer Zeit wachen römischen Gesellschaftskritik, die nostalgisch auf das Vorbild des ältesten, sehr einfach lebenden Rom verwies und die jeweilige Gegenwart für dekadent erklärte.[61] Zu den Eigenschaften dieses ältesten Rom gehörte auch (wie es in einer Rede des Kaisers Tiberius bei Tacitus heißt) eine Sparsamkeit (*parsimonia*), die eine Folge der Selbstdisziplin (des *sibi moderari*) gewesen sei (Tacitus, *Annales* 3,54). In literarischen Quellen der republikanischen Periode lässt sich gut verfolgen, wie konservative Geister dagegen anzukämpfen suchten, dass Rom auf dem Weg zur Weltmacht diese alte Selbstdisziplin und Sparsamkeit zunehmend einbüßte und dass sich dort das Konsumdenken breitmachte. Als Folge dieses Prozesses fürchtete man ein Überhandnehmen der Selbstverwirklichung zu Lasten des Gemeinschaftsdenkens und der Pflichterfüllung. Reichte daher ursprünglich schon der Besitz luxuriösen Tafelgeschirrs aus, um als unrömisch zu gelten und aus dem Senat gewiesen zu werden, so mehren sich seit dem Ende des 3. vorchristlichen Jahrhunderts die Klagen darüber, dass infolge von Kontakten mit anderen Kulturen auch in Rom ein luxuriöserer Hausrat üblich wurde und dass auch dort der Stellenwert des guten Essens und des Alkoholgenusses stieg. Der Satiriker Lucilius fügte im 2. vorchristlichen Jahrhundert hinzu, dass gleichzeitig die materiellen

Ansprüche der römischen Frauen gestiegen seien: habe sich früher eine Frau „ein Sieb (gewünscht), einen Durchschlag, eine Lampe, ein Gewicht für den Webstuhl und einen Kettenfaden", so hoffe die Frau von heute „mich irgendwie zu ent-bechern, zu ent-silbern, zu ent-schleiern und mich eines Elfenbeinspiegels zu ent-spiegeln" (Lucilius, Fragment 638–640 Krenkel).

Was hier den Luciliusleser zum Schmunzeln bringt, war aber der damaligen Staatsführung ein ernster Anlass zur Sorge. Sie unternahm den wiederholten Versuch, durch die sogenannten „Aufwandsgesetze", die *leges sumptuariae*, die wachsende Konsumfreudigkeit der Oberschichten einzuschränken.[62] Die Gesetze wandten sich so gegen Purpurkleider und Goldschmuck der Frauen und vor allem gegen den Tafelaufwand. Von Erfolg gekrönt waren sie freilich nicht; der Normenwandel, der in Rom zur gesellschaftlichen Akzeptanz des Konsumgenusses führte, war nicht aufzuhalten. Die Zeit der Aufwandsgesetze endete daher mit Augustus; und nur die antiken Konsumkritiker, von denen wir sprachen, haben den eigentlich verlorenen Kampf nicht aufgegeben.

Nachwort 2024

In den zwanzig Jahren seit Erscheinen des vorstehenden Artikels waren bei verschiedenen darin angesprochenen Einzelaspekten Forschungsfortschritte zu verzeichnen. So sind Fragen der Quantifizierung immer mehr in den Focus der wirtschaftshistorischen Forschung gerückt;[63] zu einigen Themen der Konsumgeschichte, wie dem Handel – auch speziell dem mit Luxusgütern –, der Nahrungsmittelversorgung oder dem Recycling, ist Überblicksliteratur entstanden;[64] und unser Wissen

---

[60] Zum griechischen Ideal des einfachen Lebens M. Billerbeck, Der Kyniker Demetrius (Leiden 1979); H. Hommel, Das hellenische Ideal vom einfachen Leben, Studium Generale 11, 1958, 742 ff.; R. Vischer, Das einfache Leben (Göttingen 1965).

[61] Über die sich auf die römische Tradition berufende Gesellschaftskritik und über die von ihr kritisierte Entwicklung K. D. Bracher, Verfall und Fortschritt im Denken der frühen römischen Kaiserzeit (Wien – Köln – Graz 1987); U. Knoche, Der Beginn des römischen Sittenverfalls, Neue Jahrbücher für Antike und deutsche Bildung, NF 1, 1938, 99 ff. und 108 ff.

[62] Zu den *leges sumptuariae* E. Baltrusch, Regimen morum (München 1989) 40 ff.

[63] Vgl. z. B. W. M. Jongman, The Early Roman Empire: Consumption. In: W. Scheidel – I. Morris – R. Saller, Hgg., The Cambridge Economic History of the Greco-Roman World (Cambridge usw. 2007) 592–618; A. Bowman – A. Wilson, Hgg., Quantifying the Roman Economy. Methods and Problems (Oxford 2009); J. Remesal Rodríguez – V. Revilla Calvo – J. M. Bermúdez Lorenzo, Hgg., Cuantificar las economías antiguas. Problemas y métodos. Instrumenta 60 (Barcelona 2018); W. M. Jongman, The Economic Archaeology of Roman Economic Performance. In: P. Verhagen – J. Joyce – M. R. Groenhuijzen, Hgg., Finding the Limits of the Limes: Modelling Demography, Economy and Transport on the Edge of the Roman Empire (Cham 2019) 95-107.

[64] Recycling: Chl. N. Duckworth – A. Wilson, Hgg., Recycling and Reuse in the Roman Economy (Oxford 2020). – Nahrungsmittelversorgung: z. B. J. Pérez González – A. Lario Devesa – J. Remesal Rodríguez, Amphora Traceability in the Roman West: Recognition of Patterns of Commercial Connectivity in the Roman Empire through the Application of Network Science to Amphoric Epigraphy. Vestnik drevney istorii 83/2, 2023, 313–339; G. E. Thüry, Kulinarisches aus dem römischen Alpenvorland. Linzer archäologische Forschungen, Sonderheft 39 (Linz 2007). – Handel allgemein: A. Tchernia, Les Romains et le commerce (Neapel 2011); A. Wilson – M. Flohr, Hgg., Urban Craftsmen and Traders in the Roman World (Oxford 2016). Handel speziell mit Luxusgütern: A. Wallace-Hadrill, Rome's Cultural Revolution (Cambridge usw. 2010) 315–440; J. Pérez González, Sumptuary Specialists and Consumer Elites in Rome's World Order. Instrumenta 75 (Barcelona 2021); L. Pons Pujol – J. Pérez González, Hgg., De luxuria propagata Romana aetate. Roman Luxury

über Wirtschaftsdaten speziell der Nordprovinzen hat natürlich zugenommen.[65] Auch wurde von verschiedenen Autoren betont, wie notwendig und wie lohnend es sei, dem Thema des Konsums Aufmerksamkeit – bzw. größere Aufmerksamkeit – zu widmen.[66] Eine eingehende monographische Behandlung der römischen Konsumgeschichte als ganzer ist aber noch ein Desideratum geblieben.

---

in its Many Forms (Oxford 2023), pass. Beim Thema der Luxusgüter ist aber zu bedenken, dass ja die Grenze zwischen Luxus und Nicht-Luxus auf weite Strecken nicht exakt zu ziehen ist. Nicht selten bleibt dieses Problem unangesprochen und wird mit dem Begriff des "Luxus" unangemessen umgegangen. Veröffentlichungen, die zugleich für nicht-fachliche Leser bestimmt sind, bedienen damit auch ein als attraktiv geltendes Klischee.

[65] Sowohl durch die gewaltige Menge der Fundpublikationen von Grabungen wie durch Untersuchungen von Importen in bestimmten Städten und Regionen. Eine Gesamtskizze des Konsums für einen eng begrenzten geographischen Raum geben M. Pausch u. a., Hgg., Konsum. Einblicke in einen Wirtschaftsraum am Raetischen Limes ([Ausstellungsbegleitband] Rednitzhembach 2016).

[66] So S. E. Alcock, The Eastern Mediterranean. In: Scheidel – Morris – Saller (Anm. 63) 692; K. Greene, Learning to Consume: Consumption and Consumerism in the Roman Empire. Journal of Roman Archaeology 21, 2008, 64; M. Pitts, Globalisation, Circulation and Mass Consumption in the Roman World. In: M. Pitts – M. J. Versluys, Hgg., Globalisation and the Roman World (Cambridge – New York 2015) 93; N. Ray, Consumption and Roman Archaeology: Beyond Pompeii. TRAC 2005, 25 und 37; M. L. Ratliff, Globalisation, Consumerism and the Ancient Roman Economy: A Preliminary Look at Bronze and Iron Production and Consumption. TRAC 2010, 43.

2.

„Provinzialrömische Kultur" – was ist das?
Aspekte des Phänomens in Noricum und Westpannonien

(Aus: Ein kräftiges Halali aus der Römerzeit! Norbert Heger zum 75. Geburtstag. ArchaeoPlus, Schriften zur Archäologie und Archäometrie der Paris Lodron-Universität Salzburg 7 [Salzburg 2014] 273 ff.)[1]

Die Hetze des Alltags lässt den Provinzialarchäologen wenig dazu kommen, in Ruhe über grundsätzliche Fragen seines Faches nachzudenken und zu schreiben. Man müsste sich die Zeit dafür viel häufiger nehmen. Ein guter Anlass, das zu tun, ist vielleicht gerade die Festschrift für einen Kollegen, der bei aller akribischen Arbeit am Detail nie das Grundsätzliche, nie den kulturellen Kontext aus dem Blick verloren hat und der diesen Kontext mit so weitem Horizont und so großem Wissen (und dabei übrigens auch mit feinem Humor) zu würdigen weiß.

Dabei soll die Grundsatzfrage, der unsere Betrachtungen hier gelten – was läge näher? – die sein, was eigentlich das Wesen der norisch-westpannonischen Provinzialkultur war. Den Anstoß zu diesen Überlegungen haben verschiedene wissenschaftliche Thesen und außerhalb der Wissenschaft verbreitete Behauptungen darüber gegeben, was man sich unter Romanisierung und Provinzialkultur vorzustellen habe – Thesen und Behauptungen, von denen dem Autor scheint, dass sie unrichtig sind oder dass sie doch zumindest überprüft werden müssten.[2] Die vier Abschnitte dieses Beitrags setzen sich mit solchen Thesen auseinander und versuchen sich so einer teilweisen Antwort anzunähern, was denn unter der Provinzialkultur – mit besonderem Blick auf Noricum und Westpannonien – zu verstehen ist. Diese einzelnen Abschnitte greifen die folgenden Fragen auf: 1. War die Provinzialgeschichte eine „Besetzungsgeschichte"?; 2. War die Provinzialgesellschaft eine „Militärgesellschaft"?; 3. Gab es in der Provinz nur Zivilisation oder auch höhere Kultur? Und 4. Aus welchen kulturellen Verschmelzungsvorgängen ist die Provinzialkultur entstanden? Den Schluss der Betrachtungen bildet dann ein knappes Fazit.

1. War die Provinzialgeschichte eine „Besetzungsgeschichte"?

In den letzten Jahren ist eine neue Sichtweise des Römischen Reiches entstanden. Unter dem Eindruck der Zeitereignisse wird es heute gerne mit der Europäischen Union verglichen. So schrieb z. B. Hans Kloft, das Römische Reich sei „in gewisser Weise ein Vorläufer einer politischen Union Europa" gewesen.[3] Das Problematische solcher Aussagen soll dabei immerhin der Ausdruck „in gewisser Weise" andeuten. Aber auch mit dieser Einschränkung wird ja die Formulierung der Sachlage nicht gerecht. Das Römische Reich hat sich nie als eine „europäische" Macht verstanden. Es hat nie so etwas wie ein „Europabewußtsein" entwickelt.[4] Es erstreckte sich auch nicht nur auf europäisches Gebiet, sondern auf alle drei damals bekannten Kontinente. Von den rund fünfeinhalb Millionen Quadratkilometern Umfang, die es unter Kaiser Trajan erreichte, lagen nur knapp drei Millionen, also nur etwa die Hälfte, auf europäischem Boden. Damit war der Anteil des Reiches an der Fläche unseres Kontinents auch sehr viel kleiner als die heutige Europäische Union (Fläche der EU 2013: knapp 4,4 Millionen Quadratkilometer).

Einen anderen Unterschied zwischen dem Römischen Reich und dem modernen Europa meinte der Vorgänger des derzeitigen Präsidenten der Europäischen Kommission, Romano Prodi, zu sehen. In einer Rede, die er im Oktober 1999 vor dem Europarat hielt, sagte er, dass heute zum ersten Mal seit römischer Zeit die Chance bestehe, wiederum „Europa zu vereinigen – und diesmal nicht mit Waffengewalt, sondern auf der Grundlage gemeinsamer Ideale und vereinbarter Regeln."[5] Mit anderen Worten behauptete Prodi also,

---

[1] Zusatz 2024: Die Redaktion der Festschrift Heger hatte die meisten der vom Verfasser vorgesehenen Anmerkungen in den fließenden Text integriert. Hier wiedergegeben sind die Anmerkungen in der Form des vom Verf. eingereichten Manuskripts.]

[2] Zuerst geäußert hat der Verf. seine Gedanken zum Thema im Rahmen der Wiener Ringvorlesung „Römer und Kelten in Donautal und Alpenraum" (Sommersemester 2008). Speziell über den Gegenstand des Abschnitts 1 vgl. außerdem auch schon Thüry 2003 b.

[3] Der Text war 2008 auf der folgenden Internetseite abrufbar: http://www.alte-geschichte-europa.de/artikel/artkloft.html. Weitere Äußerungen dieser Art sammelt Girardet 2001, Anm. 147, 86. – Der Frage, ob das Römische Reich „ein Vorbild für das vereinte Europa" sein könne, widmet sich Alföldy 1999.

[4] In diesem Sinn auch Girardet 2001, 10 ff. (mit weiteren Literaturangaben).

[5] „For the first time since the fall of the Roman Empire we have the opportunity to unite Europe – and this time it will not be by force of arms but on the basis of shared ideals and agreed common rules" (Ansprache Prodis vom 13.10.1999; http://europa.eu/rapid/press-

das Römische Reich habe seine europäischen Provinzen durch Waffengewalt miteinander vereinigt; die Europäische Union sei dagegen eine Wertegemeinschaft, die auf der Grundlage von Regeln zueinanderfinde.

In der archäologischen Fachliteratur ist diese Äußerung Prodis wiederholt und ohne Widerspruch zitiert worden.[6] Dabei ließe sich doch bestenfalls sagen, dass sie über die Geschichte des Römischen Reiches eine Halbwahrheit verbreitet. Der Glaube an solche Halbwahrheiten mag relativ verzeihlich sein; aber nichtsdestoweniger gilt, dass eben auch Halbwahrheiten falsch sind.

Um das Wissen der gebildeten Öffentlichkeit über das Römische Reich zu erweitern und um derartigen Fehlurteilen den Boden zu entziehen, wäre einmal ein fachlich fundiertes Buch nötig, das sich – auch aus dem speziellen Blickwinkel etwa der Austria Romana oder allgemein der Donauprovinzen – ausführlich dem Themenkreis der römischen Integrationspolitik und Identität widmen würde. In einem solchen Buch wäre detaillierter darzustellen, dass zwar die meisten römischen Provinzen erobert wurden und dass es teilweise auch noch nach der Eroberung Fälle eines bewaffneten Widerstandes gegen Rom gab; dass sich dann aber, in den ersten Generationen nach der meist kriegerisch vollzogenen Annexion, in den annektierten Gebieten eine – reichsweit gesehen – fast flächendeckende Akzeptanz der neuen politischen Verhältnisse einstellte. Das war nicht zuletzt eine Folge davon, dass Rom die Völker des Reiches nicht kulturell unterdrückt und zwangsweise romanisiert hat. Die einheimische Kultur bestand nach der Annexion jeweils fort. Freilich kam es nun zu engen Kontakten mit Italien und mit den anderen Reichsregionen. Sie wurden durch die Verwaltungsbeamten, durch das Militär, aber auch durch Händler und durch eine große Zahl anderer zugewanderter Privatpersonen vermittelt. Man lebte ja im gleichen Staat und Wirtschaftsraum und genoss uneingeschränkte Freizügigkeit. So konnte es nicht ausbleiben, dass auch Elemente der römischen Reichskultur in den jungen Provinzen Einzug hielten. Die jeweilige einheimische Kultur der Provinzialgebiete und die Reichskultur beeinflussten sich gegenseitig und vermischten sich allmählich miteinander.

Speziell der österreichische Raum bietet nun Beispiele für verschiedene Reaktionsmuster auf die römische Annexion: für die friedliche Anpassung ebenso wie für die Unterwerfung und für die bewaffnete Auflehnung. So hatte Kaiser Augustus das keltische Königreich Noricum ohne große Gegenwehr der einheimischen Bevölkerung annektiert; zu kriegerischen Handlungen kam es hier wohl nur im äußersten Nordwesten, im

Bereich des heutigen Bundeslandes Salzburg.[7] Anders aber in den westlichen und östlichen Nachbargebieten Noricums, in Rätien und in Pannonien. Was Rätien betrifft, war ein wirklicher Feldzug nötig – durchgeführt durch zwei Heeressäulen unter der Leitung zweier Feldherrn aus kaiserlichem Haus[8] und gefeiert durch die 10. imperatorische Akklamation für Kaiser Augustus und durch eine Serie von Gold- und von Silbermünzen.[9] Die Folge dieses rätischen Widerstandes waren römische Truppenstationierungen und umfangreiche Zwangsrekrutierungen im eben unterworfenen Gebiet.[10] Die Entstehung der sogenannten Heimstettener Gruppe aber, die hier in der Mitte des 1. nachchristlichen Jahrhunderts auftrat und die sich zum Beispiel durch eine regionaltypische, an keltische Traditionen anschließende Tracht auszeichnet, deutet die neueste bayerische Forschung als einen Ausdruck von passivem Widerstand gegen die Unterwerfung, als ein Produkt eines bewußten Sich-Absetzens, eines mentalen Sich-Verweigerns der Einheimischen gegenüber der römischen Kultur.[11]

Ähnlich wie in Rätien, wurden auch die Pannonier durch Krieg – bzw. durch mehrere schwere Kriege – unterworfen. Und während sich die Räter und die Noriker mit den neuen Verhältnissen abfanden, zählte Pannonien zu den Gebieten, die auch nach ihrer Eroberung noch Widerstand leisteten.[12]

Trotz des unterschiedlichen Ablaufs der Annexionsgeschichte wurden nicht nur Noricum und Rätien, sondern ebenso Pannonien bald vom Sog einer Romanisierung erfasst, die weitgehend eine Selbst-Romanisierung war. Im Lauf nur einiger Jahrzehnte übernahmen Einheimische die Annehmlichkeiten der überlegenen südländischen Zivilisation, die ja eine Verbesserung des Wohlstandes und der Lebensqualität bedeuteten. Man denke z. B. nur an die städtische Lebensweise; die römische Haustechnik und den römischen Wohnkomfort; die hoch entwickelte Geldwirtschaft des Südens; oder die hoch arbeitsteilige mediterrane Organisation von Berufswelt und Handel. Die Einheimischen wurden Teil dieser römischen Wirtschaftsordnung und profitierten vom ökonomischen Aufschwung, der sich im Schutz der langwährenden früh- und mittelkaiserzeitlichen Friedensperiode einstellte. Immer mehr von ihnen erwarben auch das römische Bürgerrecht; und immer weiter wurde die Tür einer politischen Mitbestimmung

---

release_SPEECH-99-130_en.htm. Abgerufen 2013).
[6] L. Wamser, in: Wamser 2000 (a) XIX; Wamser 2000 (b) 181.

[7] Zur Annexion Noricums und der dort darauffolgenden Entwicklung zuletzt vor allem Dolenz – Strobel 2009, 177; Graßl 2008; Strobel 2008.
[8] Vgl. z. B. Strobel 2008, 983 ff.
[9] Zu Anlaß und Zeitpunkt der 10. imperatorischen Akklamation Mommsen 1884, 76; Kraft 1978, 323 und 326. Die Münzen sind RIC 1 (2. Aufl.) 164a–165b. Zur Deutung z. B. Gabelmann 1984, 118 ff.
[10] Dazu Dietz 1995, 35 ff., 43 ff. und 49 f.
[11] Zanier 2006, 194 und 196.
[12] Zu Unterwerfung und Aufständen der Pannonier z. B. Mócsy 1962, 540 ff. und 544 ff.

kulturell integrierter Provinzialen geöffnet. Galt das anfangs nur für die kommunale Ebene, so betraf es zum Schluss auch die Reichspolitik. So wurden ja im Lauf der Zeit immer mehr Bürger aus den Provinzen – und natürlich auch aus dem römischen Österreich – in die Führungsschichten der römischen Gesellschaft, in die Schicht der Ritter und in die der Senatoren, aufgenommen.[13] Seit der mittleren Kaiserzeit stellten die Provinzen einen namhaften Teil der römischen Senatsmitglieder;[14] und angefangen mit Trajan, gelangten Provinzialen sogar immer wieder auf den Kaiserthron. Im 3. Jahrhundert und in der Tetrarchie waren so mehrere Kaiser aus den Donauprovinzen und zumindest drei von ihnen speziell aus Pannonien gebürtig: nämlich Traianus Decius, Probus und Maximianus Herculeus.[15] Im späteren 4. und im 5. Jahrhundert stammte sogar die ganze Valentinianische Dynastie, die letzte weströmische Herrscherfamilie, aus Pannonien.[16] Pannonien und überhaupt die Donauprovinzen besaßen im späten Reich ein so großes Gewicht, dass Andreas Alföldi für das 3. Jahrhundert geradezu von einer zeitweisen „Vorherrschaft der Pannonier im Römerreiche" sprach.[17] Das muss im Ton der größten Anerkennung für die Verdienste gesagt werden, die sich Heere und Kaiser aus Pannonien um die Erhaltung des Römischen Reiches in diesen schweren Zeiten erwarben.

Wie vorausschauend und wie bewusst-zielstrebig die römischen Herrscher im Drang der jeweiligen Alltagsgeschäfte ihre Bürgerrechts- und Integrationspolitik betrieben haben, ist dabei schwer zu beantworten.[18] Aber es liegt doch in der Logik einer langdauernden Entwicklung, wenn schließlich Kaiser Caracalla die *constitutio Antoniniana* erließ.[19] So konnte Rutilius Namatianus (1,63) schreiben, das Römische Reich sei seinen „verschiedenen Völkern ein gemeinsames Vaterland" geworden.

Es scheint fast unnötig, zusammenfassend nochmals hervorzuheben, dass zwar am Anfang der beschriebenen Entwicklung die militärische Gewalt stand; dass aber der Endzustand der Völkervereinigung im Römischen Reich nicht aus der Gewalt hervorging, sondern gerade – wie das Romano Prodi auch für das vereinte Europa in Anspruch nehmen möchte – aus der willentlichen Identifikation und aus einem regelgesteuerten Prozeß.[20]

Dieser Integrationsvorgang scheint zwar nicht – so hat das Jean-Rémy Palanque einmal formuliert – geradezu eine „Rechtfertigung" für die römische Form des Imperialismus;[21] aber er versöhnt doch ein wenig damit.

Bei vielen Gebildeten herrschen leider freilich falsche Ansichten darüber, was denn überhaupt die Begriffe „Römer" und „römisch" bedeuten. Viele meinen, die Römer seien in der Provinz eine Art von militärischer Besatzungsmacht gewesen. So hatte ja selbst eine sehr bekannte Reihe fachlicher Monographien über das römische Obergermanien und seine Nachbargebiete lange Zeit – wohl unter dem Eindruck der deutschen Nachkriegsgeschichte – den Titel „Kleine Schriften zur Kenntnis der römischen Besetzungsgeschichte Südwestdeutschlands".[22] Der deutsche Archäobotaniker Hansjörg Küster, der ebenfalls den Terminus der „römischen Besatzungszeit" verwendet, schreibt in einem 1995 erschienenen Werk sogar: durch die Römer sei dem prähistorischen „Agrarland ... im Zuge der Kolonialisierung der „Segen" einer Hochkultur mit Schrift und organisierter Verwaltung übergestülpt" worden. Was so den römischen „Kolonien nördlich der Alpen" geschehen sei, das lasse sich mit der modernen „imperialistischen Kolonisierung Afrikas" vergleichen.[23] Kommen schon in Fachkreisen solche Behauptungen und Formulierungen vor, so stellen umso häufiger nichtfachliche Publikationen aller Art die Römer als Angehörige einer landfremden Macht dar, die zu einem bestimmten Zeitpunkt bei uns eindrangen und die – wie es noch in einem neueren Schulbuch über die Geschichte Rätiens heißt – später „von den Germanen wieder ...vertrieben" worden seien.[24] In vielen Köpfen auch gebildeter Zeitgenossen herrscht offenbar die Ansicht, dass der Begriff der „Römer" für eine landfremde dünne, exklusive Herrenschicht stehe, von der die einheimischen Provinzbewohner unterdrückt worden seien. Das Ende der Unterdrückung stellen sich die Anhänger des Modells dann so vor, dass diese römische Herrenschicht einer neuen germanischen habe weichen müssen.

Vielen Zeitgenossen ist also nicht bewusst, welche Rolle die kulturelle und politische Integration der einheimischen Bevölkerung in der Geschichte der römischen Provinzen spielte. Sie wissen nicht, dass am Ende dieser Geschichte die große Masse der freien Provinzbewohner aus Römern bestand und dass der

---

[13] Dazu allgemein Wolff 1995, 337. Zu Rittern und Senatoren aus Noricum auch Alföldy 1974, 274 ff.; aus Pannonien Mócsy 1962, 713 f.
[14] Talbert 1984, 31 ff.
[15] Alle diese Kaiser waren aus Sirmium-Sremska Mitrovica; vgl. dazu Mócsy 1977, 562.
[16] Auch diese Kaiser waren aus der Region Sirmium (aus Sirmium selbst und aus Cibalae-Vincovci).
[17] Alföldi 1930.
[18] Vgl. dazu Wolff 1995, 311 ff.
[19] In den letzten Jahren sind Caracalla und die *constitutio* endlich ausgiebiger gewürdigt worden; siehe Pferdehirt – Scholz 2012 und Caracalla 2013.
[20] Bei Girardet 2001 wird diese Entwicklung mit keinem Wort

gewürdigt.
[21] Palanque 1967, 126.
[22] Die vom Limesmuseum Aalen herausgegebene Schriftenreihe stand ab Bd. 1 (Stuttgart 1965) und bis Bd. 33 (Stuttgart 1984) unter diesem Titel: „Kleine Schriften zur Kenntnis der römischen Besetzungsgeschichte Südwestdeutschlands". Ab Bd. 34 (Stuttgart 1984) wurde dann der neue Titel „Schriften des Limesmuseums Aalen" verwendet.
[23] Zitate aus Küster 1995, 152 f.
[24] Tempora. Geschichtsstunden 5 (Stuttgart – Wien 1990) 67.

Römer der späteren Kaiserzeit längst nicht mehr durch eine Herkunft aus dem Süden definiert wird.

2. War die Provinzialgesellschaft eine „Militärgesellschaft"?

Es zählt zu den Vorurteilen, die gegenüber Kulturen der Vergangenheit verbreitet sind – denn auch diese Art von Stereotypen gibt es ja – , dass sich heute viele Gebildete einen Römer nur als einen unmusischen und martialischen Menschen, als einen Soldaten und Militaristen vorstellen können. Auf der gleichen Linie liegt es, wenn Roms archäologische Hinterlassenschaften sogar im Titel einer großen bayerischen Landesausstellung über die Provinzialkultur (und in dem der Begleitpublikation dazu) als „zivilisatorisches Erbe einer europäischen Militärmacht" präsentiert wurden.[25] Auf dieser Linie liegt aber auch, dass es zur Regel geworden ist, bei den sogenannten „Römerfesten" aller Art, bis ins limesferne Hinterland, als Legionäre verkleidete Zeitgenossen aufmarschieren zu lassen. Sie tun das nach erfundenen, weil nicht überlieferten lateinischen Kommandos, stehen als Photostaffage für Souvenirs zur Verfügung und tragen dazu bei, dass sich im Bewusstsein der Geschichtsinteressierten das alte Vorurteil vom stets martialischen Römer weiter vererbt.

Es ist freilich richtig und versteht sich von selbst, dass der Alltag in der unmittelbaren Limeszone militärisch geprägt war. Wie aber stand es mit der militärischen Präsenz im jeweiligen Hinterland der Grenze? Abgesehen von der Spätantike mit ihren weit vorstoßenden Barbareneinfällen und mit ihrem erhöhten Sicherheitsbedürfnis, waren im rätischen, norischen und pannonischen Binnenland nur während des ersten runden Jahrhunderts nach der Annexion römische Truppen stationiert. Diese Binnenlandgarnisonen, die offensichtlich die Bevölkerung kontrollieren und die Verkehrswege sichern sollten, bestanden bis längstens in die Zeit um 100 n. Chr.[26]

An die Stelle der rätischen, norischen und pannonischen Binnenlandgarnisonen trat dann allmählich eine Linie von Kastellen entlang der Donaugrenze. Seitdem stand der militärisch geprägten Limeszone ein Hinterland gegenüber, in dem ziviles Leben herrschte. Schon einhundert Kilometer südlich des Limes, wie etwa in Iuvavum-Salzburg, machen sich militärische Objekte kaum noch im Fundstoff bemerkbar.[27]

Während übrigens entlang des nur rund 50 km langen Stückes des pannonischen Limes, das auf heute österreichischem Boden liegt, im frühen 2. Jahrhundert um die 15.000 Legions- und Hilfssoldaten stationiert waren, ist es erstaunlich, wie schwache Truppen damals an der etwa 300 km langen norischen Donaugrenze standen. Hier – im Windschatten von Böhmerwald, Mühl- und Waldviertel – hatten ja bis dahin ausschließlich Auxilien die Aufgabe der Provinzverteidigung. Ihre Stärke belief sich an der Wende zum 2. Jahrhundert – in runden Tausendern geschätzt – auf nur rund 7.000 Mann (wobei es außerdem in Noricum – im Gegensatz zu Pannonien – auch keine Veteranenkolonien gab). Erst als in den Markomannenkriegen der siebziger Jahre des 2. Jahrhunderts Germanen in Noricum eingedrungen waren, wurde die Bedrohungslage als ernster eingeschätzt. Das Heer der Provinz wurde nun verstärkt und auch in Noricum eine Legion stationiert.[28]

Wenn wir aber sagten, dass die Truppen dem Leben unmittelbar entlang der Grenze einen militärischen Stempel aufprägten, dann muss man doch andererseits auch die Tatsache genügend würdigen, dass ja dort zu jedem Truppenlager eine zivile Niederlassung gehörte. Diese Lagerdörfer bewohnten zunächst Zivilpersonen, die aber Partner oder andere Angehörige im Lager hatten oder die – mehr oder weniger – durch Handel mit oder Dienstleistungen für die Truppe ihren Lebensunterhalt verdienten. Im Lauf der Zeit wuchsen die Lagerdörfer freilich, erreichten zum Teil schon die Größe von Städten und gewannen sicher auch eine breitere wirtschaftliche Basis.

Bereits an dieser Symbiose zwischen Lager und Lagerdorf wird fassbar, dass dem Militär nicht nur die Aufgabe der Provinzverteidigung zukam. Vielmehr erfüllte es auch wichtige zivile Funktionen. Durch Partnerwahl und Familiengründung förderte ein Soldat bzw. ein entlassener Soldat, der aus anderen Teilen des Reiches stammte, die Integration; und wie Truppenstandorte noch heute ein wichtiger Wirtschaftsfaktor für eine Region sind, gaben sie schon damals auch Zivilpersonen Brot und Arbeit und kurbelten Handel und Wirtschaft an. Mit ihrer garantierten, guten, regelmäßigen Entlohnung waren Angehörige der Streitkräfte als Käufer und Kunden wichtige Wirtschaftspartner; ja, sie konnten es sich leisten, als private Kreditgeber aufzutreten.[29]

Eine weitere Funktion des Militärs bleibt noch zu erwähnen. Vor allem soweit die Soldaten – die

---

[25] Wamser 2000 (a).

[26] Vgl. für Rätien Gassner – Jilek – Ladstätter 2002, 71 ff. und 118 f. Für Noricum Gassner – Jilek – Ladstätter 2002, 73 und 118 ff.; Ubl 2002, 327 und 329. Für Pannonien Mócsy 1962, 647 ff.

[27] Vgl. Heger 1986, XIII: „die römische Kultur Salzburgs ist ... durch ihren zivilen Charakter ... klar von der „Militärzivilisation" des Donauuferstreifens unterschieden"; Thüry 2013 (a) 79.

[28] Schätzung der Truppenstärke für das österreichische Pannonien nach den bei Mócsy 1962 und bei Kandler – Vetters 1986 enthaltenen Informationen. Zum norischen Heer der Prinzipatszeit vgl. dagegen Ubl 2005. – Eine zusätzliche Legion hat Noricum in der Spätantike erhalten. Dazu (und überhaupt zur norischen Garnisonsgeschichte der Spätantike) Ubl 2002, 332.

[29] Über Garnisonen und Wirtschaft Wierschowski 1984.

aktiven wie die entlassenen – aus dem Süden des Reiches stammten, trugen sie durch das Vorbild ihrer Lebensführung und durch die Waren, die sie sich aus dem Süden importieren ließen, mit dazu bei, dass sich der mediterrane Lebensstil auch in der bodenständigen Bevölkerung der Provinz verbreitete. Das gilt übrigens nicht nur in materiellen Dingen, sondern – trotz dem niedrigen intellektuellen Niveau, das zweifellos bei einem großen Teil der Heeresangehörigen herrschte – selbst auf dem Gebiet der Bildung.[30] Vermittler dieser verschiedenen Seiten der Romanisierung, der materiellen und der geistigen, sind freilich keineswegs nur Soldaten bzw. Veteranen, sondern auch zugewanderte Zivilpersonen gewesen. Der Umfang des zivilen Zuzugs aus dem Süden – wozu aber auch noch der aus anderen Reichsregionen kam – darf sicher nicht unterschätzt werden.[31]

Fassen wir hier unsere Bemerkungen über die Rolle des Militärs noch einmal zusammen, so ist zwar festzuhalten, dass ihm im unmittelbaren Limesbereich größte Bedeutung zukam und dass es auch sonst für Wirtschaft und Kultur der Provinz sehr wichtig war. Das rechtfertigt aber nicht, die Gesellschaft des Limeshinterlandes oder die Provinzgesellschaft als ganze – wie das gelegentlich geschieht – als eine Militärgesellschaft zu betrachten.[32] Auch hier wäre es nötig, von fachlicher Seite aus entsprechenden Vorurteilen in der gebildeten Öffentlichkeit entgegenzutreten.

3. Gab es in der Provinz nur Zivilisation oder auch höhere Kultur?

Wer der Frage nach dem Bildungsniveau der Provinzbewohner nachgehen möchte, der sollte am besten nach Anhaltspunkten nicht so sehr für das Vorhandensein von Unbildung als für das Vorhandensein von Bildung Ausschau halten. Wir wissen ja aus unserer eigenen Zeit, dass sich selbst in einer Gesellschaft, in der es Universitäten, Museen oder Theater gibt, dennoch leicht und in Menge Beweise auch für Unbildung sammeln ließen.

Beginnen wir unsere Suche nach antiken „Bildungsspuren" mit der Frage nach Schulen und nach Lehrern! Dazu finden sich in den Provinzen allerdings nur wenige Zeugnisse. In Westpannonien besitzen wir in Scarbantia-Sopron eines von ihnen. Es ist der Grabstein eines *magister ludi*, also – sozusagen – eines

römischen Volksschullehrers. Interessanterweise war er ein Veteran der *legio XV Apollinaris* in Carnuntum.[33]

Ein hübsches Zeugnis für Schreibkünste der unterrichteten Kinder ist vielleicht ein bekritzeltes Wandverputzfragment aus der Villa von Bruckneudorf. Nach Gutachten zweier Kinderpsychologen (J. A. Alte und I. Brehmer) sind die beiden darauf eingeritzten Figuren antike Kinderzeichnungen; und so mögen auch die ihnen jeweils beigeschriebenen Namen (was allerdings diese Kinderpsychologen anders sehen) von Kinderhand herrühren.[34]

Ein weiteres Graffito, das auf einen antiken Schüler zurückgehen könnte, hat das rätische Brigantium-Bregenz zu bieten. Dort fand sich an der Wand einer Säulenhalle, in der Augenhöhe eines Kindes eingeritzt, ein Zitat der Äneisstelle 12,59 f.: „Hör auf mit den Teukrern zu kämpfen!"[35] Helmut Häusle hat dabei auf die Möglichkeit hingewiesen, dass die Säulenhalle als Schulgebäude gedient haben könnte. Auf seine ratlose Frage, warum dort ein Schüler gerade dieses Vergilzitat an die Wand geschrieben haben mag, lässt sich allerdings nur mit Spekulationen antworten. Einerseits könnten die „Teukrer" hier stellvertretend für die Epik und überhaupt für die Bildung stehen. Dann wäre der Sinn des Zitats entweder der Ratschlag, sich nicht gegen diesen Schulstoff zu wehren; oder aber der entgegengesetzte Rat: „Gib es auf, Dich mit der Epik/mit der Bildung herumzuschlagen." Freilich ist andererseits der natürliche Feind eines bequemen Schülers vor allem sein Lehrer. Und so meinte die kryptische Kritzelei vielleicht nur: „Leg dich nicht mit deinen Lehrern an. Es kommt ja doch nichts dabei heraus."

Welcher Grad wenigstens der Alphabetbeherrschung mag aber bei den Bildungsanstrengungen der Romanisierung herausgekommen sein? Gewisse Hinweise gibt hier das Zeugnis der Darstellungen von Schreibtafeln, Buchrollen und Stiften auf Grabsteinen; und ebenso das der Funde von Schreibinstrumenten aller Art und von Graffiti.[36] Dazu passt weiters das zahlreiche

---

[30] Vgl. dazu die umsichtig differenzierende Stellungnahme bei Le Bohec 2009, 268 ff.

[31] Zu dieser Frage zuletzt Schrettle 2007, pass.

[32] So nennt Garbsch 1982, 173 Rätien eine „Militärprovinz". Gewisse Vorbehalte gegenüber dem Ausdruck „Militärprovinz" für Pannonien bei Visy 1997, 231. – Gegen die Überschätzung der militärischen Komponente in der römischen Kultur grundsätzlich Speidel 2009, 13 f. und pass.

[33] AE 1914, 6.

[34] Thüry 2003 (a) 11 und Farbtafel 1; Zabehlicky 2008, 40 f. und Farbbild Abb. 48. Für freundliche Mitteilungen dankt der Verf. Herrn Dr. Karl Kaus (Baumgarten).

[35] Vgl. dazu Häusle 1989.

[36] Darstellungen auf Grabsteinen: vgl. z. B. Walde 2005, 66 ff. und 73 ff. Der Verf. hat dazu an anderer Stelle zwar bemerkt, dass die Reliefs zum Teil weniger die Bildung als die geschäftlichen Aktivitäten der Verstorbenen hervorheben werden (Thüry 2012, 71; wobei sie auch in diesem Fall Zeugnisse für die Verbreitung von Schriftlichkeit sind). Die Frau des Verf., Mag. Heidelinde Autengruber-Thüry, macht aber auf einen hellenistischen Inschrifttext aus Lydien aufmerksam, wonach Buchdarstellungen in der Grabkunst „Weisheit" symbolisieren (Merkelbach – Stauber 1998, n. 04/02/11, 408 f.). – Für Funde von Schreibinstrumenten siehe die österreichweite Materialaufnahme bei Öllerer 1996. Seitdem Jilek 2000; Thüry 1999, 298 ff.; Thüry 2010 (b) 87. – Graffiti: Eine systematische Aufnahme der norischen Graffiti ist in Arbeit (Hainzmann 1997–2002). Über die dabei registrierten

Auftreten von „sprechenden" Kleingegenständen – d. h. von Alltagsobjekten, die bereits der Hersteller mit seinem Namen und häufig ja auch mit Sprüchen z. B. über Glück, Wein und Liebe beschriftet hat.[37] Alle diese Zeugnisse belegen Schreib- und Lesekünste bei Jung und Alt, bei Frau und Mann und selbst bei einfachen Leuten. Zu den Nachweisen für solche Kenntnisse selbst speziell beim „kleinen Mann auf der Straße" zählen Inschriften, die gelangweilte Ziegeleiarbeiter in den noch weichen Ton ihrer Ziegel geritzt haben – wie in einem Fall im oberösterreichischen Wilhering, in dem ein spätantiker Ziegler einen Rivalen um die Gunst eines Mädchens verspottet; oder in einem Fall einer Dachziegelinschrift aus Wien, auf die wir gleich zurückkommen werden.[38] Sind diese Ziegelinschriften verhältnismäßig selten, so werden in den letzten Jahren immer mehr bleierne Warenetiketten bekannt (ihre Zahl beträgt in Österreich bisher über 500), vor allem aus dem Metier der Schneider, der Färber und der Textilreiniger, auf denen erteilte oder durchgeführte Kundenaufträge und die Höhe der dafür fälligen Rechnung festgehalten wurden.[39]

Nach allen diesen Zeugnissen kann es kein Zweifel sein, dass die römische Provinzialgesellschaft einen nicht unerheblichen Alphabetisierungsgrad aufzuweisen hatte. Das Gleiche gilt damit natürlich auch für den Grad der Verbreitung der lateinischen Sprache. Wie die Sprachforschung zeigen konnte, hat sie ja bis in das Innere der Alpen hinein Wurzeln gefasst.[40] Dabei versteht es sich von selbst, dass die Qualität sowohl der vermittelten Sprachkenntnisse als auch der Schreib- und Lesefertigkeit sehr unterschiedlich ausgefallen sein muss. Die Inschriftenfunde enthalten ja häufige Fehler, vulgärsprachliche Schreib- und Ausdrucksweisen und sprachliche Provinzialismen.[41] Das ist im übrigen heute nicht anders; ein erschreckend hoher Prozentsatz auch der Bevölkerung des heutigen Mitteleuropa besitzt nicht mehr als rudimentäre Schreib- und Lesekenntnisse.[42]

Wirkliche Bildung wäre allerdings mehr als nur ein Schreiben-, Lesen- und Rechnenkönnen; und Funde, die ein Vorhandensein einer solchen höheren Bildung belegen, sind schon sehr viel seltener. Immerhin: Wer z. B. die Grabinschriften aus dem Carnuntiner Raum durchmustert, der wird gelegentlich originelle und sprachgewandte Formulierungen finden. In mehr als einem Dutzend Texten kommen dort sogar lateinische und griechische Grabgedichte vor, die ihren Verfassern zumindest Intellektualität und ein besonderes Verhältnis zur Sprache bescheinigen.[43] Fallweise sind solche Funde aber auch an anderen Orten bekannt geworden. So besitzen wir aus Wels und aus Wien sogar noch frühchristliche Grabsteine mit Texten in Versform; und aus Bad Reichenhall-Marzoll stammt eine fragmentarisch erhaltene Grabinschrift eines gewissen Asclepiades, dessen Herz „von Kindheit an in Einklang" gewesen sei mit dem Plaudern der Musenquelle Pirene in Korinth.[44]

Wo sich in solchen Grabtexten Anklänge an die wirkliche Dichtung finden, könnten sie natürlich durch Musterbücher vermittelt worden sein. Andererseits gibt es aber durchaus auch Beweise dafür, dass Bewohner unserer Provinzen (zumindest in gewissem Ausmaß) literarische Kenntnisse besaßen. Wir hatten z. B. schon das Bregenzer Vergilgraffito erwähnt; und ein weiterer Fall eines inschriftlichen Literaturzitats ist die ebenfalls bereits kurz angesprochene Dachziegelinschrift aus Wien. Der 1982 bei Grabungen am Haus Wildpretmarkt 8 gefundene Teil eines Dachziegels trägt den Graffitotext: *venturam / terris / vid[es me?]* = „Schau mich an: ich bin dabei (oder: kurz davor), zu Boden zu stürzen." Wie der Verfasser an anderer Stelle ausgeführt hat, dürfte das ein leicht abgewandeltes Zitat aus den *Argonautica* des flavischen Epikers Valerius Flaccus sein.[45]

So sehr wir uns über solche unerwarteten Einblicke in eine literarische Lektüre von Provinzbewohnern freuen, kann doch das Vorhandensein von Büchern

---

Mengen von Graffiti verdankt der Verf. R. Wedenig die Mitteilung, dass aus dem Bundesland Salzburg derzeit rund 650 Objekte mit Graffiti vorliegen, während deren Anzahl in Flavia Solva größer scheint und im Raum Aguntum kleiner ist. In diesem Zusammenhang sei auch noch angemerkt, dass der Verf. beim Inventarisieren der Funde aus dem rätischen Vicus von Gauting in einem Material von über 120.000 Keramikscherben 95 Stücke mit Graffiti fand.
[37] Vgl. etwa die erotischen Fibelinschriften bei Thüry 1991 oder Thüry 2013 (b); oder die Ringinschrift Thüry 2011.
[38] Zum Wilheringer Ziegel Thüry 2004; zum Ziegel aus Wien Thüry 2014 (b).
[39] Seit den ersten größeren Untersuchungen durch Elizabeth Römer-Martijnse in den neunziger Jahren (Römer-Martijnse 1990; Römer-Martijnse 1993) ist das Material stark angewachsen; vgl. jetzt etwa Wedenig 2012, 104 ff.
[40] Vgl. Finsterwalder 1966.
[41] Die Belege hat für die Donauprovinzen Mihaescu 1960 zusammengestellt.
[42] Nach dem Weltbildungsbericht der UNESCO für das Jahr 2012 sind es in Italien 47 %, in Deutschland um die 14 % und in Frankreich um die 9 % der erwachsenen Bevölkerung vor Eintritt des Rentenalters (vgl. E[ducation] f[or] A[ll] Global Monitoring Report 2012, 98 ff.; abrufbar auf der Homepage der UNESCO: http://www.unesco.org/ news/en/education/themes/leading-the-international-agenda/ efareport/reports/2012-skills/).
[43] Originelle und sprachgewandte Formulierungen in Inschriften des Carnuntiner Raumes: vgl. die Texte Hild 1968, 137 = ILS 9094 = Vorbeck 1980 (a) 84; Hild 1968, 153 = ILS 9093 = Vorbeck 1980 (a) 12; Hild 1968, 172 = AE 1936, 67 = Vorbeck 1980 (a) 191 (Erklärung bei Radermacher 1939). – Grabgedichte: CIL III 4483; 4487 + 11 095; 11229; 11281; 11293 (griechisch); 11451; 15195; Hild 1968, 17 = AE 1903, 206 (griechisch); Hild 1968, 153 = Vorbeck 1980 (a) 12 = Cugusi – Splendorio Cugusi 2007, 10; Hild 1968, 179 = AE 1973, 421 = Betz 1966, n. 6, 601 f. = Vorbeck 1980 (b) 181 (griechisch); Hild 1968, 230 = AE 1938, 165 = AE 1973, 422 = Vorbeck 1980 (b) 135 = Cugusi – Splendorio Cugusi 2007, 4; Hild 1968, 232 = Vorbeck 1980 (a) 201 = Cugusi – Splendorio Cugusi 2007, 3; Hild 1968, 239 = Vorbeck 1980 (b) 175 = Cugusi – Splendorio Cugusi 2007, 9; Hild 1968, 294; Hild 1968, 309 = Vorbeck 1980 (b) 257 = Cugusi – Splendorio Cugusi 2007, 6; Hild 1968, 320 = Vorbeck 1980 (b) 344 = Cugusi – Splendorio Cugusi 2007, 7; Graßl 2009.
[44] Wels: CIL III 13529; vgl. zuletzt Thüry 2010 (a) 8. – Wien: AE 1956, 9. – Bad Reichenhall-Marzoll: Ausführliche Veröffentlichung in Vorbereitung. Zuletzt dazu Thüry 2013 (a) 177. [Zusatz 2024: Zur Inschrift siehe jetzt den Beitrag 28 des vorliegenden Bandes.]
[45] Thüry 2014 (b).

und von Lesern in unseren Breiten nicht wirklich verwundern. Dass – abgesehen von literarischen Reisemitbringseln aus dem Süden – der antike Buchhandel auch die Provinzen belieferte, ist nicht nur an sich sehr wahrscheinlich, sondern wird uns in der antiken Literatur ausdrücklich gesagt. So berichtet der Jüngere Plinius von einem Autor, der sein Buch in Italien in tausend Exemplaren abschreiben ließ, um sie dann dort „und in den Provinzen" zu vertreiben („*per totam Italiam provinciasque dimisit*").[46] Der Jüngere Plinius selbst wurde, wie er an anderer Stelle sagt, auch in Gallien bis nach Lugdunum hinauf gekauft und gelesen; und Martial berichtet stolz über seinen Erfolg beim Lesepublikum „im schönen Vienna".[47]

Literarisches bzw. mythologisches Wissen der Provinzialen spiegelt sich aber auch im Vorkommen der (allerdings seltenen) mythologischen Personennamen wie z. B. Achilles oder Aiax[48] oder in den mythologischen Szenen wider, die auf Mosaiken, Fresken und Reliefs der provinzialen Kunst so häufig begegnen. Dass alle diese Kunstdenkmäler nur durch den Rückgriff auf Musterbücher entstanden und ohne jedes Wissen um die dargestellten Inhalte ausgewählt und in Auftrag gegeben worden wären, schiene zumindest eine wenig wahrscheinliche These.[49]

Als Quellen für mythologischen Kenntnisse kommen dabei nicht nur die Schule, die Lektüre und das Hörensagen in Frage, sondern ebenso das Theater. Theaterbauten kennen wir allerdings nur wenige: in Noricum nur den in der Provinzhauptstadt Virunum; und in Westpannonien (abgesehen vom „Kulttheater" am Carnuntiner Pfaffenberg) den in Savaria-Szombathely.[50] Vielleicht fanden aber andernorts auch in Amphitheatern Schauspielaufführungen statt.[51] Was die Programme der Theater betrifft, gibt uns ja ein von Norbert Heger publizierter Inschriftfund aus Virunum den interessanten Hinweis, dass dort gelegentlich *homeristae*, also Spezialdarsteller für griechisch gespielte Szenen aus Homer auftraten – was natürlich voraussetzt, dass sie in Virunum ein Publikum hatten, das die Verse auch verstand.[52]

Schließlich sei noch auf einen Punkt hingewiesen, der in der Diskussion über das Bildungsniveau in Noricum und

Pannonien stets übersehen wird: den Punkt nämlich, dass immerhin zwei oder drei Autoren der lateinischen Literatur von hier stammen bzw. hier tätig waren. Der erste Autor ist niemand Geringerer als der Verfasser der Vulgata, der Hl. Hieronymus. Nach seinen eigenen Angaben wurde er im mittleren 3. Jahrhundert in einem nicht genauer identifizierten Ort namens Stridon an der pannonisch-dalmatischen Grenze geboren.[53] Der zweite, ebenfalls frühchristliche Autor ist Victorinus, Bischof des damals wohl norischen Poetovio-Ptuj in diokletianischer Zeit, der „älteste Bibelerklärer der lateinischen Kirche" (Mauriz Schuster).[54] Ein dritter Schriftsteller möglicherweise norisch-pannonischer Herkunft wäre aber auch Eugippius, der Biograph des Hl. Severin.[55]

Wie aus allen diesen Bemerkungen schon hervorgeht, ist der Verfasser nicht der Meinung Erich Swobodas und András Mócsys, das Bildungsniveau speziell der römischen Pannonier sei miserabel gewesen; wobei Swoboda überhaupt der Ansicht war, ein Zusammenhang mit höherer Kultur dürfe „dem Begriff Romanisierung nicht zugeordnet werden."[56] Ein geduldiges und vorurteilsloses Zusammensuchen der einschlägigen Zeugnisse fördert doch manches zutage, was in dieses Bild nicht passt. Auch dürfen die Behauptungen einzelner antiker Literaturstellen, die von einer geringen Bildung speziell pannonischer Soldaten sprechen, nicht überbewertet werden.[57] Weder dürfen wir diese Aussagen verallgemeinern; noch wird man im Ernst das Bildungsniveau eines Landes nach dem des Durchschnitts seiner Soldaten beurteilen wollen.

So trifft sich unsere Zusammenfassung dieses Abschnitts sehr viel eher mit dem Urteil Rudolf Eggers über Pannonien: dass es bis hin zur Spätantike durchaus ein „Kulturleben" hatte (auch wenn Eggers Formulierung von einem „verhältnismäßig kräftigen" Kulturleben und von einem „Hort des Romanismus" recht weit gehen).[58]

---

[46] Plinius, *Epistulae* 4,7.
[47] Plinius, *Epistulae* 9,11; Martial 7,88.
[48] Achilles, Achilla: CIL III 5547; 5589; 11756. – Aiax: CIL III 4916.
[49] Vgl. für Mosaiken z. B. die Ausführungen in Ludwig Bergers Rezension des Werkes von V. von Gonzenbach, Die römischen Mosaiken der Schweiz. Jahrbuch der Schweizerischen Gesellschaft für Ur- und Frühgeschichte 51, 1964, 159 f.
[50] Virunum: z. B. Egger 1938, 14 ff.; Fuchs 1997, 20. Savaria: zuletzt Neuhauser 2008. – Zum „Kulttheater" in Carnuntum Jobst 1983, 193 ff.
[51] So z. B. Kaus 2006, 240.
[52] Heger 1980.

[53] Hieronymus, *De viris illustribus* 135. Über Stridon Fluss 1931.
[54] Über ihn Schuster 1958 (das Zitat dort von Sp. 2081). – Zur Provinzzugehörigkeit Poetovios in diokletianischer Zeit Alföldy 1974, 199.
[55] Darüber R. Noll in seiner Eugippausgabe (Nachdruck Passau 1981) 13.
[56] Swoboda 1963 (Zitat von S. 155); Swoboda 1964, 207 ff.; Mócsy 1977, 561, 579 und 581. – Ähnlich negativ für Gallien Deru 2010, 128: „Der weitaus größte Teil der Bevölkerung konnte gerade einmal seinen Namen lesen, jedoch kaum mehr."
[57] Dabei handelt es sich um drei Stellen: Dio 75,2,6 (wo konkret aber nur von äußerst bäuerlichen Umgangsformen der Soldaten die Rede ist); Fronto, *Principia historiae* 13 (wo es um ein geringes intellektuelles Niveau geht); und Herodian 2,9,11 (wo sich die boshafte Behauptung findet, dass die Usurpation des Septimius Severus auch der Einfältigkeit der pannonischen Truppen zuzuschreiben sei).
[58] Egger 1963, 157.

4. Aus welchen kulturellen Verschmelzungsvorgängen ist die Provinzialkultur entstanden?

Zum Bild der römischen Provinzialkultur gehörte in der älteren Forschung, dass man sie gern einfach „als eine Folge der Romanisierung" betrachtete (Erich Swoboda);[59] oder anders gesagt: als das Ergebnis einer Übernahme mehr oder weniger erfolgreich vermittelter Kulturelemente mediterraner Herkunft. In der Tat ist keine Frage, dass es eine große Anzahl solcher Elemente gab – von der römischen Götterwelt über das Wirtschafts- und Geldsystem des Südens, mitsamt seiner Organisation der Berufswelt, bis hin zum mediterranen Siedlungs- und Städtewesen, zu den Straßen oder zur „kulinarischen Romanisierung".[60]

Die Genese der Provinzialkultur als ganzer lässt sich so aber nicht erklären. Vielmehr wirkten mit der Romanisierung noch drei weitere Faktoren zusammen, um der jeweiligen Provinzialkultur ihr Gesicht – ein jeweils eigenes und von demjenigen der Nachbarprovinzen unterschiedenes Gesicht – zu geben.[61] Diese drei weiteren Faktoren sind:

1. Ein mehr oder weniger ausgeprägtes Fortleben der jeweils eigenen einheimisch-vorrömischen Kultur – d. h. bei uns der Latènekultur. Um dem Phänomen einen kurzen und griffigen Namen zu geben, könnten wir auf die gelegentlich verwendete Bezeichnung „Epilatène" zurückgreifen.[62] Dazu gehört ein breites Spektrum von Erscheinungen, wie das Weiterleben von Orts- und Personennamen (sowie sicherlich allgemein der keltischen Sprache), von Gottheiten und überhaupt von religiösen Traditionen oder etwa auch von kulinarischen Spezialitäten.[63] Selbst die alte keltische Gesellschaftsordnung und Stammeswelt scheint nicht spurlos untergegangen zu sein. So sind in Pannonien auch noch in römischer Zeit Stammesfürsten (*principes*) bezeugt. Einer von ihnen, ein gewisser Marcus Cocceius Caupianus, begegnet uns in einer Bruckneudorfer Inschrift als *pr(inceps) c(ivitatis) B(oiorum)* – also als „Fürst des Stammes der

Boier". Offenbar ist Caupianus im 2. Jahrhundert n. Chr. ein Besitzer der Villa von Bruckneudorf gewesen.[64] In Noricum fehlen solche römerzeitlichen Zeugnisse für Stammesfürsten zwar; aber dafür ist ein Fortleben alter Stammes-Schutzgottheiten zu beobachten.[65] Ein Beispiel sind die im Chiemseeraum verehrten Alo(u)nae, die Schutzgöttinnen des gleichnamigen Stammes der Alaunen waren.[66]

Alles in allem hat also die norisch-pannonische Provinzialkultur – trotz aller Auswirkungen der Romanisierung – ihr deutlich eigenes, d. h. auf eigenständiger Tradition beruhendes Kolorit besessen. Nicht nur das geographisch-klimatische, sondern auch das kulturelle „Sich Akklimatisieren" ist daher zugereisten Landfremden nicht immer leicht gefallen.[67]

In letzter Zeit mehren sich Stimmen von Forschern, die in den Erscheinungen des Epilatène eine Reaktion auf die Überformung der eigenen Kultur durch die römische sehen wollen.[68] Danach hätte also gerade die Romanisierung eine Art von keltischer Renaissance hervorgerufen. Sie ist dort am intensivsten ausgefallen, wo es den geringsten Zuzug an Gebietsfremden gegeben hat; also mehr im Hinterland des Limes und eher in ländlichen Regionen. Das zeigt sich ebenso in Noricum und in Pannonien – etwa in der Massierung der Epilatènezeugnisse im Umfeld des Leithagebirges – wie in Rätien oder am Rhein (so in Rätien in der Verbreitung der schon angesprochenen Heimstettener Epilatènegruppe oder am Rhein in der culture des sommets vosgiens, d. h. der Epilatènekultur auf den Höhen der Vogesen).[69]

2. Der zweite Faktor ist der Einfluss anderer Provinzen – ebenso der von Nachbarregionen wie der entfernterer Reichsgebiete. Man denke da nur an Phänomene wie beispielsweise das Vorkommen griechischer Sprachzeugnisse in Pannonien und Noricum;[70] oder die jüdischen Zeugnisse, die für die Rhein- und Donauprovinzen kürzlich Ludwig Berger zusammengestellt hat und die sich neuerdings um einen interessanten Amulettfund aus Halbturn mit einem hebräischen Zitat in griechischer Schrift

---

[59] Swoboda 1964, 207.
[60] Zum Begriff der „kulinarischen Romanisierung" z. B. Thüry 2007, 14 ff.
[61] Über Unterschiede zwischen den „Provinzpersönlichkeiten" Noricums, Rätiens und Obergermaniens vgl. so von Schnurbein 1982.
[62] Diesen Begriff benützt Garbsch 1965, 127.
[63] Was speziell Personennamen angeht, hat für Noricum einen ersten Versuch einer Aufarbeitung der epigraphisch belegten keltischen und sonstigen Namen H. Stiglitz (geb. Thaller) in ihrer Dissertation aus dem Jahr 1945 unternommen (Thaller 1945). Eine Liste der keltischen Personennamen Noricums ohne Belegzitate enthält auch Alföldy 1974, 232 ff. – Gottheiten: Zu den keltischen Gottheiten Noricums vgl. etwa die einschlägigen Beiträge in Leitner 2007 sowie De Bernardo Stempel 2005; Šašel Kos 1999; Scherrer 1984, bes. 98 ff. – Sonstige religiöse Traditionen: siehe z. B. die Beiträge zu Brandopferplätzen und Höhenheiligtümern bei Zemmer-Plank 2002. – Einheimische kulinarische Spezialitäten in Noricum und Pannonien: Thüry 2006; Thüry 2007, 33 ff.

[64] Zu Caupianus und den anderen pannonischen *principes* u. a. Scherrer 2004, 134 f. und 142; Zabehlicky 2004; Zabehlicky 2008, 12 f. – Zur Aristokratie bei den Boiern allgemein z. B. Mócsy 1962, 671.
[65] Vgl. etwa Šašel Kos 1999, 25 ff. und 29 f.; Scherrer 1984, pass.
[66] Zu den Alaunen zuletzt Thüry 2014 (a) 44 f.
[67] Heimweh und negative Urteile von Südländern über die Austria Romana und überhaupt den Donauraum als ihr „Gastland": Frisch 1995, 98 ff.; Graßl 1996; Graßl 2009, 104 (hier Ergänzung eines Carnuntiner Grabgedichtes, wonach der Donauraum als *barbara terra* bezeichnet würde); Kenner 1985, 58; Thüry 2006.
[68] Vgl. z. B. Schrettle 2007, 120; Zanier 2006, 194 und 196.
[69] Für den Leithawinkel z. B. Garbsch 1965, 124; Mosser 2003, 364 f. – Zum Verbreitungsgebiet der Heimstettener Gruppe, das vom Voralpenland bis unmittelbar an den Alpenfuß reicht, vgl. die Karte bei Keller 1984, Abb. 1. – Culture des sommets vosgiens: Überblick bei Schnitzler 1996, 49 f.
[70] Gesammelt bei Betz 1966; Betz 1971; Kovács 2007.

vermehrt haben;[71] oder das Eindringen paganer orientalischer Religionen und des Christentums in unserem Raum;[72] oder etwa auch die von Norbert Heger herausgearbeiteten Einflüsse der gallisch-germanischen Skulptur auf die nordwestnorische.[73]

3. Der dritte und letzte Faktor ist schließlich die besondere Eigenentwicklung, die jede Provinz, aus diesen Grundlagen heraus, durch Entwicklung und Fortentwicklung eigener Traditionen genommen hat. Ein eindrucksvolles Beispiel sind dafür die regionalen Frauentrachten unserer Breiten.[74] Gesamthaft betrachtet, sind diese Frauentrachten ein Phänomen, das sich archäologisch – in starker regionaler Differenzierung – im 1. bis 3. Jahrhundert am Rhein, in den Alpen und an der bayerischen und österreichischen Donau beobachten lässt. Dabei bietet der norisch-pannonische Raum besonders günstige Bedingungen für Trachtuntersuchungen; denn im Gegensatz zu weiter westlich gelegenen Gebieten besitzen wir hier ja nicht nur Funde metallener Trachtbestandteile, sondern auch eine große Zahl von bildlichen Darstellungen, die uns textile Accessoires, wie etwa die verschiedenen „norischen Hauben", zeigen.

Was alle regionalen Frauentrachten an Rhein und Donau miteinander verbindet, das ist das dominierende Vorkommen eines Kleides, das auf jeder Schulter von einer Fibel zusammengehalten wird. Dieses Kleid mit dem Fibelpaar geht auf alte keltische Tradition zurück. Die keltische Tradition zeigt sich zwar an noch anderen Trachtelementen, wie dem Halsring. Eine direkte Herleitung ihrer Formen von vorrömischen ist aber nicht möglich. Wir haben hier vielmehr mit regionalen Weiterentwicklungen keltischer Kleidungs- und Schmuckelemente zu tun.

Wie eben angedeutet, lässt sich die Geschichte der einheimischen Trachten archäologisch zwar längstens bis ins 3. Jahrhundert verfolgen.[75] Andererseits ist aber in der Diskussion über das Ende der Trachten bisher nicht bedacht worden, dass noch spätere Quellen speziell norische und rätische Kleidungsstücke erwähnen. So kennt die *Expositio totius mundi et gentium* aus dem 5. Jahrhundert ein „norisches Gewand" (*vestis Norica*); und das diokletianische Höchstpreisedikt aus dem Jahr 301 erwähnt vier norische und ein rätisches Kleidungsstück

(das rätische und ein norisches mit Fibelverschluss), mit deren Namen wir freilich kaum eine Vorstellung von ihrem Aussehen verbinden können.[76]

Zusammenfassend ist also festzuhalten, dass die Provinzialkultur eine Mischkultur mit mehreren Wurzeln war. Gewiss: einige ihrer regionalen Eigenheiten mögen im Lauf der Zeit in den Hintergrund getreten und der Romanisierung gewichen sein. Das eine oder andere ist auch als ein Beitrag regionaler Herkunft in der allgemeinen Reichskultur aufgegangen. Anschauliche Beispiele dafür wären Kulte, die sich aus ihrem eigentlichen Herkunftsgebiet über das ganze Reich verbreitet hatten (wie etwa der Dolichenuskult); oder – um von einer ursprünglich pannonischen Erscheinung zu sprechen – der Fall einer Männermütze, einer Fellkappe aus der Provinz Pannonien, die dann unter der Bezeichnung *pilleus Pannonicus*, „pannonische Mütze", zur allgemein üblichen Militärkappe des spätrömischen Heeres wurde.[77] Dennoch hat auch die römische Kultur der Spätantike noch regional unterschiedliche Ausprägungen gehabt.

Der Charakter der Provinzialkultur als einer Mischkultur wird in heutigen Studien über dieses Thema zwar betont;[78] und ebenso, dass ihre Entstehung – wie Dirk Schmitz und Maike Sieler formulieren – auf „vielschichtige und wechselseitige Prozesse des Kulturwandels (Akkulturation)" zurückzuführen sei.[79] Woran es aber fehlt, das ist einerseits eine klare Ansprache und genügende Würdigung aller an diesen Prozessen beteiligten Faktoren und andererseits ein richtiges Verständnis des Teil-Phänomens der Romanisierung. So möchten Schmitz und Sieler unpassend die Gesamtheit der beteiligten Kulturwandelsprozesse unter dem Begriff der „Romanisierung" zusammenfassen.[80]

Auch über den Terminus der „Akkulturation", also der „kulturellen Anpassung", den Schmitz/Sieler und andere im Zusammenhang mit der Genese der Provinzialkultur verwenden, sei noch eine kritische Bemerkung angefügt. An dieser Bezeichnung für das Produkt einer Vermischung verschiedener Kulturen hat der kubanische Anthropologe Fernando Ortiz kritisiert, dass sie falsche Vorstellungen über einen solchen Prozess suggeriere.[81] Die Vermischung zweier Kulturen

---

[71] Verbreitung jüdischer Fundzeugnisse: Berger 2005; vgl. auch Berger 2010. – Über das Amulett aus Halbturn Holzner – Weber 2007, n. 140, 206 f.; Taeuber 2010.

[72] Orientalische Religionen: Schön 1988. Zum Christentum z. B. Boshof – Wolff 1994; Glaser 1997; Katalog Severin 1982; Noll 1954. Zur richtigen Einschätzung des schließlich erreichten Christianisierungsgrades vgl. auch Sörries 1992.

[73] Darüber z. B. Heger 1973, 116 f.; Heger 1981, 31; Heger 1986, XIII; Heger 1991; Heger 2006, 52.

[74] Dazu Garbsch 1965; Garbsch 1985; Martin-Kilcher 1993.

[75] Garbsch 1965, 3, 9, 17 und 49; Garbsch 1985, 548; Gassner – Jilek – Ladstätter 2002, 147; Wedenig 2008. Vgl. für die Westalpen Martin-Kilcher 1993, 187, 194, 196 f. und 201.

[76] Norische Erzeugnisse: *Expositio totius mundi et gentium* 57; *Edictum Diocletiani* 19, 47; 19, 55 f.; 19, 67; 22, 24. – Rätisches Gewand: *Edictum Diocletiani* 19,65. – Das Höchstpreisedikt erwähnt *banata*, *bedox* und *singilion* aus Noricum (Kommentar bei Blümner – Mommsen 1893, 154 f.) sowie „Fibelkleider" einerseits aus Rätien (Blümner – Mommsen 1893, 155) und andererseits aus dem in der Spätantike norischen Poetovio-Ptuj (Blümner – Mommsen 1893, 155).

[77] Ubl 1976.

[78] Heutige Studien zum Thema: z. B. Alföldy 2005; Carr 2006; Krausse 2005 und 2007; Webster 2001.

[79] Schmitz – Sieler 2013, 11.

[80] Schmitz – Sieler 2013, ebd.

[81] Zum Folgenden Ortiz 2002, 254 ff. Vgl. auch die Einführung Bronislaw Malinowskis ebd. 125 ff.

– so sagt er richtig – läuft ja nicht so ab, dass sich die eine an die andere anpasst. Vielmehr verändern sich beide beteiligten Kulturen durch den gegenseitigen Kontakt. Dadurch entsteht schließlich eine neue Kulturform, die weder mit der einen noch mit der anderen „Elternkultur" identisch ist. Ergebnis des Vorgangs ist somit ein Verlust beider „Elternkulturen" in der gewohnten Form; aber auch das Zustandekommen einer Synthese. Fernando Ortiz schlägt daher vor, für diesen Vorgang nicht den Begriff der „Akkulturation", sondern den der „Transkulturation" zu verwenden.

4. Fazit

Unsere Skizze wollte einige Aspekte der norisch-pannonischen Provinzialkultur beleuchten, die für deren Verständnis von fundamentaler Bedeutung sind. Sie wollte das Gewicht der militärischen und der zivilen Komponente der provinzialen Kultur gegeneinander abwägen; die Rolle speziell der geistigen Kultur charakterisieren; sowie die politische und kulturelle Integration des römischen Österreich im *imperium Romanum* deutlich machen. Als Ergebnis lässt sich festhalten, dass so ein Bild einer (abgesehen von der Spätantike und der unmittelbaren Limeszone) provinzialen Zivilgesellschaft entstanden ist; einer Gesellschaft, in der es auch einen gewissen Platz für Bildung gab und deren Kultur eine Mischkultur war – entstanden durch ein Zusammenwirken a) der Romanisierung; b) einheimischer Epilatène-Elemente; c) ursprünglich gebietsfremder Kulturkomponenten, die aus der Tradition anderer Provinzen kamen; und d) einer eigenständigen Entwicklung und Traditionsbildung innerhalb der römischen Provinz selbst. Wenn man das aktuelle gesellschaftspolitische Vokabular auf diesen Sachverhalt anwenden wollte, so ließe sich auch sagen: die Provinzialgesellschaft war eine anfangs multikulturelle Gesellschaft. Wie das aber in jeder multikulturellen Gesellschaft zu erwarten ist (und damit übrigens auch in unserer heutigen), haben die Kulturelemente unterschiedlicher Herkunft nicht nur miteinander koexistiert, sondern sie sind im Lauf der Zeit miteinander Verbindungen eingegangen, sie sind miteinander verschmolzen.[82] Das Ergebnis dieses Zusammentreffens und des Miteinander-Verschmelzens verschiedener Einflüsse war eine spezielle regionale Ausprägung der römischen Kultur, ein individuelles regionales Kultur-Profil in Noricum und in Pannonien.

---

[82] Aus der Perspektive der Erkenntnis, dass diese Entwicklung zum Wesen multikultureller Gesellschaften gehört, ergibt sich übrigens Kritik an den Versprechungen der Europapolitik über die Bewahrung der kulturellen Identität der einzelnen europäischen Nationen. Vgl. zu diesem Punkt Thüry 2003 (b).

5. Literatur

Alföldi 1930: A. Alföldi, Die Vorherrschaft der Pannonier im Römerreiche und die Reaktion des Hellenentums unter Gallienus. In: Fünfundzwanzig Jahre Römisch-Germanische Kommission (Berlin – Leipzig 1930) 11–51.

Alföldy 1974: G. Alföldy, Noricum (London – Boston 1974).

Alföldy 1999: G. Alföldy, Das Imperium Romanum – ein Vorbild für das vereinte Europa? Jacob Burckhardt-Gespräche auf Castelen 9 (Basel 1999).

Alföldy 2005: G. Alföldy, Romanisation – Grundbegriff oder Fehlgriff? Überlegungen zum gegenwärtigen Stand der Erforschung von Integrationsprozessen im römischen Weltreich. In: Limes XIX. Proceedings oft the XIXth International Congress of Roman Frontier Studies Held in Pécs, Hungary, September 2003 (Pécs 2005), 25–56.

Berger 2005: L. Berger, Jüdische Zeugnisse römischer Zeit zwischen Britannien und Pannonien. In: Ders., Der Menora-Ring von Kaiseraugst. – Jüdische Zeugnisse römischer Zeit zwischen Britannien und Pannonien. Forschungen in August 36 (Augst 2005) 58–203.

Berger 2010: L. Berger, Lulav oder Schofar? Nachlese zum Menora-Ring aus Kaiseraugst. In: Oleum non perdidit. Festschrift Stefanie Martin-Kilcher. Antiqua 47 (Basel 2010) 299–303.

Betz 1966: A. Betz, Die griechischen Inschriften aus Österreich. Wiener Studien 79, 1966, 597–613.

Betz 1971: A. Betz, Die griechischen Inschriften aus Österreich. Ein Nachtrag. Wiener Studien NF 5, 1971, 238–244.

Blümner – Mommsen 1893: H. Blümner – Th. Mommsen, Edictum Diocletiani de pretiis rerum venalium. Der Maximaltarif des Diocletian (Berlin 1893).

Boshof – Wolff 1994: E. Boshof – H. Wolff, Hgg., Das Christentum im bairischen Raum (Köln – Weimar – Wien 1994).

Caracalla 2013: Caracalla – Kaiser, Tyrann, Feldherr. Hgg. vom Archäologischen Landesmuseum Baden-Württemberg ([Ausstellungsbegleitbuch] Darmstadt – Mainz 2013).

Carr 2006: G. Carr, Creolised Bodies and Hybrid Identities. Examining the Early Roman Period in Essex and Hertfordshire. BAR British Series 418 (Oxford 2006).

Cugusi – Sblendorio Cugusi 2007: P. Cugusi – M. T. Sblendorio Cugusi, Studi sui carmi epigrafici. Carmina Latina epigraphica Pannonica (Bologna 2007).

De Bernardo Stempel 2005: P. De Bernardo Stempel, Die in Noricum belegten Gottheiten und die römisch-keltische Widmung aus Schloß Seggau. In: W.

Spickermann – R. Wiegels, Hgg., Keltische Götter im Römischen Reich. Akten des 4. Internationalen Workshops „Fontes epigraphici religionis Celticae antiquae" (Möhnesee 2005) 15–27.

Deru 2010: X. Deru, Die Römer an Maas und Mosel (Mainz 2010).

Dietz 1995: K. Dietz, Okkupation und Frühzeit. In: W. Czysz – K. Dietz – Th. Fischer – H.-J. Kellner, Hgg., Die Römer in Bayern (Stuttgart 1995) 18–99.

Dolenz – Strobel 2009: H. Dolenz – K. Strobel, Der Magdalensberg. In: Kelten am Rhein. Akten des dreizehnten Internationalen Keltologiekongresses, Teil 1. Beihefte der Bonner Jahrbücher 58, 1 (Bonn 2009) 171–180.

Egger 1938: R. Egger, Aus dem römischen Kärnten. Carinthia I 128, 1938, 3–24.

Egger 1963: R. Egger, Epikureische Nachklänge aus Aquincum. Zuletzt in: Ders., Römische Antike und frühes Christentum. Ausgewählte Schriften, Bd. 2 (Klagenfurt 1963) 153–158.

Finsterwalder 1966: K. Finsterwalder, Romanische Vulgärsprache in Rätien und Norikum von der römischen Kaiserzeit bis zur Karolingerepoche. In: Festschrift Karl Pivec. Innsbrucker Beiträge zur Kulturwissenschaft 12 (Innsbruck 1966) 33–64.

Fluss 1931: [M.] Fluss, Strido. RE 4 A (Stuttgart 1931) 355–356.

Frisch 1995: P. Frisch, Das Leiden unter der Lebenssituation des Exils in der Provinz. In: H. von Hesberg, Was ist eigentlich Provinz? Zur Beschreibung eines Bewußtseins (Köln 1995) 93–105.

Fuchs 1997: M. Fuchs, Die römische Provinzhauptstadt Virunum, Gemeinde Maria Saal in Kärnten. Ein Überblick. In: Archäologie Alpen Adria 3 (Klagenfurt 1997) 12–35.

Gabelmann 1984: H. Gabelmann, Antike Audienz- und Tribunalszenen (Darmstadt 1984).

Garbsch 1965: J. Garbsch, Die norisch-pannonische Frauentracht im 1. und 2. Jahrhundert (München 1965).

Garbsch 1982: J. Garbsch, Römerzeit. In: Archäologie in Bayern (Pfaffenhofen 1982) 154–193.

Garbsch 1985: J. Garbsch, Die norisch-pannonische Tracht. In: ANRW 2, 12 (Berlin – New York 1985) 546–577.

Gassner – Jilek – Ladstätter 2002: V. Gassner – S. Jilek – S. Ladstätter, Am Rande des Reiches: Die Römer in Österreich. Österreichische Geschichte 15 v. Chr. – 378 n. Chr. (Wien 2002).

Girardet 2001: K. M. Girardet, Die Alte Geschichte der Europäer und das Europa der Zukunft (Saarbrücken 2001).

Glaser 1997: F. Glaser, Frühes Christentum im Alpenraum (Regensburg usw. 1997).

Graßl 1996: H. Graßl, Bergbewohner im Spannungsfeld von Theorie und Erfahrung der Antike. In: E.

Olshausen – H. Sonnabend, Hgg., Gebirgsland als Lebensraum. Geographica historica 8 (Amsterdam 1996) 189–196.

Graßl 2008: H. Graßl, Der Prozeß der Provinzialisierung im Ostalpen- und Donauraum im Bild der neueren Forschung. In: Thiasos. Festschrift für Erwin Pochmarski zum 65. Geburtstag (Wien 2008) 343–348.

Graßl 2009: H. Graßl, Das Grabepigramm für L. Cominius Firmus aus Carnuntum. Römisches Österreich 32, 2009, 103–106.

Hainzmann 1997-2002: M. Hainzmann, Hg., Testimonia epigraphica Norica. Serie A, Teil 1, Faszikel 1-5 (Graz 1997-2002).

Häusle 1989: H. Häusle, Vergilii versus: vitae imago. Jahrbuch Vorarlberger Landesmuseumsverein 1989, 87–104.

Heger 1973: N. Heger, Salzburg in römischer Zeit. Salzburger Museum Carolino Augusteum, Jahresschrift 19, 1973.

Heger 1980: N. Heger, Ein homerista in einer Inschrift aus Noricum. In: Symmicta philologica Salisburgensia Georgio Pfligersdorffer sexagenario oblata (Rom 1980) 235–239.

Heger 1981: N. Heger, Neues zur Römerzeit in Stadt und Land Salzburg. In: Bericht über den fünfzehnten österreichischen Historikertag in Salzburg (o. O. [aber Wien] 1984) 28–31.

Heger 1986: N. Heger, Bemerkungen zur römischen Vergangenheit Salzburgs. In: Dehio-Handbuch Die Kunstdenkmäler Österreichs, Salzburg (Wien 1986) XII–XIII.

Heger 1991: N. Heger, Bildelemente aus Gallien und Germanien in der römerzeitlichen Skulptur des nordwestlichen Noricum. In: Akten des 1. Internationalen Kolloquiums über Probleme des provinzialrömischen Kunstschaffens. Mitteilungen der Archaeologischen Gesellschaft Steiermark 5, 1991, 26–36.

Heger 2006: N. Heger, Die bildlichen Darstellungen der Grabaedicula in Sindelburg. Carnuntum Jahrbuch 2006, 45–52.

Hild 1968: F. Hild, Supplementum epigraphicum zu CIL III: Das pannonische Niederösterreich, Burgenland und Wien 1902-1968. Maschinschriftliche Dissertation Wien 1968.

Holzner – Weber 2007: M. Holzner – E. Weber, Annona epigraphica Austriaca 2007. Römisches Österreich 31, 2008, 185–228.

Jilek 2000: S. Jilek, „Med ana schwoazzn dintn..." (H. C. Artmann). Zum Gebrauch von Feder und Tinte im römischen Alltag. In: Altmodische Archäologie. Festschrift für Friedrich Brein (Wien 2000; CD-Ausgabe).

Jobst 1983: W. Jobst, Provinzhauptstadt Carnuntum (Wien 1983).

Kandler – Vetters 1986: M. Kandler – H. Vetters, Der römische Limes in Österreich (Wien 1986).

Katalog Severin 1982: Severin zwischen Römerzeit und Völkerwanderung ([Ausstellungskatalog] Linz 1982).

Kaus 2006: K. Kaus, Panem et circenses. Zirkusbesucher im römischen Burgenland. Zuletzt in: Burgenland – Archäologie und Landeskunde. Karl Kaus, Opera selecta – Ausgewählte Schriften (Eisenstadt 2006) 234–243.

Keller 1984: E. Keller, Die frühkaiserzeitlichen Körpergräber von Heimstetten bei München und die verwandten Funde aus Südbayern. Münchner Beiträge zur Vor- und Frühgeschichte 37 (München 1984).

Kenner 1985: H. Kenner, Die römischen Wandmalereien des Magdalensberges. Archäologische Forschungen zu den Grabungen auf dem Magdalensberg 8 (Klagenfurt 1985).

Kovács 2007: P. Kovács, Corpus inscriptionum Graecarum Pannonicarum (Budapest 3. Aufl. 2007).

Kraft 1978: K. Kraft, Zur Münzprägung des Augustus. Zuletzt in: Ders., Gesammelte Aufsätze zur antiken Geldgeschichte und Numismatik 1 (Darmstadt 1978) 291–337.

Krausse 2005: D. Krausse, Das Phänomen Romanisierung – antiker Vorläufer der Globalisierung? In: Imperium Romanum. Roms Provinzen an Neckar, Rhein und Donau. Hgg. vom Archäologischen Landesmuseum Baden-Württemberg ([Ausstellungsbegleitbuch] Esslingen 2005) 56–62.

Krausse 2007: D. Krausse, Das Phänomen Romanisierung – antiker Vorläufer der Globalisierung? In: Krieg und Frieden. Kelten – Römer – Germanen ([Ausstellungsbegleitbuch] Bonn – Darmstadt 2007) 14–24.

Küster 1995: H. Küster, Geschichte der Landschaft in Mitteleuropa (München 1995).

Le Bohec 2009: Y. Le Bohec, Die römische Armee (Hamburg 2009).

Leitner 2007: W. Leitner, Götterwelten. Tempel, Riten, Religionen in Noricum ([Ausstellungsbegleitbuch] Klagenfurt 2007.

Martin-Kilcher 1993: S. Martin-Kilcher, Römische Grabfunde als Quelle zur Trachtgeschichte im zirkumalpinen Raum. In: M. Struck, Hg., Römerzeitliche Gräber als Quellen zu Religion, Bevölkerungsstruktur und Sozialgeschichte (Mainz 1993) 181–203.

Merkelbach – Stauber 1998: R. Merkelbach – J. Stauber, Steinepigramme aus dem griechischen Osten 1: Die Westküste Kleinasiens von Knidos bis Ilion (Stuttgart – Leipzig 1998).

Mihaescu 1960: H. Mihaescu, Limba latina in provinciile dunarene ale Imperiului Roman (o. O. [aber Bukarest] 1960).

Mócsy 1962: A. Mócsy, Pannonia. RE Supplement 9 (Stuttgart 1962) 515–776.

Mócsy 1977: A. Mócsy, Pannonien und die Soldatenkaiser. In: ANRW 2, 6 (Berlin – New York 1977) 557–582.

Mommsen 1884: Th. Mommsen, Der Denar des Q. Salvidienus und die Schätze von Peccioli und Metz. Zeitschrift für Numismatik 11, 1884, 71–84.

Mosser 2003: M. Mosser, Die Bevölkerung von Vindobona im Spiegel ihrer Denkmäler. In: P. Noelke, Hg., Romanisation und Resistenz. Akten des VII. Internationalen Colloquiums über Probleme des provinzialrömischen Kunstschaffens (Mainz 2003) 363–383.

Neuhauser 2008: T. Neuhauser, Das römische Theater von Savaria. In: Thiasos. Festschrift für Erwin Pochmarski zum 65. Geburtstag (Wien 2008) 699–706.

Noll 1954: R. Noll, Frühes Christentum in Österreich (Wien 1954).

Öllerer 1996: Chr. Öllerer, Die Kenntnis des Lesens und Schreibens im römischen Österreich. Maschinschriftliche Dissertation Wien 1996.

Ortiz 2002: F. Ortiz, Contrapunteo cubano del tabaco y el azúcar. Hgg. von E. M. Santí (Madrid 2002).

Palanque 1967: J.-R. Palanque, Les impérialismes antiques (Paris 1967).

Pferdehirt – Scholz 2012: B. Pferdehirt – M. Scholz, Hgg., Bürgerrecht und Krise. Die Constitutio Antoniniana 212 n. Chr. und ihre innenpolitischen Folgen ([Ausstellungsbegleitbuch] Mainz 2012).

Radermacher 1939: L. Radermacher, Inschrift aus Carnuntum. Rheinisches Museum für Philologie NF 88, 1939, 185–188.

Römer-Martijnse 1990: E. Römer-Martijnse, Römerzeitliche Bleietiketten aus Kalsdorf, Steiermark. Österreichische Akademie der Wissenschaften, philosophisch-historische Klasse, Denkschriften 205 (Wien 1990).

Römer-Martijnse 1993: E. Römer-Martijnse, Beschriftete Bleietiketten der Römerzeit in Österreich. Maschinschriftliche Dissertation Wien 1993.

Šašel Kos 1999: M. Šašel Kos, Pre-Roman Divinities of the Eastern Alps and Adriatic. Situla 38 (Ljubljana 1999).

Scherrer 1984: P. G. Scherrer, Der Kult der namentlich bezeugten Gottheiten im römerzeitlichen Noricum. Maschinschriftliche Dissertation Wien 1984.

Scherrer 2004: P. Scherrer, Princeps civitatis – ein offizieller Titel lokaler Autoritäten? In: Orbis antiquus. Studia in honorem Ioannis Pisonis. Bibliotheca musei Napocensis 21 (Cluj-Napoca 2004) 132–142.

Schmitz – Sieler 2013: D. Schmitz – M. Sieler, Überall zu Hause und doch fremd – eine Einführung. In: D. Schmitz – M. Sieler, Hgg., Überall zu Hause und doch fremd. Römer unterwegs ([Ausstellungsbegleitband] Xanten 2013) 10–19.

Schnitzler 1996: B. Schnitzler, Cinq siècles de civilisation romaine en Alsace (Strasbourg 1996).

von Schnurbein 1982: S. von Schnurbein, Die kulturgeschichtliche Stellung des nördlichen Rätien. 63. Bericht der Römisch-Germanischen Kommission 1982, 5–16.

Schön 1988: D. Schön, Orientalische Kulte im römischen Österreich (Wien – Köln – Graz 1988).

Schrettle 2007: B. Schrettle, Romanisation im südöstlichen Noricum. Das Heiligtum auf dem Frauenberg und die Herausbildung einer norisch-römischen Provinzialkultur. Römisches Österreich 30, 2007, 107–128.

Schuster 1958: M. Schuster, Victorinus von Pettau. RE 8 A (Stuttgart 1958) 2081–2085.

Sörries 1992: R. Sörries, Wie weit war die Christianisierung der Donauprovinzen in der Spätantike wirklich fortgeschritten? Römisches Österreich 19/20, 1991–92, 161–175.

Speidel 2009: M. A. Speidel, Heer und Herrschaft in Römischen Reich der hohen Kaiserzeit. Mavors 16 (Stuttgart 2009).

Strobel 2008: K. Strobel, Der Alpenkrieg und die Eingliederung Noricums und Raetiens in die römische Herrschaft. In: Thiasos. Festschrift für Erwin Pochmarski zum 65. Geburtstag (Wien 2008) 967–1004.

Swoboda 1963: E. Swoboda, Zur Frage der Romanisierung. Anzeiger der philosophisch-historischen Klasse der Österreichischen Akademie der Wissenschaften 1963, 7, 153–173.

Swoboda 1964: E. Swoboda, Carnuntum. Seine Geschichte und seine Denkmäler (Graz – Köln 4. Aufl. 1964).

Taeuber 2010: H. Taeuber, Reading and Dating the Halbturn Amulet. Journal of Ancient Judaism 1, 2010, 154–158.

Talbert 1984: R. J. A. Talbert, The Senate of Imperial Rome (Princeton 1984).

Thaller 1945: H. Thaller, Die Bevölkerung Noricums. Maschinschriftliche Dissertation Wien 1945.

Thüry 1991: G. E. Thüry, Erotisches in römischen Fibelinschriften. Zur Deutung dreier Texte auf Fibelfunden aus Niederösterreich. Specimina nova dissertationum (Pécs), NF 7/1, 1991, 93–109.

Thüry 1999: G. E. Thüry, Epigraphische Notizen aus dem römischen Salzburg. In: Votis XX solutis. Jubiläumsschrift der Archäologischen Gesellschaft Steiermark. Archäologische Gesellschaft Steiermark, Nachrichtenblatt, Jg. 1999, 295–302.

Thüry 2003 (a): G. E. Thüry, Vita Carnuntina. Von der Wiege bis zur Bahre: Stationen eines Römerlebens (Herrsching 2003).

Thüry 2003 (b): G. E. Thüry, Rom und Europa. Circulare (Unabhängiges Organ der klassischen Philologen in Österreich) 2003, Heft 4, 3–5.

Thüry 2004: G. E. Thüry, Oberösterreichs „ältester Brief". Zur spätantiken Ziegelinschrift von Wilhering. In: Festschrift Gerhard Winkler zum 70. Geburtstag. Jahrbuch des Oberösterreichischen Musealvereines 149/I, 2004, 255–259.

Thüry 2006: G. E. Thüry, „Erbärmlichst lebende Menschen"? Vom Pannonienbild der Südländer und von Ernährung und Lebensqualität im frühen Carnuntum. In: F. Humer, Hg., Legionsadler und Druidenstab. Vom Legionslager zur Donaumetropole. Textband (Petronell 2006) 337–345.

Thüry 2007: G. E. Thüry, Kulinarisches aus dem römischen Alpenvorland. Linzer Archäologische Forschungen, Sonderheft 39 (Linz 2007).

Thüry 2010 (a): G. E. Thüry, Amor zwischen Lech und Leitha. Liebe im römischen Ostalpenraum. Mitteilungen aus dem Stadtmuseum Wels 123 (Wels 2010).

Thüry 2010 (b): G. E. Thüry, Neues zur Epigraphik des römischen Salzburg. Diomedes NF 5, 2010, 83–88.

Thüry 2011: G. E. Thüry, Ein Ring mit Liebesinschrift aus dem römischen Wels. Archäologie Österreichs 22/2, 2011, 14–15.

Thüry 2012: G. E. Thüry, Zu Gelddarstellungen auf Wandbildern der Vesuvregion. Numismatische Zeitschrift 119, 2012, 59–92.

Thüry 2013 (a): G. E. Thüry, Das römische Salzburg. Die antike Stadt und ihre Geschichte. Salzburg Studien 14 (Salzburg 2013).

Thüry 2013 (b): G. E. Thüry, SPES AMORE. Eine neue Inschriftfibel aus dem römischen Wels. In: Calamus. Festschrift für Herbert Graßl (Wiesbaden 2013) 549–567.

Thüry 2014 (a): G. E. Thüry, Die Stadtgeschichte des römischen Salzburg. Befunde und Funde bis 1987. BAR International Series 2600 (Oxford 2014).

Thüry 2014 (b): G. E. Thüry, Ein Dichterzitat aus dem römischen Wien und die Frage der Bildungszeugnisse auf Ziegeln. In: Lesen und Schreiben in den römischen Provinzen. Schriftliche Kommunikation im Alltagsleben. Akten des 2. Internationalen Kolloquiums von DUCTUS – Association internationale pour l'étude des inscriptions mineures, Mainz 2011. RGZM Tagungen 18 (im Druck). [Zusatz 2024: Erschien erst 2015].

Ubl 1976: H. Ubl, Pilleus Pannonicus, die Feldmütze des spätrömischen Heeres. In: Festschrift für Richard Pittioni 2 (Wien 1976) 214–241.

Ubl 2002: H. Ubl, Noricum. RGA 21 (Berlin – New York 2002) 324–340.

Ubl 2005: H. Ubl, Das norische Provinzheer der Prinzipatszeit im Spiegel neuer Diplom- und Inschriftfunde. In: Z. Visy, Hg., Limes XIX. Proceedings of the XIXth International Congress of Roman Frontier Studies (Pécs 2005) 107–120.

Visy 1997: Z. Visy, Angaben zur Ansiedlung der Veteranen in Pannonia. Aquileia nostra 68, 1997, 226–231.

Vorbeck 1980 (a): E. Vorbeck, Militärinschriften aus Carnuntum (Wien 2. Aufl. 1980).

Vorbeck 1980 (b): E. Vorbeck, Zivilinschriften aus Carnuntum (Wien 1980).

Walde 2005: E. Walde, Im herrlichen Glanze Roms. Die Bilderwelt der Römersteine in Österreich (Innsbruck 2005).

Wamser 2000 (a): L. Wamser (Hg.), Die Römer zwischen Alpen und Nordmeer. Zivilisatorisches Erbe einer europäischen Militärmacht. Katalog-Handbuch zur Landesausstellung des Freistaates Bayern. Schriftenreihe der Archäologischen Staatssammlung 1 (Mainz 2000).

Wamser 2000 (b): L. Wamser, Gemeinsames Kulturerbe Europas. Antike Welt 31, 2000, 177–181.

Webster 2001: J. Webster, Creolizing the Roman Provinces. American Journal of Archaeology 105, 2001, 209–225.

Wedenig 2008: R. Wedenig, Die norisch-pannonische Tracht im epigraphischen Kontext. Zur Datierung der beschrifteten Grabsteine bei J. Garbsch. In: Thiasos. Festschrift für Erwin Pochmarski zum 65. Geburtstag (Wien 2008) 1135–1146.

Wedenig 2012: R. Wedenig, Wirtschaftsnotizen auf Instrumentum domesticum aus Noricum. Sylloge Epigraphica Barcinonensis 10, 2012, 101–108.

Wierschowski 1984: L. Wierschowski, Heer und Wirtschaft. Das römische Heer der Prinzipatszeit als Wirtschaftsfaktor (Bonn 1984).

Wolff 1995: H. Wolff, Die römische Erschließung der Rhein- und Donauprovinzen im Blickwinkel ihrer Zielsetzung. In: Römische Inschriften – Neufunde, Neulesungen und Neuinterpretationen. Festschrift für Hans Lieb (Basel – Berlin 1995) 309–340.

Zabehlicky 2004: H. und S. Zabehlicky, Cocceii principes prope ripam Danuvii. Acta musei Napocensis 39-40/1, 2002-03, 19–23.

Zabehlicky 2008: H. Zabehlicky, Die römische Palastanlage von Bruckneudorf. Kleine Führer zu archäologischen Denkmälern, NF 1 (Bruckneudorf – Wien 2008).

Zanier 2006: W. Zanier, Okkupation unter Augustus. In: C. S. Sommer, Hg., Archäologie in Bayern – Fenster zur Vergangenheit (Regensburg 2006) 194–197.

Zemmer-Plank 2002: L. Zemmer-Plank, Hg., Kult der Vorzeit in den Alpen. Teil 1 und 2 (Bozen 2002).

Nachwort 2024

Die Beschäftigung mit den Themen dieses Artikels hat mich über Jahrzehnte begleitet und auch mit seiner Publikation kein Ende gefunden. Das in Abschnitt 1 als wünschenswert bezeichnete Buch über römische Integrationspolitik und Identität habe ich im Jahr 2022 geschrieben und zugleich dem Thema der in Abschnitt 2 erwähnten Vorurteile der Geschichtsbetrachtung gewidmet;[83] und die in Abschnitt 3 behandelte Frage der Verbreitung von Schriftlichkeit und Bildung beschäftigt mich auch weiterhin.[84] – Speziell die Romanisierung Noricums ist der Gegenstand einer umfangreichen Dissertation und Studie Markus Zimmermanns aus dem Jahr 2017; die Okkupation Noricums der einer Abhandlung Bernd Steidls aus dem Jahr 2024.[85]

---

[83] G. E. Thüry, Römer, Mythen, Vorurteile. Das alte Rom und die Macht (Darmstadt 2022).

[84] Dazu zuletzt G. E. Thüry, Inschriften als Zeugnisse für Schriftlichkeit und Bildung (in Vorbereitung).

[85] M. Zimmermann, Romanisation und Repräsentation in Noricum. Antiquitas 71 (Bonn 2017); B. Steidl, Die Okkupation des regnum Noricum in spätrepublikanischer Zeit. In: G. Grabherr - B. Kainrath, Hgg., Colloquium Veldidena 2022. Ikarus 11 (Innsbruck 2024) 59-118.

3.

Theomnest über eine Alpenüberquerung im Jahr 313 n. Chr. Ein unbeachteter Text zur Geschichte des römischen Ostalpenraums[1]

(Aus: Bayerische Vorgeschichtsblätter 81, 2016, 175 ff.)

Einleitung

Natürlich hat die Forschung, die sich mit der Geschichte des römischen Österreich beschäftigt, seit jeher auch versucht, jedes literarische Zeugnis, das uns zu seiner Geschichte und Kultur überliefert ist, vollständig zu erfassen und auszuwerten. So sind wir heute überzeugt, dass wir längst alle uns erhaltenen literarischen Quellen, die etwa Noricum betreffen, kennen und dass man sich schon lange und gründlich mit ihnen beschäftigt hat.

Daher war die Überraschung groß, als die Frau des Verfassers, die sich im Rahmen ihrer Dissertation mit dem thematisch scheinbar so weit entfernten Gebiet der antiken Texte über Tiermedizin beschäftigte, auf eine in der provinzialrömischen Forschung über Noricum und über den Ostalpenraum völlig übersehene Quelle stieß: auf einen Bericht über eine winterliche Reise durch die Provinz und über eine Durchquerung der Alpen im Jahr 313 nach Christus.[2] Als der Verfasser sah, dass hier ein Text auftauchte, den die wissenschaftliche Literatur über Noricum, aber auch über die Ostalpen in der Antike bisher nicht kannte, konnte er das zunächst kaum glauben. Allerdings kamen ihm dann zwei Arbeiten zur Kenntnis, in denen Peter Kovács in den letzten Jahren kurz darauf hingewiesen hat, dass dieser Text – was ebenfalls zutrifft – eine interessante Quelle zur Geschichte Pannoniens und speziell von Carnuntum ist.[3]

Der Verfasser der bisher übersehenen Stelle war der Tierarzt Theomnest.[4] Seine Geburt muss in die zweite Hälfte des 3. Jahrhunderts nach Christus fallen. Er stammte nach eigener Aussage aus Nikopolis – wobei aber die Frage ist, aus welcher der Städte dieses Namens. Wir kennen ihn als veterinärmedizinischen Autor, der in griechischer Sprache ein Buch über Pferdeheilkunde verfasst hat. Verstreute Auszüge aus diesem Buch sind in das *Corpus hippiatricorum Graecorum* (CHG) eingegangen, das im beginnenden Mittelalter entstand.[5] Erhalten hat sich aber auch ein größerer zusammenhängender Teil des Theomnestwerkes selbst; allerdings nicht im griechischen Original, sondern in einer arabischen Fassung des 9. Jahrhunderts. Dem Altertumswissenschaftler, der – wie der Verfasser – des Arabischen nicht kundig ist, stehen seit einigen Jahren Übersetzungen in moderne Sprachen zur Verfügung.[6]

Text und Kommentar

Die Stelle, die uns interessiert, ist ebenso im arabischen Text wie im griechischen des CHG erhalten (arabischer Theomnesttext Kap. 48, p. 100 ff. Saker; CHG 1, p. 183 f. Oder – Hoppe = *Hippiatrica Berolinensia* 34,11 ff.). Im folgenden wird zuerst die griechische Version abgedruckt; und zwar in Gegenüberstellung des Textes mit einer Übersetzung des Verfassers.[7]

---

[1] Diese Arbeit geht auf einen Vortrag am 15. Österreichischen Althistorikertag in Salzburg 2014 zurück. Für anregende und hilfreiche Diskussionen möchte der Verf. den folgenden Herren danken: Herbert Benesch (Salzburg); Prof. Dr. Klaus-Dietrich Fischer (Mainz); Brigadier Dr. med. vet. Robert Hofmann (Wien); UD Dr. Paul Gleirscher (Klagenfurt); Prof. Dr. Hanns Ubl (Bruneck). Dank für die graphische Gestaltung der Karte Abb. 1 schuldet Verf. Markus Schaub (Augst); für computertechnische Hilfe Dr. Jörg Weilhartner (Salzburg).

[2] Die Stelle fehlt in den Darstellungen der Geschichte Noricums (Alföldy 1974; Betz – Weber 1990; Fischer 2002; Gassner u. a. 2002; Hainzmann 1990; Langmann 1977; Miltner 1948; Pauli 1980; Polaschek 1937; Ubl 2002). Das Gleiche gilt für Zusammenstellungen der literarischen Quellen zur Römerzeit in Noricum und in den Alpen (Cartellieri 1926; Partsch 1894; Ramsauer 1901, 1929 und 1930; Tarpin u. a. 2000; Vetters 1982). Nicht berücksichtigt ist die Stelle auch bei Rathmayr 2001; Seeck 1919. – „Die Frau des Verfassers ... im Rahmen ihrer Dissertation": Heidelinde Autengruber-Thüry, Dissertationsvorhaben an der Universität Wien zum Thema „Hunde in der römischen Antike: Rassen/Typen – Zucht – Haltung und Verwendung" (Einreichung für 2016 geplant). [Zusatz 2024: Unter diesem Titel 2016 eingereicht und in Oxford 2021 gedruckt.]

[3] Kóvacs 2012 und 2013.

[4] Über ihn Björck 1932, 54 f.; Björck 1944, 7 f.; Doyen-Higuet 1984, 112 f.; Fischer 1988, 193 und 195 ff.; Froehner 1952, 104 und 168; Hoppe 1940; Lazaris 2007; McCabe 2002, 92 und 94 ff.; McCabe 2007, 181 ff.; Saker 2008, 2 ff.

[5] *Corpus hippiatricorum Graecorum* Oder – Hoppe. – Eine Stelle des Theomnest exzerpieren außerdem die *Geoponica* 16,12.

[6] So eine komplette deutsche Übersetzung bei Saker 2008; eine auszugsweise englische bei Hoyland 2004.

[7] Frühere deutsche Übersetzungen der CHG-Version dieser Stelle sind die von Oder 1925 und die von Péter Kóvacs und Gotlind Bartus bei Kóvacs 2013, 9. Englische Übersetzungen bei McCabe 2002, 95 f.; McCabe 2007, 187 f.

Griechischer Text (Hippiatrica Berolinensia und Pariser Handschrift)	Übersetzung
Hippiatrica Berolinensia 34.11. 1. Ὁ τέτανος τοῖς ἵπποις καὶ τοῖς ἄλλοις ὑποζυγίοις οὐκ ἄλλως ἢ ἀπὸ ψύχους γίνεται … 2. Καλεῖται δὲ τέτανος ἀπὸ τοῦ τετάσθαι ὅλον τὸ σῶμα … 3. Μέχρι δὲ τότε ζῇ, ἕως ἡ καρδία οὐ ψύχεται, ψυχείσης δὲ διαφωνῆσει.	*Hipp. Berol.* 34.11. 1. Die Starre (der Tetanos) entsteht bei Pferden und bei den anderen Geschirr tragenden Tieren nur durch Unterkühlung … 2. Der Name der Starre kommt aber daher, dass sich der ganze Körper verkrampft … 3. Das Tier lebt, so lange das Herz nicht von der Unterkühlung angegriffen wird; ist das aber der Fall, wird es umkommen.
34.12. 1. Τοῦτο δὲ ἔγνων ἐγὼ γενόμενος ἐπὶ † μεμασω † ἡμέρας κατὰ Κάρνον τῆς Παννονίας, βασιλεῖ παρεπόμενος καὶ ὡς φίλος σὺν αὐτῷ διάγων. 2. Ἀθρόως οὖν ἠπείχθη διὰ γάμον, καὶ ἀπὸ τῆς Κάρνου κατ᾽ ἀρχὰς τοῦ φεβρουαρίου μηνὸς ὥδευσε τεταμένως εἰς τὴν Ἰταλίαν, ὡς δύο καὶ τρεῖς μονὰς μίαν ποιῆσαι. 3. Διελθόντων δὲ ἡμῶν πᾶσαν τὴν Νωρικὸν καὶ λοιπὸν ἐπὶ τὰς Ἄλπεις ἐπιβάντων τὰς Ἰουλίας καλουμένας, χιὼν ἐξαίφνης κατερράγη πολλὴ περὶ πρώτην ὥραν, ἀναβαινόντων τὰς Ἄλπεις. 4. Τότε καὶ οἱ στρατιῶται ἐπὶ τοῖς ἵπποις παγέντες ἀπώλλυντο, καὶ ἔμενον ἐπὶ τῶν ἵππων συντετανένοι. 5. Σημεῖον δὲ ἦν τοῦ τεθνηκέναι αὐτούς· σπωμένων γὰρ τῶν χειλῶν, οἱ ὀδόντες ἐφαίνοντο, καὶ συνέβαινεν τὸν ἵππον ἔτι ζῆν. 6. Ἔφερεν δὲ τὸν νέκυν τοῦ στρατιώτου καὶ εἵπετο, ὁ δὲ νέκυς κατεῖχεν καὶ τὸ ὅπλον καὶ τὴν ἡνίαν, καὶ τεταμένος ἔμενεν, τρόπον τινὰ συμπεφυκὼς τῷ ἵππῳ, ὡς ἔργον εἶναι τοῖς ζῶσιν καθελεῖν αὐτόν. 7. Εἰ δὲ καὶ ὁ ἵππος συντεθνήκοι, παγεὶς εἱστήκει καὶ ἀπέμενεν. 8. Ταῦτα μὲν ἔπαθον πολλοὶ καὶ ἄνδρες καὶ ἵπποι καὶ ἡμίονοι. **34.13.** 1. Μόνοι δέ, ὅσοι πρὸ βασιλέως εἰς τὰς πόλεις προεπέμποντο ἡμεροδρόμοι, οὔτε αὐτοὶ ἀπέθανον οὔτε οἱ ἵπποι αὐτῶν. 2. Φανερὰ δὲ ἦν ἡ αἰτία· ἡ γὰρ συνεχὴς κίνησις ἔθαλπε τὸ ψυχρὸν καὶ ἐζωοποίει. 3. Ἵππος οὖν τότε ἐμὸς τῶν σπουδαίων, ἐφ᾽ ᾧ νεανίσκος ἐκάθητο, ἐλήφθη τῷ τετάνῳ. 4. Καὶ σφόδρα με τὸ πρᾶγμα ἐλύπει, οὐδὲν γὰρ ἵππου καλοῦ καὶ γοργοῦ προκριτέον.	**34.12.** 1. Diese Erkenntnis gewann ich, als ich für *(folgt Textstörung)* Tage in Karnon (*d. h. in Carnuntum; siehe weiter unten*) in Pannonien war, im Gefolge des Kaisers, und dort wie ein Freund bei ihm lebte. 2. Plötzlich geriet er nun wegen seiner Hochzeit in Zeitdruck und reiste von Karnon in den ersten Tagen des Monats Februar in so großer Eile nach Italien, dass er aus je zwei und drei Übernachtungen (*oder: Ruhepausen?*) nur eine machte. 3. Als wir aber das ganze Noricum durchquert hatten und schon die so genannten Julischen Alpen (*Konjektur Mommsens statt des überlieferten Begriffs der „Italischen Alpen"*) betreten, brach plötzlich, beim Berganstieg etwa zur ersten Tagesstunde (*d. h. im Winter um 8–9 Uhr morgens*), ein großer Schneefall los. 4. Da starben die Soldaten, die auf dem Rücken ihrer Pferde erfroren, und blieben dabei doch steif auf ihren Pferden festgeklammert. 5. Ein Anzeichen für ihren Tod war aber, dass sich ihre Lippen öffneten und dass die Zähne sichtbar wurden; und es kam vor, dass das Pferd noch lebte. 6. Es trug aber den Leichnam des Soldaten und ging weiter seines Weges; und der Tote umklammerte noch die Waffe und den Zügel und blieb aufrecht, auf gewisse Weise eins geworden mit seinem Pferd, so dass es den Überlebenden schwer ankam, ihn herunterzuziehen. 7. Wenn aber auch das Pferd mit ihm starb, so war es in ebenfalls aufrechter Haltung erfroren und blieb so. 8. Das war das Schicksal sowohl vieler Männer als auch Pferde und Maultiere/Maulesel. **34.13.** 1. Einzig die Kuriere, die vor dem Kaiser her in die Städte vorausgeschickt wurden, hatten weder selbst Todesfälle, noch gab es sie bei ihren Pferden. 2. Nur zu klar war der Grund: die kräftige Bewegung sorgte in der Kälte doch für Erwärmung und erhielt am Leben. 3. Ein Pferd nun, damals in meinem Besitz – eines von den schnellen, auf dem ein junger Mann saß – wurde von der Starre befallen. 4. Und dieser Umstand tat mir sehr leid; denn nichts verdient den Vorzug vor einem schönen, kräftigen Pferd" (*usw.; der Rest des Abschnitts berichtet, wie Theomnest in der nächsten Raststation dieses acht Jahre alte, aus Gallien stammende Tier habe heilen können*).
34.12. 1 ἐπὶ † μεμασω † ἡμέρας *Überl.;* ἐπὶ μῆνας ὡς *oder* ἤ?	
34.12. 3 ἔπειτα σαλπισάντων ἐπὶ τὰς Ἰταλικὰς *Par. gr. 2322;* τὰς Ἰουλίας *Mommsen*	

Wir lassen darauf den Wortlaut der arabisch überlieferten Version folgen; und zwar in der deutschen Übersetzung Susanne Sakers.[8] Details, in denen die englische Robert G. Hoylands[9] von der Sakers abweicht, sind in Klammern angegeben.

„**Kap. 48.** Über die Behandlung des Starrkrampfes, der das Rückgrat des Reittieres befällt … nach Theomnest. 1. Der Starrkrampf befällt die Pferde und die anderen Reittiere nur aufgrund von Kälte. 2./3. Wenn die Hauptglieder erkranken und die Sehnen in Mitleidenschaft gezogen werden, wird diese Krankheit Starrkrampf genannt, weil sich der gesamte Körper des Reittieres verspannt … 5. Solange die Kälte nicht

---

8 Saker 2008, 101 ff.
9 Hoyland 2004, 154.

das Herz des Pferdes ergriffen hat, lebt es. Erkaltet sein Herz, verendet es. 6. Ich erkannte dies durch eine Heilmethode, mit der ich lange Zeit (*Hoyland: „for many days"*) in einigen Ländern behandelte, während ich im Gefolge des Königs war (*Hoyland: „in one of the countries that I was in with the emperor"*); denn er unternahm eine anstrengende Reise, um zu heiraten. 7. Er verließ die Stadt Karnos (*d. h. Carnuntum; siehe weiter unten*) Anfang Februar und wollte nach Italien und legte zwei und drei Lagerpausen zusammen. 8. Als wir das Gebirge durchquerten und nach Italien kamen, fiel in der ersten Stunde des Tages, während wir aufstiegen, viel Schnee. 9. Es war eine große Kälte, wodurch viele aus dem Heer auf ihren Reittieren erstarrten und zugrunde gingen. 10. Was uns anzeigte, dass sie starben, war, dass ihre Lippen verkrampft waren, dass ihre Zähne frei lagen. 11. Wir haben auch gesehen (*Hoyland: „and we would often see"*), dass ein Reittier einen toten Mann trug, der in der einen Hand die Zügel und in der anderen die Lanze hielt. Seine Hände darum waren bereits eingefallen (*Hoyland: „had become fixed upon"* Zügel und Lanze), und auch er saß erstarrt im Sattel. 12. Jene, die ihn von dem Reittier herunterholen wollten, stießen auf Schwierigkeiten. 13. Passierte es, dass auch das Reittier bereits verendet war, blieb es mit dem Mann auf seinem Rücken stehen. 14. Dies stieß vielen Menschen, Reittieren und Maultieren zu. 15. Derjenige aber, den der König zum Lagerplatz vorausgeschickt hatte (*Hoyland: „those whom the king sent on ahead to the city"*), ritt tagsüber in schnellem Galopp und wurde, wie auch sein Reittier, gerettet. 16. Der Grund dafür ist klar, denn die andauernde Bewegung überwand die Kälte und erhielt am Leben. 17. Der Starrkrampf befiel in dieser Kälte auch ein lebhaftes Pferd von meinen Reittieren, auf dem ein junger Bursche ritt. 18. Es schmerzte mich sehr, dass ich ihm kein anderes Reittier gegeben hatte" (*usw.; der Rest des Abschnitts berichtet wieder, wie Theomnest in der nächsten Raststation dieses Tier – ein acht Jahre altes gallisches Pferd – geheilt habe*).

Der Textausschnitt ist natürlich gleich aus mehreren Gründen von Interesse. So hat man ihn als die einzige Stelle gewürdigt, in der sich ein antiker veterinärmedizinischer Autor auf ein historisches Ereignis bezieht, das sich (siehe dazu weiter unten) genau datieren lässt.[10] Interessant ist er aber medizinhistorisch auch als eine der frühen detaillierteren Beschreibungen von Fällen des Erfrierungstodes bei Mensch und Tier sowie als ein Fallbericht über den Einsatz von Veterinärmedizinern in der römischen Armee. Darüber hinaus stellt er natürlich eine allgemeinhistorische Quelle dar; und schließlich, doch nicht zuletzt ist er ein Zeugnis zur norischen und zur pannonischen Provinzialgeschichte.

Aus verschiedenen dieser Perspektiven wirft aber der Text auch Fragen auf. Einigen davon wird der anschließende Kommentar nachgehen. Er ist in der Reihenfolge der Sätze des Textes gegliedert und beginnt Punkt für Punkt noch einmal mit einem kurzen Zitat der zu kommentierenden Stelle.

– *Hipp. Berol. 34.12.1: „Als ich ... in Karnon in Pannonien war, im Gefolge des Kaisers" = arabischer Theomnest 48.6 f.: „in one of the countries that I was with the emperor" habe der Herrscher Anfang Februar eine Stadt namens Karnos verlassen*

„Karnon/Karnos" in Pannonien ist klar mit der oberpannonischen Hauptstadt Carnuntum zu identifizieren, die auch Ptolemaios in einer ähnlich entstellten Kurzform Καρνοῦς nennt.[11] Wer aber der Kaiser war, der sich dort aufhielt und der aus Pannonien mitten im Winter nach Italien reisen musste, weil dort seine Hochzeit stattfand, das hat schon 1871 Moriz Haupt geklärt.[12] Diese Details passen nur auf einen einzigen Herrscher und auf eine einzige Situation: nämlich auf Licinius, der aus seinem Herrschaftsbereich in den Donauprovinzen im Jahr 313 nach Mailand reiste, um dort Constantin den Großen zu treffen, mit ihm die anstehenden politischen Fragen zu klären (Christenpolitik, bevorstehende Auseinandersetzung mit Maximinus Daia) und Constantins Halbschwester Constantia zu heiraten.[13] Bekanntlich war das nicht etwa nur ein wichtiges Ereignis in der Biographie des Licinius, sondern eine politische Heirat, die sein Bündnis mit Constantin zementieren sollte. Dass aber Licinius zu diesem Zeitpunkt gerade in Carnuntum war oder residierte, überliefert nur unsere Theomneststelle.[14]

Wie übrigens Theomnest selbst nach Carnuntum und in das Gefolge des Licinius kam, der so freundschaftlich mit ihm umgegangen sei, lässt sich leider nicht erkennen. War seine berufliche Tätigkeit die eines Veterinärs im Heeresdienst? Oder verband sich sein hippiatrisches Können mit einer eigentlich anderen Funktion?

– *Hipp. Berol. 34.12.2 = arabischer Theomnest 48.7: „In den ersten Tagen des Monats Februar"*

Nur bei Theomnest erfahren wir auch, dass es die ersten Februartage waren, in denen Licinius nach Italien aufbrach (aus allen anderen Quellen ließe sich lediglich der 18. Jänner als *terminus post quem* erschließen[15]); und ebenso, dass seine Reise in größter Eile stattfinden musste. Die politische Situation macht den Zeitdruck freilich erklärlich. Zwar hatte Constantin eben – im Oktober 312 in der Schlacht an der Milvischen Brücke –

---

[10] Fischer 1988, 196: „the only firm and undisputed date in ancient veterinary medicine."

[11] Ptolemaios, *Geographia* 2,14,3.
[12] Haupt 1871, 24 f. (Wiederabdruck auch bei Haupt 1876, 493).
[13] Seeck 1919, 160.
[14] Kóvacs 2012, 81 ff.; 2013, 86 f.
[15] Seeck 1919, 160; Feld 1960, 49.

Maxentius besiegt. Aber die siegreichen Truppen hatte er von der Rheingrenze abgezogen, wo 313 tatsächlich auch wieder die Germanen unruhig wurden. Und von Osten zog ebenfalls ein Gewitter auf. Wie sich bereits zu Anfang des Jahres 313 befürchten, ja vielleicht schon erkennen ließ, reagierte der dort herrschende Kaiser Maximinus Daia auf den Machtzuwachs des Constantin und auf den Schulterschluss zwischen Constantin und Licinius mit der Entscheidung, gegen die neuen Herren des ganzen Westens Krieg zu führen.

- *Hipp. Berol. 34.12.2:* „*in so großer Eile ..., dass er aus je zwei und drei Übernachtungen (oder: Ruhepausen?) nur eine machte*" = *arabischer Theomnest 48.7:* „*und legte zwei und drei Lagerpausen zusammen*"

Was sollen wir uns aber darunter vorstellen, dass Theomnest berichtet: Licinius sei „in großer Eile" unterwegs gewesen und habe auch nur wenig rasten lassen? Die Strecke, die der Kaiser von Carnuntum bis nach Mailand zu bewältigen hatte, betrug auf römischen Straßen – und betrüge auch heute – mindestens rund 870 km (siehe dazu weiter unten). Wenn man die Erfahrungen aus den kavalleristischen Experimenten Marcus Junkelmanns zugrunde legt, hätte man für einen Ritt von Carnuntum nach Mailand bei Normaltempo – d. h. bei einer Tagesleistung von 30–60 km – mit einer Dauer von über zwei bis fast vier Wochen zu rechnen.[16] Spitzenleistungen neuzeitlicher Distanzritte kamen zwar auf teilweise gut 200 km am Tag;[17] doch können solche Rekorde nicht bei Winterwetter, nicht auf Berg- und Pass-Strecken und auch nicht über eine längere Dauer aufeinander folgender Etappen erzielt werden. Je länger ein Ritt über eine Ferndistanz dauert, desto stärker sinkt der Durchschnitt der Tagesleistungen.[18] So wäre für die beschleunigte Reise des Licinius eine Dauer von weniger als zwei Wochen schon als ein beachtliches Ergebnis zu betrachten. Mit einem Eintreffen des Licinius in Oberitalien ist folglich nicht vor der zweiten Hälfte Februar zu rechnen.[19]

Allerdings: Der Zufall will, dass wir von Kaiser Constantin ein Reskript besitzen, das vom 16. Februar 313 datiert ist und das er nicht in Mailand, sondern in Sirmio am Südende des Gardasees schrieb.[20] Constantin hielt sich Mitte Februar also im 140 km östlich von

Mailand gelegenen Sirmio auf.[21] Das lässt darauf schließen, dass er Licinius ein Stück entgegengereist war – sei es eben bis Sirmio oder sogar noch etwas weiter. Die Reisestrecke des Licinius bis zu seinem Zusammentreffen mit Constantin verkürzte sich so auf mindestens rund 730 km oder um zwei bis drei Reisetage.

- *Hipp. Berol. 34.12.3:* „*Als wir aber das ganze Noricum durchquert hatten und schon die so genannten Julischen Alpen (Konjektur Mommsens statt des überlieferten Begriffs der „Italischen Alpen") betraten*" = *arabischer Theomnest 48.8:* „*Als wir das Gebirge durchquerten und nach Italien kamen*"

In der Fassung des CHG erfahren wir hier geographisch genauer, was die Reiseroute des Licinius war. Theomnest schreibt, dass der große Schneefall losbrach, als Noricum (das damals wohl zum Herrschaftsbereich des Licinius gehörte[22]) bereits ganz durchquert war und der Reitertrupp – nach dem überlieferten Wortlaut – die „italischen" (Ἰταλικάς) Alpen überschritt. Mommsen (dem das Haupt und die Ausgabe von Oder und Hoppe folgten) ersetzte das durch die Konjektur der „Julischen" Alpen. Dabei fragt sich freilich, ob nicht aus dem Mund des aus dem Reichsosten stammenden Theomnest auch die unübliche Bezeichnung „italische Alpen" denkbar wäre.

Inhaltlich betrachtet, ist die Frage insofern unerheblich, als einigermaßen schnelle Wege von Carnuntum nach Mailand in der Tat nur über jenen Teil der Alpen führten, die man auch in der Antike die „Julischen" nannte (ein Begriff, der damals allerdings weiter gefasst wurde als heute und den ganzen Raum zwischen Iulium Carnicum-Zuglio im Nordwesten und Rijeka im Südosten bezeichnete[23]). Der schnellste Alpenübergang war in diesem Gebiet der befestigte, 883 m hohe Pass im Birnbaumer Wald (Abb. 1, Pkt. 2).[24] Über ihn zog – direkt von Carnuntum kommend – die Bernsteinstraße über Emona nach Aquileia.[25]

Wer dieser Straße von Carnuntum her folgte, der reiste zunächst – nach den Zahlen des *Itinerarium Antonini* – 164 Meilen = 243 km weit durch pannonisches Gebiet.[26] Bei Poetovio-Ptuj (Pettau) überschritt er dann die damalige norische Grenze und hatte rund 60 Meilen = 89 km lang – von Poetovio bis Atrans – Noricum zu durchqueren.[27] Bei der Station Atrans-Trojane erreichte

---

[16] Junkelmann 1993, 84.

[17] Beim Distanzritt Wien – Berlin 1892, der über eine Strecke von 575 km mit einigen hundert Metern Höhenunterschied führte, lag die Durchschnittsleistung der zweiundvierzig Besten im Bereich von drei Tagen bzw. 80 Stunden und bei einem Stundenschnitt von etwas über 7 km. Der drittbeste Teilnehmer hatte nur dreizehn Stunden geschlafen und eine Tagesleistung von bis zu 211 km erreicht. Vgl. dazu von Naundorff 1893.

[18] Junkelmann 1993, 84.

[19] Unrichtig also Barnes 1982, 71 über die Hochzeit in Mailand: „early Feb."; und unrichtig in diesem Punkt auch die Chronologie Seecks (Seeck 2000, 142).

[20] *Codex Theodosianus* 7,22,1.

[21] Die Entfernung Mailand – Sirmio gibt das *Itinerarium Antonini* 127,9–12 mit 93 Meilen (137 km) an.

[22] Anders Feld 1960, 84 und H. Ubl bei Gattringer – Neugebauer – Ubl 1998, 185.

[23] Šašel 1992, 443 ff.

[24] Zur Frage damaliger Befestigungen am Pass vgl. etwa Kos 2014.

[25] Zur Bernsteinstraße Kaus 2006, 137 ff.

[26] *Itinerarium Antonini* 262, 3–8.

[27] Die norischen Grenzen waren nach dem *Itinerarium Burdigalense* einerseits eine Brücke bei Poetovio und andererseits eben die Station

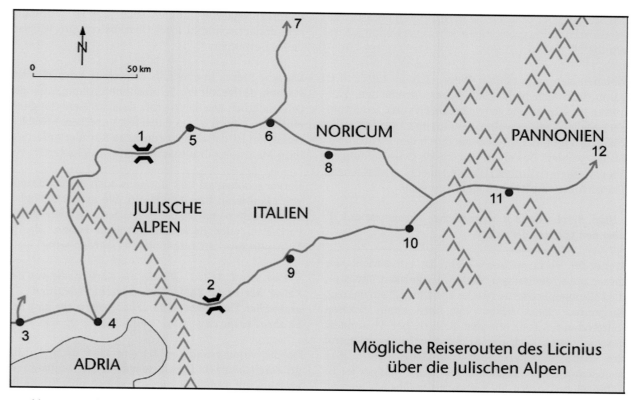

Abb. 1: Römische Straßen im Bereich der Julischen Alpen (rote Linien). Kartenskizze zur Reiseroute des Licinius und des Theomnest (Entwurf: Verf.; Ausführung: M. Schaub). Pkt. 1: Saifnitzer Sattel; Pkt. 2: Pass im Birnbaumer Wald. Pkt. 3: Concordia-Concordia Sagittaria (die durch Pfeil von hier nach Norden angedeutete Straßenverbindung fehlt in den Itineraren); Pkt. 4: Aquileia; Pkt. 5: Santicum-Villach; Pkt. 6: Virunum (Zollfeld); Pkt. 7: Fortsetzung der Straße nach Ovilavis-Wels und Carnuntum; Pkt. 8: Ivenna-Globasnitz; Pkt. 9: Emona-Ljubljana (Laibach, Italien); Pkt. 10: Celeia-Celje (Cilli, Noricum); Pkt. 11: Poetovio-Ptuj (Pettau, Noricum). Pkt. 12: Fortsetzung der Route (Bernsteinstraße) nach Carnuntum

er die Grenze Italiens und langte nach weiteren rund 80 km am Birnbaumer Wald an.[28] Der Pass und das Gebiet der nahen Stadt Emona-Ljubljana (Laibach) gehörten im Jahr 313 also schon zu Italien (der Pass war somit tatsächlich ein Übergang über „italische" Alpen).[29] Insgesamt betrug die Reisestrecke Carnuntum-Mailand über den Birnbaumer Wald nach den Zahlen des *Itinerarium Antonini* 585 Meilen = 867 km (bzw. bis Sirmio 492 Meilen = 729 km).[30]

Als Alternativen dazu boten sich auch noch zwei andere Routen über die Julischen Alpen an: einerseits der Weg über Poetovio, Ivenna-Globasnitz, Virunum und den 816 m hohen Saifnitzer Sattel (Abb.1, Pkt. 1); und andererseits der über Ovilavis-Wels und ebenfalls über Virunum und den Saifnitzer Sattel.[31] Die Distanzen

auf beiden römischen Straßen sind nicht komplett überliefert; sie ergeben aber gegenüber der Verbindung durch den Birnbaumer Wald einen jeweils deutlich längeren Reiseweg.[32] Beide Varianten durchquerten allerdings auf weite Strecken norisches Gebiet und würden damit besser zu Theomnests Formulierung des „ganz" durchreisten Noricum passen als der verhältnismäßig schmale norische Korridor, durch den die Bernsteinstrasse vor dem Erreichen des Birnbaumer Waldes führte.

In jedem Fall waren zwar die Pässe, die in den Julischen Alpen überschritten werden mussten, recht niedrig; aber der Winter kann dort speziell hart sein. Für den Umkreis des Birnbaumer Waldes formulierte das Meyers Konversations-Lexikon im Jahr 1895 in Form

Atrans (*It. Burdig.* 560,10 und 561,5). Die Distanz nach *It. Ant.* 129,3–6.
[28] Die Distanz nach Miller 1916, 454.
[29] Šašel 1992, 728.
[30] *Itinerarium Antonini* 127,9–129,6 und 262,3–8.
[31] Vgl. auch die Karten bei Löhberg 2010, Blatt 12.4 und 19.2/20.1; Winkler 1985, Ausklappkarten. Zu den möglichen Routen vom Saifnitzer Sattel nach Süden z. B. Cividini 2006, 16 ff. – An diesen norischen Transitwegen sind übrigens zwei Meilensteine des Licinius bekannt. Der eine stand bei Virunum und ist nicht näher datiert (CIL XVII/4, 147). Der andere, der sich in Gemeinlebarn, Gde. Traismauer

(Niederösterreich) fand und im Widmungsdativ formuliert ist, nennt den Kaiser dagegen „Fl(avius)" und bezieht sich damit auf dessen Aufnahme in die Familie des Flaviers Constantin (CIL XVII/4, 78; vgl. dazu auch H. Ubl bei Gattringer – Neugebauer – Ubl 1998, 185). Obwohl diese Aufnahme eigentlich erst durch die vollzogene Heirat mit Constantia im Jahr 313 erfolgte, könnte der Stein ev. auch als Huldigung an den hier durchreisenden Licinius auf seinem Weg nach Mailand gedacht gewesen sein.
[32] Vgl. für den jeweiligen norischen Streckenanteil die Zahlen und die Angaben über fehlende Distanzen bei Winkler 1985, 24 ff.

des Satzes: „Hier brausen die berüchtigten Borastürme (Nordost) mit den großartigen Schneeverwehungen im Winter."[33]

Welchen der aufgezählten Wege Licinius tatsächlich nahm, lässt sich nicht ganz sicher entscheiden. Wer mitten im Winter und möglichst rasch von Carnuntum nach Mailand reisen wollte, der musste an sich zwar die kürzeste Verbindung – also die durch den Birnbaumer Wald – wählen. Besondere Umstände (wie Meldungen über Wetterverhältnisse) könnten aber eine westlichere Transitroute empfohlen haben.

- Hipp. Berol. 34.12.4 ff. = arabischer Theomnest 48.9 ff. über den Kältetod der Reiter

Wenn der Verfasser recht sieht, ist ein Bericht wie dieser unter denjenigen Stellen der antiken Literatur, die Fälle eines Erfrierungstodes erwähnen,[34] einzigartig. Nirgendwo sonst hören wir über einen solchen Kältetod im Sattel. Mit den Reitern bei Theomnest geschieht, was auch der Arzt Baron Larrey während des napoleonischen Russlandfeldzugs von 1812 beobachtet hat: dass nämlich die Kälte weniger leicht guten Marschierern als Reitenden gefährlich werden kann. Sie verfallen, wie er sagt, „rasch in einen Zustand der Besinnungslosigkeit, Lähmung und Erstarrung."[35] Die moderne Medizin bestätigt diese Liste der Erfrierungssymptome. Bei Unterkühlung schwindet immer mehr das Bewusstsein; es tritt Lähmung ein; und schließlich führen vor allem Kreislaufversagen oder Aussetzen der Atmung zum Tod.[36] Zu den Faktoren, die dieses Schicksal begünstigen, gehört dabei auch die Überanstrengung.[37]

Dass aber die Opfer, wie Theomnest hinzufügt, aufrecht im Sattel sitzen blieben, dürfte durch die spezielle Konstruktion der römischen Sättel bedingt sein. Damals üblich war ja der Hörnersattel.[38] Seine vier Sattelhörner gaben dem Körper der römischen Kavalleristen, die noch ohne Steigbügel auskommen mussten, zumindest nach vorn und nach hinten festen Halt.

- Hipp. Berol. 34.12.7 f. = arabischer Theomnest 48.13 f. über den Kältetod der Tiere

Die zusätzliche Information dieser Sätze bezieht sich dann auf die Tiere und ihr Schicksal. Dass es trotz der

Kälteresistenz von Equiden auch hier zu Todesfällen kam, erklärt sich wohl durch Überanstrengung während dieses Gewaltritts.[39]

Dass die Pferde in ebenfalls aufrechter Körperhaltung starben, dürfte mit der Schneehöhe zusammenhängen. Offensichtlich war sie so groß, dass die Tiere tief genug einsinken konnten, um darin festzustecken.[40] Nicht zu vergessen ist dabei, dass römische Kavalleriepferde in ihrer Mehrheit nur die Größe von Ponys hatten.[41]

Hervorgehoben sei hier übrigens auch die Erwähnung von Maultieren bzw. Mauleseln. Die archäozoologisch relativ selten nachweisbaren Tiere werden gewiss Packsättel oder Packsäcke getragen haben, also zu Transportzwecken mitgenommen worden sein.[42]

- Hipp. Berol. 34.13.1: „Einzig die Kuriere, die vor dem Kaiser her in die Städte vorausgeschickt wurden ..." = arabischer Theomnest 48.15: „those whom the king sent on ahead to the city ..."

Da die vorausgesandten Kuriere eine noch deutlich größere Geschwindigkeit gehabt haben müssen als Licinius mit seiner Begleitung selbst, dürfen wir das von Theomnest so betonte schnelle Tempo des Licinius doch auch nicht zu hoch, doch auch nicht in einem absoluten Rekordbereich ansiedeln.

Andererseits ist es ein wichtiges Quellenzeugnis, dass uns hier die Organisation einer Kaiserreise erläutert wird: vorausreitende Kuriere sorgten immer an den vorgesehenen nächsten Unterkunftsorten für Quartier und Bewirtung des Herrschers und seines Begleittrupps sowie für Stallungen und für Futter. Dort konnte sich dann Theomnest um den Zustand und die Versorgung der Tiere kümmern.

- Hipp. Berol. 34.13.3–4: „Ein Pferd nun, damals in meinem Besitz – eines von den schnellen, auf dem ein junger Mann saß – wurde von der Starre befallen. Und dieser Umstand tat mir sehr leid; denn nichts verdient den Vorzug vor einem schönen, kräftigen Pferd" = arabischer Theomnest 48.17–18: „Der Starrkrampf befiel in dieser Kälte auch ein

---

[33] Meyers Konversations-Lexikon 10 (Leipzig – Wien 5. Aufl. 1895) 619. Vgl. auch ebd. 9 (Leipzig – Wien 5. Aufl. 1895) 967. – Den Hinweis auf die Wetterverhältnisse in den Julischen Alpen verdankt der Verf. Herrn Herbert Benesch (Salzburg).

[34] Solche Fallberichte sammelt Rathmayr 2001, 260 f. Vgl. außerdem Diodor 14,28; Curtius Rufus 7,3,12 und 8,4,14 f.; Xenophon, Anabasis 4,5,4.

[35] Larrey 1832, 55.

[36] Dreifuss 1958, 12; Killian 1966, 119 ff.

[37] Dreifuss 1958, 10.

[38] Zum römischen Sattel Junkelmann 1992, 35 ff.

[39] Vgl. Dietz – Huskamp 2006, 193, wonach Pferde an sich Kälte bis -50 Grad und auch starke Temperaturwechsel vertragen. „Die allgemeine Erfrierung mit tödlichem Ausgang kommt nur bei sehr abgetriebenen und abgemagerten Pferden vor." – Baron Larrey berichtet aus dem Russlandfeldzug von 1812, dass auf dem Rückzug eine Temperatur von mehr als -20 Grad C ein großes Pferdesterben ausgelöst habe: Larrey 1832, 55.

[40] Herr Brigadier Dr. med. vet. Robert Hofmann, Leiter der Abteilung Militärmedizin des Österreichischen Bundesministeriums für Landesverteidigung und Sport, war so freundlich, dieses Szenario mit dem Verf. zu besprechen und bezeichnet es als durchaus realistisch.

[41] Dazu z. B. Junkelmann 1993, 36 ff. und 251 ff.; Peters 1998, 152 f.

[42] Vgl. Walker 1983, 356: „Man hat mit der Möglichkeit zu rechnen, dass die Reiterei für Eil- und Gewaltmärsche ... für jeden einzelnen Kavalleristen ein Lasttier obendrein benötigte" (mit Begründung S. 355 f.). Eine ausführlichere Diskussion der Frage bietet Junkelmann 1994, 97 ff.

lebhaftes Pferd von meinen Reittieren, auf dem ein junger Bursche ritt. Es schmerzte mich sehr, dass ich ihm kein anderes Reittier gegeben hatte"

Unser Kommentar ist damit fast abgeschlossen. Die zitierten Sätze verdienen aber noch hervorgehoben zu werden. Sie lassen nämlich erkennen, dass Theomnest mit mindestens zwei Pferden und einem jungen Pferdeburschen unterwegs war. Das ist ein interessanter Beitrag zu der Frage, ob es berittene *calones* gab.[43] Und wie für alle Informationen, die unser Text bereithält, gilt auch hier: der Wert der Quelle ist nicht hoch genug einzuschätzen; denn sie rührt nicht von einem Schreibtischautor her, sondern ist ein Bericht eines Militärarztes und eines Augenzeugen.

Literaturabkürzungen

Alföldy 1974: G. Alföldy, Noricum (London – Boston 1974).

Barnes 1982: T. D. Barnes, The New Empire of Diocletian and Constantine (Cambridge/Mass. – London 1982).

Betz – Weber 1990: A. Betz – E. Weber, Aus Österreichs römischer Vergangenheit (Wien 1990).

Björck 1932: G. Björck, Zum Corpus hippiatricorum Graecorum. Beiträge zur antiken Tierheilkunde. Uppsala universitets årsskrift 1932, Bd. 2/5.

Björck 1944: G. Björck, Apsyrtus, Julius Africanus et l'hippiatrique grecque. Uppsala universitets årsskrift 1944/4.

Cartellieri 1926: W. Cartellieri, Die römischen Alpenstraßen. Philologus Suppl. 18, 1 (Leipzig 1926).

Cividini 2006: T. Cividini, Il territorio della Collinare in epoca romana (o. O. 2006).

Dietz – Huskamp 2006: O. Dietz – B. Huskamp, Hgg., Handbuch Pferdepraxis (Stuttgart 3. Aufl. 2006).

Doyen-Higuet 1984: A.-M. Doyen-Higuet, The Hippiatrica and Byzantine Veterinary Medicine. Dumbarton Oaks Papers 38, 1984, 111–120.

Dreifuss 1958: H. Dreifuss, Tod durch Unterkühlung (Dissertation Zürich 1958).

Feld 1960: H. Feld, Der Kaiser Licinius (Dissertation Saarbrücken 1960).

Fischer 1988: K.-D. Fischer, Ancient Veterinary Medicine. A survey of Greek and Latin sources and some recent scholarship. Medizinhistorisches Journal 23, 1988, 191–209.

Fischer 2002: Th. Fischer, Noricum (Mainz 2002).

Froehner 1952: R. Froehner, Kulturgeschichte der Tierheilkunde (Konstanz 1952).

Gassner u. a. 2002: V. Gassner – S. Jilek – S. Ladstätter, Am Rande des Reiches. Die Römer in Österreich (Wien 2002).

Gattringer – Neugebauer – Ubl 1998: A. Gattringer – J.-W. Neugebauer – H. Ubl, Zur Bedeutung der Auffindung zweier römischer Meilensteine im Jahre 1998 in Gemeinlebarn, Stadtgemeinde Traismauer, Niederösterreich. Fundberichte aus Österreich 37, 1998, 179–211.

Hainzmann 1990: M. Hainzmann, Geschichte der Austria Romana. In: I. Weiler, Hg., Grundzüge der politischen Geschichte des Altertums (Wien – Köln 1990) 169–186.

Haupt 1871: M. Haupt, Varia. Hermes 5, 1871, 21–47.

Haupt 1876: M. Haupt, Opuscula 3 (Leipzig 1876).

Hoppe 1940: K. Hoppe, Theomnestos. RE Suppl. 7 (Stuttgart 1940) 1353 f.

Hoyland 2004: R. G. Hoyland, Theomnestus of Nicopolis, Hunayn ibn Ishaq and the Beginnings of Islamic Veterinary Science. In: R. G. Hoyland – Ph. F. Kennedy, Hgg., Islamic Reflections, Arabic Musings. Studies in Honour of Professor Alan Jones (Oxford 2004) 150–169.

Junkelmann 1992: M. Junkelmann, Die Reiter Roms, Teil III: Zubehör, Reitweise, Bewaffnung (Mainz 1992).

Junkelmann 1993: M. Junkelmann, Die Reiter Roms, Teil I: Reise, Jagd, Triumph und Circusrennen (Mainz 2. Aufl. 1993).

Junkelmann 1994: M. Junkelmann, Die Reiter Roms, Teil II: Der militärische Einsatz (Mainz 2. Aufl. 1994).

Kaus 2006: K. Kaus, Burgenland – Archäologie und Landeskunde. Opera selecta. Wissenschaftliche Arbeiten aus dem Burgenland 114 (Eisenstadt 2006).

Killian 1966: H. Killian, Der Kälte-Unfall. Allgemeine Unterkühlung (München 1966).

Kos 2014: P. Kos, Construction of the Claustra Alpium Iuliarum Fortifications. In: J. Kusetič u. a., Hgg., Claustra Alpium Iuliarum – Between Research and Management (Ljubljana 2014) 112–132.

Kóvacs 2012: P. Kóvacs, Kaiser Licinius und Carnuntum. In: P. Kóvacs – B. Fehér, Hgg., In memoriam Barnabás Lörincz. Studia epigraphica Pannonica 4 (Budapest 2012) 79–85.

Kóvacs 2013: P. Kóvacs, Fontes Pannoniae antiquae in aetate Constantini (Budapest 2013).

Langmann 1977: G. Langmann, 600 Jahre Römer in Österreich (Innsbruck – Wien – München 1977).

Larrey 1832: D. J. Baron Larrey, Surgical Memoirs of the Campaigns of Russia, Germany, and France (Philadelphia 1832).

Lazaris 2007: S. Lazaris, Essor de la production littéraire hippiatrique et développement de la cavalerie: contribution à l'histoire du cheval dans l'Antiquité tardive. In: M.-Th. Cam, Hg., La médecine vétérinaire antique (Rennes 2007. – Als Onlinepublikation unter http://books.openedition.org/pur/25524; Abruf 2016).

Löhberg 2010: B. Löhberg, Das „Itinerarium provinciarum Antonini Augusti" 2 (Berlin 2. Aufl. 2010).

McCabe 2002: A. McCabe, Horses and Horse-Doctors on the Road. In: R. Macrides, Hg., Travel in the Byzantine World. Society for the Promotion of

---

[43] Diskutiert bei Junkelmann 1994, 100.

Byzantine Studies Publications 10 (Aldershot 2002) 91–97.

McCabe 2007: A. McCabe, A Byzantine Encyclopaedia of Horse Medicine (Oxford 2007).

Miller 1916: K. Miller, Itineraria Romana (Stuttgart 1916).

Miltner 1948: F. Miltner, Römerzeit in österreichischen Landen (Brixlegg – Innsbruck 1948).

von Naundorff 1893: E. von Naundorff, Der große Distanz-Ritt Berlin–Wien im Jahre 1892 (Breslau o. J. [aber 1893]).

Oder 1925: E. Oder, Winterlicher Alpenübergang eines römischen Heeres nach der Schilderung eines griechischen Veterinärs. Veterinärhistorisches Jahrbuch 1925, 48–50.

Partsch 1894: [J.] Partsch, Alpes. RE 1 (Stuttgart 1894) 1599–1612.

Pauli 1980: L. Pauli, Die Alpen in Frühzeit und Mittelalter (München 1980).

Peters 1998: J. Peters, Römische Tierhaltung und Tierzucht. Passauer Universitätsschriften zur Archäologie 5 (Rahden 1998).

Polaschek 1937: E. Polaschek, Noricum. RE 17 (Stuttgart 1937) 971–1048.

Ramsauer 1901: F. Ramsauer, Die Alpen in der griechischen und römischen Literatur. Programm des Königlichen Humanistischen Gymnasiums Burghausen für das Schuljahr 1900/1901.

Ramsauer 1929: F. Ramsauer, Die verrufene Unwirtlichkeit der Alpen in der antiken Literatur. Alpine Monatshefte 1928/29, 165 f.

Ramsauer 1930: F. Ramsauer, Die verrufene Unwirtlichkeit der Alpen in der antiken Literatur. Wiener Blätter für die Freunde der Antike 6, 1930, 155 f. (Wiederabdruck von Ramsauer 1929).

Rathmayr 2001: R. Rathmayr, Der antike Mensch in der Jahreszeit des Winters (Hamburg 2001).

Saker 2008: S. Saker, Die Pferdeheilkunde des Theomnest von Nikopolis (Wiesbaden 2008).

Šašel 1992: J. Šašel, Opera selecta. Situla 30 (Ljubljana 1992).

Seeck 1919: O. Seeck, Regesten der Kaiser und Päpste für die Jahre 311 bis 476 n. Chr. (Stuttgart 1919).

Seeck 2000: O. Seeck, Geschichte des Untergangs der antiken Welt 1 (Nachdruck Darmstadt 2000).

Tarpin u. a. 2000: M. Tarpin – I. Boehm – I. Cogitore – D. Épée – A.-L. Rey, Sources écrites de l'histoire des Alpes dans l'antiquité. Bulletin d'études préhistoriques et archéologiques alpines 11, 2000, 9–220.

Ubl 2002: H. Ubl, Noricum. RGA 21 (Berlin 2002) 324–340.

Vetters 1982: W. Vetters, Austria Romana. In: E. Zöllner, Hg., Die Quellen der Geschichte Österreichs (Wien 1982) 13–25.

Walker 1983: R. E. Walker, Römische Veterinärmedizin. In: J. M. C. Toynbee, Tierwelt der Antike (Mainz 1983) 299–356.

Winkler 1985: G. Winkler, Die römischen Straßen und Meilensteine in Noricum-Österreich. Schriften des Limesmuseums Aalen 35 (Stuttgart 1985).

4.

Nach Dienstschluss *dolce vita?*
Oder: Was hat ein Soldat vom Leben?

(Aus: F. Beutler u. a., Hgg., Der Adler Roms. Carnuntum und die Armee der Caesaren [o. O., aber St. Pölten 2017; Zweitauflage 2019] 118 ff.)

Manduca, vibe, lude ... cum vibes, bene fac
„Iss, trink und liebe!
Wenn Du lebst, lass Dir's gut gehn!"
(Ratschlag der stadtrömischen
Grabinschrift CIL VI 142)

Das Soldatenleben ist der Inbegriff einer Existenz, die sich nur mit Standhaftigkeit, Disziplin und am besten dadurch ertragen lässt, dass man weiß, warum und wofür man es auf sich nimmt. Umso mehr muss das gelten, wenn man womöglich aus südlicheren Gegenden stammt und einen Garnisonsort wie Carnuntum hat. Im Winter ist er kalt; und immer ist es dort windig. Aus dem nahen Auwasser der Donau steigen in der warmen Jahreszeit die Mücken auf, die noch bis ins 19. Jahrhundert die Malaria übertragen konnten – wenn auch nur in einer vergleichsweise milden Erscheinungsform, die bei Erwachsenen weniger oft tödlich verläuft.[1] Die Antike ahnte von dieser bedrohlichen Seite der Mückenplage freilich noch nichts.

Andererseits gibt es ja rauere Gebiete. Immerhin erlauben Klima und Böden der Carnuntiner Region den Weinbau, der bereits in römischer Zeit betrieben wurde; und Quellen im Umkreis der Garnison förderten ein Thermalwasser zutage, dessen Besonderheit schon dem Menschen der Antike auffallen musste. Auch Fremde, die hier Wurzeln schlugen, werden sich mit der Gegend oft ausgesöhnt oder angefreundet haben. Schon 1886 schrieb Alfred von Domaszewski über das Carnuntum der früheren und mittleren Kaiserzeit: „Die zahlreichen Grabsteine von Veteranen südfranzösischer und italischer Heimat beweisen, dass die Soldaten den Ort ... im Alter nicht mehr verlassen wollten." In der Spätantike konnten dann die unsichere Lage an der Grenze und ein verheerendes Erdbeben des mittleren 4. Jahrhunderts, das die Stärke 9 der Europäischen Makroseismischen Skala erreicht zu haben scheint, die Region kaum noch als attraktiv erscheinen lassen. Das Carnuntum der Zeit nach dem Erdbeben nennt der Historiker Ammianus Marcellinus strategisch zwar wichtig, aber „jetzt öd und verwahrlost".[2]

In diesem landschaftlichen Rahmen spielte sich also das Leben von mehr als einem Dutzend Generationen römischer Soldaten ab. Zeitweise dürften es um die 7.000 Mann gewesen sein.[3] Ihrem Alltagsleben wollen wir uns im folgenden von einer etwas ungewöhnlichen Seite nähern. Wir möchten hier nicht wissen, welchen Truppenkörpern sie angehörten, was ihre Heimat war oder welche Ausrüstungsgegenstände man von ihnen gefunden hat. Wir möchten vielmehr wissen, wie sie sich fühlten, wie sie über ihr Leben dachten, wie zufrieden sie damit waren und was sie sich davon erhofften. Zu diesen Fragen gibt es einige mehr oder weniger explizite Zeugnisse in Gestalt von Carnuntiner Grabinschriften, die wir unten in Abschnitt 1 zusammenstellen. Dabei versteht es sich von selbst, dass es uns nicht gelingen kann, einen repräsentativen Meinungsquerschnitt zu ermitteln. Es ist auch klar, dass Antworten auf solche Fragen durch ganz individuelle Umstände und durch persönliche Einstellungen mitbedingt sind. Aber der Wunsch, wenigstens einige Stimmen dazu zu hören – wie bei der Umfrageaktion eines Reporters –, ist doch legitim.

---

[1] Zur früheren Malariaendemie im niederösterreichischen Donauraum Wernsdorfer 2002, 203 f.

[2] Ammianus Marcellinus 30,5,2. – Domaszewski-Zitat: Hauser – von Schneider – von Domaszewski 1886, 15. – Erdbeben: v. a. Decker – Gangl – Kandler 2006.

[3] Die jeweilige Carnuntiner Legion hatte eine Sollstärke von 6.000 Mann; die Einheit der Auxiliarreiter von 500 Mann; die Garde des Statthalters dürfte aus 500 Kavalleristen und 500 Infanteristen bestanden haben, von denen aber ein gewisser Teil aus in Carnuntum garnisonierten Truppenkörpern entnommen wurde; und dazu kam eine unbekannte Zahl von Soldaten der Donauflotille. Noch höher werden die Zahlen, wenn wir die Reitknechte (wohl über 1000 Mann) mit berücksichtigen. Andererseits ist mit einer größeren Zahl von abkommandierten Soldaten zu rechnen. – Zur Mannschaftsstärke von Statthaltergarden Speidel 1978, 11–15; zu der von Einheiten der Donauflotte Himmler 2011, pass.

In den Abschnitten 2 und 3 sollen diese Aussagen dann durch eine Übersicht ergänzt werden, die deutlich macht, dass zwar das Soldatendasein in vieler Hinsicht hart war, dass es darin aber auch eine ganze Reihe dienstlicher und außerdienstlicher Aspekte gab, die – je nach Naturell – als Teil eines Lebenssinns und als Bereicherung, als Verschönerung des Lebens empfunden werden konnten. Dabei wird sich die Betrachtung auf den Soldaten im aktiven Dienst konzentrieren und die Veteranen im Wesentlichen unberücksichtigt lassen.

Schließlich wird der Abschnitt 4 danach zu fragen haben, wann sein Dienst dem aktiven Soldaten Zeit ließ, den zuvor aufgeführten außerdienstlichen Aktivitäten nachzugehen.

Wie es nun einmal unsere Aufgabe als Altertumswissenschaftler ist, aus traurigen Resten oder Spuren des antiken Lebens auf das Ganze zu schließen, so wird auch diese Skizze sehr unvollkommen bleiben müssen. Aber dass wir die hier behandelten Aspekte des Themas „militärisches Leben in Carnuntum" deshalb unbehandelt ließen, kann keine Alternative sein. Der Versuch, dem Lebensgefühl und der Mentalität der Soldaten näher zu kommen, scheint in jedem Fall wichtig.

1. Das „süße Leben" des Trompeters. Epigraphische Zeugnisse über Zufriedenheit und Unzufriedenheit Carnuntiner Soldaten mit ihrem Leben

Wir fragen hier also: Die Carnuntiner Soldaten und das Lebensglück – wissen wir etwas darüber? Was hat uns die Zeit an Antworten auf diese Frage übrig gelassen? Wie angekündigt, wird der folgende Abschnitt einen kleinen Katalog epigraphischer Texte zum Thema enthalten.

Nr. 1. Ein Zeugnis der Zufriedenheit mit dem Leben ist der Grabstein des Legionstrompeters (*tubicen*) Caius Valerius Her(-) aus der *legio XV Apollinaris*. Der Militärmusiker hinterließ darauf die Verse: *vivite felices / quibus est dat- / a longior ora / vixi ego dum licu- / it dulciter* = „glücklich sollt ihr, denen längere Frist hier gegönnt ist, leben. Ich jedenfalls lebte süß – immer, so lang es gewährt" (wobei die Worte *vivere dulciter*, „ein süßes/angenehmes Leben haben", unserem Ausdruck „dolce vita" entsprechen).[4]

Nr. 2. Was aber kann ein Leben zu einer „dolce vita" werden lassen? Ein Grabstein aus dem Lagerfriedhof mahnt, nicht zu materiell zu denken.[5] Die Inschrift, die ein Soldat (?) seiner mit einundzwanzig Jahren gestorbenen Sklavin Primigenia gesetzt hat, legt ihr die konsumkritischen Verse in den Mund: *Non ego luxuriis av[olsa fui male-] / dictis aetatis car[psi munditiasque] meas* = „Nicht entriss mich der Tod aus schmählich genossenem Luxus, und ich genoss nur den Reiz, den meine Jugend mir gab."[6] Mit diesem unverdient frühen Tod – sagt der Stein mit einer geradezu blasphemischen Wendung, die sich aber ähnlich auch in anderen Carnuntiner Grabtexten findet – habe „die Göttin" ungerecht gehandelt.[7]

Nr. 3. Wenigstens von einer Lebensphase voller familiärem Glück, die jedoch durch den Tod ein rasches Ende nahm, sprechen auch andere Grabsteine. Einer von ihnen, den ein Soldat der 14. Legion seiner Frau und seinen Kindern setzen ließ, erinnert an die mit fünf Jahren gestorbene Iusta, indem er die ungewöhnliche, wenn auch lateinisch etwas ungelenke Formulierung findet: sie habe „eben begonnen, ihre Eltern mit dem anmutigsten Lebensalter zu erfreuen" (*erat ingressa / atminestrare pa- / rentibus dulcissim- / am aetate*).[8]

Nr. 4. Ähnlich äußert sich auch der Stein, den ein Soldat der 15. Legion, ein alleinerziehender Vater, seinem mit ebenfalls fünf Jahren verstorbenen Söhnchen Festio gewidmet hat. Er nennt ihn *spes et corona patris sui*, „Hoffnung und Krönung für seinen Vater" (Abb. 2).[9]

Hier fällt nun der Begriff der *spes*, der Hoffnung; und das mag zu einigen weiteren Texten überleiten, die von nicht (mehr) erfüllten Erwartungen und Hoffnungen Carnuntiner Soldaten sprechen. Ausgeklammert seien dabei nur Zeugnisse für Heimweh und die Hoffnung auf Heimkehr aus der Fremde; sie sollen erst in Abschnitt 2 besprochen werden.

Nr. 5. In einer Grabinschrift eines Soldaten für seine Frau und für seinen kleinen Sohn ist an zwei Stellen von einer Hoffnung und einem Wunsch die Rede.[10] Über das dreijährige Söhnchen heißt es, dass es *contra vot(um) genitor(um)*, „entgegen dem Gebet der Eltern", sein Leben verloren habe. Die vierunddreißigjährige Mutter wird dagegen mit dem Relativsatz charakterisiert: „die sich, ehe sie die mühevolle Aufgabe erfüllt hätte, die ihr das Schicksal zuwies, Besseres erhoffte und die doch dabei starb" (*quae / vixit annos XXXIIII mens(es) XI dies / XIII quaequa dum explesset fa- / ti sui laborem meliora sibi spe- / rans vitam functa est*). Auch hier geht es also

---

[4] CIL III 4483; Vorbeck 1980 (a), n. 151; Alexandrescu 2010, 41 f.; 255, TUB 100; 323, G 47.

[5] Vorbeck 1980 (b), n. 135. – Der Errichter des Steines – ein C. Petronius – könnte, wie Hild 1968, 157 anmerkt, mit einem gleichnamigen Carnuntiner *centurio* ident sein, der in der Inschrift Vorbeck 1980 (a), n. 215 bezeugt ist.

[6] Unzutreffend übersetzt bei Buora – Jobst 2002, 192.

[7] Ähnliche Anklagen an die Adresse der Götter: Vorbeck 1980 (a), n. 12: *cui dii nefandi ... contra vot(um) genitor(um) vita privaverunt* (siehe unten Text Nr. 5); n. 191: *Fatus et Fortuna iniquiter iudicavit* (siehe unsere Abb. 2). – Zur *contra votum*-Formulierung der zuerst genannten Inschrift Ehmig 2012; Ehmig 2013, 321–328.

[8] Vorbeck 1980 (a), n. 84.

[9] Vorbeck 1980 (a), n. 191. – Zur Bedeutung von *spes* speziell im Zusammenhang mit Kindern Thüry 2003, 11 f.; Thüry 2013, 558.

[10] Vorbeck 1980 (a), n. 12.

Abb. 2: Ausschnitt aus der Carnuntiner Grabinschrift des Soldatensöhnchens Festio, das *spes et corona patris sui*, „Hoffnung und Krönung für seinen Vater", war. Landessammlungen Niederösterreich, Bad Deutsch-Altenburg/Hainburg

um die Hoffnung, die sich mit einem Kind verbindet; und zugleich um die Mühe des Lebens – wenn auch in diesem Fall nicht um die des Soldaten, sondern um die einer Hausfrau und Mutter eines kleinen Sohnes.

Nr. 6. Die Partnerin eines im Alter von sechzig Jahren verstorbenen Veteranen – eine Freigelassene namens Amanda – spricht zu uns auf einem anderen Stein.[11] Sie klagt, wie ungerecht das Schicksal des Veteranen sei. Das Grabgedicht sagt im Namen des Toten: „Und mir war's nicht vergönnt, meinen Lohn für den Dienst zu erhalten – so weit nur, dass ich dem Schatz gleich viel an Fürsorge gab, wie sie die Freigelassne doch völlig verdiente" (*nec licuit pretium / [su]mere militiae, non tantum / [curam carae a]equam ut reddere pos- / [sem liberta]e et dignae pluruma*). Hier ist das Alter eine ersehnte Zeit, in der die Fremdbestimmung durch den Dienst geendet hat und man sich mehr seinem Partner zuwenden kann.

Nr. 7. Zur Garnison mag schließlich auch der Herr eines jungen Sklaven gehört haben, dem er am Lagerfriedhof einen Grabstein setzte. Der zweisprachige Text endet mit griechischen Versen, die darüber klagen, der Sklave sei gestorben, noch ehe er eine Heirat habe erleben können.[12]

2. Versuch einer „Glücksbilanz" – Die harten Seiten des Soldatenlebens

„Der Soldat", schrieb ein k. u. k. Militär vor gut hundert Jahren, „ist nun einmal kein Epikuräer."[13] Sein Dienst ist hart, entbehrungsreich, gefährlich. Als die pannonischen Legionen im Jahr 14 n. Chr. eine Meuterei versuchten, beklagten sich die Mannschaften, wie schwer der militärische Alltag zu ertragen sei – ob nun im „harten Winter" Pannoniens oder in einer „Sommerzeit voller Strapazen".[14] Außerdem galt ihre Beschwerde auch der brutalen Behandlung durch Offiziere.

Aber Strapazen und die Abhängigkeit von oft nicht integren Vorgesetzten sind nur ein Teil eines möglichen soldatischen Klagenkatalogs. Hinzu kommen die vielfältigen Beschränkungen der individuellen Freiheit durch Gehorsam, Entfall der Freizügigkeit, Einschränkungen eines Familienlebens usw.; die Aussicht, sein Dasein vielleicht eines Tages als Kriegsversehrter weiter fristen zu müssen; und die im Heer übliche Mobilität mitsamt dem daraus resultierenden Heimweh.

Für diesen letzten Punkt – für das Vorhandensein von Heimweh – besitzen wir aus Carnuntum das Zeugnis zweier Grabsteine. Der eine – errichtet von einem

---

[11] CIL III 11229 + p. 2328 = Vorbeck 1980 (a), n. 232.
[12] Vorbeck 1980 (b), n. 181.

[13] Holy 1914, 68.
[14] Tacitus, *Annales* 1,17.

Abb. 3: Die Carnuntiner 14. Legion auf einer Münze der Jahre 193/194 n. Chr. (*aureus* RIC 14 der Münzstätte Rom). Die Legende gibt den vollständigen Namen der Einheit wieder: *Leg(io) XIIII Gem(ina) M(artia) V(ictrix)*. Das Bild zeigt einen Legionsadler zwischen zwei Feldzeichen, an deren Fuß jeweils das Wappentier der Legion, der Steinbock, hervorspringt. Kunsthistorisches Museum Wien

Angehörigen der 10. Legion für seine Frau und für seinen Sohn – erwähnt das Gefühl zwar nicht ausdrücklich; aber er bildet alle drei Personen in einem Ruderkahn ab, der den Namen *felix Itala* trägt (frei übersetzt: „Glücksschiff Italien"). Das lässt vermuten, dass die Frau, der Mann oder beide aus Italien stammten und noch an ihrer Heimat hingen.[15]

Nicht ein Soldatengrabstein, aber doch der eines *lixa*, d. h. eines Marketenders, spricht das Heimweh wirklich an. Der von seinen beiden Brüdern gesetzte Stein sagt, im Namen des Toten in elegischen Distichen formulierend:

[Sperab]am in patriam [de- / hinc] cum fratribus / [ve]rti, quos liqui et / morti debita fata dedi. / O utinam Italiae poti- / us mea fata dedissent, quam premeret cine-/ [res extera terra meos].

„Immer hofft' ich von hier in die Heimat zu gehn mit den Brüdern.
Aber die ließ ich zurück, musst' mich ergeben dem Tod.
Hätt' in Italien mein Schicksal ja lieber beendet als dass
Fremd jetzt die Erde bedeckt Asche, die von mir noch blieb."[16]

Letztlich spricht dieser Text also vom Heimweh dreier aus Italien stammender Brüder, von denen zumindest

einer Marketender war und der Garnison gewiss Versorgungsgüter aus dem Süden beschaffte. Ob die Brüder – wie vorgeschlagen wurde[17] – diesem Beruf zu dritt gemeinschaftlich nachgingen, lässt sich zwar nicht entscheiden; aber es wäre gut denkbar.

3. Versuch einer „Glücksbilanz" – die positiven Aspekte des Soldatenlebens

3.1 Berufliche Erfüllung

Doch die Härten des Dienstes waren nur die eine Seite der Medaille. Andererseits – und auch wenn kein Carnuntiner Denkmal davon berichtet – dürfen wir sicher sein, dass es in der Garnison, in freilich nicht mehr bestimmbarem Ausmaß, das Erlebnis beruflicher Erfüllung gegeben hat. Gerade die Tatsache, dass der Soldat ein hartes Leben hatte, mit dem er aber dennoch zurechtkam, konnte ja Berufsstolz entstehen lassen; und die soldatische Kameradschaft musste dazu führen, dass man sich mit der eigenen Einheit identifizierte und Korpsgeist entwickelte. Einen auf die jeweilige Einheit bezogenen Korpsgeist bescheinigt Tacitus bereits pannonischen Legionen der Zeit um 14 n. Chr.[18]

Eine weitere Quelle beruflicher Zufriedenheit war aber wohl das Bewusstsein, als Soldat eine wichtige Aufgabe für Reich und Kaiserhaus zu erfüllen und dafür Anerkennung zu erfahren. Diese Anerkennung konnte die Form von Lob und von *dona donata* – einer Auszeichnung durch Orden – annehmen, wie sie ein Carnuntiner Grabstein ausdrücklich vermerkt.[19] Sie

---

[15] Vorbeck 1980 (a), n. 12 (gleiche Inschrift wie oben Abschn. 1, Text 5).

[16] Erstpublikation der Inschrift: W. Hameter, in: Kandler 2008, 60 f.; Ergänzung durch Graßl 2009. – *Dedissent*: Möglicherweise Verschreibung des Steinmetzen statt *dedissem*? – „Fremd jetzt die Erde": Denkbar, aber sehr negativ wäre hier auch der von Graßl vorgeschlagene ovidische Ausdruck *barbara terra*, „barbarische Erde".

[17] Graßl 2009, 105 f.

[18] Tacitus, *Annales* 1,18. – Zum Korpsgeist im römischen Heer allgemein Stoll 2001, 106–136.

[19] CIL III 14358.21a = Vorbeck 1980 (a), n. 150. – Vgl. die Darstellung von Orden auf dem Carnuntiner Stein Krüger 1972, n. 390.

konnte aber auch in einer Beförderung, in Prämien oder selbst in Dankbarkeits- und Zufriedenheitsbeweisen des Kaisers bestehen. Ein Fall, in dem diese kaiserliche Dankbarkeit gegenüber der Carnuntiner Legion sogar reichsweit publik gemacht wurde, war eine Maßnahme des Septimius Severus, den die Soldaten Pannoniens in Carnuntum auf den Schild gehoben hatten. Er ließ zum Dank in den Jahren 193 und 194 n. Chr. Gold-, Silber- und Bronzemünzen mit dem Namen der Carnuntiner Truppe prägen (Abb. 3).[20]

Aber die Quellen beruflicher Erfüllung sind noch nicht aufgezählt. Bestand nämlich die Anerkennung des einzelnen Soldaten in einer Beförderung, so kam gewiss zum positiven Selbstgefühl des Beförderten auch ein entsprechender „Chargenstolz"; und hatte der Soldat innerhalb der Garnison eine spezielle Tätigkeit wie die beispielsweise eines Truppenarztes oder eines Militärmusikers, so konnte sich berufliche Zufriedenheit auch aus der Freude und Anerkennung ergeben, die ihm diese Spezialisierung eintrug. Die „dolce vita" des Carnuntiner Trompeters erklärt sich vielleicht nicht zuletzt aus diesem Blickwinkel.[21]

Auf der positiven Seite einer Glücksbilanz wäre jedoch nicht nur die berufliche Erfüllung zu sehen. Wir versuchen im Folgenden einmal aufzulisten, was Beruf und Leben dem Soldaten sonst noch an Annehmlichkeiten bieten konnten.

3.2 Materielle Sicherheit und Vorteile gegenüber Zivilpersonen

Der Satiriker Iuvenal hat im 2. Jahrhundert n. Chr. eine ganze Satire – die leider nur fragmentarisch erhaltene sechzehnte – den Vorteilen gewidmet, die der Soldat nach seiner Meinung gegenüber Zivilpersonen habe. Im erhaltenen Text geht es speziell um Vorteile in Rechtssachen; so beispielsweise darum, dass einem Soldaten sehr viel leichter ein baldiger Termin für eine Gerichtsverhandlung eingeräumt werde.

Ob der Dichter in dieser Liste von Privilegien auch vom Sold gesprochen hat, ist nicht klar. Der Grundsold des gemeinen Soldaten (d. h. ohne Sonderzulagen und Beuteanteile) war bis zu einer Erhöhung am Ende des 2. Jahrhunderts n. Chr. zwar nicht gerade üppig. Gegenüber gering verdienenden Zivilpersonen hatte aber der einfache Legionär die Vorteile eines dauerhaft gesicherten Einkommens, eines Abschiedsgelds zu Beginn des Ruhestands, entfallender Wohnungskosten und freier medizinischer Versorgung. Dazu kam, dass

die Soldaten ihre Einkünfte aufbessern konnten, indem sie zum Beispiel gegen Zinsen Geld verliehen oder Sklaven und freigelassene Angestellte zivilen Erwerbstätigkeiten nachgehen ließen. Bei entsprechend stark fließenden Geldquellen privater Natur (etwa durch Erbe oder Heirat) konnten auch einfache Soldaten reiche Leute sein.[22]

Auf jeden Fall aber war es dem Soldaten möglich, gewisse Rücklagen zu bilden. Sie wurden für ihn in der Lagerkasse aufbewahrt. Dennoch kam es auch vor, dass Soldaten eine Summe lieber einem Versteck anvertrauten. Aus dem Carnuntiner Legionslager sind so mehrere Münzschätze bekannt geworden, bei denen es sich um verborgene und nicht mehr entnommene Gelder handelte.[23]

Vielleicht erklärt sich aus den vorangegangenen Bemerkungen, warum aus dem Legionslager auch ein oder zwei Altäre und möglicherweise die eine oder andere Bronzestatuette des für Handel und Profit zuständigen Gottes Merkur vorliegen.[24] Aber Merkur hatte ja im Olymp nicht nur das „Geldressort" zu verwalten, sondern besaß darüber hinaus eine große Bandbreite weiterer Zuständigkeiten.[25]

Nur am Rand sei schließlich angemerkt, dass die geballte Kaufkraft der in Carnuntum stationierten Truppen für die Wirtschaft der Region von entscheidender Bedeutung war. Allein als Sold für die Legion und für die Reitereinheit im Auxiliarkastell müssen jährlich über 7 Millionen Sesterze kaiserzeitlicher römischer Währung nach Carnuntum geflossen sein. Ein guter Teil davon ist zweifellos vor Ort ausgegeben worden und hat den Wohlstand auch der Zivilbevölkerung gehoben.[26]

3.3 Kameradschaft und Freundschaft

Gleiches Schicksal verbindet. Die große Rolle der schon hervorgehobenen Kameradschaft im Militär versteht sich von selbst. Ein Teil der Carnuntiner Soldatengrabsteine ist denn auch nicht von Partnerinnen oder Verwandten, sondern von Kameraden des Toten aufgestellt worden.[27] Einige von ihnen bezeichnen sich

---

[20] Münzstätte Rom: RIC 14 und 652; Emesa: RIC 358 und 397.

[21] Zum Aufgabenfeld der Heerestrompeter gehörte nicht nur die Verantwortung für die Befehlsübermittlung durch Signale, sondern auch die musikalische Begleitung von Festivitäten (Alexandrescu 2010, 38; Fischer 2012, 231). – Natürlich könnte Musik für unseren Trompeter dienstliche Aufgabe und Hobby zugleich gewesen sein.

[22] Grundsold: Speidel 2009, 428 f. – Außerdienstliche Einkommens- und Vermögensquellen: Wierschowski 1984, pass.

[23] Lagerkasse: Wierschowski 1984, 35 f. und 38. – Münzschätze: Ruske 2007, 399–401 (Schatzfund Carnuntum III); 446–453 (Carn. IV); 465 (Carn. V). Zu Gründen und Umständen einer Schatzverbergung/einer nicht mehr erfolgten Hebung Thüry 2016, 13–28.

[24] Altäre: aus dem Lager stammt CIL III 15190 = Vorbeck 1980 (a), n. 76 = Kremer 2012, n. 343, 174 f. und Taf. 101. Ein möglicher Lagerfund ist auch CIL III 11142 = Kremer 2012, n. 344, 175 und Taf. 101. – Statuetten aus „Lager oder Canabae": Fleischer 1967, n. 52, S. 58 und Taf. 31; n. 54, S. 59 und Taf. 33; n. 68, S. 66 f. und Taf. 37.

[25] Heichelheim 1931.

[26] Zur Bedeutung der Garnisonen für die Wirtschaft des Umlands Wierschowski 1984, 125–151; zu den Soldbeträgen ebd. 213. - Bemerkenswert hoch ist übrigens in Carnuntum der Fundteil der Goldmünzen: Gazdac – Humer – Pollhammer 2014, 8 f.

[27] Vorbeck 1980 (a), n. 16; 57; 90; 138; 146-148; 150; 153; 165; 172; 174;

selbst als Erben, einige auch als Kameraden (?) oder als Freund.[28] In einem Einzelfall heißt es, der Verstorbene sei durch „seine Kollegen" bestattet worden. Fallweise wird in den Inschriften die Herkunft des Toten und des Steinerrichters aus der selben Einheit erwähnt.[29]

Eine besondere Rolle dürfte die Kameradschaft unter Soldaten gespielt haben, die jeweils aus den gleichen Heimatgebieten stammten. So heißt es auf einem Carnuntiner Soldatengrabstein auch, er sei von einem Kameraden errichtet worden, der ein *municeps* des Verstorbenen, also ein Landsmann aus der gleichen Stadt, war.[30] Eine große Legions-, Auxiliar- und Flottengarnison wie Carnuntum wurde natürlich von Menschen der verschiedensten Provenienz bevölkert. Unter Landsleuten konnte Kameradschaft einen besonderen Rückhalt geben und ein gewisser (freilich schwacher) Ersatz für Heimat sein.

Die römische Reichskultur hatte multi-kulturelle Wurzeln; und das Leben in einer Garnison wurde dadurch geprägt. Auch wenn Latein die Kommandosprache und das wichtigste Verständigungsmittel war, darf man sich den Alltag dort nicht nur oder fast nur einsprachig vorstellen. Es muss vielmehr ähnlich zugegangen sein wie in den Garnisonen des k. u. k. Heeres und der k. u. k. Flotte mit ihrer – trotz gemeinsamer deutscher Kommandosprache – alltäglichen Mehrsprachigkeit.[31] Und Menschen gleicher Sprache und Herkunft werden untereinander oft einen besonderen Zusammenhalt gepflegt haben.

3.4 Liebe, Partnerschaft und Sex (Abb. 4-7)

Soldatendasein und Familienleben sind nicht leicht miteinander zu vereinbaren. Das war auch in römischer Zeit so. Damit sich der aktive Soldat vor allem mit seinem Beruf „verheiratet" fühlte, durften niedrigere Diensträngen – bis in die späteste Antike hinein – in der Regel erst im Ruhestand vollgültige Ehen schließen. Das war jedoch eine Regel mit Ausnahmen; und für die höheren Chargen entfielen die Beschränkungen ganz.[32]

Während also der eine Teil der Soldaten im vollen Rechtssinn verheiratet war, gab es für den anderen wenigstens die Option, sich eine Partnerin zu suchen, die man freilich erst im Ruhestand im vollen Sinn des römischen Rechtes heiraten durfte. Solche festen Partnerschaften müssen aber in großer Zahl existiert haben.[33] Und trotz aller Schwierigkeiten, die eine Verbindung mit einem Soldaten bedeutete – von den rechtlichen Einschränkungen über die zeitlichen bis hin zu den Problemen bei einer Versetzung oder durch die Gefahren des Berufes –, war doch auch Liebe und Familienglück möglich. Das wird aus den Grabsteinen deutlich, die von Soldaten für ihre Partnerin – und ebenso umgekehrt – gesetzt wurden.[34] Am besten spiegeln es diejenigen Carnuntiner Grabinschriften wider, in denen sich Soldaten über ihre Partnerin oder umgekehrt Partnerinnen über den Soldaten liebevoll, dankbar und anerkennend äußern. Da werden Soldatenfrauen als „Ehefrau ohne gleichen" (*coniunx incomparabilis*), „allerliebste Ehefrau" (*coniunx carissima*) und „liebevollste Ehefrau" (*coniunx pientissima*) bezeichnet.[35] Zweifach begegnet auch die interessante Formulierung *coniunx obsequentissima*; sie steht für eine Frau, die Wünsche ihres Mannes gern erfüllt.[36] Umgekehrt nennt je eine Soldatenfrau ihren verstorbenen Ehemann ihren „Liebsten" (*carissimus*), den „Liebevollsten" (*pientissimus*) oder bekennt mit der Formel *bene merenti*, dass sie ihm viel verdankt.[37]

Was die Partnersuche betrifft, deuten die Inschriften gelegentlich eine Liebesgeschichte an, die sich zwischen einem Soldaten und seiner Sklavin entwickelt hatte. Nach römischem Recht mussten im Prinzip zwar Sklavinnen und Sklaven nolens volens ihren Herrn zu Willen sein.[38] Dennoch konnten mit dieser Art von Beziehung Liebesgeschichten beginnen, die – in Carnuntum wie anderswo – in Freilassung und feste Partnerschaft mündeten.[39]

Ein weiteres, nicht unwichtiges Element im Sexualleben Carnuntiner Soldaten dürfte natürlich (auch wenn

---

185; 198; 203; 245; 262; 283; 286; 292; Beszédes – Mosser 2002, n. 79 und 94.

[28] Erben: Vorbeck 1980 (a), n. 16; 90; 138; 147; 148; 165; 172; 174; 185; 283; 286; Weber – Selinger 1991-92, n. 187; Beszédes – Mosser 2002, n. 94. – Ausdrückliche Bezeichnung als Freund (*amicus*): ebd. n. 262; als *frater* = Bruder/Stiefbruder/Kamerad, sofern aus den Namen die Verwandtschaft nicht hervorgeht: Vorbeck 1980 (a), n. 150; 198; 203; 245.

[29] Durch „Kollegen": Vorbeck 1980 (a), n. 146 (*per colegas*). – Gleiche Einheit: Vorbeck 1980 (a), n. 16; 57; 138; 165; 172; 185; 283.

[30] Hameter 1988, 111 f.

[31] Ein lebendiges Bild der Sprachsituation speziell in der k. u. k. Flotte vermittelt Kokoschka 2016.

[32] Ehe erst im Ruhestand: Eck 2011; Speidel 2013. – Ausnahmen: Speidel 2013, 210. – „Für die höheren Chargen": wo hier die Grenze verlief, diskutiert Stoll 2008, 41.

[33] Speidel 2013, 208 f.

[34] Wie sich unter den Carnuntiner Soldatengrabsteinen der Anteil der von Frau und Kind errichteten im Lauf der Zeit entwickelt hat, untersucht Alföldy 2000, 55.

[35] *Coniunx incomparabilis*: Vorbeck 1980 (a), n. 12 (gleiche Inschrift wie oben Abschn. 1, Text 5); *carissima*: ebd. n. 63 und 74; *pientissima*: ebd. n. 313.

[36] Weber – Weber-Hiden 2011-12, n. 41: Grabstein eines einundachtzigjährigen Veteranen für seine Frau und zwei kleine Kinder; Beutler 2015, 36 f.: Grabstein eines Zenturio für seine zwanzigjährige Frau, die er *virginia* = „jugendlich" nennt. Die entlarvend un-emanzipatorische Formulierung *obsequentissima* könnte beide Male auch mit einem markanten Altersunterschied der Partner zusammenhängen.

[37] *Vir carissimus*: Vorbeck 1980 (a), n. 200. *Coniunx pientissimus*: ebd. n. 2. *Coniunx bene merens*: ebd. n. 184.

[38] Zur sexuellen Verfügungsgewalt des Herrn über seine Sklaven z. B. Thüry 2015 (a), 102 f.

[39] Ein Carnuntiner Beispiel erwähnt die Inschrift Vorbeck 1980 (a), n. 225.

Abb. 4: Klappmessergriff aus dem Carnuntiner Legionslager (Elfenbein, Länge 12,3 cm; 3. Jh. n. Chr.). Seite a): der Liebesgott Amor im „Kampf" gegen einen Hasen – eine humorige Variation des beliebten Vergleichs der Liebe mit dem Krieg. Links die Siegesgöttin Victoria. - Abb. 5: Der Klappmessergriff Abb. 4, Seite b): Amor mit der Leier; rechts Kopf seiner Mutter Venus. Landessammlungen Niederösterreich, Bad Deutsch-Altenburg/Hainburg

uns sichere Hinweise dafür fehlen) die Prostitution gewesen sein. In Anbetracht der Größe der Carnuntiner Garnison würde es nicht verwundern, wenn in der Nähe der Lager ein Bordell (oder gar mehr als eines) bestanden hätte.[40] Prostitution gab es freilich auch außerhalb von Bordellen; und aus dem römischen Ägypten wissen wir, dass sich dort ein mobiles Service leichter Mädchen etabliert hatte, die ein Lager nach dem anderen besuchten.[41]

Nicht abschätzen lässt sich auch, wie häufig unter Soldaten homosexuelle Beziehungen waren. Mit welcher Offenheit und Selbstverständlichkeit die römische Gesellschaft damit umging, zeigt eindrucksvoll die Grabinschrift eines Carnuntiner Mediziners (eines Zivil- und/oder Militärarztes?) namens Lucius Iulius

Optatus, die uns verrät, dass sein homoerotischer Partner (fututor) sein Grabdenkmal errichtet hat.[42]

Römisches Fundmaterial, das derartige Aussagen macht, ist von der früheren Forschung sehr ungnädig zur Kenntnis genommen worden. So wurde der Optatusstein als ein Dokument aus einem „schwülen Milieu" bezeichnet; und die Carnuntiner Statuette eines Hermaphroditen nannte der bedeutende Carnuntumforscher Erich Swoboda ein „Scheusal".[43] Erst seit der Sexuellen Revolution vor einem halben Jahrhundert betrachten wir solche Zeugnisse des sexuell weithin freien und ungezwungenen römischen Lebens gelassen und mit der gleichen Offenheit und Neugier, die auch allen anderen Aspekten antiker Kultur zukommt.

---

[40] Die unzutreffende Behauptung, ein Bordell sei in Carnuntum bekannt, findet sich bei Davies 1974, 332 (dort entnommen aus dem populären Buch Schreiber – Schreiber 1958, Legende zu Taf. X B).
[41] Prostitution außerhalb von Bordellen: Stumpp 1998, 63–73, 153–169 und 171 f. – „Mobiles Service": Stauner 2015.

[42] Vorbeck 1980 (b), n. 94; Thüry 2015 (a) 71 und 73.
[43] „Schwüles Milieu": Betz 1962, 86; „Scheusal": Swoboda 1964, 98.

Abb. 6: Bleimarke (Durchmesser 14 mm) mit Bild eines Phallus aus Carnuntum. Zu den Deutungsmöglichkeiten solcher Stücke gehören die als Eintrittsmarken für Bordellbesuche oder auch als Spielsteine. Landessammlungen Niederösterreich, Bad Deutsch-Altenburg/Hainburg

Für Leser, die sich mit der römischen Antike nicht viel befasst haben, sei übrigens noch angemerkt, dass die damals – auch in Carnuntum und unter den Lagerfunden hier – ungemein häufigen Beschläge und Anhänger in Genitalienform keine wirklich sexualgeschichtlichen Denkmäler sind. Amulette in dieser Gestalt galten als apotropäisch, als schadenabwehrend, und gehören damit in den Bereich der Magie.

Als schadenabwehrender Zauber sind aber nicht nur diese Genitalamulette zu deuten, sondern ebenso ein steinerner Phallus und eine Steinplatte mit Phallusrelief, die beide im Legionslager zutage kamen.[44]

3.5 Familienleben

Zu den eben erwähnten Einschränkungen, unter denen das Familienleben von Soldaten litt, gehörte die, dass die Partnerinnen der niederen Dienstränge nicht im Lager wohnen durften. Zu den Frauen und Kindern,

die in römischen Lagern geduldet waren, zählten nur Gattinnen, Töchter und Söhne, ev. andere Angehörige und Dienerinnen (?) höherer Offiziere.[45] Dafür, dass außerdem auch weibliches Schankpersonal zeitweisen oder unbegrenzten Zutritt zu den Lagern hatte, besitzen wir bisher erst einen einzigen Hinweis in Gestalt eines Brieffundes aus dem Legionslager von Vindonissa-Windisch in der Schweiz.[46]

Was speziell das Legionslager von Carnuntum angeht, hatte der damalige Ausgräber Maximilian Groller von Mildensee schon 1902 für „nicht ausgeschlossen" erklärt, dass „manche Fundstücke, wie Spinnwirtel, verzierte Toilette- und Schmuckgegenstände u. dgl." auf Frauen zurückgingen, die sich im Lager aufhielten; und 1903 sah er dann im Fund zweier Spinnwirtel „den Beweis, dass Frauen ständig im Lager gewohnt haben".[47] Tatsächlich sind im Carnuntiner Museumsdepot solche Gegenstände aus dem Legionslager vorhanden und führt auch die Literatur über die Grabungen immer wieder Objekte auf, die sich mehr oder weniger sicher mit Frauen oder auch mit Kindern verbinden lassen (Spinnwirtel; Haarnadeln; anderer Schmuck; und eine Amulettkapsel für Kinder, eine *bulla*[48]). Grundsätzlich ist freilich nicht auszuschließen, dass Soldaten den einen oder anderen dieser Gegenstände in ihr Lager gebracht haben könnten, weil sie ihn zum Beispiel noch verschenken wollten oder weil er ein Erinnerungsstück war. Und speziell bei den Spinnwirteln ist zu bedenken, dass vielleicht mit soldatischen Textilarbeiten aus Wolle zu rechnen ist.[49]

Auch wenn es also in den Carnuntiner Kastellen in wohl gewisser Anzahl Frauen und Kinder gegeben hat, spielte sich das Familienleben des gemeinen Soldaten außerhalb ab; in der Regel wohl in der Lagervorstadt, in den *canabae*. Hier lebten Partnerinnen, hier andere Angehörige, und hier wuchsen die meisten Soldatenkinder auf.

Wie sehr auch die Kinder eine Freude und ein Teil des Lebensinhalts von Soldaten waren, führen uns die Carnuntiner Inschriften vor Augen, die oben in Abschnitt 1, Nr. 3–5 besprochen wurden.

[44] Zu Amuletten grundsätzlich Thüry 2015 (a) 96–100. Ein halb fertiges phallisches Hirschhornamulett aus dem Auxiliarlager zeigt übrigens, dass solche Objekte auch von Carnuntiner Soldaten selbst hergestellt wurden (Stiglitz 1985). – „Steinerner Phallus": von Groller 1903, 118; „Phallusrelief": von Groller 1908, 40 f. mit Abb. 17.1. Kremer 2012 kennt davon nur das erstmals 1903 publizierte Stück (n. 164, S. 92). Sie sieht darin eine mögliche Weihegabe. – Über Phallussteine als Apotropaia z. B. Thüry 2015 (a) 98–100. Die dem Verf. bei Dumas 2016, 16 f. unterstellte Äußerung über die Funktion solcher Steine beruht auf Verwechslung von Autoren.

[45] Stoll 2008, 36, 38 f. und 47.
[46] Speidel 1996, 79 f. und Text 45. Ein zweiter von Speidel genannter Text (Nr. 44) lässt sich weder sicher auf eine Örtlichkeit im Lager noch auf eine Dame aus dem Gastgewerbe beziehen.
[47] von Groller 1902, 90; 1903, 109.
[48] Spinnwirtel: von Groller 1901, 50; 1903, 109; 1904, 82; 1905, 103. Grünewald 1981, 13 f. – Haarnadeln: von Groller 1901, 51; 1902, 108 f.; 1903, 118; 1905, 114; 1909, 59. Grünewald 1981, 22 f. – Andere Schmuckgegenstände: von Groller 1901, 83 f.; 1905, 112 f.; 1908, 42; 1909, 63. Grünewald 1981, 21. – Bulla: von Groller 1909, 59. – Ein angeblicher „Kinderpanzer" (von Groller 1903, 104 f.) ist dagegen eine Fehldeutung (freundliche Auskunft Prof. Dr. H. Ubl).
[49] Kaiser 2008, 55.

3.6 Konsum

Das Lebensglück moderner Menschen definiert sich zum Teil auch durch den Konsum. Die Antike war zwar von der heutigen Konsumgesellschaft noch weit entfernt; aber ein breites Warenangebot, ein entsprechendes Konsumdenken und die schon in Abschnitt 1, Text Nr. 2 erwähnte Kritik daran hat es durchaus gegeben.[50] Die Einkommensverhältnisse römischer Soldaten erlaubten ihnen auch, den Verlockungen der damaligen Warenwelt ein Stück weit nachzugeben. Wenigstens für die speziellen Bereiche des Essens und des Trinkens wird das in den beiden folgenden Abschnitten deutlich werden.

3.6.1 Essen

Um ihre Verpflegung brauchten sich die Soldaten an sich nicht zu sorgen. Im Lager wurden feste Rationen an Getreide, Fleisch, eventuell Käse, Gewürzen, Essigwasser (posca) und anderem ausgegeben.[51] Wer damit nicht satt zu werden meinte oder wer qualitätsmäßig höhere Ansprüche stellte, der konnte aber Nahrungsmittel zukaufen oder sich etwa von Verwandten schicken lassen. Diese Zusatzversorgung mit Lebensmitteln eigener Wahl hat man geradezu als ein „Hauptanliegen" römischer Soldaten bezeichnet.[52]

Welche Lebensmittel durch Funde in den Carnuntiner Lagern nachgewiesen sind, zeigt Tab. 1.[53] Vieles, was dort verzeichnet ist, stammte sicher aus der Region: Karpfenfische und Wels aus der Donau; das Schlachtvieh gewiss teilweise aus den Herden der Legion; und die meisten Produkte der „grünen Küche" aus dem Carnuntiner Umland. Dass es dort Obstgärten und Weinberge gab, ist bekannt; und auch Getreide muss angebaut worden sein.[54] In Anbetracht des gewaltigen Getreidebedarfs einer großen Garnison war aber das Einzugsgebiet dafür zweifellos weit ausgedehnt.[55]

Tab. 1: Lebensmittelfunde aus dem Carnuntiner Legionslager und Auxiliarkastell (Literaturbelege in Anm. 53)

• Fische, Fischsaucen und Meeresfrüchte
   • Karpfenfische
   • Wels
 	
IMPORTE:
   • Auster
   • Fischsauce (garum)

• Fleischküche
   • Rind
   • Schaf
   • Schwein
   • Taube

• „Grüne Küche"
   • Getreide (Auswahl)
      • Gerste
      • Hirse
      • Weizen
 	
   • Getreideprodukte
      • Gerstenbrot
 	
   • Hülsenfrüchte
      • Pferdebohne
      • Erbse
      • Linse
 	
   • Obst/Früchte
      • Apfel
      • Birne
      • Erdbeere
      • Weintraube
 	
IMPORTE:
   • Feige
   • Melone/Kürbis
   • Olive
   • Olivenöl

• Getränke
   • Wasser
   • Wein
 	
• IMPORTE:
   • Südwein

Bei genauerer Betrachtung der Fundberichte über Nahrungsmittelreste fällt zunächst auf, dass bei Getreide und Getreideprodukten Gerste und Hirse dominieren. Vor allem Gerste kam in größeren Mengen zutage und wurde auch in einer spätantiken Bäckerei zu Brot verarbeitet. Sie stand zwar auf dem Gelände des Legionslagers, gehörte aber erst zu einem nachlagerzeitlichen Wehrbau des 5. Jahrhunderts n. Chr.

---

[50] Zu Warenwelt, Konsumdenken und Konsumkritik in der römischen Antike vgl. Thüry 2004. – Speziell für die rätische Limeszone nähert sich dem Thema jetzt Pausch u. a. 2016.

[51] Junkelmann 1997, 86 f.

[52] Wierschowski 1984, 112.

[53] Literaturbelege dazu: Bezeczky 1997 (a) und (b) (Fischsaucen, Oliven, Öl, Südwein); Ehmig 1997 (garum); von Groller 1901, 44 (Gerste, Hirse, Erbse); von Groller 1902, 71–73, 99–102, 114 und 116 (Auster, Rind, Schwein, Gerstenbrot); von Groller 1903, 121 (Gerste); Kandler 2008, 35 (Fische, Schaf, Schwein, Taube, Weizen, Linse, nicht importiertes Obst, Feige, Melone/Kürbis); Kat. Carnuntum 2009, 131 (Pferdebohne); Nowotny 1914, 73 (Gerste, Hirse, Erbse, Linse).

[54] Weinbau: Thüry 2006, 338. Vgl. ergänzend die Carnuntiner Rebmesserfunde: Pohanka 1981, 30 f.; 1986, n. 152, 157 und n. 262–264 (hier zu Reliefbildern von Rebmessern). – Für Obstanbau spricht ein Carnuntiner Bild des Priap in seiner Eigenschaft als Schutzherr der Gärten und Obstplantagen: Kremer 2012, n. 205, S. 113; Thüry 2015 (a) 93 f. – Getreideanbau ist für den Nahraum durch Funde von Acker-/Erntegerät belegt: Pohanka 1981, 2–12 und 17–23; 1986, n. 6, 22 f., 27, 106–108, 111, 115 f., 124–126 und 131.

[55] Vgl. auch Draxler – Thanheiser – Zabehlicky 2005, 651.

Abb. 7: Elfenbeinplättchen (Höhe 5,5 cm) aus dem Carnuntiner Legionslager. Der Liebesgott Amor trägt hier den Bogen und transportiert auf den Schultern einen Weinschlauch. Landessammlungen Niederösterreich, Bad Deutsch-Altenburg/Hainburg

ehemaliger Provinzgouverneur von Oberpannonien und hatte im Carnuntiner Statthalterpalast residiert, der wohl gleich neben dem Legionslager stand.[59] Seine Zeit in Pannonien behielt er aber in offenbar nicht allzu guter Erinnerung. Abgesehen vom Thema der Gerste, Hirse und des Biers notiert er noch[60]: der wenige Wein, der dort wachse, sei von „schlechtester Qualität"; Ölbäume besäßen die Pannonier gar keine; sie lebten „die meiste Zeit in bitterstem Schlechtwetter"; und sie „haben nichts Schönes, wofür sich das Leben lohnt." Kein Wunder, dass die Pannonier „die härtesten Männer" seien, „die wir kennen".

Dass es in Pannonien nichts gebe, wofür sich das Leben lohnt, ist zwar eine im Zusammenhang mit unserem Thema interessante Äußerung. Aber das Urteil des Dio war natürlich kräftig übertrieben. Was speziell die Küche in Carnuntum betraf, konnten sich auch Soldaten, die aus dem Süden des Reiches stammten, ein Stück weit – soweit es der Sold gestattete – durch Nahrungsmittelimporte trösten. In Tab. 1 sind an solchen Importen aufgelistet: Austern, Fischsauce, Feige, Melone/Kürbis, Olive, Olivenöl und Südweine. Durch erhaltene Pinselinschriften wissen wir, dass sich Offiziere Amphoren beispielsweise mit südspanischer Fischsauce nach Carnuntum kommen ließen.[61]

3.6.2 Trinken (Abb. 7)

Ein Hans-Moser-Film aus dem Jahr 1946 entwarf ein recht ungewöhnliches Porträt des antiken Carnuntum. Anders als Cassius Dio, wussten die darin gezeigten Legionäre den Carnuntiner Wein zu schätzen; und zwar so sehr, dass es ihnen nicht mehr gelang, beim Antreten gerade zu stehen.[62] Daran mag so viel richtig sein, dass die Lager nicht nur mit den erwähnten Importweinen, sondern außerdem mit Wein – und wohl ebenso mit Bier – aus der Region beliefert wurden.

Richtig ist aber auch, dass wir in der antiken Literatur von Vorwürfen gegenüber der einen oder anderen römischen Armeegruppe wegen übermäßigen Alkoholkonsums (wie überhaupt wegen der Liebe der Soldaten zum Bankettieren) hören.[63] Wenigstens zum Teil sind das aber Übertreibungen oder gar falsche Behauptungen gewesen, die Zustände oder Kommandeure in ein bestimmtes Licht rücken sollten; und für Carnuntum fehlt uns für solche Exzesse jeder Anhaltspunkt.

Brotlaibe und Teigreste sind dort durch Inkohlung gut erhalten.[56]

Nun müssen wir zwar damit rechnen, dass die Gerste teilweise ein Rest von Tierfutter gewesen sein könnte. Aber die spätantiken Brotfunde belegen sie zumindest für diese Zeit als Nahrungsmittel. Dazu passen ebenso andere römische Gerstenfunde der Region wie der Bericht des Historikers Cassius Dio, dass die Pannonier Gerste und Hirse „essen und trinken" (wobei sich das „Trinken" natürlich auf Bier bezieht. Produktion von Bier ist in Carnuntum auch nachgewiesen).[57] In den Augen des Südländers Dio waren das merkwürdige Ernährungsgewohnheiten; denn für Gerste, Hirse und Bier hatte man im Süden nicht viel Sympathie übrig.[58]

Cassius Dio musste eigentlich wissen, worüber er schrieb. Dio verdankte seine Informationen nicht der Lektüre oder dem Hörensagen, sondern war selbst ein

---

[56] „Gerste in größeren Mengen": nach von Groller 1901, 44 „vier Schiebtruhen". – Publikation der Bäckereifunde bei von Groller 1902, 68–73 und 98–102. Zu den im Brot verwendeten Getreiden zuletzt Werneck 1961, 110; zur Datierung der Bäckerei Kandler 1977, 642 und 660 bzw. Vetters 1963, 159–161.
[57] Dio 49,36,3. Vgl. dazu Thüry 2006; zu den anderen Gerstenfunden dort 339. Produktionsnachweis für Bier: Thanheiser – Heiss 2014, 127.
[58] Thüry 2006, 339.

[59] Dazu zuletzt Schäfer 2014, 258–264.
[60] Dio 49,36,2 f.
[61] Ehmig 1996, 36–42; Ehmig 1997.
[62] Filmkomödie „Die Welt dreht sich verkehrt" (Drehbuch: J. A. Hübler-Kahla – K. Nachmann, 1946).
[63] Vgl. z. B. Stoll 2001, 61 f.

3.7 Würfel und Amphitheater

Ein anderer klischeehafter Vorwurf gegenüber pflichtvergessenen Soldaten bezog sich auf ihre Vergnügungssucht und Spielleidenschaft.[64] Auch daran ist grundsätzlich etwas richtig: dass nämlich Soldaten die allgemeine römische Liebe zum Glücksspiel teilten und dass ihnen als Unterhaltungsprogramm Spielveranstaltungen geboten wurden.

Als Beleg für soldatische Spielsucht in Carnuntum ist (abgesehen von Würfel- und Spielsteinfunden) ein einziges auf einem Ziegel eingeritztes Brettspiel aus dem Legionslager keine ausreichende Basis.[65] Etwas besser sind wir über einige Erholungsstätten unterrichtet, die den Soldaten der Garnison zur Verfügung standen: nämlich einerseits Badeanlagen, wovon eine innerhalb des Auxiliarkastells untersucht wurde; und andererseits das neben dem Legionslager gelegene Militäramphitheater (Amphitheater I), das allerdings auch dienstlichen Zwecken wie militärischen Übungen und dergleichen gedient haben dürfte. Wenn der Verdacht zutrifft, dass Carnuntum eine Gladiatorenschule besessen hat, war an Akteuren für die Spiele kein Mangel.[66]

Dass es außerdem in Carnuntum Anhänger des in Rom beliebten Sports der Wagenrennen gegeben hat (wurde er womöglich hier auch betrieben?), scheint ein Graffito aus der Lagervorstadt anzudeuten. Es stand auf der Wandscherbe eines Gefäßes, auf der Otto Hirschfeld außer nicht mehr ergänzbaren Schriftresten den Satz las: *Scorpianus [agita-] / tor factionis [albae?] / natione Afer / vicit DCC* – „Der Wagenlenker Scorpianus vom Rennstall der Weißen (?) – er stammt aus Nordafrika – hat 700 Siege errungen."[67] Der Fund war wohl ein Ostrakon, d. h. eine zu Notizzwecken wiederverwendete Topfscherbe; und darauf hatte sich jemand diesen Satz notiert. Der hier genannte Scorpianus vom Rennstall der Weißen ist aber ein Star der Sportszene im fernen Rom gewesen und kann mit Carnuntum zumindest nicht in irgendeine Art von gesichertem Zusammenhang gebracht werden.

Auf eine außerdienstliche sportliche Betätigung römischer Soldaten selbst besitzen wir übrigens keinen Hinweis.[68]

3.8 Kultur und Bildung

Was den Bildungsgrad römischer Soldaten angeht, reicht das Spektrum der Möglichkeiten von Analphabeten bis hin zu Männern wie dem Veteranen der Carnuntiner 15. Legion, der in Scarbantia/Sopron eine Art von Volksschullehrer (*magister ludi*) war.[69] Gelegentliche Äußerungen der antiken Literatur über Einfalt und bäuerliche Umgangsformen in pannonischen Truppeneinheiten[70] dürfen uns nicht etwa dazu verleiten, alle Soldaten Pannoniens in dieser Hinsicht in einen Topf zu werfen. Auch die Beobachtung von Erna Diez, dass die Carnuntiner Sepulkralkunst nicht viel Sinn für die sonst so beliebten Szenen der griechischen Mythologie hatte, sollte man – so interessant sie ist – in Hinblick auf die Frage des Bildungsniveaus nicht überbewerten.[71]

Dass nämlich zu den Freuden Carnuntiner Soldaten auch solche intellektueller Natur gehören konnten, zeigen die teilweise schon zitierten Grabinschriften und Grabgedichte, in denen sich Originalität und ein Sinn der Verfasser für Sprache äußert.[72] Das gilt selbst in solchen Fällen, in denen diese Verfasser womöglich nicht die Soldaten selbst waren. Dabei sollten wir übrigens nicht vergessen, dass Bildung, wie sie solche Grabtexte beweisen, als eine Voraussetzung für eine Heroisierung der Toten galt.[73]

Wir werden damit zu rechnen haben, dass auch der eine oder andere in den Lagern Bücher las. Ein Zitat wahrscheinlich des Dichters Valerius Flaccus in einer Ziegelinschrift aus dem Wiener Legionslager ist ein warnender Hinweis, die intellektuellen Qualitäten der Menschen bzw. der Soldaten Pannoniens nicht zu unterschätzen.[74]

4. Und wann hatten Soldaten Zeit für Glück?

Wie angekündigt, fragen wir nun zum Schluss: Wann blieb dem aktiven Soldaten Zeit, die schönen Seiten des Lebens zu genießen? Dabei deckt sich diese Frage nicht ganz mit der nach dem täglichen Dienstende und nach Dienstfreistellungen. Der Dienst musste ja nicht unbedingt beendet sein, damit der Soldat Erfüllung

---

[64] Z. B. Stoll 2001, 61.

[65] von Groller 1903, 121. Spielstein-/Würfelfunde: von Groller 1901, 83; Grünewald 1981, 14, 21, 23.

[66] Zum Bad des Auxiliarkastells zuletzt Kandler 2011. – Zum Amphitheater Boulasikis 2011 und die einschlägigen Beiträge bei Humer – Boulasikis – Konecny 2016. – Zur Frage der Gladiatorenschule Humer u. a. 2014.

[67] Hirschfeld 1878, 187 f. mit Abb. 187; CIL III 12013.9; Kubitschek – Frankfurter 1923, 92.

[68] Zu diesem Thema Aigner 1987.

[69] Analphabeten: z. B. Speidel 2009, 533; *magister ludi*: AE 1914, 6. – Über das Bildungsniveau in Nordwestpannonien allgemein Thüry 2014, 277–279.

[70] Dio 75,2,6; Fronto, *Principia historiae* 13; Herodian 2,9,11.

[71] Diez 1964, 46 f.

[72] Grabgedichte: CIL III 4483 = Vorbeck 1980 (a), n. 151; CIL III 11229 = Vorbeck 1980 (a), n. 232; Vorbeck 1980 (a), n. 12 und n. 201 = Cugusi 2007, n. 3 und 10; Vorbeck 1980 (b), n. 135 = Cugusi 2007, n. 4; Vorbeck 1980 (b), n. 181; Graßl 2009. – Nicht metrische, aber originell bzw. gewandt formulierte Inschriften sind auch die Texte Vorbeck 1980 (a), n. 84 und 191.

[73] Marrou 1937, 231–257.

[74] Zu dieser Inschrift Thüry 2015 (b).

im Beruf empfinden, Kameradschaft erleben und sich seiner materiellen Absicherung bewusst sein konnte.

Gelegenheit für Freizeitaktivitäten mag aber (abgesehen von Beurlaubungen) mit einem täglichen Dienstschluss gekommen sein, der für den Nachmittag vermutet wird. Soldaten, die nicht Wachdienste oder Spezialaufgaben hatten, konnten dann bis zum Abend über ihre Zeit verfügen. Ab dem Ende des 2. Jahrhunderts n. Chr. durften Soldaten in der dienstfreien Zeit auch bei ihren Partnerinnen und Familien außerhalb des Lagers wohnen.[75]

Spätestens zur Tagwache oder zu Dienstbeginn des Folgetages mussten sie natürlich im Lager zurück sein.

Abgekürzt zitierte Literatur

AEM: Archaeologisch-epigraphische Mittheilungen aus Oesterreich-Ungarn.

Aigner 1987: H. Aigner, Ein römischer Legionär beim Training für Olympia: die „logische" Fiktion von Uderzo und Goscinny. In: Berichte vom 2. Österreichischen Althistorikertreffen in Mauterndorf im Lungau 1985 (Salzburg 1987) 36–43.

Alexandrescu 2010: C.-G. Alexandrescu, Blasmusiker und Standartenträger im römischen Heer. Untersuchungen zur Benennung, Funktion und Ikonographie (Cluj-Napoca 2010).

Alföldy 2000: G. Alföldy, Das Heer in der Sozialstruktur des Römischen Kaiserreiches. In: G. Alföldy – B. Dobson – W. Eck, Hgg., Kaiser, Heer und Gesellschaft in der Römischen Kaiserzeit. Gedenkschrift für Eric Birley. Heidelberger althistorische Beiträge und epigraphische Studien 31 (Stuttgart 2000) 33–57.

Beszédes – Mosser 2002: J. Beszédes – M. Mosser, Die Grabsteine der Legio XV Apollinaris in Carnuntum. Carnuntum Jahrbuch 2002, 9–98.

Betz 1962: A. Betz, Das Grabmal des Optatus medicus. Carnuntum Jahrbuch 1961/62, 84–86.

Beutler 2015: F. Beutler, Grabdenkmäler für eine römische Wasserleitung. Acta Carnuntina 5, 2015, Heft 2, 36–45.

Bezeczky 1997 (a): T. Bezeczky, Amphorae from the Auxiliary Fort in Carnuntum. In: H. Stiglitz, Hg., Das Auxiliarkastell Carnuntum 1. Forschungen 1977–1988. Sonderschriften Österreichisches Archäologisches Institut 29 (Wien 1997) 147–178.

Bezeczky 1997 (b): T. Bezeczky, Amphorae from the South Area of the Auxiliary Fort at Carnuntum. In: M. Kandler, Hg., Das Auxiliarkastell Carnuntum 2. Forschungen seit 1989. Sonderschriften Österreichisches Archäologisches Institut 30 (Wien 1997) 173–181.

Boulasikis 2011: D. Boulasikis, Das Amphitheater I von Carnuntum. Acta Carnuntina 1, 2011, 34–39.

Buora – Jobst 2002: M. Buora – W. Jobst, Hgg., Roma sul Danubio (Udine 2002).

Cugusi 2007: P. Cugusi – M. T. Sblendorio Cugusi, Studi sui carmi epigrafici. Carmina Latina epigraphica Pannonica (Bologna 2007).

Davies 1974: R. W. Davies, The Daily Life of the Roman Soldier under the Principate. In: ANRW II 1 (Berlin – New York 1974) 299–338.

Decker – Gangl – Kandler 2006: K. Decker – G. Gangl – M. Kandler, The Earthquake of Carnuntum in the Fourth Century A. D. – Archaeological Results, Seismologic Scenario and Seismotectonic Implications for the Vienna Basin Fault, Austria. Journal of Seismology 10, 2006, 479–495.

Diez 1964: E. Diez, Mythologisches aus Carnuntum. Carnuntum Jahrbuch 1963/64, 43–47.

Draxler – Thanheiser – Zabehlicky 2005: I. Draxler – U. Thanheiser – H. Zabehlicky, Eine kaiserzeitliche Tenne aus der Villa von Bruckneudorf/Parndorf, Burgenland, Österreich. In: Limes XIX. Proceedings of the XIXth International Congress of Roman Frontier Studies (Pécs 2005) 651–656.

Dumas 2016: C. Dumas, L'art érotique antique (Sophia Antipolis 2016).

Eck 2011: W. Eck, Septimius Severus und die Soldaten. Das Problem der Soldatenehe und ein neues Auxiliardiplom. In: In omni historia curiosus. Studien zur Geschichte von der Antike bis zur Neuzeit. Festschrift für Helmuth Schneider (Wiesbaden 2011) 63–77.

Ehmig 1996: U. Ehmig, Garum für den Statthalter. Eine Saucenamphore mit Besitzerinschrift aus Mainz. Mainzer Archäologische Zeitschrift 3, 1996, 25–56.

Ehmig 1997: U. Ehmig, M – Eine Amphore sucht ihren Inhalt. Carnuntum Jahrbuch 1997, 9–21.

Ehmig 2012: U. Ehmig, adversus vota/contra votum. Epigraphica 74, 2012, 201–215.

Ehmig 2013: U. Ehmig, Pro und contra. Erfüllte und unerfüllte Gelübde in lateinischen Inschriften. Historische Zeitschrift 296/2, 2013, 209–329.

Fischer 2012: Th. Fischer, Die Armee der Caesaren. Archäologie und Geschichte (Regensburg 2012).

Fleischer 1967: R. Fleischer, Die römischen Bronzen aus Österreich (Mainz 1967).

Gazdac – Humer – Pollhammer 2014: C. Gazdac – F. Humer – E. Pollhammer, In the Shadow of the Heathens' Gate. The Black Book of the Gold Coins from Carnuntum (Cluj-Napoca 2014).

Graßl 2009: H. Graßl, Das Grabepigramm für L. Cominius Firmus aus Carnuntum. Römisches Österreich 32, 2009, 103–106.

von Groller 1901: M. von Groller, Das Lager von Carnuntum. RLÖ 2, 1901, 15–84.

von Groller 1902: M. von Groller, Grabungen im Lager Carnuntum. RLÖ 3, 1902, 31–116.

---

[75] Dienstschluss: z. B. Johnson 1987, 47; Kaiser 2008, 106. – Beurlaubungen: Kaiser 2008, 109–113; Wesch-Klein 2000. – Wohnen außerhalb des Lagers: Eck 2011, 76.

von Groller 1903: M. von Groller, Grabungen im Lager Carnuntum. RLÖ 4, 1903, 53–122.

von Groller 1904: M. von Groller, Grabung im Legionslager Carnuntum. RLÖ 5, 1904, 33–92.

von Groller 1905: M. von Groller, Das Lager Carnuntum. RLÖ 6, 1905, 63–114.

von Groller 1908: M. von Groller, Die Grabungen in Carnuntum. RLÖ 9, 1908, 1–80.

von Groller 1909: M. von Groller, Die Grabungen in Carnuntum. RLÖ 10, 1909, 1–78.

Grünewald 1981: M. Grünewald, Die Kleinfunde des Legionslagers von Carnuntum mit Ausnahme der Gefäßkeramik. RLÖ 31, 1981.

Hameter 1988: W. Hameter, Vier unpublizierte Inschriften aus Carnuntum. Römisches Österreich 15/16, 1987–1988, 111–115.

Hauser – von Schneider – von Domaszewski 1886: A. Hauser – R. von Schneider – A. [von] Domaszewski, Ausgrabungen in Carnuntum 1885. AEM 10, 1886, 12–41.

Heichelheim 1931: [F. M.] Heichelheim, Mercurius. RE 15 (Stuttgart 1931) 975–1016.

Hild 1968: F. Hild, Supplementum epigraphicum zu CIL III: Das pannonische Niederösterreich, Burgenland und Wien 1902-1968. Maschinschriftliche Dissertation Wien 1968.

Himmler 2011: F. Himmler, Untersuchungen zur schiffsgestützten Grenzsicherung auf der spätantiken Donau (3.-6. Jh. n. Chr.). BAR International Series 2197 (Oxford 2011).

Hirschfeld 1878: O. Hirschfeld, Ausgrabungen in Carnuntum. AEM 2, 1878, 176–189.

Holy 1914: J. Holy, Die Kaserne als Schule für das Volk. In: Die Wehrmacht der Monarchie. Moderne Illustrierte Zeitung 14, Nr. 10/11, Mai–Juni 1914, 68–72.

Humer u. a. 2014: F. Humer u. a., Die Grabungen 2014 im Bereich der Gladiatorenschule von Carnuntum. Carnuntum Jahrbuch 2014, 167–172.

Humer – Boulasikis – Konecny 2016: F. Humer – D. Boulasikis – A. Konecny, Hgg., Das Amphitheater der Lagerstadt Carnuntum (o. O. [aber St. Pölten] 2016).

Johnson 1987: A. Johnson, Römische Kastelle (Mainz 1987).

Junkelmann 1997: M. Junkelmann, Panis militaris. Die Ernährung des römischen Soldaten oder der Grundstoff der Macht (Mainz 1997).

Kaiser 2008: A. Kaiser, Excubias. Römischer Militäralltag auf der Basis von Papyri und Ostraka. Maschinschriftliche Magisterarbeit Salzburg 2008.

Kandler 1977: M. Kandler, Legionslager und canabae von Carnuntum. In: ANRW II 6 (Berlin – New York 1977) 626–700.

Kandler 2008: M. Kandler, Das Reiterlager von Carnuntum. Kleine Führer zu archäologischen Denkmälern 2 (Wien 2008).

Kandler 2011: M. Kandler, Das Bad des Alenkastells von Carnuntum. In: Humer – Konecny 2011, 47–62.

Kat. Carnuntum 2009: F. Humer, Hg., Von Kaisern und Bürgern (o. O. [aber St. Pölten] 2009).

Kokoschka 2016: B. Kokoschka, Ketten in das Meer (Wien 2016).

Kremer 2012: G. Kremer, Götterdarstellungen, Kult- und Weihedenkmäler aus Carnuntum. Corpus Signorum Imperii Romani Österreich, Carnuntum Supplement 1 (Wien 2012).

Krüger 1972: M.-L. Krüger, Die Reliefs des Stadtgebietes von Carnuntum. 2. Teil: Die dekorativen Reliefs. Corpus Signorum Imperii Romani Österreich 1, 4 (Wien 1972).

Kubitschek – Frankfurter 1923: W. Kubitschek – S. Frankfurter, Führer durch Carnuntum (Wien 6. Aufl. 1923).

Marrou 1937: H. I. Marrou, Mousikos aner (Grenoble 1937).

Nowotny 1914: E. Nowotny, Die Grabungen im Standlager zu Carnuntum 1908–1911. RLÖ 12, 1914.

Pausch u. a. 2016: M. Pausch u. a., Hgg., Konsum. Einblicke in einen Wirtschaftsraum am Raetischen Limes ([Ausstellungsbegleitband] Rednitzhembach 2016).

Pohanka 1981: R. Pohanka, Die landwirtschaftlichen Geräte der römischen Kaiserzeit aus Carnuntum. Mitteilungen der Gesellschaft der Freunde Carnuntums 1981, Heft 4.

Pohanka 1986: R. Pohanka, Die eisernen Agrargeräte der Römischen Kaiserzeit in Österreich. BAR International Series 298 (Oxford 1986).

RLÖ: Der römische Limes in Österreich.

Ruske 2007: A. Ruske, Die Carnuntiner Schatzfunde. In: M. Alram – F. Schmidt-Dick, Hgg., Numismata Carnuntina 1 (Wien 2007) 341–476.

Schäfer 2014: F. F. Schäfer, Praetoria. Paläste zum Wohnen und Verwalten in Köln und anderen römischen Provinzhauptstädten (Köln – Mainz 2014).

Schreiber – Schreiber 1958: H. und G. Schreiber, Vanished Cities (London 1958).

Speidel 1978: M. P. Speidel, Guards of the Roman Armies. Antiquitas 1, 28 (Bonn 1978).

Speidel 1996: M. A. Speidel, Die römischen Schreibtafeln von Vindonissa. Veröffentlichungen der Gesellschaft Pro Vindonissa 12 (Brugg 1996).

Speidel 2009: M. A. Speidel, Heer und Herrschaft im Römischen Reich der hohen Kaiserzeit (Stuttgart 2009).

Speidel 2013: M. A. Speidel, Les femmes et la bureaucratie. Quelques réflexions sur l'interdiction du mariage dans l'armée romaine. In: Cahiers du centre Gustave Glotz 24, 2013, 205–215.

Stauner 2015: K. Stauner, New Documents from the Roman Military Administration in Egypt's Eastern Desert: The Ostraca from the Praesidium of Didymoi. In: B. Takmer u. a., Hgg., Vir doctus Anatolicus.

Studies in Memory of Sencer Sahin (Istanbul 2015) 894–913.

Stiglitz 1985: H. Stiglitz, Ein Amulett aus Carnuntum. In: Pro arte antiqua. Festschrift für Hedwig Kenner 2, Sonderschriften Österreichisches Archäologisches Institut 18/2 (Wien – Berlin 1985) 333 f.

Stoll 2001: O. Stoll, Römisches Heer und Gesellschaft. Gesammelte Beiträge 1991–1999 (Stuttgart 2001).

Stoll 2008: O. Stoll, „Incedere inter milites, habere ad manum centuriones ... iam et exercitus regerent!" Frauen und römisches Militär – eine schwierige Beziehung? In: U. Brandl, Hg., Frauen und römisches Militär. BAR International Series 1759 (Oxford 2008) 20–51.

Stumpp 1998: B. E. Stumpp, Prostitution in der römischen Antike (Berlin 2. Aufl. 1998).

Swoboda 1964: E. Swoboda, Carnuntum. Seine Geschichte und seine Denkmäler (Graz – Köln 4. Aufl. 1964).

Thanheiser – Heiss 2014: U. Thanheiser – A. G. Heiss, Die pflanzliche Ernährung der Carnuntiner. In: F. Humer, Hg., Carnuntum. Wiedergeborene Stadt der Kaiser (Darmstadt 2014) 126–128.

Thüry 2003: G. E. Thüry, Vita Carnuntina. Von der Wiege bis zur Bahre: Stationen eines Römerlebens (Carnuntum 2003).

Thüry 2004: G. E. Thüry, Warenwelt und Subsistenz. Zur Konsumgeschichte der Prinzipatszeit. Historicum, Zeitschrift für Geschichte, Frühlingsnummer 2004, 30–36.

Thüry 2006: G. E. Thüry, „Erbärmlichst lebende Menschen"? Vom Pannonienbild der Südländer und von Ernährung und Lebensqualität im frühen Carnuntum. In: F. Humer, Hg., Legionsadler und Druidenstab, Textband (o. O. [aber St. Pölten] 2006) 337–344.

Thüry 2013: G. E. Thüry, SPES AMORE. Eine neue Inschriftfibel aus dem römischen Wels. In: Calamus. Festschrift für Herbert Graßl (Wiesbaden 2013) 549–567.

Thüry 2014: G. E. Thüry, „Provinzialrömische Kultur" – was ist das? Aspekte des Phänomens in Noricum und Westpannonien. In: Ein kräftiges Halali aus der Römerzeit! Norbert Heger zum 75. Geburtstag (Salzburg 2014) 273–288.

Thüry 2015 (a): G. E. Thüry, Liebe in den Zeiten der Römer. Archäologie der Liebe in der römischen Provinz (Mainz 2015).

Thüry 2015 (b): G. E. Thüry, Ein Dichterzitat aus dem römischen Wien und die Frage der Bildungszeugnisse auf Ziegeln. In: M. Scholz – M. Horster, Hgg., Lesen und Schreiben in den römischen Provinzen (Mainz 2015) 179–185.

Thüry 2016: G. E. Thüry, Die antike Münze als Fundgegenstand. Kategorien numismatischer Funde und ihre Interpretation (Oxford 2016).

Vetters 1963: H. Vetters, Zur Spätzeit des Lagers Carnuntum. Österreichische Zeitschrift für Kunst und Denkmalpflege 17, 1963, 157–163.

Vorbeck 1980 (a): E. Vorbeck, Militärinschriften aus Carnuntum (Wien 2. Aufl. 1980).

Vorbeck 1980 (b): E. Vorbeck, Zivilinschriften aus Carnuntum (Wien 1980).

Weber – Selinger 1991–92: E. Weber – R. Selinger, Annona epigraphica Austriaca 1983–1992. Römisches Österreich 19/20, 1991–1992, 177–251.

Weber – Weber-Hiden 2011–12: E. Weber – I. Weber-Hiden, Annona epigraphica Austriaca 2010. Römisches Österreich 34/35, 2011–2012, 227–250.

Werneck 1961: H. L. Werneck, Ur- und frühgeschichtliche sowie mittelalterliche Kulturpflanzen und Hölzer aus den Ostalpen und dem südlichen Böhmerwald. Archaeologia Austriaca 30, 1961, 68–117.

Wernsdorfer 2002: W. H. Wernsdorfer, Malaria in Mitteleuropa. Denisia 6 (Linz 2002).

Wesch-Klein 2000: G. Wesch-Klein, Commeatus id est tempus, quo ire, redire quis possit. Zur Gewährung von Urlaub im römischen Heer. In: G. Alföldy – B. Dobson – W. Eck, Hgg., Kaiser, Heer und Gesellschaft in der römischen Kaiserzeit. Gedenkschrift für Eric Birley (Stuttgart 2000) 459–471.

Wierschowski 1984: L. Wierschowski, Heer und Wirtschaft. Das römische Heer der Prinzipatszeit als Wirtschaftsfaktor (Bonn 1984).

Nachwort 2024

Seit der Publikation dieser Arbeit erschienen eine Zusammenstellung erotischer Inschriften aus dem Raum Carnuntum (wobei sich zwischen militärischen und zivilen Zeugnissen aber leider nicht trennen lässt) und eine Auseinandersetzung mit der Frage der Bildung in der römischen Donauarmee.[76] Außerdem ergab auch eine erneute Untersuchung der Brotfunde aus der spätantiken Bäckerei auf dem Lagergelände (mit Einsatz der DNA-Analye), dass die bisherige Bestimmung des dabei verwendeten Getreides als Gerste zutreffen dürfte.[77]

---

[76] Erotische Inschriften: G. E. Thüry, Ein gallischer Spinnwirtel mit Liebesinschrift aus Carnuntum. In: Domi militiaeque. Militär- und andere Altertümer. Festschrift für Hannsjörg Ubl zum 85. Geburtstag (Oxford 2020) 165–175. – Bildung in der Donauarmee: A. Kaiser – G. E. Thüry, Schriftlichkeit und Bildung – Fortunas "goldene Gabe." In: A. Kaiser – R. Ployer – R. Woller, Hgg., Leben am Donaulimes. Archäologie in Deutschland, Sonderheft 27 (Darmstadt 2023) 62–67.

[77] R. Schachl, Zu römischen Brot- und Nutzpflanzenfunden aus Carnuntum. Römisches Österreich 46, 2023, 241-254.

5.

Rezension: Alex R. Furger, Maya Wartmann und Emilie Riha, Die römischen Siegelkapseln aus Augusta Raurica. Forschungen in Augst 44 (Augst 2009)

(Aus: Bayerische Vorgeschichtsblätter 78, 2013, 296 ff.)[1]

Das hier angezeigte Buch füllt im archäologischen Schrifttum eine Lücke. Ausgehend von einer Vorlage des einschlägigen Augster und Kaiseraugster Fundmaterials, wird hier erstmals das Thema der römischen Siegelkapseln monographisch bearbeitet. Die Initiative dazu ergriffen und den Grundstock der ganzen Arbeit geleistet zu haben, ist noch ein letztes Verdienst der Augster Archäologin Emilie Riha (1921–2005).[2] Ihr Manuskript hat der damalige Direktor von „Augusta Raurica", Alex R. Furger, ergänzt und unter Mitarbeit Maya Wartmanns und anderer abgeschlossen. Zu Recht haben Th. Boucher und M. Feugère in einem 2009 erschienenen Artikel die „ténacité" der Autorengruppe hervorgehoben, die schließlich aus dem Torso des letzten hinterlassenen Manuskripts Emilie Rihas diese Monographie werden ließ.[3]

Das Buch ist (abgesehen von Einleitung und Anhängen) in sechzehn nicht numerierte Kapitel untergliedert, von denen die vier ersten (S. 13–32) die Verwendung der Siegelkapseln und das Phänomen des Siegelns in der Antike behandeln. Dabei beginnt das erste Kapitel aber nicht gleich mit dem Thema der Siegelkapseln selbst, sondern – seiner Überschrift „Schreibtäfelchen" entsprechend – mit einem kurzen Text über römische Wachstafeln und Wachstafelhefte (S. 13 f.). Erst dann kommt die Sprache auf die Siegelkapsel als Verschlussmechanismus von Tafeldokumenten (S. 14 f.). Nicht erwähnt wird dagegen zunächst, dass wir auch klare Fundbelege für Siegelkapseln als Verschluss römischer Geldbeutel bzw. Geldsäcke besitzen. Das wird zwar später (S. 22 f.) eingeräumt; aber auf den römischen Geldbeutel bzw. Geldsack selbst geht das Buch nirgendwo näher ein.

Wie der Leser aus dem ersten Kapitel entnimmt (S. 14), seien bisher keine Funde hölzerner Schreibtafeln bekannt, die „noch eine anhaftende Siegelkapsel in situ" aufweisen. Da es danach auch keine sicheren antiken Bilddarstellungen von Täfelchen mit Kapseln gibt (S. 14 f.), wäre die Deutung der Kapseln als Schreibtafelzubehör nur hypothetisch. Hier haben die Autoren aber übersehen, dass schon Robert Forrer im Jahr 1905 ein Schreibtäfelchen aus Achmim-Panopolis in Ägypten publiziert hat (damals in der Sammlung Forrer), das ein Außentäfelchen eines Polyptychons war und an dem sich noch der Siegelkapselverschluss erhalten hatte (Abb. 8 und 9).[4] Das Täfelchen, das auf der Innenseite eine vertiefte Schriftfläche aufwies, hatte auf der Außenseite Führungsrillen für die Verpackungsschnur und ein etwas eingetieftes rechteckiges Feld, das der Aufnahme der bronzenen Kapsel diente (Abb. 8). Die Kapsel (deren Maße Forrer nicht angibt) war rund, „auf der Oberfläche" verzinnt oder versilbert[5] und mit dem Bild einer Fliege oder Biene in einem profilierten Rahmen verziert. Nach der Typologie Rihas im hier besprochenen Werk hat es sich um einen Vertreter des Typs 5a („Kreisrunde Siegelkapsel mit halbplastischem Tieraufsatz") gehandelt, der dem 1./2. Jhd. angehört. Interessant ist auch, dass die Kapsel die im rezensierten Werk (S. 35, 74 und 83) festgestellte Fehlanzeige für Siegelkapselfunde aus Nordafrika berichtigt.

Kehren wir zum Text unseres Buches zurück und schlagen dort das zweite Kapitel über „Definition und Verwendung der Siegelkapseln" (S. 17–25) auf, vermissen wir die in der Überschrift angekündigte „Definition", also eine explizite Merkmalsbeschreibung der Fundgattung. Zu diesem Thema äußern sich erst spätere Kapitel: der Abschnitt „Siegelung in der Antike", in dem in einer Klammerbemerkung beiläufig erklärt wird, wie eigentlich eine Siegelkapsel aussehe und wie man den Gegenstand in verschiedenen modernen Fremdsprachen nenne (S. 27; über die Frage eines antiken Namens dagegen nur in Anm. 16); und

---

[1] [Zusatz 2024: Der Wiederabdruck dieser Rezension enthält zwei Abbildungen, die der Verf. seinerzeit mit zum Druck eingereicht hatte und die von der Redaktion der Bayerischen Vorgeschichtsblätter nicht verwendet wurden, da Abbildungen in Rezensionen dort nicht üblich seien.]

[2] Eine Würdigung dieser um die ganze Provinzialarchäologie so verdienten Forscherin (mit Bibliographie ihrer Augster Bücher und Arbeiten) hat A. R. Furger gegeben: A. R. Furger, Emilie Riha (* 05.05.1921 † 27.10.2005). Jahresberichte aus Augst und Kaiseraugst 27, 2006, 353 ff.

[3] Th. Boucher – M. Feugère, Les boîtes à sceau romaines du Musée de Montagnac (Hérault, F). Instrumentum 29, 2009, 9.

[4] R. Forrer, Antike Bucheinbände von Achmim-Panopolis. Zeitschrift für Bücherfreunde 8, 1904–1905, 311 ff.

[5] Forrer, a. a. O. (Anm. 3) 315.

Abb. 8: Forrers Rekonstruktion eines Polyptychonverschlusses aus Achmim in Oberägypten (mit Aufsicht auf die Siegelkapsel. Aus Forrer, wie Anm. 3, 314). Zum heutigen Verwahrort siehe Nachwort 2024

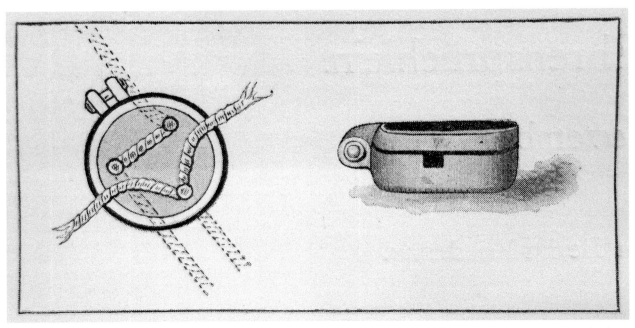

Abb. 9: Links: Forrers Rekonstruktion des Schnurverlaufs im Innern der Siegelkapsel aus Achmim. Rechts: Seitenansicht der Kapsel (aus Forrer, wie Anm. 3, 315)

ausführlicher das Kapitel über „Formen und Material der Siegelkapseln" (S. 43–45). Im Abschnitt über deren „Definition und Verwendung" wird stattdessen zunächst (S. 17 f.) auf die Forschungsgeschichte eingegangen. Dabei heißt es, dass die ältesten den Autoren des Buches bekannten Deutungen der Fundgattung im Sinn von Siegelkapseln die in einem Aufsatz Constantin Koenens von 1883 und in Publikationen Emil Ritterlings von 1904 und Ludwig Pollaks von 1906 seien. Etwa gleichzeitig mit Ritterling und Pollak ist aber auch die schon erwähnte Arbeit Robert Forrers aus dem Jahr 1905. Nur wenig später beschrieb Forrer die antike Siegelkapsel dann in seinem „Reallexikon" der Ur- und Frühgeschichte mit den Worten: „Eine ... Art von Bullen sind die Kapseln, in welche man ... gelegentlich die Siegelabdrücke der Urkunden, Briefe etc. einlegte, um jene Siegel vor Beschädigung zu schützen. Diese Siegelbullen sind runde oder ovale Metallkapseln mit aufklappbarem Deckel, der nicht selten mit Reliefs oder Email verziert und mit Verschlusshaken ausgestattet ist. Die Schnüre des Siegels traten durch im Boden der Kapsel angebrachte Löcher in das Innere der Bulla und wurden hier vom Wachssiegel umkleidet."[6]

Auf die Behandlung der Forschungsgeschichte folgen innerhalb des gleichen Kapitels über „Definition und Verwendung der Siegelkapseln" Abschnitte über deren Verschnürung und Verschluss (S. 18–21; schade, daß hier die sehr genauen Beobachtungen Robert Forrers am Fund aus Achmim nicht berücksichtigt werden konnten![7]); über „Stempelung in Siegelkapseln" (S. 21 f.); und schließlich über „andere Verwendungen" (S. 22 f.). Unter dieser letzten Überschrift werden die bisher bekannten Belege für mit Siegelkapseln verschlossene Geldbeutel bzw. Geldsäcke aufgeführt. Aus ihnen ergebe sich die Folgerung (S. 23), „dass Siegelkapseln nicht allein in Verbindung mit Schreibtäfelchen gesehen werden dürfen, sondern generell zum Versiegeln von Dokumenten und Verträgen genauso wie von Münzbörsen und Warensäcken oder Päckchen dienten." Worauf sich dabei die Überzeugung der Autoren stützt, dass Siegelkapseln „seltener" an Geldbörsen als an Wachstafelbriefen befestigt worden seien (so S. 24 in einem Anhang des gleichen Kapitels, der auf „Ringschlösser mit Maskendeckel und beinerne Siegelschlösschen" eingeht), bleibt unerklärt.

Die sich daran anschließenden beiden Kapitel befassen sich grundsätzlich mit dem Siegeln in der Antike und mit den damaligen Siegelstoffen (S. 27–32). Unter der Überschrift „Siegelung in der Antike" (S. 27 f.) wird dort die Schutzbedürftigkeit der Siegel und die Frage ihres Materials – nämlich hinsichtlich des Unterschieds zwischen Wachs- und Tonsiegeln – angesprochen. Erst der nächste Abschnitt (S. 29–32) ist dann aber „Die Siegelstoffe" überschrieben. Darin werden das Siegelwachs und andere Siegelmaterialien antiker wie nachantiker Zeit (so sehr ausführlich der erst spätestmittelalterlich-neuzeitliche Siegellack) besprochen.

Mit Spannung schlagen wir nun das folgende Kapitel mit dem vielversprechenden Titel „Fundsituation und Verbreitung der Siegelkapseln" auf (S. 33–41). Hier untersucht der Autor A. R. Furger anfangs, welche Folgerungen an Fundlisten der Siegelkapseln zu knüpfen seien, die er gegen Ende des Bandes (S. 171–185) zusammengetragen hat. Diese nach verschiedenen Kapseltypen geordneten Listen umfassen Hunderte von Fundvorkommen aus dem ganzen Römischen Reich und dem Barbaricum und werden durch eine Reihe von Verbreitungskarten ergänzt. Karten und Listen „streben keine Vollständigkeit an" (S. 171); sie werden aber im Kapitel über „Fundsituation und Verbreitung" zum Ausgangspunkt und zur Quelle für wichtige Fragestellungen. Nach Furgers Karten und Listen zeige sich (S. 34): „Siegelkapseln sind von Britannien bis Pannonien sowie in Gallien und Germanien sehr geläufig. Gegen Süden werden sie jedoch zunehmend seltener ... Konkret dünnen sie südlich des 43. Längengrades [sic] auffallend rasch aus! Dies lässt sich auf der Iberischen Halbinsel, im italischen Stiefel und Richtung Griechenland gleichermassen ablesen." Die Frage ist dabei freilich, ob die Karten und Listen durch solche Aussagen nicht überinterpretiert sind. Diesen Gedanken lässt nicht nur der unterschiedliche Forschungsstand in Nord und Süd, Ost und West aufkommen, der dem Autor natürlich bewusst ist, sondern auch sein Eingeständnis, ihm habe für eine allzu eingehende Recherche in der Literatur der südlicheren und östlicheren Provinzialarchäologie die Zeit gefehlt (S. 33).

So sind es nicht ganz zweifelsfreie Grundlagen, auf denen Furgers Erklärungsversuch „der äußerst ungleichen Verbreitung" von Siegelkapseln (S. 36) beruht. Nach seiner Meinung wären Wachssiegel (aber auch Wachstafeln) im heißen Süden des Reiches unpraktisch und daher eher im Norden in Gebrauch gewesen. Umgekehrt habe man im Süden Tonsiegel bevorzugt, die sich für nördlichere Klimata weniger geeignet hätten (S. 36–38).

In der zweiten Hälfte des gleichen Kapitels (S. 38–41) wendet sich Furger von der Betrachtung der Gesamtverbreitung ab und der Frage zu, aus welchen Arten von Niederlassungen und von Kontexten Siegelkapselfunde bekannt sind. Er betont, dass sie sowohl aus zivilem wie aus militärischem Ambiente vorliegen, äussert sich zu Vorkommen in Heiligtümern

---

[6] R. Forrer, Reallexikon der prähistorischen, klassischen und frühchristlichen Altertümer (Berlin – Stuttgart o. J. [aber 1907]), s. v. Bulla, 128.

[7] Forrer, a. a. O. (Anm. 3) 315 und Abb. 8 ff.

und in Gräbern und behauptet, dass sie nach den Fundlisten „größtenteils aus Städten, Vici und Kastellen und nur sehr selten aus Gutshöfen" stammen (S. 38). Sein Schluss, dass es auf dem Land eine geringere „Korrespondenz-, Geschäfts- und Vertragskultur" gegeben habe als in der Stadt (S. 39), wird dabei wohl richtig sein; doch sollte die Verbreitung von Schriftlichkeit in der Landbevölkerung auch nicht unterschätzt werden.[8]

An das Verbreitungskapitel schließt sich – nach einem kurzen Einschub über „Formen und Material der Siegelkapseln" (S. 43–45) – der für die überregionale Archäologie gewichtigste Abschnitt des Buches an: der auf Emilie Rihas hinterlassenem Manuskript fußende Abschnitt über „Typologie und Chronologie der Siegelkapseln" (S. 47–89; gefolgt [S. 91–95] von zwei anhangartigen Kapitelchen über das mengenmäßige „Verhältnis der Gruppen untereinander an verschiedenen Fundorten" und über die Verteilung der einzelnen Kapseltypen in Augusta Raurica selbst). Das gesamte bekannte Material der Fundgattung wird hier in sieben Gruppen untergliedert, die insgesamt 25 Typen umfassen. Typologie, Technik, Chronologie und Verbreitung werden Typ für Typ eingehend abgehandelt. Auch wenn nicht jedes Detail unwidersprochen bleiben wird,[9] ist hier, wie wir das von Emilie Rihas Monographien gewöhnt sind, ein handbuchartiger Typenkatalog entstanden, der von jetzt an zum selbstverständlichen Grundstock der archäologischen Bestimmungsliteratur gehört.

Ein Desideratum ist freilich eine detailliertere Auseinandersetzung mit den nachweisbaren Bildtypen des figuralen Dekors. Im Typologie- und Chronologiekapitel – wie überhaupt im ganzen Buch – spielt dieser Aspekt eine nur ganz nebensächliche Rolle. Es wäre zu hoffen, dass hier eines Tages eine Arbeit (oder Arbeiten) geschrieben würde(n), die den Bildern unter Beigabe großformatiger Abbildungen weiter nachgehen, das Dargestellte klären, Herkünfte von

Bildtypen herleiten und auch die Frage untersuchen, warum denn gerade diese Darstellungen auf den Siegelkapseln zu finden sind. Mag da auch einiges nur spielerischer Dekor sein, gehört anderes in den Handels- und Geldkontext, ist politisch motivierte Bildwahl oder anders zu erklärende Symbolik oder soll als Apotropaion zum Schutz der versiegelten Summe oder Sendung und des Erfolgs der Geschäfte wirken.[10]

Doch nochmals zurück zum weiteren Text des Buches. Er enthält einerseits sehr ausführliche technisch-naturwissenschaftliche Beiträge über die Siegelkapseln und Siegel von Augusta Raurica und ihre Restaurierung (S. 93–145); und andererseits natürlich den Katalogteil – d. h., einen eingehenden Katalog der dortigen Kapselfunde (S. 147–170) und die schon erwähnten Fundlisten für das ganze Reichsgebiet und das Barbaricum (S. 171–185). Den Abschluss bildet eine Zusammenfassung in Deutsch, Französisch und Englisch (S. 187–197).

Den Anhang des Textteils (S. 199–210) bilden schließlich Konkordanzen zwischen Augster bzw. Kaiseraugster Grabungen, Fundkomplexen, Inventarnummern und Katalognummern; eine Bibliographie; und Abbildungsnachweise. 41 teilweise farbige Tafeln runden den Band ab.

Gegenüber dem Verdienst, dass dieses Werk eine grundlegende Monographie und ein wichtiges Bestimmungshandbuch ist, treten seine Mängel in den Hintergrund. Wenigstens die auffälligsten solcher Mängel zu nennen, gehört aber doch zu den Pflichten einer Rezension. Im Fall dieses Buches sind es das Fehlen einer klaren Gliederung des Inhalts der ersten Kapitel und die überaus häufigen Flüchtigkeits- und Druckfehler. Diese Fehler finden sich ebenso im Text wie in den Anmerkungen und in der Bibliographie (Beispiele aus dem Text: das neben der richtigen Form mehrfach vorkommende „Polyptichon"; die Behauptung [S. 26], es gebe in Siegelkapseln „nie einen eindeutig erkennbaren Abdruck eines Stempels oder einer Gemme" – obwohl Abb. 7 einen solchen Fall zeigt; die Formulierung „südlich des 43. Längengrades" [S. 34]; und ungemein zahlreiche Fehler in Form von Wortverdrehungen, fehlenden Buchstaben u. ä., wie bei „allerding" [S. 65] oder „Bleirefliefs" [S. 78]. – In den etwas über 450 Anmerkungen hat der Rez. – ohne Anspruch auf Vollständigkeit – rund zwanzig Flüchtigkeitsfehler gefunden. Beispiele: der falsche Ortsname „Waldürn" – statt Walldürn – in Anm. 376; oder Fehler wie „dokumetiert" [Anm. 37], „mittelalterlich Methode" [Anm. 91], „Alphabeth" [Anm. 119] oder

---

[8] Siehe dazu die von Furger selbst (Anm. 136) angegebene Literatur. – Die Fundlisten von Schreibgeräten aus dem römischen Österreich, die Chr. Öllerer zusammengestellt hat, sind übrigens für diese Frage von geringem Wert, da zu lückenhaft (Chr. Öllerer, Die Kenntnis des Lesens und Schreibens im römischen Österreich, ungedruckte Dissertation Wien 1996). Vgl. dazu die Stichprobe für den Salzburger Raum bei G. E. Thüry, Epigraphische Notizen aus dem römischen Salzburg. In: M. Hainzmann, Hg., VOTIS XX SOLVTIS. Jubiläumsschrift der archäologischen Gesellschaft Steiermark (Graz 2000), 298 f.; mit Nachträgen in: ders., Neues zur Epigraphik des römischen Salzburg. Diomedes NF 5, 2010, 87.

[9] Etwa bei der Unterscheidung der Typen. – Bei der Lektüre fiel dem Rez. auch Anm. 288 auf, in der die frühere Deutung einer Siegelkapsel (?) aus Korinth als Spiegel verworfen wird, weil das Stück mit 32 mm Durchmesser dazu „doch wohl zu klein" sei. Bei Dosenspiegeln kommen aber durchaus Spiegelflächen von um die 30 mm Durchmesser vor; vgl. die Zahlen bei K. Dahmen, Ein Loblied auf den schönen Kaiser. Zur möglichen Deutung der mit Nero-Münzen verzierten römischen Dosenspiegel. Archäologischer Anzeiger 1998, Katalog 338 ff.

[10] Was die Deutung des so häufigen Phallusdekors auf Siegelkapseln betrifft, hat neuerdings der Rez. Überlegungen angestellt: G. E. Thüry, Amor zwischen Lech und Leitha. Liebe im römischen Ostalpenraum. Mitteilungen aus dem Stadtmuseum Wels 123, 2010, 9.

„eines stehen Merkur" [Anm. 176]. – Corrigenda in der Bibliographie: z. B. S. 208 im Zitat Schaltenbrand das Wort „Greibgriffel"). In Mitleidenschaft gezogen wird gelegentlich auch die deutsche Grammatik (S. 15: „identisch wie"; S. 36 linke Spalte unten: entgleiste Satzkonstruktion).

Angemerkt sei schließlich noch, daß die Flüchtigkeitsfehler auch vor Fachlichem nicht Halt machen. So heißt es S. 36 „Oströmisches Reich" statt „Osten des Römischen Reiches"; S. 74 „Monetar" statt „Monetale"; S. 50 „Narbonnensis"; in Anm. 67 und 69 wird „Cic. Verr. 4" statt „Cic. Verr. 2,4" zitiert; im Cicerozitat Anm. 68 steht „prolara" statt „prolata"; in Anm. 69 wird aus dem Namen Valentius „Volcatius"; und die Autorennamen des Philologen Manfred „Fuhmrann" in Anm. 68 oder der Archäologen Gernot „Piccottoni" und Gerald „Grabher" in Anm. 125 sind weitere Beispiele. Wenn schließlich Zitate antiker Autoren ohne Quellenbeleg gegeben oder nicht nach Buch und Kapitel und nur nach dem Internet zitiert werden, entspricht das nicht den Regeln der Altertumswissenschaft (Zitat ohne Beleg: „cera turbata est" und „signum turbatum", S. 27 f.; Lukianzitat nach dem „Kapitel Timon" der Wielandübersetzung – und das nur nach einer Internetseite: Anm. 17).

Was aber das äußere Erscheinungsbild des Bandes angeht, zeichnet er sich durch die gewohnt-gediegene Ausstattung der Reihe „Forschungen in Augst" aus (fester Buchdeckel, gutes Papier, sehr zahlreiche Textabbildungen und ausgezeichnete Tafeln in Farbe und Schwarz-Weiß). So ist er nicht nur als die erste und umfassende Monographie zum Thema ein absolut unentbehrliches Buch, sondern auch eine Freude für jeden, der noch einen Sinn für echte Bücher hat.

Nachwort 2024

Wie der Verf. nachträglich sah, hat Martin Mosser in einer Arbeit über römische Siegelkapseln aus Wien eine Photographie eines Schreibtäfelchens mit Siegelkapselverschluss veröffentlicht, das nach dieser Abbildung offensichtlich mit Forrers Fund aus Achmim-Panopolis identisch ist und sich heute im Antikenmuseum in Leiden befindet.[11] Danach wird der Gegenstand dort heute unter der Inv.-Nr. F 1944/9.3 verwahrt.

Nicht lange nach Veröffentlichung der vorstehenden Rezension hat Peter Kritzinger "Überlegungen zur Nutzung antiker Siegelkapseln" vorgelegt, in denen auch er Forrers Fund aus Achmim und ebenso diese Rezension übersah.[12]

---

[11] M. Mosser, Siegelkapseln von Vindobona. Fundort Wien 9, 2006, 54, Abb. 3.
[12] P. Kritzinger, Überlegungen zur Nutzung antiker Siegelkapseln. Boreas 39/40, 2016/17, 55–65.

6.

Rezension: Peter Kuhlmann, Helmuth Schneider, Hgg., Geschichte der Altertumswissenschaften. Biographisches Lexikon. Der Neue Pauly Supplemente 6 (Stuttgart – Weimar 2012)

(Aus: Ianus. Informationen zum Altsprachlichen Unterricht 35, 2014, 84 f.)

Auf ein Buch wie dieses haben wir lange gewartet: auf ein ausführlicheres biographisches Lexikon der Gelehrten auf dem Gesamtgebiet der klassischen Altertumswissenschaft. Dass sich so lange niemand daran gewagt hat, hängt mit der erst in den letzten Jahrzehnten gestiegenen Einsicht zusammen, wie wichtig Forschungsgeschichte ist. Ein anderer Grund wird aber auch die gewaltige Weite des Feldes und das Problem der Auswahl sein. Wen soll man in einem nur einbändigen Lexikon eines Artikels würdigen? Wer darf davon ausgeschlossen bleiben? Den Herausgebern eines solchen Nachschlagewerkes muss klar sein, dass sie der Kritik der Leser in keinem Fall entgehen werden. So freut sich der Rezensent über die im Buch enthaltenen rund 750 Kurzbiographien von Gelehrten des 14. bis 20. Jahrhunderts (wobei noch lebende Personen grundsätzlich nicht mit aufgenommen wurden); er vermisst aber doch eine ganze Reihe von Lemmata schmerzlich. So hätte er sich bei den klassischen Philologen Artikel z. B. über Jacques André, Franz Boll, Hans Herter, Ernst Howald, Friedrich Hultsch, Johannes Irmscher, Otto Keller, Walther Kranz, Werner Krenkel, Hans Licht (alias Paul Brandt), den Papyrologen Karl Preisendanz, Ludwig Radermacher, Albert Rehm, Johannes Vahlen oder Otto Weinreich gewünscht. Auch ist er sich sicher, dass z. B. Schulphilologen die meisten der Lexikographen vermissen werden. Zwar finden sie Forcellini, Georges und Passow; dafür fehlen aber Benseler, Gemoll, Pape und ausgerechnet Stowasser. Setzen wir die Liste der Desiderate bei den Althistorikern fort, hätte der Rez. Artikel über Franz Hampl oder Friedrich Vittinghoff für wichtig gehalten; bei den altertumswissenschaftlichen „Allroundern" solche über Alphons A. Barb, Waldemar Deonna, Heinrich Dressel, Robert Forrer, August Oxé oder Carl Sittl; und bei den Religionshistorikern über Samson Eitrem und Maarten J. Vermaseren.

Während sich aber nie vermeiden lassen wird, dass man bei einer Auswahl die Unvollständigkeit bedauert, so liegt doch ein ganz anderer Fall vor, wenn in einem interdisziplinären Lexikon der Altertumswissenschaften einzelne Teilfächer nicht repräsentativ oder sogar gar nicht vertreten sind. Absolut unzureichend ist so leider die Präsenz der Epigraphik im rezensierten Band; hier fehlen so wichtige Gelehrte wie Eric Birley, Eugen Bormann, Günther Klaffenbach, Werner Peek oder Adolf Wilhelm. Rudolf Egger ist dagegen zwar vertreten; doch geht der Artikel mit keinem Wort darauf ein, dass er vor allem ein begnadeter Epigraphiker war.

In der Numismatik fällt der Befund sehr ähnlich aus. Während Robert Göbl im Lexikon aufgenommen ist, fehlt Karl Pink; während Harold Mattingly vorkommt, fehlt Edward A. Sydenham. An weiteren neueren Numismatikern hätten auch Pierre Bastien, Patrick Bruun, Friedrich Imhoof-Blumer, John P. C. Kent oder Carol H. V. Sutherland nicht übergangen werden dürfen; und von den älteren sind sogar Numismatik-Urväter wie Andrea Fulvio, Hubert Goltz oder Antonio Agustín nicht vertreten.

Noch sehr viel prekärer ist aber die Lage bei der Provinzialarchäologie und der Archäologie Italiens. Die wenigen vorhandenen Namen sind absolut kein Alibi für die hier versäumte geographisch einigermaßen flächendeckende Recherche und Aufnahme der bedeutenden Personen auf diesen Gebieten. Für Italien existiert zwar ein Artikel über Fiorelli; nicht aber über Felice Barnabei, Amedeo Maiuri oder Wilhelmina F. Jashemski. Ebenso wäre bei den Provinzialarchäologen eine sehr viel größere und geographisch einigermaßen ausgewogene Auswahl nötig gewesen. Hier fehlen fast alle wichtigen Persönlichkeiten; so, um nur einige Beispiele zu nennen, Robin G. Collingwood, Émile Espérandieu, Elisabeth Ettlinger, Jochen Garbsch, Peter Goessler, Hedwig Kenner, Rudolf Laur-Belart, Rudolf Noll, Eduard Nowotny, Oscar Paret, Harald von Petrikovits, Emil Ritterling oder Erich Swoboda. Die Auswahl, die das Lexikon unter den Archäologen trifft, hat ihr Gewicht leider einseitig auf der klassischen Kunst-Archäologie (wobei aber auch dort Persönlichkeiten wie Hans Jucker oder Konrad Schauenburg fehlen).

Obwohl der Rez. hier fachlich nicht zuständig ist, merkt er weiters doch an, dass in der Etruskologie Ambros J. Pfiffig und Otto-Wilhelm von Vacano unberücksichtigt bleiben und dass in der Mykenologie zwar Michael Ventris, nicht aber John Chadwick aufgeführt wird.

Als besonders bedauerlich empfindet er einen letzten Punkt. Zum Fächerkanon der klassischen Altertumswissenschaften gehören heute klar und unverzichtbar die Teildisziplinen der Archäobiologie – d. h. die Fächer Archäobotanik, Archäometrie, Archäozoologie, Geoarchäologie, Historische Anthropologie und Paläopathologie sowie Paläoklimatologie (so weit sie sich eben mit dem klassischen Altertum beschäftigen). Im Lexikon werden diese Fächer und ihre bedeutenden Vertreter völlig übergangen (also Gelehrte wie z. B. Joachim Boessneck [Archäozoologie], Ernst Hollstein [Archäometrie], Ellsworth Huntington [Paläoklimatologie], Sir Marc Armand Ruffer [Paläopathologie] oder Heinrich L. Werneck [Archäobotanik]).

Dass schließlich in einem Werk von fast 1.500 Seiten kleinere Fehler und Missgriffe auftreten, versteht sich von selbst und kann ihm kaum zum Vorwurf gemacht werden. Wenige Beispiele solcher Beobachtungen mögen hier genügen: Wohl niemand würde d'Hancarville unter „Hugues d'Hancarville" suchen (ein Querverweis bei „Hancarville" fehlt); nicht jeder noch so modern denkende Leser wird für akzeptabel halten, dass einige Persönlichkeiten, wie Johann Wolfgang von Goethe oder Ezechiel von Spanheim, ihrer Adelsprädikate beraubt werden; und eine Verwechslung von Vor- und Nachnamen wie bei „Giuseppe, Fiorelli" (S. 1398) ist schon peinlich.

Als Fazit bleibt: Ein wirklich sehr gutes Lexikon dieser Art fehlt nach wie vor. Aber wir sind für alles dankbar, was Arbeitsbehelf und Anregung ist. Und beides trifft auf dieses Buch in reichem Ausmaß zu.

II. Klassische Philologie und römische Musikgeschichte

(Dazu auch die Beiträge 3, 25 f., 28 f., 31, 34, 37–39, 41 f. und 50 dieses Bandes)

7.

Römische Musik am Limes

(Aus: MUS-IC-ON! Klang der Antike.
Begleitband zur Ausstellung [Würzburg 2019] 175 ff.)[1]

In memoriam Günther Wille

In den vergangenen Jahrzehnten hat sich an unserer Zugangsweise zur Antike viel verändert. Das gilt in verschiedener Hinsicht. Ein Aspekt ist der, dass man die antike Realität früher in ähnlicher Weise betrachtet hat, wie man das bei einem Bild tun kann. Heute möchten wir sie dagegen so lebensnah rekonstruieren, dass sie sich mit allen Sinnen erfassen lässt. Wir möchten – durch intensive Quellenforschung und experimentelle Archäologie – auch ihre Düfte und Gerüche miterschließen; wir versuchen den Geschmack ihrer Gerichte kennenzulernen; wir wollen wissen, wie sie sich angefühlt hat; und wir erwecken – so weit wie möglich – ihre Musik wieder zum Leben. Das alles bringt uns die Antike näher. Es ist nicht weniger als eine Revolution der Geschichtsbetrachtung.

Was die römische Musik angeht, hat die Entwicklung der Musikarchäologie in den letzten Jahrzehnten unser Wissen bereichert. Hier ist eine eigene, auch institutionell organisierte wissenschaftliche Disziplin mit speziellen Fachorganen entstanden.[2] Wir besitzen eine ganze Reihe von Überblicksdarstellungen, Corpora der erhaltenen Musikstücke und eine ständig wachsende Zahl von Untersuchungen zu Detailaspekten.[3] Gefundene Musikinstrumente werden untersucht und nachgebaut; und auf diesen Nachbauten, günstigenfalls aber auch auf den Originalen werden überlieferte antike und neue Kompositionen gespielt.[4]

Dass außerdem das Publikumsinteresse an römischer Musik groß ist, zeigt die Zahl von Einspielungen und von Bearbeitungen, die das Internetportal „You Tube" von den bekanntesten der erhaltenen römischen Melodien – dem sogenannten Seikiloslied und den Mesomedeshymnen (beide etwa 2. Jahrhundert n. Chr.) – zu bieten hat.[5]

Von den im Handel erhältlichen Aufnahmen, die diesem Interesse entgegenkommen, sind einige ernst zu nehmen; andere präsentieren dagegen völlig fiktive „römische" Musikstücke; und auf der einen oder anderen Compact Disc sind die freien Erfindungen für den Laien nicht einmal als solche erkennbar.[6] Die ausschließliche Verwendung von Neukompositionen wird in einem Fall, der sich ungeniert „als erster ernsthafter musik-archäologischer Versuch zur antiken römischen Kultur" bezeichnet, mit der Behauptung begründet, dass aus römischer Zeit kein Notenmaterial überliefert sei.[7] Richtig wäre hier nur die Formulierung, dass uns eine Umsetzung des erhaltenen Notenmaterials in verlässlich authentischer Weise nicht mehr möglich ist.

An die Adresse der weiteren altertumswissenschaftlichen Forschung würde man gern den Wunsch richten, dass die Musikarchäologie auch in allgemeinen Werken über die römische Vergangenheit einzelner Reichsgebiete mehr zu Wort käme. Die Bedeutung des Themas würde freilich auch deutlicher, wenn einmal – auf regionaler wie auf überregionaler Ebene – Sammelwerke mit einer genauen katalogmäßigen Dokumentation möglichst

---

1 [Zusatz 2024: Der Abdruck folgt dem Manuskript, das von der Redaktion verändert und verkürzt wurde.]
2 Zur neueren Forschungsgeschichte Eichmann 2015a, 6 f. und 2015b, 9. – „Institutionell organisiert": eine internationale Dachorganisation ist die MOISA, International Society for the Study of Greek and Roman Music and its Cultural Heritage (Ravenna). – „Spezielle Fachorgane": Greek and Roman Musical Studies (Leiden – Boston seit 2013); Studien zur Musikarchäologie (Rahden seit 2000).
3 Überblicksdarstellungen und Sammlungen von Musikfragmenten: z. B. Hagel 2008; Hagel 2010; Pöhlmann 1960; Pöhlmann 1970; Pöhlmann – West 2001; West 1992; Wille 1967; Wille 1977. Ein Personenlexikon aus Griechenland stammender antiker Musiker hat Aspiotes 2006 vorgelegt. – Eine fortlaufende Bibliographie bieten das Internetprojekt Dyabola (www.dyabola.de, Suchstichwort: „Antiquaria: Musik") und die Homepage der MOISA, International Society for the Study of Greek and Roman Music and its Cultural Heritage (www.moisasociety.org/de-musicis-overview).
4 Abbildungen von Nachbauten (nur sehr summarisch kommentiert): Kotsanas 2012. Aufnahmen auf Nachbauten: z. B. Hagel – Harrauer 2005; auf Nachbauten jeweils eines bestimmten Fundes: Musica Romana 2006 (Panflöte, Repliken nach den Originalen von Eschenz

und Titz-Ameln); Museum Budapest 1993 (Orgelrekonstruktion nach dem Fund aus Budapest). – Ein Fall eines spielbaren und erprobten Originalinstruments ist eine Knochenflöte aus Flavia Solva in der Steiermark; vgl. Flotzinger 1980, 95 f. und die Hörprobe auf der Schallplatte Musik Steiermark 1980 (freundlicher Hinweis Prof. Dr. Hannsjörg Ubl, Bruneck).
5 Zum Seikiloslied Meier 2017; Pöhlmann 1970, 54–57. Zu den Mesomedeshymnen Pöhlmann 1970, 13–31.
6 Aufnahmen, die klar die Herkunft der Musikbeispiele bezeichnen und sich um fundiertere Rekonstruktionen bemühen, sind die CDs Atrium Musicae 1979; Musica Romana 2004; Musica Romana 2006. Ausschließlich Neukompositionen enthalten die CDs Banks 2006, Omnia 2002, Synaulia 1996 und Synaulia 2002. Für den Laien nicht erkennbar ist das bei Banks 2006 und Omnia 2002. – Nicht zugänglich war dem Verf. die CD Musica Romana 2009.
7 Synaulia 1996 und 2002 (das Zitat ist dem Text auf der Rückseite des Begleitbuches zu Synaulia 1996 entnommen).

Abb. 10: Tonflöte aus Pocking (Landkreis Passau). München, Archäologische Staatssammlung. Länge 21 cm

aller gefundenen Instrumente und ebenso Sammlungen aller bekannten Bild- und Schriftquellen zur römischen Musikgeschichte entstünden.[8]

Andacht, Freude, Disziplin: vom Platz der römischen Musik im Leben

Auch wenn uns also Quellenwerke fehlen, die den Platz der Musik im Alltag etwa des Limesgebiets und seines Hinterlandes besser illustrieren würden, scheint es keine Frage, dass sie dort – wie im ganzen Römischen Reich – so gut wie überall und stets präsent war. Gewiss galt nördlich wie südlich der Alpen, dass sich vermögende Musikliebhaber musizierende Sklaven hielten; dass sie sich auch für den eigenen Gebrauch ein Instrument anschafften (aus dem Süden hören wir etwa von Hobbytrompetern, Hobbyorganisten und saitenspielenden Hausherrinnen); und dass sie ihre Mahlzeiten bei Gesang, den Klängen von Flöten und Saiteninstrumenten oder gar dem Spiel auf einer privaten Orgel – sei es einer Wasser- oder einer Blasebalgorgel – einnahmen.[9] Ebenso galt wohl auch nördlich der Alpen, dass es Straßenmusikanten mit Gesang, Flöten, Saitenspiel und Schlaginstrumenten (in Form verschiedener Idio- und Membranophone) gab; Umzüge mit Blasmusikbegleitung; Gesang, Flöten, Trompeten, Hörner und andere Instrumente bei Hochzeiten; und Flöten, Trompeten und Hörner bei

Begräbnissen.[10] Dabei war die Musik nicht etwa nur eine Begleiterscheinung des städtischen Lebens. Dass die bukolische Dichtung der Antike selbst Hirten kennt, die musikalische Virtuosen sind, hatte sicher einen gewissen realen Hintergrund. Auch nördlich der Alpen tauchen Musikinstrumente in ländlichen Siedlungen auf; so wurden die in der Ausstellung – zum Teil im Nachbau – gezeigten Flöten und Panflöten aus Eschenz im Kanton Thurgau, aus Pocking in Niederbayern (Abb. 10) und aus Titz-Ameln in Nordrhein-Westfalen abseits der Städte gefunden.[11]

Völlig sicher können wir weiter sein, dass die Musik an Rhein und Donau – wie überall im Römischen Reich – ihren festen Platz nicht nur in der Privatsphäre, sondern darüber hinaus im Kult und im Rahmen öffentlicher Unterhaltungsveranstaltungen hatte. Zu Opferhandlungen gehörten so auch Flötenspieler, Trompeter, Hornisten und eventuell ein Musiker mit einem Saiteninstrument; zumindest in Tempeln und bei religiösen Festen des Südens wissen wir von Sängern mit Instrumentalbegleitung und von angestellten Organisten; und in Theatern – die ja auch mit Tempelbezirken verbunden sein konnten – traten unter anderem Sänger, Flötisten und Orgelspieler auf.[12] Bei Darbietungen in Circus und Amphitheater waren

---

[8] Einen Ansatz zu einem Fundkatalog gibt für die Blasmusik Alexandrescu 2010, 358–377. Einen regionalen Instrumentenkatalog speziell für den mittleren Donauraum hat Pomberger 2016 erstellt. Von den Schriftquellen sind die literarischen bei Wille 1967 erfasst; die epigraphischen und papyrologischen müssten erst gesammelt werden. Für Bildquellen bietet immerhin eine Auswahl das Werk von Fleischhauer o. J.

[9] Sklaven als Musiker: Friedländer 1922, 164 und 175; Vetter 1936, 812. – Instrumente für den eigenen Gebrauch: Friedländer 1922, 185–187; Lammert 1939, 751 (Trompete); Tittel 1914, 74 f. (Orgel). – Römische Tafelmusik: Friedländer 1922, 164, 171 f. und 175 f.; Vetter 1936, 811 f.; Wille 1967, 143–147. – Zu den beiden Orgeltypen Tittel 1914. Orgelbestandteile aus dem Limeskastell Saalburg und eine Rekonstruktion des Budapester Orgelfundes zeigt die Ausstellung.

[10] Straßenmusik: Friedländer 1922, 171; Wille 1967, 124 f. – Umzüge: Wille 1967, 47–49. – Hochzeitslieder: Wille 1967, 131–135. – Flöten bei Straßenmusikanten, Hochzeiten und Begräbnissen: Vetter 1936, 809 und 812; Wille 1967, 69 f., 71, 133 und 135. – Trompeten und Hörner beim Begräbnis: Lammert 1939, 751; Wille 1967, 70–73 und 134.

[11] Über die Hirtenmusik Wille 1967, 111–113. – Zum Flötenfund aus Pocking Wamser 2000, 432, n. 241b. Zu den Panflöten aus Eschenz und Titz-Ameln sowie über weitere römische Panflöten Brem – Rühling 2012, 118 f. und Sölder 2008, 227–234.

[12] Über Musik in den römischen Kulten Fless 1995, bes. 79–86; Wille 1967, 26–74. Zu Musik speziell beim Opfer auch Fleischhauer o. J., 50 f. (Saiteninstrument), Lammert 1939, 751 (Trompete) und Vetter 1936, 811 (Flöte); zu Tempeln und Festen Friedländer 1922, 173, 176; Tittel 1914, 76 (Tempelorganist); Vetter 1936, 811 (Flöte). – Theater: Friedländer 1922, 163–165, 172 f., 176–178, 181 und 188 f.; Wille 1967, 158–187. Vgl. auch Tittel 1914, 75 f. (Orgel); Vetter 1936, 810 f. (Flöte). – Dazu kam fallweise auch schon eine eigene Bühne für reine Konzertaufführungen: Friedländer 1922, 179.

Abb. 11: Tönerne Panflöte aus Köln (?). München, Archäologische Staatssammlung. Größe
7 x 7 cm. An der im Bild linken Kante halbrunde Anblaslöcher der drei Pfeifen. Die Flöte
erzeugt einen scharfen, hellen Ton

ebenfalls Orgeln, Flöten, Trompeten und Hörner zu hören.[13]

Wer selbst nicht zu den Musikern zählte, kam zumindest bei solchen Gelegenheiten mit Musik in Kontakt. Womöglich sang er – wie wir das von damaligen Menschen aus dem Süden wissen – wenigstens Volksliedhaftes und auch sonst seine Lieblingsmelodien vor sich hin (über das Pfeifen sind dem Verfasser dagegen keine Quellentexte bekannt).[14] Und falls ihn die Welt der Töne doch reizte, konnte er ihr mit Hilfe eines Musiklehrers näher kommen.[15] In den Städten des Südens bewundert der Autor Dion Chrysostomos im 1./2. nachchristlichen Jahrhundert den Flötenlehrer, der nach seinen Worten „oft unmittelbar an der Straße unterrichtet" und sich nicht von Gedränge und Lärm stören lässt, die ihn umgeben.[16]

Den Klängen der Flöte wurde in der Literatur des Reichssüdens die Fähigkeit nachgesagt, Trauer zu lindern, Freude zu steigern und Andacht zu vertiefen.[17]

All das hat die antike Musik natürlich nicht nur im Süden bewirkt. Besonders in den Grenzgebieten des Römischen Reiches kamen aber zu solchen Wirkungen ziviler Musikausübung auch noch die der militärischen. In diesem Bereich gab es nicht etwa nur den Einsatz von Blechblasinstrumenten zur Erzeugung akustischer Signale und zur Übermittlung von Befehlen, sondern ebenso schon eine militärische Kunstmusik. Für sie waren allein in den Garnisonen entlang des deutschen und des österreichischen Limes hunderte vollberuflicher Militärmusiker zuständig.[18]

Wenigstens angedeutet sei schließlich noch, dass die Musikkultur der römischen Provinzen nördlich der Alpen offenbar auch einheimisch-vorrömische Wurzeln hatte. Funde und Darstellungen sowohl von Saiten- wie von Blasmusikinstrumenten der keltischen Zeit (um von Älterem nicht zu reden) lassen daran keinen Zweifel.[19] Die Überlieferungslage gibt uns freilich keine Chance, uns von den Melodien dieser bodenständigen Musik des Nordens auch nur den allergeringsten Eindruck zu verschaffen.

---

[13] Wille 1967, 202–204. Vgl. auch Tittel 1914, 75 (Orgel); Lammert 1939, 751 (Trompete).
[14] Zur Volksmusik im Sinn römischer Arbeits- und Brauchlieder Wille 1967, 105–153. – Nichtmusiker, die ihre Lieblingsmelodien singen: Friedländer 1922, 172, 177, 186 und 189.
[15] Musiklehrer: Friedländer 1922, 180 f., 185 und 189.
[16] Dion Chrysostomos 20,9.
[17] Philostrat, *Apollonios von Tyana* 5,21.

[18] Zur römischen Militärmusik bes. Alexandrescu 2010; Wille 1967, 75–104.
[19] Zum Thema sei hier nur auf die Arbeiten von Reichenberger 1985 und Sölder 2008 verwiesen. In der Ausstellung ist dazu eine hallstattzeitliche Darstellung eines Leierspielers auf einer Tonschale aus Fischbach-Schirndorf (Ldkr. Regensburg) zu sehen; vgl. dazu Reichenberger 1985.

Künstlerstolz und dolce vita: römische Musiker sprechen über sich

Über die Menschen, die bei allen aufgezählten Anlässen – zivilen wie militärischen – spielten und sangen, wissen wir nur wenig. Nur hin und wieder findet sich eine Inschrift, durch die sie sozusagen mit uns sprechen und uns einige wenige Informationen aus ihrem Leben geben. Auch dann fehlt uns aber die Möglichkeit, zurückzufragen, um mehr zu erfahren oder um auch nur sicher zu gehen, ob wir denn recht verstehen.

Zwei Beispiele seien hier kurz vorgestellt. Da ist der Fall eines Militärtrompeters (*tubicen* - zu lat. *tuba* = „Trompete"), der im mittleren 1. Jahrhundert nach Christus in der *legio XV Apollinaris* Dienst tat. Sein Grabstein im niederösterreichischen Carnuntum verrät uns – nicht ganz vollständig – wie er hieß:[20] nämlich Gaius Valerius Her(-). Die Inschrift lässt uns wissen, dass er als Sechsunddreißigjähriger und nach 16 Dienstjahren starb. Sie begnügt sich aber nicht mit diesen nüchternen Angaben, sondern lässt ein hübsches Gedichtchen in Gestalt eines Hexameters und zweier Pentameter folgen. Die Verse wünschen Menschen, „denen eine längere Lebenszeit vergönnt ist", dass sie das glücklich genießen; aber sie fügen hinzu: *vixi ego, dum licuit, dulciter* – das heißt: „ich jedenfalls lebte süß – immer, so lang es gewährt."

„Ein süßes/angenehmes Leben" gehabt zu haben (der lateinische Ausdruck vom „süßen" Leben entspricht ja dem modernen Wort von der „dolce vita") – das ist für einen Soldaten kein ganz selbstverständliches Bekenntnis. Vielleicht dürfen wir vermuten, dass bei Gaius Valerius Her(-) die Freude an der Musik zu diesem Lebensgefühl mit beigetragen hat. Und vielleicht gilt das ebenso für Freude und Anerkennung auf der Seite seines Publikums. Ein Legionstrompeter war ja nicht allein für die Befehlsübermittlung bei Signalen zuständig. Er trat dienstlich auch bei Festivitäten auf und hat außerdem vielleicht privat musiziert.

Etwas informativer ist unser zweites Beispiel: ein Text, den uns ein Musiker aus dem römischen Budapest hinterließ.[21] Sein Name war Titus Aelius Iustus; und sein Beruf der eines Organisten, eines *hydraularius* (zu griech./lat. *hydraula* oder *hydraulus* = „Orgel"). Er arbeitete im frühen 3. Jahrhundert nach Christus als Zivilangestellter im Dienst der *legio II adiutrix*. Schon durch diese Information ist der Text, um den es nun geht, ein äußerst interessantes Zeugnis. Dass römische Legionen bei Bedarf zivile Organisten in Sold nehmen konnten, wäre ohne diese Inschrift ein unbekanntes Detail geblieben.

Auf den ersten Blick handelt unser Text nicht von Titus Aelius Iustus selbst, sondern nur von dessen Ehefrau Aelia Sabina. Für sie hat der Organist einen Sarkophag machen lassen und die darauf angebrachte metrische Grabinschrift entworfen. Auch Aelia Sabina, die schon mit 25 Jahren starb, sei – heißt es da – Musikerin gewesen. Sie habe eine „angenehme Stimme" (*vox grata*) gehabt; sie habe „mit dem Daumen die Saiten gezupft" (*pulsabat pollice cordas*); und auch sie habe „gut Orgel gespielt" (*hydraula grata regebat*). Das Publikum habe sie als Organistin gefeiert; aber nicht nur das: sie habe durch ihre Kunst auch ihren Mann übertroffen. Und so rührend dieses Geständnis des Aelius Iustus ist, so kommt doch ein wenig Künstlereitelkeit zum Vorschein, als ihm die Formulierung entschlüpft: sie sei „die einzige" gewesen, die ihn darin übertreffen konnte (*artibus edocta superabat sola maritum*).

Ein Flötist, der seine Flöte opfert

Aus dem Leben eines Musikers erzählt uns aber auch einer der Funde unserer Ausstellung. Es ist ein sehr besonderes Stück: eine weitgehend erhaltene *tibia*, also nach herkömmlicher Übersetzung: eine römische „Flöte" – oder richtiger eigentlich: ein Schalmeiinstrument – mit einer Inschrift (Abb. 12–14).[22] Die Münchner Archäologische Staatssammlung hat sie im Jahr 1999 im Handel erworben (Inv. Nr. 2003, 8252). Nach Angabe des Verkäufers soll das Instrument in der Gegend von Köln gefunden worden sein.

Das obere Ende/Mundstück der *tibia* hat sich nicht erhalten. Vorhanden, aber in zwei Teile zerbrochen ist nur die beinerne, einst etwa 37 cm lange Flötenröhre. An der Bruchstelle hat sie ein wenig an Substanz verloren. Sonst ist die Röhre mit den acht darauf aufgeschobenen Metallmanschetten und ihren 14 (oder 15?) Grifflöchern gut erhalten. Auf eine alte Reparatur weist allerdings die Tatsache hin, dass sieben der Manschetten silbern sind, während eine weitere nur aus Bronze besteht. An der Stelle dieser alten Reparatur ist die Flöte auch zerbrochen. Auf eine genaue organologische Untersuchung des Instruments darf man gespannt sein.

Auf der beinernen Oberfläche des Flötenrohrs hat jemand ein Graffito in griechischer Schrift eingekratzt. Es beginnt mit der Buchstabenfolge ΜΑΓΝΟΥ = „aus dem Besitz des Magnos" (Abb. 13). Der aus dem Lateinischen entlehnte Personenname Magnos, der auch im griechischen Sprachraum verwendet wurde, bezeichnet die Eigenschaft einer besonderen Körpergröße.[23]

---

[20] CIL III 4483; vgl. Thüry 2017, 119 und 122.
[21] CIL III 10501.

[22] Bisher nur kurz erwähnt bei Wamser 2000, 433, Nr. 241c und Bild S. 284. – Für ihre liebenswürdige Hilfe bei der Autopsie, für Hinweise und für die Vermittlung der Bilder möchte der Verf. Herrn Dr. Harald Schulze und dem Stellvertretenden Sammlungsdirektor der Archäologischen Staatssammlung, Herrn Dr. Bernd Steidl sehr herzlich danken.
[23] „Auch im griechischen Sprachraum verwendet": Pape – Benseler

Abb. 12: Zwei Fragmente einer *tibia* aus dem Kölner (?) Raum. München, Archäologische Staatssammlung. Erhaltene Längen 13,2 und 22,3 cm. Ursprüngliche Gesamtlänge rd. 37 cm

Abb. 13: Detail der *tibia* Abb. 12: Graffito ΜΑΓΝΟΥ

Abb. 14: Detail der *tibia* Abb. 12: Graffito ΝΕΟΠΟΛΙ<Τ>ΕΣ ΤΥΕΙ

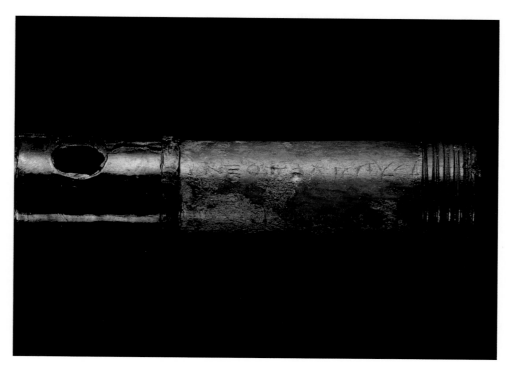

Unterbrochen durch eine der Silbermanschetten, setzt sich das Graffito auf dem nächsten beinernen Abschnitt des Flötenrohres fort. Um die Fortsetzung zu lesen, muss man das Rohr aber drehen; sie steht auf dessen gegenüberliegender Seite. Sie lautet: ΝΕΟΠΟΛΙ<Τ>ΕΣ ΤΥΕΙ (in lateinischer Umschrift: *neopolites tyei*; Abb. 14). Das bedeutet deutsch: „der Neubürger opfert (es)" oder „er opfert es als Neubürger." Im Wort ΝΕΟΠΟΛΙ<Τ>ΕΣ hat der Schreiber dabei einen Buchstaben – das Tau – vergessen und außerdem das Eta falsch durch ein Epsilon ersetzt. Ein weiterer orthographischer Fehler ist die Schreibung des Wortes ΤΥΕΙ mit dem anlautenden Buchstaben Tau statt mit Theta.

Das Wort *neopolites* bezeichnet im klassischen wie im hellenistischen und im römerzeitlichen Griechisch einen Menschen, der das Bürgerrecht erworben hat – sei es als ursprünglich landfremde freie Person oder als ein freigelassener ehemaliger Sklave.[24] Das Wort ist aber ein seltener und gesuchter Ausdruck, wie ihn nur ein Mensch verwendet, der damit eine gewisse Bildung kundtun möchte.

Betrachtet man die Graffiti auf beiden Seiten der Flöte im Zusammenhang, so ergibt sich damit die Übersetzung: „Aus dem Besitz des Magnos / oder: (Gabe des) Magnos. Als Neubürger bringt er es als Opfer dar." Nicht ausgeschlossen schiene dabei, dass die beiden Graffiti nicht gleichzeitig entstanden waren. In diesem Fall wäre das ΜΑΓΝΟΥ eine ältere Besitzerinschrift, zu der später die Fortsetzung ΝΕΟΠΟΛΙ<Τ>ΕΣ ΤΥΕΙ hinzugefügt wurde.

Was uns die Inschrift erzählt, ist jedenfalls die Geschichte eines ehemaligen Sklaven oder Peregrinen, der ein *tibicen*, ein ‚Flötist' war. Der Name Magnos = „Groß" würde gut zu einem Sklaven passen; Sklavennamen mit Bezug auf körperliche Merkmale waren beliebt.[25] Als Magnos das Bürgerrecht erhielt, weihte er seine Flöte einer leider nicht benannten Gottheit.[26] Wurde ihm das Bürgerrecht bei einer Freilassung verliehen (bei der er seinen alten Sklavennamen als Namensbestandteil beibehalten haben kann), hatte er die Freiheit vielleicht seiner Kunst zu verdanken.

Das ist es also, was uns die Inschrift der Flöte erzählt. Uns geht es damit freilich wie so oft: was wir erfahren, wirft auch neue Fragen auf. Welcher Gottheit hat unser Magnos seine Flöte als Opfer geweiht? Und hat er wirklich im Rheinland gelebt und musiziert? Fundortangaben aus dem Handel sind ja mit einer gewissen Vorsicht zu betrachten. Doch weder Sklaven noch Musiker, die aus dem griechischsprachigen Osten des Mittelmeerraumes kamen, waren in der westlichen Reichshälfte selten. Magnos könnte also durchaus ein Kölner mit „Migrationshintergrund" gewesen sein.

Andererseits dürfen aber Zeugnisse wie dieses nicht etwa dazu verleiten, Spekulationen über den Anteil griechischsprachiger Reichsbewohner an der römischen Musikkultur anzustellen. Dazu fehlen uns die statistischen Unterlagen. Und grundsätzlich sei bei dieser Gelegenheit auch noch hinzugefügt: dass die römische Musik bis heute oft als ein Bestandteil der griechischen behandelt und dargestellt wird, ist eine völlig unangebrachte Betrachtungsweise.[27] Sie lässt sich weder durch die engen Zusammenhänge zwischen beiden noch durch die Tatsache rechtfertigen, dass die aus römischer Zeit erhaltenen Notenbeispiele im griechischsprachigen Osten des Reiches ans Licht gekommen sind. Römerzeitliche Kulturäußerungen aus der östlichen Reichshälfte stellen nun einmal nicht Zeugnisse griechischer, sondern Zeugnisse römischer Kultur dar.

Literatur und Diskographie

Alexandrescu 2010: C.-G. Alexandrescu, Blasmusiker und Standartenträger im römischen Heer. Untersuchungen zur Benennung, Funktion und Ikonographie (Cluj-Napoca 2010).

Aspiotes 2006: N. Aspiotes, Prosopographia musica Graeca (Berlin 2006).

Atrium Musicae 1979: Atrium Musicae (*Musikgruppe*), Musique de la Grèce antique. CD mit Begleittext (Arles 1979).

Banks 2002: J. Banks, Pax Romana. Peaceful Music from the Age of Rome. CD und Begleitblatt (Worton 2006).

Brem – Rühling 2012: Panflöte. In: Tasgetium II. Die römischen Holzfunde. Archäologie im Thurgau 18 (Frauenfeld 2012) 116–122.

Eichmann 2015a: R. Eichmann, Vorwort. In: R. Eichmann – L.-Chr. Koch, Hgg., Musikarchäologie. Klänge der Vergangenheit. Archäologie in Deutschland, Sonderheft 7 (Darmstadt 2015) 6 f.

1884, 836; Preisigke 1922, 201; Foraboschi 1971, 185.

[24] Zur Vokabel ThGl 5 (Paris 1846) 1434. Literarisch römerzeitlich belegt ist das Wort bei Appian, *Bella civilia* 1,49 als Ausdruck für mit dem Bürgerrecht ausgezeichnete Peregrine.

[25] Beispiele für solche Namen bei Lambertz 1907, 55–57; Solin 1996, 1, 44–59 (dabei S. 44 Belege für Magna und Magnus); Solin 1996, 2, 392–402.

[26] Wobei derartige Opfergaben von Musikinstrumenten in nördlicheren Reichsgegenden auch schon eine einheimisch-vorrömische Tradition hatten; vgl. Sölder 2008 über ein latènezeitliches Opfer einer Panflöte aus Sanzeno in der Region Trient-Südtirol.

---

[27] Ihr folgt z. B. die in Anm. 3 zitierte Literatur mit Ausnahme der Werke Wille 1967 und 1977. Ebenso etwa die Seite „Ancient Greek Music" der Österreichischen Akademie der Wissenschaften (www.oeaw.ac.at/kal/agm/index.htm. Abruf April 2019). Unter dem Titel „Musique de la Grèce antique" sind die römischen Musikdokumente auch auf der CD Atrium Musicae 1979 mit aufgenommen. – Wer diese Sichtweise vertritt, bewegt sich damit auf den Spuren einer alten Klischeetradition. Vgl. vor allem Wille 1967, 11–23; oder z. B. die Behauptungen bei Friedländer 1922, 163, 170 und 173–175 über die Römer als dekadente reine Rezipienten griechischer Musik.

Eichmann 2015b: R. Eichmann, Einführung in die Musikarchäologie. In: R. Eichmann – L.-Chr. Koch, Hgg., Musikarchäologie. Klänge der Vergangenheit. Archäologie in Deutschland, Sonderheft 7 (Darmstadt 2015) 9–11.

Fleischhauer o. J.: G. Fleischhauer, Etrurien und Rom. Musikgeschichte in Bildern 2 (Leipzig o. J.).

Fless 1995: F. Fless, Opferdiener und Kultmusiker auf stadtrömischen historischen Reliefs. Untersuchungen zur Ikonographie, Funktion und Benennung (Mainz 1995).

Flotzinger 1980: R. Flotzinger, Frühgeschichte und Mittelalter. In: ders., Hg., Musik in der Steiermark. Katalog der Landesausstellung 1980 (Graz 1980) 93–122.

Foraboschi 1971: D. Foraboschi, Onomasticon alterum papyrologicum. Supplemento al Namenbuch di F. Preisigke (Mailand – Varese 1971).

Friedländer 1922: L. Friedländer, Darstellungen aus der Sittengeschichte Roms 2 (Leipzig 10. Aufl. 1922).

Hagel 2008: S. Hagel, Harmoniai. A New History of Ancient Greek Music between the Lyre and the Aulos. Maschinenschriftliche Habilitationsschrift Wien 2008.

Hagel 2010: S. Hagel, Ancient Greek Music. A New Technical History (Cambridge usw. 2010).

Hagel – Harrauer 2005: S. Hagel – Chr. Harrauer, Hgg., Ancient Greek Music in Performance. Begleit-CD zu: dies., Hgg., Ancient Greek Music in Performance. Symposion Wien 2003. Wiener Studien, Beiheft 30 (Wien 2005).

Kotsanas 2012: K. Kotsanas, Die Musikinstrumente der alten Griechen (Pyrgos 2012).

Lambertz 1907: M. Lambertz, Die griechischen Sklavennamen (Wien 1907).

Lammert 1939: F. Lammert, Tuba. RE 7A (Stuttgart 1939) 749–752.

Meier 2017: L. Meier, Sprechende Steine, Gesang und „professionelles" Wissen. Kulturhistorische Überlegungen zur Grabsäule des Seikilos (I. Tralleis 219). Tyche 32, 2017, 101–117.

Museum Budapest 1993: Museum of Budapest, Hg., Die Orgel von Aquincum. Musikkassette mit Begleittext (o. O. [aber Budapest] 1993).

Musica Romana 2004: Musica Romana (Musikgruppe), Mesomedes. CD mit Begleittext (Bonn 2004).

Musica Romana 2006: Musica Romana (Musikgruppe), Symphonia Panica. CD mit Begleittext (Bonn 2006).

Musica Romana 2009: Musica Romana (Musikgruppe), Pugnate. CD mit Begleittext (Bonn 2009).

Musik Steiermark 1980: Musik in der Steiermark: Beispiele aus der Landesausstellung 1980 im Stift Admont. Schallplatte mit Begleittext (o. O. [aber Wien] 1980).

Omnia 2002: Omnia (Musikgruppe), Sine missione. CD mit Begleittext (Bonn 2002).

Pape – Benseler 1884: W. Pape – E. Benseler, Wörterbuch der griechischen Eigennamen 2 (Braunschweig 1884).

Pöhlmann 1960: E. Pöhlmann, Griechische Musikerfragmente. Ein Weg zur altgriechischen Musik (Nürnberg 1960).

Pöhlmann 1970: E. Pöhlmann, Denkmäler altgriechischer Musik (Nürnberg 1970).

Pöhlmann – West 2001: E. Pöhlmann – M. L. West, Documents of Ancient Greek Music (Oxford 2001).

Pomberger 2016: B. M. Pomberger, Wiederentdeckte Klänge. Musikinstrumente und Klangobjekte vom Neolithikum bis zur römischen Kaiserzeit im mittleren Donauraum. Universitätsforschungen zur prähistorischen Archäologie 280 (Bonn 2016).

Preisigke 1922: F. Preisigke, Namenbuch (Heidelberg 1922).

Reichenberger 1985: A. Reichenberger, Der Leierspieler im Bild der Hallstattzeit. Archäologisches Korrespondenzblatt 15, 1985, 325–333.

Sölder 2008: W. Sölder, Das Fragment einer latènezeitlichen Panflöte aus Sanzeno, Trentino. In: Tirol in seinen alten Grenzen. Festschrift für Meinrad Pizzinini zum 65. Geburtstag. Schlern-Schriften 341 (Innsbruck 2008) 223–245.

Solin 1996: H. Solin, Die stadtrömischen Sklavennamen. Ein Namenbuch 1: Lateinische Namen; 2: Griechische Namen (Stuttgart 1996).

Synaulia 1996: Synaulia (Musikgruppe), Die Musik des antiken Rom. 1: Blasinstrumente (Seggiano 1996).

Synaulia 2002: Synaulia (Musikgruppe), Music from Ancient Rome. 2: String Instruments (Seggiano 2002).

Thüry 2017: G. E. Thüry, Nach Dienstschluss dolce vita? Oder: Was hat ein Soldat vom Leben? In: F. Beutler u. a., Hgg., Der Adler Roms. Carnuntum und die Armee der Caesaren (o. O. [aber St. Pölten] 2017) 118–129.

Tittel 1914: [C. R.] Tittel, Hydraulis. RE 9 (Stg. 1914) 60–77.

Vetter 1936: W. Vetter, Tibia. RE 6 A (Stg. 1936) 808–812.

Wamser 2000: L. Wamser, Hg., Die Römer zwischen Alpen und Nordmeer (Mainz 2000).

West 1992: M. L. West, Ancient Greek Music (Oxford 1992).

Wille 1967: G. Wille, Musica Romana. Die Bedeutung der Musik im Leben der Römer (Amsterdam 1967).

Wille 1977: G. Wille, Einführung in das römische Musikleben (Darmstadt 1977).

Nachwort 2024

Der Inschrift der *tibia* Abb. 12–14 widmet sich auch der Aufsatz: G. E. Thüry, Ein kaiserzeitlicher Aulos mit griechischer Weihinschrift. Bonner Jahrbücher 218, 2018, 149–152.

8.

Im Trüben fischen
Iuvenal 5,103–106 über Fischfang in abwasserbelasteten Gewässern

(Aus: Gymnasium 128, 2021, 203 ff.)

Zu den Themen, die es Iuvenal schwer machten, keine Satire zu schreiben, gehört der demütigende Umgang von Reichen mit ihren weniger begüterten Mitmenschen. So führt uns seine fünfte Satire den Patron Virro vor, der Klienten zu einem Essen einlädt. Er selbst speist dabei herrschaftlich; aber seine Gäste werden mit einem Menü „zweiter Klasse" bewirtet.

Das gilt zum Beispiel, wenn ein Gang mit einem Fischgericht an der Reihe ist. Für den Gastgeber besteht es einer von weither importierten Delikatesse: einer Barbe oder Muräne aus korsischen oder sizilischen Gewässern (denn an näher gelegenen Küsten, heißt es in Vers 5,93–96, sei das Meer bereits überfischt). Die Gäste müssen sich dagegen mit Fischen „zweiter Wahl" begnügen. Es lohnt sich nun, ihnen einmal – sozusagen – genauer auf den Teller zu sehen.

I

Der „Auftritt" der Fische des „kleinen Mannes" beginnt in Juvenals Satire mit Vers 5,103:

103 *Vos anguilla manet longae cognata colubrae*
aut † glacie † aspersus maculis Tiberinus, et ipse
vernula riparum pinguis torrente cloaca
106 *et solitus mediae cryptam penetrare Suburae.*

104 *glacie codd.; def.* Bradshaw Class. Quart. 15/1, 1965, 121–125; Giangrande 1967, 118-121. *gladii vel glanii* H. Valesius *in editione* Achaintre. *gladius vel glaucus anonymi apud* Rose 1936. *glanis* Garrod Class. Rev. 25, 1911, 241; Palmer Class. Rev. 52, 1938, 58. *glutto* Campbell Class. Quart. 39/1-2, 1945, 48. *varie* Schrader *apud* Ruperti. *manet* Owen Class. Rev. 52, 1938, 117. *glaucis sparsus* Clausen Am. Journ. Phil. 76/1, 1955, 59. *labrax sparsus* Whatmough Class. Philol. 44/3, 1949, 211. v. 104 *del.* Knoche *et* Thompson.

Den mit *vos* angesprochenen Klienten wird hier in Vers 103 ein Aal serviert. In wenig appetitanregender Weise bescheinigt Juvenal dem Tier Verwandtschaft mit den Schlangen. Wenn sie nicht überhaupt giftig ist, erregt ja

eine Schlange Schrecken und wird üblicherweise nicht gerade mit der Küchenkultur in Verbindung gebracht.[1]

Nach Vers 104–106 können die Gäste aber auch einen anderen Fisch haben. Juvenal charakterisiert ihn als einen Tiberfisch, der nicht nur am Flussufer, sondern gleichermaßen in der Cloaca lebt. Nach der überlieferten Lesart wird dieser Fisch als *glacie aspersus maculis* beschrieben. Er ist also „gesprenkelt mit Flecken durch Eis" oder „gesprenkelt mit Flecken durch Kälte". Wir erfahren damit, dass der Fisch ein geflecktes Äußeres hat. Aber wie das mit „Kälte" oder mit „Eis" zusammenhängen soll, bleibt völlig unerfindlich. So hat man an dieser Stelle meist die *cruces* gesetzt.

Das überlieferte *glacie* haben nur einzelne Gelehrte verteidigen wollen. Ihr Argument war, dass es nicht darauf ankomme, ob tatsächlich Eis bei Fischen Flecken verursacht; entscheidend sei nur, ob Juvenal das geglaubt habe. Hatte also Juvenal falsche Vorstellungen über einen Zusammenhang zwischen Winterkälte und dem Auftreten von Flecken bei Fischen? Oder gab es solche Theorien sonst zu seiner Zeit?[2] Wir können es weder ausschließen noch hinreichend wahrscheinlich machen.

Zweifel an der Richtigkeit der Überlieferung lassen sich mit der vorgebrachten Argumentation nicht ausräumen. Sie werden seit Henricus Valesius im 17. Jahrhundert geäußert und wurden von so bedeutenden Gelehrten wie Housman, Knoche oder Thompson vorgebracht.[3]

---

[1] Über ausnahmsweise erfolgten Verzehr der Schlangen im Altertum [H.] Gossen – [A.] Steier, Schlange. RE 2 A (Stuttgart 1921) 506. Die beiden Autoren machen auch auf die Bibelstelle Luk. 11,10 = Matth. 7,10 aufmerksam, in der es heißt: niemand werde einem Menschen eine Schlange geben, wenn er um einen Fisch gebeten wird.
[2] G. Giangrande verweist dazu auf die hippokratische Erwähnung nicht genau beschriebener Erfrierungssymptome beim Menschen (*Corpus Hippocraticum* 5,294 f. Littré; Giangrande, Il metodo storico nella critica testuale. Habis 39, 2008, 403). Aber hat man aus ähnlichen Beobachtungen der Humanmedizin auf die Genese von Flecken geschlossen, die ein ständig wiederkehrendes Merkmal einer ganzen Gruppe von Fischen sind?
[3] Housman: vgl. den ironischen Kommentar, den er in seiner Ausgabe zur Stelle macht, ohne freilich für die Textgestaltung Konsequenzen daraus zu ziehen. – Zu Knoche und Thompson siehe oben im kritischen Apparat.

Knoche und Thompson empfanden den Text sogar als so unsinnig, dass sie den ganzen Vers streichen wollten. Andere versuchten das unverständliche *glacie* durch Konjekturen zu ersetzen, von denen wir im Apparat zur zitierten Stelle eine Auswahl gegeben haben. Keine der Konjekturen empfiehlt sich aber dadurch, dass sie etwa eine juvenalische Pointe enthielte oder dass sie den Text in inhaltlich überzeugenderer Weise ergänzen könnte als eine andere.

Für „surely indisputable" hielt Herbert J. Rose immerhin, dass hinter *glacie* ein entstellter Fischname zu suchen sei.[4] Das war auch schon der Gedanke des Henricus Valesius. Wenn es nach ihm ginge, wäre statt *glacie* entweder *gladii* oder „*glanii*" (= *glani*) zu konjizieren. Der *Tiberinus*, der dem armen Klienten serviert wird, hätte danach Flecken wie ein *gladius* oder *glanus*. Nach späteren Gelehrten wäre er dagegen ein im Tiber lebender *gladius*, *glanis*, *glaucus* oder *labrax* – teilweise sozusagen auf Kosten des unverdächtigen Wortes *aspersus* der Überlieferung, das deshalb in *sparsus* geändert werden müsste. Doch der *glanis* (oder *glanus*) gehört nicht zur natürlichen Fauna Italiens; *gladius* und *glaucus* sind Fische des offenen Meeres; und der griechische Fischname *labrax* ist im Lateinischen nur bei zwei Autoren der spätantiken medizinischen Literatur (Caelius Aurelianus und Oreibasios) belegt.[5]

Auch die Annahme, hinter *glacie* verberge sich eine Bezeichnung für die gemeinte Art von Fisch, dessen Habitat dem Adjektiv *Tiberinus* zu entnehmen sei, ist keineswegs zwingend. Eine Stelle des Galen belegt nämlich, dass *Tiberinus* nicht nur ein lateinisches Adjektiv, sondern außerdem auch eine substantivische Bezeichnung für Fische war.[6] Offen bleibt allerdings, ob dieses Substantiv allgemein einen „Tiberfisch" oder nur eine bestimmte, im Tiber vorkommende Gruppe von Fischen meint.

Die Schwierigkeit unserer Stelle besteht aber auch nicht alleine darin, das verderbte *glacie* durch ein besser passendes Wort zu ersetzen. Zu beantworten gilt es ja außerdem – ob damit zusammenhängend oder nicht – die Verständnisfrage, warum denn der Tiberfisch der Juvenalstelle Flecken hat. Und hier ist es die Ichthyologie, die uns weiterhilft.

In der Tat gibt es Tiberfische, deren Schuppenkleid dunkle Flecken aufweist. Es sind die beiden Arten des Europäischen Wolfs- oder Seebarsches: *Dicentrarchus labrax* (L.) und *Dicentrarchus punctatus* (Bloch).[7] Beide leben ebenso im See- wie im küstennahen Flusswasser. Dass sie *aspersi maculis* sind, ist der Juvenalliteratur zwar nicht ganz entgangen.[8] Aber für das Verständnis unserer Stelle könnte es sich als wichtig erweisen, sich mit dieser Feststellung nicht zu begnügen und das Phänomen genauer zu betrachten als man das bisher getan hat.

Zu den Merkmalen beider Arten gehören zwei große schwarze Flecken am Kopf: nämlich an beiden Kiemendeckeln. Außerdem sind bei *Dicentrarchus labrax* die Jungtiere in der ganzen oberen Körperhälfte mit kleinen dunklen Punkten gesprenkelt; und bei *Dicentrarchus punctatus* gilt das Gleiche für ausgewachsene Exemplare. Diese Tatsachen lassen keinen Zweifel daran, dass sich die Juvenalstelle auf den Wolfsbarsch bezieht.

Aber das Merkmal der Flecken am Fischkörper kann noch einen anderen Gedanken nahelegen. Da die Wolfsbarsche also je nach Art und Alter kleine dunkle Punkte an Rücken und oberer Körperhälfte und artunabhängig zwei große schwarze Flecken am Kopf besitzen, könnte statt *glacie aspersus maculis* an unserer Stelle *facie aspersus maculis* gestanden haben. Das Wort *facies* kann sich dabei auf das Aussehen der Tiere überhaupt beziehen, aber in erster Linie auch in seiner Bedeutung als „Gesicht" verstanden werden. Das scheint sachlich gut zu passen; und paläographisch liegen ja die beiden Formen *facie* und *glacie* eng beieinander.

Wenn diese Konjektur zutrifft, soll der Juvenalleser im Fall des Aals wie des Barsches die im Ganzen servierten Fischkörper gewissermaßen vor sich sehen und den optischen Eindruck bei beiden als unappetitlich empfinden – beim Aal wegen seiner schlangenartigen Form (verbunden mit der Assoziation der Schlange mit Gift und Gefahr) und beim Wolfsbarsch wegen der schmutzig wirkenden Flecken, mit denen er vor allem gleich im „Gesicht" bzw. am Kopf gezeichnet ist. Auf welche Gedanken die schwarzen Flecken den Betrachter bringen können, deutet die Unterstellung des folgenden Verses an: der Barsch sei eben ständig in der Cloaca unterwegs und kenne sich selbst in deren vom Tiber weit entferntem Endabschnitt, in der „Unterwelt" der Subura, aus.[9] Deutsch lauten die Verse 103–106 dann:

---

[4] Rose 1936, 12.
[5] Zur Verbreitung des *glanis* = des Welses Thompson 1938, 118 f.; Thompson 1947, 44; A. Thienemann, Verbreitungsgeschichte der Süßwassertierwelt Europas (Stuttgart 1950) 601. Zum *gladius* = Schwertfisch als Bewohner der offenen See F. Terofal, in: Grzimeks Tierleben 5 (Augsburg 2000) 199; zum *glaucus* (einer unbestimmten Art von Fisch) als einem reinem Meerestier de Saint-Denis 1947, 42; Thompson 1947, 48. Belege für lat. *labrax*: ThlL VII (Leipzig 1970–1979) 809.
[6] Galen 6,722 Kühn.

[7] Die im Folgenden verwerteten ichthyologischen Angaben sind entnommen aus: Riedl 1963, 523; P. J. P. Whitehead u. a., Hgg., Fishes of the North-eastern Atlantic and the Mediterranean 2 (Paris 1986) 794 f. – Über das heutige Vorkommen des *Dicentrarchus* (ital. spigola) speziell im Tiber vgl. die Carta della biodiversità ittica della Provincia di Roma. www.parchilazio.it/documenti/documenti/ 3241_allegato2. pdf (Abruf März 2021).
[8] E. Courtney, A Commentary on the Satires of Juvenal. California Classical Studies 2 (Berkeley 2. Aufl. 2013) 209; Giangrande 1967, 119.
[9] Über die Subura und den dortigen Endabschnitt der Cloaca vor

103 Euch erwartet ein Aal, der langen Schlange
    verwandt,
    Oder, den Kopf mit Flecken bedeckt, ein
    Wolfsbarsch, auch selbst
    Fett als Ziehkind der Ufer vom Strom der Cloaca
    gemästet,
106 Vorzudringen gewohnt in den Untergrund der
    Subura.

II

Wie der Dichter Wolfsbarsch und Aal porträtiert, das
ist geeignet, den Appetit darauf zu verderben. Aber wer
dem kulinarischen Stellenwert der beiden Tiere etwas
nachgeht – für die heutige Zeit wie für das Altertum
–, stößt auf einen überraschenden Befund. Aale aus
Meeren wie aus Flüssen galten in der Antike nämlich
sonst als „one of the most sought-after of ... delicacies"
(Andrew Dalby).[10] In dieser Beziehung trifft sich der
Geschmack des Altertums – mehr oder weniger – mit
dem heutigen.[11] Und nicht anders ist es mit dem See-
oder Wolfsbarsch. Nach heutigem Urteil einer der
delikatesten Fische,[12] wird er auch von antiken Autoren
sehr gelobt.[13] Die römische Küche kennt ihn unter dem
Namen *lupus*. Sie unterscheidet zwischen Exemplaren
mit gepunktetem und mit nicht gepunktetem
Schuppenkleid – wobei zumindest Columella die nicht
gepunkteten Barsche (er nennt sie *lupi sine macula*)
vorzieht.[14] Xenokrates stellt dagegen den *lupi* aus dem
Tiber, die nach seiner Behauptung alle gepunktet sind,
ein kulinarisch gutes Zeugnis aus.[15] Auch Horaz weiß
nichts von Qualitätsunterschieden zwischen äußerlich
unterscheidbaren *lupi*; und der Ältere Plinius stimmt in
das spezielle Lob der Tiberbarsche mit ein.[16]

Doch was war dann daran auszusetzen, wenn ein
Gastgeber seinen Gästen Aal oder Wolfsbarsch servieren
ließ? Für Juvenal gab es jedenfalls zwei Gründe, das
satirisch zu kommentieren. Erstens empörte ihn
die kulinarische Zweiklassengesellschaft, in der ein
Reicher importierten teuren Seefisch aß, während er
seine Gäste mit Flussfisch abspeiste. Grundsätzlich
hat nämlich die gehobenere römischen Küche schon

seit der ausgehenden Republik den Produkten der
Binnengewässer den Seefisch vorgezogen.[17] Flussfisch
war deutlich billiger (wir hören das auch speziell für
die Fischpreise in der Stadt Rom) und wurde von Snobs
als nicht standesgemäßes Konsumgut betrachtet.[18]
Die Tiberbarsche, die schon im 2. vorchristlichen
Jahrhundert beliebt waren,[19] behielten zwar – wie
dargestellt – im 1. Jahrhundert n. Chr. noch ihre
Anhänger; aber dem Trend der Zeit und Küchenmode
entsprach die Liebe zu *lupi* aus Binnengewässern
eigentlich nicht mehr.

Doch über das allgemeine Thema der fünften Satire
– das Thema des Umgangs der Patrone mit ihren
Klienten – schiebt sich in diesen wenigen Versen noch
ein atemberaubendes zweites. Juvenal macht hier dem
Leser bewusst, dass der Tiber im Bereich der Hauptstadt
gleichzeitig die Abwässer Roms aufnimmt und doch
auch Lieferant des Fischmarkts ist.[20] Das war zwar immer
schon so gewesen; aber es hat sich kein älteres Zeugnis
erhalten, das darauf aufmerksam gemacht hätte, dass
hier in einem abwasserbelasteten Flussbereich nach
Speisefischen geangelt wurde. Ausführlich und aus
der Sicht der damaligen Medizin ist auf diese Zustände
erst, etwas nach Juvenals Zeit, Galen eingegangen,
der – allgemein und mit speziellem Blick auch auf
den Tiber – vor der schlechten Qualität der Fische
aus abwasserverschmutzten Flussabschnitten und vor
gesundheitlichen Folgen ihres Konsums warnt.[21]

Dass bei Iuvenal die Bemerkung über regelmäßige
Visiten der Barsche in der hintersten Cloaca zu den
deftigen satirischen Übertreibungen des Dichters
gehört, versteht sich von selbst. Er wird kaum
tatsächlich gewusst haben, ob und in welcher Form
die unterirdisch verlaufende Cloaca ein Tummelplatz
von Tieren war. Auf die ihm erkennbaren Tatsachen
reduziert, bestand sein Anliegen aber aus dem Hinweis,
dass ein Tiberfisch im Bereich der Stadt auch durch
Abfallstoffe *pinguis* wurde, die aus der Cloaca in den
Strom gelangten. Dieser Kontext nimmt übrigens
Juvenals Formulierung (v. 104 f.), der Fisch sei *et ipse* ein
„Ziehkind der Ufer", das Liebenswürdige einer Aussage
über eine gemeinsame Herkunft aus Rom und legt

---

allem L. Antognoli, Il clivus Suburanus e il suo sistema fognario.
In: E. Bianchi, Hg., La Cloaca Maxima e i sistemi fognari di Roma
dall'antichità ad oggi (Rom 2014) 75–81.

[10] Dazu vor allem André 1998, 79 und 81 f.; Dalby 2003, 125 f. (das
Zitat: 125); [E.] Oder, Aal. RE 1 (Stuttgart 1894) 1–3.

[11] Für eine kulinarische Würdigung des Aals vgl. etwa A. Davidson,
North Atlantic Seafood (Harmondsworth 1980) 75; Fisch und
Schaltiere (Amsterdam 1982) 9, 47 und 50.

[12] A. Davidson, Mediterranean Seafood (Harmondsworth 2. Aufl.
1981) 68: „An admirable fish, which has a firm flesh, free of bone";
Riedl 1963, 523: „Einer der schmackhaftesten (!) Fische."

[13] Die Stellen bei André 1998, 230 Anm. 61–65; Dalby 2003, 48; de
Saint-Denis 1947, 60; Thompson 1947, 141; M. Wellmann, Barsch. RE 3
(Stuttgart 1899) 28.

[14] Columella 8,17,8.

[15] Xenokrates 6 Ideler (überliefert bei Oreibasios, Collectiones medicae
2,58,9).

[16] Horaz, Saturae 2,2,31–33; Plinius, Naturalis historia 9,169.

[17] G. E. Thüry, Die Süsswasserfauna im Urteil der Römer. Teil 2:
kulinarische Aspekte. In: H. Hüster Plogmann, Hg., Fisch und Fischer
aus zwei Jahrtausenden. Eine fischereiwirtschaftliche Zeitreise durch
die Nordwestschweiz. Forschungen in Augst 39 (Augst 2006) 179–186;
Thüry 2007.

[18] Fischpreise in der Stadt Rom: Galen 6,722 Kühn. Fischpreise sonst:
Artemidor 2,14; Edictum Diocletiani 5; Libanius, Orationes 11,259.

[19] Dazu die bei Macrobius, Saturnalia 3,16,14–18 erhaltenen
Autorenzitate.

[20] Über die Abwasserentsorgung und die Geschichte des antiken
Fischfangs im Stadtbereich vgl. Thüry 2001, 9 f., 12, 45 f. und 48;
ders., Die Süsswasserfauna im Urteil der Römer. Teil 1: ökologisch-
medizinische Aspekte. In: H. Hüster Plogmann, Hg., Fisch und Fischer
aus zwei Jahrtausenden. Eine fischereiwirtschaftliche Zeitreise durch
die Nordwestschweiz. Forschungen in Augst 39 (Augst 2006) 45–47;
Thüry 2007, 114 f.

[21] Galen 6,710, 719, 721 f. und 795 f. Kühn.

stattdessen den Vergleich der schlecht abgespeisten Klienten mit dem so unhygienisch ernährten Fisch nahe.

Dass aber das Problematische der stadtrömischen Flussfischerei den Menschen der Antike offenbar so lange nicht erkennbar war, wird mit dem Glauben an die kathartische Kraft der Gewässer und speziell damit zusammenhängen, dass ja der Tiber als Heilgott und das Tiberwasser als heilkräftig galt – so sehr, dass man im Bereich unmittelbar flussabwärts der Cloacamündung sogar Trinkkuren veranstaltete.[22] Die Frage ist nur: war Juvenal tatsächlich der erste, der hier ein gewisses Umwelt- und Hygienebewusstsein bewies und das Thema öffentlich aufgriff?

Auch wenn sich darauf keine sichere Antwort geben lässt, so ist doch eines festzuhalten: Juvenal hatte ausgesprochene Interessen auf dem Gebiet der Ökologie. Man denke auch daran, wie er im gleichen Gedicht (5,93–96) das Thema der Überfischung anspricht; oder wie er in der dritten Satire – einmal ganz ohne Spott – von Gartenglück und Blumengießen spricht (3,226–229); oder wie er dort den gesundheitsschädlichen Lärm der Großstadt (3,232–238) und Methoden der Müllentsorgung (3,269–277) anprangert. Aus dieser Perspektive betrachtet, lässt sich also sagen: Juvenal ist ein ganz bemerkenswert „moderner" Autor.

Literatur

André 1998: J. André, Essen und Trinken im alten Rom (Stuttgart 1998).

Dalby 2003: A. Dalby, Food in the Ancient World from A to Z (London – New York 2003).

de Saint-Denis 1947: E. de Saint-Denis, Le vocabulaire des animaux marins en latin classique (Paris 1947).

Giangrande 1967: G. Giangrande, Textkritische Beiträge zu lateinischen Dichtern. Hermes 95, 1967, 110–121.

Riedl 1963: R. Riedl, Fauna und Flora der Adria (Hamburg – Berlin 1963).

Rose 1936: H. J. Rose, Some Passages of Latin Poets. Harvard Studies in Classical Philology 47, 1936, 1–15.

Thompson 1938: D'A. W. Thompson, *Glanis* and Juvenal V.104. The Classical Review 52, 1938, 117–119.

Thompson 1947: D'A. W. Thompson, A Glossary of Greek Fishes (London 1947).

Thüry 2001: G. E. Thüry, Müll und Marmorsäulen. Siedlungshygiene in der römischen Antike (Mainz 2001).

Thüry 2007: G. E. Thüry, Die Rolle von Süßwasserfisch in der römischen Küche. Das Zeugnis der antiken Literatur. In: H. Hüster Plogmann, Hg., The Role of Fish in Ancient Time. Proceedings of the 13th Meeting of the ICAZ Fish Remains Working Group Basel 2005 (Rahden 2007) 113–117.

---

[22] Thüry 2001, 48 f.

9.

Zu weite Sprünge für den König
Florus 1,38,10 und der Mythos
vom „Königssprung" der Teutonen

(Aus: Gymnasium 128, 2021, 355 ff.)

In seiner Darstellung der römischen Kriegsgeschichte hat Florus in wenigen Strichen eine lebendige und eindrucksvolle Skizze des Sieges gezeichnet, den Marius im Jahr 102 vor Christus bei Aquae Sextiae (Aix-en-Provence) über die Teutonen errang. Über das Schicksal ihres Anführers oder *rex* Teutobod schreibt er (Florus 1,38,10):

> *Certe rex ipse Teutobodus, quaternos senosque equos transilire solitus, vix unum, cum fugeret, ascendit, proximoque in saltu comprehensus insigne spectaculum triumphi fuit. Quippe vir proceritatis eximiae super tropaea sua eminebat.*

Darüber, wie in dieser Passage der Partizipialausdruck *quaternos senosque equos transilire solitus* zu verstehen ist, waren die Übersetzer des Historikers von jeher uneinig. Wohl etwa die Hälfte der Übersetzungen bezog ihn auf ein Hinüberspringen auf Ersatzpferde, also auf einen ‚fliegenden Wechsel' des Reittiers in der Schlacht. Die andere Hälfte nahm dagegen an, dass Teutobod die Gewohnheit gehabt habe, Sport in Form eines kombinierten Hoch- und Weitsprungs über mehrere Pferderücken zu betreiben. In diesem zweiten Sinn hatten den Text schon einige Interpreten des 17. Jahrhunderts wiedergegeben (so zumindest Edmund Bolton 1618; Hieronymus Brückner 1679; Nicolas Coeffeteau 1615; Sante Conti 1673; Abraham und Jeremias de Decker 1664).[1] Vom 18. Jahrhundert bis heute hat sich dem dann eine große Zahl von Übersetzern angeschlossen – bis hin zu Wilhelm Capelle

(1929), Edward S. Forster (1929) und Günter Laser (2005).[2] Mit den Worten Lasers lautet die Florusstelle zum Beispiel: „Sicherlich bestieg der König Teutobodus, der gewohnt war, je vier und je sechs Pferde zu überspringen, kaum auch nur eins, als er flüchtete; bei seinem letzten Sprung ist er ergriffen worden und bot ein ausgezeichnetes Beispiel im Triumph. Denn der Mann ragte aufgrund seines ausgezeichneten hohen Wuchses über seine Siegestrophäen noch hinaus."

Unabhängig von der Frage, ob Hoch- und Weitsprung tatsächlich als standesgemäße Beschäftigung teutonischer Vornehmer galt, gibt diese Übersetzung Anlass zu Bedenken. Wenn man sich den Gedankengang der Florusstelle bewusst macht, fügt sich darin die Interpretation von *transilire* als „überspringen" nicht organisch und logisch völlig passend ein. Die dramatische Schicksalswende, die Florus hier zum Ausdruck bringt, besteht ja in einem Gegensatz: Im Augenblick seiner Flucht kann Teutobod nur noch mit knapper Not ein Pferd finden und besteigen; und das war er bis dahin nicht gewohnt (*solitus*). Aber was ist der passgenaue Gegensatz dazu, dass jemand in der Schlacht gerade noch ein einziges Ersatzpferd besteigen kann? Natürlich ist es die Situation, dass ihm dort mehrere Pferde zum Wechseln zur Verfügung stünden. Der Hinweis darauf, dass Teutobod früher, fern von Kampfgeschehen, den Sport von Sprüngen

---

[1] Bibliographische Daten dieser frühen „Pionierübersetzungen" (alle hier und im Folgenden angegebenen URLs mit Ausnahme von Anm. 22 sind durch die Herausgeber der Zeitschrift Gymnasium eingefügt und wurden am 26.7.2021 überprüft): E. Bolton, The Roman Histories of … Florus (London 1618; Digitalisat der Ausgabe 1619 bei Early English Books Online als deutsche Nationallizenz, Nachweis: https://bit.ly/3BHalrS); [H. Brückner – Albrecht von Sachsen], Der Teutschredende Florus (Gotha 1679. Digitalisat: Digitale Bibliothek der Universität Halle: https://digitale.bibliothek.uni-halle.de/vd17/content/titleinfo/5176644); N. Coeffeteau, Histoire romaine, avec l'Epitome de L. Florus (Paris 1615. Die Ausgabe von 1636 in der Bibliothèque numérique Lyon: https://numelyo.bm-lyon.fr/f_view/ BML:BML_00GOO0100137001101487291/); S. Conti, L'historie romane di … Floro (Rom 1639; https://archive.org/details/bub_gb_j4TRnkhX6SMC); A. de Decker – J. de Decker, Roomsche historie van … Florus (Amsterdam 1664; https://lib.ugent.be/europeana/900000094265?pg=PP3).

[2] In einer Stichprobe von dreißig Übersetzungen ins Deutsche, Englische, Französische, Holländische, Italienische und Spanische, die dem Verf. zugänglich waren, verstehen vierzehn Übersetzer den Text in diesem Sinn. Außer den in Anm. 1 genannten sind das: Luigi Calori (Bologna 1883: https://babel.hathitrust.org/cgi/pt?id=chi. 085022388&view=1up&seq=5); Wilhelm Capelle (in seiner Textsammlung: Das alte Germanien [Jena 1929] 23); John Clarke (London 1774: https://archive.org/details/epitomererumroma00floruoft/); Felix Dahn (in: Allgemeine Deutsche Biographie 37 [Leipzig 1894] 618; u. Anm. 3); Edward S. Forster (Cambridge/Mass. 1929; Text verfügbar unter https://penelope.uchicago.edu/Thayer/e/roman/texts/florus/epitome/home.html); Karl F. Kretschmann (Leipzig 1785: https://digitale- sammlungen.de /de/view/bsb10245391); Günter Laser (Darmstadt 2005); Celestino Massucco (Mailand 1802: http://bdh-rd.bne.es/viewer. vm?id=0000083212&page=1); und John Selby Watson (London 1852: https://archive.org/details/sallutflorusan-01watsgoog). Unberücksichtigt bleiben bei dieser statistischen Betrachtung die in Anm. 18, 19 und 21 genannten Aufsätze, deren Thema die Frage nach dem richtigen Verständnis unserer Stelle ist.

über mehrere Pferde geübt habe, ergibt dagegen keine wirklich gut konstruierte Antithese. Felix Dahn, der das wohl so empfunden hat, nahm denn auch an, der Gegensatz bestehe darin, dass der Teutone früher ein ungewöhnlich tüchtiger Sportler gewesen sei; aber nun habe er kaum noch ein Pferd besteigen können, weil er „wohl verwundet" war.[3] Das mag vielleicht eher überzeugen; aber es ist dem Text nicht zu entnehmen.

Ein weiteres Argument für den Bezug von *transilire* auf einen Pferdewechsel ist bisher vielleicht übersehen worden. Es liegt darin, dass Florus sagt, man habe Teutobod *proximo in saltu* gefangen. Fast alle dem Verfasser bekannten Übersetzungen verstehen darunter einen in nächster Umgebung gelegenen Wald (bzw. eine Schlucht oder ein Gebirge). Nur Günter Laser spricht davon, dass der Teutone „bei seinem letzten Sprung" gefangen wurde. Auch diese Bedeutung von *proximus saltus* passt sehr gut zur Pferdewechsel-Übersetzung. Teutobod, der dabei früher von Tier zu Tier hinüberzuspringen pflegte, ist kurz vor der Gefangenschaft ein letztes Mal auf eines aufgesprungen. Florus stellt also die früheren Sprünge des *equos transilire* dem fast nicht mehr gelungenen und schon in nächster Nähe als erfolglos erwiesenen „letzten Sprung" des Teutonen gegenüber. In beiden Fällen geht es um einen vergleichbaren Vorgang, um ein Aufspringen bzw. Aufsitzen. Dass der Historiker die doppeldeutige Formulierung des *proximus saltus* nicht vermieden hat, muss dabei ein bewusstes Zulassen des ambivalenten Ausdrucks sein. Die Doppeldeutigkeit dient offensichtlich einem Spott über die teutonische Auffassung von Kriegertugenden, der auch an anderen Stellen des gleichen Textabschnittes nicht zu überhören ist.[4] Die Möglichkeiten eines Übersetzers lässt diese Form von Ironie weit hinter sich.

Natürlich ist auch die Ausdrucksweise *equos transilire* in der Bedeutung des „Wechselns von Pferd zu Pferd" eine dichterisch-eigenwillige Konstruktion. Aber für einen solchen ‚fliegenden Wechsel' findet sich bei Livius 23,29,5 der vergleichbare Ausdruck *in equum transultare*. Dass Florus mit *transilire* dagegen den bloßen Akkusativ verbindet, macht die Aussage zwar leicht missverständlich. Für den wiederholten Schwung auf immer ein neues Pferd scheint jedoch die bildliche Ausdrucksweise eines – gewissermaßen – „Überfliegens" der Tiere gar nicht unpassend.

So dürfte also die Übersetzung derjenigen Gelehrten zutreffen, die von einem Hinüberspringen des Teutonen

auf vier und sogar sechs Pferde pro Kampf gesprochen haben. Das ist im Übrigen ein Verständnis der Stelle, für das auch die meisten Lexika eintreten – von der Erstausgabe des „Forcellini" im 18. Jahrhundert bis zum Lexicon Florianum von 1975; nur das Oxford Latin Dictionary entscheidet sich für ein Verständnis von *transilire* als „to leap to the other side of, jump over".[5]

I

Wenn die vorgetragenen Überlegungen richtig sind, bezieht sich die Florusstelle über das *equos transilire* auf eine Situation, die bei Gefechtseinsätzen von Reitern bis in die jüngere Neuzeit alltäglich war: auf einen Verlust des Pferdes im Kampf. Wenn es geschah, dass ein Pferd stürzte, nicht mehr aufkam oder unter dem Sattel tot zusammenbrach, starb der Reiter häufig selbst infolge des Sturzes; oder er wurde unter dem Gewicht des Tieres begraben, ohne sich befreien zu können. Kam er dagegen unversehrt auf die Füße, war sein Leben nicht nur vom Feind, sondern auch dadurch bedroht, unter die Hufe der eigenen Truppe zu geraten. Er musste sich nach einem anderen Pferd umsehen oder sich, wie Shakespeares Richard III., zu Fuß weiterzuhelfen suchen.[6] Ein Kommandeur einer neuzeitlichen Truppe konnte dabei im Prinzip darauf rechnen, dass ihm jemand ein neues Pferd bereit hielt oder ihm sein eigenes überließ (was zum Beispiel ein Adjutant König Friedrichs II. in der Schlacht von Kunersdorf 1759 tat).[7] Im Regelfall irrten aber auf dem Schlachtfeld auch genügend reiterlos gewordene Pferde herum, derer man sich bemächtigen konnte. Der bayerische Ulan Heinrich Hofmann berichtet so über das Gefecht von Lagarde 1914: „Mein Pferd war gestürzt und liegen geblieben im dichtesten Kampfgewühl! ... Ich sah mich mit der Lanze in der Hand um ein Ersatzpferd um, welche genug umherliefen. Es gelang mir auch ein Art[illerie]-Off[iziers]-Pferd zu ergreifen. Ich schwang mich in den Sattel."[8]

---

[3] F. Dahn, Teutobod. Allgemeine Deutsche Biographie 37 (Leipzig 1894), 618; https:// www.deutsche-biographie.de/pnd14317617X. html#adbcontent.

[4] Vgl. die Formulierung des Florus (38,5), diese Barbaren würden *rabies* und *impetus* mit *virtus* verwechseln; aber auch den Zusatz (38,10), *certe* habe Teutobod auf seiner Flucht nur noch mit knapper Not ein einziges Pferd zum Wechseln finden können.

[5] A. Forcellini, Totius Latinitatis lexicon 4 (Padua 1771) 402; M. L. Fele, Lexicon Florianum (Hildesheim – New York 1975) 682; OLD 2, 2166.

[6] Vgl. Shakespeare, König Richard der Dritte 5,4: „(Catesby:) Der König ... trotzt auf Tod und Leben ... Ihm fiel sein Pferd, und doch ficht er zu Fuß ... (Richard:) Ein Pferd! Ein Pferd! Mein Königreich für'n Pferd! (Catesby:) Herr, weicht zurück! Ich helf' euch an ein Pferd. (Richard:) Ich setzt' auf einen Wurf mein Leben, Knecht, und will der Würfel Ungefähr bestehn ... Ein Pferd! Ein Pferd! Mein Königreich für'n Pferd!" (Übersetzung A. W. von Schlegel, in: Shakspeare's dramatische Werke, übersetzt von Aug. Wilh. v. Schlegel und Ludwig Tieck 3 [Berlin 3. Aufl. 1843] 406 f.).

[7] Bereithalten von Ersatzpferden durch Adjutanten: vgl. etwa die Fallbeispiele bei B. Simms, Der längste Nachmittag. 400 Deutsche, Napoleon und die Entscheidung von Waterloo (München 2014) 61, 77 f. und 103. Beispiel Friedrichs in der Schlacht von Kunersdorf: F. Kugler, Geschichte Friedrichs des Großen (Leipzig 1856) 349.

[8] H. Hofmann, Ein Erlebnis bei Lagarde. In: [K. M.] Lilier, Kriegs-Gedenkbuch der 1. Eskadron K. B. 1. Ulanen-Regiments „Kaiser Wilhelm II., König von Preußen" (Bamberg 1920) 31. Zum Einfangen reiterloser Pferde auch D. von Liliencron, Kriegsnovellen. Sämtliche Werke 1 (Berlin – Leipzig o. J.) 217; Simms (o. Anm. 7) 78. – Der Verf. bedankt sich herzlich bei Frau Ursula Lux und Herrn Erich Stahn,

Auf die Frage, inwieweit man im unmittelbaren Kampfeinsatz für die Bereitstellung von Ersatzpferden sorgen könne, ging in der Übergangszeit von der Antike zum Mittelalter der byzantinische Militärtheoretiker Maurikios näher ein. In seinem um das Jahr 600 entstandenen *Strategikon* schreibt er in einem Kapitel über den Tross (Strat. 5,2):

> ... Τὰ ἀδέστρατα μετ'αὐτοῦ ἐᾶν. Ἀγνοοῦμεν γὰρ διὰ τί δοκεῖ ἐν τῇ ἡμέρᾳ τῆς μάχης ἐκ περισσοῦ ἀδέστρατα σύρειν τοὺς στρατιώτας διὰ τῶν παλλίκων αὐτῶν. Εἴτε γὰρ νίκη εἴτε ἧττα ἐν τῷ στρατῷ γένηται, ἐν τηλικαύτῃ ἀνάγκῃ καὶ ταραχῇ καὶ φύρσει τίς δύναται ἐν πλήθει τοσούτῳ τὸ ἀδέστρατον αὐτοῦ ἐπιγνῶναι, ἵνα τούτῳ χρήσηται; ... Ἐν αὐτῇ δὲ τῇ συμβολῇ, ὡς ἡμεῖς νομίζομεν, ἐγγὺς ἔχειν τῆς παρατάξεως ἀδέστρατον οὐκ ἀναγκαῖον κρίνομεν, ἀλλ' ἐν τῷ φοσσάτῳ καταλιμπάνεσθαι. Συμβαίνει γὰρ καὶ παραπίπτειν αὐτὰ εὐκόλως ἐν ταραχῇ ὑπὸ παλλίκων μικρῶν κρατούμενα.

„.... Die Ersatzpferde sind bei ihm (sc. beim Tross) zu lassen. Ich weiß nämlich nicht, warum man es für richtig hält, dass die Soldaten durch ihre Burschen am Tag der Schlacht ein Unmaß an Reservepferden mitführen. Denn ob nun Sieg oder Niederlage auf das Heer zukommt: Wer kann in einer solchen Not, Hektik und so im Durcheinander, in einem so großen Getümmel, sein Ersatzpferd finden und benützen? ... Im Gefecht selbst – das ist meine Meinung – halte ich es nicht für nötig, ein Ersatzpferd nah am Kampfgeschehen zu haben, sondern es im Lager zurückzulassen – auch weil es leicht vorkommt, dass Tiere, die von kleinen Burschen festgehalten werden, in Unruhe geraten."

An wen Maurikios bei seiner Kritik am Mitführen von Ersatzpferden in der Schlacht konkret gedacht hat, wissen wir zwar nicht. Darüber aber, dass es jedenfalls in der Antike vorkam, sprechen unsere Florusstelle und auch wenige weitere Berichte. Soweit der Brauch darin Kriegern einer bestimmten Gegend zugeschrieben wird und es wirklich eindeutig um einen Pferdewechsel während des unmittelbaren Kampfgeschehens geht, beziehen sich diese Texte auf Kampfweisen bei verschiedenen Barbarenvölkern.[9] Livius kennt dergleichen bei den Numidern (Livius 23,29,5); Ailianos erwähnt „Barbaren im Donaugebiet"

(meint er damit Germanen?), die man ἄμφιπποι nenne, „weil sie gewöhnt sind, von den einen Pferden auf die anderen überzuwechseln" (Ailianos, Takt. 37); und eine ähnliche Kampftechnik überliefert auch Pausanias für die Galater im 3. Jahrhundert v. Chr. (Pausanias 10,19,9–11). Diese Technik der Galater bestand darin, dass jeden Reiter zwei Burschen auf Ersatzpferden begleiteten. Sie hielten sich ein wenig hinter ihm und hatten ihm beim Sturz seines Pferdes das eigene zu übergeben. Die Galater, fügt Pausanias hinzu, nannten diese Kampfweise auf Keltisch τριμαρκισία – ein Begriff, der sich, wie er richtig bemerkt, von einem der keltischen Worte für „Pferd" herleitet (*trimarkisia* bedeutet also „Dreipferdekampf").[10]

Der Bericht des Florus über den Pferdewechsel, den Teutobod gewohnt gewesen sei, passt einerseits zwar gut zu diesen Quellen. Davon, dass es ein Reiter pro Kampf auf gleich vier bis sechs Pferdewechsel gebracht hätte, wird allerdings sonst nirgends berichtet. Aber bei diesen Zahlen des Florus hat man vielleicht ein Fragezeichen anzubringen. Vielleicht sind sie dem rhetorischen Stilmittel der Übertreibung geschuldet, das er durchaus benützt; so, wenn er in der gleichen Schilderung der Schlacht von Aquae Sextiae behauptet, die römischen Soldaten hätten aus einem Fluss ebenso viel Blut wie Wasser getrunken (1,38,9).

II

Eine Auseinandersetzung mit dem Florustext über Teutobod muss auch auf das große und lang anhaltende Echo eingehen, das die antike Autorenstelle speziell im deutschsprachigen Raum des 19. und 20. Jahrhunderts gefunden hat. Ausgelöst wurde das Echo dadurch, dass Gustav Freytag (1816–1895) das Motiv des *equos transilire* – aber im Sinn eines Sprunges über mehrere Pferderücken – im ersten Teil seines Romanzyklus *Die Ahnen* verwendet hat. Das Buch, das 1872 erschien, schildert ein Fest der Germanen, zu dem ein Wettkampf im Springen über vier bis sechs Pferde gehört habe.[11] Den schwierigsten Sprung über sechs Pferde, der nur wenigen Wettkämpfern und nur selten gelinge, habe man als „Königssprung" bezeichnet.[12] Aus der überlieferten Bemerkung über eine spezielle Verhaltensweise des Teutobod ist bei Gustav

---

die ihm den Bericht des Ulanen Hofmann zugänglich machten; und ebenso bei seinem Freund Prof. Dr. Hannsjörg Ubl †, mit dem er das Thema des Pferdewechsels im Kampf diskutierte.

[9] Außer Betracht bleiben damit folgende Zeugnisse: 1. Der Bericht des Arrianos, *Taktika* 2,3 über Pferdewechsel bei Reitern nicht mitgeteilter Provenienz; 2. Die mit Arrianos in etwa deckungsgleiche Stelle der Suda, s. v.ἱππική (I 546 Adler); 3. Die Diodorstelle 19,29,2, an der nur nach Konjektur Wesselings von „Zweipferdereitern" (ἄμφιπποι) die Rede ist; und 4. Die Notiz des Livius 35,28,8 über tarentinische Reiter mit jeweils einem Ersatzpferd – wobei aber nicht ausdrücklich gesagt wird, dass es im Gefecht selbst mitgeführt wurde.

[10] Über das keltische Wort *markos* = Pferd, das mit dt. „Mähre", „Marschall" und „Marstall" verwandt ist, und über die *trimarkisia* der Galater A. Pérez-Rubio, Trouble Comes in Threes: From Chariot to Cavalry in the „Celtic" World. In: G. Lee u. a., Hgg., Ancient Warfare: Introducing Current Research 1 (Newcastle upon Tyne 2015) 172–190.

[11] G. Freytag, Die Ahnen. Erste Abtheilung: Ingo und Ingraban (Leipzig 1872) 38–40 (dieser Text nach einer anderen Ausgabe: http://www.zeno.org/Literatur/M/Freytag,+Gustav/Romane/Die+Ahnen/Ingo+und+Ingraban/Ingo/Das+Festmahl). – Die Anregung für das Aufgreifen des Motivs muss nicht auf eine Lektüre des Florus selbst zurückgehen. Den Florustext hatte Felix Dahn erst einige Jahre zuvor besprochen (F. Dahn, Die Könige der Germanen 1,1 [München 1861] 100: https://www.digitale-sammlungen.de/de/view/bsb11247646?page=124).

[12] Freytag (Anm. 11) 39.

Freytag also der gemeingermanische Brauch eines sportlichen Wettkampfs mit einem „Königssprung" als Spitzenleistung geworden.

Dass es sich dabei nur um eine von Florus angeregte Erfindung eines überaus erfolgreichen historischen Romans handelte, war Teilen von Lesepublikum und Öffentlichkeit dieser germanomanen Zeit nicht bewusst.[13] So kam es auch dazu, dass der UFA-Stummfilm „Wege zu Kraft und Schönheit" in seiner Fassung aus dem Jahr 1925 – allerdings nicht ohne Humor – die „Rekonstruktion" eines „Königssprunges" zeigte und auf eingeblendeten Schrifttafeln die Erläuterung gab: Es habe „der Sage nach" einen Germanenstamm gegeben, bei dem ein „Krieger, der über sechs Pferde springen konnte, zum König erhoben" wurde.[14] Überraschend ist dabei, dass der klassische Archäologe und damalige Berliner Museumskustos August Köster – von der tatsächlichen Quellenlage in jedem Punkt seiner Aussage ungedeckt – die Rekonstruktion im Programmheft des Filmes als „historisch getreu" bezeichnete und schrieb: Bei den Germanen erlernte „fast jeder Jüngling ... wohl die Kunst, über ein Pferd zu springen ... Berühmt war der Sprung über sechs Rosse, der Königs-Sprung."[15] In der Disziplin des Überspringens von Pferden – so fügt er hinzu – habe es auch Wettkämpfe gegeben; und dabei „galt der Sieger im Sprung in jeder Beziehung als ‚ein ganzer Mann', würdig und fähig zur Führung des Stammes, was schon durch die Bezeichnung „Königs-Sprung" für die Gipfelleistung zum Ausdruck kommt."[16]

Was der Film seinem Publikum verschwieg, war übrigens die Tatsache, dass selbst dem eigens dafür angeheuerten deutschen Spitzensportler Arthur Holz der Sprung über die sechs Pferde nur mit Hilfe der neuzeitlichen Erfindung des federnden Schwungbretts und erst nach mehreren Versuchen gelang.[17] Arthur Holz erinnerte sich später:[18] „Der Absprung wurde von einem Federbrett, einem Trampolin, ausgeführt. Von ebener Erde schaffte ich es über zwei Pferde, aber dann war jeder weitere Sprung nur mit Sprungbrett möglich."

Die filmische „Rekonstruktion" von 1925 fand aber begeisterte Nachahmer. Der „Königssprung" – stets mit Hilfe des Trampolins ausgeführt – wurde zu einem beliebten Programmpunkt auf Sportfesten der zwanziger- und dreißiger Jahre des vergangenen Jahrhunderts.[19] Ihr Ende fand diese Mode erst, als der Zweite Weltkrieg ausbrach und in der Zeit um 1940 auch – so erstaunlich das auf dem Höhepunkt des „Germanenkults" im Dritten Reich war – eine Diskussion darüber begann, ob denn der „Königssprung" ohne Trampolin überhaupt möglich und tatsächlich historisch sei. Paul Hans Stemmermann hielt ihn als sportliche Leistung für zwar „ganz außergewöhnlich", aber technisch in Anbetracht der geringen Widerristhöhe germanischer Pferde für immerhin möglich;[20] Rudolf Koch bestritt das; und Koch und Rolf Nierhaus, denen freilich Erwin Mehl vehement widersprach, entschieden sich für die „Pferdewechsel-Übersetzung" der Florusstelle.[21] Mit dem Ende des Krieges und der Germanenbegeisterung wurde es um das Thema fast vollständig still.[22]

III

Für den Altertumswissenschaftler und für alle Arten von Historikern ist der Mythos vom „Königssprung" ein warnendes Exempel, nicht voreilige oder voreingenommene Urteile zu fällen. Die Aufgabe des Historikers ist es nicht, die Gegenwart mit fremden Federn einer allzu weit entfernten Vergangenheit zu schmücken – wie übrigens ebenso wenig, als später Rächer tatsächlichen oder vermeintlichen Unrechts lange vergangener Zeiten

[13] Über die Rolle des „Königssprung"-Motivs in der „neugermanischen" Ideologie des späteren 19. und der ersten Hälfte des 20. Jahrhunderts vgl. M. J. Cowan, Imagining the Nation through the Energetic Body. The „Royal Jump." In: M. Cowan – K. M. Sicks, Hgg., Leibhaftige Moderne. Körper in Kunst und Massenmedien 1918 bis 1933 (Bielefeld 2005) 63–80; ders., Cult of the Will: Nervousness and German Modernity (State College 2008) 164–168.

[14] Wege zu Kraft und Schönheit. Rekonstruierte DVD-Fassung des UFA-Films von 1925 (Berlin 2019), 5. Filmabschnitt.

[15] A. Köster, Der Königssprung. In: Wege zu Kraft und Schönheit (Programmheft zum gleichnamigen Film [Berlin o. J., aber 1925] 37 f.).

[16] Köster (Anm. 15) 38.

[17] Nebenbei bemerkt, ist über die Geschichte des Trampolins die falsche Ansicht verbreitet, es sei eine Erfindung erst der dreißiger Jahre des 20. Jahrhunderts. Siehe aber schon Meyers Konversations-Lexikon 16 (Leipzig – Wien 5. Aufl. 1897) 908 und 981 s. v. Trampoline.

[18] A. Holz, in: P. H. Stemmermann, War der sog. „Königssprung" der Germanen möglich? Volk und Vorzeit 1939/3, 87.

[19] Vgl. R. Koch, Der Königssprung ... eine Fehlübersetzung. Germanenerbe 1940/5-6, 71: Der Sprung werde „bei Wehrmacht- oder Polizeisportfesten ... häufig ... gezeigt." Im gleichen Sinn Stemmermann (Anm. 18) 86. – Beispiele für Aufnahmen solcher Veranstaltungen: Die Muskete (Wien) 29, 1934, Nr. 22, 438 (https://anno.onb.ac.at/cgi-content/anno?aid=mus&datum=19340531&seite=18&zoom =33); Mocca (Wien) 2, 1929, 45 (https://anno.onb.ac.at/cgi-content/anno-plus?aid=moc&datum= 1929&page=139&size=45).

[20] Stemmermann (Anm. 18) 88 (vgl. auch das Referat seiner Ergebnisse durch S. Hunke, Vom „Königssprung" der Germanen. Germanien – Monatshefte für Germanenkunde, NF 3, 1941, 198 f.). Entgegen einem von J.-P. Legendre erweckten Eindruck sei hier festgehalten, dass die Ausführungen Stemmermanns in diesem Fall – trotz der ideologischen Voreingenommenheit, mit der er als Nationalsozialist dem Thema gegenüberstand – durchaus den Regeln nüchternen wissenschaftlichen Denkens entsprechen (anders J.-P. Legendre, Paul-Hans Stemmermann (1909–1977) et les dérives de la „germanomanie." Antiquités nationales 42, 2011, 6 und 9).

[21] Koch (Anm. 19); E. Mehl, Der germanische Königssprung ... keine Fehlübersetzung. Germanenerbe 6/9–10, 1941, 148–151; R. Nierhaus, Abschied vom „Königssprung." Volk und Vorzeit 1940/3, 87–89.

[22] Gelegentliche Reminiszenzen an den „Königssprung" sind kaum noch als ein „Nachleben" des Mythos zu bezeichnen (so die Verwendung des Motivs in einer Adenauer-Karikatur: Kölnische Rundschau vom 13.1.1952; ein Festhalten eines Sachbuch-Autors an der alten Vorstellung: H. Plate, Ponys (Menden 1976) 179 f.; oder die Darstellung des Sprunges in einer Zinnfigurengruppe, deren Produzenten ihn im Verkaufskatalog für eine germanische Sitte der Bronzezeit (!) halten: https://zinnfigur.com / Flachfiguren / Unbemalt / Kulturgeschichte / Altertum-Antike / Koenigsprung-bei-den-Germanen.html [Abruf Mai 2021]).

aufzutreten. Manche Fachvertreter scheinen ja zu übersehen, dass Geschichtsschreibung auch nicht mit Vergangenheitsbewältigung zu verwechseln ist (abgesehen davon, dass Vergangenheitsbewältigung nicht bedeuten kann, dass man längst vergangene Epochen für jüngere Sünden tadeln möchte). Eine seriöse Altertumswissenschaft und Urgeschichtsforschung braucht zwar auf bewertende Bemerkungen des Forschenden, die als solche deutlich erkennbar sein müssen, nicht völlig zu verzichten; aber bei der Ermittlung und Präsentation von Fakten darf ihr nicht anzumerken sein, was Nationalität, Hautfarbe, Religion, Parteibuch und Geschlecht der Wissenschaftler sind. Die Aufgabe der Forschung ist es allein, die tatsächlichen Verhältnisse und Vorgänge der Vergangenheit so weit wie möglich zu rekonstruieren und unserem Denken damit einen möglichst realistischen historischen Horizont zu eröffnen.

10.

Rezension: Walter Wimmel, Tibull und Delia. Erster Teil. Tibulls Elegie 1,1 (Wiesbaden 1976)

(Aus: Anzeiger für die Altertumswissenschaft [Innsbruck] 37, 1984, 241 ff.)

Für Tibulls Elegie 1,1, das noch bis in den Beginn unseres Jahrhunderts weithin wenig verstandene Einleitungsgedicht des tibullischen Werkes, liegt nun mit Walter Wimmels Buch eine moderne monographische Würdigung vor. W. gibt damit eine Fortsetzung seiner Untersuchung „Der frühe Tibull", Studia et testimonia antiqua 6 (München 1968), in der er die tibullischen Elegien – verschiedenen Entwicklungsstufen des Dichters entsprechend – mehreren Gedichttypen zuwies und die zeitliche Abfolge der Stücke zu klären suchte; dabei wurden die seiner Ansicht nach frühesten Gedichte kommentiert, in ihrem Aufbau analysiert und im Rahmen der von W. angenommenen künstlerischen Entwicklung des Dichters betrachtet, ohne jeweils aber in „alle textlichen und sachlichen Probleme" einzudringen (D. fr. Tib. 16). In völlig gleicher Weise behandelt die hier vorgestellte Schrift das Gedicht 1,1; es gehört zwar nach W. als Vertreter des zweiten Elegientyps (charakterisiert durch die Verbindung von Delialiebe, Daseinskritik und Heilsentwürfen) ebenfalls noch dem „frühen Tibull" an, war jedoch in W.s älterem Buch nicht mituntersucht worden. – Auch die Einteilung der Arbeit hält sich an ein Schema, das schon bei den Gedichtbesprechungen in „D. fr. Tib." verwendet wurde. Am Anfang steht ein Kapitel „Zum Ansatz", in dem W. nach kurzem Rückblick auf die seines Erachtens älteren Gedichte ausführt, mit welchen inhaltlichen Erwartungen und welchen Fragen man von diesen Stücken her der Elegie 1,1 gegenübertrete. Was konnte dem Vorhergehenden folgen, wieweit und in welchem gegenseitigen Verhältnis würden die bisherigen Themen der tibullischen Dichtung in 1,1 wiederkehren? Daran schließt sich im nächsten Kapitel eine ausführliche „Beschreibung" des Gedichtes an. Der Verf. folgt hier kommentierend dem Text der Elegie und sucht zugleich ihren Aufbau zu erfassen; dabei wird sie immer wieder – in Details ihrer Bautechnik und einzelnen Motiven – mit den nach W.s Chronologie älteren und jüngeren Stücken konfrontiert und so in den von ihm angenommenen Entwicklungszusammenhang gestellt. Auf diesem Abschnitt fußt dann – das über den Entwicklungszuammenhang und den Aufbau Gesagte resümierend und darüber weiter ausholend – der nächste. Darauf folgt das letzte Kapitel, das sich nochmals mit der typologischen Einordnung

des Gedichtes befasst (und zwar mit dem Thema der „alten Zeit" in 1,1 und in den anderen Stücken des zweiten Gedichttyps); vor allem aber geht es der Frage einer Wirkung des Properz auf den frühen Tibull nach und stellt schließlich auch Erwägungen über Beeinflussungen durch Horaz an.

Die wichtigste Leistung des W.schen Buches liegt nach Meinung des Rez. in seiner Analyse der Gedichtstruktur. Das Wesentliche an dem von W. entworfenen Bauschema der Elegie (übersichtlich zusammengefasst W. 81 ff.) ist die Rolle der drei Lagerungsszenen V. 27 f., 43 ff. und 61 ff. als der hauptsächlichen „Stützen des Aufbaus": Der von Eingangsteil (V. 1–6) und Schluss (V. 69–78) gerahmte Gedichtkörper gliedert sich nach W. a) in einen ersten „ländlich-dämonologischen" Anlauf mit Höhepunkt und Abschluss in der ersten, bukolischen Lagerungsszene (V. 7–28); b) in einen zweiten „ländlich-dämonologischen" Anlauf, der auf die zweite, das erotische Moment einführende Lagerung zusteuert (V. 29–48); c) in einen der Daseinskritik und dem erotischen Thema gewidmeten Teil, der in der dritten Lagerungsszene, dem Todeslager, gipfelt (V. 49–68). Dabei entging W. übrigens (siehe auch den forschungsgeschichtlichen Abriss W. 84 ff.), dass schon Ludolf Dissen, der sich in seinem Kommentar (Göttingen 1835) als erster ernsthaft um eine Analyse des Aufbaus der einzelnen Gedichte bemühte, auf teilweise freilich anderem Weg zu einer fast völlig übereinstimmenden Unterteilung des Gedichtes gelangt war (Dissen, a. a. O., 6 f.).

W.s Anliegen ist es jedoch nicht nur, eine Untersuchung der Gedichtstruktur vorzulegen, sondern vor allem auch eine Interpretation, die auf dem Boden der in seinem Werk „D. fr. Tib." entwickelten chronologisch-typologischen Ordnung steht. Auf die dort erarbeitete Typeneinteilung und Chronologie kann diese Besprechung nicht näher eingehen; hierfür sei auf K. Vretskas Rezension des älteren W.schen Buches (diese Zeitschr. 26, 1973, 193 ff.) verwiesen. Wie Vretska vermag der Schreibende weder W.s zuversichtlichen Glauben an seine Typologie und Chronologie noch das damit verbundene Vertrauen auf einen durch und durch autobiographischen Charakter der Gedichte zu teilen. Er ist deshalb auch mit W.s Standpunkt in der hier vorgestellten Schrift nicht einig, dass der Schlüssel zum Verständnis von 1,1 in der W.schen Rekonstruktion der vorausgehenden Entwicklung des Dichters und in der Kenntnis der – dieser Rekonstruktion nach – älteren Elegien liege (dies wären in der Reihenfolge der W.schen Chronologie die Stücke 1,4; 8; 9; 10; 3). Es scheint ihm falsch, wenn W. der Tatsache, dass 1,1 das Einleitungsgedicht des ersten Buches, ja des ganzen tibullischen Werkes ist, für die Interpretation keinerlei Bedeutung beimißt (zur Stellung der Elegie innerhalb des Buches siehe W. 37, 38, 55 und 80; vgl. D. fr. Tib. 260 f.).

Im übrigen gibt W.s z. T. flüchtige Arbeitsweise Anlass zu Kritik; Beispiele: W. 39, Anm. 78 muss es statt „Malcovati, Donne inspiratici …" heißen: „Donne ispiratrici …" – Zitat etwa unbesehen aus H. Harrauer, A Bibliography to the Corpus Tibullianum (Hildesheim 1971, n. 814) entnommen, wo sich der gleiche Fehler findet? – W. 41: Della Corte trat in V. 48 nicht „für igne", sondern im Gegenteil für *imbre* ein. – W. 56, Anm. 102: Die zum Todesgedanken in der Elegie zitierten „Arbeiten von … Lange und Amberg" (eine maschinschriftliche Dissertation und ein Aufsatz, wovon aber zumindest der letztere nichts über das Todesthema in der Elegie enthält) rühren von der gleichen Verfasserin her (G. Amberg, frühere Lange; s. Helikon 1, 1961, 483, Anm. 14). – Von W. übersehene neuere Literatur: bes. R. J. Ball, The Structure of Tibullus's Elegies, Diss. New York 1971 (Ann Arbor 1971) 17 ff.; Chr. Christandl, Studien zur Variation der Motive bei Tibull, maschinschriftl. Diss. Innsbruck 1971, pass. Weiters drei Untersuchungen, die aber erst 1974 und 1975 erschienen, als W.s Manuskript schon fast völlig abgeschlossen war (vgl. dazu W. IX, Anm. 2 und 113, Anm. 159): R. C. Barrett, Tibullus I: Theme and Technique: Di tibi divitias dederunt. Diss. Los Angeles 1974 (Ann Arbor 1974) 144 ff.; C. C. Rhorer, Tibullus: A Structural Analysis of the Elegies of the First Book. Diss. New Haven 1974 (Ann Arbor 1975) 171 ff.; J. A. Shayner, Word and Theme in Tibullus, Diss. Stanford 1973 (Ann Arbor 1974) 17 ff. – Abschließend sei noch kurz auf einige Punkte in W.s Interpretation der Elegie kritisch eingegangen: V. 3 f. spricht nach W. (6 und öfter) von der „immerwährenden Mühe" (*labor adsiduus*) der „reichen Grundbesitzer" und ihrem durch Kriegssignale gestörten Schlaf – eine Deutung des Distichons, auf der weitreichende Schlüsse aufgebaut werden (bes. W. 51, 72, 77). Ohne Diskussion, ja ohne Erwähnung übergeht W. dabei die häufig geäußerte Ansicht (vgl. u. a. Dissen, Smith, André), dass unter „*labor adsiduus*" nicht die Mühe der Grundbesitzer, sondern das Kriegshandwerk mit seinen Strapazen zu verstehen und das Distichon auf den Soldaten zu beziehen sei (zu dieser – m. E.

richtigen – Interpretation ausführlich J. Crecente, Emerita 8, 1940, 99 ff.). – V. 6: „Adsiduo igne", bemerkt W. 7, steht „in Bezug, in einer Art Gegensätzlichkeit, zu labor adsiduus (V. 3)." Bezieht man V. 3 auf das Handwerk des Soldaten, so stellt der Dichter hier den ständigen Strapazen des Kriegers das ständige Leuchten seines eigenen Herdfeuers gegenüber, von dem er sich im Gegensatz zum Soldaten nicht zu trennen braucht. – V. 8: „*Grandia poma*" meint kaum die „Früchte" (W. 10), sondern die Bäume – entsprechend dem vorangehenden „*vites*" und im Gegensatz zum folgenden Distichon, das in chiastisch umgekehrter Reihenfolge von den erhofften Erträgen der „*poma*" und der „*vites*" spricht. Vgl. z. B. den hübschen Kommentar Dissens und die sachlich wertvolle Bemerkung in der Ausgabe Andrés (Paris 1965) z. St.! – V. 30: Das „*stimulo tardos increpuisse boves*" ist nicht mit W. 29 „das Antreiben der Ochsen mit Treibstachel und Gebrüll (beides im Verbum increpuisse zusammengezogen)"; „*increpare*" bezeichnet hier allein die anspornende Verwendung des Stachels: ThlL 7, 1056, Z. 37 ff. (Buchwald); G. Neméthy in der Ausgabe (Budapest 1905) z. St.; ders., RhM NF 61, 1906, 39 f. – V. 59 ff.: Wie W. 61 zu Recht sagt, gehört die Sterbeszene „zu den Wunschkonzepten der Elegie"; nur liegt hier m. E. auch die Hauptfunktion dieses Abschnitts, der Hauptgrund für die Einführung des Todesgedankens: Wie das ruhige, sichere, geborgene Leben in Liebe und ländlicher Umgebung gehört auch das Sterben als Liebender und Geliebter mit zum tibullischen Lebensideal; erst dadurch wird der Lebensentwurf des Dichters abgerundet und umfassend (wobei aus V. 57 noch das „*non ego laudari curo*" in die Todesszene hinüberklingt: Im Leben wie im Tod fragt der Dichter nicht nach dem für den Römer so erstrebenswerten Ruhm, sondern nur nach Liebe). – V. 71: Nach dem Todesbild von V. 70 setzt die „Rückkehr zum Erotischen" wohl nicht erst „mit nec" ein (W. 83), sondern schon mit „*iam subrepet iners aetas*"; vgl. Dissen z. St. und R. Pichon, De sermone amatorio apud Latinos elegiarum scriptores (Diss. Paris 1902) 168. – Im ganzen betrachtet, vermag das Buch aber – bei aller vorgebrachten Kritik – unser Verständnis der Elegie zu fördern; W. kann gewiss sein, dass seine Beobachtungen und Denkanstöße zu Tibull 1,1 dankbar aufgenommen werden.

Nachwort 2024

Auf Tibulls Elegie 1,1 bin ich lange Zeit später noch einmal zurückgekommen: G. E. Thüry, Ein Dichter auf der Suche nach sich selbst. Lebenswahl und Identität bei Tibull. In: Arbeit und Identität in der Antike. Akten des 3. Salzburger Frühlingssymposiums 2022. Sonderband der Zeitschrift Diomedes (2024; im Druck).

III. Epigraphik

(Dazu auch die Beiträge 7, 30 und 44–46 dieses Bandes)

11.

Verschleppte attische Inschrift in Salzburg (IG III² 1955)

(Aus: Zeitschrift für Papyrologie und Epigraphik 13, 1974, 95 f.)

Im Jänner 1964 erhielt der Landesarchäologe von Salzburg, Herr Hofrat Prof. Dr. Martin Hell, die Meldung, dass sich in Salzburger Privatbesitz eine fragmentarisch erhaltene griechische Inschrift befinde, die in einer Gartenmauer beim rückwärtigen Eingang des Hauses Nonnberggasse 12 eingelassen sei (Abb. 15 und 16). Gegenüber Herrn Prof. Hell und später auch dem Verfasser sagte die damalige Hausbesitzerin, Frau Rosa Hagemann, aus, dass sie die Inschrift in den fünfziger Jahren am Salzburger Elisabethkai, im Salzachschotter auf der Höhe der Evangelischen Kirche, gefunden habe. Das Fundjahr selbst, an das sie sich nicht mehr erinnern konnte, ließ sich auch mit Hilfe ihrer Tochter, der jetzigen Besitzerin des Steins, Fräulein Erentraud Hagemann, nicht ermitteln. Es handelt sich um eine längst bekannte attische Grabinschrift (IG III² 1955), die im vergangenen Jahrhundert in den Propyläen der Athener Akropolis aufgestellt war. Wie es zur Odyssee dieses Steines kam und wie er nach Salzburg, auf die Schotterbank am Salzachufer gelangte, wo er wiedergefunden wurde, lässt sich nicht mehr klären; aus Athen, für das er zuletzt 1882 durch die IG bezeugt wird, dürfte er jedenfalls noch vor den zwanziger Jahren verschleppt worden sein, da er in B. Tamaros Übersicht der damals auf der Akropolis verwahrten Schriftdenkmäler bereits fehlt. (Pianta epigrafica dell'Acropoli, Annuario della R. Scuola Archeologica di Atene 4/5, 1921/2, 55 ff.).

Wie schon im Inschriftenwerk bemerkt wurde und an der Wölbung der Oberfläche auch in eingemauertem Zustand zu erkennen ist, stammt das verschleppte Fragment von einer Grabsäule aus pentelischem Marmor. Die Höhe des Stückes beträgt 23.5, seine Breite 19 cm; sein oberer, unbeschrifteter Teil (Höhe 9.5 cm) ist durch einen 3.5 cm breiten Wulst vom unteren, beschrifteten (Höhe 10.5 cm) abgesetzt. Vom Text selbst sind Reste dreier Zeilen erhalten; zu ihrer Lesung und Ergänzung ist nichts nachzutragen:

Abb. 15; 16: Die nach Salzburg verschleppte attische Grabinschrift IG III² 1955. Privatbesitz

[Τρύ]φαινα Ἀντ[- -] / ἐκ Πιραιέω[ν] / [Ἀσκ]ληπιάδ[ου - - γυνή].

Das Grabmal ist aufgrund des Schriftcharakters nach einer freundlichen Stellungnahme von Herrn Prof. Dr. Günther Klaffenbach † (Berlin) in das 3. nachchristliche Jahrhundert zu datieren.

Nachwort 2024

Die Athener Inschrift in Salzburger Privatbesitz ist ein lehrreicher und warnender Fall eines sekundären und von weither verschleppten Fundes.[1] Mein väterlicher Freund und Lehrer Martin Hell, der mir ihre Bearbeitung und Veröffentlichung übertragen hatte, war zunächst der Meinung gewesen, dass es sich dabei um ein Fundzeugnis aus Salzburgs Römerzeit handeln werde.

Zum Text der Inschrift ist noch anzumerken, dass der Name der Bestatteten im vorstehenden Artikel nur beispielsweise ergänzt wurde.

---

[1] Vgl. dazu auch G. E. Thüry, Fundberichte aus Österreich 12, 1973, 117; ders., Von der Akropolis nach Salzburg – Abenteuer eines altgriechischen Grabsteins. Salzburger Tagblatt vom 27.11.1972; R. Noll, Dubiose Fundorte. In: Gedenkschrift für Martin Hell, Mitteilungen der Gesellschaft für Salzburger Landeskunde 115, 1975, 365 f.

12.

Erotisches in römischen Fibelinschriften
Zur Deutung dreier Texte auf Fibelfunden aus Niederösterreich

(Aus: Specimina nova dissertationum [Pécs] 7, 1991, Pars prima, 93 ff.)[1]

Rudolfi Nolli memoriae grate dedicatum

Einleitung: Die erotischen Suppellex-Inschriften und die drei niederösterreichischen Beispiele

Der folgende Beitrag möchte die Existenz einer Gruppe von Kleininschriften in Erinnerung rufen, die sittengeschichtlich und sprachlich interessant ist, aber bisher dennoch keine eingehendere oder gar systematische Bearbeitung erfahren hat. Es ist die Gruppe der Inschriften erotischen Inhalts auf Gebrauchsgegenständen des römischen Alltags. Diese bisher so vernachlässigten Texte sind schon zahlenmäßig keineswegs eine quantité négligeable; zu ihnen gehören vor allem: erstens sehr zahlreiche Keramikaufschriften;[2] zweitens und ebenfalls sehr häufig Beschriftungen von Ringen;[3] drittens eine große Anzahl von entsprechend betexteten Schmucksteinen (sowohl von Ringsteinen als auch von Anhängern);[4] viertens – aber nur in seltenen Fällen – Inschriften auf Webgewichten aus Ton oder Schiefer;[5] fünftens – ebenfalls selten – Texte auf Glasgefäßen;[6] sechstens

solche auf einigen silbernen Löffeln;[7] und schließlich siebtens eine kleine Gruppe von Inschriften auf Fibeln.[8] Allein um die siebte Gruppe, die der Fibeltexte, wird es in diesem Beitrag gehen.

Kataloge der Fibeln mit derartigen „Liebesinschriften" haben bisher Robert Mowat und – mit einigen Nachträgen von Rudolf Noll – Gustav Behrens zusammengestellt.[9] Keiner von beiden ging dabei auf Sprache und Inhalt der Texte ein. Mowat kannte nicht mehr als fünf, Behrens nicht mehr als zehn einschlägige Fibelfunde.[10] Heute sind dem Verfasser bisher dreiunddreißig Exemplare bekannt.

Eine Auseinandersetzung mit der Gesamtheit dieser Texte ist im Rahmen eines kurzen Kongressbeitrags nicht möglich. Deshalb beschränkt sich der Verfasser auf die Besprechung einiger Beispiele. Er wählt dafür drei Fibeln aus, die Gunter Fitz vor einigen Jahren veröffentlicht hat,[11] deren Inschriften bisher aber nicht befriedigend gedeutet und hinreichend kommentiert

---

[1] Zusatz 2024: Der folgende Aufsatz erschien in einer Sammlung der Beiträge zum Kongress "Instrumenta inscripta Latina", Pécs 1991.]

[2] Beispiele für erotische Herstellerinschriften auf Sigillata: K. Scherling, Ein Plautuszitat aus Rheinzabern? Berliner Philologische Wochenschrift 37, 1917, 1283 ff.; auf den Medaillon-Appliken des Rhônetals: P. Wuilleumier, Inscriptions latines des trois Gaules. XVIIe supplément à „Gallia" (Paris 1963), n. 514 und 517 bis; auf Spruchbechern: M. Bös, Aufschriften auf rheinischen Trinkgefäßen der Römerzeit. Kölner Jahrbuch für Vor- und Frühgeschichte 3, 1958, 21 ff.; S. Loeschcke, Römische Denkmäler vom Weinbau an Mosel, Saar und Ruwer. Trierer Zeitschrift 7, 1932, 49 f. – Beispiele für Tongefäße mit Benutzergraffiti, die sich auf Liebe und Erotik beziehen: CIL XIII 10017.24–26 und 41/42; G. E. Thüry, Epigraphische Kleinigkeiten aus Iuvavum-Salzburg. Römisches Österreich 2, 1974, 86 ff.

[3] Zahlreiche Beispiele bietet der Katalog bei F. Henkel, Die römischen Fingerringe der Rheinlande und der benachbarten Gebiete (Berlin 1913); vgl. dazu auch die Auswertung ebd. 325.

[4] Ein rundes Dutzend Belege etwa bei F. Ficoroni, Gemmae antiquae litteratae (Rom 1758), pass. Vgl. z. B. auch R. Noll, Ein Kleinkameo mit Sinnspruch. Classica et Provincialia. Festschrift Erna Diez (Graz 1978) 154 ff.

[5] Darüber [A.] Héron de Villefosse, Un peson de fuseau portant une inscription latine incisée, trouvé à Sens. Bulletin archéologique du Comité des travaux historiques et scientifics 1914, 213 ff. (mit den Funden 1, 3, 8 und 9 des Katalogs S. 222 ff.; vgl. aber auch den Fall des Stückes 10!); Wuilleumier, a. a. O. n. 523, 525 und 526. [Zusatz 2024: Die Bezeichnung der Gegenstände als "Webgewichte" ist unzutreffend; siehe das "Nachwort 2024" zu diesem Aufsatz.]

[6] O. M. Dalton, Catalogue of Early Christian Antiquities and Objects from the Christian East in the Department of British and Mediaeval Antiquities and Ethnography of the British Museum (London 1901),

[...] n. 601 mit Taf. 31 (vgl. aber auch n. 599!); n. 613 mit Taf. 28.

[7] Dalton, a. a. O. n. 391 f.

[8] Gelegentlich kommen erotische Texte auch auf noch anderen antiken Gebrauchsgegenständen vor. So verdanke ich Frau Dr. G. Wesch-Klein (Heidelberg) und – über ihre Vermittlung – Herrn Prof. Dr. R. Wiegels (Osnabrück) den Hinweis auf einen Stilus mit „Liebesinschrift" aus Rouffach (Dép. Haut-Rhin; kurz erwähnt von F. Pétry, in: Gallia 38, 1980, 444); und am Bolsener See soll eine im CIL als „fibula" bezeichnete goldene Nadel mit einem Inschriftanhänger gefunden worden sein, auf dem zu lesen steht: TACE NOLI P / ERIER(ARE) EGO TE VIDI ALI / AN SAVIARE (also etwa: „Still! Willst du als Lügner dastehn? Ich hab dich eine andre küssen sehn"). Vgl. zu diesem Stück vor allem CIL XI 6711.3 = ILS 8624 und die nähere Beschreibung seiner Gestalt durch W. Froehner, Collection d'antiquités du Comte Michel Tyszkiewicz (Paris 1898) 68.

[9] [R.] Mowat, Note sur des bijoux antiques ornés de devises. Mémoires de la Société nationale des antiquaires de France, 5. Ser. 9, 1888, 26 ff.; G. Behrens, Römische Fibeln mit Inschrift. Reineckefestschrift (Mainz 1950) 10. Nachträge zu Behrens: R. Noll, Römerzeitliche Fibelinschriften. Germania 30, 1952, 397 und 399. – Die „Liebesinschriften" speziell auf Hülsenscharnierfibeln mit bandförmigem Bügel sammelt außerdem A. Böhme, Die Fibeln der Kastelle Saalburg und Zugmantel. Saalburg-Jahrbuch 29, 1972, 56 (Fundliste 2).

[10] Speziell für die Hülsenscharnierfibel mit bandförmigem Bügel und „Liebesinschrift" listet Böhme, a. a. O. acht Stück auf. Auch sie geht auf die Texte nicht ein.

[11] G. Fitz, Drei römische Fibeln mit Liebesinschriften aus Niederösterreich. Römisches Österreich 11/12, 1983/84, 41 ff.

wurden. Alle drei Stücke sind in Niederösterreich zutage gekommen; und alle drei als Streufunde – was sehr bedauerlich ist, da wir über die Zeitstellung der betreffenden Fibeltypen wenig wissen. Am Beispiel der Texte auf diesen drei Fibeln soll im Verlauf der Arbeit deutlich werden, in welcher Weise die „Liebesinschriften" zu unseren Kenntnissen über das erotische Latein und zur Erforschung der antiken Sittengeschichte beizutragen vermögen und welcher Art die Probleme sind, mit denen sich der Interpret solcher Zeugnisse auseinanderzusetzen hat.

2. Beispiel 1: Die Inschrift NON PECAT QVI TE AMAT aus Carnuntum

Die erste Fibel ist ein Streufund aus Carnuntum.[12] Er befand sich zumindest zur Zeit der Publikation durch G. Fitz in niederösterreichischem Privatbesitz.[13] Leider sind weder die exakte Örtlichkeit, das Jahr, die Umstände noch der genaue Verbleib des Fundes bekannt.

Es handelt sich um eine 2.8 cm lange Hülsenscharnierfibel mit geradem, rechteckig-bandförmigem Bügel (Abb. 17).[14] Das ist ein Fibeltyp der älteren bis mittleren Kaiserzeit,[15] von dem wir bisher elf Exemplare mit „Liebesinschriften" kennen (vgl. die Liste 1 im Anhang). Die 6 mm breite Bügeloberseite des Carnuntiner Stückes ist verzinnt und „in Längsrichtung rinnenartig vertieft".[16] Sie wird an beiden Längskanten von einem feingeperlten Rand und auf den Schmalseiten von je einer gepunzten Begrenzungslinie eingefasst. Die so umrahmte Bügeloberseite trägt den ebenfalls eingepunzten Satz: NON PECAT QVI TE AMAT. Orthographisch ist dabei die Vereinfachung der Geminata des Verbs *peccare* anzumerken.[17] Was den Wortschatz angeht, lässt sich dieses Verb im Wortmaterial der Fibelinschriften sonst kein zweites Mal belegen; und auch in den *sententiae amatoriae* auf

anderen Gegenständen ist dem Verfasser kein weiteres Vorkommen bekannt. Ähnlich fällt auf grammatischer Ebene die Verwendung der in solchen Texten seltenen Relativkonstruktion auf.[18]

Nach der von G. Fitz vorgetragenen Übersetzung und Interpretation bietet die Inschrift die lateinische Fassung für „eine auch uns Heutigen geläufige Devise:‚Wer dich liebt, sündigt nicht‘".[19] Dabei bleibt unerklärt, warum Fitz eine Äußerung dieses Wortlauts für eine heute „geläufige Devise" hält und was sie eigentlich bedeuten soll. Denkt Fitz an unsere Operettenweisheit, wonach Liebe – speziell „mit einem schönen Kind" – keine Sünde sei?[20] Das ist freilich ein Motto, das letztlich nur auf dem Hintergrund des christlichen „Sünden"-Begriffes und seiner Rolle auf dem Gebiet der Erotik verstanden werden kann. Nach christlicher Tradition sind ja Liebe und Sünde benachbarte Territorien, zwischen denen die Grenze nur allzuleicht überschritten wird. Gegen eine solche traditionell-christliche Sicht wehrt sich das Operettenmotto von der Liebe, die keine Sünde sei. In diesen geistigen Kontext dürfen wir aber eine römische Inschrift nicht stellen. Das Verb *peccare* bezieht sich nicht auf die christliche Anschauung vom ständig drohenden Abgleiten der Liebe in die Sünde, sondern bedeutet im erotischen Latein meist soviel wie „untreu werden", „einen Seitensprung begehen".[21] Freilich wird diese Bedeutung in den allgemeinen Lexika der lateinischen Sprache nirgends mit genügender Klarheit und Präzision angegeben.[22] In Spezialuntersuchungen

---

[12] Fitz, a. a. O. 42 (Angabe des Fundorts) und 48 (Bezeichnung als Streufund).

[13] Fitz, a. a. O. 43.

[14] Beschreibung nach Fitz, a. a. O. 43 und Taf. 2.1. – Nach der Abbildung bei Fitz 43 (= unsere Abb. 17) beträgt die Länge des Stückes nicht, wie Fitz angibt, 2,7 cm, sondern 2,8 cm.

[15] Den einzigen Datierungsanhalt gibt ein Grabfund aus Stahl (Kr. Bitburg, Rheinland-Pfalz), der zwei solche Fibeln enthält (siehe Anhang 1.7 und 1.8). Aufgrund der Keramik des Grabes setzte es F. Marx – mit Vorbehalt – in die 2. Hälfte des 2. Jahrhunderts (F. Marx, Stahl [Kr. Bitburg]. Zwei Fibeln mit Inschrift. Römisch-germanisches Korrespondenzblatt 4, 1911, 22 f.). In der bisherigen Literatur sind dagegen keine Bedenken erhoben worden. Ein Photo bei Marx, a. a. O. 23 zeigt jedoch, dass die Datierung auf einer falschen Prämisse beruht; denn die Grabkeramik besteht danach aus zwei Einhenkelkrügen mit Trichtermündung, wie sie im ganzen 1. und 2. Jahrhundert vorkommen (zu diesem Krugtyp K. Roth-Rubi, Untersuchungen an den Krügen von Avenches. Rei cretariae Romanae fautorum acta, Suppl. 3 [Augst – Kaiseraugst 1979] 40 ff.).

[16] Fitz, a. a. O. 43. – Verzinnt sind außer der Bügeloberseite nur die Bügelkanten.

[17] Zum Phänomen der Vereinfachung von Doppelkonsonanten V. Väänänen, Le latin vulgaire des inscriptions pompéiennes (Berlin 3. Aufl. 1966) 58 ff.

[18] Einen weiteren Beleg für einen Relativsatz bietet die Fibelinschrift CIL XIII 10027.166 = ILS 8623b mit dem Wortlaut QVOD / VIS EG /O VOLO aus Bouvines (Dép. Nord, Frankreich).

[19] Fitz, a. a. O. 47.

[20] In der Formulierung des bekannten Liedes aus der Edmund-Eysler-Operette „Bruder Straubinger": „Küssen ist keine Sünd / Mit einem schönen Kind, / Lacht dir ein Rosenmund, / Küss ihn zu jeder Stund" (vgl. dazu schon den Text eines Schnaderhüpfls aus dem 19. Jahrhundert, den L. Steub, Wanderungen im bayerischen Gebirge [München 2. Aufl. 1864] 173 mitteilt: „Je schöner das Dirnl, / Desto kleiner die Sünd"). – Für eine Emanzipation der Liebe gegenüber dem traditionell-christlichen Sündenverständnis treten auch andere Operettentexte ein (so in Kálmáns „Csárdásfürstin" das unbekümmerte Bekenntnis „Alle sind wir Sünder"; oder in Künnekes Oeuvre wohl – was ich allerdings nur einem Operettenführer entnehme – das Lied „Muß denn alles Sünde sein, / Was uns glücklich macht" aus dem Singspiel „Liselott" sowie das ganze Libretto des Stückes „Die große Sünderin").

[21] Ohne Vollständigkeit anzustreben, notiere ich die folgenden Belegstellen: Horaz, *Saturae* 1,2,63 und 2,7,62; Martial 1,34,2; Ovid, *Amores* 3,14,1 und 3,14,5; Ovid, *Heroides* 16,295; Petron, *Satyrica* 83; Properz 2,32,1; Seneca, *De beneficiis* 1,10,2; Seneca, *Phaedra* 114; Tibull 1,6,16; 1,6,71; 1,9,23; 2,4,5; 4,14,1. – Peccare kann im erotischen Kontext aber auch andere Bedeutungen haben; vgl. das Vorkommen des Wortes bei Petron, *Satyrica* 130 (von sexuellem Versagen); in Sulpicias Gedicht *Corpus Tibullianum* 4,7,9 (hier erklärt sich die Verwendung des Wortes m. E. dadurch, dass Sulpicia ihren Cerinthus heimlich und ohne vorherigen Segen ihrer Familie geliebt hat); bei Terenz, *Adelphoe* 4,7,7 (ein uneheliches Kind als *peccatum* seines Vaters).

[22] Am klarsten und richtigsten noch bei Georges, nach dem das Verb – außer von „Unzucht" – vom „Ehebruch" gebraucht werde (K. E. Georges, Ausführliches lateinisch-deutsches Handwörterbuch, Bd. 2 [Nachdruck Hannover 1976] 1527). Dieser Begriff des „Ehebruchs" weist in die richtige Richtung; er ist allerdings noch zu eng gefasst, da sich *peccare* auch auf Untreue bei Nichtverheirateten beziehen kann.

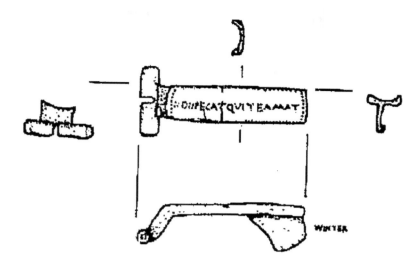

Abb. 17: Fibel aus Carnuntum mit Inschrift. Zeichnung H. Winter. Privatbesitz

über das erotische Latein ist sie aber deutlich und genau angesprochen worden.[23]

Aus dem Gesagten ergibt sich also die folgende Übersetzung der Carnuntiner Fibelinschrift: „Wer d i c h liebt, der bleibt treu" – d. h., er bleibt treu, weil er an dir schon alles hat, was man sich nur wünschen kann. Das ist ein sehr hübsches Kompliment und eignet sich gut für den Zweck, dem die mit „Liebesinschriften" versehenen Fibeln einst gedient haben müssen – nämlich für den Zweck eines Geschenkes unter Liebenden.[24]

3. Beispiel 2: Die Inschrift SVCVRE AMANTV aus Prellenkirchen

Wie das Carnuntiner Stück, ist auch die zweite, in Prellenkirchen (VB Bruck an der Leitha) zutage gekommene Fibel ein Streufund, der wenigstens zur Zeit der Publikation durch G. Fitz in niederösterreichischem Privatbesitz war.[25] Auch in diesem Fall sind die genauere Fundstelle, der Zeitpunkt der Auffindung, die Fundumstände und der Verbleib des Objektes nicht bekannt.

Wie der Carnuntiner Fund, ist der Prellenkirchener wiederum eine verzinnte Hülsenscharnierfibel mit einem geraden, rechteckig-bandförmigen Bügel, der auch wiederum eine eingepunzte Inschrift trägt (Abb. 18).[26] Zwei weitere Gemeinsamkeiten mit dem Carnuntiner Stück lassen vollends auf Werkstattgleichheit mit der dortigen Fibel schließen: nämlich eine so gut wie vollkommene Übereinstimmung der Maße[27] und zusätzlich – was alleine natürlich nicht beweiskräftig wäre[28] – die auch schon in der Carnuntiner Inschrift beobachtete orthographische Eigenheit der vernachlässigten Gemination. Der Prellenkirchener Text lautet nämlich SVCVRE AMANTV – wobei also der Imperativ von „succurrere" mit nur einem einfachen „c" und einem einfachen „r" geschrieben ist. Eine

_____

– Die übrigen Lexika – soweit sie den erotischen Wortsinn erwähnen – begnügen sich mit unpräzisen Andeutungen. So sprach z. B. Forcellini von einer Verwendung des Wortes „in re turpi" (E. Forcellini, Totius Latinitatis lexicon, Bd. 4 [Prato 1868] 543); nach Klotz wird es „von der Wollust und Unzucht" gebraucht (R. Klotz, Handwörterbuch der lateinischen Sprache, Bd. 2 [Nachdruck Graz 1963] 701); nach Lewis und Short „of sexual sin" (Ch. T. Lewis – Ch. Short, A Latin dictionary [Nachdruck Oxford 1958] 1320); oder nach dem Oxford Latin Dictionary „of offences against the sexual code" (OLD 2 [Oxford 1982] 1315).

[23] R. Pichon, De sermone amatorio apud Latinos elegiarum scriptores (Dissertation Paris 1902) 227 f.: „Peccare est plerumque fidem seu coniugalem, seu amatoriam violare." (Die weitere Bemerkung Pichons, manchmal sei _peccare_ aber auch ein Synonym für _amare_, finde ich durch die mir bekannt gewordenen Stellen – siehe oben Anm. 21 – nicht bestätigt.) – P. P[ierrugues], Glossarium eroticum linguae Latinae (Paris 1826) 382: _peccare_ werde „de illegitimo coitu" gebraucht und bedeute auch allgemein „alienis amplexibus indormire".

[24] Es entbehrt jeder Grundlage, wenn Fitz und neuerdings auch S. Martin-Kilcher behaupten – beide ohne weiteren Kommentar –, dass es sich bei solchen Texten um Magie, um „Liebeszauber" handle; wobei Martin-Kilcher so weit geht, dass sie zwei in der Schweiz gefundene „Liebesfibeln" als gesicherte Dokumente volkstümlicher Magie in eine Darstellung des Themas „Glaube, Kult und Gräber" aufnimmt (Fitz, a. a. O. 47 f.; S. Martin-Kilcher, Römische Zeit: Religion im privaten Bereich. In: Glaube, Kult und Gräber. Einführungskurse in die ur- und frühgeschichtliche Archäologie der Schweiz, 5. Kurs [Basel 1988] 34, 38 und Abb. 3.2).

[25] Fitz, a. a. O. 43 f. (zu Fundort und Verbleib); 48 (Bezeichnung als Streufund).

[26] Die Beschreibung bei Fitz (a. a. O. 43) beschränkt sich auf den Satz, es sei eine „völlig gleiche Fibel" wie die aus Carnuntum und sie sei „mit Ausnahme der fehlenden Nadel unbeschädigt".

[27] Fitz, a. a. O. 44, wo allerdings eine in der Tat völlige Übereinstimmung angedeutet wird. Nach den von Fitz veröffentlichten Zeichnungen (= unsere Abb. 17 und Abb. 18) differiert die Breite am Scharnier etwas (Carnuntum 1,25, Prellenkirchen 1,1 cm. Für Carnuntum falsche Breitenangabe bei Fitz 43).

[28] Anders Fitz, a. a. O. 45.

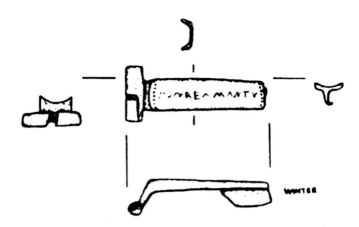

Abb. 18: Fibel aus Prellenkirchen (Niederösterreich) mit Inschrift. Zeichnung H. Winter. Privatbesitz

weitere Auffälligkeit stellt natürlich auch die Form *amantu* – statt des richtigen *amanti* – dar.[29] Als eine phonetisch bedingte Schreibung ist diese Abweichung nicht zu erklären;[30] und ein Stück mit einem bloßen Schreibfehler so auffälliger Art wird kaum in den Handel gekommen sein. So bleibt nur entweder die Annahme übrig, dass der Graveur hier den Versuch unternommen hat, das Praesenspartizip nach der vierten Deklination zu beugen;[31] oder aber die kompliziertere Erklärung, der Satz auf der Fibel sei als ein verkürztes SVCVRRE AMAN(TI) TV aufzufassen.

Anders als der Carnuntiner Text, steht der Prellenkirchener hinsichtlich der Wortwahl und der grammatischen Form nicht isoliert da. Der Imperativ ist in Liebesinschriften" ein überhaupt sehr häufiger Modus;[32] und speziell auch der Imperativ von *succurrere* lässt sich in Fibeltexten noch zweifach belegen. So heißt es auf einer versilberten Scheibenfibel aus Tongeren (Prov. Limburg, Belgien): SVCCVRRE AMANTI SI AMAS.[33]

Der dortige Text deckt sich also in der ersten Satzhälfte mit dem aus Prellenkirchen, den er aber noch durch einen kurzen Konditionalsatz ergänzt. Etwas weiter entfernt sich die Formulierung auf einer verzinnten Hülsenscharnierfibel aus Augst (Kt. Basel-Landschaft, Schweiz) vom Prellenkirchener Wortlaut. Diese Inschrift besteht aus dem Satz: AMO TE SVCVRE.[34] Das *sucure* ist hier wieder mit der gleichen Vereinfachung der beiden Binnenkonsonanten geschrieben wie auf dem Stück aus Prellenkirchen.

Was den Sinn der drei „*succurre*-Inschriften" angeht, scheint auf den ersten Blick kein langer Kommentar nötig. Schon aus unserem Schulwissen über das Verb *succurrere* ergibt sich ja eine einigermaßen sinnvoll anmutende Übersetzung – nämlich die des SVCCVRRE AMANTI als „hilf dem, der dich liebt" (bzw. des AMO TE SVCVRE als „ich liebe dich, hilf"). Dennoch sollten wir uns mit dieser Interpretation des Verbums *succurrere* nicht gleich zufriedengeben. Eine nähere Beschäftigung mit der Verwendung des Wortes in erotischem Kontext scheint nämlich eine Perspektive zu eröffnen, die über die Routineübersetzung des *succurrere* als „helfen" hinausführt.

Zunächst ist aber schon beachtenswert, dass *succurrere* in erotischem Zusammenhang überhaupt wiederholt auftritt. Zusätzlich zu den drei Fibelinschriften

---

[29] Darüber Fitz, a. a. O. 45: richtig müsse es hier *amantem* heißen.

[30] Eine Wechselschreibung teils mit „i" und teils mit „u" ist ein bekanntes Phänomen nur dort, wo es sich dabei um kurze Vokale in Anfangs- und vor allem in Mittelsilben handelt – besonders dann, wenn Labiale folgen (vgl. darüber M. Leumann, Lateinische Laut- und Formenlehre. In: M. Leumann – [J. B.] Hofmann – [A.] Szantyr, Lateinische Grammatik, Bd. 1. Handbuch der Altertumswissenschaft II 2,1 [München 1977] 87 ff.; Väänänen, a. a. O. 25 f.).

[31] Epigraphische Belege für angebliche Verwechslungen der dritten mit der vierten Deklination registriert CIL VIII, Suppl. 5, p. 317; und zwar in Gestalt der Formen *fratruum* und *ossua*. Bei *fratruum* könnte es sich allerdings auch um eine versehentliche Verdoppelung des „u" handeln. Die Form *ossua* dürfte dagegen der legitime Plural zu *ossu* sein, das als Nebenform von *os* bezeugt ist.

[32] Vgl. Thüry, a. a. O. 86 f.

[33] J. M[ertens], L'Antiquité Classique 30, 1961, 176 mit Taf. 4.2; G. E. Thüry, „Amo te sucure". Bemerkungen zu einer Augster Fibelinschrift. Jahresberichte aus Augst und Kaiseraugst 1, 1980, 97 f.; W. Vanvinckenroye, Emailfibula met Inscriptie te Tongeren. Limburg 40, 1961, 62 ff. (Lesung nicht ganz zutreffend); A. Wankenne, La Belgique à l'époque romaine (Brüssel 1972) 94 (ebenfalls nicht ganz

zutreffende Lesung). – Fitz war diese Parallele zur Prellenkirchener Inschrift unbekannt.

[34] Vgl. Thüry, „Amo te sucure". Seitherige Erwähnungen in der Literatur: R. Fellmann, in: W. Drack – R. Fellmann, Die Römer in der Schweiz (Stuttgart 1988) 158; Fitz, a. a. O. 45; A. R. Furger, Römermuseum und Römerhaus Augst. Kurztexte und Hintergrundinformationen. Augster Museumshefte 10 (August 1987) 34; Martin-Kilcher, a. a. O. – Herrn M. Hänisch (Rottenburg), der mich vor über zwanzig Jahren auf die Augster Fibel aufmerksam machte, möchte ich bei dieser Gelegenheit einen späten Dank aussprechen.

sind dem Verfasser dafür noch drei weitere Belege bekanntgeworden. Auch sie sollen hier jeweils kurz vorgestellt werden. Beginnen wir mit einem weiteren Zeugnis epigraphischer Art; nämlich mit der pompejanischen Wandinschrift CIL IV 1684![35] Ein gewisser Zosimus hat da ein im Briefstil gehaltenes Textchen hingekritzelt, das sich an die Adresse einer gewissen Victoria richtet. Er schreibt: ZOSIMVS VICTORIAE / SALVTEM.[36] / ROGO TE / VT MIHI / SVCVRAS / ETATI / MAEAE. / SI PVTAS / ME AES / NON HAB / RAE A(?).. /AM(?) - / A oder M –. Zu deutsch: „Zosimus grüßt Victoria. Ich bitte dich, dass du mir und dem Drang meiner Manneskraft[37] ‚succurris‘. Wenn du glaubst, ich hätte kein Geld …" Die zerstörte Fortsetzung könnte etwa A[LI] / AM [AM] / A[BO] oder sinnentsprechend gelautet haben.

Wenn wir in der lateinischen Literatur nach Belegen für *succurrere* in der hier behandelten Wortverwendung suchen, so finden wir einen solchen Fall in einem gewiss zweideutigen, auch erotisch zu verstehenden Kontext bei Martial 2,43,14.[38] Das Verb steht dort in einem Gedicht, in dem Martial den Lebensstil eines Reichen mit seinen eigenen Lebensumständen vergleicht. „Deine Bedientenschar", sagt er in V.13 zu diesem Reichen, „hätte es mit dem homosexuellen Lüstling aus Ilion (d. h. mit Ganymed) aufnehmen können"; und er fährt fort (V.14): *„at mihi succurrit pro Ganymede manus"* – „mir aber ‚succurrit‘, an eines Ganymed Stelle, meine Hand". Dieser Ersatz des Ganymed durch die eigene Hand ist sicherlich doppeldeutig. Gemeint hat Martial wohl nicht nur das Einsparen eines Mundschenks durch Selbstbedienung, sondern ebenso das Fehlen von Hausbediensteten als Sexualpartnern, das durch Selbstbefriedigung wettgemacht werde.[39] Diese Interpretation wird noch dadurch gestützt, dass zu sexuellen Diensten benützte Angehörige des Hauspersonals auch an zwei anderen Martialstellen unter dem Spottnamen „Ganymed" auftreten.[40]

Ein klarer literarischer Beleg für ein im erotischen Zusammenhang verwendetes *succurrere* steht schließlich in den Elegien des Maximian (für die man allerdings auch schon eine Entstehung in erst karolingischer Zeit vorgeschlagen hat[41]). Der gealterte Maximian denkt in Elegie 5,91 traurig an die Zeit zurück, als ihm sein Phallus noch ohne Probleme zu *succurrere* pflegte, wenn der Dichter in Liebesglut geraten war.[42]

Überblickt man all diese Stellen, so wird klar, dass das Verb *succurrere* in Liebesdingen seinen festen Platz hat: ja es scheint geradezu, dass es als eine Vokabel des erotischen Lateins ein euphemistischer Ausdruck für „der Begierde abhelfen", für „befriedigen" ist.[43] Trifft das zu, so stellt der Imperativ *succurre* der Fibelinschriften nicht einfach nur – wie man gelegentlich gemeint hat – eine „menschlich rührende" Bitte um Zuwendung dar,[44] sondern auch speziell schon eine Aufforderung zum Liebesvollzug. Die Art des „Helfens", um die da gebeten wird, wäre eben die einzige, die bei Liebeskranken wirklich nützt; denn – mit den Worten des Longos – „gegen die Liebe gibt es kein Heilmittel – kein flüssiges, kein festes, keins in Form gesprochner Zauberverse; nur Kuss und Umarmung und mit nackten Körpern beisammenzuliegen".[45]

Aus diesen Beobachtungen und Überlegungen ergäbe sich also für die Prellenkirchener Inschrift die folgende Übersetzung: „Stille die Leidenschaft derjenigen (oder: desjenigen), die (oder: der) dich liebt". Das ist eine Deutung, die insofern nicht aus dem Rahmen des sonst Bekannten fällt, als auch noch in anderen Fibeltexten Ausdrücke für den Liebesvollzug vorkommen: so zum Beispiel das Verb *dare*, das in zwei Fibel- und ebenso in Ring- und Keramikinschriften auftritt und das bisher in der epigraphischen Literatur – soweit ich sehe – nie klar als das erkannt bzw. angesprochen wurde, was es ist: nämlich als ein Synonym von *futuere*.[46]

Dass übrigens auch eine sprachpsychologische Betrachtung der erotischen Verwendung von *succurrere* lohnend sei, möchten – in einer noch

---

[35] Abgebildet in CIL IV, Taf. XII 1–2. Dazu E. Risch, Rund um eine pompejanische Wandinschrift. Museum Helveticum 32, 1975, 107; Thüry, „Amo te sucure" 98; K. Zangemeister, Graffiti Pompeiani. Bullettino dell'Instituto di corrispondenza archeologica, Jg. 1865, 187 f.

[36] An gleicher Stelle und von gleicher Hand noch ein anderer Ansatz für den Briefanfang: {V V} VICTORIAE SVAE SALVTE (vgl. die Abbildung in CIL IV, Taf. XII 1).

[37] Das ist hier letztlich „aetas". – Zu aetas in sexuellem Kontext (so z. B. Sueton, Galba 20) ThlL I, 1127 ff.; Pichon, a. a. O. 82.

[38] Die jetzt folgenden literarischen Belege waren mir bei der Abfassung meines Aufsatzes über die Augster „sucure-Fibel" noch nicht bekannt.

[39] Angedeutet in Friedländers Martialkommentar (Bd. 1, Leipzig 1886) z. St.; expressis verbis bei H. Licht, Sittengeschichte Griechenlands, Bd. 3 (Zürich 1928) 258.

[40] Martial 9,73,6 und 11,22,2.

[41] Zuletzt Chr. Ratkowitsch, Maximianus amat. Zur Datierung und Interpretation des Elegikers Maximian. Österreichische Akademie der Wissenschaften, phil.-hist. Kl., Sitzungsberichte 463 (Wien 1986).

[42] Maximian 5,91 f.: *tu mihi flagranti succurrere saepe solebas / atque aestus animi ludificare mei.*

[43] Das wollten auch Thüry („Amo te sucure" 98) und bereits 1909 J. Carcopino andeuten (J. Carcopino, Ostiensia. École française de Rome, Mélanges d'archéologie et d'histoire 29, 1909, 355. – Vgl. dazu Thüry, „Amo te sucure" 98, Anm. 15).

[44] Ich zitiere eine Formulierung aus einem Werbetext für ein Replikat der Augster „sucure-Fibel" (Antiker Schmuck aus Museen entlang des Rheins. Katalog von Replikaten der Palatia-Galerie [Neustadt o. J.], Text zu Abb. II).

[45] Longos 2,7,7. – Der gleiche Gedanke findet sich auch bei Heliodor 4,7. Danach ist der einzige „Arzt" für ein liebeskrankes Mädchen ihr Geliebter.

[46] *Dare* in Fibelinschriften: Anhang 1.1 und 1.8. – Auf Ringen: Henkel, a. a. O. n. 830 ff., 906, 2197 und S. 325, Anm. 5; H.-J. Kellner, Die Römer in Bayern (München 1972) 129 und Abb. 132. Ein solcher Ring aus Österreich: H. Nowak, in: Fundberichte aus Österreich 28, 1989, 212 (Winden am See, Burgenland). – Zu *dare* auf Keramik beispielsweise M. Amand, Vases inscrits rhénans à Tournai, in: Hommages à Léon Herrmann (Brüssel 1960) 73, 77 und 81; Bös, a. a. O. 22. – Zur erotischen Bedeutung von *dare* Pichon, a. a. O. 122; Pierrugues, a. a. O. 165; ThlL V 1, 1673.

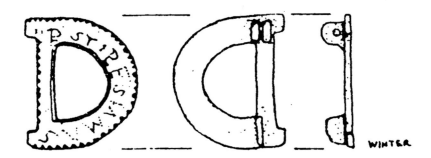

Abb. 19: Fibel aus Zwentendorf (Niederösterreich) mit Inschrift. Zeichnung H. Winter. Ehemals Sammlung H. Nowak; heute (2024) Kunsthistorisches Museum Wien

unveröffentlichten Studie zur Augster „sucure-Fibel" – Peter Volk und Annelie Szynka zeigen.[47] Sie machen darauf aufmerksam, wie gut das Klangbild von *succurrere* zu einem Verb mit erotischer Bedeutung passe. Das zweifache dunkle „u" gibt dem Wort nach ihrer Ansicht „einen lautlichen Charakter, der der ‚Nachtsprache' der Liebenden angehört". Das „r" hingegen verleihe „dem lautlich vermittelten Gefühl Dauer und Konstanz" (wie im Deutschen beim „Schnurren" der Katze). So entsteht nach Volk und Szynka „zwischen der anklingenden Semantik des Wortes und der Phonetik seiner Ausdruckslaute" Übereinstimmung.

4. Beispiel 3: Die Inschrift [O]PSTIPE SI AMAS aus Zwentendorf

Die dritte hier behandelte Fibel ist die einzige, deren Verbleib feststeht. Sie befindet sich in der Sammlung Heinz Nowak in Wien. Herr Nowak war so freundlich, über die Auffindung des Stückes folgende Angaben zur Verfügung zu stellen:[48] „Die Fibel wurde am 7. September 1983 als Oberflächenfund, unter Zuhilfenahme eines Metall-Suchgerätes geborgen. Die Fundstelle ist der südliche Innenraum des Lagers von Zwentendorf."[49]

Im Gegensatz zu den beiden anderen niederösterreichischen Funden ist dieser dritte eine verzinnte Buchstabenfibel. Solche Buchstabenfibeln – von denen dem Verfasser bislang sieben nicht näher datierbare Exemplare mit „Liebesinschriften" bekannt sind – gibt es zumindest in Form eines „D", eines „M", eines „O", eines „P" und eines „S" (vgl. die Liste 2 im Anhang). Was die Buchstabenform dieser Gewandschließen zu bedeuten hat, lässt sich zwar nur

erraten; die Vermutung scheint jedoch nahezuliegen, dass mit dem betreffenden Buchstaben die Namen der Besitzerinnen oder Besitzer solcher Stücke begannen. Im Zwentendorfer Fall hat der flach-bandförmige, verzinnte Fibelbügel die Form eines „D" (Länge 2.1, Breite 1.7 cm; Abb. 19–20).[50] Die Bügelränder sind an den Außenseiten feingeperlt; die gegenüberliegende Bügelkante begleitet eine durchgehende Rahmenleiste. Beschriftet ist nur der gerundete Teil des „D"; er trägt in auswärts gekehrten, eingepunzten Buchstaben den Text [O]PSTIPE SI AMAS. Dabei sind vom ersten Buchstaben – dem „O" – noch gewisse Reste vorhanden.[51] Das darauf folgende „P" fällt durch seine ungewöhnliche Form auf; es hat einen nach rechts zu verbreiterten Fuß – wie wenn es mit einem „L" ligiert wäre. Interessanterweise zeigen auch die beiden bisher bekannten P-förmigen Buchstabenfibeln (Anhang 2.4 und 2.5) die seltene Form eines so gestalteten „P".[52]

Der Inhalt des Textes ist wie im Prellenkirchener Fall ein im Imperativ formulierter Wunsch. Er wird von der Voraussetzung SI AMAS, „wenn du liebst", abhängig gemacht – eine konditionale Formel, die (mit oder ohne hinzugefügtes *me*) auf sämtlichen sieben in Anhang 2 aufgeführten Buchstabenfibeln wiederbegegnet. Auf Fibeln anderer Form ist sie jedoch nur in drei Fällen belegt[53] – was wohl einen Rückschluss in der Werkstättenfrage gestattet.

Dagegen lässt sich für das vorausgehende *opstipe* im Bereich der Fibelinschriften keinerlei Parallele namhaft

---

[47] P. Volk – A. Szynka, Zur Sprachpsychologie einer römischen Fibelinschrift aus Augusta Raurica. Unveröffentlicht. – Für die Zusendung des Manuskripts und die Erlaubnis, daraus zu zitieren, danke ich Herrn Prof. Dr. med. P. Volk (Hannover).

[48] Brief Herrn Nowaks vom 23.8.1991. Herrn Nowak möchte ich auch an dieser Stelle danken.

[49] Zur raschen Information über das Zwentendorfer Lager kann M. Kandler – H. Vetters, Der römische Limes in Österreich (Wien 1986) 148 ff. dienen.

[50] Beschreibung und Maße des Stückes hier nach Fitz, a. a. O. 44 und Taf. 2.3.

[51] Sie sind auf den Photographien bei Fitz, a. a. O. Taf. 2.3 nicht zu sehen. [Zusatz 2024: vgl. dazu aber die Abb. 20 dieses Bandes.]

[52] Auf diesen Punkt weist für die Fibel von Badenweiler (Anhang 2.4) schon Fitz, a. a. O. 46 f. hin.

[53] ESCIPE SI AMAS auf einer Fibel mit Bügel „en forme de parallelogramme allongé" aus Étaples (Dép. Pas-de-Calais, Frankreich): CIL XIII 10027.158; SPEIC(VL)A SI AMAS auf einer Scheibenfibel aus Kaiseraugst (Kt. Aargau, Schweiz): Furger, a. a. O. 34 (freundlicher Hinweis der Herren Dr. A. R. Furger und U. Müller, Augst); SVCCVRRE AMANTI SI AMAS auf einer Scheibenfibel aus Tongeren (Prov. Limburg, Belgien): siehe oben Anm. 33.

Abb. 20: Fibel aus Zwentendorf (Niederösterreich)

„stand sie erstaunt: es entfielen der Hand die gelesenen Kräuter (*obstipuit; cecidere manu, quas legerat, herbae*) / Und in dem innersten Mark schien brennendes Feuer zu irren. / Als von der heftigen Glut ihr wiedergekehrt die Besinnung ...“ (Ovid, *Metamorphoses* 14,350 ff.; Übersetzung R. Suchier).

Das also kann *obstipere* in Liebesdingen bedeuten; und der Satz auf der Fibel ließe sich demnach übersetzen: „Du sollst erstarren vor Liebe“; oder: „Wenn du liebst, dann soll es so heftig sein, dass es dich wie ein Blitz trifft/– dass es dir den Atem nimmt/– dass es dich durchschauert“. Allerdings: möglich wäre vielleicht auch noch eine andere Interpretation. Dazu ist zu bedenken, dass das *obstipere* nicht allein eine psychische, sondern außerdem eine körperliche Reaktion ist, d. h., dass es ebenso ein Starr- oder Steifwerden des Körpers oder eines einzelnen Körperteils bezeichnen kann.[59] Es erschiene somit nicht ausgeschlossen, dass *obstipere* als ein erotischer Terminus auch auf die Erektion anspielt. Allerdings würde eine solche Deutung des Zwentendorfer Textes voraussetzen, dass Buchstabenfibeln nicht – wie man das schon pauschal für alle „Liebesfibeln“ behauptet hat – reine Frauenfibeln waren.[60] Doch über das Geschlecht der Personen, die Buchstabenfibeln trugen, lässt sich bisher nicht urteilen.[61]

5. Schlusswort

Die drei hier vorgestellten Beispiele haben gezeigt, wie schwierig der Umgang mit dem Wortschatz der „Liebesinschriften“ ist – schwierig wegen der Mehrdeutigkeit von Vokabeln, die neben ihrem bekannten allgemeinen Sinn auch noch eine erotische Spezialbedeutung hatten. Eine umsichtige Aufarbeitung der „Liebesinschriften“ könnte zur Kenntnis dieses erotischen Lateins einen gewissen Beitrag leisten. Interessant aber ist die Beschäftigung mit den beschrifteten Liebespräsenten der Antike nicht nur um der Sprache, sondern auch um unseres Wissens von den damaligen Menschen willen. Denn wir lernen aus dem Studium der kleinen Denkmäler – das war ja schon an den drei hier behandelten Beispielen zu beobachten –,

machen. Diese Form ist – was Fitz nicht gesehen hat – der Imperativ eines Verbs, das ebenso in der Schreibung „*obstipeo*“ als auch „*obstupeo*“ vorkommt.[54] Der Aussprache der Konsonantengruppe „-bst-“ entsprechend, ist dabei das „b“ assimiliert und als „p“ geschrieben worden.[55] Wie schon das Simplex *stupere*, bedeutet auch *obstupere/obstipere* soviel wie „erstarren“ oder „erstarrt sein“ – sei es nun vor Schrecken, vor Schmerz oder vor Erstaunen und vor Bewunderung.[56] Ein bewunderndes Anstaunen aber steht in der antiken Dichtung oft „am Anfang der Liebe“ (K. Kost[57]). *Stupere* und seine Komposita werden daher geradezu als Ausdrücke für die „Liebe auf den ersten Blick“, für jene Form des Sich-Verliebens verwendet, die ihre Opfer wie ein Blitz aus heiterem Himmel trifft.[58] So lässt es – um dafür nur ein Beispiel anzuführen – Ovid der Zauberin Circe ergehen, die im Wald, beim Sammeln magischer Kräuter, dem jagenden Picus begegnet. Da

[54] ThlL IX 2, 259. – Fitz, a. a. O. 47 meint, dass *obstipe* „doch nur von ... *obstipare* ... abgeleitet werden kann“. Da *obstipe* aber eine korrekte Form von *obstipere* ist und als solche einen guten Sinn ergibt, wird sie kein antiker Leser für einen falsch gebildeten Imperativ von *obstipare* gehalten haben. – *Obstipare*, für das der Thesaurus lediglich einen einzigen Beleg aufführt, bedeutet übrigens nicht „sich senken, zur Seite neigen“, wie Fitz sagt, sondern „vollstopfen“ (ThlL IX 2, 244).
[55] Vgl. zu dieser Erscheinung Leumann, a. a. O. 157 und 194.
[56] ThlL IX 2, 259.
[57] In seiner kommentierten Musaios-Ausgabe (Bonn 1971) 289 (mit Belegen aus dem Bereich der Komödie).
[58] Vgl. etwa F. Bömer im Kommentar (Heidelberg 1976) zu Ovid, *Metamorphoses* 4,676 und zu anderen dort angeführten Stellen der Metamorphosen; E. Bréguet, Le Roman de Sulpicia (Dissertation Genf 1946) 285 f.; Pichon, a. a. O. 269. – Ein ähnlicher Gebrauch des deutschen Wortes „staunen“ findet sich in Rilkes Gedicht „Liebesanfang“: „O Lächeln, erstes Lächeln, unser Lächeln ... Plötzlich in einander aufschaun und staunen bis heran ans Lächeln.“

[59] Die Belege im ThlL IX 2, 261 f. (unter „*obstupesco*“, zu dem das in den Belegen vorkommende Perfekt *obstupui* ja ebenfalls gehört). – Zwei dieser Stellen gehen auf ein Steifwerden des ganzen Körpers (Augustin) bzw. speziell der Kinnbacken (Pelagonius) durch Kälte.
[60] Vgl. die Ansicht von R. Noll, Zur Deutung einer Fibelinschrift in Trier, Bonner Jahrbücher 142, 1937, 353, dass „erotische Akklamationen auf Schmuckstücken – soweit ich sehe – stets an Frauen gerichtet sind“.
[61] Aus dem Wortlaut der Texte geht darüber nichts hervor. Auch der Umstand, dass zwei der Buchstabenfibeln – die von Zwentendorf und die von Ehingen-Rißtissen (Anhang 2.2) – auf römischem Kastellgelände gefunden wurden, hilft hier nicht weiter; denn schon das römische Lager der frühen Kaiserzeit war offensichtlich keine reine „Männerwelt“ (vgl. über die Anwesenheit von Frauen bereits in frühkaiserzeitlichen Kastellen R. Hänggi – M. Hartmann – C. Holliger – M. A. Speidel, Das Liebesleben römischer Soldaten [Brugg 1991] 8 und 10).

wie sich die Menschen damals offen, sogar durch das Tragen von Schmuckstücken mit solchen Texten, zu ihren Gefühlen und sexuellen Wünschen bekannten.[62] Dass dabei die Texte auf den Fibeln nicht von der Hand ihrer Trägerinnen (oder auch Träger?) selbst herrühren, sondern dass sie schon vom Hersteller vorgegeben waren,[63] verringert diesen „Bekenntniswert" nicht im geringsten.

6. Anhang: Fundlisten

Literatur wird nur auswahlweise angegeben. – Abkürzungen deutscher und österreichischer Bundesländer: B = Burgenland; BW = Baden-Württemberg; H = Hessen; N = Niederösterreich; NW = Nordrhein-Westfalen; RP = Rheinland-Pfalz.

Liste 1: „Liebesinschriften" auf Hülsenscharnierfibeln mit bandförmigem Bügel

1.1 Altrier (in der Literatur als „Alt-Trier"; Distr. Grevenmacher, Luxemburg): VENIO SI DAS. – Behrens, wie Anm. 9, 10; Böhme, wie Anm. 9, 56 (aber als VENI SI DAS).

1.2 Augst (Kt. Basel-Landschaft, Schweiz): AMO TE SVCVRE. – Vgl. Anm. 34.

1.3 Carnuntum (VB Bruck an der Leitha, N; Österreich): NON PECAT QVI TE AMAT. – Fitz, wie Anm. 11, 42 f., 45, 47 f. und Taf. 2.1.

1.4 Dhronecken (Kr. Bernkastel-Wittlich, RP; BRD): IVDICIO TE AMO. – Behrens, wie Anm. 9, 10 und Abb. 13.3, S. 9; Böhme, wie Anm. 9, 56; CIL XIII 10027.161; ILS 8623c; Marx, wie Anm. 15, 22 f.; A. Riese, Das rheinische Germanien in den antiken Inschriften (Leipzig – Berlin 1914), n. 4430.

1.5 Nimwegen (Prov. Gelderland, Niederlande): IVDICIO. – Böhme, wie Anm. 9, 56.

1.6 Prellenkirchen (VB Bruck an der Leitha, N; Österreich): SVCVRE AMANTV. – Fitz, wie Anm. 10, 43 ff., 47 f. und Taf. 2.2.

1.7 Stahl (Kr. Bitburg, RP; BRD): IVDICIO TE AMO. – Behrens, wie Anm. 8, 10; Böhme, wie Anm. 9, 56; Marx, wie Anm. 15, 22 f.; Riese, a. a. O. n. 4430.

1.8 Stahl (Kr. Bitburg, RP; BRD): VENI DA DO VITA. – Behrens, wie Anm. 9, 10; Böhme, wie Anm. 9, 56;

Marx, wie Anm. 15, 22 f.; Noll, wie Anm. 9, 353; Riese, a. a. O. n. 4484, 201.

1.9 Wiesbaden (Kr. Wiesbaden, H; BRD): AMO TE ITA VIVA[M]. – Behrens, wie Anm. 9, 10; Böhme, wie Anm. 9, 56.

1.10 Zugmantel (Rheingau-Taunus-Kreis, H; BRD): SPES MORVM (= SPES M(E)ORVM?). – Behrens, wie Anm. 9, 10; Böhme, wie Anm. 9, 15, 56, 79 und Taf. 5, 320; CIL XIII 10027.164 (Lesung nach Abbildung bei Böhme nicht ganz zutreffend); Riese, a. a. O. n. 4484, 178 (Lesung ebenfalls nicht ganz zutreffend).

1.11 Unbekannter Fundort (Musée des Antiquités Nationales, Saint-Germain-en-Laye, Dép. Yvelines, Frankreich): „SALVTO ? AMICA" (Lesung Böhmes). – Böhme, wie Anm. 9, 56.

Liste 2: „Liebesinschriften" auf Buchstabenfibeln

a) Fibel in Form eines „D":

2.1 Zwentendorf (VB Tulln, N; Österreich): [O]PSTIPE SI AMAS. – Fitz, wie Anm. 11, 44 ff. und Taf. 2.3.

b) Fibel in Form eines „M":

2.2 Ehingen-Rißtissen (Alb-Donau-Kreis, BW; BRD): SPES AMOR SI ME AMAS. – Behrens, wie Anm. 9, 10 und Abb. 13.5, 9; F. Haug – [G.] Sixt, Die römischen Inschriften und Bildwerke Württembergs (Stuttgart 2. Aufl. 1914), n. 614; Kellner, wie Anm. 46, 129 f.; F. Vollmer, Inscriptiones Baivariae Romanae (München 1915), add. n. 193 A.

c) Fibel in Form eines „O":

2.3 Nickelsdorf (VB Neusiedl am See, B; Österreich): SPES AMOR SI ME AMAS. – Unpubliziert. Freundlicher Hinweis des Besitzers, Herrn Walter Kropf, Wien (Briefe vom 17.9. und vom 22.10.1991).

d) Fibeln in Form eines „P" mit nach rechts verbreitertem Fuß:

2.4 Badenweiler (Kr. Breisgau-Hochschwarzwald, BW; BRD): SI ME AMAS. – Behrens, wie Anm. 9, 10 und Abb. 13.6, 9; CIL XIII 10027.151 b; Fitz, wie Anm. 11, 46 f.; Noll, wie Anm. 9, 397; Riese, a. a. O. n. 4484, 183; E. Wagner, Fundstätten und Funde aus vorgeschichtlicher, römischer und alemannisch-fränkischer Zeit im Großherzogtum Baden. Teil 1 (Tübingen 1908) 167. Sehr gute Photographie bei Ph. Filtzinger – D. Planck – B. Cämmerer, Hgg., Die Römer in Baden-Württemberg (Stuttgart – Aalen 1976), Abb. 64, 226 (in der jetzt aktuellen Auflage ist diese Abbildung nicht mehr enthalten).

2.5 Niort (Dép. Deux-Sèvres, Frankreich): SI ME AMAS VENI. – [A.] de Barthélemy, in: Bulletin de la Société nationale des antiquaires de France 1872, 139; CIL XIII 10027.151a; Mowat, wie Anm. 9, 27; Noll, wie Anm. 9, 397.

e) Fibeln in Form eines „S":

2.6 „Bei Bonn" (Kr. Bonn, NW; BRD): SI AMAS EGO PLVS. – CIL XIII 10027.150b; Riese, a. a. O. n. 4484, 181.

---

[62] Dieses offene Bekenntnis versteht sich in der Kulturgeschichte keineswegs von selbst. Auch in unserer Kultur ist es ja noch nicht lange her, dass solche Offenheit gesellschaftlich geächtet war und dass man „kein Spießbürger sein" musste, um rasch „an Grenzen des sprachlich Erlaubten zu stoßen" (P. Gay, Erziehung der Sinne. Sexualität im bürgerlichen Zeitalter [München 1986] 407).

[63] Ob es auf Wunsch auch Fibelbeschriftungen mit vom Besteller formulierten Texten gab, wissen wir nicht. Bei den erhaltenen „Liebesfibeln" sprechen aber das Fehlen von Personennamen und viele Übereinstimmungen des „Formulars" eher gegen die Annahme von derartigen „Auftragsarbeiten".

2.7 Étaples (Dép. Pas-de-Calais, Frankreich; wirklicher Fundort?): SI AMAS EGO PLUS. – CIL XII 10027.150 a.

Nachtrag

Herrn Dr. H. Lieb (Schaffhausen) danke ich für den Hinweis darauf, dass während der Drucklegung dieses Beitrags eine weitere Fibel mit einem *succurre*-Text veröffentlicht wurde (P. Weiss, Einige beschriftete Kleinobjekte. Zeitschrift für Papyrologie und Epigraphik 91, 1992, 195). Es ist eine Buchstabenfibel – an der „Oberseite versilbert" – in Form eines „M" (leider ohne Maßangaben und ohne Abbildung publiziert); ihre Provenienz steht nicht fest („im Kunsthandel. Vielleicht aus dem Balkanraum"). Der Text lautet: SVCCVRRE AMANTI SI ME AMAS SPES AMAS. Zu interpungieren sei das nach Weiss „nur folgendermaßen": „*Succurre amanti! Si me amas, spes. Amas*". Das zweite *amas* soll dabei im Sinn vorweggenommener Gewissheit gesagt sein. Denkbar erscheinen jedoch auch andere Sinneinschnitte. So könnten die Worte SPES AMAS der Formulierung SPES AMOR in den Fibeltexten Anhang 2.2 und 2.3 entsprechen. Zu verstehen wäre dann

spes: amas als telegrammstilartige Verkürzung der Beteuerung: „meine Hoffnung ist deine Liebe".

Nachwort 2024

Dem hier wieder abgedruckten ersten Versuch, einen gewissen Überblick über die erotischen römischen Fibelinschriften zu gewinnen, sind im Lauf der Jahre weitere gefolgt; so z. B. die Beiträge 13, 22, 24 und 29 des vorliegenden Bandes. Aus diesen Wiederabdrucken lässt sich gut ablesen, wie sich der bekannte Bestand an solchen Inschriften und auch das Wissen darüber in dieser Zeit vermehrten.

Im Lauf der fortgesetzten Arbeit am Thema hat sich auch herausgestellt, dass die eine oder andere der in der vorstehenden Arbeit enthaltenen Angaben unzutreffend oder unzureichend ist. So sind die hier erwähnten „Webgewichte" richtig Spinnwirtel; und die Fibelinschrift des Beispiels 1 ist zweideutig und kann auch noch in einem weiteren Sinn als dem hier vorgestellten verstanden werden (zu beiden Punkten siehe den Beitrag 13 dieses Bandes).

13

Mehrdeutige erotische Kleininschriften

(Aus: Bayerische Vorgeschichtsblätter 59, 1994, 85 ff.)

1. Einführung: Zur Fibelinschrift von Töging (Ldkr. Altötting)

Vor einigen Jahren hat J. Garbsch eine römische Fibelinschrift aus Töging (Ldkr. Altötting) bekanntgemacht.[1] Sie lautet: MISCE / SITIO. J. Garbsch hat das umsichtig kommentiert und darauf hingewiesen, dass beide Vokabeln, aus denen der kleine Text besteht, zweideutig sind. Sie erlauben es, ihn ebenso als eine Aufforderung zum Trinken zu verstehen („mische [mir Wein]; ich bin durstig") wie als eine Aufforderung zur Liebe („vereinige dich [mit mir]; ich begehre [dich]").[2] Dass diese Fibel allerdings – wie Garbsch meint – „in ihrer Art ein Unikum" ist, trifft nicht ganz zu; denn unter den sechsunddreißig bisher bekannten erotischen Fibelinschriften[3] gibt es doch noch einen zweiten Text, der eine gewisse Verwandtschaft mit dem von Töging aufweist. Er steht auf einer Fibel aus Florennes-Flavion (Prov. Namur, Belgien) und enthält die Aufforderung MI / SCE / MI („mische mir [Wein]" bzw. „vereinige dich mit mir").[4]

Beschränkt man sich bei der Suche nach Vergleichbarem nicht allein auf die Fibeln, sondern sieht sich bei anderen beschrifteten Objekten nach Texten um, die sich auf Liebes- und auf Weingenuss zugleich beziehen, so wird man – wie auch Garbsch bemerkt – bei den Spruchbecheraufschriften fündig. Dort hat bereits M. Bös auf solche Fälle aufmerksam gemacht.[5] Aber auch andere Kleininschriften bieten Parallelen. Sie bestehen teils darin, dass es sich ebenfalls um Texte gleichzeitig erotischen und „bacchischen" Inhalts[6] handelt. So begegnet etwa die Inschrift MISCE MI, die sich auf der Fibel von Florennes-Flavion findet, auf einem Bronzering aus London wieder.[7] Teils liegen aber auch Parallelen in einem weiter gefassten Sinn vor: nämlich Texte, die ebenfalls zweideutig und erotisch sind, aber keinen „bacchischen" Bezug haben. Wie bisher nicht gebührend herausgestellt wurde, ist nämlich Zwei- bzw. Mehrdeutigkeit bei erotischen Kleininschriften überhaupt bisweilen zu beobachten. Die vorliegende Arbeit will dieses Phänomen anhand einiger Beispiele deutlich machen. Sie wird zu dem Schluss gelangen, dass es sich dabei um ein bewusst eingesetztes Sprachspiel handelt. Es besteht darin, einen Text so zu formulieren, dass er – gewissermaßen im Hin- und Herwenden – kaleidoskopartig seinen Sinn verändert. Das kann ein Spiel mit Esprit sein; es kann aber auch nur auf einen groben Scherz hinauslaufen. Richtig zu verstehen ist ein solcher Text nur dann, wenn Übersetzung und Interpretation auf alle Facetten der mehrdeutigen Aussage eingehen.

Die ersten Beispiele sollen zwei Inschriften sein, die vielleicht beide – wie die der Töginger Fibel – sowohl erotisch als auch „bacchisch" sind. Bei einem dieser Texte kommt aber noch eine dritte Bedeutungsebene mit ins Spiel.

2. Spinnwirtelinschriften aus Autun und Trier

Inschriften auf römischen Spinnwirteln stellen eine seltene und nur in einem begrenzten Verbreitungsgebiet auftretende Erscheinung dar. Bekannt sind bisher neunzehn Texte, alle auf Wirteln aus schwarzem Steinmaterial (Schiefer) bzw. aus schwarzem Ton.[8] Ihre Fundorte liegen durchweg im

---

[1] J. Garbsch, Ein stiller Zecher. Mitteilungen der Freunde der bayerischen Vor- und Frühgeschichte 28 (Juni 1983) 2 ff.; ders., Römischer Gewandschmuck in Bayern. Kalender auf das Jahr 1992 [o. O., aber München 1991], Text zum Monatsbild Mai. – Vgl. jetzt: 125 Jahre Bayerische Handelsbank in München 1869-1994. Festschrift in Verbidung mit: Römischer Alltag in Bayern (München 1994) 247 mit Farbtafel S. 248.

[2] Zu *miscere* als erotischer Vokabel: J. N. Adams, The Latin Sexual Vocabulary (Baltimore 1982) 180 f. – Zu *sitire*: R. Pichon, De sermone amatorio apud Latinos elegiarum scriptores (Dissertation Paris 1902) 264.

[3] Zu dieser Kleininschriftengattung G. E. Thüry, Erotisches in römischen Fibelinschriften. Zur Deutung dreier Texte auf Fibelfunden aus Niederösterreich. Specimina nova dissertationum (Pécs) 7/1, 1991, 93 ff. – Mit den Vorbereitungen für die Vorlage eines eingehenden Katalogs der erotischen Fibelinschriften hat der Verf. begonnen. [Zusatz 2024: Dazu jetzt den Beitrag 29 in diesem Band.]

[4] CIL XIII 10027.162. Das dort als Fundort angegebene Flavion ist heute Teil der Gemeinde Florennes (Grote Winkler Prins Encyclopedie 9 [Amsterdam usw. 1991] 118).

[5] M. Bös, Aufschriften auf rheinischen Trinkgefäßen der Römerzeit. Kölner Jahrbuch für Vor- und Frühgeschichte 3, 1958, 22 f.

[6] Von "inscriptions bachiques" sprach L. Maxe-Werly, Vases à inscriptions bachiques. Mémoires de la Société Nationale des Antiquaires de France 5. F. 9, 1888, 336 ff. (wobei er diesen Begriff aber auch auf rein erotische Texte anwandte).

[7] RIB 2, Fasz. 3 (Gloucester 1991), n. 2422, 62.

[8] Einige der Inschriften schon im CIL: CIL XII 5688.19; XIII 2697; XIII 10019.17-21 (an der zuerst und an der zuletzt genannten Stelle unter der irreführenden Überschrift "aequipondia", d. h. "Webgewichte"). Grundlegend zu den Gegenständen wie zu den Texten [A.] Héron de Villefosse, Un peson de fuseau portant une inscription latine incisée, trouvé à Sens. Bulletin archéologique du Comité des Travaux Historiques et Scientifiques 1914, 213 ff. Seitdem v. a. P. Wuilleumier, Inscriptions latines des trois Gaules (France). Gallia, Supplement

Abb. 21: Autun. Spinnwirtel mit Inschrift: umlaufend AVE DOMINA, auf
der Bodenfläche SITIO. Musée Rolin, Autun

gallischen Raum. Sie konzentrieren sich vor allem auf das Gebiet von Autun, wo allein zehn oder elf Exemplare vorliegen und wo auch der verwendete schwarze Schiefer ansteht.[9] Von den teilweise nicht sicher deutbaren Inschriften (sie vermischen z. T. keltische und lateinische Sprachelemente miteinander) lassen sich mehrere als erotisch erkennen.[10] Ein oder zwei davon – auf die weiter unten eingegangen wird – sind außerdem zugleich „bacchisch"; und aus einer weiteren ist nur noch zu entnehmen, dass darin jemand gebeten wird, *curmi* (d. h. Bier) zu servieren.[11] Schon A. Héron de Villefosse, der diesen Texten eine erste Studie gewidmet hat, bemerkte darin das Vorkommen ebenso „bacchischen" wie erotischen Vokabulars und äußerte daher die Vermutung, dass die Spinnwirtel Geschenke

von Kunden an Bardamen waren, die ihnen auch zu Liebesdiensten zur Verfügung standen.[12] Dafür ließe sich übrigens eine interessante Parallele anführen: für das antike Griechenland wissen wir nämlich, dass die fleißige Beschäftigung mit dem Spinnzeug den Reiz der Frau in den Augen des Mannes erhöhte, weshalb sogar Hetären dort gern die Attitüde des wollespinnenden Hausmütterchens übernahmen.[13]

Von den zwei (?) erwähnten gleichzeitig „bacchischen" und erotischen Spinnwirtelinschriften erinnert die eine entfernt an den Fibeltext von Töging (Abb. 21 und 22). Sie lautet: AVE DOMINA / SITIIO – „grüß dich, Herrin! Ich bin durstig/ich begehre [dich]" (wobei die Anrede der Partnerin als *domina* zwar in der Liebesdichtung häufig vorkommt, aber im Bereich der Kleininschriften weniger alltäglich ist[14]). Der Spinnwirtel aus schwarzem

17 (Paris 1963), n. 523–531; M. Lejeune, Notes d'étymologie gauloise. Études celtiques 15, 1976–78, 96 ff.; A. Rebourg, in: Autun-Augustodunum, capitale des Éduens (Autun 1987) 221 f. (einzige Veröffentlichung mit Abbildungen der Gegenstände); ders., A propos d'un peson en schiste trouvé à Autun. Mémoires de la Société Éduenne NF 54, 1979–87, 27 f. – Bei Thüry, a. a. O. (Anm. 3) 93 werden die Objekte falsch als "Webgewichte" bezeichnet.

9 Letzte Zusammenstellung aller Stücke aus Autun bei Rebourg, Peson (Anm. 8) 27 f. Zur Provenienz des Schiefers ebd. 27; Rebourg, Autun (Anm. 8) 222. – Für die Gelegenheit, die Funde aus Autun eingehend besichtigen und auch Bilder davon anfertigen zu können, habe ich Herrn conservateur adjoint A. Strasberg vom Musée Rolin in Autun sehr zu danken.

10 Mischung der lateinischen mit keltischen Elementen: Lejeune, a. a. O. (Anm. 8). – Erotischer Inhalt: außer den weiter unten näher besprochenen Fällen auch Texte wie z. B. ACCEDE VRBANA (Wuilleumier, a. a. O. [Anm. 8], n. 523); DA MI (CIL XIII 10019.21); GENETA VIS CARA (Wuilleumier, a. a. O. [Anm. 8], n. 526).

11 Wuilleumier, a. a. O. (Anm. 8), n. 529 (wo übrigens falsch eine Interpunktion in Form eines Herzblatts angegeben ist; vgl. dagegen die korrekte Zeichnung bei Rebourg, Autun [Anm. 8] 221 d). – Über *curmi* J. André, L'alimentation et la cuisine à Rome (Paris 2. Aufl. 1981) 177 f.

12 Héron, a. a. O. (Anm. 8) 228 f.

13 Zuletzt A. Dierichs, Erotik in der Kunst Griechenlands. Antike Welt 24, 1993, Sondernummer, 87. – Wie Theokrits 28. Eidyllion zeigt, wurden in Griechenland zwar auch Spinnwirtel verschenkt – in dem dort erwähnten Fall jedoch als Gastgeschenk für eine ehrbare Dame und ohne erotischen Hintergrund.

14 Über *domina* in der Liebesdichtung Pichon, a. a. O. (Anm. 2) 134. – Kleininschriften: vgl. etwa die Gemme CIL XIII 10024.60 (bei Trier gefunden); oder als bisher einzigen Beleg auf Fibeln einen Neufund aus Güglingen-Frauenzimmern (Ldkr. Heilbronn, Baden-Württemberg): J. Ronke, Domina te amo – vita privata im Lichte einer Kleininschrift. Denkmalpflege in Baden-Württemberg 22, 1993, 143 ff. Der Text der Fibel wird dort übrigens gelesen als: "DOMINA TE AMO ALIASDEND"; und für die zweite Texthälfte wird die folgende Auflösung gegeben: "A(nimo) LI(benti) A(micae) S(uae) DE(ae) N(omine) D(at)". Dabei wird so getan, als gebe sich die zweite Texthälfte klar als Anhäufung willkürlicher Abkürzungen zu erkennen und als wären diese Abkürzungen gar nicht anders aufzulösen und zu verstehen. Weder muss es sich jedoch um Abkürzungen handeln; noch kann daraus der behauptete Wortlaut erschlossen werden, der überdies auch

Abb. 22: Autun. Der Spinnwirtel Abb. 21 mit Inschrift

Schiefer, der diesen Text trägt – ein Fund aus Autun – fällt etwas aus dem Rahmen der übrigen.[15] Er hat eine abweichende Form: er ist nicht – wie fast alle anderen Wirtel – doppelkonisch, sondern weist (wozu es nur eine einzige bekannte Parallele gibt[16]) die Gestalt einer Halbkugel mit einem Basisdurchmesser von 2,65 und einer Höhe von 1,4 cm auf. Der Durchmesser der zentralen Bohrung entspricht mit 0,5 cm den Bohrungsdurchmessern der anderen Wirtel.[17] Am Scheitel der Halbkugel bildet dieses Loch den Mittelpunkt eines Sternmusters. Es bedeckt die obere Halbkugelhälfte, während die untere ein umlaufendes Schriftband mit dem Text AVE DOMINA trägt.[18] Seine

Fortsetzung kommt zutage, wenn man die Basisfläche des Wirtels betrachtet. Dort umziehen die Buchstaben des Wortes SITIIO kreisförmig die zentrale Durchbohrung. Alle Linien der Buchstaben und des Dekors – und auch eine Interpunktion jeweils hinter DOMINA und SITIIO – sind offenbar nach dem Einritzen mit einer weißen Masse eingefärbt worden. Die Farbwirkung der weißen Linien auf dem dunklen Grund erinnert bei diesem wie bei den anderen Schieferwirteln aus Autun an die der schwarztonigen, barbotineverzierten Spruchbecher.

Ein zweiter Fall bedarf noch etwas genauerer Betrachtung: der Fall der Spinnwirtelinschrift CIL XIII 10019.17 (Abb. 23).[19] Als Fundort des Wirtels wird der Trierer Vorort Löwenbrücken angegeben. Löwenbrücken wurde aber wenige Jahre nach dem Fund eingemeindet; sein Name ist heute völlig von der Karte verschwunden.[20] Der Wirtel besteht aus schwarzem Ton, ist doppelkonisch und hat einen größten Durchmesser von 2 cm. Er trägt den eingeritzten Text: IMPLE ME / SIC VERSA ME. Im CIL wird das so verstanden, dass vielleicht das Spinngerät zu seiner Benützerin spreche.[21] Es fordert sie dann in Z.1 auf: IMPLE ME, d. h. „fülle mich"; womit gemeint ist: umwickle den Spinnrocken

---

sprachlich mehr als problematisch ist (wo bleibt das Subjekt der zweiten Texthälfte? Wieso steht das Verb der ersten Hälfte in der ersten, das der zweiten Hälfte in der dritten Person? Und wie kann man eine Fibel *deae nomine* verschenken?). Nach der Abbildung bei Ronke 143 ist denn wohl auch DOMINA TE AMO ALIAS DERID [-] zu lesen (wobei vielleicht DERID[EO] oder DERID[E] zu erwarten wären).

[15] In der bisherigen Literatur wurde er ziemlich stiefmütterlich behandelt. Es existieren nur kurze und z. T. unkorrekte Erwähnungen: Héron, a. a. O. (Anm. 8) 226 (mit unrichtigen Angaben, siehe dazu unten Anm. 17); Lejeune, a. a. O. (Anm. 8) 98; Maxe-Werly, a. a. O. (Anm. 6), n. 18 (mit unrichtiger Wiedergabe); Wuilleumier, a. a. O. (Anm. 8), n. 524; Rebourg, Peson (Anm. 8) 27. Beschreibungen, Maße und Abbildungen sind bisher nicht publiziert worden.

[16] Ein halbkugeliges Stück ist unter den beschrifteten Spinnwirteln auch CIL XIII 10019.21 (dies nach der Skizze im CIL. – Fundort: Langres). Merkwürdigerweise ist dieser Wirtel bei Héron, a. a. O. (Anm. 8) und Lejeune, a. a. O. (Anm. 8) übersehen worden.

[17] Die Bohrungsdurchmesser der Stücke aus Autun schwanken zwischen 0,4 und 0,7 cm. – Die Behauptung bei Héron, a. a. O. (Anm. 8) 226, der Wirtel mit der Inschrift AVE DOMINA / SITIIO sei nicht durchlocht, ist also unzutreffend.

[18] Dabei sei angemerkt, dass aus Autun auch Spielsteine von halbkugeliger Form und aus dem gleichen Material bekannt sind, die ebenfalls ein Scheitelmuster und ein umlaufendes Schriftband

besitzen. Ihr Durchmesser ist jedoch geringer; und sie sind nicht durchlocht (vgl. zu diesen Stücken A. Rebourg, Autun [Anm. 8] 128 f.).

[19] Zu diesem Spinnwirtel [F.] H[ettne]r, in: Korrespondenzblatt der Westdeutschen Zeitschrift für Geschichte und Kunst 3, 1884, 37; ders., in: Westdeutsche Zeitschrift für Geschichte und Kunst 4, 1885, 218 und Taf. XI 5; Héron, a. a. O. (Anm. 8) 226.

[20] Nämlich 1888; vgl. H.-H. Reck, Bautätigkeit und Stadterweiterung in der Kaiserzeit. In: K. Düwell – F. Irsigler, Hgg., Trier in der Neuzeit (Trier 1988) 481.

[21] CIL ad XIII 10019.17: "fortasse radius loquitur."

Abb. 23: Trier. Spinnwirtel mit Inschrift (aus Hettner 1885, Taf. XI 5)

mit Garn. Darauf folgt in Z.2: SIC VERSA ME, d. h. „(und) drehe mich so" – nämlich den Wirtel und die Spindel. Beide Zeilen zusammen können danach als eine Art von „Gebrauchsanweisung" für ein Handspinngerät, oder eher wohl: als eine Aufforderung zu dessen fleißiger Verwendung verstanden werden.

Wie aber schon M. Lejeune angedeutet hat, lässt sich der Text mit dem gleichen Recht auch als erotische Botschaft lesen.[22] Das hat zur Voraussetzung, dass wir ihn dann nicht mehr als die Äußerung eines „sprechenden" Gegenstandes auffassen, sondern als die eines Menschen, der den Wirtel verschenkt hat. Er bittet IMPLE ME; und dazu ist zu bemerken, dass *implere* nicht nur „füllen" heißt, sondern darüber hinaus „sättigen" und „befriedigen" von Bedürfnissen. Das prädestiniert das Verb dazu, auch in erotischem Sinn verwendet zu werden.[23] In unserem Fall ergibt sich so in Z.1 die Übersetzung: „sättige/befriedige mich = mein Liebesbedürfnis". Die Folge dieses *impleri* bezeichnet in Z.2 das Verbum *versare*. *Versare* ist ja ein Intensivum zu *vertere* („drehen", „wenden"). Es bedeutet „schwungvoll drehen, hin- und herschleudern"; aber auch „auf Trab bringen, aufwühlen, leidenschaftlich erregen". Erotisch verstanden, besagt die Inschrift demnach etwa: „Befriedige mich, bis mir schwindlig wird"; „befriedige mich und bringe dadurch meine Leidenschaft in Schwung."

Aber noch eine weitere Deutung ist denkbar. Träfe Héron de Villefosses Zuweisung der Spinnwirtelinschriften

an das Trinkstubenmilieu auch auf unser Stück zu, so ergäbe sich bei diesem Kontext noch eine dritte, eine „bacchische" Aussage der Inschrift. Das IMPLE ME ist dann die Bitte des Textautors um ein „Sättigen", ein „Abfüllen" mit einem alkoholischen Getränk. Dabei sei nur am Rand erwähnt, dass der Imperativ IMPLE auch in Spruchbecherinschriften vorkommt,[24] wo er ebenfalls nicht allein das Füllen der Becher meinen wird.

Zu dieser Interpretation würde das SIC VERSA ME der zweiten Zeile nicht weniger passen als zur erotischen Variante. Der Ausdruck *versare* ist ja nicht nur geeignet, den Schwung eines Liebenden oder das Rotieren einer Spindel zu bezeichnen, sondern beschreibt auch gut die Wirkungen des Alkohols. Eine entsprechende Übersetzung der Inschrift wäre: „Fülle mich ab und bringe mich so zum Torkeln, zum Schwanken"; oder: „fülle mich ab, bis ich alles um mich kreisen sehe."

Hübsch ist, wie durch die mehrdeutige Formulierung unserer Inschrift gewissermaßen „Gemeinsamkeiten" zwischen einem Liebenden, ev. einem Betrunkenen und einer rotierenden Spindel deutlich werden. Für das Kneipen- und Bardamenmilieu wäre das schon bemerkenswert geistreich. Im Vergleich zur nächsten Inschrift wirkt jedoch das Sprachspiel, das der Trierer Text bietet, eher grob.

3. Eine Stilusinschrift aus Rouffach (Dép. Haut-Rhin)

Der Fall, dass ein römischer Stilus eine Inschrift trägt, ist sehr selten. Dem Verfasser sind nur vier solcher

---

[22] Lejeune, a. a. O. (Anm. 8) 89.

[23] *Implere* von *voluptates, cupiditates, desideria*: ThlL 7, 633, 64 ff. (Labhardt).

[24] CIL XIII 10018.101–104.

Stücke bekannt, deren Fundorte im Rheingebiet und im Schweizer Kanton Neuchâtel liegen. Zwei der Stilusinschriften enthalten Äußerungen über das Schreiben und das Schreibgerät, während zwei weitere den betreffenden Schreibgriffel als ein Geschenk unter Liebenden erkennen lassen.[25] Einer dieser beiden Stili mit Liebesinschrift wurde in Rouffach, Dép. Haut-Rhin (Rufach im Oberelsaß) gefunden.[26] Darauf ist der bisher ungedeutete Satz zu lesen: AMORI ARS MEA CVM STVDIO PROCEDET.[27] Auch dieser Text lässt sich sehr verschieden verstehen. Übersetzt lautet er etwa: „Der Liebe nützt mein Können gern"; oder ebenso: „*Meiner* Liebe nützt mein Können gern" (denn das Wort *amor* kann ja metonymisch auch für die geliebte Person stehen). Aber damit sind die Mehrdeutigkeiten nicht erschöpft. So kann man sich etwa fragen, wessen *ars*, wessen Können denn gemeint ist. Eine der möglichen Antworten liegt darin, dass hier der Stilus spricht und bekennt, er stelle seine *ars* – d. h. die Schreibkunst – gern in den Dienst der Liebe oder (wenn der Stilus ein Geschenk unter Liebenden war) in den Dienst der geliebten Person. Ebenso kann der Satz aber auch noch ganz anders aufgefasst werden: so nämlich, dass darin nicht das Schreibgerät, sondern die Person zu Wort kommt, die den Text verfasst hat. Sie verspricht dann, einer anderen Person, die sie liebt, mit ihrer *ars* nützlich zu sein. Die Schreibkunst ist in diesem Kontext natürlich nicht gemeint. Es kann nur die *ars amandi* sein, also das erotische Talent, um das es hier geht.[28]

Im Fall der Rufacher wie schon der Trierer Inschrift kommt ein Teil der aufgezeigten Mehrdeutigkeiten dadurch zustande, dass in der Schwebe bleibt, in wessen Namen die Texte sprechen: im Namen der beschrifteten Gegenstände oder im Namen von Personen. So ist es auch im nächsten Textbeispiel. Hier liefert eine Zweideutigkeit dieser Art das Material für einen obszönen Witz. Das Beispiel fällt allerdings etwas aus dem Rahmen, da es keine eigentlich erotische Inschrift ist; aber sie betrifft ebenfalls einen Aspekt des antiken Sexuallebens und damit doch ein verwandtes Thema.

4. Eine Zirkelinschrift aus Budenheim (Ldkr. Mainz – Bingen)

Der *circinus*, der Stechzirkel, gehört nicht eben zu den häufigsten römischen Fundgegenständen. Vollends ein Sonderfall ist es, wenn er reiche Verzierungen und sogar eine Inschrift trägt. Ein Fragment eines solchen Stückes wurde in Budenheim bei Mainz gefunden.[29] Es handelt sich um eine bronzene, noch 16,4 cm lange Zirkelhälfte (die Spitze ist abgebrochen), auf deren Außenseite geometrische Muster und die Inschriftzeile PONIS AVT PIDICO TE eingraviert sind (Abb. 24. Um die – wie Reste zeigen – einst mit Niello eingelegten Gravuren besser erkennbar zu machen, wurden sie für die Aufnahme mit Kreidestaub eingefärbt).[30] Was die Adressaten sind, an die sich der Budenheimer Text richtet, verrät gleich sein Anfang PONIS AVT ..., d. h. „du legst weg, oder ... (= lass los, oder ...)". Das muss eine Variante derjenigen Formulierungen römischer Gerätinschriften sein, die sich an die Adresse möglicher Diebe und ungebetener neugieriger Betrachter wenden und sie z. B. auffordern: PONE CVRIOSE („Neugieriger, lass los"), PONE FVR („Dieb, lass los") oder NOLI ME TOLLERE („nimm mich nicht weg").[31] Das sich anschließende „oder", das AVT, leitet dann die Androhung einer Strafe ein: der Strafe PIDICO TE – was eine klare vulgärlateinische Entsprechung für das klassische *pedico te* ist.[32]

Das Verbum *pedicare* überrascht in diesem Zusammenhang freilich. Es gehört zu den Vokabeln der erotischen Sprache und bezeichnet die anale Penetration. Dem Dieb oder Neugierigen wird also gedroht, das „ich" der Inschrift werde mit ihm Analverkehr treiben. Mit anderen Worten ist das die

---

[25] Stilusinschriften über Schreiben und Schreibgerät: CIL XIII 10027.228 (Heddernheim); CIL XIII 10027.229 (Köln). – Erotische Stilusinschriften: der hier anschließend behandelte Text von Rouffach und der auf einem Neufund aus Le Landeron (Kt. Neuchâtel, Schweiz) mit dem Wortlaut: AMOR / AMORVM / DI TE / SERVENT (Publikation durch M. Egloff in Vorbereitung). – Herrn Dr. H. Lieb, Schaffhausen, verdanke ich die Kenntnis der Inschrift; Herrn Prof. Dr. M. Egloff, Neuchâtel, die Erlaubnis, sie hier anzuführen).

[26] F. Pétry, Gallia 38, 1980, 444 (für den Hinweis auf dieses Stück danke ich Frau Dr. G. Wesch-Klein, Heidelberg, und Herrn Prof. Dr. R. Wiegels, Osnabrück). – Versuche des Verf., das im Unterlindenmuseum in Colmar verwahrte Objekt zu sehen, blieben leider bis zum Abschluss dieser Arbeit erfolglos. [Zusatz 2024: Das Objekt wird nicht in Colmar, sondern im Musée du Bailliage in Rufach verwahrt. Vgl. zur Inschrift jetzt G. E. Thüry, Liebe in den Zeiten der Römer (Mainz 2015) 67–69.]

[27] Lesung der Inschrift nach Pétry, der keine Zeilentrennung angibt. [Zusatz 2024: Die Inschrift verteilt sich auf die vier Kanten des Griffels. Lesung mit Zeilentrennung: AMORI / ARS MEA / CVM STVDIO / PROCEDET].

[28] Belege für *ars* im Sinne von *ars amandi*, von erotischem Talent, bei Pichon, a. a. O. (Anm. 2) 90.

[29] J. Curschmann, Die älteste Besiedlung der Gemarkung Budenheim bei Mainz. Schumacher-Festschrift (Mainz 1930) 32 und Karte Abb. 1, 23 (die Fundstelle bei Punkt y. Nach einem Vergleich mit einem aktuellen Plan liegt die Stelle etwas nördlich der heutigen Waldstraße). Außerdem [P. T.] Keßler, in: Jahresbericht des Altertums-Museums der Stadt Mainz für die Zeit vom 1. April 1930 bis 1. April 1931. Mainzer Zeitschrift 26, 1931, 118. – Der Fund liegt im Landesmuseum Mainz (Inv.-Nr. 30, 224). Für die Möglichkeit, ihn außerhalb der Vitrine zu studieren, möchte ich Herrn Oberkustos Dr. K. V. Decker herzlich danken; für die Anfertigung der Aufnahme Taf. 8 ihm und Frau U. Rudischer.

[30] Weitere Details: Im Bereich des ringförmigen Zirkelkopfes ist eine Rinne zu erkennen. Sie gab einem Vorsteckstift Halt, der die Drehachse des Zirkels befestigte. Unterhalb des Kopfes beginnen die Gravuren, die sich über die ganze Breite des Zirkelschenkels erstrecken (sie beträgt am Ansatz des Kopfes 1 cm und an der Bruchstelle zur verlorenen Spitze 0,5 cm). Die Inschriftzeile selbst ist 6,4 cm lang; die Buchstaben sind bis 0,4 cm hoch und stehen zwischen vorgerissenen Linien.

[31] PONE CVRIOSE (auf Löffel aus Vermand, Dép. de l'Aisne, Frankreich): CIL XIII 10027.230; PONE FVR (Graffito auf Tonlampe aus Rom): CIL XV 6899; NOLI ME TOLLERE HELVEITI SVM (Graffito auf Sigillatagefäß aus Rom): CIL XV 5925; SOTAE SVM NOLI ME TANGER (Graffito auf Lampe aus Rom): CIL XV 6903; usw. Vgl. auch Anhang 1.1.

[32] Ein langes *e* wie in *pedico* kann im Vulgärlatein zu *i* werden; vgl. V. Väänänen, Le latin vulgaire des inscriptions pompéiennes ([Berlin 2. Aufl. 1959] 20). – Dass hier eine vulgärlateinische Entsprechung für *pedico* vorliegt, hat gleichzeitig mit dem Verf. auch K.-H. Kruse gesehen (im kürzlich erschienenen Artikel *pedico* des ThlL 10, 975, 40 f.).

Abb. 24: Budenheim, Landkreis Mainz-Bingen. Zirkelschenkel mit Inschrift. Landesmuseum Mainz

Ankündigung einer analen Vergewaltigung. Offen bleibt dabei, wer diese Strafe ausführen soll: die Person des Textverfassers oder – wenn es der Zirkel ist, der spricht – dieser spitze Gegenstand. Die genaue Übersetzung der Inschrift lautet je nachdem: „Du legst (das wieder) hin, oder ich vergewaltige dich von hinten"; bzw.: „du legst (mich wieder) hin, oder ich vergewaltige dich von hinten." Die Formulierung des Textes war auch schon für den römischen Leser zweideutig. In der Möglichkeit, den Stechzirkel selbst zum Subjekt des PIDICO zu machen, lag ein freilich ziemlich grobschlächtiger Witz.

Die Bestrafung eines Diebes oder Neugierigen durch anale Vergewaltigung mag zunächst befremden. Verständlich ist sie aber auf dem Hintergrund der Tatsache, dass ja auch mit dem Ziel der Demütigung vergewaltigt wird[33] und dass die Antike die Rolle des passiven Partners selbst schon beim freiwilligen Analverkehr als unwürdig, als entehrend empfand.[34] So konnte sich der Gedanke der strafweisen Erniedrigung eines Delinquenten durch anale Vergewaltigung entwickeln. Dieses Phänomen, das er „Strafvergewaltigung" nannte, hat als erster Detlev Fehling in gebührender Weise herausgearbeitet.[35] An römischen Zeugnissen dafür kannte er solche für Strafvergewaltigungen von Ehebrechern und entsprechende Drohungen gegenüber unfreundlichen Kritikern und Wändebeschmierern. Diese Liste ist jedoch noch zu erweitern; unter anderem dahingehend, dass die Androhung des *pedicare* auch gegenüber Dieben und Neugierigen üblich war (s. die Belege in Anhang 1.1 f. und Anhang 2).[36]

Forschungsgeschichtlich interessant ist übrigens, dass der obszöne Inhalt der Budenheimer Inschrift lange nicht erkannt wurde. In seiner 1930 erschienenen Erstveröffentlichung des Textes hatte J. Curschmann die Drohung PIDICO TE mit „ich steche dich" wiedergegeben.[37] Das ist umso merkwürdiger, als der Autor dieser falschen Übersetzung ein klassischer Philologe war.[38] Durch das Denken seiner eigenen Zeit geprägt, scheint er die präzise Wiedergabe des unfeinen Wortlauts bewusst oder unbewusst gemieden zu haben.[39]

Christliche Moralvorstellungen führten – in einer freilich ganz anderen Weise – auch zu einer Fehldeutung unseres letzten Beispieltextes. Es handelt sich dabei wieder um eine erotische Fibelinschrift.

5. Eine Fibelinschrift aus Carnuntum

In Carnuntum wurde eine verzinnte Hülsenscharnierfibel (L. 2,8 cm) mit der Inschrift NON PECAT QVI TE AMAT gefunden. Die Erstpublikation schlug vor, diesen Satz als lateinische Fassung der „auch uns Heutigen geläufige(n) Devise" zu verstehen: „Wer dich liebt, sündigt nicht."[40] Gemeint ist damit offenbar jener Topos von Lied- und Operettentexten, wonach Liebe zu schönen Frauen keine Sünde sei. Dieser Topos setzt aber den christlichen Sündenbegriff voraus und ist auf eine römische Inschrift nicht anwendbar.

Der Verfasser hat stattdessen darauf hingewiesen, dass *peccare* im erotischen Latein ein Ausdruck für „einen Seitensprung begehen" ist.[41] Er übersetzte die Inschrift

[33] Vgl. etwa R. Gödtel, Sexualität und Gewalt (Hamburg 1992) 175, 179, 198 und 249.

[34] Darüber z. B. K. J. Dover, Greek Homosexuality (London 1978) 103 ff.; E. C. Keuls, The Reign of the Phallus (New York 1985) 176 und 179; H. Licht, Sittengeschichte Griechenlands, Ergänzungsband (Zürich 1928) 224; S. Lilja, Homosexuality in Republican and Augustan Rome (Helsinki 1983) 130 f. und 135.

[35] D. Fehling, Phallische Demonstration. In: ders., Ethologische Überlegungen auf dem Gebiet der Altertumskunde. Zetemata 61 (München 1974) 18 ff. Auch wiederabgedruckt in: A. K. Siems, Hg., Sexualität und Erotik in der Antike (Darmstadt 1988) 296 ff.

[36] Dies schon angedeutet bei G. E. Thüry, Sex im römischen Salzburg. Das Kunstwerk des Monats (Salzburg), Februarausgabe 1992. – Zur Drohung mit analer Gewalt gegenüber Dieben ist zu bedenken, dass es dafür ja ein göttliches „Vorbild" gab: nämlich in Gestalt des gartenschützenden Gottes Priapus, von dem es doch hieß, er strafe Gartendiebe ebenfalls durch *pedicare* und durch andere Formen der Vergewaltigung. So werden dem Gott in zwölf der insgesamt achtzig Gedichte des *Corpus Priapeorum* Drohungen mit *pedicatio* zugeschrieben: *Corpus Priapeorum* 6, 11, 13, 22, 28, 35, 51 f., 58, 67, 69,

77. Weitere Zeugnisse dieser Art auch *Anthologia Graeca* 16,240 f. und 260 f.; *Corpus Tibullianum* p. 160 f. Lenz; Martial 6,49.

[37] Curschmann, a. a. O. (Anm. 29).

[38] Curschmanns im Jahr 1900 erschienene Doktorarbeit behandelte das Thema "Zur Inversion der römischen Eigennamen". Die Identität ihres Verfassers mit dem Erstbearbeiter der Budenheimer Inschrift geht aus der Angabe des Heimatortes in der Dissertation hervor (Dautenheim bei Alzey; über seine Herkunft auch J. Curschmann, Ein römischer Friedhof und römische Villen bei Dautenheim, Kreis Alzey, Mainzer Zeitschrift 37/38, 1942/43, 69).

[39] Wenn unbewusst, so durch "Fehlleistung" im Sinn Freuds (S. Freud, Zur Psychopathologie des Alltagslebens [Frankfurt/M. – Hamburg 1961] pass.; speziell 184 ff.). – Bei der Wahl der falschen Ersatzbedeutung "stechen" könnte die Klangähnlichkeit mit dt. "piek(s)en"/frz. "piquer" eine Rolle gespielt haben.

[40] G. Fitz, Drei römische Fibeln mit Liebesinschriften aus Niederösterreich. Römisches Österreich 11/12, 1983/84, 47.

[41] Thüry (Anm. 3) 95.

daher mit: „Wer *dich* liebt, der bleibt treu" (also im Sinn von: „einen Partner wie dich betrügt man nicht").

Dazu ist jedoch ein Nachtrag nötig. Wie der Verfasser seinerzeit nicht gesehen hat, gehört gewiss auch dieser Text zu den zweideutig formulierten erotischen Inschriften. Die Übersetzung: „Wer *dich* liebt, der bleibt treu" ist nur eine von zwei möglichen Verständnisvarianten. *Peccare* bedeutet ja auch: „einen Fehler begehen"; und die Inschrift kann daher ebenso übersetzt werden: „Wer *dich* liebt, der begeht damit keinen Fehler" (im Sinn von: „es kann gar nicht falsch sein, sich für einen Partner wie dich zu entscheiden"). Andere Liebestexte mit etwa gleichem Sinngehalt sind die Ringinschriften AMO TE MERITO und MERITO TE AMO („ich liebe dich, wie du's verdienst");[42] oder die mehrfach belegte Ring- und Fibelbeschriftung IVDICIO TE AMO (von F. Marx hübsch übersetzt: „ich liebe dich, weil ich Urteil und Geschmack habe");[43] oder auch Inschriften, die sich an die Adresse einer *digna*, d. h. einer „(der Liebe) werten" Partnerin richten.[44]

6. Zusammenfassung

Die vorliegende Arbeit hat Beispiele von Kleininschriften erotischen und verwandten Inhalts vorgestellt, für die sich je nach den zugrundegelegten Wortbedeutungen mehrere, sehr voneinander unterschiedene Sinnvarianten ergeben. In solchen Fällen ist eine jede dieser Varianten legitim und sind folglich mehrere Übersetzungen richtig. Falsch wäre nur die Frage nach der „richtigen" Übersetzung.

Das Feststellen solcher mehrdeutiger Texte und ihrer Bedeutungsvarianten kommt aber nicht etwa einem Freisetzen von Phantasie gleich. Die Entscheidung dafür, dass eine mehrdeutige Inschrift vorliegt, bleibt stets an zwei Vorbedingungen gebunden: daran, dass zwei oder mehr entsprechend differierende Wortbedeutungen nachweisbar oder doch wahrscheinlich sind; und daran, dass es der Kontext möglich macht, mehr als nur eine dieser Bedeutungen zugrundezulegen. Wo aber Vokabular und Kontext Zwei- und Mehrdeutigkeit zulassen, wurde zweifellos auch in der Antike mehr

als nur eine einzige Bedeutung herausgehört. Davon ist umso eher auszugehen, als zumindest – wie wir aus anderen Quellen wissen – die damaligen Männer geradezu „darauf programmiert" waren, „jede sich bietende Möglichkeit einer Zweideutigkeit in obscenum zu interpretieren" (W. A. Krenkel[45]).

Natürlich soll nicht bestritten werden, dass solche Zwei- und Mehrdeutigkeiten gelegentlich unabsichtlich zustandekommen können. In ihrer Gesamtheit vermitteln aber die aufgezählten Beispiele (Inschriften aus Töging, Florennes-Flavion, London, Autun, Trier, Rouffach, Budenheim, Carnuntum und auf Spruchbechern) den Eindruck, dass die Verfasser erotischer Kleininschriften mit geistreichen bzw. schlüpfrigen Uneindeutigkeiten ein bewusstes Spiel trieben. Dieses Sprachspiel gilt es zu erkennen und in der Übersetzung wiederzugeben.

Anhang: Sichere und mögliche Drohungen mit pedicatio auf Gegenständen des instrumentum domesticum

1. Metallobjekte

1.1 Metallgriff (?), L. 7 cm, mit eingepunkteter Inschrift; CIL XIII 10027.231. Gefunden in Brunehaut bei Liberchies, Prov. Hennegau, Belgien. Auf einer der Griffseiten: PONE M[E] / PEDICO; Fortsetzung auf der anderen: QVI TENET / ME MODO.[46]

1.2 Hälfte eines Stechzirkels, L. (ohne die fehlende Spitze) 16,4 cm, mit eingravierter Inschrift; s. oben Abschn. 4. Gefunden in Budenheim, Ldkr. Mainz – Bingen, Rheinland-Pfalz. Auf der Außenseite des Zirkelschenkels: PONIS AVT PIDICO TE.

1.3 Schleuderblei,[47] L. 4,1 cm, Stärke 2,2 cm, mit erhabener (mitgegossener) Inschrift; CIL XI 6721.7 = C. Zangemeister, Glandes plumbeae Latine inscriptae. Ephemeris epigraphica 6, 1885, n. 58. Fundort: Perugia. PET[O] / OCTAVIA / CVLVM.

1.4 Schleuderblei, L. 3,8 cm, Stärke 1,9 cm, mit erhabener (mitgegossener) Inschrift und Phallusdarstellung;[48] CIL

---

[42] AMO TE MERITO (auf einem Goldring aus Köln): CIL XIII 10024.43b. – MERITO TE AMO (auf einem Bronzering aus Naix-aux-Forges, Dép. Meuse, Frankreich): CIL XIII 10024.43a.

[43] Auf einem Ring aus Bavay (Dép. Nord, Frankreich): CIL XIII 10024.42. – Auf Fibeln: CIL XIII 10027.160 (Dalheim, Distr. Grevenmacher, Luxemburg); Thüry (Anm. 3), n. 1.4 (Dhronecken, Kr. Bernkastel-Wittlich, Rheinland-Pfalz); ebd. n. 1.5 (Nimwegen); ebd. n. 1.7 (Stahl, Kr. Bitburg, Rheinland-Pfalz). – Übersetzung des Textes nach F. Marx, Stahl (Kr. Bitburg). Zwei Fibeln mit Inschrift. Römisch-germanisches Korrespondenzblatt 4, 1911, 23. – Zur Bedeutung von *iudicium* vgl. auch Pichon, a. a. O. (Anm. 2) 177.

[44] Ein solcher Fall ist ein Sigillatagraffito aus Rheinzabern: CIL XIII 10012.24 = K. Scherling, Ein Plautuszitat aus Rheinzabern? Berliner Philologische Wochenschrift 37, 1917, 1283 ff. (wo DIGNA allerdings als Personenname verstanden wird). – Widmungen an eine DIGNA auf Ringen: CIL XIII 10024.39 f. (Bonn).

[45] W. A. Krenkel, Skopophilie in der Antike. Wissenschaftliche Zeitschrift der Wilhelm-Pieck-Universität Rostock 26, 1977, 625.

[46] Das PEDICO der Inschrift ist sicher nicht, wie im CIL vorgeschlagen, als Substantiv zu verstehen (*pedico* bedeutet als Substantiv den aktiven Partner des Analverkehrs); sondern zu übersetzen ist: "Leg mich (wieder) hin. Ich vergewaltige (denjenigen) von hinten, der mich auch nur in die Hand nimmt."

[47] Über den historischen Kontext, in dem die im Folgenden aufgeführten Schleuderbleie stehen, vgl. J. P. Hallett, Perusinae glandes and the Changing Image of Augustus. American Journal of Ancient History 2, 1977, 151 ff.; K. Rosen, Ad glandes Perusinas (CIL I 682 sqq.). Hermes 104, 1976, 123 f.

[48] Auch die Schleuderbleie n. 1.3–7 selbst werden durch ihre Inschriften implizit mit Phalli verglichen. Für das Zustandekommen dieser Assoziation war die "phallische" Form der beiden Spitzen

XI 6721.10 = Zangemeister, a. a. O. n. 61 und Taf. VIII 1. In Italien gefunden. OCTAVI / LAX(e).[49]

1.5 Schleuderblei, L. 3,5 cm, Stärke 1,7 cm, mit erhabener (mitgegossener) Inschrift und Phallusdarstellung; CIL XI 6721.11 = Zangemeister, a. a. O. n. 62 und Taf. VIII 2. Fundort: Perugia. LAXE / OCTAVI / SEDE.

1.6 Schleuderblei, Maße unbekannt (Stück nicht erhalten), mit Graffito; CIL XI 6721.14 = Zangemeister, a. a. O. n. 65. Im Gebiet von Perugia gefunden. L(uci) A(ntoni) CALVE / FVLVIA / CVLVM PAN(dite).

1.7 Schleuderblei, L. 6,5 cm, Stärke 2,9 cm, mit erhabener (mitgegossener) Inschrift; CIL XI 6721.39 = Zangemeister, a. a. O. n. 89 und Taf. X 12. Fundort: Perugia. PATICE (?).

2. Keramik

2.1 Schwarztoniger Becher mit Graffito nach dem Brand „in collo"; CIL XIII 10017.40 = Wuilleumier (wie Anm. 8), n. 535. Fundort unbekannt (Mus. Meaux, Dép. Seine-et-Marne, Frankreich). EGO QVI LEGO PEDICOR.

2.2 Gefäß mit Graffito nach dem Brand; CIL XIII 10017.41. Fundort unbekannt (nach CIL in Kölner Museumsbesitz). Text und Ergänzung des CIL: DECPEDICNIS = dec(ies) oder Dec(imus) pedic(avi) Nis(um). Oder sollte vielleicht DEC(ies) PEDICARIS zu lesen sein?

2.3 Gefäß mit Graffito nach dem Brand; CIL XIII 10017.42. Gefunden in Dalheim, Distr. Grevenmacher, Luxemburg. VI PEDICO = vi pedico oder sexies pedico.

2.4 Bodenscherbe von Sigillatagefäß mit Ritzzeichnung nach dem Brand auf der Unterseite; Thüry (wie Anm. 36; mit Abb.). Gefunden in Salzburg, Kapitelgasse 11. Dargestellt könnte ein Gesäß mit sich darauf zubewegendem Phallus sein. Vielleicht ist aber auch nur eine Skizze eines Phallus mit Testikeln gemeint. – Ritzzeichnungen allein von Phalli begegnen auf römischen Tongefäßen öfter.[50] Sollten sie außer der allgemein apotropäischen Bedeutung, die Phallusbildern zukam,[51] als Warnung für Diebe und Neugierige gedacht gewesen sein?

---

des Bleigeschosses maßgeblich, die auch seinem lateinischen Namen zugrundeliegt: es hieß lateinisch glans, was schon im Altertum zugleich einen anatomischen Wortsinn hatte und "die Eichel" bedeutete (Rosen, a. a. O. [Anm. 47] 124). Allerdings sind die inschriftlichen Penetrationsdrohungen sicher nicht nur auf das mit dem Phallus verglichene Geschoss zu beziehen; sie dürften vielmehr auch als Androhungen dessen gemeint sein, was überlebende Gegner nach ihrer Niederlage erwartete.
[49] Das laxe bezieht sich auf eine entspannte Körperhaltung, die das Eindringen erleichtern soll.

[50] An solchen Graffiti sind dem Verf. bekannt: eines auf dem Boden eines Tonbechers im Römermuseum Augst, Kt. Basel-Land, Schweiz (Schausammlung, Vitrine "Kult"); eines auf einem Sigillataboden aus Moers-Asberg, Nordrhein-Westfalen (L. Bakker und B. Galsterer-Kröll, Graffiti auf römischer Keramik im Rheinischen Landesmuseum Bonn [Köln 1975], n. 417); und je eines auf einem Sigillata- und einem Hauskeramikgefäß aus Zugmantel, Hessen (H. Jacobi, in: H. und L. Jacobi, Das Kastell Zugmantel. ORL B 8 [Berlin – Leipzig 1937] 196 f. und Abb. 47.29, 195).
[51] Vgl. z. B. RE 19 (Stuttgart 1938) 1683 f. und 1733 ff. (H. Herter); C. Johns, Sex or Symbol. Erotic Images of Greece and Rome (Austin 1990) 60 ff.

14.

Flohjagd mit der Lampe?
Eine fehlgedeutete Kleininschrift auf einem römischen Tonlämpchen

(Aus: Archäologie der Schweiz 17, 1994, 120 ff.)

Der Fund und seine bisherige Deutung

Das Genfer Musée d'Art et d'Histoire besitzt ein römisches Tonlämpchen, dessen Spiegel von einer auf den ersten Blick rätselhaften Inschrift umrundet wird (Abb. 25 und 26).[1] Es handelt sich um ein vor dem Brand eingeritztes, mit den Buchstabenköpfen dem Lampeninneren zugewendetes Graffito mit dem Wortlaut:

LVCER PVLICA.

Die Lampe selbst ist rund, 7 cm lang, rot gefirnisst und hat eine langgezogene, von der Rundung durch eine schwache Taille abgesetzte Schnauze (Dressel Typ 7 = Bailey Typ J).[2] Der Lampenboden trägt in flachem Relief den Schriftzug VOVXIII (Abb. 25 und 26). Über Fundort und Fundumstände des Stückes ist nichts bekannt; das Museumsinventar bemerkt nur: „Provient de l'ancien dépôt non numéroté."[3]

Diesen Inventareintrag hat im Jahr 1924 Waldemar Deonna verfasst.[4] Er war es auch, der im Jahr darauf die Publikation und Deutung der Inschrift LVCER PVLICA vorlegte.[5]

Er ergänzte LVCER zu LVCER(NA), „die Lampe"; und zu PVLICA bemerkte er: schlage man die Lexika auf, so finde man dort die Adjektive *pulicaris* oder *pulicarius*, die so viel wie „auf den Floh (lat.: *pulex*) bezüglich" bedeuten.[6] Die *lucerna pulicaria* bzw. *pulicaris* – schloss Deonna – müsse also eine Lampe sein, die beim Flöhesuchen eingesetzt wird.[7] Das ist zwar kühn;

sachlich schiene es aber immerhin denkbar. Die Lampe ist ein unentbehrliches Requisit nächtlicher Flohjagd (vgl. Abb. 27); und die Flohplage war im Altertum sehr wohl bekannt.[8] Als ein weiterer Beleg dafür wäre die Lampe nicht einfach nur (so Deonna in einem Zeitungsbericht) eine der „curiosités du Musée de Genève",[9] sondern ein interessantes Zeugnis der Hygiene- und der Medizingeschichte.[10]

Die Inschrift LVCER PVLICA

Sieht man sich freilich unter den Lampeninschriften nach weiteren Vorkommen des gleichen oder ähnlicher Texte um, so zeigt sich rasch, dass Deonnas Deutung nicht zutreffen kann. Aus der Stadt Rom ist nämlich eine ganze Gruppe von Lampen bekannt, die folgende Inschriften tragen:

1. CIL XV 6223a (Lampe unbekannter Form): auf der Oberseite das Graffito LVCER PVLICA; am Boden π.
2. CIL XV 6223b (Lampe der Form Dressel 7 – also formgleich mit dem Genfer Stück): auf der Oberseite das Graffito LVCER PVLICA.
3. CIL XV 6224 (Lampe der Form Dressel 7): auf der Oberseite das Graffito PVLIBCA (sic!) und Zweigmuster.
4. CIL XV 6225 (Lampe unbekannter Form): auf der Oberseite das Graffito AGATANGELI; am Boden in Reliefbuchstaben PVBLICA.
5. CIL XV 6226 (Lampe der mit Dressel 7 nahe verwandten Form Dressel 8): auf der Oberseite in Reliefbuchstaben BIIRYLLI; Fortsetzung als Graffito: PVBLICA. Am Boden in Reliefbuchstaben SPINTHIIR.
6. CIL XV 6227a (Lampe der Form Dressel 7): auf der Oberseite Graffito CLEMENTIS PVBLICA; am Boden planta-pedis-Stempel MYRΘ.

---

[1] Inv.-Nr. 11559. – Für ihre freundliche Hilfe möchte ich den Herren F. König und J.-L. Maier vom Genfer Museum danken.
[2] Da die angestrebte Autopsie nicht zustandekam, konnten über die hier gegebene Beschreibung hinausgehende Details (Tonfarbe, Tonqualität) nicht erhoben werden. Für unseren Zusammenhang, in dem eine rein epigraphische Beurteilung des Stückes beabsichtigt ist, sind diese Daten aber auch entbehrlich.
[3] Briefliche Auskunft J.-L. Maier.
[4] Briefliche Auskunft J.-L. Maier.
[5] W. Deonna, Zoologie antique et lampes romaines. Revue des études anciennes 27, 1925, 302 ff.; ders., Une lampe romaine qui servait ... à chercher les puces! Tribune de Genève vom 22.1.1925.
[6] Deonna, Zoologie (Anm. 5) 304.
[7] Deonna, Zoologie (Anm. 5) 305.

[8] Die Belege bei G. E. Thüry, Zur Infektkette der Pest in hellenistisch-römischer Zeit. Festschrift 75 Jahre Anthropologische Staatssammlung München (München 1977) 278. – Die hier besprochene Lampeninschrift kam dem Verf. erst später zur Kenntnis.
[9] Deonna, Lampe (Anm. 5).
[10] Der Medizingeschichte auch in dem Sinn, dass Flöhe Überträger von Seuchen (Pest, Murines Fleckfieber) sind.

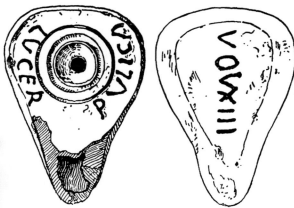

Abb. 25: Beschriftete römische Tonlampe im Musée d'Art et d'Histoire, Genf. Links Ansicht von oben; rechts Ansicht von unten.

Abb. 26: Römische Tonlampe im Musée d'Art et d'Histoire, Genf. Links Ansicht von oben; rechts Ansicht von unten (aus: Deonna, Zoologie [Anm. 5] 305)

7. CIL XV 6227b (Lampe der Form Dressel 7): auf der Oberseite Graffito CLEMENTIS PVBLICA.
8. CIL XV 6222 (Lampe der Form Dressel 7): auf der Oberseite Graffito FIDE(LI?)S PVBLICA.
9. CIL XV 6228 (Lampe der Form Dressel 7): auf der Oberseite Graffito HERMETI[S] PVBLICA.
10. CIL XV 6229 (Lampe der Form Dressel 7): auf der Oberseite Graffito HIM(ERI oder ähnlich) [PV]BLICA.

Wenn man diese Inschriften untereinander und mit dem Genfer Text vergleicht, so muss man zu dem Schluss gelangen, dass die gelegentliche Schreibung PVLICA (so bei Nr. 1, 2 und bei der Genfer Lampe) eine falsche Wiedergabe von PVBLICA ist (vgl. auch die andersartig entstellte Schreibung der Inschrift Nr. 3).[11] Also handelt es sich bei den betreffenden Lämpchen nicht um „Flohlampen", sondern um *lucernae publicae* oder kurz auch nur *publicae*, d. h. wohl um „Lampen für den öffentlichen Gebrauch".[12] Die Werkstätten, die solche „Gemeindelampen" herstellten, signierten zum Teil die Standfläche. Dagegen setzte der Lampentöpfer selbst seinen im Genitiv stehenden Namen öfter zur Bezeichnung PVBLICA hinzu.[13]

Damit drängt sich die Frage auf, was denn unter einer „Lampe für den öffentlichen Gebrauch" zu verstehen ist. Da die Anfänge regelmäßiger öffentlicher Straßenbeleuchtung erst spätantik, die betroffenen Lampentypen Dressel 7 und 8 aber frühkaiserzeitlich sind,[14] bleiben hier nur zwei Möglichkeiten übrig:

erstens, dass die *lucernae publicae* zur Beleuchtung öffentlicher Gebäude dienten;[15] und zweitens, dass sie bei Festbeleuchtungen verwendet wurden. Schon Heinrich Dressel hat in diesem Zusammenhang daran erinnert, dass es an Festtagen öffentliche Beleuchtung gab.[16] Er verwies dafür auf das Zeugnis der Inschrift CIL X 5849 (erhalten als Bodenplatte im Dom von Ferentino in der Provinz Frosinone, südlich von Rom), in der eine Geburtstagsfeier mit Geschenken für die Bevölkerung, mit Verteilung von Nüssen an die Kinder und mit Festbeleuchtung ([IN]LVMINATIONE) erwähnt wird. Auch literarisch sind solche Beleuchtungsaktionen – und zwar bei Festen innerhalb der Stadt Rom – mehrfach bezeugt. Schon der Satiriker Lucilius (ca. 180–103 v. Chr.) spricht davon.[17] Weitere Belegstellen sind teils republik-, teils kaiserzeitlich.[18] Dass dabei öffentliche Plätze und Straßen an offiziellen Festtagen mit Beleuchtungskörpern erhellt wurden, die sich im Besitz der Gemeinde befanden, ist anzunehmen; und dass solche Lampen durch Beschriftung als Gemeindebesitz gekennzeichnet waren, scheint nur natürlich.

Die Signatur VOVXIII

Mit diesen Überlegungen ist aber die Deutung der Genfer Lampe keineswegs abgeschlossen. Auch die Signatur VOVXIII auf ihrem Boden, die von Deonna nicht näher beachtet wurde, wirft nämlich interessante Fragen

---

[11] Hängen diese orthographischen Fehler vielleicht mit einer Herkunft der Lampentöpfer aus dem griechischen Sprachraum zusammen?

[12] Dies erwogen, aber als "non satis certum" befunden bei H. Dressel, CIL XV zu 6223.

[13] Dressel (Anm. 12).

[14] Straßenbeleuchtung: R. J. Forbes, Studies in Ancient Technology 6

(Leiden 1958) 166. – Datierung der Typen Dressel 7/8: Dressel (Anm. 12); D. M. Bailey, A Catalogue of the Lamps in the British Museum 2 (London 1980) 244 (der dortige Ansatz übernommen, aber falsch wiedergegeben bei K. Goethert-Polaschek, Katalog der römischen Lampen des Rheinischen Landesmuseums Trier [Mainz 1985] 150).

[15] Über Lampen in öffentlichen Bauten Forbes (Anm. 14) 166; [A.] Hug, Lucerna. RE 13 (Stuttgart 1927) 1583 f.

[16] Dressel (Anm. 12).

[17] Lucilius, Fragm. 148 Krenkel.

[18] Forbes (Anm. 14) 166; Hug (Anm. 15) 1584; Krenkels Luciliusausgabe zu Fragm. 148.

Abb. 27: Flohjagd mit Lampe im 19. Jahrhundert. Aus Wilhelm Buschs 1862 entstandener Bildergeschichte „Der Floh oder Die gestörte und wiedergefundene Nachtruhe"

auf. Das gilt weniger von der Werkstättenabkürzung VOV, die wir nicht auflösen können,[19] als von der darauf folgenden Ziffer XIII. Während Ziffern in Lampeninschriften allgemein sehr selten sind,[20] ist gerade die XIII auf mehreren Lampenfunden der römischen Schweiz vertreten. Sie kommt dort im Kontext der beiden Signaturen CIILIIR / XIII bzw. L.SICOXIII (spiegelschriftlich:) SICO vor und wird mit der in Vindonissa stationierten 13. Legion in Verbindung gebracht.[21] Auch für das Genfer Stück, dessen Fundort nicht bekannt ist, liegt ein Zusammenhang mit dieser Legion nahe – sei es nun, dass es durch sie oder für sie hergestellt wurde.[22] Die Datierung des Lampentyps Dressel 7 (1. Hälfte 1.–Anfang 2. Jahrhundert n. Chr.) stünde damit gut in Einklang.[23]

Gesetzt den Fall, dass diese Vermutung eines Zusammenhanges mit der 13. Legion zu Recht besteht, hätte hier eine Militärtöpferei eine italische Lampe (wie oben Nr. 2 unseres kleinen Kataloges) mitsamt

deren Inschrift kopiert. War das so, wüssten wir freilich gerne, ob auch diese provinzielle Kopie im Sinn der Inschrift, d. h. in einem öffentlichen Gebäude oder zur Festbeleuchtung, eingesetzt wurde.

Nachwort 2024

Es scheint dem Verfasser reizvoll, den Faden noch einmal dort aufzunehmen, wo er ihn vor bald 30 Jahren sinken ließ. Wollte man nämlich ähnlich mutig sein wie es einst Waldemar Deonna mit seinem Gedanken an eine Lampe für die Flohjagd war, so könnte man an die Buchstabenfolge VOV auf dem Lampenboden die folgenden Überlegungen knüpfen.

Da die Buchstabenfolge VOV nicht der Anfang eines nachweisbaren Personennamens zu sein scheint, hatte ich in Anm. 19 meiner Arbeit erwogen, ob es sich um eine „Gentil- bzw. Cognomenabkürzung V(-) OV(-) oder VO(-) V(-)" handle. Nicht bedacht hatte ich dagegen, dass hier nicht notwendigerweise – wie ich das nannte – eine „Werkstättenabkürzung" vorliegen muss. In Frage käme vielmehr auch eine Ergänzung als Form des Verbums *vovere* = „weihen, spenden". Das Subjekt des *vovere* müsste die (Legio) XIII aus Vindonissa sein; und die Inschrift des Lampenbodens hieße *vov(et)* oder *vov(it legio) XIII*. Dann sollte man aber die Inschrift der Lampenober- und der Lampenunterseite als Teile

---

[19] In Frage kommen die nicht ergänzbaren Gentil- bzw. Cognomenabkürzungen V(-) OV(-) oder VO(-) V(-).
[20] A. Leibundgut, Die römischen Lampen in der Schweiz (Bern 1977) 66.
[21] Leibundgut (Anm. 20) 66 f. und 70 f.
[22] Über beide Möglichkeiten bei mit der Ziffer XIII signierten Lampen Leibundgut (Anm. 20) 66 f. und 71.
[23] Zur Datierung des Typs vgl. oben Anm. 14.

eines zusammengehörigen Satzes mit dem Wortlaut verstehen: LVCER(NAM) PVBLICA(M) VOV(ET oder -IT *[legio]*) XIII = „(Diese) Lampe zur öffentlichen Beleuchtung spendet/spendete die 13. Legion." Da sich das „spenden" bei *vovere* auf die Widmung von Weihegeschenken an die Götter bezieht, wäre dabei an eine Lampenspende für die Illumination an religiösen Festtagen oder an *loca sacra* zu denken.

15.

Zur Deutung einer römischen Fassinschrift aus Regensburg

(Aus: Bayerische Vorgeschichtsblätter 60, 1995, 301 f.)

Im Jahrgang 24, 1959 der „Bayerischen Vorgeschichtsblätter" hat G. Ulbert eine Ritzinschrift auf einer Daube eines frühkaiserzeitlichen Tannenholzfasses aus Regensburg veröffentlicht (Abb. 28).[1] Zu Lesung und Deutung teilte er Stellungnahmen R. Eggers und K. Krafts mit.[2] Der Sinn des Textes blieb jedoch ungeklärt. Die folgende Miszelle will versuchen, in dieser Frage weiterzukommen.

Es handelt sich um einen zweizeiligen Text, der auf der Innenseite der Fassdaube angebracht ist. Zu dieser Anbringung einer Inschrift im Fassinnern gibt es Parallelen.[3] Sie ließen allerdings schon die Vermutung aufkommen, dass solche beschrifteten Fassdauben bei Zweitverwendungen umgedreht worden seien.[4]

Von den wenigen Worten, die der Text umfasst, sind vier klar lesbar und auch ohne weiteres verständlich. Zeile 1 beginnt mit CAVI (folgt Interpunktion[5]) ALIOS, d. h.: „vor anderen habe ich mich gehütet".[6] Die erste Hälfte der Zeile 2 lautet dagegen: ORCA STO. Eine erste Person Singular wie dieses STO kann sich in einer Kleininschrift entweder auf deren Verfasser oder auch auf einen „sprechenden Gegenstand" beziehen. Dass hier letzteres der Fall ist, lehrt das vorausgehende Substantiv ORCA. Eine *orca* war ein Vorratsgefäß,

dessen Formmerkmale in den Quellen nur vage beschrieben werden.[7] Nach Festus soll es „rund", nach Persius eng oder enghalsig gewesen sein.[8] Mit Enghalsigkeit nicht recht vereinbar scheint freilich, dass *orca* zugleich ein Wort für den Würfelbecher ist.[9] Als Material der *orcae* nennen uns die antiken Quellen zwar nur Keramik; aber unsere Regensburger Inschrift lässt daran denken, dass eben auch ein Holzfass als *orca* bezeichnet werden konnte.[10] ORCA STO bedeutet dann – je nach zugrundegelegter Bedeutung des vielseitigen Verbums *stare* – soviel wie „ich, das Fass, stehe da/stehe unerschütterlich/stehe zu Diensten/bin voll".

Mit Problemen konfrontieren uns allerdings die beiden zweiten Zeilenhälften. In Zeile 2 scheinen hier Buchstaben auf dem Kopf zu stehen. Trifft das zu, folgen sie aber auch einer anderen Leserichtung und dürften demnach nicht zum gleichen Text gehören. Was sie bedeuten, ist unklar; doch scheinen sie, wie R. Egger bemerkt hat, mit dem Zahlzeichen für 500 (einem „D") zu enden, worauf wohl ein Punkt folgt.

Wesentlich ist aber für das Verständnis der CAVI ALIOS-Inschrift, was in Zeile 1 auf das ALIOS folgt. Die Lesung war dort bisher ungeklärt. Auf Anhieb möchte man das folgende Wort jedoch CONVIAS lesen;[11] und

Abb. 28: Inschrift auf der Innenseite einer Daube eines Holzfasses aus Regensburg (aus: Ulbert [Anm. 1] 9)

---

[1] G. Ulbert, Römische Holzfässer aus Regensburg. Bayerische Vorgeschichtsblätter 24, 1959, 8 f.
[2] Weitere Überlegungen hat seitdem auch H. Wolff angestellt (H. Wolff, Die Graffiti im römischen Raetien. Specimina nova dissertationum [Pécs] 7/1, 1991, 258).
[3] RIB 2, Fasz. 4 (Gloucester 1992) 5; Ulbert, a. a. O. (Anm. 1) 18 f., 21 und 29.
[4] RIB, a. a. O. (Anm. 3) 1 und 5.
[5] Dass es sich um eine Interpunktion und nicht etwa um die rechte Haste eines *e* handelt, ist auf dem Photo bei Ulbert, a. a. O. (Anm. 1) Taf. 2.1 klar erkennbar.
[6] Die Übersetzung bei Wolff a. a. O. (Anm. 2): "ich habe andere bewahrt" ist unzutreffend.

[7] Zusammenstellungen der Belege: ThlL 9, 2, 928 f. (Bohnenkamp); W. Hilgers, Lateinische Gefäßnamen (Düsseldorf 1969) 235 f.; K. D. White, Farm Equipment of the Roman World (Cambridge 1975) 180 ff.
[8] Festus p. 194 Lindsay; Persius 3,50 (spricht vom Hals einer "engen *orca*", den es beim Wurfspiel zu treffen galt).
[9] ThlL 9, 2, 928.
[10] Im Zusammenhang der Varrostelle Res rusticae 1,13,6 wurde das Wort *orca* bereits gelegentlich als "Fass" übersetzt (dazu White, a. a. O. [Anm.7] 182. Vgl. auch F. Laubenheimer, Le temps des amphores en Gaule [Paris 1990] 149).
[11] Denkbar wäre außerdem auch – was jedoch sinngemäß auf das Gleiche hinausliefe – CONVINC[TORES] (von *convictor* = "der Tischgenosse"; aber Schreibung mit einem "hyperkorrekt"

das ergibt auch einen guten Sinn. CONVIAS wäre eine vulgärsprachliche Schreibung des Wortes *convivas* – zustandegekommen durch den intervokalischen Schwund eines *v*, der häufig belegt ist.[12] Allerdings könnte das fehlende *v* auch im Text gestanden haben und nicht mehr oder nur schwer erkennbar sein.

Trifft die vorgeschlagene Lesung das Richtige, lautet der Text also: CAVI ALIOS CONVIAS / ORCA STO. Damit aber ergäbe sich der Sinn: „Vor anderen Gästen hab ich mich gehütet. / (So) bin ich (noch) ein volles Fass" (oder: „so stehe ich dir noch zur Verfügung").[13]

---

eingefügten *n*. – Zum "hyperkorrekten" *n* vgl. F. Sommer, Handbuch der lateinischen Laut- und Formenlehre, Bd. 1 [Heidelberg 4. Aufl. 1977] 179).

[12] Zum Phänomen Sommer, a. a. O. (Anm. 11) 129. Umfangreiche Beispielsammlung bei H. Mihaescu, Limba latina in provinciile dunarene ale imperiului roman (o. O. [aber Bukarest] 1960) 91 f.

[13] Vgl. auch ein "sprechendes Gefäß" aus Peyrestortes (Dép. Pyrénées-Orientales), das ebenfalls mit seiner Wohlgefülltheit wirbt – und zwar mit der Ritzinschrift: BIBE SERVE NON VACO TIBI (= "trink nur, Sklave; ich werde nicht leer für dich." – G. Claustres, Les graffites gallo-romains de Peyrestortes. Gallia 16, 1958, 52).

16.

Ein eingeritzter römischer Brief auf einem Soldatenteller aus Pförring, Ldkr. Eichstätt

(Aus: Bayerische Vorgeschichtsblätter 61, 1996, 175 ff. – Phototafeln am Schluss des Aufsatzes)

1. Fund- und Bearbeitungsgeschichte des Pförringer Tellers

Seit über zwanzig Jahren besitzt die Prähistorische Staatssammlung in München ein epigraphisches Dokument, das fast ohne Parallele ist.[1] Es handelt sich um einen römischen Soldatenteller, in den auf beiden Seiten die Buchstaben eines längeren Textes eingeritzt sind. Der Teller, von dem sich leider nur etwas mehr als die Hälfte erhalten hat, wurde entweder zu Beginn der siebziger Jahre oder vielleicht auch schon etwas früher im Vicus von Pförring (Ldkr. Eichstätt) gefunden.[2] Herr Michael Fuchs (Eining) stellte dort auf Parzelle 768 – in unmittelbarer Nachbarschaft des Pförringer Kastells – unter unbekannten Umständen eine antike „Mauer" und eine römische „Abfallgrube" fest (vgl. Abb. 29).[3] Aus der Abfallgrube barg er den beschrifteten Teller und die folgenden Gegenstände: einige tausend Scherben von Sigillaten und anderen Tongefäßen; zahlreiche Glas-, Bronze- und Eisenfunde, dabei auch Eisenschlacke; einen As des Kaisers Nerva, RIC 51 Typ, geprägt 96/97 n. Chr.; Fragmente von farbigem und weißem Wandverputz.[4] Alle Objekte wurden an die Prähistorische Staatssammlung verkauft und warten noch auf ihre Veröffentlichung.

Die Bekanntschaft des Verfassers mit dem Pförringer Teller geht auf den September 1974 zurück. Der damalige Direktor der Prähistorischen Staatssammlung, Herr Prof. Dr. Hans-Jörg Kellner, zeigte ihm die Inschrift, und der Verfasser äußerte Gedanken zur Lesung und Übersetzung einzelner Textpartien. Daraufhin gab ihm Herr Prof. Kellner im Januar 1976 den Auftrag zur Bearbeitung und zur Publikation des Tellers.[5]

Die Arbeit an der Inschrift zog sich dann über viele Jahre hin. Fast genau zwei Jahrzehnte vergingen, bis sich der Verfasser sicher genug fühlte, einen Lesungs- und Übersetzungsversuch des gesamten Textes vorzulegen. Nicht alle haben diese in der Tat sehr lange Bearbeitungszeit mit der gleichen Geduld hingenommen. So hat Herr Prof. Dr. Hartmut Wolff (Passau) in einem 1992 erschienenen Überblicksaufsatz über die rätischen Kleininschriften zwar auf die erwartete Publikation durch den Verfasser hingewiesen, gleichzeitig aber doch schon eine eigene Lesung bekanntgegeben.[6] Sie deckt sich meist nicht mit der des Verfassers und wird bei der Besprechung des Textes (unten in Abschnitt 3) der hier gebotenen Lesung vergleichend gegenübergestellt.

2. Beschreibung des Gefäßes und der Inschrift. Sonstige Vorkommen von gefäßbedeckenden Graffiti

Der Inschriftträger ist ein brauntoniger Soldatenteller (Tonfarbe heller als Steiger 10 dunkel) mit einer äußeren Randweite von 22,5 und mit einer Höhe von 3 cm (Abb. 30). Er hat einen abgesetzten, niedrigen Standring und einen leicht eingezogenen Boden. Die Beschriftung des Tellers erfolgte durch Einkratzen nach dem Brand. Die in der älteren römischen Kursive abgefasste Inschrift

---

[1] Inv.Nr. 1993, 3507. Bisherige Erwähnungen in der Literatur: J. Garbsch, Der Limes im Spiegel der Funde. In: Der römische Limes in Bayern. Ausstellungskatalog der Prähistorischen Staatssammlung 22 (München 1992) 112; ders., Römischer Alltag in Bayern. In: 125 Jahre Bayerische Handelsbank in München 1869–1994 (München 1994) 304; H.-J. Kellner, Prähistorische Staatssammlung, Führer durch die Römische Abteilung (München 1976) 21; H. Wolff, Die Graffiti im römischen Raetien. Specimina nova dissertationum (Pécs) 7/1, 1991, 263 f. und 269. – Für ihre Förderung dieser Arbeit möchte der Verf. Herrn Dr. J. Garbsch und Herrn Prof. Dr. H.-J. Kellner, beide München, danken.
[2] Zum Fundjahr: In den Akten der Prähistorischen Staatssammlung ist kein Datum enthalten. Der Verf. hat den Fund aber 1974 kennengelernt; und diese Jahresangabe tragen auch Inventarnummern von Gegenständen, die gemeinsam mit dem Teller geborgen wurden (siehe Anm. 4). Ein noch früheres Funddatum ist jedoch nicht auszuschließen; Herr Dr. Garbsch denkt am ehesten an einen Zeitpunkt vor 1971. – Zum Fundort vgl. Anm. 3.
[3] Die Person des Finders, den Fundort mitsamt der Parzellennummer und die Auffindung der „Abfallgrube" erwähnen das Inventar und die Ortsakten der Prähistorischen Staatssammlung. Die genauere Lage der „Abfallgrube" und der nur dort genannten „Mauer" ist auf einem Katasterausschnitt in den Ortsakten durch ein gemeinsames Kreuz gekennzeichnet (danach die Markierung in Abb. 29). Dass es die Lage der Grube etwa richtig wiedergibt, hat der Finder, Herr Fuchs, gegenüber Herrn Dr. Garbsch zwar ausdrücklich bestätigt. Leider war er aber nicht bereit, dem Verf. auf dessen Bitte nähere Angaben über Datum, Umstände und Details seiner Beobachtungen zu machen.
[4] Die mit dem Teller vergesellschafteten Grubenfunde wurden mit den Inventarnummern 1974, 3278–3349 inventarisiert (die Münze ist Inv.Nr. 1974, 3345).
[5] Brief Prof. Kellners v. 12.1.1976.
[6] Wolff, a. a. O. (Anm. 1).

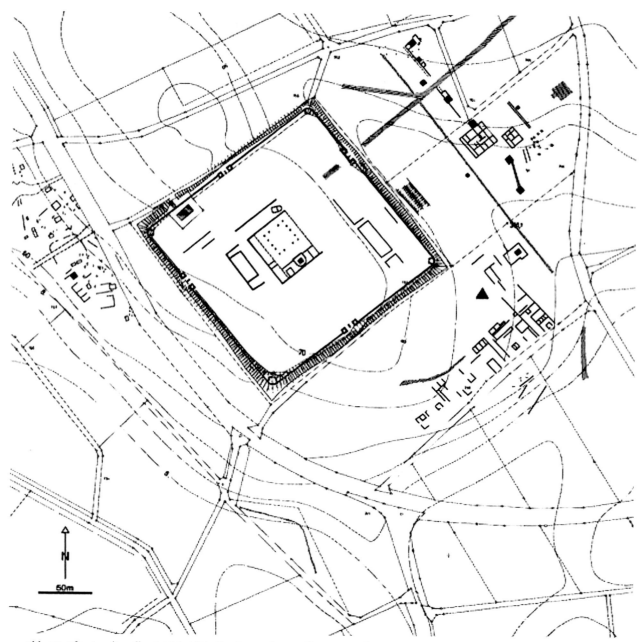

Abb. 29: Pförring (Landkreis Eichstätt, Oberbayern). Kastell, Vicus und Eintragung der Abfallgrube mit dem Graffitoteller (schwarzes Dreieck). Unter Verwendung des Luftbildplans bei H. Becker und O. Braasch, Das archäologische Jahr in Bayern 1987, 135

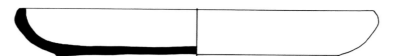

Abb. 30: Pförring. Graffitoteller. München, Archäologische Staatssammlung

erstreckt sich auf die folgenden Gefäßteile (vgl. Abb. 31-33, 36-41 und die Einbandbilder dieses Bandes): a) auf die gesamte erhaltene Außenwand (wobei die Buchstabenköpfe dem Tellerboden zugewandt sind); b) auf die gesamte erhaltene Standfläche; und c) auf das Mittelstück des Innenbodens.

Wie unten in Abschnitt 4 dargelegt wird, ist uns in Gestalt dieses Textes das Fragment eines Briefes erhalten. Eine solche Verwendung von Tongefäßen als Beschreibmaterial für Briefe ist ja vor allem von Ostraka bekannt. Im Pförringer Fall liegt jedoch kein Ostrakon vor – worunter hier nur Keramikscherben mit Tinteninschriften verstanden werden sollen[7] –, sondern ein Graffito. Zur Unterscheidung von kürzeren eingeritzten Notizen könnte es als „gefäßbedeckendes Graffito" charakterisiert werden. Derartige „gefäßbedeckende Graffiti" treten nur sehr selten auf. In den beiden Germanien ist ein solcher Fall jeweils aus Krefeld-Gellep und vielleicht auch aus Mainz bekannt geworden.[8] Aus Bayern besitzen wir bisher kein weiteres Beispiel.

Als ein Grund für den Griff nach der Keramik als Beschreibstoff bietet sich die Tatsache an, dass ein entsprechendes „Recycling" gebrauchter bzw. zerbrochener Gefäße billiger war als Papyri oder Wachstafeln. So geht aus den Quellen klar hervor, dass Ostraka ein typisches Schreibmaterial der weniger Wohlhabenden und der Landbewohner waren.[9] Besser situierte Schreiber bedienten sich ihrer wohl vor allem, wenn sie gerade kein anderes Material zur Hand hatten.[10] Auch eine solche momentane „Papiernot" eines antiken Briefpartners wird in den Quellen gelegentlich erwähnt.[11]

3. Text und Kommentar

3.1 Lesung des Textes

Vorbemerkung zur Zeilenzählung: Als Z. 1a wird im Folgenden die Beschriftung des zusammenhängend erhaltenen Gefäßrands angesprochen (vgl. dazu Abb. 31, 36 und 38-40). Auf den zweizeiligen Text eines weiteren, nicht unmittelbar anpassenden Randscherbens bezieht sich die Bezeichnung Z. 1b/2 (Abb. 32 und 37). Z. 3-11 stehen auf der Standfläche des Tellers (Abb. 31 und 36); Z. 12-15 im Innenboden (Abb. 33 und 41).

(1a) *Momacus caro fra(tri) Reto* (oder *Rivo*) *an[te die]m XII k(alendas) setem[b(res)] salve [–]*

(1b/2) *[–] Sesti ex[? –] / [–] ad riv[? –]*

(3) *epistulas [– ?]*

(4/4a) *peto ut mi[tta ?]s m[ihi ? – ?]*

(5) *si at m[e] miseris eo [–]* oder *eg[o –]*

(6) *quas mihi da tes [–]* (oder *dat es [–]* oder *date s [–])*

(7) *ecce nipoti n [–]* oder *Nipotin [–]*

(7a) *ino [–]* oder *inc [–]*

(8) *neq[ui]t om [–]* oder *neq[ue] tom [–]*

(9) *imi{u}tatio[nes]*

(10) *mi facias*

(11) *ut si scutella argenti XI o [–]* oder *c [–]*

(12) *[–] m*

(13) *[– ? in]genui* (oder *[– ?] mei ani* oder *[–]eme*)

(14) *[e]xibunt a se [–] s [– ?]*

(15) *[– ?] vale*

Lesung H. Wolffs (vgl. Anm. 1): 1a *[–] sio* oder *[–] cio maius* oder *malus C Primor.a res om[nes –] havet set (a)eque salva* 1b *sester[tia ?]* 2 *casdotu* (?) 3 *epistula S[eplasii ?]*: oder *S[trenuo data ?]*: 4/4a wie hier vorgeschlagen; so aber auch schon Thüry, Brief an H.-J. Kellner v. 23.9.1974, Ortsakten der Prähistorischen Staatssammlung 5 *si (h)as m[i] miseris, eg[o ? –]* 6 *quas mihi dat, es [–]* oder *ex [–]* 7 *esse* (oder *ecce*) *..ni....n. [–]* 7a *inc [–]* 8 *n II q[uo]t om[nes ? –]* 9 *imputatio [–]* 10 *ne facias.s [–]* 11 *ut si scutella argenti XI v [–]*; *ut si scutella argenti* (wohl folgende Zahl) schon Thüry, Brief an H.-J. Kellner v. 23.9.1974, Ortsakten der Prähistorischen Staatssammlung 12-15 „mit etwas Phantasie" *[ad domu]m / [– St]renui / [– de]bebunt a Se[pla] s[io] / dare*

3.2 Übersetzung

(1a) „*Momacus* an seinen lieben Bruder *Retus* (oder *Rivus*?); am 21. August. Grüß dich!...

(1b/2 unverständlich)

(3) Einen Brief[12] (... ?),

(4/4a) so bitte ich, (schicke mir ? ... ?)

(5) wenn du ihn (?) an mich dorthin (?) geschickt hast ...

(6) den sende an mich ab (oder: die gib mir/gibt er bzw. sie mir/gebt mir) ...

7 Vgl. dazu R. Marichal, Les ostraca de Bu Njem. Suppléments de „Libya antiqua" 7 (Tripolis 1992) 3.

8 Krefeld-Gellep (Becher mit weinseligem Gedicht): G. Alföldy, Epigraphisches aus dem Rheinland III. Epigraphische Studien 5 (Düsseldorf 1968) 94 ff. (für den Hinweis danke ich Herrn Alexander Weiß, Bonn). – Mainz (Schüsselfragment mit Notiz oder Briefrest): H. Klumbach, Nigraschüssel mit Inschrift aus Mainz. Germania 42, 1964, 59 ff.; R. Egger, Das Praetorium als Amtssitz und Quartier römischer Spitzenfunktionäre. Österreichische Akademie der Wissenschaften, phil.-hist. Kl., Sitzungsberichte 250, 1966, Abh. 4, 3.

9 A. Deissmann, Licht vom Osten (Tübingen 4. Aufl. 1923) 42.

10 Allerdings witzelt Augustus in Suetons Horazvita: Horaz solle (stark verkürzt gesagt) auf einem Gefäßbauch schreiben, damit seine Gedichtbücher umfangreicher würden. Vgl. auch E. Fraenkel, Horaz (Darmstadt 1967) 24.

11 Augustin, *Epistulae* 15,1; Deissmann, a. a. O. (Anm. 9) 42 Anm. 2.

12 *Epistulae* kann auch singularisch verwendet werden; vgl. ThlL 5, 2, 680, 72 ff. (Bannier).

Abb. 31: Pförring. Graffitoteller: Standboden und zusammenhängend
erhaltene Randpartie

Abb. 32: Pförring. Graffitoteller: nicht anpassendes
Randstück

Abb. 33: Pförring. Graffitoteller: Text im Innenboden (ohne
den abseits des geschlossenen Textblocks gelegenen letzten
Buchstabenrest der drittobersten Zeile; vgl. dazu Abb. 41)

(7)   schau da, dem Neffen (oder: Enkel; oder:
        Nichtsnutz; oder Personenname) ...

(7a)   zu fragmentarisch)

(8)   er/sie kann nicht (?) ...

(9)   Nachbildungen

(10)   fertige mir an,

(11)   wie wenn (es) elf *scutella* aus Silber (wären) ...

(12/13 unverständlich; ev.: ... die Freien)

(14)   (sie) werden bei sich zu Hause weggehen ...

(15)   Lebe wohl!"

3.3   *Kommentar*

Z.1a, *Momacus*: bisher nicht belegter Personenname.[13]
Er kann zu den keltischen Personennamen auf -*acus*
gehören;[14] doch könnte es sich ebensogut um eine
erst römische Namensform handeln, die aus einem
Ortsnamen *Momacum abgeleitet wurde.[15]

---

[13] Vgl. nur *Momucus* in einer Inschrift aus Goldegg (BH St. Johann,
Salzburg; E. Weber, Supplementum epigraphicum zu CIL III
für Salzburg, Steiermark, Oberösterreich und das norische
Niederösterreich 1902–1964. Ungedruckte Dissertation Wien 1964, n.
18, 27 f.).

[14] G. Dottin, La langue gauloise (Paris 1920) 107.

[15] Über aus Ortsnamen gebildete lateinische Personennamen W.

Z.1a, fra(tri): willkürliche, aber für das Verständnis unproblematische Abkürzung.[16]

Z.1a, Reto oder *Rivo:* Als Personenname belegt ist natürlich *Raetus* (H. Solin – O. Salomies, Repertorium nominum gentilium et cognominum Latinorum [1988] 389); aber auch *Rivus* (ebd. 392).

Z.1a, an[te die]m: auch von der rechten Haste des *e* in *diem* ist noch die Spitze vorhanden.

Z.1a, k(alendas): Die Form des *k* ist sehr eigenartig.

Z.1a, setem[b(res)]: Zur vulgärsprachlichen Assimilation des Binnen-*pt* zu *t* vgl. F. Sommer – R. Pfister, Handbuch der lateinischen Laut- und Formenlehre (Heidelberg 4. Aufl. 1977) 203. Beispiele aus dem Donauraum: H. Mihaescu, Limba latina in provinciile dunarene ale imperiului roman (Bukarest 1960) 93.

Z.4/4a, peto ut mi[tta ?]s m[ihi ?]: die Ergänzung geht von dem Gedanken aus, Z.4a könne eine Fortsetzung der Z.4 darstellen. Z.4/4a müsste dann bogenförmig verlaufen sein.

Z.5, at: Zur lautlichen Konfusion von *ad* und *at* Sommer – Pfister, a. a. O. 203. Belege aus den Donauprovinzen: Mihaescu, a. a. O. 94.

Z.6, quas: Das Bezugswort zu *quas* ist unklar. Es könnte verloren sein; doch könnte sich *quas* auch auf *epistolae* zurückbeziehen. *Epistolas dare* bedeutet „einen Brief absenden".

Z.7, Buchstabengruppe NIPOTIN: Die fragmentarische Erhaltung lässt nicht erkennen, ob hier der Dativ des Wortes *nipos* = *nepos* (Neffe; Enkel; Nichtsnutz) vorliegt (mit Verschreibung des kursiven *e* zu *i*). Denkbar wäre auch, dass sich hinter NIPOTIN der Anfang eines Personennamens verbirgt (etwa ein zu *Nipotinius* verschriebener *Nepotinius*; vgl. Solin – Salomies, a. a. O. 126).

Z.9, imi{u}tatio: Vielleicht entstand der Fehler des eingeschobenen *u* durch Vorausdenken an das etwas später folgende *ut*.

Z.11: Da die Standfläche schon fast völlig beschriftet war, hat der Schreiber einen Teil dieser letzten Zeile

des Standflächentextes an den linken Textrand gesetzt, so dass er zur normalen Leserichtung quer steht. Dass man bei Platznot so an den Textrand schrieb (wie heute etwa noch bei unseren Postkarten), ist auch literarisch bezeugt: vgl. Cicero, *Ad Atticum* 5,l,3; Ovid, *Metamorphoses* 9,564 f.

Z.11, ut si: Sofern der Schreiber hier den Regeln der Grammatik folgte, wäre danach ein irrealer Komparativsatz mit einer Verbform wie *essent* zu erwarten.

Z.11, scutella argenti: dazu ausführlich weiter unten.

Z.14: Wie lang die Zeile ursprünglich war, zeigt Abb. 41; hier ist in einigem Abstand hinter *a se* noch die Unterlänge eines *s* zu erkennen.

4. Aussage und Zweck des Textes. Zusammenfassende Würdigung

So unvollständig unser Text ist, lassen sich doch Anfang und Ende mit aller wünschenswerten Deutlichkeit erkennen. Das Ende ist klar durch das letzte Wort im Tellerinnenboden gegeben. Es lautet *vale*, „lebe wohl" (Z. 15). Im Gegensatz zur völlig schriftüberzogenen Wand und Unterseite des Gefäßes trägt der Innenboden auch nur wenige zentrale Zeilen. Schon das ist ein Anhaltspunkt dafür, dass hier nur ein Textschluss stand, der auf Wand und Unterseite nicht mehr Platz gefunden hatte. Im übrigen lag es ja auch nahe, mit dem Schreiben nicht gerade im Innenboden zu beginnen; waren dem Schreiber doch hier die entgegenstehenden Gefäßwände hinderlich und beengten ihm den Raum.

Aus dem *vale* des Textschlusses lässt sich weiter entnehmen, dass wir mit einer Mitteilung an eine Einzelperson zu tun haben. Das bestätigt klar auch der Text der äußeren Gefäßwand. Er nennt uns in Z. 1a jeweils einen Namen im Nominativ und im Dativ und fügt noch das Datum und die Grußformel *salve*, „sei gegrüßt", hinzu. Das ist das Formular eines Briefanfangs – mit dem Absender im Nominativ, dem Empfänger im Dativ, einer Datumsangabe und der *Grußformel*. Wir erfahren daraus, dass der Absender *Momacus* hieß und dass er die Mitteilung an einem 21. August an seinen Bruder *Retus* oder *Rivus* gerichtet hat.

Im eigentlichen Brieftext ist dann die Rede vom Wunsch des Absenders nach einem Brief des Empfängers (? Z. 3 f.); vom Unvermögen eines Neffen oder Enkels oder einer anderen Person (? Z. 7 f.); von einem Auftrag des Schreibers an den Empfänger, womit wir uns gleich noch des Näheren beschäftigen müssen (Z. 9 ff.); und von einem – sei es sicheren, sei es auch nur möglichen – zukünftigen Ereignis (Z. 14; offenbar geht es um

---

Schulze, Zur Geschichte lateinischer Eigennamen. Abhandlungen der kgl. Gesellschaft der Wissenschaften zu Göttingen, phil.-hist. Kl., NF 5, Nr. 5, 524 ff.
[16] Vgl. die Beispiele willkürlicher Abkürzungen bei R. Egger, Römische Antike und frühes Christentum. Ausgewählte Schriften, Bd. 2 (Klagenfurt 1963) 148 f.; R. Marichal, Les graffites de La Graufesenque. 47e supplément à „Gallia" (Paris 1988) 48 ff.

Personen, die ihr Heim verlassen werden). Der größte Teil des Textes befriedigt unsere Neugier also nicht; zu viel ist dazu verloren, und zu viel müssten wir von den Verhältnissen und von der Situation der Briefpartner wissen. Dennoch gibt es auch einen Punkt, der doch aufhorchen lässt und uns eine Information vermittelt, mit der wir etwas anfangen können. Es ist der in Z. 9–11 erwähnte Auftrag an den Empfänger.

In diesen drei zum größten Teil erhaltenen Zeilen bittet *Momacus* seinen Bruder, ihm *imi{u}tationes*, „Nachbildungen" anzufertigen, „wie wenn (es) elf *scutella* aus Silber (wären)". Dazu ist zunächst sprachlich anzumerken, dass wir den lateinischen Begriff *scutella* – er meint eine bestimmte Art von Servierplatte – literarisch nur als Feminin der a-Deklination kennen. Doch hat die heteroklite Pluralform *scutella* noch eine epigraphische Parallele. Aus Carnuntum liegt nämlich ein Bleietikett mit dem folgenden Wortlaut vor:[17] *Pudes* (folgt Denarzeichen) *LXX / scutela / cuparius*. Demnach hatte also ein gewisser *Pude(n)s* 70 Denare mit der Lieferung eines Produktes verdient, das wieder als *scutela* bezeichnet wird; und da er nach der dritten Zeile des Textes wohl *cuparius* = Küfer war, dürfte das Produkt aus Holz gewesen sein. Nun sind aber 70 Denare (die z. B. mehreren Monatsbezügen eines älterkaiserzeitlichen Legionärs entsprochen hätten[18]) für eine einzelne *scutela / scutella* aus Holz ein ganz undenkbar hoher Preis. Daraus folgt, dass auch das Wort *scutela* auf dem Carnuntiner Bleietikett als Pluralform zu verstehen ist.

Dass *scutellae* aus Holz bestehen konnten, berichtet uns übrigens noch eine zweite Quelle: nämlich ein Brief des Paulinus von Nola.[19] Zugleich deutet er aber an, dass solche Gefäße in weniger spartanisch eingerichteten Haushalten aus Silber waren. Als ein typischer Bestandteil des römischen Tafelsilbers werden *scutellae* denn auch von Ulpian erwähnt.[20] Was ihre Form betrifft, beschreibt er sie als flache Platten, die ihren Inhalt mehr auf sich tragen als in sich schließen. Gewissermaßen eine genaue Illustration dieser Ulpianstelle bieten uns vier Silbergefäße aus dem Schatzfund vom Esquilin, die nach dem Zeugnis einer Inschrift als *scutellae* anzusprechen sind. Die Inschrift, die auf der Unterseite eines der Gefäße eingepunzt ist, lautet (vgl. Abb. 34 unten): SCVT·IIII·PV; d. h. *scut(ellae) IIII p(ondo) V* oder deutsch: „Vier *scutellae* mit fünf

Pfund (Gesamt-)Gewicht".[21] Notiz und Gewichtsangabe beziehen sich auf das beschriftete und drei formgleiche Gefäße.[22] Der komplett erhaltene Satz dieser vier Stücke römischen Tafelsilbers stellt unsere wichtigste Quelle über das Aussehen der *scutellae* dar.[23] Sie waren danach (ob allerdings immer?) kreisrund (vgl. die Innenansicht Abb. 34 oben). Im Profil (Abb. 35) wiesen sie einen – zumindest im Fall des esquilinischen Sets – hohen Fuß, aber einen nur sehr flachen Gefäßkörper auf.[24]

Ein schwächerer Abglanz solcher *scutellae argenti* sollten also die *imi{u}tationes* sein, die unsere Pförringer Inschrift erwähnt. Doch stellen sich dabei zwei Fragen: 1. Warum hat *Momacus* gleich elf Exemplare auf einmal geordert? Und 2.: Woraus sollten die bestellten Nachbildungen denn bestehen?

Die einfachere dieser beiden Fragen scheint die erste. Hier könnte es vielleicht genügen, aus der Wahrscheinlichkeit und aus dem esquilinischen Fund zu schließen, dass Servierplatten nicht als Einzelstücke auftraten. Bei einem größeren Haushalt und bei mehrgängigen Essen mochten elf *scutellae* womöglich nicht zu viel sein. Auch wissen wir nicht, ob *Momacus* nicht etwa eine „Sammelbestellung" aufgab, die außer ihm selbst noch weiteren Interessenten dienen sollte.

In der zweiten Frage – der nach der Natur der *imi{u}tationes* – ist dagegen folgendes zu bedenken. „Nachbildungen" teurer Servierplatten gab es ja – wie wir sahen – in Holz; und auch Nachahmungen in Ton sind denkbar.[25] Aber passt es auf solche nichtmetallischen Gefäße, von imitierten „Silber-"Platten zu sprechen? Die Formulierung des *Momacus*: „wie wenn (es) elf *scutella* aus Silber (wären)" klingt doch eher so, als ob auch die silberne Gefäßoberfläche imitiert werden sollte. Dann aber müssten wir darauf schließen, dass wir hier einen Auftrag zur Anfertigung der beliebten bronzenen Servierplatten mit Versilberung oder Verzinnung vor uns haben. Der Adressat des Momacusbriefes, *Momacus'* Bruder *Retus* oder *Rivus*, wäre in diesem Fall ein Toreut

[17] E. Weber, Ein beschriftetes Bleitäfelchen, in: M. Grünewald, Die Kleinfunde des Legionslagers von Carnuntum. Der römische Limes in Österreich 31, 1981, 29 f. – Vgl. auch AE 1982, n. 773; E. Römer-Martijnse, Römische Bleietiketten aus Kalsdorf, Steiermark. Österreichische Akademie der Wissenschaften, phil.-hist. Kl., Denkschriften 205 (Wien 1990) 231.
[18] Vgl. etwa M. A. Speidel, Roman Army Pay Scales, The Journal of Roman Studies 82, 1992, 87 ff.
[19] Paulinus von Nola, *Epistulae* 5,21.
[20] Ulpian in den Digesten 34,2,19,10.
[21] O. M. Dalton, Catalogue of Early Christian Antiquities and Objects from the Christian East in the Department of British and Mediaeval Antiquities and Ethnography of the British Museum (London 1901), n. 316, 71; K. J. Shelton, The Esquiline Treasure (London 1981), n. 5, 80 und Taf. 26.
[22] Die formgleichen Stücke bei Dalton, a. a. O. (Anm. 21), n. 317–319, 72; Shelton, a. a. O. (Anm. 21), n. 6–8, 80.
[23] In W. Hilgers' Materialsammlung über die *scutella* sind sie nachzutragen (vgl. W. Hilgers, Lateinische Gefäßnamen [Düsseldorf 1969] 272 f.).
[24] Eine Abbildung des Profils auch bei Shelton, a. a. O. (Anm. 21), Taf. 26 unten; außerdem – als Skizze einer „*scutella*" ohne weitere Erläuterungen – bei K. D. Matthews, Scutella, patella, patera, patina. Expedition 11, 1968–69, H. 4, 37. – Für die Vermittlung der Aufnahme Taf. 4, die das British Museum 1977 für den Verf. angefertigt hat, ist Herrn J. F. Russell zu danken.
[25] Über rätische Kopien von Silbervorlagen in Ton W. Czysz, in: W. Czysz u. a., Die Römer in Bayern (Stuttgart 1995) 538.

mit entsprechenden Fähigkeiten gewesen; und wenn der Tellerbrief tatsächlich abgesandt wurde und am Wohnort des Empfängers in den Boden kam, so wäre seine Werkstatt im antiken Pförring zu suchen. Wann sie dort freilich bestanden hat, ist kaum näher zu sagen. Die Inschrift wie auch der Soldatenteller (eine chronologisch ziemlich unempfindliche Gefäßform)[26] lässt sich nur allgemein der älteren und der mittleren Kaiserzeit zuweisen. Näheren Aufschluss könnte uns aber eine Bearbeitung der sonstigen Funde aus der Abfallgrube geben, aus der die Pförringer Tellerinschrift geborgen wurde.

---

[26] G. Reinfuss, Die Keramik der Jahre 1953/54, Carnuntum Jahrbuch 1960, 92. Die dort als vergleichsweise spät herausgearbeiteten Tendenzen der Randbildung weist das Pförringer Gefäß nicht auf.

Abb. 34: Rom, Esquilin. Silberschale im British Museum London.
Oben: Innenansicht; unten: eingepunzte Inschrift am Unterboden
(aus: Dalton [Anm. 21] 71)

Abb. 35: Rom, Esquilin. Die Silberschale Abb. 34 im British Museum London

Abb. 36: Pförring. Graffitoteller: Standboden und zusammenhängend erhaltene Randpartie

Abb. 37: Pförring. Graffitoteller: nicht anpassendes
Randstück

Abb. 38–40: Pförring. Graffitoteller: Details der
zusammenhängend erhaltenen Randpartie

Abb. 41: Pförring. Graffitoteller: Text im Innenboden

17.

Wasser im Wein
Zur Deutung einer Spruchbecherinschrift aus Szentendre (Ungarn)

(Aus: Mille fiori. Festschrift für Ludwig Berger. Forschungen in Augst 25 [Augst 1998] 207 ff.)

Zusammenfassung

Ein in Szentendre gefundenes Weinservice aus Trierer Spruchbechern enthält ein großes Gefäß mit der bisher nicht befriedigend erklärten Inschrift NON AMAT ME CV[P]I[D]VS, was bedeuten dürfte: „Ein rechter Säufer mag mich nicht." Das „mich" der Inschrift bezieht sich dabei auf den großen Spruchbecher, der wohl als Mischgefäß oder Wasserkrug des Weinservices gedient hat. Damit ist auch ein Anhaltspunkt für die Deutung der größeren Formate der Trierer Spruchbecher gewonnen.

Der Gegenstand

Zu den Funden aus einer großen römischen Villa in Szentendre (Bezirk Pest, Ungarn) gehört ein fünf- oder sechsteiliges tönernes Weinservice (Abb. 42).[1] Es besteht aus vier oder fünf kleinen und einem großen Spruchbecher der Form Niederbieber 33b (Höhe des großen Bechers: 25 cm; der kleinen: 8–9 cm). In der Tonqualität entsprechen die Stücke F. Oelmanns Ware d der Firniskeramik des 3. Jahrhunderts.[2] Hergestellt wurden Spruchbecher in dieser Technik (ob ausschließlich?) im Trierer Raum.[3] Nach dem stratigraphischen Befund sind die Gefäße wohl in der Zeit um 290 in den Boden gelangt.[4]

Von den Inschriften bewegen sich die der kleineren Gefäße im Rahmen des auf Spruchbechern schon Bekannten.[5] Soweit erhalten, lauten sie: [A]M[A] ME; AM[A ME? oder -AS? -AT?]; V[I]T[A] oder [I]V[A] T. Zu deutsch heißt das: „liebe mich" (*ama me*; zur Übersetzung aber auch weiter unten); „du liebst/er liebt" (*amas/amat*); „Liebling" (*vita*); „das hilft!" oder „das macht Freude!" (*ivat = iuvat*). Im Gegensatz zu diesen anderweitig schon belegten Spruchbecherslogans ist die Inschrift des großen Gefäßes bisher ohne Parallele. Der Abstand zwischen Anfang und Ende des umlaufenden Schriftbandes sichert, dass wir NON AMAT ME CV[P]I[D]VS zu lesen haben.[6] Mit Interpretation und Übersetzung dieses Textes befasst sich der folgende Beitrag.

Bisherige Deutungsversuche

Für die Interpretation der „Cupidusinschrift" wurden bisher zwei Möglichkeiten erwogen: entweder sei das Subjekt des Textes ein Besitzer des Trinkservices gewesen;[7] oder es liege nicht ein Name vor, sondern das Adjektiv (sprich: substantivierte Adjektiv) *cupidus* = „der Gierige". In diesem Fall – so J. Topál – sei *cupidus* ein Wort, „das man ... in erotischem Sinne gebraucht haben dürfte".[8] Diese zweite Möglichkeit hat J. Topál noch mit dem Hinweis erläutert, eine erotische Bedeutung von *cupidus* ergebe sich „mit Hinsicht auf die Weitbauchigkeit des Weingefäßes."[9] Darüber hinausgehende Erläuterungen oder Übersetzungsvorschläge wurden nicht vorgebracht.

Beginnen wir mit der Prüfung der bisherigen Interpretationsansätze bei der zweiten Variante. Wird das Wort *cupidus* als ein erotischer Ausdruck verwendet, so bezeichnet es entweder einen von heftigem Liebesfieber befallenen Menschen oder einen notorischen Schwerenöter, einen Draufgänger und Erotomanen.[10] Liegt diese Bedeutung von *cupidus* auch in der Inschrift vor, so wäre zu übersetzen: „Ein Schwerenöter mag mich nicht." Den Grund für seine mangelnde Wertschätzung sieht J. Topál in der voluminösen Form. Sie spricht dabei zwar nur von der „Weitbauchigkeit des Weingefäßes"; doch schließt sie aus der „Weitbauchigkeit" auf einen erotischen Gehalt

---

[1] J. Topál, Feliratos boroskészlet a szentendrei római villából. Archaeologiai Értesitö 111, 1984, 218 ff.; dies., Der Import der sogenannten Moselweinkeramik in Pannonien. Rei cretariae Romanae fautorum acta 27/28, 1990, 177 ff.; dies., in: Instrumenta inscripta Latina. Das römische Leben im Spiegel der Kleininschriften. Ausstellungskatalog (Pécs 1991) 127 f.; dies., Weinservice mit Inschrift aus der römischen Villa von Szentendre. In: Instrumenta inscripta Latina colloquium Pécs. Kurzfassungen der Vorträge (Pécs 1991) 15. Vgl. auch R. Pirling, Ein Trierer Spruchbecher mit ungewöhnlicher Inschrift aus Krefeld-Gellep. Germania 71, 1993, 396 f. und 402.
[2] F. Oelmann, Die Keramik des Kastells Niederbieber. Materialien zur römisch-germanischen Keramik 1 (2. Nachdruck Bonn 1976) 35.
[3] Oelmann (Anm. 2) 37.
[4] Topál, Boroskészlet (Anm. 1) 224; dies., Import (Anm. 1) 181.
[5] Nachweise von Parallelen bei Topál, Boroskészlet (Anm. 1) Anm. 9 ff.
[6] Topál, Boroskészlet (Anm. 1) 224; dies., Import (Anm. 1) 177.
[7] Dies erwogen bei Pirling (Anm. 1) 402; Topál, Boroskészlet (Anm. 1) 224; dies., Import (Anm. 1) 177; dies., Weinservice (Anm. 1) 15.
[8] Topál, Boroskészlet (Anm. 1) 224; dies., Weinservice (Anm. 1) 15.
[9] Topál, Boroskészlet (Anm. 1) 224; dies., Weinservice (Anm. 1) 15.
[10] R. Pichon, De sermone amatorio apud Latinos elegiarum scriptores (Paris 1902) 119.

Abb. 42: Szentendre (Bezirk Pest, Ungarn). Die weitgehend erhaltenen Gefäße des Weinservices. Aus Topál, Boroskészlet (Anm. 1) 223

der Inschrift. Diese Position zu beziehen, bedeutet aber, dem Text die folgende, doppeldeutige Aussage zu unterstellen: ein Draufgänger liebe üppige Formen nicht – nicht in der Keramik und nicht bei den Frauen.

Eine solche Aussage ist offensichtlich unrichtig. Erotisches Draufgängertum beschränkt sich gewiss nicht auf schlanke Partnerinnen und hat vollends nichts mit Geschmacksfragen bei Keramikformen zu tun. Die erotische Deutung der Inschrift kann also nicht überzeugen.

Aber auch die zweite der bisherigen Deutungsvarianten scheint wenig glücklich. Danach gehörte das Gefäß einem gewissen Cupidus;[11] und da der Besitzer in der Inschrift namentlich erwähnt wird, muss der Becher eine Auftragsarbeit gewesen sein. Cupidus oder eine Person, die ihn damit beschenkte, muss in einer Trierer Werkstatt ein Exemplar mit vorgegebenem Wortlaut bestellt haben. Im Prinzip ist das denkbar; einen Spruchbecher mit einer solchen Namensnennung hat R. Pirling vor kurzem aus Krefeld-Gellep (Nordrhein-Westfalen) veröffentlicht.[12] Liegt ein entsprechender Fall auch aus Szentendre vor, so fragt sich dort aber, was der auf Bestellung angefertigte Text bedeuten soll. Er lautet bei dieser Deutungsvariante: „Cupidus mag mich nicht" – wobei das „mich" der Inschrift entweder das Gefäß oder eine Person meint, die es an Cupidus verschenkt hat. Aber wer bestellt oder verschenkt einen Gegenstand mit der Aufschrift, der Besitzer könne dies Objekt oder die Person des Schenkenden nicht leiden? Dafür müsste man schon eine recht phantasievolle und ausgefallene Erklärung konstruieren.[13] Sie schiene zwar nicht völlig ausgeschlossen; aber auch diese zweite Deutung der Inschrift ist doch sehr unwahrscheinlich und befriedigt nicht.

Neuinterpretation

Resümieren wir, was die Prüfung der bisherigen Deutungsvorschläge ergeben hat. Sie hat gezeigt, dass wir nicht mit einer erotischen Inschrift über den angeblich geringen Sexappeal molligerer Frauen zu tun haben; und sie hat wahrscheinlich gemacht, dass der Text weder von einer Person namens Cupidus noch im Namen einer Geschenkgeberin oder eines Geschenkgebers spricht. Positiv formuliert, lauten die beiden letzten Feststellungen folgendermaßen: das Subjekt der Inschrift muss ein substantiviertes Adjektiv sein (nämlich *cupidus* – „der Gierige"); und wenn der Text das Wort „mich" gebraucht („... mag *mich* nicht"), so muss er das im Namen des beschrifteten

Gegenstandes tun. Die Aussage des Schriftbandes ist dann: „Ein Gieriger mag mich (d. h. das Gefäß) nicht." Damit stellt sich also die Frage, ob nicht ein Grund erschließbar ist, der gerade einem „Gierigen" ein solches Gefäß verleiden könnte.

Aus der äußeren Erscheinung des – um ihn der Kürze halber so zu nennen – „Cupidusbechers" ist ein solcher Grund nicht abzuleiten. Er stellt eine vergrößerte Wiederholung der anderen Bestandteile des Services dar. Aber wie steht es mit der Funktion, die dem „Cupidusbecher" zukam? Wegen seines sehr viel größeren Fassungsvermögens muss er ja einem besonderen Zweck gedient haben. Er könnte gut ein Mischgefäß gewesen sein, in dem der zum Ausschenken bestimmte Wein mit Wasser verdünnt wurde. Träfe das aber zu – wurde im „Cupidusbecher" gemischt oder diente er auch nur der Bereitstellung von Wasser zum Weinverdünnen –, so könnte hier ein Grund dafür liegen, das Gefäß „nicht zu mögen". Lehnte es der *cupidus* der Inschrift ab, weil er sich den Wein nicht verwässern lassen wollte?

Betrachten wir den Wortlaut dazu genauer. *Cupidus* ist in der Tat ein Wort, das nicht nur allgemein für die Eigenschaft des Gierigseins gebraucht wird (ein Charakterzug, den römische Kulturkritiker der damaligen Gesellschaft vorzuwerfen pflegten), sondern das auch speziell oft die Gier nach Wein meint.[14] In diesem speziellen Sinn war ein *cupidus* geradezu ein „Säufer". Es verwundert nicht, wenn ein so gearteter Mensch den Misch- oder Wasserkrug „nicht mag" und das Wasser – mit den Worten des Catull – für das „Verhängnis eines Weines" hält.[15]

Hinzu kommt noch ein Weiteres. Im Gegensatz zu heute, war es ja im Altertum der Normalfall, dass man Wein mit Wasser verdünnte.[16] Man verwendete erstaunliche Wassermengen und erhitzte auch das Wasser oft.[17] Ein gewohnheitsmäßiges „Purtrinken" bedeutete dagegen eine Normabweichung. „Wer ungemischten Wein (*vinum merum*) trank, galt eigentlich schon als Alkoholiker" (H. Ubl[18]). Die Formulierung, der Hang

---

[11] Andere von J. Topál noch vorgeschlagene Namensformen passen nicht zu den erhaltenen Resten.

[12] Pirling (Anm. 1) 387 ff.

[13] Etwa von der Art, dass es sich um eine nicht ganz ernstgemeinte Klage über zu geringe Zuneigung handle (im Sinn von: „Aber Cupidus liebt mich ja gar nicht/liebt mich ja nicht mehr").

[14] Der *cupidus* = „Gierige" (im allgemeinen Sinn) begegnet in der römischen Zeitkritik schon bei Cato d. Ä. (Fragm. 388 Schönb.); vgl. später z. B. Sallusts Vorworte der *Catilinae coniuratio* (2,1) und *Bellum Iugurthinum* (1,4). – Belege für *cupiditas*, *cupido* und *cupidus* zur Bezeichnung der „Gier" nach Wein: ThlL 4 (1906–1909) 1414 ff. pass. (Hoppe).

[15] Catull 27,5 f.: *abite, lymphae, / Vini pernicies* („geht, ihr Wasser, Verhängnis des Weins").

[16] G. Hagenow, Wein und Wasser. Deutsches Weinbau-Jahrbuch 1970,197 ff. (freundlicher Hinweis Prof. Dr. H. Ubl); ders., Aus dem Weingarten der Antike (Mainz 1982) 111 ff.

[17] Zu den Mischungsverhältnissen etwa Hagenow, Wein (Anm. 16) 197 bzw. Weingarten (Anm. 16) 116; zum Wärmen des Wassers für die Weinverdünnung K. M. D. Dunbabin, Wine and Water at the Roman *convivium*. Journal of Roman Archaeology 6,1993, 120 ff.

[18] H. Ubl, „Keinen Baum, Varus, pflanze eher als die heilige Rebe". In: K. Holubar – W. Chr. Huber, Hgg., Von Rebstock und Riesenfass (Klosterneuburg – Wien 1994) 12.

zum „Purtrinken" zeichne einen „gierigen" Menschen aus, entspricht ganz den antiken Verhältnissen und der antiken Sichtweise.

Diese Tatsachen sprechen also für eine Übersetzung der Inschrift etwa mit dem Satz: „Ein Säufer mag mich (d. h. das Misch- oder Wassergefäß) nicht." Vielleicht trifft es aber den Sinn noch besser, wenn wir formulieren: „Ein rechter Säufer mag mich nicht". Damit nähme die Inschrift nicht die Partei des Moralisten und Normverfechters, der den *cupidus*, den Säufer, negativ sieht; sie enthielte vielmehr ein Motto, zu dem sich auch ein leidenschaftlicher Trinker selbst bekennen könnte. Das Wort *cupidus* wäre nicht moralisierend, abwertend gemeint; es wäre vielmehr im Ton von Menschen gesagt, die aus ihrem Laster gewissermaßen eine Tugend machen und auf ihre Trinkfestigkeit noch stolz sind. Dass wir die Aussage wohl in diesem Sinn zu verstehen haben, legen andere Spruchbecherinschriften nahe, die ebenfalls das Thema des „Wassers im Wein" aufgreifen und sich ähnlich „wasserfeindlich" äußern. Sie fordern z. B. *da merum* = „gib mir Unvermischten" oder *parce aquam* = „spar dir doch dein Wasser."[19] Natürlich wird die Annahme, dass sich der Text von Szentendre auf das Weinverdünnen bezieht, durch diese Parallelen weiter untermauert.

Für den „Cupidusbecher" folgt aus den epigraphischen Überlegungen, dass er als Misch- oder Wassergefäß gedient haben dürfte. Seine Größe genügt den Anforderungen dafür gut; denn er ist groß genug, dass sich daraus allen Benutzern des Services mehrfach einschenken lässt (während er an die 4 Liter fasst,[20] dürfte der Inhalt der Trinkbecher jeweils 0,2 Liter nicht überschreiten). Tatsächlich hat denn die Keramikforschung schon erwogen, ob nicht die relativ seltenen Spruchbecher so großen Formats zum Mischen gedient haben könnten (als alternative Deutungen standen die Verwendung als Weinkrug oder als reihum gemeinsam benutztes Trinkgefäß zur Debatte).[21] Die „Cupidusinschrift" von Szentendre stützt diese These und leistet damit einen kleinen Beitrag auch zur Keramikforschung.

Zum Schluss noch einmal eine epigraphische Beobachtung. Sieht man die Inschriften des ungarischen Services im Ensemble, so fällt auf, dass darin wiederholt das Verbum *amare* = „lieben", „mögen" begegnet. In einem Text wie *ama me* = „liebe mich", wie er auf einem oder zweien der Trinkbecher vorkommt und auch sonst auf Spruchbechern häufig ist, pflegt der Epigraphiker dabei eine rein erotische Bedeutung zu unterstellen. Anders liegen aber die Verhältnisse in der „Cupidusinschrift". Nach der vorgeschlagenen Deutung bekennt sie Abneigung gegenüber dem Weinverwässern – oder vielleicht nur: zu starken Weinverwässern – und damit implizit Liebe zum Wein selbst. In diesem Kontext schiene es denkbar, dass sich auch die Spruchbecherinschrift *ama me* auf den Wein beziehen und den Sinn eines „lass dir's schmecken" gewinnen könnte.

---

[19] Über solche „wasserfeindlichen" Spruchbecherinschriften M. Bös, Aufschriften auf rheinischen Trinkgefäßen der Römerzeit. Kölner Jahrbuch für Vor- und Frühgeschichte 3, 1958, 20 f. und 23 f.

[20] Topál, Boroskészlet (Anm. 1) 224; dies., Import (Anm. 1) 177.
[21] Pirling (Anm. 1) 396.

18.

Sirenen auf Appliken der Rhônekeramik?

(Aus: Rei cretariae Romanae fautorum acta 38, 2003, 349 f.)

In Arles-Trinquetaille wurde 1971 das in Abb. 43 vorgestellte Medaillon der Rhônekeramik gefunden. Das Stück, das einen Durchmesser von 6,1 cm hat, gelangte in den Besitz des Musée de l'Arles antique in Arles (Inv.-Nr. CIM. 71.00.533).[1] Der verwaschene Erhaltungszustand erschwert die Deutung des darauf angebrachten Reliefbildes. Auf Anhieb erkennbar ist aber ein frontal dargestellter nackter Oberkörper (unklar, ob männlich oder weiblich) mit nach rechts gewendetem Kopf. Ohne Schwierigkeiten lässt sich auch eine Inschrift lesen, die – mit den Buchstabenfüßen nach außen gekehrt – dem Rand der unteren Medaillonhälfte folgt und aus drei mit dicken Punkten voneinander getrennten Worten besteht. Sie lauten HIC, [E]ST und CANO. Das ergibt zwar noch keinen Sinn; unmittelbar auf das CANO folgt aber ein Bereich, in dem der Medaillonrand ausgebrochen ist. Das dritte Wort muss sich also noch fortgesetzt haben.

Wie das Ende des Wortes CANO[-] gelautet hat, verrät nun der Vergleich mit einem zweiten Arleser Medaillon (WA 237; Abb. 44). Diese zweite, schon 1943 gefundene Applike (Durchmesser 6 cm) zeigt entweder die gleiche oder aber eine zumindest sehr ähnliche Reliefdarstellung. Außerdem sind in der unteren Bildhälfte Reste der offensichtlich gleichen, wieder mit den Buchstabenfüßen nach außen gekehrten Inschrift erhalten. An gleicher Stelle wie das Stück aus Arles-Trinquetaille bietet auch sie die Buchstabenfolge [E]ST [CA]NO. Auf das O folgen hier aber noch zwei weitere Buchstaben: ein R und ein A. Kombinieren wir also die Lesung unserer beiden Medaillontexte, so ergibt sich der Satz HIC EST CANORA, d. h.: „Hier ist die schön Singende dargestellt."

Die so gewonnene Legende hilft auch bei der Deutung des Bildes. Der Text sagt uns ja, dass es einer weiblichen Gestalt mit musikalischem Talent gilt. Suchen wir diese Gestalt einmal im Bereich der Mythologie, so drängt sich ein Gedanke auf, der die Bildreste zu erklären scheint. Es ist der Gedanke an die Sirenen; also an jene Wesen, die – wie auch Ovid sagt – mit ihrer „voce canora", mit ihrer schönen Stimme,[2] Menschen anlocken und betören, um ihnen Gewalt anzutun. Die Sirenen werden als Wesen halb menschlicher, halb tierischer Gestalt mit Flügeln und mit mehr oder weniger vogelartigem Unterkörper dargestellt.[3] Diese Charakteristika scheint aber auch das schlecht erhaltene Reliefbild unserer Medaillons wiederzugeben. Zwar sind hier die Flügel nicht zu sehen (in Abb. 44 könnten sie freilich als der Gegenstand in der rechten Hand missverstanden worden sein). Bei der Figur der Abb. 43 hat man jedoch den Eindruck, dass der frontal sichtbare, schräg nach links geneigte Oberkörper mit dem rechtsgewendeten Kopf in unrealistischer Verrenkung aus einem Unterkörper hervorgeht, der aus dünnen, kurzen, vogelähnlichen Beinchen und aus einem plumpen, breiten, nach rechts vorspringenden Vogelhinterteil besteht. Der vogelförmige Unterkörper ist also in nach links gewendeter Seitenansicht dargestellt, während sich der ebenfalls nach Vogelart vorgeneigte Oberkörper dem Betrachter zukehrt und sich der Kopf nach rückwärts umblickt. Trifft das zu, kann allerdings das rechts auf der Höhe des N im Wort CANO[RA] erkennbare Bein mit der nach unten gewendeten Fußspitze nicht – wie das in der Zeichnung Abb. 44 der Fall ist – von der gleichen Figur herrühren. Es scheint vielmehr, dass auf unserem Medaillontyp noch eine zweite, liegende Gestalt dargestellt war, zu der das Bein und nicht genauer beurteilbare Reste unterhalb und links der stehenden Figur gehören.[4] Wir haben also wohl mit einem jener Sirenenbilder zu tun, bei denen unterhalb des Dämons ein ausgestreckter Körper liegt. Auf besser erhaltenen Exemplaren dieser Bilder ist jeweils erkennbar, dass es sich dabei nicht etwa um die Leiche eines Sirenenopfers, sondern um einen Silen oder Pan als den Partner eines Symplegmas handelt.[5]

Desto passender scheint es, dass die Applike der Abb. 44 zu einem Gefäß gehörte, das auch noch zwei Medaillons mit der Darstellung von Bettszenen trug (WA 235 und 236). Für diesen Kontext eignete sich das

---

[1] Ton hell-orange, Überzug dunkel-orange. – Der Fund gehört zu einer Reihe von Arleser Medaillons, über die mir Michel Martin vom Musée de l'Arles antique Unterlagen und Bilder zur Verfügung gestellt hat (weitere Stücke bei G. E. Thüry, Die Palme für die „domina". Masochismus in der römischen Antike. Antike Welt 32, 2001, 571–576). Michel Martin möchte ich hier sehr herzlich danken.

[2] Ovid, Ars amatoria 3,311.

[3] Vgl. die Bildersammlung in LIMC 8.2, 734–744.

[4] Den Verdacht, auf WA 237 (unsere Abb. 44) könnten „deux personnages" dargestellt sein, äußerten auch schon P. Wuilleumier und A. Audin (WA, 133). Ohne nähere Anhaltspunkte dachten sie dabei an eine „scène érotique".

[5] LIMC 8.1, s.v. Seirenes (E. Hofstetter) 1100 Nr. 89a–c mit Bildern in LIMC 8.2, 741. – G. Koch-Harnack, Erotische Symbole. Lotosblüte und gemeinsamer Mantel auf antiken Vasen (Berlin 1989) 158 f.

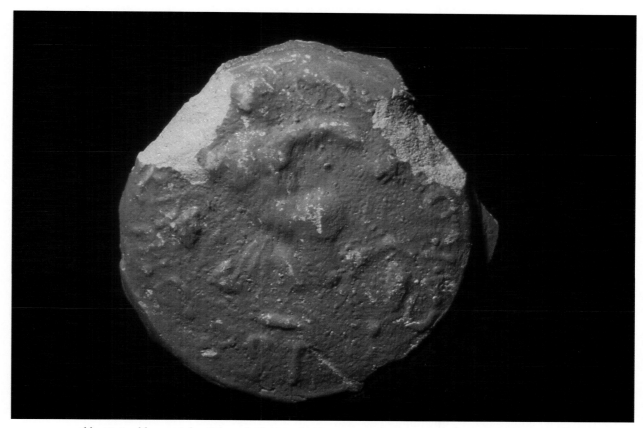

Abb. 43: Applike aus Arles-Trinquetaille. Musée départemental Arles antique (Inv.-Nr. CIM.71.00.533)

Abb. 44: Applike WA 237 (nach WA, 136)

Bild einer Sirene aber auch schon insofern, als sie ja allgemein ein Dämon erotischer Natur und vor allem die Symbolfigur einer – ungeachtet aller Konsequenzen – unwiderstehlichen Verführung war.[6]

Abgekürzte Literatur

WA: P. Wuilleumier – A. Audin, Les médaillons d'applique gallo-romains de la vallée du Rhône. Annales de l'Université de Lyon, Sér. 3, Lettres, Fasc. 22 (Paris 1952).

---

[6] Über die Sirenen und die Erotik G. Weicker, Der Seelenvogel in der alten Litteratur und Kunst (Leipzig 1902) 26–27. – Koch-Harnack (wie Anm. 5) 158–163.

19.

„AVI VADO"
Zur Inschrift auf einem spätantiken Reitersporn aus Nida-Heddernheim

(Aus: Archäologisches Korrespondenzblatt 34, 2004, 253 f.)

Im Jahrgang 30, 2000 dieser Zeitschrift hat Markus Scholz einen spätantiken Reitersporn aus Nida-Heddernheim vorgestellt.[1] Das bronzene Stück weist auf seiner Außenseite die eingravierte Inschrift AVI VADO auf (Abb. 45). Nach Scholz ergebe aber dieser Wortlaut „keinen nachvollziehbaren Sinnzusammenhang".[2] Scholz schlug daher vor, den Text folgendermaßen zu verstehen: A(...), VIVA(s) (in) D(e)O;[3] d. h. „A. (= nicht auflösbare Namensabkürzung), lebe in Gott!" Die Inschrift wäre damit als ein frühchristlicher Segenswunsch zu deuten.

Nun ist es natürlich immer problematisch, einen als unverständlich empfundenen epigraphischen Text als eine Anhäufung willkürlicher Abkürzungen zu interpretieren und ihm dadurch einen Sinn abgewinnen zu wollen. Ehe in eine solche Richtung gedacht werden könnte, müsste umsichtig geprüft werden, ob denn der gelesene Wortlaut tatsächlich unverständlich ist. Im Fall der Heddernheimer Sporninschrift ist das nicht geschehen. Hier fällt ja schon auf den ersten Blick auf, dass die Spornspitze den Text des beschrifteten Bügels in zwei Hälften teilt, wobei die rechte Hälfte die korrekte lateinische Verbform VADO = „ich gehe/ich gehe los" bildet. Die linke Hälfte lautet dagegen AVI. Das ist an sich zwar keine korrekte Form. Wenn man aber bedenkt, dass in epigraphischen Texten gelegentlich ein *i* an die Stelle eines – auch auslautenden – *e* tritt (und sei es nur infolge einer vergessenen zweiten senkrechten E-Haste),[4] dann verrät sich das AVI als ein falsch oder vulgärsprachlich wiedergegebenes *ave* = „grüß dich!" oder auch „auf Wiedersehen!" Ein zweiter Fall, in dem die gleiche Form AVI begegnet, ist eine Inschrift auf einem römischen Glasgefäß aus Vaison-la-Romaine.[5]

Damit ist aber sehr wohl ein Sinn gegeben. Der Heddernheimer Reitersporn „sagt" so zum Betrachter: „Grüß dich!/Leb wohl! – Und schon gehe ich wieder/ schon bin ich wieder unterwegs." Das ist eine sehr hübsche Anspielung auf die Geschwindigkeit, die zu erzielen ja die Aufgabe eines Reitersporns war.

Der kleine Text, der an unsere heutigen Fahrzeugaufschriften mit dem Wortlaut „... und tschüss!" erinnert, gehört also zu jenen Zeugnissen, die belegen, dass schon die Antike – auch über sportliche Kontexte hinaus – einen Sinn für die Faszination der Geschwindigkeit besessen hat.[6]

Resümee

Eine bisher anders gedeutete Inschrift auf einem spätantiken Reitersporn aus Nida-Heddernheim spielt auf die Schnelligkeit des Reiters an und lautet: AVI VADO = „Grüß dich! Und schon bin ich wieder fort."

Nachwort 2024

Einen Hinweis ist noch die Tatsache wert, dass *vadere* oft speziell eine Bewegung mit hoher Geschwindigkeit bezeichnet und in diesem Sinn auch in den Inschriften der Zirkusbecher auf galoppierende Rennpferde angewandt wird.[7]

---

[1] M. Scholz, Ein spätantiker Reitersporn mit Inschrift aus den Ruinen von Nida-Heddernheim. Archäologisches Korrespondenzblatt 30, 2000, 117–130.
[2] Scholz (Anm.1) 121.
[3] Scholz (Anm. 1) 124. Als weniger wahrscheinliche Alternative erwog Scholz 122 außerdem auch, AVIVADO als einen hier erstmals belegten germanischen Personennamen zu betrachten.
[4] F. Sommer, Handbuch der lateinischen Laut- und Formenlehre (Heidelberg 2./3. Aufl. 1914) 58 und 61. – V. Väänänen, Le latin vulgaire des inscriptions pompéiennes (Berlin 2. Aufl. 1959) 20. – H. Mihaescu, La langue latine dans le sud-est de l'Europe (Bukarest – Paris 1978) 173 (beachte dort die Form *beni* für *bene*). – Der Graveur unserer Inschrift muss im übrigen kein "native speaker" des Lateinischen gewesen sein.

[5] CIL XII 5696.26.
[6] Andere Zeugnisse dieser Art wären das Gedicht *Catalepton* 10 der *Appendix Vergiliana*, in dem es u. a. um die Geschwindigkeit der *muliones* und um das Einander-Überholen geht, oder die Verse des Statius, *Silvae* 4,3,36 ff. über die Erhöhung der Reisegeschwindigkeit auf südwestitalischen Küstenstraßen durch den Bau der *via Domitiana*.
[7] Hohe Geschwindigkeit: OLD 2, 2207. Vgl. die Imperative von *vadere* auf Zirkusbechern: z. B. B. Rütti u. a., Die Zirkusbecher der Schweiz, Jahresbericht 1987 der Gesellschaft Pro Vindonissa, 36–54 pass.

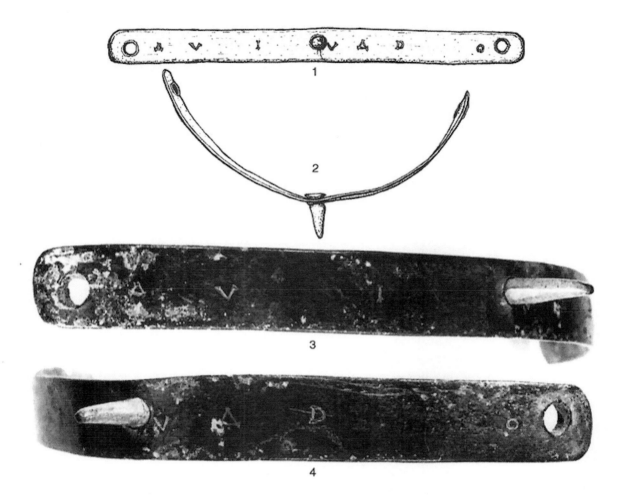

Abb. 45: Nida/Frankfurt-Heddernheim. Spätantiker Reitersporn mit Inschrift (aus: Scholz [Anm. 1] 118)

20.

Oberösterreichs „ältester Brief"
Zur spätantiken Ziegelinschrift von Wilhering

(Aus: Festschrift Gerhard Winkler. Jahrbuch des Oberösterreichischen Musealvereines I [Abhandlungen] 149, 2004, 255 ff.)

Das Denkmal, um das es in dieser Arbeit geht, hat Rudolf Egger als den ältesten Brief Oberösterreichs bezeichnet.[1] Es ist freilich kein Brief im eigentlichen Sinn, sondern eine rechteckige Ziegelplatte (Maße: 34 x 26 cm), die als Baumaterial diente und in die vor dem Brand vier Zeilen eines briefähnlich formulierten lateinischen Textes eingekratzt worden waren.[2] Darauf folgen zwar auch noch weitere „Zeilen", die aber nur mit pseudoinschriftlichen Zeichen gefüllt sind. Sie wirken wie eine Fortsetzung des „Briefes" von der Hand eines Analphabeten.

Gefunden wurde die so beschriftete Ziegelplatte 1935 „1,4 km südwestlich von Wilhering an der nach Schärding führenden Straße am linken Ufer des ‚Mühlbachs'" (Alexander Gaheis[3]). Sie war dort in einem Ziegelofen des 4. nachchristlichen Jahrhunderts eingemauert. Zum Baumaterial dieses wie eines benachbarten zweiten Ziegelofens gehörten auch Ziegel mit Stempeln der zweiten italischen Legion unter dem valentinianischen (?) *dux* Ursicinus und mit Rundstempeln der *A(uxiliares) L(auriacenses)*.[4] Von diesen mit *A(uxiliares) L(auriacenses)* signierten Platten war eine mit ähnlichen pseudoinschriftlichen Zeichen bedeckt, wie sie der „Ziegelbrief" aufweist.[5]

Für die tatsächliche Inschrift des „Briefes" – die also schon wegen ihrer späten Zeitstellung interessant ist – liegen zwei in verschiedenen Details divergierende Lesungen vor. Die eine rührt von Rudolf Egger, die andere von Alexander Gaheis her. Da der Ziegel selbst verschollen ist, wiederholt die neuere epigraphische

Literatur beide Lesungen ohne eine eigene Stellungnahme.[6]

Dabei wird aber übersehen, dass Helmut Arntz und Alexander Gaheis in einer Publikation des Jahres 1939 eine ausgezeichnete Photographie des Inschriftziegels veröffentlicht haben (vgl. unsere Abb. 46). Wir werden hier versuchen, Scanvergrößerungen dieses Bildes mit den beiden Lesungen zu vergleichen und besonders auch diejenigen Textstellen zu prüfen, über die sich Egger und Gaheis nicht einig waren.

Stellen wir zunächst die beiden Lesungen einander gegenüber:

	Egger[7]	Gaheis[8] (vgl. dazu auch Gaheis' Umzeichnung des Textes in Abb. 47):
Z. 1	*[Do]mino [-]ori Victoriano salutem.*	*[Do]mino fartori Victoriano salutem.*
Z. 2	*mox litteras meas perceperis, ut st[-]uem*	*mox litteras meas perceperis, ut statuim(us).*
Z. 3	*dares. litteras meas felicissime excipas*	*demes litteras meas felicissime i(n) pos(t)*
Z. 4	*tum [-]vi[-]rabis.*	*cum Livia peribis.*

Halten wir die Scanvergrößerungen (Abb. 48–49) daneben, so zeigt sich, dass die Lesung derjenigen Worte, für die Egger und Gaheis übereinstimmen, auch auf der Photographie klar nachvollzogen werden kann. Für die verbleibenden Problemstellen scheinen sich dem Verfasser dagegen folgende Schlüsse zu ergeben:

---

[1] R. Egger, Oberösterreich in römischer Zeit. In: Jahrbuch des Oberösterreichischen Musealvereines 95, 1950, 161.

[2] Beschreibung, Maße und Abbildung des Ziegels bei H. Arntz – A. Gaheis, Die Ziegel von Wilhering, Oberdonau. In: Berichte zur Runenforschung 1, 1939, 129 ff. und Taf. XX.

[3] Zitat aus: Arntz – Gaheis (Anm. 2) 131. Vgl. dazu und zum Folgenden Fundberichte aus Österreich 2, 1935–1938, 99.

[4] Arntz – Gaheis (Anm. 2) 132; R. Egger, Eine Militärziegelei valentinianischer Zeit. Zuletzt in: ders., Römische Antike und frühes Christentum. Ausgewählte Schriften, Bd. 2 (Klagenfurt 1963) 185; Fundberichte aus Österreich 2, 1935–1938, 98; G. Winkler, Die Reichsbeamten von Noricum und ihr Personal bis zum Ende der römischen Herrschaft. Österreichische Akademie der Wissenschaften, philosophisch-historische Klasse, Sitzungsberichte 261, Abh. 2 (Wien 1969) 108.

[5] Arntz – Gaheis (Anm. 2) 129 und Taf. XXI.

[6] E. Weber, Supplementum epigraphicum zu CIL III für Salzburg, Steiermark, Oberösterreich und das norische Niederösterreich 1902–1964. Ungedruckte Dissertation (Wien 1964) 120 f.; Testimonia epigraphica Norica A 1/1, 03631.

[7] Egger (Anm. 1) 161 (dort ohne die Anwendung des dem breiten Publikum nicht vertrauten epigraphischen Klammersystems).

[8] Arntz – Gaheis (Anm. 2) 132 (dort Textbeginn *Domino* ohne Klammer); A. Gaheis, Fundberichte aus Österreich 3, 1938–1939, 163 (dort Textbeginn *(Do)mino* mit runder Klammer). Danach auch H. Vetters, Austria. In: C. Bradford Welles, Hg., Archaeological News: Europe, American Journal of Archaeology 52, 1948, 238; AE 1949, n. 2, 8.

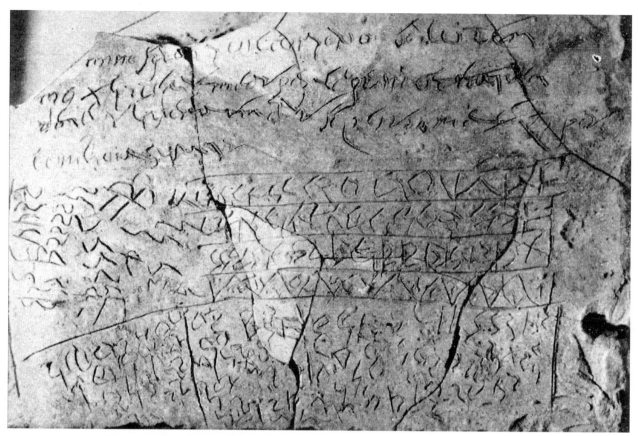

Abb. 46: Der Ziegel von Wilhering (Bez. Linz-Land). Aus: Arntz – Gaheis (Anm. 2), Tafel XX

Abb. 47: Umzeichnung des „Brieftextes" nach Gaheis. Aus: Arntz – Gaheis (Anm. 2), Tafel XX

– Das auf *[Do]mino* folgende zweite Wort der Inschrift (Abb. 48) ist wegen der eng miteinander verflochtenen ersten Buchstaben nicht leicht zu lesen. Egger beschränkte sich daher auf die Feststellung des klareren Wortendes *[-]ori*. Die Scanvergrößerung lässt jedoch erkennen, dass auf ein anlautendes *f* (vgl. das *f* von *felicissime* in Z. 3) ein rundes kursives *a* folgt, in das ein *r* mit langem Aufstrich hineingeschrieben ist. Gaheis hat

demnach Recht, hier die Buchstabenfolge *far* zu lesen. Auch das danach von ihm gesehene *t* dürfte richtig sein – obwohl im Bild nur seine senkrechte Haste sichtbar scheint und sich dort eine waagrechte nicht finden lässt (Gaheis' Umzeichnung in unserer Abb. 47 ist in diesem Punkt vielleicht nicht korrekt). Jedenfalls bestätigt die Aufnahme aber die Richtigkeit des Gaheisschen *fartori*.

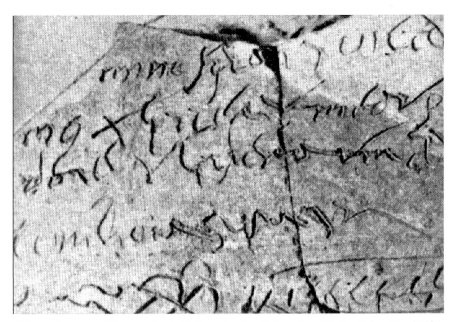

Abb. 48: Scanvergrößerung der Aufnahme Arntz – Gaheis. Bereich der linken Texthälfte

Abb. 49: Scanvergrößerung der Aufnahme Arntz – Gaheis. Bereich der rechten Texthälfte

– Das letzte Wort der zweiten Zeile (Abb. 49) wurde von Egger als *st[-]uem*, von Gaheis als *statuim(us)* wiedergegeben. In der Scanvergrößerung ist nun deutlich das große runde *e* der abgekürzten Futurform *statuem(us)* lesbar.

– Das erste Wort der dritten Zeile (Abb. 48) beginnt mit *d*, worauf nach der Aufnahme wieder das große gebogene *e* unseres Schreibers und ein recht deutliches *m* folgen. Hier ist also das von Gaheis gesehene *demes* richtig.

– Am Ende der dritten Zeile (Abb. 49) bestätigt der Scan dagegen die von Egger gelesene inkorrekte Konjunktivform *excipas*.

– Die vierte Zeile (Abb. 48) beginnt schließlich mit der Rundung eines *c*, so dass nicht mit Egger *tum*, sondern mit Gaheis *cum* anzunehmen ist. Ebenso wird der bei Gaheis folgende Name *Livia* zutreffen; *v*, *i* und ein sehr eckiges *a* sind nicht zu bestreiten, während das *L* nach den hier etwas schwächeren Spuren in gleicher Weise mit einem tieferstehenden *i* verbunden scheint wie jeweils bei *litteras* in Z. 2 und 3.

124

Das letzte Wort der Wilheringer Inschrift möchte der Verfasser nach der Scanvergrößerung in Abb. 48 nicht, wie bisher vorgeschlagen, als *[-]rabis* oder auch als *peribis* lesen; er meint hier vielmehr *fuimus* zu erkennen – wobei der Aufstrich des *f* bogenförmig nach links abgewinkelt ist, das *i* gewissermaßen die rechte Wange des *u* nach unten verlängert und das abschließende *s* sozusagen nach rechts „umfällt".

Fassen wir alle Beobachtungen zusammen, so ergibt sich die folgende neue Lesung und Übersetzung: *[Do]mino fartori Victoriano salutem. / mox litteras meas perceperis, ut statuem(us). / demes litteras meas felicissime; excipas: / cum Livia fuimus.* Das heißt: „Dem Herrn Geflügelmäster/Wurstfabrikanten Victorianus einen Gruß! Bald wirst Du meinen Brief bekommen haben, wie ich das beschließen werde.[9] Du wirst meinen Brief glücklichst entgegennehmen (und) sollst (dann daraus) erfahren: ich war mit Livia zusammen!"[10]

Natürlich ist dieser Text weder ein wirklicher Brief noch – wie Gaheis aufgrund seiner Lesung meint[11] – ein Fall einer magischen Verfluchung. Was hier einer der in der Ziegelei Beschäftigten in einer Arbeitspause in den feuchten Ton gekritzelt hat, sind Worte, die er gerade in Gedanken an die Adresse des *dominus fartor* Victorianus richtete. Victorianus (handelt es sich wirklich um einen *fartor*, oder ist das womöglich eine obszöne Spottbezeichnung?[12]) war offensichtlich ein Rivale um die Gunst einer gewissen Livia; und unser anonymer Textverfasser hat sich ausgemalt, wie er ihm schon „bald" mitteilen werde, dass er selbst bei Livia erfolgreich gewesen sei.[13]

Verb *statuere* und des einfachen bei *percipere* gewesen.

[10] Zu *esse cum aliquo* als Ausdruck des erotischen Lateins vgl. J. N. Adams, The Latin Sexual Vocabulary (London 1982) 177.

[11] Gaheis bei Arntz – Gaheis (Anm. 2) 133 f. und in: Fundberichte aus Österreich 3, 1938–1939, 164. Vgl. zuletzt danach auch noch (mit Fragezeichen) E. M. Ruprechtsberger, Ritzinschriften auf Keramikfunden aus dem antiken Lentia/Linz. Linzer archäologische Forschungen, Sonderheft 30 (Linz 2004) 10.

[12] Der ThlL (6, 1, Sp. 287, Z. 8 ff.) kennt *fartor* nur als Berufsbezeichnung dessen, der Geflügel oder Wurst *farcit*. Zu *farcire* als erotischer Vokabel vgl. allerdings Adams (Anm. 10) 139.

[13] Ein ähnlicher Fall eines solchen fast briefartig abgefassten „Gedankenprotokolls" ist eine ebenfalls vor dem Brand eingekratzte Ziegelinschrift aus Bad Vilbel-Dortelweil (Wetteraukreis, Hessen); vgl. A. Riese, in: Korrespondenzblatt der Westdeutschen Zeitschrift für Geschichte und Kunst 10, 1891, Nr. 7, 161 ff. Dieser Text drückt die Sehnsucht und das erotische Verlangen des Schreibers nach seiner *coniunx* Mattosa aus.

---

[9] Logisch richtiger wäre die Verwendung des exakten Futurs beim

21.

Venus und der „reine Wein"
Zum pompejanischen Graffito CIL IV 2776

(Aus: Orbis antiquus. Studia in honorem Ioannis Pisonis
[Cluj-Napoca 2004] 164 ff.)

Wie interessant und wichtig die Erforschung des zum Teil bis heute unerschlossenen Gebietes der antiken Kleininschriften ist, hat schon die frühe Epigraphik durchaus gewusst. So hob etwa Otto Jahn in einer Arbeit aus dem Jahr 1857 hervor, dass von diesen Texten ein „Zauber" ausgehe, weil sie „uns das Alterthum grade in den Zufälligkeiten, welche nie auf irgendeine Dauer berechnet waren, nach Jahrtausenden wieder gegenwärtig machen, eindringlicher und belebender als ein Bericht es vermag."[1] Als ein „sehr artiges" Beispiel für diesen Reiz der Inschriftengattung führte Jahn auch das Graffito Orelli-Henzen 7296 = CIL IV 2776 an, das auf einem seit dem 18. Jahrhundert bekannten Tongefäß aus Pompeji eingeritzt ist (Abb. 50).[2] Es hat vor Jahns Aufsatz schon die besondere Beachtung Mommsens und nach ihm beispielsweise die Cagnats oder Wissowas gefunden.[3] Dennoch mag es scheinen, als ob wir bisher nicht zum vollen Verständnis dieses kleinen Denkmals vorgestoßen sind.

Die vor dem Brand eingekratzte Inschrift ist in großen, schwungvollen Buchstaben auf der Schulter eines Kruges angebracht. Sie benützt eine dort umlaufende Riefe als vorgerissene Zeile, die jeweils nur die Unterlängen des Buchstabens „s" nach unten überschreiten.[4] Sie beginnt unmittelbar zur Rechten des Krughenkels, unter dem die Riefe hindurchläuft, umrundet die ganze Gefäßschulter und kommt gerade wieder links des Henkels zum Schluss.[5] Zu lesen ist klar:

PRESTA MI SINCERV SIC TE AMET QVE CVSTODIT ORTV VENVS. Die Vulgärsprache macht sich dabei kräftig durch die konsequente Monophthongierung des *ae* zu *e*, durch das ebenfalls konsequent fehlende auslautende *-m* des Akkusativ Singular der o-Deklination und durch die fehlende Aspiration des vorletzten Wortes bemerkbar, das nur einem korrekten *hortum* entsprechen kann.[6] Als ganzer in korrekte Schreibung „übersetzt" und mit Interpunktionen versehen, lautet unser Text: *Praesta mi sincerum! Sic te amet, quae custodit hortum, Venus.*

Soweit der Verfasser sieht, hat man die Inschrift in stets gleichem Sinn interpretiert und an der Richtigkeit der Deutung kaum einmal gezweifelt.[7] Mit Mommsen übersetzte man etwa folgendermaßen: „Gib mir reinen Wein! So liebe dich Venus, die Schützerin der Gärten" – wozu Mommsen selbst anfügte: „oder vielmehr der Vignen; es spricht der Gast zu dem Winzer, der seinen Wein ausschenkt."[8] Diese Übersetzung ist sprachlich an sich auch nicht anzuzweifeln; und sie gibt einen guten Sinn. Der Adressat der Inschrift wird gebeten, dem Sprechenden (sofern nicht das Gefäß selbst spricht) *sincerum* zu servieren (*praestare* kann unter anderem einfach ein Geben, aber speziell auch ein Getränkeservieren sein; und *sincerum* ist als Getränkebezeichnung ein unverpanschter bzw. ein nicht verwässerter Wein[9]).

---

[1] O. Jahn, Über eine auf einem Thongefäss befindliche lateinische Inschrift. Berichte über die Verhandlungen der königlich sächsischen Gesellschaft der Wissenschaften zu Leipzig, phil.-hist. Cl. 9, 1857, 191.

[2] Jahn (Anm. 1) 199 f. Das Gefäß wird heute "inter opera plastica musei Neapolitani" (CIL) verwahrt.

[3] Mommsen besprach den Text in seinem Aufsatz: Epigraphisches. Rheinisches Museum für Philologie NF 5, 1847, 461; Cagnat erwähnte ihn als ein Beispiel für Gefäßinschriften, bei denen es um das Trinken geht: R. Cagnat, Cours d'epigraphie latine (Nachdruck Rom 1976) 350; und Wissowa würdigte ihn als ein Zeugnis für die Kultgeschichte der im Graffito erwähnten Venus: G. Wissowa, Religion und Kultus der Römer (Nachdruck München 1971) 289 Anm. 5 (wörtliches Zitat dort nicht exakt).

[4] Siehe die Faksimilia in CIL IV Taf. XLII 9 (unsere Abb. 50) und bei Cagnat (Anm. 3) 350. Photographien bei W. F. Jashemski, The Gardens of Pompeii 1 (New Rochelle N.Y. 1979) 124.

[5] Vgl. die Photographien bei Jashemski (Anm. 4) 124. – Der Henkel ist danach tordiert und endet in einer Attasche in Form eines Kopfes (wobei es sich jedoch nicht um eine Priapdarstellung handelt, wie R. Schilling vermutete: R. Schilling, La religion romaine de Vénus.

Bibliothèque des écoles françaises d'Athènes et de Rome 178 [Paris 1954] 16 f.).

[6] Zur Monophthongierung des *ae* vgl. z. B. F. Sommer, Handbuch der lateinischen Laut- und Formenlehre (2./3. Aufl. Heidelberg 1914) 71 f.; zum Wegfall des auslautenden *-m* 299 ff.; für den Schwund des anlautenden *h-* 194 f.

[7] Mit einem Fragezeichen versieht die übliche Interpretation Schilling (Anm. 5) 16.

[8] Mommsen (Anm. 3) 461. Vgl. auch Jahn (Anm. 1) 200: "Spruch, mit welchem das Gefäß dem Winzer, der seinen Wein ausschenkt, dargereicht wurde". – Die Übersetzung m. W. zuletzt bei Jashemski (Anm. 4) 124: "Allow me pure [wine]: then may Venus who gards the garden love you".

[9] *Praestare* als "servieren": ThlL 10, 2, 915, Z. 31. In diesem Sinn mag auch das *presta* in Z. 5 des Weinbechergedichts von Gelduba zu verstehen sein (G. Alföldy, Ein Weingedicht aus Gelduba [Krefeld-Gellep]. Epigraphische Studien 5, 1968, 94; von Alföldy 96 als "tue das" übersetzt. In Frage käme dort aber noch die Bedeutung "zahle [meinen Preis]"). – Über das Weinpanschen J. André, Essen und Trinken im alten Rom (Stuttgart 1998) 143. Zum Verwässern ist aber zu bedenken, dass ein gewisser Wasserzusatz ganz normal und das Trinken von mehr oder weniger Unverdünntem nur Sache von notorischen *cupidi bibendi* war (vgl. die Mischgefäßinschrift *non*

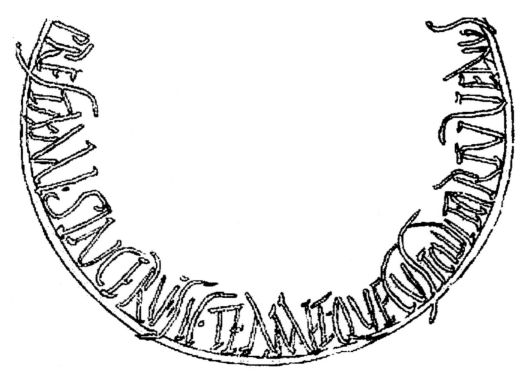

Abb. 50: Das pompejanische Gefäßgraffito CIL IV 2776 (nach CIL IV Taf. XLII 9)

Wenn der Adressat des Textes die Aufforderung befolgt – und damit bekundet, dass er den Wein zu schätzen weiß –, dann gilt ihm die Fürbitte, die Gottheit, „die den (Wein-)Garten bewacht“ (que custodit ortu), möge ihn deshalb „lieben“, d. h. ihm gnädig sein.[10] Dabei wird die Göttin durch die eigenwillige Formulierung des Relativsatzes zu einer Art von „Berufskollegin“ der irdischen custodes hortorum.[11] Dass es gerade Venus ist, der hier die Aufgabe des Gartenschutzes zufällt, hat die Inschrift zu einem jener Zeugnisse gemacht, anhand derer über Alter und Herkunft dieser Kompetenzzuschreibung an die römische Göttin diskutiert wurde. Robert Schilling meinte, die Gartengöttin Venus entspreche nicht einer originär-römischen, sondern einer kampanisch-griechischen, d. h. gerade in Pompeji alt-einheimischen Vorstellung.[12]

Ist aber die Venus unserer Inschrift eine reine Gartengöttin? Betrachtet man den Text unbefangen und auch unbeeinflusst von der Wohlanständigkeit des 19. Jahrhunderts, so scheint sich hier noch eine andere Sichtweise aufzutun. Besteht sie zu Recht, gehört das Graffito in die große Gruppe derjenigen Suppellexinschriften, die ein teilweise geistreiches Sprachspiel betreiben, indem sie bewusst zwei- oder mehrdeutige Formulierungen verwenden und damit gleichzeitig entsprechend unterschiedliche Aussagen vermitteln. Ein neuer Aufsatz hat dieses Phänomen herausgearbeitet und gezeigt, dass öfter gerade Texte, in denen es um Weingenuss geht, eine zusätzliche, nämlich erotische Bedeutung haben.[13]

In der Tat ist schon der Ausdruck PRESTA MI SINCERV zweideutig, mit dem das pompejanische Graffito beginnt. Das Neutrum sincerum bezeichnet ja nicht nur den unverfälschten Wein, sondern allgemein das Reine, Unverfälschte und moralisch entsprechend das Aufrichtige, Ehrliche. Praesta mi sincerum lässt sich daher auch verstehen als: «Biete mir Aufrichtiges/ Ehrliches», «lege mir gegenüber Aufrichtiges/ Ehrliches/Aufrichtigkeit/Ehrlichkeit an den Tag», «hintergehe mich nicht». So ist das praestare sincerum ähnlich doppeldeutig wie die deutsche Redensart „jemandem reinen Wein einschenken“.[14]

---

amat me cupidus: G. E. Thüry, Wasser im Wein. Zur Deutung einer Spruchbecherinschrift aus Szentendre [Ungarn]. In: Mille fiori. Festschrift für Ludwig Berger. Forschungen in Augst 25 [Augst 1998], 207 ff.).

[10] Das amet entspricht der sonst belegten Formel, Venus möge propitia sein (CIL IV 4007 und 2457. Vgl. den Gegensatz der Venus irata in CIL IV 538).

[11] Über die Bewachung von Gärten durch custodes vgl. M. Frass, Custos hortorum. Überlegungen zur Bewachung antiker Gärten. In: P. W. Haider, Hg., Akten des 6. Österreichischen Althistorikertages (Innsbruck 1998) 41 ff.

[12] Schilling (Anm. 5) 18 ff., 150 f., 284 ff. und 388.

[13] G. E. Thüry, Mehrdeutige erotische Kleininschriften. Bayerische Vorgeschichtsblätter 59, 1994, 85 ff. – Der Verf. möchte allen danken, mit denen er die im folgenden vorgetragene Deutung der Inschrift diskutieren konnte und die ihn ermunterten, sie zu veröffentlichen. Dieser Dank geht an seine Freunde Dr. Eeva Ruoff-Väänänen (Zürich), Dr. Susanne und Dr. Heinrich Zabehlicky (Wien) und an seine ehemalige Salzburger Studentin Julia Schmidt.

[14] Zusatz 2024: Eine missverständlich formulierte Klammerbemerkung der Originalarbeit hat der Verf. hier gestrichen.]

Versteht man den Beginn des Graffitos als moralischen Appell, ist natürlich der Fortsetzung: „So möge dich Venus lieben, die den (Wein-)Garten bewacht" der logische Zusammenhang entzogen. Sehr wohl aber scheint sich ein solcher logischer Zusammenhang einzustellen, sobald wir das Wort ORTV = *hortum* als eine Vokabel des erotischen Lateins auffassen. Als erotischer Ausdruck bezeichnet *hortus* (wie auch das Deminutiv *hortulus*) bekanntlich die weibliche wie die männliche Genital- bzw. Analregion.[15] Auch das ist ein „Garten", in dem die Göttin Venus *custodit*, d. h. die Schirmherrschaft hat. Wer *custos* eines Geländes ist, entscheidet außerdem auch über den Zugang zu ihm. Damit ergibt sich die Pointe, dass unsere Inschrift – in diesem Sinn verstanden – von ihrem Adressaten Aufrichtigkeit gegenüber dem Partner verlangt und für diesen Fall die Konsequenz zieht: „so soll dich/ so wird dich wohl die Venus lieben/begünstigen, die über den „Liebesgarten" = den Schoß wacht/herrscht". Auf diese blumige Weise wird dann also Liebe und Liebeserfüllung versprochen; und als Bedingung dafür wird festgelegt, dass der Adressat den Partner nicht hintergehen dürfe. In diesem Sinn interpretiert, ordnet sich der Text letzten Endes in den Kreis jener erotischen Kleininschriften ein, die um Treue der oder des Geliebten bitten.[16]

Fassen wir zusammen! Was unsere Inschrift meint, das wird – gleich wie wir sie verstehen – mehr angedeutet als klar und deutlich formuliert. Das beeinträchtigt die Sicherheit der Interpretation. Erkennen lässt sich jedoch, dass neben der bisher ausschließlich vertretenen Deutung des Graffitos als einer Bitte um unverfälschten Wein noch eine zweite, erotische Interpretationsmöglichkeit besteht. Wenn die Doppeldeutigkeit hier nicht doch ein Zufallsprodukt ist, stellt die pompejanische Kruginschrift CIL IV 2776 einen Text zugleich über die Reinheit von Wein und Gesinnung dar; und sie gehört dann in die große Gruppe der Aufschriften auf römischen Liebesgeschenken.[17]

---

[15] ThlL 6,3, 3015, Z. 21 (*hortulus*); 3018, Z. 71 ff. (*hortus*). Vgl. z. B. E. M. O'Connor, Symbolum salacitatis. A Study of the God Priapus as a Literary Character. Studien zur klassischen Philologie 40 (Frankfurt/M. usw. 1989) 21 f.

[16] Vgl. etwa die Gemmeninschrift CIL XII 5693.8, in der es unter anderem heißt: SERVA FIDEM; oder Ringe mit FIDE / LIS bzw. FIDES: CIL XIII 10024.39 i und 10024.69 = F. Henkel, Die römischen Fingerringe der Rheinlande und der benachbarten Gebiete (Berlin 1913), n. 845 und n. 2217.

[17] Zu dieser Kategorie von Kleininschriften jetzt der Überblick bei G. E. Thüry, Römer sucht Römerin. Liebeswerbung in römischen Kleininschriften. In: Pegasus-Onlinezeitschrift 4/1, 2004, 54 ff.

22.

Römer sucht Römerin
Liebeswerbung in römischen Kleininschriften[1]

(Aus: Pegasus-Onlinezeitschrift. Wissenschaftliches Periodikum zur Didaktik und Methodik der Fächer Latein und Griechisch 4/1, 2004, 54 ff.)

1. Zur Einführung

Die Geschichte der Liebe in der römischen Antike ist bis vor etwa vierzig Jahren ein Tabugebiet gewesen, das die Forschung nur selten zu betreten gewagt hat. Für Gelehrte, die es doch einmal taten, war es nicht selbstverständlich, einen Verleger für die Produkte ihrer Arbeit zu finden. Dagegen hatten sie damit zu rechnen, dass sich Gerichte mit ihren Veröffentlichungen beschäftigten. Von vornherein fest stand auch, was in den Bibliotheken damit geschah. Dort wurden die wenigen Publikationen, die es trotz dieser Hindernisse gab, in Sonderbestände verbannt, die nur Personen von ausgewiesener Sittlichkeit benutzen sollten.[2]

Die Sexuelle Revolution hat diese Zustände und Tabus beseitigt. Schon in den sechziger und siebziger Jahren des vergangenen Jahrhunderts blätterte ein teilweise verunsichertes, im Gebrauch der neuen Freiheit noch ungeübtes Publikum in den ersten großformatigen Bildbänden über römische Liebe.[3] Seitdem ist, nach und nach, eine Menge an Literatur darüber erschienen. Aber der heute erreichte Umfang der Bibliographie sollte nicht zu falschen Schlüssen über den Forschungsstand verleiten. So sind ganze Teilfelder des großen Themengebiets der römischen Sexualität und Erotik bis heute unerforscht. Ganze Gruppen von Quellen sind bisher noch nicht gesammelt und erst recht nicht untersucht.

Von einer solchen Quellengattung, die bisher fast völlig übersehen wurde und erst in den letzten Jahren einer wirklichen Beachtung gewürdigt wird, möchte dieser Aufsatz erzählen. Es geht darin um das in der römischen Antike weit verbreitete Phänomen von Schmuck- und Gebrauchsgegenständen, die nach Aussage darauf angebrachter Inschriften Geschenke von Liebenden waren.[4] Zu diesen beschrifteten Geschenken (außer denen es mit Sicherheit auch unbeschriftete gab) gehörten Taschenspiegelchen, Fibeln, Fingerringe und Hängeschmuck mit Schmucksteinen, Schreibgriffel, Spinnwirtel, Esslöffel und Ton- und Glasgefäße. Alle diese Objekte wurden offensichtlich deshalb verschenkt, um einerseits so Liebe zu gestehen und um Gegenliebe zu werben. Andererseits geschah das aber auch, um Liebe zu festigen; und schließlich noch deshalb, um den Beschenkten die Möglichkeit zu geben, sich durch die Annahme und den Gebrauch des Geschenkes als geneigt zu erweisen.

Für uns besonders wertvoll ist an diesen „Werbegeschenken" antiker Liebender, dass sie in recht großer Zahl auf dem Boden der römischen Provinzen gefunden werden – in Gebieten also, über deren Alltagsleben in der römischen Literatur nicht allzu viel zu lesen ist und deren damalige Sexualkultur ohne die Aussage von Funden ganz im Dunkel läge.

Als ein erstes Beispiel solcher erotischer Geschenkinschriften sei einer der wenigen Texte ausgewählt, die explizit und klar zum Ausdruck bringen, was ihr Daseinszweck ist: zugleich eine Spielart des Liebesbriefs und eine Geschenkwidmung zu sein.[5] Der Text ist auf einer Scheibenfibel eingepunzt, die „bei Budapest" gefunden worden sein soll (Abb. 51).

---

[1] Dem größten Teil dieser Arbeit liegt der Text eines Vortrags zugrunde, der bei der DAV-Tagung „Am Rande des Imperiums" (Berlin, 1. November 2003) gehalten wurde. – Für den Zugang zu Fundmaterial und Literatur, für Hinweise und für einen anregenden Meinungsaustausch dankt der Verf. den Herren Dr. Wolfgang Czysz (Thierhaupten); Prof. Dr. Werner A. Krenkel (Rostock); Dr. Jean Krier (Luxembourg); Walter Kropf (Wien); Prof. Dr. Thomas Meyer (Tübingen); Heinz Nowak (Wien); Peter Schild (Böblingen); André Strasberg (Autun); Prof. Dr. Wilfried Stroh (München); und Mag. Dr. Heinz Winter (Wien).

[2] Zur damaligen Haltung von Verlegern vgl. etwa die Klage H. Cohens über die Weigerung seines Verlages, einen Katalog der Spintrien zu drucken: H. Cohen, Description historique des monnaies frappées sous l'empire romain 6 (Paris 1862) 547. – Zum Eingreifen von Gerichten R. Hofmann, in: E. Fuchs, Geschichte der erotischen Kunst (Nachdruck Berlin 1977) X; F. S. Krauss, in: Anthropophyteia 10 (1913), Anhang. – Zur Sekretierung von sexualgeschichtlicher Literatur z. B. S. Kellner, Hg., Der Giftschrank. Erotik, Sexualwissenschaft, Politik und Literatur – Remota: Die weggesperrten Bücher der Bayerischen Staatsbibliothek (München 2002), pass.

[3] Beobachtung des Verf. über den damaligen Umgang mit dem Werk J. Marcadés, Roma amor (Genf – München – Paris 1961). Ein Zeitdokument ist hier ein amerikanischer Kriminalfilm, in dem der Kommissar eine Buchhandlung besucht und der Versuchung nicht widerstehen kann, die von einem solchen Band ausgeht. Er blättert verstohlen darin und handelt sich doch den strafenden Blick einer Dame mittleren Alters ein („Columbo: Waffen des Bösen", 1978).

[4] Knapper Überblick über die Inschriftengruppe bei Thüry 1991, 93.

[5] Zum im Folgenden vorgestellten Fund G. E. Thüry, Pignus amoris. Zu einer neuen erotischen Geschenkinschrift. Römisches Österreich 26, 2003, 11 f.

Abb. 51: Fibel aus Budapest (?) mit Inschrift. Privatbesitz

Das nur knapp 2,4 cm große Fibelchen besteht aus Bronze. Nach Ausweis erhaltener Reste war es aber auf der Vorderseite mit einer spiegelnden, hauchdünnen Zinn- oder Silberschicht überzogen, die den Eindruck eines Silberschmuckstücks hervorrufen sollte. Dem Rand des kreisrunden Objektes folgt dort eine Inschrift, deren Anfang und Ende sich nicht klar als solche zu erkennen geben. Man könnte entweder lesen und interpungieren: AMORE AMANTI. S[I A]MAS, PIGNVS; oder: S[I A]MAS, PIGNVS. AMORE AMANTI. Übersetzt man das etwas weniger knapp, als es hier formuliert ist, so bedeutet es (wobei die Reihenfolge der beiden Sätze umgekehrt werden kann): „Für jemanden, der mich liebt, in Liebe! Wenn auch Du mich liebst, dann trag dieses Stück als *pignus*, als Liebespfand; oder: dann trag zum Beweis dieses Schmuckstück."

Das war es also, was römische Liebesgeschenke sein wollten: *pignora amoris*, symbolische „Unterpfänder der Liebe" – das heißt: Zeichen einer Zusammengehörigkeit und einer Treue, zu der man sich durch Annahme und Gebrauch der Geschenke bekannte. Wie schon erwähnt, sagen das aber nur wenige Geschenkinschriften so ausdrücklich – unter Verwendung des Wortes *pignus* – wie die unserer Budapester (?) Fibel. Bisher sind sieben weitere Texte dieser Art bekannt. Fünf davon bitten um ein *escipere*, um ein Annehmen des *pignus* (wozu Alexander Riese auf *cape pignus amoris* bei Ovid, *Metamorphoses* 8, 92 hinwies); ein sechster Text – er steht auf einer Gemme unbekannten Fundorts – wählt die davon abweichende metrische Formulierung:

PIGNVS AMORIS HABES = „Hier hast Du ein Zeichen meiner Liebe"; und auf einem siebten soll nach einer alten Fundnotiz nur PIGNVS AMORE = „Ein Liebespfand – in Liebe!" zu lesen sein.[6]

Statt durch eine solche Selbsttitulierung des Inschriftträgers als *pignus* unsere Interpretationsaufgabe zu erleichtern, geben sich die meisten Geschenkinschriften nur dadurch zu erkennen, dass sie einen weiblichen oder männlichen Geschenkempfänger ansprechen. Viele der Texte konfrontieren uns dabei mit Formulierungen, die wir nur dann verstehen können, wenn wir uns in die Probleme dieser Inschriftengattung eingearbeitet haben. Die Problematik ergibt sich hier aus der – platzbedingt – selbst für lateinische Begriffe sehr knappen Formulierung, aus der Verwendung des speziellen erotischen Vokabulars und oft auch aus einer bewussten Mehrdeutigkeit des Ausdrucks. Die folgenden Beispiele sollen das verdeutlichen.

Ein Fund gleich eines Paars von Fibeln mit erotischer Inschrift kam in einem Grab des 1. oder 2. nachchristlichen Jahrhunderts in Bitburg-Stahl (Rheinland-Pfalz) zutage (Abb. 52 und 53).[7]

Es handelt sich um zwei je 3 cm lange und, ineinander steckend gefunden Hülsenscharnierfibeln mit bandförmigem, beschriftetem Bügel. Dieser Fibeltypus heißt so, weil das Scharnier der Nadel in einer röhrenförmigen Hülse untergebracht ist, während der flache, stets beschriftete Bügel ein schmales, langgezogenes Rechteck bildet.[8] Auf der winzigen Fläche dieses Bügelchens ist bei einem der beiden Grabfunde der folgende metrische Text angebracht: IVDICIO TE AMO (Abb. 52). Das zweite Stück trägt dort die Inschrift: VENI DA DO VITA (Abb. 53). Beide Texte sind auch noch aus anderen Funden von Liebesinschriften belegt.[9]

Die beiden Fibeln von Bitburg-Stahl hat 1911 nicht ein Archäologe, sondern der Latinist Friedrich Marx

---

[6] Zur Vokabel *pignus* und ihren epigraphischen Belegen Thüry 2003 (wie Anm. 5). Zwei der insgesamt acht Belege wurden dem Verf. aber erst bekannt, als die Arbeit Thüry 2003 schon gesetzt und korrigiert war. Den einen Beleg erwähnt knapp [E.] Krüger, Westdeutsche Zeitschrift für Geschichte und Kunst 26 (1907) 315 mit Abb. Taf. 11,4 (PIGNVS AMORE auf P-förmiger Fibel aus Altrier, Luxemburg). Auf den anderen machte den Verf. Jean Krier aufmerksam (PIGNVS AMORE ESCIPE SI AMAS auf M-förmiger Fibel aus Mamer, Luxemburg). – Der Hinweis auf Ovid bei Riese 1914, ad n. 4422.

[7] Veröffentlichung des Grabfundes: Marx 1911, 22 f. (nach Abb. 9 dort unsere Abb. 52 und 53). Zur Datierung des Grabes vgl. aber Thüry 1991, 105, Anm. 14.

[8] Den Fibeltyp definierte Böhme 1972, 15.

[9] Weitere Belege für IVDICIO TE AMO und ähnliche Formulierungen: Thüry 1994, 93. Für VENI DA DO VITA vgl. einerseits die Xantener Fibelinschrift VINI DA DO VI[TA]: U. Boelicke, Die Fibeln aus dem Areal der Colonia Ulpia Traiana. Xantener Berichte 10 (Mainz 2002) 109 und Taf. 47; andererseits aber auch die Regensburger Ringinschrift DA DO / VITA / AMICA: F. Wagner, Neue Inschriften aus Raetien. 37.–38. Bericht der Römisch-Germanischen Kommission 1956–1957, n. 122.

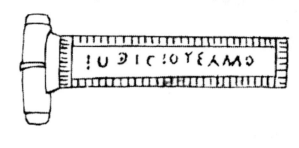

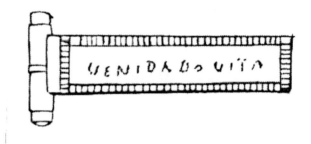

Abb.52; 53: Fibelpaar aus Bitburg-Stahl (Rheinland-Pfalz) mit Inschriften (aus: Marx 1911, 23)

veröffentlicht. Das schwer übersetzbare Hexameter- bzw. Pentameterfragment IVDICIO TE AMO (ein Zitat einer verlorenen Dichterstelle?) paraphrasierte er deutsch schön mit: „Ich liebe Dich, weil ich Urteil und Geschmack habe."[10] Die zweite Inschrift übersetzte Marx dagegen mit: „Komm, Dado, mein Leben." Die beiden Silben DA und DO des Textes hielt er für Bestandteile eines bei Gregor von Tours belegten keltischen Männernamens Dado.[11] Das kann jedoch nicht zutreffen. Einerseits wissen wir heute, dass paarweise auftretende Fibeln wie die im Grab von Stahl für die Frauentracht charakteristisch sind.[12] Andererseits kommt aber auch die Silbenfolge DA-DO in einem halben Dutzend römischer Fibel- und Ringinschriften vor.[13] Dass sie alle den sonst kaum einmal belegten keltischen Männernamen Dado enthalten, wird man nicht annehmen dürfen.

Auf eine zweifellos richtige Spur bringt uns hier die Tatsache, dass in zahlreichen Liebesinschriften die

Formen DA, DAS, DES und Aussagen wie SI DAS, DO begegnen.[14] Dieser Umstand entlarvt natürlich die Silbenfolge DA-DO als Formenpaar des Verbums *dare*, „geben". Das haben auch schon Friedrich Henkel, Alexander Riese und Rudolf Noll gesehen.[15] Damit scheint aber das Problem noch nicht gelöst; denn nun stellt sich ja die Frage, was denn hier „gegeben" werden soll. Rudolf Noll ergänzte zu DA: „gib (mir deine Liebe)".[16] Bei Inschriften, die – wie im Fall des Bitburger Fibeltextes – zusätzlich das Wort VITA enthalten, dachten auch manche Interpreten schon daran, in diesem Wort VITA das Objekt des Gebens zu sehen.[17] Dann wäre die Form VITA für einen vulgärlateinischen Akkusativ (statt eines korrekten VITAM) zu halten; und der Fibeltext von Stahl wäre zu übersetzen: „Komm! Gib Leben; ich gebe Leben." Dem ließe sich zur Not zwar ein Sinn abgewinnen. Werfen wir aber einen Blick auch auf die anderen Liebesinschriften, in denen Formen von *dare* vorkommen, dann stellen wir fest, dass die weitaus meisten davon das Wort *vita* gar nicht enthalten.

Die Lösung des Problems ergibt sich aus der Bedeutung des absolut gebrauchten *dare* als einer Vokabel des erotischen Lateins. In dieser Verwendung heißt das Verbum nämlich „es jemandem geben", „es jemandem besorgen", „sich hingeben". Legen wir diese auch in der Dichtung gut bezeugte Spezialbedeutung zugrunde, folgt daraus für die Inschrift von Bitburg-Stahl die Übersetzung: „Komm! Gib dich mir hin und ich gebe mich dir hin, mein Leben."[18] Interessant, dass sich damalige Menschen durch Verschenken und Tragen so beschrifteter Schmuckstücke in ihren erotischen Wünschen – modern gesprochen – derart „outeten".

Wie schon dieses Beispiel zeigt, ist der Wortschatz der Liebesinschriften nicht immer der unseres braven Schullateins. Er schöpft aus dem tiefen, von der Forschung noch gar nicht ganz ausgeloteten Reservoir der lateinischen Erotiksprache; und er kann uns gelegentlich, wie im Fall der nächsten hier behandelten Inschrift, vor Rätsel stellen, die einige Arbeit machen.

---

[10] Marx 1911, 23. Sprachlich befassten sich mit der Inschrift sonst nur Riese 1914, n. 4430; Thüry 1994, 93; und S. Martin-Kilcher 1998, 153 (dort ist zu Unrecht von „etwas holpriger Versform" und davon die Rede, dass es sich nicht um „ein Zitat der hohen Literatur" handle – was aber offen bleiben muss).

[11] Marx 1911, 23. Der Name Dado fehlt bei D. E. Evans, Gaulish Personal Names (Oxford 1967) und J. Whatmough, The Dialects of Ancient Gaul (Cambridge/Mass. 1970).

[12] Böhme 1972, 15. Ein Unterscheidungskriterium zwischen Männer- und Frauengräbern liegt freilich nur dann vor, wenn es sich nicht um zwei jeweils als Einzelstücke getragene Fibeln handelt.

[13] Ringinschriften: Henkel 1913, n. 830 f.; H. Nowak, Fundberichte aus Österreich 28, 1989, 212 und Abb. 668. Weitere Nachweise: oben Anm. 9.

[14] Vgl. die Fibelinschriften DA CITO AMICA, DA SI DAS und VENIO SI DAS: Martin-Kilcher 1998, n. B 4, B 11 und E 2. – SI DA / S DO auf Ring: Henkel (1913), n. 906. – DA oder DAS ohne weitere *dare*-Form auf Ringen: z. B. ebd. n. 832 f.; L. Ruseva-Slokoska, Roman Jewellery (Sofia 1991) 166. – DA MI, SI DAS DO u. ä. auf Keramik: z. B. S. Künzl, Die Trierer Spruchbecherkeramik. Trierer Zeitschrift, Beiheft 21 (Trier 1997) 96 f. – DA MI auf Spinnwirtel: CIL XIII 10019.21.

[15] Henkel 1913, 81; Riese 1914, 435; Noll 1937, 353 (in Unkenntnis der Stellen bei Henkel und bei Riese). Vgl. auch Bös 1958, 22.

[16] Noll 1937.

[17] H.-J. Kellner, Die Römer in Bayern (München 2. Aufl. 1972) 129; S. Rieckhoff-Pauli, Castra Regina. Regensburg zur Römerzeit (Regensburg 1979) 145. – Von einer erhaltenen Fibelinschrift VENI DA DO VITAM spricht falsch J. Garbsch, Römischer Alltag in Bayern. In: 125 Jahre Bayerische Handelsbank in München 1869–1994, Festschrift (München 1994) 247.

[18] Zum erotischen absolut gebrauchten *dare* ThlL 5,1,1673,35 ff. Dass es auch in den erotischen Inschriften unseres Typus vorliegt, wird allerdings ebd. 1663,73 ff. nur als möglich dargestellt.

Es geht dabei um ein Fundobjekt aus dem Innenraum des niederösterreichischen Auxiliarlagers von Zwentendorf (Abb. 19 und 20 dieses Bandes).

Es ist wiederum eine Fibel mit Liebesinschrift.[19] Das 2,1 cm lange Stück gehört zu einer Gruppe von Fibeln, die einen Bügel in Buchstabenform aufweisen.[20] In Zwentendorf hat er die Gestalt eines „D". Er kann aber auch wie ein „M", „O", „P" oder „S" geformt sein. Vielleicht vermuten wir richtig, dass alle solche Buchstaben Anfänge von Personennamen sind – so, wie das ja auch bei unseren heutigen buchstabenförmigen Schlüsselanhängern der Fall ist. Was das Material der Buchstabenfibeln mit Liebesinschrift angeht, bestehen sie zumindest zum Teil wieder aus Bronze mit einem dünnen Zinn- oder Silberüberzug.

Der Text der Zwentendorfer Fibel lautet: [O]PSTIPE SI AMAS. Aber was bedeutet hier [O]PSTIPE? Es ist ja der Imperativ des Verbums *obstipere* oder *obstupere*, das „erstarren" oder auch „erstarrt sein" heißt. [O]PSTIPE SI AMAS wäre wörtlich also zu übersetzen mit: „Wenn du liebst, dann sei erstarrt." Dieses Erstarren kann beim Verbum *obstipere* oder *obstupere* – wie ja auch schon beim Simplex *stupere* – eine Reaktion auf Schrecken, auf Schmerz, auf Erstaunen oder auf Bewunderung sein. Mit einem Erstarren vor Staunen und Bewunderung beginnen aber gern antike Liebesgeschichten. *Stupere* und seine Komposita werden daher geradezu als Ausdrücke für unsere „Liebe auf den ersten Blick" verwendet. So berichtet Ovid, wie die Zauberin Circe im Wald, beim Sammeln magischer Kräuter, dem jagenden Picus begegnete und sich in ihn verliebte: „Da stand sie erstarrt (*obstipuit*); es entfielen der Hand die gelesenen Kräuter" (Ovid, *Metamorphoses* 14, 350 in der Übersetzung R. Suchiers). Es ist dieses „Erstarren vor Liebe", dieses staunende Festgebanntsein von Körper und Seele, das die Zwentendorfer Fibel meint. Im Deutschen würde dem [O]PSTIPE SI AMAS eher eine Formulierung entsprechen wie: „Wenn Du mich liebst, dann soll es Dich völlig überwältigen/- dann soll es so heftig sein, dass es Dich wie ein Blitz trifft/- dass es Dir den Atem nimmt/- dass es Dich durchschauert."

Allerdings sind – wie bereits erwähnt – Inschriften auf Liebesgeschenken der römischen Antike häufig mehrdeutig.[21] So mag man sich denn auch die Frage stellen, ob der Ausdruck *obstipere* womöglich noch einen Nebensinn hatte. Das Wort „erstarren" passt ja nicht allein auf die psychisch-allgemeinkörperlichen Vorgänge bei der „Liebe auf den ersten Blick", sondern würde sich außerdem als Beschreibung für ein Starr-

oder Steifwerden eines einzelnen Körperteils eignen. Insofern könnte *obstipere* als eine Vokabel des erotischen Lateins auch speziell die Erektion bezeichnen. Allerdings besitzen wir vorläufig keine weitere Quelle, die eine solche Bedeutung des Wortes bestätigen würde. Träfe aber der Verdacht zu, dass wir hier mit einem doppeldeutigen Ausdruck zu tun haben, dann müsste die Zwentendorfer Fibel ein Liebesgeschenk für einen Mann gewesen sein.

2. Modelle der Liebe

Die wenigen Worte einer erotischen Geschenkinschrift haben uns hier also auf die Spur einer speziellen Erscheinungsform, ja eines speziellen Idealbilds des Sich-Verliebens geführt: auf ein Sich-Verlieben, das sich nach Art einer Offenbarung vollzieht. Aber das ist nicht der einzige Fall, in dem wir in unseren Texten speziellen Vorstellungen, Arten und Facetten von Liebe begegnen. In dieser Hinsicht sind weitere Beobachtungen möglich.

Beginnen wir damit, dass auch in den erotischen Geschenktexten ein ja überhaupt sehr beliebter Vergleich eine Rolle spielt: der Vergleich der Liebe mit einem (mehr oder weniger verzehrenden) Feuer. Das Feuer ist ein bereits antikes Sexualsymbol; und die Rede von der Liebe als einem Feuer war eine in der römischen Literatur schon alte und häufige bildliche Ausdrucksweise.[22] Sie ist uns bis heute geläufig geblieben; man denke nur an unsere „Flamme" als Bezeichnung einer Freundin, an unseren Ausdruck „anmachen" als ein Wort für das Anflirten oder an das „Come on, baby, light my fire" im bekannten Jim-Morrison-Song aus dem Jahr 1967.

Auch eine kleine Gruppe von römischen Geschenkinschriften verwendet dieses alte Sprachbild. Wir finden es auf einem Ring und auf mehreren Fibeln. Der Ring zeigt das Bild Amors mit einer Fackel und gibt ihm den knappen Kommentar bei: VS(SIS) / TI = „Du hast mich entzündet." Dagegen legen die Fibeln jeweils das in zweieinhalb Daktylen poetisch formulierte Geständnis ab: VROR AMORE TVO.[23] Ein Beispiel einer Fibel mit diesem Text – es ist eine 3,7 cm lange, verzinnte oder versilberte Scharnierfibel mit Bügelplatte und profiliertem Fuß aus Genf – zeigt Abb. 54.[24]

---

[19] Die Inschrift behandelt Thüry 1991, 99 ff.

[20] Zu diesen Buchstabenfibeln (auch ohne Inschrift) Böhme 1972, 44 f.; Thüry 1991, 100 und 102 f.; Martin-Kilcher 1998, pass.

[21] Diesen Punkt hat Thüry (1994) herausgearbeitet.

[22] Zur römischen Sexualsymbolik und speziell zum Feuer als Symbol und erotischem Sprachbild Thüry 1997, 104 f. Zum Alter der erotischen Feuermetaphorik in der römischen Literatur S. Koster, Mulcedo Veneris atque Musae. Roms frühe Liebesdichtung, in: P. Neukam, Hg., Musen und Medien (München 1999) 50 ff.

[23] Der Ring bei Henkel 1913, n. 1994. Belege für den Fibeltext: CIL XII 5698.18 = ILS 8623a; CIL XIII 10027.167; CIL XIII 10027.168. Unzutreffend spricht Martin-Kilcher 1998, 153 auch hier von „etwas holpriger" Metrik und will eine Herkunft aus einem Werk der Dichtung ausschließen.

[24] CIL XII 5698.18 (unsere Abb. nach Martin-Kilcher 1998, n. A7).

Die in diesem Fall dreizeilige Inschrift bedeutet natürlich nicht nur harmlos „Liebe zu dir brennt in mir." In *uri* schwingt vielmehr die Ruhelosigkeit der Leidenschaft, die Liebesqual und die Gefahr eines Verbrennens mit. Kein Wunder, dass *urere* eine beliebte Elegikervokabel ist. In den Umkreis des elegischen Dichtens oder des Dichtens nach elegischem Muster mag auch unser Fibeltext gehören (wobei Alexander Riese auf die Stelle *Ciris* 259: *uror amore* als ein mögliches Vorbild aufmerksam gemacht hat).[25]

Über den Vergleich der Liebe mit der Feuersnot führt uns der Weg folgerichtig hin zu Hilferufen des Verliebten, die in den Geschenkinschriften häufig sind. Sie richten sich an den Partner, der ja – so ein in der Antike öfter geäußerter Gedanke – nicht nur die Ursache, sondern gleichzeitig auch der einzig mögliche „Arzt" einer Liebeskrankheit ist.[26] Daher wünscht sich eine ganze Gruppe von Fibelinschriften vom weiblichen oder männlichen Geschenkempfänger ein *venire* (siehe das schon behandelte VENI DA DO VITA), ein *accedere* oder auch ein mehr oder weniger korrekt geschriebenes *succurrere*. Die verzinnte oder versilberte Hülsenscharnierfibel Abb. 55 (Länge 3,2 cm), auf deren bandförmigem Bügel die Punzinschrift AMO TE SVCVRE zu lesen steht, ist ein Beispiel aus dem schweizerischen Augst.[27] Dieses *succurrere* scheint bei genauer Prüfung der epigraphischen und literarischen Belege seine eigentliche Bedeutung als „helfen" oder „abhelfen" geradezu abstreifen zu können. Es scheint dann im erotischen Latein zu einem Synonym für „mit jemandem Liebe machen" zu werden.[28]

Teilweise von der gleichen, teilweise aber auch von einer ganz anderen Seite beleuchten die Liebe einzelne unter unseren Texten, indem sie für Beziehung oder Partner das Wort „Hoffnung", *spes*, verwenden.[29] Offensichtlich sind damit verschiedene Dinge gemeint: dass man der Liebeserfüllung entgegenfiebere; dass die Liebe Hoffnung auf ein schönes, sinnerfülltes Leben gebe und dass man den Liebespartner insofern als Hoffnungsträger empfinde; und darüber hinaus lässt noch der Text einer Hülsenscharnierfibel mit bandförmigem Bügel aus Zugmantel in Hessen aufhorchen, der SPES M(E)ORVM lautet, also etwa: „Du bist die Hoffnung meiner Familie."[30] Das ist zweifellos so zu verstehen, dass sich die ganze Familie von den Kindern dieser Liebe ihren Fortbestand erhofft. Die Hoffnung richtet sich aber auch darauf, dass ja ein Vorhandensein von Kindern bzw. Enkeln gleich zwei in römischer Zeit wichtige Garantien bedeutet: die Garantie einer Fürsorge im Alter und die damals ebenfalls so wichtige Garantie eines späteren Totenkults.

Wenn wir hier jedoch zusammenstellen wollen, welche Sichtweisen, Facetten, Spielarten der Liebe in unseren kleinen Schriftdenkmälern begegnen, so darf auch jene Erscheinungsform nicht fehlen, bei der die Partner – weit über die sexuelle Ebene hinaus – in schwärmerischem Gefühl füreinander völlig aufzugehen scheinen. Das ist eine Art von Liebe, die wir „romantisch" nennen dürfen und über deren Geschichte schon viel Falsches geschrieben worden ist. Vor allem Neuhistoriker, Soziologen und Psychologen haben die These vorgebracht, dass die romantische Liebe erst ein Kind des Mittelalters oder der Neuzeit sei. Ein altphilologisches Leserpublikum weiß freilich, wie falsch das ist.[31]

In unseren Geschenkinschriften kommen solche schwärmerisch-romantischen Gefühle zwar selten zum Ausdruck. Ein Zeugnis dafür scheint aber ein Text, der (wozu es nur sehr wenige Vergleichsfälle gibt) auf einem bronzenen römischen *stilus* angebracht ist.[32] Der Griffel, der in Le Landeron im Schweizer Kanton Neuchâtel gefunden wurde, hat vier Kanten; und jede Kante trägt eine Inschriftzeile. Zusammen ergibt sich

---

[25] *Urere* bei den Elegikern: Pichon 1902, 301. Der Hinweis auf die Cirisstelle bei Riese 1914, ad n. 4420a.

[26] In diesem Sinn Heliodor 4,7, Longos 2,7,7 und das pompejanische Graffito CIL IV 4353.

[27] Beispiele für Geschenkinschriften mit *venire*: auf Keramik VENI AD ME AMICA; CIL XIII 10012.12. Auf Fingerringen VENI / VITA, VINI / VITA oder VINI / VINI: Henkel 1913, n. 859 ff. Auf Fibeln (außer dem oben diskutierten VENI DA DO VITA und VINI DA DO VITA) SI ME AMAS VENI: CIL XIII 10027.151a; VENIO SI DAS: Martin-Kilcher 1998, n. B 11. – Für *accedere* siehe die Spinnwirtelinschrift ACCEDE / VRBANA: Wuilleumier 1963, n. 523. – Die Zeugnisse für *succurrere* bei Thüry 1991, 96 f.; W. Czysz, Kleine Fibel, große Liebe: Eine Inschrift aus der römischen Villa von Großsorheim. Das archäologische Jahr in Bayern 2000, 69 ff. Speziell zum Augster Beispiel auch G. E. Thüry, Amo te sucure. Bemerkungen zu einer Augster Fibelinschrift. Jahresberichte aus Augst und Kaiseraugst 1, 1980, 97 f.

[28] Thüry 1991, 98.

[29] Das geschieht auf Fibeln mit den Inschriften SPES A / MOR / SI ME A / MAS: F. Vollmer, Inscriptiones Baivariae Romanae (München 1915) VI, add. 193A; SPES AMOR SI ME AMAS: Thüry 1991, 103; SPES AMORE SI ME AMAS: Inschrift einer O-Fibel aus Grevenmacher in Luxemburg (Hinweis Jean Krier); SPES M(E)ORVM: siehe unten Anm. 30; SVCCVRRE / AMANTI / SI ME AMAS / SPES AMAS: P. Weiss, Einige beschriftete Kleinobjekte. Zeitschrift für Papyrologie und Epigraphik 91, 1992, 195. Hinzu kommt auch noch eine Punzinschrift auf einer Kaiseraugster Scheibenfibel, die folgendermaßen gelesen wurde:

SPEIC(VL)A SI AMAS; so A. R. Furger, Römermuseum und Römerhaus Augst (Augst 2. Aufl. 1989) 34. Die Frage wäre aber, ob die Lesung nicht richtig SPES DA SI AMAS bzw. DA SI AMAS SPES lautet.

[30] Liebeserfüllung als Hoffnung: Pichon 1902, 267 s.v. *sperare*. – Hoffnung auf ein durch Liebe sinnerfülltes Leben: vgl. vor allem die Fibelinschrift SPES AMORE SI ME AMAS (Anm. 29). – Fibel mit SPES M(E)ORVM: Böhme 1972, 15, 56, 79 und Taf. 5, 320; Martin-Kilcher 1998, n. B 9 (Lesung unzutreffend: SPES AMORVM?); Thüry (1991) 102; G. E. Thüry, Vita Carnuntina. Von der Wiege bis zur Bahre: Stationen eines Römerlebens (Herrsching 2003) 11 (Lesung unzutreffend: SPES MEORVM).

[31] Die These einer nachantiken Entstehung der romantischen Liebe z. B. bei P. Dinzelbacher, Sexualität/Liebe (Mittelalter), in: ders., Hg., Europäische Mentalitätsgeschichte (Stuttgart 1993) 71: die Antike habe noch keine Liebeskonzeption gekannt, nach der sich eine Zweierbeziehung „auch auf alle anderen Seinsgebiete erstreckt". Zum Teil wird diese Konzeption sogar erst für modern gehalten (vgl. Chr. Klotter, Abendländische Liebesvorstellungen, in: ders., Hg., Liebesvorstellungen im 20. Jahrhundert [Gießen 1999] 66 ff.).

[32] Zu den Stilusinschriften Thüry 1994, 89 f. Zum im Folgenden behandelten Text P. Hofmann-Rognon, Un stylet en bronze dédicacé au Landeron (Suisse). Instrumentum 8, 1998, 26 f. = AE 1998, n. 976.

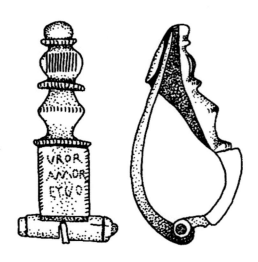

Abb. 54: Fibel aus Genf mit Inschrift (aus: Martin-Kilcher 1998, 149 Abb. 1 A7). Musée d'Art et d'Histoire, Genf

Abb. 55: Fibel aus Augst (Kanton Basel-Landschaft) mit Inschrift. Zeichnung A. Reichmuth. Augusta Raurica, Augst

so der gebetartige Segenswunsch: AMOR / AMORVM / DI TE / SERVENT. Sprachlich bemerkenswert ist dabei die Formulierung AMOR AMORVM des Textbeginns. Diese „Liebe der Lieben" ist eine Wendung mit dem kräftig steigernden Genitivus appositivus, vergleichbar den Ausdrücken „König der Könige" oder „Buch der Bücher". AMOR AMORVM bedeutet somit das, was wir im Deutschen die „große Liebe" nennen würden; und der Text lautet deutsch etwa: „Du bist meine große Liebe. Die Götter mögen Dich schützen!"[33]

Von der romantischen Formel *amor amorum* reicht also die Gefühlswelt der Geschenkinschriften bis hin zu jenen Texten, die den Partner nur – und in direkter Sprache – zum *dare* auffordern. Der Gegenpol der Romantik ist dort die grobe Sinnlichkeit, die sich etwa im Fall einer Fibel aus dem elsässischen Ehl äußert. Sie trägt die Inschrift DA SI DAS. Auf der gleichen Sprachebene übersetzt, ließe sich diese Aufforderung wiedergeben mit: „Wenn du's mir besorgst, dann tu das gründlich!" Hinzu kommt, dass die so beschriftete Fibel die Form eines Klappmessers imitiert; und es ist dessen Klinge, die den Schriftzug trägt.[34] Das lässt natürlich an Gewaltphantasien denken. Offensichtlich scheint aber auch, dass dabei eine Symbolik mit im Spiel ist, die zwischen der Verwendung eines Klappmessers und der sexuellen Betätigung Analogien sieht. Sie können nur darin liegen, dass dieses Instrument (wie sich das für das Messer überhaupt sehr klar belegen lässt) als Symbol des männlichen Genitales empfunden wurde.[35]

3. Modelle der Partnerschaft

Nun ist es vom Thema der Spielarten und Sichtweisen der Liebe in römischer Zeit nicht weit zur Frage, was denn damals die Rollen der Partner, bzw. was denn die Rollen und das gegenseitige Verhältnis der Geschlechter in der Liebe waren. Auch darüber sagen unsere Inschriften etwas aus. Notieren wir da zunächst, dass einzelne dieser epigraphischen Zeugnisse das Wort „Herrin", das Wort *domina* für die Geliebte verwenden. Wohl erst im mittleren 1. vorchristlichen Jahrhundert durch die Elegiker (bzw. genauer: wohl durch den Elegiker Gallus) geschaffen, ist dieser Begriff der lateinischen Liebessprache ursprünglich ein Zeugnis jener besonderen Hochschätzung der Frau gewesen, für die diese Dichter eintraten. Das allgemeine Gebräuchlichwerden des Ausdrucks zeigt auch gewiss eine Bewusstseins- und Einstellungsveränderung in der Gesellschaft an. Dann freilich war das Wort *domina* Konvention geworden und hatte damit gewiss an Schärfe seines ursprünglichen Bedeutungsinhalts verloren.[36]

Als Belegbeispiel für die Verwendung des *domina*-Begriffes in unseren Texten sei hier eine der vergleichsweise seltenen Inschriften präsentiert, die sich auf römischen Spinnwirteln finden. Lediglich

[33] Zum Genitivus appositivus R. Kühner – K. Stegmann, Ausführliche Grammatik der lateinischen Sprache 2,1 (Nachdruck Darmstadt 1982) 418 und 420. Zur Segensformel *di te servent* ThlL 5,1,893,31 ff.; vgl. H. Solin – M. Itkonen-Kaila, Hg., Graffiti del Palatino 1 (Helsinki 1966), n.127: VLPIA PHOEBE DI TE SERVENT.
[34] Martin-Kilcher 1998, n. E 2.
[35] Zum Messer als römischem Genitalsymbol Thüry 1997, 104 f. Den

klarsten Hinweis gibt die Verwendung des Wortes *machaera* = Messer für den Phallus (J. N. Adams, The Latin Sexual Vocabulary [London 1982] 20 f.).
[36] Über die Geschichte des *domina*-Begriffes im hier skizzierten Sinn W. Stroh, Die Ursprünge der römischen Liebeselegie, Poetica 15, 1983, 227. Über sein Vorkommen in den Geschenkinschriften Thüry 1994, 87.

Abb. 56: Spinnwirtel mit Inschriften aus Autun. Musée Rolin, Autun

aus dem kaiserzeitlichen Gallien ist uns eine Gruppe solcher beschrifteter Wirtel bekannt.[37]

Unsere Abb. 56 zeigt eine Auswahl aus den Beständen des Museums von Autun im Burgund. Die im Durchmesser nur 2 ½ bis 3 cm großen Stücke bestehen aus dunklem Schiefer, bedeckt mit eingeschnittenen Ziermustern und Texten; und Muster wie Schrift sind – in hübschem Kontrast zum Untergrund – weiß inkrustiert. Der Inhalt der Textchen kreist dabei immer um drei Themen: nämlich um das Spinnen; um den Konsum von Getränken bzw. um die Bitte, Getränke zu servieren (genannt werden Wein und Bier); und nicht zuletzt um die Liebe.

Eines dieser Spinnwirtelchen aus Autun (Abb. 21 und 22 dieses Bandes) trägt auf der halbkugeligen Wand seines nur 1,4 cm hohen Körpers die umlaufende Inschrift AVE DOMINA; und am flachen Boden setzt sich der Text mit der vulgärsprachlich geschriebenen Verbform SITEO fort (wobei das „E", wie in der römischen Kursivschrift geläufig, in Form zweier senkrechter Hasten geschrieben ist).[38] Während also dem Betrachter des Wirtels das „Grüß Dich, meine Herrin!" sofort ins Auge fällt, „versteckt" sich die Fortsetzung des Textchens gewissermaßen auf

dem Boden des Objekts. Das ist zwar platzbedingt; doch wird so auch nicht gleich verraten, was der Schenker des Gegenstands von seiner *domina* will. Die Inschrift auf dem Wirtelboden umschreibt seine Wünsche mit dem Verbum *sitire*. Wörtlich genommen, signalisiert es einfach den Durst, der in den Wirtelinschriften auch sonst eine Rolle spielt.

Andererseits kennt aber das erotische Latein das Bild vom „Liebes-Durst" (das uns ja nicht fremd ist, obwohl wir eher vom „Liebeshunger" sprechen); und so bedeutet *sitio* bzw. *siteo* außerdem: „ich begehre Dich". Wir haben hier also wieder mit einem Fall von Mehrdeutigkeit zu tun.[39]

Wie aber soll man erklären, dass gerade in Inschriften auf Spinnwirteln das bacchantische Durstmotiv vorkommt und sich dort mit dem Thema der Erotik verbindet? Man hat dazu die These aufgestellt, die Spinnwirtel seien – modern gesagt – Geschenke von

---

[37] Zu dieser Gruppe Thüry 1994, 86 ff.
[38] Zu dieser Inschrift Thüry 1994, 86 ff. und Taf. 8, Abb. 2–3.

[39] Über *sitire* als erotische Vokabel Pichon 1902, 264. Vgl. auf Fibeln die Belege (jeweils mit dem zweideutigen Wortlaut *misce sitio*) aus Töging in Bayern (Thüry 1994, 85) und aus Rippweiler in Luxemburg (Hinweis Jean Krier). Zu *sitire* auf Keramik Bös 1958, 21 und 23. – Übrigens umkreist das SITEO die Durchbohrung des Wirtels, durch die einst die Spindel gesteckt war; und Werner A. Krenkel macht den Verf. darauf aufmerksam, dass die Spindel in der Antike womöglich ein männliches Genitalsymbol darstellte. Das lege das Luciliusfragment 306/306a Krenkel nahe (vgl. auch ThlL 10,1,242,34 ff.).

„Barbesuchern" an „Bardamen" gewesen, die ihnen auch zu Liebesdiensten zur Verfügung gestanden hätten. Diese These schien dem Verfasser ursprünglich sehr erwägenswert.[40] Je länger er über die Inschriften aber nachdachte, desto mehr neigt er doch zu den folgenden Gedanken. Es ist zwar richtig, dass von den Empfängerinnen der Spinnwirtelgeschenke zwei Dinge erwartet wurden (natürlich abgesehen vom Spinnen selbst): nämlich Liebe und das Servieren voller Becher.

Ebenfalls richtig ist, dass diese Doppelrolle sehr gut zu antikem Wirtshauspersonal passen würde. Es bestand ja zu einem wohl großen Teil aus leichten Mädchen. Wie zum Frauenalltag überhaupt, gehörte das Spinnen sicher mit zu ihrem Alltag. Doch die Liebe und das Getränkeservieren konnte man ja auch zuhause haben; und mit der Wollverarbeitung waren auch die weiblichen Angehörigen der eigenen *familia* beschäftigt. Das Spinnen zählte zu den Aufgaben der Sklavinnen und Freigelassenen und ebenso zu den Beschäftigungen einer geschickten und fleißigen Hausfrau.[41] So wäre doch gut denkbar, dass die Spinnwirtelgeschenke in den Umkreis des häuslichen Alltags und allgemein in die Arbeitszimmer und Spinnstuben der Häuser und Höfe gehören.

Die Anrede *domina*, die beispielsweise unser Text aus Autun enthält, ist ein von der gesellschaftlichen Stellung der so Angesprochenen ganz unabhängiger Ausdruck der Wertschätzung für die Frau – auch wenn sich nicht erkennen lässt, ob sie im speziellen Fall nur einer Konvention oder wie weit sie auch einer Empfindung entsprach. Vollends für die Liebesauffassung, in deren Kontext die *domina*-Anrede einmal entstanden war, also für das elegische Ideal eines konsequenten *servitium amoris* – jenes Ideal der Liebe, nach dem sich der Mann dem Willen und den Wünschen der Geliebten freiwillig unterordnet – bieten uns die Beschriftungen der Liebesgeschenke keine sicheren Belege.[42]

Immerhin möglich wäre ein solcher Hintergrund bei einem Text, der auf einer Scharnierfibel mit Bügelplatte und profiliertem Fuß aus Bouvines bei Lille steht (Abb. 57).[43] Die verzinnte oder versilberte, 4,1 cm lange Fibel trägt das Motto: QVOD / VIS EG / O VOLO. Dieses Bekenntnis: „Was Du willst, das will auch ich" kann im Sinne einer ganz pauschalen Bereitschaft zu einem

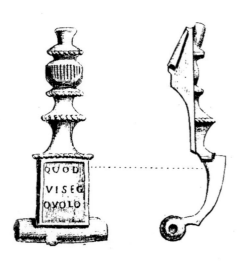

Abb. 57: Fibel aus Bouvines (département Nord) mit Inschrift (aus: Bulletin de la Société Nationale des Antiquaires de France 1872, Taf. 2,2)

Leben in völligem Gleichklang, in völliger Anpassung an den Partner verstanden werden. Leider lässt sich nicht erkennen, ob es sich um ein Geschenk einer Frau oder eines Mannes handelt. Wäre letzteres der Fall, dann wäre das in der Tat ein Bekenntnis zum elegischen Liebesideal. Allerdings ist auch diese Formel QVOD VIS EGO VOLO wieder einmal mehrdeutig; und das heißt, der Leser darf und soll sie zusätzlich auf noch andere Weise interpretieren. Er kann das Wort *quod* dann mit einem spezielleren Inhalt füllen und dabei an den Willen zum Eingehen einer Beziehung und an den Wunsch nach Liebeserfüllung denken. So wäre der Fibeltext frei zu übersetzen: „Ich will genauso Dich wie Du mich." In diesem Sinn wird das Verbum *velle* auch noch in einigen anderen Geschenkinschriften verwendet.[44]

4. Zusammenfassung

Doch kommen wir zum Schluss dieses kleinen Überblicks über die Inschriftengattung der Liebesgeschenke! Trotz des engen hier gezogenen Rahmens wird deutlich geworden sein, wie zahlreich die Berührungspunkte zwischen den epigraphischen Texten und der römischen Dichtung sind. Diese Berührungspunkte, die für den Philologen einen speziellen Reiz des Themas ausmachen, ergeben sich aus dem gemeinsamen Rückgriff auf bestimmte Topoi und vor allem auf das Vokabular des erotischen Lateins; sie ergeben sich aber auch, wenn es um die Herkunftsfrage möglicher Dichterzitate oder um ein mögliches Fortleben des elegischen Liebeskonzepts in den Inschriften geht.

---

[40] Thüry 1994, 87 und 89.

[41] Vgl. darüber Ausführungen und Belegsammlung bei L. Friedländer, Darstellungen aus der Sittengeschichte Roms 1 (Leipzig 10. Aufl. 1922) 269 f.

[42] Zum *servitium amoris* etwa P. Murgatroyd, Servitium amoris and the Roman Elegists. Latomus 40, 1981, 589 ff. – Dass es ein Fortleben von Elementen der elegischen Liebesauffassung zumindest im kaiserzeitlichen Gallien gab, zeigen aber andere Zeugnisse; vgl. G. E. Thüry, Die Palme für die domina. Masochismus in der römischen Antike, Antike Welt 32, 2001, 575 f.

[43] CIL XIII 10027.166 = ILS 8623b (in der Abb. reproduziert nach: Bulletin de la société nationale des antiquaires de France 1872, Taf. 2,2).

[44] Vgl. z. B. den Spinnwirteltext GENETA / VIS CARA (Wuilleumier 1963, n. 526) und die Ringinschrift SI VIS VIVAM (Henkel 1913, n. 1464).

Der wohl größte Wert unserer Inschriftengattung liegt jedoch nicht in den Zusammenhängen mit der literarischen Überlieferung, sondern darin, dass uns die Texte – als überwiegend provinziale Erzeugnisse – über die Liebe in der römischen Provinz eine Fülle von Details erzählen, die sonst nirgendwo zu erfahren wären. Diese Details betreffen die Sitte des Liebesgeschenks; die Liebeswerbung; die Selbstverständlichkeit des Äußerns erotischer Wünsche und Bekenntnisse; die Liebesauffassung; und die damaligen Modelle der Partnerschaft. Hinzu kommt noch – und damit sind wir doch wieder auf dem Gebiet der Klassischen Philologie – die Bedeutung der Inschriften für unsere Kenntnis des Vulgärlateins der Provinzen und für unser Wissen über das erotische Latein. Auch das sind ja Gebiete, auf denen wir noch viel zu lernen haben.

Literatur

Böhme 1972: A. Böhme, Die Fibeln der Kastelle Saalburg und Zugmantel. Saalburg-Jahrbuch 29, 1972.

Bös 1958: M. Bös, Aufschriften auf rheinischen Trinkgefäßen der Römerzeit. Kölner Jahrbuch für Vor- und Frühgeschichte 3, 1958, 20–25.

Henkel 1913: F. Henkel, Die römischen Fingerringe der Rheinlande und der benachbarten Gebiete (Berlin 1913).

Marx 1911: F. Marx, Stahl (Kr. Bitburg). Zwei Fibeln mit Inschrift. Römisch-germanisches Korrespondenzblatt 4, 1911, 22 f.

Martin-Kilcher 1998: S. Martin-Kilcher, AB AQVIS VENIO – zu römischen Fibeln mit punzierter Inschrift. In: Mille fiori. Festschrift für Ludwig Berger. Forschungen in Augst 25 (Augst 1998) 147–154.

Noll 1937: R. Noll, Zur Deutung einer Fibelinschrift in Trier. Bonner Jahrbücher 142, 1937, 353.

Pichon 1902: R. Pichon, De sermone amatorio apud Latinos elegiarum scriptores (Dissertation Paris 1902).

Riese 1914: A. Riese, Das rheinische Germanien in den antiken Inschriften (Leipzig – Berlin 1914).

Thüry 1991: G. E. Thüry, Erotisches in römischen Fibelinschriften. Zur Deutung dreier Texte auf Fibelfunden aus Niederösterreich. Specimina nova (Pécs) 7, 1991, Pars prima, 93–109.

Thüry 1994: G. E. Thüry, Mehrdeutige erotische Kleininschriften. Bayerische Vorgeschichtsblätter 59, 1994, 85–95.

Thüry 1997: Ein phallischer Mörserstößel aus Carnuntum. Carnuntum Jahrbuch 1997, 99–106.

Wuilleumier 1963: P. Wuilleumier, Inscriptions latines de trois Gaules (France), 17e supplément à Gallia (Paris 1963).

Nachwort 2024

Zum Thema vgl. auch die in diesem Band wieder abgedruckten Beiträge 12, 13, 24 und 29.

23.

Feder- oder daunengefüllte Textilien aus dem Gebiet des römischen Salzburg
Zum Grabdenkmal mit der Inschrift CIL III 5590

(Aus: M. Frass u. a., Hgg., Akten des 10. Österreichischen Althistorikertages Salzburg, 11.11.–13.11.2004 [Wien 2006] 137 ff.)

Wenige Kilometer von Salzburg entfernt, südlich von Freilassing, liegt am bayerischen Saalachufer das Dörfchen Feldkirchen. Am Rand der älteren der beiden nacheiszeitlichen Uferterrassen scharen sich hier die Häuser des Ortskerns um die Pfarr- und Wallfahrtskirche Mariä Himmelfahrt. Ihre Geschichte lässt sich bis ins Hochmittelalter zurückverfolgen.[1] In der Umgebung der Kirche fand sich aber auch ein frühmittelalterliches Reihengräberfeld;[2] und in ihrem Innenraum stieß man im Herbst 1970, beim Einbau einer Heizung, auf die dachförmigen Deckel zweier römischer Aschenkisten aus Marmor.[3] Auf zwei Eckakroteren eines dieser Deckel stehen die Buchstaben D(is) und M(anibus). Ein weiterer Römerstein – und mit ihm soll sich dieser Beitrag beschäftigen – hatte dagegen, seit unbekannter Zeit und bis zum Jahr 1803, vor dem Sakristeieingang im Friedhof gestanden und war damals als Weihwasserbehälter verwendet worden.[4] Im Dezember 1803 gelangte er von dort nach Salzburg, wo er zunächst in der Alten Universität aufgestellt war und später in den Besitz des Salzburger Museums Carolino Augusteum kam. Als Dauerleihgabe des Museums ist

er aber 1987 in seine Heimatgemeinde Ainring, zu der Feldkirchen gehört, zurückgekehrt und steht heute in deren Rathaus im Ainringer Ortsteil Mitterfelden.[5]

Der Feldkirchener Stein – ein wuchtiger Block aus Untersberger Marmor – stellt ein Beispiel für die Denkmälergruppe der pfeilerförmigen Grabaltäre mit Pyramidenaufsatz dar.[6] Die Pyramide des heute noch 1,50 m hohen Denkmals ist größtenteils freilich abgebrochen; an der Stelle des Fehlenden wurde ein Weihwasserbecken eingemeißelt. Besonderes Interesse erweckt, schon bei nur oberflächlicher Betrachtung des Steines, dass seine beiden Schmalseiten jeweils eine große, ungewöhnliche Darstellung eines stehenden Vogels tragen (Abb. 58 und 59). Ungewöhnlich ist sie deshalb, weil sie weder zum üblichen Schmuck norischer Grabaltäre noch in dieser Form sonst zum Bildinventar römischer Sepulkralsymbolik gehört.[7] Umso eigenartiger scheint, dass für die Interpretation der Darstellung nie eine ornithologische Begutachtung erbeten wurde. Der Berichter hat das nachgeholt und dankt den Ornithologen Dr. Jochen Hölzinger in Remseck (Baden-Württemberg), Wilfried Schmidt in Wendlingen (Baden-Württemberg) und Lic. phil. Marcel Veszeli in Basel für ihre Auskünfte. Danach zeigen die beiden Feldkirchener Bilder jeweils entweder eine Gans (Haus- oder Wildgans) oder eventuell auch einen Schwan. Die Größe der Flügel spricht dabei eher für eine Gans. Die Körperhaltung des Tieres ist jeweils die einer Angriffsstellung. Marcel Veszeli schrieb dazu: „Ich glaube hier eine drohende Gans zu sehen, die sich groß macht, den Kopf bereithält zum Zuschnappen."[8]

---

[1] Roth 1996, 2.

[2] Vgl. z. B. Weber 1907.

[3] Die Arbeiten für den Einbau der Heizung begannen am 10.11. und endeten am 10.12.1970. Im Bereich der Kanzel wurden in den 80 cm tiefen Heizkanälen fünf Marmorblöcke gefunden, von denen aber nur vier gehoben werden konnten. Zwei davon werden als viereckig und 50 x 50 x 40 cm groß beschrieben; die beiden anderen waren die dachförmigen Steindeckel (alle diese Informationen nach maschinschriftlichen Unterlagen im Besitz der Pfarre, die Matthäus Fellner [Feldkirchen] dem Verf. dankenswerterweise zugänglich gemacht hat). Die beiden Aschenkistendeckel waren dann längere Zeit in der Kirche aufgestellt, wo sie der damalige Salzburger Landesarchäologe Martin Hell sah. Hell, der auch Geologe war, bestimmte das Steinmaterial beider Funde als Untersberger Marmor (Tagebuch M. Hell, Salzburger Museum Carolino Augusteum, Eintrag vom 14.9.1971). Schießlich gelangten beide Steine nach München (freundliche Mitteilung Dr. F. Moosleitner [Salzburg]). – Vgl. zu den Funden des Jahres 1970 Thüry 2004 b; bzw. speziell zum Deckel mit der Inschrift Hameter 1992, n. 82.

[4] Auswahlbibliographie: CIL III 5590 + 1839 (mit falschem Fundort; siehe dazu weiter unten); Egger 1967, 21 ff.; Hameter 1992, n. 81; von Hefner 1841, 252; von Hefner 1849, 28 f. (mit Geschichte des Steines im 18./19. Jhd.); ILLPRON 1514; von Kleinmayern 1784, 67; Klose – Silber 1929, 44 f.; Kremer 2001, 143 (mit falschen Angaben über den ursprünglichen Aufstellungsplatz und über den Verbleib des Denkmals); Obermayr 1974, 110 ff.; Schober 1923, 141 und 179 (mit falschem Fundort); Thüry 2004 a; Vollmer 1915, n. 35 (mit falschem Fundort); Wagner – Gamer – Rüsch 1973, n. 517.

[5] Im Salzburger Museum hat der Stein die Inventarnummer 2816. Die Leihvereinbarung mit der Gemeinde Ainring wurde am 2.9.1987 abgeschlossen (freundliche Mitteilung Eva Maria Feldinger [Salzburg]).

[6] Zu Vorbildern und Verbreitung dieser Denkmalsform Kremer 2001, 347 f. und 394.

[7] Die in ähnlicher Körperhaltung dargestellten girlandenhaltenden Vögel auf Grabaltären sind nach Ansicht des Verf. eine davon verschiedene Erscheinung (zu diesen und anderen Vogelbildern auf den Altären vgl. etwa Altmann 1905, 21 ff., 263 f. und öfter). Wenn die Feldkirchener Bilder letztlich auf dieses Motiv zurückgehen sollten, so wären sie eigenständige und bisher einzigartige Fortentwicklungen einer solchen Anregung.

[8] Zur Angriffshaltung der Gans vgl. Rutschke 1987, 92.

Abb. 58: Vogeldarstellung auf der linken Seitenfläche des Grabdenkmals aus Feldkirchen, Gemeinde Ainring (Landkreis Berchtesgadener Land). Heute im Rathausfoyer der Gemeinde Ainring, Mitterfelden (aufgenommen am früheren Standort des Steines am Salzburger Museumsplatz)

Abb. 59: Der Feldkirchener Grabstein. Inschrift und Vogeldarstellung der rechten Seitenfläche (aus: von Hefner 1850, Taf. 2.12)

Ungewöhnlich sind jedoch nicht nur die Bilder auf den Schmalseiten unseres Steines. Mit Ungewöhnlichem hat vielmehr auch seine Inschrift aufzuwarten. Es ist der Text CIL III 5590 (Abb. 60). Im CIL wird als Fundort des Steines allerdings nicht Feldkirchen an der Saalach, sondern falsch ein anderes Feldkirchen angegeben, das heute zu Trostberg im Chiemgau gehört. Dabei handelt es sich aber klar um eine durch Unkenntnis der Gegend entstandene Verwechslung; die ältere Literatur, die dem CIL vorlag (z. B. von Kleinmayern, von Hefner), gab dazu keinen Anlass. Außerdem fehlt in der Lesung des CIL auch die Formel D(is) M(anibus), mit der die Inschrift in Wahrheit beginnt.

Auf eine erste Zeile mit diesem im CIL übersehenen D(is) M(anibus) folgt in sechs weiteren Zeilen eine Grabinschrift, die ein Sklave namens Placidus – noch bei Lebzeiten – für sich selbst, seine Frau Firma, seinen nach ihm benannten Sohn Placidianus und überhaupt für seine ganze Familie anfertigen ließ. Die bescheidene Qualität der Grammatik steht dabei in eigenartigem Kontrast zu der gerade auch für einen Sklaven aufwändigen Gestaltung des Marmordenkmals;

siehe die vulgäre weibliche Dativform *Firme* und vor allem in der letzten Zeile das doppelt gesetzte „und" im Ausdruck *filio et suisque*.

Das interessanteste Detail unserer Inschrift ist das Wort, das wohl hinter der Abkürzung TINC am Ende der ersten im CIL abgedruckten Zeile steckt. In Anbetracht des Kontextes wird das eher nicht (wie auch schon vorgeschlagen wurde) ein Namensbestandteil sein, sondern eher eine Berufsbezeichnung.[9] Aufzulösen ist die Abkürzung dann als TINC(tor). Damit haben wir eine in epigraphischen Belegen ungewöhnliche Berufsangabe vor uns.

Die Frage stellt sich nur, welcher Beruf damit gemeint ist. Der erste Gedanke wäre natürlich der, dass ja *tinctor* bekanntlich „der Textilfärber" heißt. Nun hat aber Rudolf Egger vor bald vierzig Jahren eine Arbeit geschrieben, die zu einer ganz anderen Deutung

---

[9] Zu den von Vollmer und Klose vorgeschlagenen Erklärungen der Abkürzung als Bestandteil eines ungewöhnlichen Namens, den der Herr des Placidus gehabt habe, vgl. Egger 1967, 21 f.

gelangte.[10] Eggers Überlegungen gingen dort von einer anderen römischen Grabinschrift aus, die in Salzburg-Stadt gefunden wurde. Sie gilt einem gewissen Barbius Profuturus, der – als Mitarbeiter freien Standes – ein Jagdgehilfe, genauer: ein „Spurenleser" (*vestigiator*) im Dienst eines Lollius Honoratus war.[11] Dieser gleiche Name Lollius Honoratus taucht aber auch in unserem Feldkirchener Text auf; nämlich in Zeile 2 der CIL-Lesung. Ein Lollius Honoratus war danach der Herr des Sklaven Placidus, der den Feldkirchener Stein gesetzt hat. Egger schloss aus den beiden Inschriften, dass Lollius Honoratus ein Jagdunternehmer gewesen sei; und für den Sklaven Placidus sei daher anzunehmen, dass auch er als Jagdgehilfe gearbeitet habe. Das erkläre, meinte Egger, gut die Vogelbilder, die – wie ja auf Grabaltären häufig[12] – Darstellungen aus dem Berufsleben des Toten seien und sich auf erbeutetes Wildgeflügel bezögen. Was jedoch den Begriff *tinctor* betreffe, könne daher nicht ein „Färber" gemeint sein; sondern es liege wohl eine vulgärsprachliche Schreibweise des Wortes *cinctor* vor. Der Ausdruck *cinctor*, für den uns Belege nur bei den antiken Glossographen erhalten sind, bezeichne eine Person, die *cingit*, und das sei eben die Tätigkeit des Treibers und des Netze- und Schlingenwerfers bei der Jagd.

Bestand können aber diese Überlegungen nur dann haben, wenn sich tatsächlich wahrscheinlich machen lässt, dass aus dem Wort *cinctor* ein vulgärsprachliches *tinctor* werden konnte. Hier erinnerte Egger daran, dass im Lateinischen das „c", das ja ursprünglich ein „k"-Laut war, in nachklassischer Zeit bekanntlich assibiliert, also zum Zischlaut wurde. Dieser Zischlaut entsprach einem „z" oder einem „ts". Auch die klassische Aussprache „kinktor" musste so der nachklassischen „tsinktor" weichen; und das ließ sich im Anlaut ebensogut mit „ts-" schreiben. Damit aber sei, so Egger, eine logische Vorstufe der Form *tinctor* in unserer Inschrift erreicht. Die Lautfolge „tsi" ist ja auch ein assibiliertes „ti"; und so habe man sie im späten Latein als ein „ti" schreiben können.

Diese Gründe bewogen Egger also dazu, das Wort *tinctor* in der Feldkirchener Inschrift für ein vulgärlateinisch geschriebenes *cinctor* zu halten und mit „Jagdgehilfe, Treiber" zu übersetzen. Soweit die neuere Literatur seine Arbeit gekannt hat (gelegentlich ist sie auch übersehen worden), hat sie diese Deutung als gesichert übernommen. Aus den im Folgenden dargelegten Gründen möchte sich der Verfasser aber der Meinung des großen und von ihm verehrten Epigraphikers nicht anschließen.

Abb. 60: Die Feldkirchener Grabinschrift in der Lesung des CIL

Als ein schwacher Punkt in Eggers Argumentation mag an sich schon gelten, dass er die beiden epigraphischen Belege des Namens Lollius Honoratus auf die gleiche Person bezogen hat, ohne ein Fragezeichen dazuzusetzen. Ein weiterer schwacher Punkt ist auch, dass ja ein Jagdunternehmer durchaus einen Sklaven haben konnte, der einem nicht mit der Jagd zusammenhängenden Beruf nachging.

Entscheidend erscheint dem Verfasser aber ein anderes Argument gegen Eggers Deutung. Es ist sprachlicher Natur und liegt darin, dass sich die frühesten, noch sehr spärlichen Beispiele für eine Assibilation des lateinischen „c" zu „ts" erst im 5. Jahrhundert n. Chr. nachweisen lassen. Gleich, zu welchem sprachwissenschaftlichen Werk man greift, um den Punkt zu überprüfen: alle Autoren sind sich darüber einig, dass der Prozess der dann zunehmend häufiger werdenden Assibilation erst im 5. und 6. Jahrhundert einsetzt.[13] Die Feldkirchener Inschrift gehört dagegen in die Zeit zwischen dem späteren 1. und dem früheren 3. Jahrhundert; und sie ist damit zu früh, als dass sich die von Egger herangezogenen sprachlichen Vorgänge in ihr niederschlagen könnten.

So wird man bei der Übersetzung des Wortes *tinctor* in der Feldkirchener Inschrift auf die naheliegende und übliche Bedeutung als „Textilfärber" zurückkommen. Dann ist Placidus eine Person, die in einem Textilfärbebetrieb gearbeitet hat. Was aber die Vogelbilder auf den Schmalseiten des Steines betrifft, können sie auch bei dieser Deutung zu den berufsbezogenen Darstellungen römischer Grabaltäre gehören. Sie scheinen zu einem Textilbetrieb durchaus zu passen. Schon die Antike hat ja mit Federn und mit Daunen gefüllte und gepolsterte Textilien gekannt. Gute antike Bettwäsche hatte gern – außer bunten Überzügen – eine Daunen- bzw. Federfüllung – auch wenn nostalgisch denkende „harte Männer" ihren

---

[10] Egger 1967, 21 ff.
[11] Zur *vestigiator*-Inschrift sonst vor allem Hell 1965, 23 ff.; Betz 1971, 305; G. Sanders, Latomus 29, 1970, 205.
[12] Vgl. z. B. Zimmer 1982, pass.

[13] Verwiesen sei hier z. B. auf Mihaescu 1978, 199 f.; Sommer 1914, 180 f.; Väänänen 1967, 56.

Zeitgenossen dafür Verweichlichung vorwarfen.[14] Wer aber eigentlich die feder- und daunengefüllten Textilien hergestellt hat, geht aus den erhaltenen Quellen nicht hervor. Hugo Blümner schrieb dazu: „Über den gewerbsmäßigen Betrieb bei der Herstellung der Polster wissen wir nichts; dass die Walker zugleich Kissen verfertigten, ... ist nur ... Vermutung."[15]

Mit dem Feldkirchener Stein haben wir nun vielleicht einen Hinweis darauf, dass - wie Bettwaren- und Bettfedernerzeugung ja noch heute im gleichen Betrieb vorkommt - auch in römischer Zeit Textilerzeuger bzw. Textilfärbebetriebe zugleich Feder- oder Daunenfüllungen herstellten. Dabei dienten ihnen – das sagen uns Columella und der Ältere Plinius – gerade Gänse (wie sie in Feldkirchen wohl dargestellt sind) als „Lieferanten" für den nötigen Rohstoff (Columella 8,13,3; Plinius, *Naturalis historia* 10,53 f.). Für die Haltung dieser Tiere hat sich das Gelände der Saalachniederung sicher gut geeignet. Wo sich reichlich Gras und Wasser finden – heißt es in der Columellastelle –, „soll man diese Vögel halten; ... nicht weil die Gänsezucht besonders einträglich wäre, sondern weil sie sehr wenig Aufwand kostet. Ohne Pflege liefert sie immerhin Küken sowie Federn; und diese kann man nicht nur einmal im Jahr rupfen, wie man bei Schafen die Wolle schert, sondern zweimal, im Frühjahr und im Herbst." Dabei ist klar, dass die Gänse für diese Auswirkung menschlicher *luxuria* wenig Verständnis hatten und vor dem Rupfen die Aggressionshaltung annahmen, in der sie der Feldkirchener Stein darstellt.

Literatur

Altmann 1905: W. Altmann, Die römischen Grabaltäre der Kaiserzeit (Berlin 1905).

Becker – Göll 1881: W. A. Becker – H. Göll, Gallus oder römische Scenen aus der Zeit Augusts 2 (Berlin 1881).

Betz 1971: A. Betz, Zu neuen und alten Inschriften aus Österreich. Acta of the Fifth International Congress of Greek and Latin Epigraphy 1967 (Oxford 1971) 305 f.

Blümner 1912: H. Blümner, Technologie und Terminologie der Gewerbe und Künste bei Griechen und Römern 1 (Leipzig – Berlin 2. Aufl. 1912).

Egger 1967: R. Egger, Aus römischen Grabinschriften. Sitzungsberichte der Österreichischen Akademie der Wissenschaften, philosophisch-historische Klasse 252, 1967, Abhandlung 3.

Hameter 1992: W. Hameter, Die norischen Inschriften Bayerns. Ungedruckte Dissertation Wien 1992.

von Hefner 1841: J. von Hefner, Die römischen Denkmäler Oberbayerns. Oberbayerisches Archiv 3, 1841, 246–266.

von Hefner 1849: [J.] von Hefner, Die römischen Denkmäler Salzburgs und seines weiteren Gebietes. Denkschriften der philosophisch-historischen Classe der kaiserlichen Akademie der Wissenschaften 1, 1850, Abt. 2, 1–64.

Hell 1965: M. Hell, Antike Steinsärge in der Abteikirche St. Peter zu Salzburg. Salzburger Museum Carolino Augusteum, Jahresschrift 11, 1965, 23–32.

von Kleinmayern 1784: F. Th. von Kleinmayern, Nachrichten vom Zustande der Gegenden und Stadt Juvavia vor, während, und nach Beherrschung der Römer bis zur Ankunft des heiligen Ruperts und von dessen Verwandlung in das heutige Salzburg (Salzburg 1784).

Klose – Silber 1929: O. Klose – M. Silber, Iuvavum (Wien 1929).

Kremer 2001: G. Kremer, Antike Grabbauten in Noricum. Österreichisches Archäologisches Institut, Sonderschriften 36 (Wien 2001).

Mihaescu 1978: H. Mihaescu, La langue latine dans le sud-est de l'Europe (Bukarest – Paris 1978).

Obermayr 1974: A. Obermayr, Römersteine zwischen Inn und Salzach (Freilassing 1974).

Roth 1996: H. Roth, Mariä Himmelfahrt Feldkirchen (Regensburg 1996).

Rutschke 1987: E. Rutschke, Die Wildgänse Europas (Berlin 1987).

Schober 1923: A. Schober, Die römischen Grabsteine von Noricum und Pannonien. Österreichisches Archäologisches Institut, Sonderschriften 10 (Wien 1923).

Sommer 1914: F. Sommer, Handbuch der lateinischen Laut- und Formenlehre 1 (Heidelberg 2./3. Aufl. 1914).

Thüry 2004 a: G. E. Thüry, Ein Sklave namens Placidus, oder: Drei alte Römer aus Feldkirchen. Ainringer Gemeindezeitung 6, 2004, 10.

Thüry 2004 b: G. E. Thüry, Sargdeckel – Grabstein – Meilenstein: Die Römersteine unserer Gemeinde. Ainringer Gemeindezeitung 7, 2004, 7.

Väänänen 1967: V. Väänänen, Introduction au latin vulgaire (Paris 2. Aufl. 1967).

Vollmer 1915: F. Vollmer, Inscriptiones Baivariae Romanae (München 1915).

Wagner – Gamer – Rüsch 1973: F. Wagner – G. Gamer – A. Rüsch, Raetia und Noricum. Corpus Signorum Imperii Romani, Deutschland 1, 1 (Bonn 1973).

Weber 1907: F. Weber, Ein merkwürdiges Grab eines neuen bajuwarischen Reihengräberfeldes. Altbayerische Monatsschrift 7, 1907, 99–101.

Zimmer 1982: G. Zimmer, Römische Berufsdarstellungen. Archäologische Forschungen 12 (Berlin 1982).

Nachwort 2024

Zu den Angaben des CIL über den Stein ist nachzutragen, dass dort nur eine der beiden Vogeldarstellungen auf seinen Schmalseiten erwähnt wird (vgl. Abb. 60). – Eine

---

[14] Zur römischen Bettwäsche ausführlich Becker – Göll 1881, 335 ff.
[15] Blümner 1912, 217 f.

ausführliche Behandlung der Inschrift enthält auch der
Band: G. E. Thüry, Heimatbuch Ainring: Archäologie
– Von der Steinzeit bis ins Mittelalter (Ainring 2012)
148–153.

24

Die erotischen Inschriften des *instrumentum domesticum*: ein Überblick[1]

(Aus: M. Hainzmann – R. Wedenig, Hgg., Instrumenta inscripta Latina II. Akten des 2. Internationalen Kolloquiums Klagenfurt 2005 [Klagenfurt 2008] 295 ff.)

Ziel dieses Beitrags soll es sein, einmal systematisch die Gruppe der erotischen *instrumenta*-Inschriften daraufhin zu sichten, welchen verschiedenen Zwecken sie dienten und welche Arten solcher Texte danach zu unterscheiden sind.

Wer Systematik treiben will, der muss definieren; und das sollte auch gleich bei den Begriffen der *instrumenta* und der „erotischen Inschriften" beginnen. Diese beiden *termini* möchte ich hier folgendermaßen verstehen: „Erotische Inschriften" sollen in unserem Zusammenhang, in einem erweiterten Sinn des Wortes, nicht nur eigentliche Erotica, sondern alle epigraphischen Texte sein, die Zeugnisse zur Sexualgeschichte darstellen; d. h. auch die häufigen Inschriften, die von strafweisen Vergewaltigungen sprechen. Was dagegen den Begriff der *instrumenta Latine inscripta* betrifft, möchte ich ihn so verwenden, dass dabei die *instrumenta* bewegliches häusliches Inventar und Gebrauchsgegenstände des Alltags sind. Damit blieben freilich Ziegel und ihre Inschriften – ich komme auf die Frage zurück – aus dem Geltungsbereich des *instrumenta*-Begriffes ausgeschlossen.

Definiert man die *instrumenta inscripta* so, dann lassen sich unter ihnen vier Gruppen erotischer Inschriften unterscheiden:

1.   die erotischen Geschenkinschriften;
2.   allgemeine erotische Sentenzen und Slogans;
3.   erotische Begleittexte zu Bildern; und
4.   Vergewaltigungsandrohungen.

Im folgenden soll für eine jede dieser vier Subkategorien erotischer *instrumenta*-Inschriften kurz skizziert und anhand von Beispielen veranschaulicht werden, worum es sich genauer handelt und was im jeweiligen Fall der jetzige Forschungsstand ist.

1. Erotische Geschenkinschriften

Hier geht es um beschriftete Gebrauchsgegenstände, die nach Aussage ihrer Inschriften Geschenke von Liebenden an ihre Partnerinnen oder Partner waren.[2] Auch literarisch sind solche erotischen Werbegeschenke bezeugt (vgl. z. B. *Anthologia Graeca* 9,621: reizvolle junge Mädchen ziehen Schwärme von Verehrern mit Werbegeschenken an). Dass ein Text zu dieser Subkategorie erotischer Inschriften gehört, kann er auf verschiedene Weise zu erkennen geben. So bezeichnen einige wenige den Schriftträger ausdrücklich als ein „Liebespfand", als ein *pignus* bzw. ein *pignus amoris* (siehe etwa die Inschrift der Buchstabenfibel Abb. 61 aus Walferdingen-Helmsingen in Luxemburg: *pignus amore escipe* = „nimm dies Geschenk in Liebe an").[3] Die meisten Texte sprechen zwar nicht so ausdrücklich vom Geschenkcharakter des Gegenstands; sie enthalten aber Liebesgeständnisse, verliebte Komplimente und Bitten um Liebe, die sie in der Regel klar an ein „Du" adressieren. Die Ansprache des „Du" geschieht durch die Verwendung des Personalpronomens bzw. einer entsprechenden Verbform, d. h. einer zweiten Person Singular oder eines Imperativs. Beispielsweise steht auf einer durchbrochenen Scheibenfibel aus dem bayerischen Altötting-Lehner (Abb. 63): *ama / me du / lcis a / mo* = „liebe mich, mein Schatz, ich liebe Dich."[4] Kunstvoller formuliert etwa die Inschrift einer

---

[1]   Für freundliche Hilfe danke ich den Herren Prof. Dr. J. Blänsdorf (Mainz); Mag. Dr. P. Emberger (Salzburg); Dr. A. Furger (Augst); Dr. M. Kemkes (Rastatt); Dr. J. Krier (Luxemburg); W. Kropf (Wien); M. Martin (Arles); Dr. M. Pietsch (München); Chr. J. Obermeier (Neuötting); W. Rockel (Kiel); Dr. R. Selinger (Wien); AOR W. Srb (Erlangen).

[2]   Zu dieser Inschriftenkategorie Thüry 1974, 86 ff.; Thüry 1991; Thüry 1994; Thüry 2003a, 11 f.; Thüry 2003b; Thüry 2004a; Thüry 2004b. – Gelegentlich sind solche Inschriften auch als Fälle von „Liebeszauber" angesprochen worden (so z. B. bei Martin-Kilcher 1988, 34; Martin-Kilcher 1998, 153; Rieckhoff-Pauli 1979, 145). Diese Sichtweise stützt sich vor allem auf die Überlegung, dass sich mit einem Teil der Schriftträger (Ringe, Fibeln) auch magische Vorstellungen verbanden oder verbunden haben können. Selbst wenn der Gedanke eine gewisse Berechtigung hätte, bliebe davon aber unberührt, dass so beschriftete Objekte Geschenke waren und sich im Text ihrer Inschriften an die beschenkten Partner wandten.

[3]   Zur Inschrift vgl. Krier 1996, 49 f. – Eine Zusammenstellung solcher Denkmäler mit der inschriftlichen Erwähnung des Wortes *pignus* bei Thüry 2003b, 11 f.; weitere bei Thüry 2004a, 55. Nach einer freundlichen Mitteilung Herrn Dr. J. Kriers (Luxemburg) kommt dazu jetzt auch der Neufund eines bronzenen Fingerrings aus Prettingen (Luxemburg) mit der Inschrift *peg / nus*.

[4]   F. Bierwirth, in: Fundchronik 1994. Bayerische Vorgeschichtsblätter, Beih. 10 (München 1997) 156 und Abb. 99.1, 171 (Verbleib des Stückes: als private Leihgabe im Stadtmuseum Neuötting). – Die Aufnahme Abb. 63 wird Herrn Chr. J. Obermeier, Kulturamtsleiter der Stadt

Abb. 61: Buchstabenfibel aus Walferdingen-Helmsingen (Luxemburg). Nationalmuseum Luxemburg

Abb. 62: Buchstabenfibel aus Ehingen-Rißtissen (Baden-Württemberg). Landesmuseum Württemberg, Stuttgart

Buchstabenfibel aus Ehingen-Rißtissen in Baden-Württemberg, die Spielraum für gleich mehrere Verstehens- und Übersetzungsvarianten lässt (Abb. 62): *spes a / mor si me a / mas*.[5] Die naheliegendste Variante ist wohl, den Text zu übersetzen: „In der Liebe liegt alle meine Hoffnung – wenn Du mich liebst." Allerdings können die Substantive *spes* und *amor* auch Kosewörter im Sinn der Anrede „Du meine Hoffnung" bzw. „Du meine Liebe" sein. Daraus ergeben sich folgende weitere und ebenfalls völlig legitime Übersetzungsvarianten:

a. „Wenn Du mich liebst, besteht für uns Hoffnung, Liebling";

b. „Wenn auch Du mich liebst, Du meine Hoffnung, vereint uns die Liebe"; und

c. „Wenn Du mich liebst, Du meine Hoffnung und meine Liebe" (ergänze etwa: „dann nimmst Du dies Geschenk an und trägst dieses Schmuckstück"[6]). Die Verwendung solcher mehrdeutiger Formulierungen ist ein in erotischen Inschriften der römischen Antike sehr beliebtes Sprachspiel.[7]

Ein besonderer Fall, über den zuletzt R. Selinger gehandelt hat, sind außerdem Schmuckstücke, die inschriftlich eine Bitte um ein Nichtvergessen zum Ausdruck bringen und die das zusätzlich durch ein symbolkräftiges Bildmotiv unterstreichen: durch das Motiv einer an einem Ohrläppchen zupfenden Hand (das Ohr galt der Antike als ein Sitz des Gedächtnisses).[8] Da freilich Liebende sicher nicht die einzigen Personen waren, die von den ihnen wichtigen Mitmenschen nicht vergessen werden wollten, können wir beschriftete Schmuckstücke dieser Art nur dann als Liebesgeschenke deuten, wenn ihre Texte klar erotischer Natur sind.

Auch ohne alle zweifelhaften Fälle dieser und anderer Art umfasst die Gruppe der beschrifteten Liebesgeschenke einige hundert Texte und Gegenstände. Dabei handelt es sich vor allem um Inschriften auf Fibeln und Fingerringen, auf Hängeschmuck mit Schmucksteinen, auf Spiegeln, Ton- und Glasgefäßen, Esslöffeln, Schreibgriffeln und Spinnwirteln. In einem Einzelfall trägt aber z. B. auch ein Objekt einen solchen Text, das eine Patrize für Kuchenmodel sein dürfte (gefunden in Brigetio-Komárom).[9] Dieser Text ist dann als eine reproduzierte Inschrift auf Kuchen in Umlauf gewesen, die insofern an unsere Lebkuchenherzen erinnert haben müssen. Patrize bzw. Model zeigen ein kranzumrahmtes Schriftfeld, das von dem siebenzeilig

---

Neuötting, verdankt).

[5] IBR add. 193 A. – Das Wort *amor* der Inschrift ist in der Literatur z. T. so verstanden worden, dass damit der abgekürzte Genitiv *amor(is)* gemeint sei (Haug – Sixt 1914, 681; Reuter – Scholz 2004, 18; Reuter – Scholz 2005, 22). Doch sind Abkürzungen ja nur dort zu erwägen, wo die Annahme eines ungekürzten Textes keinen Sinn ergibt. Die Form *amor* bereitet aber keine Sinnprobleme.

[6] Vgl. auch die Fibelinschrift CIL XIII 10027.151 b, die allein aus der Formel *si me amas* besteht.

[7] Dazu Thüry 1994.

[8] Selinger 2000, bes. 212 ff. und Katalog 215 ff. (dazu ein weiteres Beispiel aus dem Kunsthandel: Gorny & Mosch, Auktionskatalog 140 [München 2005] 79).

[9] Alföldi 1945, 71.

Abb. 63: Inschriftfibel aus Altötting-Lehner (Oberbayern).
Stadtmuseum Neuötting

geschriebenen Distichon eingenommen wird: *Vitula, / [d]ulcis amor, / [se]mper suspiri- / [a] nostri, quod / peto, si dederis, / munera grata / dabo* („Leben du, Schatz, meine Liebe, immer du Grund meines Seufzens: / Wenn du mir gibst, was ich wünsch, gern will auch ich dirs dann schenken"). Sprachlich auffällig sind dabei die Anrede mit dem originellen Deminutiv zu *vita*[10] und der gekonnt formulierte Pentameter. Wie bisher nicht bemerkt wurde, ist er offensichtlich ein Echo des Verses 38,4 der *Priapea*, der in teilweise wörtlicher Übereinstimmung mit der Inschrift lautet: *quod peto si dederis, quod petis accipies.*

Zumal es auch anepigraphe Kuchenformen mit erotischen Darstellungen gibt,[11] wird sich der Brauch des Liebesgeschenks in Form eines Kuchens sicher nicht auf Kuchen mit Beschriftung beschränkt haben; und ähnlich gilt gewiss für Liebesgeschenke in Gestalt anderer Gegenstände, dass nur ein Teil von ihnen Inschriften trug.

2. Allgemeine erotische Sentenzen und Slogans

In diese Subkatagorie fallen erotische Aufschriften auf Gebrauchsgegenständen, die – oft mit Humor – einschlägige Lebensweisheiten oder Verhaltensregeln verkünden und flotte Werbesprüche für ein erfülltes Liebesleben enthalten. Solche Texte können knapp und einprägsam formuliert sein (dafür ein Beispiel: die

Gefäßinschrift *amantibus propino* aus Kobern-Gondorf an der Mosel; also deutsch etwa: „ein Prost auf die Liebe!"/„ein Hoch auf die Liebe!"[12]). Sie können aber auch aus längeren Sätzen oder Versen bestehen. So ist der ganze Standboden einer tönernen Sparbüchse aus Remagen in Rheinland-Pfalz mit der Feststellung beschriftet, dass Liebende über ihre Ausgaben nicht streng Buch zu führen pflegen – eine sanfte Mahnung, die dem Sparer sinnigerweise stets zu Gesicht kommt, wenn er die Kasse umdreht, um wieder einmal Münzen herauszuschütteln: *Quisquis ammat / pueros sene / finem puellas / rationem saccli / no[n] refert* („Jeder, der liebt immerzu, ob Jungen, ob Mädchen, der verliert über sein Portemonnaie die Übersicht"[13]). Der hübsche Text – daktylisch beginnend[14] und prosaisch endend – möge hier als ein Beispiel für solche *instrumenta*-Weisheiten, die bisher noch nirgendwo gesammelt worden sind, genügen.

Durchaus mehr oder weniger gesammelt, aber noch viel zu wenig untersucht und kommentiert wurden dagegen die Texte der dritten Subkategorie.

3. Erotische Begleittexte zu Bildern

Erotische Bilder und oft auch darauf bezogene Begleittexte trägt ein Teil der tönernen sogenannten Rhônemedaillons. Diese Keramikmedaillons wurden jeweils separat aus Modeln hergestellt und auf die Gefäßwände der mittel- bis spätkaiserzeitlichen gallischen Rhôneware appliziert.[15] Das Besondere, ja das Einzigartige an ihnen ist, dass häufig die Begleitinschriften den dargestellten Personen – nach Art der Sprechblasen unserer Comicstrips – Äußerungen, ja ganze Dialoge zuschreiben. Auf den erotischen Medaillons, die natürlich Symplegmata abbilden, sind das fiktive Schlafzimmerzitate bzw. fiktive Proben antiken Liebesgeflüsters.[16] Ein Beispiel ist das *[r]umpes me* oder *[dir]umpes me* (d. h. „du wirst mich noch ganz fertigmachen!" oder „du wirst mich noch fast bersten lassen!") der Legende auf dem Medaillon Abb. 128 dieses Bandes.[17] Über antikes Liebesgeflüster können wir uns sonst nirgends in vergleichbarer Weise informieren.

Ging es in den drei bisher aufgeführten Subkategorien um eigentliche Zeugnisse zur Erotik, so betrifft die

[10] Zum Kosewort *vita* und zum sonst nur in einem Einzelfall belegten Deminutiv (in der Form *vitilla*) vgl. Fridberg 1912, 6 ff.
[11] Alföldi 1938, 330 und Taf. 70.1; Taf. 70.2; 338 f.; Gschwantler 1975, 117; Thüry 2005.
[12] CIL XIII 10025.204; vgl. Fremersdorf 1937, 37.
[13] Bücheler 1907, 298 ff.; Reuter – Scholz 2004, 78; Reuter – Scholz 2005, 92.
[14] Zu den auf pompejanischen Wänden beliebten Versen mit dem Beginn *quisquis amat* vgl. Lissberger 1934, 123.
[15] Das Corpus der Medaillons von Wuilleumier – Audin 1952 bedürfte längst einer Neubearbeitung.
[16] Zu den erotischen Medaillons Thüry 2001; Thüry 2003c.
[17] Veröffentlichung dieses in Arles-Trinquetaille gefundenen Stückes bei Thüry 2001, 571 f. Zu *rumpere* und *dirumpere* Adams 1982, 150 f. – Für Photo und Publikationserlaubnis danke ich Herrn M. Martin (Musée de l'Arles antique, Arles).

vierte und letzte Subkategorie zwar ebenfalls die Sexualgeschichte, nicht aber die Erotik im eigentlichen Sinn.

4. Vergewaltigungsandrohungen

Möglichen Dieben und unbefugten neugierigen Betrachtern wird in den Texten beschrifteter römischer Gebrauchsgegenstände oft massiv gedroht. Diese Personen sollen „Übles fürchten" (so die katalanische Gefäßinschrift *Paulini sum fur c[av]e malum* - „ich gehöre dem Paulinus. Dieb, fürchte Übles!"[18]). Mit dem „Üblen" kann der Tod gemeint sein (so droht eine andere katalanische Gefäßinschrift: *si me sustuleris eris frigidus* – also wohl: „wenn du mich stiehlst, wirst du kaltgemacht"[19]). Häufig wird aber auch eine strafweise Vergewaltigung (fallweise sogar eine mehrfache Vergewaltigung) angekündigt.[20] Als Beispiel sei dafür nur eine Inschrift auf einem Zirkel aus Budenheim bei Mainz herausgegriffen (Abb. 24 in diesem Band). Sie warnt jeden Unbefugten, der ihn zur Hand nimmt: *ponis aut pidico te* – „lass los, oder ich vergewaltige dich von hinten" (die Form *pidico* ist ein vulgärlateinisches *pedico*).[21] Offen bleibt bei dieser Formulierung – und darin liegt ein allerdings ziemlich derber Witz –, ob der Besitzer des Zirkels oder der spitze Gegenstand selbst die angedrohte Strafe ausführen will.

Seitdem D. Fehling die klassische Altertumswissenschaft vor dreißig Jahren mit der Entdeckung überrascht hat, dass man in Rom in manchen Fällen schnell zu einer solchen Vergewaltigungsdrohung griff (wobei sich die Frage stellt, wie wörtlich sie im konkreten Fall zu nehmen war), hat sich ja diese Erkenntnis verbreitet und ist auch auf die epigraphischen Quellen zur sogenannten Strafvergewaltigung hingewiesen worden.[22] Den größten literarischen Widerhall hat dabei jene abscheuliche Sondererscheinung gefunden, dass auch auf einer Gruppe von Schleuderbleien (auf den *glandes Perusinae*) inschriftliche Vergewaltigungsandrohungen angebracht sind.[23] Die Schleuderbleie künden so dem Gegner wohl sein Schicksal für den Fall einer Niederlage an. Wir kennen dieses Begleitphänomen von Kriegen ja noch aus unserer Gegenwart.

Nebenbei sei hier angemerkt, dass es eigentlich nicht zufriedenstellt, wenn das CIL eine Fundgruppe wie die *glandes Perusinae* unter die Objekte des *instrumentum domesticum* einreiht. Eigentlich müssten sie und die ganze große Gruppe der Inschriften auf Waffen und militärischem Gerät eine eigene Kategorie, ein *instrumentum militare* (bzw. ebenso auch ein *instrumentum gladiatorium*) bilden. Nun ist ja ein guter Teil unserer altertumswissenschaftlichen Terminologie eigentlich unglücklich, sprich: eigentlich falsch. Aber wenn wir hier über systematische und terminologische Fragen sprechen – so steril sie scheinen mögen –, dann sollten wir auch diesen Punkt nicht mit Schweigen übergehen. Übrigens gäbe es vielleicht der Erforschung der militärischen Kleininschriften einen neuen Impuls, wenn wir die Eigenständigkeit dieses *instrumentum militare* deutlich anerkennen würden. Seine Wichtigkeit kann ja gar kein Thema der Diskussion sein. Die Texte haben sich auch seit der Zeit, als R. MacMullen seinen ersten Überblick über diese Zeugnisse schrieb, ungemein vermehrt.[24]

Doch zurück zu den Liebesinschriften! Wir hatten da vier Subkategorien aufgezählt; und dazu tritt noch eine fünfte, wenn wir – wie es ja im CIL geschieht – den Begriff des *instrumentum inscriptum* etwas weiter fassen und beschriftete Ziegel darin einschließen möchten. Freilich ließe sich auch vernünftig dafür argumentieren, dass Ziegeltexte stattdessen zu einer anderen Inschriftenkategorie gerechnet werden können: nämlich zu einer Kategorie von Inschriften auf Bauteilen und Baumaterialien. Zu einer solchen Kategorie würden außer den Ziegeltexten die Graffiti und Dipinti auf Bausteinen, Wandverputz und Säulen zählen. Alle Schreibflächen dieser Kategorie hätten miteinander gemeinsam, dass sie kein *instrumentum domesticum* im Sinne des beweglichen Inventars sind.

Wenn wir aber eben sagten, bei einer Einbeziehung der Ziegelinschriften in den Kreis der *instrumenta inscripta* gebe es eine bisher noch unerwähnte, eine fünfte Subkategorie, so bezieht sich das auf die Tatsache, dass sich auf Ziegeln – wenn auch nur vereinzelt – eigenartige erotische Texte finden, die jeweils in den noch weichen Ton eingeritzt wurden. Texte dieser Art wirken fast wie Briefe;[25] sie sprechen – namentlich – eine Person an und

---

[18] IRC V 29b.

[19] IRC V 55.

[20] Dazu – mit einer ersten Belegsammlung - Thüry 1994, 91 f. und 94 f. – Speziell für angedrohte Mehrfachvergewaltigungen vgl. ein Keramikgraffito aus Bordeaux mit dem Zusatz *IIIvices* und zwei Graffiti auf einer Sigillataplatte unbekannten Fundorts, die von *sex(ies)* bevorstehender *irrumatio* sprechen (Graffito aus Bordeaux: Katalog Bordeaux 1982, 38; Graffiti unbekannten Fundorts: Comfort 1948, der jeweils *Sex(te)* ergänzt).

[21] Zur Inschrift Thüry 1994, 90 f.; vgl. aber auch schon – bei Thüry übersehen – Oxé 1932 (auf diesen Aufsatz macht mich Herr Mag. Dr. P. Emberger, Salzburg, aufmerksam). Unzutreffende Übersetzung und Interpretation der Inschrift bei Reuter – Scholz 2004, 79; Reuter – Scholz 2005, 93.

[22] Zum Phänomen grundsätzlich Fehling 1974, 18 ff.; Wiederabdruck Fehling 1988, 296 ff. Vgl. auch Doblhofer 1994, 25 ff., 45 ff. und 95 ff., der aber weder auf Fehling noch auf die Epigraphik eingeht. Epigraphische Zeugnisse: Fehling 1974, 22 und 25 f. = 1988, 301 f. und 304 ff.; Fehling 1988, Nachtrag, 322; Thüry 1994, 94 f.; Thüry 1995, 45.

[23] Thüry 1994, 94 f. mit weiteren Literaturangaben.

[24] Die erste zusammenfassende Studie zu Inschriften auf militärischem Gerät war MacMullen 1960. – Für die gladiatorische Bewaffnung fehlt eine epigraphische Arbeit bis heute; vgl. einstweilen Junkelmann 2000, 87 ff.

[25] Es handelt sich um Texte folgender Fundorte: 1. Bad Vilbel-Dortelweil, Hessen: Reuter – Scholz 2004, Frontispiz und 78 f.; Reuter – Scholz 2005, Frontispiz und 92 f. (an die *coiunx* des Schreibers gerichteter fiktiver Brief mit Zeichnung eines Wanderers und eines Symplegmas). – 2. Budapest: siehe weiter unten. – 3. Gornea,

verwenden zum Teil auch die Grußformel des Briefstils (also die Formel: „A an B einen Gruß"). Wie bei einem Ziegel kein Wunder, wurden sie aber nicht abgesandt, sondern – das lässt sich jedenfalls teilweise nachweisen – als Baumaterial verwendet. Sie sind also rein fiktive Briefe, gewissermaßen Protokolle erotischer Gedanken oder an eine andere Person gerichteter innerer Monologe. Aufgezeichnet wurden sie offenbar von Ziegeleiarbeitern, die eine Arbeitspause zum Kritzeln auf ihren noch nicht trockenen Produkten nützten. Als Beispiel sei hier der Budapester Ziegeltext zitiert:[26] *Grate qui futues / Grega[m] ancilla[m] Lupi / optionis / legionis secundes / quae est in domo vestra / et malo tuo est / per illa[m] at nil perduces / parentes tuos / quottidie;* also deutsch etwa: „Gratus, der Du's mit Grega (bzw. wohl Graeca) treibst, der Sklavin des Lupus, *optio* der Zweiten Legion, die bei Euch im Haus ist und Dir Unglück bringt, verführe doch durch sie nicht täglich Deine Eltern!"

Wie sich die Ziegeltexte mit den Mauer- und Säuleninschriften zu einer eigenen Gruppe epigraphischer Zeugnisse zusammenfassen ließen, so möchte ich schließlich noch zwei andere Textarten als eigenständig betrachten und sie nicht mit unter die *instrumenta inscripta* subsummieren. Die eine dieser Textarten sind Zaubertäfelchen, die mit Liebesgeschichten zusammenhängen – sei es, dass es sich dabei um Liebesmagie, sei es, dass es sich um Schadenzauber eifer- und rachsüchtiger Enttäuschter handelt. Solche Täfelchen können kaum zum *instrumentum domesticum* gerechnet werden, da sie ja kein Gerät oder Bestandteil des häuslichen Inventars darstellen.

Die zweite Textart, die ich aus den Reihen der *instrumenta* ausklammern würde, wären dagegen allfällig auftauchende Liebesbriefe auf Wachs- oder auf Holztafeln. Dass in den Brieffunden aus Vindolanda und aus Vindonissa bisher noch so gut wie jeder Beleg für Erotisches fehlt, ist ja wohl nur ein vorläufiger Zustand.[27] Wären aber solche Texte vorhanden, ließe

sich die Ansicht vertreten, dass man Inschriften auf Materialien, deren hauptsächliche Zweckbestimmung die eines Beschreibstoffes war, von Inschriften auf anderen Materialien trennen sollte. Dann wären also auch Texte auf Holz- und Wachstafeln eine eigene Inschriftenkategorie.

Doch kommen wir zum Schluss unserer Übersicht! Ich will sie mit einigen knappen Worten darüber beenden, worin eigentlich der Wert der erotischen *instrumenta Latine inscripta* für die Altertumswissenschaften liegt. Zuerst muss ich dabei natürlich von ihrem Quellenwert für die antike Sexualgeschichte sprechen, über die sich aus den kleinen Denkmälern ungemein viel lernen lässt. So erkennen wir – ich führe nur Beispiele an – erst aus den *instrumenta* die wirkliche Bedeutung der Sitte des Liebesgeschenkes; wir erfahren aus den Texten, wie geflirtet, um Liebe geworben und über Liebe gesprochen wurde; wir lernen daraus mehr über die Geschlechterrollen und über antike Modelle der Partnerschaft; und gelegentlich lassen sich sogar Entdeckungen machen wie der Nachweis masochistischer Vorstellungen bzw. masochistischer Praktiken, die man dem Altertum schon hatte absprechen wollen.[28] Was aber alle diese Erkenntnisse noch wertvoller macht, das ist die Tatsache, dass sie sich zum überwiegenden Teil auf die Liebe nicht in Italien, sondern gerade in verschiedenen römischen Provinzen beziehen, für die wir in diesen Fragen sonst nichts wüssten.

Gleich nach der sexualgeschichtlichen Ausbeute ist aber auch die sprachliche und sprachgeschichtliche zu erwähnen. Die erotischen *instrumenta inscripta* sind nicht nur allgemein Zeugnisse der lateinisch-vulgärlateinischen Sprachentwicklung; sie erlauben uns vor allem auch einen tiefen Blick speziell in die erotische Sondersprache, in das erotische Latein, für dessen Kenntnis hier vieles zu gewinnen ist.

Bedeutung hat dieses Quellenmaterial außerdem dadurch, dass die kleinen Texte Zeugen für die Rezeption der Dichtung und ihrer Vorstellungen und Topoi in der antiken Bevölkerung sind. So lassen sich bis in die *instrumenta*-Texte der hohen Kaiserzeit Verbindungslinien finden, die von den Werken der Neoteriker ausgehen. Zu den fortlebenden Elementen gehört hier z. B. der Topos der *militia amoris*.[29] Die Rezeption der Dichtung reicht aber auch bis hin zum mehr oder weniger wörtlichen Zitat. Wie das oben vorgestellte Priapeenecho auf der Patrize für Kuchenformen aus Komárom, scheinen nicht wenige erotische Kleininschriften Dichterworte zu sein oder

---

Bez. Caras-Severin, Rumänien: Gudea 1983 (fiktiver Brief mit der Aufforderung an den Adressaten, ein Mädchen namens Baria zum Schreiber zurückkehren zu lassen; dann werde zum Adressaten auch eine gewisse Bessa zurückkehren, die sich beim Schreiber aufhielt. Die ungeklärte Bezeichnung der Baria als *teretrum* dürfte dabei ein Spitzname sein, der zu griech. *teretron* = "Bohrer" gehört – sei es, dass darin eine Anspielung auf eine Eigenschaft oder auf eine schlanke Gestalt liegt. – Den Hinweis auf diesen Text verdanke ich Herrn Prof. Dr. J. Blänsdorf, Mainz). – Poitiers: zuletzt Wedenig 2005, 74 f. (auf die Zeilen: *Ateuritus / Heuticae salutem / hoc illei in cunno* folgt die Darstellung eines ejakulierenden Phallus). – Wilhering bei Linz: Thüry 2004c (Pseudobrief mit der Mitteilung, dass dessen Verfasser die Gunst einer gewissen Livia genossen habe).

[26] CIL III 10716.

[27] Eine Erotisches betreffende Bemerkung finde ich nur im Dokument 30 aus Vindonissa (Speidel 1996, 156 f.). Dort heißt es offenbar, dass der Briefempfänger Tullus nichts *[de] amoribus* (sei es überhaupt, sei es einer anderen Person) wisse (wobei aber die Worte *tum faustus Tullus* in der vorhergehenden Zeile eher nicht – mit Speidel – eine zum gleichen Satz gehörige Anrede im falschen Kasus enthalten, sondern ein separates Sätzchen mit der Aussage darstellen dürften:

"Dann ist der Faustus glücklich").

[28] Erotische Instrumentuminschriften als Quelle zu Liebessprache, Liebeswerbung, Geschlechterrollen und Partnerschaftsmodellen: vgl. bes. Thüry 2004a; als Belege für Masochismus: Thüry 2001.

[29] Thüry 2001, 576.

Dichterworte zu zitieren. Der tatsächliche Nachweis des Zitatcharakters bzw. die Identifikation des Zitats sind freilich oft schwierig.[30]

Aber vergessen wir auch nicht einen letzten Punkt; und zwar den, dass es bei einem eingehenden Studium der *instrumenta* und ihrer Inschriften möglich scheint, wenigstens fallweise – soweit diese Fragen noch nicht geklärt sind – zu Aussagen über die Werkstätten und über deren Lokalisierung zu gelangen. Anhaltspunkte können dafür Typgleichheiten und technische Übereinstimmungen der Schriftträger liefern; die Wiederkehr von Dekorelementen und von Eigenheiten der Schrift; Übereinstimmungen des Textformulars; und schließlich die Kartierung der entprechenden Funde. Wo einmal Schlüsse solcher Art gelingen würden (bisher ist auf diesem Gebiet noch sehr wenig geschehen[31]), können sie uns also um das wirtschaftsgeschichtliche Detail eines Wissens um Produktionsstätten und deren Absatzgebiete bereichern.

Als ein Beispielfall für werkstattgleiche Objekte mag derjenige der Abb. 61 und Abb. 62 dienen. Zu sehen sind hier zwei Fibeln gleichen Typs: eine P- und eine M-förmige Buchstabenfibel (wie sich die Buchstabenform des Bügels erklärt, ist nicht sicher bekannt[32]). Die beiden Schmuckstücke sind unterschiedlich hoch, aber gleich breit: die P-Fibel von Walferdingen-Helmsingen in Luxemburg (Abb. 61) misst in der Höhe 30 und in der Breite 20 mm; die M-Fibel von Ehingen-Rißtissen in Baden-Württemberg (Abb. 62) hat bei gleicher Breite eine Höhe von 16 mm. Beide Stücke bestehen aus verzinnter oder versilberter Bronze und tragen auf dem Bügel je eine fein eingepunzte Inschrift und ein randliches Kerbleistenmuster. In der Gestaltung der Buchstaben sind das übereinstimmend nach rechts fallende „S" und vor allem das identische eigentümliche „P" mit dem stark nach rechts verbreiterten Fuß auffällig. Dieses „P" tritt nicht nur in beiden Inschrifttexten, sondern außerdem noch in der Gestalt des Bügels der P-Fibel auf. Die Summe der Übereinstimmungen und besonders die Form des „P" dürfen dabei wohl als Hinweise auf eine Werkstattgleichheit gewertet werden. Eine Suche nach Vergleichsstücken fördert aber auch noch ein halbes Dutzend weiterer Fibeln zutage, die Produkte der gleichen Werkstatt sein dürften.[33]

Alles in allem bleibt also festzuhalten, dass der Quellenwert der erotischen *instrumenta* über ihre Bedeutung für die Sexualgeschichte noch weit hinausgeht. Es ist erstaunlich, was sie alles lehren können. So haben sie die Liebe und die Geduld des Epigraphikers verdient.

Literaturabkürzungen

Adams 1982: J. N. Adams, The Latin Sexual Vocabulary (London 1982).

Alföldi 1938: A. Alföldi, Tonmodel und Reliefmedaillons aus den Donauländern. In: Laureae Aquincenses memoriae Valentini Kuzsinszky dicatae. Dissertationes Pannonicae 2, 10 (Budapest 1938) 312–341.

Alföldi 1945: A. Alföldi, Tonmedaillons und runde Kuchenformen aus Pannonien und Dacien. Folia archaeologica 5, 1945, 71–73.

Bücheler 1907: F. Bücheler, Eine italische Blei- und eine rheinische Thon-Inschrift. Bonner Jahrbücher 116, 1907, 291–301.

Comfort 1948: H. Comfort, An Insulting Latin Graffito. American Journal of Archaeology 52, 1948, 321 f.

Doblhofer 1994: G. Doblhofer, Vergewaltigung in der Antike. Beiträge zur Altertumskunde 46 (Stuttgart – Leipzig 1994).

Fehling 1974: D. Fehling, Ethologische Überlegungen auf dem Gebiet der Altertumskunde. Zetemata 61 (München 1974).

Fehling 1988: D. Fehling, Phallische Demonstration. In: A. K. Siems, Hg., Sexualität und Erotik in der Antike. Wege der Forschung 605 (Darmstadt 1988) 282–323.

Fremersdorf 1937: F. Fremersdorf, Inschriften auf römischem Kleingerät aus Köln. 27. Bericht der Römisch-Germanischen Kommission 1937, 32–50.

Fridberg 1912: G. Fridberg, Die Schmeichelworte der antiken Literatur (Dissertation Bonn 1912).

Furger 1989: A. R. Furger, Römermuseum und Römerhaus Augst (Augst 2. Aufl. 1989).

Gschwantler 1975: K. Gschwantler, Ein römischer Tonmodel des Cambo. Römisches Österreich 3, 1975, 111–120.

Gudea 1983: N. Gudea, Ein Ziegel der Tetrarchenzeit mit Kursivinschrift aus Gornea. Epigraphische Studien 13, 1983, 91–109.

---

[30] Zu Dichterzitaten in erotischen Kleininschriften Thüry 2004a, 55 f., 59 und 64 f. Zum epigraphischen Fortleben speziell der elegischen Dichtung bisher Lissberger 1934.

[31] Vorarbeiten in Gestalt typologischer, technischer und verbreitungsgeschichtlicher Untersuchungen an Inschriftfibeln hat Martin-Kilcher 1998 geleistet.

[32] Vgl. die Spekulation bei Thüry 1991, 100 bzw. Thüry 2004a, 57. – Unhaltbar die Ansicht von M. Reuter und M. Scholz, wonach das "M" der Fibel Abb. 62 als "eine Zusammenziehung der Buchstaben AMA" die "kürzeste und aussagekräftigste Ligatur überhaupt" darstelle (Reuter – Scholz 2004, 18; Reuter – Scholz 2005, 22; Scholz 2005, 329).

[33] Weitere Fibeln mit beschrifteten Bügeln in Gestalt eines "P" der beschriebenen Form sind aus Altrier, Badenweiler und Niort

bekannt (Altrier, Luxemburg: [E.] Krüger, Westdeutsche Zeitschrift für Geschichte und Kunst 26, 1907, 315 und Taf. 11,4. – Badenweiler, Baden-Württemberg: Martin-Kilcher 1998, 149 und 154 C 3. – Niort, Deux-Sèvres: Martin-Kilcher 1998, 154 C 4). Dazu kommen Fibeln anderer Typen, aber mit der gleichen "P"-Form in der Inschrift aus Kaiseraugst, aus Nickelsdorf und aus Zwentendorf (Kaiseraugst, Kanton Aargau: Scheibenfibel mit Inschrift SPECTA SI AMAS; Furger 1989, 34. Nach einer Photographie, die Herrn Dr. A. Furger, Augst, verdankt wird, sind ältere Lesungen – einschließlich der Vermutung bei Thüry 2004a, Anm. 29 – unzutreffend. – Nickelsdorf, Burgenland: O-Fibel mit Beschriftung SPES AMOR SI ME AMAS; Thüry 1991, 103. Für die Überlassung der Fibel zur Bearbeitung danke ich Herrn W. Kropf, Wien. – Zwentendorf, Niederösterreich: D-Fibel mit Aufschrift OPSTIPE SI AMAS; Thüry 1991, 99 ff.).

Haug – Sixt 1914: [F.] Haug – [G.] Sixt, Die römischen Inschriften und Bildwerke Württembergs (Stuttgart 2. Aufl. 1914).

IBR: F. Vollmer, Inscriptiones Baivariae Romanae (München 1915).

IRC V: G. Fabre – M. Mayer – I. Rodà, Inscriptions romaines de Catalogne V (Paris 2002).

Junkelmann 2000: M. Junkelmann, Das Spiel mit dem Tod. So kämpften Roms Gladiatoren (Mainz 2000).

Katalog Bordeaux 1982: Bordeaux Saint-Christoly. Sauvetage archéologique et histoire urbaine ([Ausstellungskatalog] Bordeaux 1982).

Krier 1996: J. Krier, Helmsange. Du palais romain à l'habitat mérovingien. Archéologia 328, Nov. 1996, 46–53.

Lissberger 1934: E. Lissberger, Das Fortleben der Römischen Elegiker in den Carmina Epigraphica (Dissertation Tübingen 1934).

MacMullen 1960: R. MacMullen, Inscriptions on Armor and the Supply of Arms in the Roman Empire. American Journal of Archaeology 64, 1960, 23–40.

Martin-Kilcher 1988: S. Martin-Kilcher, Römische Zeit: Religion im privaten Bereich. In: Glaube, Kult und Gräber (Basel 1988) 31–41.

Martin-Kilcher 1998: S. Martin-Kilcher, AB AQVIS VENIO – zu römischen Fibeln mit punzierter Inschrift. In: Mille fiori. Festschrift für Ludwig Berger. Forschungen in Augst 25 (Augst 1998) 147–154.

Oxé 1932: A. Oxé, Inschrift eines römischen Bronzezirkels. Rheinisches Museum für Philologie NF 81, 1932, 301–303.

Reuter – Scholz 2004: M. Reuter – M. Scholz, Geritzt und entziffert ([Ausstellungskatalog] Esslingen 2004).

Reuter – Scholz 2005: M. Reuter – M. Scholz, Alles geritzt: Botschaften aus der Antike ([Ausstellungskatalog] München 2005).

Scholz 2005: M. Scholz, „Masclus hat seinem Sohn erlaubt zu schreiben ...". In: Imperium Romanum ([Ausstellungskatalog] Esslingen 2005) 327–331.

Selinger 2000: R. Selinger, Das Ohrläppchenziehen als Rechtsgeste. Forschungen zur Rechtsarchäologie und Rechtlichen Volkskunde 18, 2000, 201–226.

Speidel 1996: M. A. Speidel, Die römischen Schreibtafeln von Vindonissa. Veröffentlichungen der Gesellschaft Pro Vindonissa 12 (Brugg 1996).

Thüry 1974: G. E. Thüry, Epigraphische Kleinigkeiten aus Iuvavum-Salzburg. Römisches Österreich 2, 1974, 83–90.

Thüry 1980: G. E. Thüry, „Amo te sucure". Bemerkungen zu einer Augster Fibelinschrift. Jahresberichte aus Augst und Kaiseraugst 1, 1980, 97 f.

Thüry 1991: G. E. Thüry, Erotisches in römischen Fibelinschriften. Zur Deutung dreier Texte auf Fibelfunden aus Niederösterreich. Specimina nova dissertationum (Pécs) 7/1, 1991, 93–109.

Thüry 1994: G. E. Thüry, Mehrdeutige erotische Kleininschriften. Bayerische Vorgeschichtsblätter 59, 1994, 85–95.

Thüry 1995: G. E. Thüry, Die Wurzeln unserer Umweltkrise und die griechisch-römische Antike (Salzburg 1995).

Thüry 2001: G. E. Thüry, Die Palme für die „domina". Masochismus in der römischen Antike. Antike Welt 32, 2001, 571–576.

Thüry 2003a: G. E. Thüry, Vita Carnuntina. Von der Wiege bis zur Bahre: Stationen eines Römerlebens ([Ausstellungskatalog] Herrsching 2003).

Thüry 2003b: G. E. Thüry, „Pignus amoris". Zu einer erotischen Geschenkinschrift. Römisches Österreich 26, 2003, 11 f.

Thüry 2003c: G. E. Thüry, Sirenen auf Appliken der Rhônekeramik? Rei cretariae Romanae fautorum acta 38, 2003, 349 f.

Thüry 2004a: G. E. Thüry, Römer sucht Römerin. Liebeswerbung in römischen Kleininschriften. Pegasus-Onlinezeitschrift 4/1, 2004, 54–67.

Thüry 2004b: G. E. Thüry, Venus und der „reine Wein". Zum pompejanischen Graffito CIL IV 2776. In: Orbis antiquus. Studia in honorem Ioannis Pisonis (Cluj-Napoca 2004) 164–166.

Thüry 2004c: G. E. Thüry, Oberösterreichs „ältester Brief". Zur spätantiken Ziegelinschrift von Wilhering. In: Festschrift Gerhard Winkler. Jahrbuch des Oberösterreichischen Musealvereines I 149, 2004, 255–259.

Thüry 2005: G. E. Thüry, Süße Sachen – eine römische Kuchenform aus Winden am See. In: Scherben bringen Glück. Festschrift für Fritz Moosleitner (Salzburg 2005) 139 f.

Wedenig 2005: R. Wedenig, Ein Ziegel mit Phallusdarstellung aus Löffelbach. In: B. Hebert – R. Wedenig, Fecundus fortunatusque sit iste libellus. Schild von Steier 18, 2005, 71–76.

Wuilleumier – Audin 1952: P. Wuilleumier – A. Audin, Les médaillons d'applique gallo-romains de la vallée du Rhône. Annales de l'Université de Lyon, Lettres, 3. F. 22 (Paris 1952).

25.

Ein Dichterzitat aus dem römischen Wien und die Frage der Bildungszeugnisse auf Ziegeln

(Aus: M. Scholz – M. Horster, Hgg., Lesen und Schreiben in den römischen Provinzen. Schriftliche Kommunikation im Alltagsleben [Mainz 2015] 179 ff.)

Dass Kleininschriften Bildungszeugnisse sind, liegt in ihrer Natur. Seltener aber ist der Fall, dass sie nicht einfach nur die Kenntnis und Verbreitung des Schreibens, Lesens oder auch Rechnens belegen, sondern dass sie eine höhere Bildung der Menschen erkennen lassen, von denen sie herrühren. Diese höhere Bildung verrät sich durch das Niveau der Texte bzw. dadurch, dass sie die Lektüre griechischer und römischer Autoren widerspiegeln.

Derartige Zeugnisse für eine Literaturlektüre kommen ja immer wieder vor; und ganz nebenbei bemerkt, besitzen wir Texte mit Zitaten oder Echos der griechisch-römischen Autoren auch nicht nur aus dem Altertum selbst, sondern noch aus der nachantiken Epigraphik. So zeigt Abb. 64 Namenszüge, die neuzeitliche Verehrer des Vergil an seinem angeblichen Grab in Neapel hinterlassen haben.

Der römische Nationaldichter Vergil war natürlich auch ein Autor, von dessen Lektüre bereits die antiken Wand- und Kleininschriften häufig sprechen. Dabei begegnen uns Vergil-Zitate und Vergil-Echos nicht nur in Inschriften des Südens, wie z. B. in Pompeji, wo die meisten der dort sehr zahlreichen epigraphischen Literaturzitate Vergil- und außerdem Ovid-Stellen sind.[1] Epigraphische Vergil-Zitate und Vergil-Reminiszenzen finden sich vielmehr auch nördlich der Alpen. Erwähnt sei hier nur die Aeneis-Stelle in einer Bregenzer Wandinschrift; oder ein Ziegel mit zwei Vergil-Versen aus Eschenz im Schweizer Kanton Thurgau.[2]

Andere antike Dichter als Vergil und Ovid sind dagegen schon in Inschriften des Südens deutlich seltener anzutreffen. Wenn sich also kleininschriftliche Zitate dieser Autoren bei uns in den Nordprovinzen finden, so verdienen sie ein umso größeres Interesse. Einen Fall dieser Art glaubt der Verfasser jetzt vorlegen zu können.

Auf dem Gelände des römischen Legionslagers in Wien wurde im Jahr 1982 bei Grabungen am Haus Wildpretmarkt 8 ein Teil eines Dachziegels mit einem vor dem Brand eingeritzten Graffito gefunden.[3] Der Ziegel (heute im Wiener Römermuseum ausgestellt) ist ein aus zwei aneinanderpassenden Bruchstücken bestehendes Fragment einer *tegula* (obere Kantenlänge noch 24 cm; Abb. 65–66[4]). In klarer und sehr schwungvoller Kursive steht darauf in Z. 1 das Wort *venturam*. In Z. 2 folgt *terris*; und von Z. 3 (vgl. Abb. 65) hat sich noch ein Anfang erhalten, der zu einem V, einem I, eventuell einem D und damit zu einer in den Kontext passenden Verbform wie z.B. *vid[es]* bzw. *vid[es me]* gehören könnte.[5] Ekkehard Weber, der diesen Text publiziert hat, deutete ihn »am ehesten [...] als die originelle Bemerkung des Ziegels (der *tegula*) selbst, gerichtet an einen Betrachter oder gar den Dachdecker: ›[...], da siehst Du mich nun, dazu bestimmt (oder gar schon im Begriffe), auf die Erde zu fallen‹«.[6]

Auch wenn sich von der einstigen Fläche des Ziegels nur ein Bruchstück erhalten hat, ist doch Webers Lesung sicher und seine Deutung überzeugend. Der Ziegel spricht im eigenen Namen und weist darauf hin, dass der Kenner des Lebens stets mit der grundsätzlichen Möglichkeit auch eines Ziegelabsturzes rechnen werde. Dabei äußerte schon E. Weber den Verdacht, dass die Ziegelinschrift ein – vielleicht auch abgewandeltes – literarisches Zitat sein könne. Er habe aber – auch mithilfe der Münchner Thesaurus-Kommission – keine Parallelstelle finden können, sodass die *tegula* mit ihrer populärphilosophischen Weisheit vorderhand ganz als ein »Wiener Original« zu gelten habe.[7]

Für den Gedanken, dass der Wiener Text vielleicht ein Zitat sei, spricht laut E. Weber als einziges, dass die Worte *venturam terris* ein Versbruchstück sein könnten.

---

[1] Grundsätzlich: Hoogma 1959. – Speziell für Pompeji: Gigante 1979, 163–194; García y García 2005, 142–147.
[2] Bregenz: zuletzt Häusle 1990. – Eschenz: z. B. Lieb 1993, 162–164.

[3] Weber 1965, 655–657; Weber – Selinger 1991–1992, 219 (mit falscher Hausnummer: "Wildpretmarkt 1"). – AE 1992, 1452.
[4] Für die freundliche Vermittlung der Aufnahme Abb. 66 möchte der Verf. Herrn Mag. Michael Schulz (Wien) sehr herzlich danken. – In der bisherigen Literatur fehlen Maßangaben des Ziegels. Die obere Kantenlänge wird hier nach einer weiteren, mit Maßstab versehenen Aufnahme mitgeteilt, die – ebenfalls über Herrn Mag. Schulz – das Wienmuseum zur Verfügung gestellt hat.
[5] Diese Reste von Z. 3 erstmals beobachtet bei Weber – Selinger 1991–1992.
[6] Weber 1985, 656.
[7] Weber 1985, 656 f.

Abb. 64: Inschriftplatte und Graffiti am sog. Grab des Vergil in Neapel

In jedem Fall bestehen sie ja aus Spondeen, die klanglich übrigens schon das Gewicht des Ziegels zum Ausdruck bringen.

Als einen sehr viel eindeutigeren Hinweis auf den Zitatcharakter unserer Inschrift betrachtet der Verfasser jedoch die Tatsache – die E. Weber nicht ausdrücklich erwähnt, auch wenn sie ihm natürlich bewusst war –, dass der mit dem Verb *venire* verbundene Dativ *terris* als Richtungsdativ oder final-lokaler Dativ eine Stileigenheit hauptsächlich der lateinischen Dichtung und der anspruchsvollen Prosa darstellt.[8] Das war eine sehr gewählte, eine salbungsvolle Ausdrucksweise, die ihre sprachliche Heimat in einem Stilniveau hatte, das weit über dem eines gewöhnlichen Graffitoschreibers lag.

Dazu kommt noch, dass auch die Pluralform *terris* pathetisch ist und ebenfalls nicht der Alltagssprache entstammt. *Terrae* ist ein poetischer Plural, der einerseits den Erdboden bezeichnen kann und vor allem andererseits das Erdganze, d. h. die Welt und

auch die Menschen, meint, ähnlich unserer feierlichen Ausdrucksweise »auf Erden«.[9] Diese zweite Übersetzung – etwa mit den Worten: »der herunterkommen wird auf die Menschenwelt« – scheint im Fall der Ziegelinschrift freilich nicht sehr passend. Der Ziegel müsste sich dann ja selbst als einen wirklich überirdischen, einen aus der Welt der Menschen herausgehobenen Gegenstand betrachten.

Dass also tatsächlich ein mehr oder weniger adaptiertes Zitat vorliegt, ist nach diesen Beobachtungen anzunehmen. Aber ein Zitat wovon? Für die Suche nach der Vorlage eines Zitates ist natürlich ein Textumfang von nur zwei Worten eine schmale Basis. Aber die spezielle Verbform, die besondere Dativkonstruktion und der poetische Plural des Nomens sind schon Merkmale, die Hoffnung auf einen überzeugenden Fund machen können. Dass dabei in diesem Fall ein Zitat aus Vergil nicht infrage kommt, ist anhand der Konkordanzen schnell ermittelt. Der Verfasser, der bei einer Arbeit u. a. über die Bildung in den mittleren Donauprovinzen auf die Frage gestoßen war,[10] hat dann

---

[8] Zum final-lokalen Dativ: Landgraf 1893. – Kühner – Stegmann 1982, 320.

[9] Vgl. über *terrae* Georges 1880, 2763: "poet. = die Welt, die Menschen".
[10] Thüry 2014.

151

Abb. 65: Römischer Dachziegel aus Wien im Fundzustand (aus: Weber 1985, Taf. 12, 3). Wien Museum, Wien

Abb. 66: Römischer Dachziegel aus Wien. Das links anschließende Fragment (vgl. Abb. 65) fehlt hier

aber sein Glück mit einer elektronischen Recherche versucht. Sie ist zwar nicht bei einem der großen Klassiker, aber bei einem der Dichter der sogenannten Silbernen Latinität fündig geworden: bei Gaius Valerius Flaccus. Der flavische Epiker Valerius Flaccus lässt in Buch 4, Vers 479–481 seiner *Argonautica* den blinden Seher Phineus klagen: er, Phineus, sei furchtbar dafür gestraft worden, dass er einst den Menschen, die ihn so gedauert hätten, die geheimen Pläne Jupiters verraten habe. Sein Vergehen beschreibt er mit den Worten:

(479) »*fata loquax mentemque Iovis quaeque abdita solus*

(480) *consilia et terris subito ventura parabat*

(481) *prodideram*«.

Auf Deutsch: »Schicksale hatt' ich, geschwätzig, verraten und Jupiters Sinn, was er einsam, geheim, an Plänen, die plötzlich die Menschen auf Erden treffen sollten, geschmiedet«.

In unserer Ziegelinschrift finden sich davon die Worte *terris* und *ventura* wieder. Der Ziegel hat allerdings die Form des Futurpartizips *ventura* einem neuen syntaktischen Kontext angepasst und sie daher leicht in *venturam* verändert. Nicht in der Vorlage steht nur die in Z. 3 erschlossene Form des Wortes *videre*.[11]

Eine Zuversicht, dass wir hier wohl die Vorlage unserer Ziegelinschrift gefunden haben, kann sich nun aus zweierlei Quellen speisen. Zum einen ist es trotz weiterer Recherchen nicht gelungen, ein zweites literarisches Vorkommen der Wortverbindung *ventura* bzw. *venturam terris* nachzuweisen. Zum anderen scheint die Entlehnung des Ziegeltextes gerade aus der Flaccus-Stelle ganz passend und geistreich zu sein. Während es doch bei Flaccus heißt, Jupiters unergründliche Pläne kämen wie aus heiterem Himmel auf die Menschenwelt hernieder, ist es im Fall des Ziegelgraffitos der Ziegel, der dort ebenfalls von oben und nicht weniger plötzlich einschlägt und der ja durchaus auch als Schickung Jupiters betrachtet werden kann. Der Gedanke, der dem Zitat zugrunde liegen dürfte – also eben die Assoziation eines Ziegelabsturzes mit Plänen des Göttervaters –, hebt die *tegula*-Inschrift aus der Kategorie der bloßen literarischen Reminiszenzen heraus und scheint es zu rechtfertigen, wenn wir sie trotz der Entlehnung des Dichterwortes weiterhin als ein »Wiener Original« empfinden.

Chronologisch betrachtet, passt unsere kleine Entdeckung auch zum Befund der Ausgrabung, bei

der die *tegula* zutage kam. Bei dieser Grabung zeigte sich im Bereich des Hauses Wildpretmarkt 8 in Wien eine älteste Bauphase in Form von Steingebäuden des Legionslagers, die ab dem Jahr 98 entstanden sein müssen.[12] Damals waren die *Argonautica* des flavischen, wenige Jahre zuvor verstorbenen Autors Valerius Flaccus ein zeitgenössisches Stück, ein gerade aktuelles Thema der Literatur. Da die *tegula* allerdings nur ein Streufund ist,[13] muss sie nicht gleich zur ersten Bauphase gehören.

Wie übrigens erst in den letzten Jahren herausgearbeitet wurde, war Valerius Flaccus beim antiken Lesepublikum – im Gegensatz zu Ansichten der älteren Forschung – ein durchaus und bis in die Spätzeit beachteter Autor.[14] Auch eine Anzahl epigraphischer Flaccus-Anklänge bzw. möglicher Flaccusreminiszenzen sind bekannt.[15] Die Wiener Ziegelinschrift stellt aber den ersten Beleg aus dem Norden des Reiches dar.

Dass freilich an der pannonischen Donau und um das Jahr 100 ein zeitgenössischer Autor von einer dort ansässigen Person gelesen und zitiert wurde, das muss man schon als eine sehr bemerkenswerte und ungewöhnliche Beobachtung bezeichnen. Ob wir sie mit der Tatsache in Verbindung bringen dürfen, dass der Schauplatz der *Argonautica* des Flaccus auch die Donau – allerdings nur die unterste Donau – war? Oder hat die Lektüre unseres Graffitoschreibers damit nichts zu tun? Und um hier gleich die nächste Frage anzuschließen: Wo und wie hatte der Ziegelbeschrifter seine Valerius Flaccus-Stelle kennengelernt? Kannte er sie noch aus seinem Schulunterricht? Oder wie war er sonst an das Argonautenbuch des Flaccus gekommen? Und schließlich: Wie war es eigentlich um Bücher und um den Buchhandel in den Nordprovinzen überhaupt bestellt?

Während wir darüber ja leider wenig wissen, lässt sich zu einer anderen Frage, die gelegentlich gestellt wird, wohl durchaus etwas sagen. Diese weitere Frage lautet: Wie sollen wir überhaupt das Paradox erklären, dass gerade so prosaische Gegenstände wie Bau- und Dachziegel immer wieder einmal Graffiti aufweisen, die vor dem Brand entstanden sind und Zeugnisse guter Sprach- und Schriftbeherrschung, ja sogar literarischer Kenntnisse enthalten? Vergegenwärtigen wir uns hier zunächst, dass es vor allem vier Gruppen solcher Bildungshinweise auf Ziegeln gibt. Die erste – zu der auch unser Exemplar aus dem Wiener Legionslager

---

[11] Herr Prof. Dr. J. Blänsdorf (Mainz) schlug in einem Diskussionsbeitrag der Tagung das metrisch passende *vid[eas]* vor. Gedanken, die über noch weitergehende Ergänzungen gemacht wurden, können natürlich nur als reine Spekulationen gelten.

[12] Harl 1984.
[13] Weber 1985, 655.
[14] Vgl. den Überblick bei Vollhardt 2010, 1049 f. (auf den eben erschienenen Band hat der Verf. dankenswerterweise Herr H. Heidenreich [Mainz] hingewiesen). – "Ansichten der älteren Forschung": Schanz – Hosius 1967, 523.
[15] Bücheler 1897, 227, 3; 328, 3; 428, 10; 464; 1206, 5. – Bücheler – Lommatzsch 1926, 1916, 6; 1979, 10; 2018, 5; 2048, 6; 2173, 3.

gehört – ist die der Zitate und der metrischen Texte. Einige von ihnen – wie der eingangs einmal erwähnte Fund aus Eschenz in der Schweiz – konnten bereits als Vergil-Zitate identifiziert werden.[16]

Eine zweite Gruppe von Ziegelgraffiti sind briefartig verfasste Inschriften, die eine bestimmte Person ansprechen und sich wie eine schriftliche Mitteilung an diesen Adressaten wenden.[17] In Anbetracht des gewählten Beschreibstoffs handelt es sich dabei natürlich nur um Pseudobriefe, um Gedankenspielereien nach dem Motto: »Was würde ich an x oder y am liebsten für eine Art von Brief schreiben?« Obwohl diese Texte nicht gerade Produkte einer wirklichen Bildung sind und gerne deftig erotisch ausfallen, belegen sie doch immerhin Sprach- und Schriftgewandtheit. Einer der Pseudobriefe – eine Inschrift aus Wilhering (Bez. Linz-Land) – ist dabei interessanterweise wohl ein Produkt einer Militärziegelei sogar noch des 4. Jahrhunderts.[18]

Weiter gibt es drittens bekanntlich auch noch Inschriften, die mit der Arbeit bzw. dem Beruf des Zieglers zusammenhängen, indem sie etwa das Soll oder das Haben an hergestellten Ziegelprodukten notieren bzw. uns den Namen von Arbeitern überliefern.[19] Auch diese Texte rühren z. T. von sichtlich schreibgewandten Händen her.

Schließlich seien noch viertens kurz die u. a. auch auf Ziegeln vorkommenden Alphabete erwähnt. Diese Alphabetreihen, die gelegentlich reichlich ungelenk und fehlerhaft ausfallen, werden von einigen Autoren als Hinterlassenschaften des antiken Schulunterrichtes gedeutet.[20] Soweit die Beschriftung der Ziegel aber schon vor dem Brand erfolgt ist – und das betrifft zumindest einen Teil der Fälle –, kann eine solche Interpretation nicht infrage kommen. Die wohl einzig mögliche Deutung haben hier bereits Albrecht Dieterich und Franz Dornseiff gesehen: nämlich die, dass die Antike das Alphabet als eine mächtige, apotropäische Zauberformel betrachtete.[21] Die »ABC-Ziegel« sind also magische Texte, die dem Haus und seinen Bewohnern Glück bringen sollten.[22]

Wie nun einige meinen, dass die Inschriften dieser ABC-Ziegel nicht auf das Ziegeleipersonal zurückgehen können, so hat Hans W. Lieb bezweifelt, dass die Ziegler die Urheber von Graffiti mit Dichterzitaten waren. Während er ihnen die dazu nötige Bildung offensichtlich nicht zutraut, gibt er auch zu bedenken, dass Ziegel ja »vor dem Brand im Freien zum Trocknen ausgelegt [wurden], und da gab es allerlei erlaubte und unerlaubte Zugriffe und Zutritte«.[23] Das ist natürlich einerseits richtig. Während des Trocknens waren die Ziegel allerhand Manipulationen ausgesetzt. Auf diese Weise kamen nicht nur die Ritzungen, sondern auch die auf Ziegeln so häufigen Trittspuren von Mensch und Tier – und gelegentliche Abformungen anderer Natur – zustande.[24] Dass aber der Trockenplatz einer militärischen oder zivilen Ziegelei auch von betriebsfremden Personen geradezu frequentiert wurde, die sich dort u. a. durch Graffiti verewigen wollten, das scheint dem Verfasser doch kaum glaubhaft. Er hält es für mehr als unwahrscheinlich, dass auf dem Gelände einer handwerklichen Produktionsstätte – und vollends einer vom Militär geleiteten Produktionsstätte – Betriebsfremde freien und unkontrollierten Zutritt gehabt hätten; ja, mehr noch: dass sie dort Manipulationen an noch unfertigen Produkten vornehmen durften. Die Graffiti auf den Ziegeln müssen daher wohl – zumindest in der Regel – vom antiken Ziegeleipersonal selbst herrühren.

Damit ist aber der Schluss unumgänglich, dass es auch im Metier der römischen Ziegelstreicher nicht nur einfach schreibkundige, sondern immer einmal wieder noch höher gebildete Personen gab. Das überrascht dann nicht so sehr, wenn wir bedenken, dass ja zum Personal ziviler Ziegeleien Vorarbeiter und Qualitätskontrolleure bzw. Angehörige der Betriebsleitung gehörten. Bei militärischen Produktionsstätten – und einer solchen Herkunft war wohl der Ziegel aus dem Wiener Legionslager – mag die Bandbreite der Beschäftigten von an sich zivilem Hilfspersonal über niedrige Dienstgrade bis hin zu Offizieren reichen.[25]

So ließe sich also sagen: In Arbeitspausen oder zwischendurch dürften Beschäftigte der Ziegeleien auf den zum Trocknen ausgelegten Produkten ihre Graffiti angebracht haben. Im Fall der Wiener *tegula* lernen wir aus einem solchen Text, dass zu diesen Personenkreisen

---

[16] Weitere Vergilstellen auf Ziegeln: Bilkei 1991, 51 und Kat.-Nr. 296 f., S. 168 f. – Um Zitate ganz anderer Art handelt es sich im Fall der Palindrome auf einem Ziegel aus Aquincum (AE 1956, 63; Hofmann 1974; P. Kovács – A. Szabó, Hgg., Tituli Aquincenses 3 [Budapest 2011] 1326).

[17] Zu dieser Gruppe: Thüry 2004, 259; 2008, 300 (wobei aber das dort zitierte Beispiel aus Budapest nach P. Kovács – A. Szabó [Anm. 16] 1371 nicht eine Ziegel-, sondern eine Wandinschrift ist).

[18] Thüry 2004.

[19] Dazu grundsätzlich: Flügel – Schmidts 2001. – Beispiele auch etwa bei Brandl – Federhofer 2010, 48; 57–62; 80 f.; Reuter – Scholz 2004, 56 f. und 80; 2005, 65 f. und 94 f.

[20] Vgl. noch neuerdings Brandl – Federhofer 2010, 80.

[21] So die folgenden, grundlegenden Arbeiten Dieterichs und Dornseiffs, die auch Kataloge der einschlägigen Denkmäler enthalten: Dieterich 1901 = 1911, 202–228; 1904; 1911, 229–233; Dornseiff 1925, 69–77; 158–168.

[22] Ein damit verwandtes Phänomen sind Ziegel mit eingestempelten Glückwünschen: Wesch-Klein 2008.

[23] Lieb 1993, 163.

[24] Ansätze zu einer systematischen Beschäftigung mit dem Phänomen der Trittspuren auf Ziegeln stellen folgende Arbeiten des Schweizer Archäozoologen Franz Michel dar: Michel 1964; 1968; 1974; 1976; 1977; 1980. Dabei dachte Michel selbst an eine Deutung der Trittsiegel als – wiederum – apotropäisch-glücksbringende Symbole, die als solche geradezu erwünscht waren (Michel 1968, 45 f. – Zur Symbolik der planta pedis vgl. übrigens auch das Material von freilich unterschiedlicher Bedeutung, das Wyss 1954, 213 f. zusammengetragen hat).

[25] Vgl. dazu Brandl – Federhofer 2010, 63–65.

Menschen gehörten, die Literatur gelesen hatten, die daraus zitieren konnten und in der Lage waren, ein solches Zitat auch originell, ja mit Esprit anzuwenden.

Zusammenfassung

In Wien wurde 1982 ein Dachziegel mit der vor dem Brand eingeritzten Inschrift VENTVRAM / TERRIS / VID[*es me, videas* oder ähnlich?] gefunden. Die Erstpublikation hatte zwar ein Dichterzitat für möglich gehalten, ein konkreter Nachweis einer literarischen Vorlage gelang damals jedoch nicht. Der Verfasser möchte nun auf einen Vers des flavischen Epikers Valerius Flaccus (4,480) hinweisen, der hier tatsächlich als Vorlage gedient haben dürfte. Die Arbeit geht zugleich allgemein auf das Vorkommen bzw. auf die Deutung von Graffiti ein, die auf noch ungebrannten Ziegeln angebracht wurden.

Literatur

Bilkei 1991: I. Bilkei, Die instrumenta-Inschriften als Indiz für die Sprachkenntnis und den Sprachunterricht. In: Instrumenta inscripta Latina. Ausstellungskatalog (Pécs 1991) 50 f.

Brandl – Federhofer 2010: U. Brandl – E. Federhofer, Ton und Technik. Römische Ziegel. Schriften des Limesmuseums Aalen 61 (Eßlingen 2010).

Bücheler 1897: F. Bücheler, Carmina Latina epigraphica (Leipzig 1897).

Bücheler – Lommatzsch 1926: F. Bücheler – E. Lommatzsch, Carmina Latina epigraphica, Supplementum (Leipzig 1926).

Dieterich 1901: A. Dieterich, ABC-Denkmäler. Rheinisches Museum für Philologie NF 56, 1901, 77–105.

Dieterich 1904: A. Dieterich, Ein neues Abc-Denkmal. Archiv für Religionswissenschaft 7, 1904, 524–529.

Dieterich 1911: A. Dieterich, Kleine Schriften (Leipzig – Berlin 1911).

Dornseiff 1925: F. Dornseiff, Das Alphabet in Mystik und Magie. Stoicheia 7 (Leipzig –Berlin 2. Aufl. 1925).

Flügel – Schmidts 2001: Ch. Flügel – Th. Schmidts, Ein Graffito zur römischen Ziegelproduktion aus Eismerszell, Lkr. Fürstenfeldbruck. Bericht der Bayerischen Bodendenkmalpflege 41/42, 2000/2001, 121–127.

García y García 2005: L. García y García, Pupils, Teachers and Schools in Pompeii (Rom 2005).

Georges 1880: K. E. Georges, Ausführliches lateinisch-deutsches Handwörterbuch 2 (Leipzig 7. Aufl. 1880).

Gigante 1979: M. Gigante, Civiltà delle forme letterarie nell'antica Pompei (Neapel 1979).

Harl 1984: O. Harl, Ausgrabungen im Legionslager von Vindobona. Pro Austria Romana 34, 1984, 14 f.

Häusle 1990: H. Häusle, Vergilii versus: vitae imago. Kritische Bemerkungen zum inschriftlichen Vergilzitat von Bregenz. Jahrbuch Vorarlberger Landesmuseumsverein 134, 1990, 87–104.

Hofmann 1974: H. Hofmann, Zum rotas-opera-Quadrat von Aquincum. Zeitschrift für Papyrologie und Epigraphik 13, 1974, 79–83.

Hoogma 1959: P. Hoogma, Der Einfluß Vergils auf die Carmina Latina epigraphica. (Amsterdam 1959).

Kühner – Stegmann 1982: R. Kühner – C. Stegmann, Ausführliche Grammatik der lateinischen Sprache 2, 1: Satzlehre 1 (Hannover 2. Aufl. 1914; Nachdruck Darmstadt 1982).

Landgraf 1893: G. Landgraf, Der Dativus commodi und der Dativus finalis mit ihren Abarten. Archiv für lateinische Lexikographie und Grammatik mit Einschluß des älteren Mittellateins 8, 1893, 69–76.

Lieb 1993: H. Lieb, Die römischen Inschriften von Stein am Rhein und Eschenz. In: M. Höneisen, Hg., Frühgeschichte der Region Stein am Rhein. Archäologische Forschungen am Ausfluss des Untersees. Antiqua 26 (Basel 1993) 162–165.

Michel 1964: F. Michel, Trittspuren von Haustieren in römischen Ziegeln, die in der Umgebung von Thun gefunden worden sind. Historisches Museum Schloß Thun, [Jahresbericht] 1964, 24–30.

Michel 1968: F. Michel, Tierspuren auf römischen Ziegeln. Zweite Mitteilung. Historisches Museum Schloß Thun, [Jahresbericht] 1968, 19–47.

Michel 1974: F. Michel, Tierspuren auf römischen Ziegeln. Dritte Mitteilung. Historisches Museum Schloß Thun, [Jahresbericht] 1974, 25–39.

Michel 1976: F. Michel, Trittspuren auf römischen Ziegeln. Vierte Mitteilung. Historisches Museum Schloß Thun, [Jahresbericht] 1976, 5–21.

Michel 1977: F. Michel, Trittspuren auf Tonziegeln. Fünfte Mitteilung. Historisches Museum Schloß Thun, [Jahresbericht] 1977, 32–35.

Michel 1980: F. Michel, Die Tierspuren auf gebrannten Tonplatten. Sechste Mitteilung. In: H.-M. von Kaenel – M. Pfanner, Hgg., Tschugg – Römischer Gutshof. Grabung 1977 (Bern 1980) 105–108.

Reuter – Scholz 2004: M. Reuter – M. Scholz, Geritzt und entziffert. Schriftzeugnisse der römischen Informationsgesellschaft. Schriften des Limesmuseums Aalen 57 (Eßlingen 2004).

Reuter – Scholz 2005: M. Reuter – M. Scholz, Alles geritzt: Botschaften aus der Antike. Ausstellungskataloge der Archäologischen Staatssammlung 35 (München 2005).

Schanz – Hosius 1967: M. Schanz – C. Hosius, Geschichte der römischen Literatur bis zum Gesetzgebungswerk des Kaisers Justinian 2. Handbuch der Altertumswissenschaft 8, 2 (München 4. Aufl. 1967).

Thüry 2004: G. E. Thüry, Oberösterreichs »ältester Brief«. Zur spätantiken Ziegelinschrift von Wilhering. In: Festschrift Gerhard Winkler. Jahrbuch des Oberösterreichischen Musealvereines I 149, 2004, 255–259.

Thüry 2008: G. E. Thüry, Die erotischen Inschriften des instrumentum domesticum: ein Überblick. In: M. Hainzmann – R. Wedenig, Hgg., Instrumenta inscripta Latina II. Akten des 2. Internationalen Kolloquiums Klagenfurt (Klagenfurt 2008) 295–305.

Thüry 2014: G. E. Thüry, »Provinzialrömische Kultur« – was ist das? Aspekte des Phänomens in Noricum und Westpannonien. In: Ein kräftiges Halali aus der Römerzeit! Norbert Heger zum 75. Geburtstag. ArchaeoPlus, Schriften zur Archäologie und Archäometrie der Paris Lodron-Universität Salzburg 7 (Salzburg 2014) 273–288.

Vollhardt 2010: L. Vollhardt, Valerius Flaccus (Gaius Valerius Flaccus Setinus Balbus). Argonautica. In: Ch. Walde, Hg., Die Rezeption der antiken Literatur. Der Neue Pauly Suppl. 7 (Stuttgart 2010) 1047–1056.

Weber 1985: E. Weber, Drei Inschriften aus dem Bereich der Austria Romana. In: Römische Geschichte, Altertumskunde und Epigraphik. Festschrift für Artur Betz. Archäologisch-epigraphische Studien 1 (Wien 1985) 649–658.

Weber – Selinger 1991–1992: E. Weber – R. Selinger, Annona epigraphica Austriaca 1983–1992. Römisches Österreich 19/20, 1991–1992, 177–251.

Wesch-Klein 2008: G. Wesch-Klein, Glück- und Segenwünsche auf Ziegeln. In: M. Hainzmann – R. Wedenig, Hgg., Instrumenta inscripta Latina II. Akten des 2. Internationalen Kolloquiums Klagenfurt (Klagenfurt 2008) 333–345.

Wyss 1954: R. Wyss, Das Schwert des Korisios. Jahrbuch des Bernischen Historischen Museums in Bern 34, 1954, 201–222.

Nachwort 2024

Eine abweichende Interpretation der Inschrift bieten P. Kruschwitz – V. González Berdús, Nicht auf den Kopf gefallen: Zur Wiener Versinschrift AE 1992, 1452 = AE 2015, 1102. Tyche 34, 2019, 89–94. Meine eigene Meinung dazu habe ich danach nochmals geäußert in: A. Kaiser – G. E. Thüry, Schriftlichkeit und Bildung – Fortunas „goldene Gabe". In: A. M. Kaiser – R. Ployer – R. Woller, Hgg., Leben am Donaulimes. Archäologie in Deutschland, Sonderheft 27 (Darmstadt 2023) 62.

26.

Bemerkungen zu einer Alphabetinschrift aus Weißenburg (Mittelfranken)

(Aus: Bayerische Vorgeschichtsblätter 84, 2019, 243 ff.)

Im Römermuseum in Weißenburg ist eine quadratische Ziegelplatte eines Hypokaustpfeilers ausgestellt, die ein Graffito trägt (Abb. 67).[1] Die Platte (Seitenlänge 18 cm) wurde 1903 im Weißenburger Kastell gefunden. Die auf einer der Quadratflächen fast raumfüllend eingeritzte Inschrift gibt komplett die Buchstaben des lateinischen Alphabets (einschließlich Y und Z) wieder. Ernst Fabricius hat sie 1906 sehr genau und richtig beschrieben. Wie aber im Folgenden dargelegt wird, lässt sich zu seiner Beschreibung und Erklärung des Denkmals noch eine kleine Beobachtung anfügen.

Die Inschrift besteht aus vier schwungvoll in den noch feuchten Ton eingeritzten Zeilen. Die zweiundzwanzig Buchstaben neigen sich teilweise nach links (in einem Fall – dem N – auch nach rechts) und halten nicht immer sauber die Linie; einige zeigen kräftige Unterlängen, andere sind als ganze zu groß oder zu klein geraten. Eine Korrektur und nachträgliche Verdeutlichungen einzelner Buchstaben finden sich in Zeile 2 und 3. So hat der Schreiber am Ende der Zeile 1 wohl zunächst das F vergessen und dann sein schon begonnenes G in ein F korrigiert. Dadurch sieht es nun fast so aus, als sei das G zweimal vorhanden. Tatsächlich doppelt vorhanden ist aber das F; denn über den in ein F korrigierten Buchstaben hat der Schreiber am oberen Rand der Platte noch einmal ein zweites, kleineres F gesetzt. Einen solchen deutlichkeitshalber wiederholten Buchstaben enthält auch Zeile 2: hier bilden L, M und N eine Ligatur; und über die Linien der rechten Hälfte des M zieht noch einmal die senkrechte Haste eines zweiten und deutlicheren L hinweg.

Die auffälligste Eigenheit der Alphabetinschrift ist aber die, dass der Buchstabe R nicht am ihm zukommenden Platz, sondern schon zwischen N und O eingeschoben wurde. Sofern das – wie Ernst Fabricius offensichtlich meinte – nur ein Fehler wäre, hätte der Schreiber ihn nicht bemerkt oder jedenfalls nicht korrigiert. Das ist natürlich möglich. Es gibt aber Anlass zum Zweifel.

Warum unterläuft jemandem, der das Alphabet sonst beherrscht und der nach Ausweis der korrigierten und zur Deutlichkeit wiederholten Buchstaben um ein gutes und richtiges Ergebnis bemüht ist, ein solcher Fehler?

Durch das an falscher Stelle eingefügte R beginnt Zeile 3 mit der Buchstabenfolge RO. Da aber das darauf folgende P und Q auch leicht als ein schlampig geschriebenes D und O gelesen werden können, hat der Betrachter auf den ersten Blick den entschiedenen Eindruck, als stehe hier das Wort RODOS. Nimmt man noch hinzu, dass sich zu Beginn der vorhergehenden Zeile durch die bloße alphabetische Reihenfolge ein freilich mit K geschriebenes HIK ergibt, so drängt sich die Assoziation auf, dass die Worte *hic* und *Rhodos* ja in einem geflügelten Wort der Antike vorkommen: in der äsopischen (oder besser pseudoäsopischen) Aufforderung, die lateinisch mit *hic Rhodus: hic salta* wiederzugeben wäre (also deutsch: „hier ist Rhodos: hier musst Du springen;" oder: „hier und jetzt musst Du's beweisen").[2] So mag man sich nun fragen, ob das ein bedeutungsloser Zufall ist oder ob der antike Schreiber bewusst mit dieser Assoziation gespielt und das R deshalb vor das O gesetzt hat.

Die Sentenz „hier ist Rhodos: hier musst Du springen" bedeutet ja, dass man nicht von Fähigkeiten sprechen solle, die man einmal anderswo erwiesen habe, sondern dass man sie vor Ort zeigen müsse. Im Fall unserer Alphabetinschrift mag es dabei um die Fähigkeit gehen, durch Schrift, Alphabet und das geflügelte Wort Bildung zu beweisen. Der Ziegeleiarbeiter, der das Graffito wohl schrieb, hätte – wenn die vorgetragenen Gedanken richtig sind – mit der Assoziation scherzhaft zum Ausdruck bringen wollen, dass der Ziegel für ihn – gewissermaßen – ein „Rhodos" sei, mit dem er seine Bildung zeigen könne.

Aber bei Alphabetinschriften ist auch noch ein Deutungshintergrund zu bedenken, bei dem es nicht um Bildung geht. Schon Ernst Fabricius hat in seiner Besprechung des Weißenburger Graffitos darauf hingewiesen, dass Albrecht Dieterich diese ABC-

---

[1] Zum Stück Fabricius – Kohl – Tröltsch 1914, 55 und Taf. V 13; F. Vollmer, Inscriptiones Baivariae Romanae (München 1915) 322 A und Taf. 44. – Für geduldige Diskussion über die Inschrift und für die Vermittlung der Aufnahme Abb. 67 sei Dr. Bernd Steidl herzlich gedankt.

[2] *Corpus fabularum Aesopicarum* 33 Hausrath.

Abb. 67: Alphabetinschrift aus Weißenburg (Landkreis Weißenburg-Gunzenhausen,
Bayern). RömerMuseum Weißenburg

Denkmäler, die auf Schriftträgern verschiedenster Art vorkommen, als eine Form des antiken Schutzzaubers erkannt hatte.[3] Auf noch ungebrannten Ziegeln angebracht, waren sie wohl eine Glücksmagie der Ziegeleiarbeiter, die ihrer eigenen Person oder vielleicht auch dem Wohl des Hauses galt, in dem das Baumaterial verwendet werden sollte.[4] Fabricius selbst stellte sich zwar die Frage, ob speziell auf Ziegeln angebrachte Alphabete nicht doch eher nur „als Schreibversuche" der Ziegeleiarbeiter zu betrachten seien. Im Weißenburger Fall schienen ihm „die Fehler und die Korrekturen" und das Vorhandensein einzelner nicht zu Buchstaben gehöriger Kratzer und Linien für einen solchen reinen Schreibversuch zu sprechen.[5] Zwingend sind diese Einwände jedoch nicht. Ein Ziegler, der eine Zauberformel in Form eines Alphabets auf seine Produkte schrieb, konnte sich beim Schreiben doch auch korrigieren oder konnte Buchstaben verdeutlichen; er brauchte den Schriftträger nicht sorgfältig glätten und alle unnötigen Kratzer und Linien entfernen; und der „Rhodos-Spruch" konnte trotz der magischen Zweckbestimmung des Alphabets den Stolz auf eine gewisse Bildung zum Ausdruck bringen.

Wenn man sich aber mit Ziegelgraffiti beschäftigt, die nicht nur Alphabete, sondern eigentliche Texte enthalten, fallen dort noch zwei Sachverhalte auf, die in unserem Zusammenhang nicht unwichtig scheinen. Der erste ist der, dass manche dieser Texte Stellen der antiken Literatur zitieren und damit sogar eine gewisse höhere Bildung ihrer Verfasser belegen. Und der zweite besteht darin, dass sich in solchen Texten immer wieder Humor äußert. Für beide Sachverhalte seien hier nur einige Beispiele von vor dem Brand entstandenen Ziegelgraffiti aus der Zone nördlich

---

[3] Nämlich in der Arbeit Dieterich 1901 (mit Nachtrag dazu bei Dieterich 1904. Wiederabdruck beider Veröffentlichungen in Dieterich 1911, 202–233). Vgl. später dazu Dornseiff 1925. – Denkbar wäre daher auch, dass sich der „Rhodos-Spruch" an die Adresse der Buchstaben wenden sollte, die so aufgefordert würden, ihre schützende Zaubermacht zu beweisen. Dann hätte der Spruch aber etwas Anmaßendes oder Ironisches und entspräche damit Haltungen gegenüber der Magie, die zumindest wohl nicht verbreitet waren.

[4] In Bayern liegt aus Tittmoning (Ldkr. Traunstein) auch ein römisches Wandverputzfragment mit Haussegens-ABC vor; vgl. z. B. Pfahl 2012, 1025, Thüry 1984 (mit Photographie) und Thüry, 2013, 190 (Zeichnung). – Um andere Formen eines magischen Haussegens auf Ziegeln handelt es sich wohl bei Stücken mit Abdrücken von Münzen oder mit einem eingeritzten Phallus (Münzabdrücke und ihr apotropäischer Hintergrund: Thüry 2016, 90. Phallusgraffiti: Wedenig 2005). Aus dem 6. Jhd. ist auch ein Ziegelgraffito aus Sirmium zu vergleichen, das aber in akuter Kriegsgefahr nicht die Magie zu Hilfe ruft, sondern ein christliches Stoßgebet enthält (Noll 1989).

[5] Fabricius, bei Fabricius – Kohl – Tröltsch a. a. O.

der Alpen angeführt. Das Zitat einer Vergilstelle trägt so ein Ziegel aus Eschenz;[6] eine *tegula* aus Wien dürfte durch ein humorvoll verfremdetes Zitat aus den *Argonautica* des Valerius Flaccus vor ihrem möglichen Absturz vom Dach warnen;[7] und eine eigene Gruppe von Ziegelinschriften enthält teilweise witzige „Gedankenprotokolle" in Form von Notizen, Karikaturen oder fiktiven Briefen.[8] Alles in allem lassen diese Texte erkennen, dass unter den Ziegeleiarbeitern, die zumindest in erster Linie als Verfasser der Graffiti in Frage kommen, gebildete und humorvolle Leute waren.[9] Offenbar nutzten Sie die Arbeitspausen und womöglich andere Gelegenheiten, um das auf ihren zum Trocknen ausgelegten Produkten unter Beweis zu stellen. Nach Natur und Zweckbestimmung des Beschreibstoffs konnte ihren Texten dabei nicht der Charakter wirklicher Mitteilungen an einen Leser außerhalb der Ziegelei zukommen.

Bildung und Humor mag aber auch der Weißenburger Graffitoschreiber bewiesen haben, indem er das R auf seinem Ziegel an eine falsche Stelle gesetzt und so mit der Assoziation an die äsopisch-pseudoäsopische Sentenz *hic Rhodus: hic salta* gespielt hat.

Literaturabkürzungen

Bilkei 1991: I. Bilkei, Die instrumenta-Inschriften als Indiz für die Sprachkenntnis und den Sprachunterricht. In: Instrumenta inscripta Latina. Ausstellungskatalog (Pécs 1991) 50 f. und 168 f.

Brem – Cooper – Ebneter – Mayr 2017: H. Brem – Chr. Cooper – I. Ebneter – U. Mayr, Waren es Römer? In: Stadt – Land – Fluss. Römer am Bodensee (Sulgen 2017) 118–135.

Buonopane 2011: A. Buonopane, Tre mattoni iscritti da una fornace romana scoperta a Villandro-Villanders (Bolzano). Aquileia nostra 82, 2011, 249–260.

Dieterich 1901: A. Dieterich, ABC-Denkmäler. Rheinisches Museum für Philologie NF 56, 1901, 77–105.

Dieterich 1904: A. Dieterich, Ein neues ABC-Denkmal. Archiv für Religionswissenschaft 7, 1904, 524–529.

Dieterich 1911: A. Dieterich, Kleine Schriften (Leipzig – Berlin 1911).

Dornseiff 1925: F. Dornseiff, Das Alphabet in Mystik und Magie. Stoicheia 7 (Leipzig – Berlin 2. Aufl. 1925).

Fabricius – Kohl – Tröltsch 1914: E. Fabricius – W. Kohl – J. Tröltsch, Das Kastell Weissenburg. Der Obergermanisch-Rätische Limes des Römerreiches, Abt. B 7, Nr. 72 (Heidelberg 1914).

Gaheis 1937: A. Gaheis, Lauriacum. Führer durch die Altertümer von Enns (Linz 1937).

IBR: F. Vollmer, Inscriptiones Baivariae Romanae (München 1915).

Lieb 1993: H. W. Lieb, Die römischen Inschriften von Stein am Rhein und Eschenz. In: M. Höneisen, Hg., Frühgeschichte der Region Stein am Rhein. Archäologische Forschungen am Ausfluss des Untersees. Antiqua 26 (Basel 1993) 158–165.

Noll 1989: R. Noll, Ein Ziegel als sprechendes Zeugnis einer historischen Katastrophe. (Zum Untergang Sirmiums 582 n. Chr.). Anzeiger der phil.-hist. Klasse der Österreichischen Akademie der Wissenschaften 126, 1989, 139–154.

Pfahl 2012: S. F. Pfahl, Instrumenta Latina et Graeca inscripta (Weinstadt 2012).

Reuter – Scholz 2004: M. Reuter – M. Scholz, Geritzt und entziffert. Schriftzeugnisse der römischen Informationsgesellschaft. Schriften des Limesmuseums Aalen 57 (Eßlingen 2004).

Reuter – Scholz 2005: M. Reuter – M. Scholz, Alles geritzt: Botschaften aus der Antike. Ausstellungskataloge der Archäologischen Staatssammlung 35 (München 2005).

Thüry 1984: G. E. Thüry, Drei Ritzinschriften und ein Schreibgriffel aus Raum 7. In: E. Keller, Tittmoning in römischer Zeit. Führer zu archäologischen Denkmälern in Bayern, Oberbayern 1 (Tittmoning 1984) 37–39.

Thüry 2008: G. E. Thüry, Die erotischen Inschriften des instrumentum domesticum: ein Überblick. In: M. Hainzmann – R. Wedenig, Hgg., Instrumenta inscripta Latina II (Klagenfurt 2008) 295–304.

Thüry 2013: G. E. Thüry, Das römische Salzburg. Die antike Stadt und ihre Geschichte (Salzburg 2013).

Thüry 2015: G. E. Thüry, Ein Dichterzitat aus dem römischen Wien und die Frage der Bildungszeugnisse auf Ziegeln. In: M. Scholz – M. Horster, Hgg., Lesen und Schreiben in den römischen Provinzen (Mainz 2015) 179–185.

Thüry 2016: G. E. Thüry, Die antike Münze als Fundgegenstand. Kategorien numismatischer Funde und ihre Interpretation (Oxford 2016).

Wedenig 2005: R. Wedenig, Ein Ziegel mit Phallusdarstellung aus Löffelbach. Schild von Steier 18, 2005, 71–76.

---

[6] Z. B. Lieb 1993, 162–164. Gute Farbaufnahme bei Brem – Cooper – Ebneter – Mayr 2017, Abb. 99, 123. – Vgl. die Vergilzitate auf ungarischen Ziegeln bei Bilkei 1991, 51 und 168 f.

[7] Thüry 2015.

[8] Beispiele bei Reuter – Scholz 2004, 78–81; Reuter – Scholz 2005, 92–95. Ein weiterer Fall einer „Scherzinschrift" scheint ein Ziegelgraffito aus Villanders (Prov. Bozen) zu sein, in der wohl vom Verschenken von Gold und Schafen die Rede ist; vgl. die Publikation Buonopane 2011, 249–252, die sich aber mit dem Textinhalt nicht weiter auseinandersetzt. – Speziell zu fiktiven Briefen z. B. Thüry 2008, 300; Thüry 2015, 182. Eine Art von „Kurzbrief" ist auch das Graffito SALVTEM auf einem Ziegel aus Lauriacum (Gaheis 1937, 85).

[9] „Unter den Ziegeleiarbeitern": zur Frage der Urheber von Ziegelgraffiti Thüry 2015, 183.

Nachwort 2024

Auch wenn O. Salomies meinte, die oben vorgetragenen Überlegungen seien eine „hypothèse peu crédible",[10] betrachte ich sie doch im Rahmen des Gesamtphänomens der Bildungszeugnisse auf Ziegeln (vgl. bes. den Beitrag 25 dieses Bandes) als sehr wohl möglich und insoweit als bedenkenswert. Mehr als das will auch der oben wieder abgedruckte Artikel nicht sagen.

---

[10] O. S[alomies], in: AE 2019, n. 1152.

27.

Eine Bitte um ein gnädiges Schicksal
Ein Fingerring mit Weihinschrift aus Wels

(Aus: Bayerische Vorgeschichtsblätter 86, 2021, 127 ff.)

Neufund eines Silberrings

In den letzten Jahren wurden in dieser Zeitschrift wiederholt Neufunde von Fingerringen mit Inschrift aus dem römischen Wels besprochen. Diese Fundstücke hatten miteinander gemeinsam, dass sie Inschriften trugen, die in ihnen Geschenke von Liebenden erkennen ließen.[1] Nun kann ein weiterer Welser Ringfund mit Inschrift vorgelegt werden. Sie gehört allerdings einer anderen Gruppe von Texten an, der Gruppe der Weihinschriften auf Fingerringen.

Der neue Ring kam bei einer Grabung in Wels, Eisenhowerstraße 37, am 24. März 2014 zum Vorschein.[2] Er wurde bereits beim maschinellen Abtrag der obersten Schichten über einem römischen Stadthaus zutage gefördert.[3]

Es handelt sich um einen komplett erhaltenen Silberring der Form Henkel A IVb.2 (Abb. 68 und 69). Der bandförmige Reif ist innen rund und außen polygonal (zehneckig) abgekantet. Er verbreitert sich allmählich zu einer abgeflachten, liegend-rechteckigen Platte. Die Platte fasst ein etwas unbeholfen ausgeführter Rahmen aus Zickzacklinien ein. Auch die Schultern des Ringes tragen jeweils ein x-förmiges Muster aus Zickzackbändern. Auf der Platte sind sorgfältig die Buchstaben FAT eingraviert.

Der lichte Durchmesser des Fingerrings liegt bei 1,8–1,9 cm. Seine Schiene ist 0,4–0,5 cm breit und gleichmäßig 0,1 cm stark. Die Platte misst 1,3 cm in der Länge und 0,8 cm in der Höhe. Die Schrifthöhe beträgt 0,45 cm.

Die Ringinschrift FAT ist die Abkürzung eines Götternamens, der im norisch-pannonischen Raum auch sonst mehrfach vorkommt. Wie aus der folgenden Liste der weiteren Belege (jeweils mit auf das Wesentliche beschränkten Literaturangaben) zu entnehmen,

begegnet er hier noch auf drei Steininschriften und auf drei goldenen Fingerringen:

Ringinschriften

1. *Fatis*
   Goldring aus Carnuntum.
   Danová 2009, n. 1449, 372 f. mit Abb.; AE 1992, 1428.

2. *Fat / is*
   Goldring aus Carnuntum.
   Danová 2009, n. 1451, 372 f. mit Abb.; AE 2009, 1066. Zuletzt Schalles 2017, 101 und 115. – Der Ring wird bei Buonopane 2014, 93 versehentlich dem Fundort „Poetovium" zugewiesen.

3. *Fatis*
   Goldring aus Lauriacum.
   Noll 1985a (Wiederabdruck Noll 1991) mit Abb.; AE 1992, 1317.

Steininschriften

4. *Fat( ) / S(extus) A(-) E(-) / f(ecit)*
   Kleiner Altar aus Petronell-Carnuntum.
   CIL III 13455. Vgl. zuletzt Kremer 2012, n. 259, 137 (dort zu *Fat( )* der falsche Nominativ „Fates" gebildet).

5. *Fa[tis] / Sexta Coionia / [v(otum) s(olvit)] l(ibens) [m(erito)]*
   Weiherelief mit Inschrift und Darstellung dreier Göttinnen (was die pluralische Ergänzung des Götternamens sichert). Fund aus dem Raum Melk.
   CIL III 13531 + p. 2287. Vgl. zuletzt de Bernardo Stempel – Hainzmann 2020, 1, 202 f. und 2, 565 f.

6. *Fatis Tenati(a) / Rhodia Sp(uri) f(ilia) / Tenatia / Dido [T]i(beri) f(ilia) fe(cerunt) / [ex voto?]*
   Weihaltar mit Inschrift und Relief dreier weiblicher Gottheiten. Fund aus Szombathely (Steinamanger).
   CIL III 4151=10907 (Lesung hier nach den Aufnahmen in www.lupa.at/7955 modifiziert).

---

[1] Thüry 2016; Thüry 2018, 76.
[2] Der Ausgräberin Mag. Michaela Greisinger und der Welser Museumsleiterin Dr. Renate Miglbauer, die sich mit dem Fund an den Verf. wandten und ihm Bildvorlagen und die nötigen Informationen zur Verfügung stellten, sei hier herzlich gedankt.
[3] Fundnummer 14 der Grabung. Eine Inventarnummer ist noch nicht vergeben.

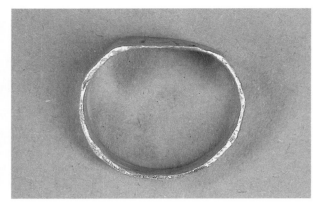

Abb. 68: Ring aus Wels (Oberösterreich) mit Inschrift. Stadtmuseum Wels-Minoriten

Abb. 69: Ring aus Wels

Kommentar

Da in den norisch-pannonischen Inschriften alle unabgekürzten bzw. komplett erhaltenen Belege des Götternamens (Nr. 1–3 und 6 unserer Liste; vgl. aber auch Nr. 5) im Dativ Plural stehen, liegt es nahe, für den Welser Ring an eine Weihung im Plural zu denken. Wie anschließend ausgeführt wird, ist die Ergänzung der Welser Namensform zu FAT(IS) aber nicht völlig sicher. In Frage kämen vielmehr auch FAT(AE) und FAT(O).

Halten wir zunächst fest, dass Menschen, die in römischer Zeit den Dativ *Fatis* verwendeten, über den zugehörigen Nominativ unterschiedliche Vorstellungen haben konnten. So bezeugt eine Anzahl von Inschriften aus Oberitalien, dass man dort ebenso an weibliche *Fatae* wie an männliche *Fati* glaubte.[4] Aber auch die neutrale Pluralform *Fata* kommt als Göttername vor.[5]

Während es sich in diesen und in anderen Zeugnissen nicht um Einzelgottheiten, sondern um Kollegien handelt, gibt es aber auch vereinzelte Inschriften, die einer Göttin *Fata* oder einer Gottheit *Fato Aug(usto)* oder *Fato bono* geweiht sind.[6] Daraus ist also zu entnehmen, dass wir nicht sicher sein können, ob Benützer einer Abkürzung FAT – oder ob Besitzer eines Gegenstands

mit dieser Abkürzung – dabei wirklich an einen Götterplural dachten.

Außerdem ergibt sich so das Problem, dass bei den häufigen Erwähnungen von FATVM oder FATVS in Grabinschriften jeweils zu bedenken ist, ob es sich dabei (wie wohl in aller Regel) nur um das Abstractum handelt oder ob vielleicht doch auch ein Göttername gemeint sein kann. Im norisch-pannonischen Raum ist wohl ein Fall, in dem das in der Schwebe bleibt, eine Carnuntiner Grabinschrift; darin heißt es, dass FATVS ET FORTVNA INIQVITER *(sic!)* IVDICAVIT, als sie ein vom Vater geliebtes Kind sterben ließen.[7]

Obwohl sich die „*Fatum*-Gottheiten" und ihre Namen schon aus alter lateinisch-römischer Tradition herleiten, verbergen sich dahinter auch Personifikationen, die ihre Wurzeln in Glaubensvorstellungen der Provinzen hatten. Das Verbreitungsbild der Namensformen und Anhaltspunkte in den Texten lassen bei einem Teil der Inschriftbelege erkennen, dass dahinter einerseits griechische Parzen und Moiren und andererseits nicht näher bekannte keltische *numina* stehen.[8] Dass sich alle diese Schicksalsgottheiten zudem in einer Vielzahl von speziellen Zuständigkeiten und lokalen Ausformungen voneinander unterschieden, versteht sich von selbst und wird auch durch überlieferte Epitheta bezeugt.[9]

---

[4] CIL V 5002: *Fatis masculis*; 5005: *Fatis Fata[bus]*; 4209: *Fatabus*; 4208: *Fati Dervones*; 8802: *dis deab(us) Fatalibus*. Göttinnen namens *Fat(a)e* erwähnt auch CIL II 89 aus dem portugiesischen Alvito; Götter namens *fatales dei* CIL III 6475 aus Emona (oder ist das als geschlechtsneutrale Bezeichnung zu verstehen?). – Eine Zusammenstellung der Inschriften an die *Fatae* bzw. *Fati* gibt Girardi 2018, 228–234. Speziell zu den zitierten Zeugnissen aus Oberitalien vgl. Landucci Gattinoni 1994; Murley 1922, 50 f.; Wojciechowski 2001, 120 f.

[5] Belege bei Otto 1909, 2049–2051. Seitdem AE 1987, 178 (Ostia): *crudelis Lache[sis c]rudelia cetera Fata*.

[6] *Fata*: CIL I (2. Aufl.) 2846 (republikanische Weihinschrift aus Pomezia-Tor Tignosa in Latium); Tedeschi Grisanti – Solin 2011, 195 (kaiserzeitliche Grabinschrift aus Rom). Vgl. zu *Fata* Pötscher 1978, 395–406. – *Fato Aug*: AE 1914, 51 (Africa). Vgl. aber auch die Pluralform *Fatis Aug* in CIL II (2. Aufl.) 7, 223; CIL V 37*; CIL XIII 8687. – Zu *Fato bono* CIL VII 370 (Britannien): *Genio loci, Fortunae reduci, Romae aetern(ae) et Fato bono*; CIL X 3336 (Bilingue aus Misenum): *Deo magno et Fato bono* ... Θεῷ μεγίστῳ καὶ καλῇ Μοῖρᾳ.

[7] AE 1936, 67 (Kommentar zuletzt bei Thüry 2018, 82). Das Zeugma mag widerspiegeln, dass FATVS ET FORTVNA in der Psychologie des Textes fast als Einheit verstanden werden. – Mit einer ähnlichen Formulierung berichtet auch die Inschrift Šašel 1963, 545 aus Mösien über zwei INIQVA FORTVNA ET FATO verschuldete Todesfälle. – Zum Verhältnis von *fatum* und *fortuna* vgl. im Übrigen Pötscher 1978, 414 f.

[8] Dazu grundsätzlich Otto 1909, 2050 f. (dort aber die Bedeutung der römischen Tradition noch nicht erkannt. Sie wurde erst durch Pötscher 1978 herausgearbeitet). Zum Verbreitungsbild als Kriterium vgl. die norisch-pannonischen Belege und den Katalog der Zeugnisse bei Ihm 1887, 177–179 mit den speziellen Konzentrationen im gallisch-oberitalischen Raum. Textkriterien sind das eine oder andere Epitheton der Gottheiten (siehe die folgende Anm.) und Fälle, in denen die Gleichsetzung mit den Moiren offensichtlich ist (dazu Otto 1909, 2050 f. und die in Anm. 5 und 6 zitierten Inschriften CIL X 3336 und AE 1987, 178).

[9] Vgl. CIL V 8802: *dis deab(us) Fatalibus conservatorib(us)*; CIL V 4208: *Fati Dervones*; CIL V 775: *Fatis divin(is) et barbaric(is)*; CIL III 13718 und VI

Was speziell das Vorkommen von „Fatum-Gottheiten" auf Fingerringen angeht, reihen sich die insgesamt vier in dieser Arbeit aufgeführten Zeugnisse in den bekannten großen Chor von Ringen mit Weihinschriften ein, die sich an die verschiedensten Gottheiten richten – von den drei kapitolinischen und anderen „großen" Göttern über die individuellen Schutzgottheiten *Genius* und *Iuno* bis hin zu einer Personifikation wie der Vernunftgöttin *Mens* (?) und zu einheimisch-keltischen Wesen wie etwa den *Matres*.[10] Die entsprechenden Ringfunde hat für das römische Deutschland Stefan F. Pfahl, für Ungarn András Szabó und für die spezielle Kategorie der goldenen Fingerringe Alfredo Buonopane zusammengestellt.[11]

Sieht man sich im bisher bekannten Material um, so zeigt sich, dass die „Fatum-Gottheiten" auf Fingerringen relativ selten sind und anscheinend nur im norisch-pannonischen Raum auftauchen. Wie für die ganze große Gruppe der Ringe mit Weihinschriften stellt sich dabei die Frage, welche Funktion oder welche Funktionen sie hatten.

Bei Objekten, die mit Weihungen an Götter beschriftet sind, ist natürlich ein erster Gedanke, dass sie als Opfer in Heiligtümern oder vielleicht in Hauskapellen niedergelegt werden sollten. Vollends bei Ringen, deren Weihung als Erfüllung von Gelübden bezeichnet wird, kann daran kein Zweifel bestehen.[12] Im Fundmaterial von Heiligtümern sind allerdings kaum

einmal Votivringe belegt. Die wenigen bekannten Fälle betreffen Stücke mit und ohne Gelübdeerwähnung.[13]

Die Fundumstände anderer Exemplare, die aus Gräbern stammen, zeigen jedoch, dass Ringe mit Inschriften ohne Erwähnung eines Gelübdes auch im Alltag getragen wurden.[14] Funde wie der hier aus Wels vorgelegte sind also nicht etwa nur zur Niederlegung an einem heiligen Ort bestimmt gewesen.

Die Funktion alltäglich getragener Ringe mit Sakralinschrift lag einerseits offensichtlich darin, dass sie als Hilfsappell an besondere göttliche Schutzpatrone gemeint waren. Aber ihre Rolle erschöpfte sich gewiss nicht nur in der Aufgabe eines Schutzbringers. Analog zur Bedeutung, die ein Ringgeschenk als Ausdruck zwischenmenschlicher Beziehungen hatte, symbolisiert ein Ring mit Götterweihung auch eine besondere persönliche Verbundenheit mit dem jeweiligen *numen* und steht als Unterpfand für Treue bzw. für die Frömmigkeit des Menschen, der ihn einst besaß.

Literaturabkürzungen

de Bernardo Stempel – Hainzmann 2020: P. de Bernardo Stempel – M. Hainzmann, Fontes epigraphici religionum Celticarum antiquarum I: Provincia Noricum, Fasz. 1–2. Österreichische Akademie der Wissenschaften, Mitteilungen der Prähistorischen Kommission 89 (Wien 2020).

Buonopane 2014: A. Buonopane, Anelli d'oro iscritti offerti a divinità. Una ricerca preliminare. In: I. Baldini – A. L. Morelli, Hgg., Oro sacro. Aspetti religiosi ed economici da Atene a Bisanzio (Bologna 2014) 91–106.

Byvanck 1935: A. W. Byvanck, Le sarcophage de Simpelveld. Mnemosyne 3. F. 3/1, 1935, 88–94.

Danová 2009: [M. Danová], Schmuck in den Provinzen (II). In: F. Humer, Hg., Von Kaisern und Bürgern. Antike Kostbarkeiten aus Carnuntum ([Ausstellungsbegleitband] o. O. [aber St. Pölten] 2009) 371–405.

Girardi 2018: C. Girardi, Le divinità plurali nell'occidente romano. Analisi delle fonti epigrafiche epicorie e latine, archeologiche, iconografiche e letterarie. Dissertation Padua 2018; http://paduaresearch.cab.

145: *Fatis divinis*; AE 1997, 585: *Fatis sa[lutaribus]*; RIC V 2, 293 f., 314 und 617 f.: *Fatis victricibus.* – Geht über die Zuständigkeit der Gottheiten soweit hervor, dass sie als *conservatores* schützen, als *salutares* für Wohlergehen sorgen und als *victrices* Sieg bringen, so kommt in anderen Inschriften noch eine weitere Vorstellung zum Ausdruck. Sie verstehen das Leben als eine Gabe dieser *numina* und den Tod als seine Rückgabe (CIL III 3335; CIL VI 24049; CIL XIII 2016; RIB 1, 955; AE 1920, 83; AE 1994, 699; AE 2004, 1396a).

[10] Zu dieser Gruppe von Weihinschriften grundsätzlich z. B. Buonopane 2014; Henkel 1913, 312–314; Kyll 1966, 59 f.; Marshall 1914, 829; Noll 1961, 37; Noll 1985a, 446 und Wiederabdruck Noll 1991, 54; Pfahl 2006; Tóth 1989, 119 und Wiederabdruck Tóth 1991, 57. – „Große klassische Götter": so *Iupiter, Iuno, Minerva* oder *Merkur* (Nachweise z. B. bei Pfahl 2006, 167); *Genius* und *Iuno*: CIL III 6019.15 (*Genio Cassi(us) signif(er)*) und Byvanck 1935, 88 (*Iunoni meae*); *Mens* (?): Pfahl 2006, 167 (in Form der Abkürzung MEN); *Matres*: z. B. Henkel 1913, 355, 591, 902 und 1056.

[11] Buonopane 2014, 93–95; Pfahl 2006; Szabó 2014.

[12] Eine Materialsammlung des Verf. ergab, dass Ringinschriften mit Gelübdeerwähnung innerhalb der Masse der Votivringe eine verschwindende Minderheit darstellen. Solche Ringe sind (ohne Anspruch auf Vollständigkeit): CIL XIII 10024.23 (*D(eae) Sequane Cle(mentia) Montiol(a) v(otum) s(olvit) l(ibens) m(erito)*); CIL XIII 10024.24 (*Veneri et Tutele votum*); CIL XIII 10024.28 (*Victoriae Turpi( ) votu libes*); AE 1979, 477 (*Silvano votum*); AE 1979, 478 (*S(ilvano) s(ancto) s(acrum) Ursiniu(s) v(otum) l(ibens) m(erito) s(olvit)*); Danová 2009, n. 1513, 388 und Abb. 389 (*Silvan(o) v(otum) s(olvit) Xanti( ) Vo( )*); Humer – Kremer 2011, n. 652, 369 (*v(otum) s(olvit) P( )*); Noll 1985b, 160 f. (*Nix(ibus) vot(um)*); Szabó 2014, 1 (*Silvani vo(tum) Ti(beri) Riesi*); Tóth 1989, 118 (*Silvano [v]otum*); Online-Auktionskataloge Hermann Historica, Auktion 60 vom 13.10.2010, n. 2066 (*Silvano vo(tum)*; letzter Abruf Februar 2021); Auktionskatalog Gorny und Mosch 248 vom 30.6.2017, n. 344 (*Silvano votum*). Vgl. auch CIL XIII 10024.21: *Io[v]ina Minerve d(at)*.

[13] Fund aus einem Heiligtum mit Gelübdeerwähnung: CIL XIII 10024.23 (Seinequelle). Funde aus sakralem Zusammenhang ohne eine solche Erwähnung: Pfahl 2006, 167, n. 6 und n. 13. – Zu bedenken ist natürlich, dass Ringe in Heiligtümern auch einfach nur verloren werden konnten.

[14] Grabfunde von Ringen mit Götterweihung verzeichnen Buonopane 2014, 95–97 und Pfahl 2006, 161. Vgl. außerdem zwei Silvanus-Ringe aus Bogád, Ungarn, und aus Gerulata (Szabó 2014, 158 und Tóth 1989, 118); einen Goldring mit Venusweihung aus einem Frauengrab in Charly (dép. Haute-Savoie; CIL XIII 10024.26); oder einen Goldring aus dem bekannten Frauengrab in Simpelveld (Prov. Limburg, Niederlande; Byvanck 1935, 88).

unipd.it/11540/1/Girardi % 2C_TESI__rid.pdf (Abruf Februar 2021).

Henkel 1913: F. Henkel, Die römischen Fingerringe der Rheinlande und der benachbarten Gebiete (Berlin 1913).

Humer – Kremer 2011: F. Humer – G. Kremer, Hgg., Götterbilder – Menschenbilder. Religion und Kulte in Carnuntum ([Ausstellungsbegleitband] o. O. [aber St. Pölten] 2009).

Ihm 1887: M. Ihm, Der Mütter- oder Matronenkultus und seine Denkmäler. Jahrbücher des Vereins von Alterthumsfreunden im Rheinlande 83, 1887, 1–200.

Kremer 2012: G. Kremer, Götterdarstellungen, Kult- und Weihedenkmäler aus Carnuntum. Corpus signorum imperii Romani Österreich, Carnuntum Supplement 1 (Wien 2012).

Kyll 1966: N. Kyll, Heidnische Weihe- und Votivgaben aus der Römerzeit des Trierer Landes. Trierer Zeitschrift 29, 1966, 5–14.

Landucci Gattinoni 1994: F. Landucci Gattinoni, Le Fatae nella Cisalpina romana. In: A. Mastrocinque, Hg., Culti pagani nell'Italia settentrionale (Trient 1994) 85–95.

Marshall 1914: [F. H.] Marshall, Ringe. RE 1 A (Stuttgart 1914) 807–833.

Murley 1920: J. C. Murley, The Cults of Cisalpine Gaul as Seen in the Inscriptions. Dissertation Chicago (Manasha 1920).

Noll 1961: R. Noll, Ein Armreif aus Flavia Solva mit Weihinschrift an Herkules. Schild von Steier 9, 1959–1961, 35–42.

Noll 1985a: R. Noll, FATIS. Zu einem goldenen Fingerring aus Lauriacum. In: Römische Geschichte, Altertumskunde und Epigraphik. Festschrift für Artur Betz (Wien 1985) 445–450.

Noll 1985b: R. Noll, Nixibus. Vier neue Belege für die Geburtsgöttinnen aus dem Raum von Carnuntum. Germania 63, 1985, 159–163.

Noll 1991: R. Noll, FATIS. Zu einem goldenen Fingerring aus Lauriacum. In: Instrumenta inscripta Latina. Das römische Leben im Spiegel der Kleininschriften (Pécs 1991) 54–56.

Otto 1909: [W. F.] Otto, Fatum. RE 6 (Stuttgart 1909) 2047–2051.

Pfahl 2006: S. F. Pfahl, Zeugnisse des wahren Glaubens? Mittel- und spätkaiserzeitliche Metallfingerringe des Limesgebietes mit griechischen und lateinischen Sakralinschriften. In: Im Dienste Roms. Festschrift für Hans Ulrich Nuber (Remshalden 2006) 161–179.

Pfahl 2012: S. F. Pfahl, Instrumenta Latina et Graeca inscripta (Weinstadt 2012).

Pötscher 1978: W. Pötscher, Das römische Fatum. Begriff und Verwendung. ANRW 2.16, 1 (Berlin – New York 1978) 393–424.

Šašel 1963: A. und J. Šašel, Inscriptiones Latinae quae in Iugoslavia inter annos MCMXL et MCMLX repertae et editae sunt. Situla 5 (Laibach 1963).

Schalles 2017: H.-J. Schalles, Ein Zwillingsring aus Xanten. Zur Typologie hellenistischer und römischer Mehrfachringe. Xantener Berichte 30, 2017, 91–120.

Szabó 2014: A. Szabó, Some Notes on the Rings with Sacred Inscriptions from Pannonia. Dissertationes archaeologicae ex instituto archaeologico universitatis de Rolando Eötvös nominatae 3.2, 2014, 157–169.

Tedeschi Grisanti – Solin 2011: G. Tedeschi Grisanti – H. Solin, „Dis Manibus, pili, epitaffi e altre cose antiche" di Giovannantonio Dosio. Il codice N. A. 618 della Biblioteca Nazionale di Firenze (Pisa 2011).

Thüry 2016: G. E. Thüry, Ringfunde mit Liebesinschriften aus dem römischen Wels. Bayerische Vorgeschichtsblätter 81, 2016, 171–173.

Thüry 2018: G. E. Thüry, Zwei neue Ringinschriften aus dem nördlichen Noricum. Bayerische Vorgeschichtsblätter 83, 2018, 75 f.

Tóth 1979: E. Tóth, Römische Gold- und Silbergegenstände mit Inschriften im ungarischen Nationalmuseum. Folia archaeologica 30, 1979, 158–184.

Tóth 1989: E. Tóth, Neuere Silvanusringe aus Pannonien. Folia archaeologica 40, 1989, 113–127.

Tóth 1991: E. Tóth, Silvanusringe aus Pannonien. In: Instrumenta inscripta Latina. Das römische Leben im Spiegel der Kleininschriften (Pécs 1991) 57–59.

Wojciechowski 2001: P. Wojciechowski, Untersuchungen zu den Lokalkulten im römischen Aquileia (Torún 2001).

28

Die römische Versinschrift aus Bad Reichenhall-Marzoll (Oberbayern) mit Erwähnung der Musenquelle Pirene

(Aus: Bayerische Vorgeschichtsblätter 87, 2022, 25 ff.)

Einführung

Im Winkel zwischen dem Untersbergmassiv und dem Walserberg, auf dessen Scheitel die Autobahn A 8 die deutsch-österreichische Grenze passiert, liegt der Bad Reichenhaller Stadtteil Marzoll. Das Zentrum des bis 1978 selbstständigen Ortsteils ist der Schloßberg mit der St. Valentins-Kirche und dem Renaissanceschloss. Die Wohnhäuser des ehemaligen Dorfkerns verteilen sich auf die Umgebung von Schloss und Kirche und auf die Ebene im Anschluss an den Fuß des Berges. Am Rand der Hochfläche und am Bergfuß sind seit dem frühen 20. Jahrhundert mehrere Gebäude eines römischen Gutshofs bekannt, auf dessen Gelände in den Jahren 1937, 1938, 1959–1962 und 1964 Grabungen stattfanden (Abb. 70).[1]

Der Hof lag mehr oder weniger im Zug einer antiken Straße, die von der nahen römischen Munizipalstadt Iuvavum-Salzburg über den *vicus* von Bad Reichenhall-Langackertal in den Pinzgau und weiter – als Saumweg – über den Großglockner nach Aguntum führte.[2] Im Abschnitt zwischen Salzburg und Bad Reichenhall wird der Straßenverlauf durch eine dichte Kette von Fundpunkten markiert.[3] Dazu gehören die palastartige römische *villa* von Loig in der Nachbarschaft des Salzburger Flughafens;[4] das Hügelgräberfeld auf dem heutigen Flughafengelände;[5] ein Grabhügel mit Wagenbestattung, der 1831 an der heutigen Alten Bundesstraße in Wals-Himmelreich ausgegraben wurde;[6] ein römischer Bau am Walserberg;[7] und eben die *villa* von Marzoll selbst.

Marzoll mag aber nicht nur an dieser Straßenverbindung, sondern außerdem an einem Wegekreuz gelegen haben. Ein Blick auf die Karte ließe sehr gut denkbar erscheinen, dass gerade in Marzoll in die römische Straße Salzburg – Reichenhall ein möglicher Weg einmündete, der den Nordfuß des Untersbergs umrundete und dort zu den regional bedeutenden Steinbrüchen des Untersberger Marmors (Veitlbruch, Neubruch) und weiter nach Grödig führte.[8] Wenn es einen solchen Weg gab, muss er übrigens von einer gewissen wirtschaftlichen Bedeutung gewesen sein. Er konnte dazu dienen, von den Hängen des Untersberges Marmor und Holz abzutransportieren und bot Zugang zu den Jagdrevieren in seinen Wäldern.[9]

Was die Marzoller Grabungsergebnisse anlangt, sind zwar über die in den Jahren um 1960 vorgenommenen Untersuchungen wenigstens Vorberichte von ausführlicherer Art erschienen.[10] Die ältere Grabung der Jahre 1937 und 1938 wurde aber nie detaillierter veröffentlicht. Auch eine ungewöhnliche, sehr bemerkenswerte Steininschrift, die bei dieser Untersuchung zutage kam, entging

---

[1] Einen ersten Bericht über Baureste gab Weber 1918, 19. Zu den Grabungen des Jahres 1937/1938 vgl. Christlein 1963, 31 und Lageplan Abb. 70, Gebäude A; Hell 1938, 105 f. = 1977, 184; Hell 1948, 23 f. mit Lageplan Abb. 1; Herberger 1942. Über die neueren Untersuchungen von 1959–1964 (oder genauer: von 1959–1962 mit einer Nachtragsuntersuchung 1964) erschienen Vorberichte von Rainer Christlein und Hans-Jörg Kellner: Christlein 1963; Kellner 1963. Vgl. außerdem die kurze Notiz des Landesamtes für Denkmalpflege, Bayerische Vorgeschichtsblätter 25, 1960, 264. – Zum römischen Marzoll auch Kellner 1960, 55 und überblicksmäßig Krammer 2012, 27 f.; 30 f.

[2] Dazu zuletzt Ries 2016, 131–134; Ries 2018, 65–72; 77 f.; Thüry 2013, 101f.; 104f.; Thüry 2014, 24; 27; 49 f. – Speziell zum Streckenabschnitt zwischen Bad Reichenhall und dem Großglockner Höglinger 2014. Zum Glocknerübergang selbst zuletzt Harl 2014; Thüry 2016, 78; Thüry 2017. – Zum *vicus* vom Langackertal vgl. zuletzt Krammer 2012, 18–21; Pauli – Ramstetter – Zander 2020.

[3] Thüry 2014, 24; 27.

[4] Zuletzt Gruber 2015; Gruber 2017; Hampel 2014; Pintz 2014; Thüry 2014, Anm. 127, 27.

[5] Vgl. bes. Hell 1934; Huber 2017, bes. Abb. 2,1 und 146 f.; Thüry 2014, Anm. 127, 27.

[6] Zuletzt Huber 2017, Abb. 2,12; 142. Dort wird allerdings der Fund falsch lokalisiert. Er kam nach erhaltenen Akten neben der „ärarialischen Schottergrube" auf den Loigerfeldern im heutigen Wals-Himmelreich zutage (vgl. z. B. den Bericht des k. k. Pfleggerichts Salzburg an das k. k. Kreisamt vom 20. August 1831; Landesarchiv Salzburg, k. k. Kreisamt, Fasz. 426/2). Das entspricht nach dem Franziszeischen Kataster einer Lage auf der Parzelle 1666, d. h. heute im Zwickel zwischen Franz- Brötzner-Straße und Alter Bundesstraße. Nach Huber Abb. 2 läge das Grab dagegen unter dem heutigen „Outlet Center", d. h. 500 m weiter östlich.

[7] Thüry 2014, Anm. 127, 27. – Die römische Straße verlief hier wohl zwischen Walserberg und Wartberg; vgl. Hell 1948, 36.

[8] Einen solchen Weg nahmen schon Hell 1949, 116 (für bereits vorgeschichtliche Zeit) und Narobe 1968, 42 an. – Zu den Fundpunkten der Römerzeit entlang der Strecke vgl. die Zusammenstellung bei Langmann 1958, 107 und seitdem vor allem Hell 1958, 367–368 (Veitlbruch); Narobe 1968 (Grödig); Thüry 1972 (Untersbergbrüche). – Zum Untersberger Marmor auch unten Anm. 20.

[9] Über Nachweise von Jagdtätigkeit in den am Rand des Untersbergreviers gelegenen *villae* von Marzoll und Loig siehe Thüry – Stampfli 1988.

[10] Siehe oben Anm. 1.

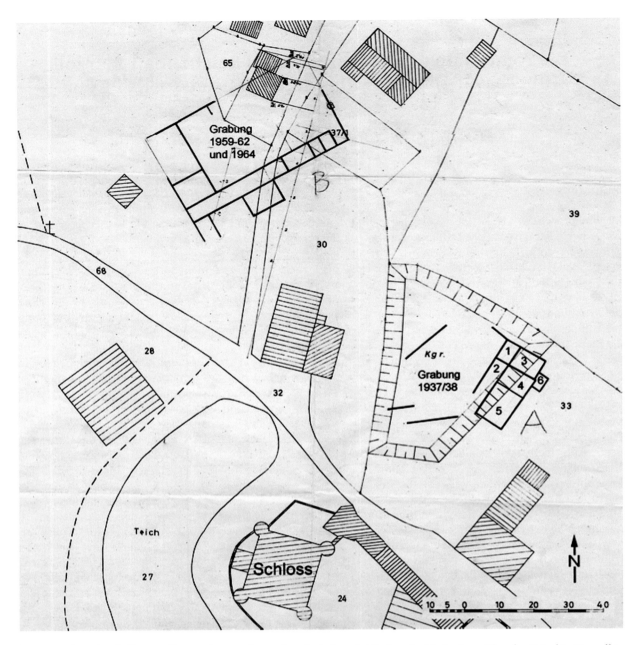

Abb. 70: Bad Reichenhall-Marzoll. Grundriss und Lage der römischen Gebäudereste. Nach einem Plan der Ortsakte Marzoll in der Archäologischen Staatssammlung München

bisher angemessener Beachtung. Diesem besonderen Fundstück ist der vorliegende Aufsatz gewidmet.

Fundumstände und Verbleib des Inschriftsteins

Bei den Untersuchungen der Jahre 1937 und 1938 stieß man am Ostrand des Marzoller Schloßbergs (auf dem so genannten „Wirtsanger" oder „Wirtsgolling") auf ein römisches Gebäude mit daran anschließenden Partien von Hofmauern und mit sechs Räumen, von denen drei Hypokauste aufwiesen (vgl. Abb. 70).[11] Zwei

der Hypokaustanlagen (in Raum 5 und 6) hatten Pfeiler aus Stein, einer (in Raum 4) aus gemörtelten Ziegeln. In einem der Hypokauste wurde „unter dem Mauerschutt" der in mehrere Stücke zerbrochene Inschriftstein gefunden; in welchem, lässt sich den vorhandenen Unterlagen nicht sicher entnehmen.[12] Auch die Frage, ob der Stein im Hypokaustbereich verbaut oder in das Hypokaust hinuntergestürzt war, bleibt unbeantwortet.

---

[11] Vgl. die in Anm. 1 aufgeführte Literatur. Darüber hinausgehende

Angaben sind Unterlagen in der Ortsakte Marzoll der Archäologischen Staatssammlung München entnommen.
[12] Das Inventar der Archäologischen Staatssammlung vermutet freilich: „wahrscheinlich" aus einem Hypokaustkeller mit Steinpfeilern.

166

Nach den Akten wurden „die Inschriftstücke" 1938 in die Archäologische Staatssammlung (damals: Vor- und frühgeschichtliche Staatssammlung) nach München geschafft.[13] Nach einem Eintrag im Inventar, in dem das Denkmal die Nummer „1969,252" erhielt, ist es im April 1944 „bei der Zerstörung des Museums in der Neuhauser Straße" durch einen britischen Bomberangriff auf München „verbrannt und wurde 1967 aus zahllosen Trümmern neu zusammengesetzt."

Die bisherige Bearbeitungsgeschichte

Für die Publikation der Inschrift sorgte 1957 Friedrich Wagner. Er nahm sie in sein IBR-Supplement der rätischen bzw. bayerischen Inschriften auf.[14] Dort gab er eine Lesung des nur noch fragmentarisch erhaltenen Textes, wagte aber keinen Versuch einer Deutung.

Die Lesung Wagners wurde von Wolfgang Hameter, Norbert Heger, August Obermayr und von den ILLPRON-Herausgebern übernommen.[15] Hameter bemerkte dazu, dass „der fragmentarische Zustand der Inschrift … keine endgültige Interpretation" zulasse; Heger formulierte, dass durch die Fragmentierung „der ursprüngliche Sinn nicht mehr deutlich genug hervortritt;" und auch Obermayr sprach von einem Erhaltungszustand, der „keine sinnvolle Übersetzung ermöglicht".

Dass man sich mit solchen Äußerungen des Bedauerns zufriedengab und dem Text nicht aufwändigere Erklärungsversuche gewidmet hat, ist insofern erstaunlich, als er – wie schon Friedrich Wagner sah – die Musenquelle Pirene in Korinth erwähnt, die auf lateinischen Inschriften außerhalb Griechenlands sonst nirgends vorkommt. Damit gibt sich der Marzoller Stein als ein sehr ungewöhnliches und interessantes Denkmal zu erkennen. Den Verf. hat der Stein schon in jungen Jahren fasziniert und zu Gedanken über die Interpretation und Ergänzung der Inschrift angeregt. Im Rahmen von Aufsätzen der Jahre 1996 und 1999, die jeweils mehreren epigraphischen Zeugnissen der Region galten, hat er seine Überlegungen zur Sinndeutung des Textes schließlich geäußert.[16] Im Jahrgang 1999 der Zeitschrift Année épigraphique berichtete auch Hans Lieb über die Erklärungsansätze des Verfassers und unterbreitete einige Gegenvorschläge.[17] Weder der Verf. noch Hans Lieb konnten sich damals aber auf eine Autopsie des Steines stützen. Schon deshalb hatte der Verfasser von nur ersten und vorläufigen Gedanken über die Inschrift gesprochen.

Eine Autopsie und gründliche Untersuchung des Denkmals, das im Depot der Archäologischen Staatssammlung in Baldham bei München verwahrt wird, hatte der Verf. lange geplant. Eine kurze Besichtigung des Stückes war ihm aber erst im Jahr 2008 möglich. Eine ausführliche Untersuchung, die sich auch durch Umbauarbeiten im Depot verzögerte, ließ sich dann im August 2019 realisieren.[18]

Beschreibung des Schriftträgers

In der bisherigen Literatur wird der Schriftträger des Textes stets als „Platte" angesprochen.[19] Auch die jeweils beigegebenen Photographien vermitteln diesen Eindruck. So war es eine Überraschung, als dem Verf. bei der Autopsie nicht eine Platte, sondern ein innen trogartig ausgehöhlter Steinblock mit rechteckigem Grundriss und Inschrift auf einer der Längsseiten präsentiert wurde (Abb. 71,1–2). Der in zahlreiche Stücke zerbrochene und teilweise zusammengeklebte Block besteht aus Untersberger Marmor.[20] Er ist 60,5 cm breit, noch bis zu 37,8 cm hoch und noch 85,8 cm lang.[21] Der Boden der trogförmigen Vertiefung in seinem Inneren liegt 32 cm über der Unterkante des Blockes. Die Wandstärken des Troges schwanken zwischen 9 und 11,7 cm; seine Innenbreite erreicht bis zu 39,5 cm.

Das Stück hat also die Gestalt einer länglichen Steinkiste. Davon ist aber nur der größte Teil des Bodens bis hinauf zu den Ansätzen der Trogwände erhalten geblieben. Die Wände der Kiste fehlen fast ab der Höhe des Innenbodens. Nach Maßen und Machart des Objektes bietet sich als Deutung an, dass es sich um eine jener Aschenkisten handelt, die in Noricum vor allem für das Territorium von Iuvavum-Salzburg und außerdem für heute slowenisches Gebiet typisch sind.[22] Zwar wäre von der äußeren Form her auch ein beschrifteter Brunnentrog nicht undenkbar; aber gegen diese Möglichkeit sprechen doch mehrere Argumente. Während das Objekt als Brunnentrog wegen seiner Bodendicke ein im Verhältnis zur Höhe relativ geringes

---

[13] Ortsakte Marzoll der Archäologischen Staatssammlung, Schreiben F. Wagners an A. Freiherrn von Malsen vom 17.12.1938.

[14] Wagner 1957, n. 2, 216 und Abb. Taf. 8, 2a / 2b.

[15] Hameter 1992, n. 88, 120 f.; Heger 1973, 93; Obermayr 1974, 88; ILLPRON 1534. Im Katalog der Grabinschriften des Salzburger Raumes bei Hemmers 2012 fehlt der Text.

[16] Thüry 1996, 105 f.; Thüry 1999, 300. Vgl. auch Thüry 2013, 177.

[17] Lieb 1999, 1213. Dass Hans Lieb der Autor der nicht signierten Notiz war, hat er dem Verf. brieflich mitgeteilt.

[18] Dr. B. Steidl danke ich für dessen Bemühungen, dass ich den Stein in Ruhe untersuchen konnte. In den Dank mit eingeschlossen seien außerdem M. Schaub (Ormalingen), der die Abb. 73,1 nach meinen Unterlagen ins Reine zeichnete; ebenso R. Plank, der bei der Bereitstellung des Stückes im Depot behilflich war.

[19] Hameter 1992, 120; Obermayr 1974, 88; Wagner 1957, 216. Danach auch – bis dahin ohne Autopsie – Thüry 1996, 106 („Grabstein") und 1999, 300 („Schriftplatte").

[20] Bei Lieb 1999, 401 falsch als „calcaire d'Unterkirchen" bezeichnet. – Zum Untersberger Marmor Kieslinger 1964, 262–317; Uhlir – Danner o. J.

[21] Messung im August 2019. Bei einer Restaurierung des Objektes kann sich das Längenmaß geringfügig ändern.

[22] Diez 1948; Pochmarski 2018, 223; Weber-Hiden 2018, 331. – Die Aschenkisten speziell des weiteren Salzburger Raumes verzeichnen Hemmers 2012, 252 und Verbreitungskarte 253; Pochmarski 2018; Weber-Hiden 2018. Auch in Marzolls näherer Nachbarschaft sind Deckel von Aschenkisten aus Bad Reichenhall und aus Ainring-Feldkirchen bekannt (Bad Reichenhall: z. B. Pochmarski 2018, Abb.3, 226; Feldkirchen: Thüry 2012, 146–148 mit Abb. 83 f.).

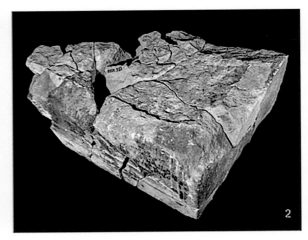

Abb. 71: Bad Reichenhall-Marzoll. Rechteckiger, trogartig ausgehöhlter Inschriftblock. 1: Aufsicht senkrecht; 2: Schrägansicht von oben. München, Archäologische Staatssammlung

Fassungsvermögen hätte, passt die auffällige Stärke des Trogbodens gut zu einer Aschenkiste. Der Innenraum von Aschenkisten ist oft sehr flach. Nach Maßen, die Erna Diez bei Exemplaren aus Poetovio ermittelt hat, kann er fallweise sogar nur 10–20cm tief sein.[23] Außerdem ist auch der Innenboden des Marzoller Stückes nicht sauber geglättet, wie man das bei einem repräsentativen Brunnentrog erwarten mag. Der Steinblock wurde innen nur, wie das bei Aschenkisten zu beobachten ist, ohne Feinbearbeitung ausgehöhlt. Im Übrigen stellt natürlich eine beschriftete Aschenkiste ein geläufiges Objekt dar; Brunneninschriften sind vergleichsweise dagegen sehr selten.

Wie sich bei einem Grabmonument von selbst versteht und angesichts fehlender Installationsspuren auch bei einem Brunnentrog anzunehmen ist, gelangte das Objekt erst als Spolie ins Innere des römischen Gebäudes.[24] Die Wände der Kiste waren bis auf die Höhe des Innenbodens entfernt worden, um so einen massiven Steinblock für die Verwendung im Mauerwerk zu gewinnen.

Während die unbeschrifteten Wände der Steinkiste außen grob bossiert sind (Abb. 71), ist eine der Längsseiten geglättet und trägt den Rest der Inschrift (Abb. 72 und 73). Das Schriftfeld hat sich noch auf 21,8 cm Höhe erhalten. Es wird durch einen profilierten Rahmen eingefasst, der aus einem 3–3,5 cm breiten Rundstab und einer ihm innen vorgelagerten flachen Bordüre von 2,5 cm Breite besteht. Die Beschriftung beschränkt sich aber nicht auf das vertiefte Schriftfeld,

sondern greift am Rand auch auf die Bordüre und in der letzten Zeile sogar auf den Rundstab über.

Erhaltungszustand der Inschrift und Schriftbild

Von der Inschrift (Abb. 72 und 73) sind nur Reste der vier untersten Zeilen und darüber die Buchstabenfüße einer weiteren erhalten. Der noch vorhandene Teil der Schriftfläche ist in vier Fragmente zerbrochen, die vor Jahrzehnten zwar zusammengesetzt und aneinander geleimt wurden. Die Verbindungen zwischen den Fragmenten haben sich im Lauf der Zeit aber teilweise aufgelöst, und die Stücke schließen – siehe unsere Abbildungen – nicht immer passgenau aneinander an. Eine erneute Restaurierung wäre daher wünschenswert.

Was die Länge der Zeilen betrifft, waren Friedrich Wagner und Hans Lieb von der Annahme ausgegangen, dass am linken Rand des Erhaltenen viel fehle. Das trifft jedoch nicht zu. Der erhaltene Teil des Schriftfelds reicht links bis fast auf die Höhe der linken inneren Seitenwand des Steintrogs, deren Ansatz noch vorhanden ist. Waren die beiden Seitenwände der Aschenkiste etwa gleich stark, so betrug der Abstand zwischen der einstigen linken Außenkante des Denkmals und dem äußersten linken Punkt der erhaltenen Schriftfläche nur wenig mehr als 10 cm. War das Schriftfeld auf der Schauseite der Aschenkiste etwa mittig angeordnet, muss ungefähr die Hälfte dieser gut 10 cm breiten Fläche den Rahmen der Inschrift getragen haben, während die andere Hälfte auf einen unbeschrifteten und unverzierten Randstreifen entfiel. Was aber die untersten Schriftzeilen angeht, dürften sie noch in ihrer fast vollen ursprünglichen Länge vorliegen. Bei genauer Betrachtung hat es sogar den Anschein, als stünden die Buchstaben EI am Beginn der vorletzten und M am Beginn der letzten Zeile bereits auf einem verwaschenen Rest der linken Rahmenbordüre.

---

[23] Diez 1948, 154; 173.
[24] Ein Brunnen mit halbkugeligem Steinbecken, der im Inneren des ab 1959 untersuchten Nachbargebäudes zum Vorschein kam, saß erwartungsgemäß auf einem Entwässerungskanal auf (siehe den Kurzbericht des Landesamts für Denkmalpflege, Bayerische Vorgeschichtsblätter 25, 1960, 264 mit Taf. 26; Christlein 1963, 45).

Abb. 72: Bad Reichenhall-Marzoll. Rechteckiger Inschriftblock. 1: Schrägansicht mit Inschrift; 2: Linke Seitenfläche, der untere Teil abgebrochen

Die Schauseite der Aschenkiste ist insgesamt noch auf etwa 81,5 cm Länge vorhanden. Davon nimmt die volle Zeilenlänge des erhaltenen, teilweise auch auf den Rahmen geschriebenen Textes 74 cm (2 1/2 römische Fuß) ein. Was auf der linken Seite des gerahmten Schriftfeldes fehlt, lag schon im Rahmenbereich; und verloren können auch ein bis zwei Buchstaben sein, die am Beginn der drei untersten Textzeilen standen.

Durch seine Schriftgestaltung unterscheidet sich das Denkmal vom im Salzburger Raum sonst Üblichen. Wir haben es hier nicht mit einer nüchternen, mehr oder weniger gleichförmigen Gebrauchs- und Alltagsschrift, sondern mit einer eleganten, liebevoll und spielerisch-einfallsreich gestalteten Zierschrift zu tun. Die Linien sind mehr oder weniger geschwungen; die Enden von Längs- und von vielen Querhasten, aber auch von S und C verbreitern sich zu Serifen; und die Buchstaben

schließen teilweise aneinander an und bilden häufig Ligaturen. Die fünf erhaltenen Zeilen weisen an nicht weniger als neun Stellen solche Ligaturen auf. Miteinander verbunden sind dabei (aber jeweils nicht immer) A mit D, A mit E, A mit P, D mit E, N mit P und V mit E.

Während also im Duktus der Inschrift kunstvolle Originalität zum Ausdruck kommt, ist dem Steinmetzen der Umgang mit dem Raum, der ihm innerhalb ihres Rahmens blieb, nicht eben gut gelungen. Dass der Text für den vorhandenen Platz recht lang war, hat einerseits sicher zur Häufigkeit der Ligaturen beigetragen und zu wiederholten Wortabkürzungen geführt. Eine gleichzeitig dekorative Maßnahme der Platzeinsparung und Buchstabenverbindung war außerdem auch die Schreibweise des Buchstabens O: Gegenüber der sonstigen Buchstabenbreite und -höhe

169

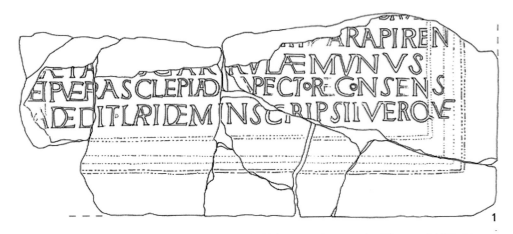

Abb. 73: Bad Reichenhall-Marzoll. Schriftseite des Inschriftblocks. 1: Umzeichnung; 2: Ansicht von vorne

fast wie ein Kleinschriftbuchstabe gestaltet (so erreicht er nur etwa ein Drittel der in der Inschrift sonst üblichen Buchstabenhöhe von 3–3,8 cm), schwebt er auf halber Zeilenhöhe und schiebt sich im letzten Wort der vorletzten Zeile raumsparend in das Halbrund eines vorausgehenden C. Andererseits fand der Steinmetz aber trotz solcher Maßnahmen der Platzeinsparung mit der gerahmten Schriftfläche nicht sein Auslangen und musste die Zeilenenden teilweise auf die Profilleiste des rechten Seitenrahmens setzen. Unsere Inschrift ist damit ein eindrucksvolles Beispiel für römische Steindenkmale, deren Beschriftung kein maßgenauer Vorentwurf vorausging.[25]

Die Zahl der Ligaturen und Abkürzungen ist eine auffällige Eigenheit unserer Inschrift – auch im Licht

der Beobachtung Ingrid Weber-Hidens, dass die sonst bekannten Aschenkisten im Salzburger Raum keine Ligaturen und kaum Abkürzungen aufweisen.[26]

Der Text – Lesung, Übersetzung und Kommentar

Bei gründlicher Auseinandersetzung mit dem Original des Steines ergab sich eine in verschiedenen Punkten von der Fassung Friedrich Wagners abweichende Lesung. Die fünf noch vorhandenen Zeilen lauten (vgl. vor allem Abb. 73,1):

1 [- - -]SIV[.] *oder* STV[.]
2 [- - -]P[I ?] ARA PIREN
3 AETA[TI]S GARRVLAE MVNVS
4 EI PVER ASCLEPIAD [I]N PECTORE CONSENS
5 [.]M DEDIT. LAPIDEM INSCRIPSIT VERQVE

---

[25] Über dieses Phänomen Ewald 1974, 78 f. Ewald betont auch (ebd. 55), dass Inschriften mit hoher Ligaturhäufigkeit zu häufigen Abkürzungen tendieren.

[26] Weber-Hiden 2018, 336 f.

Mit Ergänzungen möchte der Verf. lesen:

> [- - -]siv[.] oder stu[.] / [- - -]p[i?] ara(m?) Piren(es)
> / aeta[ti]s garrulae munus. / Ei puer Asclepiad(es)
> [i]n pectore consens- / [u]m dedit. Lapidem inscripsit
> ver(su)que.

Deutsch bedeutet das:

> „ ... der Stein/den Stein der Pirene als Geschenk
> des geschwätzigen Alters. Ihr hat (schon) als
> Kind Asclepiades einen Platz in seinem Herzen
> gegeben. So ließ er den Stein beschriften: und
> zwar in Versen.“

In Anbetracht des ungewöhnlichen Textes wird im Folgenden Wort für Wort der Inschrift kommentiert.

Z. 2, ARA: *Ara* hat keineswegs immer nur die bekannte Bedeutung „Altar“, sondern bezeichnet auch einen Grabstein oder ein anderweitiges Steindenkmal.[27] Ob *ara* bzw. *ara(m)* im verlorenen Kontext der Stelle Subjekt, Prädikatsnomen oder Objekt war, ist nicht zu entscheiden.

Z. 2, PIREN(es): Das sonst ebenfalls mögliche PIREN(ae) wird wegen des mit *ae*- anlautenden folgenden Wortes nicht in Betracht gezogen. – Die Pirene ist eine Quelle in Korinth, die den Musen heilig war.[28] Auch in der römischen Literatur wird sie wiederholt als eine der Quellen genannt, die Dichter inspirieren können.[29]

Z. 2/3, Syntax der Aussage: Im fehlenden Teil des Satzes muss vor allem etwa gestanden haben, „der Errichter widme“ den Stein der Pirene/der Stein sei der Pirene „gewidmet“.

Z. 3, AETA[ti]S: Die Ergänzung scheint nach den erhaltenen Resten sicher. Nach dem Beiwort GARRVLAE ist mit *aetas* hier gewiss das höhere Alter gemeint (s. u.). Das lässt eine hübsche Antithese zwischen Alter (Z. 3) und Jugend (Z. 4) erschließen.[30]

Z. 3, GARRVLAE: Nach dem Kontext wohl nicht Personenname (wie im ILLPRON angenommen), sondern Adjektiv. Aus der Ergänzung des vorhergehenden Wortes zu *aeta[ti]s* folgt, dass mit *garrula* = geschwätzig hier – selbstironisch – eine Eigenschaft der *aetas* = des Alters gemeint sein dürfte. Das Alter galt als „von Natur aus geschwätziger“ (Cicero).[31] Zugleich bezieht sich

garrulus/garrula aber nicht nur auf die Eigenschaft der Geschwätzigkeit, sondern bezeichnet auch – ob nun anerkennend oder tadelnd – den Wortreichtum von Dichtern.[32] In positivem Sinn verwendet das Adjektiv der unbekannte Autor der ersten Elegie auf Maecenas in der *Appendix Vergiliana*, der sich ausmalt, wie der Gefeierte dichtend im Garten sitzt, „wortreich (*garrulus*) im Kreis der gesangreichen Vögel“.[33]

Z. 4, EI PVER: Die bisherige Lesung A PVER(itia) hat sich am Original als falsch erwiesen.

Z. 4, PVER ASCLEPIAD: Hans Lieb wollte *puer Asclepiad(es)* auf den Gott Telesphoros beziehen, der aber nirgends so bezeichnet wird. Asclepiades ist vielmehr der häufige und auch schon im Salzburger Raum bezeugte theophore Personenname.[34] – Warum Asclepiades betont, dass er schon als *puer* ein Herz für die Pirene hatte, wird weiter unten in einem Abschnitt zur Deutung der Inschrift untersucht.

Z. 4/5, [i]N PECTORE CONSENS- / [u]M dedit: Hans Lieb und die ILLPRON-Herausgeber dachten hier an die äußerst ungewöhnliche Form *consens*.[35] Den Gedanken an dieses nur als hapax legomenon bei Festus belegte Adjektiv hatte Hans Lieb in einem Brief an den Verfasser „fast verwegen, aber nicht vollkommen undenkbar“ genannt. Die Raumverhältnisse und der am Beginn der Z. 5 erkennbare Wortrest zeigen jedoch klar, dass hier nicht die Form *consens* vorliegt, sondern dass vom *consensum dare* = „Zustimmung geben“ die Rede ist.

Der Ausdruck *consensum dare* bezeichnet das Zustandekommen von Übereinstimmung und seelischem Gleichklang zwischen Musen(quelle) und Mensch und bringt natürlich die begeisterte Anhängerschaft des Musenfreundes zum Ausdruck. Er erinnert aber auch an die Formulierung des Dichters Statius, der Musenquell sei ein *vatum... conscius amnis*.[36] Das besagt, dass die Quelle und der *vates* = Dichter ein Wissen um die Bedeutung und die Geheimnisse der Kunst miteinander teilen. Vom mitfühlenden *consensum dare* zum eingeweiht-mitwissenden *conscius* – und das heißt: vom bloßen Musenfreund zum Dichter – scheint aber der Schritt zumindest nicht mehr weit.

27 ThlL 2, 388, 40–66 ([G.] Dittmann).
28 Zur Pirene etwa Robinson 2011.
29 Persius, *Prologus* 4; Plautus, *Aulularia* 557–559; Statius, *Silvae* 1,4,26f.
30 Dieses Motiv einer Gegenüberstellung von Musenbegeisterung in Jugend und Alter findet sich auch in der *Anthologia Graeca* 7,525 (Kallimachos).
31 Cicero, *Cato maior de senectute* 55: *Senectus est natura loquacior.* Ähnlich formuliert Macrobius, *Saturnalia* 5,14,14: das Greisenalter sei eine *loquax aetas*. Weitere Stellen bei Gnilka 1983, 1013; 1069; Schmitz

2009, 23; 25.
32 So abwertend bei Fulgentius, *Mitologiae* 1, p. 11,7 Helm und bei Porphyrio, *Commentum in Horatium Flaccum* p. 230,23 Holder; anerkennend in der in Anm. 33 zitierten Stelle der *Elegiae in Maecenatem*.
33 *Elegiae in Maecenatem* 1,35 f.: *Pieridas Phoebumque colens in mollibus hortis / sederat argutas garrulus inter avis.*
34 Beleg aus dem Bundesland Salzburg (aus Untertauern): CIL III 5524. – ThlL 2, 768 f. ([E.] Diehl) kennt Asclepiades nur als Personennamen.
35 Zu *consens* ThlL 4 (Leipzig 1906–1909) 389 ([F. X.] Burger).
36 Statius, *Silvae* 1,4,26 und *Thebais* 4,60 (die hier wörtlich zitierte Stelle).

Die Formulierung *in pectore consensum dare* erinnert sehr an die Worte einer griechischen Dichterstelle: an Hesiod, *Theogonia* 39, wonach die Musen „gleichen Sinnes singend" mit ihrem Lied das Herz (bzw. den *noos*, nämlich den des Zeus) erfreuen. Die Übereinstimmung scheint so groß, dass hier geradezu an ein Echo der Hesiodstelle gedacht werden kann. Die Marzoller Inschrift reiht sich damit unter diejenigen epigraphischen Texte der Provinzen ein, die wohl eine Auseinandersetzung mit Werken der Literatur widerspiegeln.[37]

Z. 5, LAPIDEM: Vor dem Wort scheint der Steinmetz eine Interpunktion gesetzt zu haben.

Z. 5, INSCRIPSIT: Bei Lieb falsch *inscribsit*.

Z. 5, VERQVE: Die ältere Lesung *Verone* trifft nicht zu. Entgegen früherer Vermutung endet die Inschrift nicht mit einem Personennamen (geschweige denn, wie in der Année épigraphique erwogen, mit einem Bezug auf die Stadt Verona, wo der aus Untersberger Marmor hergestellte und in einem römischen Gebäude in Marzoll gefundene Stein nicht beschriftet worden sein kann). Zu lesen und zu ergänzen ist vielmehr *ver(su)que* – was unabgekürzt am Ende der Inschrift keinen Platz gefunden hätte. Auch so greift ja der Zeilenschluss schon auf den Profilrahmen über.

Metrische Analyse

Bereits die Erstpublikation Wagners nahm an, dass es sich um eine metrische Inschrift handle (oder richtiger eigentlich: um Reste des metrischen Schlusses einer Inschrift mit verlorenem *praescriptum*). Welches Metrum vorliegt, ließ er und ebenso Hameter und Obermayr, die sich seiner Ansicht anschlossen, offen.[38] Nur Heger und die Année épigraphique legten sich fest:[39] Heger sprach von Hexametern; und die Année ging ebenfalls davon aus. Die Année war freilich der unzutreffenden Ansicht, die Inschriftzeilen müssten „sans doute" jeweils einem Hexameter entsprechen, der „beaucoup" länger gewesen und durch Fragmentierung des Steines verstümmelt worden sei. Der Verf. selbst, der sich lange nicht sicher war, ließ die Frage der möglichen metrischen Form bisher noch ununtersucht.

Nachdem nun geklärt ist, wie die erhaltenen Zeilen lauten und dass in ihrem Bereich keine größeren Textpartien fehlen, kann auch leichter untersucht werden, ob und welche Verse vorliegen. Wie die Raumaufteilung der Inschrift nicht sofort erkennen

lässt (denn Versende und Zeilenende decken sich erst am Schluss des Textes), enthalten Zeile 2–5 tatsächlich drei Hexameter. Schreibt man den Text mit einer Zeilentrennung am Ende der Verse (und einfachheitshalber unter Verzicht auf Klammern), so lautet er in Zeile 2–5 der Inschrift:

> ... *arám* ‖ *Pirénes áetatís garrúlae múnus. Eí* ‖ *puer Ásclepiádes* ‖ *ín pectóre cónsensúm dedít.* ‖ *Lapidem ínscripsít versúque.*

Was den Aufbau der Hexameter betrifft, ist auffällig, dass Spondeen im Gedichtfragment weit überwiegen und dass der drittletzte Vers sogar ganz daraus besteht. Vielleicht soll hier das Alter symbolisiert werden, das ja bei aller Geschwätzigkeit „schwerfüßig" ist.

Was ins Auge fällt, sind aber auch drei gravierende prosodische Verstöße. Sie bestehen darin, dass die zweitletzte Silbe des Wortes *garrulae* (Z. 3) lang gemessen ist; ebenso die vorletzte Silbe von *pectore* (Z. 4); und außerdem die erste Silbe von *dedit* (Z. 5).[40] Dabei mag die Frage erlaubt sein, ob Asclepiades zu diesen Eigenartigkeiten ein inkorrekter lateinischer Sprechakzent verleitet hat, den er als vielleicht gebürtiger Grieche gehabt haben könnte.

Einen kurzen Kommentar verdienen aus der Perspektive der Prosodie noch die Form *ei* und der Name des Asclepiades (Z. 4). In beiden Fällen sind zwar unterschiedliche Messweisen möglich. Die des meist monosyllabischen *ei* fällt aber als recht ungewöhnlich auf.[41] Ebenso ist das zweite, auf konsonantisches „i" folgende „a" von Asclepiades zwar an sich kurz, begegnet aber bei Prudentius auch als lang.[42]

Was Cäsuren und Dihäresen angeht, verwendet der erste der drei Verse die Trithemimeres. Im zweiten fällt zwar das Satzende nicht mit einer üblichen Cäsur zusammen; im Vers folgen aber Trithemimeres und Bukolische Dihärese. Die Cäsuren heben soweit die sinntragenden Worte *Pirenes* und *ei*, die auf sie folgen bzw. ihnen vorausgehen, gut hervor; und die Dihärese gibt auch dem Namen des Asclepiades, an den sie sich anschließt, mehr Gewicht. Das Satzende nach *dedit* im letzten Vers liegt an der Stelle der Penthemimeres.

Datierung der Inschrift und ihrer Zweitverwendung

Sofern der Steintrog, der die Marzoller Inschrift trägt, als Aschenkiste gedient hat – was die bei weitem wahrscheinlichste Deutung ist –, ergibt sich daraus

---

[37] Andere Beispiele für unser geographisches Gebiet bei Thüry 2015 und 2019. Vgl. auch das Zeugnis des Martial 9,84 (sofern wir es beim Wort nehmen dürfen), dass selbst „der Räter im Vindelikerland" (*Vindelicis Raetus... in oris*) Gedichte Martials kenne.

[38] Wagner 1957, 216; Hameter 1992, 120; Obermayr 1974, 88.

[39] Heger 1973, 93; Lieb 1999, 402.

[40] Frau Prof. Dr. Rocío Carande Herrero (Sevilla) verdankt der Verf. den Hinweis, dass die Form *dedit* mit langer erster Silbe allenfalls an betonter Stelle eines Daktylus vorkommen dürfe.

[41] Vgl. dazu ThlL 7, 457, 35–62 ([W.] Buchwald). – Frau Prof. Carande Herrero bezeichnet sie brieflich als „posible, pero rarísima."

[42] Prudentius, *Peristephanon* 10,42 und 392; ThlL 2, 768, 43 ([E.] Diehl).

eine Datierung in das 2./3. Jahrhundert n. Chr. Eine Beisetzung von Urnen oder von losem Leichenbrand in solchen Steinbehältern war in der Zeit zwischen etwa 150 und 250 n.Chr. (und vielleicht auch noch etwas länger) üblich.[43] Die Qualität der Schrift und die Seltenheit gesichert-später Inschriftsteine unseres Raumes widerraten aber, mit der Datierung über allenfalls etwa spätseverische Zeit hinaus zu gehen.

Damit fällt auch die Zerschlagung und Verwendung des Denkmals als Spolie im frühestmöglichen Fall in severische Zeit. Für eine Demolierung von Grabdenkmälern in diesen Jahrzehnten hat Markus Scholz Belege zusammenstellen können.[44]

Über die Datierung des 1937 aufgedeckten Gebäudes, in dem die Spolie vermauert wurde, sind den Grabungsakten kaum Anhaltspunkte zu entnehmen. In zwei knappen handschriftlichen Berichten spricht der Grabungsleiter Paul Reinecke nur vom Vorliegen verschiedener Bauperioden und notiert: „Kleinfunde... nicht gerade reichlich. Mehrere Spätlatènescherben fast wertlos, nur mittelkaiserzeitliche Ware juvavensischer Art, spärlich Sigillata." Außerdem seien „massenhaft Mosaiksteinchen" gefunden worden.[45] Nach einem ebenfalls handschriftlichen Abschlussbericht des Grabungstechnikers Viktor Herberger waren die Mosaikwürfel ausschließlich von schwarzer und von weißer Farbe.[46]

Bei den Grabungen der Jahre 1959–1964 wurde ein Nachbargebäude untersucht (vgl. Abb. 70; wohl das Hauptgebäude des Gutes), das ebenfalls mehrere Bauperioden erlebt und zumindest bis in die erste Hälfte des 3. Jahrhunderts bestanden hat.[47] Im 3. Jahrhundert fiel es einer Zerstörung durch Brand zum Opfer.[48]

Zusammenfassung und Ausblick – Deutung und Bedeutung der Inschrift

Für unser Wissen über die Bildung im Nordwesten Noricums und über das kulturelle Niveau, das dort in den Jahrzehnten etwa um die zweite nachchristliche Jahrhundertwende herrschte, stellt der Marzoller Fund ein sehr bemerkenswertes Zeugnis dar. Dieser in Hexametern abgefasste Schluss der Beschriftung wohl einer marmornen Aschenkiste ist der weit und breit einzige Beleg einer Versinschrift. Der Verfasser des Textes, ein Mann mit dem griechischen Namen

Asclepiades, nennt seine Verse eine Hommage (*munus*) an die Musenquelle Pirene in Korinth, der er schon als Kind – wie die oben gegebene Übersetzung lautete – „einen Platz in seinem Herzen" eingeräumt habe. Danach hätte er einst zu den in der Antike so gefeierten Kindern gehört, die sich bereits in Kunst oder Wissenschaft hervortaten.[49] Aber hinter dieser Bemerkung verbirgt sich vielleicht mehr als eine bloße biographische Information. Ein Topos der antiken Dichtung war nämlich, dass bedeutende Dichter ihre Berufung zur Poesie gerade in ihrer Jugendzeit erfahren. Beispielsweise verlegt Kallimachos seine Dichterweihe (wenn auch in Form eines Traumes, den er später hatte) in seine erste Jugend; Horaz bekennt, dass ihm schon als Kind die Musen gnädig waren; oder Properz „freut's in früher Jugend" mit der Pflege der Musen begonnen und sich in ihre Chöre eingereiht zu haben.[50]

Des Asclepiades an Hesiod anklingende Formulierung, dass er der Pirene *in pectore consensum dedit*, passt ganz in diesen Kontext der Berufung zum Dichter und zur Dichterweihe.[51] Das Wesen einer Musenquelle wie der Pirene besteht ja darin, dass die Musen in ihren Wassern gewissermaßen singen; und zwar zum Lobpreis vor allem der Götter.[52] Menschen können nun Dichtergabe dadurch erwerben, dass sie diesem Gesang der Musen zuhören; dass die Musen sie in ihren Reigen aufnehmen; oder nach einer im Hellenismus entstandenen Tradition auch durch Trinken aus einer Musenquelle (bzw. durch das Benetzen mit ihrem Wasser).[53] Wenn Asclepiades sagt, dass der Gesang der Pirene in seinem Herzen *consensus* ausgelöst habe, also Einklang und Mitfühlen, dann ist das schon eine Ausdrucksweise, die sich geradezu als Andeutung einer professionellen Dichterweihe eignen würde. Das mag vielleicht nicht als Mittel der Selbstüberhöhung gemeint sein;[54] als Äußerung eines Gelegenheitsdichters ist es aber eine recht vollmundige Symbolik.

Wollte man die Formulierung des *consensum dare* übrigens wörtlich nehmen, so würde das bedeuten, dass Asclepiades die Musenquelle Pirene in Korinth persönlich und schon seit Kinderzeiten kannte. Dann hätte Asclepiades nicht einfach nur einen griechischen Namen, wie er auch von Nichtgriechen getragen werden konnte, sondern wäre tatsächlich eine aus

[43] Diez 1948, 164; Djurić 2004, 408.

[44] Scholz 2016, 246, 261 und 263 f.

[45] Ortsakte Marzoll der Archäologischen Staatssammlung, Berichte Reinecke vom 7.8. und 8.9.1937.

[46] Ebd., Bericht Herberger vom Mai 1938.

[47] Christlein 1963; Kellner 1963, 19; 24 f.

[48] Christlein 1963, 45. Christlein vermutet ebd. 56, die Anlage „fand vielleicht ihr Ende in dem von H.-J. Kellner rekonstruierten Einfall von 242." Zur Rekonstruktion des Einfalls aber skeptisch Thüry 2014, 90–93.

[49] Dazu Marrou 1937, 197–207.

[50] Kallimachos, *Aitia* 2 d,4 Harder; Horaz, *Carmina* 3,4 und 4,3; Properz 3,5,19 f. Weitere Stellen: *Poetae Latini minores* 2, *Epigrammata* 4,5; Sidonius Apollinaris, *Carmina* 23,204–209; Statius, *Silvae* 2,7,36–41. Zum Motiv vgl. Falter 1934, 66 f.; 85; Kambylis 1965, 97 f.

[51] „An Hesiod anklingend": Siehe oben den Kommentar zur Inschrift.

[52] Barmeyer 1968, 107; 113–116. Vgl. etwa Hesiod, *Erga* 1 f.; Hesiod, *Theogonia* 11 ff. pass., 965 f. und 1021 f.; Theokrit, *Eidyllia* 16,1–4.

[53] Der Dichter als Hörender: Otto 1955, 34 und 85. Trunk aus der Musenquelle bzw. Benetzung: Barmeyer 1968, 108 f.; Falter 1934, 69 f., 81–83, 85; Kambylis 1965, pass.; Ninck 1921, 91–93; Otto 1955, 30.

[54] Vgl. allerdings Marrou 1937, 223 über Fälle, in denen Amateurdichter in Grabinschriften als eine Art von zweitem Ovid oder Vergil (*Ovidianus poeta* oder *Vergilianus poeta*) bezeichnet werden.

dem griechischen Raum (und vielleicht aus Korinth) stammende und irgendwann in Marzoll und Noricum zugewanderte Person.[55]

An seinem Reichenhaller Wohnsitz inmitten der Wiesen, Wälder und Gewässer der Untersbergausläufer mochte sich Asclepiades den Musen – bei aller Entfernung von Griechenland – doch auch räumlich nahe fühlen. Berge, Wälder, Wiesen, Quellen an einer Grenze zwischen Kultur- und Naturlandschaft – das ist ja der klassische Aufenthaltsort der Musen und der mit ihnen verwandten Nymphen.[56]

Speziell zu einem Grabmonument passen die Liebeserklärung des Asclepiades an die Musen und seine Verse schließlich insofern sehr gut, als ja Bildung und Dichtkunst als ein Mittel der Heroisierung von Toten betrachtet wurden.[57] Mit diesem selbstverfassten Text, den Asclepiades wohl schon zu Lebzeiten auf dem Steinsarg anbringen ließ, wollte er das Kulturelle als seine Art der Lebenswahl hervorheben und damit auch seine Hoffnung auf eine Teilhabe am Leben der Seligen zum Ausdruck bringen.

Literaturabkürzungen

Barmeyer 1968: E. Barmeyer, Die Musen. Ein Beitrag zur Inspirationstheorie (München 1968).

Betz 1966: A. Betz, Die griechischen Inschriften aus Österreich. Wiener Studien 79, 1966, 597–613.

Christlein 1963: R. Christlein, Ein römisches Gebäude in Marzoll, Ldkr. Berchtesgaden. Bayerische Vorgeschichtsblätter 28, 1963, 30–57.

Cumont 1966: F. Cumont, Recherches sur le symbolisme funéraire des romains (Nachdruck Paris 1966).

Diez 1948: E. Diez, Die Aschenkisten von Poetovio. Jahreshefte des Österreichischen Archäologischen Institutes 37, 1948, 151–174.

Djurić 2004: B. Djurić u. a., Marmore römischer Brüche und Steindenkmäler in der Steiermark und in Stajerska. Fundberichte aus Österreich 43, 2004, 365–431.

Ewald 1974: J. Ewald, Paläo- und epigraphische Untersuchungen an den römischen Steininschriften der Schweiz. Antiqua 3 (o. O. [aber Basel] 1974).

Falter 1934: O. Falter, Der Dichter und sein Gott bei den Griechen und Römern (Dissertation Würzburg 1934).

Gnilka 1983: Chr. Gnilka, Greisenalter. RAC 12 (Stuttgart 1983) 995–1094.

Gruber 2015: Chr. Gruber, Herrschaft und Produktion – Die römische Palastvilla von Loig bei Salzburg. Ungedruckte Dissertation Graz 2015.

Gruber 2017: Chr. Gruber, Zur baulichen Entwicklung der Palastvilla Loig bei Salzburg. In: F. Lang u. a., Hgg., Neue Forschungen zur ländlichen Besiedlung in Nordwest-Noricum. ArchaeoPlus, Schriften zur Archäologie und Archäometrie der Paris Lodron-Universität Salzburg 8 (Salzburg 2017) 75–91.

Hameter 1992: W. Hameter, Die norischen Inschriften Bayerns. Ungedruckte Dissertation Wien 1992.

Hampel 2014: U. Hampel, Neues zum Umfeld der sogenannten Palastvilla von Loig. In: Ein kräftiges Halali aus der Römerzeit! Norbert Heger zum 75. Geburtstag. ArchaeoPlus, Schriften zur Archäologie und Archäometrie der Paris Lodron-Universität Salzburg 7 (Salzburg 2014) 109–119.

Harl 2014: O. Harl, Hochtor und Glocknerroute. Österreichisches Archäologisches Institut, Sonderschriften 50 (Wien 2014).

Heger 1973: N. Heger, Salzburg in römischer Zeit. Salzburger Museum Carolino Augusteum, Jahresschrift 19, 1973.

Hell 1934: M. Hell, Frühkaiserzeitliche Hügelgräber aus Maxglan bei Salzburg. Mitteilungen der Anthropologischen Gesellschaft in Wien 64, 1934, 129–146.

Hell 1938: M. Hell, Salzburgs Urnenfelderkultur in Grabfunden. Wiener prähistorische Zeitschrift 25, 1938, 84–108.

Hell 1948: M. Hell, Funde der Bronzezeit und Urnenfelderkultur aus Marzoll, Ldkr. Berchtesgaden. Bayerische Vorgeschichtsblätter 17, 1948, 23–36.

Hell 1949: M. Hell, Romanisch-baiwarische Siedlungsfunde aus Grödig bei Salzburg. Archaeologia Austriaca 4, 1949, 116–121.

Hell 1968: M. Hell, Römersteine aus Fürstenbrunn und Niederalm. Mitteilungen der Gesellschaft für Salzburger Landeskunde 108, 1968, 367–371.

Hell 1977: M. Hell, Salzburgs Urnenfelderkultur in Grabfunden [Wiederabdruck von Hell 1938]. In: Gedenkschrift für Martin Hell. Mitteilungen der Gesellschaft für Salzburger Landeskunde, Ergänzungsband 6 (Salzburg 1977) 161–187.

Hemmers 2012: Chr. Hemmers, Römische Grabdenkmäler als Zeichen der Kulturgeschichte des nordwestlichen Noricums. Ungedruckte Dissertation Salzburg 2012.

Herberger 1942: V. Herberger, Marzoll (Ldkr. Berchtesgaden). In: Bericht der vor- und frühgeschichtlichen Abteilung für das Jahr 1938. Bayerische Vorgeschichtsblätter 16, 1942, 69.

Höglinger 2014: P. Höglinger, Keltische und römische Funde zwischen Hochtor und Karlstein/Salzburg. In: F. Lang, Hg., Colloquium Iuvavum 2012. Archäologie in Salzburg 8 (Salzburg 2014) 115–123.

---

[55] Ein offensichtlich aus dem Reichsosten stammender Dichter Diodoros, der sich selbst als solcher bezeichnet und für sein verstorbenes Söhnchen ein griechisches Grabgedicht verfasst hat, ist auch aus Westpannonien, aus Carnuntum bekannt; vgl. CIL III 11293 und dazu z. B. Betz 1966, 599, n.1.

[56] Eine Nymphengrotte mit einer darin aufgestellten Weihinschrift ist in etwas weiterem Umkreis in Tittmoning-Allmoning, am Abhang einer Terrasse über der Salzach, nachgewiesen; dazu Thüry 1984.

[57] Cumont 1966, 253–350; Marrou 1937, 231–257.

Huber 2017: L. Huber, Kaiserzeitliche Bestattungen „in villa" im Salzburger Flachgau. In: F. Lang u. a., Hgg., Neue Forschungen zur ländlichen Besiedlung in Nordwest-Noricum. ArchaeoPlus, Schriften zur Archäologie und Archäometrie der Paris Lodron-Universität Salzburg 8 (Salzburg 2017) 129–153.

IBR: F. Vollmer, Inscriptiones Bavariae Romanae (München 1915).

Kambylis 1965: A. Kambylis, Die Dichterweihe und ihre Symbolik (Heidelberg 1965).

Kellner 1960: H.-J. Kellner, Die Fundmünzen der römischen Zeit in Deutschland I, 1: Oberbayern (Berlin 1960).

Kellner 1963: H.-J. Kellner, Die römischen Mosaiken von Marzoll, Ldkr. Berchtesgaden. Germania 41, 1963, 18–28.

Kieslinger 1964: A. Kieslinger, Die nutzbaren Gesteine Salzburgs. Vierter Ergänzungsband zu den Mitteilungen der Gesellschaft für Salzburger Landeskunde (Salzburg – Stuttgart 1964).

Krammer 2012: A. Krammer, Kelten, Römer und Bajuwaren. Führer zu den vor- und frühgeschichtlichen Stätten im Reichenhaller Raum (Bad Reichenhall 2012).

Langmann 1958: G. Langmann, Die Archäologie des Bundeslandes Salzburg. Ungedruckte Dissertation Wien 1958.

Lieb 1999: [H. Lieb], In: AE 1999, n. 1213, 401 f.

Marrou 1937: H.-I. Marrou, ΜΟΥΣΙΚΟΣ ΑΝΗΡ (Grenoble 1937).

Narobe 1968: F. Narobe, Der Römerstein in Grödig. In: Festschrift zur Markterhebung von Grödig (Salzburg 1968) 41–43.

Ninck 1921: M. Ninck, Die Bedeutung des Wassers im Kult und Leben der Alten. Philologus, Supplementbd. 14,2 (Leipzig 1921).

Obermayr 1974: A. Obermayr, Römersteine zwischen Inn und Salzach (Freilassing 1974).

Otto 1955: W. F. Otto, Die Musen (Düsseldorf – Köln 1955).

Pauli – Ramstetter – Zander 2020: M. Pauli – K. Ramstetter – Ph. Zander, Altgrabung revisited – Römische Gräber im Langackertal bei Bad Reichenhall. Das archäologische Jahr in Bayern 2020, 95–98.

Pintz 2014: U. Pintz, FMRÖ Salzburg – Die Fundmünzen der Villa Loig und ihre Besonderheit, die Eisenmünzen. Dissertation Wien 2014; http: / / othes.uni-vie.ac.at / 36427/1 / 2014-12-22_0221188. pdf.

Pochmarski 2018: E. Pochmarski, Aschenkisten aus dem Territorium von Iuvavum. In: Faber Salisburgi. Festschrift Wilfried K. Kovacsovics. Salzburg Studien 18 = ArchaeoPlus, Schriften zur Archäologie und Archäometrie der Paris-Lodron-Universität Salzburg 10 (Salzburg 2018) 223–228.

Ries 2016: J. Ries, Unterwegs auf alten Trassen? – Überlegungen zu römischen Straßenverläufen in Maxglan (Salzburg) und dessen Umgebung. In: Römische Vici und Verkehrsinfrastruktur in Raetien und Noricum (München 2016) 130–137.

Ries 2018: J. Ries, Hat der Zufall gar System? Einige Ausführungen zu römerzeitlicher Infrastruktur und Raumnutzung im Umfeld von Iuvavum-Salzburg. Diomedes NF 8, 2018, 63–81.

Robinson 2011: B. A. Robinson, Histories of Peirene. A Corinthian Fountain in Three Millennia (Princeton 2011).

Schmitz 2009: W. Schmitz, Schwer lastet das Alter. Alte Menschen im archaischen und klassischen Griechenland. In: Alter in der Antike ([Ausstellungsbegleitbd.] Mainz 2009) 23–27.

Scholz 2016: M. Scholz, Monument für die Ewigkeit? Zur Beseitigung und Zerstörung von Grabdenkmälern vor dem Hintergrund des römischen Sakralrechts und das Ende des Zeilsheimer Grabbaus. In: P. Fasold u. a., Der römische Bestattungsplatz von Frankfurt am Main-Zeilsheim. Grabbau und Gräber der provinzialen Oberschicht. Schriften des Archäologischen Museums Frankfurt 26 (Regensburg 2016) 245–264.

Thüry 1972: G. E. Thüry, Ein römischer Münzschatzfund vom Untersberg bei Salzburg. Mitteilungen der Österreichischen Numismatischen Gesellschaft 17, 1972, 115–117.

Thüry 1984: G. E. Thüry, Das Nymphenheiligtum und die Baureste bei Allmoning. In: E. Keller, Hg., Tittmoning in römischer Zeit. Führer zu archäologischen Denkmälern in Bayern, Oberbayern 1 (Tittmoning 1984) 28–31.

Thüry 1996: G. E. Thüry, „Beschriften ließ den Stein..." Inschriftlich bekannte Persönlichkeiten der römischen Landbevölkerung an der unteren Salzach. In: E. M. Feldinger, Hg., Archäologie beiderseits der Salzach. Bodenfunde aus dem Flachgau und Rupertiwinkel (Salzburg 1996) 104–109.

Thüry 1999: G. E. Thüry, Epigraphische Notizen aus dem römischen Salzburg. In: M. Hainzmann, Hg., Votis XX solutis. Jubiläumsschrift der Archäologischen Gesellschaft Steiermark. Nachrichtenblatt der Archäologischen Gesellschaft Steiermark 1999, 295–302.

Thüry 2012: G. E. Thüry, Heimatbuch Ainring: Archäologie – von der Steinzeit bis ins Mittelalter (Ainring 2012).

Thüry 2013: G. E. Thüry, Das römische Salzburg. Die antike Stadt und ihre Geschichte. Salzburg Studien 14 (Salzburg 2013).

Thüry 2014: G. E. Thüry, Die Stadtgeschichte des römischen Salzburg. Befunde und Funde bis 1987. BAR International Series 2600 (Oxford 2014).

Thüry 2015: G. E. Thüry, Ein Dichterzitat aus dem römischen Wien und die Frage der Bildungszeugnisse auf Ziegeln. In: M. Scholz – M. Horster, Hgg., Lesen und Schreiben in den römischen Provinzen (Mainz 2015) 179–185.

Thüry 2016: G. E. Thüry, Die antike Münze als Fundgegenstand. Kategorien numismatischer Funde und ihre Interpretation (Oxford 2016).

Thüry 2017: G. E. Thüry, Götter, Geld und die Gelehrten. Fundmünzen als Quellen zur antiken Religion. Teil 3: Römermünzen am Großglockner. Passfunde der Ostalpen. Money Trend 49, 2017, Heft 5, 172–174.

Thüry 2019: G. E. Thüry, Bemerkungen zu einer Alphabetinschrift aus Weißenburg (Mittelfranken). Bayerische Vorgeschichtsblätter 84, 2019, 243–246.

Thüry – Stampfli 1988: G. E. Thüry – H. R. Stampfli, Zeugnisse der Bärenjagd im römischen Salzburg. Salzburger Museumsblätter 49, 1988, Nr. 1, 4–5.

Uhlir – Danner o. J.: Chr. Uhlir – P. Danner, Untersberger Marmor. Entstehung – Abbau – Verwendung – Geschichte (Norderstedt 2. Aufl. o. J.).

Wagner 1957: F. Wagner, Neue Inschriften aus Raetien. 37.–38. Bericht der Römisch-Germanischen Kommission 1956–1957, 215–264.

Weber 1918: F. Weber, Funde, Boden- und Namenaltertümer aus Oberbayern. Altbayerische Monatsschrift 14, 1917–18, 119.

Weber-Hiden 2018: I. Weber-Hiden, Inschriften auf Aschenkisten aus Iuvavum. Paläographische Beobachtungen und deren Relevanz für die Datierung. In: Faber Salisburgi. Festschrift Wilfried K. Kovacsovics. Salzburg Studien 18 = ArchaeoPlus, Schriften zur Archäologie und Archäometrie der Paris Lodron-Universität Salzburg 10 (Salzburg 2018) 331–338.

29.

Bettgeflüster in der römischen Provinz
Der Wortschatz des erotischen Lateins in Fibelinschriften

(Aus: Gymnasium 129, 2022, 143 ff.)

Abstract

Zu den Gegenständen, mit denen sich Liebende in römischer
Zeit beschenkten, gehörten auch beschriftete Fibeln. Ihre
Texte, die meist – mehr oder weniger ausdrucksstark – Liebe
gestehen bzw. um Gegenliebe werben, leisten einen Beitrag
zu unserem Wissen über das erotische Latein. Die vorliegende
Arbeit stellt die bisher bekannten erotischen Fibelinschriften
zusammen und untersucht ihr Vokabular.

1. Einführung

Was an bisherigen Zusammenstellungen und
Untersuchungen des lateinischen erotischen
Wortschatzes vorgelegt wurde, stützt sich auf Quellen
aus dem Süden des Römischen Reiches.[1] Gar nicht erst
in den Blick kam dagegen die Frage, ob nicht auch
Zeugnisse aus den nördlichen Provinzen zu unseren
Kenntnissen beitragen können; und nicht erwogen
wurde dabei auch, dass sich bei einer Erweiterung
des geographischen Betrachtungsraums vielleicht
regionale Unterschiede und Sondererscheinungen der
Erotiksprache nachweisen lassen würden.

Tatsächlich steht in den nördlichen Reichsprovinzen
ein recht umfangreiches und durch den Fortgang
der Forschung ständig weiter anwachsendes
Quellenmaterial zur Verfügung, das bisher nicht
systematisch erschlossen wurde. Diese Quellen sind
vor allem Kleininschriften, die sich auf Gegenständen
des täglichen Gebrauchs finden; so auf den
verschiedenen Arten von Objekten, die als Geschenke
unter Liebenden verwendet und mit einer billet-
doux-artigen Beschriftung versehen wurden.[2] Das
Material zusammenzustellen und aufzuarbeiten, wird
eine gemeinsame Zukunftsaufgabe von Epigraphik,
Philologie und Archäologie sein.

Einen kleinen Schritt in diese Richtung möchte die
vorliegende Arbeit tun. Sie will einen Überblick über
den erotischen Wortschatz speziell der Inschriften auf
römischen Fibeln geben. Die Fibel, die nicht in Mittel-
und Süditalien, wohl aber in nördlicheren Gebieten zu
den wichtigen Kleidungsaccessoires der römischen Zeit
gehörte, war dort ein recht beliebtes Liebesgeschenk.[3]
Das geht aus Inschrifttexten hervor, die Fibelfunde aus
Britannien, Gallien und dem Rhein- und Donauraum
tragen. Im Lauf jahrzehntelanger Auseinandersetzung
mit dem Thema – sie begann damit, dass 1968 ein
Fundstück des Augster Museums sein Interesse geweckt
hatte – sind dem Verfasser 100 einschlägige Fibeltexte
bekannt geworden.[4] Dabei ist aber zu bedenken, dass es
eine gewisse Dunkelziffer weiterer Stücke gibt und dass
die Zahl der Objekte durch Neufunde ständig zunimmt.

Das Vokabular der 100 erotischen Fibeltexte, die dieser
Arbeit zugrunde liegen, wird unten in Abschnitt 2
vorgestellt und besprochen. In Abschnitt 3 schließt sich
daran ein Katalog der Inschriften an. Eingeklammerte
Ziffern beziehen sich im Folgenden auf die Nummern
dieses Katalogs. Der Kommentar, der in Abschnitt 2
zu den Texten gegeben wird, beschränkt sich auf die
sprachlichen Aspekte; einer kulturgeschichtlichen
Einordnung und Auswertung soll hier nicht
vorgegriffen, sondern nur durch die Bereitstellung von
Quellenmaterial vorgearbeitet werden.[5]

Was ebenfalls in diesem Rahmen außer Betracht bleibt,
sind Fragen, die sich mit Form, Technik, Datierung,
Fabrikationsort und Verbreitungsradius der Fibeln
beschäftigen, die als Schriftträger dienten.[6] Auch in
dieser auf das Sprachliche fokussierten Arbeit sei aber
wenigstens angemerkt, dass es Fälle gibt, in denen die
spezielle Gestalt einer Fibel mit der Art und Aussage
ihrer Inschrift in Beziehung steht. Das gilt vor allem für
eine Gruppe von Fibeln, deren Form, wie zuerst Michel
Feugère erwogen hat, den Umriss eines Donnerkeils

---

[1] Speziallexika des erotischen lateinischen Wortschatzes sind Adams
1990; Montero Cartelle 1991; Pichon 1902; Pierrugues 1826; Vorberg o.
J.

[2] Über diese beschrifteten Liebesgeschenke überblicksmäßig Thüry
2004; 2008, 295–297; 2015, 57–69. – Einen Anhaltspunkt für die
Annahme einer zugleich magischen Bedeutung der Inschriften (so z.
B. Martin-Kilcher 1998, 153) kann der Verf. nicht erkennen; vgl. schon
Thüry 1991, 106 Anm. 23.

[3] Zum Verbreitungsgebiet der Fibeltracht A. Böhme-Schönberger,
Fibel und Fibeltracht § 31, in: RGA 8 (Berlin – New York 1994) 511 f.

[4] Das Augster Fundstück hat er später kommentiert in: G. E. Thüry,
„Amo te sucure". Bemerkungen zu einer Augster Fibelinschrift.
Jahresberichte aus Augst und Kaiseraugst 1, 1980, 97 f.

[5] Der vorliegende Aufsatz entstand als eine Vorarbeit zum
Abendvortrag des Grazer Kongresses „Instrumenta inscripta IX", der
im Mai 2020 stattfinden sollte, aber wegen der Covidpandemie auf
Mai 2022 verschoben wurde. Dieser Vortrag betrachtet das Thema aus
breiterer kulturgeschichtlicher Perspektive.

[6] Dazu überblicksmäßig Martin-Kilcher 1998.

wiedergeben dürfte. Feugère war sich seines Deutungsvorschlags zwar nicht sicher, weil er keine antike Quelle kannte, die Liebe und Blitz miteinander in Verbindung bringe.[7] Der Verfasser hat dann aber darauf hingewiesen, dass es durchaus Literaturstellen gibt (bei Achilleus Tatios, Heliodor, Artemidor und in den *Priapea*), die diese Verbindung herstellen und speziell die „Liebe auf den ersten Blick" mit einem Blitzschlag vergleichen.[8] Dazu kommt noch, dass die bildende Kunst einen Darstellungstyp des Eros mit dem Blitz kennt.[9] So kann wohl durchaus der Terminus der „Blitzfibeln" verwendet werden; und es scheint dazu gut zu passen, wenn beispielsweise die Blitzfibel 93 unseres Katalogs von einem „Brennen vor Liebe" spricht.[10]

2. Das Vokabular der Inschriften

2.1. Bezeichnungen für das Liebesgeschenk und seine Annahme

Die Fibel wird in den Inschriften nie einfach nur als „Geschenk", dafür aber mehrfach als „Unterpfand" bezeichnet. In einem der Texte heißt sie *arra amoris* (1), was nicht nur ein „Liebesunterpfand", sondern auch im Juristenlatein geradezu ein Begriff für ein Verlobungsgeschenk ist;[11] und acht weitere Texte nennen sie *pignus* (10, 57–62 und 75).[12] Neben der nur in einem einzelnen Fall belegten Wortverbindung *pignus amoris* (62) findet sich in vier oder fünf Texten der Ausdruck *pignus amore* (57–61), also „Unterpfand aufgrund der Liebe".

Die Annahme des Unterpfands ist das *accipere* (1) oder *escipere* (34–38 und 58–61). Die beschenkte Person soll es annehmen, sofern auch sie liebt (10, 59, 60 und 75). Wie die Vermeidung des unverbindlichen Wortes „Geschenk" und der auf die Annahme bezogene Konditionalsatz *si (me) amas* zeigt (10, 35–38, 59, 60, 67, 73 und 75), bekennt sich diese Person dadurch selbst zur Partnerschaft und legt sich – zumindest bis zu einem gewissen Grad – darauf fest.

2.2. Bezeichnungen der beschenkten Person

In einer Sammlung von Liebesinschriften wird man erwarten, einer größeren Anzahl von Bezeichnungen für die geliebte Person zu begegnen; und das heißt vor

allem: von Kose- und von Schmeichelnamen. Bei den Fibeltexten ist die Liste entsprechender Belege zwar vielgestaltig, aber nicht sehr lang. Sie umfasst folgende Ausdrücke:

adianto = keltisch „Liebling" (16);[13]
amica, „Freundin" (8, 17, 25) – dabei einmal aber als [-]*amica meis* (8), also als „Freundin für meine ganze Familie" (wobei der auch erotische Sinn des Wortes *amica* in diesem Fall nicht vollkommen sicher scheinen mag);[14]
amor, „Liebling", „Schatz" (76–78 und 82 – sofern es sich in diesen Inschriften jeweils um eine Anrede handelt);
domina, „Herrin" (27–30);
dulcis, „Süße(r)" (7 und 31–33);
flos amorum als Anrede für den Gegenstand einer großen Liebe (88 und 89);
vimpi = keltisch „die Hübsche" (18–21);[15] und
vita, „mein Leben" (22 und 94).

Außerdem wird in zwei Fällen (76 und 77) vielleicht auch *spes* = „Hoffnung" als Kosewort gebraucht.

Während *amor*, *dulcis*, *spes* und *vita* zu den geläufigen lateinischen Kosenamen gehören, ist *flos amorum* schon eine ungewöhnliche und bemerkenswerte Begriffskreation.[16] Als auffällig müssen aber auch zwei sprachliche Besonderheiten der Nordprovinzen hervorgehoben werden: nämlich das Auftreten lateinisch-keltischer Bilinguen. Sie verbinden den lateinischen Gruß *ave* mit den keltischen Koseworten *adianto* = „Liebling" und *vimpi* = „die Hübsche". *Vimpi* gehört mit vier Belegen zu den häufigeren Anredeweisen.

Die häufigsten lateinischen Anredeformen sind das Kosewort *dulcis* = „Süße(r)" und die Anrede *domina* = „Herrin", die wohl erst von der Liebesdichtung des 1. vorchristlichen Jahrhunderts als Bezeichnung der Geliebten aufgebracht worden war. Wörtlich genommen, drückt sie den seit der ausgehenden Republik gesteigerten Respekt vor der selbstbestimmter gewordenen römischen Frau aus.[17]

---

[7] Feugère 2010b.
[8] G. E. Thüry, Noch einmal zu den „coups de foudre gallo-romains". Instrumentum 37, 2013, 22.
[9] J. Nollé, Eros mit dem Blitz. Epigraphica Anatolica 4, 1984, 17–21.
[10] Weitere Blitzfibeln sind 22, 31, 36, 39, 40, 47, 53 und 72.
[11] A. Berger, Encyclopedic Dictionary of Roman Law. Transactions of the American Philosophical Society NF 43/2 (Philadelphia 1953) 367 und 713; ThlL II (Leipzig 1900–1906) 632, 52–65.
[12] Belege für *pignus* als Liebesunterpfand: ThlL X 1 (Berlin 1997–2010) 2123, 55 f. und 60–62; G. E. Thüry, „Pignus amoris." Zu einer neuen erotischen Geschenkinschrift. Römisches Österreich 26, 2003, 11 f.; Thüry 2004, 55 und 2008, 295 f. Anm. 3.

[13] P.-Y. Lambert, Inscriptions gallo-romaines. Études celtiques 40, 2014, 29–31.
[14] Delmaire 2002, 126 hält das „s" von *meis* für eine willkürliche Abkürzung und ergänzt sie zu *s(is)*. Da aber *meis* einen guten Sinn gibt (vgl. auch die Formulierung *spes meorum* in 82), berechtigt nichts zur Annahme einer willkürlichen Abkürzung.
[15] Zu *vimpi* P.-Y. Lambert bei Feugère – Lambert 2011, 149–151.
[16] *Amor*: G. Fridberg, Die Schmeichelworte der antiken Literatur (Dissertation Bonn 1912) 49 und 67. – *Dulcis* fehlt bei Fridberg; vgl. aber ThlL V (Leipzig 1909–1934) 2195, 22–41. – *Spes*: Fridberg 55–57 und 67. – *Vita*: ebd. 7 und 67 f. – *Flos amorum*: Eine ähnliche Formulierung ist die Anrede *amor amorum* auf einem Schreibgriffel aus Le Landeron in der Schweiz; Thüry 2015, 66 f.
[17] Zur Wortgeschichte von *domina* W. Stroh, Die Ursprünge der römischen Liebeselegie. Poetica 15, 1983, 205–246, hier 227; Thüry 2020, 168. Bei Thüry 173 f. auch eine Zusammenstellung der Belege des Begriffs in den Kleininschriften.

2.3. Sprachliche Anhaltspunkte für das Geschlecht der beschenkten Person

Nur in dreizehn Inschriften lassen sprachliche Kriterien klar das Geschlecht der beschenkten Person erkennen. In zwölf Fällen ist sie weiblich;[18] in lediglich einem Fall männlich. Der männliche Adressat (24) wird als *puer* bezeichnet (was natürlich auch der *puer* einer gleichgeschlechtlichen bzw. päderastischen Beziehung sein kann); die weiblichen Beschenkten erscheinen als *amica* (8, 17, 25), *domina* (27–30) oder keltisch *vimpi* (18–21: Der ebenfalls keltische Begriff *adianto* ist geschlechtsneutral).

2.4. Formulierungen von Grußbotschaften und Segenswünsche

Eine Teilgruppe der Fibelinschriften drückt Grußbotschaften oder Segenswünsche aus. In acht Fällen bestehen sie aus dem Wort *ave* = „grüß Dich" mit einem Zusatz, der am erotischen Kontext keinen Zweifel lässt. Es sind die Inschriften 17 (*ave amica mea* = „grüß Dich, meine Freundin") und 22 (*ave vita* = „Grüß Dich, mein Leben") sowie die lateinisch-keltischen Bilinguen 16 (*ave adianto* = „grüß Dich, Liebling") und 18–21 (*ave vimpi* = „grüß Dich, Du Hübsche").

Zu den Segenswünschen zählt dagegen die Inschrift *mihi valeas* bzw. *valias*, das heißt etwa: „für mich sollst Du gut auf Dich achten" (47, 48). Dass es sich auch dabei um die Beschriftung eines Liebesgeschenks handeln dürfte, ist eine Annahme, zu der in einem Fall (bei Text 47) die Form des Schriftträgers passt; er gehört zu den Blitzfibeln, von deren erotischer Symbolbedeutung oben in Abschnitt 1 die Rede war.

Ebenfalls Segenswünsche bringen zwei Formulierungen zum Ausdruck, die das Verb *vivere* verwenden: *Dulcis, vivas* („Schatz, genieße das Leben!", 33) und *vivas ut vivam* („hab Freude am Leben, damit auch ich sie habe!", 99). Allerdings ist nicht auszuschließen, dass eine Fibel mit einer solchen Aufschrift nicht ein *pignus amoris*, sondern ein Verwandtengeschenk war.

2.5. Ausdrücke höchster Wertschätzung

Dass die Liebe nicht blind und die Partnerwahl glücklich, ja die einzig richtige ist, drückt die schon in Abschnitt 2.2 erwähnte Wendung *tu es flos amorum* (88, 89) aus, die sich etwa übersetzen ließe mit: „du bist das Beste, was man lieb haben kann", „Du bist die große Liebe".[19]

In ein Kompliment kleiden die Liebenden ihre höchste Wertschätzung auch in einigen anderen Inschriften.

In vier Fällen lautet es *iudicio te amo* (43–46), also – frei übersetzt – „ich weiß genau, was ich an Dir habe – und deshalb liebe ich Dich." In zwei weiteren Texten beschränkt sich die gleiche Aussage auf die Ein-Wort-Formel *iudicio* (41, 42). In der Literatur ist dazu die Äußerung des Seneca zu vergleichen: *sapiens vir iudicio debet amare coniugem, non affectu.*[20]

Den gleichen Sinn wie die *iudicio*-Inschriften enthält schließlich ein Satz, der bisher nur einmal belegt ist: *non pecat qui te amat* (55; siehe dazu unten in Abschnitt 2.7).

2.6. Erwähnungen explizit von „Hoffnungen"

Eine gewisse Rolle spielt im Vokabular der Fibelinschriften der Hoffnungsbegriff, der Begriff der *spes*. In einem der Texte heißt es so: *spes amas* = „meine Hoffnung ist, dass Du mich liebst" (86). Einige andere Inschriften können bzw. müssen dahingehend verstanden werden, dass die Liebe Hoffnung für die Zukunft bedeute (76–78 und 81; wobei *spes* in 76 und 77 auch als schmeichelnde Anrede gelesen werden kann).

Doch mit dem *spes*-Begriff verbindet sich noch mehr. *Spes* ist zugleich gern die Hoffnung auf Nachkommenschaft.[21] Wenn daher eine Inschrift lautet: *spes meorum* = „Du bist die Hoffnung meiner Familie" (82), dann wird auch diese Bedeutung mitschwingen.

2.7. Verben des erotischen Lateins

Das häufigste Verb der Erotiksprache ist in den Fibelinschriften – man möchte sagen: natürlich – *amare*. Es begegnet häufig in der ersten Person und im Imperativ – beides auch zu einem Paar von Geständnis und Bitte miteinander verbunden (*amo*: 6, 7, 11–14, 28–31, 39, 40, 44–46. – *ama*: 2–7 und 23. – Beide Formen als Paar: 6 und 7). Sehr beliebt sind aber auch Texte mit dem Konditionalsatz (der mitunter fast kausale Bedeutung gewinnt) *si amas* bzw. *si me amas*.[22] Unter dieser Voraussetzung wird in vielen Fällen um Geschenkannahme gebeten (darüber oben Abschnitt 2.1). In anderen Fällen soll die beschenkte Person dagegen entweder ein bestimmtes Verhalten an den Tag legen (*aperire, basiare, dare, obstipere, servare fidem, spectare, succurrere, venire*; zu diesen Verben weiter unten); oder es wird ihr versichert, dass durch die eingegangene Verbindung Zukunftshoffnungen bestünden (76–78 und 81); oder es heißt schließlich auch, dass im Fall erwiderter Liebe die der schenkenden Person noch größer sei (*si amas ego plus*: 68–71).

---

[18] Text 1, der das Liebesgeschenk *arra* nennt, wird hier als Hinweis auf das weibliche Geschlecht der beschenkten Person mitgerechnet.
[19] Vgl. dazu o. Anm. 16.

[20] Seneca fragm. 85 Haase. Für den freundlichen Hinweis auf die Stelle dankt der Verf. herzlich Frau Mag. Simone Karlhuber-Vöckl.
[21] Thüry 2004, 59 und 2013, 556–558.
[22] Konditionalsätze mit eigentlich kausalem Sinn sind auch ein Mittel der modernen Werbesprache: L. Kerstiens, Das werbende Sprechen. Zeitschrift für deutsche Sprache 26, 1970, 137 f.

Hinzu kommen noch einige weitere Formen von *amare*, etwa im Partizip (8, 10, 83–87). Und da das Verb *amare* durch seine häufige Verwendung als eine etwas zu abgegriffene Münze erscheinen konnte, um damit leidenschaftliche Liebe zu signalisieren, wurde es mitunter auch durch den bekräftigenden Zusatz *ita vivam* = „so wahr ich lebe/und so will ich leben" verstärkt (12 und 13).

Außer *amare* mit seinen verschiedenen Formen finden sich in den Fibelinschriften nicht weniger als 18 weitere Verben mit teils sicherer, teils möglicher erotischer Bedeutung. Sie lohnen einen ausführlichen Kommentar und sollen im Folgenden Fall für Fall besprochen werden. Es sind Formen von:

a. *aperire*. In den Lexika ist in erotischem Kontext nur das Passivpartizip des Verbs nachgewiesen.[23] Die Formulierung *aperi si amas* (15) wird sich aber nicht nur auf das Öffnen der Haus- und Zimmertür beziehen, sondern dürfte mehrdeutig sein.[24] Dann ist wohl auch zu verstehen: „Wenn Du liebst, dann zieh Dich aus/bitte zieh Dich aus" bzw.: „Wenn Du liebst, dann sei bereit zum Coitus."

[b. *ave*. Dass bei der Verwendung der Grußformel in den Inschriften 16–22 mitempfunden werden konnte, dass *ave* auch der Imperativ zu *avere* = „begehren" ist, wird man in Anbetracht der gesuchten Ausdrucksweise und der vor allem poetischen Verwendung von *avere* eher nicht annehmen.]

c. *basiare*. Eine der Inschriften bittet mit dem Verb *basiare* um Küsse (74).

d. *commendare amicitiam*. Was mit der Formulierung *Comendo tibi amicitiam ama* (23) „empfohlen" oder „geraten" wird, ist – wie der Zusatz *ama* zeigt – nicht einfach nur „Freundschaft", sondern *amicitia* im Sinn von „Liebe".[25]

1. e. *dare*. In mehreren Fibeltexten begegnet das absolut gebrauchte Verb *dare* (25, 26, 72, 95, 96 und wohl auch 94 und 98), das nach literarischen Zeugnissen ein Begriff der Erotiksprache ist und „sich hingeben" bedeutet.[26] Die Bitte darum soll nach Text 25 „schnell" in Erfüllung gehen; und Text 26 mahnt mit dem Slogan: *da si das* einen nicht zu zimperlichen Sex an. Dass die Inschrift

auf einer Fibel von Klappmesserform angebracht ist, stellt einmal mehr einen Zusammenhang zwischen Text und Objektform dar. Sie gehört in den Bereich einer Sexualsymbolik, die den Phallus mit einer Waffe vergleicht, und spielt zudem auf den „erektiven" Charakter des Klappmessers an.[27]

Auf eine sehr ähnliche Textaussage läuft hinaus, was der Verfasser aufgrund einer veröffentlichten Aufnahme auf der Fibel 72 lesen möchte. Die bisher ungedeutete Inschrift lautet eindeutig: *si das acie iam*. Parallelen zu dieser Formulierung scheint es zwar nicht zu geben; aber der Sinn dürfte klar sein. Das Wort *acies* bezeichnet ja die Schärfe einer Waffe; und etwas *acie* zu tun, wird im übertragenen Sinn so viel bedeuten wie „mit aller Schärfe", „schneidig".[28] So ergibt sich wohl die Übersetzung: „Wenn Du's tust, dann richtig wild."

f. *deridere*. Einige der Fibelinschriften (28–30) drücken mit *deridere* das Desinteresse eines Liebenden an allen Frauen mit Ausnahme nur seiner Partnerin (oder erhofften Partnerin) aus. Übereinstimmend steht das Verb auf diesen offensichtlich werkstattgleichen Fibeln in der 1. Person Präsens, die aber jeweils inkorrekt (nämlich nach der 3. Konjugation) gebildet wird.

g. *excipere/escipere*. Auf einer Anzahl von Fibeln ist von einem *pignus escipere* die Rede (58–61). Das Verb bezeichnet also die Annahme des Liebesunterpfands und kann auch nur so verstanden werden. In einigen anderen Fällen ist das Objekt *pignus* aber nicht ausdrücklich genannt; die Texte lauten nur *escipe* (34) oder *escipe si amas* (35–38). Obwohl auch hier das Objekt *pignus* hinzuzudenken ist, könnten diese Formulierungen eine Doppeldeutigkeit entstehen lassen; zumindest verwendet Horaz *excipere* einmal für das Empfangen der *verbera caudae* bei der Penetration.[29]

h. *miscere*. Die zweideutige Vokabel bezeichnet in der Literatur ebenso das Mischen von Wein wie die sexuelle Vereinigung. Wie in der „bacchischen" Verwendung wird es auch in der erotischen mit dem Dativ verbunden.[30] Die Fibelinschrift *misce mi* (49 und 50) kann also

---

[23] Pichon 1902, 87; ThlL II (Leipzig 1900–1906) 214, 55 f.; 221, 35–37 und 41–44; 222, 37.
[24] Mehrdeutigkeit ist fast ein Grundprinzip der Inschriften auf Liebesgeschenken; vgl. dazu Thüry 1994.
[25] Zu *amicitia* = „Liebe" Pichon 1902, 85.
[26] Montero Cartelle 1991, 204–206; Pichon 1902, 122; Pierrugues 1826, 165; ThlL V 1 (Leipzig 1909–1934) 1673, 9–42; Vorberg o. J., 135. Zum absoluten *dare* in Kleininschriften Thüry 2004, 56 f.

[27] Zu Belegen dieser Symbolik im antiken Rom vgl. G. E. Thüry, Ein phallischer Mörserstößel aus Carnuntum. Carnuntum Jahrbuch 1997, 104 f.; Thüry 2004, 60; 2013, 551 Anm. 7.
[28] Einige übertragene Verwendungen von *acies* verzeichnet ThlL 1 (Leipzig 1900) 400, 54–57 und 65 f.
[29] Horaz, *Sermones* 2,7,49.
[30] Zum erotischen *miscere* mit Dativ Adams 1990, 180. Adams 215 hält den Ausdruck mit zweifelhaftem Recht für gehoben. – Zu *miscere* in den Fibelinschriften Thüry 1994, 85 f.

beides zugleich bedeuten. Das gilt aber auch für *misce sitio* auf den Fibeln 51–54; denn *sitire* (s. u.) ist ein Ausdruck nicht nur für das Durstigsein, sondern außerdem für sexuelles Verlangen.

i. *obstipere/obstupere.* Mit dem Text der Fibelinschrift *opstipe si amas* (56) hat sich vor Jahren der Verfasser auseinandergesetzt. Für die erotische Bedeutung des Verbs verwies er darauf, dass *stupere* und *obstipere/obstupere* ein Erstarrtsein vor Staunen und Bewunderung ausdrücken können, wie es beim Sich-Verlieben „auf den ersten Blick" auftritt.[31] Übersetzen ließe sich der Text daher mit: „Du sollst erstarren vor Liebe/Wenn Du liebst, dann sollst Du starr vor Liebe dastehen." Das erinnert an den Vergleich des Sich-Verliebens mit dem Blitzeinschlag, den auch die Blitzfibeln andeuten. Das „Starrsein" könnte zugleich aber auf die männliche Erregung anspielen.

j. *peccare.* Wie der Verfasser schon an anderer Stelle dargelegt hat, ist die Inschrift *non pecat qui te amat* (55) zweideutig.[32] Sie kann dahingehend aufgefasst werden, dass es gar nicht falsch sein könne, gerade eine solche Partnerwahl zu treffen; und sie kann ebenso den Sinn der Aussage transportieren: „Wer jemanden wie Dich liebt, der bleibt ihm treu."

k. *rogare.* Die in den Inschriften mehrfach belegte Vokabel *rogare* (24, 32, 64, 65, 100) kann natürlich Bitten aller Art zum Ausdruck bringen. Wenn das Wort in der Literatur aber in erotischem Zusammenhang vorkommt, gewinnt es leicht und ohne weitere Erklärungen die Bedeutung einer Aufforderung zur Tat oder eines Antrags (bei Calpurnius übrigens auch eines Antrags einer Frau an einen Mann).[33] Zu den Belegen in der Literatur gesellen sich auf den Fibeln die Texte *dulcis rogo te* (32) und *rogo ut ames* (64, 65).

l. *servare fidem.* Zur Liebe gehört das Thema des Bewahrens von Treue (66), für das auch literarisch das Verb *(con)servare* verwendet wird.[34]

m. *sitire.* In Kleininschriften wie in der Literatur steht *sitire* auch für den sexuellen Appetit.[35] Auf den Fibeln 51–54 ruft die Verbindung von *sitio* mit der ebenfalls zweideutigen Aufforderung *misce* (s. o.) gleichzeitig den Gedanken an Liebes- und an Weingenuss hervor.

n. *spectare.* Die Fibelinschrift *specta si amas* (80), deren Lesung sich als schwierig erwies und längere Zeit nicht gelang, ist ein epigraphischer Beleg für das literarisch bezeugte *spectare* im Sinn eines liebevollen/bewundernden Anblickens.[36] Eine freie Übersetzung des Textes wäre also: „Wenn Du mich liebst, schau mich mit Liebe an"; oder: „Zur Liebe gehört Bewunderung."

o. *succurrere.* Die erotische Bedeutung des Verbs *succurrere* = „die Leidenschaft stillen" hat der Verfasser in früheren Arbeiten nachgewiesen.[37] Der entsprechenden Verwendung des Wortes (14 und 83–87) liegt die Vorstellung zugrunde, von der Liebe Überwältigte seien ohne den Gegenstand ihrer Liebe in einer trostlosen Lage; und nur er könne sie – dem Grundsatz ὁ τρώσας καὶ ἰάσεται entsprechend – wieder daraus befreien.[38]

p. *uri.* Feuer und Flammen, „anmachen" und brennen spielen und spielten in der Symbolsprache der Liebe eine große Rolle.[39] So ist in der Literatur wie auf einigen Fibeln vom *uri amore* = „Brennen vor Liebe" die Rede.[40] Das *uror amore tuo* der Texte 90–93 könnte dabei auch ein Zitat etwa einer Pentameterhälfte aus der Dichtung sein.

q. *velle.* Ein etwas ungewöhnliches Liebesbekenntnis ist der Satz: *Quod vis, ego volo* (63) = „Was Du willst, das will auch ich." Für die Interpretation kommen hier zwei Möglichkeiten in Frage. Einerseits kann es im Text um völlige Harmonie und Übereinstimmung zwischen den Liebenden gehen. Andererseits kann sich das gemeinsame „Wollen" aber auch – wie in der Literatur – speziell auf die Erfüllung der erotischen Wünsche beziehen.[41] Die zweideutige Formulierung lässt beide Interpretationen zu.

---

[31] Thüry 1991, 99–101; 2015, 61 f. Vgl. die antiken Stellen über das Staunen als Anfang der Liebe bei K. Kost, Musaios, Hero und Leander (Bonn 1971) 289.

[32] Thüry 1994, 92 f. – Zum erotischen *peccare* Pichon 1902, 227 f.; Pierrugues 1826, 382.

[33] Literarische Belege: Pichon 1902, 254; Pierrugues 1826, 439 f.; Vorberg o. J. 563. – *Rogare* von der Frau: Calpurnius 3,25.

[34] Pichon 1902, 262.

[35] Für die Literatur vgl. Pichon 1902, 264; für die Kleininschriften Thüry 1994, 85 und 87.

[36] Zur „Deutungsgeschichte" der Fibel Thüry 2013, 556. Zum erotischen *spectare* Pichon 1902, 266 f.

[37] Thüry (o. Anm 4); Thüry 1991, 96–99 und 2004, 59. Zu den dort beigebrachten Belegen kommt noch die Martialstelle 11,73,4. – Vgl. den analogen Wortgebrauch von *subvenire* bei Apuleius, *Metamorphoses* 2,16,5.

[38] Diese Vorstellung bringen deutlich auch Apuleius, *Metamorphoses* 2,7,7 und Longos 2,7,7 zum Ausdruck.

[39] Thüry, Mörserstößel (Anm. 27) 104 f.; Thüry 2004, 58 f. und 2015, 49–51.

[40] Für die Literatur vgl. Pichon 1902, 301; Vorberg o. J. 666.

[41] Literaturbelege: Pichon 1902, 288. – Zur Deutung des Textes 63 Thüry 2004, 62.

r. *venire*. *Venire* ist eines von mehreren Verben, die das Sich-Einstellen zum Rendezvous meinen können.[42] Der deutsche erotische Ausdruck „kommen" gehört dagegen nicht zu seinen nachweisbaren Bedeutungen; und falsch ist auch die von Wullschleger und Scholz vorgeschlagene Übersetzung des *venire* der Fibelinschriften mit „jmd. verfallen".[43] Wenn das Handwörterbuch von Klotz für *venire* die Bedeutung „verfallen" angibt, so ist damit ja nicht das Verfallensein gegenüber einer Person, sondern das Verfallen in einen näher zu bezeichnenden Zustand gemeint.[44] Das kann zwar auch der Zustand der Freundschaft sein (Klotz erwähnt *venire in amicitiam* oder *in familiaritatem*); aber dazu bedarf es eben eines entsprechenden erklärenden Zusatzes. In den Fibelinschriften 78, 94–96 und 98 kann mit *venire* daher nur ein Kommen und Sich-Treffen gemeint sein.

s. *vincere*. Leider nur fragmentarisch erhalten ist die Inschrift 97, die mit der Form *vicit* beginnt. So bleibt hier unklar, ob sie die Liebe meint, die gesiegt hat, oder ob sie – eine Ausdrucksweise, für die es Parallelen gibt – von einem „Sieg" der geliebten Person sprach.[45]

2.8. Aus dem Rahmen des Üblichen fallende Texte

Zwei Inschrifttexte, die in ihrer ganzen Art aus dem Rahmen fallen, verdienen es, etwas eingehender besprochen zu werden. Der erste umrahmt auf einer Scheibenfibel das Bild eines Gorgonenhaupts und richtet an die Adresse der Fibel die Worte (24): *Concepes raca(m) pue[r]o rogat Perseus* = „halte für den jungen Mann das Gewand fest! Das bittet dich Perseus." Das Gorgoneion unterstreicht das apotropäisch und soll so zu verhindern helfen, dass Gewand und Treue – sei es die des jungen Mannes oder die seiner Liebe – zu Fall kommen.[46]

Der zweite hier zu besprechende Fall sind zwei Blitzfibeln mit der Aufschrift *irascor et amo* (39 und 40) = „ich bin wütend; und doch liebe ich Dich." Die Blitzsymbolik passt dabei ebenso zur Wut wie zur Liebe. So gut man diesen Zwiespalt der Gefühle aus Leben und Dichtung kennt (vgl. für die Dichtung *odi et amo* bei Catull 85), überrascht der Satz als Aufschrift eines Geschenkes. Jemandem eine solche Fibel zu verehren, wird aber bedeuten, dass man trotz eines Zorns, den man deutlich zur Sprache bringen möchte, doch Versöhnungsbereitschaft signalisiert und sich auch weiter zur Liebe bekennt.

2.9. Metrische Formulierungen

Schon Alexander Riese hat darauf hingewiesen, dass mehrere der hier zusammengestellten Texte als metrisch gelesen werden können.[47] So betrachtet, sind z. B. *iudicio te amo* (43–46), *pignus amoris habe* (62) oder *uror amore tuo* (90–93) Teile von Hexametern oder Pentametern. Mag es sich im Einzelfall auch nur um Zufallsprodukte handeln, dürfte hier doch teilweise Absicht und bei diesem oder jenem Text vielleicht ein Dichterzitat vorliegen. Das kann natürlich auch ein Zitat in leicht abgewandelter Form sein. So hat Riese für *uror amore tuo* an das *uror amore* in der *Ciris*-Stelle 259 als mögliche Vorlage gedacht;[48] und die Fibelwidmung *pignus amoris habe* entspricht fast genau den ovidischen Pentameterschlüssen *pignus amoris habet* (*Heroides* 4,100) oder auch *pignus amantis habes* (*Heroides* 15,104).

2.10. Nicht-lateinisches Vokabular

Wie gesagt: Interessant ist, dass im bisher bekannten erotischen Vokabular der Fibelinschriften die beiden keltischen Formen *adianto* und *vimpi* auftreten und dass die betreffenden Texte nicht einsprachig keltisch, sondern Bilinguen sind. Mit der Existenz auch noch weiterer keltischer „Eindringlinge" im lateinischen Erotikvokabular zumindest der Nord-Westprovinzen muss gewiss gerechnet werden. Was auf Fibeln dagegen fehlt – jedenfalls bisher fehlt –, sind griechische Ausdrücke der Erotiksprache, wie sie in Italien beliebt waren und vielleicht auch im Süden Galliens mit seinen intensiven Beziehungen zur griechischen Kultur vorkamen.[49]

3. Katalog der Fibelinschriften[50]

Vorbemerkung. Bei Rundinschriften mit Imperativ wird die Lesung jeweils mit dieser Form begonnen. – Abkürzungen: Fo = Fundort (Länderabkürzungen

---

[42] Adams 1990, 176; Montero Cartelle 1991, 203 Anm. 2; Pichon 1902, 289; Pierrugues 1826, 504; Thüry 2020, 167. Bei Thüry 2020, 170 und 174 f. auch eine Sammlung der Belege des Wortes in erotischen Kleininschriften.

[43] M. Wullschleger, Eine römische Fibel mit Liebesinschrift aus der Scharlenmatte in Flumenthal. Archäologie und Denkmalpflege im Kanton Solothurn 13, 2008, 44 f.; M. Scholz, Tumbe Bauern? Zur Schriftlichkeit in ländlichen Siedlungen in den germanischen Provinzen und Raetien. In: M. Scholz – M. Horster, Hgg., Lesen und Schreiben in den römischen Provinzen (Mainz 2015) 82.

[44] R. Klotz, Handwörterbuch der lateinischen Sprache 2 (Braunschweig 5. Aufl. 1874) 1774.

[45] Zu den Parallelen G. E. Thüry, Die Palme für die „domina". Masochismus in der römischen Antike. Antike Welt 32 (Darmstadt 2001) 574 f.; ders., Ein Fund von Rhônekeramik aus Xanten. Xantener Berichte 30, 2017, 162–165.

[46] Zur Deutung der Inschrift vgl. Becker – Scholz – Vollmer 2012, 136; Becker – Scholz 2014, 178.

[47] A. Riese, Das rheinische Germanien in den antiken Inschriften (Leipzig – Berlin 1914) 429.

[48] Riese (Anm. 47) 428.

[49] Griechisches Bettgeflüster in Italien beliebt: Iuvenal 6,185–196.

[50] Im Katalog nicht berücksichtigt wurden Geschenkinschriften, bei denen ein Bezug auf ein Liebesverhältnis zwar nicht ausgeschlossen, aber doch sehr ungewiss scheint (Beispiele: *ab aquis (Aquis?) venio*; *ave sorori*; *ave te*; *memini*; *spes*).

wie im Verkehrswesen). Fibeltypen: HBB = Hülsenscharnierfibel mit bandförmigem Bügel; SBP = Scharnierfibel mit Bügelplatte und profiliertem Fuß; SF = Scheibenfibel; T ? = Typ unbekannt. – Literaturbelege von häufiger besprochenen Funden werden nur auswahlweise gegeben.[51]

1. *Accip / e arra(m) / amo / ris.* Fo: Trier (Rheinland-Pfalz). SBP. – Freundliche Mitteilung Dr. Jean Krier.

2. *Ama me.* Fo: Beuningen (Gelderland NL). SF. – Martin-Kilcher 1998, F 3.

3. *[A]ma me.* Fo: Grafschaft Norfolk (GB). SF. – RIB II 3, 2421.1; Martin-Kilcher 1998, F 1.

4. *Ama me.* Fo: ? SF. – G. Dilly, Les fibules gallo-romaines du Musée de Picardie. Revue archéologique de Picardie 5, 1978, 170 und Taf. VII 51; Martin-Kilcher 1998, F 2.

5. *[Am]a me (e beschädigt).* Fo: ? SF. – Lesung nach der Abb. in http:// artefacts.mom.fr/fr/result. php?id=FIB-4430; Abruf 10.2.2022.

6. *[Ama] me a[mo] te.* Fo: Basel (CH). Sandalenfibel. – Lesung/Ergänzung: W. Barthel, Einzelfunde. In: L. Jacobi, Das Kastell Zugmantel. Der Obergermanisch-Raetische Limes B, Nr. 8 (Berlin – Leipzig 1937) 82, Anm. 1. Vgl. E. Ettlinger, Die römischen Fibeln in der Schweiz (Bern 1973) 127 und Taf. 14.25.

7. *Ama / me du / lcis a / mo.* Fo: Altötting (Bayern). SF. – F. Bierwirth, Bayerische Vorgeschichtsblätter, Beiheft 10 (München 1997) 156 mit Abb. 99.1, 171; ILGI 11. Thüry 2008, 296 f. und 2013, 560, Tab. 3.4.

8. *Amanti s / uccurri.* Fo: Harburg-Großsorheim (Bayern). Kniefibel mit halbrunder Kopfplatte. – W. Czysz, Kleine Fibel, große Liebe: Eine Inschrift aus der römischen Villa von Großsorheim. Das archäologische Jahr in Bayern 2000, 69 f.; ILGI 129; Thüry 2013, 560, Tab. 3.2.[52]

9. *[-] amica meis.* Fo: Templemars (Nord F). HBB. – Delmaire 2002.

10. *Amore amanti s[i a]mas pignus.* Fo: Bei Budapest (H). SF. – G. E. Thüry, „Pignus amoris". Zu einer neuen erotischen Geschenkinschrift. Römisches Österreich 26, 2003, 11 f.; Thüry 2004, 55 und 2013, 553, Tab. 1.9.

11. *Amo te.* Fo: Orange (Vaucluse F). T ? – CIL XII *5698.19.

12. *Amo te ita viva(m).* Fo: Wiesbaden (Hessen). HBB. – Martin-Kilcher 1998, B 3.

13. *Amo te ita viva(m).* Fo: ? HBB. – M. Bloier, Hg., Fibeln. Schriften der Museen Weißenburg 1 (Weißenburg 2018), n. 91.

14. *Amo te sucure.* Fo: Augst (Basel-Landschaft CH). HBB. – Thüry (o. Anm. 4); Thüry 2004, 59.

15. *Aper / i si a / mas.* Fo: Chaintrix-Bierges (Marne F). SBP. – Feugère 2010a, 315–317; Thüry 2013, 553, Tab. 1.10.

16. *Ave adianto.* Fo: Saint-Germain (Aube F). Sandalenfibel. – Feugère 2010a, 319 f.; Interpretation korrigiert durch P.-Y. Lambert, Inscriptions gallo-romaines. Études celtiques 40, 2014, 29–31.

17. *Ave / amica / mea.* Fo: Bayard-sur-Marne-Gourzon (Haute-Marne F). SBP. – CIL XIII 10027.154; Feugère – Lambert 2011, 248; Martin-Kilcher 1998, A 2.

18. *Av(e) vimpi.* Fo: Cirencester (Gloucestershire GB). HBB. – RIB II 3, 2421.41; Feugère – Lambert 2011, 148; Martin-Kilcher 1998, B 1.

19. *Ave vimpi.* Fo: Laon (Aisne F). Sandalenfibel. – Feugère 2010a, 319; Feugère – Lambert 2011.

20. *Ave vi(m)pi.* Fo: Reims (Marne F). SF. – CIL XIII 10027.155; Feugère – Lambert 2011, 148; Martin-Kilcher 1998, E 1.

21. *[Ave] vimpi.* Fo: NL. HBB. – http://artefacts.mom. fr/fr/result.php?id=FIB-4427; Abruf 8.2.2022.

22. *Ave vita.* Fo: Besançon (Doubs F). Blitzfibel. – Feugère 2010b, n. 7.

23. *Comendo tibi amiciti(am) ama.* Fo: Romilly-sur-Seine (Aube F). HBB. – Feugère 2010a, 315 f. (mit anderer Ergänzung).

24. *Concepes raca(m) pue[r]o rogat Perseus.* Fo: Hungen-Inheiden (Hessen). SF mit zentralem Glasrelief eines Gorgonenhaupts. – Becker – Scholz – Vollmer 2012; Becker – Scholz 2014.

25. *Da cito amica.* Fo: Mandeure (Doubs F). HBB. – A. Böhme, Die Fibeln der Kastelle Saalburg und Zugmantel. Saalburg-Jahrbuch 29, 1972, 56 (Lesung unzutreffend); Martin-Kilcher 1998, B 4. Lesung nach Bild eindeutig: http://artefacts. mom.fr/fr/result.php?id=FIB-4427; Abruf 11.2. 2022.

26. *Da si das.* Fo: Sand-Ehl (Bas-Rhin F). Fibel in Klappmesserform. – Martin-Kilcher 1998, E 2; Thüry 2004, 60; 2013, 555, Tab. 1.22; 2015, 48.

27. *Domina.* Fo: Roizy (Ardennes F). Ovale SF. – Feugère 2010a, 315 f. und 318 f.

28. *Domina te amo alias derido.* Fo: Güglingen (Baden-Württemberg). O-Fibel. – Diese Lesung zuerst bei Thüry 1994, 87 Anm. 14; 2015, 60 f.[53] Vgl. W. Eck, Annäherung an eine Frau: DOMINA TE AMO ALIAS DERIDO. Rheinisches Museum für Philologie NF 160, 2017, 109 f.; Thüry 2020, 173 f.

29. *Domina te amo alias derido.* Fo: Titz-Hasselsweiler (Nordrhein-Westfalen). SF. – K. Scherberich – J. Wagner – M. Perse, Ein Liebesbeweis am

---

[51] Auf einige Literaturhinweise, die der Verf. gerne hinzugefügt hätte, musste wegen der pandemiebedingt erschwerten Literaturbeschaffung verzichtet werden.

[52] Eine Lesung *succurre* kommt nach einer von Herrn Prof. Dr. Czysz † freundlich übersandten Aufnahme nicht in Frage.

[53] Nach erneuter Prüfung liest der Verf. entgegen seiner früheren Wiedergabe der Verb-Endung aber *derido*.

30. *Domina te amo alias derido.* Fo: ? SF. – Eck (wie o. n. 28) 110 f.; Thüry 2020, 174.

31. *Dulcis amo te.* Fo: Beauvois-en-Vermandois (Aisne F). Blitzfibel. – Feugère 2010b, n. 3.

32. *Dulcis rogo te.* Fo: Treignes (Namur B). S-Fibel. – Fontaine 2012, 28–32; Martin-Kilcher 1998, C 8 (Lesung hier nicht komplett).

33. *Dulc / is vi / vas.* Fo: Bavay (Nord F). SBP. – CIL XIII 10027.157; Delmaire 1999, 199; Martin-Kilcher A 3.

34. *Esc / ipe.* Fo: ? SF. – E. v. Patek, Verbreitung und Herkunft der römischen Fibeltypen von Pannonien. Dissertationes Pannonicae II 19 (Budapest 1942), Taf. 15.25.

35. *Escipe si amas.* Fo: Étaples (Pas-de-Calais F). HBB. – CIL XIII 10027.158; Delmaire 1999, 199; Martin-Kilcher 1998, B 5; Thüry 2013, 553, Tab. 1.3.

36. *Escipe si amas.* Fo: Bayard-sur-Marne-Gourzon (Haute-Marne F). Blitzfibel. – Feugère 2010b, n. 4; Martin-Kilcher 1998, D 1; Thüry 2013, 554, Tab. 1.12.

37. *[Es]cip[e si ama]s.* Fo: Horbourg-Wihr (Haut-Rhin F). HBB. – Http:// artefacts.mom.fr/fr/result. php?id=FIB-4427; Abruf 7.3.2020.

38. *Escipe si amas.* Fo: Treignes (Namur B). S-Fibel. – Fontaine 2012, 28–30 und 32; Martin-Kilcher C 7; Thüry 2013, 554, Tab. 1.13.

39. *Irascor et amo.* Fo: Bayard-sur-Marne-Gourzon (Haute-Marne F). Blitzfibel. – Feugère 2010b, n. 5; Martin-Kilcher 1998, D 2.

40. *Irasco[r et amo].* Overbetuwe (Gelderland NL). Blitzfibel. – Http:// artefacts.mom.fr/fr/result. php?id=FIB-4429; Abruf 8.2.2022.

41. *Iudicio.* Fo: Dalheim (L). T ? – CIL XIII 10027.160; Martin-Kilcher 1998, E 3.

42. *Iudicio.* Fo: Nimwegen (NL). HBB. – Martin-Kilcher 1998, B 8.

43. *Iudicio te amo.* Fo: Biache-Saint-Vaast (Pas-de-Calais F). HBB. – Delmaire 1999, 198 f.

44. *Iudicio te amo.* Fo: Péruwelz-Braffe (Hainaut B). HBB. – Delmaire 2002, 126, Anm. 4.

45. *Iudicio te amo.* Fo: Stahl (Rheinland-Pfalz); zusammen mit unten n. 94 aus Frauengrab. HBB. – F. Marx, Stahl (Kr. Bitburg). Zwei Fibeln mit Inschrift. Römisch-germanisches Korrespondenzblatt 4, 1911, 23; Martin-Kilcher 1998, B 7; Thüry 2004, 56 f.

46. *Iudicio te amo.* Fo: Thalfang-Dhronecken (Rheinland-Pfalz). HBB. – CIL XIII 10027.161; Martin-Kilcher 1998, B 6.

47. *Mihi valeas.* Fo: Moyencourt (Somme F). Blitzfibel. – Http://artefacts. mom.fr/fr/result. php?id=FIB-4429; Abruf 7.3.2020.

48. *Mihi va / lias.* Fo: Tomils (Graubünden CH). Kräftig profilierte Fibel. – U. Jecklin-Tischhauser, Tomils, Sogn Murezi. Archäologie Graubünden, Sonderheft 8/4, 2019, 669 (Lesung unzutreffend); Taf. 5.77.

49. *Mi / sce / mi.* Fo: Flavion (Namur B). SBP. – CIL XIII 10027.162; Fontaine 2012, 32–34; Martin-Kilcher 1998, A 4.

50. *Mi / sce / mi.* Fo: Overbetuwe (Gelderland NL). SBP. – Http://artefacts. mom.fr/fr/result. php?id=FIB-4426; Abruf 8.2.2022.

51. *Misce sitio.* Fo: Bavay (Nord F). HBB. – Delmaire 1999, 199.

52. *[Mis]ce sitio.* Fo: Rippweiler (L). S-Fibel. – Freundliche Mitteilung Dr. Jean Krier.

53. *Misce sitio.* Fo: Dép. Somme (F). Blitzfibel. – Feugère 2010b, n. 2.

54. *Misce sitio.* Fo: Töging (Bayern). Kräftig profilierte Fibel. – J. Garbsch, Ein stiller Zecher. Mitteilungen der Freunde der Bayerischen Vor- und Frühgeschichte 28, 1983; ILGI 131; Thüry 1994, 85f. und 2013, 561, Tab. 3.5.

55. *Non pecat qui te amat.* Fo: Carnuntum (Niederösterreich A). HBB. – Fitz 1984, 42 f., 45, 47 und Taf. 2.1 (Interpretation unzutreffend). Thüry 1991, 94 f.; ergänzend Thüry 1994, 92 f.; 2013, 561, Tab. 3.8; 2020, 172.

56. *[O]pstipe si amas.* Fo: Zwentendorf (Niederösterreich A). D-Fibel. – Fitz 1984, 44–47 und Taf. 2.3 (Interpretation unzutreffend). Thüry 1991, 99–101; 2004, 57 f.; 2013, 554, Tab. 1.14; 2015, 61 f.

57. *Pignus amore.* Fo: Altrier (L). P-Fibel. – [E.] Krüger, Westdeutsche Zeitschrift für Geschichte und Kunst 26, 1907, 315 und Taf. 11.4.

58. *Pignus amore escipe.* Fo: Walferdingen-Helmsingen (L). P-Fibel. – Martin-Kilcher 1998, C 1; Thüry 2008, 196 und 302.

59. *Pignus amore escipe si amas.* Fo: Mamer (L). M-Fibel. – Thüry 2013, 554, Tab. 1.15.

60. *Pignus amore esci[p]e si amas.* Fo: ? SF. – Http:// artefacts.mom.fr/fr/result.php?id=FIB-4432; Abruf 11.2.2022.

61. *[Pignus ?] amore escipe [-].* Fo: ? SF. – Http:// artefacts.mom.fr/fr/result.php?id=FIB-4432; Abruf 10.2.2022.

62. *Pignus amoris habe.* Fo: ? HBB. – Http://artefacts. mom.fr/fr/result. php?id=FIB-4427; Abruf 7.3. 2020.

63. *Quod / vis eg / o volo.* Fo: Bouvines (Nord F). SBP. – CIL XIII 10027.166; Delmaire 1999, 199; Martin-Kilcher 1998, A 5; Thüry 2004, 62.

64. *Rogo ut am[es].* Fo: Kempten (Zürich CH). T ? – Freundliche Mitteilung Dr. H. Lieb †.

65. *Rogo ut ames.* Fo: ? HBB. – Thüry 2015, 60.

66. *Serva fid(em) si me ama(s).* Fo: ? SF. – Http:// artefacts.mom.fr/fr/result.php?id=FIB-4432; Abruf 10.2.2022.

67. *Si a / mas.* Fo: Orton (Northamptonshire GB). SF. – J. Pearce, „If you love me …“ An Inscribed Brooch from Orton, Northants. Lucerna 60, 2021, 5–8.

68. *Si amas ego plus.* Fo: Bei Bonn (Nordrhein-Westfalen). S-Fibel. – CIL XIII 10027.150b; Martin-Kilcher 1998, C 6; Thüry 2013, 554, Tab. 1.16.

69. *Si amas ego plus.* Fo: Envermeu (Seine-Maritime F). SF. – Http:// artefacts.mom.fr/fr/result. php?id=FIB-4695; Abruf 7.3.2020. Thüry 2013, 554, Tab. 1.17.

70. *Si amas ego plus.* Fo: Étaples (Pas-de-Calais F). S-Fibel. – Delmaire 1999, 199; Martin-Kilcher 1998, C 5; Thüry 2013, 554, Tab. 1.18.

71. *Si a / mas / ego p / lus.* Fo: Richborough (Kent GB). SBP. – RIB II 3, 2421.50; Martin-Kilcher 1998, A 6; Pearce (wie o. n. 67) 6; Thüry 2013, 555, Tab. 1.19.

72. *Si das acie iam.* Fo: ? Blitzfibel. – Lesung nach der Aufnahme in http://artefacts.mom.fr/fr/result. php?id=FIB-4429; Abruf 7.3.2020.

73. *Si me amas.* Fo: Badenweiler (Baden-Württemberg). P-Fibel. – CIL XIII 10027.151b; ILGI 128; Martin-Kilcher 1998, C 3; Thüry 2013, 551, Tab. 1.1.

74. *Si me amas basia me.* Fo: Saint-Rémy-Chaussée (Nord F). T ? – Delmaire 1999, 199.

75. *Si me amas pignus amor.* Fo: ? SF. – Becker – Scholz 2014, Abb. 14.

76. *Si me amas spes amor.* Fo: Grevenmacher (L). O-Fibel. – J. Krier, Ein römisches Bergheiligtum auf dem „Buerggruef“ bei Grevenmacher. In: 175 Joar Harmonie Municipale Grevenmacher (Luxemburg 2010) 125 f.; Thüry 2013, 552, Tab. 1.3.

77. *Si me amas spes amor.* Fo: Nickelsdorf (Burgenland A). O-Fibel. – Thüry 1991, 103; 2013, 552, Tab. 1.4 und Abb. 6, 567; 2015, 64 f.; 2020, 172.

78. *Si m[e am]as s[pe]s [a]more.* Fo: Wels (Oberösterreich A). SF. – Thüry 2013.

79. *Si me amas veni.* Fo: Niort (Deux-Sèvres F). P-Fibel. – CIL XIII 10027.151a; Martin-Kilcher 1998, C 4; Thüry 2013, 551, Tab. 1.2 und 2020, 174.

80. *Specta si amas.* Fo: Kaiseraugst (Aargau CH). SF. – Diese Lesung zuerst bei Thüry 2008, 303 Anm. 33; 2013, 555, Tab. 1.20 und Abb. 3 f., 566.

81. *Spes amor si me amas.* Fo: Ehingen-Rißtissen (Baden-Württemberg). M-Fibel. – IBR add. n. 193 A; ILGI 127; Martin-Kilcher 1998, C 2; Thüry 2008, 296 und 302; 2013, 552, Tab. 1.5 und Abb. 5, 567; 2015, 65.

82. *Spes m[e]orum.* Fo: Zugmantel (Hessen). HBB. – CIL XIII 10027.164; ILGI 135; Thüry 2004, 59 und 2013, 557, Tab. 2.5. Anders gelesen/ergänzt bei Böhme (wie o. n. 25) 15 und 79 (*amicorum*); Martin-Kilcher 1998, B 9 („*amorum?*“).

83. *Succurre amanti si amas.* Fo: Tongeren (Limburg B). SF. – J. M(ertens), L'Antiquité classique 30, 1961, 176 mit Taf. 4.2; Martin-Kilcher 1998, E 4; Thüry 2013, 555, Tab. 1.21.

84. *Succurre amanti si me amas.* Fo: Longevelle-sur-Doubs (Doubs F). SF. – Feugère 2010a, 315–318; Thüry 2013, 552, Tab. 1.7.

85. *Succurre amanti si me amas.* Fo: ? SF. – Becker – Scholz 2014, Abb. 15.

86. *Succurre amanti si me amas spes amas.* Fo: ? M-Fibel. – P. Weiss, Einige beschriftete Kleinobjekte. Zeitschrift für Papyrologie und Epigraphik 91, 1992, 195; Thüry 2013, 553, Tab. 1.8.

87. *Sucure aman(ti) tu.* Fo: Prellenkirchen (Niederösterreich A). HBB. – Fitz 1984, 43–45, 47 und Taf. 2.2; Thüry 1991, 96–99; 2013, 561, Tab. 3.10; 2020, 172.

88. *Tu es flos amorum.* Fo: Bad Kreuznach (Rheinland-Pfalz). SBP. – Thüry 2015, 66 f.

89. *Tu es flos amorum.* Fo: Sivry-Ante (Marne F). HBB. – Http://arte- facts.mom.fr/fr/result. php?id=FIB-4427 (Aufnahme mit unzutreffender Lesung: *Tu es eros amorum*); Abruf 7.3.2020.

90. *[Uror] amore tuo.* Fo: ? SF. – CIL XIII 10027.168; Martin-Kilcher 1998, E 5.

91. *Uror / amor / e tuo.* Fo: Genf (CH). SBP. – CIL XII 5698.18; Martin-Kilcher 1998, A 7; Thüry 2004, 58 f.

92. *Uror amore tuo.* Fo: Krefeld-Gellep (Nordrhein-Westfalen). SBP. – Freundliche Mitteilung Dr. Margareta Siepen.[54]

93. *Uror amore tuo.* Fo: Naix-aux-Forges (Meuse F). Blitzfibel. – Feugère 2010b, n. 6; Martin-Kilcher 1998, D 3.

94. *Veni da do vita.* Fo: Stahl (Rheinland-Pfalz); zusammen mit oben n. 45 aus Frauengrab. HBB. – Marx (wie o. n. 45) 23; die Interpretation aber richtiggestellt von Riese (o. Anm. 47) 435. Martin-Kilcher 1998, B 10; Thüry 2004, 56 und 2020, 175.

95. *Venio si das.* Fo: Altrier (L). HBB. – Martin-Kilcher 1998, B 11; Thüry 2013, 555, Tab. 1.23 und 2020, 174.

96. *Ven / io si / das.* Fo: Flumenthal (Solothurn CH). SBP. – Wullschleger (o. Anm. 41) 44 f.; Thüry 2013, 555, Tab. 1.24 und 2020, 174.

97. *Vicit [-].* Bliesbruck (Moselle F). HBB. – Lesung nach der Aufnahme in http://artefacts.mom.fr/ fr/result.php?id=FIB-4427; Abruf 8.2.2022.

98. *Vini da do vi[ta?].* Fo: Xanten (Nordrhein-Westfalen). HBB. – U. Boelicke, Die Fibeln aus dem Areal der Colonia Ulpia Traiana. Xantener Berichte 10 (Mainz 2002), n. 989 und Taf. 47; Thüry 2020, 175.

99. *Viva(s) ut viva(m);* Form des *a* jeweils wie ein „H“. Fo: Nimwegen (NL). Blitzfibel. – Als ungelesen

---

[54] Die Fibel (Länge 2,3 cm) wurde nach Angaben von Frau Dr. Siepen im Hafen von Krefeld-Gellep gefunden und ist in Privatbesitz gelangt.

zuletzt bei Feugère 2010b, n. 1; Lesung Thüry (Autopsie Museum Nimwegen).

100. [-]*or* ro[*go* -]. Fo: Compiègne (Oise F). S-Fibel. – Lesung nach der Aufnahme in http://artefacts. mom.fr/fr/result.php?id=FIB-4435; Abruf 7.3. 2020.

[In diesem Band abgebildet sind folgende Nummern des Katalogs: Nr. 7: Abb. 63; Nr. 10: Abb. 51; Nr. 14: Abb. 55; Nr. 45: Abb. 52; Nr. 55: Abb. 17; Nr. 56: Abb. 19–20; Nr. 58: Abb. 61; Nr. 63: Abb. 57; Nr. 81: Abb. 62; Nr. 87: Abb. 18; Nr. 91: Abb. 54; Nr. 94: Abb. 53.]

Literatur

Adams 1990: J. N. Adams, The Latin Sexual Vocabulary (Baltimore 1990).

Becker – Scholz – Vollmer 2012: Th. Becker – M. Scholz – I. Vollmer, Perseus und der Knabe – eine Fibel mit süffisanter Inschrift aus Hungen-Inheiden. HessenArchäologie 2012, 133–137.

Becker – Scholz 2014: Th. Becker – M. Scholz, Eine Scheibenfibel aus Hungen-Inheiden (Lkr. Gießen) und die Besatzungen der *numerus*-Kastelle am Taunus- und Wetteraulimes in severischer Zeit. In: Honesta missione. Festschrift für Barbara Pferdehirt (Mainz 2014) 169–196.

Delmaire 1999: R. Delmaire, Quatre objets d'époque romaine avec inscriptions. Revue du Nord 81, 1999, 197–201.

Delmaire 2002: R. Delmaire, Notes épigraphiques. Revue du Nord 84, 2002, 125–132.

Feugère 2010a: M. Feugère, *Comendo tibi amicitiam.* Nouvelles fibules romaines à inscription ponctuée. In: Oleum non perdidit. Festschrift für Stefanie Martin-Kilcher. Antiqua 47 (Basel 2010) 315–321.

Feugère 2010b: M. Feugère, Coups de foudre gallo-romains? Instrumentum 32, 2010, 16–18.

Feugère – Lambert 2011: M. Feugère – P.-Y. Lambert, Une belle gauloise ... À propos d'une fibule inscrite de Laon. Études celtiques 37, 2011, 147–152.

Fitz 1984: G. Fitz, Drei römische Fibeln mit Liebesinschriften aus Niederösterreich. Römisches Österreich 11/12, 1983/1984, 41–48.

Fontaine 2012: P. Fontaine, Quelques inscriptions latines sur instrumentum au Musée archéologique de Namur. Annales de la Société archéologique de Namur 86, 2012, 11–36.

IBR: F. Vollmer, Inscriptiones Bavariae Romanae (München 1915).

ILGI: S. F. Pfahl, Instrumenta Latina et Graeca inscripta (Weinstadt 2012).

Martin-Kilcher 1998: S. Martin-Kilcher, AB AQVIS VENIO – zu römischen Fibeln mit punzierter Inschrift. In: Mille fiori. Festschrift für Ludwig Berger. Forschungen in Augst 25 (Augst 1998) 147–154.

Montero Cartelle 1991: E. Montero Cartelle, El latín erótico. Aspectos léxicos y literarios (Sevilla 2. Aufl. 1991).

Pichon 1902: R. Pichon, De sermone amatorio apud Latinos elegiarum scriptores (Dissertation Paris 1902).

Pierrugues 1826: P. P(ierrugues), Glossarium eroticum linguae Latinae (Paris 1826).

Thüry 1991: G. E. Thüry, Erotisches in römischen Fibelinschriften. Zur Deutung dreier Texte auf Fibelfunden aus Niederösterreich. Specimina nova dissertationum (Pécs) 7, 1991, Pars prima, 93–109.

Thüry 1994: G. E. Thüry, Mehrdeutige erotische Kleininschriften. Bayerische Vorgeschichtsblätter 59, 1994, 85–95.

Thüry 2004: G. E. Thüry, Römer sucht Römerin. Liebeswerbung in römischen Kleininschriften. Pegasus-Onlinezeitschrift 4/1, 2004, 54–67; www. pegasus-online-zeitschrift.de/erga_1_2004_thuery. html.

Thüry 2013: G. E. Thüry, SPES AMORE. Eine neue Inschriftfibel aus dem römischen Wels. In: Calamus. Festschrift für Herbert Graßl zum 65. Geburtstag. Philippika, Marburger altertumskundliche Abhandlungen 57 (Wiesbaden 2013) 549–567.

Thüry 2015: G. E. Thüry, Liebe in den Zeiten der Römer. Archäologie der Liebe in der römischen Provinz (Mainz 2015).

Thüry 2020: G. E. Thüry, Ein gallischer Spinnwirtel mit Liebesinschrift aus Carnuntum. In: Domi militiaeque. Militär- und andere Altertümer. Festschrift für Hannsjörg Ubl (Oxford 2020) 165–175.

Vorberg o. J.: G. Vorberg, Glossarium eroticum (Nachdruck Hanau o. J.).

Nachwort 2024

Zum Zeitpunkt des Redaktionsschlusses dieses Buches ist der oben in Anm. 5 erwähnte Kongressbeitrag in Druck gegangen, der auf der Grundlage des hier vorgelegten Inschriftenkatalogs eine sexualgeschichtliche und allgemein kulturgeschichtliche Würdigung des Phänomens der erotischen Fibelgeschenke gibt.[55]

In den Anhängen zum Kongressbeitrag finden sich noch einige Addenda und Corrigenda zum Fibelkatalog. Das wichtigste Corrigendum besteht dabei in einer Neulesung des Textes 24 (Fundort: Hungen-Inheiden, Hessen), der danach aus der Liste erotischer Fibelinschriften zu streichen ist. –

Zum Thema der Liebesinschriften auf Fibeln vgl. auch die in diesem Band wieder abgedruckten Beiträge 12, 13, 22 und 24.

---

[55] G. E. Thüry, Die Liebesinschriften auf römischen Fibeln. Ihre Verbreitung und ihr Beitrag zur Kenntnis des erotischen Lateins und der römischen Kulturgeschichte. In: Akten des Kongresses Instrumenta inscripta Latina IX (Graz 2022). Keryx 6 (Graz 2024).

IV. Numismatik

30.

Zu Gelddarstellungen auf Wandbildern der Vesuvregion[1]

(Aus: Numismatische Zeitschrift 119, 2012, 59 ff.)

Im reichen Schatz der Wandbilder, die wir aus der Vesuvregion besitzen, ist auch einiges enthalten, was das spezielle Interesse der Numismatik verdient. Solche Darstellungen werden hier in Anhang I in Form eines kleinen Katalogs gesammelt und im Folgenden numismatisch kommentiert.

Die numismatisch interessanten Bilder oder Bilddetails zeigen – abgesehen von einer Szene aus dem Haus der Vettier in Pompeji, in der nach Deutung einiger Autoren Amores Geldstücke prägen[2] – einzelne Münzen, Münzhaufen und Münzbehälter, wie vor allem Geldbeutel und Geldsäcke. Dabei bleiben hier aber die angebliche Prägeszene aus Pompeji und diejenigen Darstellungen eines Geldbeutels außer Betracht, die ihn in seiner bekannten Eigenschaft als Attribut des Gottes Merkur darstellen. Dagegen werden wir auf die Frage eingehen, wie es dazu kommt, dass in einem Wandbild aus dem Haus der Vettier auch der Gott Priap dieses Attribut des Geldbeutels hat (vgl. Abb. 74 und Anhang I 7).

Mit zwei Ausnahmen sind die hier behandelten Wandbilder aus den Städten und Villen der Vesuvregion (Boscoreale, Herculaneum, Pompeji, Portici) durchwegs Stillleben (Abb. 75–77, 79–85, 87 und Anhang I 1–6, I 8 und I 10). Hendrik Gerard Beyen hat für sie einmal die Bezeichnung der „Geldstillleben" vorgeschlagen.[3] Bei noch differenzierterer Betrachtung lassen sich unter ihnen Bilder mit reinen Geld- und ev. Schmuckdarstellungen einerseits von solchen

unterscheiden, deren gemeinsames Thema Geld und Früchte sind; und andererseits von solchen, die Geld und Schreibmaterialien darstellen.

Gegen Schluß unserer Arbeit soll auch knapp ein Phänomen gestreift und in die Betrachtung miteinbezogen werden, das bisher noch nie genügender Beachtung gewürdigt wurde: nämlich das auch außerhalb der Vesuvregion schon beobachtete Phänomen der Abdrücke von Münzen im frisch aufgetragenen Wandverputz (vgl. die pompejanischen Belegfälle in Anhang II).

1. Der Geldbeutel auf dem pompejanischen Wandbild des Priap mit der Waage (Abb. 74 und Anhang I 7)

Dem Besucher des Vettierhauses in Pompeji tritt dort im Eingangsbereich das Fresko eines Priap mit *pedum* und phrygischer Mütze entgegen, der eine Waage in der Hand hält (Abb. 74). Auf der einen Waagschale steht ein gefüllter und verschnürter Leder- oder Stoffsack, wie er in der Antike ebenso als alltäglich mitgeführter Geldbeutel wie überhaupt zur Aufbewahrung und zum Transport von Münzen verwendet wurde.[4] Auf die andere, in gleicher Höhe schwebende Waagschale hat der Gott seinen erigierten Phallus gelegt. Unterhalb der Waage steht ein gefüllter Fruchtkorb am Boden. Für dieses Bild wurden die verschiedensten Deutungen vorgebracht; so in der älteren Literatur die, Priap sei hier „als Paris" dargestellt.[5] In neuerer Zeit werden z. B. die folgenden Ansichten vertreten: der Gott „prüfe" das „Gewicht seines Gliedes auf einer Waage" (Grant, Pappalardo);[6] das Bild solle die Erkenntnis vermitteln, „dass Gesundheit ein mindestens ebenso wertvolles Gut ist wie eine Menge Gold" (Nappo[7]); es solle die in der Antike verbreitete Überzeugung zum Ausdruck bringen, dass Potenz Gold wert und Impotenz „das schlimmste Unglück" sei, „das einem zustoßen konnte" (Pappalardo[8]); es solle den Besuchern des Hauses Glück

[1] Diese Arbeit, die Hofrat Prof. Dr. Günther Dembski gewidmet ist, war ursprünglich als Beitrag zu seiner Festschrift gedacht. Obwohl sie dafür leider zu spät kam, hofft der Verf., dass sie dem Adressaten der Widmung dennoch Freude machen möge. – Für Hinweise und für freundliche Hilfe möchte der Verf. herzlich danken: Herrn Prof. Dr. Ludwig Berger, Basel; Herrn Hansjörg Hägele, Gauting; Herrn Prof. Dr. Johan van Heesch, Brüssel; Herrn Dr. Jochen Hölzinger, Remseck; Herrn Prof. Dr. Adrian Stähli, Harvard University; Herrn Dr. Reinhold Wedenig, Graz; Herrn Dr. Tommaso Wenner, Neapel; und nicht zuletzt der Direktion und Bibliothek der Soprintendenza Speciale per i Beni Archeologici di Napoli e Pompei, Neapel. Ganz besonderen Dank schuldet er aber auch seinem Freund Markus Schaub, Augst, der die Zeichnung Abb. 87 beisteuerte; und seiner Frau Mag. Heidelinde Autengruber-Thüry, die ihn auf die Münzabbildungen der kampanischen Wandmalerei erst aufmerksam machte und mit ihm dann – vor Ort und in der Literatur – die Mühen der Recherchen teilte.
[2] Diese Deutung findet sich auch noch in der neueren numismatischen Literatur (vgl. Cantilena – Giove 2001, 71). Gegen die Interpretation als Prägeszene aber schon Rostovtzeff 1971, 96.
[3] Beyen 1948, 33 und 53, Anm. 1.

[4] Geldsäcke als Form des alltäglich mitgeführten Portemonnaies: Gorecki 1975, 251 ff. Zur Verwendung solcher Säcke zur Aufbewahrung und als Transportmittel für Münzen sonst z. B. Gorecki 1975, 253; van Heesch 2006, 59 f.
[5] Vgl. etwa Licht 1928, 141.
[6] Grant 1975, 51; Pappalardo 2006, 136. So auch schon Vorberg in seinem 1910 erschienenen Buch Museum eroticum Neapolitanum (Wiederabdruck: Vorberg 1966, unpag.).
[7] Nappo 2004, 133.
[8] Pappalardo 2005, 334.

Abb. 74: Priap mit Waage und Geldbeutel. Pompeji, Haus VI 15, 1 (Casa dei Vettii)

doch ein abwegiger Gedanke. Weder hatte es der antike Gott der Fruchtbarkeit nötig, seine eindrucksvollsten Körpermerkmale zu „prüfen" (Grant, Pappalardo) oder den Wert seiner Gaben in menschlicher Währung abzumessen; noch ließe sich ja die Potenz des Priap mit einem bescheidenen Goldsäckchen aufwiegen.

Eine andere Überlegung dürfte dagegen weiterführen. Bereits Hans Herter hat in seiner grundlegenden Studie über Priap gezeigt, dass der Gott nicht alleine für die Fruchtbarkeit zuständig war, sondern dass er überhaupt Gutes aller Art – wie z. B. Reichtum – brachte.[10] Das gleichzeitige Wägen des Phallus und eines Geldsackes muss daher ausdrücken – wie das ohne ausführliche Auseinandersetzung mit der Frage auch schon John R. Clarke und Paul Wilkinson annahmen[11] –, dass Priap den Menschen in gleichem Ausmaß Fruchtbarkeit (auch Fruchtbarkeit der Felder, siehe den Obstkorb unterhalb der Waage) und Reichtum schenke. Ein weiteres Bilddetail, das dazu gut zu passen scheint, sind die goldenen Schmuckgegenstände, die der Gott auf dem Bild des Vettierhauses an Armen, Hals und Ohr trägt.[12]

Das Motiv des „Phallus-Wägens" hat in der Ikonographie des Priap zwar bisher keine Parallele. In der römischen Literatur wird aber der Phallus metonymisch als „das Gewicht" (*pondus*) bezeichnet.[13] Auch verschiedene bildliche Darstellungen spielen auf die Schwere des Körperteils an. So existieren mehrere Gewichte in Form phallischer Figürchen; auf einer Trierer Reliefdarstellung wägt eine Frau vergleichend die Phalloi zweier Männer ab; und eine im württembergischen Rainau-Buch gefundene hölzerne Statuettenlampe treibt einen Scherz mit einer ähnlichen Vorstellung: Sie zeigt einen Lastenträger, der zugleich mit einem großen Warenballen und mit einem übergroßen Geschlechtsteil zurecht kommen muss.[14] Auch das pompejanische Wägebild bedient sich dieser Symbolik, die den Phallus mit einem Gewicht vergleicht, und bringt so eindrucksvoll die gewaltige, zugleich Fruchtbarkeit und Geld spendende Potenz des Gottes zum Ausdruck.

bringen bzw. sei als Apotropaion zu verstehen (so und ähnlich u. a. Cantarella, De Caro, Eschebach, Etienne, Fröhlich, Kastenmeier, Kemkes – der den Gott als „Pan" bezeichnet –, Kraus, Miles – Norwich, Panetta, Puccini-Delbey oder Sampaolo[9]).

Nun ist ja unbestritten, dass Phallusdarstellungen als Apotropaion und insoweit als Glücksgaranten galten. Aber wer sich nur auf diese Interpretation beschränkt, der lässt die Attribute Waage, Geldsack und Fruchtkorb unerklärt. Es versteht sich auch von selbst, dass Potenz eine spezielle Erscheinungsform von Gesundheit darstellt und dass sie in der Antike wie in anderen Epochen hoch geschätzt wurde. Dass Priap aber durch das vergleichende Wägen eines Geldsackes (übrigens nicht notwendigerweise „Gold"-Sackes) sagen wolle, dass sein Phallus, d. h. seine Gesundheit oder Potenz „Gold wert" sei (so Nappo oder Pappalardo), scheint

9 Cantarella 1999, 129 (mit dem eigenartig formulierten Zusatz: Wägeszene und Geldbeutel dienten zur Unterstreichung der apotropäischen Bedeutung). – De Caro 2001, n. 127, 115. – Eschebach 1984, 312. – Etienne 1991, 128. – Fröhlich 1991, 280. – Kastenmeier 2001, 310. – Kemkes 2011, 45 und 47. – Kraus 1977, 70 und 200. – Miles – Norwich 1997, 121. – Panetta 2005, 216. – Puccini-Delbey 2007, Legende zu Bildtafel nach S. 200 (in fast wörtlicher Übereinstimmung mit Cantarella 1999). – V. S[ampaolo], in: Pompei. Pitture e mosaici 5 (Rom 1994) 471.

10 Herter 1932, 233 ff. Vgl. auch Herter 1954, 1929. – Allerdings begegnet der Geldbeutel als Attribut des Priap sonst nur noch in einem einzelnen, unsicheren Fall; vgl. Herter 1932, 163 und 201.

11 Clarke 2003, 104; Wilkinson 2004, 170.

12 Vgl. auch V. S[ampaolo], in: Pompei. Pitture e mosaici 5 (Rom 1994) 471: Priaps Goldschmuck diene "ad accentuare il carattere di opulenza evocata della sua figura ed invocata per gli abitanti della casa".

13 Belegstellen bei Adams 1982, 71; Hopfner 1938, 41.

14 Zu den Gewichten in Form phallischer Figuren Thüry 2009, 15 f. und Abb. 16–17, 13 ff. (mit Beispielen aus Carnuntum und Avenches. Weitere Fälle sind mir aus dem Museo Archeologico Nazionale in Arezzo und aus dem Musée d'Archéologie nationale in Saint Germain [Inv. Nr. 65603] bekannt). – Das Trierer Relief bei Hettner 1893, n. 463, 186 f. – Die Statuettenlampe aus Rainau-Buch bei Greiner 2008/2010, Bd. 1, 210 ff. und Bd. 2, Katalog n. 611.48 und Taf. 79 f. Zum hier angesprochenen Aspekt der Gewichtssymbolik bei der Rainauer Lampe Thüry 2009, 15.

Im Fall der Vettier wird man nun daraus, dass sie Priap ausdrücklich und in gleichem Maß als Gott der Früchte wie des Profits um seinen Schutz bitten, noch weitere Schlüsse ziehen dürfen. Wohlstand kann ja auch – und gerade im „landwirtschaftlichen Paradies" Kampanien (Robert Etienne[15]) – auf dem Handel mit agrarischen Produkten gründen. So werden die Vettier nicht nur nebenbei Besitzer dieser und jener Felder und Plantagen gewesen sein, sondern werden – wie schon Hans Herter und Michael Rostovtzeff vermuteten – der Landwirtschaft mehr oder weniger ihr Vermögen verdankt haben.[16] Einen ähnlichen Sachverhalt dürfte ein Fresko am Eingang der pompejanischen Casa di Meleagro (Haus VI 9, 2. 13) ausdrücken, auf dem Merkur der Ceres einen Geldbeutel überreicht.[17]

Die Zuständigkeit des Priap für das materielle Wohlergehen war jedoch grundsätzlich und von der Art der Einkünfte unabhängig. Der Gedanke liegt ja nicht ferne, dass der Schutz einer Macht, die körperliche und vegetabile Fruchtbarkeit schenkt, ebenso finanzielle Früchte tragen kann. Früchte beider Art sind Geschenke seiner göttlichen Potenz. Nicht umsonst bezeichnet die lateinische Sprache mit dem Wort *fructus* ebenso wirkliche Früchte wie die Zinsen und überhaupt die Einkünfte. Wenn gelegentlich auch der römische Gott Hermes/Merkur, der Schutzherr des Handels und des Gewinns, ithyphallisch dargestellt worden ist, könnte die gleiche Vorstellung dafür ausschlaggebend gewesen sein.[18] Die Entstehungsgeschichte des ithyphallischen Hermes in frühgriechischer Zeit hatte freilich ganz andere Hintergründe.[19]

Fassen wir unsere Ergebnisse zusammen, so ist festzuhalten, dass der Priap vom Eingang des Vettierhauses einerseits eine unglückabweisende Funktion erfüllt. Das hat er mit anderen an antiken Haustüren angebrachten phallischen Darstellungen gemeinsam.[20] Wie auch die verschiedenen Arten inschriftlicher Segenswünsche aus dem Türbereich stellen diese Bilder Formen eines antiken „Haussegens" dar.[21] Der Schutz eines solchen Segens (für den Hausbewohner wie für den Besucher) ist ja gerade am Eingang nötig.[22]

Andererseits wird hier Priap aber auch speziell als Gott der Fruchtbarkeit dargestellt und so um seine Präsenz als Schutzherr der Vettierfamilie und ihrer Gärten und Plantagen gebeten. Und als ein dritter Aspekt kommt noch hinzu, dass sich die Hausbewohner von der Gunst des Gottes finanziellen Gewinn versprachen. Was in Haus und Besitz der Vettier einziehen soll, ist also – wobei ja diese Gottesgaben schwer trennbar ineinander übergehen – nicht alleine Glück und Fruchtbarkeit, sondern außerdem Profit.

In dieser dritten Funktion hat unser Bild seine nächsten Parallelen in Merkurfresken an Hauseingängen und Fassaden der Vesuvstädte (wobei auch in den *fauces* des Vettierhauses noch eine eigene Darstellung der Merkurattribute Schlangenstab und Geldbeutel angebracht ist);[23] aber auch in einigen Haussegensinschriften, die ausdrücklich den Wunsch der dort Wohnenden nach materiellem Profit formulieren. So heißt es in einer Mosaikinschrift im Eingangskorridor des pompejanischen Hauses VII 1, 25. 47 (Casa di Sirico): SALVE LVCRV = „willkommen Profit!";[24] und auf einem Atriummosaik im Haus VI 14, 39 steht LVCRVM GAVDIVM = „Profit macht Freude."[25] Aber auch eine Pflasterinschrift im "vicus phallorum" rät dem Passanten: LVCRV ACIPE = „Mach Profit!"[26]

In diesen pompejanischen Inschriften kommt eine sich offen zum Wert des Materiellen bekennende, profitorientierte Geisteshaltung zum Ausdruck. In Anbetracht der absoluten Schlüsselrolle, die ja der Reichtum für Ansehen und soziale Stellung in der römischen Antike spielte, überrascht es nicht, wenn eine solche Haltung schon in römischer Zeit sehr gut bezeugt ist.[27] Abgesehen von den pompejanischen Quellen begegnet sie ebenso in den Texten der Literatur wie in den stolzen Grabinschriften sozialer Aufsteiger und in den Gelddarstellungen auf Grabsteinen.[28] Dabei

---

[15] Etienne 1974, 139.

[16] Herter 1932, 236 ("velut corbis fructuum plenus sacculusque pecuniae in imagine Vettiorum ... indicio est eam gentem per fundorum proventus vindemiasque opes nactam esse"); Rostovtzeff 1971, 92.

[17] I. Br[agantini], in: Pompei. Pitture e mosaici 4 (Rom 1993) 667.

[18] So auch Clarke 2003, 104 f. Vgl. dazu Herter 1938, 1692. – Abbildungen des ithyphallischen Merkur z. B. bei Clarke 2003, 105 oder bei Varone 2001, 14 und 19. Der Verf. hält solche Bilder weder – mit Herter – für rein apotropäisch; noch – mit De Caro – für „karikaturhaft" (De Caro 2000, 37); noch – mit Dierichs – für mögliche Hinweise auf ein Lupanar (Dierichs 1997, 109).

[19] Deubner 1937, 204.

[20] Phallusbilder im Eingangsbereich: Clarke 2003, 108 f. (Ostia, Antiochia); M. d[e] V[os], in: Pompei. Pitture e mosaici 3 (Rom 1991) 19 und 21 (Priapbild am Eingang des pompejanischen Hauses II 1, 12).

[21] Zu den Türinschriften sei hier nur beispielshalber verwiesen auf Engemann 1975, 32 f., 38 und 42 ff.; Herter 1967, 35 ff.; Weinreich 1946. – Ein Beispiel aus dem römischen Österreich ist die bekannte

Salzburger Schwellinschrift CIL III 5561: HIC HABITAT [-] / NIHIL INTRET MALI. Dabei kommt übrigens der beliebten Ergänzung der Z. 1 zu HIC HABITAT [FELICITAS] lediglich Beispielcharakter zu; vgl. Thüry 1994.

[22] Der Gefährdung des Hauses durch von außen eindringendes Unglück trugen auch im Türbereich durchgeführte magische Schutzpraktiken Rechnung; siehe einen guten Teil der von Ogle 1911 zusammengetragenen testimonia.

[23] Vettierhaus: Coarelli – La Rocca – de Vos 1993, 400. – Merkur an Hauseingängen und Fassaden: Fröhlich 1991, pass.; bes. 49 f., 140 ff. und 351 f.

[24] CIL X 874; I. Br[agantini], in: Pompei. Pitture e mosaici 6 (Rom 1996) 230 f. – Die Inschrift wird bei Etienne 1974, 178 falsch als „Graffito" bezeichnet.

[25] CIL X 875; I. Br[agantini], in: Pompei. Pitture e mosaici 5 (Rom 1994) 386 ff. – Auch diese Inschrift hält Etienne 1974, S. 178 falsch für ein „Graffito".

[26] CIL X 876.

[27] Zur Rolle des Geldes in der kaiserzeitlichen Gesellschaft grundsätzlich Mratschek-Halfmann 1993, 207 ff.

[28] Literarische Äußerungen: man denke nur an Petron, der dem

Abb. 75: Geldstillleben aus Boscoreale, Villa des Popidius Florus (aus: Croisille 1965, Taf. 112). Antiquarium Boscoreale

sei hier nur am Rand bemerkt, dass sich sogar das damit verwandte „Schnäppchendenken" als bereits antik belegen lässt. So heißt es z. B. in einer Stempelinschrift auf dem Rand einer in Salzburg gefundenen Reibschüssel: EME FAC LVCRV = „Kauf (mich)! Mach ein Schnäppchen!"[29] Auch die vergleichsweise noch gering entwickelte Produktwerbung der römischen Antike hat also dieses Register bereits gezogen.[30]

2. Reine Geld- und Schmuckstillleben aus Boscoreale und Pompeji (Abb. 75-77 und Anhang I 1 und I 3)

Eine Form der Zurschaustellung von Reichtum sind natürlich auch die Geldstillleben. Die folgenden Abschnitte werden auf die verschiedenen Spielarten dieser Bildergattung näher eingehen.

Ein reines (?) Geldstillleben kam in der Villa des Popidius Florus in Boscoreale zutage (Abb. 75 und Anhang I 1). Dargestellt sind hier ein (Geld-)Sack, zwei Einzelmünzen (?) und ein Münzbehälter mit einem Schiebedeckel, der geöffnet ist und uns so einen Blick in das wohlgefüllte Innere des Behälters tun lässt.

Hölzerne Geldkästchen dieser Art sind wiederholt in Herculaneum gefunden worden.[31]

Ein anderes, heute verschollenes Stillleben aus Pompeji ist das linke von zwei nebeneinander angeordneten Bildfeldern nicht genau bekannter Provenienz (Abb. 76-77 und Anhang I 3). Das rechte Feld (Abb. 76) zeigt ein geöffnetes Kästchen, vor dem ein Vogel steht. Er zerrt mit dem Schnabel ein Textilband aus der Schatulle hervor. Sie könnte modische Accessoires bzw. Schmuck enthalten haben; aber auch ein Handarbeits- oder sonstiges Utensilienkästchen wäre denkbar. Nach einer freundlichen Auskunft des Ornithologen Dr. Jochen Hölzinger (Remseck) treffen die dargestellten Körpermerkmale des Vogels „am ehesten auf eine Taube zu".[32] Wie er zu bedenken gibt, sei für die Taube ein solches „Plünderverhalten" an sich nicht charakteristisch; aber dass es die Antike dem Tier doch zugetraut hat, zeigt auch ein Mosaik aus der pompejanischen Casa del Fauno (Haus VI 12, 2), auf dem neugierige weiße Tauben den Inhalt einer Schmuckschatulle untersuchen.[33]

Das linke Feld des Bilderpaares bildet dagegen ein geschlossenes Kästchen ab (Abb. 76-77 und Anhang I 3). In diesem Fall ist damit am ehesten ein Geldbehälter gemeint.[34] Rechts des Kästchens hat der Maler nämlich zwei dort liegende Münzen festgehalten. Aus dem Blickwinkel des Betrachters wären dabei das Münzbild oder gar die Legende an sich kaum erkennbar. Um beides besser sichtbar darstellen bzw. andeuten zu können, hat der Künstler die Geldstücke aber nicht wirklich auf dem Untergrund liegend, sondern aufgerichtet gemalt,

plumpen Materialismus à la Trimalchio seinen Spiegel vorhält; oder an die Äußerung des Horaz (Ars poetica 325 ff.), den Buben in Rom werde weniger ein Sinn für Kultur als das Rechnen in Assen und Unzen und damit der Kommerz beigebracht. Vgl. sonst bei Mratschek-Halfmann 1993, pass. – Grabinschriften: vgl. Charles-Picard 1962, 89 ff. zu Beispielen aus Nordafrika; und dazu den Spott des Horaz über Grabsteine mit solchen Texten (Saturae II 3,84 ff.). – Gelddarstellungen in der Sepulkralkunst: Eine Studie zu diesem Thema wäre wünschenswert.

[29] Museum Salzburg, Inv.-Nr. 38/72 (Fund aus dem Hof der Alten Universität). Das „Schnäppchen" könnte dabei die günstig erworbene Reibschüssel sein; ev. aber auch ein in der Reibschüssel zubereitetes und gleich aus der Schüssel verkauftes Gericht. – Den gleichen Sinn (soweit es sich nicht vielleicht um allgemeine Sentenzen oder um Texte auf Neujahrsgeschenken handelt) könnten auch Kleininschriften haben wie die eines Tonmedaillons aus Westheim bei Augsburg mit dem Wortlaut -]m lucro accipio (Alföldi 1966, 67 mit nicht zwingender Ergänzung); oder die Lampeninschrift CIL X 6231 fac lucrum; oder lucrum fac auf einem Trierer Spruchbecher (Künzl 1997, 96 und 215 mit Taf. 16d).

[30] Zur römerzeitlichen Produktwerbung vgl. v. a. Raskin 1936.

[31] Dazu T. Budetta, in: Pompeji 1993, 166 ff.; M. P. Guidobaldi, in: Mühlenbrock – Richter 2006, 328. Vgl. auch die Abbildung bei Bisel 1991, 56.

[32] So aber auch schon Pitture d'Ercolano 2, 327.

[33] M. d[e] V[os], in: Pompei. Pitture e mosaici 5 (Rom 1994) 103.

[34] Für einen Geldbehälter spricht sich auch T. Budetta, in: Pompeji 1993, 168 f. aus.

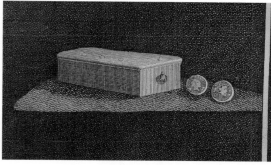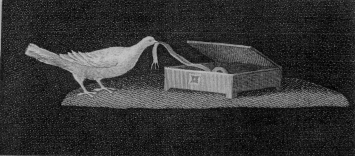

Abb. 76: Geld- und Schmuckstillleben aus Pompeji, unbekannte Fundstelle; heute verschollen (aus: Pitture d'Ercolano 2, 43)

Abb. 77: Detail des Stillebens Abb. 76 links

3. Ein Stillleben aus Herculaneum mit Münzen und mit Früchten als Neujahrsgeschenken (Abb. 78–79; Anhang I 2)

Aus der Casa dei Cervi in Herculaneum stammt ein Stillleben, das auf zwei Regalbretter verteilte Gegenstände zeigt (Abb. 78–79).[37] Am unteren Brett liegen neben einem Pokal aus leicht grünlichem Glas (einem Skyphos der Form Isings 39) eine Feige und eine Dattel. Der Pokal ist fast zur Hälfte mit einer rötlichen Flüssigkeit gefüllt. Am oberen Brett steht dagegen ein weiter, fußloser Teller aus dickerem, ebenfalls grünlichem Glas (Form Isings 22). Er enthält zwei Münzen, von denen noch ausführlich die Rede sein wird; außerdem zwei Feigen und zwei Datteln; und schließlich eine fünfte Frucht, deren Form an die einer Erdnuss erinnert. Eine weitere Frucht dieser Art liegt rechts außerhalb des Tellers am oberen Regalbrett.

Die auf den ersten Blick rätselhaften Früchte von erdnussähnlicher Gestalt geben gut das Aussehen der damals sehr beliebten und auch im Fundmaterial vertretenen *ficus duplices* (d. h. „Doppelfeigen") wieder.[38] Das waren Feigen, die folgendermaßen verarbeitet wurden: man zerteilte die Frucht auf fast der ganzen Länge ihrer Längsachse und klappte ihre

wie wenn sie durch eine unsichtbare Vorrichtung in dieser Position festgehalten würden.

Numismatisch ist mit den gemalten und in der Neuzeit wieder kopierten Münzabbildungen wenig anzufangen. Zu erkennen sind wohl jeweils nach rechts gewendete Köpfe und angedeutete Legenden.[35] Bei der großen Seltenheit von Kopfdarstellungen auf Rückseiten dürften Münzvorderseiten gemeint sein. Nach der Farbgebung werden beide Prägungen als Goldstücke beschrieben.[36] Im Zusammenhang mit einer möglichen Schmuckschatulle im rechten Bildfeld schiene das zwar passend; nur ist die Goldfarbe natürlich ebensogut ein Merkmal des Dupondius und des Sesterzes.

---

[35] In Pitture d'Ercolano 2, 326 wird dagegen behauptet, dass eine der Münzen einen Januskopf abbilde. Zu dieser Interpretation hat vermutlich die Kontur des Hinterkopfes beim linken Münzporträt (mit Kranzschleife?) Anlaß geboten.

[36] So schon Pitture d'Ercolano 2, 326: "due monete d'oro".

[37] Nach Beyen 1948, 37 wären auf den Stilleben in solchen Fällen nicht Regale, sondern Stufen dargestellt. Auch wenn mitunter Vorräte tatsächlich am Rand von Kellerstufen aufbewahrt werden mögen, sind aber Regale für die auf den Stilleben dargestellten Objekte (darunter ein mit Flüssigkeit gefülltes offenes Gefäß, Münzen und Schreibgerät) der weitaus passendere Platz. Auch eingeschlagene Nägel (wie im Fall von Anhang I 5 und Abb. 85 zu sehen) wird man sich nur an einem Regal vorstellen können. – Beispiele für tatsächliche, auch Münzen mitumfassende Schrankinhalte aus Villen in Boscoreale bei Oettel 1996, 100, 107, 186 und 231.

[38] Die „Doppelfeige" war nach Horaz, *Saturae* 2,2,122 ein billiges Dessert; das *Edictum Diocletiani* erwähnt sie in Kap. 6,88. Vgl. zur „Doppelfeige" auch André 1998, 73; Blümner 1893, 103; Orth 1909, 2111 und 2134. – Zu Fundbelegen der „Doppelfeige" aus den Vesuvstädten Borgongino 2006, 88 f. und 92. Wie Borgongino dort auf literarische Belege für die Doppelfeige nicht eingeht, kannten umgekehrt bisher Autoren, die literarische Quellen behandeln, weder bildliche noch Fundbelege. – Nicht als „Doppelfeigen", sondern als "pairs of almond fruit" möchten die Früchte Jashemski – Meyer – Ricciardi 2002, S. 149 f. identifizieren. Diese Deutung scheint sich aber weder formlich anzubieten; noch entspricht sie einer nachweisbaren Rolle von "pairs of almond fruit" in Küche und Folklore der Antike.

Abb. 78: Geldstillleben aus Herculaneum, Haus IV 21 (Casa dei Cervi). Museo Archeologico Nazionale di Napoli

obere und ihre untere Hälfte auseinander. Die Feige, die so die Form einer Acht annahm, wurde dann getrocknet. Am Schluß des Trocknungsvorgangs wurde auf die auseinandergeklappte Frucht eine zweite, gleichermaßen vorbehandelte aufgesetzt; und beide hafteten nach dem Trocknen aneinander fest.[39] In Italien kommt diese Art der Feigenkonservierung (die sog. appicciatura) noch heute vor (vgl. Abb. 80).[40]

Von den beiden Münzen des Stilllebens ist die eine ein Silberstück, das in das Ende einer Dattel gesteckt wurde. Die Frucht bedeckt so ein gutes Viertel der Münze. Das Münzbild könnte ein nach rechts gewendeter Kopf sein. Schematisch angegebene Schriftreste lassen eine den Rändern folgende, geschlossene Legende erkennen. Danach wird es sich also um eine kaiserzeitliche oder auch noch spätestrepublikanische Prägung handeln.

Die zweite Münze liegt auf einer der beiden Datteln. Nach der Farbe ist hier wohl nicht „eine schwärzlich goldene" Prägung (Beyen) und damit – wie bis in die neuere Literatur angenommen wird – ein Aureus, sondern ein As gemeint.[41] Angedeutet sind eine geschlossene Legende und ein nach links gewendeter Kopf. Der Hals ist relativ hoch und schlank, die Nase lang und der Nasenrücken nicht gerade. Wolfgang Helbig – und ihm folgend andere – wollten darin ein Porträt des Claudius erkennen.[42] Das gegenseitige Höhenverhältnis zwischen Hals und Kopf passt zum Bild des Claudius aber nicht. Der Kopf des Claudiusporträts wirkt im Vergleich zur Länge des Halses stets kleiner. Die Bestimmung Helbigs ist also nicht aufrecht zu erhalten; und es stellt sich auch die Frage, ob der Maler hier überhaupt einer konkreten Vorlage folgt.

Was die Deutung des Stilllebens betrifft, hat man darauf hingewiesen, dass Datteln, Feigen und Münzen einen Punkt miteinander gemeinsam haben: sie gehören zu den strenae, d. h. zu den glückbringenden

---

[39] Kurze Beschreibungen der Prozedur finden sich bei Columella, *De re rustica* 12,15,5 und Palladius, *Opus agriculturae* 4,10,35. Vgl. auch Stefani – Borgongino 2005, 72.

[40] Stefani – Borgongino 2005, 72. Abbildungen dieser "fichi appicciati" oder Feigen "a forma di otto" enthält auch die Netzseite www.notiziediprato.it/2009/10 bzw. die Photogalerie der Homepage www.ficusnet.it.

[41] „Schwärzlich golden": Beyen 1948, 52.

[42] Helbig 1868, n. 1682, 407. Seiner Bestimmung des Kaisers folgt die neuere Literatur bis heute; vgl. z. B. noch F. G[rasso], in: Bragantini – Sampaolo 2009, 377; Sampaolo, ebd. 83.

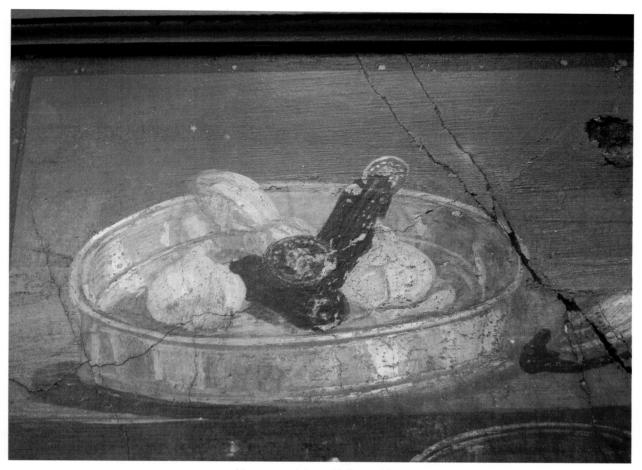

Abb. 79: Detail des Stilllebens Abb. 78

Gegenständen, die man sich am römischen Neujahrsfest zu schenken pflegte.[43] Dazu ließe sich ergänzend sagen, dass nachweislich auch speziell die „Doppelfeigen" zu Neujahr verschenkt wurden. Wir wissen das daher, dass unter den Neujahrsgeschenken, die auf den Spiegeln der sogenannten Neujahrslampen abgebildet sind (auch sie waren ihrerseits solche Geschenke), immer wieder diese „Doppelfeigen" begegnen.[44]

Den Sinn der antiken Neujahrsgeschenke erklärt uns z. B. Ovid in den „Fasten". Er schreibt, man verehre einander zum Jahreswechsel Früchte und Honig (ist Honig – oder Honigwein – der Inhalt des Glases auf der unteren Bildstufe?); und zwar „des Omens halber, dass der Wohlgeschmack an alles / sich hefte und des Jahres süßer Anfang bleibe".[45] Ein ähnliches angenehmes Omen bedeute aber auch eine Münze

als Neujahrsgeschenk.[46] Sie bringe für das neue Jahr Profit – eine Vorstellung, die ja auch wir Heutigen noch kennen.[47] Nach modernem Volksglauben sollen freilich Geldstücke nicht nur weiteres Geld nach sich ziehen, sondern überhaupt für Glück aller Art sorgen können.[48]

Das Verschenken von Münzen zu Neujahr war daher eine allgemeine, von Arm und Reich befolgte Sitte. Während sich reiche Leute auch von Goldmünzen trennten, gab ein armer Klient wenigstens einen schäbigen As.[49] Wie einmal Sueton über Münzgeschenke des Kaisers Augustus berichtet, konnten deren Gegenstand – nebenbei erwähnt – auch ausländische Geldstücke sein.[50] Wenn freilich Maria Radnoti-Alföldi in ihrem Handbuch der Antiken Numismatik meint, in einem Gedicht des Ausonius noch einmal einen zweiten Beleg für ein solches Geschenk ausländischer Münzen

---

[43] Über die römischen Neujahrsgeschenke z. B. Alföldi 1966, 67 ff.; Baudy 1987; Deubner 1912; Heres 1972, 183 ff.; van Heesch 2008, 50 f.; Meslin 1970, 31 ff., 39 ff., 62, 64 ff., 77 f. und 103; Müller 1909, 475 ff.; Nilsson 1919, 51 ff., 59, 63 ff., 66, 112 f. und 133.

[44] Vgl. dazu Heres 1972, 189 ff. Heres nannte die Objekte freilich „Feigenbündel".

[45] Ovid, *Fasti* 1, 187 f. in der Übersetzung Rudolf Eggers (Egger 1929, 61).

[46] Ovid, *Fasti* 1, 191 f. und 219 f.

[47] Vgl. etwa Hirschberg 2001. – Über Geldaberglauben in Verbindung mit dem Jahreswechsel in der modernen Volkskunde auch Sartori 2000, 1031; Siebs 2000, 618 f.

[48] Siehe v. a. die Übersicht bei Deubner 1978.

[49] Das Neujahrsgeschenk des Klienten bei Martial 8,33,12. Geschenke von Goldmünzen z. B. bei Julian, *Epistulae* 10 Weis oder Ausonius, *Epistulae* 10 Green.

[50] Sueton, *Augustus* 75.

Abb. 80: Doppelfeige auf Werbeplakat in Carmignano, Toskana (2011)

gefunden zu haben, so ist sie da einem Missverständnis zum Opfer gefallen.[51] Bei diesem Gedicht handelt es sich um einen in poetischer Form abgefassten Brief des Ausonius an den Trierer Grammatiker Ursulus, dem er im Auftrag des Kaisers und in seiner Amtseigenschaft als *quaestor* ein verspätetes Neujahrsgeschenk zukommen ließ. Er bezeichnet es zwar als *regale nomisma, Philippos* (d. h. als „königliche Münzen, Philipper"); aber er dürfte damit nicht wirklich – wie Maria Radnoti-Alföldi annahm - Prägungen des Makedonenkönigs Philipp meinen. Vielmehr hat schon Kurt Regling in einer Miszelle aus dem Jahr 1909 richtig angemerkt, dass die Stelle „nichts als eine literarische Reminiscenz" ist: nämlich ein stillschweigendes Zitat einer Horazstelle über einen Dichter, dem Alexander der Große *regale nomisma, Philippos* geschenkt habe.[52] Dieses launig-gelehrte Zitat, dessen sich Ausonius bedient, soll also wohl nur zum Ausdruck bringen, dass der Beschenkte eine Gabe seines Herrschers erhalte.

Wenn es in der erwähnten Suetonstelle über Augustus wörtlich heißt, der Kaiser habe Münzen aller Art, „auch alte königliche und ausländische", verschenkt, so weist hier schon die Formulierung darauf hin, dass solche Präsente sonst eher selten waren.[53] Dabei können mit den „alten königlichen" Stücken in Anbetracht der eigens nachfolgenden „ausländischen" nicht solche aus dem Osten der Mittelmeerwelt, sondern nur sehr alte

römische Münzen gemeint sein, die zumindest manche antike Autoren für königszeitlich hielten.[54] Tatsächlich wurden in der Kaiserzeit – sofern man ihrer noch habhaft werden konnte – die alten republikanischen Bronzen mit der Kopfdarstellung des Ianus als besonders passende Gaben zum Neujahrsfest empfunden; war doch Ianus der Gott der Übergänge und Anfänge und so auch Namenspatron des Monats Jänner.[55]

Im Fall unseres Stilllebens geben sich die Münzen freilich als zeitgenössisch-kaiserzeitliche Prägungen zu erkennen. Dabei mag das eigenartige Detail, dass eine von ihnen in eine der beiden Datteln hineingesteckt und so an ihr befestigt ist, eine Entsprechung darin finden, dass zu Neujahr auch vergoldete Datteln und mit Silberflittern besteckte Früchte verschenkt wurden.[56]

Was schließlich den Sinn unserer Darstellung von Neujahrsgeschenken betrifft, dürften ihr ähnliche Gedanken zugrunde liegen wie dem Priapbild aus dem Vettierhaus. Die an der Wand sozusagen ein für allemal

---

[51] Das Gedicht ist Ausonius, *Epistulae* 10 Green; missverstanden bei R.-Alföldi 1978, 5. Das gleiche Missverständnis auch bei Meslin 1970, 66.

[52] Horaz, *Epistulae* 2,1,234. – Die Bemerkungen Reglings bei Regling 1909, 316 f.

[53] Sie setzen ja auch eine Art des Münzensammelns voraus.

[54] Zu diesem chronologischen Irrglauben Münsterberg 1912, 172.

[55] Zu Ianus und seiner Beziehung zum Jänner Holland 1961, 99. Vgl. die Darstellungen von Ianus/Prora-Assen unter den auf den Neujahrslampen abgebildeten *strenae* (Katalog dieser Bilder bei Heres 1972, 186 ff.) und auf einer Tonsparkasse mit inschriftlichem Neujahrsglückwunsch (Graeven 1901, 178 f.). – Ovid spricht in den Fasten zwar von „alten Bronzemünzen" als glückverheißenden Neujahrsgeschenken (Vers 220); und er erwähnt etwas später auch die Ianus/Prora-Asse (Vers 229 ff.). Entgegen anderen Behauptungen (z. B. bei R.-Alföldi 1978, 4 f.) bezeichnet er diese Asse dort aber nicht ausdrücklich als Neujahrsgeschenke.

[56] Vergoldete Datteln: Martial 8,33 und 13,27. – Früchte mit Silberflittern: Asterios, *Homilia* 4, p. 220 Migne. – Vgl. auch den von Siebs 2000, 618 erwähnten Brauch aus der modernen Volkskunde, am Jahresende mit Münzen besteckte Äpfel zu verschenken.

Abb. 81: Stillleben mit beschriftetem Geldsack; Pompeji, Haus II 4,3 (Casa di Giulia Felice). Museo Archeologico Nazionale di Napoli

Abb. 82: Detail des Stilllebens Abb. 81

und Jahr für Jahr festgehaltenen Neujahrsgaben wollen wohl *omina* dafür sein, dass den Hausbewohnern weder je die Früchte und die „süßen" Seiten des Lebens noch das Geld ausgehen mögen. Davon abgesehen drückt aber das römische Neujahrsgeschenk – wie Dorothea Baudy herausgearbeitet hat[57] – auch soziale Integration und die Position des Geschenkgebers innerhalb der sozialen Hierarchie aus – beides Sachverhalte, die durch das Wandbild sozusagen fortgeschrieben werden sollen und von denen wiederum künftiger Erfolg und Wohlstand abhängig sind.

4. Ein pompejanisches Stillleben mit beschriftetem Geldbeutel und mit Früchten (Abb. 81–82 und Anhang I 6)

Zu den Wandbildern der Villa des Diomedes in Pompeji gehört ein Stillleben, das – auf zwei Regalbrettern untergebracht – verschiedene Früchte (Datteln, Feigen/Doppelfeige, Mandeln) und ein verschnürtes Geldsäckchen aus hellem Stoff oder Leder darstellt (Abb. 81–82). Dieses Säckchen trägt mehrere Inschriftzeilen in schwarzer Tintenschrift (Abb. 82); davon sind drei lesbar und auch im CIL verzeichnet (CIL IV 1175a). Bei genauer Betrachtung von Original und Photo scheint sich die folgende Lesung zu ergeben:

MF Denarzeichen III
MAD Denarzeichen V
HS VIII S

(*Z. 1*) *MS*: CIL; *MF H III*: Helbig 1868; *statt Denarzeichen vielleicht H(abet)*: Karwiese 1975, 286

(*Z. 2*) *MU spiegelverkehrtes C Denarzeichen liegendes S*: CIL; *MO spiegelverkehrtes C Denarzeichen V*: Helbig; *am Zeilenschluß „möglicherweise ... ein Kürzel etwa für et"*: Karwiese 1975, 286

(*Z. 3*) *Kreuz JU III X*: CIL; *Sesterzzeichen VIII y-artiges Zeichen*: Helbig; *am Zeilenschluß werde der Rest eines M vorliegen, da die Zahl acht zu niedrig sei*: Karwiese 1975, 286

Für die Deutung ist zunächst festzuhalten, dass die kleine Inschrift vor allem aus der Aufzählung von Geldsummen besteht. Zur ersten Summe, die auf das Denarzeichen in Zeile 1 folgt, dürfte nicht nur die Ziffer III, sondern auch noch das M am Beginn der Zeile 2 gehören. Dieser Betrag beläuft sich damit auf *III m(ilia)* = dreitausend Denare.

Ein zweiter und ein dritter Betrag, den die Inschrift nennt, scheinen im Vergleich damit sehr klein: fünf Denare in Zeile 2 und achteinhalb HS = Sesterze in Zeile

3. Da achteinhalb Sesterze kein glatter Denarbetrag sind, wechselt hier das Nominal der Berechnung.

Problematisch bleiben dagegen das AD in Zeile 2 und die ersten beiden Buchstaben der Zeile 1. Um in Zeile 1 zu beginnen, scheint aber die Versuchung groß, die Buchstaben MF dort als Abkürzung für *m(unera) f(acta)* = „gemachte Geschenke" oder *m(unera) f(acienda)* = „zu machende Geschenke" anzusehen (sei es nun im Nominativ oder im eleganteren Dativ).[58]

Was die Interpretation des AD in Zeile 2 betrifft, schiene zunächst denkbar, dass die beiden Buchstaben als eine Abkürzung für *ad(ditis)* und damit im Sinn eines „zusätzlich zu, sowie" zu verstehen sind. Andererseits hat aber auch die lateinische Präposition *ad* zwei Bedeutungen, die in unserem Zusammenhang erwägenswert wären: sie kann „bis (zu)" und ebenso „ungefähr" bedeuten. Da freilich die Formulierungen „dreitausend bis fünf Denare" oder „dreitausend und ungefähr fünf Denare" nicht möglich sind, müssten dann mit den „fünf" Denaren in Zeile 2 in Wahrheit V [*m(ilia)*] = „fünftausend" gemeint sein.

Legt man diese Überlegungen zugrunde, ergäbe sich als Übersetzung des kleinen Textes also: „Gemachte (*oder:* zu machende) Geschenke (*oder:* zu Geschenkzwecken): Denare dreitausend sowie Denare fünf (*oder eventuell:* Denare drei- bis fünftausend; *oder:* Denare dreitausend und Denare ungefähr fünftausend) (sowie) achteinhalb Sesterze."

Sind diese Gedanken richtig, so gibt die Geldsackinschrift eine Abrechnung über Geschenke, wie man sie z. B. am Neujahrsfest (zu dem die Fruchtdarstellungen passen würden) seinen Klienten, Freunden und Bekannten zu machen pflegte. Diese Abrechnung werden wir natürlich nur als fiktiv und symbolisch zu verstehen haben; und so stellt sich auch die Frage nicht, ob der Geldsack die Summen zum Zeitpunkt der Abbildung noch enthielt oder ob sie daraus schon entnommen waren. Immerhin bringt uns das Wandbild aber auf den Gedanken, dass es Geldsackaufschriften mit Notizen über Entnahmen aus dem jeweiligen Sack tatsächlich gegeben haben könnte.

5. Ein Stillleben aus Portici mit beschriftetem Geldbeutel und mit Früchten (Abb. 83; Anhang I 10)

Ein ebenfalls beschrifteter Geldbeutel steht im Zentrum eines weiteren Wandbilds, das 1763 in Portici gefunden wurde (Abb. 83).[59] Dieses Stillleben stellt drei Motive zusammen, die sich sonst bisher nirgends kombiniert

---

[57] Baudy 1987.

[58] Karwiese 1975, 285 erwog *M(ercurio) F(ecundo)*, *m(uneris) f(unctione)* oder *m(onetarum feritarum)* bzw. *m(onetarum) s(ignatarum)*. Einer der beiden letzten Möglichkeiten wollte er den Vorzug geben.

[59] Zu Fundort und Fundjahr unten Anm. 89.

Abb. 83: Geldstillleben aus Portici (aus: Pitture d'Ercolano 4, 87). Museo Archeologico Nazionale di Napoli

finden: von links nach rechts Datteln und Feigen, die auf einem großen Blatt aufgehäuft zu sein scheinen; ein verschnürtes Säckchen mit angedeuteter, aber nicht lesbarer Schrift; und einen behauenen Steinblock in Form eines liegenden Quaders, an dem links wohl ein knotiger Stock lehnt, während rechts darauf zwei sakrale Schmuckbinden abgelegt sind.

Geht man bei der Deutung der Darstellung (die, soweit der Verfasser sieht, bisher nicht versucht wurde) vom Bezug der Früchte und des Geldsacks wieder auf die *strenae* aus, so lässt sich von dort auch leicht zu einem Verständnis der Bilddetails Steinblock, Stab und Binden gelangen. Sie stehen wohl mit dem religiösen Fest der *compitalia* in Zusammenhang. Die *compitalia* fanden an den Tagen des Jahreswechsels statt und galten dem Kult derjenigen Laren, denen die Wegkreuzungen (*compita*) heilig waren.[60] An den Wegkreuzungen hatten die Laren Kapellchen und Kultmale verschiedener Art, an denen sich das Fest abspielte.

Zu den Kultmalen an den Wegkreuzungen gehörten auch die als sakral betrachteten Grenzsteine der an die Straßen anschließenden Grundstücke. Diese Steine wurden von gläubigen Menschen gesalbt und mit Blumenkränzen und Wollbinden geschmückt.[61] Zu den Anlässen, an denen das geschah, dürften gewiß auch die *compitalia* gehört haben.

Die rechte Hälfte unseres Stilllebens wird demnach auf die *compitalia* anspielen und eines der am Weg liegenden heiligen Steindenkmale zeigen; dazu zwei Binden und einen am Stein angelehnten Wanderstab. Das Bild beschränkt sich also nicht allein auf glückbringende Neujahrsmotive, sondern deutet außerdem Kulthandlungen an, mit denen man den Laren zur Neujahrszeit dankte und sie um ihren weiteren Schutz bat. Im ländlichen Kontext, wie ihn das Motiv des heiligen Steins an einer Wegkreuzung andeutet, galt dieser Schutz nicht nur Häusern und Menschen, sondern auch dem Ertrag der Felder und Plantagen.[62]

---

[60] Über die *compitalia* und die Kompitallaren Scholz 1997; Wissowa 1900; Wissowa 1971, 167 ff.

[61] Zum römischen Steinkult vgl. Weinreich 1921; zu den Binden Siebert 1998.
[62] So deutlich bei Tibull 1,1,9 ff.

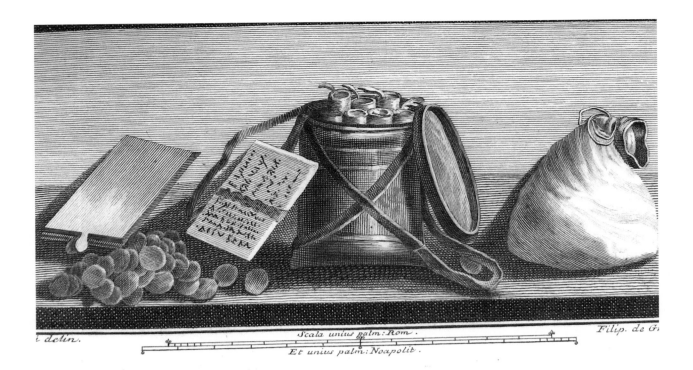

Abb. 84: Geldstillleben aus Pompeji, unbekannte Fundstelle (aus: Pitture d'Ercolano 2, 7).
Museo Archeologico Nazionale di Napoli

6. Stillleben mit Geld und Schreibmaterial aus Herculaneum und Pompeji (Abb. 84–86; Anhang I 4, I 5 und I 8)

Statt mit Früchten sind die Gelddarstellungen der Stillleben wiederholt auch mit Bildern verschiedenartiger Schreibmaterialien verbunden. So kombiniert ein Wandgemälde aus der Casa col Ninfeo (Haus VIII 2, 28) in Pompeji (Abb. 84 und Anhang I 4) das Motiv des gefüllten und verschnürten Geldsacks aus hellem Leder oder Stoff (hier ohne Inschrift) mit dem einer offenen, mit Schriftrollen gefüllten *capsa* und zweier Wachstafeldokumente. Auf einem von ihnen sind Beschriftung und angebrachte Siegel angedeutet. Dem Betrachter zugekehrt, ist dabei die Zeile *actu Pom(peis)* = „verhandelt zu Pompeji" lesbar.[63] Das andere Dokument hat an einer Schmalseite der Tafeln, aus denen es besteht, Anhänger oder Griffe mit einem jeweils halbrunden Ende.[64] Davor liegt im Bildvordergrund

ein Häufchen Münzen. Wie die im 18. Jahrhundert entstandene Vorlage zu Abb. 81 nicht erahnen lässt, sind zwar das Bild und seine Farben – zumindest heute – „stark beschädigt";[65] aber Farbphotographien zeigen, dass die Metallfarbe der dargestellten Münzen wohl gelblich war.[66]

Ein ähnliches Stillleben ist auch aus der Casa di Giulia Felice (Haus II 4, 3) in Pompeji erhalten (Abb. 85 und Anhang I 5). Auf einem Regalbrett in der unteren Bildhälfte sind dort – wie in einer Momentaufnahme eines vorübergehend verlassenen Arbeitsplatzes – Schreibmaterialien aller Art versammelt:[67] ein wohl offenes, gehenkeltes Tintenfass, auf dem jemand seine Rohrfeder abgelegt hat; eine geöffnet daliegende Schriftrolle mit nach unten gekehrten aufgerollten Enden und heraushängendem Titelschild (seine Beschriftung ist teilweise wiedergegeben, aber nicht

---

[63] CIL IV 1174 + p. 461.

[64] Pugliese Carratelli 1950, 272 denkt dabei an eine Hilfe für das Umblättern. Eine andere Möglichkeit wäre aber eine doppelt angebrachte Befestigungsvorrichtung, an der das Tafelbuch aufgehängt werden konnte. Ein solches aufgehängtes Täfelchen zeigt das Stillleben I 5 (Abb. 85). – Zu Tafeln mit Aufhängevorrichtung vgl.

auch von Salis 1952, 90 f. und 93.

[65] Cerulli Irelli u. a. 1974, 210.

[66] Vgl. z. B. die Photographie bei De Caro 2001, n. 110, S. 106.

[67] „Momentaufnahme": Hier trifft völlig die Bemerkung bei Birt 1907, 226 zu: „Man hat den Eindruck, der Mensch sei erst eben fortgegangen, der sie (sc. die Gegenstände) benutzte, und müsse gleich wieder herzutreten."

Abb. 85: Stillleben mit Geld und Schreibmaterial; Pompeji; Haus II 4, 3 (Casa di Giulia Felice). Museo Archeologico Nazionale di Napoli

deutbar); ein offenes Wachstafelheft mit angedeuteter Schrift und daran angelehntem Schreibgriffel; und eine Wachstafel, die vier Textzeilen trägt und an einem in der Regalrückwand eingeschlagenen Nagel hängt.[68] Auch die Beschriftung der beiden Tafeldokumente ergibt, soweit überhaupt erkennbar, keinen Sinn.

In der Mitte eines oberen Schrankbrettes liegt schließlich ein Gegenstand, der für gewisse Verwirrung gesorgt hat. Stefano De Caro deutet ihn als ein geköpftes und gerupftes Huhn.[69] Bei genauerer Betrachtung entpuppt er sich aber als ein unbeschrifteter, hellbrauner Geldsack mit offenem Schnurverschluß. Er wird von zwei Münzhaufen flankiert: links von einem Haufen ausschließlich von Silber- und von Goldmünzen; und rechts von einem Haufen ausschließlich von rötlichen Kupfer- und von gelblichen Messingstücken. Jeder dieser Haufen enthält Hunderte von Prägungen.

Einer etwas anderen Variante der Gelddarstellung begegnen wir im Fall eines dritten Stilllebens ähnlicher Art (Abb. 86 und Anhang I 8). Das heute verschollene Bild hat einst dem pompejanischen Haus, in dem es gefunden wurde, seinen Namen Casa del Banchiere eingetragen (Haus VII 14, 5). Nach einer erhaltenen Zeichnung des Künstlers Nicola La Volpe aus dem Jahr 1839 waren dort einerseits Schriftstücke mit Siegeln und andererseits ein offener, mit Münzen gefüllter Stoffsack dargestellt. Wie es in der zeitgenössischen Literatur heißt, gehörten die Münzen allen drei Metallen an.[70]

Fragen wir abschließend wieder nach dem Sinn dieser kombinierten Schrift- und Geldstillleben, so geben uns die Darstellungen der mit Siegeln versehenen Schriftstücke einen wichtigen Hinweis. Versiegelt wurden zwar auch Buchrollen literarischen Inhalts.[71] Aber Täfelchen mit mehreren Siegeln, wie sie zwei unserer pompejanischen Wandbilder zeigen (Abb. 84 und 86), sind Urkunden bzw. Verträge. Das sagt auch klar die auf einer der Tafeln (Abb. 84) lesbare Zeile: „verhandelt zu Pompeji". Das Milieu, das die kombinierten Schrift- und Geldstillleben charakterisieren, ist also das Milieu der Geschäftswelt und der damit zusammenhängenden Büroarbeit. Gemeint sind mit der Abbildung der Schreibmaterialien primär folglich nicht etwa Zeugnisse von Bildung.[72] Mit Bildung haben die Stillleben nur insofern zu tun, als Schreib-, Rechen- und Rechtskenntnisse mit zu den Voraussetzungen des wirtschaftlichen Erfolgs gehörten.[73] Dieser Erfolg war es,

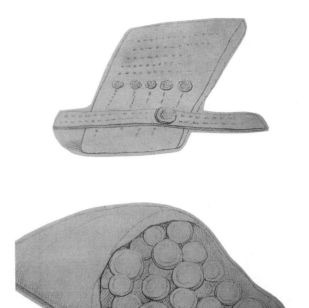

Abb. 86: Schriftstücke und Geldsack auf einem verschollenen Wandbild aus Pompeji, Haus VII 14, 5 (Casa del Banchiere. Zeichnung Nicola La Volpes; nach: Pompei. Pitture e mosaici 11 [Rom 1995] 572)

den die Bilder symbolisieren; und vielleicht ist es nicht zu viel vermutet, wenn wir unterstellen, dass sie ihn – ähnlich wie die Darstellungen von Neujahrsgeschenken – auch für die Zukunft gewissermaßen „festhalten" bzw. herbeibeschwören wollten.

7. Eine Darstellung von Geld und Schreibmaterial an einem Grabmal aus Pompeji (Abb. 87 und Anhang I 9)

Eine Sonderstellung nimmt unter den hier versammelten Zeugnissen das Wandbild Anhang I 9 ein. Es ist kein Fresko aus einem Haus der Vesuvregion, sondern findet sich am bemalten Sockel eines pompejanischen Grabmals: des Grabes des Ädilen C. Vestorius Priscus vor der Porta del Vesuvio. Das stark verblasste Bild wird in Abb. 87 in einer Umzeichnung wiedergegeben, die Markus Schaub (Augst) für die vorliegende Arbeit angefertigt hat.[74] Dargestellt ist dort unter anderem ein Zimmer mit einem Tisch, den verschiedenartiges Schreibmaterial, sechs Münzen (silber- und zumindest

---

[68] Zu den Schriftandeutungen CIL IV 1175 b + p. 462. – Zu aufgehängten Wachstafeln (unseren Pinnwänden vergleichbar) siehe Anm. 64.
[69] De Caro 2001, 64. Unzutreffend ist außerdem die Behauptung dort und bei De Caro 2009, 85, das Wandbild zeige auch „Vögel".
[70] Breton 1870, 455.
[71] Birt 1907, 243.
[72] Dies gegen Junker 2003, 476; Magagnini 2010, 54.
[73] So auch Pugliese Carratelli 1950, 266.

[74] Den heutigen Zustand des Bildes dokumentieren Farbaufnahmen der Internetseite www.pompeiiinpictures.com (unter *tombs VG2, part 2*). – Die Vorlage für Markus Schaubs Zeichnung waren die Abbildungen bei Mols – Moormann 1994, 94 (Zeichnung W. A. Loerts); bei Spano 1943, 273 (Zeichnung G. Luciano); und bei Spinazzola 1953, 451 (Schwarzweißphotographie).

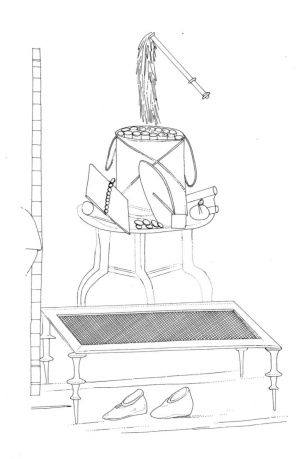

Abb. 87: Wandbild mit Münzdarstellungen. Pompeji, Grabmal
des C. Vestorius Priscus. Umzeichnung M. Schaub

auf eine Erscheinung einzugehen, die in Einzelfällen
beobachtet, aber bisher kaum im Zusammenhang
betrachtet worden ist. Bei dieser Erscheinung handelt
es sich um das Abdrücken von Geldstücken im frischen
Verputz von römischen Wänden. Beschrieben wurden
solche Fälle bisher aus der *domus Tiberiana* am Palatin in
Rom und aus zwei oder drei Häusern in Pompeji (Abb.
88–91 und Anhang II).[78] Mögliche weitere Abdrücke sind
dem Verfasser in Pompeji zwar auch sonst aufgefallen;
doch scheinen solche Beobachtungen so lange wertlos,
als am Abdruck nicht wirklich eindeutige Spuren von
Münzbild bzw. -legende erkennbar sind.

Nach solchen am Abdruck noch ablesbaren Details wurde
in der *domus Tiberiana* eine Vorderseite eines Nerva- oder
Trajansesterzes und eine – vielleicht die zugehörige
– Sesterzrückseite des Nerva (RIC 60/73/83/98) im
Verputz abgeformt. Da das Rückseitenbild die Göttin
Fortuna zeigt, hatte der Verfasser in einer früheren
Arbeit angenommen, dass die Münze „offenbar ...
bei einer damaligen Gebäuderenovierung als eine
Art von Glücksgarantie für den Bau – und insofern ...
einem Bauopfer vergleichbar – in den noch feuchten
Wandverputz gedrückt" worden sei.[79]

Als diese Zeilen geschrieben wurden, waren dem
Verfasser die pompejanischen Münzabdrücke Anhang
II 2 und II 3 noch nicht bekannt. In Pompeji hatte
bereits Giuseppe Fiorelli im 19. Jahrhundert an den
Zellenwänden des Lupanars (Haus VII 12, 18–20)
mehrere Abdrücke von Mittel- und Großbronzen
des Galba und des Vespasian entdeckt (Anhang II 3).
Fiorelli sprach von sieben Vorderseitenabdrücken und
von einem achten Fall einer Rückseite. Darauf war
wiederum eine göttliche Glücksgarantin dargestellt:
nämlich die Hoffnungsgöttin Spes. Der Revers gehörte
einem unter Vespasian häufig geprägten – und auch
von Titus schon im Jahr 79 wiederaufgenommenen –
Rückseitentyp an. Seine ältesten Vertreter fallen in
das Jahr 73. Das Datum 73 stellt also auch den *terminus
post quem* für den letzten Verputz des Lupanars dar
(während die Pompejiliteratur – in Anlehnung an die
chronologischen Angaben bei Cohen – das Jahr 72 als
terminus post quem dafür angibt[80]).

Die jüngste sichere Beobachtung ähnlicher Art gelang
in den Vesuvstädten einem australischen Team, das
die pompejanische Casa della Caccia antica (Haus VII
4, 48) untersuchte. Dort erwies sich die Sockelzone
der Nordwand des Atriums – gleich links und rechts
des Hauseingangs – als übersät mit über siebzig
Münzabdrücken (Abb. 88–91 und Anhang II 2). In

in einem Fall auch goldfärbig) sowie ein verschnürter
Geldsack bedecken.[75] Diese Gegenstände dürften die
Bedeutung des Verstorbenen charakterisieren. Sie
deuten an, dass seine Welt sozusagen ein Schreibtisch
voller Agenden war. Sie weisen auf seine Geschäfte, auf
sein Vermögen und außerdem wohl zugleich auf seine
Amtstätigkeit als Magistrat hin.[76]

Für den Gedanken Stephan Mols' und Eric Moormanns,
Vestorius Priscus sei vielleicht ein Parvenu gewesen,
dessen Stolz auf das Erreichte sich in den Bildern
seines Grabmals niederschlug, kann der Verfasser dabei
keinen hinreichenden Anhaltspunkt erkennen.[77]

8. Münzabdrücke an pompejanischen Wänden (Abb. 88–91 und Anhang II)

In einer Arbeit über Münz- und Gelddarstellungen auf
Wandbildern der Vesuvregion scheint es sinnvoll auch

---

[75] Nach Mols – Moormann 1994, 27 wären es fünf Münzen: "quattro piccole monete argentee e una aurea".
[76] Dies gegen Mols – Moormann 1994, 41; Mols – Moormann 1995, 162 und 164. Danach bezögen sich „Büromaterial" und Geld (warum?) nur auf das Privatleben des Verstorbenen.
[77] Mols – Moormann 1994, 48.

[78] Zu den Münzabdrücken aus Rom Castrén – Lilius 1970, 92 f., 189, 192 f., 202 und 204 mit Abb. Taf. LXX f., LXXIII, LXXV und LXXVIII.
[79] Thüry 2006, 134.
[80] So Coarelli – La Rocca – de Vos 1993, 447; Varone 2002, 199 (mit der unzutreffenden Bemerkung, die Datierung ergebe sich aus dem „Abdruck einer Münze mit genau dieser Jahresangabe").

Abb. 88: Heute noch sichtbare Münzabdrücke an Raumwand aus Pompeji, Haus VII 4, 48 (Casa della Caccia antica; Aufnahme vom April 2011)

Abb. 89: Münzabdrücke an Raumwand aus Pompeji, Haus VII 4, 48 (Casa della Caccia antica; aus: Descoeudres - Sear 1987, Abb. 22)

Abb. 90: Münzabdruck aus Pompeji, Haus VII 4, 48 (Casa della Caccia antica; aus: Descoeudres - Sear 1987, Abb. 23)

Abb. 91: J. P. Descoeudres' „reconstruction drawing" für die Münze, mit der die Abdrücke Abb. 89 und 90 hergestellt worden seien (aus: Descoeudres- Sear 1987, Abb. 24)

den Verputz gepresst hatte man ebenso Vorder- und Rückseiten wie kurze Kantenpartien von zumindest zwei verschiedenen Geldstücken. Identifizierbar waren noch Legendenreste einer oder mehrerer vespasianischer Sesterzvorderseiten (in einem Fall auf das Jahr 71 datiert) und ein Sesterzrevers der Jahre 71–79 mit der Darstellung des trophäentragenden Mars (RIC II² 1250 Rs Typ des Vespasian bzw. RIC II² 60 und 63 des Titus). Geprägt nach der Niederwerfung des jüdischen Aufstands, konnte diese Münzdarstellung des Kriegsgotts mit dem *tropaion* als Verheißung von politischer Stabilität und damit von Prosperität und wiederum von Glück betrachtet werden.

Während auch Ciro Favicchio in den Münzabdrücken der *Casa della Caccia antica* – allerdings ohne weitere Begründung – ein "segno propiziatorio" sehen möchte, denkt hier Jean Paul Descoeudres an einen Kinderstreich, für den es gewiss Schläge auf das Hinterteil gegeben habe.[81] Nimmt man aber das Phänomen der Münzabdrücke in römischem Wandverputz als ganzes in den Blick, dann scheint diese These nicht glaubhaft. Der Fall der Münzabdrücke dürfte ähnlich liegen wie derjenige der nicht seltenen Alphabetgraffiti an antiken – und auch speziell an pompejanischen – Häuserwänden.[82] Vor allem die ältere Forschung hat

dafür stets nur kritzelnden Kindern die Schuld geben wollen.[83] Das mag auch gelegentlich zutreffen. Seit den Untersuchungen Albrecht Dieterichs und Franz Dornseiffs über diese sog. „ABC-Denkmäler" wissen wir aber, dass man das Alphabet als eine wirksame Zauberformel betrachtete.[84] An Gebäudewänden angebracht, sollte sie Haus und Bewohner schützen.

9. Schlußwort

Stefano De Caro hat einmal gemeint, dass die Gelddarstellungen der Stilleben "la prova della diffusione dell'ideologia del salve lucrum" seien.[85] Das ist zwar ein wenig übertrieben, da die Zahl der Bilder zu gering wäre, um schon für sich genommen die Verbreitung einer Haltung zu bezeugen. Der angesprochene Zusammenhang dürfte aber für die in Anhang I gesammelten Bilder tatsächlich gelten. Sie sprechen vom Wohlstand der Honoratiorenschicht,

---

[81] "Segno propiziatorio": Favicchio 1996, 89 (für den Hinweis darauf möchte der Verf. Herrn Dr. Ciro Favicchio, Terzigno, danken). Kinderstreich: Descoeudres 1987, 138; Descoeudres – Sear 1987, 24; Beard 2011, 27 f.

[82] Ein Corpus der Alphabetinschriften und -graffiti gibt Dornseiff 1925, 158 ff. Pompejanische Ritzinschriften sind dort 167 f. verzeichnet. – Zu Alphabetinschriften aus dem römischen Österreich

[83] Dieterich 1901, 82 ff.; Dornseiff 1925, 164 und 166 f.; Swoboda 1964, 205, 207 und 295.
[83] So für Alphabetgraffiti aus Pompeji z. B. noch García y García 2005, 37; Kepartová 1984, 207. – Selbst einem Gelehrten wie dem Epigraphiker und Philologen Friedrich Vollmer schien völlig klar, dass ein Alphabetgraffito an einer römischen Gebäudewand im oberbayerischen Tittmoning nur von einem Kind, und zwar von einem Jungen, herrühren könne: Vollmer 1915, n. 48 A. Der Fall dieser oberbayerischen Inschrift hat sich seitdem aber insofern als interessant erwiesen, als dem Tittmoninger Alphabet ein abgekürzter Personenname beigeschrieben ist, der auch als Besitzangabe auf einer dort gefundenen, etwa gleichzeitigen Servierplatte wiederbegegnet. Sie dürfte eher im Besitz eines Erwachsenen gewesen sein. Vgl. dazu Thüry 1984, 37 ff.; Thüry 1996, 108 f.
[84] Dieterich 1901; Dieterich 1904; Dornseiff 1925, 69 ff.
[85] De Caro 2009, 86.

drücken die Hoffnung auf ein Fortbestehen des Reichtums aus und bitten Götter wie Merkur, Priap oder die Laren, ihn zu sichern. Fallweise wird auch das Bild zum Träger übernatürlicher Kräfte; es ist apotropäisch oder ein gutes *omen*. Wer sich ein solches gutes *omen* verschafft, der möchte damit ja – mit den Worten Andreas Alföldis – „das Wunschbild der eigenen Hoffnungen ... der Realität magisch aufzwingen".[86]

Auf den Charakter der Münze als Glücksbringer gehen wohl auch die Abdrücke von Dupondien und Sesterzen im Wandverputz zurück. Es scheint bezeichnend, dass die bisher identifizierten Rückseiten die Göttinnen Spes, Fortuna (dies im Fall der *domus Tiberiana* in Rom) sowie den Gott Mars mit dem *tropaion* zeigen.

Um wieder zu den Wandbildern zurückzukehren, scheint aber auch noch die Beobachtung wichtig, dass sich dort Schreibmaterialien, die zusammen mit Geld abgebildet werden, als Anspielungen auf Vertrags- und Geldgeschäfte und vielleicht auf Rechtskunde und auf bekleidete Magistratsfunktionen zu erkennen geben. Sie stehen daher nicht für eine Bildung um ihrer selbst willen, sondern nur für eine Ausbildung als Voraussetzung für erfolgreiche Geschäfts- und Amtstätigkeit. Diese Beobachtung bringt uns freilich auf den Verdacht, dass auch manche Buch- und Schreibdarstellungen in der provinzialen Grabkunst weniger dem Ideal des *aner mousikos* und eher einer Betonung von Geschäftstüchtigkeit und beruflichem Erfolg gelten werden.[87] Die wenigen Grabreliefs, bei denen ein Bezug solcher Darstellungen auf das Geschäftsleben klar angedeutet ist, sind gewiss nur die sprichwörtliche „Spitze des Eisbergs".[88]

10. Anhang: Katalog

I. Darstellungen von Geldsäcken und Münzen auf Wandbildern

(nicht berücksichtigt sind die Prägeszene (?) aus dem Haus der Vettier in Pompeji und die Bilder eines Geldbeutels als Attribut des Merkur)

I 1.

Boscoreale, Villa des Popidius Florus; Raum 21.

Verbleib: Antiquarium Boscoreale. – Abb. 75.

Maße: nicht publiziert.

Beschreibung: Münzbehälter mit Schiebedeckel; mit Münzen gefüllt und Deckel zu mehr als der Hälfte geöffnet. Daneben zwei unklare Gegenstände (ev. größere, weil im Bildvordergrund liegende Münzen?) und ein zugebundener (Geld-)Sack.

Bibliographie (Auswahl): Croisille 1965, n. 339, 120 mit Taf. 112. – Eckstein 1957, 55 f. – Oettel 1996, n. 21/35, 254.

I 2.

Herculaneum, Haus IV 21 (Casa dei Cervi); cryptoporticus an der Südseite (Seeseite) des Hauses?

Verbleib: Museo Archeologico Nazionale di Napoli (Inv.-Nr. 8645 B). – Abb. 78–79.

Maße: Länge 0, 35 m, Höhe 0, 34 m.

Beschreibung: Stillleben, das u. a. einen Glasteller mit Datteln, Feigen, sog. Doppelfeigen und Münzen zeigt. In einer der Datteln steckt eine spätrepublikanische oder kaiserzeitliche Silbermünze mit geschlossener Legende; auf einer zweiten liegt ein As (von Helbig falsch als Prägung des Claudius gedeutet).

Bibliographie (Auswahl): Allroggen-Bedel 1975, 103. – Beyen 1948, 52 f. und Taf. 7 f. – Croisille 1965, n. 44, 40 mit Taf. 17. – De Caro 2001, 26; n. 48, S. 71; S. 73. – Eckstein 1957, 35. – F. Grasso, in: Bragantini – Sampaolo 2009, 369 und 377. – Helbig 1868, n. 1682, S. 407. – Jashemski – Meyer – Ricciardi 2002, 149. – Naumann-Steckner 1999, 30 f. – Pagano – Prisciandaro 2006, 1, S. 203. – Pasquarella – Borgongino 2005, 164. – Pitture d'Ercolano 3, 285 ff. und Taf. 54. – Sampaolo 2009, 83.

I 3.

Pompeji; genaue Fundstelle unbekannt.

Verbleib: ins Museo Archeologico Nazionale di Napoli gelangt (alte Inv.-Nr. 8744); heute aber verschollen. – Abb. 76–77.

Maße: Länge 0, 28 m, Höhe 0, 19 m.

Beschreibung: Stillleben mit Darstellung eines Schmuck- oder Geldkästchens und zweier (Gold-?)Münzen.

Bibliographie (Auswahl): Beyen 1948, 52. – T. Budetta, in: Pompeji 1993, 168 f. – Croisille 1965, n. 72, S. 47 und Taf. 116. – Pitture d'Ercolano 2, 43, 213 und 326 f. – Eckstein 1957, 53–55. – Helbig 1868, n. 1779, S. 421.

I 4.

Pompeji; Haus VIII 2, 28 (Casa col Ninfeo).

---

[86] Alföldi 1966, 68.
[87] Ähnlich Walde 2005, 66, 68, 70 und 76.
[88] Grabreliefs dieser Art wären etwa die Denkmäler Walde 2005, Abb. 83 f. mit Text 66; oder ein phrygischer Stein der Basler Sammlung Ludwig (Antikenmuseum Basel, Inv. Lu 261), der dem verstorbenen Mann zugleich die Attribute Geldbeutel und Diptychon zuweist.

Verbleib: Museo Archeologico Nazionale di Napoli (Inv.-Nr. 4675). – Abb. 84.

Maße: Länge 0, 41 m, Höhe 0, 17 m.

Beschreibung: Im Mittelpunkt des Stilllebens steht eine offene *capsa* mit Tragriemen und Deckel, aus der die Enden von sieben *volumina* mit anhängenden *tituli* hervorstehen. Links davon zwei Wachstafeldokumente (eines mit – z. T. nur angedeuteten – Schriftzeilen und mit Siegeln; das zweite mit zungenförmigen Griffen bzw. Aufhängern an einer der Schmalseiten). Rechts davon ein im Größenvergleich recht stattlicher Geldsack aus hellem Leder oder Stoff mit braunem Saum; mit einer hellen Schnur zugeknotet. Vor diesen Gegenständen liegen Münzen, die am linken vorderen Rand der Szene einen Haufen bilden. Farbaufnahmen des schlecht erhaltenen Bildes (wie z. B. bei De Caro 2001, n. 110, S. 106) zeigen, dass ihre Metallfarbe wohl gelblich war.

Bibliographie (Auswahl): Cerulli Irelli u. a. 1974, 210. – CIL IV 1174 + p. 461. – Croisille 1965, n. 2, S. 27 mit Taf. 109 und 110. – De Caro 2001, n. 110, S. 106 f. – Eckstein 1957, 53 und 55. – F. G[rasso], in: Bragantini – Sampaolo 2009, 384. – Helbig 1868, n. 1725, S. 413 f. – Junker 2003, 475 f. und Abb. 14. – Pagano – Prisciandaro 2006, 1, S. 27; 2, S. 2, 367, n. 307. – Pitture d'Ercolano 2, 7, 191 und 324 f. – Pugliese Carratelli 1950, 276 f. – Varone – Stefani 2009, 365.

I 5.

Pompeji, Haus II 4, 3 (Casa di Giulia Felice); tablinum.

Verbleib: Museo Archeologico Nazionale di Napoli (Inv.-Nr. 8598 D). – Abb. 85.

Maße: Länge 1, 03 m, Höhe 0,72 m.

Beschreibung: Das Stillleben stellt ein Regal mit zwei Brettern dar. Auf dem unteren steht Schreibgerät bereit: ein Tintenfaß mit *calamus*; ein *volumen* mit beschriftetem *titulus*; ein beschriftetes Wachstafelheft mit *stilus*; und eine an einem Nagel aufgehängte beschriftete Wachstafel. Auf dem oberen Brett liegt ein unbeschrifteter Geldsack zwischen zwei Münzhaufen.

Bibliographie (Auswahl): CIL IV 1175 b + p. 462. – Croisille 1965, n. 8, S. 28 f. mit Taf. 110. – De Caro 2001, n. 38, S. 64 (mit der Deutung des Geldsackes als Darstellung eines gerupften Huhns) und S. 65 (hier spiegelverkehrte Abbildung). – Eckstein 1957, 53 und 55. – F. G[rasso], in: Bragantini – Sampaolo 2009, 373. – Helbig 1868, n. 1726, S. 414. – Pagano – Prisciandaro 2006, 1, S. 19; 2, S. 367, n. 308. – V. S[ampaolo], in: Pompei. Pitture e mosaici 3 (Rom 1991) 289. – Sampaolo 2009, 82. – Taliercio 2005, 128. – Pitture d'Ercolano 5, 372 f. und Taf. 84. – Pugliese Carratelli 1950, 277. – Varone – Stefani 2009, 527.

I 6.

Pompeji, Villa des Diomedes.

Verbleib: Museo Archeologico Nazionale di Napoli (Inv.-Nr. 8643 A). – Abb. 81–82.

Maße: Länge 0, 43 m, Höhe 0, 21 m.

Beschreibung: Stillleben mit Früchten (Datteln, Feigen, Mandeln) und einem verschnürten Geldsack aus hellem Stoff oder Leder, der eine aufgemalte mehrzeilige Inschrift trägt.

Bibliographie (Auswahl): CIL IV 1175a mit Taf. XLI 1 a. – Croisille 1965, n. 42, S. 39 mit Taf. 91. – De Caro 2001, n. 123, S. 112 f. (wonach es sich nur „vielleicht" um einen Geldsack handle). – Eckstein 1957, 36 und 44. – Helbig 1868, n. 1703, S. 410. – Jashemski – Meyer – Ricciardi 2002, 149 f. – Karwiese 1975, 285 f. und 294. – A. Lo Monaco, in: La Rocca 2009, 300 f. – Pagano – Prisciandaro 2006, 1, S. 71. – Pitture d'Ercolano 5, 73, 247 und 384. – Varone – Stefani 2009, 527.

I 7.

Pompeji, Haus VI 15, 1 (Casa dei Vettii); fauces rechts der Atriumstür. Verbleib: am Ort. – Abb. 74.

Maße: Länge 0, 43 m, Höhe 0, 81 m (nach De Caro).

Beschreibung: In vollem Sonnenlicht lehnt ein braungebrannter Priap lässig an einem Steinpfosten. Er trägt Ohrringe, Halsschmuck und Armreifen. Alle diese Schmuckstücke sind golden. Auf dem schwarzen Haar sitzt eine phrygische Mütze. Im abgewinkelten linken Arm, der sich auf den Pfosten stützt, ist ein *pedum* eingeklemmt. Die linke Hand hebt den Gewandsaum und entblößt den bis auf die Stiefel nackten Unterkörper. Die Rechte hält dagegen eine Handwaage. Während der Gott seinen überdimensionalen Phallus auf die – von ihm aus gesehen – linke Waagschale legt, steht auf der rechten, die auf genau gleicher Höhe pendelt, ein gefüllter und verschnürter (Geld-)Sack aus hellem Stoff oder Leder. Am Boden darunter quellen – etwas mehr im Hintergrund – Birnen, Trauben und Granatäpfel aus einem geflochtenen Fruchtkorb. In der rechten Bildecke lehnt ein Thyrsos.

Die Darstellung des Gottes neben dem Fruchtkorb zeigt übrigens eine gewisse Ähnlichkeit mit einem heute verschollenen Priaprelief aus Carnuntum.[89] Dort steht Priap – mit weit geöffnetem Überwurf und darunter bis auf die Stiefel nacktem Körper – neben einem übervollen Korb mit Äpfeln, über dem ebenfalls sein

---

[89] Grünewald 1979; Megow 1997, n. 108; Thüry 2010, 3.

erigiertes Glied schwebt (sofern nicht gemeint ist, dass es darauf aufliegt).

Bibliographie (Auswahl): Cantarella 1999, 129. – De Caro 2001, n. 127, S. 115. – Fröhlich 1991, 146 f. und 279 f. – Herter 1932, 120 und 236. – Mazzoleni – Pappalardo 2005, 334. – Megow 1997, n. 112. – Panetta 2005, 216. – Pappalardo 2006, 136. – Pasquarella – Borgongino 2005, 163. – Rostovtzeff 1971, 92. – V. S[ampaolo], in: Pompei. Pitture e mosaici 5 (Rom 1994) 471. – Vorberg 1966, unpaginiert.

I 8.

Pompeji, Haus VII 14, 5 (Casa del Banchiere); ala.

Verbleib: Am Ort. Nach Sampaolo aber verschollen bzw. ausgebleicht und nicht mehr identifizierbar. – Abb. 86.

Maße: Länge 0, 31 m, Höhe 0, 38 m.

Beschreibung: Die Szene, von der nur noch eine Umzeichnung Nicola La Volpes aus dem Jahr 1839 erhalten ist, zeigte in zwei Feldern übereinander versiegelte Schriftstücke und – darunter – einen offenen Stoffsack, der innen mit Münzen gefüllt war. Nach dieser Darstellung wird das in den Jahren zwischen 1839 und 1841 ausgegrabene Haus als Casa del Banchiere bezeichnet.

Bibliographie (Auswahl): I. Br[agantini] – V. S[ampaolo], in: Pompei. Pitture e mosaici 11 (Rom 1995) 572. – Breton 1870, 455. – Croisille 1965, n. 270, S. 98. – Eckstein 1957, 53 und 55. – Helbig 1868, n. 1727, S. 414. – V. S[ampaolo], in: Pompei. Pitture e mosaici 7 (Rom 1997) 663 und 668. – K. Zangemeister, CIL IV p. 279.

I 9.

Pompeji, Grabmal des Ädilen C. Vestorius Priscus vor der Porta del Vesuvio, Südwestecke des Grabmalsockels.

Verbleib: am Ort. – Abb. 87.

Maße: Länge ca. 2, 90 m; Höhe: ?

Beschreibung: Die Westflanke des Grabmalsockels bedeckt ein Gemälde, das den in einer geöffneten Haustür stehenden Toten zeigt. Zu seiner Rechten begleitet ihn ein kleiner Sklave. Rechts und links davon lässt das Bild den Betrachter in Innenräume des Hauses blicken. So sind rechts ein Ruhebett und dahinter ein dreibeiniger, runder Tisch zu sehen, auf dem eine offene *capsa* voller Schriftrollen steht. Am Rand der Tischplatte lehnen und liegen der *capsa*-Deckel und einige weitere Gegenstände. Wie vor allem Stephan Mols und Eric Moormann geklärt haben, sind es von links nach rechts ein Tintenfaßdeckel; eine Schreibfeder; ein

Schreibtäfelchen; sechs Münzen (silber- und zumindest in einem Fall auch goldfärbig); ein Tintenfaß mit Feder; und eine „borsa circolare quasi bianca chiusa in alto con un nastro nero" (Giuseppe Spano).

Bibliographie (Auswahl): Mols – Moormann 1994, 27 und 41 (mit Zeichnung). – Mols – Moormann 1995, 162 (mit Zeichnung). – Spano 1943, 241 und 272 ff. (mit Zeichnung). – Spinazzola 1953, 447 und Abb. S. 451.

I 10.

Portici.[90]

Verbleib: Museo Archeologico Nazionale di Napoli (alte Inv.-Nr. MCXXXI). – Abb. 83.

Maße: unbekannt.

Beschreibung: Zur Rechten einer Anzahl von Feigen und Datteln, die auf einem großen Blatt zu liegen scheinen, steht ein verschlossenes Säckchen mit unlesbaren Andeutungen einer Beschriftung. Ganz rechts ein kleiner, behauener Steinblock mit angelehntem Stab (?) und zwei auf dem Stein abgelegten sakralen Schmuckbinden.

Bibliographie: Croisille 1965, n. 141, S. 63 mit Taf. 96. – Eckstein 1957, 36. – Pitture d'Ercolano 4, 87, 257 und 361.

II. Abdrücke von Münzen im Wandverputz

II 1.

Pompeji, Haus I 12, 11; Nordwand des Peristyls.

Beschreibung: Unsicherer Fall eines Münzabdrucks, über den Maria Theresia Andreae folgendermaßen berichtet: „In der Höhe von 1, 35 m und 1, 29 m vom Ostrand der Wand entfernt wurde ein kreisrunder Abdruck mit ca. 2, 5 cm Durchmesser in den frischen Putz gedrückt. Es könnte sich um einen Münzabdruck handeln, doch von der Legende fehlt jede Spur. Ein kleines Loch im Zentrum könnte von einem Zirkel stammen."

Bibliographie: Andreae 1990, 60.

II 2.

Pompeji, Haus VII 4, 48 (Casa della Caccia antica); Nordwand des Atriums links und rechts der Eingangstür. – Abb. 88–91.

---

[90] Pitture d'Ercolano 4, 361: *Fu trovato nelle scavazioni di Portici a Febbraio 1763.* – Diese Fundortangabe bei Croisille und Eckstein übersehen.

Beschreibung: Münzabdrücke an der Sockelzone dieser Wand beschreibt Jean Paul Descoeudres als "a series of more than seventy coin impressions in its socle zone, up to a height of ca. 30 cms from the floor level ... The painter had just finished his job when someone, presumably a child, discovered that, at its bottom, the wall had not yet hardened completely and so found great enjoyment in pressing some coins into the wet plaster: sometimes face-in, more often by the edge. Once the damage had been discovered, the poor urchin must have received bottom marks for this performance with which, unwittingly, he rendered posterity an invaluable service. For one of the at least two coins so innocently played with was, as some of the clearer impressions reveal ..., a sestertius struck under Vespasian's third consulship, ie. in 71 AD."

Durch publizierte Photographien dokumentiert ist an Legenden- und Bildresten (sie sind heute nicht mehr erkennbar) nur:[91]

a. der einer Sesterz-Vs mit dem Legendenrest [-]S VESPASIAN A[-] (vgl. unsere Abb. 89);
b. der einer Sesterz-Vs mit dem Legendenrest IM[P C]A[-] P COS III; d. h., mit einer Legende, die in vespasianische Zeit und genauer in das Jahr 71 datiert werden kann (unsere Abb. 89);
c. der einer weiteren Sesterz-Vs mit einem Rest der Legende IM[-] COS III;[92]
und d. der einer Sesterz-Rs: SC im Feld; Mars mit geschulterter Trophäe r (RIC II² 1250 Rs Typ des Vespasian oder RIC II² 60/63 des Titus; unsere Abb. 90). Die Rs wurde in den Jahren 71–79 verwendet.

Aus mehreren Abdrücken „rekonstruiert" Descoeudres dabei die in Abb. 91 wiedergebene Münze und möchte das Stück als RIC II 447 = II² 199–203 aus dem Jahr 71 bestimmen. Sagen lässt sich aber nur, dass es sich um Sesterzabdrücke handelt, die ebenso von der gleichen wie von verschiedenen Münzen stammen können. Die noch erkennbaren Details verweisen auf die Sesterzprägung der Jahre 71–79.

Bibliographie (Auswahl): P. M. A[llison], in: Pompei. Pitture e mosaici 7 (Rom 1997) 8. – Allison – Sear 2002, 83 und Abb. 262–271. – Andreae 1990, 80. – Beard 2011, 27 f. – Favicchio 1996, 89. – Descoeudres 1987, 138 und Abb. 14–17 (gleicher Text wie in der folgenden Publikation). – J. P. Descoeudres, in: Descoeudres – Sear 1987, 24 und Abb. S. 25 und 26.

---

[91] Die besten Aufnahmen und Beschreibungen bieten Allison – Sear 2002, 83 und Abb. 263–271.
[92] Allison – Sear 2002, Abb. 268 und 269.

II 3.

Pompeji, Haus VII 12, 18–20 (Lupanar).

Beschreibung: Der Ausgräber Giuseppe Fiorelli beobachtete „alquante impressioni di monete fatte sullo intonaco ancor molle ... Benchè sette fossero sesterzi di bronzo e duponzi di Galba, Vespasiano e Tito calcati dalla via del dritto, le cui leggende non lasciarono nella calce alcuna orma, pure una ve ne ha che ritrae il rovescio di altra moneta di Tito col tipo della Speranza." Diese Münzrückseite bestimmte Fiorelli als Cohen Titus 244 ff. Rs Typ (MB? GB?). Dabei ging er zu Unrecht von der Annahme aus, es müsse sich um eine Prägung „di Tito" (bzw. des Vespasian für Titus) handeln. Der Rs-Typ (SC Spes) begegnet jedoch nicht nur bei Vespasians Fürprägungen für Titus und bei Titusmünzen aus dem Sommer 79; er ist auch bei Fürprägungen Vespasians für Domitian und bei Vespasians Eigenprägungen verwendet worden.

Die frühesten aller in Frage kommenden Bronzen, die damit einen terminus post quem für den letzten Verputz des Lupanars geben, sind RIC II² 596–97 des Vespasian bzw. RIC II² 636–37 des Vespasian für Titus. Es sind vier Asse, die im Jahr 73 geprägt wurden.

Bibliographie (Auswahl): Fiorelli 1862, 52. – Vgl. z. B. I. Br[agantini], in: Pompei. Pitture e mosaici 7 (Rom 1997) 532.

11. Literatur

Adams 1982: J. N. Adams, The Latin Sexual Vocabulary (London 1982).

Alföldi 1966: A. Alföldi, Die alexandrinischen Götter und die vota publica am Jahresbeginn. Jahrbuch für Antike und Christentum 8/9, 1965/1966, 53–87.

Allison – Sear 2002: P. M. Allison – F. B. Sear, Casa della Caccia antica (VII 4, 48). Häuser in Pompeji 11 (München 2002).

Allroggen-Bedel 1975: A. Allroggen-Bedel, Der Hausherr der „Casa dei cervi" in Herculaneum. Cronache Ercolanesi 5, 1975, 99–103.

André 1998: J. André, Essen und Trinken im alten Rom (Stuttgart 1998).

Andreae 1990: M. Th. Andreae, Tiermegalographien in pompejanischen Gärten. Die sogenannten Paradeisos Darstellungen. Rivista di Studi Pompeiani 4, 1990, 45–124.

Baudy 1987: D. Baudy, Strenarum commercium. Über Geschenke und Glückwünsche zum römischen Neujahrsfest. Rheinisches Museum für Philologie NF 130, 1987, 1–28.

Beard 2011: M. Beard, Pompeji. Das Leben in einer römischen Stadt (Stuttgart 2011).

Beyen 1948: H. G. Beyen, Über Stilleben aus Pompeji und Herculaneum ('S-Gravenhage 1948).

Birt 1907: Th. Birt, Die Buchrolle in der Kunst (Leipzig 1907).

Bisel 1991: S. C. Bisel, Die Geheimnisse des Vesuv (Nürnberg 1991).

Blümner 1893: H. Blümner, Der Maximaltarif des Diocletian (Berlin 1893).

Borgongino 2006: M. Borgongino, Archeobotanica. Reperti vegetali da Pompei e dal territorio vesuviano. Studi della Soprintendenza Archeologica di Pompei 16 (Rom 2006).

Bragantini – Sampaolo 2009: I. Bragantini – V. Sampaolo, La pittura pompeiana (Neapel 2009).

Breton 1870: E. Breton, Pompeia (Paris 3. Aufl. 1870).

Cantarella 1999: E. Cantarella, Pompeji. Liebe und Erotik in einer römischen Stadt (Stuttgart 1999).

Cantilena – Giove 2001: R. Cantilena – T. Giove, Hgg., Museo Archeologico Nazionale di Napoli: La collezione numismatica. Per una storia monetaria del mezzogiorno (Neapel 2001).

Castrén – Lilius 1970: P. Castrén – H. Lilius, Il domus Tiberiana. In: V. Väänänen, Hg., Graffiti del Palatino. Acta instituti Romani Finlandiae 4 (Helsinki 1970).

Cerulli Irelli u. a. 1974: G. Cerulli Irelli u. a., Katalog der Wandmalereien. In: Pompeji. Leben und Kunst in den Vesuvstädten ([Ausstellungskatalog] Zürich 1974) 167–221.

Charles-Picard 1962: G. Charles-Picard, Nordafrika und die Römer (Stuttgart 1962).

Clarke 2003: J. R. Clarke, Roman Sex (New York 2003).

Coarelli – La Rocca – de Vos 1993: F. Coarelli – E. La Rocca – M. de Vos Raajimakers – A. de Vos, Pompeji. Archäologischer Führer (Bergisch Gladbach 1993).

Croisille 1965: J.-M. Croisille, Les natures mortes campaniennes. Répertoire descriptif des peintures de nature morte du Musée National de Naples, de Pompéi, Herculanum et Stabies. Collection Latomus 76 (Brüssel – Berchem 1965).

De Caro 2000: S. De Caro, Hg., Das Geheimkabinett im Archäologischen Nationalmuseum Neapel (Neapel 2000).

De Caro 2001: S. De Caro, La natura morta nelle pitture e nei mosaici delle città vesuviane (Neapel 2001).

De Caro 2009: S. De Caro, I soggetti umili nella pittura romana: la natura morta. In: La Rocca 2009, 77–87.

Descoeudres 1987: J. P. Descoeudres, The Australian Expedition to Pompeii: Contributions to the Chronology of the Fourth Pompeian Style. In: Pictores per provincias. Cahiers d'archéologie romande 43 (Avenches 1987) 135–147.

Descoeudres – Sear 1987: J. P. Descoeudres – F. Sear, The Australian Expedition to Pompeii. Rivista di Studi Pompeiani 1, 1987, 11–36.

Deubner 1912: L. Deubner, Strena. Glotta 3, 1912, 34–43.

Deubner 1937: L. Deubner, Der ithyphallische Hermes. In: Corolla Ludwig Curtius (Stuttgart 1937) 201–204.

Deubner 1978: L. Deubner, Katachysmata und Münzzauber. Rheinisches Museum für Philologie NF 121, 1978, 240–254.

Dierichs 1997: A. Dierichs, Erotik in der römischen Kunst (Mainz 1997).

Dieterich 1901: A. Dieterich, ABC-Denkmäler. Rheinisches Museum für Philologie NF 56, 1901, 77–105.

Dieterich 1904: A. Dieterich, Ein neues Abc-Denkmal. Archiv für Religionswissenschaft 7, 1904, 524–529.

Dornseiff 1925: F. Dornseiff, Das Alphabet in Mystik und Magie (Leipzig – Berlin 2. Aufl. 1925).

Eckstein 1957: F. Eckstein, Untersuchungen über die Stilleben aus Pompeji und Herculaneum (Berlin 1957).

Egger 1929: R. Egger, Ovids Fasten. Wiener Blätter für die Freunde der Antike 5, 1928/29, 2–5, 35 f., 61–64 und 156–161.

Engemann 1975: J. Engemann, Zur Verbreitung magischer Übelabwehr in der nichtchristlichen und christlichen Spätantike. Jahrbuch für Antike und Christentum 18, 1975, 22–48.

Eschebach 1984: H. Eschebach, Pompeji (Leipzig 3. Aufl. 1984).

Etienne 1974: R. Etienne, Pompeji. Das Leben in einer antiken Stadt (Stuttgart 1974).

Favicchio 1996: C. Favicchio, I danni del terremoto del 62 d. C. a Pompei nella regio VIII: metodo di ricerca, scoperte (Neapel 1996).

Fiorelli 1862: G. Fiorelli, Descrizione dei nuovi scavi. Giornale degli scavi di Pompei 14, 1862, 41–64.

Fröhlich 1991: Th. Fröhlich, Lararien- und Fassadenbilder in den Vesuvstädten. Mitteilungen des Deutschen Archäologischen Instituts, Römische Abteilung, Ergänzungsheft 32 (Mainz 1991).

García y García 2005: L. García y García, Pupils, Teachers and Schools in Pompeii (Rom 2005).

Gorecki 1975: J. Gorecki, Studien zur Sitte der Münzbeigabe in römerzeitlichen Körpergräbern zwischen Rhein, Mosel und Somme. Bericht der Römisch-Germanischen Kommission 56, 1975, 179–467.

Graeven 1901: H. Graeven, Die thönerne Sparbüchse im Altertum. Jahrbuch des Kaiserlich Deutschen Archäologischen Instituts 16, 1901, 160–189.

Grant 1975: M. Grant, Eros in Pompeji (München 1975).

Greiner 2008/2010: B. A. Greiner, Rainau-Buch II. Der römische Kastellvicus von Rainau-Buch (Ostalbkreis), Bd. 1 und 2. Forschungen und Berichte zur Vor- und Frühgeschichte in Baden-Württemberg 106 (Stuttgart 2008 und 2010).

Grünewald 1979: M. Grünewald, Ein Priapos-Relief aus Carnuntum. Fundberichte aus Österreich 18, 1979, 73–76.

van Heesch 2006: J. van Heesch, Transport of Coins in the Later Roman Empire. Revue belge de numismatique et de sigillographie 152, 2006, 51–61.

van Heesch 2008: J. van Heesch, On the Edge of the Market Economy: Coins Used in Social Transactions, as Ornaments and as Bullion in the Roman Empire. In: Roman Coins Outside the Empire. Ways and Phases, Contexts and Functions. Proceedings of the ESF/SCH Exploratory Workshop Nieborów (Poland) 2005. Collection Moneta 82 (Wetteren 2008) 49–57.

Helbig 1868: W. Helbig, Wandgemälde der vom Vesuv verschütteten Städte Campaniens (Leipzig 1868).

Heres 1972: G. Heres, Römische Neujahrsgeschenke. Staatliche Museen zu Berlin, Forschungen und Berichte 14, 1972, 182–193.

Herter 1932: H. Herter, De Priapo. Religionsgeschichtliche Versuche und Vorarbeiten 23 (Gießen 1932).

Herter 1938: H. Herter, Phallos. RE 19 (Stuttgart 1938) 1681–1748.

Herter 1954: H. Herter, Priapos. RE 22 (Stuttgart 1954) 1914–1942.

Herter 1967: H. Herter, Medicus hic habitat. In: ΜΕΛΗΜΑΤΑ. Festschrift für Werner Leibbrand (Mannheim 1967) 33–39.

Hettner 1893: F. Hettner, Die römischen Steindenkmäler des Provinzialmuseums zu Trier (Trier 1893).

Hirschberg 2001: H. Hirschberg, Numismatische Memorabilien zum Jahreswechsel. Numismatische Zeitschrift 108/109, 2001, 269–306.

Holland 1961: L. A. Holland, Janus and the Bridge. American Academy in Rome, Papers and Monographs 21 (Rom 1961).

Hopfner 1938: Th. Hopfner, Das Sexualleben der Griechen und Römer I 1 (Prag 1938).

Isings: C. Isings, Roman Glass from Dated Finds (Dissertation Groningen – Djakarta 1957).

Jashemski – Meyer – Ricciardi 2002: W. F. Jashemski – F. G. Meyer – M. Ricciardi, Catalogue of Plants. In: W. F. Jashemski – F. G. Meyer, The Natural History of Pompeii (Cambridge 2002) 84–180.

Junker 2003: K. Junker, Täuschend echt. Stilleben in der römischen Wandmalerei. Antike Welt 34, 2003, 471–482.

Karwiese 1975: St. Karwiese, Münzdatierung „Aus dem Beutel" (ein Versuch). Jahreshefte des Österreichischen Archäologischen Institutes 50, 1972–1975, 281–295.

Kastenmeier 2001: P. Kastenmeier, Priap zum Gruße. Der Hauseingang der Casa dei Vettii in Pompeii. Mitteilungen des Deutschen Archäologischen Instituts, Römische Abteilung 108, 2001, 301–311.

Kemkes 2011: M. Kemkes, Göttlicher Schutz für Haus und Hof – Gefahrenabwehr durch Statuetten, Tür- und Möbelbeschläge? In: M. Reuter – R. Schiavone, Hgg., Gefährliches Pflaster. Kriminalität im Römischen Reich. Xantener Berichte 21 (Mainz 2011) 43–59.

Kepartová 1984: J. Kepartová, Kinder in Pompeji. Klio 66, 1984, 192–209.

Kraus 1977: Th. Kraus, Pompeji und Herculaneum (Köln 1977).

Künzl 1997: S. Künzl, Die Trierer Spruchbecherkeramik. Trierer Zeitschrift, Beiheft 21 (Trier 1997).

La Rocca 2009: E. La Rocca u. a., Hgg., Roma. La pittura di un impero ([Ausstellungsbegleitband] Mailand 2009).

Licht 1928: H. Licht, Sittengeschichte Griechenlands, Ergänzungsband (Zürich 1928).

Magagnini 2010: A. Magagnini, L'art de Pompéi (Vercelli 2010).

Mazzoleni – Pappalardo 2005: D. Mazzoleni – U. Pappalardo, Pompejanische Wandmalerei (München 2005).

Megow 1997: W.-R. Megow, Priapos. LIMC 8/1 (Zürich – Düsseldorf 1997) 1028–1044 und 8/2 (ebd. 1997) 680–694.

Meslin 1970: M. Meslin, La fête des kalendes de janvier dans l'empire romain. Collection Latomus 115 (Brüssel 1970).

Miles – Norwich 1997: Chr. Miles – J. J. Norwich, Liebe in der Antike (Köln 1997).

Mols – Moormann 1994: S. T. A. Mols – E. M. Moormann, Ex parvo crevit. Proposta per una lettura iconografica della Tomba di Vestorius Priscus fuori Porta Vesuvio a Pompei. Rivista di Studi Pompeiani 6, 1993/94, 15–52.

Mols – Moormann 1995: S. T. A. M. Mols – E. M. Moormann, La tomba di Vestorius Priscus come fenomeno della rappresentanza post -62. In: Archäologie und Seismologie. Colloquium Boscoreale 1993 (München 1995) 161–166.

Mratschek-Halfmann 1993: S. Mratschek-Halfmann, Divites et praepotentes. Reichtum und soziale Stellung in der Literatur der Prinzipatszeit. Historia Einzelschriften 70 (Stuttgart 1993).

Mühlenbrock – Richter 2006: J. Mühlenbrock – D. Richter, Verschüttet vom Vesuv. Die letzten Stunden von Herculaneum ([Ausstellungsbegleitband] Mainz 2006).

Müller 1909: A. Müller, Die Neujahrsfeier im römischen Kaiserreiche. Philologus 68, 1909, 465–487.

Münsterberg 1912: R. Münsterberg, Nummi veteres regii. Wiener Studien 34, 1912, 171–174.

Nappo 2004: S. C. Nappo, Pompeji. Die versunkene Stadt (Köln 2004).

Naumann-Steckner 1999: F. Naumann-Steckner, Glasgefäße in der römischen Wandmalerei. In: M. J. Klein, Hg., Römische Glaskunst und Wandmalerei (Mainz 1999) 25–33.

Nilsson 1919: M. P. Nilsson, Studien zur Vorgeschichte des Weihnachtsfestes. Archiv für Religionswissenschaft 19, 1916–1919, 50–150.

Oettel 1996: A. Oettel, Fundkontexte römischer Vesuvvillen im Gebiet um Pompeji (Mainz 1996).

Ogle 1911: M. B. Ogle, The House-Door in Greek and Roman Religion and Roman Folk-Lore. American Journal of Philology 32, 1911, 251–271.

Orth 1909: [F.] Orth, Feige. RE 6 (Stuttgart 1909) 2100–2151.

Pagano – Prisciandaro 2006: M. Pagano – R. Prisciandaro, Studio sulle provenienze degli oggetti rinvenuti negli scavi borbonici del Regno di Napoli. Bd. 1–2 (Castellammare di Stabia 2006).

Panetta 2005: M. R. Panetta, Eros und erotische Kunst. In: M. R. Panetta, Hg., Pompeji. Geschichte, Kunst und Leben in der versunkenen Stadt (Stuttgart 2005) 200–217.

Pappalardo 2005: U. Pappalardo, Casa dei Vettii Pompeji. In: D. Mazzoleni – U. Pappalardo, Pompejanische Wandmalerei (München 2005) 334–337.

Pappalardo 2006: U. Pappalardo, Im Schatten des Vesuv (Stuttgart 2006).

Pasquarella – Borgongino 2005: C. Pasquarella – M. Borgongino, I dipinti della Sala Pompeiana nella Reggia di Portici. In: Cibi e sapori a Pompei e dintorni ([Ausstellungsbegleitband] Pompeji 2005) 156–173.

Pitture d'Ercolano: Le pitture antiche d'Ercolano e contorni incise con qualche spiegazione. Bd. 1–5 (Neapel 1757–1779).

Pompeji 1993: Pompeji wiederentdeckt ([Ausstellungsbegleitband] Rom 1993).

Puccini-Delbey 2007: G. Puccini-Delbey, La vie sexuelle à Rome (Paris 2007).

Pugliese Carratelli 1950: G. Pugliese Carratelli, L'instrumentum scriptorium nei monumenti pompeiani ed ercolanesi. In: Pompeiana (Neapel 1950) 266–278.

R.-Alföldi 1978: M. R.-Alföldi, Antike Numismatik, Bd. 1 (Mainz 1978).

Raskin 1936: G. Raskin, Handelsreclame en soortgelijke praktijken bij Grieken en Romeinen. Katholieke Universiteit te Leuven, Philologische Studien, Teksten en Verhandelingen 13–15, 1936.

Regling 1909: K. Regling, Zu Ausonius. Hermes 44, 1909, 315–318.

Rostovtzeff 1971: M. Rostovtzeff, The Social and Economic History of the Roman Empire, Bd. 1 (Oxford 2. Aufl. 1971).

von Salis 1952: A. von Salis, Pompejanischer Beitrag. Jahreshefte des Österreichischen archäologischen Institutes 39, 1952, 89–93.

Sampaolo 2009: V. Sampaolo, Le nature morte. In: Bragantini – Sampaolo 2009, 78–86.

Sartori 2000: [P.] Sartori, Neujahr. In: H. Bächtold-Stäubli, Hg., Handwörterbuch des deutschen Aberglaubens 6 (Nachdruck Berlin – New York 2000) 1020–1045.

Scholz 1997: U. W. S(cholz), Compitalia. Der Neue Pauly 3 (Stuttgart – Weimar 1997) 110–112.

Siebert 1998: A. V. S[iebert], Infula. Der Neue Pauly 5 (Stuttgart – Weimar 1998) 998.

Siebs 2000: [Th.] Siebs, Geld. In: H. Bächtold-Stäubli, Handwörterbuch des deutschen Aberglaubens 3 (Nachdruck Berlin – New York 2000) 590–625.

Spano 1943: G. Spano, La tomba dell'edile C. Vestorio Prisco in Pompei. Atti della Reale Accademia d'Italia, Memorie della classe di scienze morali e storiche, Serie 7, Bd. 3 (Rom 1943) 237–315.

Spinazzola 1953: V. Spinazzola, Pompei alla luce degli scavi nuovi di via dell'abbondanza (anni 1910–1923), Bd. 1 (Rom 1953).

Stefani – Borgongino 2005: G. Stefani – M. Borgongino, Cibus. L'alimentazione degli antichi romani. Le testimonianze dell'area vesuviana. In: Cibi e sapori a Pompei e dintorni ([Ausstellungsbegleitband] Pompeji 2005) 66–94.

Swoboda 1964: E. Swoboda, Carnuntum (Graz – Köln 4. Aufl. 1964).

Taliercio 2005: M. Taliercio, Geld und Bankwesen. In: M. R. Panetta, Hg., Pompeji. Geschichte, Kunst und Leben in der versunkenen Stadt (Stuttgart 2005) 128–139.

Thüry 1984: G. E. Thüry, Drei Ritzinschriften und ein Schreibgriffel aus Raum 7. In: E. Keller, Hg., Tittmoning in römischer Zeit. Führer zu archäologischen Denkmälern in Bayern, Oberbayern 1 (Tittmoning 1984) 37–39.

Thüry 1994: G. E. Thüry, „Hic habitat ...“ Wohnte am Mozartplatz das Glück ? Das römische Mosaik mit der „Haussegens-Inschrift“. Das kunstwerk des monats (Salzburg), Jg. 7, 1994, Blatt 80.

Thüry 1996: G. E. Thüry, „Beschriften ließ den Stein ...“ Inschriftlich bekannte Persönlichkeiten der römischen Landbevölkerung an der unteren Salzach. In: Archäologie beiderseits der Salzach (Salzburg 1996) 104–109.

Thüry 2006: G. E. Thüry, Bauopfer – Pilgeropfer – Passageopfer: drei Kategorien numismatischer Weihefunde. Money Trend 38, 2006, Heft 10, 134–137.

Thüry 2009: G. E. Thüry, Amor am Nordrand der Alpen. Sexualität und Erotik in der römischen Antike. Documents du Musée romain d'Avenches 17 ([Ausstellungsbegleitheft] Avenches 2009).

Thüry 2010: G. E. Thüry, Amor zwischen Lech und Leitha. Liebe im römischen Ostalpenraum. Mitteilungen aus dem Stadtmuseum Wels 123 ([Ausstellungsbegleitheft] Wels 2010).

Varone 2001: A. Varone, Eroticism in Pompeii (Los Angeles 2001).

Varone 2002: A. Varone, Das Lupanar. In: F. Coarelli, Pompeji (München 2002) 194–200.

Varone – Stefani 2009: A. Varone – G. Stefani, Titulorum pictorum Pompeianorum qui in CIL IV collecti sunt imagines. Studi della Soprintendenza Archeologica di Pompei 29 (Rom 2009).

Vollmer 1915: F. Vollmer, Inscriptiones Baivariae Romanae (München 1915).

Vorberg 1966: G. Vorberg, Luxu et voluptate (Schmiden 2. Aufl. 1966).

Walde 2005: E. Walde, Im herrlichen Glanze Roms. Die Bilderwelt der Römersteine in Österreich (Innsbruck 2005).

Weinreich 1921: O. Weinreich, Zu Tibull I 1, 11–24. Hermes 56, 1921, 337–345.

Weinreich 1946: O. Weinreich, Unheilbannung im volkstümlichen Gebet, Segen und Zauberspruch. Universitas (Stuttgart) 1, 1946, 275–299.

Wilkinson 2004: P. Wilkinson, Pompeji. Der letzte Tag (Köln 2004).

Wissowa 1900: [G.] Wissowa, Compitalia. RE 4 (Stuttgart 1900) 791 f.

Wissowa 1971: G. Wissowa, Religion und Kultus der Römer (Nachdruck München 1971).

Nachwort 2024

Zum vorstehenden Aufsatz haben sich in den letzten Jahren die beiden folgenden Nachträge ergeben:

1. Zum Abschnitt 1: "Der Geldbeutel auf dem pompejanischen Wandbild des Priap mit der Waage (Abb. 74 und Anhang I 7)".

Bei Grabungen im pompejanischen Haus V 6, 12 (Casa di Leda e il Cigno) kam im Jahr 2018 im Eingangsbereich ein Wandbild zutage, das in fast völliger Übereinstimmung das Fresko des Priap mit der Waage aus dem Haus der Vettier (Abb. 74) wiederholt.[93] Es ist wohl vom gleichen Maler bzw. von Künstlern der gleichen Werkstatt angefertigt worden.

Zur in diesem Zusammenhang (in Anm. 21) erwähnten Salzburger Schwellinschrift HIC HABITAT [-] / NIHIL INTRET MALI hat sich der Verf. in einer Publikation des Jahres 2014 ausführlich geäußert.[94] Dort wird auch auf eine pompejanische Parallele zu diesem Text (CIL IV 1454) und auf deren Deutung eingegangen.[95]

2. Zum Abschnitt 8: "Münzabdrücke an pompejanischen Wänden (Abb. 88–91 und Anhang II)".

Das hier behandelte Thema der Münzabdrücke im Wandverputz hat der Verf. inzwischen weiter verfolgt.[96] Dabei konnte er die Liste der bekannten Fälle nochmals etwas erweitern (zu den Fundorten gehört auch Castelgandolfo; und ein verwandtes Phänomen zeigte sich in Form von Münzabdrücken auf zwei römischen Ziegeln).

---

[93] M. Osanna, Pompeji. Das neue Bild der untergegangenen Stadt (Darmstadt 2021) 186 f. und Taf. 23.

[94] G. E. Thüry, Die Stadtgeschichte des römischen Salzburg. Befunde und Funde bis 1987. BAR International Series 2600 (Oxford 2014) 186 f.

[95] Ebd. 186 Anm. 770.

[96] G. E. Thüry, Die antike Münze als Fundgegenstand. Kategorien numismatischer Funde und ihre Interpretation (Oxford 2016) 90. Ausführlicher und mit einer komplettierten Fall- und Literaturliste behandelt das Thema ders., Götter, Geld und die Gelehrten. Fundmünzen als Quellen zur antiken Religion, Teil 12: Münzbilder an der Zimmerwand. Money Trend 50, 2018, Heft 6, 82–84.

31.

Iactatio und *iactura*:
Inkorrekte Begriffe für das römische Münzopfer

(Aus: Schweizer Münzblätter 69, 2019, 103 ff.)

Die lateinische Sprache kennt für das Darbringen eines Münzopfers verschiedene Ausdrücke.[1] Einer davon hat es zu bleibender Bekanntheit gebracht; er wurde geradezu zu einem Fachbegriff der Numismatik. Es ist die Formulierung *stipem iacere* = „eine Opfermünze/ Opfermünzen werfen". In der Fundmünzennumismatik und in Nachbardisziplinen wie der Archäologie und der Alten Geschichte hat es sich außerdem eingebürgert, statt vom *iacere* der Geldstücke substantivisch von einer „*iactatio*" oder „*iactatio stipis*" zu sprechen, was dann den „Münzwurf" bezeichnen soll.[2] Gelegentlich ist dafür auch die Variante „*iactura*" verwendet worden.[3]

Zu den Substantiven *iactatio* und *iactura* ist zunächst festzuhalten, dass beide als Ausdrücke für ein Münzopfer in den antiken Quellen nicht belegt sind.[4] Die antiken Zeugnisse sprechen immer nur verbal vom „Münzenwerfen", nicht aber substantivisch vom „Münzwurf". Das wäre an sich zwar noch kein Grund, diese Begriffe nicht dennoch neu zu bilden und als numismatische Fachwörter zu verwenden. Die Frage ist aber, ob die neuen Begriffsbildungen sprachlich korrekt sind. Ob das der Fall ist, soll im Folgenden – für jeden der beiden Ausdrücke separat – untersucht werden.

1. Zur Wortbedeutung von *iactatio*

Das Substantiv *iactatio* ist vom Verbum *iactare* abgeleitet. *Iactare* bedeutet als sogenannte intensive Verbbildung einerseits ein heftiges oder gewaltsames Schleudern, Hinunterstürzen, Hin- und Herwerfen oder Schütteln; und andererseits drückt es ein Werfen und ein Um-sich-Werfen aus, das sozusagen überall und auf Schritt

und Tritt stattfindet. Davon abgesehen kommt *iactare* auch als bloßes Synonym von *iacere* = „werfen" vor.[5] In Verbindung mit dem Objekt *stips* = „Opfermünze(n)" und überhaupt als Ausdruck für das Opfern von Geld ist das Verbum jedoch nicht belegt.[6]

Während *iactare* als Ausdruck für das Werfen eines Münzopfers sprachlich immerhin in Frage käme, trifft das auf das Substantiv *iactatio* nicht zu. *Iactatio* meint nicht den Wurf eines Gegenstandes (das wäre lateinisch *iactus*), sondern bezeichnet speziell ein Hin- und Herwerfen, ein heftiges Bewegen, ein Schütteln und Schwanken. Im übertragenen Sinn kommt außerdem die *iactatio verborum*, d. h. die Angeberei dazu.[7]

Festzuhalten bleibt also, dass *iactatio (stipis)* als ein Ausdruck für den Münzwurf beim Geldopfer kein korrektes Latein ist.

2. Zur Wortbedeutung von *iactura*

Auch das Substantiv *iactura* eignet sich nicht als Bezeichnung für den sakralen Münzwurf. Es bedeutet kein blosses Hinwerfen von Gegenständen, sondern zugleich einen damit verbundenen Verlust und dadurch erlittenen Schaden (beispielsweise durch das Überbordwerfen von Ballast in einer Gefahrensituation für ein Schiff). Als „Opfer" kann es nur insofern verstanden werden, als bei diesem Hinwerfen deutlich die Einbuße eines Wertes empfunden wird.[8] Das passt aber weder zu den Kleingeldbeträgen des *stipem iacere*; noch ist es natürlich die Betrachtungsweise, die sich mit einer freudigen und freiwilligen Opfergabe an die Götter verbinden sollte.

3. Zusammenfassung

Wie sich gezeigt hat, sind die Ausdrücke *iactatio/ iactatio stipis* und *iactura*, die in der Numismatik und in verschiedenen Nachbardisziplinen für den Münzwurf

---

[1] Vgl. die Zusammenstellung in Anhang 1.
[2] Dafür nur einige Beispiele: P.-A. Besombes, Le rite de la iactatio stipis. In: S. Raux u. a., Hgg., Des dieux et des hommes (Le Mans 2015) 204–207; J.-L. Desnier, Stips. Revue de l'histoire des religions 204, 1987, 227; G. Facchinetti, Iactae stipes: L'offerta di monete nelle acque nella penisola italiana. Rivista italiana di numismatica 104, 2003, 17; S. Martin-Kilcher, Deponierungen in römischen Heiligtümern: Thun-Allmendingen und Loreto Aprutino. In: A. Schäfer – M. Witteyer, Hgg., Rituelle Deponierungen in Heiligtümern der hellenistisch-römischen Welt. Mainzer Archäologische Schriften 10 (Mainz 2013) 228; M. del Mar Gabaldón Martínez, Ritos de armas en la edad del hierro. Anejos de Gladius 7 (Madrid 2007) 280; M. Peter – S. Frey-Kupper, Iactura et stipes. Schweizer Münzblätter 224, 2006, 119.
[3] Peter – Frey-Kupper (Anm. 2) 119.
[4] Dies überprüft auch anhand der Artikel *iactatio* und *iactura* des ThlL.

[5] ThlL 7, 1, s. v. *iacto*, 48–63 (J. B. H[ofmann]).
[6] Zu anderslautenden Behauptungen vgl. Anhang 2.
[7] ThlL 7, 1, s. v. *iactatio*, 44–47 (J. B. H[ofmann]).
[8] ThlL 7, 1, s. v. *iactura*, 63–66 (J. B. H[ofmann]). Speziell zum Schiffsballast auch [A.] Berger, Iactus 2). RE 9 (Stuttgart 1914) 545–551.

als römische Opferhandlung verwendet werden, weder antik belegt noch sprachlich korrekt.

Anhang 1: Lateinische Ausdrücke für das Opfern von Münzen (nach dem Alphabet der Verben geordnet)

1. *Asses/stipem/thesauros dare* = „Münzen zum Opfer geben": Varro, *De lingua Latina* 5,182; CIL II 5², 1022, col. 22, 30 f. und 35–37 (*lex Ursoniensis*); *Commentarii fratrum Arvalium* 100a, 26; 107 I 12; 114 II 32 Scheid

2. *Stipem/thesaurum ferre* = „Münzopfer darbringen": Obsequens, *Prodigiorum liber* 46

3. *Stipem in aedis sacras inferre* = „Münzopfer in Tempel mitbringen": CIL II 5², 1022, col. 22, 30 f. und 35–37 (*lex Ursoniensis*)

4. *In thensauros infundere* = „in die Opferstöcke werfen": Seneca, *Epistulae morales* 115,5

5. *Stipem/stipes iacere* = „Münzopfer werfen": Plinius, *Epistulae* 8,8,2; Seneca, *De beneficiis* 7,4,6; Seneca, Fragm. 120; Seneca, *Naturales quaestiones* 4A,2,7; Sueton, *Divus Augustus* 57. Vgl. auch Livius 26,11,9 für die Variante *rudera iacere* = „Bronzestücke als Opfer werfen"

6. *In thesaurarium mittere* = „in den Opferstock werfen": ILS 9260

7. *Assem ponere/stipem ponere* = „einen As als Opfer niederlegen/Münzopfer niederlegen": Pseudo-Quintilian, *Declamationes maiores* 9,15; Varro bei Nonius 531 M; ILS 9260

8. *Stipes reponere* = „Opfer niederlegen": Macrobius, *Saturnalia* 3,11,6

Nicht zu den Bezeichnungen für das Opfern von Münzen gehört der Ausdruck *stipem conferre/facere* = „Opferspenden sammeln" (Livius 25,12; CIL II 5², 1022, col. 22, 35–37 [*lex Ursoniensis*]; CIL XIII 6094).

Anhang 2: Angebliche Belege des Verbums *iactare* als Ausdruck für das Opfern von Münzen

Bei August Hug und Georg Wissowa findet sich die Angabe, außer *stipem iacere* sei die Formulierung *stipem* *iactare* üblich gewesen.[9] An anderer Stelle hat das auch der Verfasser übernommen.[10]

Die Überprüfung zeigt aber, dass es weder Belege für die Formulierung *stipem iactare* noch überhaupt für *iactare* als Bezeichnung des sakralen Münzwurfs gibt. Die beiden einzigen Literaturstellen, die bei flüchtiger Betrachtung als entsprechende Belege missverstanden werden können, sind die folgenden:

1. Die Liviusstelle 3,18,11, an der von *quadrantes iactare* die Rede ist. Dabei geht es jedoch nicht um den sakralen Münzwurf, sondern um eine Spende der Bürger des frührepublikanischen Rom zugunsten eines prunkvolleren Begräbnisses für einen Konsuln. Nach Livius sei der Konsul – Publius Valerius Poplicola – im Jahr 460 vor Christus im Kampf gegen Appius Herdonius gefallen.[11] Wie fast der ganze livianische Bericht über Valerius Poplicola, ist dieses Detail historisch allerdings nicht ernst zu nehmen. So müssen wir uns auch nicht fragen, welche *quadrantes* hier lange vor der Einführung des Münzgelds in Rom geworfen wurden.

2. Die zweite Stelle steht im Reisebericht eines Pilgers, der im 6. nachchristlichen Jahrhundert das Heilige Land besuchte. Der Text – das *Itinerarium Antonini Placentini* (Kap. 8) – berichtet, die Einheimischen hätten von den Christen, die etwas kaufen wollten, das Geld nicht direkt angenommen; man habe die Münzen vielmehr ins Wasser werfen müssen (wörtlich: *nummos in aquam iactas* = „man wirft die Münzen ins Wasser"), damit so eine Berührung der Hände vermieden wurde. Der Münzwurf in ein Gewässer hat in diesem Fall also nichts mit einem Opfer zu tun.

---

⁹ [A.] Hug, Stips. RE 3 A (Stuttgart 1929) 2539; G. Wissowa, Religion und Kultus der Römer (Nachdruck München 1971) 429, Anm. 2.
¹⁰ G. E. Thüry, Die antike Münze als Fundgegenstand. Kategorien numismatischer Funde und ihre Interpretation (Oxford 2016) 38 und 65.
¹¹ Vgl. dazu [F.] Münzer, Herdonius 1). RE 8 (Stuttgart 1912) 618–620; [H.] Volkmann, Valerius 301). Ebd. 8 A (Stuttgart 1955) 178–180.

32

Die Münze im Lampenspiegel
Zu Vorkommen und Bedeutung des Phänomens bei römischen Grab- und Weihefunden

(Aus: Archäologisches Korrespondenzblatt 51, 2021, 397 ff.)

Vor einigen Jahren hat der Verfasser auf eine merkwürdige Beobachtung aufmerksam gemacht. Sie besteht darin, dass römische Gräber gelegentlich Beigaben von Tonlampen enthalten, in deren Spiegel eine Münze liegt.[1] Dem Verfasser sind solche Fälle bisher von folgenden Fundorten bekannt:

1. Intercisa-Dunaújváros (Kom. Fejér/H). In zumindest zwei Gräbern des 2./3. Jahrhunderts wurden Lampen mit Bronzemünzen im Spiegel geborgen.[2]

2. Ossaia-La Tufa bei Cortona (prov. Arezzo/I). Im Bereich einer römischen Villa wurden in Kindergräbern (?) des 3./4. Jahrhunderts acht Firmalampen mit Münzen teils im Spiegel, teils neben den Lampen gefunden.[3]

3. Sontheim/Brenz-Braike (Lkr. Heidenheim/D). In Brandgräbern des 2. Jahrhunderts hier mehrfach Münzbeigaben im Lampenspiegel.[4]

4. Wels, Oberösterreich/A, Pendlerparkplatz am Bahnhof. Im Urnengrab 59 des im Jahr 2004 dort untersuchten Gräberfelds Ost lag in der Urne eine Tonlampe mit einer Bronzemünze im Lampenspiegel (Abb. 92).[5]

In nicht-sepulkralem Zusammenhang kam ein solcher Fund einer Lampe mit Münze im Spiegel auch in einer Grube neben dem Heiligtum des Domnus und der Domna im dakischen Sarmizegetusa (jud. Hunedoara/RO) zum Vorschein.[6] Vor allem vermehrt aber ein spektakulärer Neufund aus Vindonissa-Windisch, Kt. Aargau/CH, die Zahl der Belegfälle. Wie in dieser Zeitschrift berichtet wurde, kam 2016 vor der Südmauer des dortigen Legionslagers eine Opfergrube zutage, die

vor allem 22 komplett erhaltene Tonlampen, 21 Asse und verbrannte Knochen von Schaf/Ziege, Rind und Vögeln enthielt (Abb. 93–94).[7] Auf fünf der Lampen wurde je eine Münze, auf dreien wurden zwei Münzen liegend angetroffen. Vier weitere Asse waren „schräg verrutscht bzw. in ihrer Position nicht dokumentiert".[8] Etwa 50 m südöstlich dieser Stelle stieß man 2019 auf eine zweite Opfergrube, die ebenfalls Knochen von Schaf/Ziege und eine komplette Lampe, aber keinen Münzfund ergab.[9]

Auch wenn die Fundlage einer Münze im Lampenspiegel hin und wieder zustande kommen könnte, ohne dass sie auf einen speziellen Bedeutungshintergrund zurückgeht, werfen die hier zusammengestellten Fälle doch die Frage auf, ob es nicht einen solchen Bedeutungszusammenhang gibt. Der vorliegende Aufsatz möchte dieser Frage nachgehen.

Grabfunde von Münzen im Lampenspiegel

Das Vorkommen von Lampen in Gräbern kann mit mehreren und sehr verschiedenen Vorstellungen zusammenhängen.[10] Speziell in Fällen, in denen im Spiegel beigegebener Tonlampen Münzen platziert wurden, drängt sich der Gedanke auf, dass sie vielleicht – mehr oder weniger – das Einfüllloch für das Öl abdecken und damit das Verlöschen des Lebenslichtes symbolisieren sollten.[11] Aber hat die Antike diese Symbolik der Lampe als Lebenslicht und ihrer Abdeckung als Ausdruck für den Tod gekannt? Eine Suche in den Quellen erweist sich hier als lohnend.

Beginnen wir mit der Feststellung, dass der Tod in Dichtung und Grabinschriften der Antike immer wieder als Verlust des Lichtes und als Übergang in das Reich

---

[1] Thüry 2016, 132; 2018, 87 f.
[2] Sági 1954, 79 (Grab 36); 97 (Grab 76).
[3] Fracchia 2006, 86 und Abb. 40, 68.
[4] Nuber 1992, 200.
[5] Thüry 2018, 87 (dort nach freundlichen Angaben von Frau Dr. Renate Miglbauer, Stadtmuseum Wels. Ihr sei auch hier noch einmal für ihre Hinweise und für die Überlassung der Abb. 92 gedankt).
[6] Fiedler – Höpken 2007, 450, 457 und Abb. 16; Fiedler – Höpken 2013, 204.

[7] Trumm – Deschler-Erb – Fellmann Brogli – Lawrence – Nick 2019.
[8] Trumm – Deschler-Erb – Fellmann Brogli – Lawrence – Nick 2019, 218.
[9] Trumm 2019, 103 und Lageplan Abb. 1, Punkt 8, 90 (für den Hinweis auf Arbeit und Fund und für die Erlaubnis zur Verwendung der Abb. 93–94 dankt der Verf. Herrn Dr. J. Trumm, Kantonsarchäologie Aargau, Brugg).
[10] Eine Übersicht der Möglichkeiten gibt Menzel 1953.
[11] So auch erwogen bei Thüry 2016, 132; 2018, 88.

Abb. 92: Wels (Oberösterreich). Gräberfeld Ost, Urnengrab 59. Aufnahme Stadtmuseum Wels

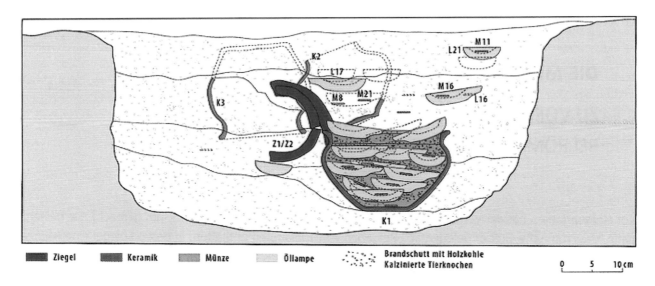

Abb. 93: Vindonissa-Windisch (Kanton Aargau). Idealisiertes Profil der Opfergrube vor der Südmauer des Kastells. Zeichnung S. Dietiker, Kantonsarchäologie Aargau

217

der Dunkelheit charakterisiert wird.[12] Der Tod hat ein *tenebris adoperta caput*, sagt so der Dichter Tibull, ein „vom Dunkel verhülltes Haupt".[13] Die Grabgedichte sprechen häufig und mit wechselnden Formulierungen davon, dass der Tod „das Licht des Lebens raubt"; dass man im Sterben das Licht, das man einmal genießen durfte, „zurückgibt"; und dass die Toten in die „Nacht" und „ins Dunkel" gezerrt werden.[14] Von derartigen Metaphern führt natürlich nur ein kleiner Schritt zur Assoziation mit Brennen und Verlöschen einer tatsächlichen Lichtquelle. Eine solche Assoziation mag denn auch in einem epigraphischen Zeugnis mitschwingen: in einer Inschrift auf einem Acobecher vom Kärntner Magdalensberg mit dem Wortlaut *Vita brevis, spes fragil[is! Ven]ite, accensust. Dum lucet, bibamus, sodales!* („Das Leben ist kurz, die Hoffnung zerbrechlich! Kommt, das Licht brennt. Solang es noch leuchtet, lasst uns trinken, ihr Freunde!").[15]

Aber auch ganz eindeutige Zeugnisse für eine Gleichsetzung realer Lichtquellen mit dem Lebenslicht sind erhalten. Erstens handelt es sich dabei um Nachrichten über einen römischen Brauch, bei einem Todesfall eines Hausbewohners das Herdfeuer außer Betrieb zu setzen.[16] Zweitens erklärt Artemidor in seinem Buch über die Traumdeutung das Traumbild einer Lampe als den „Lebensatem des Träumenden"; und er fügt hinzu: Die Gemeinsamkeit liege darin, dass beide leicht erlöschen.[17] Und drittens war auch die zu Boden gekehrte und damit erstickte Fackel ein beliebtes Todessymbol. Sie ist ein Attribut der auf Grabsteinen häufigen Bilder des Todesgenius und des so genannten Attis funerarius.[18] Ein Grabgedicht einer jungen Frau fasst diese Symbolik einmal in die Worte: die Geburtsgöttin Lucina habe weinen müssen *facis demerso lumine* („als das Licht der Fackel sich senkte = erlosch").[19]

Darüber hinaus ist aber auch eine literarische Andeutung überliefert, wonach ein Abdecken einer Lampe wohl den Tod bedeutete. Das lässt sich einer Stelle in Plutarchs Schrift über römische Bräuche entnehmen, bei deren Besprechung wir aber etwas weiter ausholen müssen. Dort ist von zwei Regeln die Rede, die für römische Auguren galten: Erstens durften sie ihren Dienst nicht mehr ausüben, wenn bzw. solange

sie eine Wunde oder ein Geschwür hatten – was Plutarch richtig dadurch erklärt, dass sie damit dem Gebot der kultischen Reinheit nicht mehr entsprachen.[20] Die andere Regel besagte dagegen, dass Auguren Lampen nur ohne Deckel verwenden durften.[21] Plutarchs Überlegungen über die Hintergründe dieser Vorschrift sind insofern interessant, als er auch über eine symbolische Entsprechung zwischen Lampenlicht und Seele nachdenkt; aber eine plausible Begründung des Verbots geschlossener Lampen gelingt ihm nicht. Georg Wissowa kommentiert das zwar mit der Feststellung, die Sache bleibe „uns ebenso unverständlich wie bereits den Gewährsmännern des Plutarch".[22] Dabei scheint Wissowa aber einer Erklärung nahe zu sein, wenn er in dem selben Satz darauf hinweist, dass für Auguren wie für alle Priester noch eine weitere Regel galt. Sie besagte, dass die römischen Priester – wie ebenso schon die griechischen – nicht mit Toten in Kontakt kommen durften.[23] Auch das war eine Forderung der kultischen Reinheit. Sie scheint hinreichend zu erklären, warum die Auguren keine abgedeckten Lampen besitzen durften: nämlich eben deshalb nicht, weil solche Lampen Symbole des Todes waren.

Dass die abgedeckte Lampe symbolisch für den Tod stand, wird man also annehmen dürfen. Sie zu verdecken, entspricht dem antiken Brauch, dass sich Sterbende verhüllten und dass man Tote verhüllte.[24] Die Münze im Lampenspiegel hatte aber auch eine gewisse Analogie mit der häufig geübten Sitte, die Augen des Toten durch ein Auflegen von Münzen zu schließen.[25] Dabei spielte es zwar eine wichtige Rolle, dass so der gefürchtete Blick der Verstorbenen abgewendet werden sollte.[26] Aber davon abgesehen, konnte damit doch auch das Verschließen einer Lampenöffnung vergleichbar scheinen. Die Augen werden in der antiken Literatur nämlich als „Lichter" bezeichnet, die durch Blindheit oder Tod verlöschen;[27] und die Lampe wird mit einem Wesen verglichen, das sozusagen Sehkraft besitzt und das den lebenden Menschen beobachtend begleitet.[28] Wenn ihr Verlöschen den Tod symbolisiert, so könnte das Abdecken des „Lampenauges" als Entsprechung für das Schließen der Augen Verstorbener empfunden worden sein.

---

[12] Vgl. dazu Cumont 1966, 125.
[13] Tibull 1,70.
[14] Belege für die Vorstellung von Raub bzw. Rückgabe des Lichtes: Brelich 1937, 6 und 40; von Nacht bzw. Dunkel: Ebenda 6 f. und 16.
[15] CIL III 12013.3. – Die Symbolik des erloschenen Lichtes ist im Übrigen ja naheliegend und wird bis heute verwendet; vgl. das Elton-John-Lied „Candle in the Wind."
[16] Apuleius, *Metamorphoses* 2,24; Scholien zu Iuvenal 3,214.
[17] Artemidor 1,73. Vgl. auch ebd. 2,9.
[18] Darüber etwa Cumont 1966, 409 (Eros funerarius); Gavrilović Vitas 2021, 59; 73 f. (Attis funerarius).
[19] CLE 1997.

[20] Plutarch, *Quaestiones Romanae* 281 C.
[21] Plutarch, *Quaestiones Romanae* 281 B.
[22] Wissowa 1896, 2323.
[23] Vgl. auch Deonna 1965, 305; Samter 1909, 2488 und 2490; Wächter 1910, 50 f.; 59–62.
[24] Vgl. z. B. Deonna 1965, 175 f. und 310 f.; Thüry 1999, 21.
[25] Zu diesem Brauch zuletzt Thüry 2016, 123 und 125; 2018, 86 f.
[26] Vgl. z. B. Deonna 1965, 306–309. Hat das Blickabwenden durch das Auflegen von Münzen gerade vielleicht den Hintergrund einer symbolischen „Bezahlung" für das Unterlassen einer Schädigung?
[27] ThlL 7.2 (Leipzig 1970–1979) 1700 Z. 8 f. (Bader); 1817–1820 (Ehlers). Vgl. Deonna 1965, 252; 254.
[28] Die Zeugnisse bei Bielfeldt 2014. Vgl. Deonna 1965, 252.

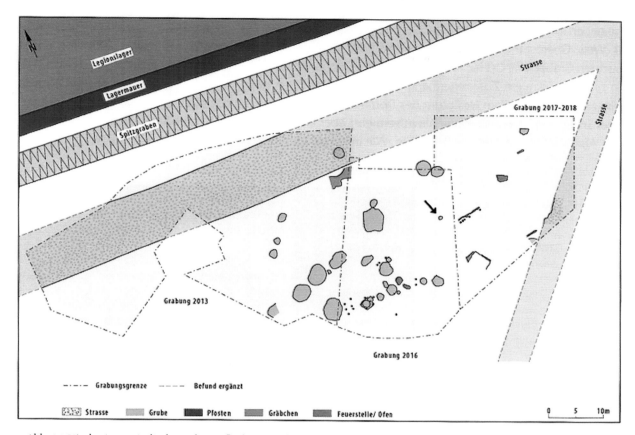

Abb. 94: Vindonissa-Windisch. Grabungsflächen vor der Südmauer des Kastells. Pfeil: Lage der Opfergrube. Zeichnung S. Dietiker, Kantonsarchäologie Aargau

Weihefunde von Münzen im Lampenspiegel (Funde aus Sarmizegetusa und Vindonissa)

Nimmt man einmal an, dass die symbolische Bedeutung, die der Münze im Lampenspiegel zukommt, für ihr Vorkommen nicht nur in Grab-, sondern auch in Weihefunden Gültigkeit besitzt, dann müssen die entsprechenden Votivdepots mit dem Kult von Unterweltsgöttern zusammenhängen. Auf den Fall der Münze in einem Lampenspiegel aus Sarmizegetusa dürfte das tatsächlich zutreffen; nämlich insofern, als Lampe und Münze in einer Opfergrube eines Tempels für das Götterpaar Domnus und Domna lagen. Die in den Donauprovinzen heimische Göttin Domna war wohl nicht zuletzt eine Mond- und Unterweltsgottheit wie die klassisch-mediterrane Hekate.[29]

Aber wie verhält es sich im Fall des Fundes von Vindonissa-Windisch? Der Verfasser möchte hier einen entscheidend wichtigen Hinweis in der Lage des Fundplatzes sehen (vgl. Abb. 94). Die Grube, in der die Windischer Lampen und Münzen zum Vorschein kamen, wurde knapp vor der dortigen Kastellmauer und im Zwickel einer Wegekreuzung zwischen zwei

antiken Straßen angelegt und war nur etwas über 50 m vom Rand eines Gräberfelds entfernt. Wegekreuzungen, Straßen, die Ränder von Siedlungsbereichen und Friedhöfe galten aber als die typischen Aufenthaltsorte der Unterweltsgöttin Hekate und der Dämonenschar in ihrer Begleitung.[30] Nach den Kreuzungen trug sie die Beinamen Trivia und Trihoditis, die „Gottheit der drei Wege"; und vor allem dort war es auch üblich, ihr Weihegaben darzubringen, zu denen die Speiseopfer der so genannten „Hekatemahlzeiten" (Hekataia) gehörten.[31] Dass als Opfertiere in der Windischer Grube – außer einigen Vögeln – Schaf/Ziege und Rind nachgewiesen wurden, weist zwar nicht exklusiv auf Hekate hin, fügt sich aber gut in das überlieferte Bild: als Opfer für die Trivia sind schwarze Schafe und Rinder belegt; und die Ziege nannte Georg Wissowa einmal „ein Tier der Unterirdischen".[32] Dass in Windisch verbrannte Schenkelstücke stark vertreten waren, entspricht dabei allgemeinem antikem Opferbrauch.[33]

[29] Fiedler – Höpken 2007, 449 Anm. 24; Szabó 2017, 52, 71; 83.

[30] Heckenbach 1912, 2775–2777 und 2779 f.
[31] Kultstellen an Kreuzungen und besonders an der Peripherie: Heckenbach 1912, 2775; 2777. – „Hekatemahlzeiten": ebd. 2777; 2780.
[32] Zu den Windischer Tierknochen Trumm – Deschler-Erb – Fellmann Brogli – Lawrence – Nick 2019, 230 f. – Opfer schwarzer Schafe und Rinder für Hekate: Seneca, Oedipus 556. Die Ziege als „Tier der Unterirdischen": Wissowa 1971, 238.
[33] Ziehen 1939, 614.

Was die Bildmotive der geopferten Lampen betrifft, liefern auch sie zwar keinen weiteren klaren Hinweis auf die Gottheit, der das Opfer galt. Immerhin angemerkt sei aber, dass drei der insgesamt 21 Bildlampen aus dem Fund von Vindonissa Darstellungen aufweisen, die speziell zu Hekate passen. Zwei der Lampen zeigen nämlich Mondsichel bzw. Mondgöttin; und das kann unabhängig von der allgemeinen Häufigkeit dieses Bildmotivs damit zusammenhängen, dass Hekate, die mit Luna/Selene gleichgesetzt wurde, eine Göttin der Nacht und des Mondes war.[34] Auf einem weiterern Lampenspiegel ist ein Hund, das heilige Tier der Hekate, zu sehen.[35] Außerdem schiene aber ein Bezug dreier Lampen mit erotischen Motiven auf Hekate nicht ausgeschlossen; denn sie wurde auch als Hochzeits- und Geburtsgöttin verehrt und mit Aphrodite in Verbindung gebracht.[36]

Zu allen diesen Beobachtungen, die teils auf Hekateopfer schließen lassen und teils mit dieser Deutung gut vereinbar sind, kommt schließlich noch die Symbolik der Münze im Lampenspiegel. So scheinen genügend Anhaltspunkte für die Annahme gewonnen, dass der bemerkenswerte Fund aus Vindonissa an einem Opferplatz für die Unterweltsgöttin Hekate und ihr Dämonengefolge vergraben wurde.

Zusammenfassung

Der vorliegende Aufsatz geht der Frage der Deutung von Grab- und Weihefunden römischer Lampen nach, in deren Spiegel Münzen deponiert wurden. Der Verfasser sammelt Hinweise darauf, dass die Münze im Lampenspiegel, die das Einfüllloch für das Öl mehr oder weniger verdeckt, als Symbol für den Tod verstanden wurde. Insofern eigneten sich Lampen mit Münzen im Spiegel gleichermaßen als Grabbeigaben wie als Weihegaben für Götter der Unterwelt. Nach Ansicht des Verfassers dürfte so ein Fund aus Sarmizegetusa ein Opfer für die Göttin Domna und einer aus Vindonissa ein Opfer für Hekate gewesen sein.

Literatur

Bielfeldt 2014: R. Bielfeldt, Lichtblicke – Sehstrahlen. Zur Präsenz römischer Figuren- und Bildlampen. In: dies., Hg., Ding und Mensch in der Antike (Heidelberg 2014) 195–238.

Brelich 1937: A. Brelich, Aspetti della morte nelle iscrizioni sepolcrali dell'impero romano. Dissertationes Pannonicae I 7 (Budapest 1937).

Cumont 1966: F. Cumont, Recherches sur le symbolisme funéraire des romains (Nachdruck Paris 1966).

Deonna 1965: W. Deonna, Le symbolisme de l'oeil (Paris 1965).

Fiedler – Höpken 2007: M. Fiedler – C. Höpken, Das „gemeinschaftliche" und das „private" Opfer: Beispiele aus dem Spektrum von Votivpraktiken in römischen Heiligtümern, dargestellt an Befunden aus Apulum und Sarmizegetusa (Dakien). In: Chr. Frevel – H. von Hesberg, Hgg., Kult und Kommunikation. Medien in Heiligtümern der Antike, Zakmira-Schriften 4 (Wiesbaden 2007) 435–466.

Fiedler – Höpken 2013: M. Fiedler – C. Höpken, Rituelle Deponierungen im Domnus- und Domna-Heiligtum von Sarmizegetusa (Dakien). In: A. Schäfer – M. Witteyer, Hgg., Rituelle Deponierungen in Heiligtümern der hellenistisch-römischen Welt. Mainzer Archäologische Schriften 10 (Mainz 2013) 199–213.

Fracchia 2006: H. Fracchia, The Villa at Ossaia and the Territory of Cortona in the Roman Period (Syrakus 2006).

Gavrilović Vitas 2021: N. Gavrilović Vitas, Ex Asia et Syria. Oriental Religions in the Roman Central Balkans (Oxford 2021).

Heckenbach 1912: [J.] Heckenbach, Hekate. RE 7 (Stuttgart 1912) 2769–2782.

Menzel 1953: H. Menzel, Lampen im römischen Totenkult. In: Festschrift des Römisch-Germanischen Zentralmuseums in Mainz zur Feier seines hundertjährigen Bestehens 1952, 3 (Mainz 1953) 131–138.

Nuber 1992: H. U. Nuber, Mensch und Tier im römischen Brandgräberfeld von Sontheim/Brenz-„Braike", Kreis Heidenheim. Archäologische Ausgrabungen in Baden-Württemberg 1992, 198–200.

Sági 1954: K. Sági, Die Ausgrabungen im römischen Gräberfeld von Intercisa im Jahre 1949. In: L. Barkóczi u. a., Hgg., Intercisa I. Archaeologia Hungarica NF 33 (Budapest 1954) 61–123.

Samter 1909: [E.] Samter, Flamines. RE 6 (Stuttgart 1909) 2484–2492.

Szabó 2017: A. Szabó, Domna et Domnus. Contributions to the Cult-History of the ‚Danubian Riders' Religion. Hungarian Polis Studies 25 (Wien 2017).

Thüry 1999: G. E. Thüry, Charon und die Funktionen der Münzen in römischen Gräbern der Kaiserzeit. In: O. F. Dubuis u. a., Hgg., Trouvailles monétaires de tombes. Actes du deuxième colloque international du Groupe suisse pour l'étude des trouvailles monétaires. Études de numismatique et d'histoire monétaire 2 (Lausanne 1999) 17–30.

---

[34] Trumm – Deschler-Erb – Fellmann Brogli – Lawrence – Nick 2019, Lampen L 19 und L 21. Zu Hekate als Nacht- und Mondgöttin Heckenbach 1912, 2778 f.

[35] Trumm – Deschler-Erb – Fellmann Brogli – Lawrence – Nick 2019, Lampe L 15. Zum Hund als Tier der Hekate Heckenbach 1912, 2776–2778 und 2780–2782.

[36] Trumm – Deschler-Erb – Fellmann Brogli – Lawrence – Nick 2019, Lampen L 7, L 12 und L 16. Beziehungen der Hekate zu Hochzeit, Kindern und Aphrodite: Heckenbach 1912, 2771; 2777 f.

Thüry 2016: G. E. Thüry, Die antike Münze als Fundgegenstand. Kategorien numismatischer Funde und ihre Interpretation (Oxford 2016).

Thüry 2018: G. E. Thüry, Götter, Geld und die Gelehrten. Fundmünzen als Quellen zur antiken Religion. Teil 15. Money Trend 50, 2018, Heft 10, 86–88.

Trumm 2019: J. Trumm, Ausgrabungen in Vindonissa im Jahr 2019. Gesellschaft Pro Vindonissa, Jahresbericht 2019, 89–112.

Trumm – Deschler-Erb – Fellmann Brogli – Lawrence – Nick 2019: J. Trumm – S. Deschler-Erb – R. Fellmann Brogli – A. Lawrence – M. Nick, Nachts vor dem Lager? Ein außergewöhnlicher Depotfund aus Vindonissa (Kt. Aargau/CH). Archäologisches Korrespondenzblatt 49/2, 2019, 215–244.

Wächter 1910: Th. Wächter, Reinheitsvorschriften im griechischen Kult. Religionsgeschichtliche Versuche und Vorarbeiten 9.1 (Gießen 1910).

Wissowa 1896: [G.] Wissowa, Augures. RE 2 (Stuttgart 1896) 2313–2344.

Wissowa 1971: G. Wissowa, Religion und Kultus der Römer (Nachdruck München 1971).

Ziehen 1939: L Ziehen, Opfer. RE 18 (Stuttgart 1939) 579–627.

V. Archäobotanik, Archäozoologie und Ernährungsgeschichte

(Dazu auch die Beiträge 1, 3 f., 8 f., 14 f., 17, 23 und 48 f. dieses Bandes)

33

Froschschenkel – eine latène- und römerzeitliche Delikatesse

(Aus: Festschrift Elisabeth Schmid. Regio Basiliensis 18/1 [Basel 1977] 237 ff.)

Bei der Untersuchung der Tierreste, die 1962 in der Stampflehmmasse eines Küchenestrichs der Insula 30 in Augst zutage kamen, konnte E. Schmid unter 4020 näher bestimmbaren Objekten auch 64 Knochen von Fröschen feststellen.[1] Sie schrieb darüber: "Die Froschknochen ergaben den ersten sicheren Nachweis, dass Frösche zur Römerzeit zumindest in der Provinz als Delikatesse geschätzt waren; aus den antiken Texten geht das nicht hervor ... Der erstmals festgestellte Froschrest in einer Fassgrube von Cambodunum hat einen solchen Schluss noch nicht zugelassen."[2]

Bei diesem Fund aus Cambodunum-Kempten handelt es sich um Femur und Tibia eines Froschschenkels, die 1953 aus einer römischen Fassgrube geborgen wurden.[3] Für eine Deutung als Speiseabfall, die J. Boessneck[4] erwogen und H.-J. Kellner[5] als sicher angenommen hat, könnte der Umstand sprechen, dass in der gleichen Grube auch eine Schweinsrippe und Eichelhäherknochen, vielleicht beides ebenfalls Nahrungsreste,[6] zum Vorschein kamen. Ein sicherer Schluss ist aufgrund dieses einzelnen Froschschenkelfundes freilich nicht möglich.

Aber die in Augusta Raurica und vielleicht auch in Cambodunum fassbare Sitte des Froschschenkelessens hat noch an zwei anderen kaiserzeitlichen Fundplätzen, auf die hier in Ergänzung der Ausführungen E. Schmids hingewiesen sei, ihre Spuren hinterlassen: nämlich einmal im römischen Portus auf dem Boden des heutigen Pforzheim und zum anderen in einer *villa rustica*, die am Murain bei Ersigen BE aufgedeckt wurde.

Die Froschknochen aus Pforzheim fanden sich mit anderen Speiseabfällen im Füllmaterial dreier römischer Brunnenschächte, die A. Dauber in den fünfziger Jahren untersuchte;[7] wie S. E. Kuss dazu bemerkt, "scheinen besonders Schenkelknochen massenhaft angehäuft gewesen zu sein".[8] Genauere quantitative Angaben liegen hier jedoch nicht vor.

Der zweite Fundplatz, der Murain bei Ersigen BE, hat 1962/63 bei der Aufdeckung eines römischen Gutshofs 19 Froschreste – in der Hauptsache Schenkelknochen – ergeben;[9] sie hatten in Anhäufungen sonstiger Speiseabfälle gelegen.[10]

Alles in allem sind Froschschenkelknochen als Nahrungsabfälle der Römerzeit also – den unsicheren Kemptener Befund mit eingerechnet – von vier Fundstellen bekannt. Dabei handelt es sich in drei Fällen um römische Zivilsiedlungen und in einem Fall um eine *villa rustica*; ein militärischer Fundkomplex ist dagegen nicht vertreten.[11] Die geringe Zahl der Nachweise könnte zwar damit zusammenhängen, dass Froschschenkel verhältnismäßig selten gegessen worden wären; doch dürften die zarten Froschschenkelknochen, die nur wenige Millimeter stark sind, vor allem bei früheren Grabungen oft unberücksichtigt geblieben sein.

---

[1] E. Schmid, Tierreste aus einer Großküche von Augusta Raurica, Basler Stadtbuch 1967, 178 und 183; dies., Knochenfunde als archäologische Quellen. In: Archäologie und Biologie, Forschungsberichte der Deutschen Forschungsgemeinschaft 15 (Wiesbaden 1969) 102 und 104; dies., Über Knochenfunde aus der römischen Stadt Augusta Raurica. In: Actes du VIIe Congrès International des Sciences Préhistoriques et Protohistoriques 2 (Prag 1966) 1318 f.; dies., Knochenatlas (Amsterdam 1972) 34 und 38. – Vgl. L. Berger, Augusta Raurica, Insula XXX: Ausgrabungen 1959–1962. In: Studien zu den Militärgrenzen Roms (Vorträge des 6. Internationalen Limeskongresses in Süddeutschland), Beihefte der Bonner Jahrbücher 19 (Köln – Graz 1967) 101; R. Laur-Belart, Siebenundzwanzigster Jahresbericht der Stiftung Pro Augusta Raurica. Basler Zeitschrift für Geschichte und Altertumskunde 63, 1963, XXXVII.

[2] E. Schmid, Knochenatlas (Anm. 1) 38.

[3] J. Boessneck, in: W. Krämer, Cambodunumforschungen 1953-I. Materialhefte zur Bayerischen Vorgeschichte 9 (Kallmünz 1957) 104 und 116. Vgl. H.-J. Kellner, Die Römer in Bayern (München 2. Aufl. 1972) 93; W. Schleiermacher, Cambodunum-Kempten (Bonn 1972) 92.

[4] Boessneck, a. a. O. (Anm. 3) 116.

[5] Kellner, a. a. O. (Anm. 3).

[6] Über den Eichelhäher als Speisetier – in Kempten so gedeutet von Kellner, a. a. O. (Anm. 3) – vgl. N. Dräger, Tierknochenfunde aus der Stadt auf dem Magdalensberg bei Klagenfurt in Kärnten I. Die Vogelknochen. Kärntner Museumsschriften 33 (Klagenfurt 1964) 35: Bei den Funden von Eichelhähern handle es sich "sicher um Speisereste, da der Eichelhäher ... noch heute von Jägern gern gegessen wird".

[7] A. Dauber, Römische Brunnen in Pforzheim. Beiträge zur naturkundlichen Forschung in Südwestdeutschland 14, 1955, 46 und Abb. 3 (Brunnen 2); 46 und 49 (Brunnen 5). Über die Tierknochen aus diesen Brunnenschächten S. E. Kuss, Tierreste aus römischen Brunnen von Pforzheim. Beiträge zur naturkundlichen Forschung in Südwestdeutschland 17, 1958, 166 ff.

[8] Kuss, a. a. O. (Anm. 7) 171.

[9] H. Grütter – A. Bruckner, Der gallo-römische Gutshof auf dem Murain bei Ersigen. Jahrbuch des Bernischen Historischen Museums in Bern 45/46, 1965/66, 375; H. R. Stampfli, Die Tierreste aus der römischen Villa "Ersigen-Murain" in Gegenüberstellung zu anderen zeitgleichen Funden aus der Schweiz und dem Ausland. Ebd. 453 f. und Plan nach 456.

[10] Grütter, a. a. O. (Anm. 9) 375; Stampfli, a. a. O. (Anm. 9), Plan nach 456.

[11] In dem reichen Material, das R. W. Davies, The Roman Military Diet. Britannia 2, 1971, 122 ff. über die Verpflegung der römischen Garnisonen gesammelt hat, scheinen Froschschenkel nicht auf.

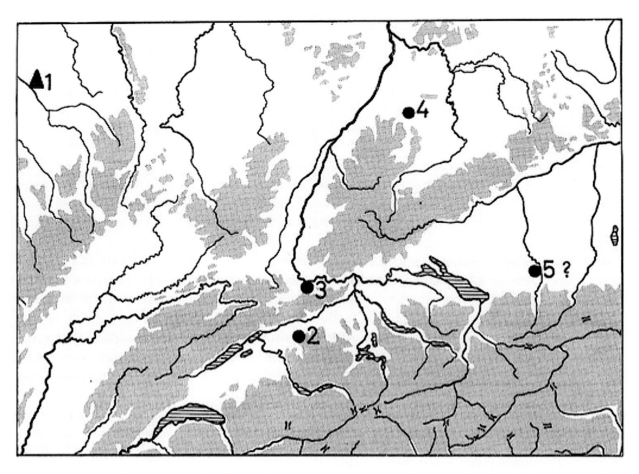

Abb. 95: Knochenfunde als Nachweise für die Sitte des Froschschenkelessens in der Latène- (Nr. 1) und in der Römerzeit (Nr. 2-5). Stand der Veröffentlichung von 1977. 1 Châlons-sur-Marne; 2 Ersigen-Murain; 3 Augst; 4 Pforzheim; 5 Kempten (?)

Geographisch gesehen verteilen sich die Nachweise von Froschresten als römischen Speiseabfällen – den Kemptener Fund wiederum mit einbezogen – auf das Gebiet zwischen dem Basler Rheinknie und der Iller, zwischen dem Nordrand des Schwarzwalds und dem Schweizer Mittelland (vgl. die Karte Abb. 95). Ordnet man die Fundstellen chronologisch, so ergibt sich folgendes Bild: Etwa tiberischer Zeit gehört das Einzelstück von Cambodunum, dem 1./frühen 2. Jahrhundert ein Teil des Ersiger Materials an;[12] dem 2./3. Jahrhundert sind die Froschreste von Augst zuzuweisen.[13] Die Zeitstellung der Pforzheimer und eines Teils der Ersiger Knochen

ist aus den Publikationen der betreffenden Grabungen nicht zu entnehmen.[14]

Zusammenfassend lässt sich sagen, dass die Sitte des Froschschenkelessens in der Schweiz und im süddeutschen Raum während des 1. und des 2./3. nachchristlichen Jahrhunderts zumindest nicht unbekannt war. Das führt uns aber auf die Frage, ob wir darin nur eine lokale Spezialität der obergermanisch-rätischen Küche zu sehen haben, oder ob das Froschschenkelessen vielleicht auch in anderen Gegenden des Reiches üblich gewesen ist. Für diese zweite Ansicht hat sich H.-J. Kellner entschieden, der das Verzehren von Froschschenkeln auf eine "Beeinflussung durch den südlichen Geschmack" zurückführen wollte.[15] Dagegen betonte E. Schmid, dass sich für das Froschschenkelessen in der Antike keine

[12] Cambodunum: Boessneck, a. a. O. (Anm. 3) 116: aus einer "Fassgrube der 1. Periode"; zur Datierung der Periode vgl. Krämer, a. a. O. (Anm. 3) 34 und U. Fischer, Cambodunumforschungen 1953-II. Materialhefte zur Bayerischen Vorgeschichte 10 (Kallmünz 1957) 11 und 36. – Ersingen: Die so datierbaren Froschreste (zehn Knochen) lagen in einem Kellerraum des 1. Jahrhunderts, der im frühen 2. Jahrhundert aufgegeben und verfüllt wurde (Grütter – Bruckner, a. a. O. [Anm. 9], 375 f. und 447; Stampfli, a. a. O. [Anm. 9], Plan nach 456).
[13] Die Küche, in der die Froschknochen gefunden wurden, gehört in die gleiche Bauphase der Insula 30 wie der daran anstoßende Speise- und Repräsentationsraum mit dem Gladiatorenmosaik. Zur Datierung dieser Phase vgl. Berger, a. a. O. [Anm. 1] 100; L. Berger – M. Joos, Das Augster Gladiatorenmosaik. Römerhaus und Museum Augst, Jahresbericht 1969–70, 68 ff.

[14] Pforzheim: Über datierende Funde aus den Pforzheimer Brunnen ist der Literatur fast nichts zu entnehmen: für Brunnen 2 wird vage "eine kleine Bronzefigur" (Dauber, a. a. O. 46), für Brunnen 5 Keramik genannt (Dauber, a. a. O. 49). – Ersingen: Fast die Hälfte des Ersiger Materials (9 Knochen, die im gleichen Raum gefunden wurden; vgl. Stampfli, a. a. O. [Anm. 9], Plan nach S. 456) kann mangels stratigraphischer Angaben nicht datiert werden.
[15] Kellner, a. a. O. (Anm. 3).

weiteren Zeugnisse – etwa literarischer Art – namhaft machen ließen, und kam daher zu dem Schluss, es sei "vorerst anzunehmen, dass sich die Sitte, Frösche zu essen, lokal herausgebildet hat".[16] Eine nur auf den Raum nördlich der Alpen beschränkte Verbreitung erwog ebenso H. R. Stampfli;[17] doch verwies er auch auf eine Behauptung O. Kellers, dass der Gedanke, Froschschenkel zu essen, nach Aussage literarischer Quellen in der Antike "unerhört" gewesen sei,[18] und wollte die Froschknochenfunde von Ersigen und Pforzheim – weitere waren ihm nicht bekannt – deshalb lediglich mit Vorbehalt als Speisereste deuten.

Diese Skepsis wird man sich freilich in Anbetracht der Tatsache, dass die Ersiger und Pforzheimer Froschknochen mit anderen römischen Speiseabfällen zusammenlagen, und vor allem in Anbetracht des Augster Küchenfundes nicht zu eigen machen wollen. Die literarischen Quellen aber, die O. Keller heranzog, bedürfen der Überprüfung, ob sie wirklich eine Ablehnung des Froschschenkelessens bezeugen und ob sie in diesem Fall vielleicht eine in bestimmten Gebieten des Reiches übliche negative Haltung gegenüber dem Frosch als Speisetier widerspiegeln könnten.

Die von Keller vertretene Ansicht, das Froschschenkelessen sei "im Altertum unerhört" gewesen, stützt sich auf zwei antike Texte. Der eine ist ein Brief des frühchristlichen Autors Synesios (Wende 4. Jh. n. Chr.); darin wird die deutliche Feststellung getroffen (Epist. Graec. p. 732,11 Hercher), dass Frösche und Blutegel Tiere seien, die „wohl nicht einmal ein Wahnsinniger kosten würde" ("… βατράχους καὶ βδέλλας …, ὧν οὐδ᾿ ἂν ὁ μαινόμενος γεύσαιτο").

Dieses Urteil dürfte eine in der damaligen Zeit zumindest im griechischsprechenden Reichsteil verbreitete Einstellung gegenüber dem Froschschenkelessen zum Ausdruck bringen.

Das zweite von Keller angeführte Zeugnis findet sich bei Columella 8,16,4 (1. Jh. n. Chr.) und ist dort als ein Zitat aus Varro (116–27 v. Chr.) gekennzeichnet. Es wird neuerdings auch von M. Weber als Beweis dafür betrachtet, dass es in der Antike "verpönt" war, Froschschenkel zu essen;[19] dagegen möchte W. Richter daraus entnehmen, das Froschschenkelessen sei "verachtet, aber nicht ausgeschlossen" gewesen.[20] Beiden Autoren ist übrigens, wie schon Keller, entgangen, dass wir diese bei Columella zitierte Varrostelle auch im Original, im Werk des Varro selbst, besitzen (Res rusticae 3,3,9); als Grundlage für die Interpretation sollen hier sowohl diese Originalstelle wie das Zitat bei Columella in ihrem jeweiligen Kontext wiedergegeben werden.

Varro, Res rusticae 3,3,9 stellt der kulinarischen Genügsamkeit der Vorfahren mit folgenden Worten die Genusssucht gegenüber, die er seinen Zeitgenossen vorwirft:[21] "… quis habebat piscinam nisi dulcem et in ea dumtaxat squalos ac mugiles pisces? Quis contra nunc minthon [Keil; mithon codd.; mintho Colum. 8,16,4; malthon oder "vielleicht" <nebulo ac> malthon Goetz[22]] non dicit sua nihil interesse, utrum iis piscibus stagnum habeat plenum an ranis?" Zu deutsch: "Wer hatte (früher) einen Fischteich, es sei denn einen mit Süßwasser gefüllten und nur mit Haien und Seebarben[23] darin? Welcher aufgeblasene Laffe (?)[24] behauptet jetzt dagegen nicht, dass es ihm gleichgültig sei, ob er einen Teich mit diesen Fischen oder mit Fröschen hat?"

Dem Zitat dieser Varrostelle bei Columella 8,16,4 geht dort die Bemerkung voraus, dass in Flüssen geangelte und in Süßwasser gehaltene Fische dem Geschmack der damaligen Hautevolee, die Seefisch bevorzugte, vielfach nicht mehr zusagten (8,16,3). Dabei führt Columella eine Anekdote an, die ebenfalls schon bei Varro, in unmittelbarem Anschluss an den übersetzten Textabschnitt, berichtet wird; sie erzählt von einem Feinschmecker, der bei Tisch einen Süßwasserfisch wieder ausspuckte und dazu ausrief: "peream, ni piscem putavi esse!" ("Ich will tot umfallen, wenn ich das nicht für einen Fisch hielt!"). In diesen Zusammenhang stellt Columella dann – mehr sinngemäß als wortgetreu – das Zitat unserer Varrostelle: "Itaque Terentius Varro "nullus est", inquit, "hoc saeculo nebulo ac mintho qui non iam dicat nihil sua interesse, utrum eiusmodi piscibus an ranis frequens habeat vivarium"". Deutsch: "Deshalb sagt Terentius Varro: "Keinen Windbeutel und eingebildeten Laffen (?) gibt es in unserer Zeit, der nicht sofort behauptet, es sei ihm gleichgültig, ob er ein Bassin mit derartigen Fischen oder mit Fröschen hat"".

Der Gedanke der Stelle Varro Res rusticae 3,3,9 = Columella 8,16,4 ist nach dem Kontext der beiden Autoren also folgender: 'früher hat man sich mit den im Fluss gefangenen oder in Süßwasser gehaltenen

---

[16] Schmid, Großküche (Anm. 1) 183.
[17] Stampfli, a. a. O. (Anm. 9) 454.
[18] O. Keller, Die antike Tierwelt 2 (Leipzig 1913) 313.
[19] M. Weber, Frosch. RAC 8 (Stuttgart 1972) 532.
[20] W. Richter, Frosch. Der Kleine Pauly 2 (München 1979) 618.

[21] Vgl. das kurz zuvor (in 3,3,6) formulierte Begriffspaar "frugalitas antiqua" und "luxuria posterior".
[22] G. Goetz, Varro de Re Rustica in indirekter Überlieferung. In: Festschrift Walther Judeich (Weimar 1929) 51 f.
[23] Übersetzung der Fischnamen nach E. de Saint-Denis, Le vocabulaire des animaux marins en latin classique (Paris 1947) 66 ff. (mugil) und 108 (squalus).
[24] Das von Keil konjizierte minthon begegnet außer im Zitat dieser Stelle bei Columella 8,16,4 (nebulo ac mintho) nur bei Philodem, Περὶ κακιῶν p. 37,19 Jensen, wo vielleicht mit Sauppe μίνθωνας zu schreiben ist. Zur Bedeutung des Wortes vgl. ThlL VIII, 1034, 46 (Brandt); L. Storr-Best, Varro on Farming (London 1912) 260; Keils Kommentar, 235 (dagegen Goetz, a. a. O. [Anm. 22] 51; sein Vorwurf, Keil interpungiere in der Pilodemstelle falsch, trifft nicht zu). M. E. ist dem Philodemtext zu entnehmen, dass mintho vielleicht einen eingebildeten, aufgeblasenen Menschen bezeichnet.

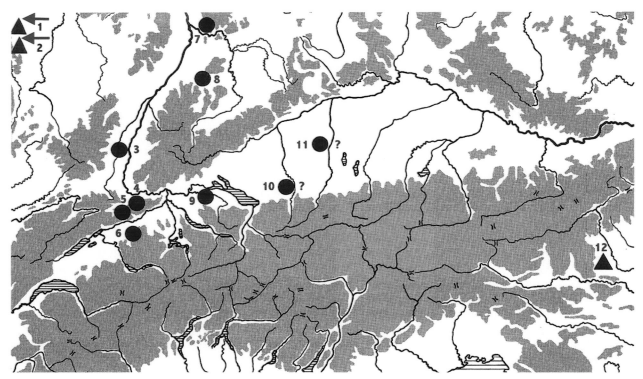

Abb. 96: Aktualisierung der Fundkarte Abb. 95: Knochenfunde als Nachweise für die Sitte des Froschschenkelessens in der Latènezeit (Dreieckssignaturen) und in der römischen Zeit (Punktsignaturen). Stand 2024. 1 Chassemy; 2 Châlons-sur-Marne; 3 Oedenburg; 4 Augst; 5 Erschwil; 6 Ersigen-Murain; 7 Ladenburg; 8 Pforzheim; 9 Eschenz; 10 Kempten (?); 11 Schwabmünchen (?); 12 Leibnitz

Fischen zufrieden gegeben; die eingebildeten Laffen von heute, die Süßwasserfische nicht mehr schätzen, behaupten dagegen, dass es ihnen gleichgültig sei, ob sie diese Fische in ihrem Bassin haben oder Frösche'. Wie man daraus wohl entnehmen darf – und es gibt keine Texte, die anderes bezeugen –, galten Froschschenkel im Süden, wenn sie überhaupt gegessen wurden, zumindest nicht als besondere Delikatesse.

Ob das Froschschenkelessen nördlich der Alpen, wie H.-J. Kellner glaubt, auf eine "Beeinflussung durch den südlichen Geschmack" zurückgeht, scheint aufgrund dieser Varrostelle fraglich. Vielleicht ist daher mit E. Schmid "vorläufig anzunehmen, dass sich die Sitte, Frösche zu essen, lokal herausgebildet hat" – wobei der Begriff "lokal" freilich nicht zu eng gefasst werden darf. Für diese Ansicht ließe sich auch noch ein – allerdings schwaches – Indiz anführen, das bisher nicht herangezogen wurde: nämlich der Umstand, dass schon in einem reichen Wagengrab der Marnekultur, das der Stufe Latène I angehört und 1904 in Châlons-sur-Marne ans Licht gekommen ist, neben vielen anderen Tierresten (Rind, Huhn, Ente, Taube, Hase, Wildschwein, "kleine Vögel") nicht weniger als 110 Froschknochen gefunden wurden, mit denen ein 12 cm hohes Gefäß gefüllt war.[25] Der Ausgräber, R. Lemoine, schreibt: "Nos

observations nous laissent croire que ces victuailles étaient cuites, quoique les os, après un aussi long séjour dans la terre ne permettent que peu de trancher la question. Il est vraisemblable que les grenouilles n'ont pas été mises crues dans le vase, pour la simple raison qu'il aurait été impossible d'y introduire la quantité qui a produit, les 110 os que nous avons recueillis."[26]

Wie dieser Fund zeigt, hat man Frösche im keltischen Kulturraum schon vor der Ankunft der Römer gegessen. Deshalb scheint es – wenn es auch vom Frühlatène bis in die Römerzeit ein weiter Weg ist – immerhin denkbar, dass sich die in den ersten zwei oder drei Jahrhunderten nach Christus im Raum nördlich der Alpen nachgewiesene Sitte des Froschschenkelessens aus einer einheimischen Wurzel entwickelt hat.

Nachwort 2024

Zu den hier gesammelten Nachweisen eines latènezeitlichen und römischen Froschschenkel-

---

[25] R. Lemoine, Sépulture à char, découverte le 10 mars 1904, à Châlons-sur-Marne. Mémoires de la société d'agriculture, commerce, sciences et arts du département de la Marne 8, 1906, 145 f.; R. Joffroy – D. Bretz-Mahler, Les tombes à char de la Tène dans l'Est de la France. Gallia 17, 1959, 29; P. Harbison, The Chariot of Celtic Funerary Tradition. In: Marburger Beiträge zur Archäologie der Kelten. Festschrift für Wolfgang Dehn. Fundberichte aus Hessen, Beiheft 1 (Bonn 1969) 36.

[26] Lemoine, a. a. O. (Anm. 25) 145.

Konsums sind mir inzwischen folgende Nachträge bekannt geworden (vgl. die Karte Abb. 96):

a) für die Latènezeit:

- Chassemy (dép. Aisne, Frankreich)

In einem frühlatènezeitlichen Haus der Marnekultur kam im Bereich eines Herdes die Ulna eines Frosches zum Vorschein: R. M. Rowlett – E. S.-J. Rowlett – M. Boureux, A Rectangular Early La Tène Marnian House at Chassemy (Aisne). World Archaeology 1, 1969, 128.

- Leibnitz (Steiermark), Frauenberg

Bei Grabungen der neunziger Jahre in einem heiligen Bezirk der Spätlatènezeit wurden einige Reste von Grasfröschen gefunden. Die Tatsache, dass sich diese Reste "mehr oder weniger auf die Elemente der Vorderextremität" beschränken, lässt den Bearbeiter an die Möglichkeit eines Froschschenkelkonsums denken: Chr. Grill, Die menschlichen und tierischen Überreste aus dem spätlatènezeitlichen Heiligtum auf dem Frauenberg bei Leibnitz (Steiermark). Ungedruckte Dissertation Wien 2009, 22, 24, 280 und 283 f. (das Zitat von 283).

b) Für römische Zeit:

- Erschwil (Kanton Solothurn)

Im Wohnbereich eines römischen Gebäudes, in der Nutzungsschicht des Raumes 1, lagen unter Tierfunden und Keramik des 1. und 2. Jahrhunderts auch Reste von vier Fröschen. In Anbetracht der Fundstelle im Gebäudeinneren und auch innerhalb der Nutzungsschicht ist "eine kulinarische Verwendung nicht auszuschließen": R. Schmidig, Zu den Tierknochen aus dem römischen Wohn- und Wirtschaftsgebäude von Erschwil. Archäologie und Denkmalpflege im Kanton Solothurn 22, 2017, 37 f.

- Eschenz (Kanton Thurgau)

Aus einem römischen Gebäude bei E., "gerade gegenüber der Insel Weerd", stammen unter verschiedenen Nahrungsmittelresten auch "Fröschenschenkel"; "wenigstens hat man auch die Knöchelchen der Hinterbeine der rana esculenta und temporaria aufgelesen": Müller, Das römische Bad zu Eschenz bei Stein a./Rh. Anzeiger für schweizerische Alterthumskunde 8, 1875, 602.

- Ladenburg (Baden-Württemberg)

Nicht auszuschließen ist, dass Froschfunde aus einem Brunnen in L. Nahrungsreste darstellen: J. Wussow – R. Müller – M. Teichert – R. Schafberg, Lopodunum. Osteologische Untersuchungen an Tierknochenfunden von der Westseite des römischen Marktplatzes (Kellereigrabung). Fundberichte aus Baden-Württemberg 33, 2013, 582 f. und 585.

- Oedenburg (département Haut-Rhin, Frankreich)

Einige römerzeitliche Froschknochen aus O. weisen Schnitt- und Verdauungsspuren auf. Vgl. F. Ginella, Archäozoologische Untersuchung der römischen Fundstelle Oedenburg/Biesheim-Kunheim (Dép. Haut-Rhin, F). Ungedruckte Dissertation Basel 2017, 96; 105; 120; 130; 132.

- Schwabmünchen (Bayern)

Aus einem römischen Brandgrab stammt hier die verbrannte Tibia eines Frosches: O. Röhrer-Ertl, Das Brand- und Körpergräberfeld "Schwabmünchen 1978" (Hohenschäftlarn 1987) 15. –

Die für den römerzeitlichen Froschschenkelkonsum vorliegenden Nachweise sind in der Fachwelt inzwischen zwar weitgehend zur Kenntnis genommen worden. Dennoch findet sich im Artikel "Frosch" des "Neuen Pauly" noch der Satz: "Anders als die heutigen Feinschmecker liebte man den Verzehr der Schenkel offenbar nicht."[27]

---

[27] C. Hü[nemörder], Frosch. Der Neue Pauly 4 (Stuttgart – Weimar 1998) 681.

34.

Zur Größe der Alpenrinder im 6. Jahrhundert nach Christus
Eine Stelle des Cassiodor (*Variae* 3,50) als archäozoologische Quelle

(Aus: Festschrift für Hanns-Hermann Müller. Zeitschrift für Archäologie 27, 1993, 201 ff.)

Einleitung

Die Zeit, in der man über antike Tierhaltung und Tiernutzung schreiben konnte, ohne sich auf andere als literarische und bildliche Quellen zu stützen, sollte schon lange vorbei sein. Es ist nicht mehr zu rechtfertigen und nur aus dem Fortwirken überholter Forschungstraditionen erklärbar, wenn Funde von Tierresten noch in J. M. C. Toynbees „Tierwelt der Antike" (englische Erstauflage 1973) aus der Betrachtung völlig ausgeschlossen oder in J. Andrés „L'alimentation et la cuisine à Rome" (Neubearbeitung 1981) kaum berücksichtigt werden.[1] Genauso gilt aber umgekehrt, dass literarische Quellen (um hier von bildlichen Darstellungen nicht zu reden) ebenfalls eine äußerst wichtige, ja eine unverzichtbare Grundlage unseres Wissens über die Fauna des Altertums sind. Die archäozoologische Betrachtung kann sich daher nicht auf die Untersuchung der Tierreste beschränken, sondern muss die Aussagen der antiken Literatur mit einbeziehen.

Der vorliegende kleine Beitrag beschäftigt sich mit einer solchen literarischen Aussage, die es in das osteologisch erarbeitete Wissen von der antiken Tierhaltung, bzw. genauer: in das osteologisch gewonnene Bild der Rinderhaltung im antiken Alpengebiet zu integrieren gilt.[2] Im Mittelpunkt steht dabei ein Text, der aber nicht ein im engeren Sinn literarischer ist, sondern bei dem es sich um einen Erlass des Ostgotenkönigs Theoderich des Großen (474–526) an die Bewohner der Provinz Noricum handelt. Verfasst wurde dieser Erlass von Theoderichs „ghostwriter" Cassiodorus (ca. 485–580); und wie die anderen von ihm formulierten Regierungsdokumente fand er Aufnahme in Cassiodors Werk „Variae" (*Variae* 3,50).[3] Entstanden ist der Erlass

wohl um das Jahr 507; und zwar in der folgenden historischen Situation: Eine Schar Alamannen durchquert damals das Gebiet der Provinz (Binnen-) Noricum, d. h. Osttirols, Kärntens und der Steiermark; sie sollen in Oberitalien oder in Pannonien angesiedelt werden und dort die Aufgabe eines Grenzschutzes für das Gotenreich übernehmen.[4] Durch den langen Weg sind aber die Rinder der Alamannen – d. h.: ihr Zugvieh – erschöpft. Die Noriker werden daher durch das Edikt des Theoderich aufgefordert, die erschöpften fremden Tiere gegen frische einheimische auszutauschen. So können die Alamannen ihren Marsch mit frischem Zugvieh fortsetzen; aber auch die Noriker profitieren dabei, da die alamannischen Rinder – wie es im Edikt heißt – stattlicher sind als ihre eigenen.

Wortlaut und Übersetzung des Textes

Wir geben zunächst Text und Übersetzung der Varienstelle 3,50.

> *„Provincialibus Noricis Theodericus rex.*
> *Grate suscipienda est ordinatio, quae dantem iuvat et accipientem pro temporis necessitate laetificat. Nam quis putare possit onus, ubi magis meretur in commutatione compendium? Et ideo praesentibus decernimus constitutis, ut Alamannorum boves, qui videntur pretiosiores propter corporis granditatem, sed itineris longinquitate defecti sunt, commutari vobiscum liceat, <in>[5] minores quidem membris, sed idoneos ad laborem, ut et illorum profectio sanioribus animalibus adiuvetur et vestri agri armentis grandioribus instruantur. Ita fit, ut illi acquirant viribus robustos, vos forma conspicuos et, quod raro solet emergere, in una mercatione utrique videamini desiderata compendia percepisse."*

---

[1] André 1981; Toynbee 1983.
[2] Die folgenden Ausführungen greifen in erweiterter Form ein Thema wieder auf, mit dem sich der Verf. schon früher auseinandergesetzt hat; vgl. Thüry 1980. Aus dieser Arbeit sind einzelne Formulierungen wörtlich übernommen.
[3] Textausgaben: Monumenta Germaniae historica, Auctores antiquissimi 12, 104 f. (Mommsen); Corpus Christianorum, Series Latina 96, 132 f. (Fridh). – Text mit Übersetzung: C. Dirlmeier – G. Gottlieb, Quellen zur Geschichte der Alamannen 2. Heidelberger Akademie der Wissenschaften, Kommission für Alamannische Altertumskunde, Schriften 3 (Heidelberg 1978) 103.

[4] Vgl. u. a. van den Besselaar 1945, 88; Bierbrauer 1974, 574; Zeiß 1928, 31.
[5] Der Text der Hss.: „*commutari vobiscum liceat, minores … laborem*" ergibt ein Anakoluth, das kaum verständlich ist. Wahrscheinlich wird hier – was schon L. Traube (Monumenta Germaniae historica, Auctores antiquissimi 12, Index 515) erwogen hat – der Ausfall eines „*in*" anzunehmen sein. Das Simplex „*mutare*" wird in den Varien mehrfach mit „*in*" und dem Akk. konstruiert; die Stellen bei Skahill 1934, 131.

„An die Bewohner der Provinz Noricum König Theoderich.

Dankbar muss man sich einer Regelung unterziehen, die dem gebenden Teil nützt und den nehmenden – der Not der Zeit entsprechend – freut. Denn wer könnte es für eine Belastung halten, wenn vielmehr bei einem Tausch ein Profit erzielt wird? Und deshalb beschließen Wir kraft vorliegender Verordnung, dass die Rinder der Alamannen, die als wertvoller gelten wegen ihrer Körpergröße, aber durch die Länge des Weges erschöpft sind, bei euch ausgetauscht werden dürfen – zwar gegen kleinere an Gestalt, doch zur Arbeit taugliche –, damit einerseits der Abmarsch der Alamannen durch gesündere Tiere gefördert und andererseits euer Ackerland mit größerem Vieh versehen wird. Auf diese Weise erwerben sie Tiere, die bei Kräften sind, ihr ansehnliche, und – was sich selten zu ergeben pflegt – bei ein und demselben Handel dürfte so ein jeder von euch beiden den erwünschten Profit erzielt haben."

Die Textstelle in der bisherigen Forschung

Der Cassiodortext ist bis in die neueste Literatur hinein den verschiedensten Missverständnissen und falschen Betrachtungsweisen ausgesetzt gewesen. Im folgenden werden diese Irrtümer – ohne Anspruch auf Vollständigkeit – kurz gesammelt und kommentiert.

- J. U. Duerst, dem in neuerer Zeit M. Bachmann folgt, sah in dem Erlass „den ... Text des Aufrufes in Steiermark des Feldhauptmanns Servatius des Gotenkönigs Theoderichs".[6] Mit „Servatius" muss Duerst einen Statthalter der Provinz Rätien meinen, der aber richtig Servatus hieß[7] und mit der Varienstelle 3,50 in Wahrheit nichts zu tun hat.
- O. Keller glaubte – in Verkennung des wirklichen Sachverhalts –, durch das Edikt würden die Noriker aufgefordert, „ihr Vieh auf den Markt zu bringen wegen seiner stattlichen Körpergröße".[8]
- A. Dopsch wollte aus dem Cassiodortext folgern, das alamannische Rindvieh sei wegen seiner Stattlichkeit „als Handelsware gesucht" gewesen.[9] Dafür gibt die Stelle jedoch keinen Anhaltspunkt. Sie bezeugt nicht einen wirklichen Rinderhandel[10], sondern nur eine einmalige „Eintauschaktion".
- S. Karwiese sah im Edikt des Theoderich einen Erlass, der die Noriker „anwies, sich aktiv an der

Rinderversorgung Oberitaliens zu beteiligen".[11] Das ist auch dann falsch, wenn man als Ziel des alamannischen Marsches Oberitalien betrachtet; denn der Rindertausch sollte ja nicht ein bestimmtes Gebiet mit norischem Vieh versorgen, sondern nur den Durchzug der Alamannen erleichtern und beschleunigen.
- F. Lotter wollte aus der Varienstelle herauslesen, dass die norischen Bergrinder „zäher" gewesen seien als das Vieh der Alamannen.[12] Das steht jedoch nicht im Text.
- Schließlich hat E. Polaschek in seinem wertvollen RE-Artikel „Noricum" den Irrtum begangen, den Cassiodortext auf Pferde anstatt auf Rinder zu beziehen.[13] Das erwies sich als folgenschwer, da verschiedene Autoren – G. Alföldy, J. Garbsch und H. Vetters – dies fundamentale Missverständnis ungeprüft übernahmen.[14]

Die Textaussage über die geringe Größe der alpinen Rinder

Der Cassiodortext enthält den für uns interessanten Hinweis, dass die norischen Rinder zwar leistungsfähig, aber dabei doch von relativ kleiner Statur seien, von kleinerer als die der Alamannen. Diese Feststellung hat nun etwas Überraschendes an sich. Zwar ist das einheimische Rind der vorrömischen Zeit auch in den Alpen bekanntlich klein gewesen. Bereits seit den ersten Jahrzehnten der römischen Herrschaft über Noricum traten dort aber neben diese kleinen Tiere die großen, starken, für die Römerzeit typischen „Römerrinder".[15] Trifft die Aussage des Cassiodortextes zu, dann hätte sich das Bild bereits zu Beginn des 6. Jh. (in einer Zeit, für die wir in diesem Raum bisher keine Tierfunduntersuchungen haben) wieder völlig gewandelt; die Periode der großen „Römerrinder" muss dann im damaligen Noricum vorbei gewesen sein, so dass man das norische Rind der Jahre um 500 pauschal als relativ „klein" charakterisieren konnte.

Wie glaubwürdig ist aber der Cassiodortext? Da muss zunächst geprüft werden, ob die Äußerung über die kleinen Alpenrinder nicht vielleicht eine realtätsfremde Buchweisheit eines Südländers sein kann, der die Verhältnisse vor Ort nicht kannte. Dieser Verdacht könnte aufkommen, wenn man sich einmal mit dem „Image" beschäftigt, das die alpinen Rinder in der antiken Literatur hatten. Da vergaß schon der augusteische Historiker Livius unter den Schrecknissen

---

[6] Das Zitat aus Duerst 1936, 205. In gleichem Sinn Duerst 1923, 11; 1931, 17; 1947, 14 und 17; Bachmann 1962, 22.
[7] Vgl. Cassiodor, *Variae* 1,11.
[8] Keller 1909, 339 f.
[9] Dopsch 1924, 456.
[10] An einen solchen Handel scheint auch Handke 1987, 202 zu glauben.

[11] Karwiese 1975, 29.
[12] Lotter 1985, 54.
[13] E. Polaschek, Noricum. RE 17 (Stuttgart 1936) 1044.
[14] Alföldy 1974, 108; J. Garbsch, Römischer Transport und Verkehr in Bayern. Kalender für 1987 [München 1986], Text zum Monatsbild August; H. Vetters, Virunum. RE 9 A (Stuttgart 1961) 302.
[15] Vgl. für Südnoricum Hornberger 1970, 137; für den Norden der Provinz Stampfli 1986, 160.

der Alpenwelt nicht aufzuzählen, dass dort „das Vieh und die Zugtiere dürr vor Kälte" seien.[16] Von einer Kleinwüchsigkeit alpiner Rinder lesen wir dann im 1. nachchristlichen Jahrhundert bei Columella und bei Plinius dem Älteren. Columella bezeugt, dass für das damalige Ligurien kleingewachsene Rinder typisch seien – was allerdings nicht heiße, dass man dort nicht auch auf große Stiere stoßen könne.[17] Bei Plinius findet sich dagegen eine Stelle, die sehr an die des Cassiodor erinnert[18]; dort heißt es: „Für entartet halte man auch Rinder von weniger schönem Aussehen nicht: die meiste Milch gibt das Alpenvieh, das die geringste Körpergröße (*minimum corporis*) besitzt; auch leistet es – am Kopf, nicht am Nacken angeschirrt – die meiste Arbeit (*plurimum laboris*)."

Könnte also eine literarische Klischeevorstellung, ein Topos dahinterstehen, wenn Cassiodor die norischen Rinder mit ganz ähnlichen Worten „zwar kleiner an Gestalt, doch zur Arbeit tauglich" (*„minores quidem membris, sed idoneos ad laborem"*) nennt? In der Tat ist nicht von der Hand zu weisen, dass der gelehrte Cassiodor bei der Formulierung des Ediktes an die Pliniusstelle gedacht haben mag. Aber um reine Buchweisheit kann es sich hier nicht handeln. Ein königliches Edikt, das sich vor Ort nicht selber ad absurdum führen wollte, musste den Realitäten entsprechen. Wenn es einen Sachverhalt wie den des Unterschiedes zwischen den alamannischen und den norischen Rindern schilderte und auf ihn so ausdrücklich Bezug nahm, dann mussten auch zuverlässig ermittelte Fakten zugrunde liegen. Der Größenunterschied spielt im Edikt ja keine nebensächliche Rolle, sondern wird von der ostgotischen Regierung geschickt instrumentalisiert: die Einheimischen, die den im Staatsinteresse liegenden Marsch der Alamannen beschleunigen sollen, werden für ihr Vieh gelobt und können von der erwarteten Dienstleistung auch profitieren.

Diese Überlegungen machen deutlich, dass die Varienstelle als eine glaubwürdige Nachricht über die Größe der Rinder im gotischen Binnennoricum – zumindest im damaligen Aufenthaltsbereich der Alamannen, den wir nicht näher eingrenzen können – zu gelten hat. Wenn dem aber so ist, so ergibt sich daraus, dass sich im südlichen Noricum, wenigstens gebietsweise, das typische Bild der römischen Rinderhaltung mit ihrem Nebeneinander von „Römerrindern" und von kleineren Tieren nicht bis zum Beginn des 6. Jh. erhalten hat; oder anders formuliert: dass es sich dort nicht bis in die Zeit der ausgehenden Römerherrschaft erhalten hat, die ja in Binnenoricum erst im späten 5. Jh. abbricht. Man hat

sich demnach zu fragen, warum denn die Römer und Romanen Binnennoricums das große „Römerrind" damals nicht mehr gezüchtet haben.

Vielleicht liegt die Antwort in den politischen und wirtschaftlichen Verhältnissen der ausgehenden Antike. Wirtschaftlicher Niedergang, Armut, Unsicherheit und ständige Plünderungen auch der Viehbestände[19], wie sie im letzten Jahrhundert der Römerzeit herrschten, können die Rinderzucht nicht unberührt gelassen haben. Hinzukommt, dass sich nach dem Ende des römischen Klimaoptimums um 400 die klimatischen Rahmenbedingungen verschlechterten.[20] Wie Heidemarie Hüster-Plogmann am Beispiel der mittelalterlichen Verhältnisse in Schleswig-Holstein dargelegt hat, sind dies Faktoren, die auch in der Größenentwicklung des Rindes ihren Niederschlag finden.[21]

Literaturverzeichnis

Alföldy 1974: G. Alföldy, Noricum (London – Boston 1974).

André 1981: J. André, L'alimentation et la cuisine à Rome (Paris 1981).

Bachmann 1981: M. Bachmann, Schädelreste des Rindes aus dem keltischen Oppidum von Manching (Dissertation München 1962).

van den Besselaar 1945: J. J. van den Besselaar, Cassiodorus Senator en zijn Variae (Dissertation Nijmegen 1945).

Bierbrauer 1974: V. Bierbrauer, Alamannische Funde der frühen Ostgotenzeit aus Oberitalien. In: Studien zur vor- und frühgeschichtlichen Archäologie. Festschrift für Joachim Werner 2 (München 1974) 559 ff.

Dopsch 1924: A. Dopsch, Wirtschaftliche und soziale Grundlagen der europäischen Kulturentwicklung 2 (Wien 2. Aufl. 1924).

Duerst 1923: J. U. Duerst, Kulturhistorische Studien zur schweizerischen Rindviehzucht. Schweizerische landwirtschaftliche Monatshefte 1923, Sonderdruck 1 ff.

Duerst 1931: J. U. Duerst, Grundlagen der Rinderzucht (Berlin 1931).

Duerst 1936: J. U. Duerst, Ein Beitrag zur ältesten Geschichte des Rindes im Bernerland, mit besonderer Berücksichtigung des Simmentaler Rindes. Schweizerische landwirtschaftliche Monatshefte 1936, 203 ff.

Duerst 1947: J. U. Duerst, Abstammung und Geschichte des Simmentaler Rindes. In: H. Wenger, Hg., Das

---

[16] Livius 21,32,7.
[17] Columella 3,8,3. – Kleinwüchsige Alpenkühe wären nach einer Konjektur des Harduinus auch bei Columella 6,24,5 erwähnt.
[18] Plinius, *Naturalis historia* 8,179.

---

[19] Stampfli 1980, 99.
[20] Schönwiese 1979, 82 f.
[21] Frau Dr. H. Hüster-Plogmann (Basel) möchte ich herzlich dafür danken, dass sie mir ein Vortragsmanuskript zur Verfügung gestellt und mir so Einblick in ihre z. T. noch unpublizierten Untersuchungsergebnisse gegeben hat.

Simmentaler Fleckvieh der Schweiz (Bern 1947) 11 ff.

Handke 1987: M. S. Handke, A Social and Economic History of Noricum Ripense in the Fifth Century. Dissertation Boulder (Ann Arbor 1986).

Hornberger 1970: M. Hornberger, Gesamtbeurteilung der Tierknochenfunde aus der Stadt auf dem Magdalensberg in Kärnten (1948–1966). Kärntner Museumsschriften 49 (Klagenfurt 1970).

Karwiese 1975: S. Karwiese, Der Ager Aguntinus (Lienz 1975).

Keller 1909: O. Keller, Die antike Tierwelt 1 (Leipzig 1909).

Lotter 1985: F. Lotter, Die germanischen Stammesverbände im Umkreis des Ostalpen-Mitteldonau-Raumes nach der literarischen Überlieferung zum Zeitalter Severins. In: H. Wolfram – A. Schwarcz, Hgg., Die Bayern und ihre Nachbarn 1. Österreichische Akademie der Wissenschaften, phil.-hist. Kl., Denkschriften 179 (Wien 1985) 29 ff.

Schönwiese 1979: C. D. Schönwiese, Klimaschwankungen (Berlin usw. 1979).

Skahill 1934: B. H. Skahill, The Syntax of the Variae of Cassiodorus (Washington 1934).

Stampfli 1980: H. R. Stampfli, Die Tierfunde. In: H.-M. von Kaenel – M. Pfanner, Hgg., Tschugg – römischer Gutshof. Grabung 1977 (Bern 1980) 97 ff.

Stampfli 1986: H. R. Stampfli, Die Tierreste. Anhang zu: N. Heger, Frührömische Amphoren aus der Stadt Salzburg (Mozartplatz 4). Bayerische Vorgeschichtsblätter 51, 1986, 160 f.

Thüry 1980: G. E. Thüry, Antike Textzeugnisse über kleinwüchsige Rinder im Alpengebiet und im freien Germanien. Anhang zu: Stampfli 1980, 102 ff.

Toynbee 1983: J. M. C. Toynbee, Tierwelt der Antike. Bestiarium Romanum (Mainz 1983).

Zeiß 1928: H. Zeiß, Die Nordgrenze des Ostgotenreiches. Germania 12, 1928, 25 ff.

35.

Römische Austernfunde in der Schweiz, im rechtsrheinischen Süddeutschland und in Österreich

(Aus: Festschrift für Hans R. Stampfli [Basel 1990] 285 ff.)

1. Einleitung

Kein anderes Thema wäre für meinen Beitrag zu Deiner Festschrift, carissime amice, geeigneter als gerade das der römischen Austernfunde. Mit einem Brief zu Fragen dieser Fundgruppe hat Anfang des Jahres 1978 unsere Bekanntschaft begonnen; und auch seitdem begleitet uns das Thema. Du hast Dich an meiner Suche nach Fundnachrichten über Austernreste beteiligt; und erst vor kurzem hast Du mir durch Deine Vermittlung dazu verholfen, dass F. Strauch und mir römische Fundaustern aus der Schweiz für eine Isotopenanalyse zur Verfügung gestellt wurden. Dieses neue Verfahren, mit dem sich die Provenienz der in römischer Zeit importierten Austern ermitteln lässt, war bisher erst an einem Fundkomplex aus Bayern angewendet worden (Strauch und Thüry 1985).

In der vorliegenden Arbeit soll es uns jedoch nicht um die Provenienzfrage, sondern um die Verbreitung und Deutung römischer Austernfunde gehen. Was dabei den geographischen Rahmen der Untersuchung betrifft, beschränken wir uns auf den Raum der Schweiz, des rechtsrheinischen Süddeutschland und Österreichs. Für dieses Gebiet gibt der Abschnitt 8 der Arbeit einen Katalog der römischen Fundvorkommen, der durch die Verbreitungskarte (Abb. 97) ergänzt wird. Eine Studie dieser Art hat G. Ulbert schon 1965 als «sicher sehr lohnend» bezeichnet (Ulbert 1965, 51); und sie ist inzwischen um so erwünschter geworden, als die Archäozoologie seit der in dieser Hinsicht richtungweisenden Arbeit Stampfli 1966 die Bedeutung der einzelnen Tierarten im römischen Mitteleuropa durch den Vergleich von Fundstatistiken untersucht, ohne aber bisher Austern und andere Mollusken mitzuberücksichtigen (Piehler 1976, 103 ff.; Luff 1982, 237 ff.).

2. Sind Austernreste immer römisch?

Vorab einige Bemerkungen von ganz grundlegender Bedeutung. Wir sind es gewohnt, Austernfunde aus unseren Gegenden ohne Zögern als römische Relikte einzustufen. R. Forrer nannte sie «ein förmliches

Abb. 97 (gegenüber): Römische Austernfunde im Untersuchungsgebiet

1 Nyon	21 Lostorf	41 Ehingen-Rißtissen	61 Florstadt-Ober-Florstadt
2 Morrens	22 Bad Säckingen	42 Hüfingen	62 Butzbach
3 Boscéaz bei Orbe	23 Laufenburg	43 Rottweil	63 Echzell
4 Avenches	24 Windisch	44 Sulz	64 Eining
5 Thierachern	25 Oberkulm	45 Köngen	65 Regensburg
6 Tschugg	26 Triengen	46 Stuttgart-Bad Cannstatt	66 Tittmoning
7 Develier	27 Baden	47 Asperg bei Ludwigsburg	67 Loig bei Salzburg
8 Courgenay	28 Affoltern a.A.	48 Cleebronn bei Heilbronn	68 Salzburg
9 Laufen	29 Dällikon	49 Heilbronn-Böckingen	69 Aguntum
10 Vicques	30 Kloten	50 Heidelberg-Neuenheim	70 Wels
11 Solothurn	31 Schleitheim	51 Großsachsen bei Weinheim	71 Linz
12 Zuchwil	32 Neftenbach	52 Ladenburg	72 Virunum
13 Balsthal	33 Oberwil bei Dägerlen	53 Wiesbaden	73 Magdalensberg
14 Reinach	34 Chur	54 Zugmantel	74 Traismauer
15 Binningen	35 Bregenz	55 Heftrich	75 Wien
16 Pratteln	36 Kempten	56 Hofheim am Taunus	76 Carnuntum
17 Grenzach	37 Lorenzberg bei Epfach	57 Saalburg	77 Winden am See
18 Augst	38 Augsburg	58 Frankfurt	
19 Liestal-Munzach	39 Manching-Oberstimm	59 Karben-Okarben	
20 Olten	40 Heidenheim	60 Friedberg	

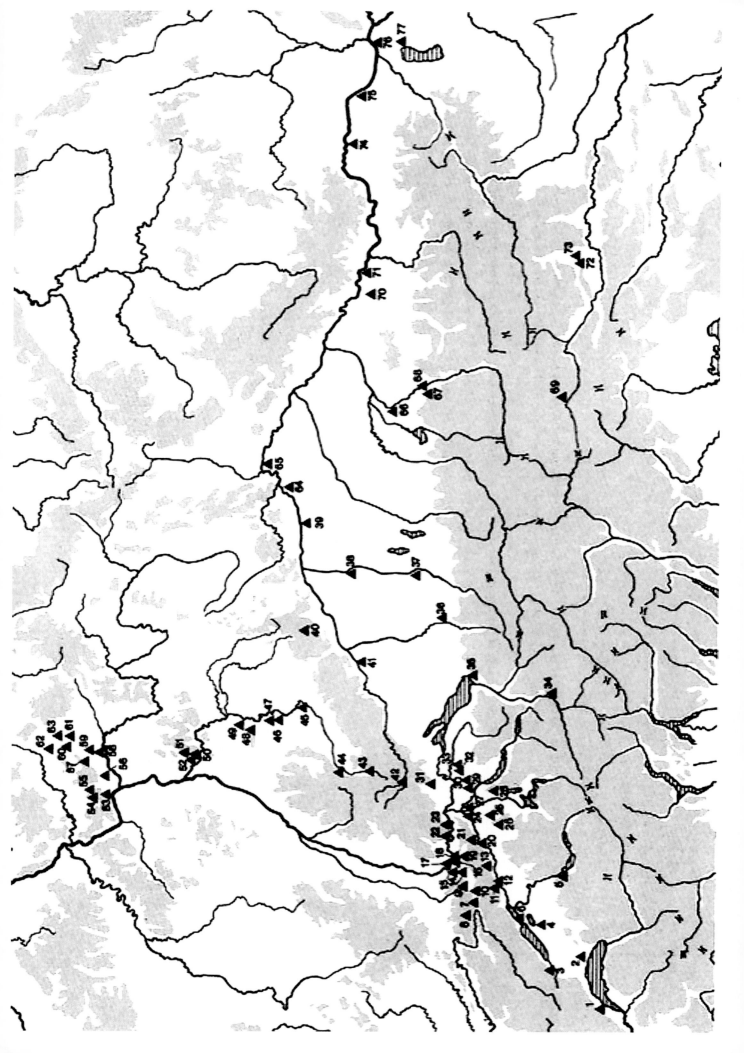

Merkmal römischer Ansiedelungen» (Forrer 1907, 59), während der Jubilar sie wiederholt als «Leitfossil» der Kaiserzeit in unserem Raum bezeichnet hat (vgl. z. B. Stampfli 1980, 99; 1981a). Er schrieb dazu, Austernklappen würden in römischen Fundmaterialien «stets erwartet, sie gelten als bester Beleg für die römische Einstufung einer Fundstelle, findet sich doch dieses Weichtier weder in vor- noch in nachrömischer Zeit» (Stampfli 1981b). Dieser Überzeugung war bisher auch der Verfasser (Strauch und Thüry 1985, 341). Zwar hatte ihn Herr Dr. H.-H. Müller (Berlin) freundlicherweise auf eine Arbeit hingewiesen, in der er Austernfunde des 15.–19. Jahrhunderts aus Hannover publiziert (Müller 1959, 187 f. und 254 ff.). Doch liegt ja Hannover nicht im wirklich küstenfernen Binnenland, auf das die Aussage vom «Leitfossilcharakter» der Auster zielte.

Inzwischen hat aber ein Neufund die Erkenntnislage sehr verändert. Im Jahr 1986 wurden in Salzburg, bei einer Grabung im Hof des Toskanatraktes der Residenz, die Senkgruben von Bürgerhäusern des 15./16. Jahrhunderts untersucht. Unter reichhaltigstem Fundmaterial aller Art enthielten sie auch Molluskenreste, die der Ausgräber, Herr Dr. W. K. Kovacsovics, dem Verfasser zur Bearbeitung übergab. Ohne schon auf Details einzugehen, sei über dieses Material hier mitgeteilt, dass es nicht weniger als 97 Austernklappen enthielt.

Aus dem Salzburger Fund ergibt sich also, dass sehr wohl mit nach-römischen Austernvorkommen in unserem Raum zu rechnen ist. Nicht stratifizierte oder sonst chronologisch gut abgesicherte Austernreste dürfen daher auch nicht mehr als sicher-römische Relikte in Anspruch genommen werden. Im Katalog dieser Arbeit sind allerdings solche chronologisch unsicheren Stücke mit aufgenommen.

3. Die Verbreitung der römischen Austernfunde

Obwohl die Verbreitung römerzeitlicher Austernreste bisher nirgends untersucht wurde, haben doch verschiedene Autoren behauptet, man treffe sie «in fast allen römischen Niederlassungen» an (so gleichlautend Hilzheimer 1933, 129, und Falkner 1969, 125. Vgl. speziell für den Schweizer Jura Quiquerez 1862, 202, und 1864, 409; für Gallien Jullian 1920, 197, und Labrousse 1959, 61 f.). Stellt man freilich die Funde zusammen, so zeigt sich, dass diese Aussage zumindest für das in unserer Arbeit betrachtete Gebiet nichts mit der Realität zu tun hat. Bekannt sind hier mehrere tausend römischer Gutshöfe, geschlossener Ortschaften und Kastelle (so allein an Villen in der Schweiz rd. 1300 und in Baden-Württemberg «weit über 1000»; vgl. Degen 1958, 13, und Planck 1986, 125). Obwohl für den Katalog dieser Arbeit rd. 1100 Zeitschriftenbände und eine große

Tab. 1: Verteilung der Schweizer Austernfunde auf Villen und geschlossene Ortschaften/Kastelle (Austern mit anderer Fundstelle nicht berücksichtigt).

Fundort	vor 1900 gefunden	nach 1900 gefunden	aus Villa	aus geschl. Ort/Kastell
Affoltern a.A.	x		x	
Augst		x		x
Avenches	x	?		x
Baden	x			x
Balsthal		x	x	
Binningen		x	x	
Boscéaz	x		x	
Chur		x		x
Courgenay	x		x	
Dällikon	x		x	
Develier	x		x	
Kloten	?	?	x (?)	
Laufen		x	x	
Liestal-Munzach		x	x	
Lostorf		x	x	
Morrens	x		x	
Neftenbach	x		x	
Nyon		x		x
Oberkulm	x		x	
Oberwil bei Dägerlen	x		x	
Olten		x		x
Pratteln		x	x	
Schleitheim	x	x		x
Solothurn		x		x
Triengen		x	x	
Tschugg		x	x	
Vicques	x		x	
Windisch	x	x		x
Zuchwil		x		x

Anzahl von Monographien durchgesehen wurden, waren im Untersuchungsgebiet aber nicht mehr als 77 Austernfundorte feststellbar. Auch wenn der Katalog gewiss noch nicht vollständig ist, steht doch außer Frage, dass Austernreste selbst in den fundstärksten Gegenden unserer Verbreitungskarte (Abb. 97) – in der nordwestlichen Schweiz und in Hessen – nur an einem kleinen Teil der bekannten Römerorte vorliegen. In weiten Gebieten fällt die Funddichte noch sehr viel geringer aus; und einige Landstriche – wie das rechtsufrige Oberrheinische Tiefland – sind bisher sogar ganz ohne Nachweis. Dabei ist der auffälligste Unterschied in der Zahl der Fundstellen wohl der zwischen dem fundpunktreichen Westteil unseres Untersuchungsgebietes (westlichere Schweiz, Neckarraum, Hessen) und den fundpunktarmen östlicheren Gegenden (östlichere Schweiz, östlicheres Württemberg, Bayern und Österreich). So verzeichnet die Verbreitungskarte (Abb. 97) für Ostbayern und

Tab. 2: Verteilung der baden-württembergischen, bayerischen und hessischen Austernfunde auf Villen und geschlossene Ortschaften/Kastelle (Austern mit anderer Fundstelle nicht berücksichtigt).

Fundort	vor 1900 gefunden	nach 1900 gefunden	aus Villa	aus geschl. Ort/Kastell
Baden-Württemberg: Asperg b. Ludwigsburg		x	x (?)	
Cleebronn b. Heilbronn		x	x (?)	
Ehingen-Rißtissen		x		x
Grenzach		x	x (?)	
Großsachsen b. Weinheim		x	x	
Heidelberg-Neuenheim	x	x		x
Heilbronn-Böckingen		x		x
Hüfingen		x		x
Köngen		x		x
Ladenburg	?	?		x
Laufenburg		x	x	
Rottweil	?	x		x
Stuttgart-Bad Cannstatt		x		x
Sulz		x		x
Bayern: Augsburg		x		x
Eining		x		x
Kempten		x		x
Lorenzberg b. Epfach		x		x
Manching-Oberstimm		x		x
Regensburg	?	?		x
Tittmoning		x	x	
Hessen: Butzbach	x			x
Echzell	?	?		x
Florstadt-Ober-Florstadt	x			x
Frankfurt	x	x		x
Friedberg		x		x
Heftrich	x			x
Hofheim am Taunus		x		x
Karben-Okarben	x			x
Saalburg	x			x
Wiesbaden	x	x		x
Zugmantel		x		x

Tab. 3: Verteilung der österreichischen Austernfunde auf Villen und geschlossene Ortschaften/Kastelle.

Fundort	vor 1900 gefunden	nach 1900 gefunden	aus Villa	aus geschl. Ort/Kastell
Aguntum		x		x
Bregenz	x			x
Carnuntum	?	?		x
Linz		x		x
Loig		x	x	
Magdalensberg	x	x		x
Salzburg		x		x
Traismauer		x		x
Virunum	x	x		x
Wels		x		x
Wien		x		x
Winden am See		x	x	

übrigens im ungarischen Raum fortzusetzen scheint (Mócsy 1980, 80) – zusammenhängen dürfte, wird im folgenden Abschnitt deutlich werden.

4. Die Verteilung der Funde auf Siedlungen, Kastelle und Gräberfelder

Wollte man die Austernfunde alleine aus Kastellen, Lagervici und rein zivilen geschlossenen Ortschaften kartieren, so würde dabei kein West-Ost-Gefälle sichtbar. Wie auch aus Tabelle 1–3 zu entnehmen ist, ergäben sich dann für die Schweiz 10, für Baden-Württemberg 9, für Hessen 11, für Bayern 6 und für Österreich 10 Fundpunkte. Sehr unterschiedlich ist dagegen die Zahl der Austernfunde aus römischen Villen. Hier liegen aus der Schweiz 18 oder 19 Fundpunkte vor. Die Austern kamen dabei in der Mehrzahl der Fälle nicht als Gelegenheitsfunde, sondern im Verlauf umfangreicherer archäologischer Grabungen zum Vorschein. Bemerkenswert ist, dass sehr viele dieser Grabungen bereits im 18./19. Jahrhundert vorgenommen wurden. Aus Bayern und Österreich konnten dagegen nur drei Villenfunde ermittelt werden, die jeweils erst bei Grabungen unseres Jahrhunderts geborgen wurden. Auf diese bisher geringe Zahl von bayerischen und österreichischen Villengrabungen mit Austernfunden geht also das beobachtete West-Ost-Gefälle der Fundorte in der Karte (Abb. 97) zurück. Es dürfte wohl nicht eine tatsächlich geringere Verbreitung der Austern im bayerisch-österreichischen Raum, sondern nur eine dort weniger intensive Villenforschung anzeigen.

Was das westliche Süddeutschland betrifft, konnten Villenfunde römischer Austern nur für Baden-Württemberg ermittelt werden. Dass sie in Hessen fehlen, wird dadurch ausgeglichen, dass dieses kleinste der hier untersuchten Gebiete die größte Zahl von militärischen und dörflich/städtischen

Österreich (ohne Vorarlberg) nicht mehr als 14 Fundorte; das entspricht nur rd. 18 % der Gesamtzahl aller Austernfundpunkte des Untersuchungsgebietes. Womit dieses west-östliche Häufigkeitsgefälle – das sich

Austernfundorten aufzuweisen hat. Eine genauere Betrachtung zeigt, dass zumindest die meisten hessischen Funde aus militärischem Kontext herrühren und dass sie zumeist auch aus jenen Jahrzehnten stammen, in denen die deutsche Reichslimeskommission ihre intensive Forschungstätigkeit entfaltete.

Auf dieses Vorkommen von Austern in militärischen Fundzusammenhängen sei überhaupt ausdrücklich hingewiesen (siehe auch Davies 1971, 128 f.); wurde doch erst vor kurzem die Überlegung geäußert, es sei «ziemlich unwahrscheinlich, dass man Soldaten mit solchen kostspieligen Delikatessen versorgt hat» (Frank 1987, 42). Dazu ist festzuhalten, dass Austern keineswegs selten – nämlich innerhalb des Untersuchungsgebietes in 16 Fällen – im Inneren von Kastellen nachgewiesen sind; und zwar nicht etwa nur im Bereich der Kommandantur, sondern im ganzen Lager und auch innerhalb der Baracken (vgl. Kap. 8.1, Nr. 30a–c; Kap. 8.2, Nr. 4, 9, 11, 17a, 18, 19, 25–27, 28c, 29, 33a/b, 34; Kap. 8.3, Nr. 3 und 11a).

Abschließend bleibt noch zu notieren, dass Austern im Untersuchungsgebiet nur selten als Grabbeigaben auftreten. Gesicherte Fälle dieser Art sind lediglich in Gestalt je einer Austernklappe aus Brandgräbern in Bad Säckingen und in Heidenheim, beide Baden-Württemberg, bekannt (Kap. 8.2, Nr. 3 und Nr. 16. – Vgl. auch den interessanten Befund 8.3, 11b).

5. Die chronologische Verteilung

Versucht man nun, das Material auch chronologisch aufzugliedern, so zeigt sich, dass an etwa 70 % aller Fundorte ein Zeitansatz nur grob in das 1. bis 4. oder 1. bis 3. Jahrhundert möglich ist. An den anderen Orten aber, an denen wir etwas genauer datieren können, gehören die Austernfunde fast ausnahmslos der Zeit von Augustus bis 200 n. Chr. an. Dabei sind die frühesten Fundvorkommen bisher a) das augusteische im Tempelbezirk auf dem Magdalensberg in Kärnten, Raum T/B (8.3.6e); b) das tiberische im Kastell Friedberg, Hessen (8.2.11); c) das tiberisch-claudische in der Küche der «Großvilla» auf dem Magdalensberg (8.3.6f); und d) für die erste Hälfte des l. Jahrhunderts auch das aus der Militärstation auf dem Lorenzberg bei Epfach in Bayern (8.2.25). Zusammenfassend lässt sich also sagen, dass Austern bei uns zumindest gelegentlich schon in augusteischer Zeit auftreten; dass sie bereits in der ersten Hälfte des 1. nachchristlichen Jahrhunderts eine räumlich weite Verbreitung hatten (Friedberg, Lorenzberg, Magdalensberg}; und dass sie – soweit chronologisch genauer zuzuordnen – fast alle in das 1. und 2. Jahrhundert fallen. Später ist dagegen wohl ein Fund von Tittmoning in Bayern (8.2.32), der in die erste Hälfte des 3. Jahrhunderts zu gehören scheint,

und mit geringerer Sicherheit auch ein zweiter aus Liestal-Munzach (8.1.14), der dann ebenfalls dem 3. Jahrhundert zuzuweisen wäre. Ob es damals überhaupt zu einem Ende der Importe kam, sollte vorsichtshalber freilich offenbleiben.

6. Die Deutung der römischen Austernfunde

6.1. Nicht-kulinarische Deutungsmöglichkeiten

Eine ganz wesentliche Frage ist natürlich die nach der Interpretation der Funde. Die meisten Autoren haben hier ohne Zögern unterstellt, dass Austernklappen stets Reste importierter Nahrungsmittel sind (für andere Stimmen vgl. aber schon Caspari 1874). In Betracht kommen jedoch auch eine ganze Reihe weiterer Deutungsmöglichkeiten, die der Verfasser bereits bei Strauch und Thüry (1985, 349 f.) zusammengestellt hat und die einen solchen Schluss nicht ohne weiteres gestatten. An derartigen Möglichkeiten werden dort aufgezählt: eine Verwendung von Austernklappen als Souvenir, Mitbringsel, Sammelobjekt, Gefäß, Schmuckgegenstand und Spielzeug; aber auch eine – literarisch aus der Antike bezeugte – Verarbeitung der Schale zu wasserdichtem Kitt, Kosmetika und Arzneimitteln. Was sich von alledem am Fundmaterial unseres Gebietes konkret nachweisen oder sich wenigstens möglicherweise mit ihm in Zusammenhang bringen lässt, ist allerdings wenig. Vor allem sind da einige Austernklappen mit künstlicher Durchbohrung zu nennen. Den ersten derartigen Fund unseres Raumes hat Stampfli (1980, 99) veröffentlicht. Es ist eine Unterklappe aus Tschugg (8.1.28), die mit ihrer großen, plumpen Durchlochung nicht eben an die Arbeit eines professionellen Schmuckfabrikanten denken lässt. Einen ähnlich «unprofessionellen» Eindruck machen zwei weitere durchbohrte Exemplare – beides Oberklappen – aus Schleitheim (8.1.24a; Guyan 1985, Abb. 4.27, 280). Für alle diese Stücke scheint es das Naheliegendste, mit Stampfli (1980, 99) an «Spielzeug oder Kinderschmuck» zu denken (womit freilich eine kulinarische Nutzung des Schaleninhalts nicht ausgeschlossen ist).

Spekulieren mag man außerdem auch darüber, ob die Austern bzw. Austernklappen aus dem sog. römischen «Militärspital» in Baden im Aargau (8.1.4) vielleicht therapeutischen Zwecken dienten. Abgesehen von literarischen Zeugnissen, nach denen Auster wie Austernschale medizinisch verwendet wurden, sind Austernfunde auch im Krankenhaus des Legionslagers von Neuss (Nordrhein-Westfalen) zum Vorschein gekommen (vgl. Koenen 1904, 182, und Davies 1971, 134, der dabei an «sick diet» denkt). Im Fall des Badener «Militärspitals» ist allerdings die medizinische Zweckbestimmung des Gebäudes nicht gesichert.

Haben also nicht-kulinarische Verwendungen der bisher erwähnten Art in unserem Gebiet kaum Spuren hinterlassen, so förderte die Zusammenstellung des Kataloges andererseits einen in Vergessenheit geratenen Befund zutage, der in diesem Zusammenhang von größtem Interesse ist. Wir verdanken ihn Friedrich Samuel Schmidt, Seigneur de Rossens, der im 18. Jahrhundert die Villa von Oberkulm (8.1.19) untersuchte und über sie berichtet: «Die Wände des Raumes Nr. 19 waren in Blau ausgemalt; und man hatte, in kunstreicher Proportion und Symmetrie, verschiedene Landmollusken darauf eingesetzt sowie andere, marine, aus der Klasse der Austern, der Huf- und der Kammuscheln, die man leicht aus den südlichen Provinzen Frankreichs beziehen konnte. In der Schweiz, wo man vom Meer entfernt ist, war dieser Anblick sehr reizvoll. Ich habe Spuren von derlei auch in Avenches gefunden.

Ich glaube nicht, dass irgendein antiker Schriftsteller von der Sache gesprochen hat; aber unter den modernen Autoren hat Herr Felibien glattweg entschieden, dass diese Grottenornamentik (ces Ornemens des Grottes, & les Ouvrages de Rocaille) aus der Antike überhaupt nicht bekannt ist. Unsere Entdeckungen zeigen offensichtlich das Gegenteil» (Schmidt de Rossens 1760, 87. Das «Zitat» dieser Stelle bei Keller 1864, 130, ist keine Übersetzung, sondern eine verkürzende Neuformulierung des Textes). Weitere Belegfälle für solche Muschel- und Schneckenzier an römischen Wänden hat Loeschcke (1914) vorgestellt, der allerdings keine Austern als deren Bestandteil erwähnt; er kennt dafür Beispiele aus dem Trierer Raum und aus der Bretagne. Den Bibliothekaren der Société d'archéologie et d'histoire in Saintes verdankt der Verfasser außerdem den Hinweis, dass auch aus römischen Gebäuden in Saintes-Les Sables (Dép. Charente-Maritime) Wandschmuck dieser Art belegt ist (jetzt im Musée archéologique in Saintes). In Saintes wie in Trier und wohl auch in Oberkulm handelt es sich – wie zu den Wassertieren passend – um den Wanddekor von Badegebäuden; ein Punkt, der bei Muschelfunden aus Bädern bedacht werden sollte.

6.2. Austernfunde als Nahrungsreste

Da also verschiedene Verwendungen der Auster und ihrer Schale möglich sind, muss der Interpret von Austernfunden umsichtig vorgehen. Die Deutung als Nahrungsrelikt darf er nur vertreten, wo sie aufgrund der Fundumstände oder besonderer Beobachtungen gesichert oder doch wenigstens wahrscheinlich ist. Welches sind zunächst die Voraussetzungen für einen «Wahrscheinlichkeitsschluss»? Dafür sollten folgende Umstände zusammentreffen:

a.   Die Austernreste sollten nicht in einem Werkstattareal gefunden worden sein – wo sie als Rohstoff denkbar wären –, sondern im zivilen oder militärischen Wohnbereich.

b.   Die Fundzahl sollte nicht allzu niedrig sein; denn es sind ja am ehesten Einzelexemplare oder Ensembles mit geringen Stückzahlen, die man in der Antike jeweils als Andenken, Mitbringsel, originelle Behälter für kleine Gegenstände oder vielleicht auch – in der Hausapotheke – als Ausgangsprodukt für die Herstellung von Präparaten aus Austernschale aufbewahrt haben wird.

c.   Außer den Austernresten sollten nicht noch Funde verschiedener anderer Meeresmollusken vorhanden sein. Als Inhalt einer Sammlung oder Spielzeugkiste und als Wanddekor ist eine bunte Kollektion von Schalenmaterial verschiedener Meerestiere sehr viel wahrscheinlicher als eine Ansammlung nur von Austernklappen.

d.   Die Stücke sollten schließlich keine Spuren professioneller Bearbeitung zu Schmuckzwecken zeigen (wofür dem Verfasser allerdings auch kein Beispiel bekannt ist).

Wertvoller als diese nur wahrscheinlichen Zeugnisse des Austernkonsums sind natürlich diejenigen Funde, die mit Sicherheit so gedeutet werden können. Dazu gehören zunächst Austernreste, die in antiken Küchen und ähnlichen Räumlichkeiten zum Vorschein kamen. In unserem Gebiet sind am Kärntner Magdalensberg gleich vier solcher Fälle bekannt geworden (und zwar in der Küche des sog. «Repräsentationshauses», 8.3.6a; im Felsenkeller, der als «Kühlhaus» für Lebensmittel diente, 8.3.6b; in der Küche des Felsenheiligtums, 8.3.6c; und in der Küche der «Großvilla», 8.3.6f. – Vgl. in der Schweiz die Verhältnisse in Affoltern a.A., Triengen und Vicques; 8.1.1, 8.1.27 und 8.1.29).

Weitere eindeutige Nachweise von Speiseaustern sind einige interessante Funde aus römischen Wasserbassins. Die sicherlich richtige Deutung dieses Phänomens hat schon E. Ritterling ausgesprochen, der zu Beginn unseres Jahrhunderts im hessischen Erdlager von Hofheim am Taunus den folgenden Befund antraf (8.2.18a): Im Hofraum des Kommandantenhauses zeigte sich eine mit Lehm und außerdem ursprünglich wohl ganz mit Holz ausgekleidete Grube, die «gewaltige Massen von Austernschalen» enthielt; sie hatten «den ganzen Boden mit Kalk förmlich durchsetzt und fast weiß gefärbt». Ritterling (1912, 47) interpretiert das so: «Vielleicht berechtigt der Befund zu der Vermutung, dass der Wasserbehälter, mit Salzwasser gefüllt, zur zeitweiligen Aufbewahrung lebender Austern diente, wenn frisch eingetroffene größere Sendungen nicht sogleich vollständig auf der Tafel des Herrn Verwendung fanden.» Solche Vorratsbassins sind bei uns zwar nicht so häufig wie in Frankreich (Clouet 1953,

49 ff.; Labrousse 1959, 72 f.). Immerhin besitzen wir aber insgesamt fünf Nachweise: in militärischem Kontext a) den schon erwähnten von Hofheim; b) einen zweiten Fall innerhalb des gleichen Lagers (8.2.18b); und c) einen dritten aus dem ebenfalls hessischen Kastell Zugmantel (8.2.34). Dagegen sind – d) – Austernklappen aus einem Becken des Kastellbads von Heidelberg-Neuenheim, Baden-Württemberg, erst an ihre Fundstelle gelangt, als das Bad nach dem Abzug der Garnison als solches aufgelassen und von der Zivilbevölkerung nun in dieser Weise weiterbenützt wurde (8.2.15b). Ganz anders – e) – das fünfte «Austernbassin», das zur Inneneinrichtung eines antiken Küchenraumes auf dem Kärntner Magdalensberg gehört (8.3.6f). Mit Holzwänden versehen, die innen mit Bleiblech (!) verkleidet waren, wurde es durch eine Wasserzuleitung gespeist. Damit ist allerdings ein schwacher Punkt berührt: Da *Ostrea edulis* L. kein Süßwasser verträgt, muss in den «Austernbassins» künstliches Salzwasser zubereitet worden sein. Man versprach sich von der aufwändigen Anlage dieser Salzwasserbecken offensichtlich, die Austern so länger frisch halten zu können. Ob die Ergebnisse aber wirklich besser waren als bei einer kühlen Aufbewahrung im Trockenen, ist ungewiss (bei niedrigen Temperaturen hält sich *0. edulis* außerhalb des Meereswassers bis zu 24 Tage am Leben. Dieser Umstand ermöglichte auch für römische Zeit Frischtransporte bis in unser Gebiet. Vgl. dazu Thüry und Strauch 1984, 101 f.; Strauch und Thüry 1985, 352 f.).

6.2.1 Austernkonsum und Romanisierung

Durch alle diese Funde ist der Konsum von Austern im Untersuchungsgebiet – für das literarische Zeugnisse darüber fehlen – hinreichend dokumentiert. Die Bezugsquellen für die Speiseaustern waren der Handel, dessen Umsatzziffern wir zu gerne erführen, und sicher auch gelegentliche Zusendungen von Freunden und Bekannten. «Geschenkpakete» von Austern unter Freunden sind uns jedenfalls für Gallien und Britannien literarisch bzw. epigraphisch überliefert; die versandten Quantitäten waren dabei 30 bzw. 50 Stück (vgl. Ausonius, *Epistulae* 7 Schenkl und ein neuerdings gefundenes trajanisches Schreibtäfelchen aus Vindolanda; Bowman und Thomas 1983, 135 ff. mit Titelbild und Taf. 8, 3 f.).

Völlig haltlos ist die mitunter geäußerte Behauptung, dass alle Austernkonsumenten unseres Gebietes zugewanderte Südländer gewesen seien (so Pascher bei Saria 1951, 35; ähnlich Saria ebd. 26. Vgl. auch Mócsy 1980, 80). Die Ausbreitung des Austernkonsums bei uns und in anderen Gegenden des Binnenlandes wird man vielmehr damit erklären müssen, dass sich ja die Romanisierung, die in allen Lebensbereichen wirksame Anpassung der einheimischen Kultur an die mediterrane, auch auf kulinarisches Gebiet erstreckt

hat. Dieses Phänomen, das wir als «kulinarische Romanisierung» bezeichnen könnten, lässt sich deutlich anhand der Verbreitung ebenso von Küchengeräten wie von Lebensmitteln verfolgen (Küchengeräte: Baatz 1977; Grünewald – Pernicka – Wynia 1980. Was die Lebensmittel betrifft, wäre eine zusammenfassende Darstellung der vielfältigen pflanzlichen und tierischen Produkte wünschenswert, die erst im Zug der Romanisierung bei uns üblich geworden sind). Dabei darf aber nicht übersehen werden, dass es in der provinzialen Küche neben diesen durch die Romanisierung vermittelten südländischen Elementen auch ein Fortleben bodenständiger lokaler und regionaler Traditionen und Spezialitäten gab (ein Fallbeispiel dafür bei Thüry 1977; eine Zusammenstellung und «Verbreitungskarte» solcher kulinarischer «Provinzialismen» im Römischen Reich bei Thüry 1987, 49 f.).

7. Zusammenfassung

Die vorliegende Arbeit kommt zu folgenden Ergebnissen:

a. Austernfunde sind nicht in jedem Fall römisch, sondern treten auch in gesicherten mittelalterlich/neuzeitlichen Zusammenhängen auf.

b. Römische Austernfunde sind seltener, als man z. T. gemeint hat.

c. Die im Westen und im Osten des Untersuchungsgebietes unterschiedliche Funddichte scheint durch den unterschiedlichen Forschungsstand bedingt zu sein.

d. Römische Austernfunde kommen in Gutshöfen, in geschlossenen Ortschaften und in Kastellen vor. Als Grabbeigabe sind sie bei uns selten.

e. Der älteste Fundbeleg ist bereits augusteisch. Einen römischen Fund, der sicher jünger als das 3. Jahrhundert wäre, besitzen wir bisher nicht.

f. An nicht-kulinarischen Verwendungen sind für Austern in unserem Raum nur zwei bezeugt: «Spielzeug oder Kinderschmuck» (Stampfli) und Wanddekor.

g. Der Konsum von Austern ist für unser Gebiet vor allem durch Funde aus Küchen und aus Vorratsbassins gesichert.

h. Die Verbreitung der Speiseauster ist ein Teilphänomen der «kulinarischen Romanisierung».

8. Anhang: Katalog der römischen Austernfunde in der Schweiz, im rechtsrheinischen Süddeutschland und in Österreich

Vorbemerkung: Der Katalog umfasst Funde mit sicherer und solche mit möglicher römischer Zeitstellung.

Fossile Austern aus römischem Zusammenhang wurden jedoch nicht mit aufgenommen.

Dem Verbleib von publizierten Funden wurde nicht nachgeforscht. Museen sind nur in zwei Fällen angegeben: wenn der Verf. die Stücke in der ihm bekannten Literatur nicht erwähnt fand oder wenn durch Autopsie von Funden Angaben über nicht publizierte Details gemacht werden können.

Nach 1987 erschienene Literatur wurde nicht mehr berücksichtigt.

Abkürzungen: FB = Fundbeschreibung; FO/FJ = Fundort und Fundjahr; FU/D = Fundumstände und Datierung; Q = Quelle

8.1. Schweiz

(Abkürzungen der im folgenden Abschnitt und im Nachwort erwähnten Kantone: AG = Aargau; BE = Bern; BL = Basel-Landschaft; FR = Freiburg; GR = Graubünden; JU = Jura; LU = Luzern; SH = Schaffhausen; SO = Solothurn; VD = Waadt; VS = Wallis; ZH = Zürich)

8.1.1. Abb. 97, 28. FO/FJ: Affoltern a.A. ZH, an der Straße nach Mettmenstetten, 1806

FB: «Austerschalen»

FU/D: Ein Teil der Schalenklappen lag – zusammen mit zahlreichen Knochenfunden – auf dem Estrich des Raumes D der römischen Villa von Affoltern; F. Keller deutete den Raum wegen dieser Tierreste als Küche. Ein anderer Teil der Austernklappen kam bei der «Ausräumung der Trümmerstätte» zutage. Präzise chronologische Anhaltspunkte fehlen.

Q: Keller 1864, 82

8.1.2. Abb. 97, 18. FO/FJ: Augst BL, verschiedene Fundstellen und Fundjahre

FB: sehr zahlreiche Austernfunde (nach freundlicher Mitteilung von Frau Dr. B. Moor, Basel, sind es allein für die Grabungsjahre 1967–1981 185 Klappen)

FU/D: Fundumstände und Näheres über die Datierung der römischen Austernfunde von Augst sind aus der angegebenen Literatur nicht zu entnehmen. Bestandsdauer der römischen Stadt: 1.–3. Jahrhundert

Q: H. Ant, Malakologische Funde bei Ausgrabungen und ihre Bedeutung für die Archäologie. Rheinische Ausgrabungen 10 (Düsseldorf 1971) 452; ASA NF 4, 1902/3, 236 (drei Klappen aus dem Theater); L. Forcart, Molluskenschalen aus römischen Schichten von Vindonissa. Gesellschaft Pro Vindonissa, Jahresbericht 1941/42, 24; A. R. Furger, Vom Essen und Trinken im römischen Augst, Archäologie der Schweiz 8, 1985, 169 und 178 (dort 169 die Erwähnung von Austern in der Großküche der Insula 30 unzutreffend); E. Schmid, in: Neunundzwanzigster Jahresbericht der Stiftung Pro Augusta Raurica, Basler Zeitschrift für Geschichte und Altertumskunde 65, 1965, LIII; dies., in: Römerhaus und Museum Augst, Jahresbericht 1966, 53 (Augst, nicht ev. Kaiseraugst?)

8.1.3. Abb. 97, 4. FO/FJ: Avenches VD, verschiedene Fundstellen und Fundjahre

FB: sehr zahlreiche Austernfunde

FU/D: Fundumstände und Näheres über die Datierung der römischen Austernfunde von Avenches sind aus der angegebenen Literatur nicht zu entnehmen.

Q: H. Ant, Malakologische Funde bei Ausgrabungen und ihre Bedeutung für die Archäologie. Rheinische Ausgrabungen 10 (Düsseldorf 1971) 452; H. Bögli, Aventicum. Archäologische Führer der Schweiz 20 (Avenches 1984) 55; Caspari 1874, 494; L. Forcart, Molluskenschalen aus römischen Schichten von Vindonissa. Gesellschaft Pro Vindonissa, Jahresbericht 1941/42, 24; K. Hescheler – E. Kuhn, Die Tierwelt. In: O. Tschumi, Hg., Urgeschichte der Schweiz 1 (Frauenfeld 1949) 342; Th. Mommsen, Die Schweiz in römischer Zeit. Mittheilungen der Antiquarischen Gesellschaft Zürich 9, 2, 1854, 24; E. Secretan, Aventicum (Lausanne 3. Aufl. 1919) 20 und 144

8.1.4. Abb. 97, 27. FO/FJ: Baden AG, sog. «Militärspital», 1894

FB: «Austernschalen»

FU/D: Funde bei der Grabung in einem Gebäude des römischen Vicus (im sog. «Militärspital», dessen medizinische Zweckbestimmung aber nicht gesichert ist); nicht stratifiziert

Q: J. Heierli, Die neuesten Ausgrabungen in Baden. ASA 28, 1895, 436. Vgl. auch H. W. Doppler, Der römische Vicus Aquae Helveticae-Baden. Archäologische Führer der Schweiz 8 (Baden 1976) 20 (zur Deutung des «Militärspitals») und 36 (Erwähnung der Austern, aber ohne Angabe der Fundstelle); ders., Die römischen Münzen aus Baden. In: Handel und Handwerk im römischen Baden (Baden 1983) 5 (Austern, wiederum ohne Fundstelle). Für Auskünfte danke ich Herrn H. W. Doppler, Baden.

8.1.5. Abb. 97, 13. FO/FJ: Balsthal SO, Friedhof südwestlich der Kirche, 1967/68

FB: «Austernschalen»

FU/D: Funde vom Gelände eines römischen Gutshofs wohl des 1.–3. Jahrhunderts. Näheres nicht bekannt

Q: JSGUF 57, 1972/73, 287; E. Müller, Prähistorisch-archäologische Statistik des Kantons Solothurn. Jahrbuch für solothurnische Geschichte 42, 1969, 210

8.1.6. Abb. 97, 15. FO/FJ: Binningen BL, Florastraße, 1929

FB: «Austernschalen, sowohl tertiäre von einer oben anstehenden Fundstelle als auch römische von ganz anderm Aussehen»

FU/D: Lesefunde vom Gelände eines römischen Gutshofs. Keine präziseren chronologischen Anhaltspunkte

Q: JSGU 21, 1929, 88

8.1.7. Abb. 97, 3. FO/FJ: Boscéaz bei Orbe VD, 1896

FB: Austernklappen in unbekannter Zahl

FU/D: Die Klappen lagen auf der Sohle eines Abwasserkanals im römischen Gutshof von Boscéaz zerstreut. Nähere chronologische Anhaltspunkte fehlen.

Q: ASA 30, 1897, 34

8.1.8. Abb. 97, 34. FO/FJ: Chur GR, Markthallenplatz (früher: Kustorei), 1902 und 1965/66

FB: 1902: «eine Austernschale»; 1965/66: 10 Austernklappen

FU/D: Es ist unklar, ob die unstratifizierten Austernfunde dem antiken Vicus oder der nachantiken Stadt Chur angehören.

Q: 1902: F. Jecklin, Römische Ausgrabungen in der Custorei in Chur. ASA NF 5, 1903/4, 141. – 1965/66: Publikation in Vorbereitung; freundliche Mitteilung von Frau Dr. E. Ruoff, Zürich

8.1.9. Abb. 97, 8. FO/FJ: Courgenay JU, «sur le chemin qui descend de Sous-Plaimont au village de C.»; Fundjahr unbekannt

FB: Austernklappe oder -klappen

FU/D: Fund(e) aus einer römischen Villa; nichts Näheres bekannt

Q: Quiquerez 1864, 299

8.1.10. Abb. 97, 29. FO/FJ: Dällikon ZH, Mühlerain/Chneblezen, 1789/1836/1842/1961

FB: «ein großer Haufen Austernschalen»

FU/D: Die Funde kamen «in der oberen Ecke des Raumes H» der römischen Villa von D. zutage. Bestandsdauer der Villa: 1.–3. Jahrhundert; präzisere chronologische Anhaltspunkte fehlen.

Q: W. Drack, Zürcher Denkmalpflege, 2. Bericht 1960/61, 19; JSGUF 57, 1972/73, 306; Keller 1864, 92

8.1.11. Abb. 97, 7. FO/FJ: Develier JU, an der Straße nach Delémont; Fundjahr unbekannt

FB: «un bon nombre de coquilles d'huîtres»

FU/D: Die Klappen lagen teils in römischen Gebäuderesten und teils im Bereich von gewiss frühmittelalterlichen Gräbern («éparses dans le cimetière»), die nach der Zerstörung der Gebäude in deren Ruinen angelegt wurden. Nähere chronologische Anhaltspunkte fehlen.

Q: Quiquerez 1864, 195, 201, 409 und Taf. 7, 2 f.

8.1.12. Abb. 97, 30. FO/FJ: Kloten ZH; Fundjahr unbekannt

FB: Austernklappen in unbekannter Zahl

FU/D: unbekannt. In Kloten bestand eine römische Villa.

Q: O. Keller, Die antike Tierwelt 2 (Leipzig 1913) 565

8.1.13. Abb. 97, 9. FO/FJ: Laufen BE, Müschhag; Fundjahr unbekannt

FB: 2 Oberklappen

FU/D: Funde aus dem römischen Gutshof von Laufen. Genaueres nicht bekannt

Q: E. Schmid – M. Hummler, Tierknochen und Speisereste, in: S. Martin-Kilcher, Die Funde aus dem römischen Gutshof von Laufen-Müschhag (Bern 1980) 84 und Abb. 31.6, 83

8.1.14. Abb. 97, 19. FO/FJ: Liestal-Munzach BL, 1950–52

FB: Austernklappen in unbekannter Zahl

FU/D: Funde aus dem Keller des römischen Gutshofs von Munzach. Sie lagen – zusammen mit weiteren Tierresten, Keramik, Glas und Metallgegenständen – «über einer Brandschicht von 6 cm unter und im Bauschutt». Der hier beobachtete Brand wird von Strübin und Laur in die Zeit «um 260» datiert. Das über der Brandschicht gelegene Material scheint in den Keller gefallen zu sein, als das Haus einstürzte.

Die Austernklappen rühren dann also aus einem «um 260» zerstörten Gebäude her (in dem sie ev. schon lange gelegen haben können).

Q: T. Strübin – R. Laur-Belart, Die römische Villa von Munzach bei Liestal. Ur-Schweiz 17, 1953, 4 und (zur Datierung) 12; T. Strübin, Monciacum. Baselbieter Heimatblätter 1956, Sonderdruck 5 und 24

8.1.15. Abb. 97, 21. FO/FJ: Lostorf SO, Kirchhügel, 1936

FB: «eine Austernschale»

FU/D: Fund aus der römischen Villa von L.; nicht stratifiziert

Q: JSGU 28, 1936, 71; E. Tatarinoff, Prähistorisch-archäologische Statistik des Kantons Solothurn. Jahrbuch für Solothurnische Geschichte 10, 1937, 239

8.1.16. Abb. 97, 2. FO/FJ: Morrens VD, Les Vernes (zwischen Morrens und Cheseaux-sur-Lausanne), 1891/92

FB: «eine Austerschaale»

FU/D: Fund aus dem Bereich einer römischen Villa. Näheres unbekannt

Q: ASA 25, 1892, 155

8.1.17. Abb. 97, 32. FO/FJ: Neftenbach ZH, Steinmöri, 1780

FB: «eine Menge Austerschalen»

FU/D: Funde aus der römischen Villa von Neftenbach; Näheres nicht bekannt

Q: Keller 1864, 107

8.1.18. Abb. 97, 1. FO/FJ: Nyon VD, Avenue Viollier, 1903

FB: 2 Austernklappen

FU/D: Funde aus römischen Abfallablagerungen

Q: T. Wellauer, ASA NF 5, 1903/4, 220. Zu Fundstelle und Befund vgl. auch ders., ebd. NF 4, 1902/3, 24l; JSGU 38, 1947, 55

8.1.19. Abb. 97, 25. FO/FJ: Oberkulm AG, Murhubel, 1756-60

FB: Austernklappen in nicht bekannter Zahl

FU/D: Die Schalenklappen waren in Raum 19 – wohl einem Baderaum – als Wandverzierung angebracht (und zwar auf blauem Grund und zusammen mit Schneckengehäusen und anderen Muschelklappen). Präzise chronologische Anhaltspunkte fehlen.

Q: JSGU 7, 1914, 92; Keller 1864, 130; Loeschcke 1914, 87; Schmidt de Rossens 1760, 87

8.1.20. Abb. 97, 33. FO/FJ: Oberwil bei Dägerlen ZH, Steinmürli, 1841/42

FB: «Haufen von Austerschalen»

FU/D: Funde aus einem römischen Gutshof; Genaueres nicht bekannt

Q: Keller 1864, 108

8.1.21. Abb. 97, 20. FO/FJ: Olten SO, Trimbacherstraße, 1907

FB: «eine Austernschale»

FU/D: Fund aus dem Bereich des Vicus von Olten; bei der «Anlegung einer Dohle» aufgelesen. Keine chronologischen Anhaltspunkte

Q: ASA NF 9, 1907, 376

8.1.22. Abb. 94, 17. FO/FJ: Pratteln BL, Kästeliweg, 1947

FB: «Austernschalen»

FU/D: Funde aus einer römischen Villa; nicht stratifiziert

Q: JSGU 39, 1948, 72

8.1.23. Abb. 97, 14. FO/FJ: Reinach BL, Brüel, 1969

FB: «zwei ...Austernschalen»

FU/D: Die beiden Klappen kamen im Bereich eines Brandgräberfeldes aus dem 1./2. Jahrhundert zutage. Sie wurden jedoch «leider nicht in ihrer Fundlage beobachtet».

Q: A. R. Furger, Die ur- und frühgeschichtlichen Funde von Reinach BL, Basler Beiträge zur Ur- und Frühgeschichte 3 (Derendingen – Solothurn 1978) 56

8.1.24a. Abb. 97, 31. FO/FJ: Schleitheim SH, Hinder Muren, «Lokalität B», 1899

FB: 8 Oberklappen; 2 Unterklappen. Zwei der Oberklappen sind durchlocht.

FU/D: Funde aus einem Gebäude (Bau B der Grabung 1899) im römischen Vicus von Schleitheim. Nach den handschriftlichen Grabungsprotokollen lagen die Schalenklappen auf einem Mörtelestrich, auf dem auch Keramik und Münzen des 1./ 2. Jahrhunderts angetroffen wurden (zwei Schälchen Drag. 27. Sigillatastempel OFRONTI; neronisch-trajanisch,

Oswald 1931, 127. Vier Bronzemünzen: zwei des Nero, eine des Vespasian und eine des Domitian).

Q: handschriftliche Grabungsprotokolle des Schleitheimer Vereins für Heimatkunde vom Oktober 1899; Guyan 1985, 281 und Abb. 4.27, 280. Darüber hinausgehende Angaben nach Autopsie in der Sammlung des Vereins für Heimatkunde, Schleitheim. Für seine Hilfe und für den Hinweis auf die Grabungsprotokolle danke ich Herrn W. Bächtold, Schleitheim.

8.1.24b. Abb. 97, 31. FO/FJ: Schleitheim SH, Salzbrunnen, 1973

FB: 1 Oberklappe

FU/D: mit anderen römischen Siedlungsfunden in einer Baugrube aufgelesen. Keine genaueren Beobachtungen

Q: Autopsie in der Sammlung des Vereins für Heimatkunde, Schleitheim. Freundliche Mitteilungen von Herrn W. Bächtold, Schleitheim

8.1.25. Abb. 97, 11. FO/FJ: Solothurn SO, verschiedene Fundstellen und Fundjahre (Hauptgasse 30, 1964; Kreditanstalt, 1964; Roter Turm, 1960–62)

FB: an jeder Fundstelle 1 Klappe

FU/D: unbekannt. – Die Klappe von der Kreditanstalt kam bei einer Grabung an den Tag, deren Tierknochenfunde nach H. R. Stampfli als Speise- bzw. Schlachtabfälle zu deuten sind.

Q: H. R. Stampfli, Haustiere und ihre Verwertung im römischen Solothurn. In: E. Müller, Prähistorisch-archäologische Statistik des Kantons Solothurn. Jahrbuch für solothurnische Geschichte 48, 1975, 377 und 381

8.1.26. Abb. 97, 5. FO/FJ: Thierachern BE; Fundjahr unbekannt

FB: «eine ...Austernschale, die genau so frisch aussehe wie die von Binningen» (s.o., 8.1.6)

FU/D: Lesefund aus einer Kiesgrube «im alten Kanderbett», in der auch eine römische (?) Bronzemünze gefunden worden sein soll. Nicht datierbar

Q: JSGU 21, 1929, 97 f.

8.1.27. Abb. 97, 26. FO/FJ: Triengen LU, Murhubel, 1915

FB: «Austernschalen»

FU/D: Die Funde rühren aus den Räumen X und XX der römischen Villa von Triengen her. Nach W. Schnyder wäre Raum X «das Speisezimmer» gewesen (eine Begründung dafür wird nicht gegeben). Raum XXI und XXII, die sich an XX anschließen, deutet er wegen der dort geborgenen Tierknochenfunde als Küche. Präzise chronologische Anhaltspunkte fehlen.

Q: JSGU 8, 1915, 70; W. Schnyder, Die römische Siedelung auf dem Murhubel bei Triengen Kanton Luzern. Der Geschichtsfreund 71, 1916, 269 und Grabungsplan 267

8.1.28. Abb. 97, 6. FO/FJ: Tschugg BE, Steiacher, 1977

FB: 15 Austernklappen: 5 Unter- und 7 Oberklappen; 3 Fragmente. Eine der Unterklappen ist durchlocht.

FU/D: Die Funde verteilen sich auf verschiedene Räume des römischen Gutshofs von Tschugg (6 Stück aus Raum C/g, 4 aus C/h, 2 aus C/i, 1 aus D/c und 2 aus D/d). Die Bestandsdauer des Gutshofs umfasst das 1. und 2. Jahrhundert. Über die Schichtzugehörigkeit der Klappen ist aus der Publikation nur zu entnehmen, dass die Funde aus Raum D/c und D/d ganz oder teilweise in die Zeit ab Periode II, d. h. in die Zeit nach etwa 100 fallen.

Q: H.-M. von Kaenel, in: H.-M. von Kaenel – A. R. Furger – Z. Bürgi – M. Martin, Das Seeland in ur- und frühgeschichtlicher Zeit. Jahrbuch der Geographischen Gesellschaft Bern 53, 1977–79, Sonderdruck 67; M. Pfanner, in: H.-M. von Kaenel –M. Pfanner, Hgg., Tschugg – römischer Gutshof (Bern 1980) 40; Stampfli 1980, 97 und 99; Stampfli 198lb. – In diesen Publikationen nicht enthaltene Details wurden anhand der Originale erhoben (Verwahrungsort: Naturhistorisches Museum Bern. Die Funde wurden mir durch freundliche Vermittlung unseres Jubilars zur Verfügung gestellt; sie sollen zur Feststellung der geographischen Provenienz der Austern durch Herrn Prof. Strauch [Münster] isotopenanalytisch untersucht werden).

8.1.29. Abb. 97, 10. FO/FJ: Vicques JU, Charlefaux, 1844–46

FB: «des coquilles d'huîtres»

FU/D: in der Nähe des vermuteten Küchenraumes der römischen Villa von Vicques gefunden. Keine präzisen chronologischen Anhaltspunkte

Q: A. Gerster, Die gallo-römische Villenanlage von Vicques/Delsberg/Jura (Porrentruy 1983) 87; Quiquerez 1862, 202

8.1.30a. Abb. 97, 24. FO/FJ: Windisch AG, Legionslager (Keltengraben), 1910

FB: «eine Austernschale»

FU/D: Fund aus dem Lagergelände von Vindonissa, aus dem Bereich bzw. der Einfüllung des Keltengrabens (ohne Angabe der Höhenlage). Zeitstellung: wohl 1. Jahrhundert

Q: S. Heuberger, in: C. Fels – S. Heuberger, Grabungen der Gesellschaft Pro Vindonissa im Jahre 1910. ASA NF 12, 1910, 200

8.1.30b. Abb. 97, 24. FO/FJ: Windisch AG, Legionslager (Rebgäßchen), 1912

FB: mehr als 29 Klappen

FU/D: Funde aus dem Lagergelände von Vindonissa. Präzise Angaben stehen nur für die Fundumstände von 29 der Schalenklappen zur Verfügung; sie lagen in Schnitt c–d, nahe d, in 1,9–2,7 m Tiefe. Dabei fand sich vorflavisches Material (Keramik, Stempel der XXI. Legion).

Q: C. Fels – S. Heuberger – L. Frölich, Grabungen der Gesellschaft Pro Vindonissa im Jahre 1912. ASA NF 15, 1913, 298 f.

8.1.30c. Abb. 97, 24. FO/FJ: Windisch AG, Schutthügel, 1905/6

FB: «Häufig sind Austernschaalen»

FU/D: Schutthügelfunde, also tiberisch–Ende 1. Jahrhundert

Q: L. Frölich, Die Grabungen am sog. Kalberhügel in Königsfelden im Jahre 1905. ASA NF 8, 1906, 196; ders., Die Grabungen am römischen Schutthügel, ebd. 9, 1907, 110

8.1.30d. Abb. 97, 24. FO/FJ: Windisch AG, vor der «Hauptfassade» der Klinik Königsfelden, 1906

FB: «einige Austernschalen»

FU/D: Die Schalenklappen gehörten zum Füllmaterial einer «grabenartigen Vertiefung» westlich des Lagergeländes. Die Füllschicht bestand im übrigen aus weiteren Tierresten, Glasfunden, einer Münzmeisterprägung des Augustus mit Gegenstempel IMP AVG und Sigillata des 1./2. Jahrhunderts (der späteste unter den aufgeführten Töpferstempeln ist GENALISF; hadrianisch–antoninisch, Oswald 1931, 134).

Q: L. Frölich, Grabungen im Park von Königsfelden. In: C. Fels – E. Fröhlich – L. Frölich, Grabungen der Gesellschaft Pro Vindonissa im Jahre 1906. ASA NF 9, 1907, 34

8.1.30e. Abb. 97, 24. FO/FJ: Windisch AG, Zürcherstraße, 1913

FB: «Austernschalen»

FU/D: Die Fundstelle liegt südlich des Lagergeländes. Die Schalenklappen kamen in Schnitt III der Untersuchung von 1913 in 75 cm Tiefe zum Vorschein. Sie lagen mit einer «Neromünze» zusammen.

Q: S. Heuberger, Grabungen der Gesellschaft Pro Vindonissa im Jahre 1913. ASA 16, 1914, 180

8.1.30f. Abb. 97, 24. FO/FJ: Windisch AG, verschiedene Fundstellen und Fundjahre (Klinik Königsfelden, Friedhof, 1909; Klinik Königsfelden, Portierhaus I, 1907; Grundstück Wernli, «zwischen der Straße nach Mülligen und der Fahrrainstraße», 1897)

FB: Austernklappen in unbekannter Anzahl. Dabei im Klinikfriedhof Königsfelden «2 zusammenpassende Schalen einer Auster»

FU/D: unbekannt

Q: 1897: T. Eckinger, Bericht über die Ausgrabungen der Antiquarischen Gesellschaft von Brugg und Umgebung im Herbst 1897. ASA 31, 1898, 6. – 1907: T. Eckinger, in: C. Fels – T. Eckinger – L. Frölich, Grabungen der Gesellschaft Pro Vindonissa im Jahre 1909 (und eine aus dem Jahre 1907). ASA NF 12, 1910, 117; JSGU 2, 1910, 82. – 1909: ASA NF 11, 1909, 352; T. Eckinger, in: C. Fels – T. Eckinger – L. Frölich, Grabungen der Gesellschaft Pro Vindonissa im Jahre 1909..., ASA NF 12, 1910, 110; JSGU 2, 1910, 108

8.1.31. Abb. 97, 12. FO/FJ: Zuchwil SO, Kirche St. Martin, 1952

FB: 1 Oberklappe und 2 Fragmente

FU/D: Fund vom Boden des römischen Vicus in Zuchwil. Bei der Anlage einer Öltankgrube aufgelesen. Genaueres unbekannt

Q: H. R. Stampfli, in: E. Müller, Prähistorisch-archäologische Statistik des Kantons Solothurn. Jahrbuch für solothurnische Geschichte 46, 1973, 176. – Darüber hinausgehende Angaben nach Autopsie (Funde im Museum Solothurn, Inv.-Nr. 131/9/23. Die Stücke lagen dem Verf. durch freundliche Vermittlung unseres Jubilars vor).

8.2. Bundesrepublik Deutschland: Baden-Württemberg; Bayern; Hessen

(Abkürzungen der Bundesländer: B = Bayern; BW = Baden-Württemberg; H = Hessen)

8.2.1. Abb. 97, 47. FO/FJ: Asperg bei Ludwigsburg BW, «Flur Vordere Berg am Südhang des Hohenasperges», 1926

FB: 1 Austernklappe

FU/D: mit latènezeitlichen und römischen Siedlungsfunden aufgelesen; unstratifiziert

Q: O. Paret, FS NF 3, 1926, 71

8.2.2. Abb. 97, 38. FO/FJ: Augsburg B, Pfärrle, 1913

FB: «eine vereinzelte Austerschale»

FU/D: zusammen mit römischen Wandverputzresten in 3 m Tiefe gefunden

Q: O. Roger, Römische Funde in Augsburg. Zeitschrift des Historischen Vereins für Schwaben und Neuburg 39, 1913, 260

8.2.3. Abb. 97, 22. FO/FJ: Bad Säckingen BW, Waldshuterstraße, 1931

FB: 1 Klappe

FU/D: Beigabe in einem Brandgrab, für das an sonstigem Inventar ein «Tränenfläschchen aus Glas … und einige Urnenreste» erwähnt werden. Zeitstellung also wohl 1./2. Jahrhundert

Q: Em. Gersbach, Badische Fundberichte 2, 1932, 381

8.2.4. Abb. 97, 62. FO/FJ: Butzbach H, Kastell Hunneburg, 1892

FB: «einige Austernschalen»

FU/D: Funde vom Kastellgelände; Näheres nicht bekannt

Q: F. Kofler, Das Kastell Butzbach. ORL B 2,1, Nr. 14 (Heidelberg 1894) 27

8.2.5. Abb. 97, 48. FO/FJ: Cleebronn bei Heilbronn BW, 1962

FB: 2 Klappen

FU/D: unbekannt. In C. bestand eine römische Villa.

Q: beide Stücke Württembergisches Landesmuseum Stuttgart, Inv.-Nr. R 62, 15 (freundliche Mitteilung von Herrn V. Krischel, Stuttgart)

8.2.6. Abb. 97, 63. FO/FJ: Echzell H; Fundjahr unbekannt

FB: «Austernschalen»

FU/D: unbekannt. Aus dem Bereich des Lagers oder des Vicus?

Q: J. Jacobs, in: F. Kofler, Das Kastell Echzell. ORL B 2,1, Nr. 18 (Heidelberg 1903) 26

8.2.7. Abb. 97, 41. FO/FJ: Ehingen-Rißtissen BW, «an der Heerstraße» (Bahnhofstraße/Schlossstraße), 1912 (?); unbekannte Fundstelle, 1967

FB: jeweils 1 Klappe

FU/D: Die Klappe von 1912 (?) wurde «im Schutt eines römischen Hauses» innerhalb des Vicus aufgelesen. Sonst nichts Näheres bekannt

Q: 1912 (?): P. Goessler, FS 20, 1912, 45. – 1967: Württembergisches Landesmuseum Stuttgart, Inv.-Nr. R 68, 24 (freundliche Mitteilung von Herrn V. Krischel, Stuttgart)

8.2.8. Abb. 97, 64. FO/FJ: Eining B, 1982

FB: 1 Klappe

FU/D: Fund aus Grabung im Vicus von Eining; Näheres unbekannt

Q: E. Lipper, Die Tierknochenfunde aus dem römischen Kastell Abusina-Eining, Stadt Neustadt a. d. Donau, Ldkr. Kelheim. Bericht der Bayerischen Bodendenkmalpflege 22/23, 1981/82, 145

8.2.9. Abb. 97, 61. FO/FJ: Florstadt-Ober-Florstadt H, Kastell Auf der Warte, 1893

FB: 1 Klappe

FU/D: Fund aus dem «östlichen Teile des Kastells»; Näheres unbekannt

Q: J. Jacobs, in: F. Kofler, Das Kastell Ober-Florstadt. ORL B 2,1, Nr. 19 (Heidelberg 1903) 21

8.2.10a. Abb. 97, 58. FO/FJ: Frankfurt H, Altstadt, 1971

FB: «Austernschalen»

FU/D: Funde aus der Verfüllung eines römischen Brunnens. Das Füllmaterial «dürfte hauptsächlich in trajanische Zeit gehören».

Q: U. Fischer, Fundberichte aus Hessen 13, 1973, 378

8.2.10b. Abb. 97, 58. FO/FJ: Frankfurt-Heddernheim H, 1891/92

FB: «Eine auffallend beträchtliche Menge von Austernschalen»

FU/D: Funde aus römischen Abfallgruben im Vicus von Heddernheim. Die Austern kamen «aus den verschiedensten Schuttlagen, wie ich selbst es beobachten konnte. Sie waren dort mit Asche, Knochen und allen möglichen Gebrauchsgegenständen so vereinigt, dass man deutlich erkannte, sie seien wie diese als unbrauchbare Abfälle hineingeworfen» (Wolff).

Q: F. Quilling, Die Ausgrabungen des Vereines für das historische Museum zu Frankfurt auf dem christlichen Heddernheimer Friedhofe im Winter 1891/92 und Sommer 1892. Mittheilungen über römische Funde in Heddernheim 1, 1894, 10; G. Wolff, Austernschalen in römischen Gebäudetrümmern auf deutschem Boden, Frankfurter Zeitung vom 6.1.1906

8.2.10c. Abb. 97, 58. FO/FJ: Frankfurt-Heddernheim H, 1963 und 1966

FB: jeweils 1 Klappe

FU/D: unbekannt

Q: U. Fischer, Fundberichte aus Hessen 4, 1964, 234; ders., ebd. 7, 1967, 199

8.2.11. Abb. 97, 60. FO/FJ: Friedberg H, Kastell Burgberg, 1963

FB: 1 Austernklappe

FU/D: aus Grube 3 des tiberischen Lagers von Friedberg

Q: H.-G. Simon, Die Funde aus den frühkaiserzeitlichen Lagern Rödgen, Friedberg und Bad Nauheim. In: H. Schönberger – H.-G. Simon, Römerlager Rödgen. Limesforschungen 15 (Berlin 1976) 204

8.2.12. Abb. 97, 17. FO/FJ: Grenzach BW, Steingasse, 1983

FB: «Austernschalen»

FU/D: Die Austernklappen kamen – ebenso wie die Reste von 7 Purpurschnecken – in einem römischen Gebäude zum Vorschein, dessen Ruinen im 15./16. Jahrhundert – «wahrscheinlich als Weinkeller» – wiederbenützt wurden. Über die Fundumstände und die genauere Zeitstellung des Gebäudes ist nichts bekannt.

Q: G. Fingerlin, Grabungen des Landesdenkmalamtes in einer römischen Villa am Hochrhein (Grenzach, Gern. Grenzach-Wyhlen, Kreis Lörrach). Denkmalpflege in Baden-Württemberg 13, 1984, 9 (Wiederabdruck: Das Markgräflerland 1984, 78 und Abb. 11, 77); G. White, Purpurschnecken aus dem römischen Grenzach. Archäologische Nachrichten aus Baden 37, 1986, 37. – Für den freundlichen Hinweis auf den Fundort danke ich Herrn Dr. G. Fingerlin, Freiburg i. Br.

8.2.13. Abb. 97, 51. FO/FJ: Großsachsen bei Weinheim BW, Alter Weg, 1983–85

FB: «Austernschalen»

FU/D: Funde aus der römischen Villa von G. Nichts Näheres bekannt

Q: E. Schallmayer, Weitere Grabungen an der römischen Villa rustica «Alter Weg» bei Großsachsen, Gemeinde Hirschberg, Rhein-Neckar-Kreis. Archäologische Ausgrabungen in Baden-Württemberg 1985 (Stuttgart 1986) 163

8.2.14. Abb. 97, 55. FO/FJ: Heftrich H, Alteburg, 1893

FB: «eine Austernschale»

FU/D: unbekannt. Aus dem Bereich des Lagers oder aus dem Vicus?

Q: H. Hofmann, in: L. Jacobi, Das Kastell Alteburg-Heftrich. ORL B 2,1, Nr. 9 (Heidelberg 1904) 17; L. Jacobi, Das Römerkastell Saalburg bei Homburg vor der Höhe (Homburg 1897) 551

8.2.15a. Abb. 97, 50. FO/FJ: Heidelberg-Neuenheim BW, Helmholtzstraße, 1898

FB: «eine Austerschale»

FU/D: bei den Resten eines römischen Töpferofens gefunden. Nichts Näheres bekannt

Q: E. Wagner, Fundstätten und Funde aus vorgeschichtlicher, römischer und alamannisch-fränkischer Zeit im Großherzogtum Baden 2 (Tübingen 1911) 285

8.2.15b. Abb. 97, 50. FO/FJ: Heidelberg-Neuenheim BW, Am Römerbad, Fundjahr unbekannt

FB: Austernklappen in unbekannter Zahl

FU/D: Die Funde kamen in einem Bassin des römischen Kastellbads zutage. Es hatte zunächst als Badebecken gedient und sei nach dem Abzug der Truppen – der in hadrianische Zeit fällt – «zum Frischhalten importierter Austern seinem ursprünglichen Zweck entfremdet» worden (Heukemes).

Q: B. Heukemes, in: P. Filtzinger – D. Planck – B. Cämmerer, Hgg., Die Römer in Baden-Württemberg (Stuttgart – Aalen 3. Aufl. 1986) 318 und Lageplan Taf. 69 K

8.2.16. Abb. 97, 40. FO/FJ: Heidenheim BW, Totenberg, Kapellenstraße, 1910 (?)

FB: «1 Austerschale»

FU/D: Beigabe in einem Brandgrab. Es enthielt außerdem «1 Henkelkrug, 1 Grablampe ..., 1 Münze

(ME) des Domitian ..., 2 Knöpfe, 1 Pfeilspitze, 2 Nägel ..., Eberzähne, eine große Menge Scherben (Sigillata und 2 Terra Nigra), sowie eine Menge tierischer Knochenüberrreste».

Q: Gaus, FS 18, 1910, 45. Zur Münze auch P. Goessler, ebd. 78, n. 156; FMRD II 4189,1

8.2.17a. Abb. 97, 49. FO/FJ: Heilbronn-Böckingen BW, Kastell (Kastellstraße/ Steinäckerstraße), um 1940 und 1950/51

FB: 2 Klappen

FU/D: Streufunde vom Gelände des römischen Kastells (Bestandsdauer: Ende 1. und 2. Jahrhundert)

Q: O. Paret, FS NF 12, 1952, 57 f.

8.2.17b. Abb. 97, 49. FO/FJ: Heilbronn-Böckingen BW, Heidelberger Straße 4-8, 1956-58; Wilhelm-Leuschner-Straße 16-22, 1953

FB: an beiden Fundstellen jeweils 1 Klappe

FU/D: in beiden Fällen Streufunde aus dem Bereich des Vicus; zusammen mit anderen römischen Objekten in Baugruben (1953) bzw. in einem Kanalgraben (1956-58) aufgelesen

Q: 1953: O. Paret, FS NF 13, 1955, 52. – 1956-58: K. Nagel, ebd. 15,1959, 165

8.2.18a. Abb. 97, 56. FO/FJ: Hofheim am Taunus H, Erdlager, Grube 25, 1902-10

FB: «gewaltige Massen von Austernschalen»

FU/D: Fundstelle war die Grube 25 des claudisch–neronischen Erdlagers. Im Hofraum des Kommandantenhauses gelegen, war sie 3,6 x 4,8 m groß und etwa 1,1 m tief. Innen mit Lehm ausgekleidet, hatte sie ursprünglich wohl hölzerne Wände und jedenfalls einen hölzernen Boden. E. Ritterling denkt deshalb an ein Wasserbecken. Dessen Verwendungszweck gehe aus dem Fundinhalt hervor: «Innerhalb des Bassins, auf seinen Lettenwänden und in unmittelbarer Nähe lagen neben ganz vereinzelten Gefäßscherben und einem einzigen Bronzebeschläg (sowie einigen Tierknochen, d. Verf.) gewaltige Massen von Austernschalen, deren zum Teil stark verwitterte und mürbe gewordene Bestandteile den ganzen Boden mit Kalk förmlich durchsetzt und fast weiß gefärbt hatten». Ritterling interpretiert das Becken daher als Behälter für die «zeitweilige Aufbewahrung lebender Austern».

Q: Ritterling 1912, 45 ff.

8.2.18b. Abb. 97, 56. FO/FJ: Hofheim am Taunus H, Erdlager, Grube 29, 1902-10

FB: «einige Austernschalen»

FU/D: «Ein ähnlicher, aber stark zerstörter Wasserbehälter (wie bei Grube 25, d. Verf.) befand sich auch südlich vom Kommandantenhaus bei 29; auch hier derselbe starke Lettenbelag auf dem Boden und an den Wänden und die Spuren einer Holzverschalung. An Funden enthielt die Grube außer Gefäßscherben Tierknochen und einige Austernschalen». Zeitstellung claudisch–neronisch

Q: Ritterling 1912, 48

8.2.18c. Abb. 97, 56. FO/FJ: Hofheim am Taunus H, verschiedene Stellen im Erdlager, 1902-10

FB: Austernklappen in unbekannter Zahl

FU/D: Funde aus verschiedenen Räumen und aus der Umgebung jeweils des Kommandantenhauses und der Offiziersbaracken; z. T. auch aus «Abfallgruben». Keine detaillierten Angaben. Zeitstellung claudisch–neronisch

Q: E. Ritterling, Das frührömische Lager bei Hofheim i.T., Annalen des Vereins für Nassauische Altertumskunde und Geschichtsforschung 34, 1904, 106; Ritterling 1912, 47 und 198

8.2.19. Abb. 97, 42. FO/FJ: Hüfingen BW, Kastell Galgenberg, 1930

FB: «Austernschalen»

FU/D: Funde aus der Baracke II des römischen Kastells auf dem Galgenberg; über die Fundumstände nichts Näheres bekannt. Bestandsdauer des Kastells: claudisch–frühflavisch

Q: P. Revellio, Badische Fundberichte 2, 1932, 240; ders., Kastell Hüfingen. Fünfter vorläufiger Bericht. Germania 16, 1932, 199

8.2.20. Abb. 97, 59. FO/FJ: Karben-Okarben H, 1894/95

FB: 8 Klappen

FU/D: Aus der römischen Badeanlage neben dem Kastell Okarben; Näheres über die Fundumstände unbekannt. Das Bad gehört dem späten 1. und dem 2. Jahrhundert an.

Q: G. Wolff, Das Kastell Okarben. ORL B 2,2, Nr. 25a (Heidelberg 1902) 35 und Lageplan Taf. I A; ders.,

Austernschalen in römischen Gebäudetrümmern auf deutschem Boden, Frankfurter Zeitung vom 6.1.1906

8.2.21a. Abb. 97, 36. FO/FJ: Kempten B, zwischen der 1. und 2. Querstraße, 1953

FB: 1 Klappe

FU/D: Der Fund stammt aus späten Schichten der 4. Periode (Ende 1. Jahrhundert oder später).

Q: J. Boessneck, Tierknochen. In: W. Krämer, Cambodunumforschungen 1953-I, Materialhefte zur Bayerischen Vorgeschichte 9 (Kallmünz 1957) 104 und 116; W. Schleiermacher, Cambodunum-Kempten (Bonn 1972) 92. Zur Zeitstellung des Fundes Krämer, a. a. O. 33 (unter Inv.-Nr. 67; vgl. 104)

8.2.21b. Abb. 97, 36. FO/FJ: Kempten B, verschiedene andere Fundstellen; Fundjahr(e) unbekannt

FB: nichts Näheres bekannt

FU/D: unbekannt

Q: J. Boessneck, Tierknochen. In: W. Krämer, Cambodunumforschungen 1953-I, Materialhefte zur Bayerischen Vorgeschichte 9 (Kallmünz 1957) 116; W. Schleiermacher, Cambodunum-Kempten (Bonn 1972) 93

8.2.22. Abb. 97, 45. FO/FJ: Köngen BW, Flur «Burg», 1956

FB: 1 Klappe

FU/D: Fund aus einer römischen Abfallgrube in der Nähe des Kastells. Sie enthielt sonst einen As des Domitian und Keramik des 1./2. Jahrhunderts.

Q: H. Mehlo, FS NF 15, 1959, 168. Zur Münze vgl. auch E. Nau, ebd. 208; FMRD II 4133, 16

8.2.23. Abb. 97, 52. FO/FJ: Ladenburg BW; Fundstelle(n) und Fundjahr(e) unbekannt

FB: Zahl unbekannt

FU/D: unbekannt

Q: O. Keller, Die antike Tierwelt 2 (Leipzig 1913) 565

8.2.24. Abb. 97, 23. FO/FJ: Laufenburg BW, Auf obere Sitt, 1936 ff.

FB: 3 Oberklappen; 1 Unterklappe

FU/D: Funde aus der römischen Villa von Laufenburg. Näheres unbekannt

Q: L. Schnitzler, Der Raum des Kreises Waldshut in ur- und frühgeschichtlicher Zeit. In: N. Nothhelfer, Hg., Der Kreis Waldshut (Stuttgart – Aalen 2. Aufl. 1979) 73; ders., Ur- und frühgeschichtliche Sammlungen. In: Museumsführer Hochrhein-Museum Säckingen (ohne Ort und Jahr) 24. – Darüber hinausgehende Angaben nach Autopsie (Funde im Hochrhein-Museum Säckingen. Für den Hinweis auf diese Stücke danke ich Frau G. Goldmann, Heidelberg).

8.2.25. Abb. 97, 37. FO/FJ: Lorenzberg bei Epfach B, Gräbchen in Fläche D und Grube 20, 1953–57

FB: mehrere Austernklappen

FU/D: Funde aus der Einfüllung eines Gräbchens und einer Grube in der Militärstation am Lorenzberg. 1. H. 1. Jahrhundert

Q: Ulbert 1965, 17, 26, 51 und Taf. 30.7. Zur Lage der Fundstelle ebd. im Plan Beil. 1

8.2.26. Abb. 97, 39. FO/FJ: Manching-Oberstimm B, Kastell, 1968–71

FB: 3 Klappen

FU/D: jeweils 1 Exemplar aus einer Grube, einer Mulde und einem Brunnen innerhalb des römischen Kastells. Die Stücke aus der Grube und aus dem Brunnen waren mit zahlreichen sonstigen tierischen Abfällen vergesellschaftet. Zeitstellung des Einfüllmaterials: Mitte 1.–Anfang 2. Jahrhundert

Q: J. Boessneck, Tierknochen. In: H. Schönberger, Kastell Oberstimm. Limesforschungen 18 (Berlin 1978) 306 f. und 310. Zur Zeitstellung der Funde vgl. ebd. 309

8.2.27. Abb. 97, 65. FO/FJ: Regensburg B, Legionslager; Fundjahr unbekannt

FB: Zahl der Klappen unbekannt

FU/D: unbekannt. Bestandsdauer des Lagers: 2. H. 2.–l. H. 5. Jahrhundert

Q: K. Dietz – U. Osterhaus – S. Rieckhoff-Pauli – K. Spindler, Regensburg zur Römerzeit (Regensburg 1979) 340; S. Rieckhoff-Pauli, Castra Regina – Regensburg zur Römerzeit. Jubiläumsausstellung (Regensburg 1979) 113

8.2.28a. Abb. 97, 43. FO/FJ: Rottweil BW; Fundstelle(n) und Fundjahr(e) unbekannt

FB: 6 Klappen

FU/D: unbekant

Q: P. Goessler, Arae Flaviae (Rottweil 1928) 77 f. und Abb. XXII 4

8.2.28b. Abb. 97, 43. FO/FJ: Rottweil BW, Hochmauren, 1971/72

FB: 1 Unterklappe, 5 Oberklappen

FU/D: Grabungsfunde; keine näheren Angaben

Q: G. Falkner, Mollusken. In: M. Kokabi, Arae Flaviae II. Viehhaltung und Jagd im römischen Rottweil. Forschungen und Berichte zur Vor- und Frühgeschichte in Baden-Württemberg 13 (Stuttgart 1982) 118 und 123 f.

8.2.28c. Abb. 97, 43. FO/FJ: Rottweil BW, Legionstraße, Kastell I, 1983

FD: «... die zahlreich vorkommenden ... Austernschalen»

FU/D: Funde in einer Mannschaftsbaracke des Lagers I. Chronologische Angaben stehen aus.

Q: M. Klee, Neue Ausgrabungen in Rottweil. Archäologische Ausgrabungen in Baden-Württemberg 1983 (Stuttgart 1984) 130

8.2.29. Abb. 97, 57. FO/FJ: Saalburg H, Kastell; Fundstellen und Fundjahre unbekannt

FB: Zahl der Klappen unbekannt

FU/D: Funde aus dem Kastell; Näheres unbekannt

Q: Davies 1971, 128; M. Hilzheimer, Die im Saalburgmuseum aufbewahrten Tierreste aus römischer Zeit. Saalburg Jahrbuch 5, 1913, 109; L. Jacobi, Das Römerkastell Saalburg bei Homburg vor der Höhe (Homburg 1897) 550 f.

8.2.30a. Abb. 97, 46. FO/FJ: Stuttgart-Bad Cannstatt BW, Düsseldorfer Straße, 1925/26

FB: 1 Klappe

FU/D: Streufund vom nordwestlichen Vorfeld des Kastells

Q: O. Paret, Neues vom Kastellgelände in Cannstatt. FS NF 3, 1926, 88 und Plan Taf. XXXIII

8.2.30b. Abb. 97, 46. FO/FJ: Stuttgart-Bad Cannstatt BW, Am Römerkastell (früher: Römerstraße), 1936

FB: 1 Klappe

FU/D: Streufund vom nordwestlichen Vorfeld des Kastells

Q: O. Paret, Neue Funde aus Bad Cannstatt. FS NF 9, 1938, 81

8.2.31. Abb. 97, 44. FO/FJ: Sulz am Neckar BW, zwischen 1967 und 1972

FB: 1 Klappe

FU/D: Fund aus dem Vicus von Sulz. Näheres unbekannt

Q: Württembergisches Landesmuseum Stuttgart, Inv.-Nr. R 73,150.6 (freundliche Mitteilung von Herrn V. Krischel, Stuttgart)

8.2.32. Abb. 97, 66. FO/FJ: Tittmoning B, Kanonikerhaus (Stiftsgasse 8), 1911

FB: 15 Austernklappen: 2 komplette Gehäuse und 11 Einzelklappen; davon sind 6 untere und 5 obere

FU/D: Die Klappen lagen in Raum 6b der römischen Villa in Tittmoning in einer 60 cm starken, aus Bauschutt zusammengesetzten Füllschicht, die zwischen zwei Mosaikböden eingeschlossen war. Davon ist der untere wohl severisch; die Bauperiode des oberen (Mosaik nur aus grauen Steinchen) endet dagegen mit einer Zerstörung in der 1. Hälfte oder Mitte des 3. Jahrhunderts. Die Füllschicht dürfte also wohl im früheren 3. Jahrhundert eingebracht worden sein.

Q: Strauch – Thüry 1985 (mit Angabe der Erwähnungen in der älteren Literatur. Zur künftigen Verwahrung der Funde vgl. G. E. Thüry, Südostbayerische Rundschau vom 27./28. 10. 1986)

8.2.33a. Abb. 97, 53. FO/FJ: Wiesbaden H, Kastell Heidenberg, 1858

FB: eine oder mehrere Klappen

FU/D: Fundstelle war eine rd. 1,9 m tiefe, «senkrecht in den gewachsenen Lehm eingeschnittene Grube von 2,20 x 2,50 m Seitenlänge», die innerhalb des Kastells lag (Bestandsdauer des Lagers: 1.–1. H. 2. Jahrhundert). Die Grube enthielt sonst unter anderem ein auf den 8. September 116 datiertes Militärdiplom (CIL XVI 62), Gefäßscherben, einige Schleuderkugeln und eine Priapstatuette. Der Grubenboden war mit Asche und Holzkohlen bedeckt.

Q: E. Ritterling, Das Kastell Wiesbaden. ORL B 2,2, Nr. 31 (Heidelberg 1909) 80 ff. (dort nur mit Erwähnung eines Muschel-, nicht ausdrücklich eines Austernfundes) und 131; vgl. ebd. 38 und Lageplan Taf. II s

8.2.33b. Abb. 97, 53. FO/FJ: Wiesbaden H, Kastell Heidenberg, weitere Fundstellen und Fundjahre

FB: Austernklappen in nicht bekannter Zahl

FU/D: Die Austern wurden an verschiedenen Punkten des Kastellgeländes gefunden; in zumindest einem der Fälle lagen sie in einer Abfallgrube. Genaueres darüber ist nicht bekannt.

Q: E. Ritterling, Das Kastell Wiesbaden. ORL B 2,2, Nr. 31 (Heidelberg 1909) 131

8.2.33c. Abb. 97, 53. FO/FJ: Wiesbaden H, Mauritiusstraße und Umgebung, 1896/97 oder früher

FB: «einige Austernschalen»

FU/D: unbekannt

Q: E. Ritterling – L. Pallat, Römische Funde aus Wiesbaden. Annalen des Vereins für Nassauische Altertumskunde und Geschichtsforschung 29, 1897/98, 168

8.2.34. Abb. 97, 54. FO/FJ: Zugmantel H, Kastell, 1908

FB: 2 Klappen

FU/D: Die beiden Klappen waren der einzige Fundinhalt einer mit lehmverfugten Holzbohlen ausgekleideten Grube auf dem Kastellgelände (Grube 160. Grundfläche 3,05 x 1,5 m; Tiefe 1,3 m). Die Grube liegt im Hof des Mittelgebäudes der 3. Kastellperiode; welcher Lagerperiode sie selbst angehört, ist jedoch nicht bekannt.

Q: H. und L. Jacobi, Das Kastell Zugmantel. ORL B 2,1, Nr. 8 (Heidelberg 1909) 16 und 21; W. Barthel, ebd. 201. Zur Lage der Fundstelle ebd. Taf. 3.1

8.3. Österreich

(Abkürzungen der Bundesländer: B = Burgenland; K = Kärnten; NÖ = Niederösterreich; OÖ = Oberösterreich; S = Salzburg; T = Tirol; V = Vorarlberg; W = Wien)

8.3.1. Abb. 97, 69. FO/FJ: Aguntum T, Atriumhaus, R. 6, 1951

FB: 4 Klappen

FU/D: Funde aus einem römischen Stadthaus; Näheres unbekannt

Q: W. Alzinger, Kleinfunde von Aguntum aus den Jahren 1950 bis 1952. Beiträge zur römerzeitlichen Bodenforschung in Österreich 1 (Wien 1955) 49, n. 747; F. Miltner, Die Grabungen in Aguntum bei Lienz/Osttirol, Pro Austria Romana 1, 1951, 42

8.3.2a. Abb. 97, 35. FO/FJ: Bregenz V, Ölrain, 1878

FB: «Austernschalen großer Sorte, fast ein Dutzend»

FU/D: Funde aus einem römischen Kellerraum. Die Keramik aus diesem Keller – abgesehen von einer später in die Kellerverfüllung eingeschnittenen Versitzgrube, zu deren Inhalt die Austern nicht gehören – fällt in die Wende des 1./2. Jahrhunderts.

Q: S. Jenny, Bauliche Überreste von Brigantium, MZK NF 6, 1880, 76. Zu Befund und Datierung vgl. J. Jacobs, Sigillatafunde aus einem römischen Keller zu Bregenz, Jahrbuch für Altertumskunde 6, 1912, 172 ff.

8.3.2b. Abb. 97, 35. FO/FJ: Bregenz V, Ölrain, 1895

FB: «Austernschalen»

FU/D: teils im Bereich eines überdachten römischen Trottoirs (bei Säule VII vor Bau A), teils in einem ungedeuteten Raum (Bau C, Raum 30) gefunden. Keine präziseren chronologischen Anhaltspunkte

Q: S. Jenny, Bauliche Überreste von Brigantium. MZK NF 22, 1896, 128 und Grabungsplan gegenüber 124

8.3.2c. Abb. 97, 35. FO/FJ: Bregenz V, Steinbühel; Fundjahr unbekannt

FB: ein Fund «schönster Austernschalen», «deren fast zwei Dutzend zum Vorschein kamen» (außerdem 1 Herzmuschel)

FU/D: Fundstelle war ein Gebäude des römischen Bregenz. Genaueres ist nicht bekannt.

Q: S. Jenny, Bauliche Überreste von Brigantium. MZK NF 10, 1884, 16 f., 19 und Grabungsplan 16, Ziffer 33

8.3.3. Abb. 97, 76. FO/FJ: Carnuntum NÖ, Legionslager, verschiedene Fundstellen und Fundjahre

FB: «Sehr häufig finden sich (im Legionslager, d. Verf.) die Schalen von Seemuscheln, vorherrschend die der Auster».

FU/D: Funde aus dem Legionslager (Bestandsdauer: 1.–4. Jahrhundert); Näheres unbekannt

Q: M. von Groller, Grabungen im Lager Carnuntum, RLÖ 3, 1902, 116

8.3.4a. Abb. 97, 71. FO/FJ: Linz OÖ, Lessingstraße, Graben XIII, 1955

FB: 2 (?) Klappen

FU/D: Funde aus einer Abfallgrube, die sonst flavisch-trajanische Keramik enthielt.

Q: P. Karnitsch, Die römischen Kastelle von Lentia (Linz). Linzer Archäologische Forschungen, Sonderhefte 4,1 (Linz 1970) 21 («einige Austernschalen») und 4/2 (Linz 1972) 231 («zwei Austernschalen»). – Die Fundstelle liegt nach Karnitsch im Bereich des Linzer Kastells. Vgl. dazu aber K. Genser, Der österreichische Donaulimes in der Römerzeit, RLÖ 33, 1986, 106 ff.; E. M. Ruprechtsberger, in: M. Kandler – H. Vetters, Hgg., Der römische Limes in Österreich (Wien 1986) 90 f. – Für den Hinweis auf diesen und die unter 8.3.4b. verzeichneten Funde danke ich Herrn UD Dr. E. M. Ruprechtsberger, Linz.

8.3.4b. Abb. 97, 71. FO/FJ: Linz OÖ, Lessingstraße, Graben XI und XIII, 1955

FB: 10 Klappen (1 Stück aus Graben XI, die übrigen aus XIII)

FU/D: Grabungsfunde. Datierung nicht möglich

Q: P. Karnitsch, Die römischen Kastelle von Lentia (Linz). Linzer Archäologische Forschungen, Sonderheft 4/2 (Linz 1972) 230 f. – Auch diese Fundstellen liegen nach Karnitsch im Bereich des Kastells; s. dazu aber 8.3.4a., unter «Q».

8.3.5. Abb. 97, 67. FO/FJ: Loig bei Salzburg S, 1979 ff.

FB: 7 Oberklappen, 3 Unterklappen und eine Anzahl von Fragmenten

FU/D: Funde aus der römischen Villa von Loig, in der übrigens auch 2 Purpurschnecken zutage kamen. Detaillierte Auswertung in Vorbereitung

Q: Bericht des Verf. in Vorbereitung

8.3.6a. Abb. 97, 73. FO/FJ: Magdalensberg K, sog. «Repräsentationshaus», Räume F und G, 1948/49

FB: Austernklappen in unbekannter Zahl

FU/D: Die Austernklappen wurden im Küchenraum G und offenbar auch im Nachbarraum F geborgen. ln G waren sie nicht die einzigen Tierreste (sonst Pferd, Rind, Hausschwein, Schaf, Ziege, «Geflügel», Hirsch, Wildschwein, Bär, «störähnliche Fische», Purpurschnecke und Weinbergschnecke). Zeitstellung: augusteisch/1. H. 1. Jahrhundert

Q: J. W. Amschler, in: R. Egger, Die Ausgrabungen auf dem Magdalensberg 1949. Car. I 140, 1950, 485; H. Kenner – C. Praschniker, in: C. Praschniker, Die Versuchsgrabung 1948 auf dem Magdalensberg. Car. I 139, 1949, 150 und 176. Über die Küche des sog. «Repräsentationshauses» vgl. auch H. Vetters, in: Egger, a. a. O. 444 f.

8.3.6b. Abb. 97, 73. FO/FJ: Magdalensberg K, Felsenkeller, 1948

FB: «Austernschalen»

FU/D: Funde aus einem Felsenkeller, der als «Kühlhaus» für Lebensmittel diente. R. Egger: «Die Funde bestätigen unsere Deutung. In einem Keller verstehen wir, dass neben Austernschalen und Meermuscheln viel zerbrochenes Gebrauchsgeschirr liegen geblieben ist». – Augusteisch/1. Jahrhundert

Q: R. Egger, in: C. Praschniker, Die Versuchsgrabung 1948 auf dem Magdalensberg. Car. I 139, 1949, 157

8.3.6c. Abb. 97, 73. FO/FJ: Magdalensberg K, Felsenheiligtum, 1949

FB: «Austern»

FU/D: Funde aus der Küche des Felsenheiligtums. Sie ergab außerdem Reste von Rind, Hausschwein, Schaf/Ziege, «Geflügel», Hirsch, Wildschwein, Bär und Schnecke. – Zeitstellung; 1. Jahrhundert n. Chr.

Q: J. W. Amschler – W. Görlich, in: R. Egger, Die Ausgrabungen auf dem Magdalensberg 1949. Car. I 140, 1950, 453 und 484

8.3.6d. Abb. 97, 73. FO/FJ: Magdalensberg K, Präfurnium AA/8, 1952

FB: «viele» Austernklappen

FU/D: Der Fundraum AA/8 ist das Präfurnium einer Badeanlage. Es enthielt «bisher die spätesten Funde, die nach den Lampenresten bis in das letzte Viertel des 1. Jhs. n. Chr. reichen» (Egger).

Q: H. Kenner, in: R. Egger, Die Ausgrabungen auf dem Magdalensberg 1952. Car. I 145, 1955, 45. – Das Zitat zur Datierung: R. Egger, ebd. 24

8.3.6e. Abb. 97, 73. FO/FJ: Magdalensberg K, Tempelbezirk, Raum T/B, 1953

FB: «Austernschalen»

FU/D: «Austernschalen, stachelige Mittelmeer- und kleine Pilgermuscheln … fanden sich … in T/B unter Holzboden» (Kenner). Dieser Holzboden gehört der Zeit zwischen 15 v. Chr. und 14 n. Chr. an; die Austernfunde sind also vorrömisch/augusteisch.

Q: H. Kenner, in: R. Egger, Die Ausgrabungen auf dem Magdalensberg 1953. Car. I 146, 1956, 69

8.3.6f. Abb. 97, 73. FO/FJ: Magdalensberg K, «Großvilla», Wasserbecken in AA/7a (= Teil eines Küchenraumes), 1961

FB: «zahlreiche Austernschalen»

FU/D: Die Klappen lagen innerhalb eines großen Küchenraumes in einem tongedichteten Wasserbecken, das durch eine Wasserleitung gespeist wurde. Das Becken maß 1 x 0,75 m und war «aus 6 cm dicken geklobenen Holzbrettern gefügt, die innen mit einem rund 1-2 mm dicken Bleiblech ausgeschlagen waren» (Vetters). Zeitstellung: tiberisch–claudisch

Q: C. Auinger, Die Küche in privaten Bauten zur römischen Zeit in Österreich. Maschinschriftliche Dissertation Wien 1981, Bd. 1, 125; H. Vetters, in: R. Egger, Die Ausgrabungen auf dem Magdalensberg 1962 bis 1964. Car. I 156, 1966, 311 (dazu Abbildungen und Pläne: ebd. 310, 313 f., Beil. 1 und Beil. 3)

8.3.6g. Abb. 97, 73. FO/FJ: Magdalensberg K, zahlreiche weitere Fundstellen und Fundjahre

FB: Austernklappen (wie übrigens auch Reste anderer Meeresmollusken) in unbekannter Zahl

FU/D: Fundumstände unbekannt. Zeitstellung: 1. Jahrhundert v./1. Jahrhundert n. Chr.

Q: A. R. von Gallenstein, Archäologische Nachgrabungen auf dem Helenen-(Magdalenen-)Berge im Jahre 1869. Carinthia 59, 1869, 233 und 238; H. Kenner, in: R. Egger, Die Ausgrabungen auf dem Magdalensberg 1950. Car. I 142, 1952, 163; H. Kenner, in: R. Egger, Die Ausgrabungen auf dem Magdalensberg 1951. Car. I 143, 1953, 921; H. Kenner, in: R. Egger, Die Ausgrabungen auf dem Magdalensberg 1952, Car. I 145, 1955, 45 (Fundstelle M); H. Kenner, in: R. Egger, Die Ausgrabungen auf dem Magdalensberg 1953. Car. I 146, 1956, 69 (Fundstellen T/I; T/O; bei Tempel Ost); H. Kenner, in: R. Egger, Die Ausgrabungen auf dem Magdalensberg 1954 und 1955. Car. I 148, 1958, 126; H. Kenner, in: R. Egger, Die Ausgrabungen auf dem Magdalensberg 1956 und 1957. Car. I 149, 1959, 118; H. Kenner, in: R. Egger, Die Ausgrabungen auf dem Magdalensberg 1958–1959. Car. I 151, 1961, 166

8.3.7a. Abb. 97, 68. FO/FJ: Salzburg S, Furtwänglergarten (früher: Garten der Lehrerbildungsanstalt), 1927/28

FB: Austernklappen in größerer Zahl

FU/D: Funde aus Raum III der Grabung. Sie lagen in einer Brandschicht des 2. Jahrhunderts, die wohl auf die Markomannenkriege zurückgeht.

Q: A. und F. Narobe, Ausgrabung in Salzburg. Jahreshefte des Österreichischen Archäologischen Institutes 26, 1930, Bbl. 194. Die Mengenangabe nach einer freundlichen Mitteilung Herrn Hofrat Dr. F. Narobes, Salzburg

8.3.7b. Abb. 97, 68. FO/FJ: Salzburg S, Linzergasse 17–19, 1947–49 oder 1956

FB: 1 Unterklappe

FU/D: Fund aus dem Stadtbereich des römischen Salzburg. Näheres unbekannt

Q: M. Hell, Spätantike Basilika in Juvavum. Mitteilungen der Gesellschaft für Salzburger Landeskunde 107, 1967, 96. – Bestimmung der Gehäusehälfte nach Autopsie (Museum Carolino Augusteum, Salzburg, Inv.-Nr. 821/64)

8.3.7c. Abb. 97, 68. FO/FJ: Salzburg S, verschiedene Fundstellen und Fundjahre (Kaigasse 43, 1932; Mozartplatz, 1965; Mozartplatz 4, 1977; Universitätsplatz, 1964)

FB: 1932: 1 Unterklappe. – 1964: 2 Unterklappen. – 1965: 1 Oberklappe. – 1977: 4 Oberklappen

FU/D: Funde aus dem römischen Stadtbereich; aber aus dem Aushub (1932), aus gestörter Schicht (1977) und aus Aufsammlungen ohne Schichtbeobachtung (1964/65)

Q: Autopsie im Museum Carolino Augusteum, Salzburg; dort Inv.-Nr. 1250/56 (1932), 566–567/61 (1964), 623/66 (1965) und 436/77 (1977). – Für ihre Hilfe danke ich Frau E.-M. Feldinger, Salzburg.

8.3.7d. Abb. 97, 68. FO/FJ: Salzburg S, Alte Universität, 1970/71; Residenz, Wallistrakt, 1964

FB: an beiden Fundstellen je 1 Klappe

FU/D: Funde aus dem römischen Stadtbereich. Näheres unbekannt

Q: 1964: Archäologisches Tagebuch M. Hell (Museum Carolino Augusteum, Salzburg), Eintragung vom 24.8.1964. – 1970/71: N. Heger, Zur Geschichte von Iuvavum. Jahresschrift des Salzburger Museums Carolino Augusteum 16, 1970, 27, Anm. 100. – Bestimmung der Gehäusehälften im Gegensatz zu 8.3.7b/c nicht möglich, da Funde verschollen (freundliche Mitteilung von Frau E.-M. Feldinger, Salzburg)

8.3.8. Abb. 97, 74. FO/FJ: Traismauer NÖ, Parz. 1003/1, 1966

FB: «einige Austernschalen»

FU/D: außerhalb des Kastellgeländes bei der Anlage eines Öltanks im Aushub aufgelesen (zusammen mit römischem Material und einem um 1600 geprägten Kreuzer der Stadt Konstanz)

Q: A. Gattringer, Fundberichte aus Österreich 10, 1971, 80. – Zum Konstanzer Kreuzer auch G. Dembski, ebd. 172

8.3.9. Abb. 97, 72. FO/FJ: Virunum K, verschiedene Fundstellen und Fundjahre (an Fundstellen werden genannt: Grund Aichwalder; Kirchenacker; Stanglacker; Tempelacker; Vostlwald)

FB: Austernklappen (wie übrigens auch Purpurschnecken) in unbekannter Zahl; «lang bis 95 mm, breit 62 mm» (Pichler)

FU/D: unbekannt

Q: Grund Aichwalder/ Kirchenacker/ Stanglacker/ Vostlwald: F. Pichler, Virunum (Graz 1888) 192. – Tempelacker (= sog. Bäderbezirk): O. Frankl, Die Ausgrabungen in Kärnten. Mittheilungen der Anthropologischen Gesellschaft in Wien 30, 1900, Sitzungsberichte 144; E. Nowotny, Bericht über die im August und September 1899 auf dem Tempelacker im Zollfeld ... durchgeführten archäologischen Grabungen. Car. I 89, 1899, Beilage, 5; ders., Bericht über die im Jahre 1902 ... auf dem Zollfelde durchgeführten Grabungen. Car. I 93, 1903, 92; ders., Bericht über die im Sommer 1905 auf dem Zollfelde ... durchgeführten Grabungen. Car. I 96, 1906, 70

8.3.10a. Abb. 97, 70. FO/FJ: Wels OÖ, Minoritenplatz, 1911/12

FB: «eine Austernschale»

FU/D: unbekannt

Q: MZK 3.F.11, 1912, 86

8.3.10b. Abb. 97, 70. FO/FJ: Wels OÖ, Vogelweiderstraße 2–4, 1931

FB: Austernklappen in größerer Zahl

FU/D: unbekannt

Q: S. Zabehlicky-Scheffenegger, in: K. Holter – W. Rieß – S. Zabehlicky-Scheffenegger, Stadtmuseum Wels. Katalog. 22. Jahrbuch des Musealvereines Wels 1979/80, 62

8.3.10c. Abb. 97, 70. FO/FJ: Wels OÖ, Stadtplatz 68, 1958

FB: «eine größere Menge von Austernschalen»

FU/D: Die Klappen lagen in einer römischen Abfallgrube, innerhalb derer sie «eine starke Schichte» bildeten und die außerdem Ziegel, Keramik, Tierknochen und Gehäuse von Weinbergschnecken enthielt. Präzisere chronologische Anhaltspunkte fehlen.

Q: G. Trathnigg, Welser Funde. Pro Austria Romana 8, 1958, 20; ders., Fundberichte aus Österreich 7, 1971, 127

8.3.11a. Abb. 97, 75. FO/FJ: Wien I W, Legionslager (Tiefer Graben – Heidenschuss – Am Hof – Irisgasse), 1948

FB: «12 Austernschalen»

FU/D: gefunden bei Kanalverlegung auf dem Gelände des Lagers von Vindobona (Bestandsdauer: um 100 – um 400). Exakte(r) Fundpunkt(e), nähere Fundumstände und Zeitstellung unbekannt

Q: A. Neumann, Ausgrabungen und Funde im Wiener Stadtgebiet 1948/49. Veröffentlichungen des Historischen Museums der Stadt Wien (Wien 1951) 12; ders., Forschungen in Vindobona 1948 bis 1967, 1. Teil. RLÖ 23, 1967, 19

8.3.11b. Abb. 97, 75. FO/FJ: Wien III W, Klimschgasse (vor Nr. 10–14), 1908–10

FB: «Austernschalen»

FU/D: lm Bereich eines römischen Gräberfelds fand sich hier eine Schicht, die neben Bauschutt und anderem «auffallend viele Speisereste» enthielt; so «Hörner und Knochen vom Rind, manche aufgebrochen, Wirbelstücke und Gräten von größeren Fischen, Austernschalen, Muscheln u. dgl. Es scheint hier außer Grabstätten auch ein Gebäude für Leichenmahlzeiten bestanden zu haben» (von Kenner). – Präzisere chronologische Anhaltspunkte fehlen.

Q: F. von Kenner, Römische Funde in Wien 1908–1910. Jahrbuch für Altertumskunde 5, 1911, 147b

8.3.11c. Abb. 97, 75. FO/FJ: Wien IX/XVIII W, Währinger Straße, 1956 (?)

FB: «eine Austernmuschel»

FU/D: Streufund im Bereich eines römischen Gräberfelds

Q: A. Neumann, Forschungen in Vindobona 1948 bis 1967, 1. Teil. RLÖ 23, 1967, 72

8.3.11d. Abb. 97, 75. FO/FJ: Wien III W, Kegelgasse 44, 1950

FB: 1 Klappe

FU/D: In 3,5–5,5 m Tiefe zusammen mit mittelalterlichen Scherben gefunden. Römische Zeitstellung der Klappen wäre dennoch nicht ausgeschlossen, da es sich «zweifellos» um Ablagerungen von Schwemm-Material der Donau handelt.

Q: W. Berger, in: A. Neumann, Ausgrabungen und Funde im Wiener Stadtgebiet 1950. Veröffentlichungen des Historischen Museums der Stadt Wien 3 (Wien 1955) 28

8.3.12. Abb. 97, 77. FO/FJ: Winden am See B, Hutweide, 1949

FB: «mehrere Bruchstücke von Austernschalen»

FU/D: Die Klappen wurden an verschiedenen Stellen des römischen Gutshofs von Winden gefunden. Einige davon lagen «im Schutt über der Mauer 1», die zur ersten Bauperiode gehört. Während der Gutshof insgesamt in die ersten drei Viertel des 2. Jahrhunderts zu datieren ist, endet diese Periode in der ersten Hälfte dieses Jahrhunderts.

Q: G. Pascher, in: Saria 1951, 35; Saria, ebd. 26. Erwähnungen auch bei A. Mócsy, RE Suppl. 9 (Stuttgart 1962) 681; Mócsy 1980, 80

Nachtrag:

Während der Drucklegung erhielt ich Hinweise auf weitere, noch unpublizierte Austernfunde: a) FO/FJ: *Gelterkinden BL*, Eifeld, 1969/70; FB: 1 Klappe; FU/D: in Töpfereiabfall des 3. Jahrhunderts. – b) FO/FJ: *Zurzach AG*; keine weiteren Angaben. – c) FO/FJ: *Wels OÖ*, Dragonerstraße, Parz. 743, 1983; FB: 4 Klappen; FU/D: unbekannt. – d) FO/FJ: *Wels OÖ*, Pater-Wörndl-Straße, Parz. 875/31, 1988; FB: 1 Klappe; FU/D: aus dem Aushub. – Für die entsprechenden Informationen danke ich Frau Dr. R. Miglbauer, Wels (Fall c und d), Herrn Lic. phil. R. Hänggi, Augst (Fall b) und Herrn Dr. J. Tauber, Liestal (Fall a).

9. Literatur

ASA: Anzeiger für schweizerische Altertumskunde.

Baatz 1977: D. Baatz, Reibschale und Romanisierung. Rei cretariae Romanae fautorum acta 17/18, 1977, 147 ff.

Bowman – Thomas 1983: A. K. Bowman – J. D. Thomas, Vindolanda: The Latin Writing-Tablets. Britannia Monograph Series 4 (London 1983).

Car. I: Carinthia I.

Caspari 1874: A. Caspari, Avenches. ASA 7, 1874, 494.

Clouet 1953: M. Clouet, Les produits exportés de Médiolanum. Revue de Saintonge et d'Aunis NS 2, 1953, 43 ff.

Davies 1971: R. W. Davies, The Roman Military Diet. Britannia 2, 1971, 122 ff.

Degen 1958: R. Degen, Gutshöfe und Denkmäler des Bau- und Wohnwesens. In: Die Römer in der Schweiz. Repertorium der Ur- und Frühgeschichte der Schweiz 4 (Basel 1958) 13 ff.

Falkner 1969: G. Falkner, Die Bearbeitung ur- und frühgeschichtlicher Molluskenfunde. In: J. Boessneck, Hg., Archäologie und Biologie. Deutsche Forschungsgemeinschaft, Forschungsberichte 15 (Wiesbaden 1969) 112 ff.

FMRD: Die Fundmünzen der römischen Zeit in Deutschland.

Forrer 1907: R. Forrer, Reallexikon der prähistorischen, klassischen und frühchristlichen Altertümer (Berlin – Stuttgart o. J. [1907]).

Frank 1987: K. Frank, Molluskenfunde aus Carnuntum. Carnuntum Jahrbuch 1987, 15 ff.

FS: Fundberichte aus Schwaben.

Grünewald – Pernicka – Wynia 1980: M. Grünewald – E. Pernicka – S. L. Wynia, Pompejanisch-rote Platten – Patinae. Archäologisches Korrespondenzblatt 10, 1980, 259 f.

Guyan 1985: W. U. Guyan, Das antike Schleitheim. In: W. U. Guyan – J. E. Schneider – A. Zürcher, Turicum – Vitudurum – Iuliomagus. Drei Vici in der Ostschweiz. Festschrift O. Coninx (Zürich o. J. [1985]) 235 ff.

Hilzheimer, M., 1933: Die Tierreste. In: F. Fremersdorf, Der römische Gutshof Köln-Müngersdorf. Römisch-germanische Forschungen 6 (Berlin – Leipzig 1933) 122 ff.

JSGU/JSGUF: Jahrbuch der Schweizerischen Gesellschaft für Urgeschichte/- für Ur- und Frühgeschichte.

Jullian 1920: C. Jullian, Histoire de la Gaule 5 (Paris 1920).

Keller 1864: F. Keller, Statistik der Römischen Ansiedelungen in der Ostschweiz. Mittheilungen der antiquarischen Gesellschaft in Zürich 15, 1864, 63 ff.

Koenen 1904: C. Koenen, Beschreibung von Novaesium. Bonner Jahrbücher 111/112, 1904, 97 ff.

Labrousse 1959: M. Labrousse, Recherches sur l'alimentation des populations gallo-romaines, escargots, huîtres et «fruits de mer» à Montmaurin. Pallas 8, 1959, 57 ff.

Loeschcke 1914: S. Loeschcke, Muschelverzierung in den Barbara-Thermen zu Trier. Römisch-germanisches Korrespondenzblatt 7, 1914, 82 ff.

Luff 1982: R.-M. Luff, A Zooarchaeological Study of the Roman North-western Provinces. BAR International Series 137 (Oxford 1982).

Mócsy 1980: A. Mócsy, Austernschalen aus Zalalövö. Archaeologiai Ertesitö 107, 1980, 79 f.

Müller 1959: H.-H. Müller, Die Tierreste von Alt-Hannover. Hannoversche Geschichtsblätter NF 12, 1959, 179 ff.

MZK: Mitteilungen der k.k. Zentral-Kommission für Erforschung und Erhaltung der Kunst- und historischen Denkmale.

ORL: Der obergermanisch-rätische Limes des Römerreichs.

Oswald 1931: F. Oswald, Index of Potters' Stamps on Terra Sigillata (Nachdruck London 1964).

Piehler 1976: W. Piehler, Die Knochenfunde aus dem spätrömischen Kastell Vemania (Dissertation München 1976).

Planck 1986: D. Planck, Die Zivilisation der Römer in Baden-Württemberg. In: P. Filtzinger – D. Planck – B. Cämmerer, Hgg., Die Römer in Baden-Württemberg (Stuttgart – Aalen 3. Aufl. 1986) 117 ff.

Quiquerez 1862: A. Quiquerez, Monuments de l'ancien **Évêché** de Bâle. Le Mont-Terrible (Porrentruy 1862).

Quiquerez 1864: A. Quiquerez, Monuments de l'ancien **Évêché** de Bâle. Topographie d'une partie du Jura oriental (Porrentruy 1864).

Ritterling 1912: E. Ritterling, Das frührömische Lager bei Hofheim im Taunus. Annalen des Vereins für Nassauische Altertumskunde und Geschichtsforschung 40, 1912, 1 ff.

RLÖ: Der römische Limes in Österreich.

Saria 1951: B. Saria, Der römische Gutshof von Winden am See. Burgenländische Forschungen 13 (Eisenstadt 1951).

Schmidt de Rossens 1760: F. S. Schmidt de Rossens, Recueil d'antiquités trouvées à Avenches, à Culm et en d'autres lieux de la Suisse (Bern 1760).

Stampfli 1966: H. R. Stampfli, Die Tierreste aus der römischen Villa «Ersigen-Murain» in Gegenüberstellung zu anderen zeitgleichen Funden aus der Schweiz und dem Ausland. Jahrbuch des Bernischen Historischen Museums in Bern 45/46, 1965/66, 449 ff.

Stampfli 1980: H. R. Stampfli, Die Tierfunde. In: H.-M. von Kaenel – M. Pfanner, Hgg., Tschugg – römischer Gutshof (Bern 1980) 97 ff.

Stampfli 1981a: H. R. Stampfli, Tierknochenfunde. In: H. Spycher, Die Ausgrabungen von Langendorf-Kronmatt 1980. Archäologie der Schweiz 4, 1981, 72.

Stampfli 1981b: H. R. Stampfli, Von Rindern, Austern – und Müll. Berner Zeitung vom 23.3.1981.

Strauch – Thüry 1985: F. Strauch – G. E. Thüry, Austernfunde aus römischen Gebäuderesten in Tittmoning, Ldkr. Traunstein. Bayerische Vorgeschichtsblätter 50, 1985, 341 ff.

Thüry 1977: G. E. Thüry, Froschschenkel – eine latène- und römerzeitliche Delikatesse. Festschrift Elisabeth Schmid (Basel 1977) 237 ff.

Thüry – Strauch 1984: G. E. Thüry – F. Strauch, Zur Herkunft des römischen Austernimports in der Schweiz. Archäologie der Schweiz 7, 1984, 100 ff.

Thüry 1987: G. E. Thüry, Kochkunst in der Römerzeit – Bohnentopf à la Vitellius. Journal für Geschichte 1987, 46 ff.

Ulbert 1985: G. Ulbert, Der Lorenzberg bei Epfach. Münchner Beiträge zur Vor- und Frühgeschichte 9 (München 1965).

Nachwort 2024

1. Zu Abschnitt 2 („Sind Austernreste immer römisch?")

Die hier angekündigte Untersuchung über die nach-antiken Austernfunde von Salzburg-Toskanatrakt ist 1990 erschienen.[1] Weitere neuzeitliche Nachweise sind seitdem auch von anderen Fundstellen in Salzburg bekannt geworden; und in den letzten Jahrzehnten hat sich vor allem die bayerische Forschung des Themas der mittelalterlich-neuzeitlichen Austernfunde im Binnenland angenommen und hat klar die Häufigkeit dieses Phänomens herausgearbeitet.[2]

2. Zu Abschnitt 6 („Die Deutung der römischen Austernfunde")

Zur Deutung der durchlochten Austernklappen vgl. jetzt G. E. Thüry, C. Sergius Orata und die Erfindung des Austernparks (Beitrag 42 des vorliegenden Bandes).

3. Speziell zu Abschnitt 6.2.1 („Austernkonsum und Romanisierung")

Einen ausführlichen Katalog der Lebensmittel, die im Zug der kulinarischen Romanisierung in den Norden gelangten, gibt das folgende Buch: G. E. Thüry, Kulinarisches aus dem römischen Alpenvorland. Linzer archäologische Forschungen, Sonderheft 39 (Linz 2007).

4. Zu Abschnitt 8 (Fundkatalog)

Bisher ist noch kein Versuch unternommen worden, den Fundkatalog der vorstehenden Arbeit zu aktualisieren und die Interpretation auf eine entsprechend breitere Basis zu stellen. Soweit mir selbst im Lauf der Jahre Nachträge zur Fundliste bekannt geworden sind, werden sie im Folgenden zusammengestellt; auch wenn sie nicht auf eine erneute systematische Literaturrecherche zurückgehen, können sie für künftige Arbeiten doch von Nutzen sein.[3]

a) Nachträgliche Informationen zu den im Katalog bereits aufgelisteten Fundorten

Zu 8.1: Schweiz

1. Zu FO 8.1.2: *Augst BL*, verschiedene Fundstellen und Fundjahre

---

[1] G. E. Thüry, Austern im Salzburg des 16. Jhds. Salzburger Museum Carolino Augusteum, Jahresschrift 35/36, 1989/90, 136–142.

[2] Weitere Salzburger Funde ergaben sich bei Grabungen in der Dietrichsruhe der Residenz und in der Judengasse 5–7 (freundliche Mitteilungen E.-M. Feldinger und Dr. W. K. Kovacsovics). Zur bayerischen Forschung vgl. zuletzt den Überblick von M. Fesq-Martin – B. Päffgen – F. Bichlmeier, Archäologie einer Delikatesse. Bayerische Archäologie 2022, Heft 1, 46–49 (mit weiterer Literatur). – Entsprechende Beobachtungen aus Ober- und Niederösterreich: M. S[chmitzberger], Mühlviertler Austern. Delikatessen aus der Sammlung Höllhuber. Sonius Frühjahr 2008, 3 f.

[3] Für freundliche Hinweise und Mitteilungen danke ich Dr. C. Ambros, Mag. J. Cencic, Dr. C. Colombi, UD Dr. H. Dolenz M.A., Dr. J. Garbsch †, H. Hägele, P. Hirschauer, H. Koller, W. Kropf, Dr. R. Miglbauer, H. Nowak †, Dr. M. Pausch, Dr. J. Prammer †, Prof. D. Rippmann, Dr. H. R. Stampfli †, Dr. B. Steidl und K. Wasmuth.

Mit Stand von 2017 waren aus A. über 1200 römische Austernklappen bekannt: S. Amman – P.-A. Schwarz, Stercus ex latrinis – Die unappetitliche Nachnutzung von Schacht MR 6/MR 32 in der Region 17C der Unterstadt von Augusta Raurica. Jahresberichte aus Augst und Kaiseraugst 38, 2017, 252 Anm. 360. Austern lassen sich hier bis in die Mitte des 3. Jhds. n. Chr. nachweisen (Vorkommen mehrerer Klappen in der Verfüllung des Brunnenhauses in der Insula 8: S. Deschler-Erb, Ein Kultmahl im privaten Kreis – Zu den Tierknochen aus dem Vorratskeller der Publikumsgrabung (2008–2010.058) von Augusta Raurica (um/nach Mitte 3. Jhd. n. Chr.). Ebd. 33, 2012, 242).

2. Zu FO 8.1.2: *Augst BL*, Kastelen, 1991–1993
Unter den Tierresten eines Küchenraumes des 2. Jhds. n. Chr. fanden sich hier auch einige Austern: H. Hüster-Plogmann – G. Breuer – M. Petrucci-Bavaud, Was essen wir heute? Analyse von Tier- und Pflanzenresten einer Herdstelle aus dem 2. Jahrhundert n. Chr. in Augusta Raurica. Archäologie der Schweiz 22, 1999, Heft 1, 39

3. Zu FO 8.1.3: *Avenches VD*, verschiedene Fundstellen und Fundjahre
Die Bearbeitung der Fauna einiger Grabungen in A. durch Cyril Ambros ergab 149 Austernreste: C. Ambros, Tierhaltung und Jagd im römischen Aventicum. In: Arculiana. Ioanni Boegli anno sexagesimo quinto feliciter peracto (Avenches 1995) 111.

4. Zu FO 8.1.4: *Baden AG*, 1990
Bei Grabungen 1990 wurde nach Mitteilung von Frau Helen Koller eine größere Menge Austernklappen gefunden.

5. Zu FO 8.1.8: *Chur GR*, Markthallenplatz, 1902 und 1965/66
Die Gesamtzahl der Austernfunde von 1902 und 1965/66 beträgt korrekt 13 (nach einer publizierten Abb. sind es 4 Unterklappen, 8 Oberklappen und 1 Fragment): A. Hochuli-Gysel u. a., Chur in römischer Zeit 2. Antiqua 19 (Basel 1991) 152, 352 und Taf. 82.5. Eine der Oberklappen ist durchlocht.

6. Zu FO 8.1.10: *Dällikon ZH*, 19. Jhd.
Das Schweizerische Nationalmuseum Zürich verwahrt drei Austernklappen dieses Fundorts: Inv.-Nr. A 4774, 4774.1 und 4775 (Mitteilung Dr. C. Colombi).

7. Zu FO 8.1.18: *Nyon VD*, Fundstellen und Fundjahr(e)?

Im Museum Nyon sind 11 Austernklappen ausgestellt.

8. Zu FO 8.1.20: *Oberwil bei Dägerlen ZH*, Steinmürli, 1841/42
Das Schweizerische Nationalmuseum Zürich verwahrt zwei Austernklappen dieser Fundstelle: Inv.-Nr. A 4776 und 4777 (Mitteilung Dr. C. Colombi).

9. Zu FO 8.1.25: *Solothurn SO*, Roter Turm, 1960–62
Der Austernfund von hier (er war 1992 in Privatbesitz und wurde mir damals gezeigt) ist eine Unterklappe (Länge 10,09, Höhe 7,14 cm) mit Epökenspuren.

10. Zu FO 8.1.28: *Tschugg BE*, Steiacher, 1977
Die Austern des Fundorts wurden nach Erscheinen der vorstehenden Arbeit nochmals untersucht und dabei auch der Isotopenanalyse unterzogen: H.-G. Attendorn u. a., Provenienzuntersuchungen an römischen Fundaustern aus der Zone nordwärts der Alpen. Römisches Österreich 23/24, 2000–2001, 10 f., 13 f., 21 f., 24–28, 30 und 32 f.

11. Zu FO 8.1.29: *Vicques JU*, Charlefaux, 1844–46
Nach Autopsie im Musée jurassien d'art et d'histoire in Delemont kann präzisiert werden, dass es sich um 12 Oberklappen und eine Unterklappe handelt. Eine der Oberklappen weist ein großes rundes Loch auf.

12. Zu FO 8.1.30c: *Windisch AG*, Schutthügel, verschiedene Fundjahre
Von gewaltigen Mengen an römischen Austernresten, die im Lauf der Jahrzehnte aus dem Schutthügel geborgen worden waren, wurden nach Erscheinen der vorstehenden Arbeit 1160 Klappen untersucht und dabei auch einer stichprobenweisen Isotopenanalyse unterzogen: H.-G. Attendorn u. a., Provenienzuntersuchungen an römischen Fundaustern aus der Zone nordwärts der Alpen. Römisches Österreich 23/24, 2000–2001, 11 f., 14–22, 24–30 und 33–37.

13. Zu FO 8.1.30f: *Windisch AG*, verschiedene Fundstellen und Fundjahre
Einen Austernfund „bei der Nordmauer von Vindonissa" erwähnt Th. von Liebenau, Geschichte der Fischerei in der Schweiz (Bern 1897) 7. – Zu Austern ohne genauere Fundstellenangabe H.-G. Attendorn u. a., Provenienzuntersuchungen an römischen Fundaustern aus der Zone nordwärts der Alpen. Römisches Österreich 23/24, 2000–2001, 12. – Im Schweizerischen Nationalmuseum Zürich

werden 8 Austernklappen aus Vindonissa verwahrt, von denen 5 vor 1900 gefunden wurden (Inv.-Nr. A 4782–4786) und 3 im Jahr 2002 ins Museum gelangten (Inv.-Nr. A 87276–87278. Mitteilungen Dr. C. Colombi).

14. Zu FO 8.1.30, Fundstelle g: *Windisch AG*, Legionslager, Grube P 2 G 59, 1989–1994
Aus der Grube wurden 312 Austernklappen des 1. Jhds. n. Chr. geborgen. Sie verteilen sich auf 242 einzelne Klappen und Fragmente sowie 35 komplette Gehäuse: G. E. Thüry, Austernfunde aus der Grube G 59. In: S. Benguerel – V. Engeler-Ohnemus, Zum Lagerausbau im Nordwesten von Vindonissa. Veröffentlichungen der Gesellschaft Pro Vindonissa 21 (Brugg 2010) 47–49.

15. Zu FO 8.1.30, Fundstelle h: *Windisch AG*, Legionslager, Offiziersküche, 2002–2004
Aus der Küche auch Austern (1. Jhd. n. Chr. bis um 100): M. Flück, Zu Gast bei Offizieren in Vindonissa. Veröffentlichungen der Gesellschaft Pro Vindonissa 26 (Brugg 2022), pass.

16. Zu FO 8.1.30, Fundstellen i: *Windisch AG*, Legionslager, verschiedene Fundjahre
Wenige Austernklappen jeweils von verschiedenen Fundstellen innerhalb des Lagergeländes bei H.-G. Attendorn u. a., Provenienzuntersuchungen an römischen Fundaustern aus der Zone nordwärts der Alpen. Römisches Österreich 23/24, 2000–2001, 12 (die Fundstellen sind: Breite 1929; Grundstücke Dätwyler 1908/1913, Elsenhans 1930, Huber, Rauber-Siegrist 1912 und Spillmann 1927/28; Schürhof 1921).

17. Zu FO 8.1.30, Fundstelle j: *Windisch AG*, Amphitheater, 1932 oder früher
Das Schweizerische Nationalmuseum Zürich besitzt zwei Austernklappen aus einer Grabung im Amphitheater, Eingangsjahr: 1932 (Inv.-Nr. A 35778–35779; Mitteilung Dr. C. Colombi).

18. Zu FO 8.1.30, Fundstelle k: *Windisch AG*, Unterdorf, Kirchhügel
Hier kamen „große Mengen von Austernschalen" zutage: M. Hartmann, Archäologie der Schweiz 12, 1989, Heft 2, 88.

Zu 8.2: Süddeutschland

19. Zu FO 8.2.2: *Augsburg-Göggingen B*, 2008
Bei Grabungen in einer Siedlung des 1. Jhds. n. Chr. kamen „Schalen von Austern" zutage: S. Gairhos, Luxus in der neuen Provinz – Grabungen in einer frührömischen Siedlung bei Göggingen. Das archäologische Jahr in Bayern 2008, 67.

20. Zu FO 8.2.14: *Heftrich H* = heute: *Idstein-Heftrich H*, Alteburg
Von ursprünglich drei Austernfunden aus dem Kastell Alteburg, das dem 2./3. Jhd. angehört, sind noch zwei Oberklappen vorhanden: C. Höpken, Römische Austern aus Bonn und den Limeskastellen Zugmantel, Alteburg-Heftrich und Saalburg. Saalburg Jahrbuch 58, 2014, 95 f. und 99

21. Zu FO 8.2.17: *Heilbronn-Böckingen BW*
Im Limesmuseum Aalen werden drei Austernklappen aus H.-B. aufbewahrt: Ph. Filtzinger, Limesmuseum Aalen (Stuttgart 3. Aufl. 1983) 172.

22. Zu FO 8.2.23: *Ladenburg BW*, Kellereigasse, 1981–1985
In Steinkeller 838 wurden Klappenfragmente von 2 Austern gefunden: J. Wussow – R. Müller – M. Teichert – R. Schafberg, Lopodunum. Osteologische Untersuchungen an Tierknochenfunden von der Westseite des römischen Marktplatzes (Kellereigrabung). Fundberichte aus Baden-Württemberg 33, 2013, bes. 587.

23. Zu FO 8.2.29: *Saalburg H*, Kastell und Vicus; Fundstellen und Fundjahre unbekannt
Aus Kastell und Vicus sind 7 Klappen vorhanden; jetzt mit Maßen und Abbildungen vorgelegt von C. Höpken, Römische Austern aus Bonn und den Limeskastellen Zugmantel, Alteburg-Heftrich und Saalburg. Saalburg Jahrbuch 58, 2014, 96 und 99

24. Zu FO 8.2.31: *Sulz am Neckar BW*, FJ: ?
Im Schutzbau „Römischer Keller" in Sulz sind 3 Klappen ausgestellt: 1 Unterklappe, 1 Oberklappe und ein Randbruchstück (Autopsie). – Zwei weitere liegen im Limesmuseum Aalen (Inv.-Nr. 73,1608 und 2487): Ph. Filtzinger, Limesmuseum Aalen (Stuttgart 3. Aufl. 1983) 116.

25. Zu FO 8.2.33: *Wiesbaden H*, Schützenhof, FJ: ?
In der Verfüllung eines Badebeckens der Thermen unter großen Mengen von Tierresten auch Austernklappen: W. Czysz, Wiesbaden in der Römerzeit (Stuttgart 1994) 68.

26. Zu FO 8.2.34: *Zugmantel H*, Kastell, 1908
Zu den beiden hier gefundenen Klappen jetzt mit Maßen und Abbildungen C. Höpken, Römische Austern aus Bonn und den Limeskastellen Zugmantel, Alteburg-Heftrich und Saalburg. Saalburg Jahrbuch 58, 2014, 95 und 99

Zu 8.3: Österreich

27. Zu FO 8.3.1: *Aguntum T*, Atriumhaus, nicht näher angegebene Fundjahre
Aus neueren Grabungen im Atriumhaus eine größere Anzahl Austernklappen des 1./2. Jhds. n. Chr.: S. Deschler-Erb – M. Auer, In cibo veritas – Zur wechselhaften Geschichte des Atriumhauses von Aguntum/Tirol (1.–4. Jhd. n. Chr.) im Spiegel der Ernährungssitten. In: Von Keltenponys, Bergschecken und zahmen Hirschen: Festschrift für Erich Pucher. Annalen des Naturhistorischen Museums Wien A 120, 2018, 327 f.

28. Zu FO 8.3.2c: *Bregenz V*, Steinbühel, 1902
In einer römischen Abfallhalde vor der Gebäudefront des Hauses B wurden „eine große Anzahl Austernschalen" gefunden (und in der gleichen Schicht auch einige Münzen des 1. Jhds. n. Chr.): K. von Schwerzenbach, Bauliche Überreste von Brigantium. Jahrbuch der k. k. Zentral-Kommission für Erforschung und Erhaltung der Kunst- und historischen Denkmale NF 1, 1903, 176.

29. Zu FO 8.3.2c: *Bregenz V*, Steinbühel, 1980
Aus einem römischen Sodbrunnen liegen mit terminus post quem 80 n. Chr. Küchenabfälle und darunter 53 Austernfunde vor: S. Deschler-Erb, Schlemmerei in Brigantium. Untersuchungen zu den Tierknochen aus einem Sodbrunnen und dem Kultbezirk. In: Chr. Ertel – V. Hasenbach – S. Deschler-Erb, Kaiserkultbezirk und Hafenkastell in Brigantium. Forschungen zur Geschichte Vorarlbergs NF 10 (Konstanz 2011) 291 und 296 f.

30. Zu FO 8.3.3: *Carnuntum NÖ*, Fundstellen unbekannt
In der 2022 eingerichteten Neuaufstellung der Schausammlung des Archäologischen Museums Carnuntinum in Bad Deutsch-Altenburg liegen 9 Austernklappen von unbekannten Fundstellen in Carnuntum (Mitteilung Mag. J. Cencic).

31. Zu FO 8.3.3: *Carnuntum NÖ*, Zivilstadt (Petronell)
In der Carnuntiner Zivilstadt wurden je eine Austernklappe im Hauptkanal der Weststraße und in einer Latrine auf dem Boden von Schloss Petronell gefunden. Das Stück aus dem Abwasserkanal (2. Hälfte 3. Jhd. n. Chr.) ist eine fragmentierte Oberklappe: Archaeologischer Park Carnuntum – Endbericht Weststraße: Der Siedlungsabfall. http://www.carnuntum.co.at/aus-der-welt-der-archaeologie-1/archiv (mit Abb. 14; Abruf 12.2.2010); der Fund aus der Latrine (2. Jhd. n. Chr.) wird nicht abgebildet oder näher beschrieben: B. Petznek, A Roman Cesspit from the Mid-2nd Century with Lead Price Tags in the Civil Town of Carnuntum (Schloss Petronell/Austria). In: S. Hoss, Hg., Latrina. Roman Toilets in the Northwestern Provinces of the Roman Empire (Oxford 2017) 124

32. Zu FO 8.3.4, Fundstelle c: *Linz OÖ*, Tummelplatz 4, Mithräum, 1953
Ein Weihefund innerhalb des Mithräums (3./4. Jhd. n. Chr.) umfasste Obstreste und „Bruchstücke von Austernschalen": H. L. Werneck, Der Obstweihefund im Vorraum des Mithräums zu Linz-Donau, Oberösterreich. Naturkundliches Jahrbuch der Stadt Linz 1955, 10 und 25

33. Zu FO 8.3.4, Fundstelle d: *Linz OÖ*, Herrenstraße; Promenade; FJ: ?
Austernfunde von hier erwähnt M. S[chmitzberger], Mühlviertler Austern. Delikatessen aus der Sammlung Höllhuber. Sonius Frühjahr 2008, 3

34. Zu FO 8.3.5: *Loig bei Salzburg S*, 1979–1983
Die Austernfunde aus L. wurden nach Erscheinen der vorstehenden Arbeit vorgelegt, untersucht und der Isotopenanalyse unterzogen: H.-G. Attendorn u. a., Provenienzuntersuchungen an römischen Fundaustern aus der Zone nordwärts der Alpen. Römisches Österreich 23/24, 2000–2001, 12, 20–22, 24–26, 28, 31 und 34

35. Zu FO 8.3.6a: *Magdalensberg K*, sog. „Repräsentationshaus", Küchenraum G, 1949
Aus dem Bestand des Grabungsdepots wurden dem Verf. 3 Oberklappen und 1 Unterklappe dieses Fundjahrs vorgelegt; die Oberklappen stammen laut Beschriftung aus Raum G, die Unterklappe ist mit der Herkunftsangabe „G?" beschriftet.

36. Zu FO 8.3.6, Fundstellen h: *Magdalensberg K*, Grabungsjahre 1968-2006
Aus dem Bestand des Grabungsdepots wurden dem Verf. aus diesen Fundjahren vorgelegt: 25 komplette Gehäuse, 274 einzelne Oberklappen und 244 einzelne Unterklappen (mehrere aufeinander aufgewachsene Individuen wurden jeweils als 1 Fund gezählt).

37. Zu FO 8.3.9: *Virunum K*, Töltschacherhügel, 17. Jhd. und 1838
In einem Windwurf auf der Berghöhe fand schon J. D. Prunner Keramik, Gläser und „item eine Menge Austern-Schallen": J. D. Prunner, Splendor antiquae urbis Salae (Klagenfurt 1691) 20. – 1838 kamen in einem römischen Abwasserkanal im Bereich des Hügels Austernklappen zutage: M.

F. von Jabornegg, Ausgrabungen im Zollfelde (Salfelde) im Jahre 1838. Carinthia 28, 1838, 110

38. Zu FO 8.3.9: *Virunum K*, neunziger Jahre des 20. Jhds.
Austern wurden auch bei Untersuchungen im Stadtbereich in den neunziger Jahren gefunden: G. Piccottini – H. Dolenz, Virunum 1998. Pro Austria Romana 49, 1999, Heft 1/2, 19

39. Zu FO 8.3.9: *Virunum K*, Amphitheater, 1998–2001
Im Amphitheater von V. wurden 105 Austernklappen gefunden, die aber zumindest zum Teil aus antiken Planierschichten stammen werden: A. Galik, Archäozoologische und kulturhistorische Aspekte der Tierknochenvergesellschaftungen aus dem Amphitheater von Virunum. In: R. Jernej – Chr. Gugl, Hgg., Virunum. Das römische Amphitheater. Die Grabungen 1998-2001. Archäologie Alpen Adria 4 (Klagenfurt 2004) 448–451; 494 Taf. 12

40. Zu FO 8.3.10b: *Wels OÖ*, Vogelweiderstraße 2–4, 2007
Bei erneuten Grabungen auf diesem Gelände im Nordteil der römischen Stadt wurden 2007 1 Oberklappe und 2 Unterklappen gefunden (keine Zugehörigkeiten zu einem gleichen Individuum erkennbar. Die Autopsie wurde durch Frau Dr. R. Miglbauer ermöglicht). – Austernfunde aus dem Nordteil der römischen Stadt auch abgebildet bei R. Miglbauer, Kulturaustausch in Ovilava/Wels, eine Spurensuche. Fines transire 27, 2018, 103 Abb. 11

41. Zu FO 8.3.10, Fundstelle e: *Wels OÖ*, Rainerstraße 5, 2015
1 Oberklappe (Autopsie durch Dr. R. Miglbauer ermöglicht)

42. Zu FO 8.3.11: *Wien W*, Hoher Markt 3, FJ: ?
Im Tribunenhaus des Legionslagers fanden sich „zahlreiche Austernschalen": M. Kronberger, Essen wie die Römer. Geschichten und Rezepte aus Vindobona (Wien 2008), unpaginiert.

b) Im Fundkatalog noch nicht erfasste Fundorte

Seit Abschluss der Arbeit sind mir folgende weitere Fundorte römischer Austernklappen bekannt geworden. Davon wurde ein Teil bereits in einem Aufsatz aus dem Jahr 1998 zusammengestellt und kartiert.[4]

---

4 G. E. Thüry, Meeresfrüchte in Lauriacum, Teil 2: Austernkonsum im römischen Enns? Mitteilungen des Museumvereines Lauriacum-Enns NF 36, 1998, 25 f. und Verbreitungskarte Abb. 5.

Zu 8.1: Schweiz

8.1. Nachtrag 1. Basel BS, Bäumleingasse, FJ: ?

FB: In einer frührömischen Grube sollen Austernklappen gefunden worden sein

FU/D: Grabungsfunde; „frührömisch"

Q: Mitteilung Prof. Dr. D. Rippmann

8.1. Nachtr. 2. Bern-Bümpliz BE, Mauritiuskirche, FJ: ?

FB: Im Bad der römischen Villa wurden Austern und Herzmuscheln gefunden, die teilweise Farbreste aufwiesen

FU/D: Grabungsfunde; 1./2. Jhd.

Q: Archäologie Bern 2013, 34 f.; M. Schäfer, Marine Mollusken. In: U. Rohrbach, Die römische Palastvilla von Bern-Bümpliz. Archäologie Bern 2016, 198

8.1 Nachtr. 3. Bern-Engehalbinsel BE, FJ: ?

FB: Austernfund oder -funde

FU/D: unbekannt

Q: Th. von Liebenau, Geschichte der Fischerei in der Schweiz (Bern 1897) 7

8.1 Nachtr. 4. Brugg AG, „Neubau Finsterwald", 1911

FB: 5 Oberklappen und 3 Unterklappen von 8 Individuen

FU/D: Grabfund; Zeitstellung unbekannt

Q: H.-G. Attendorn u. a., Provenienzuntersuchungen an römischen Fundaustern aus der Zone nordwärts der Alpen. Römisches Österreich 23/24, 2000–2001, 12

8.1. Nachtr. 5. Buchs ZH, 1972/73

FB: Unbekannte Zahl von Austernklappen; dabei eine Oberklappe mit runder Durchlochung

FU/D: Grabungsfunde aus dem römischen Gutshof (Bestandsdauer: 1.-3. Jhd. n. Chr.)

Q: B. Horisberger, Der Gutshof in Buchs und die römische Besiedlung im Furttal. Monographien der Kantonsarchäologie Zürich 37/1 (Zürich – Egg 2004) 245 f. mit Abb. 361 f.

8.1. Nachtr. 6. Commugny VD

FB: „Coquilles d'huîtres"

FU/D: ?

Q: H. Châtelain, La villa romaine de Commugny. Helvetia archaeologica 26, 1976, 53

8.1. Nachtr. 7. Gränichen AG, 19. Jhd.

FB: Austernfund oder -funde

FU/D: unbekannt

Q: Th. von Liebenau, Geschichte der Fischerei in der Schweiz (Bern 1897) 7

8.1. Nachtr. 8. Kaiseraugst AG, Auf der Wacht und weitere Fundpunkte

FB: Aus Kaiseraugst waren mit Stand von 2017 70 Austernklappen bekannt; davon „über 20" in K.-Auf der Wacht.

FU/D: Eine der Klappen lag in Schichtpaket C der Verfüllung eines römischen Schachtes in K.-Auf der Wacht. Das Schichtpaket gehört dem 3. Jhd. n. Chr. an.

Q: S. Amman – P.-A. Schwarz, Stercus ex latrinis – Die unappetitliche Nachnutzung von Schacht MR 6/MR 32 in der Region 17C der Unterstadt von Augusta Raurica. Jahresberichte aus Augst und Kaiseraugst 38, 2017, 196 Anm. 82 und 252 Anm. 360

8.1 Nachtr. 9. Langendorf SO

FB: Austernfund oder -funde aus einer römischen Villa

FU/D: ?

Q: M. Wullschleger, in: P. Harb – H. Spycher, Hgg., Fundort. Archäologie im Kanton Solothurn (Solothurn 2016), Abb. 255, 222

8.1. Nachtr. 10. Lenzburg AG, FJ: ?

FB: Austernfund oder -funde

FU/D: unbekannt

Q: Th. von Liebenau, Geschichte der Fischerei in der Schweiz (Bern 1897) 7

8.1. Nachtr. 11. Martigny VS, 1939

FB: 9 Austernklappen aus einer Grabung des Jahres 1939 in M. verwahrt das Schweizerische Nationalmuseum Zürich.

FU/D: ?

Q: Schweizerisches Nationalmuseum Zürich, Inv.-Nr. A 41399–41407 (Mitteilung Dr. C. Colombi)

8.1 Nachtr. 12. Pfäffikon-Irgenhausen ZH, 1908

FB: 5 Austernklappen aus einer Grabung des Jahres 1908 verwahrt das Schweizerische Nationalmuseum Zürich.

FU/D: ?

Q: Schweizerisches Nationalmuseum Zürich, Inv.-Nr. A 34960–34964 (Mitteilung Dr. C. Colombi)

8.1. Nachtr. 13. Rodersdorf SO, Bahnhofstraße, 2004

FB: „Einige Austernschalen"

FU/D: Funde offenbar des 2. Jhds. n. Chr. aus einem Raum der hier untersuchten römischen Villa

Q: P. Gutzwiller, Archäologie und Denkmalpflege im Kanton Solothurn 10, 2005, 61; ders., Die Ergebnisse der Ausgrabung 2004 am römischen Gutshof an der Bahnhofstrasse in Rodersdorf, ebd. 13, 2008, 61

8.1. Nachtr. 14. Seeb ZH, 1967

FB: 2 Fragmente von Austernklappe(n)

FU/D: Im Herrenhaus (Gebäude A) des römischen Gutshofs von Seeb, Raum NR 2, aus der untersten Schicht (Bestandsdauer des Gutshofs: 1.-3. Jhd. n. Chr.)

Q: W. Drack, Der römische Gutshof bei Seeb, Gem. Winkel. Berichte der Zürcher Denkmalpflege, Archäologische Monographien 8 (Zürich 1990) 256

8.1. Nachtr. 15. Unterlunkhofen AG

FB: Durch Geschenk gelangten 1922 2 Austernklappen aus U. in das Schweizerische Nationalmuseum Zürich.

FU/D: ?

Q: Schweizerisches Nationalmuseum Zürich, Inv.-Nr. A 28539 (Mitteilung Dr. C. Colombi)

8.1. Nachtr. 16. Vallon FR, FJ: ?

FB: 1 Oberklappe aus einer römischen Villa

FU/D: ?

Q: Autopsie im Musée romain, Vallon

8.1. Nachtr. 17. Worb BE, Sunnhalde, 1986/87

FB: 6 Austernklappen

FU/D: Grabungsfunde aus römischem Gutshof; 1.-3. Jhd. n. Chr.

Q: E. Büttiker-Schumacher, Tierknochen. In: M. Ramstein, Worb-Sunnhalde. Ein römischer Gutshof im 3. Jhd. (Bern 1998) 96

8.1. Nachtr. 18. Zurzach AG, veschiedene Fundjahre

FB: Aus Grabungen der achtziger Jahre des vergangenen Jahrhunderts 4 Oberklappen, 4 Unterklappen und 2 weitere Fragmente

FU/D: Die Austern wurden in Gruben des Kastellgeländes (Grube 118 und 142) und in einem Gebäude des Vicus gefunden (Haus VIII, Fundkomplex 423.30; von dort 1 Unterklappe). Das Kastell war in der 1. Hälfte des 1. nachchristlichen Jhds. belegt; das Haus bestand ebenfalls im 1. Jhd.

Q: Die Austern aus den Grabungen der achtziger Jahre publiziert bei G. E. Thüry, Austernfunde in Kastell und Vicus. In: R. Hänggi – C. Doswald – K. Roth-Rubi, Die frühen römischen Kastelle und der Kastell-Vicus von Tenedo-Zurzach. Textband. Veröffentlichungen der Gesellschaft Pro Vindonissa 11 (Brugg 1994) 411; ebd., Katalog- und Tafelband (Brugg 1994) 550 und 564. – Erwähnung eines älteren Fundvorkommens schon bei Th. von Liebenau, Geschichte der Fischerei in der Schweiz (Bern 1897) 7

Zu 8.2: Süddeutschland

8.2. Nachtr. 1. Breisach BW, Münsterberg, FJ: ?

FB: 1 Unterklappe

FU/D: Aus dem spätrömischen Kastell?

Q: Autopsie im Museum für Stadtgeschichte Breisach

8.2. Nachtr. 2. Epfach-Lorenzberg B, FJ: ?

FB: 1 Ober- und 1 Unterklappe

FU/D: ?

Q: J. Garbsch, Römischer Alltag in Bayern. In: 125 Jahre Bayerische Handelsbank in München 1869–1994. Festschrift (München 1994) 354

8.2. Nachtr. 3. Gauting B, Reismühlerstraße 16, 2002/2003

FB: 1 Unterklappe (mit Aufbruchspuren am Rand?). Starker Epibiontenbefall

FU/D: Grabungsfund auf dem Gelände des römischen Vicus; 1./2. Jhd. n. Chr.

Q: Autopsie im Depot der Gesellschaft für Archäologie und Geschichte, Gauting (Fundbehälter 114)

8.2. Nachtr. 4. Groß-Gerau H, 1989–1992 und 1997–2001

FB: Mehrere Austernreste

FU/D: Funde aus dem Vicus des 1.-3. Jhds. n. Chr.

Q: S. Deschler-Erb, Leben am Rande der Welt – Zu den Tierknochen aus Brunnen und Gruben des römischen Kastellvicus von Groß-Gerau. In: C. Wenzel, Groß-Gerau I. Der römische Vicus von Groß-Gerau, „Auf Esch". Frankfurter Archäologische Schriften 9 (Bonn 2009) 295; H. Hüster-Plogmann, Die Kleintierreste aus dem römischen Kastellvicus in Groß-Gerau. Ebd. 304 f.

8.2. Nachtr. 5. Güglingen BW, FJ: ?

FB: 1 Unterklappe

FU/D: ?

Q: Autopsie im Römermuseum Güglingen

8.2. Nachtr. 6. Günzburg B, Kappenzipfel, mehrere Fundjahre

FB: „Wiederholt" wurden dort römische Austern gefunden (Czysz).

FU/D: ?

Q: W. Czysz, Günzburg in der Römerzeit (Friedberg 2002) 98

8.2. Nachtr. 7. Mertingen-Burghöfe B, 1925 und achtziger Jahre

FB: 2 Austernklappen 1925, 1 Klappe aus den achtziger Jahren

FU/D: Die Klappe aus den achtziger Jahren wurde im Kastellvicus aufgelesen.

Q: Die Funde von 1925 in der Archäologischen Staatssammlung München, Inv.-Nr. 1955, 160 (Mitteilung Dr. J. Garbsch †); zum neueren Fund Fundchronik für das Jahr 1989, Bayerische Vorgeschichtsblätter Beiheft 5 (München 1992) 121

8.2. Nachtr. 8. Rottenburg BW, FJ: ?

FB: 1 Ober- und 1 Unterklappe (nicht zusammengehörig)

FU/D: ?

Q: Autopsie im Sumelocenna-Museum Rottenburg. Vgl. K. Heiligmann, Sumelocenna – Römisches Stadtmuseum Rottenburg am Neckar (Stuttgart 1992), Taf. 6

8.2. Nachtr. 9. Ruffenhofen B, FJ: ?

FB: Bruchstück einer Austernklappe

FU/D: ?

Q: R. H(eyner), Harte Schale – weicher Kern: ein Austernfund aus Ruffenhofen. In: M. Pausch u. a., Hgg., Konsum. Einblicke in einen Wirtschaftsraum am Raetischen Limes (Rednitzhembach 2016) XLI

8.2. Nachtr. 10. Stockstadt B, Kastellthermen, FJ: ?

FB: „Austernschalen in großen Mengen"

FU/D: Kastellthermen; 2./3. Jhd. n. Chr.

Q: F. Drexel, Das Kastell Stockstadt. ORL B 3, Nr. 33 (Heidelberg 1910) 21

8.2. Nachtr. 11. Straubing B, Ostenfeld, FJ: ?

FB: 2 Oberklappen

FU/D: unbekannt

Q: Altbestand des Gäubodenmuseums Straubing. Mitteilung und Übermittlung von Photos durch Dr. J. Prammer †

8.2. Nachtr. 12. Theilenhofen B, FJ: ?

FB: 1 Oberklappe

FU/D: unbekannt (Lesefund von römischem Fundgelände)

Q: Mitteilung des Finders K. Wasmuht. Vgl. die Aufnahme Abb. 117 dieses Bandes

8.2. Nachtr. 13. Unterbaar B, 1960

FB: 1 Austernklappe

FU/D: Grabungsfund aus einer römischen Villa. Zeitstellung ?

Q: G. Sorge, Die Tierknochen aus der römischen Villa Suburbana in Unterbaar. Bayerische Vorgeschichtsblätter 63, 1998, 163–165

Zu 8.3: Österreich

8.3. Nachtr. 1. Enns OÖ, verschiedene Fundstellen und Fundjahre

FB: Von verschiedenen Fundstellen in Enns 5 Oberklappen

FU/D: Vier Grabungsfunde und ein Lesefund; ab 2. Jhd. n. Chr.

Q: Die Ennser Austernfunde publiziert bei G. E. Thüry, Meeresfrüchte in Lauriacum, Teil 2: Austernkonsum im römischen Enns? Mitteilungen des Museumvereines Lauriacum-Enns NF 36, 1998, 21–28. Ein Nachtrag dazu: ders., In Lauriacum zur cena. Küche und Ernährung im römischen Enns. Museumverein Lauriacum Enns, Mitteilungen und Berichte [NF 58], 2020, 56 und 62

8.3. Nachtr. 2. Lanzendorf NÖ, Anningerstraße, FJ: ?

FB: 1 Unterklappe

FU/D: unbekannt (Lesefund von römischem Fundgelände)

Q: Mitteilung des Finders Walter Kropf

8.3. Nachtr. 3. Lendorf-St. Peter in Holz K, FJ: ?

FB: 8 oder 9 Klappen

FU/D: ?

Q: Autopsie im Römermuseum Teurnia, Lendorf-St. Peter in Holz

8.3. Nachtr. 4. Mautern NÖ, Vicus Ost, 1997–1999

FB: 5 Klappen

FU/D: Grabungsfunde aus dem Vicus, 1./2. Jhd. n. Chr.

Q: Chr. Frank, Mollusca (Gastropoda et Bivalvia) aus dem Vicus Ost von Mautern a. d. Donau. In: S. Groh – H. Sedlmayer, Forschungen im Vicus Ost von Mautern-Favianis. Die Grabungen der Jahre 1997–1999. Der Römische Limes in Österreich 44/1, 2006, 587 und 632 f.

8.3. Nachtr. 5. St. Veit-Siebing, Steierm., FJ: ?

FB: 1 Austernklappe

FU/D: unbekannt

Q: Mitteilung des Finders Walter Kropf

8.3. Nachtr. 6. Wien-Unterlaa W, FJ zwischen 1974 und 1999

FB: Auster oder Austern

FU/D: ?

Q: Mitteilung Heinz Nowak †

c) Unzutreffende oder nicht verifizierbare Berichte über Austernfunde

Die Behauptung bei G. Gerlach, Zu Tisch bei den alten Römern (Stuttgart 2001) 100, im römischen Lager von Marktbreit B sei eine Auster gefunden worden, ließ sich trotz vorgenommener Recherchen nicht verifizieren. – Bei einem angeblichen Austernfund aus Berg bei Türkheim B (erwähnt in W. Czysz u. a., Die Römer in Bayern [Stuttgart 1995] 260) handelt es sich in Wahrheit um *Venus verrucosa* L.; vgl. J. Boessneck, Zur Entwicklung vor- und frühgeschichtlicher Haus- und Wildtiere Bayerns im Rahmen der gleichzeitigen Tierwelt Mitteleuropas (München 1958) 59. – Eine Nachricht über einen Austernfund in Horn NÖ ist unzutreffend (die Nachricht bei F. Pichler, Virunum [Graz 1888] 192; O. Keller, Die antike Tierwelt 2 [Leipzig 1913] 565). Es handelt sich dabei nicht um ein römerzeitliches Fundvorkommen (das übrigens weit außerhalb des Limes läge); es kann nur eine Fehldeutung einer oder mehrerer der im Raum Horn häufigeren fossilen Austern sein.

36

Römische Küche und Kultur und der Begriff der „multikulturellen Gesellschaft"

(Ansprache zur Eröffnung der vom Verf. kuratierten Ausstellung „Culinaria Carnuntina – Essen und Trinken im römischen Carnuntum" [Carnuntum, 1.4.2000].[1] Erstmals abgedruckt in: Circulare. Unabhängiges Organ der klassischen Philologen in Österreich [Wien], Jg. 2000, Heft 2, 4 f.)

Sehr geehrter Herr Bundesrat!

Meine sehr geehrten Damen und Herrn!

Die Ausstellung „Culinaria Carnuntina", die wir heute eröffnen, will über die Ernährungsgewohnheiten der römischen Kaiserzeit und speziell über die im antiken Carnuntum informieren. Sie will das möglichst gründlich tun, wie es sich für eine gute Ausstellung gehört; und deshalb hält sie eine große Menge detaillierter Informationen für Sie bereit. Wer sich aber auf so viele Details einlassen soll, der kann sich auch berechtigt wünschen, dass man ihm doch einmal knapp, in nur wenigen Minuten, eine Skizze davon entwirft, was denn eigentlich die wichtigsten Aussagen über das Thema sind, um das es geht.

Das soll jetzt also geschehen. Ich will Ihnen die Frage beantworten, was denn die Hauptcharakteristika der kaiserzeitlichen römischen Ess- und Kochkultur waren.[2] Und beginnen will ich mit einem Charakteristikum, von dem die Erklärungstexte auf den Schrifttafeln dieser Ausstellung gar nicht ausdrücklich sprechen. Als Besucher der „Culinaria Carnuntina" werden Sie dieses Charakteristikum aber auch von ganz allein erkennen. Es wird Ihnen deutlich werden angesichts mancher ausgestellter Objekte, angesichts mancher Informationen der Beschriftungstexte und beim Hören der originalrömischen Tafelmusik in unserem nachempfundenen antiken Speisezimmer.[3] All das wird Ihnen den Eindruck vermitteln, wie sehr der moderne Betrachter hier – selbst bei aller klassischen Bildung

– einer doch fremden Welt, einer doch sehr anderen Kultur begegnet. Die Fremdheit des Antiken halte ich für ein erstes wichtiges Charakteristikum auch der römischen Küche.

Wie sich Fremdheit auf dem Gebiet des Kulinarischen äußert, das erfährt natürlich am eindrucksvollsten – nur kann eine Ausstellung diese Erfahrung nicht vermitteln –, wer fremde Gerichte kostet. Glücklicherweise ist das auch im Fall der antiken Küche möglich; denn wir besitzen hunderte erhaltener römischer Koch- und Backrezepte. Danach Zubereitetes ist kulinarisch lohnend, hat aber eben auch etwas Exotisches an sich. Das liegt zum Teil daran, dass die römischen Köche nicht immer die gleichen Zutaten zur Hand hatten wie ihre modernen Kollegen. Einerseits fehlte ihnen so manches – wie die damals noch unbekannten Kartoffeln oder der noch wenig bekannte Reis; und andererseits hatten sie uns so manches voraus: etwa heute vergessene Kräuter und Gemüse oder für uns ungewöhnliche Schlachtteile, wie zum Beispiel beim Schwein das Euter. Aber es gibt auch Unterschiede ganz grundsätzlicher, gewissermaßen „küchen-ideologischer" Natur. So war der Antike das moderne Vorurteil noch nicht bekannt, Gewürze dürfe man nur sparsam verwenden und der Originalgeschmack eines Fleisch- oder Fischgerichtes dürfe beim Würzen nicht verfremdet werden. Römische Köche gingen freigebig mit einer breiten Palette gern auch sehr starker Würzstoffe um. Sie waren fasziniert vor allem vom Pfeffer; sie liebten es, mit Gewürzen zu spielen und durch Würzen geschmacklich zu verändern; und sie demonstrierten immer wieder neu, wie auch divergierende Geschmacksrichtungen wie Süß und Sauer, Süß und Scharf, Süß und Bitter dennoch zusammenpassen und sich gegenseitig ergänzen können.

Natürlich sind das alles Merkmale einer doch gehobenen Küche – einer Küche, die sich nur bestimmte Gesellschaftsschichten leisten konnten. Mit dieser Feststellung kommen wir aber auch schon zum nächsten Charakteristikum der kaiserzeitlichen Esskultur, nämlich zu der Tatsache, dass sich in den höheren

---

[1] Der Text wurde leicht überarbeitet und durch die Anmerkungen ergänzt.
[2] Für eine ausführlichere Darstellung des Themas vgl. G. E. Thüry – J. Walter, Condimenta. Gewürzpflanzen in Koch- und Backrezepten aus der römischen Antike (Herrsching 3. Aufl. 1999) 16 ff.
[3] Auf Anraten des Verf. wurde dafür eine eigens aufgenommene CD des Seikilos-Liedes aus dem l. Jhd. n. Chr. verwendet. Sein zum Lebensgenuss auffordernder Text lässt es als Tafelmusik geeignet scheinen. – Zum Lied E. Pöhlmann, Griechische Musikfragmente. Erlanger Beiträge zur Sprach- und Kunstwissenschaft 8 (Nürnberg 1960) 35 und 80; ders., Denkmäler altgriechischer Musik. Ebd. 31 (Nürnberg 1970) 54 ff.

Gesellschaftsschichten der späten Republik und der Kaiserzeit eine anspruchsvolle Wohlstandsernährung und eine verfeinerte Kochkunst herausgebildet haben, wie man sie in den ältesten Zeiten römischer Geschichte nicht gekannt hatte. Im ältesten, noch sehr bäuerlichen Rom soll die Ernährungsweise vielmehr – nach Aussage späterer antiker Quellen – sozial sehr wenig differenziert gewesen sein. Wir lesen da, dass sich selbst Feldherrn und Staatsmänner einen bescheidenen Topf selbstgezogener Kohlköpfe kochten. Dies Beispiel elitärer Anspruchslosigkeit berührt noch uns moderne Menschen so, dass wir uns tapfer des Verdachts erwehren, wir könnten da einer späteren Legendenbildung aufgesessen sein.

Tatsache ist freilich, dass die Römer ihre älteste Vergangenheit – als eine Zeit beispielhafter Bescheidenheit und Tugendhaftigkeit – zu verklären pflegten. Dagegen waren sie geborene Kritiker ihrer jeweiligen eigenen Gegenwart. Und so verwundert es auch nicht, dass sich in der Blüteperiode römischer Kochkunst – d. h. in der Kaiserzeit – eine starke Alternativbewegung entwickelte, die für eine mehr oder weniger asketische Ernährungsweise eintrat und die jedes gute Essen für einen Ausdruck dekadenter Verkommenheit hielt. Zum Lager dieser Küchenkritiker und ihrer Sympathisanten gehörten auch begnadete Literaten; und sie haben ein so satirisch verzeichnetes, ein so verzerrtes Bild der kaiserzeitlichen Küchenkultur entworfen, dass daraus ein lange anhaltendes Vorurteil über die angebliche Orgienhaftigkeit des damaligen Essens geworden ist. Dabei müssten wir aber unsere heutige Ernährungsweise, nach den Maßstäben der antiken Küchenkritiker betrachtet, für eine noch sehr viel dekadentere halten. Sie kritisierten nämlich alles, was dem Thema des Essens einen gewissen Stellenwert im Leben einzuräumen schien; und sie erklärten jede Maßnahme der Nahrungsbeschaffung für verwerflich, die mit einem gewissen Aufwand und mit dem Einsatz künstlicher Hilfsmittel verbunden war. So verfiel ihrem Verdikt schon, wer ein Kochbuch oder ein Gewächshaus besaß und wer sich durch den Fernhandel ortsfremde Lebensmittel verschaffte.

Mit diesem Punkt eines überregionalen Lebensmittelhandels ist nun ein letztes in unserem Zusammenhang wichtiges Phänomen angesprochen. Zu den Hauptcharakteristika der kaiserzeitlichen Ernährung zählt nämlich auch, dass ein unerhört leistungsfähiger Handel für ein ständiges Hin und Her von Feinkostprodukten und Spezialitäten innerhalb des ganzen Römischen Reiches sorgte; ja, mehr als das: sein Aktionsradius reichte – um tausende von Kilometern über die römischen Reichsgrenzen hinaus – bis nach Arabien, in das Pfefferland Indien und sogar noch weiter. Auch der Besucher unserer Ausstellung wird von vielen fremden Nahrungsmitteln erfahren, die so auf die Tische der Carnuntiner Region gelangt sind. Nach den bisherigen Funden gehören die Meeresfrüchte Auster und Purpurschnecke dazu, Fischsaucen, Datteln, Mandeln und eingelegte Oliven.[4]

Was sich in solchen Importen niederschlägt, das ist aber nicht nur die Breite des Warenangebots und die Leistungsfähigkeit des Lebensmittelhandels. Wir erkennen an derartigen Funden außerdem – hier wie andernorts –, dass innerhalb des Römischen Reiches nicht nur Nahrungsmittel sozusagen „gewandert" sind, sondern auch Ernährungsgewohnheiten. So war es in der Carnuntiner Gegend vor den Römern nicht üblich, zum Beispiel Frutti di mare, Fischsaucen oder Südfrüchte zu essen. Die Akzeptanz dieser Lebensmittel ist eine Folge erst einer kulturellen Anpassung – nämlich einer Anpassung an die eigentlich im Süden heimische römische Küche. Sie hat sich in unserem Raum neben der hier bodenständigen pannonischen Küchentradition etabliert – die also dadurch nicht etwa verdrängt wurde; und sie hat, auf ihre besondere Weise, mit zu jenem Phänomen beigetragen, das wir die „Romanisierung" nennen. Unter „Romanisierung" verstehen wir den Vorgang der Angleichung der Provinzen an die römische Kultur. Diese kulturelle Angleichung fand – mehr oder weniger ausgeprägt – in allen Provinzen und auch in allen Lebensbereichen statt (von der Sprache und der Religion bis hin zur Kleidung oder der Art des Wohnens). Sie war aber nicht etwa eine Folge des Zwangs, sondern vollzog sich – wenigstens weitestgehend – als freiwillige Akkulturation, d. h.: als freiwillige Übernahme römischer Kulturelemente durch die Provinzbewohner. Ohne ihre eigenen Traditionen völlig aufzugeben, übernahmen sie von den Angeboten südländischer Kultur und Zivilisation, was immer ihnen einen verbesserten Lebensstil zu versprechen schien. Die römische Küche gehörte dazu. Es gab also auch eine „kulinarische Akkulturation"; und so ließe sich sagen, dass die allmähliche Annäherung der Pannonier an Rom, dass ihr allmähliches Römischwerden die Geschichte einer Neigung war, die – auch – „durch den Magen ging".

Für uns Menschen des – nunmehr – 21. Jahrhunderts ist das alles nicht ohne Aktualität. Auch im heutigen Mitteleuropa haben wir in den letzten Jahrzehnten ein Beispiel kulinarischer Akkulturation beobachten können: nämlich ein massives Vordringen ursprünglich gebietsfremder, vor allem mediterraner Küchen. Die Arbeitsmigration und der Tourismus haben Pizza, Pasta, Gyros und Kebab zu Begriffen werden lassen, die jedes Kind kennt. Auch dieses Phänomen lässt sich

---

[4] Literaturbelege (Auswahl): für Austern, Datteln und Oliven Thüry – Walter (Anm. 1) 27 f. und 30; für die Purpurschnecke G. E. Thüry, Meeresfrüchte in Lauriacum, Teil 2. Mitteilungen des Museumvereines Lauriacum-Enns 36, 1998, 26; für Fischsauce U. Ehmig, M – Eine Amphore sucht ihren Inhalt. Carnuntum Jahrbuch 1997, 9 ff.; und für Mandeln E. Swoboda, Carnuntum (Graz – Köln 4. Aufl. 1964) 215.

als ein Teil umfassenderer Akkulturationsvorgänge verstehen: als Teil der Europäisierung und der Globalisierung. Das ist eine Tatsache, die heute oft durch die Formulierung verdeckt wird, es entstehe jetzt eine „multikulturelle Gesellschaft". Was ich Ihnen hier aber leider nicht näher aufzeigen kann – nicht näher aufzeigen im Rahmen dieser knappen und fast schon beendeten Ansprache – das ist die folgende Lehre, die sich aus historischen Beispielen wie dem des Römischen Reiches ziehen lässt: dass nämlich die einzelnen Kulturen einer multikulturellen Gesellschaft im täglichen Zusammenleben nicht unbeeinflusst, nicht unverändert bleiben; dass sie interagieren und in der Interaktion auch ihre eigene Erscheinung und ihr Wesen verändern. So sind die einheimischen Kulturen der römischen Provinzgebiete, obwohl sie von Rom nicht unterdrückt wurden, doch nicht unverändert geblieben; und auch die ursprüngliche römische Kultur hat sich im Zusammenleben mit diesen provinzialen Kulturen gewandelt. Der Endpunkt der Entwicklung ließe sich mit der Formel beschreiben: Eine multikulturelle Gesellschaft – und so war das auch in Rom – bleibt nicht multikulturell; sondern es entsteht in ihr mit der Zeit eine neue, allen gemeinsame Kultur mit multikulturellen Wurzeln. Dass ich dabei nur von einer Gesellschaft mit dem Willen zu wirklichem und gewaltfreiem Zusammenleben spreche, versteht sich von selbst.

Auch wenn die Politik darüber schweigt, muss dem historisch Gebildeten also klar sein, dass uns ein großer kultureller Umbruch und auch ein Verlust natürlich nicht aller, aber doch vieler und uns lieber Kulturelemente bevorsteht. Hätten Sie gern einen erfreulicheren Schlussgedanken gehört, so kann ich Ihnen aber den folgenden anbieten: dass eben Geschichte beständiger Wandel ist; sie zerstört und sie konserviert doch auch. So kommt das Paradoxon zustande, dass uns die Kultur des antiken Rom inzwischen längst sehr fremd scheint; und doch ist sie uns zugleich sehr nah: sie ist ja ein Teil unserer Geschichte, liegt einem Teil unserer eigenen Kultur zugrunde und ist damit – gewissermaßen – auch ein Teil von uns selbst.

37.

Interesse an Fossilien und Deutung
von Fossilienfunden in der römischen Antike

(Erstmals gedruckt als Kommentar zu einem Fundstück aus Augst [Abb. 99–100] und als Beitrag zu: M. Schaub – G. E. Thüry, Fossilien in der Römerzeit. Ein neuer Fund aus Augusta Raurica und seine Deutung. Jahresberichte aus Augst und Kaiseraugst 25, 2004, 154 ff.)

Dass schon Urgeschichte und Altertum Interesse an Versteinerungen hatten, beweisen Fossilienfunde aus prähistorischen und griechisch-römischen Fundzusammenhängen. Sie gehen bis auf das Paläolithikum zurück;[1] und sie erstrecken sich bis in die römische Kaiserzeit. Aus römischen Kontexten sind dem Verfasser nördlich der Alpen – außer in Augst – Fossilien auch aus Binningen und Reinach (beide Kanton Basel-Landschaft) sowie aus Köln, Trier, Tittmoning (Oberbayern) und dem Kastell Zugmantel (?) bekannt geworden.[2] In allen diesen Fällen handelt es sich um versteinerte Muscheln, die aber unter unbekannten Umständen geborgen wurden und von denen mindestens die eine oder andere auch aus örtlich anstehendem Gestein oder aus römischem Baumaterial herrühren könnte.

Die oben von M. Schaub behandelten Fossilienfunde aus dem römischen Augst fallen mit ihrer Zahl und ihrem weiten Artenspektrum demgegenüber aus dem Rahmen. Die bemerkenswertesten Funde sind das in dieser Arbeit vorgestellte Objekt Abb. 99–100 und der Backenzahn eines Mammuts aus der Insula 43 (Abb. 98), den Elisabeth Schmid veröffentlicht hat.[3]

Beziehen wir den Mittelmeerraum der klassisch-griechischen und hellenistisch-römischen Zeit in die Betrachtung mit ein, ist auf die archäologisch nachgewiesenen Vorkommen von Fossilienfunden in Tempeln hinzuweisen.[4] Dass in Tempeln Fossilien (und andere Naturalien) aufbewahrt wurden und besichtigt werden konnten, berichten uns auch griechische und römische Autoren.[5]

Mit dem Thema der Fossilienfunde hat sich die antike Literatur überhaupt gern beschäftigt. Die einschlägigen Texte sind von Othenio Abel, Ernst von Lasaulx, Adrienne Mayor, Knut Usener und anderen gesammelt und erläutert worden.[6] Sie zeigen, welchen Stellenwert Fossilien im damaligen Denken einnahmen und wie teilweise kontrovers die Objekte gedeutet wurden. So gab es zwar verschiedene falsche Ansichten über Fossilien; zum Beispiel eine Lehre (der hier nicht weiter nachgegangen werden soll), wonach – mit den Worten des Älteren Plinius – *ossa e terra nasci*, d. h. Knochen

---

[1] Vgl. z. B. E. Buffetaut, A Short History of Vertebrate Palaeontology (London usw. 1987) 1 f.; H. R. Stampfli, Die Fauna der Magdalénien-Station Winznau-Käsloch. Archäologie der Schweiz 4, 1981, 40 f.; P. Wernert, Outil paléolithique en coquille d'huître fossile du loess ancien de Hangenbieten. Cahiers d'archéologie et d'histoire d'Alsace 132, 1952, 9 ff.

[2] Binningen (Gutshof Florastrasse): Jahresbericht der Schweizerischen Gesellschaft für Urgeschichte 21, 1929, 88. – Reinach (Brandgräberfeld Brüel): A. R. Furger, Die ur- und frühgeschichtlichen Funde von Reinach BL. Basler Beiträge zur Ur- und Frühgeschichte 3 (Derendingen – Solothurn 1978) 56. – Köln (Umgebung des Doms): H. Kappes in: B. Liesen, Die Grabungen südlich und westlich des Kölner Doms. Kölner Jahrbuch 34, 2001, 366 und 369. – Trier (Barbara-Thermen): S. Loeschcke, Muschelverzierung in den Barbara-Thermen zu Trier. Römisch-Germanisches Korrespondenzblatt 7, 1914, 82 Anm. 1. – Tittmoning (römischer Gutshof Stiftsgasse, Kanonikerhaus): F. Strauch – G. E. Thüry, Austernfunde aus römischen Gebäuderesten in Tittmoning, Ldkr. Traunstein. Bayerische Vorgeschichtsblätter 50, 1985, 349. – Kastell Zugmantel: Saalburg-Jahrbuch 8, 1930, 55 (hier „eine Austernschale", die aber unter den Fundobjekten aus Stein aufgezählt wird).

[3] Zum Mammutzahn E. Schmid, Ein Mammutzahn und ein Jurafossil aus Augusta Raurica. Baselbieter Heimatbuch 11 (Liestal 1969) 100 ff.

[4] D. S. Reese, Fossils and Mediterranean Archaeology. American Journal of Archaeology 89, 1985, 347; ders., Recent and Fossil Shells. In: D. Soren, Hg., The Sanctuary of Apollo Hylates at Kourion, Cyprus (Tucson 1987) 77; A. Mayor, The First Fossil Hunters. Paleontology in Greek and Roman Times (Princeton 2000) 181 ff.

[5] Vgl. speziell für Fossilien Mayor (Anm. 4) 171 f. und 181 f.; für Naturalien allgemein L. Friedländer, Darstellungen aus der Sittengeschichte Roms 1 (Leipzig 10. Aufl. 1922) 449 ff. und F. Pfister, Der Reliquienkult im Altertum. Religionsgeschichtliche Versuche und Vorarbeiten 5 (Gießen 1909–1912) 325 und 507.

[6] Vgl. u. a. O. Abel, Vorzeitliche Tierreste im Deutschen Mythus, Brauchtum und Volksglauben (Jena 1939); Buffetaut (Anm. 1) 3 ff.; O. Keller, Die antike Tierwelt 2 (Nachdruck Hildesheim – New York 1980) 569 f.; E. von Lasaulx, Die Geologie der Griechen und Römer. Abhandlungen der Kgl. Bayerischen Akademie der Wissenschaften 6, 3, 1852, 515 ff.; A. Locard, Histoire des mollusques dans l'antiquité. Mémoires de l'Académie des Sciences, Belles-Lettres et Arts de Lyon, Classe des Sciences 27, 1885, 225 f. und 228; Mayor (Anm. 4), bes. 260 ff.; RE XVI (Stuttgart 1935) 795 f. s. v. Muscheln (A. Steier); E. Thenius in: E. Thenius – N. Vávra, Fossilien im Volksglauben und im Alltag (Frankfurt/M. 1996), bes. 15; K. Usener, Fossilien und ihre Deutung. Antike Spekulationen über die Entstehung der Welt. Antike Naturwissenschaft und ihre Rezeption 9, 1999, 7 ff. – Stellen über die Auffindung von Fossilien berücksichtigt auch Pier Giovanni Guzzo in einer Quellensammlung zu archäologischen Funden und Aktivitäten der Antike: P. G. Guzzo, Ritrovamenti antichi di cose più antiche. In: R. Cappelli, Hg., Le immagini della memoria: il tesoro ritrovato (Ausstellungskatalog Rom 1993) 27 ff. (freundlicher Hinweis von Annemarie Kaufmann-Heinimann, Basel).

Abb. 98: Augst, Kanton Basel-Landschaft (Grabung 1968.055). Mammutzahn

im Boden entstehen können.[7] Aber eine andere Lehre erklärte den Vorgang der Fossilisation schon recht gut. Ihr folgte Plinius, wenn er über eine fossilienführende Gesteinsart schrieb: „Sie soll aus mit Schlamm vermischtem und gehärtetem Meerschaum bestehen; und deshalb finden sich winzige Weichtierschalen (*conchae*) darin."[8]

Dass Versteinerungen von Meerestieren auch im Gebirge und tief im Binnenland vorkommen, ist in der Antike früh bemerkt worden. Schon im 6. bzw. frühen 5. vorchristlichen Jahrhundert zog der Naturphilosoph Xenophanes aus Kolophon den Schluss, dass Fundstellen entsprechender Versteinerungen in früherer Zeit unter dem Meeresspiegel gelegen haben müssen.[9] Die gleiche Folgerung findet sich wenig später bei Herodot

und beim lydischen Autor Xanthos.[10] In römischer Zeit vertreten diese Ansicht Ovid, Pomponius Mela, Plutarch, Apuleius, Tertullian, Solin und Orosius.[11]

Bei der Häufigkeit dieser Texte ist es nicht unwahrscheinlich, dass auch die muscheldurchsetzte Augster Fossilienplatte Abb. 99–100 als Zeugnis einer urzeitlichen Überflutung gedeutet wurde. Was dagegen den im römischen Augst gefundenen Mammutzahn (Abb. 98) betrifft, scheinen die Chancen für eine richtige Interpretation durch die antiken Betrachter geringer. Zähne und vor allem Knochen fossiler Großtiere sind in der griechischen und römischen Literatur überwiegend auf Riesen der Ur- und Frühzeit zurückgeführt worden (vgl. dazu Abb. 101).[12] Ernst von Lasaulx und später

[7] Zitat aus Plinius, *Naturalis historia* 36,134.
[8] Plinius, *Naturalis historia* 35,36. – Teilweise richtig auch ebd. 36,161 mit einer Erklärung des Versteinerungsvorgangs bei Knochen.
[9] H. Diels – W. Kranz, Die Fragmente der Vorsokratiker 1 (Berlin 10. Aufl. 1961) 123.

[10] Herodot 2,12; Xanthos bei Strabon 1,3,4.
[11] Ovid, *Metamorphoses* 15,261 ff.; Mela 1,32; Plutarch, *De Iside et Osiride* 40; Apuleius, *Apologia* 41; Tertullian, *De pallio* 2,3; Solin 9,7; Orosius, *Historiae* 1,3,4.
[12] Dazu Abel (Anm. 6) 97 ff.; S. Eitrem, Zu Philostrats Heroikos. Symbolae Osloenses 8, 1929, 53 ff.; von Lasaulx (Anm. 6) 523 ff.; Mayor (Anm. 4), bes. 104 ff.; Pfister (Anm. 5) 425 ff. und 507 ff.

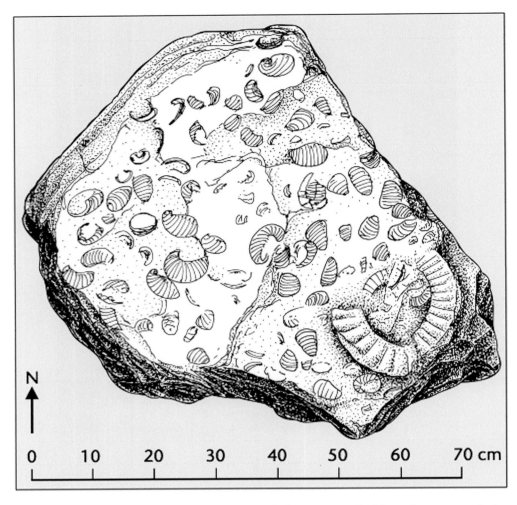

Abb. 99: Augst (Grabung 2004.058). Block aus Arietenkalk in situ. Der Block lag auf einem Raumboden des 1. Jahrhunderts n. Chr. Seine Oberfläche ist übersät mit über 80 Versteinerungen (Greifenschnabel-Muscheln, Ammonit oder Ammoniten). Zeichnung M. Schaub

Othenio Abel kamen daher auf den Gedanken, „dass die vielfachen Sagen des ... Alterthums von ... Riesen ihren historischen Grund darin haben", dass eben „frühzeitig ... solche versteinerte urweltliche Thierknochen gefunden" wurden (so Ernst von Lasaulx 1852[13]).

Immerhin gab es in der Antike aber auch Stimmen, die der *communis opinio* widersprachen und die riesige Knochenfunde nicht oder nicht in jedem Fall auf Riesen, sondern auf urzeitliche Tiere beziehen wollten. Diese Deutung begegnet im Hellenismus bei Euphorion und in römischer Zeit bei Plinius dem Älteren, Sueton und Aelian.[14] Die Stellungnahme des Sueton ist dabei die interessanteste; denn er formuliert, es handle sich um „überaus große Gliedmaßen gewaltiger Groß- und Wildtiere, die man als ‚Gigantenknochen' bezeichnet"

(*immanium beluarum ferarumque membra praegrandia, quae dicuntur gigantum ossa*). Das Bewusstsein, die einer „vulgo-Meinung" überlegene Interpretation zu vertreten, meint man dieser Stelle anzumerken. In der Tat war hier das Urteil des Sueton auch noch dem des Mittelalters und eines guten Teils der Neuzeit überlegen; denn die Deutung von Großtierfossilien als den Resten von Riesen hat sich bis in das 18. Jahrhundert gehalten. Eigenartigerweise wurde sie selbst noch von neuzeitlichen Ärzten vertreten, die es doch aufgrund ihrer anatomischen Kenntnisse hätten besser wissen sollen. So deutete der Berner Stadtarzt Wilhelm Fabry (Fabricius Hildanus) ein Mammutfemur, das er im Jahr 1613 und auch später noch öfter sah, als das eines Riesen; und die Ärzte Franz Ernst Brückmann und Georg Anton Volckmann begingen jeweils einen ähnlichen Irrtum noch in den zwanziger Jahren des 18. Jahrhunderts.[15]

---

[13] von Lasaulx (Anm. 6) 525. Vgl. Abel (Anm. 6) 99 und 101.
[14] Euphorion bei Aelian, *De natura animalium* 17,28; Plinius, *Naturalis historia* 9,11; Sueton, *Augustus* 72 (vgl. dazu den wichtigen Kommentar bei Mayor [Anm. 4] 172 ff.); Aelian, *De natura animalium* 16,39.

[15] Über das Mammutfemur des Wilhelm Fabry: H. R. Stampfli, Die Geschenke des Wilhelm Fabry an die Berner Bibliothek. Jahrbuch

Abb. 100: Augst. Der Kalksteinblock Abb. 99 mit Versteinerungen

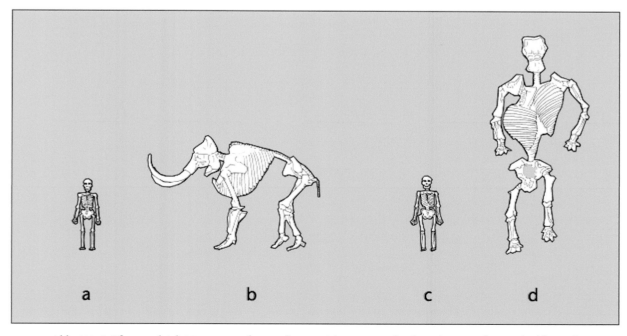

Abb. 101: Größenvergleich Mammut und Mensch. Umzeichnung M. Schaub nach Mayor (Anm. 4), Abb. 3,4 f.

Nachwort 2024

An römischen Funden aus der Zone nördlich der Alpen, die ein Interesse an Versteinerungen bezeugen, kann ich außer den in dieser Arbeit gesammelten Fällen und ohne Anspruch auf Vollständigkeit die folgenden weiteren nennen:

- Auf dem Gelände der Römerstadt Augst/Kaiseraugst kamen zahlreiche fossile Mollusken zutage, die – mit Stand von 1981 – Beatrice Moor zusammengestellt hat: B. Moor, Mollusken aus Augst. Jahresberichte aus Augst und Kaiseraugst 6, 1986, 128 f.

- In Augst-Osttorstraße steckte in 2017 untersuchtem römischem Mauerwerk eine fossile Greifenschnabel-Muschel (*Gryphaea arcuata*). Sie wurde so eingemauert, dass sie von außen sichtbar war: M. Schaub, Archäologie vor Ort vermittelt: Die Publikumsgrabung 2017.058 in Augusta Raurica. Jahresberichte aus Augst und Kaiseraugst 39, 2018, 114–116.

- Im Kastell Zugmantel fand sich ein „versteinerter Seeigel (*Galerites abbreviatus*) aus der Kreideformation, in Bronze gefasst mit einem Ring": 4. Bericht der Römisch-Germanischen Kommission 1908, 63 und Abb. 11.30, S. 51.

Interessant ist aber auch eine Bleimuschel aus frühkaiserzeitlichen Schichten am Basler Münsterhügel, die eine „Abformung der fossilen Muschel Pholadomya" darstellt: A. Furger-Gunti, Die Ausgrabungen im Basler Münster I. Basler Beiträge zur Ur- und Frühgeschichte 6 (Derendingen – Solothurn 1979) 68 und Abb. 39.8, S. 67.

Zur in der vorstehenden Arbeit herangezogenen Literatur ist außerdem noch der folgende wichtige Aufsatz hinzuzufügen: S. Reinach, Le musée de l'empereur Auguste. Revue d'Anthropologie 3. sér. 4, 1889, 28–36.

---

des Bernischen Historischen Museums 61/62, 1981–82, 67 ff.; zu F. E. Brückmann und G. A. Volckmann: Abel (Anm. 6) 108 ff. Vgl. auch die 1725 publizierte These des Zürcher Stadtarztes Johann Jakob Scheuchzer, zwei fossile Riesensalamander seien Reste von (allerdings nicht riesenwüchsigen) Menschen, die in der Sintflut umkamen (darüber M. Kempe, Wissenschaft, Theologie, Aufklärung. Johann Jakob Scheuchzer [1672-1733] und die Sintfluttheorie [Epfendorf 2003] 129 ff.).

38.

Die Rolle von Süßwasserfisch in der römischen Küche
Das Zeugnis der antiken Literatur

(Aus: H. Hüster Plogmann, Hg., The Role of Fish in Ancient Time. Proceedings of the 13th Meeting of the ICAZ Fish Remains Working Group Basel/Augst 2005 [Rahden 2007] 113 ff.)

Die Archäoichthyologie befasst sich nicht allein mit Fischresten. Sie befasst sich mit der Rolle der Fische in vergangenen Kulturen überhaupt; und das kann nur bedeuten: ihr Gegenstand sind Quellen aller Art, die uns über dieses Thema informieren. Für die griechische und die römische Antike folgt daraus: die Archäoichthyologie muss auch die hier so reichlich fließenden literarischen Quellen über Fische in die Betrachtung einbeziehen.

Auf dem Gebiet einer speziellen Fragestellung möchte der vorliegende Artikel zeigen, was die Nachschau in den literarischen Quellen zu unserem Wissen beisteuern kann. Diese spezielle Frage ist die nach der Rolle des Konsums von Süßwasserfisch in römischer Zeit.[1]

Wir beginnen mit einem Text, der die Situation im 1. Jahrhundert v. Chr. beleuchtet. Nach dem römischen Gelehrten und Landwirtschaftsautor Varro (116–27 v. Chr.) war das eine Zeit, in der die gehobene Küche Italiens begann, gegenüber dem Süßwasserfisch den Seefisch zu bevorzugen (Anhang Autor 1). Auch die Fischteiche in Küstengebieten – so Varro – wurden jetzt nicht mehr nur mit Süßwasser befüllt, sondern ebenso mit Salzwasser und mit Meeresfischen.

Modeströmungen mögen mitunter nicht oder nur schwer erklärbar sein. Aber der neue Trend zu einer Bevorzugung von Seefisch scheint sich gut in den Rahmen dieser Zeit gestiegener kulinarischer Ansprüche einzupassen. Damals erweiterte sich die Liste der Nahrungstiere, Nahrungspflanzen und Nahrungsmittelimporte; man erfand das Stopfen von Gänsen und die so hergestellte Gänseleber; und man begann auch Pfauen, Austern und selbst Schnecken zu mästen.[2]

Die Passage des Varro über das gestiegene Interesse an Seefisch wurde einige Jahrzehnte später, im 1. Jahrhundert n. Chr., im Landwirtschaftshandbuch des Columella zitiert (Anhang Autor 2). Columella (dessen genaue Lebensdaten nicht bekannt sind) bezeugt zugleich, dass sich der bei Varro beschriebene Trend bis in seine eigene Zeit fortsetze. Aber Columella ist nicht der einzige Autor, der das berichtet. Auch Xenokrates (Anhang Autor 3), ein Arzt ebenfalls des 1. nachchristlichen Jahrhunderts (genaue Daten sind unbekannt), bestätigt die anhaltende Vorliebe für Seefisch. Er schreibt, Süßwasserfisch sei von geringerem kulinarischen Wert als Seefisch. Es gebe aber Ausnahmefälle, in denen bestimmte Süßwassertiere doch der Qualität von Meeresprodukten gleichkämen. Diese Ausnahmefälle seien die drei folgenden Flussfische: der Nil-Buntbarsch *Oreochromis niloticus* aus Ägypten (der griechisch schreibende Xenokrates nennt das Tier *korakinos*); der Flussbarsch oder das Egli, *Perca fluviatilis*, aus dem Rhein (Xenokrates bezeichnet ihn als *perke*); und aus dem Tiber der *labrax*, d. h. der Wolfsbarsch (*Dicentrarchus labrax*) oder der Gefleckte Wolfsbarsch (*Dicentrarchus punctatus*).[3] Speziell als Teil der Tiberfauna war dabei dieser dritte Fisch, der Wolfsbarsch, in der römischen Küche schon seit zumindest dem 2. Jahrhundert v. Chr. berühmt; schon damals erwähnten ihn der Satiriker Lucilius und ebenso ein Redner namens Titius als eine besondere kulinarische Spezialität der Hauptstadt.[4] Später, in der zweiten Hälfte des 1. Jahrhunderts v. Chr., führt auch der Dichter Horaz den Wolfsbarsch als ein Spitzenprodukt der stadtrömischen Küche auf.[5]

Nur wenige Jahre nach Columella und Xenokrates schrieb der Ältere Plinius (ca. 23–79 n. Chr.) seine *Naturalis historia*, seine „Naturgeschichte" (Anhang Autor 4). Darin legt er sich zwar nicht ausdrücklich fest, ob er es eher mit dem Meer- oder mit dem Flussfisch halte. Aber er spricht von dreierlei Fischen, die ebenso im Süß- wie im Salzwasser vorkämen und die von besserer Qualität seien, wenn man sie in Flüssen

---

[1] Eine Vorarbeit war dazu der Beitrag Thüry 2006 (a). Die Liste der dort zusammengestellten Quellen konnte aber durch fortgesetzte Recherchen erweitert werden.
[2] Thüry – Walter 2001, 18.

[3] Zur Übersetzung der antiken Fischnamen hier und im folgenden vor allem De Saint-Denis 1947 und Thompson 1947.
[4] Die Stellen des Lucilius (Fragm. 1193 ff. Krenkel) und des Titius (ORF n.51, Fragm. 2) sind Fragmente, die uns durch Zitate bei Macrobius, *Saturnalia* 3,16,14–18 erhalten blieben. – Über Titius, von dem wir sehr wenig wissen, Till 1967.
[5] Horaz, *Saturae* 2,2,31.

oder in Seen fange. Dazu gehöre erstens wieder der Wolfsbarsch (*Dicentrarchus labrax* bzw. *D. punctatus*) aus dem Tiber. Zweitens gelte das vom in den Flüssen gefangenen Lachs, dem *salmo fluviatilis*, und zwar speziell dem Aquitaniens; die Aquitanier, sagt Plinius, schätzen ihn mehr als jeden reinen Meeresfisch. Der dritte derartige Fall betrifft dagegen auch die antike Schweiz: nämlich der Fall der *mustela*.[6] Unter dieser Bezeichnung *mustela* faßt die römische Literatur verschiedene Dorsche (*Gadidae*) zusammen: und zwar einerseits mehrere Arten mariner Dorschfische; und andererseits das Süßwassertier *Lota lota*, also die Quappe, Rutte oder Trüsche. Über sie bemerkt Plinius, daß es im Bodensee eine Süßwasser-*mustela* gebe, deren Leber nicht weniger delikat sei als Dorschleber aus dem Ozean. Möglicherweise war das mehr als nur eine Buchweisheit; hatte der Gelehrte doch als Offizier einige Jahre im schweizerisch-süddeutschen Raum gelebt.

Die Chronologie der Zeugnisse über die Süßwasserfisch/Salzwasserfisch-Diskussion führt uns damit jetzt zu einem der großen römischen Satiriker (Anhang Autor 5): zu Juvenal (67 n. Chr.?–mittleres 2. Jahrhundert). Seine fünfte Satire erzählt die Geschichte einer Essenseinladung. Ein reicher Zeitgenosse lädt einen armen Schlucker namens Trebius zum Bankett ein. Aber Trebius hat daran wenig Freude. Während dem Reichen eine Delikatesse nach der anderen serviert wird, speist man Trebius mit billigen Vulgärgerichten ab. So genießt der Reiche eine Muräne aus Sizilien und eine ebenfalls aus Sizilien oder aus Korsika importierte Rote oder Gestreifte Meerbarbe. Für den Gast kommt anstelle der sizilischen Muräne aber nur der ähnlich aussehende Flußaal, gewissermaßen als eine „Muräne des kleinen Mannes". Zwar hat Trebius auch die Wahl, diesem Tier einen Wolfsbarsch aus dem Tiber vorzuziehen.[7] Aber Juvenal sieht darin – anders als seine literarischen Vorgänger – keinen Leckerbissen. Der Wolfsbarsch aus dem Tiber sei zwar fett; aber das verdanke er der Ernährung durch die Abwässer der *Cloaca Maxima*, die er in ganzer Länge auf- und abzupatrouillieren pflege.

Die Stelle des Juvenal ist – soweit der Verfasser sieht – in der erhaltenen antiken Literatur die älteste, die Ekel vor dem Fischfang im Umkreis von Kanalisationseinrichtungen weckt. Dass wir bis zur Zeit des Juvenal warten müssen, bis wir eine solche Stimme hören, scheint dabei erstaunlich. Seit jeher waren Flussstrecken innerhalb des Siedlungsbereiches gleichzeitig zum Fischen und zur Einleitung von – in der Antike grundsätzlich ungeklärten – Abwässern genützt worden.[8] Bis zur Zeit des Juvenal verlautet

aber über die Qualität der dort gefangenen Fische nur Positives.[9] Was dann Juvenal zu seiner abweichenden Sichtweise bewogen hat, wäre interessant zu wissen. War es eigene Beobachtung? Hatte sich vielleicht auch die Abwasserbelastung des Tiber im Lauf der Zeit so sehr verschlimmert, dass jetzt Konsequenzen sichtbar wurden und der Ruf der Tiberfische litt? Oder hatte Juvenal eine Anregung bei einem anderen Autor gefunden? Hatte also doch schon ein andrer hygienische Vorbehalte gegenüber Tiberfischen geäußert? Oder bestand die Anregung einfach darin, dass Juvenal grundsätzliche Überlegungen darüber las, dass Abwassereinleitungen Flüsse bzw. speziell auch Fischgründe verschmutzen? Eine Literaturstelle, die eine Andeutung in dieser Richtung macht, hat sich jedenfalls in der „Naturgeschichte" des Älteren Plinius erhalten. Er merkt dort an – leider ohne weitere Erläuterung –, dass wir Menschen „die Flüsse vergiften" (*flumina inficimus*; *Naturalis historia* 18,3).[10]

Von Juvenals Satire könnte wiederum ein Anstoß dazu ausgegangen sein, dass einige Jahrzehnte später auch die antike Medizin das Thema des Einflusses von Abwasser auf die Qualität der Speisefische aufgriff. Das geschah an mehreren Stellen der Werke des kaiserlichen Hofarztes Galenos (129–um 216 n. Chr.; Anhang Autor 6).[11] Darin heißt es, dass der beste Speisefisch aus klaren, nicht schlammigen und nicht abwasserbelasteten Gewässern komme; am besten seien Fänge auf hoher See, am schlechtesten dagegen Fänge aus Flüssen, „die Abwässer abführen, oder Küchen und Bäder entsorgen, oder den Schmutz von Kleidungsstücken und von Verbandsmaterial und was es sonst in der Stadt Entsorgungsbedürftiges gibt, die sie durchfließen; und das vor allem dann, wenn es eine bevölkerungsreiche Stadt ist" (Galenos, *De alimentorum facultatibus* 3,30, p. 721 f. Kühn. Vgl. auch in dieser Schrift, deren Titel man etwa als „Lebensmittellehre" übersetzen könnte, die Stellen 3,25, p. 710 Kühn und 3,29, p. 719 Kühn. Ähnlich außerdem in Galenos' Abhandlung *De probis pravisque alimentorum succis* – das ließe sich etwa mit „Ernährung und Säftelehre" wiedergeben – 9, p. 795 f. Kühn). Entsprechend sagt Galenos speziell über den Fisch *kephalos*, d. h. über die Gewöhnliche Meeräsche: „Und einige von ihnen, die in Flüssen leben, die durch eine große Stadt fließen, ernähren sich von Exkrementen von Menschen und anderen ebenso schlechten Stoffen. Sie sind, wie gesagt, die allerminderwertigsten; sogar insofern, dass sie, wenn nur ein klein wenig Zeit seit

---

[6] Vgl. Jud – Ribi 1940.

[7] Über den Wolfsbarsch an dieser Stelle des Iuvenal ist eine Arbeit des Verf. in Vorbereitung. [Zusatz 2024: siehe jetzt den Beitrag 8 in diesem Band.]

[8] Über antike Abwasserentsorgung und Gewässerverschmutzung

[9] Thüry 2001, 10 und 46 ff.

[9] Vgl. dazu – außer den schon genannten Stellen des Lucilius und des Titius über den Wolfsbarsch in Rom – das Fragm. 38 Bertier des attischen Arztes Mnesitheos (4. Jahrhundert v. Chr.), das uns durch ein Zitat bei Athenaios 8, 358b überliefert ist.

[10] Zum Verständnis des Kontextes der Pliniusstelle vgl. Lehner 2005.

[11] Auf diese Galenstellen wurde in den letzten Jahren verschiedentlich aufmerksam gemacht (Magdelaine 2003, 31 ff. und 35; Nutton 2000, 66 f.; Thüry 1995, 77; Thüry 1996, 36 f.; Thüry 2001, 45 und 48; Thüry 2006 (a) 46 f. und 180).

ihrem Tod verstrichen ist, sofort faulen und äußerst unangenehm riechen. Völlig unerfreulich sind diese Fische für den Esser wie für den Koch; und sie enthalten zwar wenig Nährstoff, aber nicht wenig Ausschuss. Kein Wunder ist also, wenn sie im Körper derer, die sie alltäglich essen, eine Konzentration ungesunder Säfte (*kakochymia*) erzeugen" (*De alimentorum facultatibus* 3,25, p. 710 Kühn). Als Vertreter der Humoralpathologie ist also Galenos davon überzeugt, dass der fortgesetzte Konsum abwasserbelasteter Meeräschen und anderer abwasserbelasteter Fische (so allgemein formuliert in seiner Schrift *De probis pravisque alimentorum succis* 9, p. 795 Kühn) ein gesundheitliches Risiko bedeutet.

Was Tiberfische selbst betrifft, berichtet Galenos, dass sie auf dem Markt in Rom billiger seien als jeder Seefisch. Im Umkreis der Stadt von schlechter Qualität, seien sie weiter tiberaufwärts besser (*De alimentorum facultatibus* 3,30, p. 722 Kühn). Vielleicht sollten wir aber hinzufügen, dass trotz dieser klaren Worte auch nach der Zeit des Galenos im Tiber (und das Gleiche gilt zweifellos von den anderen Flüssen des Römischen Reiches) gefischt worden ist.[12]

An Zeitgenossen des Galenos sind hier noch Artemidoros und Athenaios zu erwähnen. Athenaios (Anhang Autor 8; genaue Lebensdaten unbekannt) allerdings nur insofern, als er – in Ägypten geboren – die besondere Qualität zweier ägyptischer Süßwasserfische hervorhebt: einerseits (wie vor ihm schon Xenokrates) die des *korakinos*, d. h. des Nil-Buntbarschs *Oreochromis niloticus*; und andererseits die des *latos*, d. h. des Nilbarschs *Lates niloticus*.

Einen ausdrücklichen Vergleich zwischen Süßwasser- und Meeresfischen zieht dagegen wieder Artemidoros (Anhang Autor 7; auch seine genauen Daten sind nicht bekannt). In einer beiläufigen Bemerkung seines Buches über die Traumdeutung schreibt er: Fische aus Seen seien weniger teuer als Meeresfische; und sie hätten auch weniger Nährwert als die marinen Arten.

Von der Zeit des Artemidoros, Athenaios und Galenos führt ein nur noch kurzer Weg zur Spätantike. Inmitten allen Wandels hat sich aber in diesen Jahrzehnten nichts an der Vorliebe der gehobenen römischen Küche für den Meeresfisch geändert. Als so Kaiser Diokletian im Jahr 301 seine Maximalpreisverordnung, das *Edictum Diocletiani*, erließ (Anhang Text 9), spiegelte sich die unterschiedliche Wertschätzung in den darin enthaltenen Preisobergrenzen für Meeres- und für Flussfisch wieder. Ein römisches Pfund (rd. 330 g) Meeresfisch bester Qualität sollte danach bis zu 24 Denaren kosten; ein Pfund bester Flussfisch bis zu 12 Denaren. Entsprechend durfte ein Pfund Meeresfisch niedrigerer Qualität 16 Denare und ein Pfund Flussfisch

dieser Güteklasse 8 Denare nicht übersteigen. Die einzigen namentlich näher bezeichneten Fische des Ediktes sind dabei Sardinen und Sardellen; und selbst der Maximalpreis dieser marinen Kleinfische lag mit 16 Denaren pro Pfund über dem der Flussfische bester Qualität. Auch wenn sich alle diese Denarpreise leider nicht einmal annähernd umrechnen lassen (gelegentliche Versuche dieser Art sind nicht ernstzunehmen), ist doch das gegenseitige Verhältnis der Maxima sehr informativ.

Was uns das *Edictum Diocletiani* in Zahlen sagt, hat ähnlich der spätantike Redner Libanios (314–393 n. Chr.) in Worte gefasst (Anhang Text 10). Die Schicksalsgöttin Tyche – so meint er in seiner im Jahr 356 n. Chr. entstandenen Rede *Antiochikos*, einer Lobrede auf die Stadt Antiochia – habe „den Reichen die Produkte des Meeres, den andren die des Sees und beiden gemeinsam die des Flusses gegeben. Der Fluss nährt für die Reichen solche Fischarten, die aus dem Meer flussaufwärts wandern; und für die andern die anderen Arten, und alle in Menge."

Für den Dichter Ausonius (ca. 310 – ca. 394 n. Chr.) ist es freilich gerade ein echter Süßwasserfisch, der das Lob des besten Fisches speziell in der Mosel verdiene (Anhang Autor 11). Von allen Angehörigen der Moselfauna, auf die Ausonius einen hymnischen Katalog verfasste, sei kulinarisch nur er den Seefischen ebenbürtig. Dieser Spitzenfisch sei die *perca*, der Flussbarsch bzw. das Egli, das es sogar mit der Roten Meerbarbe, einer der renommiertesten Delikatessen der römischen Küche, aufnehmen könne.

Ein weitere Quelle über die spätantike Fischküche ist das sog. „Apiciuskochbuch" (Anhang Text 12). Dieses nach dem frühkaiserzeitlichen Küchenautor Apicius benannte Werk entstand in Wahrheit erst zwischen etwa 350 und 450 n. Chr.[13] Es scheint bezeichnend, dass innerhalb des halben Tausends an Rezepten, die das Buch enthält, den Süßwassertieren so gut wie keinerlei Raum zugestanden wird. Eine Ausnahme stellt nur eine Anleitung für eine Sauce dar, die entweder zu gepökeltem Thunfisch oder zu gepökeltem *silurus* passe. Dieser lateinische Name *silurus* bezeichnet ebenso den Wels wie verschiedene ägyptische Süßwasserfische.

Auch wenn wir damit schon über das Ende der römischen Antike hinausblicken, sei hier noch ein letztes Dokument herangezogen. Es ist ein Text aus dem ostgotischen Italien; und verfasst hat ihn der gotische Staatsmann Cassiodorus in den dreißiger Jahren des 6. Jahrhunderts (Cassiodorus, *Variae* 12,4,1). Wir erfahren daraus, dass sich damals der ostgotische Hof in Ravenna Rhein- und Donaufische schicken ließ (erwähnt werden

---

[12] Le Gall 1953, 268 und 318 f.

[13] Zur Entstehungsgeschichte der Rezeptsammlung und zu ihrer Bezeichnung als „sog." Apiciuskochbuch vgl. Thüry 2001, 19 ff.

der Karpfen – *carpa* – aus der Donau und wohl die Rheinlanke – *anchorago* – aus dem Rhein[14]). Die gotische Hofküche hat also für Süßwasserfische vielleicht mehr Sinn gehabt als die Feinschmecker der römischen Antike.

Freilich muss am Schluß dieses Überblickes auch betont werden, dass es doch sehr erklärungsbedürftig ist, wenn wir so von der Küchenkultur „der römischen Antike" sprechen. Wir dürfen nicht vergessen, dass es im Römischen Reich keine „Einheitsküche" gab. Gewiß, der mediterrane Ernährungsstil, der sich in den schriftlichen Quellen hauptsächlich widerspiegelt, verbreitete sich damals über alle Provinzen. Aber gleichzeitig behaupteten sich doch viele einheimische Koch- und Ernährungstraditionen der Provinzen selbst.[15] Zu solchen regionalen Spezialitäten gehörten ja der Nil-Buntbarsch und der Nilbarsch in Ägypten, der Lachs in Aquitanien, die Quappenleber am Bodensee oder der Flussbarsch im Rhein- und Moselgebiet. Ein weiteres Beispiel wäre auch der im südwestdeutsch-schweizerischen Raum nachgewiesene, aber im Süden des Reiches abgelehnte Konsum von Froschschenkeln.[16] In zumindest der einen oder anderen „kulinarischen Region" könnte womöglich der Stellenwert der Süßwasserfauna überhaupt ein anderer gewesen sein als in der klassischen römischen Küche des Südens.

Nur für den klassischen mediterranen Kochstil der gehobenen römischen Küche läßt sich daher die Bilanz ziehen, die uns die hier gesammelten antiken Quellen gestatten: dass nämlich seit dem Ende der Republik und bis an das Ende der Kaiserzeit der Seefisch – mit wenigen Ausnahmen – den Süßwasserfischen vorgezogen wurde.

Anhang

Urteile über die kulinarische Qualität von Süßwasserfischen/
Vergleiche zwischen der Qualität von Süßwasser- und von Meeresfischen bei Autoren der römischen Antike

Vorbemerkung: Die folgende Liste ist chronologisch (und bei gleichzeitigen Zeugnissen alphabetisch) geordnet. Sie führt zuerst Autor/Werk/Stelle, dann die Datierung des Zeugnisses und zum Schluss den kurzgefassten Inhalt der Texte an.

1. **Varro**, *De re rustica* 3,3,9 (1. Jahrhundert v. Chr.): Vorliebe der damaligen gehobenen Küche Italiens für Seefisch. Beginn der Hälterung von Seefischen auch in Fischbecken.

2. **Columella** 8,16,3–4 (1. Jahrhundert n. Chr.): Die Vorliebe für Seefisch halte auch zu Columellas Zeit an.

3. **Xenokrates,** *De alimentis ex fluviatilibus* 6 Ideler (überliefert bei Oreibasios, *Collectiones medicae* 2,58,9. – 1. Jahrhundert n. Chr.): Seefisch sei dem Süßwasserfisch kulinarisch vorzuziehen. Ausnahmen seien der ägyptische *korakinos* = *Oreochromis niloticus*; die *perke* = *Perca fluviatilis* aus dem Rhein; und aus dem Tiber der *labrax* = *Dicentrarchus labrax* oder *D. punctatus*.

4. **Plinius d. Ä.,** *Naturalis historia* 9,61; 63; 68; 169 (1. Jahrhundert n. Chr.): Der *Dicentrarchus* aus dem Tiber sei besser als der *D.* aus dem Meer; der *salmo fluviatilis* = *Salmo salar* aus Flüssen Aquitaniens übertreffe nach dem Urteil der Einheimischen jeden Meeresfisch; und die Leber der *mustela* = *Lota lota* aus dem Bodensee könne es mit der Leber von Dorschen aus dem Meer aufnehmen.

5. **Iuvenalis** 5, 92–106 (1./2. Jahrhundert n. Chr.): stellt implizit den Flussaal als die „Sparvariante" der Muräne – gewissermaßen als die „Muräne des kleinen Mannes" – dar. Sagt über den *Dicentrarchus* aus dem Tiber in Rom, dass er wegen der Abwasserbelastung nicht als Delikatesse gelten könne.

6. **Galenos,** a) *De alimentorum facultatibus* 3,25–30, p. 708 ff. Kühn; b) *De probis pravisque alimentorum succis* 9, p. 795 ff. Kühn (2./3. Jahrhundert n. Chr.): Seefisch sei besser und gesünder als Süßwasserfisch. Die Qualität von Flussfisch leide oft unter der Abwasserbelastung. So sei z. B. der im Stadtbereich von Flüssen gefangene *kephalos* = *Mugil cephalus* schlecht, zersetze sich schnell und rieche dann übel. Täglicher Konsum sei ungesund. Selbst noch die Qualität der *smyraina* = *Muraena helena* von der Mündung des Tiber sei durch die Auswirkungen des Abwassers beeinträchtigt. Allgemein sei Fisch flussaufwärts von Rom besser, in Rom selbst aber schlecht und billiger als jeder Seefisch.

7. **Artemidoros** 2,14 (2. Jahrhundert n. Chr.): Fische aus Seen seien billiger und von geringerem Nährwert als Fische aus dem Meer.

8. **Athenaios** 7,309 a; 311 f (2./3. Jahrhundert n. Chr.): Hebt die besondere Qualität zweier ägyptischer Süßwasserarten hervor: des *korakinos* = *Oreochromis niloticus* und des *latos* = *Lates niloticus*.

9. **Edictum Diocletiani** 5 (301 n. Chr.): Die dort festgesetzten Maximalpreise für Seefisch liegen beim Doppelten der Maximalpreise für Süßwasserfisch.

10. **Libanios,** *Orationes* 11,259 (356 n. Chr.): Die Produkte des Meeres seien den Reichen

---

[14] Der Name der *carpa* wird bei Thüry 2006 (a) 183 falsch als *carpus* wiedergegeben. – Zur Bedeutung des Wortes *anchorago* Jud – Ribi 1940, 369.
[15] Darüber z. B. Thüry 2001, 24 ff.; Thüry 2006 (a) 183 ff.; Thüry 2006 (b) 338 ff.
[16] Thüry 1977.

vorbehalten; die des Seewassers den Armen; und die des Flusswassers Armen und Reichen zugleich. Denn in das Flusswasser drängen auch die von den Reichen geschätzten Meeresfische ein.

11. **Ausonius**, *Mosella* 115–119 (4. Jahrhundert n. Chr.): Innerhalb der Moselfauna sei nur eine einzige Fischart mit Delikatessen aus dem Meer gleichwertig: die *perca* = *Perca fluviatilis*.

12. Sog. **Apiciuskochbuch** 9,10,8 Milham (4./5. Jahrhundert n. Chr.): Das einzige dort enthaltene Rezept für Süßwasserfisch betrifft eine Sauce zu (Thunfisch oder auch) *silurus*. Der Name *silurus* bezeichnet den *Silurus glanis* und einige ägyptische Süßwasserarten.

Literatur

De Saint-Denis 1947: E. De Saint-Denis, Le vocabulaire des animaux marins en latin classique (Paris 1947).

Jud – Ribi 1940: J. Jud – A. Ribi, Mustela. In: E. Howald – E. Meyer, Die römische Schweiz. Texte und Inschriften mit Übersetzung (Zürich 1940) 368 ff.

Le Gall 1953: J. Le Gall, Le Tibre, fleuve de Rome, dans l'antiquité. Publications de l'Institut d'Art et d'Archéologie de l'Université de Paris 1 (Paris 1953).

Lehner 2005: J. Lehner, Plinius d. Ä., ein Öko-Visionär? Überlegungen zu Möglichkeiten und Grenzen der Aktualisierung im Lateinunterricht. In: 125 Jahre Albrecht Altdorfer Gymnasium Regensburg 1880–2005. Festschrift und Jahresbericht 2004/2005 (Regensburg 2005) 177 ff.

Magdelaine 2003: C. Magdelaine, Ville, déchets et pollution urbaine chez les médecins grecs. In: La ville et ses déchets dans le monde romain: rebuts et recyclages. Actes du Colloque de Poitiers (19–21 Septembre 2002). Archéologie et histoire romaine 10 (Montagnac 2003) 27 ff.

Nutton 2000: V. Nutton, Medical Thoughts on Urban Pollution. In: V. M. Hope – E. Marshall, Hgg., Death and Disease in the Ancient City (London – New York 2000) 65 ff.

ORF: Oratorum Romanorum fragmenta liberae rei publicae (ed. E. Malcovati) 1 (Turin 4. Aufl. 1976).

Thompson 1947: D'Arcy W. Thompson, A Glossary of Greek Fishes. St. Andrews University Publications 45 (London 1947).

Thüry 1977: G. E. Thüry, Froschschenkel – eine latène- und römerzeitliche Delikatesse. In: Festschrift Elisabeth Schmid (Basel 1977) 237 ff.

Thüry 1995: G. E. Thüry, Die Wurzeln unserer Umweltkrise und die griechisch-römische Antike (Salzburg 1995).

Thüry 1996: G. E. Thüry, Bauern, Gift und Parasiten. Zur Hygiene römischer Landwirtschaftsprodukte. In: Historicum (Linz), Frühlingsnummer 1996, 35 ff.

Thüry 2001: G. E. Thüry, Müll und Marmorsäulen. Siedlungshygiene in der römischen Antike (Mainz 2001).

Thüry 2006 (a): G. E. Thüry, Die Süßwasserfauna im Urteil der Römer. In: H. Hüster-Plogmann, Hg., Fisch und Fischer aus zwei Jahrtausenden. Eine fischereiwirtschaftliche Zeitreise durch die Nordwestschweiz. Forschungen in Augst 39 (Augst 2006) 45 ff. und 179 ff.

Thüry 2006 (b): G. E. Thüry, „Erbärmlichst lebende Menschen"? Vom Pannonienbild der Südländer und von Ernährung und Lebensqualität im frühen Carnuntum. In: F. Humer, Hg., Legionslager und Druidenstab. Vom Legionslager zur Donaumetropole. Textband (Petronell 2006) 337 ff.

Thüry – Walter 2001: G. E. Thüry – J. Walter, Condimenta. Gewürzpflanzen in Koch- und Backrezepten aus der römischen Antike (Herrsching 4. Aufl. 2001).

Till 1967: R. Till, C. Titius. In: Festschrift Karl Oettinger (Erlangen 1967) 45 ff.

Nachwort 2024

Zum Thema dieses Beitrags sind inzwischen auch der Aufsatz Nr. 8 des vorliegenden Bandes und die folgenden Arbeiten heranzuziehen: J. N. Adams, The Regional Diversification of Latin 200 BC – AD 600 (Cambridge 2014) 295 f.; 304–311; 330–333; 362–365; 478; 700 [zu Fischen und Fischnamen]; M. Fruyt – M. Lasagna, Les animaux aquatiques en latin: étude linguistique et sociétale (Paris 2023); U. Schmölcke – E. A. Nikulina, Fischhaltung im antiken Rom und ihr Ansehenswandel im Licht der politischen Situation. Schriften des naturwissenschaftlichen Vereins für Schleswig-Holstein 70, 2008, 36–55.

39.

Careum und *cuminum* –
Kümmel in der römischen Antike

Mit einem Beitrag von Johannes Walter
(Aus: M. Fansa – G. Katzer – J. Fansa, Hgg., Chili, Teufelsdreck und Safran.
Zur Kulturgeschichte der Gewürze [Oldenburg 2007] 114 ff.)

In den Rezepten des so genannten Apiciuskochbuchs – des einzigen Kochbuchs der Antike, das sich mehr oder weniger vollständig bis auf unsere Zeiten erhalten hat – zählt zu den am häufigsten erwähnten Gewürzzutaten der Kümmel.[1] Er tritt dort unter zwei Bezeichnungen auf. Als *cuminum* oder *ciminum* kommt er in nicht weniger als 116 Fällen vor und belegt damit den achten Platz in einer nach Erwähnungshäufigkeit geordneten Liste der Gewürze dieses Kochbuchs.[2] Die zweite, als *careum* bezeichnete Kümmelart ist zwar sehr viel seltener. Auch sie bringt es aber auf immerhin 33 Belegstellen und damit auf Platz 26 der „Hitliste".[3]

In den Übersetzungen des so genannten Apiciuskochbuchs werden die beiden antiken Bezeichnungen – *cuminum/ciminum* wie *careum* – gelegentlich unterschiedslos mit „Kümmel" wiedergegeben.[4] Der Koch unserer Breiten wird diesen deutschen Begriff im Sinn des hier alleine heimischen Echten oder Wiesenkümmels (*Carum carvi*) interpretieren (Abb. 102). In Wahrheit kann aber das im antiken Kochbuch häufigere *cuminum/ciminum* klar mit dem in der heutigen orientalischen und asiatischen Küche beliebten Kreuzkümmel (*Cuminum cyminum*) identifiziert werden (Abb. 103).[5] Nur das in den Rezepten seltener vorkommende *careum* ist unser Echter oder Wiesenkümmel.[6] Da die beiden Kümmelarten von unterschiedlichem Geschmack und nicht miteinander verwandt sind, ist das ein auch für die Praxis der Erprobung römischer Rezepte relevanter Unterschied. Der sehr viel intensiver schmeckende, bitter-scharfe Kreuzkümmel sollte daher nicht – wie das schon

empfohlen wurde – durch den zwar würzigen, aber zarteren Echten Kümmel ersetzt werden.[7] Im übrigen sei darauf hingewiesen, dass fünf der Rezepte des so genannten Apiciuskochbuchs – und ebenso ein weiteres bei Columella (1. Jh. n. Chr.) erhaltenes Rezept – beide Kümmelarten miteinander kombinieren.[8] Eigenartig ist dabei, dass alle diese Texte die beiden Kümmelnamen formelhaft in jeweils gleicher Reihenfolge – nämlich als „*careum, cuminum*" – aufzählen.

Was die geographische Verbreitung der beiden Kümmelarten anlangt, wird der Kreuzkümmel heute im Nahen Osten, in Nordafrika und auch auf Malta kultiviert.[9] Im Altertum kennen ihn bereits die Linear-B-Texte.[10] Aus der späteren Antike besitzen wir Zeugnisse für Kreuzkümmel vor allem aus Kleinasien, Syrien, Äthiopien, Ägypten und überhaupt aus Nordafrika.[11] Im so genannten Apiciuskochbuch (dessen Redaktionszeit in die Spätantike fällt) wird die Provenienz des Gewürzes zweimal durch den Zusatz präzisiert: „sei es aus Äthiopien oder Syrien oder Nordafrika".[12] Aber auch im Süden Europas wurde damals Kreuzkümmel angebaut; und zwar in Süditalien (in Tarent) und in Spanien.[13] Auf dieses spanische Vorkommen dürfte sich die Nachricht des Poseidonios (um 135 – um 51 vor Chr.) beziehen, dass die Kelten damals Kreuzkümmel als Gewürz zu gebratenem Fisch verwendeten und ihn außerdem „in ihr Getränk werfen".[14] Als kaiserzeitliches Importobjekt hat er schließlich – zumindest fallweise –

---

[1] Zur Bezeichnung des Werkes als „so genanntes" Apiciuskochbuch vgl. Thüry – Walter 2001, 19 f.
[2] 116 Fälle: die Zahl nach Urbán 1995, 79, s. v. *ciminum* (2 Belege) und 116 ff., s. v. *cuminum* (114 Belege). – Achter Platz: Thüry – Walter 2001, 37. Zählt man nur Trockengewürze, rückt *cuminum/ciminum* sogar auf Platz drei auf.
[3] Die Belegstellen nach Urbán 1995, 70 f. – Platz 26: Thüry – Walter 2001, 37.
[4] Vgl. z. B. Gollmer 1985, pass.; von Peschke – Feldmann 1995, pass.
[5] Allerdings abgesehen davon, dass so auch noch zwei weitere Pflanzen bezeichnet wurden. Vgl. zu *cuminum/ciminum* André 1985, 81; Gossen 1956, 255. – Falsch zur Bedeutung von *cuminum/ciminum* Georges 1879, 1685.
[6] Vgl. auch André 1985, 51; Gossen 1956, 255.

[7] Die Empfehlung zum Ersatz bei Gozzini Giacosa 1986, 203.
[8] Sog. Apicius 80, 229, 347, 398 und 454 André; Columella 12,51,2. Vgl. auch die Gewürzliste bei Vinidarius, *Apici excerpta praef.* 2 André: *cuminum, ... careum*.
[9] Hegi 1138.
[10] Vgl z. B. Fischer 2003, 184.
[11] Gossen 1956, 255 f.; Hehn 1911, 208 f.; ThlL 4 (Leipzig 1906–1909) 1379, Zeile 16–28 (E. Lommatzsch). Speziell zu Papyri über ägyptischen und syrischen Kreuzkümmel auch Drexhage 1993; zu archäobotanischen Nachweisen vgl. die einschlägigen Einträge der Internetdatenbank www.archaeobotany.de [Zusatz 2024: jetzt www.wikis.uni-kiel.de/archbotlit].
[12] Sog. Apicius 37 André: *cuminum vel Ethiopicum aut Siriacum aut Libicum*; und 111 André: *cuminum aut Aethiopicum aut Siriacum aut Libicum*.
[13] Tarent: Dioskurides 3,61 Berendes. – Spanien: Plinius, *Naturalis historia* 19,161; *Antidotarium Bruxellense* 63, p. 379 Rose.
[14] Poseidonios bei Athenaios 4,152a = Poseidonios Fragm. 67 Edelstein – Kidd.

Abb. 102: Samen des Wiesenkümmels (*Carum carvi*)

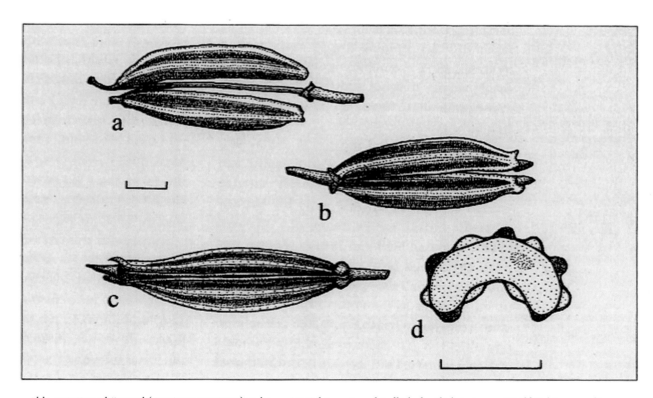

Abb. 103: Kreuzkümmel (*Cuminum cyminum*); a, b: zwei Früchte unterschiedlich deutlich in je zwei Teilfrüchte gespalten; c: Spaltfrucht mit bis zum Grund gespaltenem Fruchtträger; d: Querschnitt einer Spaltfrucht. Maßeinheiten: 1 mm. Zeichnungen J. Walter

auch das nördlichere Europa erreicht. Bisher konnte er dort freilich nur im antiken Donauhafen von Straubing (Bayern) nachgewiesen werden.[15]

Über den Echten oder Wiesenkümmel ist umgekehrt unlängst behauptet worden, er komme im heutigen Mittelmeerraum nicht vor und sei im Süden des Römischen Reiches wohl völlig unbekannt gewesen.[16] Weder das eine noch das andere trifft aber zu. Das Verbreitungsgebiet des Echten oder Wiesenkümmels erstreckt sich unter anderem auf Nord- und Mitteleuropa, Ober- und Mittelitalien, Nordspanien, die nördlichere Balkanhalbinsel, die Türkei und Nordafrika.[17] Für die Antike bezeugt uns Plinius der Ältere im 1. nachchristlichen Jahrhundert sein Vorkommen im heute türkischen Karien und Phrygien;[18] sein Zeitgenosse Dioskurides spricht von der Verwendung der Pflanze als Heil- und Nahrungsmittel im Mittelmeerraum (er bezeichnet sie zu Recht als harntreibend sowie als gut für Magen und Verdauung und berichtet, dass die Wurzel gekocht und als Gemüse verwendet werde);[19] einige andere Autoren erwähnen ihre medizinischen Qualitäten ebenfalls;[20] und das so genannte Apiciuskochbuch zeugt ja von einer gewissen Beliebtheit auch des Echten Kümmels in der spätantiken Küche des Südens. Archäobotanisch ist er bisher allerdings nur aus den Nordprovinzen des Römischen Reiches belegt. Die Fundpunkte sind dort: Aachen (?); Alphen-aan-den-Rijn (Niederlande); Biesheim (Elsaß); Friesheim (? Nordrhein-Westfalen); Köln (?); Rainau-Buch (? Baden-Württemberg); Seebruck (Bayern); Straubing (Bayern); Windisch (Schweiz); Xanten; und Zurzach (Schweiz).[21] Dazu kommen aber auch ein bereits paläolithischer Nachweis aus der Eifel und ein latènezeitlicher vom Dürrnberg bei Hallein.[22]

Wie aus dem bisher Gesagten schon hervorgeht, ist es jedoch der Kreuzkümmel, der in der antiken Literatur die bei weitem wichtigere Rolle spielt. Der Name des Kreuzkümmels gehört auch zu denjenigen Gewürzbezeichnungen, von denen sogar Personennamen abgeleitet wurden (nämlich der weibliche Cimine und der männliche Cyminus[23]). In Gestalt des ebenso im Deutschen üblichen Ausdrucks „Kümmelspalter", der einen Menschen entweder als geizig oder als besonders penibel bzw. kleinlich charakterisiert, ist er außerdem in den Schatz der antiken Redensarten eingegangen.[24] Dabei muss übrigens mit dem „Spalten" des Kümmels nicht einfach ein Versuch der Zerkleinerung der an sich schon kleinen Kümmelsamen gemeint sein. Auf einen möglichen speziellen Hintergrund dieser Redensart weist vielmehr mein Freund Johannes Walter vom Fakultätszentrum für Botanik der Universität Wien hin, der dazu folgendes mitteilt (vgl. auch Abb. 103): „Bei uns wird im Handel zumeist das kahle Fruchtgut des Kreuzkümmels angeboten. Als Gewürzdroge liegen die Früchte meist gespalten vor, da sie größtenteils reif sind und reife Früchte von Apiaceen [wozu der Kreuzkümmel gehört, d. Verf.] gewöhnlich in zwei Teil-Spaltfrüchte (Merikarpe, Schizokarpien) zerfallen. Allerdings ist diese charakteristische Eigenschaft beim Kreuzkümmel nicht (mehr) voll ausgebildet, es können unvollkommen bis nicht gespaltene reife Früchte vorkommen. In Hegi (ohne Jahr, 1138) wird angegeben, dass die Frucht nicht leicht spaltet. Beim Gewürzgut liegt zumeist ein hoher Prozentanteil an bereits gespaltenen Teilfrüchten vor, der vermutlich durch die mechanische Beeinträchtigung (Schütteln, Umfüllen, Erschütterungen) sekundär erhöht ist. Möglich wäre auch, dass gewissen Sorten eine unterschiedlich hohe Spalteigenschaft der Früchte eigen ist.

Gerade die geringe Anzahl der nicht mehr gespaltenen Kreuzkümmelfrüchte dürfte der botanische Hintergrund der „Kümmelspalterei" sein, da es – wörtlich gesehen – nicht nur aufwändig wäre, sämtliche „unperfekten", also noch zusammenhaftenden Teilfrüchte manuell zu spalten, sondern auch gerade diese wenigen Exemplare aus der großen Zahl bereits gespaltener Teilfrüchte herauszulesen. Dieser Perfektionismus, jene Kreuzkümmelfrüchte vollständig zu spalten, wäre insofern auch übertrieben, als die ungespaltenen Früchte sich optisch kaum (oder nur durch genaues Hinsehen) von den vollständig gespaltenen Teilfrüchten abheben."

Verwendet wurde Kreuzkümmel ebenso offizinell wie kulinarisch.[25] Für kulinarische Zwecke war – wie heute in Indien – zur Intensivierung des Geschmacks auch ein Rösten der Samen üblich. Im so genannten Apiciuskochbuch finden sich für diesen gerösteten

---

[15] Küster 1992 (a); Küster 1992 (b) 146 und 151; Küster 1995, 137 ff., 158, 188 f. und 196.

[16] Küster 1987, 120.

[17] Hegi 114. Ergänzend dazu Davis 1972, 348 (für die Türkei) und Pignatti 1982, 224 (für Ober- und Mittelitalien).

[18] Plinius, *Naturalis historia* 19,164.

[19] Dioskurides 3,59 Berendes.

[20] Galenos, *De alimentorum facultatibus* 2,67 (p. 654 Kühn) und *De simplicium medicamentorum temperamentis ac facultatibus* 7,10,10 (p. 13 Kühn); Opsomer 1989, 147 f.

[21] Aachen: Knörzer 1967, 43, 55 und 59. – Alphen: Bakels 1991, 291. – Biesheim: www.archaeobotany.de (vgl. Anm. 11) mit Verweis auf Jacomet 2002 (dem Verf. zur Zeit nicht zugänglich). – Friesheim: Knörzer 1971, 469 und 473. – Köln: Knörzer 1987, 289 und 318. – Rainau: Stika 1996, 59 und 183 f. – Seebruck: Küster 1995, 206. – Straubing: Küster 1995, 146 ff., 160, 164 und 192. – Windisch: Jacomet 2003, 220 f. – Xanten: Knörzer 1981, 70 f., 102, 118 und 159. – Zurzach: Jacomet – Wagner 1994, 327, 329, 338 und 343. – An den Xantener Nachweis knüpft Gerlach 2001, 95 die unmotivierte Behauptung, es handle sich dort um ein importiertes Gewürz.

[22] Eifel: Baales u. a. 2002, 280. – Dürrnberg: N. Boenke bei Stöllner 2003, 149.

[23] Solin 1982, 1093.

[24] Einige der Belege bei Gossen 1956, 256.

[25] Offizinell: Vgl. Gossen 1956, 255 f. und die lange Liste von Belegen bei Opsomer 1989, 236 ff. – Zu Kümmel als Wirkstoff in Abortiva Keller 1988, 84, 86, 88 und 164.

Kreuzkümmel (*cuminum assum* oder *cuminum frictum*) sieben Belege.[26]

Ebenfalls siebenfach ist in dieser Quelle der Begriff des *cuminatum*, d. h. einer Kreuzkümmelsauce, belegt.[27] Sie wurde danach zu Frutti di mare, zu Gemüse und zu Früchten gegessen. Das Kochbuch enthält dafür ein Rezept mit zwei nur leicht voneinander abweichenden Varianten.[28]

Nicht ausdrücklich erklärt wird uns dagegen, was sich hinter einem anderen mit dem Wort *cuminum* = Kreuzkümmel zusammengesetzten kulinarischen Begriff verbirgt: nämlich hinter dem Begriff des *oxycominum*.[29] Er ist allerdings nicht in Kochrezepten, sondern – in der Pluralform *oxycomina* – an einer Stelle eines Satirikers aus dem 1. nachchristlichen Jahrhundert überliefert: in Petrons berühmter Darstellung des Trimalchio-Gastmahls in seinem Roman *Satyrica*. Wir lesen dort (Petron 66,7): „Auch wurden auf einer Schüssel *oxycomina* herumgereicht, von denen einige Gäste – übertrieben – sogar je drei Handvoll nahmen." Nach der Wortzusammensetzung aus den griechischen Bestandteilen *oxy-* (zu óxos = Essig) und *kýminon* (= Kreuzkümmel) ist zwar kaum zu bezweifeln, dass dieses *oxycominum* ein Kreuzkümmelprodukt sein muss, das mit Hilfe von Essig hergestellt wurde. Die Forschung dachte an in Essig eingemachten Kümmel oder auch an ein in Essig und Kümmel eingelegtes Produkt nach Art unserer „mixed pickles".[30] Zu einer Kreuzkümmelkonserve in Essig scheint aber nicht gut zu passen, dass man mit der bloßen Hand davon nahm und dass es dafür so gierige Interessenten gegeben hätte. Auf die Existenz eines Artikels nach Art unserer „mixed pickles" fehlt dagegen jeder sonstige Hinweis.

Die Lösung des Problems ist tatsächlich vielleicht in einer anderen Richtung zu suchen. Zwei Rezepte des so genannten Apiciuskochbuchs erwähnen nämlich ein Verfahren, bei dem Kreuzkümmel zuerst in Essig eingelegt, dann getrocknet und erst nach dieser Prozedur als Speisezutat verwendet wurde.[31] Wie sich experimentell leicht nachvollziehen lässt, ist so behandelter Kümmel sehr gut und aromatisch.[32] Es wäre daher denkbar, dass *oxycominum* ein solcher zuerst in Essig gelegter und dann getrockneter Kreuzkümmel war. Je nach verwendetem Essig dürfte das Ergebnis dabei unterschiedlich ausgefallen sein. Dieser Umstand erklärt vielleicht auch, warum bei Petron die

Pluralform *oxycomina* steht. Sie würde dann soviel wie „verschiedene Arten von *oxycominum*" bedeuten.

Literatur

André 1985: J. André, Les noms de plantes dans la Rome antique (Paris 1985).

Baales u. a. 2002: M. Baales u. a., Impact of the Late Glacial Eruption of the Laacher See Volcano, Central Rhineland, Germany. Quaternary Research 58, 2002, 273–288.

Bakels 1991: C. C. Bakels, Western Continental Europe. In: W. van Zeist – K. Wasylikowa – K.-E. Behre, Hgg., Progress in Old World Palaeoethnobotany (Rotterdam – Brookfield 1991) 279–298.

Davis 1972: P. H. Davis, Flora of Turkey and the East Aegean Islands 4 (Edinburgh 1972).

Drexhage 1993: H.-J. Drexhage, Κύμινον und sein Vertrieb im griechisch-römischen Ägypten. Münstersche Beiträge zur antiken Handelsgeschichte 12, 1993/2, 27–32.

Fischer 2003: J. Fischer, Nahrungsmittel in den Linear B-Texten. Chiron 33, 2003, 175–194.

Georges 1879: K. E. Georges, Ausführliches lateinisch-deutsches Handwörterbuch 1 (Leipzig 1879).

Gerlach 2001: G. Gerlach, Zu Tisch bei den alten Römern (Stuttgart 2001).

Gollmer 1985: R. Gollmer, Das Apicius-Kochbuch aus der römischen Kaiserzeit (Nachdruck Rostock 1985).

Gossen 1956: H. Gossen, Kümmel. RE Suppl. 8 (Stuttgart 1956) 255–258.

Gozzini Giacosa 1986: I. Gozzini Giacosa, A cena da Lucullo (Casale Monferrato 1986).

Hegi: G. Hegi, Illustrierte Flora von Mitteleuropa 5/2 (München o. J.).

Hehn 1911: V. Hehn, Kulturpflanzen und Haustiere in ihrem Übergang aus Asien nach Griechenland und Italien sowie in das übrige Europa (Berlin 8. Aufl. 1911).

Jacomet 2002: S. Jacomet, Les investigations archéobotaniques. In: M. Reddé, Hg., Rapport triennal (2000–2002) sur les fouilles Franco-Germano-Suisses à Oedenburg (Haut-Rhin) (Paris 2002) 283–307.

Jacomet 2003: S. Jacomet, Und zum Dessert Granatapfel – Ergebnisse der archäobotanischen Untersuchungen. In: A. Hagendorn u. a., Hgg., Zur Frühzeit von Vindonissa. Veröffentlichungen der Gesellschaft Pro Vindonissa 18/1 (Brugg 2003) 173–229.

Jacomet – Wagner 1994: S. Jacomet – Chr. Wagner, Mineralisierte Pflanzenreste aus einer römischen Latrine des Kastell-Vicus. In: R. Hänggi – C. Doswald – K. Roth-Rubi, Die frühen römischen Kastelle und der Kastell-Vicus von Tenedo-Zurzach, Textband. Veröffentlichungen der Gesellschaft Pro Vindonissa 11 (Brugg 1994) 321–343.

---

[26] Sog. Apicius 210, 225, 333, 352, 357, 442 und 447 André.

[27] Sog. Apicius 31, 78, 124 (zweifache Nennung), 137, 161 und 400 André.

[28] Sog. Apicius 31 f. André mit einer Dublette in Rezept 400 André.

[29] Dazu Tessmer 1984. [Zusatz 2024: vgl. auch ThlL 9 (Leipzig 1968-1981), 1208 (Tessmer)].

[30] Tessmer 1984. [Zusatz 2024: ebenso ThlL 9 (Leipzig 1968-1981), 1208 (Tessmer)].

[31] Sog. Apicius 37 und 111 André.

[32] Der Verf. hat bei seinen Experimenten Balsamessig verwendet.

Keller 1988: A. Keller, Die Abortiva in der römischen Kaiserzeit (Stuttgart 1988).

Knörzer 1967: K.-H. Knörzer, Untersuchungen subfossiler pflanzlicher Großreste im Rheinland. Archaeo-Physika 2 (Köln – Graz 1967).

Knörzer 1971: K.-H. Knörzer, Römerzeitliche Getreideunkräuter von kalkreichen Böden. In: Rheinische Ausgrabungen 10 (Düsseldorf 1971) 467–481.

Knörzer 1981: K.-H. Knörzer, Römerzeitliche Pflanzenfunde aus Xanten. Archaeo-Physika 11 (Köln 1981).

Knörzer 1987: K.-H. Knörzer, Geschichte der synanthropen Vegetation von Köln. Kölner Jahrbuch für Vor- und Frühgeschichte 20, 1987, 271–388.

Küster 1987: H. Küster, Wo der Pfeffer wächst. Ein Lexikon zur Kulturgeschichte der Gewürze (München 1987).

Küster 1992 (a): H. Küster, in: M. Henker u. a., Hgg., Bauern in Bayern (Regensburg 1992) 63.

Küster 1992 (b): H. Küster, Kulturpflanzenanbau in Südbayern seit der Jungsteinzeit. In: Bauern in Bayern. Katalog des Gäubodenmuseums Straubing 19 (Straubing ohne Jahr [aber 1992]) 137–155.

Küster 1995: H. Küster, Postglaziale Vegetationsgeschichte Südbayerns (Berlin 1995).

Opsomer 1989: C. Opsomer, Index de la pharmacopée du Ier au Xe siècle 1 (Hildesheim – Zürich – New York 1989).

von Peschke – Feldmann 1995: H.-P. von Peschke – W. Feldmann, Kochen wie die alten Römer (Zürich 1995).

Pignatti 1982: S. Pignatti, Flora d'Italia 2 (Bologna 1982).

Solin 1982: H. Solin, Die griechischen Personennamen in Rom 2 (Berlin – New York 1982).

Stika 1996: H.-P. Stika, Römerzeitliche Pflanzenreste aus Baden-Württemberg. Materialhefte zur Archäologie in Baden-Württemberg 36 (Stuttgart 1996).

Stöllner 2003: Th. Stöllner, The Economy of Dürrnberg-Bei-Hallein: An Iron-Age Salt-mining Centre in the Austrian Alps. The Antiquaries Journal 83, 2003, 123–194.

Tessmer 1984: R. Tessmer, Beiträge aus der Thesaurus-Arbeit XXII. Oxycominum. Museum Helveticum 41, 1984, 31–33.

Thüry – Walter 2001: G. E. Thüry – J. Walter, Condimenta. Gewürzpflanzen in Koch- und Backrezepten aus der römischen Antike (Herrsching 4. Aufl. 2001).

Urbán 1995: A. Urbán, Concordantia Apiciana (Hildesheim – Zürich – New York 1995).

40.

Gärten und Gartenpflanzen der Austria Romana

(Aus: P. Scherrer, Hg., Domus – Das Haus in den Städten der römischen Donauprovinzen. Sonderschriften des Österreichischen Archäologischen Institutes 44 [Wien 2008] 173 ff.)

Das Thema der römischen Gärten ist in der mitteleuropäischen Provinzialarchäologie noch wenig aufgegriffen und vollends nie ausführlich im Zusammenhang betrachtet worden. Für die Austria Romana sei hier ein solcher Versuch gewagt.[1]

Als Einführung mag eine Art von Rätsel dienen. Udelgard Körber-Grohne, die zu den verdientesten Vertreterinnen des Faches der Archäobotanik gehört, hat in ihren Schriften wiederholt von einem antiken Textzeugnis gesprochen, das uns die Gärten einer *villa rustica* in Britannien beschreibe.[2] In einer Zusammenfassung dieses Textes, den sie als das „eindrucksvollste" und „anschaulichste" Zeugnis seiner Art bezeichnet, schreibt die Autorin: „Für unser Thema vom Pflanzenbau hört es sich fast wie ein Märchen an, wenn von einem eingehegten Garten die Rede ist, in dem Weinstöcke, Feigen und Buchsbäume gepflanzt sind, gegen die Westwinde geschützt durch gesetzte Platanen, Walnuss-, Kastanienbäume und Stecheichen."

Wer die antike Literatur kennt, wird bei diesen Worten aufhorchen und sich fragen, bei welchem Autor sie denn stehen. Körber-Grohne lässt das unerwähnt; sie hat das Zitat selbst aus einem Aufsatz von Michael Müller-Wille entnommen und beruft sich nur darauf.[3] Wer aber der Frage nach der Herkunft des Textes weiter nachgeht, wird auf die folgende Lösung des Rätsels stoßen. Das Zitat ist gar nicht antik, sondern entstammt einer verbalen Rekonstruktion einer typischen römischen Villa in Britannien, die Shimon Applebaum vor vierzig Jahren formuliert hat.[4]

Wäre die Stelle aber echt, dann käme ihr tatsächlich besondere Bedeutung zu. Gerade ein solcher Text, der uns detailliert das Aussehen von Gärten in der römischen Provinz beschriebe, fehlt uns nämlich leider. Die antike Literatur lässt uns in dieser Hinsicht ganz im Stich. Wir sind hier alleine auf die Ergebnisse der Gartenarchäologie und der mit ihr kooperierenden Archäobotanik angewiesen.

Bekanntlich hat aber die Gartenarchäologie noch keine allzu lange Geschichte hinter sich. Eine Archäologie der römischen Gärten gibt es so recht erst seit der zweiten Hälfte des 20. Jahrhunderts. Erst da hat Wilhelmina Feemster Jashemski durch ihre jahrelangen systematischen Gartengrabungen in Pompeji und seiner Umgebung gezeigt, was Untersuchungen dieser Art leisten können. Seit ihr zweibändiges Werk „The Gardens of Pompeji" und die ergänzende Monographie „The Natural History of Pompeji" – zusammen drei großformatige Bände mit insgesamt rund 1300 Seiten – erschienen sind, wissen wir erst, wie Studien dieser Art im Idealfall aussehen können.[5]

In den Provinzen hat die Gartenarchäologie seit den sechziger Jahren des vergangenen Jahrhunderts immer mehr Rückenwind bekommen. Damals wurden Untersuchungen an den reichen Gärten der Villa von Montmaurin im südfranzösischen Département Haute-Garonne publiziert; und im südenglischen Sussex grub Barry Cunliffe die palastartige, mit vier Gartenanlagen ausgestattete Villa von Fishbourne aus.[6] Erstmals auf dem Boden der Nordprovinzen erlaubte hier der Nachweis von Wegen und von Pflanzgräben oder -gruben die Rekonstruktion mehr oder weniger kompletter Gartenpläne. Der nach diesen Beobachtungen wiederhergestellte zentrale Ziergarten mit seinem durch grüne Rasenbegrenzungen gesäumten Mittelweg gehört ja inzwischen zu den „klassischen Orten" der Archäologie.

Mit dem Stimulus der Entdeckungen von Fishbourne dürfte auch zusammenhängen, dass lange gerade England eine Vorreiterrolle in der provinzialen Gartenarchäologie – und ebenso in der Garten-Archäobotanik – zukam. Schon vor fast fünfzehn Jahren konnte der Gartenarchäologe Christopher

---

[1] Für wertvolle Hilfe danke ich Frau Prof. Dr. S. Jacomet (Basel); Frau Dr. E. Ruoff (Zürich); Frau Dr. S. Zabehlicky-Scheffenegger (Wien); Herrn H. Hägele (Gauting); Herrn Mag. F. Humer (Bad Deutsch-Altenburg); Herrn M. Mastel (Zug); und Herrn Dr. H. Zabehlicky (Wien).

[2] Körber-Grohne 1977; Körber-Grohne 1979, 5.

[3] Nämlich auf Müller-Wille 1970, 39–41.

[4] Applebaum 1966, 104–106.

[5] Jashemski 1979/1993 und Jashemski – Meyer 2002. In den letzten Jahren hat sich Jashemski auch ersten Untersuchungen an römischen Gärten in Tunesien zugewendet; vgl. Jashemski 1995.

[6] Montmaurin: Fouet 1969; vgl. auch Pailler 1987. – Fishbourne: Cunliffe 1971.

C. Taylor dort den Satz schreiben: „Excavations on gardens are now becoming relatively common."[7] Für die Ergebnisse dieser gartenarchäologischen wie der archäobotanischen Untersuchungen in Britannien liegen seit einiger Zeit erste Zusammenfassungen vor.[8] Darüber hinaus haben verschiedene englischsprachige Autoren einführende Werke und Handbuchliteratur zur Gartenarchäologie verfasst und auch versucht, monographische Überblicksdarstellungen über die Resultate der römischen und provinzialrömischen Gartenarchäologie überhaupt zu geben.[9]

Was die kontinentaleuropäische Provinzialarchäologie betrifft, ist vor allem die französische, spanische und portugiesische Forschung auf dem Gebiet des Themas aktiv geworden.[10] Die deutschsprachige hat dagegen noch nicht viel beigetragen; und so verwundert es nicht, dass am „Ersten Internationalen Kongress der Feldbau- und Gartenarchäologie" in Barcelona im Juni 2006 das Deutsche nicht mit unter das halbe Dutzend dort zugelassener Konferenzsprachen fiel.

Auch speziell unser eigener geographischer Raum – das Alpen- und Voralpengebiet – ist in der römischen Gartenarchäologie eine „stille Ecke". In der Überblicksliteratur über die bekannten römischen Gärten wird er so gut wie nicht berücksichtigt.[11] Das heißt aber nicht, dass hier tatsächlich nirgends Gärten untersucht worden wären. Vor allem hat die Überblicksliteratur übersehen, dass speziell aus der römischen Schweiz einige gartenarchäologisch bemerkenswerte Befunde vorliegen. Einerseits kamen dort in verschiedenen römischen Villen Reste von Wasserbecken und von Lauf- und Springbrunnen zutage, die zumindest zum Teil als Elemente der jeweiligen Gartengestaltung zu betrachten sind. Solche Bassins und Lauf- oder Springbrunnen wurden im Kanton Basel-Landschaft im Gutshof von Munzach, im Kanton Waadt in den Villen von Orbe-Boscéaz und von Pully sowie im Kanton Zürich in denen von Buchs und Dietikon nachgewiesen.[12] Im Landgut von Orbe-Boscéaz

waren es so nicht weniger als drei Brunnen; und ein dort gefundener Skulpturrest in Form eines Körbchens voller Fische dürfte zu einer Fischerstatue gehört haben, wie sie als Gartenschmuck beliebt war.[13] In Buchs bestanden die Nachweise dagegen aus Verkleidungsplatten von ein oder zwei Wasserbecken, einem Garten(?)-Labrum und einem marmornen Krater, wie wir ihn aus den Gärten des Südens kennen und wie er als Wasserbehälter von Springbrunnen gedient hat.[14] Ein noch sehr viel bedeutenderer Schweizer Fundpunkt ist aber die römische Villa in Dietikon, die Christa Ebnöther in den achtziger Jahren untersuchte.[15] Dort besteht das Herrenhaus aus drei hufeisenförmig angeordneten Trakten. Sozusagen in die Umarmung dieser drei Trakte und der ihnen hier vorgelagerten Portiken ist ein Garten gebettet, dessen breiter Mittelweg auf die Mitte der Fassade des Haupttraktes zielt (Abb. 104). Er steht im rechten Winkel zu dessen Längsachse und zu zwei Querwegen, die er miteinander verbindet: einem auf der Seite des Haupttraktes und einem auf der offenen Gartenseite. Auf dieser offenen Seite zeigten sich in ganzer Gartenbreite ein Wasserbecken und Pflanzgräben für eine grüne Beetbegrenzung. Auf beiden Seiten des Mittelweges liegen ebenfalls große, rechteckige Pflanzflächen, die wieder von solchen Einsetzgräben für eine grüne Beetbegrenzung eingesäumt sind. Besondere Erwähnung verdienen noch die Pfostenlöcher einer Pergola, die aber in einer späteren Bauperiode einem weiteren Wasserbecken weichen musste, und eine zentrale, platzartige Erweiterung des Mittelweges. Man mag sich fragen, ob auf diesem Platz vielleicht eine Statue oder etwas Ähnliches gestanden ist. Aus dem Befund lässt sich das aber nicht weiter stützen.

Die Ausgräberin hat zu Recht bemerkt, dass in unseren Breiten ein Garten mit so interessanten Details wie der aus Dietikon sonst nicht bekannt ist. Auf weitere römische Gärten meinte man im Alpen- und Voralpenraum aber schon öfter gestoßen zu sein. Ein Versuch einer kritischen Zusammenstellung und eine Sichtung dieser Befunde wurde freilich in der Schweiz nur ansatzweise[16] und in Österreich bisher noch gar nicht unternommen.

---

[7] Taylor 1991, 1.

[8] So für römische Zeit vor allem Cunliffe 1981; Dickson 1994; Greig 1991, 311 f.; Ryley 1998, 8–11; 14–46; Zeepvat 1991.

[9] Einführungen und Handbücher: Currie 2005; Taylor 1983 (Schwerpunkt jeweils nachrömisch). Nicht vorgelegen hat dem Verf.: N. F. Miller – K. L. Gleason, Hgg., The Archaeology of Garden and Field (Philadelphia 1994). – Überblicksdarstellungen über die Resultate der Gartenarchäologie: Bowe 2004; Farrar 1996; Farrar 1998; Ryley 1998.

[10] Vgl. die Publikationen de Alarcao – Etienne 1981; Fouet 1969; Jardins 2005 (mit weiterführender Literatur); Le Glay 1981; Marinval 2005.

[11] Weder bei Bowe 2004, bei Farrar 1996 und Farrar 1998 noch bei Ryley 1998; vgl. auch Janssen – Willerding 1998, 454 f.: "aus Zentraleuropa" stünden römische Gartenbefunde "bislang nicht zur Verfügung." Nur König 2002, 94 und Marinval 2005, 62 erwähnen beiläufig solche Befunde aus der Schweiz.

[12] Munzach: Ginella – Koch 2006, 121. – Orbe: Castella u. a. 2001, 23–27. – Pully: Drack – Fellmann 1988, 472. – Buchs: Y. Dubois, Der Gutshof in Buchs und die römische Besiedelung im Furttal, in: Horisberger u. a. 2004, 228–231. – Dietikon: Ebnöther 1991, 254 f.; Ebnöther 1993, 26 f.; Ebnöther 1995, 36 f. und 43–45. – Nicht Wasserbecken

und Brunnen, sondern "Kiessetzungen" wurden in einer weiteren schweizerischen Villa, in der von Leuzigen im Kanton Bern, als Hinweis auf einen Garten gedeutet: O. Schulthess, Jahresbericht der Schweizerischen Gesellschaft für Urgeschichte 23, 1931, 70. – Im benachbarten Dekumatland stieß man auf ein Wasserbecken auch in einem Peristylhof oder Peristylgarten im Vicus von Rottenburg am Neckar: Heiligmann 1992, 69–71.

[13] Castella u. a. 2001, 31; Thüry 2006 (b) 92. Zu Fischerstatuen als Gartendekor grundsätzlich Farrar 1996, 35; Farrar 1998, 121.

[14] Über solche Gartenkratere Grassinger 1991, 142; 145; 148 (dort wird aber die Verwendung als Springbrunnen in nicht nachvollziehbarer Weise in Frage gestellt). Ein Krater-Springbrunnen ist übrigens in der Schweiz auch auf dem Gladiatorenmosaik aus Augst im Kanton Basel-Land dargestellt (abgebildet z. B. bei Martin 1987, 128 f. oder bei Thüry 2006 (a) 12).

[15] Ebnöther 1991; Ebnöther 1993; Ebnöther 1995, 36–45.

[16] Nämlich bei Ruoff 1980, 20.

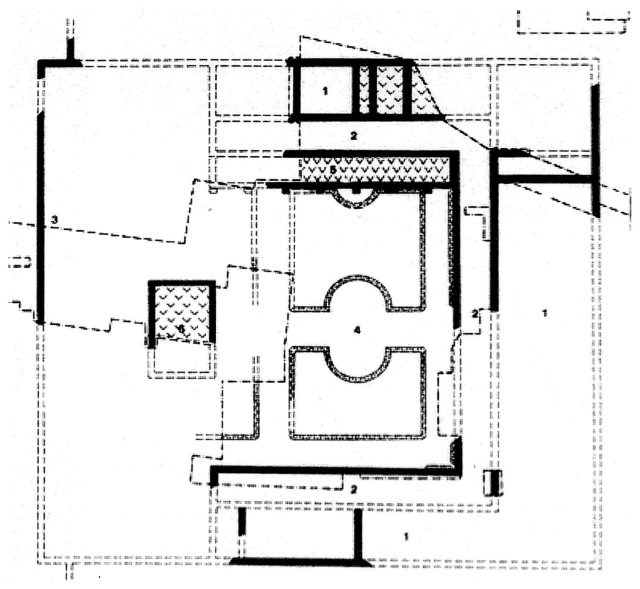

Abb. 104: Grundriss der Villa und des Villengartens von Dietikon (Kanton Zürich): 1 Wohntrakt; 2 Porticus; 3 Trennmauer zum Wirtschaftsbereich; 4 Garten; 5 Pfostenreihe; 6 Wasserbecken (nach Ebnöther 1991, 251)

Für Österreich wird ein erster solcher Versuch hier vorgelegt. Er sollte sich eigentlich auf eine systematische Durchsicht möglichst aller überregionalen österreichischen Archäologiezeitschriften sowie einer möglichst großen Auswahl der regionalen Periodika und der monographischen Literatur stützen. Was die Zeitschriften und Reihen betrifft, konnten aus Zeitmangel aber leider nur die folgenden systematisch durchsucht werden: Archäologie Österreichs; Carnuntum Jahrbuch; Fundberichte aus Österreich; Jahrbuch für Altertumskunde; Der Römische Limes in Österreich; Mitteilungen des Museumvereines Lauriacum-Enns; Nachrichtenblatt der Archaeologischen Gesellschaft Steiermark; Römisches Österreich; Schild von Steier. Hinzu

kommen auch noch die salzburgischen Periodika, die der Verfasser ohne besondere Durchsicht hinreichend zu kennen meint, sodass sie als miterfasst gelten dürfen (dazu gehören die Jahresschrift des Salzburger Museums Carolino Augusteum, die Mitteilungen der Gesellschaft für Salzburger Landeskunde, die Salzburger Museumsblätter und das Salzburg Archiv).

1 Gärten in Städten und Vici des römischen Österreich

Das Ergebnis der Recherche war, dass in der durchgesehenen Literatur rund zwei Dutzend Fälle genannt sind, in denen bei Grabungen im römischen Österreich Gärten – oder mögliche Gärten – identifiziert wurden. In fünf Fällen handelt es sich dabei um Villengärten (dazu unten Abschnitt 2); in den restlichen waren es Befunde in Städten und in Vici. Ausführliche Berichte liegen leider über kaum eine der tatsächlichen oder möglichen Gartenanlagen vor. Offensichtlich beruht die Deutung als möglicher Garten bei den meisten der im Folgenden aufgezählten Befunde nur darauf, dass es sich um eine ummauerte oder umzäunte Fläche im Anschluss an einen Hausgrundriss handelt, die nicht – oder vielleicht nicht – überdacht war und für die keine Befestigung des Bodens nachgewiesen ist. Fallweise wurde auch bei sehr großen Freiflächen mit langen Umfassungsmauern an Gärten gedacht; so bei zwei Anlagen in den Canabae von Carnuntum. Beide erinnern an den Grundriss von Gutshöfen (wobei innerhalb der einen dieser angenommenen Gartenflächen einige unvollständig beobachtete Gebäudegrundrisse und eine Grube und in der anderen ein Grab ans Licht kamen).[17] Gelegentlich erwog man einen Garten außerdem, weil er zur Feststellung eines Peristyls zu passen schien; so beim großen Peristylhaus am Steinbühel in Bregenz und beim Peristylhaus in der Carnuntiner Zivilstadt.[18] Für die Deutung eines Befundes aus der römischen Innenstadt Salzburgs war dagegen ausschlaggebend, dass der im fraglichen Bereich angetroffene, an antike Hausmauern anschließende Boden der Art und Qualität von Gartenerde entsprochen habe.[19] Wirkliche Beweise für das Vorhandensein von Gärten sind natürlich alle diese Kriterien nicht; und so mag mancher vermeintliche Garten nur ein Hof oder eine Wiese gewesen sein. Nach Ansicht des Verfassers wäre es wünschenswert, dass künftig in solchen Zweifelsfällen die Bezeichnung „Garten" vermieden und z. B. von einer „Freifläche" oder von einem „Garten oder Hof" gesprochen würde.

Wie aber steht es mit eindeutigen Kriterien für die Feststellung eines Gartens, wie etwa mit Pflanzspuren? Von eindeutigen römischen Pflanzspuren weiß der Verfasser in Österreich nur in einem einzigen Fall. Es handelt sich dabei um einen sehr interessanten, aber noch unpublizierten Befund in den Canabae von Carnuntum.[20] Ob dort vielleicht auch zugehörige Pflanzenreste geborgen wurden, ist dem Verfasser nicht bekannt; wenn aber, dann wäre das der in Österreich einzige Nachweis dieser Art.

Kaum bekannt sind aus Österreich eindeutige Reste von Gartendekor oder von Gartenarchitektur.[21]

Eine Ausnahme ist ein möglicher Befund aus der Höhensiedlung am Kugelstein bei Deutschfeistritz, wo sich im Vorfeld des Victoria- und Herculestempels nach Meinung des Ausgräbers steinerne Beetbegrenzungen (von welcher Gestalt und mit welchem Grundriss?) und langgestreckte „schwach gemörtelte" Außenmauern eines antiken Gartengeländes zeigten.[22] Außerdem ist hier auch das teilweise marmorne Wasserbecken aus dem Peristyl des Atriumhauses von Aguntum zu nennen (Abb. 105, R 212/213).[23] Dieses Becken – das jetzt in das neuerrichtete Aguntiner Museum übertragen wurde – besteht in seiner Nordhälfte aus gemauerten Wänden, die in der Südhälfte zusätzlich mit weißen Marmorplatten von bis zu 26 cm Stärke verkleidet waren. Es hat die Gestalt eines im Lichten 1,80 m breiten und 0,90 m tiefen Kanals, dessen Verlauf der Umrisslinie eines Rechtecks folgt. Seine beiden längeren Seiten sind außen etwa 16 m, die kürzeren etwa 14,50 m lang.[24] Der Kanal umschloss eine rechteckige Fläche im Zentralbereich des insgesamt rund 28 × 30 m großen Peristyls und machte sie gewissermaßen so zur „Insel" (Abb. 105, R 214). Es ist hübsch sich vorzustellen, dass diese Insel und vielleicht auch der Randbereich des Hofes zwischen Säulenhallen und Kanal mit Grün geschmückt waren. Allerdings muss man zugeben, dass es ja auch Triklinien gab (Eugenia Salza Prina Ricotti nannte sie „Wassertriklinien"), die im Freien und zugleich am Rand von Wasserbecken standen.[25] So liegt ja beispielsweise vor und in der Grotte von Sperlonga ein Bassin mit einer künstlichen Insel darin, auf der Speisesofas standen. Die Annahme einer zentralen „Garteninsel" (oder ausschließlich „grünen" Insel) innerhalb des Peristyls scheint also nicht über alle Zweifel erhaben.

Jedenfalls sind aber solche Wasserbecken in Form von Kanälen, die rahmenartig eine rechteckige Innenfläche umschließen, eine Bassinform, die in Gallien und auf der Iberischen Halbinsel häufiger auftritt.[26] Von dort dürfte also auch die Bauidee des Aguntiner Beckens gekommen sein, das am Ende des 1. nachchristlichen Jh.s entstanden ist. Linda Farrar, die eine Typologie römischer Bassinformen vorgeschlagen hat, rechnet den Grundrisstyp ihrer Form B zu und weist darauf hin, dass die Inselfläche dabei in der Regel nur auf drei Seiten vom Kanal umgeben und auf der vierten offen

---

[17] von Groller 1907, 31–36 und 48 mit Grundriss 43; dazu Lageplan Taf. 1.
[18] Bregenz: Ertel – Kandler 1985, 143; Ertel 1991, 13. – Carnuntum: Humer 2003, 49.
[19] Es handelte sich um eine ausgedehnte "starke Humusschichte mit römischen Fundeinschlüssen" im Bereich der römischen Salzachböschung; vgl. Hell 1955, 54.
[20] Kurz beschrieben bei: Kandler 2004, 31.
[21] Ein möglicher Fall von Gartendekor wäre aber eine Darstellung des Priapos mit einem Korb voller Äpfel aus den Carnuntiner Canabae;

siehe Grünewald 1979.
[22] W. Modrijan, Fundberichte aus Österreich 5, 1946–1950, 123; Modrijan 1953, 23.
[23] Tschurtschenthaler 1997; M. Tschurtschenthaler, Fundberichte aus Österreich 38, 1999, 871 f.; ders., ebd. 43, 2004, 948; Walde 2005.
[24] In der Mitte der kürzeren Kanalkanten liegt auf der Innenseite jeweils eine apsidenartige Rundung, die aber (in wirklich beiden Fällen?) zu einer älteren Bauphase gehört (M. Tschurtschenthaler, Fundberichte aus Österreich 38, 1999, 871). In dieser älteren Phase soll hier nach Tschurtschenthaler ein nymphaeum bestanden haben. Apsidenartige Einbuchtungen rahmenförmiger Wasserbecken sind jedoch ein im Süden belegter Bassintyp (Farrar 1998, 71 f.).
[25] Über diese "Wassertriklinien" Salza Prina Ricotti 1987.
[26] Farrar 1998, 71 f. und 74 f.

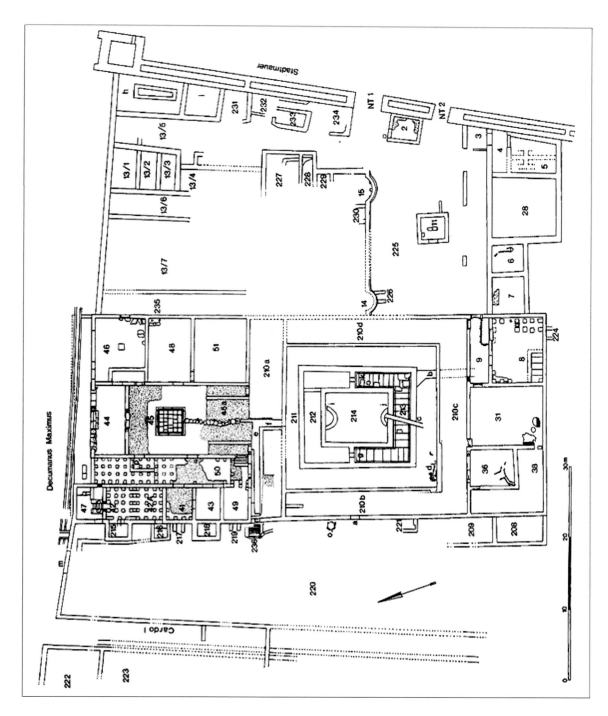

Abb. 105: Grundriss des Atriumhauses in Aguntum (nach Fundberichte aus Österreich 40, 2001, 679)

und zugänglich sei (weshalb auch schon von Bassins in Gestalt des Buchstabens Pi gesprochen wurde). Die ringsum geschlossene Aguntiner Kanalform ist dagegen nur ganz vereinzelt belegt; so im spanischen Augusta Emerita („Haus des Mithras") und in einer speziellen Variante auch im portugiesischen Conimbriga („Haus der Skelette").[27]

Außer dem vielleicht „grünen" Peristyl hatte aber das Aguntiner Atriumhaus auch ausgedehnte Außengärten und/oder Wirtschaftshöfe (Abb. 105, R 220/westlich und südlich von R 224/R 225). Mehrere hier gelegene Präfurnien und Präfurnienzugänge lassen jedoch vermuten, dass darin zumindest nicht gerade Zierpflanzen wuchsen. In dieses wohl ringsum von einer Außenmauer umgebene Garten- bzw. Hofgelände war das Gebäude entlang seiner ganzen West-, Süd- und Südostflanke eingebettet.[28]

Solche Außengärten von flächenmäßig allerdings sonst sehr viel bescheidenerem Zuschnitt sind überhaupt der in den Städten der Austria Romana am häufigsten angenommene Gartentyp. So wurden in einem Fall in Lauriacum und wiederholt in St. Pölten Häuser untersucht (in St. Pölten am Rathausplatz und im sog. Klostergarten), die jeweils aus einer Wohn- bzw. Werkstätteneinheit und einem am Grundstücksrand gelegenen und soweit nachweisbar rings ummauerten oder eingezäunten Gartengelände (?) bestanden.[29] Bei den St. Pöltener Grundrissen (Rathausplatz, Haus X; Klostergarten, Haus 1, 2 und 3) waren diese Gärten nicht im räumlichen Anschluss an den Wohntrakt, sondern im Anschluss an Höfe und Werkstättenanbauten in einer Art von Hinterhaus untergebracht. Die Größe dieser „Hinterhausgärten" scheint von wenigen Quadratmetern bis zu bald einem Ar zu reichen. Man wird fallweise etwas an den Bericht des Martial (11,18) über winzige Gärten an der Peripherie der Stadt Rom erinnert, in denen eine Gurke keinen Platz zum Liegen habe.

Eine Lokalisierung des Gartens im Bereich hinter dem Haus könnte uns in einigen Fällen auch in der Carnuntiner Zivilstadt begegnen. An mehrere Häuser (Haus I, II, IV c, V a und V b) schließen dort Höfe oder Gärten an.[30] Vor einigen Jahren wurde mit einer systematischen Neuuntersuchung dieser zuerst von Erich Swoboda ergrabenen Gebäude und Freiflächen begonnen. Im Fall der Häuser I und II ist sie jetzt bereits

abgeschlossen. Zu beiden gehört – innerhalb einer das Grundstück abschließenden Mauer – ein rückwärtiger Garten oder Hof, der jeweils über eine schmale Veranda von voller Gebäudebreite betreten wurde. Eine Nutzung dieser Freiflächen als Gärten konnte zwar nicht nachgewiesen werden;[31] sie ist aber durchaus möglich und rechtfertigt so den Entschluss des Archäologischen Parks Carnuntum und der Behörden, an beiden Stellen jeweils wieder einen Garten nach römischer Art anzulegen. Auf die beiden in den letzten Jahren realisierten Gärten geht unten Abschnitt 4 näher ein. An dieser Stelle sei nur noch das interessante Detail erwähnt, dass im Garten oder Hof des Hauses II auch eine Drainage bzw. eine Struktur zum Vorschein kam, die nach einer dort gefundenen Weihinschrift für die Nymphen Kultcharakter besessen, d. h. eine bescheidene Form von *nymphaeum* dargestellt haben könnte.[32]

2 Gärten in Villen des römischen Österreich

Werfen wir einen kurzen Blick auch auf die Villengärten der Austria Romana! In der Villa von Eisenstadt-Gölbesäcker ist hier eine Gartenanlage in einem Peristyl (Größe: rund 9 × 10 m) angenommen worden.[33] Konkrete Hinweise auf eine entsprechende Gestaltung dieses Peristyls fehlen jedoch. Nicht eindeutiger ist auch der Befund in drei anderen Gutshöfen des römischen Burgenlandes: in Bruckneudorf, Deutschkreutz und Winden am See.[34] In diesen Villen wurden Außengärten in Anbauten an die Herrenhäuser vermutet. Wegen der Schwäche der Mauern des Anbaus dachte man in Bruckneudorf, wegen der Bodenqualität („schönste schwarze Gartenerde") und wegen an den Mauern anhaftender Schnecken in Winden am See an einen Garten. In Winden war die Einfriedung auch nur trocken gemauert. Über den Befund in Deutschkreutz ist aus dem knappen Bericht („mit ... Terrasse, Garten und Gartenmauer") wenig zu entnehmen.

Nicht klar wird in der Literatur, warum auf der Nordseite des Villenhauptgebäudes von Kalsdorf-Thalerhof ein Außengarten von rund anderthalb oder sogar von über zwei Hektar Größe lokalisiert wurde.[35] Die Berichte über die Grabungen in der nie detailliert publizierten Villa sprechen von einem 5 m breiten, gedeckten

[27] Emerita: Farrar 1998, 75 und 80. – Conimbriga: de Alarcao – Etienne 1981, Abb. 7.

[28] M. Tschurtschenthaler, Fundberichte aus Österreich 39, 2000, 691 und Plan 692; ders., ebd. 40, 2001, 679–681; ders., ebd. 41, 2002, 686–689; ders., ebd. 42, 2003, 751 f.

[29] Lauriacum: H. Ubl, Fundberichte aus Österreich 36, 1997, 34. – St. Pölten: z. B. Jilek u. a. 2005, 12–15; Risy – Scherrer 2005, 19–24 und 32. Vgl. dort auch den Befund P. Scherrer, Fundberichte aus Österreich 30, 1991, 309.

[30] Zu Haus I-V b vgl. Humer 2003, 20–37.

[31] Der alte Grabungsbefund z. B. bei Swoboda 1964, 157 und 159; der neue z. B. (wobei aber meist zu sicher von der Richtigkeit der Gartendeutung ausgegangen wird) bei Humer u. a. 2004, bes. 144–147; F. Humer – A. Konecny, Fundberichte aus Österreich 41, 2002, 656 und 659 f.; dies., ebd. 42, 2003, 717 und 720; dies., ebd. 43, 2004, 900 f.

[32] Dazu z. B. Swoboda 1964, 159; Vorbeck 1955, 25 f. Die wassertechnische Deutung des Befundes nach mündl. Mitteilung F. Humer.

[33] Kubitschek 1926, 31; vgl. 21 (Plan, Raum 14).

[34] Bruckneudorf: z. B. Benda 1989, 12 (Rekonstruktionszeichnung); 56 und 73. – Deutschkreutz: A. Barb, Fundberichte aus Österreich 1, 1930–1934, 41. – Winden am See: Saria 1951, 13.

[35] Vgl. z. B. M. Grubinger, Fundberichte aus Österreich 4, 1940–1945, 63; Modrijan 1970, 134; Modrijan o. J., 15.

Abb. 106: Carnuntum, Zivilstadt. Garten I (Aufnahme aus dem Jahr 2003)

Zufahrtsweg, „der in einem 350 m langen Bogen" durch diese Gartenanlage auf das Haus zugeführt habe.

Eine interessante Frage verbindet sich auch mit einem in unmittelbarer Nähe der Staatsgrenze gelegenen oberbayerischen Befund. Sie ergibt sich aus der Beobachtung, dass während des 5. Bauzustandes der Villa von Bad Reichenhall-Marzoll ein Hof zwischen drei hufeisenförmig angeordneten Gebäudetrakten eine auffällige Anzahl an Küchenabfällen enthielt.[36] Das hat der Verfasser schon einmal mit dem nachlässigen antiken Umgang mit dem Müll in Zusammenhang gebracht.[37] Es könnte aber auch eine Folge der Düngung eines Gartenareals gewesen sein.

3 Bepflanzung von Gräbern

Obwohl es in unserem Rahmen in erster Linie um das römische Haus und damit um die Hausgärten geht, sei am Rand doch erwähnt, dass wir für die Austria Romana auch einen Beleg eines mit einer Grabstätte verbundenen Gartens besitzen. Es ist die Inschrift auf einem Grabstein, den ein gewisser Septimius Alcides, Veteran der Carnuntiner 14. Legion, in Winden am See aufstellen ließ. Danach hatte er dort für seine Frau Iulia Victorina ein *viridarium*, also eben eine begrünte

Begräbnisstätte, anlegen lassen.[38] Anpflanzungen verschiedener Art dürften aber an Gräbern überhaupt häufig gewesen sein; so wird ein Teil der archäologisch so häufig festgestellten Grabumfriedungen gärtnerisch gestaltete Grabstellen umschlossen haben.[39] Bei Bestattungsplätzen reicher römischer Familien konnten solche Gärten sogar das Ausmaß eines Parks erreichen. Am vielleicht eindrucksvollsten geht das aus einer Inschrift aus Langres im Département Haute-Marne hervor.[40] Sie überliefert uns eine letztwillige Verfügung, nach der sich ständig nicht weniger als drei *topiarii* (also Zier- und Landschaftsgärtner) mitsamt ihren *discentes* (also Lehrlingen) um eine dort erwähnte Grabanlage kümmern sollten. Diese *topiarii* und ihre Lehrlinge muss es natürlich auch im römischen Österreich gegeben haben.

4 Römische „Mustergärten" in Carnuntum

Wachsender Beliebtheit erfreuen sich in den letzten Jahrzehnten Gartenanlagen, die ohne Bezug auf ein konkretes örtliches Vorbild – aber nach römischen Gestaltungsprinzipien geplant und/oder

---

[36] Christlein 1963, 45.
[37] Thüry 2001, 39.

[38] Betz 1971, 306; Noll 1970, 59.
[39] Zu „grünen Gräbern" z. B. Farrar 1998, 177–179; Gregori 1988; von Hesberg 1992, 229 f. – Grabumfriedungen in Noricum: z. B. Kremer 2001, 366–371; in Pannonien: z. B. Urban – Bónis 1985, 94–101.
[40] CIL XIII 5708.

mit römerzeitlichen Pflanzen ausgestattet – dem Besucher zeigen sollen, wie ein typischer antiker Garten ausgesehen habe. Solche „Mustergärten" oder „Idealrekonstruktionen" (deren Sinn und Wert übrigens auch sehr von der Qualität der dauernden gärtnerischen Betreuung abhängt) sind z. B. im Anschluss an Museen (wie im schon 1955 eröffneten „Römerhaus" neben dem Römermuseum in Augst bei Basel) oder auf dem Gelände konservierter römischer Gutshöfe entstanden (wie im luxemburgischen Echternach, im baden-württembergischen Ludwigsburg-Hoheneck, im saarländischen Perl-Borg oder im schweizerischen Winkel-Seeb im Kanton Zürich). Selbst in nicht-musealen Zusammenhängen beginnen Gärten nach römischem Muster häufiger zu werden.[41]

Im Jahr 2002 fiel auch im Archäologischen Park Carnuntum die Entscheidung, im Bereich der oben erwähnten antiken Gärten oder Höfe hinter den Häusern I und II der Zivilstadt jeweils einen ähnlichen Versuch einer idealen Gartenrekonstruktion zu wagen.[42] Mit dem Entwurf der beiden Gärten wurde der Verfasser betraut. Der Garten des Hauses I (im Folgenden als „Garten I" bezeichnet) wurde noch im Winter 2002/03 angelegt und im Mai 2003 eingeweiht. Die Arbeiten am Garten des Hauses II (im Folgenden „Garten II") fielen in das Jahr 2005; die Garteneröffnung folgte im Mai 2006.

Die größere der beiden Anlagen ist der Garten I (Abb. 106). Zur Zeit der rekonstruierten Bauperiode – sie gehört dem frühen 4. Jh. n. Chr. an – bedeckte dieser Garten (oder Hof) ein Gelände von 22 × 17 m. Um die Anlage organisch mit dem Grundriss des bis etwas über Estrichhöhe konservierten Hauses I zu verbinden, wurden die Pflanzflächen auf beiden Seiten eines nord-südlich verlaufenden Mittelweges angeordnet, der in der Flucht der Mittelachse des Gebäudes liegt. Dieser Bezug der Mittelachse des Gartens auf die des Hauses ist ein Gestaltungselement römischer Gartenanlagen, das sich nach zwei britischen Befunden (Frocester Court in Gloucestershire und Latimer in Buckinghamshire) auch noch bis eben in das 4. Jh. n. Chr. nachweisen lässt.[43]

Ein die Nord-Süd-Achse im rechten Winkel kreuzender Querweg unterteilt die Pflanzflächen des Gartens I in vier Rechtecke, die nach bekannter römischer Manier (vgl.

die Pliniusbriefe 2,17,14 und 5,6,16 f.) mit Randstreifen aus niedrigem Buchs eingefasst sind.[44] Während das Innere der so von Buchs umrahmten Rechtecke mit Rasen bepflanzt ist, dienen jeweils Viertelkreise an den Ecken der Pflanzflächen als Beete für an die dreißig Arten von Blumen, Kräutern und niedrigen Gehölzen. In den Beeten der beiden dem Haus zugekehrten Flächen sind das Zierpflanzen, in den anderen Heil- und Küchenpflanzen.

Zwei höhere Bäume (beide Kirschpflaumen) und einige Brombeerbüsche stehen dagegen in zwei sehr viel schmaleren Pflanzflächen auf dem Grund des bis zur Dachhöhe rekonstruierten Hauses II. Dieses Gärtchen II wird ebenfalls durch einen Nord-Süd-Weg unterteilt.

5 Römische Gartenpflanzen und Zukunftsaufgaben der Forschung

Bei der Planung der beiden Carnuntiner Gärten kam dem Verfasser eindringlich zu Bewusstsein, dass wir weder für die Details römischer Gartenanlagen auf österreichische Befunde zurückgreifen können, noch dass es eine namhafte Liste archäobotanischer Arbeitsergebnisse aus Österreich gibt, die uns über römische Gartenpflanzen speziell unseres engeren Raumes aufklären würde. Bei der Zusammenstellung der Pflanzenlisten für Carnuntum mussten daher intensiv archäobotanische Untersuchungen aus den mittel- und nordeuropäischen Nachbarregionen herangezogen werden. Während aus der Schweiz, aus Deutschland, aus Frankreich oder aus England bereits lange Listen nachgewiesener römischer Pflanzen zur Verfügung stehen,[45] sind solche Beobachtungen für Österreich noch recht dünn gesät.[46] Dafür gibt es verschiedene Gründe: einerseits die Tatsache, dass Österreich an der bedeutenden Aufschwungphase der internationalen Archäobotanik zwischen etwa 1960 und 1980 keinen Anteil hatte;[47] und andererseits die, dass die neuen Impulse, die durch diesen Aufschwung andernorts entstanden, in Österreich so noch nicht entstanden sind. Zwar existiert an der Universität Wien heute ein interdisziplinäres Forschungsinstitut für archäologische Naturwissenschaft, das sich u. a.

---

[41] Beispiele: der "römische Garten" eines Girls' college in Worcestershire (www.pyrrha.demon.co.uk); oder der private "jardin gallo-romain" in Sèvres-Anxaumont bei Poitiers (www.jardirom.net); oder der römische Garten, der im Rahmen der rheinland-pfälzischen Landesgartenschau Trier 2004 angelegt wurde (König 2002). Vgl. auch Farrar 1998, 196–199, wo Ratschläge gegeben werden für «features that could be incorporated into a modern garden to evoke the spirit of a Roman garden.»

[42] Zum Folgenden Thüry 2004; Thüry 2005. – Andere österreichische Grabungsstätten werden sicher ebenfalls nachempfundene Gärten anlegen. Zu solchen Plänen in Aguntum vgl. Walde 2005.

[43] Zeepvat 1991, 56 und Pläne 55 f.

[44] In der Zone nordwärts der Alpen liegen römerzeitliche Buchsnachweise aus Baden-Württemberg (Stika 1996, 140) und aus dem elsässischen Biesheim (mündl. Mitteilung S. Jacomet) vor.

[45] Beispiele für Listen von Gartenpflanzen bzw. von nachgewiesenen Pflanzen, unter denen auch sichere oder mögliche Gartenpflanzen mitenthalten sind: für Deutschland: Knörzer 1991, 198 f.; Knörzer – Gerlach 1999, 93–103; Körber-Grohne 1979; Küster 1992, 151; Stika 1996. – Für England: Dickson 1994; Greig 1991, 311 f.; Ryley 1998, 14–46. – Für Frankreich: Matterne 2001, 82–88 und 195–200. – Für die Schweiz: Jacquat 1986; Petrucci-Bavaud – Schlumbaum – Jacomet 2000. Vgl. auch die Karte und Liste der archäobotanisch untersuchten Fundstellen der Schweiz bei Jacomet u. a. 2002, 28 f.

[46] Hervorgehoben sei hier etwa die ergebnisreiche Untersuchung von Popovtschak 2002 über das römische Mautern.

[47] Vgl. Schneider 1993, 90.

der Archäobotanik widmet;[48] aber im Vergleich mit anderen Ländern – wie der Schweiz oder England – ist in den archäobiologischen Disziplinen die Infrastruktur noch zu wenig entwickelt (wobei aber daraus resultierende Probleme fallweise dadurch vermieden werden könnten, dass man sich an ausländische Labors wendet). Auf der Seite der Archäologie fehlt es dagegen noch an einem wirklich lebendigen Sich-dessen-Bewusstsein, wie moderne archäobiologische Untersuchungen die Pflanzen- oder auch die Insekten- und sonstige Kleintierwelt der Vergangenheit erschließen können und welche weiteren Erkenntnischancen solche Ergebnisse eröffnen. Ein Bericht über Gärten und Gartenpflanzen im römischen Österreich kann daher nur mit dem Appell an alle schließen, Bodenproben zu nehmen (die auch z. B. sedimentologischen und faunistischen Untersuchungen und selbst der Erfassung der Artefaktfunde zugute kommen)[49] und Archäobotaniker und -botanikerinnen und andere Naturwissenschafter und -wissenschafterinnen zu kontaktieren und mit ihnen zusammenzuarbeiten. Es wird Zeit, dass an immer mehr Grabungsplätzen Phantasie in die Entwicklung eines Bearbeitungskonzeptes für archäobiologische Funde investiert wird. Nur so werden sich dann allmählich auch die Grundrisse römischer Gärten gewissermaßen mit Pflanzenfarben, Pflanzendüften und mit Käfergekrabbel füllen.

Nachträge während der Drucklegung

Nach Fertigstellung des Manuskripts hat eine Ausstellung des Museums von Nyon auf Gartenbefunde aus einer weiteren römischen Villa der Schweiz aufmerksam gemacht. Es ist die Villa von Vallon im Kanton Freiburg. Vgl. dazu C. Agustoni, Vallon: côté jardin, côté cour (Ausstellungsbegleitbuch Fribourg 2006); V. Rey-Vodoz, Les jardins antiques de Nyon. Archéologia (Paris) 446, 2007, 75–78. – Zu Anm. 12: Ein Peristylhof oder -garten mit Wasserbecken auch nahe der schweizerischen Grenze in der Villa von Heitersheim in Südbaden; vgl. z. B. H. U. Nuber, Römische Antike am Oberrhein: Die villa urbana von Heitersheim. Archäologische Nachrichten aus Baden 57, 1997, 10 und 16. – Zu Anm. 14: Krater-Springbrunnen sind dem Verf. inzwischen auch aus Innenräumen bekannt geworden; und zwar aus den Villen von Echternach (Luxemburg) und Bad Kreuznach (Rheinland-Pfalz). Auf den Fall von Echternach weist mich dankenswerterweise Herr Dr. Jean Krier, Luxemburg, hin; zu Bad Kreuznach vgl. [H.] Bull[inger], Das Oceanus-Mosaik aus der römischen

Peristylvilla von Bad Kreuznach (Bad Kreuznach 1986) 6 f. und 12 f.

Literatur

de Alarcao – Etienne 1981: J. de Alarcao – R. Etienne, Les jardins à Conimbriga (Portugal). In: E. B. MacDougall – W. F. Jashemski, Hgg., Ancient Roman Gardens. Dumbarton Oaks Colloquium on the History of Landscape Architecture 7 (Washington 1981) 67–80.

Applebaum 1966: S. Applebaum, Peasant Economy and Types of Agriculture. In: Ch. Thomas, Hg., Rural Settlement in Roman Britain. Council for British Archaeology Research Report 7 (London 1966) 99–107.

Benda 1989: I. Benda, Der Gutshof von Bruckneudorf und seine Stellung innerhalb der Villenarchitektur der römischen Kaiserzeit. Ungedruckte Magisterarbeit Wien 1989.

Betz 1971: A. Betz, Zu neuen und alten Inschriften aus Österreich. Acta of the Fifth International Congress of Greek and Latin Epigraphy 1967 (Oxford 1971) 305 f.

Bowe 2004: P. Bowe, Gärten der Römischen Welt (München 2004).

Castella – Flutsch – Paratte 2001: C. M. Castella – l. Flutsch – C.-A. Paratte, Die römische Villa von Orbe-Boscéaz und ihre Mosaiken. Archäologische Führer der Schweiz 4 (Basel 2001).

Christlein 1963: R. Christlein, Ein römisches Gebäude in Marzoll, Ldkr. Berchtesgaden. Bayerische Vorgeschichtsblätter 28, 1963, 30–57.

Cunliffe 1971: B. Cunliffe, Fishbourne. Rom in Britannien (Bergisch Gladbach 1971).

Cunliffe 1981: B. Cunliffe, Roman Gardens in Britain: A Review of the Evidence. In: E. B. MacDougall – W. F. Jashemski, Hgg., Ancient Roman Gardens. Dumbarton Oaks Colloquium on the History of Landscape Architecture 7 (Washington 1981) 95–108.

Currie 2005: Chr. Currie, Garden Archaeology. A Handbook (Bootham 2005).

Dickson 1994: C. Dickson, Macroscopic Fossils of Garden Plants from British Roman and Medieval Deposits. In: Garden History: Garden Plants, Species, Forms and Varieties from Pompeii to 1800, PACT 42, 1994, 47–72.

Drack – Fellmann 1988: W. Drack – R. Fellmann, Die Römer in der Schweiz (Stuttgart 1988).

Ebnöther 1991: Chr. Ebnöther, Die Gartenanlage in der pars urbana des Gutshofes von Dietikon ZH. Archäologie der Schweiz 14, 1991, 250–256.

Ebnöther 1993: Chr. Ebnöther, Römischer Gutshof in Dietikon. Neujahrsblatt von Dietikon 46 (Dietikon 1993).

---

[48] Nach dem herrschenden Zeitgeist unter dem englischen Namen "VIAS" = "Vienna Institute for Archaeological Science."
[49] Über die Methodik der Probenentnahme Schneider 1991, 60 f. Sofern die Proben gleich am Grabungsort geschlämmt werden sollen, kann als Anleitung der Aufsatz von Schneider – Kronberger 1991 dienen.

Ebnöther 1995: Chr. Ebnöther, Der römische Gutshof in Dietikon. Monographien der Kantonsarchäologie Zürich 25 (Zürich 1995).

Ertel 1991: Chr. Ertel, Die villa suburbana auf dem Steinbühel in Bregenz (Bregenz 1991).

Ertel – Kandler 1985: Chr. Ertel – M. Kandler, Zum Modell von Brigantium. In: E. Vonbank – H. Swozilek, Hgg., Das römische Brigantium. Ausstellungskatalog des Vorarlberger Landesmuseums 124 (Bregenz 1985) 137–149.

Farrar 1996: L. Farrar, Gardens of Italy and the Western Provinces of the Roman Empire. BAR International Series 650 (Oxford 1996).

Farrar 1998: L. Farrar, Ancient Roman Gardens (Stroud 1998).

Fouet 1969: G. Fouet, La villa gallo-romaine de Montmaurin. Gallia Supplement 20 (Paris 1969).

Ginella – Koch 2006: F. Ginella – P. Koch, Archäologie der römischen Binnenfischerei. In: H. Hüster Plogmann, Hg., Fisch und Fischer aus zwei Jahrtausenden. Forschungen in Augst 39 (Augst 2006) 109–122.

Grassinger 1991: D. Grassinger, Römische Marmorkratere. Monumenta artis Romanae 18 (Mainz 1991).

Gregori 1988: G. L. Gregori, Horti sepulchrales e cepotaphia nelle iscrizioni urbane. Bulletino della Commissione Archeologica Comunale di Roma 92, 1987/1988, 175–188.

Greig 1991: J. R. A. Greig, The British Isles. In: W. van Zeist u. a., Hgg., Progress in Old World Palaeoethnobotany (Rotterdam 1991) 299–334.

von Groller 1907: M. von Groller, Die Grabungen in Carnuntum. Der römische Limes in Österreich 8, 1907, 5–118.

Grünewald 1979: M. Grünewald, Ein Priapos-Relief aus Carnuntum. Fundberichte aus Österreich 18, 1979, 73–76.

Heiligmann 1992: K. Heiligmann, Sumelocenna – Römisches Stadtmuseum Rottenburg am Neckar. Führer zu archäologischen Denkmälern in Baden-Württemberg 18 (Stuttgart 1992).

Hell 1955: M. Hell, Der Münzfund vom Mitterbacherbogen und Juvavum rechts der Salzach. Mitteilungen der Gesellschaft für Salzburger Landeskunde 95, 1955, 51–58.

von Hesberg 1992: H. von Hesberg, Römische Grabbauten (Darmstadt 1992).

Horisberger u. a. 2004: B. Horisberger – E. Broillet-Ramjoué – Y. Dubois, Der Gutshof in Buchs und die römische Besiedlung im Furttal. Monographien der Kantonsarchäologie Zürich 37 (Zürich 2004).

Humer 2003: F. Humer, Das römische Stadtviertel im Freilichtmuseum Petronell (Petronell 2003).

Humer u. a. 2004: F. Humer – A. Konecny – D. Maschek, Zivilstadt Carnuntum – Haus I. Carnuntum Jahrbuch 2004, 89–177.

Jacomet u. a. 2002: S. Jacomet u. a., Mensch und Umwelt. In: L. Flutsch – U. Niffeler – F. Rossi, Hgg., Römische Zeit. Die Schweiz vom Paläolithikum bis zum frühen Mittelalter (Basel 2002) 21–39.

Jacquat 1986: Chr. Jacquat, Römerzeitliche Pflanzenfunde aus Oberwinterthur (Kanton Zürich, Schweiz). In: J. Rychener – P. Albertin – Chr. Jacquat, Hgg., Beiträge zum römischen Vitudurum – Oberwinterthur. Berichte der Zürcher Denkmalpflege, Monographien 2 (Zürich 1986) 241–264.

Janssen – Willerding 1998: W. Janssen – U. Willerding, Gartenbau und Gartenpflanzen. In: RGA 10 (Berlin – New York 1998) 449–462.

Jardins 2005: Jardins d'Empúries. La jardineria en època romana (Empúries 2005).

Jashemski 1979/1993: W. F. Jashemski, The Gardens of Pompeii. I–II (New Rochelle 1979/1993).

Jashemski 1995: W. F. Jashemski, Roman Gardens in Tunisia. American Journal of Archaeology 99, 1995, 559–576.

Jashemski – Meyer 2002: W. F. Jashemski – F. G. Meyer, Hgg., The Natural History of Pompeii (Cambridge 2002).

Jilek – Scherrer – Trinkl 2005: S. Jilek – P. Scherrer – E. Trinkl, Leben in Aelium Cetium. Wohnen und Arbeiten im römischen St. Pölten. Katalog zur Ausstellung. Sonder- und Wechselausstellungen der Niederösterreichischen Landesbibliothek 26 (St. Pölten 2005).

Kandler 2004: M. Kandler, Carnuntum. In: M. Šašel Kos – P. Scherrer, Hgg., The Autonomous Towns in Noricum and Pannonia. Die autonomen Städte in Noricum und Pannonien. Pannonia II, Situla 42 (Laibach 2004) 11–66.

Knörzer 1991: K.-H. Knörzer, Deutschland nördlich der Donau. In: W. van Zeist u. a., Hgg., Progress in Old World Palaeoethnobotany (Rotterdam 1991) 189–206.

Knörzer – Gerlach 1999: K.-H. Knörzer – R. Gerlach, Geschichte der Nahrungs- und Nutzpflanzen im Rheinland. In: H. Koschik, Hg., PflanzenSpuren. Archäobotanik im Rheinland: Agrarlandschaft und Nutzpflanzen im Wandel der Zeiten. Materialien zur Bodendenkmalpflege im Rheinland 10 (Köln 1999) 67–127.

König 2002: M. König, Hortus Treverorum. In: Funde und Ausgrabungen im Bezirk Trier 34, 2002, 92–97.

Körber-Grohne 1977: U. Körber-Grohne, Pflanzenanbau auf römischen Gutshöfen. Römischer Weinkeller Oberriexingen, Faltblatt 8 (Stuttgart 1977).

Körber-Grohne 1979: U. Körber-Grohne, Nutzpflanzen und Umwelt im römischen Germanien. Kleine Schriften zur Kenntnis der römischen Besetzungsgeschichte Südwestdeutschlands 21 (Stuttgart 1979).

Kremer 2001: G. Kremer, Antike Grabbauten in Noricum. Sonderschriften des Österreichischen Archäologischen Institutes 36 (Wien 2001).

Kubitschek 1926: W. Kubitschek, Römerfunde von Eisenstadt. Sonderschriften des Österreichischen Archäologischen Institutes 11 (Wien 1926).

Küster 1992: H. Küster, Kulturpflanzenanbau in Südbayern seit der Jungsteinzeit. In: Bauern in Bayern. Von den Anfängen bis zur Römerzeit. Katalog des Gäubodenmuseums Straubing 19 (Straubing 1992) 137–155.

Le Glay 1981: M. Le Glay, Les jardins à Vienne. In: E. B. MacDougall – W. F. Jashemski, Hgg., Ancient Roman Gardens. Dumbarton Oaks Colloquium on the History of Landscape Architecture 7 (Washington 1981) 49–60.

Marinval 2005: Ph. Marinval, Potagers et vergers de l'antiquité. Archéologia (Paris) 423, 2005, 56–64.

Martin 1987: M. Martin, Römermuseum und Römerhaus Augst. Augster Museumshefte 4 (Augst 1987).

Matterne 2001: V. Matterne, Agriculture et alimentation végétale durant l'âge du fer et l'époque gallo-romaine en France septentrionale (Montagnac 2001).

Modrijan 1953: W. Modrijan, Neue Ausgrabungen in Steiermark. Zeitschrift des Historischen Vereines für Steiermark 44, 1953, 3–30.

Modrijan 1970: W. Modrijan, Römische Bauern und Gutsbesitzer in Norikum. In: H. Hinz, Hg., Germania Romana III. Gymnasium Beiheft 7 (Heidelberg 1970) 120–137.

Modrijan o. J.: W. Modrijan, Römerzeitliche Villen und Landhäuser in der Steiermark. Schild von Steier, Kleine Schriften 9 (Graz o. J.).

Müller-Wille 1970: M. Müller-Wille, Die landwirtschaftliche Grundlage der Villae rusticae. In: H. Hinz, Hg., Germania Romana III. Gymnasium Beiheft 7 (Heidelberg 1970) 26–42.

Noll 1970: R. Noll, Bemerkenswerte Neufunde zur Römerzeit Österreichs. Berichte über den 10. österreichischen Historikertag 1969 (Wien 1970) 57–63.

Pailler 1987: J.-M. Pailler, Montmaurin: A Garden Villa. In: E. B. MacDougall, Hg., Ancient Roman Villa Gardens. Dumbarton Oaks Colloquium on the History of Landscape Architecture 10 (Washington 1987) 205–221.

Petrucci-Bavaud u. a. 2000: M. Petrucci-Bavaud – A. Schlumbaum – S. Jacomet, Bestimmung der botanischen Makroreste. In: D. Hintermann, Hg., Der Südfriedhof von Vindonissa. Veröffentlichungen der Gesellschaft Pro Vindonissa 17 (Brugg 2000) 151–178.

Popovtschak 2002: M. Popovtschak, Römerzeitliche, frühmittelalterliche und frühneuzeitliche Pflanzenreste aus Mautern a. d. Donau/ Grabungskampagne 1996. In: S. Groh – H. Sedlmayer,

Forschungen im Kastell Mautern-Favianis, Der römische Limes in Österreich 42 (Wien 2002) 416–433.

Risy – Scherrer 2005: R. Risy – P. Scherrer, Municipium Aelium Cetium – Landeshauptstadt St. Pölten. Archäologische Grabungen und Forschungen 1999–2005. Hippolytus 5, Beiheft (St. Pölten 2005).

Ruoff 1980: E. Ruoff, Gartenführer der Schweiz (Fribourg 1980).

Ryley 1998: C. Ryley, Roman Gardens and their Plants (Lewes 1998).

Salza Prina Ricotti 1987: E. Salza Prina Ricotti, The Importance of Water in Roman Garden Triclinia. In: E. B. MacDougall, Hg., Ancient Roman Villa Gardens. Dumbarton Oaks Colloquium on the History of Landscape Architecture 10 (Washington 1987) 135–184.

Saria 1951: B. Saria, Der römische Gutshof von Winden am See. Burgenländische Forschungen 13 (Eisenstadt 1951).

Schneider 1991: M. Schneider, Methoden und Ziele der Archäobotanik. Archäologie Österreichs 2/1, 1991, 58–62.

Schneider 1993: M. Schneider, Zur Geschichte der Archäobotanik in Österreich. In: H. Friesinger – F. Daim – E. Kanelutti – O. Cichocki, Hgg., Bioarchäologie und Frühgeschichtsforschung. Archaeologia Austriaca Monographien 2 (Wien 1993) 89–91.

Schneider – Kronberger 1991: M. Schneider – W. Kronberger, Die Flotation archäobotanischer Proben. Archäologie Österreichs 2/1, 1991, 63 f.

Stika 1996: H.-P. Stika, Römerzeitliche Pflanzenreste aus Baden-Württemberg. Materialhefte zur Archäologie in Baden-Württemberg 36 (Stuttgart 1996).

Swoboda 1964: E. Swoboda, Carnuntum (Graz – Köln 4. Aufl. 1964).

Taylor 1983: Chr. C. Taylor, The Archaeology of Gardens (Aylesbury 1983).

Taylor 1991: Chr. C. Taylor, Garden Archaeology: an Introduction. In: A. E. Brown, Hg., Garden Archaeology. Council for British Archaeology Research Report 78 (London 1991) 1–5.

Thüry 2001: G. E. Thüry, Müll und Marmorsäulen. Siedlungshygiene in der römischen Antike (Mainz 2001).

Thüry 2004: G. E. Thüry, Buchs und Rosen. Ein Garten für das römische Carnuntum. Topiaria helvetica 2004, 6–10.

Thüry 2005: G. E. Thüry, Rosen für Carnuntum. Nach antikem Vorbild werden in der Carnuntiner Zivilstadt Gärten angelegt. Antike Welt 36/3, 2005, 17–21.

Thüry 2006 (a): G. E. Thüry, Vom Verhältnis der Römer zu Bächen, Flüssen und Seen. In: H. Hüster-Plogmann, Hg., Fisch und Fischer aus zwei Jahrtausenden. Forschungen in Augst 39 (Augst 2006) 11–19.

Thüry 2006 (b): G. E. Thüry, Binnenfischer – ein römisches Berufsbild. In: H. Hüster Plogmann, Hg., Fisch und Fischer aus zwei Jahrtausenden. Forschungen in Augst 39 (Augst 2006) 91–93.

Tschurtschenthaler 1997: M. Tschurtschenthaler, Das Garten-Peristyl des Atriumhauses von Aguntum. Archäologie Österreichs 8/2, 1997, 71–77.

Urban – Bónis 1985: O.-H. Urban – E. B. Bónis, Römisch-germanische Brandgräber aus Neudörfl. In: Urgeschichte – Römerzeit – Mittelalter, Festschrift für A.-J. Ohrenberger. Wissenschaftliche Arbeiten aus dem Burgenland 71 (Eisenstadt 1985) 92–109.

Vorbeck 1955: E. Vorbeck, Die epigraphischen Funde der Grabungen in der Zivilstadt Carnuntum 1949-1955. Carnuntum Jahrbuch 1955, 23–27.

Walde 2005: E. Walde, Archäologische Gestaltung. In: Baudokumentation Archäologischer Park und Museum Aguntum (Innsbruck 2005) [unpaginiert].

Zeepvat 1991: R. J. Zeepvat, Roman Gardens in Britain. In: A. E. Brown, Hg., Garden Archaeology. Council for British Archaeology Research Report 78 (London 1991) 53–59.

Nachwort 2024

Zur im vorstehenden Aufsatz gegebenen Charakterisierung des Forschungsstandes, die auch in der neueren Überblicksliteratur zum Gartenthema berücksichtigt wurde, ist bisher nichts Wichtiges nachzutragen.[50] – Zum Thema der Gartenrekonstruktionen in Carnuntum sei hier noch angemerkt, dass der heutige Zustand der Gärten der vom Verf. veranlassten Anlage nur noch zum Teil entspricht.

---

[50] Neuere Überblicksliteratur: W. F. Jashemski – K. L. Gleason – K. J. Hartswick – A.-A. Malek, Hgg., Gardens of the Roman Empire (Cambridge usw. 2018) 474. – Ein neuerer Artikel zur Frage der Gartenpflanzen in der Austria Romana ist: G. E. Thüry, Was wuchs bei uns in römischen Gärten? In: Garten – Lust. Last. Leidenschaft (St. Pölten 2018) 26–29.

41

Lavendel und Oleander in der griechisch-römischen Antike

(Aus: Carnuntum Jahrbuch 2019, 59 ff.)

Oleander und Lavendel sind Kinder des Südens. Ihnen ist gemeinsam, dass sie zwar durchaus in manchen Gartenbeeten und Blumenkübeln nördlich der Alpen vorkommen, dass sich in unseren Gedanken jedoch das Bild der Mittelmeerländer mit ihnen verbindet (Abb. 107 und 108) – vor allem das Italiens und der Provence.

Aus der besonderen Perspektive des Altertumswissenschaftlers stellen sich hier verschiedene Fragen. Er möchte wissen, ob bzw. seit wann die beiden Pflanzen in den antiken Quellen erwähnt werden; ob sie durch Funde nachgewiesen sind; ob sie in der griechisch-römischen Mittelmeerwelt eine vergleichbare Verbreitung und Bedeutung hatten; und ob sie auch damals in nördlichere Gebiete gelangten. Für die Archäologie hat diese letzte Frage zugleich eine gewisse praktische Bedeutung: nämlich dort, wo es – wie in Carnuntum – um den geeigneten pflanzlichen Schmuck eines archäologischen Parks und um Rekonstruktionen antiker Gärten geht.

Die Suche nach Antworten auf diese Fragen ist nicht ganz einfach. Einerseits erschließt sich dem Archäologen nicht leicht, was der neueste Stand auf dem Gebiet der für die Bearbeitung von Pflanzenfunden zuständigen Disziplin, der Archäobotanik, ist.[1] Andererseits hat die philologische und die kulturwissenschaftlich orientierte Altertumsforschung von Lavendel und Oleander kaum Notiz genommen. Eingehende Darstellungen sind nicht vorhanden; und in den allgemeinen altertumswissenschaftlichen Lexika finden sich nur ungenügende Informationen. So sind im wichtigsten Nachschlagewerk, in „Paulys Realencyclopädie der classischen Altertumswissenschaft", nur kurze und teilweise fehlerhafte Erwähnungen der beiden Pflanzen enthalten; und sie verstecken sich an Stellen, an denen der Uneingeweihte nicht nach ihnen suchen wird.[2] In den anderen Fachlexika fehlt der Lavendel überhaupt; und die Angaben über den Oleander enthalten Unrichtigkeiten und leiden teilweise auch darunter, dass nicht klar und deutlich zwischen Zeugnissen über Oleander und über Rhododendron unterschieden wird – was den Hintergrund hat, dass der antike Begriff *rhododendron* beide Pflanzen bezeichnet.[3]

Um ein möglichst klares Bild der frühesten Geschichte von Oleander und Lavendel zu gewinnen und um über ihre künftige Verwendung oder Nichtverwendung im Archäologischen Park von Carnuntum entscheiden zu können, wurde der Verfasser um die vorliegende Untersuchung gebeten. Sie wird zunächst den Quellen über Lavendel und Oleander in der Antike ein jeweils eigenes Kapitel widmen. Danach wird ein dritter Abschnitt die Frage nach der Verwendbarkeit der beiden Pflanzen auf dem Gelände konservierter römischer Anlagen der Provinzen nördlich der Alpen behandeln.

Das Lavendel- und das Oleanderkapitel gliedern sich jeweils in die fünf folgenden Teilabschnitte: 1. Beschreibung, Ökologie und Inhaltsstoffe der Pflanze; 2. griechische und lateinische Namen; 3. Kommentar zu den antiken Namen; 4. Verbreitung der Pflanze in der Antike; und 5. ihre Nutzung im Altertum.

1. Zeugnisse zum antiken Lavendel (*Lavandula spp. L.*)

1.1. Beschreibung, Ökologie und Inhaltsstoffe der Pflanze[4]

Die Pflanzen der Gattung Lavendel sind immergrüne Stauden, Halbsträucher oder Sträucher aus der Familie der Lippenblütler (*Lamiaceae*). Sie können bis zu 80 cm hoch und auch noch höher werden. Ihr Blütenstand

---

[1] Für die Pflanzen- wie für die Tierwelt der Antike wäre es längst wünschenswert, wenn konsequent auf dem aktuellen Stand gehaltene internationale Datenbanken mit bibliographischen Nachweisen entstünden, denen der jeweilige Forschungsstand ohne großen Aufwand entnommen werden kann. Auf archäobotanischem Gebiet hatte der Kieler Gelehrte Helmut Kroll eine solche Datenbank begonnen, dessen im Alleingang betreutes Unternehmen aber seit fünfzehn Jahren nicht weiter vervollständigt und aktualisiert werden konnte. Die Datenbank (www.archaeobotany.de) ist dennoch eine wertvolle Hilfe bei der Recherche.
[2] Nämlich in den Artikeln von Steier 1927, 1433 für den Oleander und von Wackernagel 1931, 55 für den Lavendel (mit falsch wiedergegebenem Inhalt eines Dioskurides-Zitats; siehe unten Anm.

[column 2 footnotes]

29).
[3] Fehlende Artikel über den Lavendel im „Lexikon der Alten Welt", „Kleinen Pauly", „Neuen Pauly", „Reallexikon für Antike und Christentum" und „Reallexikon der Germanischen Altertumskunde". – Zum Oleander Ziegler 1979; Wiesner 1991; Hünemörder 2001. Als Fehlinformation besonders herausgegriffen sei hier die jedes Belegs entbehrende Behauptung bei Wiesner 1991, 2123: Der Oleander wurde „erst spät als Zierpflanze gebraucht, weil man seine Giftwirkung an Tieren beobachtet hatte".
[4] Vgl. dazu Hegi – Gams – Marzell 1927, 2274–2279; Gessner – Orzechoswki 1974, 303; Hanelt – Institute of Plant Genetics and Crop Plant Research 2001, 1961–1965; Upson 2002; Upson – Andrews 2004; Lieutaghi 2017, 351–358.

Abb. 107: Lavendel und Oleander auf dem Gelände eines archäologischen Denkmals in Südfrankreich (im Vorhof des Horreums in Narbonne)

Abb. 108: Lavendelpflanzung in der Provence (bei Saint-Saturnin-lès-Avignon, département Vaucluse)

bildet eine walzliche Scheinähre mit bis zu zehnblütigen Cymen. Die kleinen, kurzstieligen Blüten sind in der Regel blau bis violett (Abb. 109).

Der Lavendel braucht einen trockenen, sonnigen Standort. Er ist je nach Art nicht oder nur bedingt winterhart. Besonders in Südfrankreich hat sein feldmäßiger Anbau Bedeutung und eine Tradition, die bis auf die Zeit um 1800 zurückgeht (Abb. 108).

Das ätherische Lavendelöl ist nicht nur ein bekannter Duftstoff, sondern hat u. a. eine beruhigende, antiseptische, krampflösende und antiparasitische Wirkung.[5] Lavendel wird regional auch als Gewürz- und als Honigpflanze genutzt.

Zur Gattung der Lavendel gehören zahlreiche Arten und eine überaus große Zahl von Hybriden und Kulturvarietäten. Mit antik überlieferten Namen wurden die folgenden Arten in Verbindung gebracht:

- *Lavandula spica* L.: Von Linné als Art mit zwei Varianten definiert. Die erste Variante Linnés wird heute aber als *L. latifolia* (L.) Vill. = Breitblättriger Lavendel bezeichnet; die zweite als *L. officinalis* Chaix ex Vill. = *L. angustifolia* Ehrh. = Echter Lavendel.
- *L. latifolia* (L.) Vill. = Breitblättriger Lavendel; *L. officinalis* Chaix ex Vill. = *L. angustifolia* Ehrh. = Echter Lavendel: Der Breitblättrige Lavendel hat verzweigte Stängel, breitere lanzett- bis spatelförmige Laubblätter und 5–8 cm lange Scheinähren; der Echte Lavendel (Abb. 109) gewöhnlich nicht verzweigte Stängel, schmalere Laubblätter und 4–5 cm, aber auch bis zu 8 cm lange Scheinähren. Der Breitblättrige Lavendel ist eine Pflanze der Heide-, Trockenwiesen- und Felsvegetation, vom Meer bis in 900 m Höhe; der Echte Lavendel eine Pflanze der Bergwiesen, zumeist zwischen 500 und 2.000 m Seehöhe, nicht aber in Küstennähe vorkommend. – Eine Hybridpflanze aus natürlich auftretenden Kreuzungen von Breitblättrigem und Echtem Lavendel ist die *L. x intermedia* = der Lavandin. Er wird in Frankreich heute bevorzugt angebaut und industriell genützt, da sein Ölertrag deutlich größer ist als der von *L. latifolia* und *officinalis*.
- *L. dentata* L. = Gezähnter oder Französischer Lavendel. Kennzeichnend sind die stumpf gezähnten Laubblätter. Die Scheinähre wird von einem Schopf von Hochblättern bekrönt.
- *L. stoechas* L. = Schopflavendel (Abb. 110). Er hat verzweigte Stängel und lanzettförmige Laubblätter. Die Scheinähre wird bekrönt von

einem Schopf aus langen Hochblättern. Der Schopflavendel wächst auf trockenen Böden von Macchia- und Hainlandschaften.
- *Lavandula viridis* L'Her. = Gelber Lavendel. Die grün, gelb oder weiß blühende Pflanze besitzt ebenfalls eine Scheinähre mit einem Schopf.

1.2. Griechische und lateinische Namen

Der deutsche Archäobotaniker Hansjörg Küster schrieb 1987:[6] „Sommerlicher Lavendelduft ist heute so typisch für die Länder am Mittelmeer, besonders für die Provence, wo die Pflanze im großen angebaut wird, dass man sich wundert, Lavendel zur Zeit der klassischen Antike nicht erwähnt zu finden." Aber diese Behauptung ist falsch. Zwar sind manche antiken Bezeichnungen und Autorenstellen auch schon mit fraglicher oder überhaupt fehlender Berechtigung auf den Lavendel bezogen worden; aber die verbleibende Zahl sicherer Erwähnungen der Pflanze ist keineswegs gering. Wie im nächsten Abschnitt näher dargelegt wird, bezeichnet der griechische Begriff *stoichas* bzw. seine lateinische Entsprechung *stoechas* den Lavendel. Unter diesem Namen kommt die Pflanze an mehr als zwei Dutzend Stellen der griechischen und lateinischen Literatur vor. Die Tab. 1 im Anhang listet – ohne Anspruch auf absolute Vollständigkeit – 27 griechische und lateinische Erwähnungen auf.[7]

Wie erwähnt, gibt es darüber hinaus auch einige unsichere bzw. zu Unrecht in Anspruch genommene Namen für den Lavendel. Solche Bezeichnungen sind:

1. *iphyon* (und verwandte Formen): Der an zehn Stellen belegte Pflanzenname (vgl. Anhang, Tab. 2, Abschnitt A) wurde von Jacques André mit Vorbehalt und von anderen im Ton der Sicherheit auf *Lavandula spica* L. bezogen.[8] Nach Gustav Hegis „Flora Mittel-Europas" wäre unter *iphyon* dagegen „wohl" *Lavandula dentata* L. zu verstehen.[9]

Zu diesen Deutungen passt aber nicht, dass Hesych (Iota 1132) *iphya* mit *lychnis* erklärt. Das Wort *lychnis* (griechisch „die Leuchtende") bezeichnet rot blühende Blumen wie u. a. die Kornrade (*Agrostemma githago*).[10] Tatsächlich kam Suzanne Amigues aus verschiedenen Gründen zu dem Schluss, es müsse sich bei *iphyon* um die Kornrade handeln.[11]

---

[5] Über die medizinischen Nutzungsmöglichkeiten von Lavendel Lis-Balchin 2002, pass. Speziell die Art *Lavandula stoechas* ist daher auch schon als "miracle plant" bezeichnet worden (Siddiqui u. a. 2016).

[6] Küster 1987, 125 f.

[7] Weniger vollständige Zusammenstellungen geben ThGl 7 (Paris 1848–1854) 789; Amigues 1984, 159 = Amigues 2002, 297 f.; André 1985, 250.

[8] André 1985, 133. Identifizierungen im Ton der Sicherheit stellt Amigues 1988, 165 f. = Amigues 2002, 120 zusammen.

[9] Hegi – Gams – Marzell 1927, 2275 (ohne Begründung).

[10] Carnoy 1959, 165; André 1985, 149.

[11] Bei Amigues 1988, 166 f. = Amigues 2002, 121 und in ihrer Theophrast-Übersetzung Amigues 2010, 240; 245.

Abb. 109: Echter Lavendel (*Lavandula angustifolia* Ehrh.)

Abb. 110: Schopflavendel (*Lavandula stoechas* L.)

2. *labantis*: der Name ist nur bei Hesych (Iota 1132) belegt. Dort wird mit folgenden Worten erklärt, welche Pflanze mit den Synonymen „*iphya = lychnis*" gemeint sei: „Einige verstehen darunter ein Kraut, das wir *labantis* nennen. Andere meinen, es sei eine der Wildpflanzen, die durch Samen vermehrt werden."

Da *iphya = lychnis* die Kornrade sei, möchte Amigues auch die *labantis* mit der Kornrade identifizieren.[12] Andererseits zeigt aber die Hesychstelle, dass sich die antiken Erklärer in der Identitätsfrage nicht einig waren. Nur „einige" hielten *labantis* für gleichbedeutend mit *iphya = lychnis*. Daher ist die Bedeutung des Wortes nicht zu klären.

Rein sprachlich betrachtet, fällt natürlich der Anklang von *labantis* an unser erstmals mittelalterlich belegtes Wort „Lavendel" auf.[13] Wenn *labantis* - wie es für „Lavendel" angenommen wird - von lateinisch *lavare* abzuleiten ist, überrascht freilich Hesychs Formulierung, dass „wir" die Pflanze so nennen (Hesych gebraucht ausdrücklich das Personalpronomen). War also *labantis* ein in Hesychs griechischsprachiger Heimat geläufig gewordener Latinismus? Und ist das Wort „Lavendel" womöglich aus einem Deminutiv von *labantis* entstanden?

3. *lavandaria*: Auch diese Namensform ist nur ein einziges Mal belegt. Sie findet sich im 4. Jh. n. Chr. in einem hippiatrischen Rezept gegen Bauchbeschwerden (*Mulomedicina Chironis* 993[14]). Ob die von André erwogene Identifizierung mit dem Lavendel zutrifft, lässt sich nicht entscheiden.[15]

Sprachlich ist das Wort *lavandaria* wohl vom Gerundialstamm des lateinischen Verbums *lavare* abgeleitet und bedeutet dann so viel wie: „beim Waschen gebräuchlich"/„beim Waschen gebräuchliche (Pflanze)".[16]

4. *nardum Celticum/nardum Gallicum*: Diese „Keltische Narde" (die nach Dioskurides, *De matera medica* 1,8,1 Wellmann in Ligurien auch *saliunca* hieß) hielt Paul Faure für *Lavandula stoechas*.[17] Dagegen meinten August Steier und Jacques André, es handle sich um den Echten Speik (*Valeriana celtica* L.).[18]

Die Entscheidung zwischen beiden vorgeschlagenen Arten fällt nicht schwer. Nach den antiken Autoren war die „Keltische Narde" eine duftende, intensiv gelb blühende Pflanze der Alpen und Istriens.[19] Dieses Verbreitungsbild spricht eindeutig für den Echten Speik und gegen den gelb blühenden Lavendel (*Lavandula viridis* L'Her.), dessen Heimat die Iberische Halbinsel ist und der auch nicht zu den Bergpflanzen gehört.[20]

5. *pseudonardum/pseudonardus*: Das Hapax legomenon steht bei Plinius, *Naturalis historia* 12,43 (und zwar im Ablativ, weshalb beide Nominativformen infrage kommen).[21] Danach wurde die aus Asien importierte echte Narde mit der Pseudonarde verfälscht, die „überall wächst". Verstehen wollte man unter der Pseudonarde des Plinius seit Langem - aber ohne Begründung - den Lavendel.[22] André sah in den italienischen Dialektformen *spigo nardo* und *spicanardo* als Bezeichnungen für *Lavandula spica* eine Stütze für diese Identifizierung.[23]

Die echte Narde war dagegen die Indische Narde (*Nardostachys jatamansi*).[24] Die Bezeichnung *nardum/nardus* wurde aber im weiteren Sinn auf duftende Pflanzen verschiedener anderer Arten des Orients wie des Okzidents übertragen (wie im Fall der oben erwähnten „Keltischen Narde").[25] Ob zu solchen vergleichbaren und Surrogatpflanzen der Lavendel zählte, ist unbekannt. Wenn ja, wäre damit auch nicht ausgemacht, dass der Begriff *pseudonardum/pseudonardus* unter allen aromatischen Gewächsen, die als Ersatz für die Narde dienen konnten, speziell nur für den Lavendel üblich war.

Eine Erklärung des *pseudonardum/pseudonardus* als Lavendel kann weder mit den Angaben des Plinius noch mit den von André angeführten italienischen Dialektbezeichnungen (welchen Alters?) begründet werden.

6. *saliunca*: Nach Dioskurides, *De materia medica* 1,8,1 Wellmann eine ligurische Bezeichnung für die „Keltische Narde"; s. o. Punkt 4.

7. *synklinops*: In den Dioskurides-Handschriften wird zur Stelle *De materia medica* 3,26 Wellmann das Wort *synklinops* als Synonym für *stoichas* angegeben. Es ist dort einer von mehreren Begriffen, die aber - soweit feststellbar - Synonyme für eine *stoichas* nicht im

---

[12] Amigues 1988, 166–170 = Amigues 2002, 121–124.
[13] Zum ersten mittelalterlichen Beleg Marzell 2000, 2, Sp. 1210.
[14] Nach der Ausgabe wäre an sich "992" zu zitieren. Der Drucker scheint die Ziffer aber nicht exakt platziert zu haben (freundlicher Hinweis Prof. Dr. Klaus-Dietrich Fischer, Mainz).
[15] Vgl. André 1985, 140: "peut-être la Lavande (*Lavandula stoechas* L.), en fr. *lavandier*, employée à cet usage (cf. Scr. Lar. 106; 121)".
[16] Zur Frage der Etymologie von *lavandaria* ThlL 7, 2 (Leipzig 1956–1978) 1035 ([H.] Beikircher).
[17] Faure 1990, 242 f., 251, 290.
[18] Steier 1935, 1709 f.; André 1985, 170 und 224.

[19] Die Stellen bei Steier 1935, 1709.
[20] Upson 2002, 19.
[21] Dazu auch ThlL 10 (Berlin 1980–2009) 2413 ([F.] Spoth).
[22] So schon im ThGl 8 (Paris 1865) 1869.
[23] André 1985, 209.
[24] Steier 1935, 1706. Da aber Plinius keine richtige Vorstellung vom Aussehen der Indischen Narde hatte (Steier 1935, 1706 und 1708 f.), lässt sich mit seinem Vergleich von Blättern und Farbe der echten und der Pseudonarde (*Naturalis historia* 12,43) nichts anfangen.
[25] Steier 1935, pass.

Sinn des Lavendels, sondern für eine andere ebenso bezeichnete Pflanze sind (siehe dazu weiter unten, im Anschluss an Punkt 8). Da *synklinops* so viel wie „der Bettgefährte" bedeutet, vermutete Albert Carnoy, damit könne ein Lavendel gemeint sein, mit dem vielleicht Bettwäsche parfümiert worden sei. Das ist freilich reine Spekulation.[26]

8. *tiphyon*: An wenigen Stellen der antiken Literatur ist von einer Pflanze namens *tiphyon* die Rede (Tab. 2, Abschnitt B). Die Textüberlieferung bietet an diesen Stellen keinen bzw. keinen genügenden Anhaltspunkt für die Annahme, dass es sich etwa nur um eine Lesart für *iphyon* handeln könnte. Aus botanischer Sicht schließt Amigues aus den Bemerkungen des Theophrast, *Historia plantarum* 7,13,7 über den Zeitpunkt der Blüte des *tiphyon*, dass unter dieser Bezeichnung der Herbst-Goldbecher (*Sternbergia lutea*) zu verstehen sei.[27]

Anzumerken bleibt schließlich noch, dass die Dioskurides-Handschriften zur Stelle *De materia medica* 3,26 Wellmann eine Liste von sieben Synonymen für *stoichas* enthalten; sechs davon sind griechisch-lateinisch und eines ägyptisch. Von den griechisch-lateinischen ist eines das oben (Punkt 7) aufgeführte Wort *synklinops*. Die restlichen fünf – *Alkibiadeion*, *ophthalmos Pythonos*, *pankration*, *scilla rubida* und *Typhonia* – dürften sich dagegen auf die rote Meerzwiebel (*Drimia maritima*) beziehen, die gelegentlich ebenfalls *stoichas/ stoechas* genannt wurde.[28]

1.3. Kommentar zum Namen stoichas/stoechas = Lavendel

Wie im vorhergehenden Abschnitt ausgeführt, ist der einzige antike Pflanzenname, der sicher den Lavendel bezeichnet, derjenige der *stoichas/stoechas* (einmal auch zu *stycas* entstellt; eine Liste der Testimonien gibt Tab. 1). Er leitet sich von griechisch *stoichas* = „in Reihe angeordnet" ab. Über den Grund für diese Namenswahl schreibt Dioskurides im 1. Jh. n. Chr. (Dioskurides, *De materia medica* 3,26): Die Pflanze „wächst auf den Inseln in Gallien gegenüber von Marseille, die man Stoechaden nennt – woher sie auch ihren Namen hat."[29] Die Inseln hießen wiederum so, weil sie in einer Reihe hintereinander parallel zur Küste liegen.

Die Namensherleitung des Dioskurides stößt aber in der modernen Forschung schon lange auf Skepsis. Bereits in Hegis „Flora Mittel-Europas" wurde 1927 die Ansicht vertreten, dass sich die Bezeichnung *stoichas*

eher auf die Anordnung der Blüten in der Scheinähre des Lavendels beziehen werde als auf den Namen der Inselgruppe.[30] In diesem Sinn äußerte sich später auch Carnoy.[31] Ausführlich hat die Frage aber erst Suzanne Amigues behandelt.[32] Sie schrieb u. a., dass die Griechen kaum eine mediterran allgemein verbreitete Pflanze ausgerechnet danach benannt haben würden, dass sie auch auf einigen winzigen Inseln im westlichen Mittelmeer vorkam, die nur wenige kannten. Wahrscheinlicher sei, dass sich der Name *stoichas* = „in Reihe angeordnet" auf ein morphologisches Merkmal beziehe, das die Pflanzen aufweisen. Dieses Merkmal müsse die tatsächlich in Reihe angeordnete, etagenartige Verteilung der Blüten in der Scheinähre sein.[33]

Die Identifizierung der *stoichas* speziell mit dem Lavendel stützt sich einerseits auf diesen die Scheinähre beschreibenden Namen und andererseits auf die folgenden für sie noch bezeugten Merkmale:

* auf das Vorkommen der *stoichas* in verschiedenen mediterranen Küstenregionen, in denen der Lavendel heimisch ist – speziell auch in Südfrankreich bzw. auf den Inseln der Côte d'Azur (Tab. 1, Nr. 2, 6 und 22);
* darauf, dass Dioskurides und Pseudo-Dioskurides die Blätter der Pflanze als in der Form dem Thymian ähnlich, aber größer beschreiben (Tab. 1, Nr. 2 und 23) – was auf den Lavendel zutrifft;
* darauf, dass die *stoichas* eine aromatisch duftende Pflanze genannt wird (Tab. 1, Nr. 22);
* darauf, dass sie nicht als giftig charakterisiert wird;
* und darauf, dass sie nach Dioskurides, Pseudo-Dioskurides und Galen scharf bzw. etwas bitter schmeckt (Tab. 1, Nr. 2, 4, 22 und 23). Beide Aussagen passen gut auf den Geschmack von Lavendelblättern.

Angesichts der Sachlage hat denn auch Carl von Linné den Namen *stoichas/stoechas* für den Lavendel wieder aufgegriffen und ihn als Artbezeichnung speziell für den Schopflavendel verwendet.[34] Und speziell mit Linnés *Lavandula stoechas* hat – einmütig und ohne Begründung – die Altertumswissenschaft die antike *stoichas* identifiziert. Doch diese Gleichsetzung wirft Fragen auf. Da außer *stoichas* kein Name bekannt ist, der sich gesichert auf den Lavendel beziehen lässt, lautet

---

[26] Carnoy 1959, 256 f.

[27] Amigues in ihrer Übersetzung des Theophrast (Amigues 2010, 286).

[28] André 1985, 9 (*Alcibiadeion*); 187 (*pankration*); 229 f. (*scilla rubida*). Zu *ophthalmos Pythonos* und zu *Typhonia* ist wohl Carnoy 1959, 196 (zu *ophthalmos Typhonos*) zu vergleichen. Siehe auch M. Wellmann zur Dioskurides-Stelle.

[29] Falsch wiedergegeben hat die etymologische Aussage des Dioskurides Wackernagel 1931, 55, wonach die Inseln ihren Namen von der Pflanze erhalten hätten.

[30] Hegi – Gams – Marzell 1927, 2274.

[31] Carnoy 1959, 254.

[32] Amigues 1984, 159–161 = Amigues 2002, 297–299.

[33] Amigues (1984, 160 f. = Amigues 2002, 298 f.) wandte sich auch gegen den Gedanken Andrés (1985, 250), dass der Name *stoichas* womöglich mit der Kultivierung in parallelen Pflanzreihen zusammenhängen könnte, wie sie heute in Frankreich üblich sind. Tatsächlich besitzen wir keinen Hinweis auf ein entsprechendes Alter dieser Kultivierungsmethode.

[34] Linné 1753/2, 573 und 1770, 391.

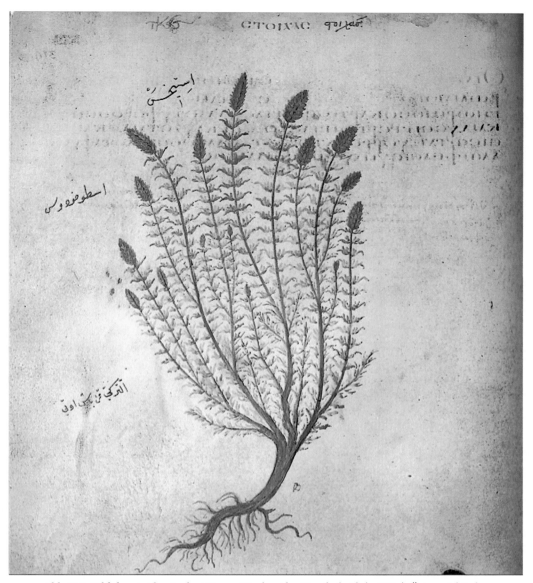

Abb. 111: Bild der *stoichas* in der Wiener Dioskurides-Handschrift (p. 319v). Österreichische
Nationalbibliothek, Wien

die Hauptfrage, ob denn die anderen Lavendelarten namenlos blieben oder wie sie genannt wurden. Hat der Name *stoichas* vielleicht auch für sie gegolten? Die Bezeichnung als „reihenartig angeordnete" Pflanze trifft ja nicht nur auf den Schopflavendel, sondern auf den Lavendel überhaupt zu; das Verbreitungsgebiet der mediterranen Küstenregionen teilt der Schopflavendel mit anderen Lavendelarten; und das besondere Merkmal des Schopfes, der bei *Lavandula stoechas* L. – ebenso wie bei *Lavandula dentata* L. – die Scheinähre bekrönt, wird in der antiken Literatur nirgends beschrieben. Dazu kommt noch, dass wir in der handschriftlichen Überlieferung des Dioskurides-Werkes *De materia medica* eine antike Abbildung der *stoechas* besitzen; und zumindest in der Wiener Dioskurides-Handschrift (vgl. Abb. 111) charakterisiert dieses Bild zwar sehr gut das

Aussehen einer Lavendelpflanze, zeigt aber eindeutig keinen Lavendel mit Schopf.[35]

Die geschilderte Sachlage scheint also die These zu rechtfertigen, dass die Antike beim Lavendel – wie wir das aus der damaligen Biologie auch sonst kennen – nicht mehrere Arten unterschied, sondern verschiedene Lavendel mit der gleichen Bezeichnung *stoichas/stoechas* ansprach.[36]

[35] Wiener Dioskurides p. 319v; abgebildet in der kommentierten Faksimileausgabe Mazal 1999. Für die Erlaubnis zur Reproduktion sei hier der Akademischen Druck- und Verlagsanstalt ADEVA in Graz sehr herzlich gedankt.
[36] Unzutreffend ist die Behauptung bei Castle – Lis-Balchin 2002, 35, Plinius d. Ä. habe zwischen Schopflavendel und Echtem Lavendel unterschieden.

1.4. Verbreitung der Pflanze in der Antike

Im 1. Jh. n. Chr. bezeugen Dioskurides und Plinius d. Ä. das Vorkommen der *stoichas* in Südfrankreich, auf den Stöchadischen Inseln – d. h. heute den Îles d'Hyères, dép. Var, und den Îles du Frioul, dép. Bouches-du-Rhône (Tab. 1, Nr. 2 und 22).[37] Wie im vorigen Abschnitt erwähnt, stellt Dioskurides eine Verbindung zwischen dem Namen der Pflanze und dem der Inselgruppe her. Plinius behauptet sogar, die Pflanze gedeihe überhaupt nur auf diesen Inseln.

Im 2. Jh. kommt dann der Arzt Galen auf das Thema zurück und gibt die ausführlichste Darstellung der antiken Verbreitung der *stoichas*. In seinem Werk „Über Gegengifte" schreibt er den geographisch zunächst verwirrenden Satz (Galen 14, p. 76 Kühn): „Die *stoichas* wächst reichlich und an vielen Orten auf der Welt – wobei sie auf Kreta und auf den sogenannten Kykladischen Inseln am häufigsten ist, woher sie auch ihren Namen hat und die im Iberischen Meer liegen." Und er fügt noch hinzu: „Großwüchsiger und besser aber ist die von der kretischen Inselgruppe."

Wie sich der verwirrende Begriff der westmediterranen „Kykladen" erklärt, den der berühmte Mediziner hier geprägt hat, scheint an sich kein großes Rätsel. Offenbar hatte er vom Vorkommen der Pflanze auf den Stöchadischen Inseln und vom Zusammenhang zwischen Pflanzen- und Inselnamen gelesen. Da aber griechisch *stoichas* so viel heißt wie „in Reihe angeordnet", schloss er aus der Bezeichnung auf eine entsprechende Formation von Inseln; und weil er in Reihen angeordnete Inseln von den ägäischen Kykladen her kannte, stellte er sich die wenigen „Stöchadischen Inseln" als eine westmediterrane Parallelerscheinung zu den griechischen Kykladen vor. Ob er angesichts solcher nur dem Hörensagen entstammender Informationen wirklich in der Lage war, die Qualitäten westmediterranen und ostmediterranen Lavendels gegeneinander abzuwägen, scheint natürlich fraglich.

Ob Lavendel im Altertum auch nördlich der Alpen importiert oder angepflanzt wurde, lässt sich bisher nicht beantworten. Soweit der Verfasser sieht, liegen archäobotanische Nachweise für Lavendel bisher nur aus dem antiken Tunesien (und dort für *Lavandula stoechas*) vor.[38]

1.5. Antike Nutzung

In Medien, Sachbüchern und selbst bis in die wissenschaftliche Literatur hinein finden sich immer wieder Behauptungen wie: Lavendel „was used in Roman communal baths"; oder: er habe „als Badezusatz" gedient.[39] Solche Aussagen sind aber nicht mehr als moderne Erfindungen, die auf bloße Überlegungen des Schweizer Botanikers und Historikers Frédéric de Gingins-Lassaraz (1790–1863) zurückgehen.[40] Auch der von lateinisch *lavare* = „waschen, baden" abgeleitete und vielleicht in ähnlicher Form schon antike Name des Lavendels trägt zu dieser Frage nichts bei. Selbst wenn in der Antike die Pflanze beim Waschen verwendet wurde, wissen wir doch nicht, bei welchen Waschvorgängen genau (bei der Körperwäsche, beim Baden, bei der Kleiderreinigung?).

Für die *stoichas* bezeugt eine größere Zahl antiker Autoren dagegen eine medizinische Nutzung. Die Testimonien (s. Tab. 1) reichen vom 1./2. Jh. n. Chr. (Celsus, Dioskurides, Galen, Plinius d. Ä., Rufus von Ephesos, Scribonius Largus) bis in die Spätantike (Marcellus, *Medicina Plinii*, Oreibasios, Pseudo-Dioskurides).[41]

Ob der von Dioskurides und Plinius d. Ä. erwähnte Lavendelwein und Lavendelessig (Tab. 1, Nr. 3 und 20) ausschließlich pharmazeutisch verwendet wurden – Dioskurides führt sie als Heilmittel auf, Plinius sagt nichts über ihre Nutzung –, lassen die Belegstellen nicht erkennen. Auch über mögliche sonstige kulinarische Verwendungen von Lavendel (z. B. Lavendelhonig) ist aus der Antike nichts bekannt.

2. Zeugnisse zum antiken Oleander (*Nerium oleander* L.)

2.1. Beschreibung, Ökologie und Inhaltsstoffe der Pflanze[42]

Der Oleander (*Nerium oleander* L.) ist eine Pflanze aus der Gattung der Hundsgiftgewächse (*Apocynaceae*). Der immergrüne Strauch oder Baum kann bis zu 5 m Höhe erreichen (Abb. 107). Seine lanzettlichen, spitzen, ledrigen Laubblätter sind ganzrandig und am

---

[37] Zu den Stöchadischen Inseln Jullian 1908/1, 29 Anm. 4 und Jullian 1908/2, 273 Anm. 10; Wackernagel 1931. Die Präzisierung des Dioskurides, die Inseln lägen „gegenüber" von Marseille (und das kann auch heißen: vom Gebiet Marseilles), trifft auf beide Inselgruppen zu.
[38] So www.archaeobotany.de (Abruf vom 17.4.2020) mit Verweis auf das Buch van Zeist – Bottema – van der Veen 2001, das dem Verfasser nicht zugänglich war. – Der Eintrag eines angeblichen späteisenzeitlichen Lavendelnachweises aus Deutschland bei www.archaeobotany.de ist nur ein Irrtum. Er geht auf ein Missverständnis einer Tabelle bei Benecke – Donat – Gringmuth-Dallmer – Willerding 2003, 316 zurück. Danach sind die ältesten Spuren, die der Lavendel in

Mitteleuropa hinterlassen hat, nicht urgeschichtlich, sondern finden sich erst in Quellen des frühen Mittelalters. – Dass der Lavendel vielleicht im römischen England bekannt war (Upson – Andrews 2004, 1), ist nicht mehr als Spekulation.
[39] "Used in communal baths": Castle – Lis-Balchin 2002, 35; "Badezusatz": Formulierungsbeispiel aus der Presse (Bezirksblätter Bruck/Leitha, Nr. 26 vom 27./28. Juni 2018, 19).
[40] De Gingings-Lassaraz 1826, 20 f.
[41] Vgl. auch die Stellen bei Opsomer 1989/2, 741 f.
[42] Dazu Hegi – Beger 1927, 2056-2058; Gessner – Orzechowski 1974, 148 f.; Hanelt – Institute of Plant Genetics and Crop Plant Research 2001, 1747; Lieutaghi 2017, 346–351. – Über die moderne Oleanderzucht und die verschiedenen heutigen Zuchtsorten informieren Pagen 1988, v. a. 55–113, und Köchel 2007.

Abb. 112: Blühender Oleander

Rand umgerollt. Er hat leuchtend rote oder weiße, in Scheinrispen angeordnete fünfzählige Blüten (Abb. 112). Die Früchte sind lang und schotenartig; die Samen tragen Federkronen.

Der Oleander liebt sonnige Standorte und weder trockene noch durchnässte Böden. Er wächst im Süden vor allem entlang Gewässern. Er ist nicht winterhart und wird im Norden als vor allem sommerliche Garten- und als Topfpflanze verwendet.

Der Oleander ist zwar medizinisch nutzbar.[43] Alle Pflanzenteile enthalten aber für Tier und Mensch hochwirksame Herzgifte. Oleander wird daher in Südeuropa als Rattengift eingesetzt.[44]

2.2. Antike Namen

Der Oleander – sagt Galen – ist ein Strauch, den alle kennen (Galen 12, p. 86 Kühn = Aetios, *Tetrabiblon* 1,294; ähnlich Dioskurides, *De materia medica* 4,81

Wellmann). Wie sehr er in der Antike wahrgenommen und als wichtiger Bestandteil der mediterranen Flora empfunden wurde, zeigen auch die über 50 Testimonien, die von ihm sprechen (wobei einige mittelalterliche Texte, die sich mit der antiken Überlieferung auseinandersetzen, mit eingerechnet sind). Im Anhang stellt Tab. 3 diese Zeugnisse zusammen. Für absolute Vollständigkeit kann wiederum nicht garantiert werden.[45]

Wie aus der Tabelle ersichtlich, bezeugen die griechisch-römischen Autoren für den Oleander mehr als ein Dutzend antiker Namen, die teilweise außerdem in verschiedenen Varianten auftreten. In alphabetischer Reihenfolge geordnet, sind es die folgenden Bezeichnungen:

- *asinaria herba* (Tab. 3, Nr. 4);

---

[43] Eine Übersicht über die Nutzungsmöglichkeiten geben Sinha – Biswas 2016.

[44] Oleander als Giftpflanze: Gessner – Orzechowski 1974, 148 f.; Bisset 1988.

[45] Weniger vollständige Zusammenstellungen der antiken Namen und Testimonien bei Lenz 1859, 128 und 511 f.; Hehn 1911, 416-420; Carnoy 1959, 136, 187, 193–195, 229, 231 f., 252 und 263; André 1985, 28, 147, 171, 179, 214, 217–219 und 259; und unter den entsprechenden Lemmata des ThGl. Zum Teil falsch wiedergegebene bzw. unzutreffende Namensformen bei Rätsch 1995, 267. – Von der gelegentlich behaupteten Seltenheit literarischer Zeugnisse für den Oleander (Jashemski 1979, 54) kann also keine Rede sein.

Abb. 113: Bild des Oleander in der Wiener Dioskurides-Handschrift (p. 283r).
Österreichische Nationalbibliothek, Wien

- *biblacae/biblace/viglace* (Tab. 3, Nr. 10, 12 und 22);
- *daphne agria* bzw. *daphne* (Tab. 3, Nr. 26, 51 und 52);
- *haimostaphys* (Tab. 3, Nr. 13);
- *ikmane* (Tab. 3, Nr. 13);
- *laur(i)andrum/lorandrum/laurandum/lorandum* (Tab. 3, Nr. 5, 9, 11, 23 und 25);
- *laurorosa* (Tab. 3, Nr. 13);
- *nerion/nerium/neris* (Tab. 3, Nr. 1, 13, 15, 32–34, 43, 45 und 49);
- *nidius/nio* (Tab. 3, Nr. 9 und 11);
- *radagne/radigne* (Tab. 3, Nr. 10, 12 und 22);
- *rhododaphne* (Tab. 3, Nr. 1–8, 13–21, 23, 24, 26–31, 34–41, 43, 45, 48, 50 und 53–55);
- *rhododendron/rhododendros* (Tab. 3, Nr. 13, 25 und 43–45);
- *rodandrum/rudandrum* (Tab. 3, Nr. 6 und 7);
- *r(h)orandrum* (Tab. 3, Nr. 8 und 13);

- *schinfi* (Tab. 3, Nr. 13);
- *spongos* (Tab. 3, Nr. 13);
- *ther(i)onarca* (Tab. 3, Nr. 42, 46 und 47);
- *viglace* s. *biblacae.*

Für weitere Synonyme halten Hugo Bretzl und Albert Carnoy die Namen *onagra = onotheras = onothuris.*[46] Dioskurides (*De materia medica* 4,117 Wellmann) beschreibt diese *onagra* als eine Pflanze mit rosenartiger Blüte. Die Inhaltsstoffe ihrer Wurzel sollen „Wildtiere zähmen", äußerlich soll die Pflanze bei Verletzungen und Geschwüren von Tieren angewendet werden. Die „Wildtiere", um deren Domestizierung es dabei geht, sind nach dem Namen der Pflanze speziell Wildesel. Sie wurden in der Antike gezähmt und zur

---

[46] Bretzl 1903, 265 f.; Carnoy 1959, 193 f. für *onagra* und 195 für *onotheras* und *onothuris.*

Zucht verwendet.[47] Offensichtlich kam dabei auch ein entsprechendes pflanzliches Präparat zum Einsatz.

Gegen eine Identität der *onagra* mit dem Oleander spricht, dass dem Oleander tödliche, der *onagra* aber beruhigende Wirkung zukommt. Dioskurides führt die *onagra* außerdem als eine eigene Pflanze auf – zusätzlich zum Oleander (den er in *De materia medica* 4,81 behandelt). Hinzu kommt, dass er die Standortvorlieben von Oleander und *onagra* unterschiedlich charakterisiert. André hat daher wohl recht, wenn er die Identität von *onagra* und Oleander ausschließt; er hält die *onagra für das Schmalblättrige Weidenröschen (Epilobium angustifolium L.).*[48]

2.3. Kommentar zu den antiken Namen

Eine gute und ausführliche Beschreibung des Oleanders gibt uns Dioskurides, in dessen Handschriften auch eine Abbildung der Pflanze überliefert ist (Abb. 113).[49] Unter dem Namen *nerion*, zu dem er nebenbei Synonyme anführt, schreibt er (Dioskurides, *De materia medica* 4,81 Wellmann): „Der bekannte Strauch hat größere und dickere Blätter als der Mandelbaum und eine rosenähnliche Blüte; die Frucht sieht wie ein Horn aus und ist, geöffnet, gefüllt mit einer wollartigen Substanz, ähnlich den Federkronen von Disteln. Die Wurzel ist spitz und lang und schmeckt bitter. Die Pflanze wächst in Gärten und an Standorten nahe am Meer und an Flüssen." Diese Vorliebe für Gewässernähe brachte dem Oleander auch den griechischen Namen *nerion* (zu *neros* = feucht) ein, den Linné als Gattungsbezeichnung gewählt hat.[50]

Sehr viel häufiger als das Wort *nerion* (und verwandte Formen), das Dioskurides als Überschrift über seinen Oleanderabschnitt verwendet, tritt in den Quellen der Name *rhododaphne* auf. Zusammengesetzt aus den Worten für Rose (*rhodon*) und für Lorbeer (*daphne*), charakterisiert es den Oleander als Pflanze mit rosenähnlichen Blüten und lorbeerähnlichen Blättern. Aus *rhododaphne* haben sich auch die Namensformen *radagne* und *radigne* entwickelt.[51]

Dem Vergleich mit Lorbeer und Rose verdankt der Oleander die weiteren antiken Namen *daphne agria* = „wilder Lorbeer" (wobei der Zusatz *agria* fehlen kann);[52] *rhododendron/rhododendros* = „Rosenbaum" (eine Bezeichnung zugleich für unseren Rhododendron); die davon abgeleiteten Formen *rodandrum/rudandrum/*

rorandrum;[53] *laurorosa* = „Lorbeerrose"; und *laurian-d(r)um/lor(o)and(r)um* = „Lorbeerbaum".[54]

Auf das Aussehen des Oleanders bezieht sich auch der Name *haimostaphys* = „Blutbeere" (wegen der Farbe der Früchte); und auf seine Giftwirkung das Wort *ther(i)-onarca* = „Tierbetäubung". Das zunächst rätselhaft wirkende *nidius* bzw. *nio* könnte dagegen verderbt sein aus *nysios* = „der am Wasser Wachsende".[55] Dieser Name bezeichnet zwar auch noch den Efeu,[56] wäre aber bedeutungsgleich mit *nerion* und bezöge sich auf die gewässernahen Standorte, die der Oleander bevorzugt.

Die übrigen, durchweg nur vereinzelt bezeugten Synonyme machen uns die Deutung nicht so leicht. Eines – *spongos* = „Schwamm" – ist sprachlich klar, aber sachlich nicht sicher verständlich (bezieht es sich auf den wegen der Federkronen an den Samen „weich" wirkenden Inhalt der Fruchtschoten?).[57] Ein anderes (*schinfi*) soll ägyptisch sein; eines (*ikmane*) lukanisch; und bei zweien mag man sich fragen, in welcher Sprache ihre etymologischen Wurzeln zu suchen sind. Das gilt erstens für *biblacae/biblace/viglace*[58] und zweitens auch für die *asinaria herba*, bei der eine Herleitung von lateinisch *asinus* und eine entsprechende Übersetzung als „Eselskraut" wohl voreilig wäre. Sucht man hinter *asinaria* stattdessen das griechische *asines*, hatte die Pflanze damit den euphemistisch-apotropäischen Namen „Harmlose" oder „Schützerin".[59]

2.4. Verbreitung der Pflanze in der Antike

Die antiken Autoren bezeugen den Oleander für den östlichen wie für den westlicheren Mittelmeerraum. Archäobotanisch ist er bisher – soweit der Verfasser sieht – im römischen Italien und im Nahen Osten (Israel, Oman) nachgewiesen.[60]

---

[47] Olck 1907, 628 f. und 636.
[48] André 1985, 178 f.
[49] Wiener Dioskurides p. 283r; abgebildet in der kommentierten Faksimileausgabe Mazal 1999.
[50] Zur Etymologie von *nerium* Strömberg 1940, 133. – Linné 1753/1, 209 und 1770, 189 f.
[51] Carnoy 1959, 229 s. v. *rhadachne.*
[52] Zu *daphne (agria)* als Bezeichnung für den Oleander Bretzl 1903, 261 f.

[53] Zu Bedeutung von *rhododendron* Amigues 1983, 36 f. = Amigues 2002, 187 f.; André 1985, 217. Zur Etymologie der abgeleiteten Formen André 1985, 218.
[54] Zur Etymologie André 1985, 147.
[55] Zu *nysios* vgl. Carnoy 1959, 189.
[56] Die Synonymenliste für den *kissos* = Efeu bei Dioskurides, *De materia medica* 2,179 Wellmann führt die Formen *nysion* oder *nysios* auf.
[57] So auch Carnoy 1959, 252.
[58] Zwar sind als Pflanzennamen auch *vibo* und *lacca(r)* bekannt (*vibo*: Plinius, *Naturalis historia* 25,21; *lacca(r)*: Carnoy 1959, 156; André 1985, 135). Ein Zusammenhang mit dem Oleander ist aber nicht ersichtlich. – Ein Urteil darüber, ob die zweite Worthälfte womöglich zu griechisch *lakkos* (= Teich, Zisterne) bzw. zu den lateinischen auf Wasser bezüglichen Wörtern *lacuna* und *lacus* zu stellen ist, muss dem Sprachwissenschaftler überlassen bleiben.
[59] Auszuschließen ist dagegen wohl – bei einer so weit verbreiteten Pflanze – die Beziehung auf eine der Städte namens Asine.
[60] Bei den Autorenstellen ergibt sich die geographische Aussage schon aus der Heimat der Autoren und aus der Herkunft der Namen. Ausdrücklich wird ein geographischer Rahmen auch durch die Texte in Tab. 3, Nr. 13, 26, 41, 46 und 51 f. vorgegeben. – Eisenzeitliche/römische archäobotanische Nachweise aus Israel: Liphschitz – Lev-Yadun 1989, 28 und 30; römerzeitliche Funde aus Oman: Tengberg 2002, 152 und 155.

Abb. 114: L. Alma-Tadema, Ein Oleander. Gemälde in Privatbesitz

2.5. Antike Nutzung

Für die Schönheit des Oleanders war schon die Antike empfänglich: Autorenstellen erwähnen, dass er in Gärten und an Gräbern wuchs;[61] als Gartenpflanze kommt er auf zahlreichen Wandbildern aus Italien vor;[62] und in Oplontis und Stabiae fanden sich Oleanderreste in Gartenanlagen.[63] Ob er dabei auch schon in Kübeln angepflanzt wurde, wie das Lawrence Alma-Tadema in einem seiner Gemälde dargestellt hat (Abb. 114), ist unbekannt.

Der Umgang mit der schönen Pflanze war und ist freilich etwas heikel. So hatte der Esel in der gleichnamigen Geschichte bei Lukian, *Asinus* 17 zunächst gemeint, in einem Garten Rosen zu sehen, die er fressen wollte. Im Näherkommen erkannte er aber, dass es Oleanderblüten waren – und er wusste: „... das ist ein übles Frühstück für jeden Esel, auch für ein Pferd: man sagt, wer sie frisst, der stirbt auf der Stelle." Für Tier und Mensch hochgiftig, wurde Oleander daher auch zur Ungezieferbekämpfung und als Apotropaion zum Schutz der Feldfrüchte verwendet (Tab. 3, Nr. 17–20 und 35).

Wie verschiedene Autoren berichten, waren andererseits Oleanderpräparate in der Human- wie in der Veterinärmedizin üblich (Tab. 3, Nr. 14, 21, 24, 25,

---

[61] Gärten: Dioskurides, *De materia medica* 4,81 Wellmann; Lucianus, *Asinus* 17. – Gräber: Tab. 3, Nr. 2 und 41.

[62] Jashemski 1979, 56, 63, 77, 79, 81, 111 und 195; Jashemski 1993, Index 427 s. v. Oleander; Jashemski – Meyer – Ricciardi 2002, 132 f. – Bollinger-Kobelt – Agustoni 2006, 21 führen aus, dass auch ein Dekorationselement der Mosaikkunst in der römischen Schweiz eine freie Wiedergabe der Blüte eines Hundsgiftgewächses (d. h. des Immergrüns oder des Oleanders) ist.

[63] Jashemski 1979, 302, 306 und 314; Jashemski 1993, 295 f. und 299 f.; Jashemski – Meyer – Ricciardi 2002, 133; Stefani 2010, 40.

28–34, 38–40, 43, 48, 50 und 53–55).[64] Nach Pelagonius diente ein Oleanderextrakt auch als Bestandteil eines Haarfärbemittels für Equiden (Tab. 3, Nr. 37).

3. Zur Frage der Verwendbarkeit von Lavendel und Oleander auf dem Gelände archäologischer Anlagen nördlich der Alpen

Abschließend soll nun der Frage nachgegangen werden, ob sich Lavendel bzw. Oleander als Bestandteile der gärtnerischen Gestaltung provinzialarchäologischer Parks und Grabungsstätten unserer Breiten eignen. Hier sind zunächst einige Vorbemerkungen nötig.

Bei Anpflanzungen auf archäologischem Gelände kommen drei Verwendungsarten der dafür ausgewählten Pflanzen in Betracht:

1. Eine Verwendung in rekonstruierten antiken Gartenanlagen. Solche Rekonstruktionen können entweder als freie Nachempfindungen nach antiker Art angelegter Gärten (man hat auch schon von „römisch inspirierten" Gärten oder von „Mustergärten" und „Idealrekonstruktionen" gesprochen) an beliebigen Plätzen entstehen;[65] oder sie können an Ort und Stelle tatsächlich nachgewiesener Gärten durchgeführt werden und von ihnen nach Möglichkeit Elemente ihrer Gestaltung übernehmen. Was dort einst wuchs, ist freilich meist unbekannt.

2. Ein anderer Typ von Anpflanzung stellt nur eine Auswahl von Arten zusammen, die es in der Antike gab, ohne dass dabei eine Gartenanlage dieser Zeit nachempfunden wird. Zur Unterscheidung von Rekonstruktionen seien solche Anlagen hier als „historische Pflanzenschauen" bezeichnet.

3. Wünschenswert ist schließlich ein Pflanzenschmuck auch für Freiflächen, die nicht der botanik- und gartengeschichtlichen Information dienen. Das gilt umso mehr, wenn am gleichen Platz weder eine Gartenrekonstruktion noch eine historische Pflanzenschau besteht. Dass eine gelungene gärtnerische Gestaltung den Freizeit- und Erholungswert und damit die touristische Attraktivität der betreffenden Anlage erhöht – in zeitgemäßer Diktion ist hier von einer „kulturellen Ökosystem-Dienstleistung" die Rede –, liegt ja auf der Hand.

Für reine Schmuckanpflanzungen des dritten Typus sollte nach Meinung des Verfassers die Regel gelten, dass die Artenauswahl zur antiken Zeitstellung der archäologischen Reste zu passen hat. Aus der Anpflanzung chronologisch nicht passender Arten könnten Besucher sonst falsche Schlüsse über die Geschichte der betreffenden Pflanzen ziehen. Lavendel und Oleander sind für solche Zwecke aber gleichermaßen passend und geeignet.

Bei Gartenrekonstruktionen und historischen Pflanzenschauen steht außer Frage, dass nur chronologisch Passendes verwendet werden darf. Die Auswahlkriterien können dabei aber mehr oder weniger streng gefasst sein. Weniger strenge Kriterien würden alle in der Antike – auch im Mittelmeerraum – nachweisbaren oder wahrscheinlich existenten Arten zulassen. Das war z. B. das Konzept bei der Planung des Gartens der Hausrekonstruktion I in der Carnuntiner Zivilstadt.[66]

Strengere Kriterien erfordern dagegen eine Beschränkung auf Taxa, die für die Antike im gleichen geographischen (Groß-)Raum belegt sind, in dem die Grabungsstätte liegt. Das wäre an sich ein sehr viel richtigeres Verfahren. Was Zierpflanzen betrifft, lässt es sich in unseren Breiten aber schwer realisieren; die Liste archäobotanisch nachgewiesener Zierpflanzenarten ist nördlich der Alpen bisher nicht sehr umfangreich. In Österreich fehlen solche Nachweise bisher sogar ganz.

Für Lavendel und Oleander bedeutet das: In einer Pflanzenschau oder Gartenrekonstruktion unserer Breiten, die auch ausschließlich mediterran belegte Arten miteinbezieht, sind beide Pflanzen verwendbar. Werden dagegen strengere Maßstäbe angelegt und nur nördlich der Alpen nachgewiesene Arten zugelassen, kommen Lavendel und Oleander nicht infrage.

Für den Fall einer Verwendung von Oleander sei schließlich auch nochmals daran erinnert, dass es sich dabei um eine gefährliche Giftpflanze handelt. Selbst im Mittelmeerraum, wo man mit ihr vertrauter ist, kommt es zu Vergiftungsfällen. Was uns vom Süden träumen lässt, ist in diesem Fall also ein Beispiel dafür, dass oft – mit den Worten des französischen Botanikers Pierre Lieutaghi – „die Freude und die Gefahr auf der Welt gemeinsame Sache machen".[67]

---

[64] Vgl. auch Opsomer 1989/2, 650.
[65] „Römisch inspirierte Gärten": vgl. die Bezeichnung des Gartens im Musée départemental Arles antique als „jardin à l'inspiration romaine". – „Mustergärten" bzw. „Idealrekonstruktionen": Thüry 2008, 179.

[66] Der Garten des Hauses I entstand im Jahr 2002/2003 auf dem Gelände einer an das Gebäude anschließenden antiken Freifläche, die ummauert war und einst ein Garten oder Hof gewesen sein muss. Zur Anlage und zur ursprünglichen, inzwischen allerdings veränderten Pflanzenauswahl vgl. Thüry 2004; 2005; 2008, 179 f.
[67] Lieutaghi 2017, 350.

Anhang

Tab. 1: Erwähnungen der *stoichas/stoechas* (mit verwandten Formen) in der griechisch-römischen Literatur

Autor und Stelle	Inhalt der Stelle	Alter des Zeugnisses
1. Celsus 8,9,1 E	Pharmazeutische Verwendung der *stoechas*	1. Jh. n. Chr.
2. Dioskurides, *De materia medica* 3,26 Wellmann	Die *stoichas* wachse auf den gleichnamigen Inseln, woher sie auch ihren Namen habe; es folgen Angaben zum Aussehen der Pflanze. Sie schmecke scharf und etwas bitter; pharmazeutische Qualitäten der *stoichas*.	1. Jh. n. Chr.
3. Dioskurides, *De materia medica* 5,42 f. Wellmann	Aus der *stoichas* werden die pharmazeutisch gebrauchten Produkte Lavendelwein und Lavendelessig hergestellt.	1. Jh. n. Chr.
4. Galen 12, p. 130 f. Kühn	Die *stoichas* schmecke bitter; ihre Qualitäten aus medizinischer Perspektive.	2. Jh. n. Chr.
5. Galen 13, p. 277 Kühn	Pharmazeutische Verwendung der *stoichas*	2. Jh. n. Chr.
6. Galen 14, p. 76 Kühn	Verbreitungsgebiet der *stoichas*	2. Jh. n. Chr.
7. Galen 14, p. 83 Kühn	Pharmazeutische Verwendung der *stoichas*	2. Jh. n. Chr.
8. Galen 14, p. 111 f. Kühn	Pharmazeutische Verwendung der *stoichas*	2. Jh. n. Chr.
9. Galen 14, p. 116 Kühn	Pharmazeutische Verwendung der *stoichas*	2. Jh. n. Chr.
10. Galen 14, p. 759 Kühn	Pharmazeutische Verwendung der *stoichas*	2. Jh. n. Chr.
11. Galen 19, p. 743 Kühn	Möglichkeiten der Ersetzung der *stoichas* als Heilpflanze	2. Jh. n. Chr.
12. Marcellus 1,106,4	Pharmazeutische Verwendung der *stoechas*	Um 400 n. Chr.
13. Marcellus 29,11 f.	Pharmazeutische Verwendung der *stoechas*	Um 400 n. Chr.
14. Marcellus 30,24	Pharmazeutische Verwendung der *stoechas*	Um 400 n. Chr.
15. Oreibasios, *Collectiones medicae* 15,1,18,53	Exzerpt der Stelle Galen 12, p. 130 f. Kühn (s. o. Text 4)	4. Jh. n. Chr.
16. *Orphische Argonautica* 918	*Stoichas* als Pflanze in einem Hain	5. Jh. n. Chr.
17. *Medicina Plinii* 2,27,14	Pharmazeutische Verwendung der *stoechas*	Um 300 n. Chr.
18. Plinius, *Naturalis historia* 1,26,11	Erwähnung von *stoechas* im Inhaltsverzeichnis der *Naturalis historia*	1. Jh. n. Chr.
19. Plinius, *Naturalis historia* 1,27,107	Erwähnung von *stoechas* im Inhaltsverzeichnis der *Naturalis historia*	1. Jh. n. Chr.
20. Plinius, *Naturalis historia* 14,111	Aus der *stoechas* werde auch ein alkoholisches Getränk zubereitet.	1. Jh. n. Chr.
21. Plinius, *Naturalis historia* 26,42	Pharmazeutische Nutzungsmöglichkeiten der *stoechas*	1. Jh. n. Chr.
22. Plinius, *Naturalis historia* 27,131	Die *stoechas* wachse nur auf den gleichnamigen Inseln; sie sei wohlriechend und schmecke bitter; pharmazeutische Qualitäten der Pflanze.	1. Jh. n. Chr.
23. Pseudo-Dioskurides 13,1	Beschreibung der *stycas*, die viele und sehr kleine Samen habe und dem *thymus* ähnlich sehe; doch seien ihre Blätter größer und herber im Geschmack.	Ca. 5. Jh. n. Chr.
24. Rufus von Ephesos, *De podagra* 27,6	Pharmazeutische Verwendung der Pflanze	Um 100 n. Chr.
26. Scribonius Largus 121	Pharmazeutische Verwendung der *stoechas*	1. Jh. n. Chr.
27. Scribonius Largus 177	Pharmazeutische Verwendung der *stoechas*	1. Jh. n. Chr.

Tab. 2: Erwähnungen von *iphyon* (und verwandte Formen)/*tiphyon* in der griechisch-römischen Literatur

Autor und Stelle	Inhalt der Stelle	Alter des Zeugnisses
A. Iphyon:		
1. Aristophanes, *Thesmophoriazusai* 910	Anspielung auf *iphyon* als Nahrungspflanze der Armen	5. Jh. v. Chr.
2. Aristophanes, Fragm. 573 Kassel – Austin = Athenaios 90 a	Wegen Verlust des Kontextes ist der Sinn der Stelle nicht hinreichend klar.	5./4. Jh. v. Chr.
3. Athenaios 90 a	Zitat des Aristophanesfragments 573 Kassel – Austin (s. o. Text 2)	2. Jh. n. Chr.
4. Athenaios 679 d	Zitat aus Theophrast, *Historia plantarum* 6, 8, 3 (s. u. Text 10)	2. Jh. n. Chr.
5. Epicharm, Fragm. 161 Kaibel	*Iphyon* als Nutzpflanze	5. Jh. v. Chr.
6. Hesych Iota 1132	Synonyme für den Pflanzennamen *iphya* seien *lychnis* oder – nach einigen – „das Kraut, das wir *labantis* nennen"; doch sei man sich darüber nicht einig.	5./6. Jh. n. Chr.
7. Photios 10,278	Erklärung des Begriffs *iphyon* als Kräuterbezeichnung	9. Jh. n. Chr.
8. Suda p. 679 Adler	Erklärung des Begriffs *iphye*: es sei eine Art der Kräuter; Zitat der Stelle Aristophanes, *Thesmophoriazusai* 910 (s. o. Text 1)	10. Jh. n. Chr.
9. Theophrast, *Historia plantarum* 6,6,11	*Iphyon* wird durch Samen vermehrt und wegen seiner Blüten als Kranzpflanze kultiviert.	4./3. Jh. v. Chr.
10. Theophrast, *Historia plantarum* 6,8,3 = Athenaios 679 d	*Iphyon* ist eine Sommerpflanze.	4./3. Jh. v. Chr.
B. Tiphyon:		
1. Plinius, *Naturalis historia* 1,21,39	Erwähnung von *tiphyon* im Inhaltsverzeichnis der *Naturalis historia*	1. Jh. n. Chr.
2. Plinius, *Naturalis historia* 21, 67	*Tiphyon* als Sommerblume	1. Jh. n. Chr.
3. Theophrast, *Historia plantarum* 7,13,7	Frage nach dem Zeitpunkt der Blüte	4./3. Jh. v. Chr.
4. Theophrast, *De causis plantarum* 1,10,5	*Tiphyon* als Sommerblume	4./3. Jh. v. Chr.

Tab. 3: Erwähnungen des Oleanders in der griechisch-römischen Literatur

Autor und Stelle	Name des Oleanders	Inhalt der Stelle	Alter des Zeugnisses
1. Aetios, *Tetrabiblon* 1,294	*nerion = rhododaphne*	Wiedergabe der Stelle Galen 12, p. 86 Kühn (s. u. Text 15)	6. Jh. n. Chr.
2. *Appendix Vergiliana, Culex* 402	*rhododaphne*	*Rhododaphne* wird am Grab des *culex* gepflanzt.	1. Jh. n. Chr.
3. Artemidor 2,25	*rhododaphne*	Bedeutung des Oleanders als Traumbild	2. Jh. n. Chr.
4. CGL 2,68,33	*asinaria herba = rhododaphne*	*Asinaria herba* als Synonym für *rhododaphne*	Antike/Mittelalter (Handschriftenalter 9. Jh. n. Chr.)
5. CGL 2,428,35	*rhododaphne = lauriandrum*	*Rhododaphne* als Synonym für *lauriandrum*	Antike/Mittelalter (Handschriftenalter 9. Jh. n. Chr.)
6. CGL 3,191,67	*rododafni = rudandrum*	*Rododafni* als Syonym von *rudandrum*	Antike/Mittelalter (Handschriftenalter 12. Jh. n. Chr.)
7. CGL 3,264,45	*rhododaphne = rodandrum*	*Rhododaphne* als Synonym von *rodandrum*	Antike/Mittelalter (Handschriftenalter 16. Jh. n. Chr.)
8. CGL 3,428,28	*rhododaphne = rorandrum*	*Rhododaphne* als Synonym von *rorandrum*	Antike/Mittelalter (Handschriftenalter 10. Jh. n. Chr.)
9. CGL 3,541,12	*lorandrum = nidius*	*Lorandrum* als Synonym von *nidius*	Antike/Mittelalter (Handschriftenalter 9. Jh. n. Chr.)
10. CGL 3,542,30	*radagne = biblace*	*Radagne* als Synonym von *biblace*	Antike/Mittelalter (Handschriftenalter 9. Jh. n. Chr.)
11. CGL 3,570,6	*laurando = nio*	*Laurandum* als Synonym von *nio*	Antike/Mittelalter (Handschriftenalter 10. Jh. n. Chr.)
12. CGL 3,574,68	*radigne = viglace*	*Radigne* als Synonym von *viglace*	Antike/Mittelalter (Handschriftenalter 10. Jh. n. Chr.)
13. Dioskurides, *De materia medica* 4,81 Wellmann	*nerion = haimostaphis = ikmane* (lukanisch) = *laurorosa = rhododaphne = rhododendron = rhorandrum = schinfi* (ägyptisch) = *spongos*	Synonyme für *nerion* und Beschreibung des „bekannten Strauches"; Standorte in Gärten und an Gewässern; für den Menschen und für „die meisten Vierbeiner" giftig	1. Jh. n. Chr.
14. Eumelos, *Hippiatrica Berolinensia* 52,9	*rhododaphne*	Hippiatrische Verwendung der *rhododaphne*	3. Jh. n. Chr.
15. Galen 12, p. 86 Kühn	*nerium = rhododaphne*	Jeder kenne *nerium = rhododaphne*. Seine Eigenschaften; es sei für den Menschen wie für die meisten Haustiere giftig.	2. Jh. n. Chr.
16. Galen 12, p. 115 Kühn	*rhododaphne*	Die *rhododaphne* sei für den Menschen wie für die meisten Haustiere giftig.	2. Jh. n. Chr.
17. *Geoponica* 2,42,1	*rhododaphne*	Verwendung der *rhododaphne* bei Schutzzauber für das Gedeihen der Feldfrüchte	10. Jh. n. Chr.
18. *Geoponica* 13,5,3	*rhododaphne*	Verwendung der *rhododaphne* als Mäusegift	10. Jh. n. Chr.
19. *Geoponica* 13,12, 3	*rhododaphne*	Verwendung der *rhododaphne* bei der Bekämpfung von Mäusen	10. Jh. n. Chr.
20. *Geoponica* 13,15,1	*rhododaphne*	Verwendung der *rhododaphne* zur Bekämpfung von Flöhen im Haus	10. Jh. n. Chr.
21. *Geoponica* 16,17	*rhododaphne*	Pharmazeutische Verwendung der *rhododaphne*	10. Jh. n. Chr.
22. *Glossae medicinales* p. 69,10 Heiberg	*radagne = biblacae*	Der Text besteht nur aus der Gleichsetzung „*Radagne: biblacae*".	Um 700 n. Chr.
23. *Glossae medicinales* p. 71,4 Heiberg	*rododafne = lorandum*	Der Text besteht nur aus der Gleichsetzung „*Rododafne: lorandum Grece*".	Um 700 n. Chr.

Autor und Stelle	Name des Oleanders	Inhalt der Stelle	Alter des Zeugnisses
24. Hierokles, *Hippiatrica Berolinensia* 51,5	*rhododaphne*	Hippiatrische Verwendung der *rhododaphne*	4. Jh. n. Chr.
25. Isidor, *Origenes* 17,7,54	*rhododendron = lorandrum*	Charakterisierung der Pflanze; sie sei giftig, aber ein Mittel gegen Schlangengift.	6./7. Jh. n. Chr.
26. Lukian, *Asinus* 17	*agria daphne = rhododaphne*	Der Verzehr der Blüten ist für Pferde und Esel tödlich.	2. Jh. n. Chr.
27. Lukian, *Pseudologus* 27	*rhododaphne*	Metaphorischer Gebrauch des Wortes *rhododaphne*	2. Jh. n. Chr.
28. *Mulomedicina Chironis* 689	*rhododaphne*	Hippiatrische Verwendung der Pflanze	4. Jh. n. Chr.
29. *Mulomedicina Chironis* 697	*rhododaphne*	Hippiatrische Verwendung der Pflanze	4. Jh. n. Chr.
30. *Mulomedicina Chironis* 888	*rhododaphne*	Hippiatrische Verwendung der Pflanze	4. Jh. n. Chr.
31. *Mulomedicina Chironis* 930	*rhododaphne*	Hippiatrische Verwendung der Pflanze	4. Jh. n. Chr.
32. Nikander, *Theriaka* 531	*neris*	Pharmazeutische Verwendung der Pflanze	3./2. Jh. v. Chr.
33. Oreibasios, *Collectiones medicae* 15,1,13,8	*nerion*	*Nerion* als Medikament und als Gift	4. Jh. n. Chr.
34. Paulus von Aigina 7,3	*nerion = rhododaphne*	*Nerion* als Medikament und als Gift	7. Jh. n. Chr.
35. Palladius 1,35,9	*rhododaphne*	Verwendung der Pflanze als Mäusegift	4./5. Jh. n. Chr.
36. Pelagonius 141,3	*rhododaphne*	Für Maultiere sei die *rhododaphne* tödlich.	4. Jh. n. Chr.
37. Pelagonius 175	*rhododaphne*	*Rhododaphne* als Bestandteil eines Mittels zum Färben der Mähne von Equiden	4. Jh. n. Chr.
38. Pelagonius 194,2	*rhododaphne*	*Rhododaphne* als hippiatrisches Heilmittel	4. Jh. n. Chr.
39. Pelagonius 197	*rhododaphne*	*Rhododaphne* als hippiatrisches Heilmittel	4. Jh. n. Chr.
40. Pelagonius 361	*rhododaphne*	*Rhododaphne* als hippiatrisches Heilmittel	4. Jh. n. Chr.
41. Photios 2, p. 58 Henry	*rhododaphne*	*Rhododaphne* als Pflanze auf dem Grab des Heroen Amykos	9. Jh. n. Chr.
42. Plinius, *Naturalis historia* 1,25,65	*ther(i)onarca*	Erwähnung der *ther(i)onarca* im Inhaltsverzeichnis der *Naturalis historia*	1. Jh. n. Chr.
43. Plinius, *Naturalis historia* 16,79	*rhododendron = nerium = rhododaphne*	Namen und Beschreibung der Pflanze; sie sei für Tiere giftig, aber ein Gegenmittel für Schlangengift.	1. Jh. n. Chr.
44. Plinius, *Naturalis historia* 17,98	*rhododendrum*	Wie man *rhododendrum* vermehrt	1. Jh. n. Chr.
45. Plinius, *Naturalis historia* 24,90	*rhododendros = rhododaphne = nerium*	Die Pflanze sei für Tiere tödlich.	1. Jh. n. Chr.
46. Plinius, *Naturalis historia* 24,163	*ther(i)onarca*	In Kappadokien und Mysien wirke die Pflanze auf Tiere betäubend.	1. Jh. n. Chr.
47. Plinius, *Naturalis historia* 25,65	*ther(i)onarca*	Beschreibung der Pflanze; sie wirke auf Tiere betäubend bis tödlich.	1. Jh. n. Chr.
48. Scribonius Largus 55	*rhododaphne*	Medizinische Verwendung der *rhododaphne*	1. Jh. n. Chr.
49. Suda p. 462 Adler	*nerion*	Etymologie des Namens *nerion*	10. Jh. n. Chr.

Autor und Stelle	Name des Oleanders	Inhalt der Stelle	Alter des Zeugnisses
50. Theophanes Chrysobalantes, *Epitome de curatione morborum* 234	*rhododaphne*	Pharmazeutische Verwendung der Pflanze	10. Jh. n. Chr.
51. Theophrast, *Historia plantarum* 1,9,3	*agria daphne*	Die *agria daphne* sei ein immergrüner Baum.	4./3. Jh. v. Chr.
52. Theophrast, *Historia plantarum* 6,4,8	*daphne*	Wegen der Beschreibung der Samen muss nach Bretzl hier mit *daphne* der Oleander gemeint sein (Bretzl 1903, 261). *Daphne* ist hier allerdings nur eine einleuchtende Humanistenkonjektur.	4./3. Jh. v. Chr.
53. Vegetius, *De arte veterinaria* 2,48,5 Lommatzsch	*rhododaphne*	Pharmazeutische Verwendung der Pflanze	4./5. Jh. n. Chr.
54. Vegetius, *De arte veterinaria* 2,64 Lommatzsch	*rhododaphne*	Pharmazeutische Verwendung der Pflanze	4./5. Jh. n. Chr.
55. Vegetius, *De arte veterinaria* 2,135,7 Lommatzsch	*rhododaphne*	Pharmazeutische Verwendung der Pflanze	4./5. Jh. n. Chr.

Abgekürzt zitierte Literatur

Amigues 1983: S. Amigues, Sur l'arbre sinistre de Théophraste et de Pline. Journal des savants 1983, 1–3, 33–43.

Amigues 1984: S. Amigues, Phytonymes grecs et morphologie végétale. Journal des savants 1984, 3–4, 151–173.

Amigues 1988: S. Amigues, Quelques légumes de disette chez Aristophane et Plutarque. Journal des savants 1988, 3–4, 157–171.

Amigues 2002: S. Amigues, Études de botanique antique. Mémoires de l'académie des inscriptions et belles-lettres 25 (Paris 2002).

Amigues 2010: S. Amigues, Théophraste. Recherches sur les plantes (Paris 2010).

André 1985: J. André, Les noms de plantes dans la Rome antique (Paris 1985).

Benecke – Donat – Gringmuth-Dallmer – Willerding 2003: N. Benecke – P. Donat – E. Gringmuth-Dallmer – U. Willerding, Frühgeschichte der Landwirtschaft in Deutschland (Langenweißbach 2003).

Bisset 1988: N. L. Bisset, Phytochemistry of Nerium L. In: Pagen 1988, 28–33.

Bollinger-Kobelt – Agustoni 2006: S. Bollinger-Kobelt – C. Agustoni, Catalogue botanico-archéologique. In: C. Agustoni, Vallon: côté jardin, côté cour (Freiburg i. Ü. 2006) 18–30.

Bretzl 1903: H. Bretzl, Botanische Forschungen des Alexanderzuges (Leipzig 1903).

Carnoy 1959: A. Carnoy, Dictionnaire étymologique des noms grecs de plantes (Löwen 1959).

Castle – Lis-Balchin 2002: J. Castle – M. Lis-Balchin, History of Usage of Lavandula Species. In: Lis-Balchin 2002, 35–50.

CGL: Corpus glossariorum Latinorum.

Faure 1990: P. Faure, Magie der Düfte (München 1990).

Gessner – Orzechowski 1974: O. Gessner – G. Orzechowski, Gift- und Arzneipflanzen von Mitteleuropa (Heidelberg 3. Aufl. 1974).

Gingins-Lassaraz 1826: F. de Gingins-Lassaraz, Histoire naturelle des lavandes (Genf 1826).

Hanelt – Institute of Plant Genetics and Crop Plant Research 2001: P. Hanelt – Institute of Plant Genetics and Crop Plant Research, Hgg., Mansfeld's Encyclopedia of Agricultural and Horticultural Crops 4 (Berlin 2001).

Hegi – Beger 1927: G. Hegi – H. Beger, Illustrierte Flora von Mittel-Europa V 3 (Wien o. J. [1927]).

Hegi – Gams – Marzell 1927: G. Hegi – H. Gams – H. Marzell, Illustrierte Flora von Mittel-Europa V 4 (Wien o. J. [1927]).

Hehn 1911: V. Hehn, Kulturpflanzen und Haustiere in ihrem Übergang aus Asien nach Griechenland und Italien sowie in das übrige Europa (Berlin 8. Aufl. 1911).

Hünemörder 2001: C[hr.] Hü[nemörder], Rhododendron. Der Neue Pauly 10 (Stuttgart – Weimar 2001) 995.

Jashemski 1979: W. F. Jashemski, The Gardens of Pompeii 1 (New Rochelle 1979).

Jashemski 1993: W. F. Jashemski, The Gardens of Pompeii 2 (New Rochelle 1993).

Jashemski – Meyer – Ricciardi 2002: W. F. Jashemski – F. G. Meyer – M. Ricciardi, Catalogue of Plants. In: W. F. Jashemski – F. G. Meyer, Hgg., The Natural History of Pompeii (Cambridge 2002) 84–180.

Jullian 1908: C. Jullian, Histoire de la Gaule 1–2 (Paris 1908).

Köchel 2007: C. Köchel, Oleander (Stuttgart 2. Aufl. 2007).

Küster 1987: H. Küster, Wo der Pfeffer wächst. Ein Lexikon zur Kulturgeschichte der Gewürze (München 1987).

Lenz 1859: H. O. Lenz, Botanik der alten Griechen und Römer (Gotha 1859).

Lieutaghi 2017: P. Lieutaghi, Une ethnobotanique méditerranéenne (Arles 2017).

Linné 1753: C. Linné, Species plantarum 1–2 (Stockholm 1753).

Linné 1770: C. von Linné, Systema naturae 2 (Wien 13. Aufl. 1770).

Liphschitz – Lev-Yadun 1989: N. Liphschitz – S. Lev-Yadun, The Botanical Remains from Masada: Identification of the Plant Species and the Possible Origin of the Remnants. Bulletin of the American Schools of Oriental Research 274, 1989, 27–32.

Lis-Balchin 2002: M. Lis-Balchin, Lavender. The genus Lavandula (London 2002).

Marzell 2000: H. Marzell, Wörterbuch der deutschen Pflanzennamen 2–3 (Leipzig 1972–1974; Nachdruck Köln 2000).

Mazal 1999: O. Mazal, Der Wiener Dioskurides 2 (Graz 1999).

Olck 1907: [F.] Olck, Esel. RE 6 (Stuttgart 1907) 626–676.

Opsomer 1989: C. Opsomer, Index de la pharmacopée du Ier au Xe siècle 1–2 (Hildesheim 1989).

Pagen 1988: F. J. J. Pagen, Oleanders Nerium L. and the Oleander Cultivars (Wageningen 1988).

Rätsch 1995: C. Rätsch, Heilkräuter der Antike in Ägypten, Griechenland und Rom (München 1995).

Siddiqui u. a. 2016: M. A. Siddiqui u. a., Lavandula stoechas (Ustukhuddus): A Miracle Plant. Journal of Innovations in Pharmaceuticals and Biological Sciences 3/1, 2016, 96–102.

Sinha – Biswas 2016: S. N. Sinha – K. Biswas, A Concise Review on Nerium oleander L. – An Important Medicinal Plant. Tropical Plant Research 3/2, 2016, 408–412.

Stefani 2010: G. Stefani, Man and the Evironment in the Territory of Vesuvius. The Antiquarium of Boscoreale (Pompeii 2010).

Steier 1927: [A.] Steier, Lorbeer. RE 13 (Stuttgart 1927) 1431–1442.

Steier 1935: [A.] Steier, Nardus. RE 16 (Stuttgart 1935) 1705–1714.

Strömberg 1940: R. Strömberg, Griechische Pflanzennamen. Göteborgs Högskolas Årsskrift 46, 1940, 1.

Tengberg 2002: M. Tengberg, Vegetation History and Wood Exploitation in the Oman Peninsula from the Bronze Age to the Classical Period. In: S. Thiébault, Hg., Charcoal Analysis. Methodological Approaches, Palaeoecological Results and Wood Uses. BAR International Series 1063 (Oxford 2002) 151–157.

Thüry 2004: G. E. Thüry, Buchs und Rosen. Ein Garten für das römische Carnuntum. Topiaria Helvetica 2004, 6–10.

Thüry 2005: G. E. Thüry, Rosen für Carnuntum. Antike Welt 36/3, 2005, 17–21.

Thüry 2008: G. E. Thüry, Gärten und Gartenpflanzen der Austria Romana. In: P. Scherrer, Hg., Domus. Das Haus in den Städten der römischen Donauprovinzen. Österreichisches Archäologisches Institut, Sonderschriften 44 (Wien 2008) 173–184.

Upson 2002: T. Upson, The Taxonomy of the Genus Lavandula L. In: Lis-Balchin 2002, 2–34.

Upson – Andrews 2004: T. Upson – S. Andrews, The Genus Lavandula (London 2004).

Wackernagel 1931: H. G. Wackernagel, Stoechades insulae. RE 4 A (Stuttgart 1931) 54 f.

Wiesner 1991: J. W[iesner], Oleander. Lexikon der Alten Welt 2 (Zürich usw. 1991) 2123 f.

van Zeist – Bottema – van der Veen 2001: W. van Zeist – S. Bottema – M. van der Veen, Diet and Vegetation at Ancient Carthage: The Archaeobotanical Evidence (Groningen 2001).

Ziegler 1979: K. Z[iegler], Rhododendron. Der Kleine Pauly 4 (München 1979) 1420.

Nachwort 2024

Die in Anm. 1 der vorstehenden Arbeit erwähnte archäobotanische Datenbank wurde 2018 durch W. Kirleis und K. Schmütz aktualisiert und in modifizierter Form unter der folgenden neuen Adresse online gestellt: https://www.wikis.uni-kiel.de/archbotlit.

C. Sergius Orata und die Erfindung des Austernparks

(Aus: M. Frass – J. Klopf – M. Gabriel, Hgg., Erfinder – Erforscher – Erneuerer.
Salzburger Kulturwissenschaftliche Dialoge 5 [Salzburg 2019] 45 ff.)

Jörg Schibler zum 65. Geburtstag gewidmet

Es gibt Themen, in die sich am einfachsten dadurch einführen lässt, dass man dem Vorbild des klassischen antiken Theaterprologs folgt. Das Thema der vorliegenden Arbeit gehört dazu. Die Ereignisse, um die es darin geht, hatten einen hauptsächlichen Schauplatz und gewissermaßen zwei *dramatis personae*. Den Ort und die Hauptfiguren der Handlung vorzustellen, wird hier unsere erste Aufgabe sein.

Der Schauplatz, um den es uns vor allem gehen wird, ist ein Salzwassersee an der Küste des Golfs von Pozzuoli bei Neapel, zwischen Pozzuoli und Baia: der Lago Lucrino, der Lukrinersee (Abb. 115). Mit diesem Ort sind sozusagen unsere beiden *dramatis personae* verbunden: nämlich einerseits ein Meerestier, die Auster; und andererseits Gaius Sergius Orata, eine prominente Persönlichkeit des ersten Jahrhunderts vor Christus. Über beide sagt Plinius der Ältere: Sergius Orata habe in der Gegend von Baia – wie Plinius sich pleonastisch ausdrückt – „als erster von allen" die *ostrearum vivaria* (oder kurz auch *ostrearia*) „erfunden"; und das heißt: die Austern-Parks.[1]

Vor einem altertums- und kulturwissenschaftlichen Lesepublikum ist es nötig, von diesen *dramatis personae* auch die Austern etwas näher vorzustellen. Die Auster ist eine an den Küsten Europas, Nordafrikas und Kleinasiens vorkommende Meeresmuschel, die aber als beliebtes Nahrungsmittel schon in der römischen Antike bis weit ins Binnenland verhandelt wurde. Abb. 116 zeigt so frühkaiserzeitliche Austernfunde aus dem Legionslager von Vindonissa-Windisch in der Nordschweiz[2]. Der Körper der Auster ist in die hier

noch komplett erhaltenen zweiteiligen Kalkgehäuse gebettet, die aus einer bauchigen Unterklappe und einer deckelartig flachen Oberklappe bestehen.

Blicken wir in das Innere eines solchen Gehäusefundes – in Abb. 117 ist es ein Exemplar aus Theilenhofen am Obergermanisch-Rätischen Limes –, so erkennen wir das sogenannte Schloss (Abb. 117 A), an dem beide Schalenklappen einst fest, aber auf- und abbeweglich zusammengewachsen waren, und die halbmondförmige Ansatzspur des kräftigen Schließmuskels (Abb. 117 B), mit dessen Hilfe die Auster ihr Gehäuse öffnen und schließen konnte.[3]

Das Auf- und Zuklappen des Gehäuses, das dem Tier die Nahrungsaufnahme ermöglicht, ist die einzige Art von Bewegung, die es im bis zu dreißigjährigen Leben einer erwachsenen Auster gibt. Dabei beginnt dieses Leben damit, dass die Austernlarven gleich nach ihrer Geburt ausschwärmen und sich im Wasser ein festes Substrat und daran eine geeignete Stelle suchen, auf der sie sich mit ihrer bauchigen Gehäuseklappe ankitten und mit der sie – so lange der Mensch nicht eingreift – für den Rest ihrer Existenz fest verbunden bleiben. Dieses Substrat können verschiedenste Gegenstände sein – wie etwa in Abb. 118 ein aus dem Meer geborgenes antikes Dolium, auf dessen Oberfläche Klappen von Austern verschiedener Größe – und das heißt auch: unterschiedlichen Alters – festsitzen.

Von unserem Kurzporträt der Auster nun zu dem des Gaius Sergius Orata![4] Er gehörte zu jenen Römern des 1. Jahrhunderts vor Christus, die Cicero einmal *piscinarii* nennt – was sich in Anlehnung an Mathias Döring hübsch mit „Fischzuchtfanatiker" übersetzen ließe.[5] Als solcher befasste sich Orata mit der Hälterung oder

---

[1] Plinius, *Naturalis historia* 9,168: *Ostrearum vivaria primus omnium Sergius Orata invenit in Baiano.* – An ältere Wurzeln der Austernkultur denkt z. B. Marasco 2010, 78 (die aber weder die Quellenlage richtig wiedergibt noch Verständnis für die Erfordernisse der Austernkultur zeigt). Den einzigen Bericht über ältere Experimente auf diesem Gebiet bietet eine Stelle des Aristoteles, wonach einmal Leute aus Chios Austern aus einem Gewässer in ein anderes versetzt hätten (Aristoteles, *De generatione animalium* 763a,30). Von einem regelrechten Austernpark ist dort aber keine Rede.
[2] Zur Biologie der Auster z. B. Boettger 1962 (a); Korringa 1952; Ranson 1951; Yonge 1966. Über Austern, Austernkonsum und Austernhandel in römischer Zeit u. a. André 1981, 105–107; Andrews 1948; Attendorn – Helle – Strauch – Thüry 2001; Marx 1894; Merten 1996; Steier 1933, 778–783; Strauch 2017; Strauch – Thüry 1985; Thüry

1984, 1990, 1997, 1998, 2010 (a) und 2010 (b). – Zu den abgebildeten Funden aus Vindonissa Thüry 2010 (a).
[3] Für die benützte Bildvorlage dankt der Verf. Herrn Klaus Wasmuht (Ellingen), in dessen Sammlung sich das Theilenhofener Stück befindet.
[4] Über ihn Bannon 2014; D'Arms 1970, 18–21 und 23; Münzer 1923; Pagano 1984, 122–125; Wikander 1996.
[5] *Piscinarii*: Cicero, *Epistulae ad Atticum* 1,19,6 und 1,20,3. – "Fischzuchtfanatiker": Döring 2012, 172 hatte die Übersetzung "Fischereifanatiker" formuliert.

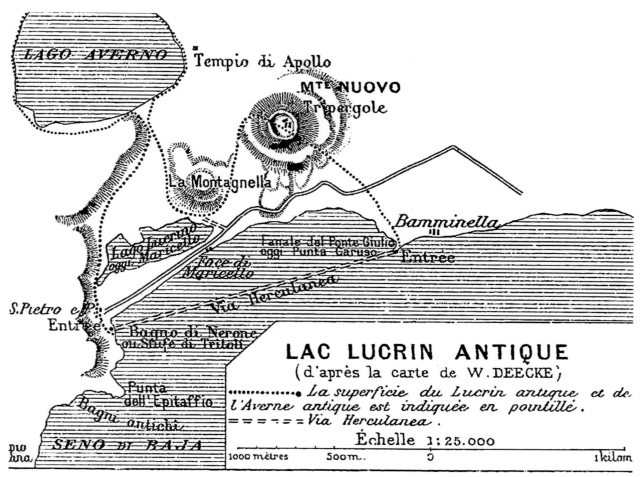

Abb. 115: Karte des Lukriner und des Averner Sees und ihrer Umgebung. Der antike Umriss der Seen ist durch die gepünktelte Linie wiedergegeben. Aus: Dubois 1907, 224

Zucht von Seefisch in Bassins an der Meeresküste. Nach Valerius Maximus soll er das aus kulinarischen Gründen getan haben; aber auch kommerzielle Motive mögen beteiligt gewesen sein.[6] Nach dem Zeugnis des Orata-Zeitgenossen Varro und späterer Autoren galt seine besondere Leidenschaft einem bestimmten Seefisch, der *aurata* oder *orata* – deutsch: dem Goldbrassen –; eine Passion, die ihm seinen Beinamen „Orata" eingetragen habe. Einig war sich die Antike über die Herleitung des Cognomens aber nicht.[7]

In den Jahren um 100 vor Christus begann Sergius Orata auch mit der Austernkultur. Nach dem Zeugnis des Älteren Plinius sei der ausschlaggebende Grund dafür, dass er sich den Austern zuwandte, nicht persönliche

Gourmandise, sondern Gewinnstreben gewesen – was freilich aus der Sicht des zeitkritischen Plinius, wie wir ihn kennen, kaum als mildernder Umstand gelten konnte.[8]

Orata hatte offenbar eine Villa am Ufer des Lukrinersees gebaut und legte in der Lagune den ersten Austernpark an, von dem wir in der Antike zumindest hören.[9] Gründe für die Ortswahl dürften das Vorhandensein von Austernbänken und die für Kulturmaßnahmen ideale Lage in ruhigem und flachem Gewässer gewesen sein.[10] Der gelegentlich geäußerte Gedanke, der Lukrinersee habe sich wegen des Zuflusses warmer Thermalwässer besonders geeignet, ist dagegen nicht stichhältig.[11] Die für Austernbrut und Austernaufzucht erforderlichen mittleren Wassertemperaturen von 18–22°C werden ohnehin – nach heute gemessenen Werten

---

[6] Valerius Maximus 9,1,1.
[7] Herleitung des Namens Orata von Bassins mit Goldbrassen: Columella, *Res rustica* 8,16,5; Macrobius, *Saturnalia* 3,15; Varro, *Res rusticae* 3,3,10. Anders die Erklärung bei Festus p. 196 Lindsay: Orata sei, so sage man, als Träger zweier großer goldener Ringe nach dieser Brasse benannt worden, in dem es nur eine schmale Öffnung für Schiffe die Auster ein bevorzugtes Nahrungstier des Fisches ist. Das war auch der Antike bekannt; vgl. Martial 13,90.
dass Orata deshalb nach der Goldbrasse benannt worden wäre, weil aufweist. – Als eine weitere Spekulation könnte sich die anbieten, Brasse benannt worden, deren Schuppenkleid goldgelbe Streifen

[8] Plinius, *Naturalis historia* 9,168.
[9] Zum Lukrinersee in der Antike z. B. Pagano 1984; Philipp 1927.
[10] "Ruhiges und flaches Gewässer": der See war vom Meer durch einen Damm getrennt, in dem es nur eine schmale Öffnung für Schiffe mit geringem Tiefgang gab; Strabo 5,4,5 f. (vgl. die Karten bei Döring 2012, 70 f. und 92 f.).
[11] Diese "Thermalwasserthese" vertreten Camardo 2005, 24; Marasco 2010, 77.

Abb. 116: Komplette Austerngehäuse eines Fundes aus Vindonissa-Windisch, Kanton Aargau

Abb. 117: Innenansicht einer römischen Austernklappe aus Theilenhofen am Obergermanisch-Rätischen Limes. A: Schloss; B: Muskeleindruck. Privatbesitz

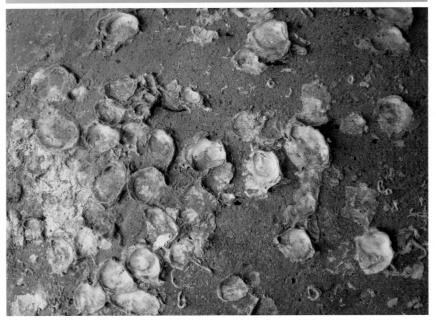

Abb. 118: Austernaufwuchs auf einem antiken Dolium in Terracina. Museo civico Pio Capponi, Terracina

Abb. 119: Lukriner See mit Blick auf den Monte Nuovo

– im Golf von Pozzuoli schon im Mai erreicht und noch bis November überschritten.[12] Einer zusätzlichen Wärmequelle bedurfte es daher ebenso wenig wie der von verschiedenen Autoren angenommenen Beheizung von Austernbecken.[13]

Was freilich noch heute den antiken Namen des Lukrinersees trägt, ist nur ein kleiner Rest der einstigen Lagune. Das schon deshalb, weil hier, zwischen den Orten Pozzuoli und Baia, die alte Küstenlinie am heutigen Meeresgrund liegt; aber auch deshalb, weil am See im 16. Jahrhundert die vulkanische Neubildung des Monte Nuovo entstand (Abb. 115 und 119). Dieser Berg – mit einem Basisdurchmesser von mehr als einem Kilometer – hat damals einen Teil des Sees unter sich begraben.

Den einstigen Umriss der Lagune skizziert in etwa Abb. 115. Das römerzeitliche Seeufer ist durch die gepünktelte Linie wiedergegeben. Die Skizze lässt gut erkennen, dass es sich ursprünglich um eine Meeresbucht gehandelt

hatte, die dann durch einen künstlichen Damm vom Meer getrennt worden war (auf ihm verlief die *via Herculanea*). Am gegenüberliegenden Ufer der Lagune mündete ein Kanal, durch den sie mit dem Averner See in Verbindung stand. In welchem Bereich des Ufers die Villa des Orata und sein Austernpark lagen, ist nicht bekannt.

Nach dem Bericht des Valerius Maximus, der ein Jahrhundert später schrieb, wuchs die Ausdehnung der Austernanlage des Orata, bis sich der Pächter der Fischrechte im See, ein gewisser Considius, dadurch beeinträchtigt fühlte. Daraus habe sich ein Rechtsstreit entwickelt.[14] Uns geht es aber hier nicht um diesen Prozess, von dem übrigens Einzelheiten zum Teil sehr spekulativ rekonstruiert worden sind, sondern allein um den Austernpark selbst und um seine technische Einrichtung.[15]

Dabei ist gleich die erste Frage, wie weit denn unsere heutige Vorstellung von einem Austernpark zur Anlage des Orata passen würde. Der Umfang der Aufgaben,

---

[12] Daten der Netzseite www.seatemperature.org (Abruf August 2018).
[13] Für die «Heizungsthese» sei als Beispiel hier nur genannt: Höpken 2014, 90, Anm. 14; Krenkel 1994, 28 f.; Münzer 1923, 1714; Yegül 2013, 27. Dagegen äußert sich auch schon Wikander 1996, 181.

[14] Valerius Maximus 9,1,1.
[15] "Sehr spekulativ rekonstruiert": siehe die Überlegungen bei Münzer 1923.

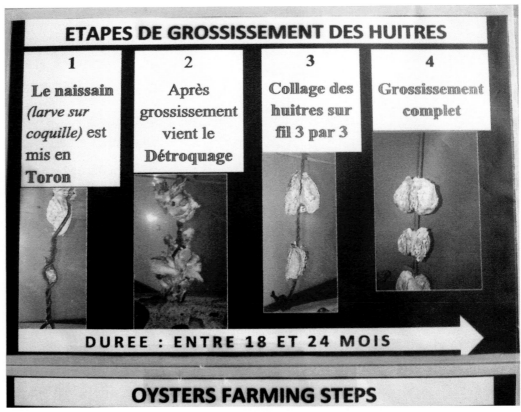

Abb. 120: Austernkultur an Schnüren. Musée de l'Étang de Thau, Bouzigues (département Hérault)

die Anlagen einer bestimmten Art erfüllen, kann ja dem historischen Wandel unterworfen sein. Das gilt natürlich nicht für den grundsätzlichen Zweck, den ein Austernpark nun einmal hat: nämlich den, Nachteile zu vermeiden, die mit einer bloßen Austernfischerei verbunden sind. Der Austernfischer hat Konkurrenten, die dem Tier gleichfalls zusetzen: Wetterschäden, Versandung, Verschlickung, Verdrängung durch andere Arten, Fressfeinde und nicht zu vergessen andere Berufskollegen, die mit ihm gemeinsam letztlich die Gefahr der Überfischung heraufbeschwören. Auch muss der Fischer die Austern natürlich so hinnehmen, wie sie in der Natur eben sind: also größer oder kleiner, zahlreich oder weniger zahlreich, besser oder schlechter ernährt, gleichmäßiger – und das heißt: für das Auge ansprechender – oder weniger gleichmäßig geformt. Dagegen schafft ein Austernpark Bedingungen, unter denen die Tiere vor schädlichen Einflüssen möglichst geschützt und in optimierter Qualität heranwachsen.

Wie weit aber die Optimierung der Verhältnisse in einem Park geht, kann verschieden ausfallen. Bei heutigen Parks gehört zum Beispiel dazu, dass sie durch ein ausreichendes Platzangebot für eine gleichmäßige Wuchsform des Gehäuses sorgen; dass die Tiere (wie man auch bei der Auster sagt) gemästet werden; und nicht zuletzt, dass nach Möglichkeit ein genügender Nachwuchs sichergestellt wird. Das geschieht dadurch,

dass man im Wasser eine große Zahl von Gegenständen versenkt, die als sogenannte „Brutfänger" dienen. Wenn die frisch geborenen Austernlarven ausschwärmen, um einen Ansiedlungsplatz zu suchen, sollen möglichst wenige dadurch zu Grunde gehen, dass sie kein festes Substrat vorfinden, auf dem sie sich anheften können. Als Brutfänger beliebt sind heute zum Beispiel Reisigbündel; oder alte Dachziegel; oder auch Schalenklappen von toten Muscheln, von denen jeweils eine größere Zahl in ein Seil geknotet wird (Abb. 120 und 121). Diese Seile (italienisch: pergolari, französisch: chapelets) – nennen wir sie einmal, in Ermanglung eines schon vorhandenen deutschen Begriffes, „Austernschnüre" – werden im Wasser aufgehängt oder am Gewässerboden ausgelegt.[16]

Was nun die Maßnahmen des Orata betrifft, schweigen die spärlichen Quellen zwar über Vorkehrungen zur Mästung und zur Erzielung einer gleichmäßigen Wuchsform der Tiere. Sie berichten uns aber über – wir würden heute sagen: – eine Methode der Brutpflege, die er angewendet hat. Cicero spricht nämlich davon, dass Orata „sogar auf Ziegeln Austern wachsen lassen kann" (oder wörtlicher übersetzt: „aussäen kann").[17]

---

[16] Über Brutfänger und "Austernschnüre" z. B. Boettger 1962 (b) 26–30, 32 f., 38 f., 41 und 43 f.; Coste 1861, 185–193; Vidal 2011, 134 f. Speziell zur Verwendung von Ziegeln auch Hermann 1992.

[17] Cicero, *Hortensius* Frgt. 69 Grilli = Nonius p. 319 Lindsay: *posse vel in*

Abb. 121: Austernschnur. Musée de l'Étang de Thau, Bouzigues

Außerdem dürfte darauf auch eine Bemerkung des Orata-Zeitgenossen Crassus anspielen, die Valerius Maximus überliefert.[18] Als es nämlich zwischen dem Fischereipächter Considius und Orata zum Prozess kam, soll Crassus gesagt haben: auch wenn es gelänge, Orata vom Lukrinersee zu vertreiben, dann bedeute das noch keinesfalls, dass er auf seine Austern verzichten müsse. Wenn er sie nicht mehr aus dem See holen dürfe, dann finde er sie eben in tegulis, das heißt: „auf seinen Dachziegeln". Das war ein hübsches Oxymoron. Außerhalb des Wassers oder gar auf Häuserdächern wachsen zwar Austern nicht. Aber auf Ziegeln wuchsen sie durch die Kunst des Orata eben schon.[19]

Der Einsatz von Ziegeln in den Anlagen des Orata wirft freilich die Frage auf, was er bereits über die Fortpflanzung der Auster gewusst hat.[20] Natürlich muss ihm bekannt gewesen sein, dass sich im Wasser versenkte Ziegel häufig mit jungen Austern bedecken. Immerhin ließ sich auch schon bei Aristoteles nachlesen, dass sich Schaltiere auf Oberflächen von Keramikgegenständen ansiedeln, die man als Abfall ins Wasser geworfen hat. Aristoteles meinte allerdings, sie entstünden durch

tegulis proseminare ostreas.
[18] Valerius Maximus 9,1,1. – Vgl. zu den Textstellen des Cicero und des Valerius Maximus Lafaye 1915.
[19] Der anderslautenden Interpretation der Valerius-Maximus-Stelle bei Krenkel 1994, 28 f. und Marasco 2010, 71 und 76 f. kann sich der Verf. nicht anschließen. Krenkel und Marasco nehmen die Existenz

auf Stelzen stehender oder sonst übereinander angeordneter Austernbecken an – was aufwändige Pumpsysteme erfordert hätte und vor allem durch die Quellen nicht belegt ist. Krenkel verstand die Formulierung in tegulis darüber hinaus als doppeldeutige Anspielung im Sinn von "unter dem Dach/in luftiger Höhe" und "in der Pfanne."
[20] "Der Einsatz von Ziegeln": Davon muss nach Aussage der Quellen selbst dann ausgegangen werden, falls dieser Einsatz – wie Bardot-Cambot – Forest 2013, 375 f. meinen – nicht regelmäßig und nicht in nennenswertem Maßstab stattgefunden hätte. Entgegen Bardot-Cambot ist aber aus den Texten nicht zu entnehmen, dass Orata zwar Austern auf Ziegeln wachsen lassen konnte, dass er dieses Verfahren jedoch nicht wirklich angewendet habe.

Abb. 122: Glasflasche aus Piombino (Toskana) mit Darstellung eines Austernparks in Baiae (Höhe: 18, 4 cm). Corning Museum of Glass, Corning (New York)

Urzeugung aus dem Meeresschlamm.[21] Ob Orata das bereits als Irrtum entlarvt hat, wissen wir nicht.

Zumindest hat es aber nicht mehr lange gedauert, bis der Irrtum offenbar wurde. Im mittleren ersten Jahrhundert nach Christus hat Plinius der Ältere zwar noch treu die Behauptung des Aristoteles von der Urzeugung wiederholt.[22] Wie aber Plinius die gewaltigen Mengen des von ihm gesammelten Informationsstoffs nicht immer klar aus- und abgewogen verarbeitet hat, so auch hier; denn er fügt gleich im nächsten Satz und ohne jede Erklärung für diesen Widerspruch folgendes an: „Neuerdings (nuper) hat man in Austernparks ermittelt, dass aus ihnen (das heißt: aus den Austern) eine befruchtende Flüssigkeit nach Art einer Milch ausfließt."[23] Also war damals doch klar, dass es die Auster selbst ist, die für ihre Fortpflanzung sorgt (was natürlich nicht heißt, dass man den Vorgang in seinen Details schon hätte verstehen können).

Was Plinius hier mit dem Wort nuper, „neuerdings", genau meint, das wüssten wir gerne. Aber das gilt auch noch für eine zweite Pliniusstelle über Austernparks, an der das gleiche Wort nuper wieder auftaucht. Es heißt da: Sergius Orata „schrieb zuerst den Lukriner Austern den besten Geschmack zu ... Später galt es der Mühe wert, im fernsten Eck Italiens, in Brindisi, seine Austern zu suchen; und neuerdings (nuper) hat man sich ausgedacht – damit nicht zwei Geschmacksfärbungen miteinander konkurrieren –, dass sie (also die Austern) den Hunger einer langen Anreise von Brindisi her im Lukrinersee stillen sollen."[24] Danach hatte man sich damals also entschieden, Austern aus Brindisi in den Lukriner See zu verpflanzen und sie dort vollends aufzuziehen. Das ist zwar insofern nicht erstaunlich, als es nach einem weiteren Literaturzeugnis des ersten nachchristlichen Jahrhunderts zu dieser Zeit ganz üblich war, Austernbrut bzw. Jungaustern aus dem Meer zu entnehmen und sie in einen Park zu versetzen. Wir verdanken diese Information Xenokrates aus Aphrodisias, der die Verpflanzung von Austernnachwuchs als eine im Lukriner See und im ganzen Mittelmeerraum verbreitete Praxis beschreibt. Austern – so sagt er – würden „als Jungtiere (spermata) in Parks gesetzt und aufgezogen".[25] Auffällig scheint aber doch, dass die Lukriner Austern aus einer so weit entfernten Gegend an der Ostküste Italiens rekrutiert

wurden (die Entfernung vom Lukriner See nach Brindisi beträgt etwa 400 km).

Statt der naiven plinianischen Begründung mit der Vereinigung zweier Geschmacksnoten liegt dafür eher ein anderer Verdacht nahe: nämlich der, dass die Verpflanzung (wie wir das aus vielen Beispielen in der Neuzeit kennen) zur Auffrischung von mehr oder weniger erschöpften Austernvorkommen in der Lukriner Region nötig geworden war. Vermutlich hatte die aufwändige Verpflanzungsaktion auch nicht die Gestalt regelmäßig fortgesetzter Transporte, sondern war eine zeitlich irgendwie begrenzte Maßnahme.

Wie die Plinius- und Xenokrates-Zitate zeigen, hatte die Austernkultur damals – rund anderthalb Jahrhunderte nach der Zeit des Orata – bereits einen sehr hohen Standard. Die falsche These des Aristoteles von der Urzeugung der Schaltiere bzw. Austern war widerlegt; es gab Austernparks nicht nur im Lukrinersee, sondern nach dem Zeugnis des Xenokrates jetzt an allen Küsten des Mittelmeerraumes;[26] und Jungtiere oder Austernbrut wurden im Meer gefangen und zur Aufzucht in einen Park verpflanzt.[27] Dass man die dafür nötige Technik des etwas heiklen Transports von Lebendaustern über größere Strecken beherrschte, zeigen uns auch die Funde: denn Austernklappen und komplette Austerngehäuse sind ab dem Beginn der Kaiserzeit – wie weiter oben bereits angedeutet – in Fundkomplexen des Binnenlandes und selbst der transalpinen Gegenden eine verbreitete Erscheinung.[28] Da man Konserven von Austern (sofern es die in nennenswerter Menge gab) nicht im kompletten Gehäuse verschickt und wohl auch damals nicht so verschickt hat (schon in Anbetracht der Platz- und der Gewichtsersparnis), dürfen die Funde als Hinweise auf Lebendtransporte gelten.[29] Dazu muss man wissen, dass sich Austern bei niedrigen Temperaturen und mit der richtigen Verpackungstechnik bis zu 24 Tagen außerhalb des Meereswassers am Leben halten können.[30]

---

[21] Aristoteles, De generatione animalium 763a,30; ders., Historia animalium 5,547b.
[22] Plinius, Naturalis historia 9,160.
[23] Plinius, Naturalis historia 9,160.
[24] Plinius, Naturalis historia 9,168 f. Ähnlich auch ebd. 32,61.
[25] Xenokrates bei Oreibasios, Collectiones medicae 2,58,96. – Dass der spätantike Autor Oreibasios hier den Mediziner Xenokrates aus dem 1. nachchristlichen Jahrhundert exzerpiert, ist in der Literatur zum Teil übersehen worden (vgl. Bardot-Cambot 2013, 201 f. und 204; Bardot-Cambot – Forest 2013, 373). Das Textzeugnis ist also nicht in die Zeit des Oreibasios, sondern in die des Xenokrates, d. h. in das 1. Jahrhundert n. Chr., zu datieren.
[26] Speziell für das römische Südfrankreich erwähnt Austernkultur auch eine freilich spätantike Stelle bei Sidonius Apollinaris, Epistulae 8,12,1. Von Kulturaustern allgemein spricht außerdem Ausonius, Epistulae 9,7 f.
[27] Anne Bardot-Cambot (2013, bes. 204; vgl. Bardot-Cambot – Forest 2013, bes. 374) vertritt zwar die These, dass die römischen Austernparks nicht eigentlich der Aufzucht, sondern nur mehr einer abschließenden Qualitätsverbesserung und Aufbewahrung der Tiere vor dem Verkauf gedient hätten. Nachvollziehbare Argumente für diese Sichtweise, die sich nicht mit der literarischen Überlieferung deckt, bleibt die Autorin aber schuldig. Im Übrigen ist ihre These nicht neu; schon Lafaye 1915, 220, Anm. 4 hat sich gegen die gleiche Behauptung gewendet.
[28] Einen Katalog der Austernklappenfunde in Österreich, der Schweiz und Süddeutschland gibt Thüry 1990 [Nachtrag 2024: Wiederabdruck mit Nachträgen als Beitrag 35 dieses Bandes].
[29] Zu antiken Austernkonserven Thüry bei Strauch – Thüry 1985, 351.
[30] Korringa 1952, 277.

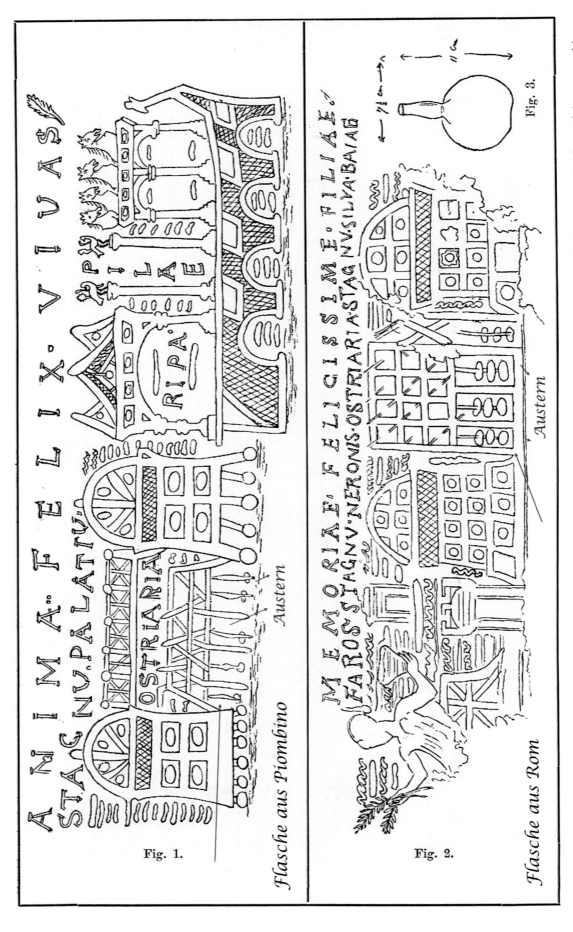

Abb. 123: Umzeichnung der Bilder auf der Glasflasche aus Piombino und auf einer zweiten aus Rom. Verändert nach Günther 1895, Taf. 1. Die rot eingeblendeten Pfeile zeigen auf die Austernschnüre und Austern

Aber kehren wir noch ein mal zur Gegend um den Lukriner See zurück; oder genauer jetzt: zur Meeresküste beim antiken Baiae, dem heutigen Baia, das ja in unmittelbarer Nachbarschaft des Sees liegt. Hier gibt es nämlich noch weitere, aber etwas jüngere Quellen dafür, wie römische Austernparks konstruiert waren. Welche Quellen sind das? Beginnen wir mit einem literarischen Hinweis. Er findet sich bei einem Dichter des vierten nachchristlichen Jahrhunderts, bei Ausonius; und er besagt, dass Austern in Baiae von Pfählen hinunterhängen und im Wasser schaukeln.[31] Wer sich mit der Austernkultur ein wenig auskennt, der versteht bereits: hier ist von einer Aufzuchtvariante die Rede, die man heute als „Hängekultur" bezeichnet.[32] Dennoch geht es uns hier, wie bei literarischen Zeugnissen oft: dass wir nämlich die beschriebenen Dinge am liebsten auch im Bild vor uns sähen. Die Pfähle mit den daran hängenden Austern sind nun einer der wenigen Fälle, in denen sich dieser Wunsch tatsächlich erfüllen lässt.

Von der Strandpartie der aneinander angrenzenden antiken Orte Baiae und Puteoli haben sich drei Zeichnungen erhalten, die auch Austernanlagen zeigen. Dabei handelt es sich um die eingeschliffene und gravierte Dekoration auf drei Glasflaschen, deren Höhe zwischen knapp 11 und gut 18 cm schwankt und die nach ihrer Form in das späte dritte oder in das vierte nachchristliche Jahrhundert gehören (Abb. 122 und 123).[33] Alle drei sind Grabfunde – in einem Fall aus Rom, in einem zweiten aus Piombino in der Toscana und im dritten aus dem katalonischen Ampurias. Einst hergestellt wohl in Baiae oder in Puteoli, hatten die Flaschen die Funktion von Reisemitbringseln, die Besucher an die beliebte Badegegend erinnern sollten oder die von ihnen an andere Personen verschenkt werden konnten.[34]

Die Glasflaschenbilder geben jeweils ein Strandpanorama mit erklärender Beschriftung wieder. Dabei stellen sie unter anderem Austernanlagen im Bereich des kaiserlichen Palastes von Baiae dar.[35] Die beigeschriebene Legende bezeichnet sie als OSTRIARIA, d. h. als Austernpark. Wie die Struktur aussieht, die durch diese Beischrift erläutert wird, lässt

in Abb. 123 (oben) die Umzeichnung des Bildes auf der Flasche von Piombino – auch wenn sie teilweise ungenau ist – ganz gut erkennen. Man sieht – um nur das für unseren Zusammenhang Wesentliche zu kommentieren – unterhalb des Wortes OSTRIARIA ein Gestell, das in angedeutetem Wasser steht und von dem (durch die beiden Pfeile hervorgehoben) etwas zur Wasseroberfläche hinunterhängt. Das in die Abbildung eingeblendete Wort „Austern" verrät schon, was gleich noch näher erklärt werden muss: nämlich, dass dort Austern aufgehängt sind. Eine sehr ähnlich skizzierte Gestellkonstruktion mit solchen Anhängseln ist in Abb. 123 auch im unteren Bildregister zu sehen, das eine Umzeichnung der Glasflasche von Rom zeigt.

Was die Flaschen da unbeholfen skizzieren, das sind Aufzuchtgestelle für Austern, wie sie am Mittelmeer noch bis heute verwendet werden (Abb. 124).[36] Ein solches Gestell besteht aus einem im Wasser errichteten Rahmen aus Holz oder aus anderen Materialien, von dem Seile oder Drähte ins Wasser hinunterhängen. Daran lassen sich auf verschiedene Arten Austern befestigen. Abgesehen von aufgehängten Behältnissen (Körben, Netzen) oder austernbesetzten Reisigbündeln können auch die erwähnten „Austernschnüre" verwendet werden. Daran sind die Tiere entweder festgeklebt; oder an der Schnur werden Reisig oder durchbohrte Muschelklappen festgeknotet, die zuerst als Brutfänger und danach als Aufwachsunterlage dienen. Die Abstände zwischen den einzelnen Austern sind jeweils groß genug, dass die Tiere unbeeinträchtigt wachsen können. Sie verlassen Draht oder Seil erst, wenn sie gemästet sind und nach 15–24 Monaten Marktreife erreicht haben.

Was wieder die römische Zeit angeht, hatten wir als Brutfänger und Aufwachsunterlagen bisher nur Ziegel erwähnt. Auf gefundenen Austernklappen wurden aber auch schon Abdrücke von Holz beobachtet.[37] Ob sie nur durch natürlichen Austernbewuchs ins Wasser geratener Hölzer entstanden oder ob sie auf eine Verwendung von Zweigmaterial oder von Stämmen in einem Austernpark zurückgehen, muss freilich offen bleiben.

Einige Funde deuten außerdem darauf hin, dass als Unterlage in der Austernkultur auch Muschelklappen

---

[31] Ausonius, *Epistulae* 9,30 Schenkl.

[32] Dass es die Hängekultur in römischer Zeit gab, ist natürlich schon lange erkannt worden; vgl. z. B. Coste 1861, 97–100; Günther 1895. – Über Hängekultur heute z. B. Boettger 1962 (b) 26–28 und 32; Vidal 2011, 141–143.

[33] Zu den Flaschen u. a. CIL II 6251.1; XI 6710.18; XV 7008; Bardot-Cambot 2013, 197 f. und 201; Caputo 2015, 117–119; Coste 1861, 98 f.; de Franciscis 1967, 211–213; Günther 1895; Higginbotham 1997, 188–191.

[34] "Verschenkt werden": Das geht aus den Flascheninschriften ANIMA FELIX VIVAS (CIL XI 6710.18) und MEMORIAE FELICISSIMAE FILIAE (CIL XV 7008) hervor. Solche Beschriftungen sind dabei nur als Auftragsarbeiten denkbar.

[35] Zur Topographie des Uferabschnitts und zur Lage des Austernparks Caputo 2015, 117–119.

[36] Dazu und zum Folgenden z. B. Boettger 1962 (b) 26–28; Coste 1861, 91 f. und 97; Günther 1895, 363; Kolendo 1977, 120 f.; Vidal 2011, 135 und 141–143. – Über Reste möglicherweise eines römischen Aufzuchtgestells im norditalienischen Monfalcone Marzano 2015.

[37] Von solchen Fällen berichtet Anne Bardot-Cambot aus Istrien (Bardot-Cambot 2013, 198–200; vgl. Bardot-Cambot – Forest 2013, 374) – wobei die Autorin aber bezweifelt, dass Brutfänger und Aufwachsunterlagen in römischer Zeit in größerem Maßstab eingesetzt wurden; ebenso Alfred Galik aus Virunum (Galik 2004, 450). – Das Zitat eines angeblichen römischen Textzeugnisses über die Verwendung von Reisigbündeln als Brutfängern bei Sahrhage 2002, 112 ist nicht antik, sondern ein fiktiver Text, den der Autor einem historischen "Sachbuch" entnommen hat.

Abb. 124: Aufzuchtgestell mit daran befestigten Austernbehältern im Étang de Thau bei Bouzigues

eingesetzt wurden, die man zur Befestigung an Austernschnüren durchlocht hatte. Über diese Zeugnisse wurde in der bisherigen Literatur noch nicht genügend nachgedacht. Es ist daher nötig, detaillierter darauf einzugehen.

Durchbohrte römische Austernklappen wurden verschiedentlich – aber meist vereinzelt oder in nur sehr geringer Zahl – in Italien, Frankreich, Deutschland und der Schweiz beobachtet.[38] Einzelne Exemplare sind dem Verfasser aber auch in Austernfundmaterial aus Österreich aufgefallen.[39] Zumindest bei einem Teil der Durchlochungen zeigt ihr Durchmesser und ihre sauber-kreisrunde Form, dass es sich nicht etwa nur um Beschädigungen durch ein Fang- oder Grabungswerkzeug oder um das Werk bohrender

Meerestiere handeln kann. Sie können nur vom Menschen bewusst und sorgfältig hergestellt worden sein.

Sofern die Perforation solcher Schalenklappen eine Maßnahme der Austernkultur war, kommt dafür die naheliegende Erklärung in Frage, dass man Gehäusehälften toter Tiere mit Hilfe der Löcher an Austernschnüren befestigt und als Brutfänger und Aufwuchsunterlagen benutzt hat. Zumindest als unwahrscheinlich muss dagegen gelten, dass – wie gelegentlich erwogen wurde – lebende Tiere in den Parks zu Befestigungs- oder Transportzwecken perforiert worden wären.[40] Soweit über eine solche These ohne entsprechende Experimente geurteilt werden kann, spricht dagegen vor allem die Tatsache, dass ein Lebendtransport der Auster ein hermetisches Schließen der Schalenklappen zur Voraussetzung hat. Dazu kämen aber auch der nicht zu unterschätzende Arbeitsaufwand für das Perforieren großer Mengen kompletter Gehäuse; ebenso die Gefahr eines Verbleibs von Schalensplittern im Gehäuseinneren; und

---

[38] Italien: Siehe die folgenden Bemerkungen über Funde aus Baia. Außerdem weist Herr Dr. David S. Reese (Chicago) den Verf. freundlicherweise auf Funde durchbohrter Austern aus Egnazia, Otranto und San Giovanni di Ruoti hin. Im römischen Austernmaterial von San Giovanni waren von 901 stratifizierten Austernklappen drei Exemplare durchlocht. – Frankreich: Dupont – Blondiau 2006, 175–178. – Deutschland: Kappes 2001, 368 und 370. – Schweiz: Stampfli 1980, 99 und Beobachtungen des Verf. an Funden aus Schleitheim, Vicques und Vindonissa-Windisch.

[39] Und zwar in Funden aus Enns und vom Kärntner Magdalensberg.

[40] Solche Thesen diskutiert Marzano 2015.

außerdem vielleicht die einer leichteren Angreifbarkeit der durchbohrten Auster durch Fressfeinde.

Für die Interpretation des Phänomens ist ein Befund aufschlussreich, der sich bei der Untersuchung des sogenannten Nymphäums des Kaisers Claudius von der Punta Epitaffio in Baia ergeben hat.[41] Dieses Nymphäum war ein statuengeschmückter Speisesaal mit einem zentralen Wasserbassin, in das vom Meer her Salzwasser und aus Zuleitungen von Land her Süßwasser floss. Am Boden des Beckens fanden sich Speisereste und einige durchlochte Austernklappen.[42] Nach einer publizierten Photographie und den im Museo archeologico dei Campi Flegrei in Baia ausgestellten Originalen handelt es sich um vier Unter- und um zwei Oberklappen.[43] Die Unterklappen und zumindest eine der Oberklappen waren jeweils in Schlossnähe randlich durchbohrt. Alle Bohrlöcher sind klein und exakt kreisrund. Im Speisesaal waren also wohl Kulturaustern mitsamt perforierten Aufwuchsunterlagen angeliefert worden; und zwar am ehesten dergestalt, dass man komplette Austernschnüre aus einem nahen Park im Wasser des Nymphäums ausgelegt hatte. Wollte man sich bei den Austern bedienen, so brauchte man sie nur mit der Schnur aus dem Wasser zu ziehen.

Dieser Befund legt nahe, dass wir auch bei durchbohrten Austern anderer Fundorte mit der Möglichkeit rechnen müssen, dass wir mit Aufwuchsunterlagen aus einem Austernpark zu tun haben. Da in einem Park solche Stücke massenhaft bei der Hand waren, hat man sie beim Verpacken von Austerntransporten womöglich als gelegentliches Füllmaterial verwendet. An alternativen Erklärungsmöglichkeiten kommen allerdings auch Durchlochungen von Schalenklappen als Hängeschmuck, als Spielzeug oder zu gewerblichen Zwecken in Betracht.[44]

Wie damit aber schon gesagt: es ist damit zu rechnen, dass die Importströme, die Austern in das mitteleuropäische Binnenland brachten, nicht nur gefischte Wildtiere, sondern auch Parkaustern über die Alpen beförderten. Dazu würden gut Fundvorkommen passen, in denen die Austern eine so regelmäßige Gestalt aufweisen, wie sie eigentlich für Produkte eines Parkes typisch ist.[45] So hätte denn die Erfindung des Gaius Sergius Orata ihre Folgen auch für das römische Binnenland nördlich der Alpen gehabt.

---

[41] Zum Nymphäum Avilia – Caputo 2015; Tocco Sciarelli 1983.
[42] Andreae 1983, 68; Avilia 2015, 79 und 83; Tocco Sciarelli 1983, Abb. 187.
[43] Die Photographie ist abgebildet bei Avilia 2015, 83 und Tocco Sciarelli 1983, Abb. 187.
[44] Zu diesen Alternativen ausführlich Dupont – Blondiau 2006, 175–178.
[45] Vgl. die Zusammensetzung des Austernkomplexes von Trier-Pauluskapelle: Attendorn – Strauch 1996, 101; F. Strauch, in: Attendorn – Helle – Strauch – Thüry 2001, 15.

Literaturabkürzungen

André 1981: J. André, L'alimentation et la cuisine à Rome (Paris 2. Aufl. 1981).

Andreae 1983: B. Andreae, L'imperatore Claudio a Baia. In: Tocco Sciarelli 1983, 67–71.

Andrews 1948: A. C. Andrews, Oysters as a Food in Greece and Rome. The Classical Journal 43, 1947–48, 299–303.

Attendorn – Strauch 1996: H.-G. Attendorn – F. Strauch, Angaben zur Herkunft der römischen Austern aus dem Trierer Dombereich aufgrund ihrer $\delta^{13}C$- und $\delta^{18}O$-Isotopenverhältnisse und biologischer Merkmale. In: H.-G. Attendorn – H. Merten – F. Strauch – W. Weber, Römische Austernfunde aus den Grabungen in der Pauluskapelle des Domkreuzganges in Trier. Trierer Zeitschrift 59, 1996, 99–111.

Attendorn – Helle – Strauch – Thüry 2001: H.-G. Attendorn – G. Helle – F. Strauch – G. E. Thüry, Provenienzuntersuchungen an römischen Fundaustern aus der Zone nordwärts der Alpen. Römisches Österreich 23/24, 2000–2001, 7–40.

Avilia 2015: F. Avilia, Gli epigoni. Il ninfeo sommerso dell'imperatore Claudio a Baia. Storia di uno scavo. In: Avilia – Caputo 2015, 69–86.

Avilia – Caputo 2015: F. Avilia – P. Caputo, Hgg., Il ninfeo sommerso di Claudio a Baia (o. O. [aber Neapel] 2015).

Bannon 2014: C. Bannon, C. Sergius Orata and the Rhetoric of Fishponds. Classical Quarterly 64, 2014, 166–182.

Bardot-Cambot 2013: A. Bardot-Cambot, Les coquillages marins en Gaule romaine. BAR International Series 2481 (Oxford 2013).

Bardot-Cambot – Forest 2013: A. Bardot-Cambot – V. Forest, Ostréiculture et mytiliculture à l'époque romaine? Des définitions modernes à l'épreuve de l'archéologie. Revue archéologique 2013, 367–388.

Boettger 1962 (a): C. Boettger, Auster. In: F. Pax, Hg., Meeresprodukte. Ein Handwörterbuch der marinen Rohstoffe (Berlin 1962) 18–23.

Boettger 1962 (b): C. Boettger, Austernkultur. In: F. Pax, Hg., Meeresprodukte. Ein Handwörterbuch der marinen Rohstoffe (Berlin 1962) 25–45.

Camardo 2005: D. Camardo, Mt. Vesuvius and Human Settlement in the Gulf of Naples in the First Century A. D. In: In Stabiano. Exploring the Ancient Seaside Villas of the Roman Elite (Castellamare di Stabia 2005) 19–27.

Caputo 2015: P. Caputo, Baiae. La topografia del sito antico. In: Avilia – Caputo 2015, 97–124.

Coste 1861: [J. V.] Coste, Voyage d'exploration sur le littoral de la France et de l'Italie (Paris 1861).

D'Arms 1970: J. H. D'Arms, Romans on the Bay of Naples (Cambridge/Mass. 1970).

Döring 2012: M. Döring, In der wundersamsten Gegend der Welt. Die Phlegraeischen Felder am Golf von Neapel (Adenstedt 2012).

Dubois 1907: Ch. Dubois, Pouzzoles antique (Paris 1907).

Dupont – Blondiau 2006: C. Dupont – L. Blondiau, Les coquillages marins du village antique de „La Ferme aux Mouches 2" (Pont-de-Metz, Somme): d'une ressource alimentaire au témoin d'un artisanat? Revue du Nord, Archéologie de la Picardie et du Nord de la France 88, 2006, 173–179.

Fagan 1996: G. G. Fagan, Sergius Orata: Inventor of the Hypocaust? Phoenix 50, 1996, 56–66.

de Franciscis 1967: A. de Franciscis, Underwater Discoveries around the Bay of Naples. Archaeology 20, 1967, 209–216.

Galik 2004: A. Galik, Archäozoologische und kulturhistorische Aspekte der Tierknochenvergesellschaftungen aus dem Amphitheater von Virunum. In: R. Jernej – Chr. Gugl, Hgg., Virunum. Das römische Amphitheater. Die Grabungen 1998-2001. Archäologie Alpen Adria 4 (Klagenfurt 2004) 395–494.

Günther 1895: R. T. Günther, The Oyster Culture of the Ancient Romans. Journal of the Marine Biological Association of the United Kingdom NF 4, 1895, 360–365.

Hermann 1992: C. Hermann, Die Auster und der Ziegel. In: Ziegelei-Museum. 9. Bericht der Stiftung Ziegelei-Museum (Cham, Schweiz) 1992, 29–32.

Higginbotham 1997: J. Higginbotham, Piscinae. Artificial Fishponds in Roman Italy (Chapel Hill – London 1997).

Höpken 2014: C. Höpken, Römische Austern aus Bonn und den Limeskastellen Zugmantel, Alteburg-Heftrich und Saalburg. Saalburg Jahrbuch 58, 2014, 89–103.

Kappes 2001: H. Kappes, Mollusken. In: B. Liesen, Die Grabungen südlich und westlich des Kölner Doms II. Glas, organische Reste, Steinbaumaterial, Objekte aus Ton. Kölner Jahrbuch 34, 2001, 363–370.

Kolendo 1977: J. Kolendo, Parcs à huîtres et viviers à Baiae sur un flacon de verre du Musée National de Varsovie. Puteoli (Studi di storia antica) 1, 1977, 108–127.

Korringa 1952: P. Korringa, Recent Advances in Oyster Biology. The Quarterly Review of Biology 27, 1952, 266–308 und 339–365.

Krenkel 1994: W. A. Krenkel, Technik in der Antike. Veröffentlichung der Joachim Jungius-Gesellschaft der Wissenschaften Hamburg, Heft 78 (Göttingen 1994).

Lafaye 1915: G. Lafaye, in: Bulletin de la société nationale des antiquaires de France 1915, 218–221.

Marasco 2010: G. Marasco, Un imprenditore di successo del I secolo a. C.: C. Sergio Orata. Ancient Society 40, 2010, 69–78.

Marx 1894: A. Marx, Auster. RE 2 (Stuttgart 1894) 2589–2592.

Marzano 2015: A. Marzano, Sergio Orata e il lago Lucrino: alcune considerazioni sull'allevamento di ostriche nella Campania romana. Oebalus 10, 2015, 131–150. [Dem Verf. nur zugänglich in der Internetfassung der Arbeit auf der Seite www.reading.ac.uk/centaur (Abruf August 2018)].

Merten 1996: H. Merten, Einige Aspekte des Austernkonsums in römischer Zeit. In: H.-G. Attendorn – H. Merten – F. Strauch – W. Weber, Römische Austernfunde aus den Grabungen in der Pauluskapelle des Domkreuzganges in Trier. Trierer Zeitschrift 59, 1996, 112–118.

Münzer 1923: [F.] Münzer, C. Sergius Orata (s. v. Sergius 33). RE 2 A (Stuttgart 1923) 1713 f.

Ostrow 1979: S. E. Ostrow, The Topography of Puteoli and Baiae on the Eight Glass Flasks. Puteoli (Studi di storia antica) 3, 1979, 77–140.

Pagano 1984: M. Pagano, Il lago Lucrino. Ricerche storiche e archeologiche. Puteoli (Studi di storia antica) 7–8, 1983–1984, 113–226.

Philipp 1927: [H.] Philipp, Lucrinus lacus. RE 13 (Stuttgart 1927) 1695 f.

Ranson 1951: G. Ranson, Les huîtres. Biologie – culture (Paris 1951).

Sahrhage 2002: D. Sahrhage, Die Schätze Neptuns. Eine Kulturgeschichte der Fischerei im Römischen Reich (Frankfurt/Main usw. 2002).

Stampfli 1980: H. R. Stampfli, Die Tierfunde. In: H.-M. von Kaenel – M. Pfanner, Hgg., Tschugg – Römischer Gutshof. Grabung 1977 (Bern 1980) 97–101.

Steier 1933: [A.] Steier, Muscheln. RE 16 (Stuttgart 1933) 773–796.

Strauch 2017: F. Strauch, Schalenreste von Mollusken (Muscheln und Schnecken) aus den Ausgrabungen am Kurt-Hackenberg-Platz und in der Trankgasse. In: J. Berthold u. a., Ausgrabungen am Kurt-Hackenberg-Platz und am Domhof in Köln. Archäologische Untersuchungen im Rahmen des Nord-Süd-Stadtbahnbaus. Kölner Jahrbuch 50, 2017, 364–383.

Strauch – Thüry 1985: F. Strauch – G. E. Thüry, Austernfunde aus römischen Gebäuderesten in Tittmoning, Ldkr. Traunstein. Bayerische Vorgeschichtsblätter 50, 1985, 341–354.

Thüry 1984: G. E. Thüry, Zur Herkunft des römischen Austernimports in der Schweiz. Archäologie der Schweiz 7, 1984, 100–103.

Thüry 1990: G. E. Thüry, Römische Austernfunde in der Schweiz, im rechtsrheinischen Süddeutschland und in Österreich. In: Festschrift für Hans R. Stampfli (Basel 1990) 285–301.

Thüry 1997: G. E. Thüry, Auster. Der Neue Pauly 2 (Stuttgart – Weimar 1997) 340 f.

Thüry 1998: G. E. Thüry, Meeresfrüchte in Lauriacum, Teil 2: Austernkonsum im römischen Enns?

Mitteilungen des Museumvereines Lauriacum-Enns 36, 1998, 21–28.

Thüry 2010 (a): G. E. Thüry, Austernfunde aus der Grube G 59. In: S. Benguerel – V. Engeler-Ohnemus, Zum Lagerausbau im Nordwesten von Vindonissa. Veröffentlichungen der Gesellschaft Pro Vindonissa 21 (Brugg 2010) 47–49.

Thüry 2010 (b): G. E. Thüry, Ein Hauch von See im Binnenland: Importe von Austern. In: J. Meurers-Balke – T. Kaszab-Olschewski, Hgg., Grenzenlose Gaumenfreuden. Römische Küche in einer germanischen Provinz (Mainz 2010) 124 f.

Tocco Sciarelli 1983: G. Tocco Sciarelli, Hg., Baia. Il ninfeo imperiale sommerso di Punta Epitaffio (o. O. [aber Benevent] 1983).

Vidal 2011: Chr. Vidal, Huîtres, moules et autres coquillages (Paris 2011).

Wikander 1996: Ö. Wikander, Senators and Equites VI. Caius Sergius Orata and the Invention of the Hypocaust. Opuscula Romana 20, 1996, 177–182.

Yegül 2013: F. K. Yegül, Development of Baths and Public Bathing during the Roman Republic. In: J. D. Evans, Hg., A Companion to the Archaeology of the Roman Republic (Chichester 2013) 15–32.

Yonge 1960: C.M. Yonge, Oysters (London 1960).

Nachwort 2024

Wie ich nachträglich sehe, war ein Anhänger der aristotelischen Ansicht von der Urzeugung der Austern noch der Autor Oppian im zweiten nachchristlichen Jahrhundert (Oppian, *Halieutica* 1,762-764).

Ein Fragment einer vierten Glasflasche mit Darstellung des Austernparks von Baiae wurde neuerdings in Rom gefunden (Museo Ninfeo, Rom).

VI. Sexualgeschichte

(Dazu auch die Beiträge 4, 10, 12 f., 18, 20–22, 24, 29 und 30/Abschn. 1 dieses Bandes)

43.

Ein phallischer Mörserstößel aus Carnuntum

(Aus: Carnuntum Jahrbuch 1997, 99 ff.)

1. Fundumstände und Beschreibung

In der Carnuntiner Zivilstadt wurde 1988 ein römischer Mörserstößel von ungewöhnlicher Form gefunden (Abb. 125–127).[1] Das 19 cm lange und 15 cm hohe Steingerät lag „in der Verschüttung des gemauerten Hauptkanals der sogenannten Limesstraße. Eine stratigraphische Datierung ist nicht möglich."[2] Die Grabungsleitung geht „davon aus, dass der Mörserstößel vor der letzten Periode der Pflasterstraße" – diese Periode fällt in das 4. Jahrhundert – „in den Kanal gekommen ist". Das Stück besteht aus Leithakalk[3] und entspricht in den Konturen an sich jener Geräteform, die A. Baudrillart als „forme d'un doigt replié" bezeichnet hat.[4] Stößel dieses Typus weisen einen waagrechten oder leicht ansteigenden Handgriff und eine endständig daran senkrecht ansetzende Mörserkeule auf.[5] Der Carnuntiner Fund fällt dabei aus dem Rahmen, weil der hier leicht ansteigende Griff in Form eines Phallus gestaltet ist. Das schmalere, von der Keule abgewandte Ende des 19 cm langen Griffes stellt die Glans dar, die durch zwei symmetrisch eingetiefte „Augengruben" eine Art von „Gesicht" zu erhalten scheint (Abb. 127). Auch der Körper des Griffes entspricht der Phallusform, hat aber am breiteren, keulenseitigen Ende ein Augenpaar mit schematisch angegebenen Lidrändern, spitze, auswärts gerichtete Ohren und eine breite, platte Nase. Als Ganzes vermittelt die so angedeutete Physiognomie den Eindruck von Kraft. Die spitzen Ohren und die platte Nase rücken das dargestellte Phalluswesen in die Nähe der Satyrn. Den Abschluss des keulenseitigen Griffendes bildet eine ovale Kopfplatte von maximal 7,7 cm Durchmesser. Am Übergang zum Griffrücken ist in diese Kopfplatte eine randliche Eintiefung eingearbeitet (Abb. 127). Sie dient als „Daumenraste": bei der Benützung des Stößels finden hier die Daumenkuppe oder andere Fingerspitzen Platz

und geben der Hand einen sicheren Halt. Sie umspannt das Griffende und kann so das schwere Gerät, dessen größtes Gewicht auf der Seite der Keule liegt, heben und bewegen. Diesem Gewicht entsprechend war der Arbeitsvorgang weniger ein Stampfen als vielmehr ein wiegendes Abrollenlassen der bombierten, ovalen Keulenunterseite (größter Durchmesser: 7,7 cm). Sie hat als einziger Teil des Gerätes eine geglättete, geradezu polierte Oberfläche. Dies kann entweder eine Folge intensiven Gebrauchs sein, oder auch schon mit zur „Grundausstattung" des Mörserstößels gehören; denn an einer rauhen Oberfläche bleiben leichter Teile des Mahlgutes hängen.

Betrachten wir den ganzen Gegenstand als die Darstellung eines Phalluswesens, so können dem Keulenteil – je nach Blickwinkel – zwei Funktionen zugeschrieben werden: Entweder entspricht er, vom phallusförigen Griff her gesehen, dem Scrotum des Wesens; oder man kehrt die Interpretation gewissermaßen um und deutet die Keule und das keulenseitige Griffende als einen kräftigen Körper mit einer satyrhaften Protome, an die sich – wie ein Bart – der Phallus anschließt. Beide Betrachtungsweisen erscheinen gleichermaßen legitim.

2. Deutung

Warum aber hat man gerade einer Mörserkeule phallische Gestalt gegeben? Ist es eine bloße Spielerei, die einer Steinmetzenlaune entsprang? Oder steht die bekannte apotropäische Funktion des Phallischen dahinter, in deren Schutz man das Mahlgut stellen wollte? Weder der Gedanke an das spielerische noch der an das apotropäische Element scheint abwegig. Aber entscheidend dürfte doch ein anderer Grund sein: Die Antike hat nämlich zwischen Mörserkeule und Phallus formliche und funktionale Analogien gesehen, wie entsprechend auch zwischen Mörser und weiblichem Genitale. Die assoziative Verbindung von Phallus und Mörserkeule war damals volkstümlich. Zu entnehmen ist das aus einer Reihe von Quellen, die im folgenden zusammengestellt seien:

1. Die antike Traumdeutung erwähnt Mörser und Stößel als Traumbilder, die stellvertretend für Frau und Mann stünden. Artemidor von Daldis schreibt dazu: In Träumen „bedeutet der Mörser

---

[1] Für die Erlaubnis, das Stück hier zu besprechen, und für die Abbildungsvorlagen sowie andere freundliche Hilfe danke ich Herrn Prof. Dr. Werner Jobst. – Den ersten Hinweis auf den Fund gab mir mein Freund Dr. Raimund Kastler.

[2] Dies und das folgende Zitat entnehme ich einem Brief von Herrn Prof. Dr. W. Jobst (9.12.1996).

[3] Freundlicher Hinweis von Herrn Mag. Franz Humer.

[4] A. Baudrillart, Mortarium. In: Daremberg – Saglio 3 (Paris 1904) 2009.

[5] Bildbeispiel für den ansteigenden Griff: Baudrillart, a. a. O. (Anm. 4) Abb. 5152; für den geraden Griff: P.-H. Mitard, Objets cultuels ou objets utilitaires (d'epoque romaine)? Bulletin archéologique du Vexin français 11, 1975, 115 Abb. 1.

Abb. 125: Mörserstößel aus Carnuntum. Seitenansicht. Landessammlungen Niederösterreich, Bad Deutsch-Altenburg/Hainburg

Abb. 126: Mörserstößel aus Carnuntum. Ansicht des Griffes

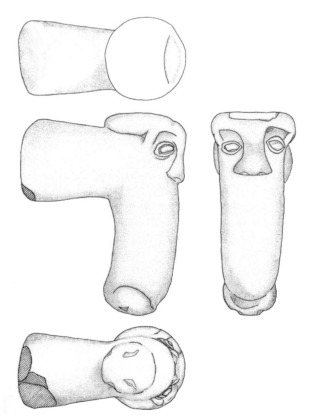

Abb. 127: Mörserstößel aus Carnuntum. Vier Ansichten. Zeichnung Amt der Niederösterreichischen Landesregierung, Archäologischer Park Carnuntum

eine Frau, der Stößel einen Mann."[6] Beide Bilder sind klare Genitalsymbole.

2. S. Eitrem hat darauf hingewiesen, dass die griechische Sagengestalt Thyestes (d. h. übersetzt: „die Mörserkeule") in Anbetracht dieses symbolischen Hintergrundes einen sprechenden und sehr gut passenden Namen hatte;[7] war doch das Schicksal des Thyestes ein Produkt seiner eigenen Schlafzimmertaten.

3. Das Reiben mit dem Mörserstößel bezeichnen im Lateinischen die Verben *fricare* und *terere*. Gleichzeitig sind diese Ausdrücke aber auch Bestandteile des erotischen Wortschatzes. Im erotischen Latein werden sie für den Liebesakt bzw. für die Selbstbefriedigung verwendet.[8] Diese Spezialbedeutungen der beiden Verben lassen es möglich erscheinen, dass entsprechend die beiden lateinischen Wörter für „Mörserstößel", nämlich *pilum* und *pistillum* bzw. *pistillus*, zu Ausdrücken für den Phallus geworden sind. Dies ist aber bisher nicht nachzuweisen.[9]

4. Das Nomen *pilum* – das außer dem Mörserstößel auch die bekannte Wurfwaffe bezeichnet – steht hinter dem Namen des römischen Gottes Pilumnus.[10] Die Überlieferung nennt ihn einen *deus coniugalis*, eine „Ehegottheit".[11] Nach einer Geburt wird ihm geopfert.[12] Man bittet ihn dann auch, das Haus vor dem Eindringen des Gottes Silvanus zu verteidigen, der Böses im Schild führe.[13] Um diesen Schutz des Pilumnus zu symbolisieren, pflegte man nachts mit einer Mörserkeule auf die Schwelle zu klopfen.[14]

5. In den Bereich des Schadenzaubers fällt der folgende Rat des Marcellus Empiricus: „Will man, dass jemand eine Nacht lang nicht in der Lage ist, mit einer Frau zu schlafen, so lege man eine bekränzte Mörserkeule unter sein Bett."[15] Unklar ist dabei freilich, worauf die Wirkung des Zaubers beruht: wird der Stößel = Phallus durch die Bekränzung magisch gebunden? Oder ist es die Analogie zur Bekränzung der Toten, die ihm die Kraft nimmt?[16]

6. Ein letztes Zeugnis für die Symbolik des Mörserstößels scheint das antike Hochzeitsbrauchtum beizusteuern. Nach einem Bericht des Pollux gab es nämlich eine griechische Sitte, an die Tür der Brautkammer einen Mörserstößel zu legen oder zu hängen.[17] Pollux vermutet darin zwar ein Symbol zukünftigen hausfraulichen Wirkens; aber es liegt doch nahe, den Stößel auch hier als ein Bild des Phallus zu verstehen.[18] So gedeutet, hat der antike Hochzeitsbrauch eine gewisse moderne Parallele in Süditalien. Noch vor wenigen Generationen gab es dort in einem Dorf der Basilicata die Sitte, dass der Bräutigam bei der Hochzeit einen Stößel in einen Mörser stieß und seiner Zukünftigen sagte, „der da" (d. h. der Stößel) werde „sie bändigen".[19]

Überhaupt sind Mörser und Stößel, die ja noch in der modernen Küche eine freilich bescheidener gewordene Rolle spielen, bis heute Genitalsymbole geblieben.[20] Sie gehören zu einer ganzen Reihe von Fällen, in denen – mit den Worten Freuds – „der Vorstellungskreis (...)

---

[6] Artemidor 2,42. – Darüber unrichtig Th. Hopfner, Das Sexualleben der Griechen und Römer (Prag 1938, Nachdruck New York 1975) 106: das Wort "Mörserkeule" sei laut Artemidor als ein Ausdruck für «Phallus» verwendet worden.

[7] S. Eitrem, Opferritus und Voropfer der Griechen und Römer. Videnskapsselskapets Skrifter (Kristiania) II, Hist.-Fil. Kl. 1914, Nr. 1, 305 f.

[8] Zu *fricare*, *frictrix* und *frictura* als erotischen Vokabeln: J. N. Adams, The Latin Sexual Vocabulary (Baltimore 1982) 184; G. Vorberg, Glossarium eroticum (Nachdruck Hanau o. J.) 200. – Erotisches *terere*: Adams, a. a. O. 183; Chr. Goldberg, Carmina Priapea (Heidelberg 1992) 239; Vorberg, a. a. O. 644. – Ein weiteres Wort für das Reiben mit dem Mörserstößel, das Verbum *tundere*, könnte gleichfalls einen erotischen Sinn besessen haben; vgl. Adams, a. a. O. 148.

[9] Groddeck und Sperber machen von *pilum* bzw. *pistillum/pistillus* abgeleitete Lehnworte im Deutschen aufmerksam, die hier gleichzeitig Mahlgerät und Genitalien bezeichnen (G. Groddeck, Psychoanalytische Schriften zur Literatur und Kunst [Wiesbaden 1964] 301; H. Sperber, Über den Einfluss sexueller Momente auf Entstehung und Entwicklung der Sprache. Imago 1, 1912, 413). Für das Lateinische beweist das jedoch nichts. Es ist offen, ob die Worte bereits in doppelter Bedeutung ins Deutsche übernommen wurden.

[10] Wegen der typologischen Entwicklung, die von stangenförmigen Mörserstößeln zum *pilum* als Waffe zu führen scheint, dürften *pilum* = "Mörserkeule" und *pilum* = "Wurfgeschoss" entgegen früheren Vermutungen den gleichen Wortstamm besitzen (A. Schulte, Pilum. RE 20 [Stuttgart 1950] 1334; A. Walde – J. B. Hofmann, Lateinisches etymologisches Wörterbuch [Heidelberg 3. Aufl. 1954] 304). – Über Pilumnus z. B. v. Blumenthal, Pilumnus. RE 20 [Stuttgart 1950] 1369 ff.; G. Radke, Die Götter Altitaliens (Münster 1965) 255 f.

[11] *Servius auctus ad Aeneida* 9,4; Varro bei Nonius 528 M.

[12] Varro, ebd.

[13] Varro bei Augustinus, *De civitate dei* 6,9.

[14] Ebd.

[15] Marcellus, *De medicamentis* 33,69.

[16] Zur ersten Möglichkeit z. B. J. Köchling, De coronarum apud antiquos vi atque usu. Religionsgeschichtliche Versuche und Vorarbeiten 14.2 (Gießen 1914) 21 f. – Die zweite Erklärung gibt R. Ganszyniec, Kranz. RE 11 (Stuttgart 1922) 1603.

[17] Pollux 3,37.

[18] So schon A. Roßbach, Untersuchungen über die römische Ehe (Stuttgart 1853) 226 f.

[19] R. Corso, Das Geschlechtsleben in Sitte, Brauch, Glauben und Gewohnheitrecht des italienischen Volkes. Beiwerke zum Studium der Anthropophyteia 7 (Nicotera 1914) 152 f.

[20] Über die Unentbehrlichkeit des Mörsers formuliert ein moderner Küchenratgeber: "Mörser und Stößel sind notwendig zum Zerstoßen von Kräutern und Gewürzen" (Die gut ausgestattete Küche [o. O. 1982] 12). – Über den Mörser, die Keule und ihre Benutzung in der nachantiken Sexualsymbolik E. Borneman, Sex im Volksmund (Reinbek 1991), s. v. "Mörser"; Corso, a. a. O. (Anm. 19) 192; E. Fuchs, Geschichte der erotischen Kunst 1 (München 1908, Nachdruck Berlin 1977) 397 und Bild gegenüber 408. – Herr Prof. Dr. H. Ubl macht mich auf den schönen Beleg der Symbolik in Boccaccios Dekameron, giorn. 8, nov. 2 aufmerksam.

Abb. 128: Statuettenlampe aus Salzburg (Höhe: 7,5 cm). Salzburg Museum, Salzburg

angebracht ist.[23] Abb. 128 zeigt dafür ein Beispiel in Gestalt einer bronzenen Statuettenlampe aus Salzburg.[24] In allen diesen Fällen liegt die schon in der Antike häufig bezeugte symbolische Gleichsetzung von Liebe und Feuer zugrunde.[25] Nebenbei bemerkt, dürfte auch der Kapuzenmantel, den die Figuren der Statuettenlampen gerne tragen, als ein Phallussymbol zu verstehen sein.[26]

Andere Objekte, die mit Anspielung auf symbolische Bezüge gelegentlich phallisch gestaltet wurden, sind Trinkgefäße[27] oder zumindest in einem Fall ein Messergriff.[28] Hinter der phallischen Form steht hier die Symbolik der Flüssigkeit (bzw. ein Spiel mit dem Bild des „Liebesdurstes" und der „Liebestrunkenheit") und der Vergleich mit der penetrierenden Wirkung der Messerklinge.

Das Moment der Penetration ist das Tertium comparationis auch noch des folgenden Beispiels. Phallusdarstellungen finden sich – teilweise zusammen mit unmissverständlichen inschriftlichen Vergewaltigungsandrohungen – auf einigen römischen Schleuderbleien.[29] Als „Vergewaltiger" tritt in den Texten dabei das Schleuderblei auf. Abgesehen davon, dass Wurfgeschosse wohl allgemein als Phallussymbole

der Küche zm Versteck sexueller Bilder gewählt" wurde und noch wird.[21]

3. Kulturgeschichtlicher Kontext

Nach den angeführten Belegen sind die Hintergründe der phallusförmigen Gestaltung unseres Mörserstößels offensichtlich. Mochte wohl dem „Phallusstößel" (wie ja dem Phallusbild überhaupt) apotropäische Funktion zugeschrieben werden, so ist doch die Form des Gerätes zugleich auch Spielerei und humorvolle Anspielung.

Während wenigstens der Verfasser keinen zweiten Fund eines solchen phallusförmigen Mörserstößels nennen könnte, ist die gleiche Art von „sexual humour" (C. Johns[22]) sonst durchaus nachzuweisen. Der Carnuntiner Stößel hat Parallelen in Gestalt weiterer Gebrauchsgegenstände des antiken Alltags, denen ebenfalls zugleich die Funktion von Sexualsymbolen zukam und die auch in ihrer Gestaltung auf diese Tatsache scherzhaft Bezug nahmen.

Eine größere Gruppe solcher Gegenstände bilden diejenigen römischen Ton- und Bronzelampen, die einen Phallus oder eine phallische Figur darstellen und bei denen das Dochtloch an der Phallusspitze

---

[21] S. Freud, Gesammelte Schriften 2 (Leipzig – Wien – Zürich 1925) 340.

[22] C. Johns, Sex or Symbol (Austin 1990) 92.

[23] Zu Statuettenlampen dieser Art z. B. W. Deonna, De Télesphore au "moine bourru". Dieux, génies et démons encapuchonnés. Collection Latomus 21 (Brüssel 1955) 106 ff.; K. Goethert, Die figürlichen Lampen, Statuettenlampen und Lampenfüller aus Ton nebst Kerzenhalter im Rheinischen Landesmuseum Trier. Trierer Zeitschrift 54, 1991, 169 ff. und 186 ff. (mit weiterer Literatur). – Andere phallische Lampen: Vorberg, a. a. O. (Anm. 8) 177.

[24] G. E. Thüry, Sex im römischen Salzburg. das kunstwerk des monats (Salzburg), Feber 1992.

[25] Sie äußert sich im erotischen Vokabular in Ausdrücken wie z. B. accendere/incendere/succendere ("entflammen"); ardere und calere ("entbrannt sein, heiß sein"); ardor, calor, fax, flamma, ignis, urigo ("Brunst"); urere ("versengen"). Vgl. unter diesen Stichworten u. a. R. Pichon, De sermone amatorio apud Latinos elegiarum scriptores (Dissertation Paris 1902); Vorberg, a. a. O. (Anm. 8). – Modern zur Feuersymbolik: S. Freud, Gesammelte Schriften 7 (Leipzig – Wien – Zürich 1924) 165: "Stets ist die Flamme ein männliches Genitale, und die Feuerstelle, der Herd, ein weiblicher Schoß."

[26] Darüber ausführlich Deonna, a. a. O. (Anm. 23) 32 ff.

[27] Vorberg, a. a. O. (Anm. 8) 502 ff.; H. Herter, Phallos. RE 19 (Stuttgart 1938) 1743. – Zum Gebrauch des Phallus als dem "Bewässern eines Gartens": Hopfner, a. a. O. (Anm. 6) 158. Davon unabhängig, da gerade für den Mann belegt, stehen die Bilder des "Durstes" und den Zustand des Sehnsucht und des "Trinkens" für die Liebe (Pichon, a. a. O. [Anm.25] 264 s. v. sitire; Philostrat, Brief 19, 26 und 32 f., p. 473, 475 und 477 Herch.). Vgl. auch die doppeldeutig erotisch-bacchischen Inschrifttexte bei G. E. Thüry, Mehrdeutige erotische Kleininschriften. Bayerische Vorgeschichtsblätter 59, 1994, 85 ff. – Modern zur Symbolik des Gießens: S. Freud, Gesammelte Schriften 7 (Leipzig – Wien – Zürich 1924) 156.

[28] Vorberg, a. a. O. (Anm. 8) 477. – Machaera = Messer ist eines der für den Phallus belegten Worte; siehe bes. Adams, a. a. O. (Anm. 8) 20 f. – Modern zum Symbol: S. Freud, Gesammelte Schriften 3 (Leipzig – Wien – Zürich 1925) 70; 7 (Leipzig – Wien – Zürich 1924) 156.

[29] K. Zangemeister, Glandes plumbeae Latine inscriptae. Ephemeris epigraphica 6, 1885, 55, 57 f. und 76. Dazu J. P. Hallett, Perusinae glandes and the Changing Image of Augustus. American Journal of Ancient History 2, 1977, 151 ff.; K. Rosen, Ad glandes Perusinas (CIL I 682 sqq.). Hermes 104, 1976, 123 f.; Thüry, a. a. O. (Anm. 27) 94 f.

galten,[30] wurden diese Bleie wegen ihrer der Glans ähnlichen Form auch als *glandes* bezeichnet.[31] Der „Humor" der Bleie und ihrer Inschriften ist freilich der von Landsknechtsnaturen.

Fassen wir zusammen: In die Reihe der aufgezählten Gegenstände gehört auch der Carnuntiner Mörserstößel. Auch er hat seine phallische Form nicht zufällig erhalten. Der Steinmetz, der ihm diese Form gab, spielte damit, gewissermaßen augenzwinkernd, auf einen für die Antike verschiedentlich belegten Vergleich des Gerätes mit dem Phallus an.

Nachwort 2024

Ausgehend vom Beispiel eines Carnuntiner Fundstücks, hat der vorstehende Aufsatz auf ein Phänomen aufmerksam gemacht, das in der sexualgeschichtlichen Forschung bis dahin keiner Untersuchung gewürdigt worden war. Man könnte es das Phänomen des „sexualsymbolischen Objektdesigns" nennen. Seit dem Erscheinen des Aufsatzes hat sich der Verfasser

zwar auch weiterhin damit beschäftigt und Neues dazu beigetragen[32]. Davon abgesehen, hat das Thema aber noch nicht die Aufmerksamkeit gefunden, die es verdient.

Im Zentrum des vorstehenden Aufsatzes stand ein römischer Mörserstößel, der die Form eines Phallus aufweist.[33] Dazu ist Folgendes nachzutragen. Erstens ist ein weiterer römischer Mörserstößel in Phallusform inzwischen aus Badalona in Spanien bekannt geworden;[34] und zweitens sind in Bayern in den letzten Jahren Funde zweier Mühlsteine zutage gekommen, die Phallusbilder tragen.[35] Wie *fricare* und *terere*, waren auch die Verben *molere* und *permolere*, die den Betrieb einer Mühle bezeichnen, zugleich Begriffe, die für den Geschlechtsverkehr verwendet wurden.[36]

Hinzu kommt schließlich – drittens – die Beobachtung, dass im Text des spätantiken *Testamentum porcelli* das Wort *pistillum/pistillus* wohl als Ausdruck für das männliche Geschlechtsteil belegt ist.[37]

---

[30] Das Nomen *telum* = "Wurfgeschoss, Waffe" bedeutet auch den Phallus (Adams, a. a. O. [Anm. 8] 17 und 19 f.; P. P[ierrugues], Glossarium eroticum linguae Latinae (Paris 1826) 481; Vorberg, a. a. O. [Anm. 8] 642). Schusswaffen sind bis heute männliche Genitalsymbole (S. Freud, Gesammelte Schriften 3 [Leipzig – Wien – Zürich 1925] 73; 7 [Leipzig – Wien – Zürich 1924] 156).
[31] Hallett, a. a. O. (Anm. 29) 166 Anm. 34; Rosen, a. a. O. (Anm. 29) 124.

[32] Vor allem bei G. E. Thüry, Liebe in den Zeiten der Römer (Mainz 2015) 44–55.
[33] Zuletzt auch beschrieben und abgebildet bei G. E. Thüry, Die Liebe und das Militär. In: F. Beutler u. a., Hgg., Der Adler Roms. Carnuntum und die Armee der Caesaren (o. O. [aber St. Pölten] 2. Aufl. 2019) 363 f.
[34] M. Abras – E. Gurri, El sexe a l'època romana (Barcelona 2014) 73.
[35] Thüry, Liebe (Anm. 32) 46.
[36] Adams (Anm. 8) 24, 152 f., 215 und öfter.
[37] Vgl. N. A. Bott, Testamentum Porcelli. Text, Übersetzung und Kommentar. Dissertation Zürich 1972, 40 f.; S. I. Ramos Maldonado, Terminología erótica y efecto cómico en el Testamentum porcelli. Habis 36, 2005, 418–421.

44.

Die Palme für die „domina"
Masochismus in der römischen Antike

(Aus: Antike Welt 32, 2001, 571 ff.)

Obwohl heute Studien zur Sexualgeschichte der Antike eine deutliche Konjunktur erleben, ist nach der jahrhundertelangen Einschränkung solcher Forschungen durch Tabus noch vieles aufzuholen. Weite Themengebiete und ganze Quellengruppen sind so bisher noch kaum erschlossen. In der römischen Sexualgeschichte hat z. B. der ganze Bereich dessen, was archäologische und epigraphische Quellen aus den Provinzen des Reiches zu unserem Wissen beitragen können, noch wenig Beachtung gefunden. Auch wenn sich der folgende Beitrag einer sehr speziellen Fragestellung widmet, kann er gleichzeitig vielleicht eine Ahnung davon vermitteln, wie interessant und wie lohnend die Beschäftigung mit diesen Quellen ist.

Dass es im römischen Alltagsleben – im weitesten Sinn des Begriffes – sado-masochistische Elemente gab, haben schon viele Autoren diagnostiziert. Sie verwiesen dafür etwa auf die Szenen, die sich in den Amphitheatern abspielten; oder auf Grausamkeiten im Umgang mit Sklaven; oder auf überlieferte sadistische Akte bestimmter Persönlichkeiten. Der Sexologe Ernest Borneman meinte sogar, im Sadismus und „abgrundtiefen Masochismus" der damaligen Zeit den „wichtigste(n) Schlüssel zum Sexualleben der Römer" erkennen zu können. Andererseits sind sich aber die Spezialisten auf dem Gebiet der römischen Sexualgeschichte einig, dass Sado-Masochismus im engsten Sinn des Begriffes, im Sinn sado-masochistischer Sexualpraktiken, für die römische Antike nicht nachweisbar sei.[1]

Allerdings hat hier die Forschung die Existenz vereinzelter Text- und Bildzeugnisse übersehen, die sich sehr wohl auf sado-masochistische Praktiken beziehen. Diese Zeugnisse gehören zu den beschrifteten Bilddarstellungen auf einer provinzialrömischen Keramikgattung: nämlich zu den Tonmedaillons, die mit mehrfach verwendbaren Hohlformen hergestellt und auf die Gefäßwände der mittel- bis spätkaiserzeitlichen Rhônekeramik appliziert wurden. Zu den beliebtesten Themen von Text und Bild dieser Reliefmedaillons zählen die Götterwelt, die Sage, Szenen aus Zirkus und Amphitheater und – etwa in einem Fünftel des uns bekannten Typeninventars – die Erotik. Die erotischen Rhônemedaillons zeigen alle möglichen Varianten der Liebe und thematisieren dabei auch ganz offensichtlich den Bereich jener Verhaltensweisen, die seit den grundlegenden Forschungen des Grazer und Wiener Psychiaters Richard Freiherr von Krafft-Ebing (1840–1902) als „Masochismus" bzw. als „Sadismus" bezeichnet werden.[2]

Die Welt der Rhônemedaillons

Ehe wir uns den bisher unbeachteten Dokumenten des Sado-Masochismus selbst widmen, scheint es aber angemessen, den Leser um etwas Geduld zu bitten. Er sollte zunächst Gelegenheit haben, sich in der Bilderwelt der erotischen Rhônemedaillons ein wenig umzusehen. Sie ist inner- wie erst recht außerhalb der Altertumswissenschaften nicht sehr bekannt. Die Forschung hat sich ihr lange nur mit spitzen Fingern genähert und auch bis heute noch nicht viel Notiz von ihr genommen. Zwar hat sie damit begonnen, die Denkmäler katalogmäßig zu sammeln[3]; was aber so gut wie völlig fehlt, sind Ansätze dazu, sie kulturgeschichtlich und philologisch zu kommentieren und auszuwerten.

---

[1] Römischer Sadomasochismus im weiteren Sinn: M. Junkelmann, Das Spiel mit dem Tod. So kämpften Roms Gladiatoren (Mainz 2000) 16 f. und 48; O. Kiefer, Kulturgeschichte Roms (Berlin 1933) 66 ff., 309 f. und 314; R. von Krafft-Ebing, Psychopathia sexualis (Stuttgart 9. Aufl. 1894) 58; H. Lewandowski, Römische Sittengeschichte (Stuttgart 1964) 260 f.; M. C. Marks, Heterosexual Coital Position as a Reflection of Ancient and Modern Cultural Attitudes. Dissertation Buffalo 1978 (Ann Arbor 1988) 277 f.; H.-J. von Schumann, Sexualkunde und Sexualmedizin in der klassischen Antike (München 1975) 120 und 124; V. Sørensen, Seneca (München 3. Aufl. 1995) 275 f. – Die Bornemanthesen bei E. Borneman, Das Patriarchat (Frankfurt/M. 1975) 451 ff.; die Zitate von 477. – Von einem Fehlen sadomasochistischer Praktiken sprechen H. Cancik, Zur Entstehung der christlichen Sexualmoral. Zuletzt in: A. K. Siems, Hg., Sexualität und Erotik in der Antike (Darmstadt 1988) 354; H. Cancik-Lindemaier, Ehe und Liebe. Zuletzt ebd. 260; C. Johns, Sex or Symbol (Austin 1990) 113. Außerdem speziell für den Bereich der Prostitution B. E. Stumpp, Prostitution in der römischen Antike (Berlin 2. Aufl. 1998) 270; für den der griechischsprachigen Überlieferung H. Licht, Sittengeschichte Griechenlands (Nachdruck Stuttgart 4. Aufl. 1965) 349.

[2] Zur Rhônekeramik siehe Anm. 3. – Zur Geschichte des Sadomasochismus-Konzeptes V. L. Bullough u. a., Sadism, Masochism and History, or when is Behaviour Sado-Masochistic? In: R. Porter – M. Teich, Hgg., Sexual Knowledge, Sexual Science (Cambridge 1994) 47 ff.; R. Hauser, Krafft-Ebing's Psychological Understanding of Sexual Behaviour, ebd. 210 ff.

[3] Die bis zu den jeweiligen Erscheinungsjahren bekannten Stücke verzeichnen J. Dechelette, Les vases céramiques ornés de la Gaule romaine 2 (Paris 1904) 256 ff. und 346 f.; P. Wuilleumier – A. Audin, Les médaillons d'applique gallo-romains de la vallée du Rhône. Annales de l'Université de Lyon, Lettres, 3e série 22 (Paris 1952), n. 59 ff., n. 214 ff. und n. 371 ff.; A. Desbat, Vases à médaillons d'applique des fouilles récentes de Lyon. Figlina 5–6, 1980–81, 97 ff., 188 ff. und 194 f.

Abb. 129: Liebesszene. Rhônemedaillon aus Arles, Musée départemental Arles antique (Inv.-Nr. CIM.64.00.7)

Abb. 130: Liebespause (?). Rhônemedaillon aus Arles, Musée départemental Arles antique (Inv.-Nr. CIM.67.0.180)

Dabei stellen die erotischen Rhônemedaillons wichtige und in gewisser Weise fast einzigartige Quellen dar. Das geradezu Einzigartige liegt darin, dass die Medaillons erotische Szenen nicht nur abbilden, sondern den abgebildeten Personen auch, nach Art der Sprechblasen unserer comic strips, Äußerungen, ja Dialoge zuschreiben. Diese Äußerungen sind also – und das gibt es sonst nur noch in rarsten Einzelfällen – Zitate antiken Liebesgeflüsters. Obwohl es natürlich nur ein fiktives Liebesgeflüster ist, vermittelt es doch eine Vorstellung von Form und Vokabular der erotischen Sprache. Es bietet uns auch immer wieder Gelegenheit, unsere Kenntnis der römischen Erotik und des erotischen Lateins zu erweitern.

Betrachten wir als ein erstes Beispiel ein Medaillon, das noch unpubliziert oder doch wenigstens in den bisher publizierten Katalogen der Rhônekeramik noch nicht verzeichnet ist (Abb. 129). Für den Hinweis auf dieses Stück – wie auf mehrere andere, von denen im folgenden die Rede sein wird – dankt der Verfasser Michel Martin vom Musée de l'Arles antique in Arles. Nach seinen Angaben wurde es 1964 im rechtsufrigen Arleser Stadtteil Trinquetaille gefunden und wird im Musée de l'Arles antique verwahrt. Das Medaillon, das einen Durchmesser von 6,7 cm hat, zeigt einen erregten, nackt auf dem Lager ausgestreckten Mann, auf dessen Schoß gerade eine Partnerin Platz nimmt. Noch sitzt sie nicht, noch ist sie im Begriff, sich niederzulassen. Ein Gewand, das nichts verhüllt, bauscht sich im Schwung der Bewegung hinter ihrem Rücken. Der rechte Arm des Mannes streckt sich der Frau entgegen und scheint sie an sich zu ziehen. Über der Szene ist der Rest einer Inschrift sichtbar, von der sich links klar der Wortrest MPES und rechts, nach einem Punkt, das lateinische Personalpronomen ME lesen lassen. Sieht man genauer hin, zeigt sich außerdem an der Bruchkante vor MPES noch ein geringer weiterer Buchstabenrest. Seine Form und der Wortlaut des Erhaltenen lassen keinen Zweifel aufkommen, dass die kleine Inschrift insgesamt zu [R]VMPES ME (mit miteinander verbundenem V und M) zu ergänzen ist. Wörtlich übersetzt heißt das entweder: „Du wirst mich durchbohren/mich sprengen"; oder es ist ein Fall eines imperativisch gemeinten Futurs und bringt dann den Wunsch zum Ausdruck: „Durchbohre mich/lasse mich (fast) bersten." Der Sinn des natürlich der Dame zuzuordnenden Satzes ist klar; bekannt war aber dieses drastische „jemanden durchbohren/sprengen" als Ausdrucksweise der lateinischen Erotiksprache bisher nicht.

Auch unser zweites Beispiel für die erotischen Rhônemedaillons (Abb. 130) ist ein Fund aus Arles-Trinquetaille. Während das eben vorgestellte Stück mit der Inschrift [R]VMPES ME in nur in einem einzigen Exemplar vorliegt, kennen wir in diesem zweiten Fall mehrere weitere Abformungen des gleichen Medaillons

von verschiedenen Fundorten. Das Arleser Exempar, das uns wiederum Michel Martin zugänglich gemacht hat, fehlt aber in den Katalogen der Rhônekeramik noch. 1967 zutage gekommen, ist es ebenfalls im Besitz des Musée de l'Arles antique.[4]

Das 7,2 cm große Medaillon stellt – auf einem Bett mit gedrechselten Füßen – ein Paar in einer Liebespause (?) dar. Die Dame sitzt rücklings auf den Knien des liegenden Mannes und scheint im Handspiegel nachzuprüfen, ob die Frisur gelitten hat. Ihr Partner aber lehnt sich in die Kissen des Bettes zurück und hebt mit der Rechten ein Rhyton in die Höhe. Aus der Bodenöffnung des Gefäßes strömt sein Inhalt in den offenen Mund des Mannes. Auf den ersten Blick eigenartig ist die Inschrift: Am oberen Medaillonrand steht, über Arm und Rhyton des Trinkers hinweg, das Sätzchen ITA VALEA. Unterhalb des Wortes ITA schließt sich aber auch, im rechten Winkel zu dessen Schreibrichtung und hinter dem Rücken der Dame, die senkrechte Schriftzeile DECET ME an. Nach rechts ist also zu lesen (mit dem vulgärsprachlich fehlenden Schluss -m): ITA VALEA[M] = „so mache ich mich wohl fit" bzw. „so werde ich wohl (wieder) fit"; und der nach unten gerichtete Schriftzug ließe sich – wenn wir das ITA auch hier mit einbeziehen wollen – verstehen als: ITA DECET ME = „so sehe ich gut aus."[5] Ganz offensichtlich passt nun ein „so sehe ich gut aus" zur spiegelbewaffneten Dame, der dieser Inschriftteil ja räumlich zugeordnet scheint. Entsprechend gibt das „so mache ich mich/so werde ich wohl (wieder) fit" gewiss die Gedanken des Trinkers wieder. Womöglich erschöpft sich der Sinn der beiden Sätze aber nicht in diesem Bezug zu Erfrischungsgetränk und Frisur. Sie ließen sich nämlich auch übersetzen als: „So fit möchte ich bleiben" und „so gehört sich's für mich"; und wenn man zugleich diese beiden Bedeutungsvarianten heraushört, dann klingt darin mit, wie zufrieden die Partner mit dem bisherigen Verlauf ihres Rendezvous sind.

Beide bisher gezeigten Beispiele – wie überhaupt alle Abbildungen dieses Artikels – geben Bettszenen wieder, in denen jeweils die Frau in der oberen Position ist. Diese „Frau-oben-Position" tritt in den Medaillonbildern sehr häufig auf. Sie kommt dort etwa gleich oft vor wie die „Missionars"- oder „Mann-oben-Stellung". Das ist insofern bemerkenswert, als ja unsere eigene Kultur bis vor nicht allzu langer Zeit ein Obenliegen des Mannes als die natürlichste oder gar als die einzig natürliche Liebesstellung angesehen

---

4 Zu den anderen Abformungen des Medaillons Wuilleumier – Audin (Anm. 3), n. 69 (vgl. auch den sich nur in der Größe unterscheidenden Typ 68).
5 Zum fehlenden Schluss -m des valea z. B. F. Sommer, Handbuch der lateinischen Laut- und Formenlehre (Heidelberg 2./3. Aufl. 1914) 299 ff. – Die Beziehung des ita auf beide Sätze befürwortete schon A. Allmer, Inscription sur poterie. Revue épigraphique du midi de la France 1, 1878–1883, 367.

Abb. 131: „Siehst du nun, wie gut du im Bett bist?" Umzeichnung eines erotischen Rhônemedaillons aus Nîmes (nach Wuilleumier – Audin [Anm. 3] 57)

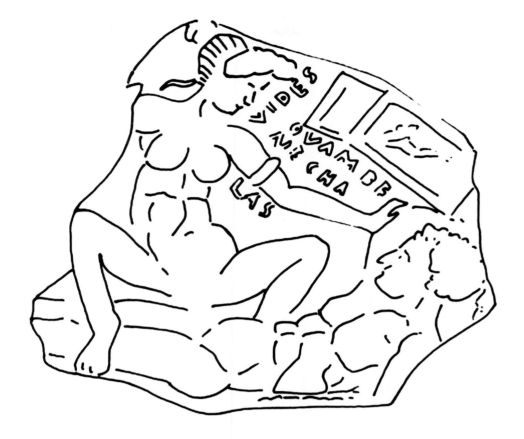

Abb. 132: Rhônemedaillon mit sadomasochistischer Szene. Gezeichnet nach dem Arleser Exemplar Abb. 133; Inschrift ergänzt nach einem Fund aus Vienne (aus: Wuilleumier – Audin [Anm. 3] 58)

Abb. 133: Sadomasochistische Szene. Heute verschollenes Rhônemedaillon aus Arles (aus Marcadé [Anm. 8] 84 Abb. A)

nicht in einer stets dominierenden Rolle gesehen habe. Die römische Frau sei letzten Endes doch eine recht starke Frau gewesen. Trotz gravierender Mängel, unter denen die von Marks aufgestellte Statistik leidet, wird man die Grundzüge dieser Darstellung und Deutung nur bestätigen können.

Den von Marks herausgearbeiteten Charakteristika entsprechend, werden also die Frauen der Rhônemedaillons als zum guten Teil selbstbewusst auftretend und sexuell aktiv dargestellt. Ein besonders eindrucksvolles Beispiel zeigt dafür auch Abb. 131. Auf diesem 5,5 cm großen Medaillon, das in jeweils einem Exemplar aus Orange und aus Nîmes bekannt ist, sitzt wieder die Frau auf dem ausgestreckt liegenden Mann. Sie sieht ihn an, stützt sich mit der Linken auf seinen rechten Arm und sagt einen inschriftlich wiedergegebenen Satz. Er ist ihr durch die Platzierung des Textes klar zugeordnet. Unmittelbar von ihrem Mund geht das erste Wort aus: das senkrecht geschriebene VIDES. Von dort nach rechts – denn nach oben zu läßt die Darstellung eines Fensters keinen Raum dafür – folgt der oberen Kontur ihres ausgestreckten linken Arms das Satzstück QVAM BENE CHA; und der getrennte Wortrest LAS hat auch noch unterhalb des Armes Platz gefunden. Zusammen ergibt sich so der Satz: VIDES, QVAM BENE CHALAS. Übersetzt heißt das etwa so viel wie: „Siehst du nun, wie gut du im Bett bist?"[8]

Vorausgesetzt, dass hier nicht ein „Gedankenprotokoll", sondern tatsächlich eine Äußerung gemeint ist, muss sie sich an einen Partner richten, der zuvor an seinem erotischen Talent gezweifelt hatte und vielleicht überhaupt ein Neuling in der Liebe war. Die Frau führt ihn dann in die Liebestechnik ein und erweist sich schon insofern als „stark", als sie ihn in seinem Selbstbewusstsein stärkt. Sie tut das in einer Weise, die Einfühlungsvermögen und ein gewisses psychologisches Geschick verrät. Obwohl auch der antike Roman dieses Thema der reiferen Frau als einer Liebeslehrerin gestaltet hat, ist unser Denkmal doch ein auf seine Art einmaliges Dokument.[9]

Der Sieg der *domina*

Hochinteressante und ebenfalls einmalige Zeugnisse für die sexuell aktive römische Frau sind auch diejenigen Rhônemedaillons, denen dieser Artikel eigentlich gilt: die Medaillons mit der sado-masochistischen Thematik. Beginnen wir hier mit dem Typ der Abb. 132 und 133. Von den Medaillons dieses Typs, deren

hat. Die „Frau-oben-Position" wurde geradezu als ein Kopfstehen von Welt und Ordnung, als ein Anschlag gegen das bestehende Machtverhältnis zwischen den Geschlechtern empfunden.[6] Im römischen Kontext ist aber die Häufigkeit dieser Stellung nicht erstaunlich. Margaret Carole Marks hat in ihrer Dissertation aus dem Jahr 1978 dargelegt, dass aus einer Statistik sämtlicher ihr bekanntgewordener Bild- und Textquellen über römische Liebesstellungen deutlich – nämlich mit einem Anteil von etwas unter 50% der Zeugnisse – eine große Beliebtheit aller derjenigen Positionen hervorgehe, in denen die Frau auf dem Mann sitzt oder liegt.[7] Diese Häufigkeit der „Frau-oben-Positionen" hänge mit einer Vorliebe für eine sexuell aktive Frau zusammen und zeige auch, dass sich der damalige Mann

---

[6]   Als während der "Sexuellen Revolution" Oswalt Kolle für die "Frau-oben-Position" eintrat, wurde er deshalb gefragt, ob er denn "die Welt auf den Kopf stellen" wolle (Fernseh-Interview der ARD mit O. Kolle in der Sendung: "Beate Uhse – Ein deutscher Sittenspiegel"; 13.6.2001). Für die gleiche Empfindung und Formulierung im 19. Jahrhundert P. Gay, Erziehung der Sinne (München 1986) 168 und 173 f.

[7]   Marks (Anm. 1), pass.

[8]   Der Medaillontyp bei Wuilleumier – Audin (Anm. 3), n. 73; die Inschrift ist CIL XII 5687.38. Ausgezeichnete Photographie des Exemplars aus Nîmes bei J. Marcadé, Roma amor (Genf – München – Paris 1961) 83. – Zum Verbum *chalare* z. B. J. N. Adams, The Latin Sexual Vocabulary (Baltimore 1982) 172 ff.

[9]   Im Roman verwendet Longos 3,18 das Motiv.

Durchmesser 9,8 cm beträgt, sind ein ganzes Exemplar aus Vienne, ein großes Fragment aus Arles und ein sehr kleines Randfragment aus Lyon bekannt geworden.[10] Leider ist aber der Verbleib des unbeschädigten Stückes aus Vienne unklar; und über das große Fragment, das in Arles 1951 geborgen wurde, schreibt Michel Martin vom Musée de l'Arles antique: „Es scheint in unseren Beständen schon lange nicht mehr vorhanden zu sein." Zum Glück besitzen wir davon wenigstens die Photographie Abb. 133, die Jean Marcadé 1961 in seinem Buch „Roma amor" veröffentlicht hat, und die in Abb. 132 wiedergegebene Zeichnung. Sie zeigt ebenfalls das verschollene Arleser Exemplar und ergänzt seine Inschrift nach der des Fundes von Vienne.

Wir sehen eine unbekleidete Frau, die aber bewaffnet ist und wie eine römische Gladiatorin agiert. Sie führt in der Rechten ein kurzes Schwert und in der Linken einen gebogenen, rechteckigen Schild. Dabei sitzt sie, in ihm zugekehrter Reitstellung, auf den Schenkeln eines nackten Mannes, der mit halb aufgerichtetem Oberkörper auf einem Bett liegt. Der ausgestreckte Schildarm fährt auf das Gesicht des Mannes zu, der mit der Rechten eine abwehrende Bewegung macht. In den erhaltenen Bildern sieht es ganz so aus, als forme die erhobene Hand die antike Fingergeste, die in Italien noch heute als „le corna" bekannt ist. Dabei werden nur der kleine und der Zeigefinger ausgestreckt und die Hand entweder waagrecht oder – wie in unserem Fall – senkrecht gehalten. Der Sinn der Geste war unter anderem der einer Abwehr von Unheil. Mag die Hand – davon abgesehen – den Schild vielleicht von sich stoßen, ist die Bewegung doch eher die eines hilflosen Erschreckens vor der Aggressivität der Frau, deren Waffen nicht nur wie eine spielerische Maskerade wirken. Auch die Angst ist eben durchaus ein Bestandteil jener Form von Sexualität, die hier ohne Zweifel – aus der Sicht des Mannes betrachtet – zum Thema des Bildes wird: nämlich des Masochismus. Der Psychoanalytiker Theodor Reik sprach deshalb geradezu von einem Januskopf des Masochismus, an dem die „eine Hälfte ein von Angst verzerrtes" und die andere „ein von Lust verzücktes Gesicht aufweist."[11]

Schwieriger als die Interpretation des Bildes ist die der Umschrift ORTE SCVTVS EST. Was bedeutet hier das Wort ORTE? Aus dem Lateinischen lässt es

sich nicht herleiten. Nach dem Kontext, in dem das gleiche Wort in noch weiteren Medaillonlegenden belegt ist, können wir auch ausschließen, dass es sich um einen Personennamen handelt. Übrig bleibt nur ein mit lateinischen Buchstaben geschriebener griechischer Ausdruck; dafür bieten die Medaillontexte gelegentliche Parallelen (so etwa die Form calos für das griechische Adverb «schön»). Schreiben wir nun griechisch das E von ORTE als Eta mit Zirkumflex und Jotasubskript, dann ergibt sich eine Adverbform mit der Bedeutung «richtig», «wirklich», «wahrhaftig». Diese Bedeutung passt in allen Zusammenhängen, in denen das Wort ORTE auf den Medaillons vorkommt.[12] Im Fall des ORTE SCVTVS EST folgt daraus die Übersetzung: „Wahrhaftig! Das ist ja ein Schild!"; oder: „Das ist ein wahrhaftiger Schild!" Die Äußerung (wem wir sie auch zuweisen wollen) mag zwar insofern überraschen, als ja eigentlich die gezückte und noch heute bei Sadomasochisten beliebte Klinge größere Aufmerksamkeit zu verdienen schiene als der Schild. Andererseits ist es aber der Schild, mit dem die Dame auf den Partner zufährt, während das Schwert noch nicht in Aktion tritt. Hinzu kommt, dass der Schild in der nachantiken Sexualsymbolik als Sinnbild des weiblichen Genitales verstanden wurde. Träfe das auch schon auf römische Zeit zu, gewänne die Rede von einem „wahrhaftigen Schild" (im Gegensatz zu einem „Schild" im übertragenen Sinn) einen zusätzlichen Bedeutungshintergrund.[13]

Eine zweite Medaillondarstellung, in der die (wiederum oben sitzende?) Partnerin anscheinend nicht mit dem Schild bewaffnet war (?), aber ebenfalls ein Schwert in der Rechten hielt, ist leider nur in einem einzigen und heute verschollenen Exemplar mit dem Fundort Orange bekannt geworden (Durchmesser: 16 cm).[14] Sie lässt sich lediglich nach ungenauen alten Beschreibungen und nach einer alten Lesung der zugehörigen Inschrift beurteilen; eine Abbildung existiert nicht. Die Legende lautete in diesem Fall: VICISTI, DOMINA. – D[A MER?-] CE[DEM?]; auf deutsch: „Du hast gesiegt, Herrin. – Gib mir mein Geld (?)." Es ist klar, dass diese beiden kurzen Sätze auf zwei sprechende Personen zu verteilen sind. Der Mann gesteht seine Niederlage im masochistischen Rollenspiel ein und sagt: „Du hast mich besiegt, Herrin!" Die Ergänzung der fragmentarisch erhaltenen Antwort geht auf Antoine Héron de Villefosse zurück. Sofern

---

[10] Der Typ und die Belege aus Vienne und Arles bei Wuilleumier – Audin (Anm. 3), n. 74. Die Medailloninschrift aus Vienne ist CIL XII 5687.33. Das Stück aus Lyon bei Desbat (Anm. 3) 100 f.

[11] Römische Gladiatorinnen: z. B. Junkelmann (Anm. 1) 18 f. – "Le corna": Zur antiken Geste C. Sittl, Die Gebärden der Griechen und Römer (Leipzig 1890) 103 f. und 124; A. Lesky, Abwehr und Verachtung in der Gebärdensprache. Anzeiger der Österreichischen Akademie der Wissenschaften, phil.-hist. Kl. 106, 1969, 149 ff. Zu den sog. "corna verticali" im heutigen Italien H. Brackmann – L. Pepi, Senza parole. Die Körpersprache der Italiener (Reinbek 1993) 81. – Zitat Reik: Th. Reik, Aus Leiden Freuden. Masochismus und Gesellschaft (erweiterter Nachdruck Hamburg 1977) 170.

[12] Belege für das Wort calos: Desbat (Anm. 3) 118 f. und 134 f.; P. Wuilleumier, Inscriptions latines des trois Gaules. Gallia, Supplement 17 (Paris 1963) 206. – Belege für orte auf weiteren Medaillons: Wagenlenker auf Rennwagen mit Siegessymbolen und Inschrift ORTE PRASINVS EST oder ORTE VENETVS EST = "Wahrhaftig! Es ist ein Grüner/ein Blauer(, der gewonnen hat)!" (Desbat, a. a. O. 118 f. und 125); ORTE auf kleinem erotischem Fragment (Wuilleumier – Audin [Anm. 3], n. 75).

[13] Schild als nachantikes Genitalsymbol: G. Vorberg, Glossarium eroticum (Nachdruck Hanau o. J.) 437. Die Vorstellung liegt nahe, da umgekehrt Offensivwaffen phallische Symbole sind.

[14] Wuilleumier – Audin (Anm. 3), n. 371. Die zugehörige Inschrift ist CIL XII 5687.37.

Abb. 134: Erotisches Rhônemedaillon mit Siegessymbolik (aus: Wuilleumier – Audin [Anm. 3] 71). In der hier wieder abgedruckten Arbeit als Fund aus Xanten bezeichnet; siehe aber das Nachwort 2024

Abb. 135: Erotisches Rhônemedaillon mit Siegessymbolik. Fragment aus Arles, Musée départemental Arles antique (Inv.-Nr. CIM.68.00.3997)

sie richtig ist, erwidert die Frau nüchtern, dass dann ja die Zeit zur Abrechnung gekommen sei. Wir wären hier folglich Zeugen einer Bordellszene geworden, bei der – dem masochistischen Sonderwunsch eines Kunden entsprechend – ein Schwert als Accessoire des Mädchens eingesetzt worden ist. Ein vielleicht entsprechender Hinweis auf das Rotlichtmilieu findet sich nur noch in der Inschrift eines zweiten, ebenfalls verschollenen Medaillons.[15] Wir sind also nicht einfach berechtigt, alle erotischen Szenen der Rhônekeramik dort anzusiedeln.

Während (wenigstens vorläufig) keine weiteren Darstellungen des (sado)masochistischen Waffengebrauchs mehr bekannt sind, begegnet die Sieges- und Unterwerfungsmetaphorik auch noch in zwei anderen Medaillontypen. In mehreren und zum Teil vollständig erhaltenen Exemplaren ist so der Typ der Abb. 134 und 135 vertreten (Durchmesser: 9,6 cm). Wir geben hier eine Zeichnung und eine Photographie eines unveröffentlichten Fragments wieder. Auch dieses Fragment, auf das Michel Martin hingewiesen hat, wurde 1968 in Arles-Trinquetaille gefunden und wird im Musée de l'Arles antique aufbewahrt.

Der Aufbau dieser Szene ist uns im Prinzip bekannt: Er entspricht dem des Medaillontyps Abb. 130. Verändert sind aber die Attribute des Mannes und die Beschriftung. Der Mann hält zwei überraschende Objekte in Händen. In der Linken, die er auf dem Bett aufstützt, ist es ein Palmzweig. Seine Rechte, die er hebt und seiner Partnerin von rückwärts nähert, hat dagegen einen Kranz gefasst. Zwischen Kranz und Gesicht des Liebhabers steht die Legende: TV SOLA / NICA – also zu deutsch: „Du allein sollst siegen." Wie die weibliche Form SOLA zeigt, ist mit dem „du" hier die Partnerin gemeint. Der Satz zitiert also eine Äußerung oder einen Gedanken des Mannes, vor dessen Kopf die Inschrift ja auch steht.

Die Form NICA stellt hier wieder einen der Gräzismen der Rhônekeramik dar. Mag man sich bei der einen oder anderen solchen Anleihe aus dem Griechischen fragen, ob dahinter die besondere Beziehung Galliens zu dieser Sprache steht, so taucht jedenfalls die Formel NICA = „du sollst siegen" auch in pompejanischen Wandinschriften auf. Aus verschiedenen inschriftlichen Belegen scheint hervorzugehen, dass sie Bestandteil des römischen Zirkus-, Theater- und Amphitheaterjargons war. Zur Verwendung eines Ausdrucks aus diesem Milieu passt, dass die Siegessymbole Palmzweig und Kranz – mitsamt der Art, wie beide gehalten werden – lebhaft an die Welt des Sports und der Spiele erinnern. Mit gewissem

Recht hat man davon gesprochen, dass die nach links gewendete Frau und dahinter der Siegessymbole tragende Mann wie eine Parodie der auch auf Rhônemedaillons vorkommenden Darstellungen siegreicher Gespanne der Wagenrennen wirken.[16]

Als einzige Erklärung der Szene greift das aber zu kurz. Der Interpret muss ja vor allem den Widerspruch erklären, wieso denn in der Inschrift des Medaillons die Frau als Siegerin bezeichnet werden kann, während im Bild der Mann die Siegesinsignien hält. Dieses Problem erledigt sich nur dann, wenn wir annehmen, dass Kranz und Palmzweig dazu bestimmt sind, der Frau noch überreicht zu werden. Tatsächlich ist ein Palmzweig in Damenhand in einem weiteren Medaillontyp zu sehen. Leider hat sich in den fragmentarischen davon bekannten Abformungen der größte Teil der Legende und ein großer Teil auch des Bildes, das eine Szene à trois darstellt, nicht erhalten.[17]

Starke Frau und männlicher Masochismus: Gedanken zur historischen Einordnung

Als Ergebnis des vorhergehenden Abschnittes halten wir fest, dass es masochistische Sexualpraktiken oder doch zumindest Sexualphantasien, in denen es um solche Praktiken ging, auch in der mittleren und späteren römischen Kaiserzeit schon gab. Wenn also der Ursprung des Masochismus von einigen Autoren in der christlichen Mentalität gesucht worden ist[18], so mag ein Zusammenhang zwischen beidem zwar bestehen. Der Masochismus mag durch gewisse christliche Traditionen gefördert worden sein. Gekannt aber hat ihn schon – und das auch im engsten Sinn des Begriffes – die klassische Antike.

Doch mit diesem Ergebnis wollen wir uns nicht begnügen. Hier stellt sich ja die Frage, ob sich womöglich erkennen lässt, wann und unter welchen mentalitätsgeschichtlichen Rahmenbedingungen sich das Phänomen des männlichen Masochismus in Rom entwickelt haben könnte. Tatsächlich ließe sich vermuten, dass eine dafür förderliche Rahmenbedingung die emanzipiertere Rolle der Frau in der ausgehenden Republik und Kaiserzeit war; und

---

[15] Die Ergänzung D[A MER]CE[DEM] bei A. Héron de Villefosse, Remarques épigraphiques. Revue épigraphique 5, 1903–1908, 118. – Die zweite Inschrift, die eine Bezahlung zu erwähnen scheint, bei Wuilleumier – Audin (Anm. 3), n. 372.

[16] Der TV SOLA NICA-Medaillontyp bei Wuilleumier – Audin (Anm. 3), n. 71 (dort als Parodie auf Wagenrennen bezeichnet. Dieser Gedanke geht aber bereits auf Héron de Villefosse [Anm. 15] 87 zurück). Die Inschrift ist CIL XIII 10013.30. – Griechisch in Gallien: C. Jullian, Histoire de la Gaule 6 (Paris 1920) 134 ff. – Ein Rhônemedaillon mit griechischer Inschrift bei Wuilleumier – Audin, a. a. O. n. 368. – Belege der Form nica aus Pompeji: CIL IV 1664, 2161 und 2178a. Auf weiteren Rhônemedaillons bezieht sie sich auf Schauspieler, Sänger oder Rennfahrer (Wuilleumier – Audin, a. a. O. n. 57, 108, 122, 254; Desbat [Anm. 3] 120 ff.). Ein Gladiator ist mit dem Taurisci nika auf der Barbotineverzierung einer Kölner Sigillataflasche gemeint: M. Junkelmann, Familia gladiatoria. In: E. Köhne – C. Ewigleben, Hgg., Caesaren und Gladiatoren (Mainz 2000) 76.

[17] Wuilleumier – Audin (Anm. 3), n. 59; Desbat (Anm.3) 96 ff.

[18] Bullough u. a. (Anm. 2) 52 ff.

im besonderen heißt das: ihre im Sexualleben damals stärker gewordene Position und größere Aktivität. Dass männlicher Sadomasochismus durch wachsende weibliche Emanzipation begünstigt wird, ist auch in unserer Zeit beobachtet worden. Der Psychiater und Sexologe Eberhard Schorsch verwies zur Erklärung darauf, dass der männliche Sadomasochismus eine Strategie der Bewältigung von Angst und Unsicherheit gegenüber der Frau darstellt.[19]

Wenn wir aber konkreter danach fragen, wo in unseren Quellen mögliche Vorstufen des männlichen Masochismus der Kaiserzeit greifbar sind, so werden wir an die römischen Elegiker der Zeitenwende denken müssen. Nie zuvor hatten die Frau und die Liebe in Rom einen so hohen Stellenwert wie in ihren Schriften (wobei freilich zu fragen wäre, wie weit sie damit vielleicht einem allgemeineren Trend ihrer Epoche entsprachen). Sie propagierten das bis dahin unerhörte Modell einer Liebe, die den Mann geradezu in einem Dienst an der Geliebten aufgehen lässt. Dieser Dienst, das *servitium amoris* („Sklavendasein für die Liebe"), verlangt völlige Unterordnung unter Wünsche und Launen der Partnerin. Sie wird dementsprechend auch seit der ausgehenden Republik und seit den Elegikern als „Herrin", als *domina* apostrophiert. Noch häufiger als das Bild des „Liebessklaven" ist bei den Elegikern jedoch die Metapher der *militia amoris*, des „Kriegsdiensts der Liebe". Sie vergleicht den Liebhaber mit dem Soldaten, der bereit sein muss, Unterordnung und Niederlage in Kauf zu nehmen. Auch in diesem Zusammenhang fällt übrigens das Wort vom erotischen „Siegen" und von den „Siegespalmen", den *victrices palmae*, des Liebeskampfes.[20]

Dass in der Haltung der römischen Elegiker eine Vorstufe für eine mögliche Weiterentwicklung zum Masochismus im engeren Sinn erreicht ist, hat übrigens schon der Begründer der Sadomasochismus-Forschung, Richard Freiherr von Krafft-Ebing, gesehen. Er zitierte das *servitium amoris* der römischen Dichter als ein Beispiel für die von ihm so benannte „geschlechtliche Hörigkeit", die nach seiner Formulierung „der Mutterboden" für „die Hauptwurzel des Masochismus" sei. Wenn also in neuerer Zeit Walter Wimmel von einer „elegisch-erotischen Hörigkeit" des Dichters gegenüber seiner Partnerin sprach, so ist er damit – ohne sich dessen bewusst zu sein? – nicht nur der Terminologie, sondern auch der Diagnose schon des klassisch gebildeten Psychiaters gefolgt.[21]

Nachwort 2024

Zur Thematik dieser Arbeit vgl. auch die Beiträge 45–47 des vorliegenden Bandes; das Buch: G. E. Thüry, Liebe in den Zeiten der Römer (Mainz 2015) 74–88 und 107–109; und die folgenden Aufsätze des Verf.: Ein Dichter auf der Suche nach sich selbst. Lebenswahl und Identität bei Tibull. In: Arbeit und Identität in der Antike. Akten des 3. Salzburger Frühlingssymposiums 2022. Sonderband der Zeitschrift Diomedes (2024; im Druck); und: Patriarchat und sexuelle Revolution. Waren römische Männer Machos? Cursor 20, 1924 (im Druck). – Die Zuweisung des Rhônemedaillons Abb. 134 zum Fundort „Xanten" ist unzutreffend. Vgl. die Richtigstellung bei G. E. Thüry, Ein Fund von Rhônekeramik aus Xanten. Xantener Berichte 30, 2017, 163 (unten Beitrag 46).

[19] E. Schorsch, in: Die Waage 11–12, 1973, 390; E. Schorsch – N. Becker, Angst, Lust, Zerstörung (Reinbek 1977) 79.
[20] *Servitium amoris*: R. O. A. M. Lyne, Servitium amoris. The Classical Quarterly NF 29, 1979, 117 ff.; P. Murgatroyd, Servitium amoris and the Roman Elegists. Latomus 40, 1981, 589 ff. – *Domina*: Zur Wortgeschichte knapp W. Stroh, Die Ursprünge der römischen Liebeselegie. Poetica 15, 1983, 227. – *Militia amoris*: P. Murgatroyd, Militia amoris and the Roman Elegists. Latomus 34, 1975, 59 ff. – Erotisches *vincere* bei den Elegikern: R. Pichon, De sermone amatorio apud Latinos elegiarum scriptores (Dissertation Paris 1902) 294. – Siegespalmen in der Liebe: z. B. Properz 4,1,139 f.
[21] "Geschlechtliche Hörigkeit" und *servitium amoris* als ein literarisches Beispiel dafür: von Krafft-Ebing (Anm. 1) 142 ff. – "Elegisch-erotische Hörigkeit": W. Wimmel, Tibull und Delia. Erster Teil. Tibulls Elegie 1,1. Hermes Einzelschriften 37 (Wiesbaden 1976) 55.

45.

Sexualität und körperliche Gewalt im römischen Alltag

(Aus: J. Fischer – M. Ulz, Hgg., Unfreiheit und Sexualität von der Antike bis zur Gegenwart [Hildesheim usw. 2010] 83 ff.)

Als Ernst Zinn im Jahr 1965 seinen Artikel „Erotik" für das „Lexikon der Alten Welt" schrieb, formulierte er den Satz: „Paradoxerweise handelt es sich bei der antiken Erotik um ein noch ganz ungenügend erforschtes, geschweige dargestelltes Gebiet, während man doch erwarten sollte, daß die in neuerer Zeit gewandelte Grundeinstellung zu diesem Lebensbereich auch der Altertumswissenschaft die antiken Verhältnisse in neuem Lichte erscheinen ließe."[1] Worauf Zinn hier anspielt, das ist einerseits die jahrhundertelange Tabuisierung der antiken Erotik als eines Forschungsthemas. Das Resultat dieser Tabuisierung war, dass bis zur Mitte des 20. Jahrhunderts nur relativ wenige Untersuchungen zum Thema der römischen Sexualgeschichte vorlagen. Andererseits verweist Zinn hier auf die damals, in den mittleren sechziger Jahren des 20. Jahrhunderts, gerade in Gang kommende Sexuelle Revolution; und er fordert indirekt die Altertumswissenschaften dazu auf, dass nun auch sie die Feigenblätter von der Kulturgeschichte entfernen und mit ernsthaften sexualgeschichtlichen Forschungen beginnen sollten.

Seit den Sätzen Ernst Zinns sind über vierzig Jahre vergangen; und eine wirkliche sexualgeschichtliche Erforschung des Altertums hat in der Tat in dieser Zeit begonnen. Dennoch bleibt nach wie vor Zinns Formulierung richtig, die antike Erotik – oder auch speziell die in unserem Beitrag interessierende römische Sexualität und Erotik – sei „ein noch ganz ungenügend erforschtes, geschweige dargestelltes Gebiet." Das liegt – zum vielleicht geringeren Teil – an nach wie vor bestehenden Berührungsängsten konservativ denkender Gelehrter gegenüber diesem Thema; es liegt aber auch einfach daran, dass es auf diesem weiten Themenfeld die Forschungsversäumnisse von Jahrhunderten aufzuholen gilt.

Nimmt man den in diesem Beitrag zu untersuchenden Aspekt speziell des Verhältnisses von Sexualität und körperlicher Gewalt in den Blick, kommt aber noch ein Weiteres hinzu. Erst in den Jahrzehnten nach der

Sexuellen Revolution – und natürlich als eine ihrer Früchte – ist ja eine wirkliche Sensibilität der modernen Gesellschaft gegenüber Fragen des Verhältnisses von Sexualität und Gewalt entstanden. Erst seit den siebziger Jahren des 20. Jahrhunderts existieren so Frauenhäuser (das erste wurde 1971 in London gegründet); erst seit Anfang der achtziger Jahre wird das Phänomen des Kindesmissbrauchs thematisiert; und erst seit einem Jahrzehnt ist die Vergewaltigung in der Ehe im deutschen Recht als strafbarer Tatbestand anerkannt. So gilt für das Gewaltthema heute im besonderen, dass – mit den Worten Ernst Zinns – „die in neuerer Zeit gewandelte Grundeinstellung ... auch der Altertumswissenschaft die antiken Verhältnisse in neuem Lichte erscheinen" lassen kann.

Das neue Licht, das wir in die Sache bringen sollten, besteht schon einmal darin, dass wir unser Thema des Verhältnisses von Sexualität und körperlicher Gewalt in römischer Zeit als interessant erkennen und dass wir versuchen, einen Überblick über die zugehörigen Phänomene des damaligen Alltags zu gewinnen. Was also war das Verhältnis von Sexualität und körperlicher Gewalt in römischer Zeit; und wie hat sich das geäußert? Zu diesen Fragen möchte der vorliegende Beitrag Informationen zusammenstellen. Zwar wird sich nur ein vergleichsweise geringer Teil dieser Informationen auf die unfreie Bevölkerung beziehen, die in diesem Band an sich im Mittelpunkt des Interesses steht; aber die sexuelle Gewalt gegenüber den Unfreien wird so in den Kontext der Anwendung sexueller Gewalt in der römischen Antike überhaupt gestellt sein. Was die genaue Abgrenzung des Themas betrifft, soll es dabei nicht nur um die Gewalt innerhalb sexueller Beziehungen gehen, sondern allgemeiner um das Verhältnis zwischen Sexualität und körperlicher Gewalt überhaupt. Von der Betrachtung ausgeschlossen wird hier aber Gewalt in Form von Abtreibung, Kindestötung und Kindesaussetzung.

Nach der Art der Quellen – und das wird auch das Gliederungsprinzip unserer Darstellung sein – ließen sich die Informationen, die wir hier sammeln möchten, in mehrere Gruppen unterteilen: erstens in Zeugnisse der römischen Literatur über körperliche Gewalt im sexuell-erotischen Kontext; zweitens in epigraphische Zeugnisse dieser Art; und drittens in

---

[1] Zinn 1965, 867. – Für wertvolle Hinweise zum Thema der vorliegenden Arbeit dankt der Verf. Frau Mag. H. B. Autengruber (Baden bei Wien), Herrn Mag. Dr. R. Breitwieser (Salzburg) und Herrn Mag. Dr. R. Selinger (Wien).

archäologische Zeugnisse. Eine weitere, vierte Gruppe wären außerdem einschlägige papyrologische Texte. Mit dieser Quellengruppe hat sich der Verfasser aber im Zusammenhang des Themas bisher nicht auseinandergesetzt. Sie bleibt in diesem Überblick unberücksichtigt.

1. Literarische Zeugnisse

Auch auf dem Gebiet der Liebe und der Sexualität spielen Macht- und Dominanzwünsche eine Rolle. Das gilt umso mehr im Sexualleben der römischen Antike, in dem sich zu einem guten Teil die damalige patriarchalische und zudem auf das Vorrecht der Freien gegründete Gesellschaftsordnung widerspiegelt.[2] Nach alter römischer Sitte war es ja der Mann und speziell der Familienvater, der *pater familias*, der in Haus und Ehe das Sagen hatte. Er stützte sich dabei auf seine in der Gesellschaft anerkannte Autorität. Das heißt aber nicht, dass in Haushalt und Ehe nicht auch Fälle der Anwendung körperlicher Gewalt vorkamen.[3]

Die römischen Liebesdichter, die sich mit der Frage des Dominierens in einer Beziehung intensiv auseinandersetzten, haben freilich andere Vorstellungen propagiert. Sie verglichen die Liebe immer wieder gerne mit dem Kriegsdienst.[4] Dieser „Kriegsdienst der Liebe", die *militia amoris*, ist einerseits ein (schon auf hellenistische Anfänge zurückgehender) Topos der römischen Literatur und übrigens auch der bildenden Kunst (dort gehört das Motiv der waffenschmiedenden und waffentragenden Eroten in diesen Zusammenhang[5]). Andererseits dürfte der Vergleich der Liebenden mit den Soldaten recht populär gewesen sein. Dafür spricht die beliebte Verwendung eines eigentlich martialischen Vokabulars in der lateinischen Liebessprache und ebenso die Rolle der Waffen in der Sexualsymbolik (Traumsymbolik und symbolische Objektgestaltung[6]).

Was unter der *militia amoris* zu verstehen ist, kann allerdings sehr verschiedener Natur sein. Die Liebenden – ob Mann oder Frau – können sie als Eroberungs- und Machtspiel betreiben. Sie können dabei egoistischen Motiven folgen und müssen nicht moralisch „sauber" kämpfen.[7] Der „Kriegsdienst" des männlichen Partners kann aber auch darin bestehen, dass er sich gewissermaßen unter das „Kommando" des weiblichen begibt. Dieses von den römischen Elegikern propagierte Konzept der „Liebesknechtschaft", des *servitium amoris*, fordert eine Art von troubadourartiger Ergebenheit des Mannes gegenüber dem weiblichen Partner.[8] Auch dabei handelt es sich nicht etwa allein um einen literarischen Topos. Der von den Elegikern beschriebenen Haltung des *servitium amoris* entspricht vielmehr, dass ein verbreiteter Frauentypus der Kaiserzeit eine recht selbstbewusste und dabei sexuell aktive und initiative Frau war.[9]

Sowohl vom Machtspiel als auch vom Unterwerfungsgestus ist es kein großer Schritt bis zur Anwendung von Formen der Gewalt. Wir werden darauf zurückkommen, dass es in der Tat Quellen gibt, die diesen Schritt insoweit belegen, als sie das Vorkommen zumindest von Vorstellungen sado-masochistischer Art erkennen lassen.

Sind uns die bisher erwähnten Entstehungsgründe der Gewalt bis heute wohlbekannt, so spielen andere ihrer damaligen Erscheinungsformen im modernen Mitteleuropa keine große Rolle mehr. Dazu gehört das Phänomen der Liebesmagie und des mit Liebe und Eifersucht zusammenhängenden Schadenzaubers.[10] Dass es sich dabei um untaugliche Versuche handelte, das Leben anderer in andere Bahnen zu lenken oder ihnen zu schaden, war ja den Anwendern der Magie nicht bewußt.

Ein Phänomen, das unter Mitteleuropäern heute (abgesehen von Immigranten aus anderen Kulturkreisen) nicht mehr vorkommt, ist auch das der Zwangsheirat und speziell sogar der Kinderzwangsheirat. Wie die Forschung erst in den letzten Jahrzehnten herausgearbeitet hat, wurden in vornehmeren Kreisen in Rom nicht nur Frauen zwangsverheiratet. Immer wieder mussten sogar Mädchen von noch vorpubertärem Alter, Mädchen von weniger als vierzehn, ja von weniger als zwölf Jahren, deutlich ältere Männer heiraten – Männer, bei deren Wahl der Vater der Braut (bzw. der *pater familias* der

---

[2] Das hat besonders Meyer-Zwiffelhoffer 1995 herausgearbeitet.
[3] Vgl. noch für die Spätantike Stahlmann 1997, 217.
[4] Cahoon 1988; Murgatroyd 1975. Eine Sammlung entsprechender Stellen in der (griechischen und) römischen Literatur bietet Spies 1930.
[5] Zum Motiv in der bildenden Kunst Schauenburg 1997.
[6] "Martialisches Vokabular": Goldberger 1930, 45 und 1932, 104 ff. – Waffen als Sexualsymbole im Traum: Artemidor 2,31 f. – Unter „symbolische Objektgestaltung" verstehe ich ein Design von Gebrauchsgegenständen, das auf die Sexualsphäre anspielt und das dafür formliche oder funktionale Analogien zwischen dem Objekt/ der Objektverwendung und den Genitalien/der sexuellen Betätigung zum Anlass nimmt. Beispiele wären etwa ein phallischer Messergriff (Vorberg o. J., 477) oder eine Fibel in Form eines Klappmessers mit der Inschrift *da si das* = „wenn du mir's besorgst, dann tu das gründlich" (Martin-Kilcher 1998, n. E 2). In beiden Fällen werden also Phallus und Messer miteinander verglichen. – Zur symbolischen Objektgestaltung vgl. auch Thüry 1997.

[7] Romano 1972.
[8] Zum *servitium amoris* Copley 1947; Lyne 1979; Murgatroyd 1981.
[9] Vgl. dafür das Belegmaterial bei Sullivan 1979, 296 ff.; Thüry 2001 (b) 573. In diesen Zusammenhang gehören aber auch noch andere als die dort aufgeführten Beobachtungen: so das Üblichwerden des Wortes *domina* für die „Geliebte" (das dann freilich viel von seiner eigentlichen Bedeutung verloren haben dürfte); oder Aussagen weiterer Bild- und Schriftquellen (wie etwa die, dass auf Gefäßen der Rhônekeramik gleichzeitig Bettszenen und ein Symplegma mit einer Sirene dargestellt sind. Zum Wort *domina* Stroh 1983, 227; zur Sirenendarstellung Thüry 2003).
[10] Vgl. etwa Luck 1962.

Brautfamilie) zumindest entscheidend mitzureden hatte.[11] Obwohl Vertreter der römischen Ärzteschaft Bedenken dagegen äußerten, wurden solche Ehen auch bereits vollzogen. Über diese „Kind-Frauen" – wie sie Aline Rousselle[12] genannt hat – und über ihren Körper verfügten also mehr der *pater familias* und der Ehemann als die Mädchen selbst.

Eine weitere uns heute unvorstellbare Form der institutionalisierten Abhängigkeit von Sexualpartnern war die grundsätzlich uneingeschränkte sexuelle Verfügungsgewalt eines freien Menschen (ob Frau oder Mann) über seine weiblichen und männlichen Sklaven.[13] Während die Vergewaltigung freier fremder Personen je nachdem sogar die Todesstrafe nach sich ziehen konnte,[14] blieb die Vergewaltigung von Sklavinnen und Sklaven des eigenen Haushalts ungestraft und war alltägliche Praxis. Auch sexuelle Gewalt gegenüber fremden Sklavinnen und Sklaven wurde lediglich als ein Übergriff auf Eigentum anderer betrachtet.[15] Gewalt speziell gegenüber prostituierten unfreien Personen galt zum Teil – wie weiter unten noch dargestellt wird – überhaupt nur als verzeihliche Jugendsünde.

Sklavinnen und Sklaven wurden oft schon im Hinblick auf eine Eignung als Sexualobjekte gehandelt, gekauft und beim Kauf von den Interessenten „wie Vieh" (so B. E. Stumpp) genau besichtigt.[16] Gefragt waren für diese Zwecke auch Kinder, Zwergwüchsige (deren Wachstum z. T. durch künstliche Mittel beeinflusst wurde) und – vor allem bis zum Verbot der Kastration unter Kaiser Domitian – Eunuchen (wobei das domitianische Verbot freilich nur beschränkte Wirkung hatte).[17] Die kastrierten Sklaven wurden wegen ihrer „weiblichen" Zartheit als Lustsklaven ihrer Herren geschätzt; wegen ihrer Zeugungsunfähigkeit dienten sie aber ebenso der Befriedigung der Wünsche ihrer Besitzerinnen.[18]

Die Verfügungsgewalt über Sklavinnen und Sklaven schloss jede nur mögliche Nutzung mit ein. Nicht nur, dass der Besitzer und jeder, dem er das erlaubte, das unfreie Personal jederzeit – nötigenfalls mit Schlägen[19] – zu sexuellen Handlungen zwingen konnte. Vielmehr ließen die Sklavenbesitzer die unfreien Menschen

oft als Prostituierte für sich arbeiten oder verkauften sie in die Prostitution.[20] Nebenbei bemerkt, ist auch der Fall belegt, dass mitunter Eltern, Vormünder oder Ehegatten ihre eigenen freigeborenen Kinder, Mündel oder Frauen zur Prostitution zwangen bzw. als Prostituierte verkauften.[21]

Wie sich aber die Häufigkeit sexueller Beziehungen zwischen Freien und Sklaven nicht abschätzen lässt, so entzieht sich ebenso der ungefähre Prozentsatz der Prostituierten innerhalb der Sklavenschaft der Beurteilung. Auffällig ist in diesem Zusammenhang, dass es eine Rechtsform für den Verkauf von Sklavinnen gab, die eine Prostituierung der verkauften Person verhindern sollte. Bei dieser Form des Verkaufes wurde die Klausel „ne serva prostituatur" vereinbart, das heißt also: „die Sklavin darf nicht als Prostituierte verwendet werden."[22] Wie oft die Klausel angewandt wurde, sagen uns die Quellen wiederum nicht.

Auch der Umgang mit den Prostituierten – sei es mit unfreien oder (was es ebenfalls gab) mit freien Prostituierten – nahm gelegentlich unverhüllt-gewaltsame Züge an. Typische Gewalthandlungen waren in diesem Milieu, dass Freier Prostituierte entführten, oder dass sie sich gewaltsam Zugang zur Prostituiertenwohnung verschafften, indem sie deren Tür aufbrachen. In der römischen Gesellschaft wie von einem Teil der Juristen wurden solche Gewalttaten, aber auch die mit ihnen verbundenen Vergewaltigungen als typische Jugendsünden betrachtet und blieben oft unsanktioniert.[23] Der republikanische Komödiendichter Terenz hat diese lockere Betrachtungsweise karikiert, indem er einen Adoptivvater über seinen Adoptivsohn sagen lässt: „Also eine Tür hat er aufgebrochen? Man wird sie reparieren. – Und ein Kleid hat er zerrissen? Man wird's wieder flicken."[24]

Wie also Gewalt gegenüber Prostituierten (und gegenüber Musikantinnen und Tänzerinnen, die auf die gleiche Ebene gestellt wurden[25]) häufig keine schwerwiegenden Folgen nach sich zog, so gab es auch noch andere Kontexte, in denen Vergewaltigungen gesellschaftlich geduldete Handlungen darstellten. So musste in Gefängnissen damit gerechnet werden; und im Zusammenhang mit öffentlichen Hinrichtungen wurde vergewaltigt.[26] Außerdem durften Ehemann und Vater einer verheirateten Frau einen Ehebrecher, der mit ihr in flagranti ertappt wurde, straflos entweder töten oder vergewaltigen oder kastrieren oder

---

[11] Über die vorpubertären Ehen Durry 1955; Rousselle 1989, passim. Zur realistischen Einschätzung der relativ geringen Häufigkeit des Phänomens in der römischen Gesellschaft aber auch Shaw 1987.
[12] Rousselle 1989, 108.
[13] Vgl. z. B. Bradley 1994, 28 und 49 f.; Doblhofer 1994, 18 ff. und 46 (beachte aber dort auch 19 und 22 über Vorbehalte in der Rechtsauffassung des Ulpian); Meyer-Zwiffelhoffer 1995, 69 ff. und 77 ff.; Stumpp 1998, 25 ff.
[14] Zur Vergewaltigung von freien Frauen oder Männern z. B. Doblhofer 1994, 53 ff. und 98; Richlin 1993, 561 ff.
[15] Bradley 1994, 49 f.; Gamauf 1998, 21.
[16] Meyer-Zwiffelhoffer 1995, 83; Stumpp 1998, 35. – Inspektion der Genitalien zum Kauf angebotener Lustsklaven: Martial 11,70,6.
[17] Kinder und Zwergwüchsige: Krenkel 2006, 292 f.; Stumpp 1998, 73 ff. Eunuchen: Guyot 1980, 30 und 45 ff.
[18] Guyot 1980, 50 f. und 59 ff.
[19] Valerius Maximus 6,1,9.

[20] Dazu z. B. Krenkel 1979, 184 f.; Krenkel 2006, 429, 431 f. und 434 f.; McGinn 2004, 35, 56 und 59 f.; Stumpp 1998, 25, 27 ff. und 57 ff.
[21] Krenkel 1979, 180; McGinn 2004, 56 f.; Stumpp 1998, 32 und 197 ff.
[22] Über den Verkauf von Sklavinnen unter dem Vorbehalt *ne serva prostituatur* ausführlich McGinn 1998, 288 ff.; Stumpp 1998, 330 ff.
[23] Gamauf 1998; Stumpp 1998, 86 f. und 338 ff.
[24] Terenz, *Adelphoe* 120 f.
[25] Stumpp 1998, 43.
[26] Selinger 1999, 491 ff.

anderweitig misshandeln.[27] Mit der Ausführung solcher Strafen konnte aber auch die Sklavenschaft beauftragt werden.[28]

An der Tagesordnung war schließlich, dass besiegte Kriegsgegner nicht nur ihre Freiheit verloren (und dann teilweise auch zur Prostitution gezwungen wurden), sondern dass sie, sobald sie dem Gegner in die Hände fielen, mit Vergewaltigung zu rechnen hatten.[29] Das galt selbst für Bürgerkriege – dies ein Punkt, über den uns außer den Autoren[30] eindrucksvoll eine Gruppe von Inschriften auf römischen Waffen berichtet.

2. Epigraphische Zeugnisse

Diese Waffen sind Schleuderbleie, also Bleigeschosse, die mit Vergewaltigungsandrohungen an die Adresse des Feindes beschriftet waren. Alle bisher bekannten Schriftdokumente solcher Art gehen allerdings auf den gleichen Anlass zurück: auf die Belagerung der Stadt Perugia im Bürgerkrieg der Jahre 41 und 40 vor Christus.[31] Perugia wurde damals von Mark Antons Bruder Lucius und von Mark Antons Frau Fulvia gegen die Truppen Oktavians verteidigt. In dieser Situation beschrifteten die Heere beider Seiten Bleigeschosse mit Texten wie (um hier nur vier der bisher viel zu wenig beachteten Inschriften auszuwählen):

- Beispiel 1:[32] *pet[o] / Octavia(ni) / culum* = „Ich gehe auf das Hinterteil des Octavianus los." Der da spricht, ist offensichtlich das Bleigeschoss. Und was es mit seiner Ankündigung impliziert, ist zweierlei: a) muss ja Oktavian, damit sein Hinterteil getroffen wird, dem Feind den Rücken kehren; und das läuft auf den Vorwurf der Feigheit hinaus. Der tapfere Soldat kennt ja nur eine Marschrichtung: die gegen den Feind. Dazu kommt aber b) noch: das Schleudergeschoss, das wegen seiner Form lateinisch *glans*, also eigentlich die „Eichel" heißt, zielt deshalb gerade auf das Hinterteil, weil es eine Vergewaltigung von hinten androht. Dass dies keine überzogene Interpretation ist, wird anhand des Beispiels 2 deutlich werden.

- Mit Text 2[33] wechseln wir die Fronten; denn diesmal sind Lucius Antonius und Fulvia die Adressaten. Man sieht, die feindlichen Parteien sind sich an Beschimpfungen und in der psychologischen Kriegsführung nichts schuldig geblieben. So werden hier Lucius Antonius und Fulvia aufgefordert: *L(uci) A(ntoni) calve / Fulvia / culum pan[dite]*; das heißt: „Lucius Antonius, du Kahlkopf, und Fulvia: sperrt den Hintern auf." Der Gedanke ist dabei klar: sie sollen *culum pandere*, damit das Schleuderblei (alias der Phallus) eindringen kann. Man beachte auch, dass sich diese Bezugnahme auf anale Gewalt an ein männliches und zugleich an ein weibliches Gegenüber richtet.

- Sehr ähnlich, aber wiederum von der Feindseite kommend, die Inschrift des Beispiels 3:[34] *laxe / Octavi(ane) / sede*. Oktavian soll entspannt, unverkrampft sein (lateinisch *laxe*); und zwar beim *sedere. Sedere* ist ein erotischer Ausdruck, der sich vielleicht auf die Reitposition einer Frau auf ihrem Partner bezieht.[35] Wenn das zuträfe, wird hier Oktavian also mit einem Begriff für eine weibliche Liebesstellung verspottet. Auch der sarkastische Ratschlag des Lockerseins bezieht sich natürlich auf ein Sich-Bereitmachen für ein leichteres Penetriertwerden. Dabei ist oberhalb des Wortes *sede* noch das Bild eines Phallus angebracht.

- Nochmals eine andere Variante bietet die Inschrift des Beispiels 4:[36] *[s]alve Octavi(ane) felas* – das heißt etwa: „Grüß dich, Oktavian. Hier hast Du etwas zu schlucken." Das Verbum *fellare* ist terminus technicus für ein orales Befriedigen.

Allgemein ließe sich zu den Texten sagen, dass sie zwar nicht ohne einen groben, landsknechthaften Humor sind. Aber sie transportieren doch auch eine sehr ernste Botschaft. Angesichts der erwähnten sonstigen Zeugnisse für Kriegs- und Bürgerkriegsvergewaltigungen wird man sie als drohende Andeutungen des Schicksals der womöglich unterliegenden Adressaten verstehen müssen. Dabei ist noch anzumerken, dass ein Teil der Texte zwar eine vaginale Penetration andeutet, dass aber ein anderer Teil von ihnen – so unsere Beispiele – von analer und oraler Vergewaltigung spricht. Schon beim freiwillig vollzogenen Anal- wie Oralverkehr galt jedoch die Rolle des jeweils penetrierten Partners als demütigend, als erniedrigend.[37] Die Inschriften der betreffenden Schleuderbleie drohen also nicht nur mit sexueller Gewalt; sondern sie wählen dafür auch noch die damals als an sich schon erniedrigend geltenden

---

[27] Fehling 1988, 300 ff.; Guyot 1980, 27 f.; McGinn 1998, 141, 146 f., 189 und 206; Meyer-Zwiffelhoffer 1995, 86 f. und 124 f.; Stahlmann 1997, 52. Nur kurz wird das Thema bei Doblhofer 1994, 45 gestreift.

[28] Belege und Kommentar bei Fehling 1988, 300 ff.

[29] Kriegsgefangene als Sklaven zur Prostitution gezwungen: McGinn 2004, 55; Stumpp 1998, 28 f. – Vergewaltigungen: Doblhofer 1994, 21 ff., 46, 68 f. und 96 f.; Fehling 1988, 299; Hartmann 2002, 40.

[30] Doblhofer 1994, 21.

[31] Über die Schleuderbleie und den historischen Kontext, in dem sie stehen: Hallett 1977; Rosen 1976; Thüry 1994, 94 f.

[32] CIL XI 6721.7 = Zangemeister 1885, 58.

[33] CIL XI 6721.14 = Zangemeister 1885, 65.

[34] CIL XI 6721.11 = Zangemeister 1885, 62 und Taf. 8, 2.

[35] Adams 1982, 165.

[36] CIL XI 6721.9 = Zangemeister 1885, 60, 1.

[37] Analverkehr: Lilja 1983, 130 f. und 135; Oralverkehr: Krenkel 2006, 219 ff.

Varianten des Geschlechtsverkehrs. Auch das dürfte als eine realistische Drohung aufzufassen sein.

Dass dieses Thema der Kriegsvergewaltigungen nichts an Aktualität verloren hat – man denke nur an den letzten Krieg auf dem Balkan –, nimmt den Texten der Schleuderbleie nichts von ihrer schockierenden Wirkung. Aber ebenso schockierend sind ja die schon erwähnten Freiräume für Vergewaltigung im zivilen Leben; oder auch die Entdeckung der neueren Forschung, dass im zivilen Alltag der römischen Antike Androhungen strafweiser Vergewaltigungen von Delinquenten aller möglichen Arten ganz alltäglich waren.[38] Diese Häufigkeit des Drohens mit der so genannten „Strafvergewaltigung" ergibt sich klar und unausweichlich aus der Evidenz vor allem epigraphischer Quellen. Da aber mit der Auswertung epigraphischer Quellen für die Sexualgeschichte eben erst begonnen wird, hat sich auch das Bewusstsein der Häufigkeit von Vergewaltigungsdrohungen noch so gut wie nicht gebildet. Dabei ist das Phänomen mentalitätsgeschichtlich von großem Interesse. Die künftige Forschung wird es durch Materialzusammenstellungen immer klarer herausarbeiten und nach Chronologie und geographischer Verbreitung genau untersuchen müssen. Die in unserem Zusammenhang wichtigste Frage wäre dabei natürlich, ob die Androhung von sexueller Gewalt nur ein verbaler Ausdruck der Ablehnung und Verachtung war oder ob ihr – und als Strafe wofür und wie häufig – ein tatsächlicher Vollzug folgte.

Wer von dieser Lage der Dinge hört, wird vielleicht als erstes wissen wollen, in welchen Situationen des zivilen römischen Lebens der Gestus der Vergewaltigungsdrohung vorkam und wen er betraf. Zu den Opfern solcher Drohungen gehörten z. B. Personen, die sich in ihrem Sexualleben womöglich nicht nach den Wünschen der Drohenden richten wollten;[39] oder auch der offensichtlich große Kreis von Personen, die zur Befriedigung ihrer Notdurft beiderlei Art nicht erst eine Bedürfnisanstalt aufsuchten, sondern die einfachheitshalber die offene Straße – gewissermaßen – als Latrine missbrauchten. Abgesehen von den Stadtverwaltungen litten unter der Beliebtheit dieser Unsitte vor allem die Hausbesitzer – auch deshalb, weil sie entlang ihrer Grundstücksgrenzen fegepflichtig waren. So erklärt es sich, wenn sie zu massiven Mitteln griffen und Verschmutzern sogar einmal mit Vergewaltigung drohten. Das ist in einer Ritzinschrift auf einem Bauziegel der Fall, der in Kostolac bei Pozarevac in Serbien gefunden wurde.[40] Dort heißt es drastisch: „Welches Hinterteil eines missgünstigen

Mitbürgers sich auch hierher entladen hat: Du wirst" – worauf aber kein weiteres Wort mehr, sondern nur mehr die Skizze eines Phallus folgt. Gemeint ist hier also offensichtlich: „Du wirst vergewaltigt." Nach dem Wortlaut muss es dabei wohl um eine anale Vergewaltigung gehen. Bestraft wird dann also – an sich nicht ganz ohne Witz – derjenige Körperteil, der die Verschmutzung verursacht hat.

Häufige Adressaten von Vergewaltigungsdrohungen waren weiter neugierige Mitmenschen, die sich um Dinge kümmerten, die sie nichts angingen;[41] oder auch Menschen, die stehlen wollten. Als Beispiel sei hier ein Textchen herausgegriffen, das auf einem Schenkel eines bronzenen Zirkels aus Budenheim bei Mainz erhalten ist.[42] Wie Abb. 24 dieses Bandes zeigt, ist auf dem 16,4 cm langen Objekt – hübsch und aufwendig in mit Niello eingelegten Buchstaben eingraviert – die Aufforderung zu lesen: *ponis aut pidico te*. Was heißt das? Nun: Das erste Verbum, das Wort *ponere*, ist auf römischen Geräteinschriften auch sonst anzutreffen.[43] Es bedeutet „hinlegen", „weglegen". Unbefugte Personen, die einen so beschrifteten Gegenstand anfassen – sei es aus Neugier, sei es mit dem Ziel des Diebstahls –, werden durch die „*ponere*-Texte" aufgefordert, den fremden Besitz aus der Hand zu legen. So bedeutet das *ponis aut* ... der Zirkelinschrift unmissverständlich: „Du legst das wieder hin, oder ..." (bzw. wenn es der Zirkel ist, der im Text spricht: „Du legst mich wieder hin, oder ..."). Dieses „oder" wird man nach einem solchen Satzanfang als drohend empfinden; und man wird damit rechnen, dass darauf die Ankündigung einer Strafe folgt. In der Tat setzt sich die Inschrift mit einem zweiten Verb fort, das unsere schlimmen Erwartungen bestätigt. *Pidico* ist nämlich eine vulgärsprachliche Variante der Form *pedico*; und *pedico* bedeutet: mit jemandem anal verkehren.[44] Das *aut pidico te* des Textes droht somit: „oder ich vergewaltige dich von hinten". Offen bleibt dabei, wer da eigentlich spricht; und das heißt auch: wer denn die Strafe ausführen soll. Ist es die Person des Textverfassers? Oder sagt das der Zirkel in gewissermaßen eigenem Namen? Je nachdem wäre die Inschrift als Ganzes entweder wiederzugeben mit: „Du legst das wieder hin, oder ich (das heißt der Zirkelbesitzer) vergewaltige dich von hinten"; oder mit: „Du legst mich wieder hin, oder ich (das heißt der Zirkel) vergewaltige dich von hinten." Die Formulierung des Textes war auch schon für den römischen Leser zweideutig. In der Möglichkeit, den Zirkel selbst zum Subjekt des Textes zu machen, lag ein freilich ziemlich grobschlächtiger Witz. Wir begegnen hier wieder dem

---

[38] Fehling 1988, 304 f.; Thüry 1994, 91 f. und 94 f.; Thüry 2008.
[39] CIL IV 4498.
[40] CIL III 14 599.1. Ausführlicherer Kommentar bei Thüry 2001 (a) 17 f.

[41] CIL XIII 10 017.40 ; 10 027.231. Vgl. auch AE 1959, 63.
[42] Dazu Thüry 1994, 90 ff. und die dort übersehene ältere Arbeit Oxé 1932.
[43] Thüry 1994, 91.
[44] Die jüngste Publikation, die den Budenheimer Zirkel erwähnt, übersetzt das Verb dagegen mit „stechen" und sieht darin eine „lustige Warnung" (Reuter – Scholz 2005, 93).

gleichen aggressiven, derben Humor wie schon bei den Schleuderbleien und bei der Ziegelinschrift von Pozarevac.

Erinnern wir hier auch noch daran, dass wir ja literarisch die Drohung, Diebe zu vergewaltigen, aus dem Mund des Gartengottes Priap kennen.[45] Mit dem Aufstellen der beliebten ithyphallischen Priapstandbilder in römischen Gärten verband sich der Gedanke, Priap vergewaltige jeden, der in den Garten eindrang, um Früchte zu stehlen. Im *Corpus Priapeorum*, einer Sammlung antiker Gedichte an Priap, ist immer wieder davon die Rede, welche Art von Dieben der Gott auf welche Art zu vergewaltigen pflege; und der Analverkehr spielt dabei ein recht große Rolle.

Wenn wir dieses ganze Thema sexueller Strafandrohungen mit Recht als unerfreulich empfinden, sollten wir übrigens doch auch nicht aus dem Blick verlieren, dass einiges davon bis heute fortlebt. Das gilt im vulgären sprachlichen Bereich; es gilt aber auch in der Gestik. Selbst von Damenhänden kann man ja heute den sogenannten „Stinkefinger" gezeigt bekommen. Seit einiger Zeit auch eines Eintrags im „Duden" gewürdigt, bezeichnet dieser Begriff die beleidigende Geste des ausgestreckten Mittelfingers, die es noch vor dreißig Jahren in der Gestik unserer Breiten gar nicht gab und die erst seitdem aus dem Süden zu uns vordrang.[46] Inzwischen begegnet das Zeichen überall: auf Demonstrationen; auf dem Fußballfeld; bei Kindern auf dem Schulhof oder hinter den Rücken ihrer Erzieher; im Verkehr; und sogar unter gebildeten Leuten. Nicht jeder Anhänger des Symbols dürfte dabei wissen, dass der ausgestreckte Mittelfinger ein Stellvertreter für den Phallus ist, so dass die Geste nichts anderes androht als – sozusagen – eine Strafvergewaltigung. Ebenso unbekannt dürfte sein, dass die Geste auch schon in der Antike üblich war und nichts anderes ist als der alte römische *digitus infamis* oder *digitus impudicus* (also übersetzt: „der entehrende Finger" oder „der unverschämte Finger").[47]

Aber kommen wir damit zu einer letzten Gruppe epigraphischer Zeugnisse. Es ist die Gruppe der Zauber- und der Fluchinschriften.[48] Wer im Altertum an unerfüllter Liebe oder an ungestilltem Hass litt, der nahm ja die Hilfe einer Magierin oder eines Magiers in Anspruch. Zu den Zauberpraktiken, die sie zu bieten hatten, gehörte auch die Beschriftung eines Bleitäfelchens, das eine Art von „Brief" an die Unterirdischen darstellte. Sie sollten durch den Text zu Hilfe gerufen werden und bisher unwillige Personen zur Liebe zwingen bzw. Rivalinnen, Rivalen und ungetreue Partnerinnen und Partner zur Umkehr veranlassen oder sie strafen. Da werden dann den Geistern der Unterwelt beispielsweise – so heißt es etwa in einem Text aus Bregenz – die Gesundheit einer bestimmten weiblichen Person überantwortet, das Herz, die Füße, die Nase, die Ohren, das Hinterteil und das Geschlecht, dazu aber auch noch ihr Arbeitszeug für allerhand weibliche Arbeiten und ihre *cestula* (so hier statt *cistula*), ihr „Kästchen", was eine Art von Handtäschchen, von Schmuckschatulle oder von Nähkorb sein kann. Alles das wird verflucht; und die Geister werden gebeten, so – offenbar als Rache einer Rivalin oder eines nicht zum Ziel gelangten Anbeters – dafür zu sorgen, *ne quiat nubere*, d. h.: „dass sie nicht heiraten kann".[49]

Wo so viel Magie am Werk ist, wie es die Häufigkeit römischer Zaubertafeln zeigt, da liegen allenthalben – und grundsätzlich jeden Menschen betreffend – Fremd- und Schadeinflüsse in der Luft. Wer nicht zu den sicher verhältnismäßig wenigen aufgeklärten Geistern gehörte, wer also daran glaubte, auf dessen Lebensgefühl konnte diese Vorstellung nicht ohne Wirkung bleiben. Es war ja auch nicht nur die Praxis des Zaubertafelschreibens, die er fürchten musste; es gab noch andere Formen magischer Einflussnahme. Dazu gehörte nach damaliger Ansicht schon das Aussprechen einer ernstgemeinten Verfluchung; oder der Böse Blick, das *malocchio*, also ein Fixiertwerden durch eine andere Person, das dem Betrachteten schadet. Das kann schon unwillkürlich geschehen – das heißt durch Menschen, die durch eine Laune der Natur mit dieser Gabe des Bösen Blicks behaftet sind. Der Böse Blick kann aber auch aus böser Absicht und aus feindlicher Gesinnung kommen. Seine Ursache ist dann die als schadensstiftend gefürchtete *invidia*, d. h. Neid und Missgunst.[50]

In einer Welt, die so voller heimtückischer Schad- und Fremdwirkungen und auch so voller Dämonen ist, sucht der Mensch naturgemäß nach Schutz. Er meint ihn in den Apotropaia, in den schadenabwehrenden Mitteln und Amuletten, zu finden. Die Apotropaia sollen zu Beginn des nächsten Abschnitts, der den archäologischen Zeugnissen gilt (einschließlich übrigens nochmals einiger Objekte, die auch eine Inschrift tragen), in einem kurzen Exkurs gestreift werden.

---

[45] Zu Priap: Herter 1932 und O'Connor 1989.

[46] Nach eigener Beobachtung. An Literatur dazu ist mir nur eine Randbemerkung bei Schiefenhövel 1992, 22 bekannt.

[47] Siehe darüber schon Jahn 1855, 81 f. und die Klassiker auf dem Gebiet der antiken Gestik: das erstmals 1832 erschienene Werk Andrea de Jorios über die antike und die damalige neapolitanische Gebärdensprache (Jorio 2000, 193 f.); und das Buch Carl Sittls über „Die Gebärden der Griechen und Römer" (Sittl 1890, 101 f. und 123. Dort 102 die unzutreffende Annahme, dass „auf dem lateinischen Gebiete diese Gebärde durch die Kirchenzucht ausgerottet wurde").

[48] Eine ausführlichere Fassung der folgenden Ausführungen bei Thüry 2009.

[49] Zum Text von Bregenz Egger 1962, 277 ff.

[50] Zum Bösen Blick, zur *invidia* und zu den im folgenden behandelten Apotropaia vgl. schon Jahn 1855 und das erstmals 1910 erschienene Werk Seligmann 1985.

3. Archäologische Zeugnisse

Zu den Apotropaia zählen nicht zuletzt die in der römischen Antike so beliebten Darstellungen von phallischen Figuren, von nackten Genitalien und von Fingergesten, die Genitalien oder die Kopulation symbolisieren.[51] Deshalb wurden z. B. Phallusbilder als magisch wirksamer Hängeschmuck getragen, am Pferdegeschirr befestigt oder als eine Art von Mobile im Haus verwendet.

Uns interessieren Apotropaia dieser Art hier deshalb, weil auch sie mit dem Phänomen der sexuellen Gewalt zusammenhängen. Warum gerade Abbildungen von Genitalien als apotropäische Amulette gebraucht werden konnten, ist in der Forschung lange diskutiert, aber erst vor gut dreißig Jahren wohl endgültig geklärt worden. Diese Erklärung ist dem Philologen Detlev Fehling zu verdanken, der dafür auf damals neue Erkenntnisse der Verhaltensforschung zurückgriff.[52] Dem Verhaltensforscher Wolfgang Wickler war es damals gerade gelungen nachzuweisen, dass es bei Primaten ein abschreckendes, ein abwehrendes Vorweisen von Genitalien gibt. Bei Affen lässt sich ein reviermarkierendes Wachesitzen der Männchen beobachten, die dabei ihre erigierten Genitalien präsentieren. Das ist eine Droh- und Imponierhaltung, die dann verständlich wird, wenn man sich die soziale Funktion des Gebrauchs der Genitalien bei den Affen deutlich macht. Zumindest bei den Primaten ist der Phallus ein Instrument der Hierarchisierung, der Schaffung einer Rangordnung; er wird eingesetzt, um andere männliche Tiere durch zwangsweises Kopulieren unterzuordnen, in ihre Schranken zu verweisen. Der Phallus ist auch eine Art naturgegebener Waffe; und sein Herzeigen in erregtem Zustand stellt insofern einen geeigneten Droh- und Imponiergestus dar.

Auf diese Erkenntnisse hat also Detlev Fehling verwiesen. Er hat mit einer weit ausholenden Materialsammlung gezeigt, dass der Phallus und das Bild des Phallus auch beim Menschen – und speziell beim antiken Menschen – zur Abwehr anderer und als Reviermarkierung eine Rolle spielt. So sind das Apotropaion in Genitalienform und ähnliche Erscheinungen ein Ausdruck dieses schon von unseren tierischen Vorfahren ererbten Verhaltensmusters. Die schadenbringenden Mächte werden letztlich durch die von den Genitalien ausgehende Gewalt in die Flucht geschlagen.

Abgesehen von diesem Exkurs über Apotropaia, ist auf dem Gebiet der archäologischen Zeugnisse zur Frage des Verhältnisses von Sexualität und körperlicher Gewalt noch zu erwähnen, dass es hier erst vor wenigen Jahren eine weitere neue Entdeckung gegeben hat: nämlich die Entdeckung, dass die bisher geäußerte Behauptung, man kenne keine Erwähnungen und Darstellungen sado-masochistischer Sexualpraktiken in der römischen Antike, falsch ist.[53] Es gibt vereinzelte Darstellungen, die sehr wohl sado-masochistische Praktiken abbilden und die zumindest – wenn sie nicht die Realität widerspiegeln sollten – doch das Vorhandensein von Sexualphantasien belegen, in denen es um solche Praktiken ging. Die Abb. 132 dieses Bandes zeigt so die Umzeichnung einer medaillonartigen Tonapplike, die – in bisher drei Exemplaren belegt – als Verzierungselement von Gefäßen der sogenannten Rhônekeramik diente. Die Fundorte der drei Exemplare sind Arles, Lyon und Vienne.[54] Die Abbildung gibt davon das fragmentierte Arleser Exemplar wieder und ergänzt dessen Inschrift nach der des Fundes aus Vienne.

Das Bild des Medaillons stellt ein sehr eigenartiges Symplegma dar. Auf einem unbekleideten Mann, der auf einem Bett liegt, sitzt, ihm zugewendet, eine Frau, die zwar ebenfalls sonst unbekleidet, aber bewaffnet ist – und zwar mit einem kurzen Schwert und einem Schild, d. h. wohl mit Waffen eines Gladiators bzw. (was es ja auch gab) einer Gladiatorin.[55] Der ausgestreckte Schildarm fährt auf das Gesicht des Mannes zu, der mit der Rechten eine abwehrende Bewegung macht. Es sieht so aus, als forme seine erhobene rechte Hand die antike Abwehrgeste, die in Italien noch heute unter dem Namen „le corna", also „die Hörner", bekannt ist.[56] In einer früheren Arbeit hat der Verfasser diese Handbewegung mit der Bemerkung kommentiert: „Mag die Hand – davon abgesehen [d. h., von der Geste der „corna" abgesehen] – den Schild vielleicht von sich stoßen, ist die Bewegung doch eher die eines hilflosen Erschreckens vor der Aggressivität der Frau, deren Waffen nicht nur wie eine spielerische Maskerade wirken. Auch die Angst ist eben durchaus ein Bestandteil jener Form von Sexualität, die hier ohne Zweifel – aus der Sicht des Mannes betrachtet – zum Thema des Bildes wird: nämlich des Masochismus. Der Psychoanalytiker Theodor Reik sprach deshalb geradezu von einem Januskopf des Masochismus, an dem die ‚eine Hälfte ein von Angst verzerrtes' und die andere ‚ein von Lust verzücktes Gesicht aufweist'."[57]

Nicht ganz einfach macht es uns die Beischrift dieses zugleich auch epigraphischen Zeugnisses. Der Verfasser

---

[51] Darüber z. B. Jahn 1855, 67 ff.; Herter 1938, 1723 ff., 1733 ff. und 1747; Johns 1990, 60 ff.; Sittl 1890, 121 ff.
[52] Fehling 1974, 7 ff. = Wiederabdruck Fehling 1988.
[53] Thüry 2001 (b).
[54] Den Medaillontyp und die Funde aus Arles und Vienne registriert das Corpus der Rhônemedaillons von Wuilleumier – Audin 1952, n. 74. Die Medailloninschrift des Exemplars aus Vienne ist in CIL XII 5687.33 erfasst. Der Fund aus Lyon bei Desbat 1981, 100 f. Zur Interpretation des Medaillontyps vgl. Thüry 2001 (b) 573 ff.
[55] Zu Gladiatorinnen z. B. Ewigleben 2000, 131; Junkelmann 2000, 18 f.; Krenkel 2006, 470 ff.
[56] Zur antiken Geste Lesky 1969; Sittl 1890, 103 f. und 124. – „Le corna" im heutigen Italien: Brackmann – Pepi 1993, 80.
[57] Thüry 2001 (b) 573 f. Das Zitat von Reik aus Reik 1977, 170.

hat sich zwar schon in der eben zitierten früheren Arbeit damit auseinandergesetzt.[58] Inzwischen gibt es aber Wesentliches nachzutragen. Das Textchen bezieht sich offensichtlich auf die „Gladiatorin" und ihren Schild; denn es lautet: *Orte scutus est.* Das bedeutet wohl: „Das ist ja tatsächlich ein Schild!" Als ungewöhnlich fällt dabei zunächst das Wort *orte* auf, das wir mit „tatsächlich" übersetzt haben. Es gehört zu den Gräzismen, die in Gallien und speziell auf der in Gallien hergestellten beschrifteten Rhônekeramik nicht selten waren.[59] Einen Kommentar erfordert aber vor allem auch das Wort „Schild" (*scutus*). Dazu ist einerseits eine Stelle im Traumdeutungsbuch des Artemidor heranzuziehen, wonach ein Schild als Traumbild eine Frau bedeute.[60] Andererseits vergleicht Plautus indirekt die Hure im Bett mit einem Schild.[61] Dazu kommt – wie erstmals Siegfried Seligmann bemerkt hat –, dass auch römische Genitalamulette (und zwar Riemenbeschläge vom Pferdegeschirr), die eine Vulva darstellen, dieses Vulvabild auf eine langrechteckige Unterlage in Form eines Schildes setzen.[62] Es scheint also, dass der Vergleich der Vulva bzw. des weiblichen Sexualpartners mit einem Schild eine zumindest gewisse Popularität hatte; oder anders gesagt: dass in der römischen Sexualsymbolik (wie übrigens noch in der nach-antiken[63]) der Schild ein Symbol für die Vulva bzw. für den weiblichen Sexualpartner war. Offenbar lag diesem Vergleich die Vorstellung zugrunde, dass die Partnerin nach Art eines Schildes den „Angriff" des Phallus, der häufig mit einer Stoßwaffe verglichen wurde,[64] „auffing". Im konkreten Fall unserer Szene bringt die Beischrift wohl zum Ausdruck, dass die „Gladiatorin" nicht nur im Sinn dieser Symbolik ein „Schild" ist, sondern dass sie tatsächlich einen Schild trägt.

Für das Verständnis der dargestellten Szene ist die Inschrift jedoch nicht wesentlich. Und tatsächlich begegnet uns das gleiche Bildmotiv der mit Schwert und Schild bewaffneten, aber nackten Frau, die auf ihrem liegenden Partner sitzt, auf verschiedenen römischen Bildlampen wieder, die keine Inschriften tragen.[65]

An weiteren Zeugnissen sado-masochistischer Praktiken ist bisher nur ein zweiter Bildtypus der Rhônemedaillons bekannt, von dem aber lediglich ein einziges, heute verschollenes Exemplar gefunden wurde.[66] Das Medaillon, das in Orange zutage kam, bildete wiederum ein Symplegma eines Mannes mit einer bewaffneten Partnerin ab. Sie trug anscheinend keinen Schild, hielt aber in der Rechten ein Schwert. In der Beischrift hieß es unter anderem:[67] *vicisti, domina* = „du hast gesiegt, Herrin (bzw.: mein Schatz)." Der männliche Partner, der mit dieser Feststellung offensichtlich zitiert wird, bezeichnet sich also selbst als im masochistischen Rollenspiel unterlegen.

Die gleiche auf den weiblichen Partner eines Symplegmas bezogene Siegesmetaphorik ist schließlich noch auf zwei weiteren Medaillontypen belegt, die aber keine Darstellungen eines sado-masochistischen Waffengebrauchs enthalten.[68] In diesen Fällen trägt entweder die Frau einen Palmzweig oder soll gerade einen Kranz und einen Palmzweig überreicht erhalten. Auf einem der Medaillontypen kommentiert das eine Inschrift mit dem Wortlaut: *tu sola / nica* = „du allein (= die Partnerin) sollst siegen" (man beachte dabei wiederum den Gräzismus *nica*!).[69]

Resümieren ließe sich also: Gleich, ob wir in diesen Bildzeugnissen realitätsgerechte Darstellungen von Liebesszenen zu sehen haben (und nicht etwa nur scherzhafte Verbildlichungen der Metaphern vom Liebeskampf und vom *servitium amoris*[70]), sind sie doch zumindest Belege für sado-masochistische Vorstellungen. Ob nur im Bereich solcher Vorstellungen oder wirklich auch ausgeführter sado-masochistischer Praktiken, war also auch diese Facette der sexuellen Gewalt schon vertreten.

4. Schlusswort

Am Ende unseres Überblickes zur Frage des Verhältnisses von Sexualität und körperlicher Gewalt in der römischen Antike bleibt nach Ansicht des Verfassers der Eindruck, hier einer teilweise schockierenden Nachtseite der klassischen Kultur begegnet zu sein. Zwar ist er mit solchen Formulierungen auch schon auf Widerspruch gestoßen. Das scheint insofern erklärlich, als auf die Ära des früher überwiegenden betroffenen Schweigens über das ganze Thema der römischen Sexualität eine neue Zeit gefolgt ist, die gelegentlich versucht sein mag, in das entgegengesetzte Extrem zu verfallen und nunmehr

---

[58] Thüry 2001 (b) 574.

[59] Griechisch in Gallien: Wierschowski 1995, 29. Griechische Ausdrücke und auch weitere Belege des Wortes *orte* in den Texten der Rhônemedaillons: Thüry 2001 (b) 574 f.

[60] Artemidor 2,31. – Auf die Stelle weist bereits (mit unrichtigem Zitat) Pierrugues 1908, 454 hin.

[61] Plautus, *Bacchides* 1,1,38. – Auch auf diese Stelle weist schon Pierrugues 1908, 454 hin.

[62] Seligmann 1985, Bd. 2, 203. Ausführlich über diese Beschläge Gschwind 1998, 115 f.

[63] Vorberg o. J., 437.

[64] Goldberger 1930, 45.

[65] Vgl. z. B. Leibundgut 1977, 164 und 247; Chrzanovski 2000, 45 und 69 ff.; Clarke 2003, Abb. 104, 151 (wobei Clarke die Waffen der Frau als „iron hand weights" mißdeutet und von weiblichem „fitness training" spricht). – Die Lampendarstellungen waren Thüry 2001 (b) noch nicht bekannt.

[66] Wuilleumier – Audin 1952, n. 371. Die Inschrift des Medaillons ist CIL XII 5687.37.

[67] Zur Beischrift als ganzer Thüry 2001 (b) 574.

[68] Wuilleumier – Audin 1952, n. 59 und 71; Thüry 2001 (b) 575.

[69] CIL XIII 10 013.30.

[70] Wobei eine Variante der *militia amoris* den Liebeskampf auch mit der Gladiatur vergleicht: Spies 1930, 74 ff. – Lediglich für Scherze hält die Darstellungen der bewaffneten Liebespartnerin Clarke 1998, 260 f. und 2003, 147 f.

allen einschlägigen Phänomenen mit der unberührten Haltung eines „na und?" entgegenzutreten. Die Frage ist aber, ob sich nicht auch hinter dieser völligen und in Anbetracht des Themas erstaunlichen Unberührtheit eine Betroffenheit verbirgt, die als vermeintlich nicht „modern" überspielt werden soll.

Auch wenn es ja nicht Aufgabe des Historikers ist, der Vergangenheit „Zensuren" zu erteilen, möchte der Verfasser doch dabei bleiben, manche der hier dargestellten Usancen der römischen Antike als „schockierend" zu bezeichnen. Es geht ihm hier sehr ähnlich wie Marcel Durry, der vor rund fünfzig Jahren als erster klar herausarbeitete, dass in Rom zum Teil noch vorpubertäre Mädchen heiraten mussten. Das Schlusswort seines Aufsatzes ist eine Apologie gegenüber dem möglichen Vorwurf, er verdunkle das Bild, das wir von „nos chers Romains" haben, durch die Untersuchung einer Schattenseite ihrer Kultur. Dieser Vorwurf ergebe sich leicht daraus, daß „Forschen eine Art von Lieben" sei („car étudier c'est en un sens aimer").[71] Das ist in der Tat (jedenfalls aus der Sicht des Verfassers) richtig. Aber wer seine Forschungsarbeit der römischen Antike widmet, wird ihr seine Liebe auch dann nicht entziehen können, wenn er sich mit ihren Schattenseiten beschäftigt.

Literatur

Adams 1982: J. N. Adams, The Latin Sexual Vocabulary (London 1982).

Brackmann – Pepi 1993: H. Brackmann – L. Pepi, Senza parole. Die Körpersprache der Italiener (Reinbek 1993).

Bradley 1994: K. R. Bradley, Slavery and Society at Rome (Cambridge 1994).

Cahoon 1988: L. Cahoon, The Bed as Battlefield: Erotic Conquest and Military Metaphor in Ovid's Amores. Transactions of the American Philological Association 118, 1988, 293–307.

Chrzanovski 2000: L. Chrzanovski, Lumières antiques. Les lampes à huile du Musée Romain de Nyon (Mailand 2000).

Clarke 1998: J. R. Clarke, Looking at Lovemaking. Constructions of Sexuality in Roman Art, 100 B.C. – A.D. 250 (Berkeley – Los Angeles – London 1998).

Clarke 2003: J. R. Clarke, Roman Sex 100 BC – AD 250 (New York 2003).

Copley 1947: F. O. Copley, Servitium amoris in the Roman Elegists. Transactions of the American Philological Association 78, 1947, 285–300.

Desbat 1981: A. Desbat, Vases à médaillons d'applique des fouilles récentes de Lyon. Figlina 5–6, 1980–81.

Doblhofer 1994: G. Doblhofer, Vergewaltigung in der Antike. Beiträge zur Altertumskunde 46 (Stuttgart – Leipzig 1994).

Durry 1955: M. Durry, Le mariage des filles impubères à Rome. Académie des inscriptions et belles-lettres, Comptes rendus 1955, 84–90.

Egger 1962: R. Egger, Römische Antike und frühes Christentum. Gesammelte Schriften 1 (Klagenfurt 1962).

Ewigleben 2000: C. Ewigleben, Der blanke Stahl ist's, den sie lieben. In: E. Köhne – C. Ewigleben, Hgg., Caesaren und Gladiatoren. Die Macht der Unterhaltung im antiken Rom (Mainz 2000) 131–148.

Fehling 1974: D. Fehling, Ethologische Überlegungen auf dem Gebiet der Altertumskunde. Zetemata 61 (München 1974).

Fehling 1988: D. Fehling, Phallische Demonstration. In: A. K. Siems, Hg., Sexualität und Erotik in der Antike (Darmstadt 1988) 282–323.

Gamauf 1998: R. Gamauf, Sex and crime im römischen Recht. Zu einem Fall nichtsanktionierter sexueller Gewalt (D 47.2.39 Ulp. 41 Sab.). In: M. F. Polaschek – A. Ziegerhofer, Hgg., Recht ohne Grenzen – Grenzen des Rechts (Frankfurt/Main usw. 1998) 21–41.

Goldberger 1930: W. Goldberger, Kraftausdrücke im Vulgärlatein. Glotta 18, 1930, 8–65.

Goldberger 1932: W. Goldberger, Kraftausdrücke im Vulgärlatein. Glotta 20, 1932, 101–150.

Gschwind 1998: M. Gschwind, Pferdegeschirrbeschläge der zweiten Hälfte des 3. Jahrhunderts aus Abusina/Eining. Saalburg Jahrbuch 49, 1998, 112–138.

Guyot 1980: P. Guyot, Eunuchen als Sklaven und Freigelassene in der griechisch-römischen Antike. Stuttgarter Beiträge zur Geschichte und Politik 14 (Stuttgart 1980).

Hallett 1977: J. P. Hallett, Perusinae glandes and the Changing Image of Augustus. American Journal of Ancient History 2, 1977, 151–171.

Hartmann 2002: E. Hartmann, Vergewaltigung. Der Neue Pauly 12/2 (Stuttgart – Weimar 2002) 39–41.

Herter 1932: H. Herter, De Priapo. Religionsgeschichtliche Versuche und Vorarbeiten 23 (Gießen 1932).

Herter 1938: H. Herter, Phallos. RE 19 (Stuttgart 1938) 1681–1748.

Jahn 1855: O. Jahn, Über den Aberglauben des bösen Blicks bei den Alten. Berichte über die Verhandlungen der königlich sächsischen Gesellschaft der Wissenschaften zu Leipzig, phil.-hist. Cl. 7, 1855, 28–110.

Johns 1990: C. Johns, Sex or Symbol. Erotic Images of Greece and Rome (Austin 1990).

Jorio 2000: A. de Jorio, Gesture in Naples and Gesture in Classical Antiquity. Translated by A. Kendon (Bloomington – Indianapolis 2000).

Junkelmann 2000: M. Junkelmann, Das Spiel mit dem Tod. So kämpften Roms Gladiatoren (Mainz 2000).

Krenkel 1979: W. A. Krenkel, Pueri meritorii. Wissenschaftliche Zeitschrift der Wilhelm-Pieck-Universität Rostock 28, 1979, Gesellschafts- und Sprachwissenschaftliche Reihe 3, 179–189.

---

[71] Durry 1955, 90.

Krenkel 2006: W. Krenkel, Naturalia non turpia. Schriften zur antiken Kultur- und Sexualwissenschaft. Spudasmata 113 (Hildesheim – Zürich – New York 2006).

Leibundgut 1977: A. Leibundgut, Die römischen Lampen in der Schweiz (Bern 1977).

Lesky 1969: A. Lesky, Abwehr und Verachtung in der Gebärdensprache. Anzeiger der Österreichischen Akademie der Wissenschaften, phil.-hist. Kl. 106, 1969, 149–157.

Lilja 1983: S. Lilja, Homosexuality in Republican and Augustan Rome (Helsinki 1983).

Luck 1962: G. Luck, Hexen und Zauberei in der römischen Dichtung (Zürich 1962).

Lyne 1979: R. O. A. M. Lyne, Servitium amoris. The Classical Quarterly NS 29, 1979, 117–130.

McGinn 1998: Th. A. J. McGinn, Prostitution, Sexuality, and the Law in Ancient Rome (New York – Oxford 1998).

McGinn 2004: Th. A. J. McGinn, The Economy of Prostitution in the Roman World (Ann Arbor 2004).

Martin-Kilcher 1998: S. Martin-Kilcher, AB AQUIS VENIO – zu römischen Fibeln mit punzierter Inschrift. In: Mille Fiori. Festschrift für Ludwig Berger. Forschungen in Augst 25 (Augst 1998) 147–154.

Meyer-Zwiffelhoffer 1995: E. Meyer-Zwiffelhoffer, Im Zeichen des Phallus. Die Ordnung des Geschlechtslebens im antiken Rom (Frankfurt/Main – New York 1995).

Murgatroyd 1975: P. Murgatroyd, Militia amoris and the Roman Elegists. Latomus 34, 1975, 59–79.

Murgatroyd 1981: P. Murgatroyd, Servitium amoris and the Roman Elegists. Latomus 40, 1981, 589–606.

O'Connor 1989: E. M. O'Connor, Symbolum salacitatis. A Study of the God Priapus as a Literary Character. Studien zur klassischen Philologie 40 (Frankfurt/Main usw. 1989).

Oxé 1932: A. Oxé, Inschrift eines römischen Bronzezirkels. Rheinisches Museum für Philologie NF 81, 1932, 301–303.

Pierrugues 1908: P. Pierrugues, Glossarium eroticum linguae Latinae (Berlin 2. Aufl. 1908).

Reik 1977: Th. Reik, Aus Leiden Freuden. Masochismus und Gesellschaft (Hamburg 1977).

Reuter – Scholz 2005: M. Reuter – M. Scholz, Alles geritzt: Botschaften aus der Antike ([Ausstellungskatalog] München 2005).

Richlin 1993: A. Richlin, Not Before Homosexuality: The Materiality of the Cinaedus and the Roman Law against Love between Men. Journal of the History of Sexuality 3, 1992–1993, 523–573.

Romano 1972: A. C. Romano, Ovid's Ars Amatoria or the Art of Outmanoeuvering the Partner. Latomus 31, 1972, 814–819.

Rosen 1976: K. Rosen, Ad glandes Perusinas (CIL I 682 sqq.). Hermes 104, 1976, 123 f.

Rousselle 1989: A. Rousselle, Der Ursprung der Keuschheit (Stuttgart 1989).

Schauenburg 1997: K. Schauenburg, Eroten mit Waffen. In: Chronos. Festschrift für Bernhard Hänsel (Espelkamp 1997) 671–682.

Schiefenhövel 1992: W. Schiefenhövel, Signale zwischen Menschen. Formen nichtsprachlicher Kommunikation. In: Funkkolleg „Der Mensch", Studienbegleitbrief 4, Studieneinheit 11 (Tübingen 1992).

Seligmann 1985: S. Seligmann, Der böse Blick und Verwandtes, 2 Bde. (Nachdruck Hildesheim – Zürich – New York 1985).

Selinger 1999: R. Selinger, Frauenhinrichtung. In: I. Piro, Hg., Règle et pratique du droit dans les réalités juridiques de l'antiquité. Actes de la 51e session de la Société Internationale Fernand de Visscher pour l'histoire des droits de l'antiquité (Catanzaro 1999) 483–506.

Shaw 1987: B. D. Shaw, The Age of Roman Girls at Marriage: Some Reconsiderations. The Journal of Roman Studies 77, 1987, 30–46.

Sittl 1890: C. Sittl, Die Gebärden der Griechen und Römer (Leipzig 1890).

Spies 1930: A. Spies, Militat omnis amans. Ein Beitrag zur Bildersprache der antiken Erotik (Dissertation Tübingen 1930).

Stahlmann 1997: I. Stahlmann, Der gefesselte Sexus. Weibliche Keuschheit und Askese im Westen des Römischen Reiches (Berlin 1997).

Stroh 1983: W. Stroh, Die Ursprünge der römischen Liebeselegie. Poetica 15, 1983, 205–246.

Stumpp 1998: B. E. Stumpp, Prostitution in der römischen Antike (Berlin 2. Aufl. 1998).

Sullivan 1979: J. P. Sullivan, Martial's Sexual Attitudes. Philologus 123, 1979, 288–302.

Thüry 1994: G. E. Thüry, Mehrdeutige erotische Kleininschriften. Bayerische Vorgeschichtsblätter 59, 1994, 85–95.

Thüry 1997: G. E. Thüry, Ein phallischer Mörserstößel aus Carnuntum. Carnuntum Jahrbuch 1997, 99–106.

Thüry 2001 (a): G. E. Thüry, Müll und Marmorsäulen. Siedlungshygiene in der römischen Antike (Mainz 2001).

Thüry 2001 (b): G. E. Thüry, Die Palme für die „domina". Masochismus in der römischen Antike. Antike Welt 32, 2001, 571–576.

Thüry 2003: G. E. Thüry, Sirenen auf Appliken der Rhônekeramik? Rei cretariae Romanae fautorum acta 38, 2003, 349 f.

Thüry 2008: G. E. Thüry, Die erotischen Inschriften des instrumentum domesticum: ein Überblick. In: Akten des Kolloquiums Instrumenta inscripta Latina II (Klagenfurt 2008) 295–304.

Thüry 2009: G. E. Thüry, Amor am Nordrand der Alpen. Sexualität und Erotik in der römischen Antike.

Documents du Musée romain d'Avenches 17 (Avenches 2009).

Vorberg o. J.: G. Vorberg, Glossarium eroticum (Nachdruck Hanau o. J.).

Wierschowski 1995: L. Wierschowski, Die regionale Mobilität in Gallien nach den Inschriften des 1. bis 3. Jahrhunderts n. Chr. Historia Einzelschriften 91 (Stuttgart 1995).

Wuilleumier – Audin 1952: P. Wuilleumier – A. Audin, Les médaillons d'applique gallo-romains de la vallée du Rhône. Annales de l'université de Lyon, Lettres, 3ᵉ série 22 (Paris 1952).

Zangemeister 1885: K. Zangemeister, Glandes plumbeae Latine inscriptae. Ephemeris epigraphica 6 (Rom – Berlin 1885).

Zinn 1965: E. Zinn, Erotik. Lexikon der Alten Welt (Zürich – Stuttgart 1965) 867–873.

Nachwort 2024

Im vorstehenden Aufsatz, der auf einen Vortrag aus dem Jahr 2007 zurückgeht und erstmals 2010 veröffentlicht wurde, wird Kritik an der Ansicht geübt, dass man nicht von dieser oder jener „Nachtseite" der antiken Kultur sprechen dürfe. Andererseits scheint es heute aber auch nötig, sich dagegen zu verwahren, dass negative Vorurteile das Geschichtsbild im Zeichen der „Kultur" des „Cancelns" geradezu zu bestimmen versuchen.

Was das Thema der Arbeit betrifft, bin ich auf verschiedene Aspekte in späteren Veröffentlichungen zurückgekommen: auf die erotische Siegessymbolik im Beitrag 46 dieses Bandes; auf den Schild als Vulvasymbol im Beitrag 47; und auf den Masochismus in meinem Aufsatz: Ein Dichter auf der Suche nach sich selbst. Lebenswahl und Identität bei Tibull. In: Arbeit und Identität in der Antike. Akten des 3. Salzburger Frühlingssymposiums 2022. Sonderband der Zeitschrift Diomedes (2024; im Druck). Über das Gesamtthema von Sex und Gewalt vgl. außerdem G. E. Thüry, Liebe in den Zeiten der Römer (Mainz 2015) 90–109; ders., Römer, Mythen, Vorurteile. Das alte Rom und die Macht (Darmstadt 2022) 80–82; ders., Patriarchat und sexuelle Revolution. Waren römische Männer Machos? Cursor 20, 1924 (im Druck). – Sonstige neuere Literatur: D. Kamen – C. W. Marshall, Hgg., Slavery and Sexuality in Classical Antiquity (Madison 2021).

46.

Ein Fund von Rhônekeramik aus Xanten

(Aus: Xantener Berichte 30, 2017, 155 ff.)

Forschungsgeschichte

Die Zeit des Biedermeier war eine Periode intensiver Bemühungen um die Erforschung des römischen Xanten. Der Gymnasialprofessor und Altertumswissenschaftler Franz Fiedler schrieb zu diesem Thema im Jahr 1839: „Xanten besitzt nun sein eignes Antiquarium, und die Schätze des Alterthums, welche auf Xantens Fluren gefunden werden, finden in der Heimath ein sicheres und würdiges Asyl. Denn seit einer Reihe von Jahren, besonders seit dem Jahre 1819, hat der Notarius Houben ... mit den günstigsten Erfolgen in der Umgebung von Xanten Ausgrabungen nach seiner Angabe selbst ausgeführt und die gefundenen Anticaglien und Denkmäler ... in seinem Antiquarium, das für Jedermann zur Beschauung offen steht, sorgfältig aufgestellt."[1]

Der „Notarius Houben" war der Xantener Notar und Justizrat Philipp Houben (1767–1855; Abb. 136).[2] Dass er Interesse an der Antike gewann und schließlich auch „Ausgrabungen" veranstaltete, soll dem Einfluss des seit 1811 in Xanten tätigen Pfarrers und Historikers Johann Peter Spenrath (1761–1828) zuzuschreiben sein.[3] Houbens Grabungen (Abb. 137) galten vor allem den römischen Gräbern Xantens, von denen er nach Fiedlers Zeugnis bis zum Jahr 1839 „ungefähr fünfzehnhundert" (!) geöffnet hatte.[4]

Antiquarische und kommerzielle Motive lassen sich bei Houbens Grabungen kaum voneinander trennen. Sein „weit berühmtes antiquarisches Kabinett" (so J. P. Spenrath), das er in seinem Wohnhaus am Xantener Dom eingerichtet hatte, versuchte der hoch verschuldete Notar in jahrelangen Verhandlungen zu verkaufen.[5] Der Abschluss scheiterte aber am Umfang seiner Forderungen.

Seine Grabungen hat Houben fast bis zu seinem achtzigsten Lebensjahr fortgesetzt. Erst 1844 stellte er die Arbeit ein.[6] Sein Privatmuseum blieb aber bis zu seinem Tod 1855 in Betrieb.[7]

Veröffentlichen ließ Houben einen kleinen Teil seiner bis dahin gesammelten Funde im Jahr 1839 in zwei von ihm finanzierten Bänden, die sein schon erwähnter Freund Franz Fiedler schrieb.[8] Der Weseler Gymnasialprofessor Franz Anton Maximilian Fiedler (1790–1876) war Altertumswissenschaftler und Historiker und hatte bereits 1824 ein Buch über „Römische Denkmäler

Abb. 136: Porträt Philipp Houbens von 1853. LVR-LandesMuseum Bonn

---

Der vorliegende Aufsatz ist aus einem Vortrag hervorgegangen, den der Verf. im Oktober 2012 im Xantener Museum hielt. Herzlich danken möchte er für Hilfe verschiedener Art vor allem Cécile Colonna (Paris); Ulrich Esters (Krefeld); Irmgard Hantsche (Essen); und Martin Müller (Xanten).
[1] Fiedler 1839b, VI.
[2] Über ihn Böcking 2005, 81 ff.; Houben 1951; Müller 2010; Müllers 1980; Schmenk 2008, pass.; Weisweiler 1925, 299 ff.
[3] Einfluss Spenraths: Müllers 1980, 47. „Seit 1811": Müllers 1980, ebd. – Spenrath verfasste selbst ein posthum erschienenes Buch über die römische Vergangenheit Xantens (Spenrath 1837).
[4] Fiedler 1839b, 33. Vgl. Bridger 1995, 435 f.
[5] Das Zitat aus Spenrath 1837, 31. – „Wohnhaus am Dom": Müllers 1980, 48 f. Einige beschreibende Worte über das Museum enthält

die kurze Notiz in der Allgemeinen Schulzeitung Abt. II, Nr. 39 vom 17. Mai 1827, 312. – „Der hoch verschuldete Notar": Müllers 1980, 47 und 51 Anm. 7; Schmenk 2008, 108 Anm. 386. – Jahrelange Verkaufsversuche: Rave 1936, 193 f. (wo aber der Verweis auf die Allgemeine Schulzeitung vom Juni 1827 ein Fehlzitat ist).
[6] Müllers 1980, 50.
[7] Müllers 1980, 50. – Besucher noch im April 1855 erwähnt Ehrhardt 1982, 102 Anm. 402.
[8] Fiedler 1839a; 1839b. – "Von ihm finanziert": Fiedler 1839b, VI. – Wenn gelegentlich so formuliert wird, als habe Fiedler mehr oder weniger eine Gesamtvorlage der Funde Houbens veröffentlicht, so ist das unzutreffend.

Abb. 137: Philipp Houben (zweiter von rechts) bei seinen „Grabungen". Lithographie F. Emmerichs
(aus: Fiedler 1839b, Titelblatt)

der Gegend von Xanten und Wesel" publiziert.[9] Auch darin hatte er ein ganzes Kapitel der Sammlung gewidmet, die „seit einigen Jahren … in Xanten der Herr Notar Houben" zusammengetragen habe und „die er mit freundlicher Bereitwilligkeit den schaulustigen Fremden und Freunden des Alterthums zeigt."[10]

Der Wert, der den drei Veröffentlichungen Fiedlers bis heute zukommt, liegt darin, dass sie Details über die Fundumstände enthalten und dass die von ihm beschriebenen und abgebildeten Funde heute zum größten Teil verschollen sind.[11]

Veröffentlichungen über die „erotischen Bildwerke" aus den Grabungen Philipp Houbens in Xanten

Dass unter den Funden Houbens auch Erotica waren, hat – soweit der Verfasser sieht – zuerst das Buch Fiedlers aus dem Jahr 1824 bekannt gemacht. Dort ist von drei Stücken dieser Art die Rede. Eines habe in einem am 9. März 1822 geöffneten Grab gelegen und bestand aus einem Phallusamulett an einem silbernen Ring.[12] Die beiden anderen Objekte seien ein beinernes Phallusamulett (nach Fiedler „von Elfenbein") und eine „merkwürdige gut erhaltene kupferne Denkmünze mit in einander geschlungenen Priapen" gewesen.[13] Auf die „Denkmünze" werden wir später nochmals kurz zurückkommen müssen.

Als Franz Fiedler 1839 an die zusammenfassende Veröffentlichung der bis dahin geborgenen Funde Houbens ging, entschieden sich Besitzer und Autor,

---

[9] Über Fiedler Bursian 1968; Eckstein 1871, 157. Das Buch: Fiedler 1824.
[10] Das Zitat steht bei Fiedler 1824, VII. Das Kapitel über Funde der Houbenschen Sammlung dort 191–213.
[11] So zuletzt Müller 2010, 15.

[12] Fiedler 1824, 211 und Taf. 3,5.
[13] Das Amulett bei Fiedler 1824, 211 mit Taf. 3,6; Fiedler 1839a, 17 mit Taf. 3,2. Die „Denkmünze" bei Fiedler 1824, 211 f. (ohne Abb.); Fiedler 1839a, 17 und 20 mit Taf. 4,2.

Abb. 138: Das Xantener Rhônekeramik-Fundstück aus der Sammlung Houben. Lithographie F. Emmerichs (aus: Fiedler 1839a, Taf. 5)

das Material in zwei Gruppen zu unterteilen und sie getrennt vorzustellen: in einem Band die Grabfunde unter Ausschluss der Erotica und in einem zweiten ausschließlich (wie es im Titel hieß) die „antiken erotischen Bildwerke". Eine Schrift über „erotische Bildwerke" war dabei für die Biedermeierzeit mutig und ungewöhnlich.[14] Wohl dank der Beziehungen des Notars soll sich aber die damals allgegenwärtige Zensur darauf beschränkt haben, Interessenten einen Kauf der Schrift nur gegen jeweilige ministerielle Genehmigung zu gestatten.[15] Auch disziplinarische Maßnahmen gegen Fiedler in seiner Berufstätigkeit als Lehrer waren wohl nicht zu befürchten. Der Leiter des Weseler Gymnasiums, an dem Fiedler arbeitete – der Klassische Philologe Ludwig Bischoff (1794–1867) – hatte sich bereits jahrelang ungestraft ein sittlich sehr freies Verhalten bis hin zu wiederholten handfesten und öffentlich bekannten Sexualskandalen leisten können.[16]

Sehr freizügig und originell war übrigens auch Houbens Umgang mit der Frage der öffentlichen Zugänglichkeit von Erotica in seinem Privatmuseum. Houben, der wohl noch der freien Denkweise der Aufklärer anhing, fasste die Erotica innerhalb seiner Sammlung zu einem besonderen Kabinett zusammen; und einen Eintrittspreis, den speziell das Kabinett abwarf, ließ er den Armen zugute kommen.[17] Durch einen Besuch des Prinzen Albert von Preußen im erotischen Kabinett erfuhr dieses Verfahren sozusagen auch den „Segen" der Obrigkeit.[18]

Ein Fund eines Gefäßes der Rhônekeramik mit Symplegmadarstellung

Unter den Erotica, die Fiedler publiziert hat, ist auch ein Applikengefäß der Rhônekeramik (Abb. 138). Ihm soll dieser Aufsatz hauptsächlich gelten. Nach Fiedler sei das Stück „aus einem Grabe bei Xanten, nicht weit von der Strasse vor dem Clever Thore, an's Tageslicht gekommen".[19] Mehr ist dort über die Fundumstände nicht zu erfahren.

Fiedlers Abbildung zeigt einen fragmentarisch erhaltenen Becher, von dem der Fuß und der größte Teil zumindest einer Wand erhalten sind und auf dem eine komplett erhaltene Medaillonapplike sitzt. Sie stellt in einem kranzförmigen Rahmen ein Symplegma auf einem Bett und mit der Inschrift TV SOLA NICA dar. Eine eingehende Besprechung wird weiter unten folgen.

Bemerkungen zu den übrigen „erotischen Bildwerken"

Auch wenn diese Arbeit speziell dem vorgestellten Gefäß der Rhônekeramik gilt, sollen hier doch kurz und überblicksmäßig auch die übrigen „erotischen Bildwerke" aus der Sammlung Houben – soweit sie von Fiedler beschrieben und abgebildet wurden – charakterisiert werden.

Publiziert hat Fiedler etwas mehr als dreißig einschlägige Objekte: zwölf Bildlampen (einige davon in Abb. 139);[20] einen tönernen Phallus mit Aufhängeöse (antik?);[21]

---

[14] Über die Situation der Forschungsarbeit an sexualgeschichtlichen Themen im Biedermeier Thüry 2013, 17 ff.; Thüry 2015, 18.

[15] Weisweiler 1925, 301.

[16] Eine umsichtige Charakterisierung seiner Person und seines Verhaltens hat Irmgard Hantsche gegeben (Hantsche 2009).

[17] „Der freien Denkweise der Aufklärer": Houben war Mitglied der Xantener Gesellschaft „Freunde Societät", die das Gedankengut der Aufklärung verbreiten wollte (Schmenk 2008, 104). Über die Haltung der Aufklärer gegenüber der römischen Sexualgeschichte vgl. Thüry 2013, 14 ff.; Thüry 2015, 16 ff. – Eintrittspreis zugunsten der Armen: Müllers 1980, 49.

[18] Müllers 1980, 49.

[19] Fiedler 1839a, 21.

[20] Fiedler 1839a, 5 f. und 24 ff. mit Taf. 1; 2.5–6; 3.6–7; 4.1.

[21] Fiedler 1839a, 17 und Taf. 3.1.

Abb. 139: Funde aus dem Jahr 1834 vor dem Clever Tor aus der Sammlung Houben.
Lithographie F. Emmerichs (aus: Fiedler 1839a, Taf. 1)

acht Genitalamulette;[22] neun (?) Schmucksteine;[23] einen Deckel einer Siegelkapsel mit Phallusdekor;[24] und das Rhônegefäß. Zu Unrecht unter die Erotica eingereiht hatten Fiedler bzw. Houben zwei Gefäßgriffe und zwei Schlüsselringe.[25] Entschieden nicht antik ist schließlich die schon kurz erwähnte „gut erhaltene kupferne Denkmünze", deren beide Seiten linksgewendete männliche Büsten zeigen. Eine dieser Büsten hat die Gestalt eines aus ineinander verschlungenen Phalloi zusammengesetzten Kompositkopfs. Wenn man nicht an eine unterschobene Fälschung denken möchte, gehört das Stück der früheren Neuzeit an.[26]

Nach Fiedler soll diese „Denkmünze" allerdings in einem Grab zutage gekommen sein, das auch ein römisches Genitalamulett enthielt.[27] Aber man muss sich sehr davor hüten, die von ihm publizierten Materialien in toto als wirkliche antike Grabbeigaben

---

[22] Fiedler 1824, 211 und Taf. 3.5 f.; Fiedler 1839a, 16 und 19 mit Taf. 2.1–2; 3.2 und 5; 5.1–3 und 5. Taf. 5.1 ist ein Vulvabeschlag; der Rest sind Phallen (z. T. in Kombination mit Darstellungen von Fingergesten).

[23] Fiedler 1839a, 26 ff. und Taf. 3.3–4 und 8; 4.3–8. Ob wirklich alle Motive erotisch sind, sei dahingestellt.

[24] Fiedler 1839a, 16 (dort für einen Amulettanhänger gehalten) und Taf. 5.4.

[25] Griffe: Fiedler 1839a, Taf. 2.3 und 4; Ringe: ebd. 19 f. mit Taf. 5.6 und 7. Die Griffe hielt Fiedler für einschlägig, weil er darin Darstellungen von „aphrodisischen" Hasen sah; die Ringschlüssel sollten nach Houbens Meinung dagegen – was Fiedler selbst nicht glauben wollte – zu Keuschheitsgürteln gehört haben.

[26] Vgl. Francesco Urbinis Majolikateller mit diesem Motiv aus dem Jahr 1536 im Ashmolean Museum Oxford, Accession Number WA2003.136. Parallelen aus dem 18. Jhd.: Quignard – Seckel 2007, Kat. n. 4 und n. 84 = Abb. 2 und 39a/b.

[27] Fiedler 1824, 211 f.; Fiedler 1839a, 17 und 20.

bzw. als geschlossene Funde anzusehen. Das macht auch eine Anzahl von Objekten deutlich, über die sich Fiedlers Monographie selbst widerspricht.[28] Während er an einer Stelle meint, dass diese am 14. März 1834 vor dem Clever Tor gefundenen Gegenstände (Abb. 139) Grabfunde seien,[29] korrigiert er sich selbst an einer anderen: Hinweise auf ein Grab gebe es hier doch nicht; und der Ausgräber Houben denke stattdessen an eine Opferstelle.[30] Zutreffen dürfte aber beides nicht. Betrachtet man die Abbildungen der Funde, so fällt außer einem Fehlbrand (?) eines grautonigen Gefäßes die ungewöhnliche Zahl der hier geborgenen Bildlampen auf. Sehr ungewöhnlich ist auch, dass von den 16 an dieser Stelle gefundenen Lampen fünf Stücke den gleichen Bildtyp eines Symplegmas zeigen; dreimal kommt das gleiche Bild eines Segelschiffs vor; und zwei weitere Bilder sind jeweils doppelt vertreten. Diese bildidenten Lampen lassen wohl am ehesten an die Nähe einer Töpferei mit Lampenfabrikation denken. Tatsächlich ist eine Herstellung von Bildlampen in Xanten bereits nachgewiesen.[31]

Das Schicksal der Grabungsfunde aus dem Nachlass Philipp Houbens

Als der fast neunzigjährige Houben am 12. August 1855 starb, war zunächst das weitere Schicksal seines Privatmuseums offen. Wir hören, dass die Erben des Notars die Sammlung dem preußischen König anboten;[32] und Wolfgang Ehrhardt hat einen Antrag der beiden Professoren Jahn und Ritschl veröffentlicht, in dem sie am 9. Oktober 1855 das zuständige Ministerium baten, einen Ankauf für das von ihnen geleitete „Museum vaterländischer Altertümer" in Bonn zu ermöglichen.[33] Die Obrigkeit reagierte tatsächlich mit einem Auftrag an Jahn und Ritschl, den Wert der Sammlung zu schätzen. Nachdem dieser Auftrag am 26. Februar 1856 bei den beiden Professoren eingelangt war, stellten sie ihren Bericht am 3. Juli dieses Jahres fertig.[34] Er lief darauf hinaus, dass zwar nicht alles in der Sammlung Houben ankaufswürdig sei. Die ankaufswürdigen Objekte hätten aber einen Wert von rund 2500 Talern.[35]

Wie Jahn und Ritschl spätestens im Februar 1857 erfuhren, lehnten Houbens Erben diese Summe als nicht ausreichend ab.[36] Ein Grund dafür dürfte gewesen sein, dass Jahn und Ritschl in ihrer Schätzung des Sammlungswertes festgestellt hatten, „die ganze

Sammlung der Phallika" innerhalb des Houbenschen Kabinetts (deren Marktwert sehr hoch sei) komme für die Übernahme in eine Universitätssammlung, wie es die in Bonn war, nicht in Frage. Einerseits befänden sich „einige" Bronzeobjekte darunter, die nicht wirklich antik seien; und andererseits handle es sich hier um „Zeugnisse einer raffinierten Unsittlichkeit". Als solche seien Objekte dieser Art „nicht blos überflüssig, sondern lästig; es würde die Hauptsorge sein, sie unsichtbar zu halten."[37]

Die Chronologie weiterer Verkaufsbemühungen der Houbenschen Erben ist nicht bekannt. Jedenfalls war es aber unvernünftig, das Wohnhaus des verstorbenen Notars jahrelang unbewohnt und die darin untergebrachte Sammlung unbewacht zu lassen.[38] So kam es zwischen dem 31. Oktober und dem 3. November 1859 zu einem Einbruch, bei dem Münzen, Gemmen und einige Bronzen entwendet wurden.[39] Vielleicht gab dieses Ereignis den Anlass oder letzten Anstoß dazu, dass die Sammlung schließlich dem Kölner Auktionshaus J. M. Heberlé (Besitzer Heinrich Lempertz) zur Versteigerung überlassen wurde. Dort konnten sie Interessenten am 29. und 30. Mai 1860 besichtigen; Anfang Juni fand die Auktion statt.[40] Ein Rest wurde noch im Herbst 1860 verkauft.[41]

Das weitere Schicksal des Rhônegefäßes

Im französisch verfassten Auktionskatalog von 1860 ist das Xantener Rhônegefäß in einer den Erotica gewidmeten Rubrik (der Rubrik „N") und unter der Nummer 556 verzeichnet.[42] Die Beschreibung lautet: „Vase très-intéressant, malheureusement fragmenté, en argile rouge, représentant une scène érotique (genre de „Venus mascula") avec l'inscription: TV SOLA NICA."

Die Spur, die der Fund hinterlassen hat, verliert sich aber mit diesem Eintrag nicht. 25 Jahre später – 1885 – taucht das Stück erneut in einem Auktionskatalog auf. Diesmal ist es ein Katalog einer Kollektion – unter anderem – von antiken Bronzen und Erotica, die der passionierte französische Sammler Julien Gréau (1810–1895) zusammengetragen hatte und versteigern ließ.[43] Gréau hatte als Autor für seinen Auktionskatalog Wilhelm Fröhner (bzw. Froehner) gewonnen, mit dem er zumindest schon seit 1880 bekannt war.[44] Der Deutsch-Franzose Wilhelm Fröhner (1834–1925), den Gustave Léon Schlumberger einmal „un des plus grands

---

[28] Es geht dabei um die Funde der Taf. 1 bei Fiedler 1839a.
[29] Fiedler 1839a, 5 f.
[30] Fiedler 1839a, 25.
[31] Vgl. z. B. Boelicke 2002.
[32] Ehrhardt 1982, 102. – Wer die Erben waren, geht aus Houben 1951, 161 hervor. Danach hatte Houben sieben Kinder.
[33] Ehrhardt 1982, 101 f.
[34] Ehrhardt 1982, 102 f.
[35] Ehrhardt 1982, 104.
[36] Ehrhardt 1982, 104 Anm. 409 erwähnt eine briefliche Mitteilung darüber (war sie die erste?), die vom 20.2.1857 datiert.

[37] Ehrhardt 1982, 103 f.
[38] Fiedler 1859, 144.
[39] Fiedler 1859.
[40] Lempertz 1860.
[41] Schmenk 2008, 107 f.
[42] Lempertz 1860, 17.
[43] Froehner 1885/1894. Zu Gréau ebd. V ff. und die Angaben der Seite www.idref.fr/132067013 (Abruf 2016).
[44] Das Goethe- und Schiller-Archiv in Weimar besitzt 81 Briefe von Gréau an Fröhner aus den Jahren 1880–1895 (Signatur GSA 107/355).

Abb. 140: Das Xantener Rhônekeramik-Gefäß im Cabinet des Médailles der Nationalbibliothek Paris

Abb. 141: Das Medaillon des Xantener Rhônekeramik-Gefäßes

et des plus originaux archéologues de notre époque" nannte,[45] sollte für das weitere Schicksal des Xantener Fundes noch wichtig werden.

Fröhner hat das Xantener Stück in Gréaus Katalog von 1885 vorgestellt und dazu bemerkt:[46] „Ce vase a été trouvé dans un tombeau à Xanten, hors de la porte de Clèves, et publié par Fiedler." Fröhner, der auch selbst sammelte, interessierte sich offensichtlich besonders für das Gefäß; als es zur Auktion kam, erwarb er es um 330 Franken. In der damaligen epigraphischen Literatur wurde über den Kauf in Zeitschriftennotizen Robert Mowats und Antoine Héron de Villefosses kurz berichtet.[47]

Das weitere Schicksal und der heutige Verbleib des Gefäßes sind aus der bisherigen Literatur, in der es immer einmal kurz erwähnt wurde, nicht zu entnehmen.[48] Da aber nach Fröhners Tod seine Antikensammlung in den Besitz des Cabinet des Médailles der Pariser Bibliothèque nationale übergegangen ist,[49] lag es nahe, einmal nachzufragen, ob sich das Xantener Stück dort noch nachweisen ließe. Tatsächlich war ein Brief des Verfassers von Erfolg gekrönt und ebnete den Weg zu einer Besichtigung des Gefäßes.

Das Gefäß

Das Stück, das im Cabinet des Médailles unter der Inventarnummer „Froehner.1785" verwahrt wird, ist eine becherartige Hochform der Rhônekeramik des 2.–3. Jahrhunderts (Typ Desbat 1;[50] Abb. 140–141). Das weit außerhalb des Hauptverbreitungsgebiets dieser Ware gefundene Exemplar hat sich nicht vollständig erhalten;[51] vorhanden (aus drei Scherben geklebt) sind der Boden (Durchmesser 4,8 cm) und die Wand bis zu einer Höhe von 14,7 cm. Sie trägt eine unbeschädigte Medaillonapplike von 9,1 cm Höhe und 8,1 cm Breite. Die Tonfarbe ist ziegelrot (Steiger 3 hell[52]); der Überzug (stellenweise abgerieben) weist ein dunkles Orangerot auf (rötlicher als Steiger 6 dunkel).

Das von einem Blätterkranz umrahmte Medaillon ist das einzige komplett erhaltene Exemplar seines Typs.[53] Es zeigt ein unter einer Girlande stehendes Bett mit einer Matratze, auf der ein Laken oder Gewand liegt. Rechts hat sich darauf eine unbekleidete Frau auf allen vieren niedergelassen und wendet den Kopf nach oben. Hinter ihr kniet links ein muskulöser, bis auf ein zurückgeschlagenes Gewandteil nackter Mann, der den rechten Arm in die Hüfte stützt und den linken mit einer Geste hebt, auf die beide Partner den Blick zu richten scheinen. Dabei penetriert der Mann seine Partnerin vaginal oder anal. Diese und ähnliche Stellungen der Penetration einer Gesäß und Rücken zuwendenden Partnerin waren in römischer Zeit nach der Häufigkeit literarischer und bildlicher Belege besonders beliebt.[54]

Über der Symplegmaszene des Xantener Gefäßes steht beiderseits der dort hängenden Girlande in großen Buchstaben die Legende TV SOLA / NICA. Auf den ersten Blick fällt dabei auf, dass dieser lateinische Kurztext die griechische Verbform nica enthält. Die in der Literatur nicht immer richtig erkannte Form ist der Imperativ „siege!" und war nach dem Zeugnis der Inschriften ein auch im Lateinischen üblicher anfeuernder Zuruf bei Wagenrennen, im Amphitheater und bei künstlerischen Wettbewerben.[55] Die drei Worte der Legende bedeuten also: „Du allein sollst siegen!"

Wie in der Rhônekeramik häufig, ist diese kurze Inschrift nicht etwa ein Kommentar zum Bild, sondern gibt sich in ihrer Formulierung klar als eine Äußerung zu erkennen, die einer dargestellten Person sozusagen in den Mund gelegt wird. Sie kann nach der weiblichen Form des Wortes sola nur als Ausruf des Mannes zu verstehen sein. Aber was genau bedeutet es, wenn er der Frau zuruft, sie alleine solle eine Siegerin sein? Der folgende Abschnitt wird dieser Frage nachgehen.

Zur Siegessymbolik des Xantener Medaillons und anderer Symplegmata der Rhônekeramik

Ehe wir der Frage nach der Deutung nähertreten, muss erwähnt werden, dass sich der Satz TV SOLA NICA auch noch auf einem weiteren Typ der Rhônemedaillons findet (Abb. 134 dieses Bandes).[56] Dort verbindet sich die Inschrift mit der Darstellung eines nackten Mannes, der ausgestreckt auf einem Bett liegt und in beiden Händen Siegessymbole hält: in der Linken einen Palmzweig und

---

[45] Schlumberger 1934, 180. – Über Fröhner zuletzt Hellmann 1992; Hellmann, Froehner, Wilhelm. www.inha.fr/fr/ressources/publications/publications-numeriques/dictionnaire-critique-des-historiens-de-l-art/froehner-wilhelm.html (Abruf 2016). Lesenswert aber auch Horsfall 1983, 146 f.

[46] Froehner 1885/1894, 280 f.

[47] Mowat 1885, 220 (hier ohne den Namen des Käufers); Héron de Villefosse 1908.

[48] Das Stück ist verzeichnet und erwähnt in: CIL XIII 10013.30; Déchelette 1904, 237 und 347; Héron de Villefosse 1908; Mowat 1885, 220; Mowat – Espérandieu 1908, 142 f.; Riese 1914, 435 n. 188a; Wuilleumier – Audin 1952, 56 n. 71. Auf den Fund bezieht sich auch die Eintragung Xantens in der Verbreitungskarte der Rhônekeramik bei Desbat 2011, 13.

[49] Hellmann 1992, 253.

[50] Desbat 1981, Typentafel S. 9.

[51] Zur Verbreitung der Ware siehe die in Anm. 48 erwähnte Karte.

[52] Farbbestimmung nach Steiger 1971.

[53] Wobei hier als „Typ" die Kombination eines bestimmten Bildes mit einer Legende bestimmten Wortlauts verstanden sei. Zu den sonst bekannten Fragmenten des gleichen Typs zuletzt Marquié 2000, 269 f. n. 66 und Abb. 16,66.

[54] Marks 1978, Anh. A Tab. 1; Thüry 2015, 76 ff.

[55] Unzutreffend übersetzt bei Jacobelli 2011, 123; uneindeutig bei Varone 2001, 86. – Über nica als Zuruf für Sportler, Schauspieler oder Sänger z. B. CIG IV ad 8391; Puk 2014, 197; 204; 217; 399; 404; Thüry 2001, 576 Anm. 16; Thüry 2015, 129 Anm. 89.

[56] Wuilleumier – Audin 1952, 54; 56 n. 71 und Abb. S. 58.

in der Rechten einen Siegeskranz. Die Rechte mit dem Kranz streckt er aus und scheint so im Begriff, damit eine ebenfalls nackte Frau zu bekrönen, die auf seinen Knien sitzt. Sie hat ihm den Rücken zugekehrt und wirft einen Blick in einen Handspiegel. Ihre vom Schoß des Mannes abgerückte Position zeigt, dass es sich um eine Liebespause handelt, die sie wohl zum Herrichten ihrer Frisur nützt. Antonio Varones Gedanke, dass der Spiegel während des Aktes der Beobachtung des hinter ihr liegenden Partners gedient hatte, ist dabei nicht zwingend.[57]

Diesem zweiten, in verschiedenen Exemplaren erhaltenen Medaillontyp mit der Inschrift TV SOLA NICA haben Pierre Wuilleumier und Amable Audin in ihrem grundlegenden Werk über die Rhônemedaillons irrtümlich auch den Xantener Fund zugerechnet.[58] Sie kannten Fiedlers Abbildung nicht und schlossen von der Gleichheit der in der Literatur erwähnten Inschrift auf eine Gleichheit der Darstellung. Auch der Verfasser hat diesen Fehler in zwei älteren Arbeiten nicht erkannt und ihn wiederholt.[59]

Hingewiesen sei schließlich noch darauf, dass sich der Gedanke eines weiblichen „Sieges" in der Liebe auch auf einem Medaillontyp findet, dessen Inschrift dafür das lateinische Verbum *vincere* verwendet. Hier sitzt die Liebespartnerin auf ihrem Partner, ist ihm zugewendet und schwingt ein Schwert. Die Legende lässt ihn ausrufen: VICISTI DOMINA – „Du hast gesiegt, Herrin!"[60]

Der zuletzt erwähnte Medaillontyp gehört mit seiner Darstellung eines Schwertes in den Händen der Frau zu einer Gruppe von Denkmälern, die weibliche Liebespartner mit den Attributen von Gladiatorinnen ausstatten. Der Verfasser hat diese Bilder in verschiedenen Arbeiten als Zeugnisse des Sado-Masochismus gedeutet – sei es nun im Sinn tatsächlich vollzogener Praktiken, sei es im Sinn bloßer sado-masochistischer Phantasien.[61] Auf solche erotischen „Gladiaturbilder" soll in unserem Zusammenhang nicht nochmals eingegangen werden.

Die TV SOLA NICA-Darstellungen einer Frau dagegen, die ihrem Partner Hinterteil und Rücken entgegenstreckt, haben Wuilleumier und Audin als Parodien auf Wagenrennen deuten wollen.[62] Neuerdings hat sich

dieser Ansicht auch Luciana Jacobelli angeschlossen.[63] Aber trifft die Deutung der Darstellungen als parodistische Einfälle von Rhônetöpfern wirklich zu?

Tatsächlich ergab sich bei einer Liebesposition, wie sie auf dem Xantener Gefäß dargestellt ist, leicht der Vergleich des hinter der Frau knienden männlichen Partners mit einem Wagenlenker und der auf allen vieren kauernden Frau davor mit einem vorgespannten Pferd; und tatsächlich waren der Zuruf *nica* und die Siegessymbole Palme und Kranz auch bei Wagenrennen üblich. Dazu kommen außerdem zwei andere Beobachtungen, die sich an Rhônemedaillons anstellen lassen und die Wuilleumier, Audin und Jacobelli nicht erwähnen: erstens die, dass auf einem Medaillontyp über der Bettszene ein Klapptafelbild an der Wand hängt, das ein Gespann zeigt;[64] und zweitens die, dass auf einem weiteren Liebende dargestellt sind – allerdings hier einander zugewandt –, bei denen die Partnerin dem Partner einen Zügel umgelegt hat und eine Peitsche schwingt.[65]

Nun ist aber die Darstellung der Liebe und speziell einer Liebesposition wie der des Xantener Gefäßes als eine Art von „Wagenrennen" nicht nur auf die Medaillons der Rhônekeramik beschränkt. Auch Spintrien zeigen die Penetration einer auf allen vieren kauernden Frau durch einen hinter ihr knienden Mann, der im Fall des Spintrientyps 1A nach Bono Simonetta und Renzo Riva eine Art von Reitgerte in der Hand hält und seine Partnerin bei den Typen der Serie 4 am Zügel hat (Abb. 142).[66] Bisherige Deutungen dieser Szenen gingen in die Irre oder waren vorsichtig und unsicher; aber eine genaue Betrachtung lässt hier kaum Zweifel.[67]

Obwohl kein Symplegma, gehört in diesen Zusammenhang außerdem eine Gemme der Pariser Nationalbibliothek, die Kaiser Elagabal zeigt; er steht nackt auf einem tatsächlichen Wagen, der von zwei auf dem Boden kriechenden nackten Frauen gezogen wird.[68] Der Wagenlenker, der sie am Zügel hält und mit einer Peitsche antreibt, hat eine Erektion. In der griechischen Legende des Stückes wird in diesem Fall der Lenker als Sieger bezeichnet.

[57] Varone 2001, 86 f.
[58] Wuilleumier – Audin 1952, 56 n. 71. Zu den dort unter n. 71 aufgezählten Exemplaren des Typs kommt auch das erstmals bei Thüry 2001, 575 Abb. 7 veröffentlichte Fragment aus Arles.
[59] Thüry 2001, 575 Abb. 6.
[60] CIL XII 5687.37; Wuilleumier – Audin 1952, 181 n. 371; Audin – Grézillier 1961, 119 f. Abb. 121 oben; Thüry 2001, 574 Anm. 14 f.; 576 (dort aber der Artikel Audin – Grézillier 1961 übersehen).
[61] Thüry 2001; Thüry 2009, 20 f.; Thüry 2010, 96 ff.; Thüry 2015, 108 f.
[62] Wuilleumier – Audin 1952, 54 n. 71.

[63] Jacobelli 2011, 123; Jacobelli 2012, 410.
[64] Wuilleumier – Audin 1952, 56 n. 73 mit Abb. 57. Gute große Abbildung bei Marcadé 1961, 83.
[65] Wuilleumier – Audin 1952, 133 n. 238 mit Abb. S. 132. Gute Abbildung bei Marcadé 1961, 88.
[66] Die Typen nach Simonetta – Riva 1981, 38 f.
[67] Campana 2009, 59; 62 rätselt über die Bedeutung der Gerte und hält den Zügel für einen Gewandzipfel. Thüry 2015, 78 ist sich hinsichtlich der Deutung des Zügels nicht völlig sicher.
[68] Babelon 1897, I 158 f. n. 304; II Taf. 35,304; Megow 1987, 247 A 167; Taf. 50.5. Gute große Aufnahme bei Marcadé 1961, S. 45 B. – Vgl. auch die Trierer Statuettenlampen mit der Darstellung ityphallischer Rennfahrer und z. T. dem Dochtloch an der Spitze des Phallus; Goethert 1991, 167 ff.

Abb. 142: Spintrie im Kunsthistorischen Museum Wien

Dass wirklich Peitschen und Zügel in erotischem Kontext verwendet wurden, belegen auch zwei schon hellenistische Epigramme der *Anthologia Graeca*.[69] Darin weihen zwei Frauen der Aphrodite eine purpurne Peitsche, Zügel und goldene Sporen, die zuvor bei der Liebe eingesetzt wurden. Die einzige Liebesstellung, die in diesem Zusammenhang erwähnt wird, ist allerdings die, bei der die Frau auf ihrem auf dem Rücken ausgestreckten „Pferd" sitze.[70]

Für die römische Zeit fehlt ein entsprechendes literarisches Zeugnis zwar. Dass der Liebesakt aber als ein Rollenspiel mit einem Partner als „Wagenlenker" oder als „Reiter" inszeniert werden konnte, sagt uns das pompejanische Graffito CIL IV 1781 + p. 464. Darin heißt es: *Mea vita, meae deliciae, ludamus parumper; hunc lectum campum, me tibei equom esse putamus* (= "Mein Leben, mein Schatz, lass uns eine Weile lang miteinander spielen! Lass uns annehmen: dies Bett ist ein Feld, und ich bin für Dich Dein Pferd").

Aus unseren Beobachtungen ergibt sich somit, dass der in den Rhônemedaillons angedeutete Vergleich der Liebe mit dem Wagenrennen weder eine reine Sportparodie darstellt (auch wenn dabei gewiss Humor mit im Spiel ist) noch etwa einen originellen Einfall nur von Rhônetöpfern. Wie die erwähnten Symplegmata mit Attributen der Gladiatur nicht einfach nur als Scherz abgetan werden können, sondern zumindest das Vorhandensein entsprechender masochistischer Phantasien belegen, so sind auch die Anspielungen auf Wagenrennen offensichtlich nicht nur ein

gelegentlicher parodistischer Einfall gewesen. Die Assoziation des auf allen vieren kauernden weiblichen Partners mit dem Rennpferd hatte vielmehr eine gewisse Verbreitung.[71] Sie führte auch geradezu zu einem erotischen Rollenspiel, bei dem selbst Peitsche und Zügel eingesetzt werden konnten.

Ein letzter Punkt muss nun aber noch kurz hervorgehoben werden. Geht bei der Assoziation des weiblichen Liebespartners mit dem Rennpferd das „Pferd" gewissermaßen als Sieger durchs Ziel; überreicht der Mann dafür Kranz und Palme; und wünscht er sich, dass allein eine bestimmte Partnerin (*tu sola*) diesen Preis gewinnen soll: dann ist das auch eine Verbeugung vor der Partnerin und vor der Rolle der Frau in der Liebe.

Literaturverzeichnis

Audin – Grézillier 1961: A. Audin – A. Grézillier, Médaillons d'applique rhodaniens au musée de Rochechouart. Cahiers rhodaniens 8, 1961, 118–122.

Babelon 1897: E. Babelon, Catalogue des camées antiques et modernes de la Bibliothèque nationale I–II (Paris 1897).

Böcking 2005: W. Böcking, Die Römer am Niederrhein. Geschichte und Ausgrabungen (Essen 5. Aufl. 2005).

Boelicke 2002: U. Boelicke, Anmerkungen zu zwei Lampenfehlbränden des ersten Jahrhunderts aus Xanten. In: Xantener Berichte 12 (Mainz 2002) 185–188.

Bridger 1995: C. Bridger, Zur Forschungsgeschichte der römerzeitlichen Gräber in Xanten. In: Xantener Berichte 6 (Köln 1995) 429–448.

Bursian 1968: C. Bursian, Fiedler, Franz. Allgemeine Deutsche Biographie, Bd. 7 (Nachdruck Berlin 1968) 5–7.

Campana 2009: A. Campana, Le spintriae: tessere romane con raffigurazioni erotiche. In: A. Morello, Hg., La donna romana. Immagini e vita quotidiana (Cassino 2009) 43–96.

Déchelette 1904: J. Déchelette, Les vases céramiques ornés de la Gaule romaine 2 (Paris 1904).

Desbat 1982: A. Desbat, Vases à médaillons d'applique des fouilles récentes de Lyon. Figlina 5–6, 1980–1981 (Lyon 1982).

Desbat 2011: A. Desbat, Les vases à médaillons d'applique de la vallée du Rhône. In: A. Desbat – H. Savay-Guerraz, Hgg., Images d'argile. Les vases gallo-romains à médaillons d'applique de la vallée du Rhône (Gollion 2011) 8–43.

Dulaure – Krauss – Reiskel 1909: J. A. Dulaure – F. S. Krauss – K. Reiskel, Die Zeugung in Glauben, Sitten

---

[69] *Anthologia Graeca* 5,202 f.
[70] *Anthologia Graeca* 5,203.

---

[71] Über diese Assoziation und ihre Erklärung hat der Verf. schon in Thüry 2015, 78 und 84 nachgedacht. Dort ist sie aber noch nicht richtig verstanden. So wird die Rolle der Frau falsch mit der des Wagenlenkers verglichen.

und Bräuchen der Völker. Beiwerke zum Studium der Anthropophyteia 1 (Leipzig 1909).

Eckstein 1871: F. A. Eckstein, Nomenclator philologorum (Leipzig 1871).

Ehrhardt 1982: W. Ehrhardt, Das Akademische Kunstmuseum der Universität Bonn unter der Direktion von Friedrich Gottlieb Welcker und Otto Jahn. Abhandlungen der Rheinisch-Westfälischen Akademie der Wissenschaften 68 (Opladen 1982).

Fiedler 1824: F. Fiedler, Geschichten und Alterthümer des untern Germaniens oder des Landes am Nieder-Rhein aus dem Zeitalter der römischen Herrschaft 1: Römische Denkmäler der Gegend von Xanten und Wesel am Nieder-Rhein und an der Lippe (Essen 1824).

Fiedler 1839a: [F.] Fiedler, Antike erotische Bildwerke in Houbens römischem Antiquarium zu Xanten (Xanten 1839. – Veränderter Abdruck bei Dulaure – Krauss – Reiskel 1909, 290–302).

Fiedler 1839b: F. Fiedler, Denkmäler von Castra Vetera und Colonia Traiana in Ph. Houben's Antiquarium zu Xanten (Xanten 1839).

Fiedler 1859: [F.] Fiedler, Der Diebstahl im Houbenschen Antiquarium. Jahrbücher des Vereins von Alterthumsfreunden im Rheinlande 27, 1859, 142–144.

Froehner 1885/1894: W. Froehner, Collection J. Gréau, Catalogue des bronzes antiques (Paris „1885"; aber tatsächlich erst 1894).

Goethert 1991: K. Goethert, Figürliche Lampen, Statuettenlampen und Lampenfüller. Trierer Zeitschrift 54, 1991, 117–215.

Hantsche 2009: I. Hantsche, Ein facettenreicher Gymnasialdirektor: Ludwig Bischoff in Wesel 1823–1849. Wesel und der untere Niederrhein 3 (Wesel 2009) 105–134.

Hellmann 1992: M.-Chr. Hellmann, Wilhelm Froehner, un collectionneur pas comme les autres, 1834–1925. In: A.-F. Laurens – K. Pomian, Hgg., L'anticomanie. La collection d'antiquités aux 18e et 19e siècles. Colloque international, Montpellier-Lattes, 9–12 juin 1988 (Paris 1992) 251–264.

Héron de Villefosse 1908: A. Héron de Villefosse, Remarques épigraphiques 11. Xanten (Hollande [sic!]); Sainte-Colombe (Rhône). Revue épigraphique 5, 1903–1908, 86 f.

Horsfall 1983: N. Horsfall, Tabulae Iliacae in the Collection Froehner, Paris. The Journal of Hellenic Studies 103, 1983, 144–147.

Houben 1951: C. Houben, Philipp Houben – Notar und Archäologe in Xanten. Sein Leben und sein Wirken. Die Heimat, Zeitschrift für niederrheinische Heimatpflege 22, 1951, 158–162.

Jacobelli 2011: L. Jacobelli, Les sujets érotiques. In: A. Desbat – H. Savay-Guerraz, Hgg., Images d'argile. Les vases gallo-romains à médaillons d'applique de la vallée du Rhône (Gollion 2011) 116–147.

Jacobelli 2012: L. Jacobelli, Ruolo e immagine della donna nei medaglioni a soggetto erotico della Valle del Rodano. Index, Quaderni camerti di studi romanistici 40, 2012, 407–422.

Lempertz 1860: [H. Lempertz], Catalogue de la collection des antiquités romaines laissées par feu Mr. Phil. Houben, notaire à Xanten (Bonn 1860).

Marcadé 1961: J. Marcadé, Roma amor (Genf usw. 1961).

Marks 1978: M. C. Marks, Heterosexual Coital Position as a Reflection of Ancient and Modern Cultural Attitudes (Dissertation New York 1978).

Marquié 2000: S. Marquié, Les médaillons d'applique rhodaniens de la Place des Célestins à Lyon. Revue Archéologique de l' Est et du Centre-Est 50, 1999/2000, 239–292.

Megow 1987: W.-R. Megow, Kameen von Augustus bis Alexander Severus. Antike Münzen und geschnittene Steine 11 (Berlin 1987).

Mowat 1885: R. Mowat, Vente de bronzes antiques de la collection Julien Gréau. Bulletin épigraphique 5, 1885, 218–220.

Mowat – Espérandieu 1908: R. Mowat – E. Espérandieu, Médaillons en terre cuite ornés de sujets avec épigraphes. Revue épigraphique 5, 1903–1908, 142 f.

Müller 2010: M. Müller, Philipp Houbens Sammlung römischer Altertümer. In: H.-J. Schalles – D. Schmitz, Hgg., Schatzhäuser. Antiken aus Xantener Privatbesitz und europäischen Museen. Kataloge des LVR-Römermuseums im Archäologischen Park Xanten 4 (Darmstadt 2010) 14–18.

Müllers 1980: W. Müllers, Das Museum des Herrn Notar. Philipp Houben und sein Antiquarium zu Xanten. Heimatkalender Kreis Wesel 1980, 45–52.

Puk 2014: A. Puk, Das römische Spielwesen in der Spätantike (Berlin – Boston 2014).

Quignard – Seckel 2007: M.-F. Quignard – R.-J. Seckel, Hgg., L'Enfer de la Bibliothèque. Éros au secret (Paris 2007).

Rave 1936: P. O. Rave, Anfänge preußischer Kunstpflege am Rhein. Westdeutsches Jahrbuch für Kunstgeschichte, Wallraf-Richartz-Jahrbuch 9, 1936, 181–204.

Riese 1914: A. Riese, Das rheinische Germanien in den antiken Inschriften (Leipzig – Berlin 1914).

Schlumberger 1934: G. Schlumberger, Mes souvenirs 1844–1928, Bd. 1 (Paris 1934).

Schmenk 2008: H. Schmenk, Xanten im 19. Jahrhundert (Köln – Weimar – Wien 2008).

Simonetta – Riva 1981: B. Simonetta – R. Riva, Le tessere erotiche romane (Lugano 1981).

Spenrath 1837: J. P. Spenrath, Alterthümliche Merkwürdigkeiten der Stadt Xanten und ihrer Umgebung, Teil 1. Geschichtsforscher und Bewahrer der Alterthümer am Niederrhein 1 (Krefeld 1837).

Steiger 1971: R. Steiger, Tafel zur Farbbezeichnung römischer Keramik. Beilage zu: E. Ettlinger –

R. Steiger, Formen und Farbe römischer Keramik (Augst 1971).

Thüry 2001: G. E. Thüry, Die Palme für die „domina". Masochismus in der römischen Antike. Antike Welt 32, 2001, 571–576 (Ungarische Fassung in der Zeitschrift Ókor 2012/3, 72–78).

Thüry 2009: G. E. Thüry, Amor am Nordrand der Alpen. Documents du Musée romain d'Avenches 17 (Avenches 2009. – Französische Fassung: Amor au nord des Alpes. Documents du Musée romain d'Avenches 18 [Avenches 2009]).

Thüry 2010: G. E. Thüry, Sexualität und körperliche Gewalt im römischen Alltag. In: J. Fischer – M. Ulz, Hgg., Unfreiheit und Sexualität von der Antike bis zur Gegenwart (Hildesheim – Zürich – New York 2010) 83–104.

Thüry 2013: G. E. Thüry, Die gesteinigte Venus. Die Erforschung der antiken Erotik von der Renaissance bis zur Sexuellen Revolution. In: P. Mauritsch, Hg., Aspekte antiker Prostitution (Graz 2013) 11–40.

Thüry 2015: G. E. Thüry, Liebe in den Zeiten der Römer. Archäologie der Liebe in der römischen Provinz (Mainz 2015).

Varone 2001: A. Varone, Eroticism in Pompeii (Los Angeles 2001).

Weisweiler 1925: W. Weisweiler, Geschichte des rheinpreußischen Notariates 2: Die preußische Zeit (Essen 1925).

Wuilleumier – Audin 1952: P. Wuilleumier – A. Audin, Les médaillons d'applique gallo-romains de la vallée du Rhône. Annales de l'Université de Lyon, Lettres, 3. F. 22 (Paris 1952).

47.

Zur Deutung der Beschläge mit Vulvadarstellung

(Erstmals gedruckt als Kommentar zu einem Fundstück aus Augst [Abb. 143] und als Anhang zu: M. Schaub, Archäologie vor Ort vermittelt: Die Publikumsgrabung 2017.058 in Augusta Raurica. Jahresberichte aus Augst und Kaiseraugst 39, 2018, 117 ff.)

Die Forschungsgeschichte der Beschläge mit Vulvadarstellung

Vier- und sechseckige oder auch mehr oder weniger ovale römische Bronzebeschläge mit kaffeebohnenförmigem Dekor sind der archäologischen Literatur spätestens seit Beginn des 19. Jahrhunderts bekannt. Der französische Gelehrte Claude-Madeleine Grivaud de la Vincelle hat in einem 1817 erschienenen Werk über Funde aus dem gallischen Raum zwei solcher Stücke abgebildet. Er bezeichnete sie als selten und deutete sie als Darstellungen einer Vulva.[1]

Zwei Jahrzehnte später veröffentlichte Franz Fiedler ein weiteres Exemplar aus Xanten (Abb. 144).[2] Er schloss sich der Interpretation des Dekors als dem eines Vulvabildes an. Die Form des Beschlages selbst – so führte er weiter aus – sei „ohne Zweifel eine Anspielung" auf die eines Schildes; und dazu passe eine Bemerkung des Traumdeuters Artemidor von Daldis aus dem 2. Jahrhundert n. Chr., wonach ein Schild als Traumbild eine Frau bedeute (Artemidor 2,31). Die Beobachtungen F. Fiedlers hat später auch Siegfried Seligmann übernommen.[3]

Über diesen Kenntnisstand hinausgelangt ist die Forschung erst im 20. Jahrhundert. Allmählich konnte die Archäologie nun klären, dass verschiedenartige Beschläge mit kaffeebohnenförmigem Dekor zum römischen Pferdegeschirr gehörten. Ein eindrucksvoller Fund von Zaumzeug in einem 1903 veröffentlichten Hügelgrab aus Faimes-Celles in Belgien (Provinz Liège) enthielt zwar – entgegen anderen Behauptungen in der neueren Literatur – keinen so verzierten vier- bzw. sechseckigen oder ovalen Beschlag, aber doch mehrere radförmige durchbrochene Anhänger mit vulvaverzierten „Speichen".[4] Das Inventar eines Wagengrabs in Inden-Frenz (Nordrhein-Westfalen) umfasste dagegen ein ovales Zierstück mit Vulvadarstellung und außerdem zwei kleine durchbrochene Scheiben, die ebenfalls – wie es in der Publikation von 1923 hieß – „kaffeebohnenförmige Buckel" trugen.[5]

Der aktuelle Forschungsstand zu Verwendung, Datierung und einstiger Verbreitung der viereckigen, sechseckigen oder ovalen „Beschläge mit Vulvadarstellung", wie sie heute allgemein bezeichnet werden, ist folgender:[6] Die Beschläge, die durch Stielknöpfe an ihren Rückseiten auf den Lederriemen von Pferdegeschirr befestigt waren (in militärischem wie vielleicht auch in nicht-militärischem Kontext), gehören dem 2. und 3. Jahrhundert n. Chr. an. Sie waren ebenso in Italien wie in allen nördlichen Provinzen des Römischen Reiches verbreitet.

Vulvaverzierte Pferdegeschirr-Bestandteile anderer Form (ein Beispiel zeigt Abb. 145) – aber auch sonstige Objekte, die den gleichen Dekor aufweisen – sind (so weit der Autor sieht) bisher weder zusammengestellt noch auf ihre Datierung und Verbreitung hin untersucht worden.[7]

---

[1] [Cl.-M.]Grivaud de la Vincelle, Recueil de monumens antiques, la plupart inédits, et découverts dans l'ancienne Gaule. Bd. 2 (Paris 1817) 31 und 90; Tafelband (Paris 1817), Taf. 3, 5 und 10, 10.

[2] [F.] Fiedler, Antike erotische Bildwerke in Houbens roemischem Antiquarium zu Xanten (Xanten 1839) 19 und Taf. 5.1. Die Abbildung mit gleicher Deutung wiederholt in: J. A. Dulaure, Die Zeugung in Glauben, Sitten und Bräuchen der Völker. Verdeutscht und ergänzt von F. S. Krauss und K. Reiskel. Beiwerke zum Studium der Anthropophyteia 1 (Leipzig 1909) 341 und Abb. 66.

[3] S. Seligmann, Der böse Blick und Verwandtes. Bd. 2 (Berlin 1910) 203.

[4] Grabfund von Faimes-Celles: A. de Loe, La „Tombe de Saives", commune de Celles (province de Liège). Annales de la Société d'archéologie de Bruxelles 17, 1903, 115 und Taf. 19 (dort Abbildung einer Vulvascheibe); [H.] Jacobi, Kastell Zugmantel. Saalburg-Jahrbuch 5, 1913, Teil 2, 61, Abb. 17 (vier Vulvascheiben aus dem Grab abgebildet). – Die Behauptung, in Faimes-Celles seien auch sechseckige Beschläge mit Vulvadarstellung vertreten, äußern J. Oldenstein, Zur Ausrüstung römischer Auxiliareinheiten. 57. Bericht der Römisch-Germanischen Kommission 1976, 137 mit Anm. 438; M. Gschwind, Pferdegeschirrbeschläge der zweiten Hälfte des 3. Jahrhunderts aus Abusina/Eining. Saalburg Jahrbuch 49, 1998, 115.

[5] H. Lehner, Ein gallorömischer Wagen aus Frenz an der Inde im Kreis Düren. Bonner Jahrbücher 128, 1923, 43 und Taf. 3b 11 (ovales Zierstück); ebd. mit Abb. 4.4, S. 43 und Taf. 3b 9 und 10 (durchbrochene Scheiben).

[6] Vgl. dazu Oldenstein (Anm. 4) 137 ff.; Gschwind (Anm. 4) 115 f. und Fundliste 1, 128–130.

[7] Geschirrbestandteile anderer Form: vgl. etwa den viereckigen Riemendurchzug aus Carnuntum bei O. und S. Kladnik, Fundberichte aus Österreich 32, 1993, 753 und Abb. 758; oder den Beschlag Abb. 145 aus dem Raum Trier, der sich in der Privatsammlung Wilfried Knickrehm (Trier) befindet. Herrn Knickrehm sei für die Bildvorlage

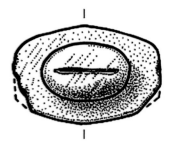

Abb. 143: Augst (Grabung 2017.058). Vulvaförmiger Bronzebeschlag. Augusta Raurica, Augst. Zeichnung M. Schaub

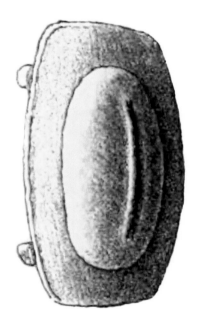

Abb. 144: Xanten, Beschlag mit Vulvadekor. Aus: Fiedler (Anm. 2), Taf. 5.1

Abb. 145: Aus dem Raum Trier: Vorder- und Rückseite eines Beschlags mit zentralem Vulvadekor und vier kreuzförmig angeordneten Pelten (Breite 45 mm). Sammlung W. Knickrehm, Trier

Abb. 146: Saalburg, Beschlag mit Vulvadekor und daran befestigtem Phallusanhänger. Aus: Oldenstein (Anm. 4), Taf. 34.267

Abb. 147: Carnuntum. Beschlag mit Vulvadekor und Anhängeöse (Länge 3 cm). Landessammlungen Niederösterreich, Bad Deutsch-Altenburg/Hainburg

Ist die Deutung des Dekormotivs überzeugend?

Die Deutung der kaffeebohnenförmigen Muster als Darstellungen der Vulva wird durch die Tatsache bestätigt, dass zu römischem Pferdegeschirr auch häufig Anhänger in Form eines Phallus gehören und dass die Stücke mit dem Vulvamotiv in Kombination mit solchen phallusförmigen Anhängern auftreten (Abb. 146).[8]

Zur Interpretation des Motivs als Vulvadarstellung könnte aber auch die schildähnliche Gestalt der vier- bzw. sechseckigen oder ovalen Beschläge passen; und zwar – wie schon Franz Fiedler gesehen hatte – in Verbindung mit der erwähnten Textstelle des Artemidor, dass ein Träumen von einem Schild ein Träumen von einer Frau bedeute (Artemidor 2,31). Der Hintergrund der Symbolik scheint nach dem Kontext bei Artemidor die Vorstellung zu sein, dass Angriffswaffen als Traumbild mit Männern und eine Defensivwaffe wie der Schild mit Frauen zu verbinden seien. Auf dieses als weiblich konnotierte Schildsymbol spielt auch eine erotische Darstellung auf einem Medaillon der Rhônekeramik an.[9] So wird es kein Zufall sein, dass die Umrissform der vier- bzw. sechseckigen und der ovalen Beschläge an römische Armeeschilde erinnert. Die Vulva selbst sitzt darauf nach Art eines Schildbuckels auf.[10]

Jedenfalls ist an der Richtigkeit der „Vulvadeutung" nicht zu zweifeln – auch wenn ein Teil der entsprechend verzierten Objekte nach Ausweis daran befestigter Ösen oder Anhänger wohl so montiert war, dass die

Vulva mehr oder weniger horizontal lag. Beispiele dafür sind ein Vulvabeschlag mit Phallusanhänger von der Saalburg (Abb. 146) oder ein Beschlag aus Carnuntum (Abb. 147).[11] Der sechseckige Beschlag aus Carnuntum hat eine leicht konvex gewölbte Vorder- und eine mit zwei Stielknöpfen versehene Rückseite. An einer seiner beiden Langseiten (Länge 3 cm) sitzt mittig eine Anhängeöse. Wenn es sich dabei (wie bei Abb. 146) um die Unterkante des Beschlags handelt, wäre die Vulvadarstellung also horizontal orientiert. Gegen die in solchen Fällen näherliegende Deutung als Darstellung eines Mundes ist aber einzuwenden, dass es stilisierte Munddarstellungen und eine damit verbundene Symbolik nicht gegeben hat.

Die Hintergründe der Vulvasymbolik

Das Zeigen bzw. Darstellen nackter Genitalien galt in der römischen Antike als ein wirkungsvolles Apotropaion, ein wichtiges magisches Schutzmittel gegen Unglück und Schadensfälle aller Art.[12] Vor allem apotropäische Phallusbilder waren daher sehr verbreitet.[13] Aber auch dem Präsentieren der nackten weiblichen Scham wurde schadenabwehrende Kraft zugeschrieben. Es sollte z. B. bei Unwettern schlimme Folgen verhindern und Felder von Schädlingsplagen befreien.[14]

Was der antiken apotropäischen Genitalsymbolik zugrunde lag, ist nach langer Diskussion durch ein 1974 veröffentlichtes Buch des Kieler Philologen Detlev Fehling (1929–2008) geklärt worden, der zu ihrer

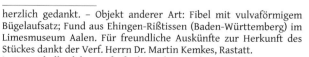

herzlich gedankt. – Objekt anderer Art: Fibel mit vulvaförmigem Bügelaufsatz; Fund aus Ehingen-Rißtissen (Baden-Württemberg) im Limesmuseum Aalen. Für freundliche Auskünfte zur Herkunft des Stückes dankt der Verf. Herrn Dr. Martin Kemkes, Rastatt.
[8] Zum Phallusdekor auf Pferdegeschirr und zur Kombination von Vulvabeschlägen und Phallusanhängern Oldenstein (Anm. 4) 137 ff.
[9] Vgl. zuletzt G. E. Thüry, Liebe in den Zeiten der Römer. Archäologie der Liebe in der römischen Provinz (Mainz 2015) 108 f. mit Abb. 90.
[10] Zu den Schilden Th. Fischer, Die Armee der Caesaren (Regensburg 2012) 172 ff.

[11] Archäologisches Museum Carnuntinum, Inv.-Nr. 22720 (aus der Sammlung Kladnik). Der Verf. dankt dem Stellvertretenden Sammlungsleiter, seinem Freund Dr. Eduard Pollhammer, und Frau Mag. Jasmine Cencic herzlich für ihre Hilfe.
[12] Dazu z. B. O. Jahn, Über den Aberglauben des bösen Blicks bei den Alten. In: Berichte über die Verhandlungen der königlich sächsischen Gesellschaft der Wissenschaften zu Leipzig, philologisch-historische Classe 7, 1855, 28 ff.; C. Sittl, Die Gebärden der Griechen und Römer (Leipzig 1890) 123; Thüry, Liebe (Anm. 9) 96 ff.
[13] H. Herter, Phallos. RE 19 (Stuttgart 1938) 1681 ff.; Thüry, Liebe (Anm. 9) 96 ff.
[14] Plinius, Naturalis historia 28,77 f.

Deutung die damals neuen Forschungsergebnisse der Verhaltensbiologie heranzog.[15]

Aus der Perspektive der Verhaltensforschung wird deutlich, dass die Präsentation des Phallus als einer naturgegebenen Waffe den Willen zur Abwehr und zum Schutz des eigenen Reviers oder Besitzes signalisiert. Möglichen Angreifern – Artgenossen ebenso wie schadenverursachenden Dämonen – droht der Phallus mit der Bereitschaft zur Vergewaltigung.[16] Umgekehrt stellt das Präsentieren des weiblichen Genitals eine Geste dar, die Furchtlosigkeit, Trotz und Überlegenheit ausdrückt. Sie zeigt sich unbeeindruckt gegenüber Aggression und ihren drohenden Folgen; sie hat aber auch selbst eine „kampfbereit"-aggressive Note.[17]

Die vorgetragene Deutung der Vulvasymbolik lässt sich durch biologisch-anthropologische Beobachtungen belegen; sie findet sich aber zum Teil auch bei einem antiken Schriftsteller angesprochen: nämlich wiederum im Traumbuch des Artemidor (4,44). Dort ist von einem Entblößen und Zeigen der weiblichen Scham die Rede, das ein Zeichen der Verachtung sei.

Der Einsatz der apotropäischen Genitalsymbolik gegen Unglück aller Art ist also eine Form von Magie, die sich biologisch vorgegebener Verhaltensmuster bedient. Mit ihrer Hilfe sucht sie Schäden abzuwenden, deren Ursachen personalisiert betrachtet werden. Den Trägern entsprechender Amulette mochte diese Demonstration menschlichen Selbstbehauptungswillens zumindest etwas Halt und Hoffnung geben.

---

[15] D. Fehling, Ethologische Überlegungen auf dem Gebiet der Altertumskunde (München 1974) 7 ff.

[16] Fehling (Anm. 15) 8 ff. und 18 ff.; I. Eibl-Eibesfeldt, Die Biologie des menschlichen Verhaltens. Grundriss der Humanethologie (Weyarn 3. Aufl. 1997) 122 ff. und 530.

[17] Fehling (Anm. 15) 34 ff. Speziell zum aggressiven Aspekt aber auch H. P. Duerr, Der Mythos vom Zivilisationsprozeß 3: Obszönität und Gewalt (Frankfurt/M. 1995) 134 ff.; zur Ambivalenz G. Jerouschek, „Er aber, sags ihm, er kann mich im Arsch lecken". Psychoanalytische Überlegungen zu einer Beschämungsformel und ihrer Geschichte (Gießen 2005) 76 f. – Auf die Frage antiker Furchtvorstellungen gegenüber dem weiblichen Genital geht Ph. E. Slater in seinem Buch ein: The Glory of Hera. Greek Mythology and the Greek Family (Princeton 1968) 8 ff. und 323.

VII. Hygiene- und Medizingeschichte

(Dazu auch die Beiträge 3, 8, 14 und 45 dieses Bandes)

48.

Zur Infektkette der Pest in hellenistisch-römischer Zeit

(Aus: Festschrift 75 Jahre Anthropologische Staatssammlung München, 1902–1977 [München 1977] 275 ff.)

Mit dem Namen weniger unter den zahlreichen Seuchen, die in der Vergangenheit unseres Kontinents auftraten, verbindet sich ein ähnliches Maß an Schrecken wie mit dem der Pest oder des „schwarzen Todes", wie man sie im Mittelalter genannt hat. Trotz ihres Rückzugs aus Europa, das sie zeitweilig geradezu beherrschte, und trotz der geringen Rolle, die sie – weltweit gesehen – augenblicklich spielt, stellt sie bis heute alles andere als ein bewältigtes Problem oder ein bloßes Studienobjekt der Medizinhistoriker dar.

Wie über die Zukunft der Pest noch keineswegs entschieden ist, so liegt auch ihre älteste Vergangenheit im Dunkeln. Die früheste eindeutige Beschreibung, die sich – freilich nur in Form eines Zitates – erhalten hat,[1] geht auf das 1. vorchristliche Jahrhundert, und zwar auf einen Bericht des Dioskurides und des Poseidonios[2] über einen Pestausbruch zurück, zu dem es damals in „Libyen" (im weiteren Sinn die griechische Bezeichnung für Nordafrika westlich des Nils) gekommen war. Diese Beschreibung wird bei Rufus von Ephesos im frühen 2. Jahrhundert n. Chr. referiert und durch eine Reihe weiterer Angaben ergänzt.[3] Demnach[4] fänden sich auch schon bei Hippokrates Stellen, die sich – nach der Meinung des Rufus – „wahrscheinlich" auf die Pest

beziehen;[5] ebenso sei sie von der Schule des ägyptischen Arztes Dionysios aus Kyrtos[6] erwähnt worden.

Zur damaligen Verbreitung der Pest heißt es bei Rufus, sie komme „vor allem in Libyen, Ägypten und Syrien" vor – also in einem Raum, in dem sie bis in die neueste Zeit hinein heimisch war.[7] Bei der Beurteilung dieses „vor allem" darf man freilich nicht vergessen, dass Rufus, der in Ägypten gelebt zu haben scheint, eben hauptsächlich – wie es auch das Studium seiner Schriften nahelegt (Ilberg 1930, 2 f.) – die Verhältnisse im Nahen Osten und in Nordafrika gekannt haben mag. Welche anderen Gebiete von der Pest betroffen wurden und ob die bei Rufus erwähnten Pestausbrüche etwa „des manifestations localisées" odes „des épisodes d'une lointaine pandémie» waren (Pollitzer 1954, 12), ist aus dem Text heraus nicht zu entscheiden und kann leider auch mit Hilfe anderer antiker Autoren nicht geklärt werden. So lassen die verschiedenen Seuchenbeschreibungen der griechischen und römischen Historiker hinsichtlich der Pest keine eindeutige und allgemein anerkannte Diagnose zu.[8]

---

[1] Rufus bei Oreibasios, *Collectiones medicae* 44,14 (C[orpus] M[edicorum] G[raecorum] 6,2,1 p. 132,4 ff. Räder = Rufus 304 Daremberg-Ruelle). – Auch für ältere Texte wurde gelegentlich ein Bezug auf die Pest angenommen (so ist schon bei der im Alten Testament [1. Sam. 5-6] überlieferten „Philisterseuche" eine entsprechende Deutung diskutiert worden [zusammenfassend Pollitzer 1954, 12; vgl. zuletzt Brentjes 1969]. – Für die griechisch-römische Antike siehe Anm. 5, 6 und 8).

[2] Dioskurides dürfte mit dem ägyptischen Arzt Dioskurides Phakas, Poseidonios aber mit dem bedeutenden Philosophen, Geographen und Historiker dieses Namens identisch sein (Kudlien 1962, 428 f.).

[3] Die einschlägigen Rufusstellen sind uns durch Exzerpte überliefert: v. a. Oreibasios, *Collectiones medicae* 44,14 (CMG 6,2,1 p. 131 f. Räder = Rufus 304 Daremberg-Ruelle); vgl. Oreibasios, *Collectiones medicae* 43,41 (CMG 6,2,1 p. 102 Räder = Rufus 306 Daremberg-Ruelle) und 6,25 (CMG 6,3 p. 199 f. Räder = Rufus 309 Daremberg-Ruelle. – Die hier mitgeteilte Rufusstelle auch bei Aetios 5,96 [CMG 8,2 p. 82 f. Olivieri = Rufus 351 ff. Daremberg-Ruelle] und Paulos von Aigina 2,35 [CMG 9,1 p. 108 f. Heiberg = Rufus 439 f. Daremberg-Ruelle]).

[4] Alle im Folgenden wiedergegebenen Einzelheiten aus Rufus sind der Oreibasiosstelle *Collectiones medicae* 44,14 entnommen.

[5] Eine Liste von solchen Stellen des *Corpus Hippocraticum*, die sich in der Tat auf die Pest beziehen könnten, gibt Sticker 1908/1910, 1, S. 19 f. und 1937, 605 (dazu nachzutragen *Epidemiai* 2,3,5). Zur Interpretation dieser Texte vgl. Haeser 1839, 49 ff. und 56 (danach eine "Urform" der Pest, siehe unten Anm. 8); Hirsch 1881, 349 Anm. 4 (Diagnose "fraglich"); Hirst 1953, 36 ("... only scanty references to bubonic afflictions ... it is doubtful whether the great man knew real plague as a major epidemic"); Littré in seiner Ausgabe des *Corpus Hippocraticum* 2, 563, 565, 584 ff. und 3, 6 f. (es sei nicht völlig ausgeschlossen, dass es sich um Pest handeln könne [unzutreffend referiert bei Haeser 1882, 16]); Sticker 1908/1910, 1, S. 19 f. und 1937, 605 (Pest); Zinsser 1949, 116 f. (vereinzelte Pestfälle "wahrscheinlich").

[6] Über Dionysios vgl. RE 5, 976 (Wellmann) und 12, 206 (Kind). Wann Dionysios gelebt hat, ist unbekannt (nicht haltbarer Ansatz in die Zeit um 300 v. Chr. bei Haeser 1882, 17 und Hirsch 1881, 349 Anm. 2 [auch von anderen übernommen: zuletzt Ackerknecht 1965, 10; Shrewsbury 1970, 11]; zu der zugrunde liegenden Argumentation vgl. RE 8, 853 [Heibges]).

[7] Auf dieses Gebiet beziehen sich ja auch die Schriften des Dioskurides und des Poseidonios und ebenso wohl die Äußerungen aus der Schule des Ägypters Dionysios.

[8] Erwähnungen der Pest bei den Historikern glaubten mit größerer oder geringerer Sicherheit folgende Autoren zu erkennen: für das Athen des Peloponnesischen Krieges Williams 1957 (vgl. Hooker 1958; jedoch nicht sehr wahrscheinlich, siehe zuletzt Scarborough 1970, 83 ff.). Für Afrika im Jahr 125 v. Chr. Sticker 1908/1910, 1, S. 21. Für die frühe zweite Hälfte des 3. Jhds. n. Chr. Haeser 1882, 36 und Sticker 1937, 608 (dazu Zinsser 1949, 138: "nur eine Vermutung"; ebenso Hirsch 1881, 349 Anm. 5. – Hirsch 1881, 349 und Sticker 1908/1910, 1, 24 betonen, dass sich ein Auftreten der Pest vom 2. Jhd. – also der Zeit des Rufus – bis zum Ende der Antike nicht nachweisen lasse).

Auch ob weitere Stellen aus den Schriften der antiken Ärzte auf die Pest bezogen werden dürfen, scheint fraglich;[9] ein Urteil darüber muss der sachverständigen medizinischen Diskussion vorbehalten bleiben.

Es sind daher nicht diese Probleme, mit denen sich die vorliegende Arbeit befassen möchte; ihr Ziel ist es vielmehr, das Auftreten der Pest in der Antike – speziell in der hellenistisch-römischen Antike – von einem anderen Blickwinkel aus zu beleuchten. Sie will sich mit der Frage des Infektionsmodus beschäftigen und untersuchen, ob – bzw. in welchem Ausmaß und in welchen Gebieten – zwei Faktoren gegeben waren, von denen ein jeder für das Zustandekommen einer bestimmten Übertragungsart der Pest verantwortlich ist: erstens das Vorkommen von Ratten und zweitens der Befall mit pestübertragenden Humanparasiten (Flöhen). Zur Erläuterung sei hier ein allgemeiner Exkurs zur Übertragungsweise der Pest eingeschoben.[10]

Die hauptsächlichen und angestammten Wirte des Pesterregers, *Yersinia pestis*, sind die Nagetiere. Sie halten die Krankheit während der für den Menschen pestfreien Zeiträume am Leben. Sie sind es auch, die den Erreger durch ihre zum Teil synanthrope Lebensweise bis in die unmittelbare Umgebung des Menschen tragen. Die eigentliche Gefahr bilden dabei die Ratten; wenn sie der Pestepizootie zum Opfer fallen, können die auf ihnen hausenden Flöhe – hier ist vor allem die Art *Xenopsylla cheopis* zu nennen – leicht auf den Menschen übergehen und ihn infizieren.

Neben dieser Infektkette Ratte → Rattenfloh → Mensch kommt aber auch einem zweiten Infektionsmodus eine wichtige Rolle zu: der interhumanen Übertragung. Sie erfolgt im Fall der primären Pestpneumonie durch Tröpfcheninfektion; bei der Bubonen- oder Beulenpest findet sie dagegen durch die Ektoparasiten des Menschen – vor allem durch den Menschenfloh, *Pulex irritans* – statt. Diese „menschengetragene Pest" (Sticker) kann durch infizierte Personen auch in rattenfreie Gebiete eingeschleppt werden. Für Europa muss sie nach Ansicht zahlreicher Autoren[11] von besonderer Bedeutung gewesen sein; denn einerseits ist der als Überträger so wichtige Rattenfloh *Xenopsylla cheopis*

eine Flohart nur warmer Klimate, und andererseits weisen auch häufig überlieferte Erwähnungen von mehreren Pestfällen innerhalb gleicher Häuser und Familien auf interhumane Übertragung hin. Dass daneben die Rolle der Ratte für die Geschichte der Pest in Europa – trotz der Seltenheit von Berichten über Epizootien mit ihrem massenweisen Sterben von Nagetieren (vgl. Abel 1901; Sticker 1908/1910, 2, S. 126 ff.) – nicht unterschätzt werden darf, hat Baltazard (1960, 256 und 260) hervorgehoben; er vertritt den Standpunkt, dass die interhuman verbreitete Pest nur dann von längerer Dauer ist, wenn sie sich auf einen „fond murin" stützen kann.

Für die Betrachtung der Pestausbrüche in der Antike ergibt sich nach dem Dargestellten die Frage, ob es sich dabei um die nagerbedingte oder um die menschengetragene Erscheinungsform handelte, oder ob vielleicht beide Übertragungsarten auftraten. Ging die von Rufus überlieferte Pest – „vor allem in Libyen, Ägypten und Syrien" – auf Epizootien unter dortigen Rattenpopulationen zurück? Oder wurde sie durch infizierte Personen aus anderen, vielleicht außerhalb des griechisch-römischen Kulturbereiches gelegenen Gebieten eingeschleppt und dann interhuman verbreitet?

Die Frage, deren Beantwortung hier versucht werden soll, ist freilich bescheidener. Wie oben bereits angedeutet, wird im Folgenden geprüft werden, ob in der Tierwelt der hellenistisch-römischen Antike – und wenn ja, für welche Gebiete – die Voraussetzungen nachweisbar sind für die Entstehung 1. der nagerbedingten Art der Pest (Vorkommen von Ratten) und 2. ihrer menschengetragenen Erscheinungsform (soweit sie von einem ausreichend dichten Flohbefall des Menschen abhängt).

1. Ratten

Bis in die neueste Literatur hinein ist die Ansicht verbreitet, dass in der Antike sowohl die Hausratte (*Rattus rattus*) wie die Wanderratte (*Rattus norvegicus*), als deren ursprüngliche Heimat in beiden Fällen der asiatische Raum erwogen wird,[12] in Europa (und nach Richter 1972, 1340 auch im afrikanisch-asiatischen Mittelmeergebiet) unbekannt war.[13] Was zunächst die Hausratte betrifft, wird ihr zwar für die außereuropäischen Mittelmeerländer ein Zurückreichen in die klassische Antike oder in noch ältere Zeit meist zugebilligt;[14]

- Haeser 1839, 33 ff. und 62 ff. nahm an, die Pest sei in der Antike noch "unvollkommen" und "nicht zu ihrer ausgeprägteren Gestalt" entwickelt gewessen.

[9] Für das *Corpus Hippocraticum* siehe Anm. 5. – Spätere in Betracht kommende Passagen aus der medizinischen Literatur (Aretaios von Kappadokien, Galen) führen Haeser 1882, 18, Hirsch 1881, 349 Anm. 4 und Sticker 1908/1910, 1, S. 20 ff. an (vgl. auch Castiglioni 1931, 210, der für die von Galen beschriebene Pandemie der antoninischen Zeit eine Deutung als Pest in Erwägung zieht).

[10] Über die Pest grundsätzlich v. a. Baltazard 1960; Davis – Hallett – Isaacson 1975; Krampitz 1962; Pollitzer 1954 und 1960.

[11] Darunter solcher Autoritäten auf dem Gebiet der Pest- und der Seuchenforschung wie Baltazard und Blanc (Baltazard 1960, 256, 260 und Blanc – Baltazard 1941, 816); Hirst 1953, 246; Pollitzer 1960, 360 Anm. 2; Rodenwaldt 1952.

[12] Vgl. etwa Brehms Tierleben 11, 334 und 342; Dieterlen 1969, 353; Walker u. a. 1975, 902.

[13] Außer Richter, a. a. O. vgl. Burnet 1971, 304 und 306; Keller 1909/1913, 1, S. 203 f.; Mouterde 1969, 459; Steiniger 1952, 9; Tricot-Royer 1950, 1185.

[14] Bodenheimer 1960, 45 und 128; Brentjes 1969, 70; Keller 1909/1913, 1, S. 205; Kemper 1934 a, 490 (alle mit Bezug auf Lortet-Gaillard 1903, 39 f. und 144). Außerdem Mac Arthur 1952, 464 (vgl. aber Bodenheimer 1960, 45, Anm.!); Feliks 1971 b; Mouterde 1969, 459; Shrewsbury 1970,

in Europa soll sie jedoch – wenigstens innerhalb des Holozäns (ältere Belege sind vorhanden[15]) – nicht vor dem 12. Jahrhundert nachweisbar sein.[16] Ihr Eindringen auf unserem Kontinent wird dabei gerne mit den Kreuzzügen in Verbindung gebracht; Burnet (1971, 304) will in ihrem plötzlichen Auftreten sogar „einen der ausschlaggebenden Faktoren" für die große Pestpandemie des 14. Jahrhunderts sehen.

Noch später als die Hausratte soll nach der herrschenden Meinung die Wanderratte nach Europa gekommen sein, die auch in der Levante im Ruf eines Nachzüglers steht (Mouterde 1969, 459; Feliks 1971 [b]). Ihr erstes sicher belegtes Auftreten in Europa fällt nach einigen Autoren[17] in das 16. Jahrhundert; andere – obwohl schon durch die Existenz von Quellen des 16. und 17. Jahrhunderts widerlegt[18] – datieren die Einwanderung des Tieres sogar erst in das 18. Jahrhundert.[19]

Aber es fehlt auch nicht an Stimmen, die sich gegen ein so spätes Eindringen der Wanderratte und gegen die Ansicht aussprechen, dass es – ev. mit Ausnahme der Hausratte im Nahen Osten – in der Antike noch keine Ratten gegeben habe. Ein Teil dieser Stimmen tritt dafür ein, dass den Römern – zumindest in Italien – bereits beide Arten des Tieres bekannt gewesen seien.[20] Ein anderer Teil beschränkt sich auf die Annahme, dass im antiken Europa mindestens schon die Hausratte vorkam; wieder andere setzen schließlich ein Auftreten

der Ratte für das Altertum voraus, ohne sich hinsichtlich der Art des Tieres festzulegen.[21]

Im Folgenden soll nun versucht werden, Material zusammenzutragen, auf das sich eine Beurteilung der Frage nach dem Vorhandensein oder Fehlen der Ratte in den einzelnen Gebieten der hellenistisch-römischen Welt stützen kann. Der besseren Übersichtlichkeit halber sei diese Zusammenstellung in zwei Absätze untergliedert, von denen je einer der Haus- und der Wanderratte gewidmet ist.

a) Hausratten

Die Hausratte ist im Nahen Osten sowohl für die hellenistische wie für die römische Zeit mehrfach bezeugt. In der Literatur wenig beachtet, konnten hier in einer nicht näher bezeichneten Anzahl ägyptischer Raubvogelmumien aus Gisa (ptolemäisch) und Kom Ombo (römisch) die halbverdauten Reste einer Unterart der Hausratte, der Ägyptischen Ratte (*Rattus rattus alexandrinus*), festgestellt werden (Lortet – Gaillard 1903, 39 f. und 144).[22]

Diesen Belegen steht in Europa – abgesehen von nicht mehr nachprüfbaren bildlichen Darstellungen aus Italien[23] – nur eine Beobachtung Stampflis (1966, 453 ff.) gegenüber, der vor zehn Jahren unter den Tierresten aus einer *villa rustica* am Murain bei Ersigen, Kanton Bern, 15 Knochen von mindestens zwei Individuen der Hausratte nachweisen konnte;[24] die

---

10 f. – Anders Blasius 1857, 318 f.; Richter 1972, 1340.
[15] Zu den älteren Nachweisen vgl. u. a. Donaldson 1924, 7, Anm. 1 und Toepfer 1963, 98 f. – Auch innerhalb des Holozäns soll die Hausratte bereits in der Fauna der Pfahlbauten vertreten sein: Baumann 1949, 220; Brehms Tierleben 11, 334; Donaldson 1924, 7, Anm. 1 (mit unzutreffendem Verweis auf Blasius 1857); Hirst 1953, 126; Sticker 1908/1910, 2, S. 144; Zinsser 1949, 191; skeptisch Abel 1901, 94 Anm. 4. Diese Behauptung geht auf den angeblichen Fund dreier Hausrattenknochen in der neolithischen Siedlung von Wismar-Lattmoor, Mecklenburg, zurück (Lisch 1865, 71 ff.; vgl. Lungershausen 1866, wo aber von "vielen" Knochenresten die Rede ist). Dabei handelt es sich jedoch nicht um wirkliche Funde, sondern um durch einen Betrüger unterschobene Objekte (siehe Beltz 1910, 122. – Von Nachweisen aus "westdeutschen Pfahlbauten" [so Brehms Tierleben, Donaldson 1924 und Zinsser 1949, jeweils a. a. O.] oder aus dem bronzezeitlichen Ungarn [Baumann 1949, 220] ist mir sonst nichts bekannt).
[16] Vgl. Bodenheimer 1960, 46; Burnet 1971, 304 (gibt erst das 13. Jhd. an); Keller 1909/1913, 1, S. 203; Kemper 1934 (a) 489; Mouterde 1969, 459; Steiniger 1952, 9; Tricot-Royer 1950, 1185; Walker u. a. 1975, 902 ("although an incidence is said to have occurred in the ninth century in Ireland"). – Dabei meint aber Keller 1909/1913, 1, S. 204, dass die Hausratte "schon lange" vor ihrem ersten Nachweis (d. h. vor dem 12. Jhd.) "im ganzen oströmischen Reiche einschließlich das Exarchat Ravenna" bekannt gewesen sei; ähnlich Bodenheimer, a. a. O.; Kemper, a. a. O. Vgl. auch Zinsser 1949, 193, der ihre Einwanderung in die Zeit "zwischen 400 und 1100" verlegen möchte.
[17] Z. B. Blasius 1857, 314; Brehms Tierleben 11, 333 f.; Dahl, Naturwissenschaftliche Wochenschrift NF 8, 1909, 701; Dieterlen 1969, 354; Hirst 1953, 123; Steiniger 1952, 10; Walker u. a. 1975, 902; vgl. Loosjes 1956.
[18] Darüber z. B. Brehms Tierleben (wie Anm. 17); Dahl (wie Anm. 17).
[19] So noch neuerdings Burnet 1971, 306; Shrewsbury 1970, 8 f.
[20] Hinton 1931, 4 (sehr vorsichtig); Hirst 1953, 123; Koller 1932, 14; Mac Arthur 1952, 209.

[21] Für ein Vorkommen zumindest der Hausratte im antiken Europa: Becker – Kemper 1964, 14; Grassé 1955, 1468 ("a très probablement existé en Europe occidentale dès le Pléistocène"); Sambon 1922, 181 f.; Scarborough 1970, 88 mit Anm. 66; Shrewsbury 1970, 11; Stampfli 1966, 454. Vgl. auch Donaldson 1924, 8, der für Südeuropa (impliziert in der allgemeinen Fomulierung "the shores of the Mediterranean") ein Vorhandensein der Hausratte "before the present era" nicht völlig ausschließt; er glaubt jedoch, dass das Tier "even if present ... probably not abundant" war. – Für ein Auftreten der Ratte im Altertum ohne Aussage über die gemeinte Art: Grégoire 1949, pass.; Heurgon 1952, pass.
[22] Erwähnungen dieser Funde bei Bodenheimer 1960, 45 und 128; Brentjes 1969, 70; Keller 1909/1913, 1, S. 205; Kemper 1934 a, 490. (Die Angaben zur Zeitstellung sind – da die römischen Nachweise nicht erwähnt werden – überall ungenau; die Datierung bei Brentjes ist falsch).
[23] Hinton 1931, 4 (vgl. Mac Arthur 1952, 209; Verbleib?); Koller 1932, 14 (nur sehr vage Angaben).
[24] Zwar wurden neuerdings auch in Lauriacum-Enns und am Magdalensberg Knochen der Hausratte in römischen Fundzusammenhängen beobachtet; doch muss in beiden Fällen völlig offen bleiben, ob es sich dabei um Reste der römischen Fauna handelt oder ob die Tiere erst später in die betreffenden Fundschichten gelangt sind (Lauriacum: Müller 1967, 8 a-c und 127 [drei Femora von drei Individuen]. – Über die Fundumstände, aus denen ev. auf das Alter der Knochen geschlossen werden könnte, ist aus Müller nichts zu entnehmen. Eine diesbezügliche Anfrage an den Ausgräber, Herrn Prof. Dr. Ä. Kloiber [Linz], blieb leider unbeantwortet. Für seine Bemühungen in diesem Zusammenhang habe ich Herrn Dr. L. Eckhart [Linz] zu danken. – Magdalensberg: Hornberger 1970, 11 ff. und 123 [ein Femur]; auch hier keine Angabe über die Fundumstände. Herr Dr. G. Piccottini [Klagenfurt] teilt dazu freundlicherweise mit, dass "die Knochenfunde jener Grabungskampagnen auf dem Magdalensberg, aus welchen ein Femur der Hausratte stammt, stratigraphisch

römische Zeitstellung dieser Rattenknochen soll nach Stampfli 454 f. stratigraphisch gesichert sein. Um den Aussagewert des Fundes zu überprüfen, scheint eine genauere Darstellung gerechtfertigt.

Für die Fundumstände der Rattenreste von Ersigen-Murain ergibt sich – teils aus den publizierten Angaben,[25] teils aufgrund ergänzender Mitteilungen, die Herrn Kantonsarchäologen H. Grütter (Bern) verdankt werden – folgendes Bild: Die Knochen kamen in einem römischen Keller des 1. Jahrhunderts n. Chr. zutage, der nach seiner Auflassung im frühen 2. Jahrhundert verfüllt und durch einen hypokaustierten Raum überbaut wurde. Sie lagen in einer 0,40 m starken Schicht, die in 2,10 m Tiefe unter dem heutigen Niveau auf den gemörtelten Kellerboden hinunterreichte. Überlagert wurde diese Schicht, die große Mengen von Küchenabfällen (Tierknochen) enthielt, durch zwei Bauschutthorizonte (Unterkante 1,70 m bzw. 1,50 m) mit einer Stärke von zusammen fast 1,30 m, auf denen dann der gemörtelte Hypokaustboden der zweiten Bauperiode ruhte.

Da die Ratte aber ein Tier ist, das graben und Erdbaue anlegen kann, stellt sich die entscheidende Frage, ob die Rattenreste vielleicht erst in nachrömischer Zeit in die unterste Kellerschicht gelangt sein könnten. Zwar gräbt die Ratte selber nicht so tief (höchstens 40–50 cm, vgl. Steiniger 1952, 15 und 22); doch scheint in diesem Zusammenhang die Feststellung wichtig, dass die Nordwand des Kellers nach Ausweis des Grabungsplanes (Grütter – Bruckner 1966, Beilage) größtenteils rezentem Steinraub zum Opfer gefallen war, der sie bis zu den Fundamentgräben abgeräumt hatte.[26] Dass die Tiere erst im Zusammenhang mit diesem Bodeneingriff in die Tiefe der römischen Schicht gerieten, ist gut möglich;[27] doch spricht gegen eine solche Annahme, dass die Rattenknochen gerade in einer Anhäufung von Küchenabfällen, also in einem für die Ratte typischen Milieu, zum Vorschein kamen.

Diese Tatsache lässt vielleicht eher vermuten, dass die Ersiger Rattenreste der römischen Zeit angehören; um einen „sicheren Nachweis", wie Stampfli 1966, 454 f. meint, handelt es sich dabei jedoch nicht.

b) Wanderratten und Ratten fraglicher Artzugehörigkeit

Im Gegensatz zur Hausratte ist die Wanderratte in Europa und im außereuropäischen Mittelmeerraum bisher nicht nachgewiesen (bildliche Darstellungen aus Italien, die man für sie geltend gemacht hat, entziehen sich leider der Überprüfbarkeit[28]). Für die Gegenden am Kaspischen Meer besitzen wir jedoch einen Bericht bei Aelian (*De natura animalium* 17,17), in dem wohl von der Wanderratte die Rede ist; er geht auf Angaben des Amyntas zurück, der im Heer Alexanders des Großen durch dieses Gebiet gezogen war. Die Stelle erzählt von wandernden Nagetieren, die dort von Zeit zu Zeit in ungeheuren Mengen auftreten und nur durch die Raubvögel einigermaßen in Schach gehalten werden; sie durchschwimmen reißende Flüsse, verheeren die Felder, plündern die Bäume und trennen dabei mit ihren starken Zähnen, die selbst Eisen zernagen können, auch noch die Zweige ab. Zwar sollen die Tiere so groß sein wie Ichneumons, was auch für die Wanderratte als die größere Rattenart eine Übertreibung ist (vgl. Brehms Tierleben 11, 341 und 12, 26); doch gibt die Darstellung sonst ein treues Bild nicht nur der Ratte allgemein, sondern speziell der Wanderratte, die sich u. a. durch ihr Schwimmvermögen und ihre Wanderungen von der Hausratte unterscheidet (Steiniger 1952, 8 f., 16 und 30 f.).

---

nicht aufgenommen worden sind"). – Mögliche, nicht eindeutig bestimmbare Reste der Hausratte kamen auch in einem römischen Brunnen in Pforzheim zutage (Kuss 1958, 171 f.).

[25] Stampfli 1966, 454 f. und Plan nach 456; Grütter – Bruckner 1966, 375 f. und 447.

[26] Auch der gemörtelte Hypokaustboden, der den Kellerraum in seiner ganzen Ausdehnung nach oben abschloss, wies an einer Stelle eine rezente Störung auf (Mitteilung H. Grütter. Durch diese Störung ist es zu erklären, dass sich innerhalb des Fundkomplexes aus dem Keller [Zeitstellung – wie gesagt – 1./frühes 2. Jhd.] ein spätantiker Ring fand [Grütter – Bruckner 1966, 447]; nach einer Mitteilung von H. Grütter hatte er im obersten Bereich der Kellerfüllung gelegen.) Dass die Tiere sich freilich dieser „Einfallspforte" bedient hätten, ist mit Sicherheit auszuschließen; die Oberkante der knochenführenden Schicht liegt mit fast 1,30 m nämlich wesentlich tiefer unter dem Hypokaustestrich, als die Ratte zu graben pflegt.

[27] Die Hausratte – die in unseren Breiten im Winter im Inneren der Häuser lebt, aber die warme Jahreszeit vielfach auch im Freien verbringt (vgl. dazu die Beobachtungen von Vogel 1953, 58) – gräbt zwar im Gegensatz zur Wanderratte "nur sehr selten" (Steiniger 1952, 15 und 25), "mais adopte non rarement une cavité souterraine" (Grassé 1955, 1470).

[28] Hinton 1931, 4 (vgl. Mac Arthur 1952, 209; Verbleib der Stücke?); Koller 1932, 14 (sehr vage Angaben: "einige" in Italien gefundene "Bronzedarstellungen"). – Hirst 1953, 123 hält es auch für «wahrscheinlich», dass die von mehreren antiken Autoren erwähnte "Pontische Maus" die Wanderratte gewesen sei (Zusammenstellung der Belege für die "Pontische Maus": Schwentner 1954, 91 f.; RE 14, 2397 f. [Steier]). Die Eigenheiten, die dem Tier zugeschrieben werden, rechtfertigen diese Gleichsetzung jedoch nicht: so soll es Winterschlaf halten und wiederkäuen, was beides auf Ratten nicht zutrifft; außerdem sei es naschhaft und könne weißes Fell besitzen, was zwar auf die Ratte passen, aber keine Artbestimmung ermöglichen würde (Albinos gibt es von der Hausratte ebenso wie von der Wanderratte: vgl. Brehms Tierleben 11, 335 und 341; Donaldson 1924, 5 f. – Andere Deutungen der "Pontischen Maus": Keller 1909/1913, 1, S. 171 f. [Hermelin?]; Schwentner 1954 [wohl Hermelin]; RE 14, 2398 [Steier; "offenbar verschiedene" Tiere]). – Wenn sich schließlich eine Stelle der *Historia Augusta* (Heliogabalus 27,2) tatsächlich – wie das vermutet worden ist (Hoeppli 1959, 441; Zinsser 1949, 188 f.) – auf Ratten bezöge, müsste dabei am ehesten an die Wanderratte gedacht werden. Es heißt dort nämlich, Kaiser Elagabal habe sich zu seiner Unterhaltung zehntausend Mäuse, tausend Wiesel und tausend *sorices* ("sorex" = "Spitzmaus"; "Maus"; "Ratte"?) beschafft – doch wohl, um sie miteinander kämpfen zu lassen. Würde es sich bei den *sorices* um Ratten handeln, käme dafür mehr die aggressive, kampflustige Wanderratte (zu diesen Eigenschaften Steiniger 1952, 7 f., 11 und 39 f.) in Betracht. Diese Annahme scheint aber unnötig, da sich die mutige und blutgierige Spitzmaus (dazu Brehms Tierleben 10, 274 f.) zu einer Verwendung in einem solchen Kampf durchaus geeignet hätte (so auch Keller 1909/1913, 1, S. 17). Wie Steier (RE 3 A 1820) zu Recht bemerkt hat, ist die Glaubwürdigkeit der Geschichte im übrigen fraglich.

Dem Vorkommen der Wanderratte am Kaspischen Meer, das aus diesem Bericht offenbar zu folgern ist,[29] wird man jetzt aufgrund jüdischer Quellen ein zweites antikes Verbreitungsgebiet des Tieres zur Seite stellen dürfen: nämlich Mesopotamien. Dazu müssen wir ein wenig ausholen. In den letzten Jahren hat man zwei Tiernamen des Talmud, die früher auf das Wiesel, aber auch auf den Maulwurf bezogen wurden[30] – das hebräische „hulda" und das aramäische „kirkusta" –, neu gedeutet und für die Ratte in Anspruch genommen (Feliks 1971 [b]). Nach den Angaben des Babylonischen Talmud[31] nisten sich die so bezeichneten Tiere als ungebetene Gäste in den Häusern der Menschen ein (Pesahim 1,2 und 118 b; Baba meçiâ 85 a). Sie werden mit Fallen bekämpft (Kelim 15,6) und von den Katzen gejagt (Sanhedrin 105 a). Als Nahrung, die sie auch horten (Pesahim 9 b; vgl. Palästinensischer Talmud, Sabbath 14,1), kann ihnen u. a. Brot dienen (Pesahim 1,2); vor allem sind sie aber gierige Fleischfresser (Pesahim 9 a), die dem Geflügel und anderen Tieren nachstellen (Pesahim 8 b und 10 b; Hulin 52 b und 56 a; Taharuth 4,3) und vor denen man die Toten bewachen muss (Sabbath 151 b; vgl. Pesahim 9a/b und Nidda 15 b). Schließlich können sie auch Kinder anfallen und sie töten (Taanith 8a [die hier nur angedeutete Geschichte von der „hulda" und der Grube ist aus mittelalterlichen Kommentaren bekannt; sie wird ausführlich bei J. Levy, Neuhebräisches und chaldäisches Wörterbuch über die Talmudim und Midraschim 2 (Leipzig 1879), s. v. „hulda" referiert]).

Dass alle diese Züge der „hulda" bzw. der „kirkusta" ausgezeichnet auf die Ratte passen würden, ist in der Tat keine Frage und aus der modernen zoologischen Literatur Punkt für Punkt zu belegen.[32] Eindeutig ist aber auch – was bisher, soweit ich sehe, nicht bemerkt wurde –, dass einige der einschlägigen Stellen des Babylonischen Talmud Eigenheiten erwähnen, wie sie speziell für die Wanderratte charakteristisch sind: so die Vorliebe für Fleischnahrung (vgl. besonders Pesahim 9 a) und das Anfallen und Töten von Geflügel, von Mäusen usw. (Pesahim 8 b und 10 b; Hulin 52 b und 56 a; Taharuth 4,3), ja sogar von Menschen (Taanith 8

a; vgl. auch Sabbath 151 b, Pesahim 9 a/b und Nidda 15 b. – Zu diesen Charakteristika Steiniger 1952, 7 f., 39 ff. und 42 f.). Typisch ist aber auch die Aussage einer Stelle, in der es von der „hulda" heißt, dass sie „im Fundament der Häuser wohnt" oder – wie hier auch übersetzt werden kann – „in das Fundament der Häuser eindringt" (Pesahim 118 b, ed. pr.; cod. Münch.: „das Fundament der Häuser aushöhlt". – Herrn Lic. theol. P. Glaus, Basel, verdanke ich den nachträglichen Hinweis, dass statt „Fundament der Häuser" auch „Grundstücke der Häuser" übersetzt werden kann). Denn der Keller ist der von der Wanderratte bevorzugte Teil der menschlichen Behausung, in dem sie sich durch Untergraben der Fundamente Zugang verschafft (die Hausratte gräbt dagegen überhaupt nur äußerst selten und ist vor allem in höhergelegenen Teilen des Hauses anzutreffen [Steiniger 1952, 8, 15, 20 und 25]).

Diese Beobachtungen lassen wohl den Schluss zu, dass die Wanderratte in der Entstehungszeit der zitierten Talmudstellen, den ersten nachchristlichen Jahrhunderten, in Mesopotamien bekannt war. Ob sich unter den wahrscheinlichen Erwähnungen der Ratte im Babylonischen Talmud auch diejenigen auf sie beziehen, die keine artspezifischen Eigenheiten erwähnen, muss dabei natürlich offen bleiben. Ebensowenig erlauben die entsprechenden Stellen im Palästinensischen Talmud (Sabbath 14,1, Pesahim 1,2) Zuweisungen zu einer bestimmten Art; doch sind sie schon deshalb von Interesse, weil sie überhaupt auf ein Vorkommen der Ratte in der Fauna des römischen Israel hinweisen dürften.

Da nun einmal von Ratten fraglicher Artzugehörigkeit die Rede ist, sei noch hinzugefügt, dass in der Literatur – stets nur ganz beiläufig, in Form einer knappen Aufzählung – eine Reihe bildlicher Darstellungen aus dem Mittelmeerraum und dem nördlicheren Europa angeführt wird, die nach Arten nicht genauer unterschiedene Ratten zeigen sollen.[33] Ob es sich dabei wirklich um dieses Tier handelt (und wenn ja, um welche Art), müsste jedoch erst durch eine eingehende Untersuchung, vielleicht unter Mitarbeit eines Zoologen, geklärt werden.

c) Zusammenfassung

Als Fazit unseres Überblicks ergibt sich nunmehr erstens, dass die Hausratte (bzw. ihre Unterart *R. rattus alexandrinus*) zumindest in Ägypten auftrat. Das ist wichtig, da unter den beiden Rattenarten gerade die Hausratte die bedeutendere Rolle für die Pestinfektion des Menschen spielt – eine Tatsache, die ihre

---

[29] Die Stellungnahmen in der Literatur – um nur einige herauszugreifen – reichen von "vielleicht" (Sticker 1908/1910, 2, S. 145) und "möglich" (Blasius 1857, 314, Koller 1932, 8) bis zu "sicher" (zuletzt Richter 1972, 1340 f.).

[30] Vgl. dazu Lewysohn 1858, 91; die Talmudübersetzungen von Goldschmidt, Schwab und neuerdings die von Epstein herausgegebene englische Übertragung; schließlich die einschlägigen Artikel in den Wörterbüchern: G. H. Dalman, Aramäisch-neuhebräisches Handwörterbuch zu Targum, Talmud und Midrasch (Göttingen 3. Aufl. 1938); W. Gesenius – F. Buhl, Hebräisches und aramäisches Handwörterbuch (Leipzig 16. Aufl. 1915); J. Levy, Neuhebräisches und chaldäisches Wörterbuch über die Talmudim und Midraschim 2 (Leipzig 1879).

[31] Sammlungen von Talmudstellen über "hulda" und "kirkusta" bei Lewysohn 1858, 91 ff. und Feliks 1971 (b).

[32] Ebenfalls auf die Ratte könnte sich mit Lewysohn 1858, 107 f. eine Stelle im Traktat Baba meçiâ (97a) beziehen, wo „Mäuse" eine Katze töten.

[33] Vgl. v. a. Heurgon 1952, 484; Koller 1932, 7; Sambon 1922, 182. – Koller 1932, 7 f. (vgl. Mac Arthur 1952, 209) erwähnt auch Knochenreste von Ratten nicht angegebener Artzugehörigkeit aus Pompeji; worauf sich dieser Hinweis stützt, ist mir nicht bekannt.

Begründung in der menschennäheren Lebensweise des Tieres und in seiner geringeren Resistenz gegenüber der Pest findet (vgl. Baltazard 1960, 250 f.).

Zweitens ist festzuhalten, dass die Wanderratte (*R. norvegicus*) offenbar im Gebiet des Kaspischen Meeres und in Mesopotamien vorkam, dass sie bislang aber weder in Europa noch im außereuropäischen Mittelmeerraum nachgewiesen wurde. Das muss natürlich nicht bedeuten, dass sie dort tatsächlich nicht vorhanden war.

Drittens bleibt noch zu erwähnen, dass Ratten fraglicher Artzugehörigkeit wohl auch für das römische Palästina bezeugt sind.

2. Flöhe

Für die Frage nach der Rolle, die der Floh als Humanparasit in der Antike spielte, sind wir – anders als bei der Ratte – allein auf literarische Quellen angewiesen.[34] Sie lassen uns auch nicht im Stich, machen eine Reihe aufschlussreicher Bemerkungen und geben – wie Richter 1967, 578 zu Recht feststellt – zu erkennen, dass die Flohplage zumindest in Europa eine alltägliche Erscheinung war.

Soweit diese Texte dem Zeitraum angehören, um den es in unserem Zusammenhang geht, sollen sie hier angeführt werden.[35] Da verspottet ein Epigramm des 1. oder 2. nachchristlichen Jahrhunderts einen Narren, der, „von vielen Flöhen gebissen", sein Licht löscht, damit ihn die Quälgeister nicht mehr finden (*Anthologia Palatina* 11,432[36]). Dass Flöhe die Nachtruhe stören und durch ihr „Kitzeln" am Einschlafen hindern können, erwähnt auch der frühchristliche Autor Orosius (*Historiae* 4, *praef.* 4 f.). Celsus (6,7,9) bemerkt, dass sie mitunter in die Ohren geraten, und gibt verschiedene Anweisungen, wie sie daraus wieder zu entfernen seien. Plinius (*Naturalis historia* 9,154) bezeichnet sie als die „sommerlichen Tiere[37] der Gasthöfe, die durch ihre flinken Sprünge lästig fallen".[38] Einige weitere Stellen erwähnen Flöhe ebenfalls als lästig und als verächtliches Ungeziefer (*Anthologia Palatina*

11,265 [Lukillios]; Cassius Dio 61,29,4; Martial 14,83; Plautus, *Curculio* 500[39]). Der Gedanke, dass sie auch die Gesundheit gefährden können, lag der Antike jedoch fern.[40]

An Methoden zur Bekämpfung des Flohs hat es nach dem Zeugnis der Texte nicht gefehlt. So kommt als mechanisches Hilfsmittel bei Martial, unter den *apophoreta* des 14. Buches (14,83), ein „*scalptorium*", ein Kratzer, vor, der in Form einer Hand gebildet war und gegen „beißenden, lästigen Floh" am Rücken dienen sollte. Vor allem aber haben uns die Texte eine große Zahl von magischen Anweisungen zur Flohbekämpfung und von Rezepten für Abtötungs- und Abschreckmittel auf pflanzlicher Grundlage erhalten; die einzelnen Mittel wurden dabei entweder in den Häusern verspritzt oder – als Vorläufer der heutigen Raumdurchgasung – angezündet und zum Räuchern verwendet (Dioskurides, *De materia medica* 4,15,2 Wellmann; Galen 14, p. 537 Kühn; *Geoponica* 13,15 [Quelle soll ein nicht sicher identifizierbarer Pamphilos sein]; Palladius, *De Agricultura* 1,35,8; Pap. Lond. 121,149 ff. = Preisendanz 1917, 142; mehrere Stellen bei Plinius d. Ä. [vgl. Heimerzheim 1940, 11 f.]: *Naturalis historia* 20,155; 20,172; 22,27; 22,49; 24,53; 30,85).

Wie die Texte zeigen, war die Flohplage in Europa offensichtlich ein verbreitetes Übel. Entsprechendes wird man auch für den afrikanisch-orientalischen Bereich vermuten dürfen; Zeugnisse über den Flohbefall des Menschen besitzen wir hier in einem ägyptischen Papyrus (Pap. Lond. 121,149 ff. = Preisendanz 1917, 142) und in der jüdischen Literatur der Zeit[41] (Talmud, Sabbath 107 b; Tosefta Sabbath 12 a. Vgl. im Talmud auch die beiden inhaltlich einander entsprechenden Stellen Âboda zara 26 b und Horajot 11 a, die sich ebenfalls auf den Floh als Humanparasiten beziehen werden). Der vergleichsweise geringen Zahl der Belege für den afrikanisch-orientalischen Raum steht zum Ausgleich die Tatsache gegenüber, dass dort,

---

[34] Über den Floh in der griechisch-römischen Antike vgl. Keller 1909/1913, 2, S. 400 f.; Kemper 1934 (b) 621; Richter 1967.
[35] Diese Zusammenstellung erstreckt sich nur auf Zeugnisse für den Floh als Humanparasiten. Sie erhebt keinen Anspruch auf Vollständigkeit.
[36] Wer der Verfasser des Gedichtes war (Ammian, Lukian oder Lukillios?) ist umstritten (vgl. dazu die knappe Orientierung bei Aubreton in seiner Ausgabe der *Anthologia Palatina*, 10 (Paris 1972) 23 f. Anm. 3.
[37] Die "Zeit" des Menschenflohs ist der Sommer (Peus 1952, 176).
[38] Das Sprungvermögen des Flohs, das bei Plinius noch an anderer Stelle (*Naturalis historia* 11,115) erwähnt ist, hat damals überhaupt Eindruck gemacht. Galen (4, p. 362 Kühn) bewundert es als ein Meisterstück der Schöpfung; Lukian (*Verae historiae* 1,13) lässt sich davon zu seinem Lügenmärchen von den elefantengroßen Flöhen inspirieren, die als Reittiere dienen.

[39] Zu dieser Plautusstelle, in der die Kuppler mit Flöhen und anderem Ungeziefer auf dieselbe Stufe gestellt werden, vgl. den bezeichnenden Namen "Psyllos" (also wohl "Floh"), den ein Vertreter dieses zwielichtigen Metiers in einem Epigramm des Marcus Argentarius (*Anthologia Palatina* 7,403) trägt. Daraus darf vielleicht mit Meineke, Fragmenta Comicorum Graecorum 5/1, 100 die Vermutung abgeleitet werden, dass auch der "Psyllos", der uns für Menanders verlorene Komödie "Messenia" bezeugt wird (fr. 272 Körte), ein Kuppler gewesen ist.
[40] Anders Richter 1967, 579: "Kriecht er ins Ohr, so wird er gefährlich (vgl. Cels. 6,7,9); die Folgen seines Bisses werden z. T. stark übertrieben (Ail. nat. 6,26)." Die beiden Stellen halten einer Überprüfung jedoch nicht stand: bei Celsus ist nicht die Rede davon, dass das Eindringen des Flohs in den Gehörgang gefährlich sei; die Bemerkung des Aelian dagegen bezieht sich ihrem ganzen Inhalt nach nicht auf den Biss der Flöhe, sondern auf den einer Spinne, die im Griechischen als "*psylla*", "Floh", bezeichneten Malmignatte (*Lathrodectes*). Vgl. dazu Keller 1909/1913, 2, S. 461; RE 3 A, 1790 ff. (Steier).
[41] Über den Floh in der altjüdischen Literatur vgl. Bodenheimer 1960, 73; Feliks 1971 (a); Keller 1909/1913, 2, S. 400; Lewysohn 1858, 327.

nämlich in Nordafrika, die ursprüngliche Heimat des Menschenflohs gesucht wird (Peus 1952, 179 f.).[42]

*

Damit ist der Augenblick gekommen, zum Ausgangspunkt der Untersuchung zurückzukehren. An ihrem Beginn stand die Frage, ob – und wenn ja, in welchen Gebieten – in hellenistisch-römischer Zeit die Voraussetzungen für die Entstehung der nagerbedingten und der menschengetragenen Pest gegeben waren. Unser Überblick hat nun folgendes gezeigt: erstens, dass literarische Quellen für Palästina wahrscheinlich Ratten fraglicher Artzugehörigkeit und für weiter östlich gelegene Gegenden (Mesopotamien, Kaspisches Meer) wohl auch die Wanderratte erwähnen, während in Ägypten durch mehrfache Funde die Existenz der Hausratte (oder genauer ihrer Unterart *R. rattus alexandrinus*) nachgewiesen ist. Die Voraussetzungen für das Zustandekommen der nagerbedingten Übertragung waren hier also vorhanden, und die von Rufus erwähnte Pest in „Libyen, Ägypten und Syrien" muss nicht etwa notwendigerweise durch infizierte Personen eingeschleppt worden sein.

Zweitens hat sich ergeben, dass im afrikanisch-orientalischen Raum auch Zeugnisse für den Flohbefall des Menschen vorliegen. Wenn der Parasit dort ebenso häufig war, wie es uns für Europa überliefert ist, wird in der Levante bzw. in Nordafrika schon damals – sei es in Verbindung mit der nagerbedingten Form der Pest, sei es für sich allein – die interhumane Übertragung durch den Menschenfloh wirksam geworden sein, die moderne Pestausbrüche im gleichen Raum kennzeichnet.

Drittens bestand wohl in Europa selbst, wo die Flohplage nach den antiken Berichten verbreitet war (für die Existenz der Ratte ist bisher dagegen kein sicherer Anhaltspunkt bekannt), eine hinreichende Ausgangsbasis für ein Auftreten der Pest. Es scheint daher leicht möglich, dass sie in hellenistisch-römischer Zeit auch hier zum Ausbruch kam, da sie sich ja nach der Formulierung des Rufus nicht völlig auf „Libyen, Ägypten und Syrien" beschränkt haben soll.

In der Tat wurde von verschiedenen Autoren ein Auftreten der Pest im damaligen Europa angenommen;[43] einige glaubten sogar, einen Hinweis speziell auf das Vorkommen ihrer nagerbedingten Form gefunden

zu haben.[44] Sie entnahmen ihn einer Stelle bei Strabo (3,4,18), in der es heißt, auf der iberischen Halbinsel – aber nicht nur dort – sei eine große Menge von „*myes*" (deutsch: „Mäuse", Sammelbegriff für verschiedene Nagetiere) vorhanden, wodurch „auch häufig Seuchen" entstünden. Um welche „Seuchen" es sich dabei handelte, muss jedoch offen bleiben.[45] Vielleicht hatte man wirklich beobachtet, dass Ausbrüchen der nagerbedingten Pest die Epizootien mit ihrem allgemeinen Nagetiersterben vorausgehen und hatte daraus den Schluss gezogen, dass zwischen den Nagern und der Pest eine Verbindung bestehen müsse.[46] Vielleicht hatte man mit diesen Tieren aber auch nur Seuchen in direkten oder indirekten Zusammenhang gebracht, die in Zeiten besonderer Mäuse- oder Rattenplagen auftraten und durch Hungersnöte begünstigt sein konnten, die der Mäuse- oder Rattenfraß verursachte (vgl. Abel 1901, 96).

Zusammenfassend lässt sich sagen, dass beide für das Auftreten der Pest verantwortlichen Faktoren in hellenistisch-römischer Zeit gegeben waren: im außereuropäischen Mittelmeerraum sowohl die Ratten- wie die Flohplage; und in Europa zumindest der Flohbefall des Menschen. Dabei kann hier nur am Rand bemerkt werden, dass die Existenz der Ratte über die Geschichte der Pest hinaus von medizinhistorischem Interesse ist, da dieses Tier auch bei der Entstehung anderer Krankheiten des Menschen (vgl. v. a. Käufl 1953; Koller 1932, 20 ff.) eine teils wichtige, teils

---

[42] Nordafrika scheint noch in unserer Zeit – mit Hirst 1953, 240 – "the world's best source for this annoying parasite" zu sein.
[43] Impliziert bei Castiglioni 1931, 210, Haeser 1882, 36 und Sticker 1937, 608, die bei den großen, auch Europa betreffenden Pandemien des 2. (Castiglioni) und des 3. nachchristlichen Jhds. (Haeser, Sticker) an die Pest denken. – Vgl. schon für die Seuche von Athen Haeser 1839, 32 ff. und Williams 1957 (dazu Hooker 1958).
[44] Hirst 1953, 124 f.; Koller 1932, 7; Mac Arthur 1952, 211; Sambon 1922, 182.
[45] Ebenso ist völlig offen, welches Tier – oder welche Tiere – wir in diesem Fall unter "*myes*" zu verstehen haben (nach Hirst 1953, 124 f., Koller 1932, 7, Mac Arthur 1952, 211 und Sambon 1922, 182 sollen es eindeutig Ratten sein, da sich die Stelle ja auf die Pest beziehe).
[46] Ein Aufeinanderfolgen von Tiersterben und von Seuchenausbrüchen unter den Menschen erwähnen Ovid (*Metamorphoses* 7, 536 ff.) und Rufus von Ephesos (exzerpiert bei Aetios 5,96 [CMG 8,2 p. 82,15 ff. Olivieri = Rufus 352 Daremberg-Ruelle]; Oreibasios, *Collectiones medicae* 6,25 [CMG 6,3 p. 199,15 ff. Räder = Rufus 309 Daremberg-Ruelle]). Von Nagetieren ist dabei aber nicht die Rede. – Die bei Sambon 1922, 182 (vgl. Koller 1932, 7) vertretene Ansicht, dass auf einer Münze des Lucius Verus, "struck at Pergamum during a plague epidemic", als für die Verbreitung der Pest verantwortliches Tier eine Ratte dargestellt sei, ist nicht haltbar; denn erstens wird die damals grassierende Seuche in aller Regel nicht als Pest aufgefasst (anders nur Castiglioni 1931, 210), und zweitens ist auf der Münze – es handelt sich offenbar um den Fritze 1910, Taf. 5,16 – nicht etwa eine eindeutige Ratte, sondern "ein sehr kleiner Vierfüßler" zu sehen, mit dem ebensogut eine Maus gemeint sein kann (von Fritze 1910, 59). Außerdem steht das Tier, das "zwischen Asklepius und dem nackten Heildämon" abgebildet ist, in diesem Zusammenhang wohl stellvertretend für den Gott Apollon Smintheus (von Fritze 1910, 59 f.), dessen Attribut die Mäuse sind. Dieser Apollon Smintheus, der als Erretter aus Mäuseplagen verehrt wurde, war zugleich ein Seuchengott (vgl. Ilias 1,39); ein Zusammenhang zwischen dieser Tatsache und dem Zeitpunkt der Prägung wäre denkbar. – Die Doppelfunktion des Apollon Smintheus als Seuchen- und als Mäusegott wurde bereits ebenfalls – neben möglichen Anhaltspunkten aus orientalischen Quellen – als ein Hinweis darauf gewertet, dass aus der Beobachtung von Pestepizootien sehr früh auf eine Verbindung zwischen der Pest und den Nagetieren geschlossen worden sei (vgl. z. B. Godley 1901, 194; Grégoire 1949, 165 f.; Krappe 1936. – Grégoire 1949 und Heurgon 1952 sehen in den "Mäusen" des Apollon Smintheus Ratten).

geringere Rolle spielt. So hat ihr Vorhandensein für das Murine Fleckfieber entscheidende Bedeutung, das wie die nagerbedingte Pest von der Ratte durch den Rattenfloh (hauptsächlich wieder durch die Art *Xenopsylla cheopis*) auf den Menschen übertragen wird.[47] Mit dem Vorkommen der Ratte war in der Antike also auch die Voraussetzung für das Auftreten dieser Erscheinungsform des Fleckfiebers gegeben. Aber damit ist schon ein anderes Kapitel in der Geschichte der Infektionskrankheiten aufgeschlagen.

Abgekürzt zitierte Literatur

Abel 1901: R. Abel, Was wussten unsere Vorfahren von der Empfänglichkeit der Ratten und Mäuse für die Beulenpest des Menschen? Zeitschrift für Hygiene und Infectionskrankheiten 36, 1901, 89 ff.

Ackerknecht 1965: E. H. Ackerknecht, History and Geography of the Most Important Diseases (New York 1965).

Baltazard 1960: M. Baltazard, Déclin et destin d'une maladie infectieuse: la peste. Bulletin of the World Health Organization 23, 1960, 247 ff.

Baumann 1949: F. Baumann, Die freilebenden Säugetiere der Schweiz (Bern 1949).

Becker – Kemper 1964: K. Becker – H. Kemper, Der Rattenkönig. Beihefte der Zeitschrift für angewandte Zoologie 2 (Berlin 1964).

Beltz 1910: R. Beltz, Die vorgeschichtlichen Altertümer des Großherzogtums Mecklenburg-Schwerin (Schwerin 1910).

Blanc – Baltazard 1941: G. Blanc – M. Baltazard, Recherches expérimentales sur la peste. L'infection de la Puce de l'Homme. Comptes rendus hebdomadaires des séances de l'Academie des sciences 213 (Paris 1941) 813 ff.

Blasius 1857: J. H. Blasius, Naturgeschichte der Säugethiere Deutschlands (Braunschweig 1857).

Bodenheimer 1960: F. S. Bodenheimer, Animal and Man in Bible Lands (Leiden 1960).

Brehms Tierleben: O. zur Strassen, Hg., Brehms Tierleben 10, 11 und 12 (Leipzig – Wien 4. Aufl. 1912–1915).

Brentjes 1969: B. Brentjes, Zur „Beulen"-Epidemie bei den Philistern in 1. Samuel 5–6. Das Altertum 15, 1969, 67 ff.

Burnet 1971: F. M. Burnet, Naturgeschichte der Infektionskrankheiten des Menschen (Frankfurt/Main 1971).

Castiglioni 1931: A. Castiglioni, Histoire de la médecine (Paris 1931).

Davis – Hallett – Isaacson 1975: D. H. S. Davis – A. F. Hallett – M. Isaacson, Plague. In: W. T. Hubbert – W. F. McCulloch – P. R. Schnurrenberger, Hgg., Diseases Transmitted from Animals to Man (Springfield 1975) 147 ff.

Dieterlen 1969: F. Dieterlen, Familie Mäuse. In: Grzimeks Tierleben 11 (Zürich 1969) 348 ff.

Donaldson 1924: H. H. Donaldson, The Rat. Memoirs of the Wistar Institute of Anatomy and Biology 6 (Philadelphia 1924).

Erdmann 1953: G. H. Erdmann, Die Rolle der Nagetiere als Reservoire und Verbreiter der Pest (Dissertation Frankfurt/Main 1953).

Feliks 1971 (a): J. F[eliks], Flea. Encyclopaedia Judaica 6 (Jerusalem 1971) 1339 f.

Feliks 1971 (b): J. F[eliks], Rat. Encyclopaedia Judaica 13 (Jerusalem 1971) 1567.

von Fritze 1910: H. von Fritze, Die Münzen von Pergamon. Abhandlungen der Königlich Preußischen Akademie der Wissenschaften, Phil.-Hist. Kl. 1910, Anh. Abh. 1.

Godley 1901: A. D. Godley, Homerica quaedam. The Classical Review 15, 1901, 193 ff.

Grassé 1955: P.-P. Grassé, Hg., Traité de zoologie 17 (Paris 1955).

Grégoire 1949: H. Grégoire, Asklépios, Apollon Smintheus et Rudra. Académie Royale de Belgique, Classe des lettres et des sciences morales et politiques, Mémoires NF 45, 1 (Brüssel 1949).

Grütter – Bruckner 1966: H. Grütter – A. Bruckner, Der gallo-römische Gutshof auf dem Murain bei Ersigen. Jahrbuch des Bernischen Historischen Museums in Bern 45–46, 1965–66, 373 ff.

Haeser 1839: H. Haeser, Historisch-pathologische Untersuchungen 1 (Dresden – Leipzig 1839).

Haeser 1882: H. Haeser, Lehrbuch der Geschichte der Medicin und der epidemischen Krankheiten 3: Geschichte der epidemischen Krankheiten (Jena 3. Aufl. 1882).

Hare 1967: R. Hare, The Antiquity of Diseases Caused by Bacteria and Viruses. In: D. Brothwell – A. T. Sandison, Hgg., Diseases in Antiquity (Springfield 1967) 115 ff.

Heimerzheim 1940: H. Heimerzheim, Insekten, Ungeziefer, Würmer in ihrer hygienischen Bedeutung bei Plinius (Dissertation Köln 1940).

Heurgon 1952: J. Heurgon, D'Apollon Smintheus à P. Decius Mus: la survivance du dieu au rat, Sminth-, dans le monde étrusco-italique. Atti del I congresso internazionale di preistoria e protostoria mediterranea (Florenz 1952) 483 ff.

Hinton 1931: M. A. C. Hinton, Rats and Mice as Enemies of Mankind (London 3. Aufl. 1931).

Hirsch 1881: A. Hirsch, Handbuch der Historisch-Geographischen Pathologie 1: Die allgemeinen acuten Infectionskrankheiten (Stuttgart 2. Aufl. 1881).

Hirst 1953: L. F. Hirst, The Conquest of Plague (Oxford 1953).

Hoeppli 1959: R. Hoeppli, Parasites and Parasitic Infections in Early Medicine and Science (Singapur 1959).

---

[47] Zum Murinen Fleckfieber vgl. etwa Meier 1961; Snyder 1959, 819 ff.

380

Hooker 1958: E. M. Hooker, Buboes in Thukydides? The Journal of Hellenic Studies 78, 1958, 78 ff.

Hornberger 1970: M. Hornberger, Gesamtbeurteilung der Tierknochenfunde aus der Stadt auf dem Magdalensberg in Kärnten (1948–1966). Kärntner Museumsschriften 49 (Klagenfurt 1970).

Ilberg 1930: J. Ilberg, Rufus von Ephesos. Abhandlungen der Phil.-Hist. Kl. der Sächsischen Akademie der Wissenschaften 41, 1 (Leipzig 1930).

Käufl 1953: S. Käufl, Über die Rolle der wilden Ratte als Krankheitsüberträger (Dissertation München 1953).

Keller 1909/1913: O. Keller, Die antike Tierwelt 1–2 (Leipzig 1909/1913).

Kemper 1934 (a): H. Kemper, Ratten und Mäuse im Altertum. Zeitschrift für Gesundheitstechnik und Städtehygiene 26, 1934, 489 ff.

Kemper 1934 (b): H. Kemper, Über Gliederfüßler als Gesundheitsschädlinge im Altertum. Zeitschrift für Gesundheitstechnik und Städtehygiene 26, 1934, 547 ff. und 614 ff.

Kemper 1968: H. Kemper, Kurzgefasste Geschichte der tierischen Schädlinge, der Schädlingskunde und der Schädlingsbekämpfung (Berlin 1968).

Koller 1932: R. Koller, Das Rattenbuch (Hannover 1932).

Krampitz 1962: H. E. Krampitz, Neuere Gesichtspunkte der Epidemiologie, Prophylaxe und Therapie der Pest. Deutsche Medizinische Wochenschrift 87, 1962, 1853 ff.

Krappe 1936: A. H. Krappe, Apollon Smintheus and the Teutonic Mysing. Archiv für Religionswissenschaft 33, 1936, 40 ff.

Kudlien 1962: F. Kudlien, Poseidonios und die Ärzteschule der Pneumatiker. Hermes 90, 1962, 419 ff.

Kuss 1958: S. E. Kuss, Tierreste aus römischen Brunnen von Pforzheim. Beiträge zur naturkundlichen Forschung in Südwestdeutschland 17, 1958, 166 ff.

Lewysohn 1858: L. Lewysohn, Die Zoologie des Talmuds (Frankfurt/Main 1858).

Lisch 1865: G. C. F. Lisch, Pfahlbauten in Meklenburg. Jahrbücher des Vereins für Meklenburgische Geschichte und Alterthumskunde 30, 1865, 1 ff.

Loosjes 1956: F. E. Loosjes, Is the Brown Rat (Rattus norvegicus Berkenhout) Responsible for the Disappearance of Plague from Western Europe? Documenta de medicina geographica et tropica 8, 1956, 175 ff.

Lortet – Gaillard 1903: [L.] Lortet – C. Gaillard, La faune momifiée de l'ancienne Égypte. Archives du Muséum d'Histoire Naturelle de Lyon 8, 1903.

Lungershausen 1866: L. Lungershausen, Knochenreste der Hausratte in den Pfahlbauten. Der Zoologische Garten 7, 1866, 392.

Mac Arthur 1952: W. P. Mac Arthur, The Occurence of the Rat in Early Europe. Transactions of the Royal Society of Tropical Medicine and Hygiene 46, 1952, 209 ff. und Nachtrag 464.

Meier 1961: H.-R. Meier, Fleckfieberforschung 1900–1955 (Dissertation Zürich 1961).

Mouterde 1969: P. Mouterde, La faune du Proche-Orient dans l'antiquité. Mélanges de l'Université Saint-Joseph (Beirut) 45, 1969, 445 ff.

Müller 1967: R. Müller, Die Tierknochenfunde aus den spätrömischen Siedlungsschichten von Lauriacum, II. Wild- und Haustierknochen ohne die Rinder (Dissertation München 1967).

Patrick 1967: A. Patrick, Disease in Antiquity: Ancient Greece and Rome. In: D. Brothwell – A. T. Sandison, Hgg., Diseases in Antiquity (Springfield 1967) 238 ff.

Peus 1952: F. Peus, Aphaniptera, Flöhe. In: E. Martini, Lehrbuch der medizinischen Entomologie (Jena 4. Aufl. 1952) 161 ff.

Pollitzer 1954: R. Pollitzer, La peste (Genf 1954).

Pollitzer 1960: R. Pollitzer, A Review of Recent Literature on Plague. Bulletin of the World Health Organization 23, 1960, 313 ff.

Preisendanz 1917: K. Preisendanz, Drei alte Hausrezepte. Wochenschrift für klassische Philologie 34, 1917, 141 f.

Richter 1967: W. Richter, Floh. Der Kleine Pauly 2 (Stuttgart 1967) 578 f.

Richter 1972: W. Richter, Ratte. Der Kleine Pauly 4 (München 1972) 1340 f.

Rodenwaldt 1952: E. Rodenwaldt, Pest in Venedig 1575–1577. Ein Beitrag zur Frage der Infektkette bei den Pestepidemien West-Europas. Sitzungsberichte der Heidelberger Akademie der Wissenschaften, Mathemat.-Naturwiss. Kl., Jg. 1952, Abh. 2.

Sambon 1922: L. W. Sambon, Tropical and Sub-Tropical Diseases. The Journal of Tropical Medicine and Hygiene 25, 1922, 170 ff.

Scarborough 1970: J. Scarborough, Thucydides, Greek Medicine, and the Plague at Athens: A Summary of Possibilities. Episteme, Rivista critica di storia della medicina e della biologia 4, 1970, 77 ff.

Schwentner 1954: E. Schwentner, Ai. Samura-s, samuru-s und die „Pontischen Mäuse". Zeitschrift für vergleichende Sprachforschung 71, 1954, 90 ff.

Shrewsbury 1970: J. F. D. Shrewsbury, A History of Bubonic Plague in the British Isles (Cambridge 1970).

Snyder 1959: J. C. Snyder, The Typhus Fevers. In: Th. M. Rivers, Hg., Viral and Rickettsial Infections of Man (Philadelphia 3. Aufl. 1959) 799 ff.

Stampfli 1966: H. R. Stampfli, Die Tierreste aus der römischen Villa „Ersigen-Murain" in Gegenüberstellung zu anderen zeitgleichen Funden aus der Schweiz und dem Ausland. Jahrbuch des Bernischen Historischen Museums in Bern 45--46, 1965–66, 449 ff.

Steiniger 1952: F. Steiniger, Rattenbiologie und Rattenbekämpfung (Stuttgart 1952).

Sticker 1908/1910: G. Sticker, Abhandlungen aus der Seuchengeschichte und Seuchenlehre 1: Die Pest, 1. und 2. Teil (Gießen 1908/1910).

Sticker 1937: G. Sticker, Volkskrankheiten in den Mittelmeerländern zur Blütezeit Athens. Festschrift B. Nocht (Hamburg 1937) 594 ff.

Toepfer 1963: V. Toepfer, Tierwelt des Eiszeitalters (Leipzig 1963).

Tricot-Royer 1950: P. Tricot-Royer, Peste ancienne et peste actuelle. Le Scalpel (Brüssel) 103, 1950, 1179 ff.

Vogel 1953: R. Vogel, Die gegenwärtige Verbreitung der Hausratte (Rattus rattus [L.]) in Südwestdeutschland und die sie bestimmenden Faktoren. Jahreshefte des Vereins für vaterländische Naturkunde in Württemberg 108, 1953, 53 ff.

Walker u. a. 1975: E. P. Walker u. a., Mammals of the World 2 (Baltimore – London 3. Aufl. 1975).

Williams 1957: E. W. Williams, The Sickness at Athens. Greece and Rome NF 4, 1957, 98 ff.

Zinsser 1949: H. Zinsser, Ratten, Läuse und die Weltgeschichte (Stuttgart 1949).

Nachwort 2024

Über Ratte und Floh in der römischen Antike ist seit der Zeit, in der die vorstehende Arbeit erschien, viel geschrieben worden. Untersucht wurden ihre Verbreitungsgeschichte; der Zusammenhang ihres Auftretens mit dem Standard der römischen Wohnungs- und Siedlungshygiene; und natürlich die Frage ihrer möglichen medizinischen Bedeutung.[48]

Was speziell den Floh anlangt, wäre aber eine noch eingehendere, zusammenfassende Auseinandersetzung mit diesem – und ebenso mit allen anderen – Humanparasiten der römischen Antike wünschenswert.[49] Die Rolle der Plagegeister für Leben und Gesundheit des damaligen Menschen kann nur dadurch angemessen deutlich werden.

Über Vorkommen und Verbreitung der Ratte sind wir durch neuere Funde inzwischen zwar sehr gut unterrichtet.[50] Bei der Beurteilung dieser Funde darf aber nicht aus dem Blick geraten, dass es sich um ein grabendes Tier handelt und dass daher Nachweis für Nachweis untersucht werden muss, ob eine erst nachantike Zeitstellung der betreffenden Rattenreste mit genügender Sicherheit ausgeschlossen werden kann.

Was schließlich die Pestgeschichte selbst betrifft, konnten in den letzten Jahrzehnten ganz ungeahnte, ja revolutionäre Fortschritte verzeichnet werden. Sie ergaben sich teilweise dadurch, dass die Forschung herkömmliche Wege weiter verfolgt hat.[51] Der größte Fortschritt bestand jedoch darin, dass ihr mit der DNA-Analytik eine neue Methode mit Erkenntnismöglichkeiten an die Hand gegeben wurde, wie man sie bis vor kurzer Zeit nicht hätte erhoffen dürfen. Sie hat das Auftreten der Pest bisher für das Neolithikum, die Bronzezeit und das frühe Mittelalter nachgewiesen.[52]

---

[48] Zur Verbreitungsgeschichte unten Anm. 49 und 50; zur medizinischen Bedeutung Anm. 51 und 52. Zum Zusammenhang mit der Wohnungs- und Siedlungshygiene G. E. Thüry, Müll und Marmorsäulen. Siedlungshygiene in der römischen Antike (Mainz 2001) 52–54.

[49] Über den Floh jetzt die Lexikonartikel von W. Richter, Floh. RE Supplementband 15 (München 1978) 101–104 und G. E. Thüry, Floh. Der Neue Pauly 4 (Stuttgart – Weimar 1998) 560 f. Außer der dort zitierten Literatur vgl. auch P. C. Buckland – J. P. Sadler, A Biogeography of the Human Flea, Pulex irritans L. (Siphonaptera: Pulicidae). Journal of Biogeography 16, 1989, 115–120.

[50] Einen kurzen Überblick über den Wissensstand gibt G. E. Thüry, Ratte. Der Neue Pauly 10 (Stuttgart – Weimar 2001) 785 f. Fundlisten und Verbreitungskarten vor allem bei: F. Audoin-Rouzeau, Les chemins de la peste. Le rat, la puce et l'homme (Rennes 2003) 115–124; G. Sorge, Ratten aus dem spätantiken Kastell Krefeld-Gellep. In: Provinzialrömische Forschungen. Festschrift für Günter Ulbert zum 65. Geburtstag (Espelkamp 1995) 387–395. – DNA-Analysen mit Fundkatalog: He Yu u. a., Palaeogenomic Analysis of Black Rat (Rattus rattus) Reveals Multiple European Introductions Associated with Human Economic History. Nature Communications 2022. doi: 10.1038/s41467-022-30009-z. – Über römerzeitliche Rahmenbedingungen, die

eine Verbreitung der Ratte begünstigten, vgl. M. McCormick, Rats, Communications, and Plague: Towards an Ecological History. Journal of Interdisciplinary History 34, 1, 2003, 1–25.

[51] In erster Linie ist hier das Buch von F. Audoin-Rouzeau, Les chemins de la peste (Anm. 50) zu erwähnen. Vgl. auch R. Sallares, Ecology, Evolution, and Epidemiology of Plague. In: L. K. Little, Hg., Plague and the End of Antiquity. The Pandemic of 541–750 (Cambridge usw. 2007) 231–289. – Speziell zu den literarischen Quellen für die Pest in vor-justinianischer Zeit jetzt J. Mulhall, Plague before the Pandemics: The Greek Medical Evidence for Bubonic Plague before the Sixth Century. Bulletin of the History of Medicine 93,2, 2019, 151–179. Nur rein spekulativ ist zu diesem Thema der Beitrag von S. Tausend, Der "Schwarze Tod" vor Troja? Apollon Smintheus und Yersinia pestis. In: Thiasos. Festschrift für Erwin Pochmarski zum 65. Geburtstag (Wien 2008) 1033–1043.

[52] Für die Urgeschichte vgl. A. Andrades Valtueña u. a., Stone Age Yersinia pestis Genomes Shed Light on the Early Evolution, Diversity, and Ecology of Plague. PNAS 119, 2022. doi:10.1073/pnas.2116722119; G. M. Kilinc u. a., Human Population Dynamics and Yersinia pestis in Ancient Northeast Asia. Science Advances 7,2, 2021. doi: 10.1126/sciadv.abc4587; G. U. Neumann u. a., Yersinia pestis im frühbronzezeitlichen Gräberfeld von Drasenhofen. Die derzeit ältesten Pesttoten Österreichs in ihrem kulturhistorischen Kontext. Archaeologia Austriaca 107, 2023, I-XXII; S. Rasmussen u. a., Early Divergent Strains of Yersinia pestis in Eurasia 5,000 Years Ago. Cell 163, 2015. doi: 10.1016/j.cell.2015.10.009; M. A. Spyrou u. a., Analysis of 3800-Year-Old Yersinia pestis Genomes Suggests Bronze Age Origin for Bubonic Plague. Nature Communications 2018. doi: 10.1038/s41467-018-04550-9. – Neuere Arbeiten für das Frühmittelalter: M. Feldman u. a., A High-Coverage Yersinia pestis Genome from a Sixth-Century Justinianic Plague Victim. Molecular Biology and Evolution 33, 11, 2016. doi: 10.1093/molbev/msw170; D. Gutsmiedl-Schümann u. a., Digging Up the Plague: A Diachronic Comparison of aDNA Confirmed Plague Burials and Associated Burial Customs in Germany. Praehistorische Zeitschrift 92,2, 2017, 405–427; M. Harbeck u. a., Yersinia pestis DNA from Skeletal Remains from the 6th Century AD Reveals Insights into Justinianic Plague. PLoS Pathogens 9.5, 2013. doi: 10.1371/journal.ppat.1003349; M. Keller u. a., Ancient Yersinia pestis Genomes from across Western Europe Reveal Early Diversification during the First Pandemic (541–750). PNAS 116, 2019. doi:10.1073/pnas.1820447116; D. M. Wagner u. a., Yersinia pestis and the Plague of Justinian 541–543 AD: a Genomic Analysis. The Lancet Infectious Diseases 14,4, 2014. doi: 10.1016/S1473-3099(13)70323-2.

49.

Bauern, Gift und Parasiten
Zur Hygiene römischer Landwirtschaftsprodukte

(Aus: Historicum [Linz], Frühlingsnummer 1996, 34 ff.)

Zu den täglich spürbaren Folgen des vermeintlichen Kulturfortschritts gehört am Ende unseres Jahrhunderts die, dass sich mit dem Konsum der verschiedensten Lebensmittel neuartige Gesundheitsgefahren verbinden. Dennoch wäre es ein Irrtum zu glauben, dass es irgendwann ein goldenes Zeitalter reiner und gesunder Lebensmittel gegeben hätte. Auch wer z. B. die römische Ernährungsweise untersucht,[1] wird nur dann ein realistisches Bild der Verhältnisse gewinnen, wenn er die damalige mangelhafte Lebensmittelhygiene mit einbezieht. Mit dieser Schattenseite der lukullischen Epoche hat sich die Forschung bisher jedoch zu wenig beschäftigt. Dabei leiden wir keineswegs Mangel an einschlägigen Quellen. Der folgende Artikel, der sich mit der Frage der hygienischen Qualität römischer Landwirtschaftsprodukte befasst, versucht das anzudeuten. Er ist freilich nur als Skizze zu einem Thema zu verstehen, zu dem wir sehr viel gründlichere Studien bräuchten.

Der hygienische Befund

Wir betrachten zuerst den hygienischen Standard auf dem Gebiet des wichtigsten Landwirtschaftsproduktes: des Getreides. Im Anschluss daran sollen Abschnitte über das Gemüse, über die Süßstoffe, Weine und Öle, über Schlachtvieh und Fleischprodukte und schließlich über die Wassertiere folgen.

Getreideprodukte

Die hygienische Qualität antiker Mehle muss – bei aller Unterschiedlichkeit dieser Produkte schon nach Preis und Käuferschicht[2] – im ganzen mäßig gewesen sein. Dafür sorgte bereits der Steinabrieb der Mühlsteine, der darin enthalten war und die Zähne der antiken

Konsumenten abschliff und beschädigte.[3] Wurden diese Partikel gar zu zahlreich, sprechen die antiken Quellen geradezu von „*panis lapidosus*", von „Steinbrot".[4] Schlimmer war aber, dass auch verschiedene Giftstoffe in die Mehle gelangen konnten. Abgesehen von einer möglichen Bleikontamination durch Metallteile der Mühlen,[5] geschah das aber nicht erst beim Mahlvorgang, sondern schon bei der Ernte und ebenso bei der Lagerung.

So wurde mit dem Getreide zugleich ein giftiges Ackerunkraut mitgeerntet, das heute selten geworden ist, aber früher sehr verbreitet war: die Kornrade (*Agrostemma githago* L.). Ihre Samen sind in römischen Getreidefunden häufig und darin z. T. in hohen Konzentrationen vertreten.[6] Diese hohen Kornradeanteile erklären sich zwar fallweise dadurch, dass manche Getreidefunde nur Abfall und Zwischenprodukte von Kornreinigungsprozessen darstellen.[7] Dass aber auch gereinigtes und zur Herstellung von Backwaren verwendetes Getreide noch giftige Kornradesamen enthielt, zeigen Fundvorkommen wie das in einem Backofen oder das in Exkrementresten einer Latrine.[8] In teurem Qualitätsmehl anscheinend selten,[9] wird die Kornrade

---

[1] Literatur dazu habe ich im "Historicum" vom Sommer 1987, 26 zusammengestellt (wobei die Redaktion dort den Namen des römischen sog. Apiciuskochbuchs konsequent, aber unzutreffend in „Aspiciuskochbuch" geändert hat). An seitdem erschienenen Büchern zur römischen Ernährung nenne ich nur die drei neuesten: I. Gozzini Giacosa, Genießen wie die alten Römer (Frankfurt/M. 1995); H.-P. von Peschke – W. Feldmann, Kochen wie die alten Römer (Zürich 1995); J. Wilkins – D. Harvey – M. Dobson, Hgg., Food in Antiquity (Exeter 1995).

[2] Zur Hierarchie der verschiedenen Mehl- und Brotqualitäten und ihrer Abnehmerkreise z. B. J. André, L'alimentation et la cuisine à Rome (Paris 1981) 68 f.

[3] Zur Geschichte der Zahnabrasion vgl. vor allem die gründliche Untersuchung bei P. Caselitz, Ernährungsmöglichkeiten und Ernährungsgewohnheiten prähistorischer Bevölkerungen. BAR International Series 314 (Oxford 1986) 128 ff.

[4] Horaz, *Saturae* 1,5,91; Seneca, *De beneficiis* 2,7,1.

[5] Mit einer Verwendung auch von Blei an Getreidemühlen rechnet M. Junkelmann, Die Ernährung des römischen Heeres. Humanistische Bildung 17, 1994, 42.

[6] Eine Verbreitungsliste und -karte (die inzwischen durch mehrere weitere Fundpunkte zu ergänzen wären) bietet U. Willerding, Zur Geschichte der Unkräuter Mitteleuropas (Neumünster 1986) 31 ff.; hohe Konzentrationen (bis rund 20 Prozent) liegen z. B. in Augst, Kanton Basel-Land vor: S. Jacomet, Verkohlte pflanzliche Makroreste aus Grabungen in Augst und Kaiseraugst. Jahresberichte aus Augst und Kaiseraugst 9, 1988, 281 ff.

[7] Z.B. Jacomet, Makroreste (Anm. 6) 284 f.

[8] Der Backofenfund (aus Augst) bei M. Dick, Verkohlte Samen und Früchte aus zwei holzkohlereichen Schichten von Augst. Jahresberichte aus Augst und Kaiseraugst 10, 1989, 348 f.; der Latrinenfund (aus Zurzach, Kt. Aargau) bei S. Jacomet – Chr. Wagner, Mineralisierte Pflanzenreste aus einer römischen Latrine des Kastell-Vicus. In: R. Hänggi – C. Doswald – K. Roth-Rubi, Die frühen römischen Kastelle und der Kastell-Vicus von Tenedo-Zurzach, Textband (Brugg 1994) 332 f. und Tab. 60, 325.

[9] In einem monumentalen Augster Grabmal lagen als Beigabe Getreidereste, bei denen auf rund 3700 Getreidekörner nur 2 der Kornrade kamen (S. Jacomet – M. Bavaud, Verkohlte Pflanzenreste

in weniger gut gesiebten, schlechteren Mehlen höhere Konzentrationen erreicht haben. Außerdem bezeugt der kaiserliche Hof- und Leibarzt Galenos, der sich viel mit Nahrungsmittelhygiene befasst und dabei auch die Giftstoffe im Getreide behandelt hat, dass die Bauern bei schlechten Ernten in Versuchung waren, das Korn weniger gründlich zu sieben.[10] Galenos verurteilt das ausdrücklich; die Folge konnten Massenvergiftungen sein. Im Fall der Kornrade können so schon geringe Beimengungen (unter 1 Prozent) toxisch wirken.[11] Zum Krankheitsbild gehören Schwindel, Fieber, Delirien und Koliken; in schweren Fällen treten Atemlähmung und Tod ein.[12]

Die zitierte Galenstelle über das nachlässige Getreidesieben in schlechten Erntejahren steht freilich in einem Kontext, in dem es nicht um Verunreinigungen durch Kornrade, sondern durch ein anderes Ackerunkraut, durch den Taumellolch (*Lolium temulentum* L.) geht. Diese Wildgrasart ist an sich nicht selber giftig, wird aber von einem Pilz befallen, der den Giftstoff Temulin erzeugt. Schon in geringen Dosen (bei einem Anteil der Taumellolchsamen von 0,1 Prozent) gefährlich,[13] „wirkt (Temulin) zentral lähmend" und führt zu „Schwindelgefühl, Taumeln, Kopfschmerzen, Trübung des Denkvermögens und Verwirrung der Sinneswahrnehmungen, Seh- und Hörstörungen, Behinderung oder Aufhebung des Sprachvermögens, Schluckstörungen, Angstgefühl"; im schlimmsten Fall folgen „Koma, Sinken der Körpertemperatur, Tod durch Atemstillstand."[14] Die antiken Autoren nennen als Folgen der Temulinvergiftung Schwindel (Plinius), Kopfschmerzen und Hautaffektionen (Galenos).[15] Sie berichten von der Verwendung spezieller Lolchsiebe zur Getreidereinigung und sprechen überhaupt viel von dieser Pflanze, die dagegen in den erhaltenen botanischen Resten bisher kaum vorkommt.[16]

Wie gesagt, enthält der Taumellolch – im Gegensatz zur Kornrade – kein Pflanzengift, sondern ein Mykotoxin, einen von Pilzen gebildeten Giftstoff. Solche Mykotoxine werden auch von vielen anderen Pilzarten produziert, die sowohl das Getreide am Halm als auch Getreidevorräte befallen können. Galenos spricht einmal von Massenvergiftungen durch derartige Getreidepilze.[17] Welche Pilze – außer denen des Taumellolchs – an antiken Getreidekontaminationen beteiligt waren, lässt sich aber nicht erkennen. Unklar ist bisher auch, ob der bekannte Mutterkornpilz und damit das vom Gift des Mutterkorns ausgelöste Krankheitsbild des Ergotismus in der Antike bereits von Bedeutung war.[18]

Fortschritte hat unser Wissen dagegen auf einem anderen Gebiet gemacht. War früher lediglich bekannt, dass Getreide in der Antike auch von tierischen Vorratsschädlingen befallen wurde – es sind die „curculiones" der lateinischen Texte –, so haben neuere Funde gezeigt, welch breite Artenpalette hinter diesem Begriff der *curculiones* steht.[19] In schlecht gelagertem Getreide tummelten sich damals Käfer wie – um nur zwei Arten zu nennen – der häufig nachgewiesene *Oryzaephilus surinamensis* L. oder *Calandra granaria* L.[20] Zumindest bei einer gewissen Intensität lassen sie und die von ihnen abgesonderten Substanzen Nahrungsmittel ungenießbar werden.[21] Darüber hinaus sind die Drüsensekrete von *Calandra granaria* nach heutigem Wissen auch karzinogen.[22]

Gemüse

Gemüsenutzung ist gelegentlich ein kühner Griff zu an sich giftigen Pflanzen – sei es etwa, dass davon ungiftige Teile gegessen werden (wie bei der Kartoffel), sei es, dass erst ein Kochvorgang für Entgiftung sorgt (wie bei unserer Gartenbohne). Die antike Ernährung hat zwar weder unsere Gartenbohne noch die Kartoffel gekannt. Das Phänomen der eigentlich giftigen Gemüsepflanzen gab es aber auch damals schon. So hat die sonst giftige Schmerwurz (*Tamus communis* L.) essbare Sprossen, die in Rom (wie noch heute in Dalmatien) nach Art

---

aus dem Bereich des Grabmonumentes („Rundbau") beim Osttor von Augusta Raurica: Ergebnisse der Nachgrabungen von 1991. Jahresberichte aus Augst und Kaiseraugst 13, 1992, Tab. 2, 108).

[10] Galenos, *De alimentorum facultatibus* 1,37 p. 553 Kühn; die galenischen Stellen über Toxine im Getreide nahm E. Lieber zum Ausgangspunkt ihrer Arbeit: Galen on Contaminated Cereals as a Cause of Epidemics. Bulletin of the History of Medicine 44, 1970, 332 ff.

[11] A. Maurizio, Die Nahrungsmittel aus Getreide 1 (Berlin 1917) 61.

[12] O. Geßner, Die Gift- und Arzneipflanzen von Mitteleuropa (Heidelberg 1931) 149 f.; E. Lindner, Toxikologie der Nahrungsmittel (Stuttgart 1974) 13.

[13] Lindner, Toxikologie (Anm. 12) 102 f.

[14] Zitate aus Geßner, Gift- und Arzneipflanzen (Anm. 12) 54 f.

[15] Plinius, *Naturalis historia* 18, 156; Galenos, *De alimentorum facultatibus* (Anm. 10). Zu den Hautaffektionen den Kommentar bei Lieber, Galen (Anm. 10) 338 f.

[16] Spezielle Lolchsiebe: Columella 8,5,16; Galenos, *De alimentorum facultatibus* (Anm. 10); große Zahl der Literaturstellen über den Taumellolch: ThlL 7,2,2 (Leipzig 1970-79) 1613 f. Fundnachweise der Pflanze: Willerding, Unkräuter Mitteleuropas (Anm. 6) 163.

[17] Galenos, *De differentiis febrium* 1,4 p. 285 Kühn. Dazu der Kommentar bei Lieber, Galen (Anm. 10) 339 ff.

[18] Gegen eine solche Annahme Lieber, Galen (Anm. 10) 343 ff. Im positiven Sinn hatte sich R. Kobert in seiner Arbeit ausgesprochen: Zur Geschichte des Mutterkorns, Historische Studien aus dem Pharmakologischen Institute der Kaiserlichen Universität Dorpat 1 (Halle 1889) 7 und 10 ff.; zwei Fälle von Ergotismus, die M. S. Handke bei Eugippius zu erkennen meinte, lassen sich nicht ernsthaft diagnostizieren (M. S. Handke, A Social and Economic History of Noricum Ripense in the Fifth Century. Dissertation Boulder 1986 [Ann Arbor 1987] 86 ff.).

[19] I. C. Beavis, Insects and Other Invertebrates in Classical Antiquity (Exeter 1988) 177 ff.

[20] *Calandra granaria*: K. Koch, Zur Untersuchung subfossiler Käferreste aus römerzeitlichen und mittelalterlichen Ausgrabungen im Rheinland. Beiträge zur Archäologie des römischen Rheinlands 2 (Düsseldorf 1971) 382 und 430. *Oryzaephilus surinamensis*: Koch, ebenda, 380 und 402; P. J. Osborne, An Insect Fauna from the Roman Site at Alcester, Warwickshire. Britannia 2, 1971, 162 f.

[21] Abgesonderte Substanzen: Lindner, Toxikologie (Anm. 12) 117; Osborne, Insect Fauna (Anm. 20) 163.

[22] Lindner, Toxikologie (Anm. 12) 117.

von Spargel zubereitet wurden.[23] Bei einigen anderen Giftpflanzen, die römische Gemüse lieferten, ist uns dagegen nicht klar, wie und mit welchem Erfolg die giftige Wirkung umgangen werden konnte. Hierher gehören der Doldentraubige Milchstern (*Ornithogalum umbellatum* L.);[24] die in allen Teilen toxische, in der Neuzeit als Rattengift benützte Meerzwiebel (*Urginea maritima* Baker);[25] und die Zaunrübe (*Bryonia dioica* Jacq.).[26] In bestimmten Fällen waren aber Vergiftungen durch solche Gemüse gar nicht zu vermeiden. So kann der Genuss der im Altertum weit verbreiteten Saubohne (*Vicia faba* L.) – vor allem bei entsprechender genetischer Prädisposition – zu Favismus führen, der im ungünstigsten Fall tödlich endet;[27] und eine Ernährung, die sich hauptsächlich auf die auch in der Antike genutzte Saat-Platterbse (*Lathyrus sativus* L.) und einige andere Hülsenfrüchte stützt, bewirkt nach Monaten das Krankheitsbild des Lathyrismus.[28] Fälle von Lathyrismus (bei dem ein Nervengift spastische Lähmungen der Beine und Hirnschädigungen hervorruft) sind schon in den hippokratischen Schriften bezeugt.[29]

Übrigens ist wohl anzunehmen, dass die sprichwörtliche Gesundheit von Gemüse nicht nur durch das Vorhandensein toxischer Inhaltsstoffe, sondern auch durch Kontamination bei der Düngung vermindert wurde. Das ist z. B. ein Hauptausbreitungsweg der Ascariasis, d. h. des Spulwurmbefalls, der sich für die römische Antike durch literarische und durch archäologische Quellen belegen lässt.[30]

Süßstoffe – Weine – Öle

Geht es um die bekannte Frage der Bleivergiftungen in der römischen Antike, so steht oft die Verwendung bleierner Wasserleitungsrohre im Vordergrund. Dabei ist für das Thema nicht weniger wichtig, dass bleierne Geräte und Gefäße massiv auch bei der Lebensmittelzubereitung eingesetzt wurden. So z. B. bei der Produktion von Speiseöl. Hier empfiehlt bereits das älteste römische Landwirtschaftshandbuch, das des Älteren Cato, bei der Konstruktion der Pressen Blei zu verwenden und das frisch gepresste Olivenöl in einem Bleigefäß aufzufangen.[31] Mit Blei kontaminiert waren aber auch die eingekochten Traubenmoste, die in der noch zuckerlosen römischen Küche als Süßstoffe eingesetzt und außerdem zum Konservieren von Früchten, als Getränke und zum Verschneiden von Weinen benützt wurden.[32] Diese damals allgegenwärtigen Mostsüßstoffe hießen – je nach dem Grad der Eindickung und damit zugleich der Süße – „caroenum", „defrutum" und „sapa". Auch sie wurden nach den literarischen Quellen gern in Bleikesseln eingekocht – was damit zusammenhängt, dass aus den Gefäßwänden gelöstes Blei ein angenehmes Aroma erzeugt und den süßen Geschmack verstärkt. Gekochter Honig und Honigprodukte scheinen oft das gleiche Schicksal erlitten zu haben;[33] und der römische Winzer, mit dem wir uns hier nicht detailliert beschäftigen werden, verschnitt nicht nur seine Weine mit den oft bleibelasteten Mostsüßstoffen, sondern hatte auch sonst Blei und Bleigefäße im Einsatz.[34]

Was aber alle diese Tatsachen erst so erstaunlich macht, ist der in der Antike durchaus schon vorhandene Verdacht, dass Blei „dem menschlichen Organismus schadet", so dass andere Stoffe „viel gesünder" sind (beide Zitate aus Vitruv[35]); Palladius formuliert sogar, dass die Verwendung von Blei deshalb nur eine „ultima ratio" sein dürfe.[36]

Schlachtvieh und Fleischprodukte

Wer bis hierher gelesen hat, wird in römischer Zeit kaum noch mit dem Vorhandensein von Vorkehrungen rechnen, die zu den entfernteren Vorfahren unserer Lebensmittelüberwachung und unseres Verbraucherschutzes zählen. Aber solche Vorkehrungen gab es doch. Die „praegustatores", die „Vorkoster" am Kaiserhof, gehörten dazu;[37] und beim Verkauf von Schlachtvieh war es immerhin üblich, dem

---

[23] Zur kulinarischen Nutzung: André, Alimentation (Anm. 2) 24 f. Zur Toxizität: D. Frohne – H. J. Pfänder, Giftpflanzen (Stuttgart 1982) 97 f.

[24] Kulinarische Nutzung: André, Alimentation (Anm. 2) 22 und 24. Für den Hinweis auf die Toxizität danke ich Herrn Dr. M. Kiehn vom Wiener Botanischen Institut.

[25] Kulinarische Nutzung: André, Alimentation (Anm. 2) 22. Toxizität: Geßner, Gift- und Arzneipflanzen (Anm. 12) 130 f.

[26] Kulinarische Nutzung: André, Alimentation (Anm. 2) 25 und 47. Toxizität: Frohne – Pfänder, Giftpflanzen (Anm. 23) 93; Geßner, Gift- und Arzneipflanzen (Anm. 12) 171 f.

[27] Lindner, Toxikologie (Anm. 12) 13 ff.; über die Frage des Vorkommens von Favismus in der Antike M. D. Grmek, Les maladies à l'aube de la civilisation occidentale (Paris 1983), bes. 307 ff. und 327 ff.

[28] Lindner, Toxikologie (Anm. 12) 21 ff.; zur kulinarischen Verwendung der Saat-Platterbse André, Alimentation (Anm. 2) 37.

[29] Corpus Hippocraticum, Epidemiae 2,4,3 und 6,4,11. Vgl. zum Lathyrismus im Altertum Grmek, Maladies (Anm. 27) 322 ff.

[30] Die literarischen Stellen bei W. Richter, Würmer. Der Kleine Pauly 5 (München 1979) 1394 f. Zu Nachweisen von Askarideneiern aus römischen Latrinen in Augst und Zurzach vgl. R. Hänggi, Augusta Rauricorum, Insula 22: Grabungs- und Dokumentationsstand 1988. Jahresberichte aus Augst und Kaiseraugst 10, 1989, 47 und 72; B. Richter, in: Hänggi – Doswald – Roth-Rubi, Kastelle (Anm. 8) Tab. 28, 218.

[31] Cato, De agri cultura 20 f. und 66,1.

[32] Über diese eingekochten Moste z. B. André, Alimentation (Anm. 2) 163 f. und öfter. Aus der reichen Literatur über ihre Belastung durch Blei sei hier nur hervorgehoben: R. Kobert, Chronische Bleivergiftung im klassischen Altertume. In: P. Diergart, Hg., Beiträge aus der Geschichte der Chemie (Leipzig – Wien 1909) 108 f.; J. O. Nriagu, Lead and Lead Poisoning in Antiquity (New York usw. 1983) 333 f.

[33] Vgl. die interessanten Beobachtungen bei Kobert, Bleivergiftung (Anm. 32) 108.

[34] Über die Bleibelastung des römischen Weines z. B. Kobert, Bleivergiftung (Anm. 32) 110 f.; Nriagu, Lead (Anm. 32) 338.

[35] Vitruv 8,6,10 (im Zusammenhang mit Wasserleitungen).

[36] Palladius 9,11 (ebenfalls über Wasserleitungen).

[37] Meines Wissens bereitet M. Lavrencic (Salzburg) eine Studie über sie vor. [Zusatz 2024: die Studie erschien in Laverna 6, 1995, 49–83 unter dem Titel: M. Lavrencic, Vorkoster – Schutz oder Risiko für Herrscher?].

Käufer die Gesundheit der Tiere zu garantieren.[38] Ein Ersatz für unsere veterinärärztliche Kontrolle war das natürlich nicht. Auch gibt der Landwirtschaftsautor Columella offen zu, dass man nicht mehr arbeits- und fortpflanzungsfähige, ja kranke Tiere durch Schlachten noch nutzbar zu machen suchte.[39] Da wird denn auch manche Garantie eines Schlachtviehverkäufers wertlos gewesen sein. Nicht einmal eine solche Gesundheitserklärung war aber nötig, wenn das Schlachtvieh nicht für den ausschließlichen Küchenverbrauch bestimmt war, sondern wenn es sich um Opfertiere handelte – obwohl ja auch sie z.T. gegessen worden sind.[40] Natürlich ist anzunehmen, dass auf diese Weise so manches kranke Tier doch noch eine ökonomische Verwendung fand. Der boshafte frühchristliche Autor Tertullian, den wir freilich nicht ganz beim Wort nehmen dürfen, behauptet gar, die Anhänger des alten römischen Glaubens würden beim Opfer alle ihre kranken und halbtoten Tiere los.[41]

Ein anderes Problem war bei den Mitteln damaliger Konservierungstechnik – und vor allem in der Hitze des Südens – die Haltbarkeit der Fleischprodukte. Fleisch ist selbst heute noch „für drei Viertel aller Fälle von Lebensmittelvergiftungen verantwortlich";[42] und obwohl Fleisch in den meisten römischen Haushalten selten auf den Tisch kam, werden wir doch auch für die damalige Zeit mit häufigen Erkrankungen (und gewiss mit vielen Opfern) zu rechnen haben.

Eine andere Folge römischen Fleischkonsums werden Trichinosen und eine gewisse Verbreitung von Taeniasis, d. h. von Befall mit Schweine- und Rinderbandwürmern gewesen sein. Für die Taeniasis gibt es jedenfalls eine ganze Reihe von Quellen, die ihr Vorkommen wohl nicht nur für den Süden des Reiches, sondern auch für seine Nordprovinzen sichern.[43]

Wassertiere

Unser Artikel gilt nur den Produkten des antiken Bauern. Wassertiere kommen dabei lediglich insoweit in Betracht, als er auf seinem Grund kleinere Gewässer hatte oder Bassins anlegen ließ. Die Grenze zur Fischerei sei dort abgesteckt, wo in öffentlichen Gewässern (Seen, Bächen, Flüssen und dem Meer) gefischt wurde – wofür die Fischer Pacht zahlen mußten.[44]

Bei der Frage nach der hygienischen Qualität der Wassertiere ist wieder an ihre beschränkte Haltbarkeit zu denken. Ein interessantes Problem stellt aber auch die Sauberkeit oder Unsauberkeit der zum Fischen genutzten Gewässer dar. In aller Kürze lässt sich dazu sagen, dass es um die Gewässerreinhaltung in römischer Zeit sehr schlecht bestellt war.[45] Die Auswirkungen auf die Qualität der Fische blieben dabei nicht verborgen. Der Arzt Galenos hat sich darüber ausführlich geäußert. Für die schlechtesten Speisefische hält er die aus Flüssen, in die Abwässer eingeleitet würden. In diesem Milieu geangelte Fische, sagt er – und uns kommt das Thema ja bekannt vor – „verfaulen sofort und riechen äußerst schlecht. Sie zu essen und zu kochen ist ganz widerlich. Ihr Nährwert ist gering; aber nicht wenig ist daran Abfall. Es wundert also nicht, wenn sich selbst schlechte Säfte in den Körpern derjenigen sammeln, die sie täglich essen."[46]

Trotz dieser deutlichen Worte ist aber Fischfang selbst in Rom und im Einmündungsbereich der Cloaca Maxima bezeugt. Nicht nur, dass der Satiriker Juvenal von einem Fisch spricht, der die Cloaca gut von innen kenne und auf dem Teller eines armen Bankettgasts ende.[47] Vielmehr hören wir sogar, dass in der Nähe der Cloacamündung ein gut renommierter Fangplatz für Wolfsbarsche gelegen habe.[48] Die Praxis des römischen Fischfangs hielt also mit den hygienischen Erkenntnissen nicht Schritt.

Zusammenfassung

Der Kreis unserer Betrachtung ließe sich erweitern. Wir könnten auf die Qualität des Trinkwassers eingehen (das zwar kein landwirtschaftliches Produkt, aber doch ein unentbehrliches Produktionsmittel ist); wir könnten die ländliche Küchenhygiene behandeln; und wir haben auch ganz das Thema absichtlicher Lebensmittelverfälschungen übergangen.[49] Schon so ist aber deutlich geworden, dass die römische Ernährung und das römische Landleben ihre hygienischen Defizite hatten. Einen Teil dieser Defizite konnten die „fortunati nimium" der römischen Landbevölkerung noch gar nicht kennen. Andere in diesem Artikel erwähnten Defizite kannte die römische Zeit aber sehr wohl.

Es ist immer wieder erstaunlich zu sehen, wie wenig die Kenntnis bestehender Gefahren das Verhalten

---

[38] Varro, *Res rusticae* 2,5,11. Vgl. auch ebenda, 2,2,6; 2,3,5; 2,4,5.

[39] Columella 6,22,1; 7,6,8; 7,7,2.

[40] Varro, *Res rusticae* 2,5,11.

[41] Tertullian, *Apologeticum* 14,1.

[42] J. Borneff, Hygiene (Stuttgart 1974) 271.

[43] Für den Süden sprechen die Schriftsteller, deren Zeugnisse H. Gossen, RE 20 (Stuttgart 1950) 2548 ff. zusammengestellt hat. Aus dem Norden sind dagegen Eier des Schweine- oder Rinderbandwurms (?) in einer Latrine aus Zurzach nachgewiesen: B. Richter, in: Hänggi – Doswald – Roth-Rubi, Kastelle (Anm. 8), Tab. 28, 218.

[44] D. Bohlen, Die Bedeutung der Fischerei für die antike Wirtschaft (Dissertation Hamburg 1937) 44 ff.

[45] Arbeiten, die dieses Thema ausführlich behandeln, habe ich in Vorbereitung. [Zusatz 2024: siehe die Beiträge 8 und 38 dieses Bandes].

[46] Galenos, *De alimentorum facultatibus* 3,25 p. 710 Kühn. Ähnlich ebd. 3,29 p. 719 und 3,30 p. 721 f. (dort mit der interessanten Bemerkung, dass Abwasserbelastungen aller Art – auch gewerbliche Abwässer – Flüsse für den Fischfang ungeeignet machen).

[47] Juvenal 5,104 ff.

[48] Lucilius, Frgt. 1193 ff. Krenkel; Horaz, *Saturae* 2,2,31; Plinius, *Naturalis historia* 9,169; Macrobius 3,16,17 f.

[49] Vgl. dazu P. Fedeli, La natura violata. Ecologia e mondo romano (Palermo 1990) 38 f.

des homo sapiens beeinflusst. So hat die Antike von den Auswirkungen großstädtischer Abwässer auf die hygienische Qualität von Speisefischen gewusst; aber sie hat dennoch Tiberfisch aus Rom gegessen. Sie kannte auch die Giftigkeit des Bleis und stellte dennoch Wasserrohre und Gerät zur Nahrungsmittelzubereitung daraus her. Nicht viel besser, hat übrigens die Zeit der letzten Jahrhundertwende, die über die giftige Wirkung des Bleis sehr viel genauer informiert war und die den fahrlässigen antiken Umgang mit diesem Metall erforschte, selbst oft bleierne Wasserleitungsrohre verlegt.[50] All das sind Beispiele für eine Kategorie menschlicher Verhaltensweisen, die der Verfasser in einer umweltgeschichtlichen Studie als „Gefahreingehen wider andere Einsicht" bezeichnet hat.[51] Das ist ein Phänomen, das sich von der Antike bis zur Katastrophe von Tschernobyl und zum BSE-Skandal verfolgen lässt. Es wäre Zeit, daraus zu lernen.

---

[50] Lindner, Toxikologie (Anm. 12) 115.
[51] G. E. Thüry, Die Wurzeln unserer Umweltkrise und die griechisch-römische Antike (Salzburg 1995) 26 und 62.

Das römische Latrinenwesen im Spiegel der literarischen Zeugnisse

(Aus: G. C. M. Jansen – A. O. Koloski-Ostrow – E. M. Moormann, Hgg., Roman Toilets. Their Archaeology and Cultural History. Babesch Supplement 19 [Leuven usw. 2011] 43 ff. und 49)

In einem Handbuch zur Archäologie der antiken Latrine ist es unumgänglich, auch die literarischen Zeugnisse zusammenzustellen und die darin enthaltenen Informationen zu sammeln und auszuwerten. Für römische Zeit unternimmt so der folgende Beitrag den Versuch, das Material zu einer systematischen Verwertung der griechischen und lateinischen Texte bereitzustellen. In der bisherigen Literatur sind sie zwar gelegentlich auch ausführlicher mit herangezogen worden;[1] eine systematische Sammlung der Stellen und ihrer Aussagen fehlt aber bisher.

Um die vorliegende Zusammenstellung leichter benutzbar zu machen, werden die Texte im Katalog nicht nach Autoren, Gattungen oder Chronologie, sondern nach ihrem jeweils stichwortartig angegebenen Inhalt angeordnet. Die Reihenfolge der Stichworte ist alphabetisch. Betrifft eine Stelle z. B. das Gefühl der Abscheu gegenüber der Latrine, findet sie sich unter dem Stichwort „Abscheu gegenüber der Latrine"; gibt sie uns die Zahl der in Rom vorhandenen Latrinen bekannt, lautet das Stichwort „Zahl der Latrinen". Hat ein Text mehrerer solcher „Betreffe", kehrt er unter verschiedenen Stichworten wieder.

Außer Zitaten, die sich ausdrücklich auf Latrinen beziehen, wurden in einzelnen Fällen auch solche mitaufgenommen, in denen es zwar um die Kanalisation geht, die aber ein Licht auch auf das Latrinenwesen werfen. Nicht berücksichtigt sind dagegen a) sonstige Stellen über die Abwasserkanäle, b) die literarischen Belege für mobiles Nachtgeschirr und c) die Zeugnisse für eine Verschmutzung von Verkehrsflächen durch das Entleeren solcher Geschirre und durch ein Notdurftverrichten im Freien.

Dem Katalog geht eine kurze Zusammenstellung der lateinischen und griechischen Bezeichnungen für die Latrine voraus.

Lateinische und griechische Bezeichnungen für „Latrine"

Für die Latrine waren im Lateinischen folgende Begriffe üblich: *forica; latrina; secessus; sella;* und spätlateinisch *necessaria.* Das Pissoir hieß *amphora; dolium; testa.*[2] Als euphemistische Umschreibung für die Benützung des Örtchens formuliert einmal Plautus (*Curculio* 362): „Es fragen mich meine Sklaven, wohin ich gehe; ich sage: Ich gehe dort hin, wohin die satten Leute zu gehen pflegen" (*dico me ire quo saturi solent*).

Die griechischen Worte für „Latrine" sind:[3] *anankaia; aphedron; apopatos; aphodos; hedra; hipnos; koprodochos; lasana; lasanon;* die Latinismen *sella* und *sellarion;* und der späte Ausdruck *soteria.*

Katalog der Autorenstellen[4]

Abfall s. **Entsorgung**

Abscheu gegenüber der Latrine

1. Cicero, *De natura deorum* 2,141: In Gebäuden verstecken die Architekten „vor den Augen und der Nase der Bauherrn das, was Abwasserabflüsse notwendigerweise an irgendwie Widerwärtigem mit sich bringen."

2. Cassius Dio 47,19: Die Caesarerben nahmen dem Ort, an dem Caesar hatte sterben müssen, die Würde einer Tagungsstätte des Senats und bauten ihn in eine Latrine um.

3. Augustin, *De libero arbitrio* 3,9,27: In einem Haus gibt es nichts, was „von so niedriger, vollkommen würdeloser Natur ist (*tam abiectum et infimum*) wie die Latrine" (hier als *cloaca* bezeichnet).

---

[1] So vor allem von Becker – Göll 1881, 279–281; Drexel 1979, 310–311; Thédenat 1904, 987–991.

[2] Thédenat 1904, 987 und Sprachlexika. [Zusatz 2024: Speziell zum Begriff *necessaria* für die Latrine auch H. Jordan, Topographie der Stadt Rom im Alterthum 2 (Berlin 1871) 168 f.]

[3] Thédenat 1904, 987 und Sprachlexika.

[4] Zumal die Sammlung des Materials unter Zeitdruck durchgeführt werden musste, kann für die Vollständigkeit der Stellen keine Garantie übernommen werden.

Zur Abscheu gegenüber der Latrine vgl. auch unten die folgenden Stellen: 8–9, 11, 13–14, 24, 27, 31–32, 35.

Abwassergebühr s. **Steuer für Latrinenbetreiber**

amphora in angiporto s. **Pissoirs**

damnatio memoriae s. **Entsorgung von Müll in Latrinen**

dolium curtum s. **Pissoirs**

Dung aus Latrinen

4. Varro, *De re rustica* 1,13,4 (in einer Passage, in der es um die beste Konstruktion des Misthaufens auf dem Landgut geht): Einige Besitzer von Landgütern platzieren die Latrinen für die Sklaven (*sellas familiaricas*) über dem Misthaufen.

5. Columella 10,85: Der Gärtner müsse den Boden düngen mit „allem, was die Latrine aus schmutzigen Rohren ergießt" (*immundis quaecunque vomit latrina cloacis*).

Eintrittsgeld s. **Pacht von Latrinen**

Entsorgung von Müll in Latrinen und Kanälen und Entsorgung von Gegenständen, die der *damnatio memoriae* zum Opfer fielen

6. Livius 1,56,2: Bezeichnet die Cloaca Maxima in Rom als „Behältnis für allen Müll der Stadt" (*receptaculum omnium purgamentorum urbis*).

7. Sueton, *Nero* 24,1: Kaiser Nero wollte den Ruhm anderer Gewinner von Wettkämpfen vergessen machen und ließ daher alle ihre „Statuen und Bildnisse" umstürzen und „in die Latrinen werfen" (*abicique in latrinas*). Wegen der Größe der Gegenstände kann aber hier mit *latrinae* wohl nur die Kanalisation gemeint sein.

Vgl. zum Thema auch die Funde von Haushaltsmüll in Kanälen in- und außerhalb des Latrinenbereichs sowie die Nachrichten über die *canalicolae*, die aus offenen Kanalrinnen noch brauchbare Gegenstände herausfischten.[5]

Gerüche von Latrinen und von Abwasserkanälen

8. Cicero, *De natura deorum* 2,141: In Gebäuden verstecken die Architekten „vor den Augen und der Nase der Bauherrn das, was Abwasserabflüsse notwendigerweise an irgendwie Widerwärtigem mit sich bringen."

9. Columella 9,5,1: Bienenstöcke müsse der Gutsbesitzer auf einer Seite des Landhauses anlegen, auf der keine scheußlichen Gerüche – wie sie etwa von einer Latrine oder von einem Misthaufen ausgehen – auftreten können.

10. Martial 6,93,1–2: Hier wird der Körpergeruch einer Dame namens Thais mit dem Gestank eines alten Gefäßes (*testa vetus*) verglichen, das ein „unersättlicher Tuchwalker" aufgestellt hat und das „eben gerade mitten auf der Straße zu Bruch ging". Gemeint ist damit eines der öffentlichen Pissoirs in Form einer Amphore, die von den Tuchwalkern als Quelle für den in ihrem Beruf benötigten Urin aufgestellt werden durften (s. unten Text 22).

11. Apuleius, *Metamorphoses* 1,17: Der Text nennt jemanden, der nach Urin riecht, einen „Gestank/ Gestankverbreiter aus der schlimmsten Latrine" (*fetorem extremae latrinae*).

Vgl. auch unten Text 12, 37–38 und die Stelle bei Plinius d. J., *Epistulae* 10,98–99 über den Gestank eines kloakenartig verschmutzten Flusses in Amastris in der Provinz Pontus et Bithynia.[6]

Kränze als Schmuck von Latrinen

12. Tertullian, *De corona* 13,8: Zur Zeit Tertullians würden sogar Bordelle und Latrinen mit Kränzen geschmückt (*a saeculo coronantur et lupanaria et latrinae*). Dafür ist außer magisch-religiösen Gründen auch ein praktischer (Geruchsverbesserung) denkbar.

Majestätsbeleidigung durch Mitnahme von Münzen und von Fingerringen mit Kaiserbildern in die Latrine

13. Sueton, *Tiberius* 58: Tiberius habe den Tatbestand der Majestätsbeleidigung so definiert, daß es auch schon strafbar war, wenn man „ein Kaiserbild, das auf einer Münze oder einem Fingerring angebracht war, in eine Latrine oder in ein Bordell mitgenommen hatte".

Mäuse oder Ratten in der Kanalisation und Latrine

14. *Anthologia Latina* 196,1 Shackleton-Bailey: In einem Spottgedicht wird hier jemand als „Kanalmaus" bzw. „Kanalratte" (*sorex cloacae*) beschimpft. Wie auch Funde illustrieren, ist mit einer solchen Kanal- und Latrinenfauna tatsächlich zu rechnen.[7]

---

[5] Über beides Thüry 2001, 12 f. und 56.

[6] Dazu Thüry 2001, 46 f.

[7] Thüry 2001, 13.

Müll s. **Entsorgung**

Münzen s. **Majestätsbeleidigung; Verlorene Wertgegenstände**

Namen von Bedürfnisanstalten

15. Martial 12,77,9: Eine Bedürfnisanstalt in Rom nennt der Dichter hier *sellas Patroclianas*. Sie war also nach einem Betreiber mit dem griechischen Personennamen Patroclus, Patrocles oder Patroclianus benannt. Alle diese Namensformen sind aus Rom epigraphisch belegt.[8]

Pacht von Latrinen und von Abwasserkanälen

16. Plinius, *Naturalis historia* 36,6: Ein Kanalpächter (*redemptor cloacarum*) verlangte bei einem Transport schwerer Marmorsäulen in Rom die Zusicherung, daß man für eventuell dadurch entstandene Schäden an der Kanalisation aufkommen werde.

17. Iuvenal 3,38: Der Satiriker spricht hier von Personen, die *conducunt foricas*, d. h. die „Bedürfnisanstalten pachten". Dazu Ludwig Friedländer im Kommentar zur Stelle: „Sie pachten öffentliche Bedürfnisanstalten, die ohne Zweifel für Eintrittsgeld benutzt wurden, und um zugleich aus dem Verkauf der Exkremente Gewinn zu ziehen."[9]

18. Fronto, *Ad M. Antoninum de orationibus* p. 154 van den Hout: Die Tatsache, daß man in Kanälen gelegentlich Wertgegenstände finde, sei noch kein Grund, daß „wir Kanäle zur Reinigung pachten" (*cloacas purgandas redimemus*).

19. *Digesten* 22,1,17,5 (Paulus): Wenn ein Latrinenpächter (*foricarius*) dem *fiscus* seine Pacht zu spät entrichtet, erhebt der *fiscus* Verzugszinsen.

Papier s. **Toiletten-„Papier"**

Pissoirs

20. Caius Titius bei Macrobius 3,16,15 = Oratorum Romanorum fragmenta, 4. Auflage, 51: In dieser um das Jahr 123 v. Chr. gehaltenen Rede erwähnt Titius die Einrichtung und Benützung der *amphora in angiporto*. Das sind Amphoren, die in den Gäßchen der Stadt stehen und den Passanten als Pissoirs dienen.

21. Lukrez 4, 1026–1028: Wenn Schlafende träumen, sie stünden „am Becken oder am niedrigen Faß" (*lacum*

propter ... ac dolia curta) und höben dort ihr Gewand, dann geschehe es oft, auch wenn es reinliche Leute (*puri*) seien, daß sie ihre „Flüssigkeit ergießen".

22. Martial 6,93,1–2: Martial erwähnt hier ein stinkendes „altes Gefäß" (*testa vetus*), das ein „unersättlicher Tuchwalker" aufgestellt hat und das „mitten auf der Straße zu Bruch ging". Gemeint ist damit eines der öffentlichen Pissoirs in Form einer Amphore. Die Tuchwalker benötigten Urin in ihren Betrieben und durften die Gefäße daher offensichtlich aufstellen (s. oben Text 10).

23. Martial 12,48,7–8: „Jeder beliebige Hund und das am Wegrand stehende Gefäß" (*iunctaque testa viae*) möge wissen, wozu sich das beste Gastmahl nun einmal verwandle.

Zur Pissoirsteuer (*urinae vectigal*) s. unten die Texte 37 und 38.

Ratten s. **Mäuse**

Reinigung von Latrinen und Abwasserkanälen

24. Plautus, *Curculio* 580: Hier wird in abschätzigem Ton von einer *ancilla* gesprochen, deren Aufgabe das Putzen der Latrine ist (*ancillam meam, quae latrinam lavat*).

25. Dionysios von Halikarnassos, *Antiquitates Romanae* 3,67,5: Hier werden – in Form einer Gesamtsumme – Kosten für die Reinigung und Ausbesserung der *Cloaca Maxima* erwähnt.[10]

26. Livius 1,59,9: Tarquinius Superbus habe die Römer gezwungen, Kloaken zu reinigen.

27. Trajan bei Plinius d.J., *Epistulae* 10,32: Der Kaiser erwähnt hier, dass ältere Strafgefangene nach Ablauf einer längeren Strafdauer üblicherweise zu gemeinnützigen Arbeiten verwendet würden, die „von einer Strafe nicht weit entfernt sind" (*quae non longe a poena sint*). Dazu gehöre auch die Aufgabe der Kloakenreinigung (*purgationes cloacarum*).

28. *Digesten* 19,1,54, *praef.* (Labeo): Spricht von der Gefährlichkeit der Praxis, dass Sklaven zu Reinigungszwecken in *cloacae* herabgelassen würden.

29. *Digesten* 7,1,15,1 (Ulpian): Sklaven würden zum Latrinenleeren (*stercorandis latrinis*) eingesetzt.

30. *Digesten* 43,23,1 (Ulpian): Im Interesse der Hygiene und der Sicherheit (*ad salubritatem civitatium et ad*

---

8 Solin 1982, 136 und 511. – Zur Lage der *sellae P.* Neudecker 1994, 98.
9 Zur Frage einer Benützungsgebühr für Latrinen Thüry 2001, 12.

10 Aufgenommen bei Szaivert – Wolters 2005, 187.